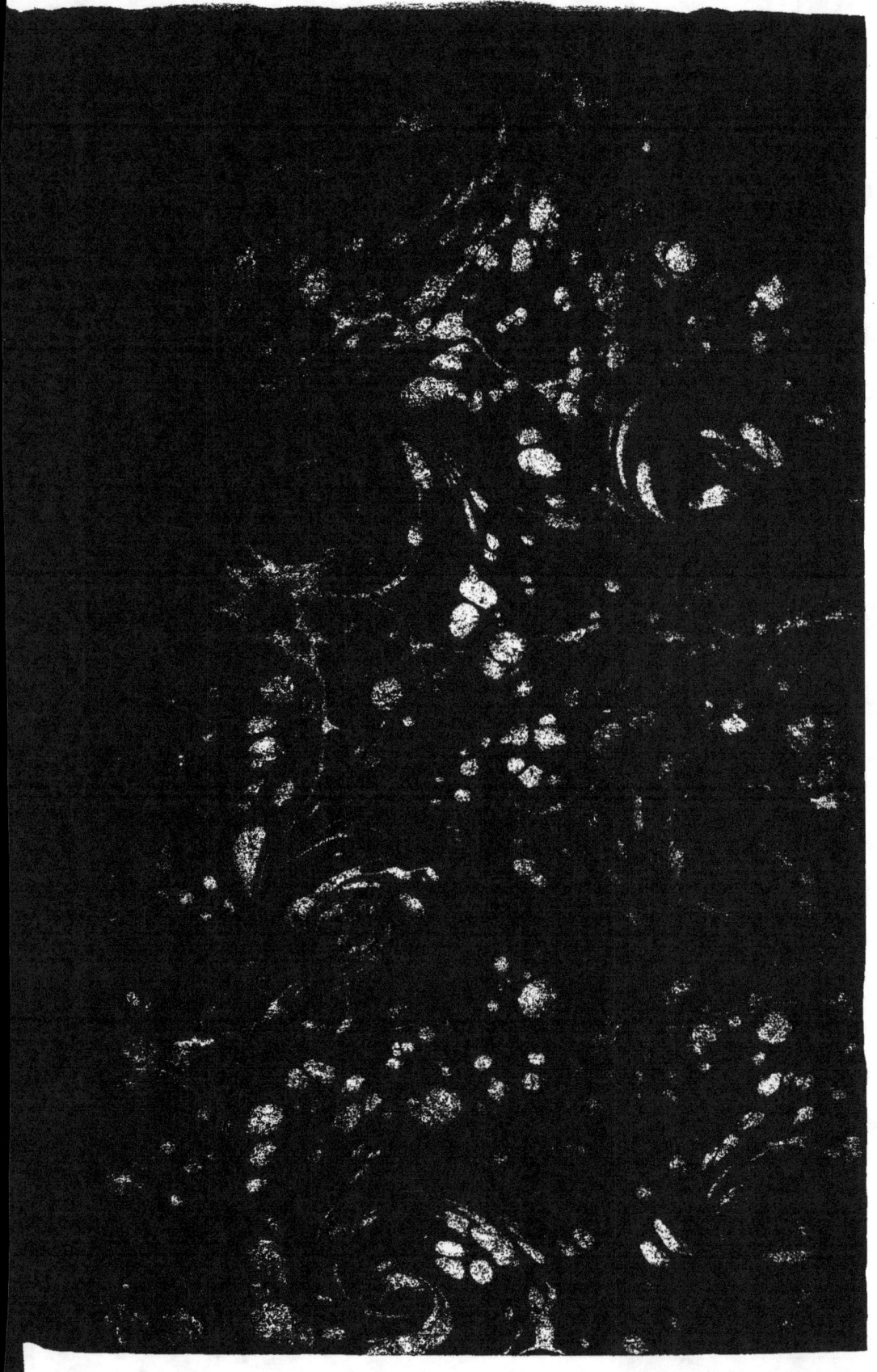

H. 8628.

HISTOIRE ECCLESIASTIQUE
DE LA VILLE DE MONTPELLIER,
CONTENANT
L'ORIGINE DE SON EGLISE,

La suite de ses Evêques, ses Eglises particuliéres, ses Monastéres Anciens & Modernes, ses Hôpitaux. Avec un Abregé Historique de son Université & de ses Colléges.

Par Messire CHARLES DEGREFEUILLE, Prêtre, Docteur en Théologie, Chanoine de la Cathédrale.

A MONTPELLIER,

Chez les Sieurs RIGAUD Pere & Fils, Marchands-Libraires, Ruë de l'Eguillerie, à la Bible d'Or.

M. DCC. XXXIX.
AVEC PRIVILEGE DU ROY.

A MONSEIGNEUR,

MONSEIGNEUR
GEORGE-LAZARE-BERGER DE CHARANCY,
EVÊQUE DE MONTPELLIER;
ET A MESSIEURS
LES VENERABLES PREVÔT, DIGNITÉS, PERSONATS,
ET CHANOINES DE LA CATHEDRALE;
ET A TOUS LES ORDRES DU CLERGÉ DE MONTPELLIER.

ONSEIGNEUR,

J'AY crû ne pouvoir *Vous* offrir à *Votre heureuse Arrivée* en cette *Ville* un *Présent* plus digne de *Vous*, que l'*Histoire* de *votre Eglise*. *Vous* y verrez, *MONSEIGNEUR*, la suite de vos *Prédecesseurs*, dont les uns s'attachérent à préserver leur *Diocèse* des erreurs des *Albigeois* ; & les autres dans ces derniers *Siécles* n'épargnerent rien pour reparer les desordres que les *Calvinistes* y avoient causés. L'heureux succès dont Dieu accompagna leur zéle, nous présage celui dont il accompagnera le *Vôtre*; & nous pourrons tout esperer de la solidité de votre esprit, de la bonté de votre cœur, & de votre expérience dans le Gouvernement de l'Eglise. Votre Chapitre qui connoît toute la valeur du Présent que le Roy Nous a fait, levera les mains au Ciel, pour la conservation d'une santé aussi précieuse que la Votre ; & tous les Ordres de Votre Clergé, animés par Vos instructions, & par Vos exemples, coopéreront avec zéle à Vos travaux.

Pour moi, MONSEIGNEUR, qui ai crû pouvoir joindre aux fonctions de mon Etat une étude particuliére de l'Histoire de ma Patrie, je m'estimerai heureux de pouvoir Vous présenter les Antiquités Vénérables de votre Eglise, & Vous marquer le respectueux attachement avec lequel j'ay l'honneur d'être,

MONSEIGNEUR,

Votre très-humble & très-obéïssant Serviteur,
DEGREFEUILLE, Chanoine.

PREFACE.

L'Eglise de Maguelone, ayant souffert depuis son établissement divers changemens considérables, j'ai crû pour les rendre plus sensibles à mes Lecteurs, en devoir faire les principales époques de cette Histoire. Ainsi après avoir raporté dans le premier Livre, tout ce qu'on trouve de plus certain sur son Origine, & sur ses premiers Evêques, jusqu'à la destruction de Maguelone sous *Charles Martel*, je parcours dans le second les Evêques qui tinrent leur Siége à *Substantion* pendant trois cens ans. Ils retournerent ensuite à Maguelone dans le douzième siécle, où ils établirent une nouvelle manière de vivre parmi les Chanoines ; ce qui fera le sujet du III. & du IV. Livre. Enfin sous le Roy François I. le Siége de Maguelone & son Chapitre ayant été transferez à Montpellier, ils y furent exposez à tous les troubles que les Calvinistes causerent dans cette Ville jusqu'au Regne de Loüis XIII.

L'Histoire particuliére des Monastéres & des Hôpitaux m'a parû avoir une si grande liaison avec celle de nos Evêques, que j'ai crû ne pouvoir me dispenser d'en faire des Articles particuliers, tant pour la satisfaction des personnes qui y demeurent, que pour servir de confirmation à tout ce que j'en aurai touché dans le corps de cet Ouvrage.

J'ai crû aussi devoir comprendre dans ce même Volume l'article de *l'Université de Montpellier*, à cause de la prérogative qu'ont nos Evêques d'en être les Chanceliers. Et pour ne pas oublier les personnes distinguées par leur pieté qui sont originaires de cette Ville ou de son Diocése, je donne un Abrégé de leur Vie, comme la partie la plus précieuse de l'Histoire Ecclesiastique.

Enfin pour donner des preuves de tout ce que j'ai dit dans l'Histoire des Evêques, j'ai crû devoir y ajoûter celle qu'*Arnaud de Verdale* Evêque de Maguelone écrivit dans le XV. siécle sur tous ses Prédecesseurs, dont le Pere *Labbe* nous a donné des fragmens dans sa Bibliothéque, & que j'insere dans son entier, ayant été assez heureux pour en recouvrer les Manuscrits de feu Mr. Plantavit de la Pauze Evêque de Lodeve, & du célébre François Bosquet Evêque de Montpellier.

APPROBATION.

J'Ay lû par ordre de Monseigneur le Chancelier cette seconde Partie de l'Histoire de la Ville de Montpellier, & je n'y ai rien trouvé qui doive en empêcher l'Impression. A Paris le premier Février mil sept cens trente-huit. L'ABBÉ DUBOY.

PRIVILEGE DU ROY.

LOUIS PAR LA GRACE DE DIEU, ROY DE FRANCE ET DE NAVARRE : A nos Amez & feaux Conseillers, les Gens tenans nos Cours de Parlement, Maîtres des Requêtes Ordinaires de nôtre Hôtel, grand Conseil, Prévôt de Paris, Baillifs, Sénéchaux, leurs Lieutenans-Civils, & autres nos Justiciers qu'il appartiendra, SALUT. Notre cher & bien-Amé le Sieur DEGREFEUILLE, Docteur en Théologie, & Chanoine de l'Eglise Cathédrale Saint Pierre de Montpellier, nous ayant fait remontrer qu'il souhaiteroit faire imprimer & donner au Public un Ouvrage qui a pour Titre, *Histoire de la Ville de Montpellier, deuxième Partie*, de sa composition, s'il nous plaisoit lui accorder nos Lettres de Privilége sur ce nécessaires ; offrant pour cet effet de le faire imprimer en bon Papier & en beaux caractéres, suivant la Feuille imprimée & attachée pour modéle sous le contre-Scel des Présentes : A CES CAUSES, voulant favorablement traiter ledit Sr. Exposant, nous lui avons permis & permettons par ces Présentes, de faire imprimer ledit Ouvrage exposé, en un ou plusieurs Volumes, conjointement ou séparément, & autant de fois que bon lui semblera, & de le faire vendre & débiter par tout notre Royaume pendant le tems de neuf années consecutives, à compter du jour de la datte desdites Présentes : Faisons défenses à toutes sortes de Personnes de quelque qualité & condition qu'elles soient, d'en introduire d'impression étrangere dans aucun lieu de notre Obéissance ; comme aussi à tous Libraires, Imprimeurs, & autres, d'imprimer, faire imprimer, vendre, faire vendre, débiter ni contrefaire ledit Ouvrage ci-dessus spécifié, en tout ni en partie, ni d'en faire aucuns Extraits, sous quelque prétexte que ce soit, d'augmentation, correction, changement de Titre ou autrement, sans la permission expresse & par écrit dudit Sieur Exposant ou de ceux qui auront droit de lui, à peine de confiscation des Exemplaires contrefaits, de trois mille livres d'Amande contre chacun des Contrevenans, dont un tiers à Nous, un tiers à l'Hôtel-Dieu de Paris, l'autre tiers audit Sieur Exposant, & de tous dépens, dommages & interêts ; à la charge que ces Présentes seront enregistrées tout au long sur le Régître de la Communauté des Imprimeurs & Libraires de Paris, dans trois mois de la datte d'icelles ; que l'Impression de cet Ouvrage sera faite dans notre Royaume & non ailleurs, & que l'Impetrant se conformera en tout aux Réglemens de la Librairie, & notamment à celui du dix Avril 1725. & qu'avant que de l'exposer en vente, le Manuscrit ou Imprimé qui aura servi de copie à l'impression dudit Ouvrage, sera remis dans le même état où l'Aprobation y aura été donnée, ez mains de notre très-cher & Feal Chevalier, le Sieur d'Aguesseau, Chancelier de France, Commandeur de nos Ordres ; & qu'il en sera ensuite remis deux Exemplaires dans notre Bibliothéque publique, un dans celle de notre Château du Louvre, & un dans celle de notredit très-cher & Feal Chevalier le Sieur d'Aguesseau, Chancelier de France, Commandeur de nos Ordres ; le tout à peine de nullité des Présentes, du contenu desquelles vous mandons & enjoignons, de faire joüir ledit Sieur Exposant ou ses Ayans-Cause, pleinement & paisiblement, sans souffrir qu'il leur soit fait aucun trouble ou empêchement. Voulons que la Copie desdites Présentes qui sera imprimée tout au long au commencement ou à la fin dudit Ouvrage, soit tenuë pour duë signifiée, & qu'aux Copies collationnées par l'un de nos Amés & Feaux Conseillers & Sécrétaires, foi soit ajoûtée comme à l'Original. Commandons au premier notre Huissier ou Sergent, de faire pour l'execution d'icelles tous Actes requis & nécessaires, sans demander autre Permission, & nonobstant Clameur de Haro, Chartre-Normande & Lettres à ce contraires : CAR tel est notre plaisir. DONNÉ à Versailles le septiéme jour du mois de Mars, l'an de grace mil sept cens trente-huit, & de notre Regne le vingt-troisiéme. Par le Roy en son Conseil, signé SAINSON.

Régitré sur le Régître X. de la Chambre-Royale & Syndicale de la Librairie & Imprimerie de Paris N°. 1. fol. 1. conformément au Réglement de 1723. qui fait défense Art. IV. à toutes Personnes de quelque qualité qu'elles soient, autres que les Libraires & Imprimeurs, de vendre, débiter & faire afficher aucuns Livres pour les vendre en leurs noms, soit qu'ils s'en disent les Auteurs ou autrement ; & à la charge de fournir à la susdite Chambre les huit Exemplaires prescrits par l'Article CVIII. du même Réglement. A Paris le 15. Mars 1738.

LANGLOIS Sindic.

Et ledit Sieur DEGREFEUILLE a cedé le present Privilege aux Sieurs RIGAUD Pere & Fils, Marchands-Libraires à Montpellier, pour en joüir suivant l'accord fait entr'eux.

ERRATA DU SECOND TOME.

Page 3. à la marge Razet, *lisez* Razez.
Page 7. ligne 10. *Errige*, lis. Ervige.
Page 20. ligne 12. Locon, *lis*. Cocon.
Page 26. ligne 26. expedition de Maguelone, *lis*. expedition de Mayorque.
Page 27. ligne 20. differens raisonnemens, *lis*. differens évenemens.
Page 32. ligne 27. *deffierit*, lis. *defecerit*.
Page 33. ligne 52. *honores*, lis. honore.
Page 47. ligne *arrivoient*, *lis*. arriveroient.
Pag. 52. lig. 14. *vestrum*, lis. *vestram Universitatem*.
Page   ligne Muriel, *lis*. Murviel.
Page 65. ligne 34. pour inderis, *lis*. par indivis.
Page 68. ligne 43. marabolins, *lis*. marabotins.
Page 70. ligne *antepenultieme*, la même faute.
Page 80. ligne 23. *hospitalis*, lis. *hospit alitatis*.
Page 87. ligne 23. d'*Astinel*, lis. d'Affinel.
Page 93. ligne 18. dovoient, *lis*. devoient.
Page 97. ligne 30. surprenante, surprenant, effacez ce dernier mot.
Page 98. ligne 3. *Superpellitia tres Camisiat*, lis. *Superpellicia tres Camisias*.
Page 98. ligne 28. de part ou d'autre, *lis*. de part & d'autre.
Page 101. ligne 1. il disposa non seulement les Docteurs, *lis*. il indisposa.
Page 103. ligne. 18. St. Denis de Montpellier, *lis*. de Montpelieret.
Page 107. lig. 28. lie les mains, *lis*. lia les mains.
Pag. 108. lig. 33. Damoiseau est Vassal, *lis*. & Vassal.
Ibidem. l. 45. nommé à cet Ordre, *lis*. en cet Ordre.
Page 112. ligne 9. *in eodem conobis*, lis. *in eodem cœnobio*.
Page 112. ligne 18. établirent un Bourse d'Ecolier, *lis*. une Bourse.
Page 112. ligne 47. Ciaconius Bosquet & Colombe, *lis*. Colomby.
Page 116. ligne 23. Seste, *lis*. Sette.
Page 117. ligne 43. & non pas d'aucun des mortels, *lis*. & non par aucun des mortels.
Pag. 118. lig. 23. & 29. Cote-Frege, *lis*. Coste-Frege.
Page 118. ligne 32. Jean Gaze Abbé d'Aniane, *lis*. Jean Gasc.
Page 121. ligne 21. contanua, *lis*. continua.
Page 122. ligne 37. pour lui porté, *lis*. pour lui, l'a porté à lui donner &c.
Page 122. ligne 30. l'Eveghé, *lis*. l'Evechè de.
Pag. 122. lig. 41. les lettres, *lis*, les debtes & deniers.
Page 127. ligne 7. Paleoloque, *lis*. Paleologue.
Page 127. l. 41. qu'il accepta, *lis*. qu'il acceptât.
Page 126. ligne 11. *ad quam paterna hareditas*, lis. *ad quem*.
Page 128. ligne 7. Montarioc, *lis*. Montaruco.
Page 128. ligne 8. l'Evêque d'Hesca, *lis*. Huesca.
Pag. 128. lig 8. l'Abbé de S. Guillom, *lis*. S. Guillem.
Page 128. ligne 26. Montanet, *lis*. Montaruc.
Page 135. l. 35. le P. Jacques Parcin, *lis*. P. Percin.
Pag. 137. lig. *penultieme* Cote-Frege, *lis*. Coste-Frege.
Page 138. ligne 16. à la marge LOUVIER, *lis*. Pierre de VERNOBS.
Page 139. lig. 42. *Bucciatione*, lis. *Buccinatione*.
Page 140. ligne 6. firent d'impression, *lis*. firent tant d'impression.
P. 143. à la marg. premier Talamus, *l*. petit Talamus.
Page 145. ligne 9. de l'Abbé d'Aniani, *lis*. l'Abbé d'Anians.

Page 153. ligne 17. de la Bulle de Secularisation. *Prærogantia*, lis. *prærogativa*.
Page 157. ligne 1. St. *Drezeris*, *lis*. St. Drezeri.
Page 157. l. 7. Bernardin de Raneo, *lis*. de *Ranco*.
Page 167. ligne 36. Vincent de Rocheblanc, Vicaire de Lanvesols, *lis*. de Lanvejols.
Pag. 175. lig. 12. Clovius surSihodius, *lis*. Sidonius.
Page 175. ligne 15. Jean Granier, *lis*. Garnier.
Page 175. ligne 26. Jean Granier, *lis*. Garnier.
Page 167. *lis*. page 176.
Page 176. ligne 42. Jean Granier, *lis*. Garnier.
Page 183. lig. 49. la satisfrction, *lis*. la satisfaction.
Page 184. ligne 24. *Archidia*, lis. *Archidia*.
Pa. 184. lig. 26. les conjectures, *lis*. les conjonctures.
Page 184. ligne 28. fit, *lis*. il fit.
Page 186. ligne 13. tous les autres ouvrages, *lis*. tous les autres ouvrages.
Page 186. ligne 18. la Baronie de Saure, *lis*. Sauve.
Page 187. ligne 41. Stephano Saguin, *lis*. Stephano Seguin.
Pag. 198. lig. 2. Pierre de Montarus, *l*. de Montaruc.
Page 198. ligne 18. *Petrus qui lascuriensis*, lis. *Petrus qui lascariensis*.
Page 198. ligne 42. établit, *lis*. s'établit.
Page 199. ligne 8. de Montpeirousé, *lis*. de Montpeirous.
Page 200. ligne 43. soûtint, *lis*. soûtient.
Page 202. lig. 41. de Montesero, *lis*. de Montesevo.
Page 211. ligne 33. Diocése de, *a*, Diocése de Touloufe.
Pag. 215. lig. 23. dans le, *lis*. dans le troisiéme Livre
Page 215. ligne 37. de Royer, *lis*. de Roger
Page 221. ligne 1. il suffira qu'il, *lis*. il suffira de dire qu'il.
Page 222. ligne 1. que sa nature, *lis*. la nature.
Page 227. ligne 9. sur la jurisdiction, *lis*. sur sa jurisdiction.
Page 232. ligne 22. Mr. Rebussi, *lis*. Rebuffi.
Page 252. ligne 2. Marumetin, *lis*. Marabotin.
Page 252. lig. 9. de Villeneuva, *lis*. de Villeneuve.
Page 252. ligne 23. autrement dite, *lis*. autrement dites.
Page 252. ligne 38. de Montpellier Guillaume, *lis*. de Montpellier, & Guillaume.
Page 253. lig. 48. de Combert, *lis*. de Combret.
Page 256. lig. 42. un rang de pillier, *lis*. de pilliers.
Page 260. lig. 7. mrs Chirurgiens, *lis*. mes Chirurgiens.
Page 268. ligne 17. supprimée, *lis*. supprimés.
Page 268. lig. 15. particuliers, *lis*. particuliere.
Page 280. lig. 30. du Pere Martena, *lis*. Martene.
Page 292. ligne 32. avec son Chapitre faire, *lis*. avec son Chapitre pour faire.
Page 293. l. 4. Seraphin Ouzart, *lis*. Touzart.
Page 301. lig. 22. Verqueriam, *lis*. Vesqueriam.
Page 303. ligne 29. *lis*. Marie de Berard de Vestric de Montalet en 1737.
Page 290. l. 39. de Monpelier, *lis*. de Monpelieret.
Pag. 309. ligne 54. une Messe de Mort, *lis*. une Messe des Morts.
Page 372. l. 46. de toute sa famille, *lis*. famille.
Page 391. ligne 48. *Trinitati*, lis. *Trinitatis*.
Page 394. ligne 50. la Peronée, *lis*. la Peronie.
Page 417. ligne 26. Agonaz, *lis*. Agonez.
Page 418. l. 21. ad Antonium, *lis*. ad Antoninum.
Pag. 445. l. 31. de Monteebruno, *lis*. de Montebruno.

SUITE CHRONOLOGIQUE

DES EVÊQUES DE MAGUELONE ET DE MONTPELLIER.

Année.	Page du Livre.	Année.	Page du Livre.
451. ÆTHERIUS,	pag. 3.	1328. JEAN IV. de Viffec,	pag. 85.
550. VINCENT I.	pag. 4.	1334. PICTAVIN de Montefquiou,	pag. 99.
572. VIATOR,	pag. ibid.		
589. BOISSI,	pag. ibid.	1339. ARNAUD II. de Verdale,	pag. 102.
600. GENIEZ,	pag. ibid.		
672. VINCENT II.	pag. 7.	1352. AUDOIN,	pag. 111.
788. JEAN I.	pag. 9.	1353. DURAND des Chapelles,	p. 112.
804. STABELLUS,	pag. ibid.	1362. DEODAT,	pag. 116.
812. RICUIN I.	pag. ibid.	1366. GAUCELIN II. de Deux,	pag. 121.
818. ARGEMIRE,	pag. 10.		
878. ABBO,	pag. ibid.	1373. PIERRE IV. de Vernobs,	p. 132.
894. GONTIER,	pag. 11.	1389. ANTOINE I. de Louvier,	p. 139.
937. WIBAL,	pag. 12.	1405. PIERRE V. Ademar,	pag. ibid.
975. RICUIN II.	pag. ibid.	1421. B. LOUIS ALLEMAN,	p. 142.
999. PIERRE I.	pag. 13.	1424. GUILLAUME V. dit le Roy,	pag. 145.
1048. ARNAUD I.	pag. ibid.		
1078. BERTRAND I.	pag. 19.	1429. LEGER Saporis,	pag. ibid.
1080. GOTHOFROI,	pag. 19.	1431. BERTRAND II.	pag. 144.
1110. GAUTIER,	pag. 25.	1433. ROBERT de Rouvres,	p. 144.
1129. RAYMOND,	pag. 29.	1450. MAUR de Valeville,	pag. 144.
1190. GUILLAUME I. Raymond,	pag. 39.	1471. JEAN VI. Bonail,	pag. 146.
		1487. ISARN de Barriere,	pag. 146.
1197. GUILLAUME II. de Fleix,	pag. 42.	1498. Guillaume I. Peliffier,	pag. 149.
1203. GUILLAUME III. d'Altiniac,	pag. 45.	1527. GUILLAUME II. Peliffier,	pag. 150.
1216. BERNARD de Mezoa,	pag. 50.	1573. ANTOINE II. dit Subjet,	p. 170.
1234. JEAN II. de Montlaur,	pag. 54.	1597. GUITARD de Ratte,	pag. 172.
1247. RAYNIER,	pag. 58.	1602. JEAN VII. dit Garnier,	p. 175.
1248. PIERRE II. de Conchis,	p. 63.	1608. PIERRE V. de Fenoüillet,	pag. 177.
1256. GUILLAUME IV. Chriftophle,	pag. 66.	1657. FRANÇOIS BOSQUET,	pag. 183.
1262. BERENGER de Fredol,	p. 69.	1677. CHARLES DE PRADEL,	pag. 184.
1296. GAUCELIN I. de la Garde,	pag. 75.	1696. CHARLES-JOACHIM Colbert,	pag. 187.
1304. PIERRE III. de Levis,	pag. 79.		
1309. JEAN III. de Cominges,	p. 80.	1738. GEORGE-LAZARE - BERGER de Charancy.	
1317. GAILLARD de Saumate,	p. 83.		
1318. ANDRÉ de Fredol,	pag. 83.		

II. PARTIE DE L'HISTOIRE
DE MONTPELLIER.
Contenant la fuite des Evêques de Maguelone, jusqu'au renversement de cette Isle sous Charles Martel.

LIVRE PREMIER.
CHAPITRE I.

I. Sentiment de Garriel sur l'Origine de l'Eglise de Maguelone. II. Ce que l'on peut croire de son sentiment. III. Preuves certaines de ses Evêques dans le cinquième Siecle.

QUOIQUE l'Eglise de Maguelone passe constamment pour une des plus anciennes de Languedoc, il faut néanmoins avoüer que sa premiere Époque n'est pas bien certaine. Pierre Garriel, dans la suite qu'il a donné au Public des Evêques de Maguelone, fait une dissertation, pour établir autant qu'il le peut, que Simon le Lepreux, chez qui le Sauveur mangea à Bethanie six jours avant sa Passion, ayant été mis sur un vaisseau sans voiles & sans rames avec le Lazare, Marthe & Magdeleine, ils arriverent heureusement sur les côtes de Provence, où Lazare fonda l'Église de Marseille, & Simon vint établir celle de Maguelone. Il nous aprend en même-tems qu'il y souffrit le martyre, ayant été submergé dans l'étang des Volsques qui environne la Ville de Maguelone. *Simon Stagno Volscarum immersus nobile fecit Martyrium.*

Series præsul. Magalon.

Page 24.

Il faut avoüer qu'une origine aussi ancienne seroit bien glorieuse pour l'Eglise de Maguelone; mais la verité de l'histoire ne permet point d'embrasser une opinion, précisément parce qu'elle est avantageuse : car il faut auparavant qu'elle soit probable. Or il est très-douteux, selon nos plus anciens Auteurs, que la Religion Chrétienne ait été reçûe dans les Gaules du tems des Apôtres.

A

HISTOIRE DE LA VILLE DE MONTPELLIER,

Sulpice Severe qui vivoit dans le cinquiéme fiécle, en parlant des Martyrs de Lyon qui foufrirent fous *Marc Aurele* dans la *V.* perfecution, c'eft-à-dire, environ l'an de Jefus.Chrift 180. dit pofitivement, que ce fut alors qu'on vit pour la premiere fois des Martyrs dans les Gaules, parce, ajoute-t'il, que la Religion Chêtienne y fut reçuë bien tard. *tum primum intra Gallias Martyria vifa, ferius trans Alpes Dei Religione fufceptâ.* Et Gregoire de Tours, parlant des premiers Evêques qui porterent l'Evangile dans les Gaules en deça de Lion, dit auffi, que durant la paix que les Empereurs Philippe Pere & Fils laifferent à l'Eglife, le Pape Fabien & fes Succeffeurs envoyerent dans les Gaules, *Denis* qui fut Evêque de Paris, *Trophime* à Arles, *Paul* à Narbonne, *Gatien* à Tours, *Stremoine* en Auvergne, *Martial* à Limoges, & *Saturnin* à Touloufe, qui moururent tous fur la fin du troifiéme fiécle, les uns durant la perfécution de Dece, & quelques autres plus tard.

<small>*De Martir. Lugdun.*</small>

<small>*Hift. Franç. chap. 30.*</small>

Ce fentiment a fi fort prévalu parmi les habiles Critiques, que les Eglifes que je viens de nommer, ont repris dans la reformation de leur Breviaire l'ancienne tradition, & abandonné les Actes apocrifes qu'ils avoient du neuviéme ou du dixiéme fiécle. Ainfi, Paris ne pretend plus avoir pour Apôtre Saint Denis l'Areopagite, comme Hilduin Abbé de St. Denis commença de le pretendre dans le IX. Siécle. Ainfi, Narbonne n'affûre plus *Paul Serge* le Proconful pour fon Apôtre, mais feulement ce même Paul qui fut envoyé dans les Gaules fous l'Empire de Dece. Par où l'on peut fixer l'époque de St. *Aphrodize* Evêque de Beziers, Difciple de St. Paul de Narbonne; celle de St. Papoul Difciple de Saturnin de Touloufe; celle de Crefcent Evêque de Carcaffonne, & Difciple de St. Paul ; celle de St. Flour Evêque de Lodeve, que Mr. *Plantavit* dit qu'il faut mettre du tems de St. Martial.

<small>*Chronol. præfal. L...ov. pag. 7.*</small>

Je ne parle point de quantité d'autres anciennes Eglifes du Languedoc, qui ont prétendu avoir pour Fondateurs quelqu'un des Difciples des Apôtres ; mais elles fe trouvent dans de grandes peines pour leur donner des Succeffeurs durant les quatre ou cinq premiers fiécles. Ainfi Narbonne ne compte que le feul *Eftienne*, entre Paul fon premier Évêque, & Hilaire, à qui le Pape Boniface écrivit en 423. Touloufe n'en peut nommer que quatre ou cinq, qui même lui font difputez, entre Saturnin & *Exupere* qui vivoit dans le cinquiéme fiécle. Beziers ne connoit que *Agritius* & *Paulin*, depuis St. Aphrodize jufques bien avant dans ce même fiécle. Agde & Nîmes ne montent pas plus haut que dans le fixiéme. Lodeve ne compte que deux Evêques entre St. Flour & *Helladius* qui vivoit en l'année 451. Carcaffone ne fçait qu'incertainement le tems où vivoient St. Gimier & St. Hilaire, qu'elle reconnoit pour fes Evêques ; & la fuite de leurs Succeffeurs ne commence que dans le fixiéme fiécle. Cominge & Perpignan ne montent pas plus haut.

Il n'eft pas néceffaire de faire ici mention de Montauban, Mirepoix, Caftres, Lavaur, Alet, St. Pons, St. Papoul, Rieux & Pamiers, dont les Eglifes font très-modernes. Le Pape Jean XXII. comme tout le monde fçait, ayant érigé en Evêché les Abbayes, Prieurez ou fimples Eglifes Paroiffiales qui étoient auparavant dans ces Villes.

Il eft vrai que les Eglifes du Puy & de *Viviers* ont confervé dans leur Legende une fuite de leurs Evêques des cinq premiers fiécles ; mais elle ne contient que leur nom, fans marquer le tems où ils vécûrent, ni les actions de leur vie. Ainfi l'Eglife d'Alby, quoiqu'ancienne, ne fe trouve avoir rien de bien certain que dans le V. fiécle; & celle de *Mende*, dont les Evêques font apellez Evêques de Gevaudan, *Epifcopi Gabalitani*, ne trouve de Succeffeur à St. Privat fon premier Evêque, que dans le premier Concile d'Arles en 314. & dans celui d'Agde en 506.

On aporte pour raifon de cette obfcurité, les Perfecutions générales & particulieres, qui defolerent l'Eglife jufqu'à Conftantin ; & particulierement celle de Diocletien, qui donna des ordres très-feveres de déchirer les Livres & les Ecrits des Chrétiens. Mais fi c'eft une excufe de l'ignorance où nous fommes fur ces premiers fiécles, cette raifon n'établit rien de pofitif, & nous ne fommes

II. PARTIE. LIVRE PREMIER.

pas moins en peine sur les faits dont nous aurions besoin d'être éclaircis. Cependant comme l'Histoire ne doit donner pour certain que ce qui l'est, je me contente de dire, sans m'arrêter à des simples conjectures, que le plus ancien témoignage que nous ayons pour l'Eglise de Maguelone est tiré de *Mariana* dans son Histoire d'Espagne, où il dit, en citant un Auteur Arabe * qui vivoit dans le sixiéme siécle, que l'Empereur Constantin ayant donné la paix à l'Eglise, donna aussi plusieurs Evêques à des Villes d'Espagne qui en manquoient, & à la Gaule Narbonnoise, dans laquelle il nomme Narbonne, Beziers, Toulouse, Maguelone, Nîmes, Carcassonne, Lodeve, & Elne, aujourd'hui Perpignan. *Constantinus multis Urbibus Episcopos dedit eo honore carentibus... Ergo viris idoneis ad se vocatis, civitates in hunc modum distribuit. Primò Narbo designata est, aliæque septem Urbes, cum potestate jura sacra populis dandi moresque corrigendi. Earum hac sunt nomina Beterris, Tolosa, Magalona, Nemausus, Carcasso,* & præter has *Lutebe* & *Helena*.

* *Razes Arabs.*

Liv. VI. ch. 16.

Sur quoi M. Garriel (qui m'a indiqué cet endroit de Mariana) se fait une difficulté qui vient naturellement. Pourquoi (dit-il) fixer la fondation de ces Eglises au tems de Constantin, puisqu'il est certain que plusieurs d'elles avoient auparavant des Evêques, comme Narbonne & Toulouse ? A quoi il répond avec esprit, que la crainte des Persecutions ayant cessé, & la Religion ayant la liberté de se montrer à découvert sous le Regne de Constantin, elle parut prendre dès-lors son commencement, de la maniere qu'il est dit dans la Genese, qu'Enoch commença d'invoquer le nom du Seigneur, *Enoch cœpit invocare nomen Domini,* quoiqu'il soit constant qu'il y avoit avant Enoch des adorateurs du vrai Dieu.

Quelque ingenieuse que soit cette réponse, elle ne nous instruit pas davantage, & nous ne sommes pas moins en peine de sçavoir le nom de ces premiers Evêques qui nous furent donnez par Constantin. Il est vrai qu'on auroit pû tirer quelque éclaircissement de la souscription des Conciles qui furent tenus dans la Gaule Narbonoise durant le IV. & le cinquiéme siécle ; mais malheureusement pour nous, les Evêques qui y souscrivirent, se sont contentez de faire mention de leur Siége sans y mettre leur nom. C'est ce que l'on voit dans le premier Concile d'Arles sous l'Empereur Constantin en 314. dans le second de la même Ville sous l'Empereur Constance en 353. durant lequel, Saturnin Evêque d'Arles fit déposer Paulin Evêque de Treves. On le voit encore dans le Conciliabule de Beziers sous le même Empereur en 356. durant lequel la faction du même Saturnin fit exiler St. Hilaire Evêque de Poitiers. Les Actes du Concile d'Orange sous Valentinien en 441. ni ceux du troisiéme d'Arles sous Avitus en 455. ne nous marquent rien qui puisse nous donner connoissance d'aucun Evêque de Maguelone. Ainsi il faut recourir à d'autres preuves qu'à celles que nous aurions pû tirer de tous ces Conciles.

Je dirai donc que le plus ancien Evêque de Maguelone dont nous ayons quelque témoignage est ÆTHERIUS, qui souscrivit avec St. Rustique Archevêque de Narbonne à la Lettre que les Evêques de la Province écrivirent en 451. au Pape St. Leon, laquelle commence par ces mots : *Perlatâ ad nos Epistolâ Beatitudinis vestræ, quam ad Orientem pro Catholicæ fidei assertione misistis,* &c. On trouve cette Lettre dans le premier Volume des Conciles du P. Sirmond, où veritablement on ne voit la souscription d'Ætherius qu'en ces termes : *Ego ætherius sanctitatem tuam in Domino saluto,* sans qu'il y soit fait mention de la Ville de Maguelone. Mais ce défaut est avantageusement reparé par un autre exemplaire de la même Lettre, recüeilli par feu Mr. *Savaron* Président en la Senéchaussée de Clermont en Auvergne, dont le sçavoir & le merite fut connu dans toute la France. Car dans les Manuscrits qui ont resté au pouvoir des Chartreux de Bonpas, on trouve cette même Lettre avec la souscription de tous les Evêques de la Province en cet ordre.

Rusticus, Episcopus Narbonensis.
Helladius, Episcopus Lodovensis.
Ætherius, Episcopus Magalonensis.
Eugenius, Episcopus Nemausensis, &c.

CHAPITRE SECOND.

I. Succeſſeurs d'*Ætherius* dans l'Evêché de Maguelone. II. Revolte de l'Evêque *Guimilus* contre le Roy Vamba. III. Irruptions des Sarraſins dans le Languedoc qui occaſionnerent la deſtruction de Maguelone. IV. Et le changement du Siége à *Subſtantion*.

SUIVANT le Manuſcrit de Savaron dont j'ai déja parlé, *Ætherius* eut pour Succeſſeur dans le Siége de Maguelone. VINCENT I. qui fut contemporain de St. Firmin Evêque d'Uſez euviron l'an 550. Il eſt fait mention de lui dans l'Hiſtoire des Archevêques d'Arles, car on lui attribuë ces paroles de Saxius qui a compoſé cette Hiſtoire, *De Meſſano Presbitero eſt elegans Epiſtola in noſtro Codice, De Conſecratione Eccleſia D. Hermetis ad Vincentium Epiſcopum*.

<small>Chap. 62.</small> VIATOR ſouſcrivit, comme Évêque de Maguelone, au Concile de Brague tenu en l'année 557. comme il conſte par les Chroniques d'Eſpagne, d'Ambroiſe Moralez, & plus encore par l'Édition des Conciles imprimée à Cologne en 1552. veritablement Garriel ſe fait ſur cela diverſes difficultez, mais il n'eſt pas ſuivi par Mrs. de Ste. Marthe, qui comprennent *Viator* parmi les Evêques de Maguelone.

BOETIUS fut du nombre des Evêques du Royaume des Viſigots, que le Roy Recarede, après ſa converſion à la Religion Chrêtienne, invita de ſe trouver au III. Concile de Tolede, qu'il fit aſſembler en 589. L'Évêque de Maguelone ne pouvant y aſſiſter en perſonne y envoya ſon Archidiacre *Geneſius*, qui ſouſcrivit pour lui en ces termes : *Ego Geneſius in Chriſti nomine, Archidiaconus Eccleſia Magalonenſis Vicem gerens Domini Boëtii Epiſcopi ; ſubſcripſi*.

Sur la fin de la même année le Roy Recarede ayant fait tenir un Concile Provincial à Narbonne pour y faire recevoir les Decrets du Concile de Tolede, Boëtius fut en état de s'y rendre en perſonne ; & c'eſt au bas de la ſouſcription des Evêques qui y aſſiſterent, qu'on voit la ſienne en ces termes : *Boëtius in Chriſti nomine Eccleſia Magalonenſis Epiſcopus, in has Conſtitutiones interfui & ſubſcripſi*.

On ajoûte que le Roy Recarede étant venu à Gironne, où il mit ſa Couronne Royale ſur le Tombeau de St. Felix, Boëtius s'y rendit, & aſſiſta à cette pieuſe cérémonie.

GENESIUS, qui, en qualité d'Archidiacre, avoit ſigné pour Boëtius ſon Evêque au III. Concile de Tolede, lui ſucceda dans le Siége de Maguelone. Il eſt connu par la ſouſcription de ſon Archidiacre *Eſtienne*, qui aſſiſta pour lui en 633. au IV. Concile de Tolede, auquel préſidoit St. Iſidore Evêque de Seville.

Quelques Auteurs ont voulu lui donner pour ſucceſſeur un *Eumenius*, qui ſe trouve ſigné au V. Concile de Tolede en 652. mais cet *Eumenius* eſt viſiblement un Abbé qui avoit aſſiſté à ce Concile.

GUIMILUS a flétri ſa mémoire par la conſpiration où il entra contre ſon Souverain, & par les troubles qu'il cauſa dans le Languedoc.

<small>Rerum Hiſpa-
niarum ſcriptores.</small> Nous en aprenons l'origine, & la ſuite des Hiſtoriens Eſpagnols, qui nous marquent que le Roy *Vamba* l'un des Princes Viſigots les plus religieux, ayant ordonné aux Juifs de ſortir de ſes États, pluſieurs de cette nation s'arrêterent dans le Languedoc, où ils gagnerent par leurs préſens *Ilderic* Comte de Nîmes, *Guimilus* Evêque de Maguelone, & un Abbé nommé *Raminir* ou *Ramir*. Ces trois perſonnes ayant pris les Juifs ſous leur protection, voulurent entraîner dans leur parti *Aregius* Evêque de Nîmes ; mais l'ayant trouvé toûjours inflexible, ils le firent charger de chaînes, le priverent de ſon Evêché, & mirent à ſa place l'Abbé Ramir, qui ſe fit ſacrer par deux Evêques étrangers, ſans confirmation du Prince, ni du Metropolitain.

Le Roy Vamba averti de ces deſordres, envoya des Troupes ſous la conduite
du

II. PARTIE. LIVRE PREMIER.

du Comte *Paul*, Grec de nation ; mais cet Infidéle s'étant joint aux Revoltez, ne fongea qu'à fe rendre maître de tout le Pays. Après s'être affûré de Nîmes & de Maguelone, il furprit Agde & Beziers, d'où il alla fe prefenter devant Narbonne. *Agebalus* qui en étoit Archevêque tâcha de lui en faire fermer les Portes; mais le Comte Paul l'ayant prévenu, y mit une forte Garnifon, & fit entendre au Peuple qu'il ne devoit plus reconnoître le Roy *Vamba*, dont il décria beaucoup le Gouvernement. A quoi le Duc *Renofcinde* ajoûta, qu'on ne pouvoit mieux faire que de choifir le Comte Paul lui-même, ce qui fut agreé & fuivi par tout le Peuple. Le Comte ayant donc accepté fa nomination, il fe fit prêter ferment de fidelité; & pour fe maintenir dans fon ufurpation, il fe menagea le fecours des François, & des Efpagnols de la Province de Tarragone.

Cette revolte qui devenoit très-ferieufe pour le Roy *Vamba*, l'obligea de compofer avec les Peuples de la Bifcaye aufquels il faifoit actuellement la guerre; & faifant marcher fon Armée vers le Languedoc, il la divifa en trois Corps, l'un defquels avoit ordre de paffer à la vûë de Maguelone.

Le Roy qui fuivoit de près, vint fe prefenter devant les murailles de Narbonne. A fon arrivée le Comte Paul prit la fuite, fe contentant de laiffer la garde de cette Place au Duc *Renofcinde*, qui fit une longue & belle refiftance. Le Roy n'ayant jamais voulu lever le Siége, obligea enfin la Ville de fe rendre. Après quoi il conduifit fon Armée à *Beziers* & *Agde*; ce qui donna (dit l'Hiftorien) bien de l'épouvante à *Guimilus* Évêque de Maguelone, qui voyant les préparatifs qu'on faifoit déja pour venir l'affieger par eau & par terre, prit auffi-tôt la fuite, & fe rendit par des chemins écartez dans la Ville de Nîmes où le Comte Paul s'étoit refugié.

Les Revoltez vinrent fe prefenter devant l'Armée du Roy pour lui difputer les aproches de Nîmes; mais la partie n'étant pas égale, le Comte jugea plus à propos de faire retirer fes Troupes dans la Ville, & d'en foûtenir le Siége. Il fe défendit fi bien contre les premieres attaques, qu'il fit fouvent douter du fuccès de cette Guerre: mais les Affaillans ayant redoublé leurs efforts, & étant prêts de forcer les murailles, le Comte commença de perdre courage, & s'enfuit dans le Château des *Arenes*, qui eft l'Amphiteâtre de la Ville. Cette démarche acheva d'ôter le cœur à ceux qui combattoient pour lui. Les Soldats du Roy entrerent dans la Ville, la mirent au pillage, & y firent un fi grand carnage, que les ruës étoient pleines de corps morts.

Le Comte qui du haut de l'Amphiteâtre voyoit une fi grande defolation, comprit qu'il ne lui reftoit d'autre reffource qu'en la clemence du Roy. Il commença par quitter tous les ornemens Royaux, en prefence de ceux qui l'avoient fuivi dans les Arenes; & pour fléchir le Roy, s'il étoit poffible, il employa le même Archevêque de Narbonne, dont nous avons parlé. Ce bon Prélat, après avoir offert le Sacrifice, fortit de la Ville revêtu des mêmes ornemens avec lefquels il avoit celebré; & auffi-tôt qu'il put être aperçû du Roy, il defcendit de fon cheval, courut fe jetter à fes pieds; & les larmes aux yeux, il le conjura de vouloir épargner la vie de fes Sujets, quoique coupables. Le Roy lui répondit qu'il étoit las de répandre du fang, & qu'il vouloit bien épargner ceux qui avoient échapé du carnage; mais qu'une auffi grande faute que celle des Revoltez demandoit un exemple. L'Archevêque ayant voulu infifter, le Roy n'en parut pas content; & marchant auffi-tôt vers la Ville, il y entra avec le refte de fes Troupes. Le Comte Paul frapé alors plus que jamais de l'horreur de fon crime, & de la crainte des punitions qu'il meritoit, alla fe cacher dans une des caves de l'Amphiteâtre, où deux Officiers de l'Armée de *Vamba* l'ayant découvert, ils l'en tirerent de force, & le traînant par les cheveux, ils l'amenerent au Roy.

A peine ce traître eut aperçû fon Maître, qu'il quitta fa ceinture, & fe jetta à fes pieds. Le Roy ayant fait figne qu'on l'ôtât de fa vûë, il le fit garder étroitement, jufqu'à ce qu'il eût deliberé avec fon Confeil ce qu'il en devoit faire. Il congedia cependant les Gentilshommes François qui s'étoient trouvez avec

B

le Comte Paul, leur permettant de se retirer & de retourner dans leur maison.

Trois jours après, les Coupables furent conduits les fers aux pieds devant le Roy pour entendre leur Jugement. La forme qu'on observa dans cette Procedure nous a été conservée par Julien de Tolede; & peut-être que le Lecteur ne desaprouvera pas que j'en raporte le détail, quand ce ne seroit que pour juger des mœurs & des manieres de ce tems-là. Le Roy donc étant assis sur son Trône, au milieu de son Armée & des Seigneurs de sa Cour, commanda au Comte Paul & à ses Complices de lui dire sous le sceau du Serment, s'ils avoient jamais reçû aucun déplaisir de lui, qui eût pû les porter à prendre les armes contre son Service. A quoi le Comte ayant répondu que, bien loin de là, il avoit reçû de lui plus de biens & de faveurs qu'il n'en meritoit : Pourquoi donc, repliqua le Roy, vous êtes-vous revoltez ? C'est le Diable qui nous l'a fait faire, dirent-ils tous comme de concert. Cette réponse faite, on leur fit reconnoître leur seing dans le Serment de fidelité que toute la Nation avoit prêté au Roy *Vamba*; & la lecture en ayant été faite, on lut aussi le Serment que le Comte Paul avoit exigé de ceux qu'il avoit entraîné dans sa Revolte.

Le tout ayant été verifié, on fit lire les Decrets des Conciles de Tolede, consentis par toute la Nation, contre ceux qui auroient troublé le repos de l'État, ou qui auroient attenté contre l'autorité du Prince. On fit aussi la lecture des Loix des Visigots sur le même sujet; & le Conseil étant venu aux avis, il fut décidé, que puisque les Conciles avoient prononcé Sentence d'Excommunication contre l'ame de ceux qui auroient troublé l'État, il étoit hors de doute que la justice du Roy ne pût les punir en leur corps par une mort infame. Que si pourtant le Roy vouloit leur faire grace, ce ne devoit être que pour être enfermez pour toûjours dans une prison, après avoir eu les yeux crevez, & tous leurs biens confisquez, pour leur propre punition, & pour l'exemple des autres.

Ce Jugement ainsi rendu, le Roy resta dans son Camp, qu'il fit garder avec soin, en attendant de voir si quelqu'un remueroit dans le Pays; mais les Partisans des Rebelles étoient si effrayez qu'ils disparurent par tout, excepté du côté de Beziers, où le Duc *Lupus* fit quelque ravage. Le Roy y accourut avec ses Troupes; & au seul bruit de sa marche, *Lupus* qui étoit à *Aspiran*, prit la fuite avec tant de précipitation, qu'il abandonna ses équipages.

Vamba s'étant rendu à Narbonne y congedia une partie de ses Troupes. Il nomma de bons Gouverneurs pour les Places qu'il laissoit dans le Languedoc, & renouvella ses Ordonnances contre les Juifs, qu'il chassa de tout le Pays. Puis prenant la route d'Espagne, il envoya devant lui sur des chariots les Rebelles qu'il avoit vaincu, & fait juger à Nîmes.

Julien de Tolede, qui nous a donné l'Histoire de ce grand évenement, nous a conservé aussi le détail de cette triste marche. Il raporte que ces miserables étoient sur leurs chariots vêtus de méchans habits, tissus de poil de chameau, la tête & la barbe rase, & pieds nuds. Que le Comte Paul, qui avoit pris les marques de la Royauté, paroissoit à leur tête, portant une Couronne de cuir noircie avec de la poix, & qu'en cet état ils firent leur entrée dans la Ville de Tolede, au milieu des huées d'un nombre infini de peuple.

Depuis ce tems il n'est plus parlé de Guimilus Évêque de Maguelone, qui selon toutes les aparences, finit ses jours dans la prison à laquelle il avoit été condamné.

Les Chanoines de Maguelone demanderent alors au Roy *Vamba*, Vincent II. qui se trouve le Successeur immédiat de Guimilus. Ce fut de son tems qu'on fit en Espagne une division de toutes les Metropoles du Royaume, où l'on voit les limites des Évêchez de leur suffragance. J'ai crû devoir en extraire ce qui regarde le Diocése de Maguelone & ceux qui lui sont voisins, de la maniere que Duchesne le raporte.

Hist. Franç. tom. prem. pag. 854.

Narbona Metropoli subjacent hæ Sedes.

Beterris hæc teneat, de Staleth usque Barcinona. De Macaï usque Ribafora. Agatha hæc teneat, de Nuza usque Riberam. De Gallar usque Mirlam. Magalona

II. PARTIE. LIVRE PREMIER.

hæc teneat, de *Nuza* ufque *Angoram*. De *Caftello* ufque *Sambiam*. *Luteba* hæc teneat, de *Lambia* ufque *Rabaval*. De *Anges* ufque ad *Montem Rufum*. *Carcaſſona* hæc teneat, de *Monte rufo* ufque *Angeram*. De *Angoſa* ufque *Montana*. *Elna* hæc teneat, de *Angera* ufque *Rocinolam*. De *Laterofa* ufque *Lamuſam*.

On trouve ce même partage dans l'Hiſtoire d'Eſpagne de *Lucas Tudenſis* avec une alteration peu conſiderable de quelques-uns de ces noms. Mais ils nous ſont également inconnus, & il ſeroit bien difficile de regler aujourd'hui ſur cet ancien partage les limites de nos Diocéſes.

Peu de tems après qu'on eut fait ces Reglemens, le Roy Vamba fut dépoſſedé par *Errige*, qui cherchant, comme la plûpart des Rois ſes prédéceſſeurs, à faire confirmer dans des Conciles leur legitime Élection, ou leur Uſurpation violente, fit aſſembler le XIII. de Tolede, où Vincent II. Évêque de Maguelone fut apellé avec ſes autres Comprovinciaux. On voit leur ſeing dans les actes de ce Concile, & l'on ajoûte que Vincent fut enſuite le triſte témoin des irruptions que les Sarraſins, maîtres de l'Afrique, commencerent de faire alors ſur les Côtes de l'Europe qui regardoient la Mediterranée. Leur vaiſſeaux ayant ſouvent porté la deſolation dans la Sicile & dans l'Italie, entrerent enfin dans le Languedoc par le Grau de Maguelone, d'où ils allerent ravager toutes les Terres des environs. Il eſt fort croyable (comme Garriel l'aſſûre) que Vincentius vivoit alors; mais il eſt difficile à croire (comme il ajoûte) que ce même Évêque fût encore en place en 737. qui eſt l'année fatale du premier changement de ſon Siège, puiſqu'il lui auroit falu cinquante-quatre ans d'Épiſcopat, depuis l'année qu'il aſſiſta au Concile de Tolede, juſqu'à la deſtruction de Maguelone.

On ſçait aſſez, par tout ce que j'en ai déja dit, que les Sarraſins ayant pénetré en France, furent repouſſez par Charles Martel juſques ſur nos Côtes, où il ordonna qu'on démolît toutes les Villes qui pouvoient ſervir de retraite à ces Infidéles. Maguelone fut la première qui ſe reſſentit de cet ordre rigoureux: ſes murailles furent entierement démolies, & ſes Habitans contrains d'aller chercher ailleurs une habitation. Cet évenement célébre donna lieu à l'établiſſement de Montpellier, que pluſieurs de ces Fugitifs entreprirent de bâtir. Mais l'Évêque & le Clergé de Maguelone ayant beſoin de trouver un lieu tout formé, crûrent ne pouvoir mieux faire que de choiſir l'ancienne Ville de *Subſtantion*, connuë du tems des Romains ſous le nom de *Sextaſtatio*. Elle eſt ſur les bords de la Riviere du Lez au-deſſus de Caſtelnau, & du même côté en montant la Riviere. C'eſt là que les anciens Comtes qu'il y avoit à Maguelone changerent leur demeure, de même que ſon Clergé, qui y reſta trois cens ans, comme nous le dirons dans le Livre ſuivant.

HISTOIRE ECCLESIASTIQUE DE MONTPELLIER.

LIVRE SECOND.

Contenant la suite des Evêques qui residerent à Subſtantion, depuis 737. juſqu'au onziéme Siécle.

CHAPITRE PREMIER.

I. *Raiſons du vuide qui ſe trouve dans l'Hiſtoire des premiers Evêques qui reſiderent à Subſtantion.* II. *Suite de ceux qui nous ſont connus.* III. *Premier & ſecond Concile de Villa-Portus dans le Dioceſe de Maguelone.*

A diſperſion des Habitans de Maguelone, jointe aux troubles qui arriverent dans le Pays ſous le Regne du Roy Pepin, & ſous une bonne partie de celui de Charlemagne, nous ont fait perdre les Mémoires d'où nous aurions pû tirer la ſuite des premiers Evêques qui reſiderent à Subſtantion. Nos Regîtres publics ne montent pas ſi haut, & ce n'eſt que par l'Hiſtoire générale de l'Egliſe que nous connoiſſons

Evêques à Subſ-tantion.
I.

JEAN I. qui eſt ſigné dans les Actes du Concile de Narbonne tenu en 788. contre Felix d'Urgel ; d'où l'on doit inferer que cet Evêque étoit contemporain de St. Benoît d'Aniane, qui eut beaucoup de part à la tenuë de ce Concile.

II.

La protection ſinguliere que les Empereurs Charlemagne & Loüis le Débonnaire donnerent à cet illuſtre Abbé, tourna beaucoup à l'avantage des Egliſes de la Province ; car outre les graces qu'il obtint pour elles de ces deux Princes, il leur procura de dignes Evêques, parmi leſquels on marque

STABELLUS qui ſucceda à Jean I. dans le Siége de Maguelone, dont il occupoit déja la place en 804. comme il conſte par le nom des Evêques qui aſſiſterent cette même année à la Dédicace de l'Egliſe de St. Sauveur d'Aniane. Stabellus y eſt nommé *Epiſcopus Magalonenſis* ; d'où l'on infere qu'il fut dans une grande liaiſon avec St. Benoît d'Aniane, dont la mort lui fut revelée après ſon decès, quoiqu'ils ſe trouvaſſent alors fort éloignez l'un de l'autre. *Ejus etiam obitus ſtabello Magalonenſi Epiſcopo revelatus eſt*, dit l'Auteur de la Vie de ce Saint.

STABELLUS.

Ardo Abbas.

RICUIN I. eſt reconnu pour avoir tenu le Siége de Maguelone durant cinq années, qui commencerent en 812. & finirent en 817. Ce fut de ſon tems que les Comtes de Subſtantion ayant accordé leur protection aux Fugitifs qui étoient venus ſe refugier à Montpellier, on fit le partage des deux diſtricts de Montpellier & de Montpelieret. Alors l'Evêque Ricuin, pour leur donner le moyen de

C

10 HISTOIRE ECCLESIASTIQUE DE MONTPELLIER,

s'assembler pour l'exercice de leur Religion, consacra une Chapelle à l'honneur de la Ste. Vierge, dans le même lieu où est aujourd'hui Nôtre-Dame des Tables.

Après sa mort il y eut de grands troubles dans le Pays pour lui donner un Successeur. Bernard, Duc de Septimanie, portoit un nommé *Fulbold*, homme riche & de grande naissance, mais de fort mauvaises mœurs. D'un autre côté, le Clergé de Maguelone vouloit *Fredol de Substantion*, homme noble & recommandable par sa pieté. Le Duc en étant venu aux voyes de fait, le Peuple & le Clergé (au raport d'Aimon le Moine) porterent leurs plaintes au Roy Loüis le Débonnaire, qui rejettant les deux concurrens, nomma un saint Prêtre, qui fut

ARGEMIRE, connu dans nos Archives par la protection & par les liberalitez qu'il reçut de l'Empereur Loüis le Débonnaire. Car, outre les Terres du *Terrail*, de *Baillargues*, de *Vedas*, de *Montelz*, de *Chaulet*, & de *Locon*, qu'il lui donna, comme nous l'aprenons de Verdale; Nous voyons par un Rescript de cet Empereur, donné à Aix-la-Chapelle le jour des Ides de Mars & la sixiéme année de son Empire, c'est-à-dire en 819. qu'il fit rendre à l'Eglise de St. Pierre de Maguelone, *Ubi Deo Authore Argemirus præest*, le lieu de Villeneuve dans le terroir de Maguelone, de la maniere que le Comte Robert l'avoit euë, *in Beneficium*. Et par d'autres Lettres que nous avons de même date, il prend sous sa protection Imperiale les biens & les personnes de l'Église St. Pierre de Maguelone, *Ubi venerabilis Argemirus Episcopus præest*.

809.

Une si haute protection l'ayant mis à l'abri des troubles qu'il auroit pû recevoir des Seigneurs de son voisinage, il s'attacha à faire fleurir la Religion dans Montpellier, qui devenoit la portion la plus considerable de son Diocése. Il le partagea en deux Paroisses, dont l'une sous le nom de St. Firmin, comprenoit les trois quarts de la Ville, & l'autre sous l'Invocation de St. Denis, étoit pour Montpelieret & pour son Fauxbourg. Mais pour exciter dans son peuple une plus grande dévotion pour la Ste. Vierge, à l'honneur de laquelle on avoit déja dressé une Chapelle, il obtint du Pape Gregoire IV. une Bulle que l'on conserve dans les Archives de l'Hôtel de Ville, dans laquelle le Saint Pere accorde plusieurs graces spirituelles à ceux qui contribueroient de leurs biens à l'édifice & à l'augmentation de cette Eglise.

ABBO son Successeur continua cet ouvrage. Et nos Historiens remarquent que le Pape Jean VIII. ayant été contraint de quitter la Ville de Rome pour venir se refugier en France, il fut invité par *Abbon*, à son passage par Arles, de venir à Montpellier, pour voir la nouvelle Église qu'il y avoit bâti, & que Dieu avoit déja renduë célébre par les guerisons miraculeuses qu'on y recevoit. Mais le Pape s'étant excusé sur la necessité d'aller joindre le Roy qui l'attendoit, il engagea l'Évêque *Abbo* de le suivre au Concile de Troyes qu'il devoit tenir. En effet, on trouve sa souscription parmi celle des Évêques qui assisterent à ce Concile, & on la trouve de même à la fin des Reglemens qui furent faits à Compiegne lors du Couronnement de Loüis le Begue en 877. signez en ces termes : *Abbo, Episcopus Magalonensis, subscripsi*.

Baluse Capitulaires Liv. 2. pag. 276.

Mais nous trouvons deux occasions plus interessantes pour notre Diocése & pour la Province de Narbonne, où ce Prélat eut beaucoup de part. J'entends parler des deux Conciles tenus de son tems dans un petit lieu appellé *Villa-Portus*, aujourd'hui *Nôtre-Dame des Ports*, sur les limites des Diocéses de Nîmes & de Maguelone.

III

La vie de St. Theodard, natif de Montauban, & Archevêque de Narbonne, raportée par Catel dans ses Memoires du Languedoc, nous aprend le nom des Évêques qui assisterent à ces Conciles, & le sujet qui les fit assembler.

Page 760.

Un nommé *Selva*, soi-disant Archevêque, avoit chassé de Gironne *Servus Dei*, & mis à sa place *Ermemirus*, qui trouva le moyen de se faire sacrer par *Frodon* de Barcelone, & par *Godmar* d'Ausone. Les plaintes en ayant été portées au Pape Estienne VI. il envoya sur les lieux pour en être mieux informé, & commit Theodard Archevêque de Narbonne, de qui les Évêques de Catalogne ressortoient alors, parce que Tarragone leur Metropole étoit occupée par les Maures. Le St. Archevêque fit un voyage dans sa Province, pour inviter tous

II. PARTIE. LIVRE SECOND.

les Évêques & leurs voisins même de venir au Concile. Les Archevêques d'Arles & d'Embrun, avec les Evêques d'*Apt*, de Marseille, & quelques autres lui promirent de s'y trouver. Cependant St. Theodard fit assembler tous ses Suffragans, sçavoir, les Evêques de *Nîmes*, *Carcassone*, *Alby*, *Usex*, *Maguelone*, *Agde*, *Beziers*, *Elne*, *Ausone*, *Urgel*, *Gironne*, *Toulouse* & *Lodeve* : & tous ensemble avec ceux de la Provence, qui s'étoient déja rendus à *Villa-Portus*, ils commencerent la tenuë du Concile le xv. des Kal. de Decembre 886. selon Catel & le P. Sirmond.

886.

Selva & *Ermemirus* y furent déposez, & reduits à la Communion Laïque. Mais *Frodon* & *Godmar* ayant imploré la misericorde des Peres du Concile en se jettant à leurs pieds, reçûrent le pardon de leur faute, sous certaines conditions qui ne sont pas de nôtre Histoire.

Le second Concile tenu en ce même lieu en 897. ne fut pas si nombreux en Evêques que le premier : mais nous en avons les Actes plus entiers, que nous devons aux soins de Mr. Baluze, qui les ayant découverts dans les Archives de Narbonne, les a donnez au Public dans son Livre qui a pour titre *Concilia Ecclesiæ Narbonensis*.

Ces Actes nous aprenent que *Abbo* Evêque de Maguelone en fit le principal sujet, puisque ce Concile ne fut tenu que à l'occasion des plaintes que porta contre lui un Prêtre nommé *Adalphredus*, chargé du soin de la Paroisse de St. Jean de Cocon, (aujourd'hui le Mas de Manse.)

Il s'agissoit des Dîmes de cette Paroisse, dont une partie avoit été détournée en faveur de l'Eglise de St. Andoque, nouvellement bâtie dans la Paroisse de *Cocon*. Le Prêtre *Adalphredus* disoit que son Eglise avoit joüi des Dîmes depuis près de cent ans, & que celle de St. Andoque ne les percevoit que depuis sept années.

L'Evêque *Abbo* soûtenoit le contraire. Ce qui rendit les Peres du Concile fort incertains sur l'éclaircissement du fait. Alors tous d'un commun avis prierent Abbo de leur dire ce qu'il sçavoit de certain sur cette affaire. Et le Prélat, (comme disent les Actes) aimant mieux déclarer la verité que de la tenir cachée, dit, en presence de tous les Evêques, Abbez, & autres personnes qui composoient l'Assemblée, que le droit étoit plus canoniquement acquis à l'Eglise de St. Jean de Cocon.

CHAPITRE SECOND.

I. *Concile de St. Vincent de Jonquieres.* II. *Suite des Evêques jusqu'à Arnaud premier.* III. *Qui forme le dessein de rétablir l'Eglise de Maguelone.*

GONTIER Successeur immédiat de l'Évêque *Abbo* assista en 894. au Concile de Maguelone, tenu cette même année à St. Vincent de Jonquieres, *apud Juncharias.*

GONTIER.
894.

C'est une ancienne Église tout auprès de Poussan à trois lieuës de Montpellier, située dans un fonds marêcageux rempli de joncs, qui lui ont fait donner le nom de Jonquieres. L'Église portoit le nom de St. Vincent dans le tems que le Concile y fut assemblé. Elle fut ruïnée durant les premieres guerres des Huguenots ; mais on en voyoit encore de grands restes dans le tems que Garriel composoit son Histoire des Evêques de Maguelone : car il dit qu'on pouvoit juger de la hauteur de la voute de cette Eglise, par la hauteur des fenêtres qui y restoient, & par un grand escalier en limaçon qui s'étoit conservé, d'où l'on pouvoit connoître que tout l'édifice avoit été conduit par quelque habile Architecte. Cette Église fut donnée dans le douzième siécle aux Benedictins de la *Chaize-Dieu* (comme nous le verrons en son lieu) & dans l'Acte de Donation, elle est apellée St. Vincent de Jonquieres. Ce que je marque exprès pour éclaircir les differentes erreurs des Copistes, qui ont mis *apud Juniarias*, ou bien, *apud Januarias*; ce qui a donné lieu à quelques Auteurs de croire que ce Concile avoit été tenu à *Juvignac*. Mais cette derniere Paroiffe eft dédiée à St. Gervais, & celle de *Jonquieres* l'a été toûjours à St. Vincent.

Vita Sti. Theodardi apud Caftellum pag. 761.

Le fujet de ce Concile fut une fuite du premier qu'on avoit tenu à *Villa-Portus*. Le Comte *Surianus* ou *Soarius* premier Comte d'Urgel, & Fils de Guillaume le Chevelu, comme Baluze le croit dans fes notes fur ce Concile, avoit été excommunié dans le Concile de Troyes fous le Pape Etienne VI. pour avoir foûtenu les entreprifes de *Selva* contre les Evêques d'Urgel & de Girone. Quoique cette affaire eût été terminée de la maniere que nous avons dit, le Comte avoit toûjours refté dans fon excommunication; mais étant enfin revenu à lui, il eut recours à fon Metropolitain qui affembla fes Suffragants à Jonquieres, pour fa reconciliation. Delà vient, comme nous les voyons dans les Actes, que les Peres de ce Concile prient l'Archevêque de s'affûrer de la penitence du Comte, & d'examiner tant lui que fes enfants, leurs femmes & leurs vaffaux, pour découvrir s'il ne leur refte point dans l'ame quelque mauvaife volonté *ut in vifceribus eorum nulla Machinamenta, nec ulla fallacia Diaboli remaneat*. Et au cas qu'il confte à l'Archevê-

Baluze Conc Prov. Narbonnes.

que de leur converfion fincere, ils le chargent d'abfoudre le Comte avec toute fa famille, & de les combler des benedictions exprimées, dont on voit un grand détail dans les Actes de ce Concile.

Nous aprenons de Garriel, dans l'article de l'Evêque Gontier, qu'il y eut de fon tems de grands démêlez entre les habitants de Montpelier & de Montpelieret, pour attirer chez eux les Chanoines de Subftantion, qui fe plaignants du mauvais air que leur caufoient les broüillards de la Riviere du Lez, fouhaitoient de fe changer à Montpellier, plûtôt que de fuivre leur Evêque à Villeneuve, où il fe tenoit ordinairement. Les differents projets qu'on fit alors ayant agité quelque tems les efprits, tomberent enfin d'eux-mêmes; & ce ne fut qu'après bien des fiécles que ce projet fut executé d'une maniere beaucoup plus avantageufe qu'elle n'auroit été alors.

937.

VVIBALD.

VUIBALD ou VUABALB, eft connu par la confecration faite en 937. de l'Abaye de St. Pons de Tomieres, que Pons Comte de Touloufe, & fa femme Garcinde venoient de fonder à l'honneur de St. Pons Martyr. Vuibald eft nommé comme Evêque de Maguelone dans les actes de cette cérémonie, qui nous aprenent qu'elle fut faite par Aimery Archevêque de Narbonne, affifté de Vuibald & des Evêques de Carcaffonne, de Beziers, & de Lodeve.

RICUIN II. nous eft beaucoup plus connu que Vuibald fon Predeceffeur, tant à caufe des chofes memorables qui fe pafferent durant fon Pontificat, que parceque nous en avons des mémoires plus particuliers, puifque c'eft à lui que commence l'Hiftoire que Verdale nous a donné des Evêques de Maguelone.

Il eft à obferver que quelques Écrivains étrangers ont confondu fouvent les faits arrivez fous *Ricuin I.* & Ricuin II. mais nos Auteurs modernes, par l'interet qu'ils y avoient, ont examiné les chofes de plus près; & en comparant les faits particuliers avec l'Hiftoire générale, ils ont débroüillé la vérité obfcurcie par les opinions des Écrivains qui regardoient les chofes de fort loin.

L'évenement le plus digne de remarque eft la donation que les fœurs de St. Fulcran firent à l'Evêque Ricuin, de Montpellier & de Montpelieret, comme nous l'avons déja dit au commencement de cet Ouvrage. Et enfuite la ceffion que Ricuin fit du diftrict de Montpelier à Guï, qui fit la fouche de nos Guillaumes.

Si l'on peut regarder cette donation comme un effet de la pieté des perfonnes qui la firent, on peut auffi en tirer des confequences de l'eftime & de la confiance qu'eurent les Seigneurs du Païs pour Ricuin, auquel ils reftituerent les Terres de l'Eglife qu'ils occupoient, & lui en donnerent gratuitement quelques autres.

Les plus remarquables font la reftitution du Château de *Gigean*, que Berenger Comte de Melgueil lui fit. La donation de Bernard fon fils des Terres de *Prunet* dans le Diocéfe de Beziers. Celle de *Xindrio*, d'*Arboras*, de *Murmuranegues*, de *Suffargues*, de *Novigens*, & de l'Eglife de St. *Bauzeli* dans le terroir d'Agonez.

Verdale nous marque encore, que *Gerard* homme noble, donna *Vic* avec toutes fes apartenances. Qu'un nommé *Auftraldus*, apellé homme illuftre, lui donna le lieu

de

II. PARTIE. LIVRE SECOND.

de *Virag*, avec celui de *Mafcalgo*, & que Fredol Seigneur de *La Verune* lui fit reconnoiſſance de ſon Château, que ſes Succeſſeurs ont toûjours tenu depuis des Evêques de Maguelone.

PIERRE I. eſt celui de nos Evêques dont le Pontificat fut le plus long, puiſqu'il le commença en 999. & ne le finit qu'en 1048.

Tout ce que Verdale nous aprend de lui, c'eſt que de ſon tems Bernard Comte de Melgueil fit donation en 1013. & ſous le Regne du Roy Robert, de l'Egliſe de Ste. Croix proche de Melgueil, au Monaſtere de *Cluſa* dans le Piémont.

999.

Nos autres Hiſtoriens, comme Garriel, & un vieux Manuſcrit de l'Evêché, nous aprennent qu'il fit la conſecration de l'Egliſe des Religieuſes de St. Geniez; & que dans les Actes qui ſont conſervez dans cette Abbaye, Pierre y eſt apellé Patriarche.

On trouve auſſi dans les Archives de l'Hôtel de Ville un accord fait entre Pierre Evêque de Maguelone & les Habitans de Montpellier, qui a pour titre: *Concordia quam fecit Petrus Epiſcopus cum hominibus Montis-peſſulani ſuper leudis apud Narbonam.* Les Habitans de Montpellier qui y ſont nommez, ſont, *Aimeric*, *Eſtienne*, *Guillaume Arnal*, & *Guillaume Aimon*, avec leſquels Pierre Evêque de Maguelone regle le droit de Leude, que les Habitans devroient payer pour les denrées qu'ils auroient fait venir de Narbonne, tant par eau que par terre.

On met de ſon tems la mort d'un Chanoine de Subſtantion, dont l'Epitaphe qui s'eſt trouvée depuis, eſt d'un ſtile tout à-fait énigmatique, & qui eſt expliquée au bas: je vais la raporter de la maniere que Garriel nous l'a donnée.

SUM. FUI. NON SUM. NON ERO.

Et à quelques interlignes,

SUM IN CÆLO. FUI IN CORPORE. ERO DENUÒ CUM ILLO. NON ERO CUM EJUS FRAGILITATE, GRAVITATE, IMPOTENTIA, REBELLIONE.

CHAPITRE TROISIE'ME.

ARNAUD.

I. *Paroles de Verdale ſur le deſſein projetté par l'Evêque Arnaud.* II. *Bulle qu'il obtient pour cet effet du Pape Jean XX.* III. *Obſervations ſur Verdale.*
IV. *Dédicace de l'Egliſe de Maguelone.*

ARNAUD I. Succeſſeur de Ricuin II. eſt célébre dans notre Hiſtoire par le projet qu'il forma le premier, de ramener à Maguelone les Chanoines qui étoient à Subſtantion depuis trois cens ans. Comme c'eſt une époque des plus remarquables pour l'Egliſe de Maguelone, j'ai crû devoir raporter mot-à-mot les paroles de Verdale, perſuadé comme je le ſuis, que la naïveté toute ſimple des Anciens, plaira beaucoup plus que ne feroit une narration étudiée. Je le fais avec d'autant plus de raiſon, qu'on y pourra voir une confirmation de tout ce que j'ai déja dit ſur Maguelone.

I.

" Pour l'intelligence (dit Verdale) de tout ce que j'ai à dire, il faut ſçavoir que la Cité de Maguelone, autrefois fameuſe & abondante en richeſſes, étoit floriſſante du tems des Anciens: car il y avoit là un Port de mer apellé juſqu'à preſent le Port Sarraſin, auquel les Galeres de ces Infidéles avoient un accès libre, en paſſant par le Grau qui communique de la mer à l'étang.

MAGUELONE.

" Les Sarraſins y faiſoient ſouvent des deſcentes, & emportoient tout le continent tout ce qu'ils y trouvoient. Mais du tems du grand Empereur Charles, la Cité de Maguelone fut détruite par ſon ordre: non pas qu'il le fît en haine de l'Egliſe, mais parce que les Sarraſins venoient s'y refugier en paſſant par le Grau, & de là ils ravageoient les Châteaux & les Villes voiſines, qui ve-

„ ritablement n'étoient pas alors confiderables, parce que Montpellier n'étoit pas
„ encore bâti.

„ Le renverfement que Charles fit de la Cité de Maguelone, priva les Habi-
„ tans de leurs anciennes demeures, & les Sarrafins du lieu de retraite qu'ils y
„ avoient. Mais quoique cette Ville perdît alors fon ancien luftre; elle con-
„ ferva néanmoins fon nom, & ne ceffa point d'être le Siége de l'Evêché : car
„ les Chanoines de Maguelone, qui étoient alors féculiers, & au nombre de
„ douze, fe retirerent à *Subftantion*, Cité affez forte, & fituée auprès de Châteauneuf.
„ Ils y demeurerent durant trois cens ans, avec un petit nombre de Clercs ou
„ de Prêtres qui les aidoient à chanter, & ils faifoient tous enfemble leurs petits
„ Offices, *fua Officiola celebrabant*, auprès des Reliques précieufes des Saints qui y
„ étoient en grand nombre, & qu'on y a gardées foigneufement depuis ce tems-
„ là jufqu'au tems prefent.

„ Les Evêques (durant ces trois cens ans) venoient rarement à Maguelone.
„ Ce qui fut une grande defolation qui dura pendant un grand nombre d'années
„ & durant la vie de plufieurs Evêques, fans que perfonne en fût touché ; car
„ tous ceux qui voyoient la trifteffe & la defolation de cette Eglife, paffoient
„ fans lui donner aucun fecours, comme firent le Prêtre & le Levite dont il eft
„ parlé dans l'Evangile, à l'occafion de cet homme qui étoit tombé entre les mains
„ des voleurs.

„ Dieu enfin touché de fon état, dit, comme nous lifons dans le fecond
„ Chapitre du Livre des Rois : *Je me fufciterai un Serviteur fidéle qui agira felon
„ mon efprit & mon cœur*.... Ce Prêtre fidéle fut le Seigneur Arnaud, d'heu-
„ reufe mémoire, premier de ce nom, Evêque de Maguelone, de qui nous
„ avons maintenant à parler.

„ Ce digne Prélat confiderant dans le defert les triftes ruïnes de fon Eglife,
„ & l'impuiffance où il étoit de la relever, tant à caufe que fes revenus n'étoient
„ pas fuffifans pour cela, que parce que les Terres de fon Evêché étoient déte-
„ nuës par les Nobles du Pays ou par leurs Vaffaux, il n'ofa point mettre la
„ premiere main à fon entreprife; mais jettant toute fa confiance en Dieu, il
„ prit la refolution d'aller trouver le très-Saint Pere Jean XX pour lui expofer
„ l'état miferable de fon Eglife. Il fe mit donc en chemin, où il eut à fouffrir
„ beaucoup de peines d'efprit & de corps. Le St. Pere ayant confideré attenti-
„ vement tout ce qu'il lui dit, lui donna les expediens qu'il put trouver, &
„ le chargea d'une Lettre adreffée au Peuple du Diocéfe de Maguelone & à
„ leur Voifins, qu'il fit figner par tous les Evêques de fa Cour : dont voici les
„ propres termes.

„ Jean, Evêque, Serviteur des Serviteurs de Dieu. A tous ceux qui feront
„ du bien à l'Eglife de Maguelone, dédiée, & à dédier à l'honneur de St. Pierre
„ Prince des Apôtres, & de St. Paul Docteur des Gentils, Salut & Benediction
„ Apoftolique. Nous avons apris que l'Eglife de Maguelone eft prefque reduite
„ à rien, par l'effet ordinaire du peché ; ce qui nous caufe d'autant plus d'af-
„ fliction, que la defolation des Eglifes tourne toûjours à la perte des Fidéles.
„ Pour cette raifon nous avons crû devoir infpirer, tant aux Fidéles de ce
„ Diocéfe, qu'à tous ceux des environs, de travailler à la reftauration de cette
„ Eglife, leur promettant par toute nôtre autorité Apoftolique, qu'ils meriteront
„ du jufte Juge le pardon & la remiffion de leurs pechez, s'ils contribuent à
„ relever cette Eglife, en donnant de leurs propres biens, ou en reftituant
„ ceux qu'ils détiennent. Car il y aura une recompenfe particuliere pour ceux
„ qui donneront du leur, & pour ceux qui remettront dans la maffe commune
„ les Benefices ufurpez. Nous donnons également aux uns & aux autres nôtre
„ Benediction & Abfolution Apoftolique.

„ Que fi quelque Evêque ou autre perfonne conftituée en dignité, telle qu'elle
„ foit, ofe aliener, vendre ou ufurper quelque chofe de ce qui aura été donné
„ pour le rétabliffement de cette Eglife, qu'il foit frapé d'Anathême, & retran-
„ ché du corps des Fidéles & du Royaume de Dieu.

„ Et pour donner plus de force à ces Lettres, nous avons voulu les faire figner

II. PARTIE. LIVRE SEECOND.

par tous les Évêques qui se sont trouvez auprès de Nous, & qui en ont été "
priez par Arnaud, de même que par Nous. "

Olderic, Evêque de Verceil.	Estienne, Évêque d'Ancone.
Raynaud, Evêque de Pavie.	Aribert, Episc. Lunensis.
Pierre, Evêque de Ste. Ruffine.	Alvicus, Évêque d'Ast.
Olderic, Ev. de l'Église d'Orleans.	VVaudin, Evêque de Turin.
Osmido, Archevêque d'Embrun.	Bernard, Évêque d'Agen.
Raymond, Evêque de Mende.	Deodat, Evêque de Toulon.
Deodat, Évêque de Cahors.	Pierre, Evêque de Marseille.

Avant que de continuer la narration de Verdale, je crois devoir faire une observation sur ces paroles qu'il dit au sujet de la destruction de Maguelone. *Temporibus magni Imperatoris Caroli, ipso jubente, destructa fuit* ; ce qui donneroit lieu de penser qu'elle arriva sous Charlemagne, & non sous Charles Martel. Mais outre le témoignage d'un très-grand nombre d'Historiens, comme *Vincent de Beauvais, Guillaume de Conchis, Bernard Guido, St. Antonin, Genebrard*, & M. de *Marca*, qui mettent tous la destruction de Maguelone à la premiere expedition de Charles Martel dans le Languedoc en l'année 737. Il est certain que le mot d'*Imperator* ne désigne pas toûjours ce que nous entendons maintenant sous le nom d'Empereur, mais qu'il est souvent donné à un Général d'Armée, tel que l'étoit Charles Martel ; outre qu'il est constant que Charlemagne ne fut couronné Empereur par le Pape Leon III. qu'en l'année 801. & que depuis son couronnement nous n'avons aucune certitude qu'il soit venu dans le Languedoc, qui faisoit alors partie du Royaume d'Aquitaine, qu'il avoit donné à son fils Loüis le Débonnaire.

" L'Evêque Arnaud (continuë Verdale) ayant cette Lettre du Pape entre "
les mains, partit de la Ville de Rome ; & voulant suivre le conseil de l'Apô- "
tre, qui nous avertit de faire le bien tandis que nous en avons le tems, il mit "
aussi-tôt la main à l'œuvre ; & ayant disposé à grands fraix & beaucoup de "
travaux tout ce qui étoit nécessaire pour la Dédicace de son Église, il se mit "
en chemin pour aller inviter les Archevêques & Évêques ses voisins, & même "
plusieurs autres qui étoient beaucoup plus éloignez. Or, afin que l'on con- "
noisse mieux la solemnité avec laquelle tout se fit, nous allons raporter le "
nom, la Ville, la Province de tous les Prélats qui y furent presents, afin de "
donner du respect & de la crainte aux esprits présomptueux & superbes.... "
Voici donc le nom de ces Evêques, de leur Siége & de leur Province. "

Gifroid, Archev. de Narbonne.	Bernard, Évêque de Beziers.
Leger, Archev. de Vienne.	Gontier, Evêque d'Agde.
Rambaut, Archev. d'Arles.	Rostang, Évêque de Lodeve.
Guinervinarius, Arch. d'Embrun.	Elephantus, Évêque d'Apt.
Austindus, Archev. d'Auch.	Gilibert, Ev. de Barcelone.
Hugues, Évêque.	Arnauld, Évêque d'Elne.
Froterius, Evêque de Nîmes.	VVifred, Év. de Carcassonne.

" Tous ces Prélats étant assemblez, Arnaud leur presenta la Lettre du Pape "
Jean qu'il avoit en main, & leur exposa les raisons qu'il avoit eu de les prier "
de venir à Maguelone. Alors, tous ensemble, ils confirmerent les Decrets Apos- "

HISTOIRE ECCLESIASTIQUE DE MONTPELLIER,

„ toliques ; & pour ajoûter quelque chose aux Graces déja accordées, ils donne-
„ rent un Decret, portant :

„ Que tout homme qui durant sa vie donneroit son hérédité à la nouvelle
„ Église, pour en être joüi par elle après sa mort, & qui choisiroit sa sepulture
„ dans le Cimetiere, recevroit absolution de tous les pechez pour lesquels on
„ lui auroit imposé penitence, & qu'il seroit fait participant de la Vie éternelle
„ & du Royaume de Dieu.

„ Que tous ceux (de quelque pays qu'ils soient) qui venant assister à la solem-
„ nité de la Dedicace, qu'on renouvellera tous les ans, offriront à Dieu leur
„ travail, ou quelque portion de leur bien, & confesseront leurs pechez dans
„ l'espace de huit jours, obtiendront une pareille absolution pour tout le
„ cours de cette année.

„ Et si un Penitent auquel l'entrée des Églises auroit été deffenduë, vient à
„ celle de Maguelone, il pourra y entrer, & être admis au baiser de paix, &
„ aux autres communications des Fidéles, excepté à la participation de la sainte
„ Euchariſtie.

On voit dans ce dernier Decret des vestiges de la penitence publique qui se pratiquoit autrefois, & qui dura encore long-tems après dans l'Eglise de Ma-guelone, comme nous le verrons dans la Vie de Jean de Montlaur.

Ces choses faites (c'est toûjours Verdale qui parle) l'Évêque Arnaud de sainte
„ mémoire concevant de plus grands desseins, se hâta, pour mettre Maguelone à
„ l'abri des Pirates, de fermer le Grau qui communiquoit de la mer à l'étang. Ce
„ qu'il fit avec de grands quartiers de pierre, arrêtez par une grosse charpente.
„ Et ensuite, pour faciliter l'entrée & la sortie de son Isle, où auparavant on ne
„ pouvoit aborder que par eau, il ramassa des barques plates qu'on enfonça dans
„ l'eau, pour servir de fondement au Pont qu'on bâtit dans l'étenduë de l'étang,
„ depuis la terre ferme jusqu'à l'Ille. Ce qui procura pour toûjours une grande
„ commodité aux passants, & a rendu sa mémoire éternelle.

„ Ce travail étant achevé, il assembla ses Diocésains ; & par les saintes exhor-
„ tations qu'il leur fit de contribuer à rétablir l'Église, il les persuada si fort,
„ que plusieurs donnerent pour la remission de leurs pechez, des vignes, des
„ prez, des métairies, de l'argent comptant, & toute autre sorte de biens, avec
„ lesquels Arnaud fit construire splendidement l'Eglise de Maguelone, les tours,
„ les murailles, les lieux publics, les Forts, tels que tout le monde qui vient à
„ Maguelone les voit encore.

Bernard de Treviers, Chanoine de cette Église, qui vécut quelque tems après lui, & qui se rendit célèbre par ses Poësies à la façon de ce tems-là, nous a laissé en Vers ce que Verdale nous dit en Prose ; mais il range les évenemens dans un autre ordre que Verdale ne le fait, & il nous aprend même des choses que Ver-dale ne nous dit point. Par exemple, après avoir dit qu'Arnaud fit fermer l'an-cien Grau pour se garantir des Pirates, il ajoûte qu'il en fit bâtir un autre, non loin de Maguelone ; qu'il reforma ce qu'il y avoit à reprendre dans la conduite des Prêtres de son Diocése ; & il nous donne lieu de penser, que la derniere action qu'il fit à Ma-guelone, fut la construction du Pont dont il a été parlé, puisqu'il fait mention, d'abord après, du Voyage d'Arnaud à la Terre Sainte, dont le retour fut bien-tôt suivi de sa mort & de sa sepulture... Voici ces Vers, où le Poëte commence par parler de la Ville de Maguelone, & de sa desertion durant trois cens ans.

Inde manens annis Urbs hæc deserta trecentis,

Tandem Pontificem reperit Artificem.

Præsulis Arnaldi sit semper subdita laudi,

Cujus nacta vicem, crevit in hunc apicem.

Hic muros jecit, hic Turres undique fecit,

Clerum divinis contulit Officiis.

Ipse

II. PARTIE. LIVRE SECOND.

Ipse gradum clausit, quo sæpe Piraticus hausit,

Sæpe latrociniis littora nostra suis.

Nuvibus introitus, per eum gradus alter apertus,

Non procul à terris est Magalona tuis.

Illicitumque thorum dissolvit Presbiterorum,

Pontem constituit, trans mare post abiit.

Ut rediit moritur, in sua sede sepelitur,

A se compositum servet ut illa locum.

Verdale parle avec plus de ménagement que le Poëte du desordre des Prêtres, & il se contente de raporter la maniere dont Arnaud s'y prit pour faire embrasser à ses Chanoines la vie commune, & leur faire prendre l'habit Regulier : Voici ses propres paroles.

" Enfin considerant que les douze Chanoines, & les douze Prébendiers de " son Église, qui étoient tenus d'y résider, se regardoient comme releguez " dans l'Isle de Maguelone, il lui vint dans la pensée que des Chanoines Re- " guliers, qui par leur état sont plus apliquez à la contemplation & à la vie so- " litaire, se resoudroient plus volontiers à y demeurer, & rendroient plus de " service à Dieu & à St. Pierre, il persuada aux Chanoines Séculiers qu'il avoit " auprès de lui, d'embrasser la Regle de St. Augustin; & sur ce qu'ils lui re- " presenterent que leurs revenus n'étoient pas suffisans pour suporter toutes les " charges ausquelles ils seroient engagez, l'homme de Dieu leur répondit : Je " vous promets que Dieu & moi, pourvoirons si bien vôtre Communauté, que " vous & vos successeurs, aurez largement tout ce qui vous sera necessaire. Et " pour lors ayant acheté d'une Comtesse de Melguëil l'étang de Maguelone, " avec sa pêcherie, il la donna liberalement à la Communauté de ses Chanoi- " nes, avec le pré de Villeneuve, la *Condomine* & le Jardin contigu. De plus " il leur donna le Moulin de *Tetramendic* qui lui apartenoit en propre, & le " *Planterium* de Cocon. "

" Les choses étant en cet état, il ne lui restoit que de faire un grand loge- " ment pour les Chanoines & Prébendiers qui devoient vivre en commun. " Mais comme c'étoit un long ouvrage, il crut, tandis qu'on y travailloit, *dum* " *communiam ipsam constitueret ad Regulares Canonicos sustentandos*, pouvoir entrepren- " dre de passer la mer, pour avoir la consolation de visiter le St. Sepulcre de N. " Seigneur ; ainsi ayant fait heureusement le trajet de la Mediterranée, il satisfit " sa devotion. Mais à son retour, il fut attaqué précisement à la vûë de Ma- " guelone d'une maladie qui l'obligea de s'arrêter à Villeneuve, où il finit ses " jours l'an 1078. & le IV. des Kal. de Juillet, ayant laissé à ses successeurs le " soin de mettre la derniere main au grand dessein de la Regularité."

Le même Chanoine dont j'ai déja raporté les Vers, en fit quelque-tems après pour être mis sur le Tombeau du St. Évêque, qui sont comme la suite de ceux qu'on a déja vû. Ils duroient encore du tems de Verdale, & ils nous aprennent que l'Evêque Arnaud ayant été enseveli sur la porte du Cloître, il fut transferé dans l'Eglise, par un avertissement secret qu'en eut Godefroy son successeur.

Hic jacet Arnaldus, sedis Pater hujus & Auctor.

Annis triginta præditus officio.

Qui postquam hierosolymam devotus adivit,

Ut redit, in villâ fertur obiisse novâ.

18 HISTOIRE ECCLESIASTIQUE DE MONTPELLIER,

Protinus hinc Julias translatus quarto Calendas,

In foribus Claustri sub gradibus situs est.

Nocte vero monitus præsul junior Gotofredus,

Istuc condigno transtulit obsequio.

Tout ce que Verdale nous aprend de cet Evêque, est plus que suffisant pour en donner beaucoup d'estime. Mais il auroit été à souhaiter, que pour la clarté de son Histoire, Verdale nous eût marqué l'année où se passerent les divers évenemens qu'il raconte. Pour y suplèer en quelque façon, j'ajoûterai ici les conjectures qu'on peut tirer des Actes autentiques que nous trouvons dans les Archives de l'Evêché, & dans ceux de l'Hôtel de Ville.

1050. On trouve son seing avec celui des Evêques de Beziers, d'Agde, de Lodeve, de Nîmes, de Carcassonne, de Gironne & de Barcelonne dans les Actes du Concile de Narbonne tenu en 1050. par Guifroy Archevêque de cette Ville.

1055. Par un Acte de mille cinquante-cinq, sous le Regne d'Henry I. Adelle Comtesse de Melgueïl, Raymond son fils, & Beatrix sa belle-fille, donnerent à Dieu & à St. Pierre de Maguelone, *ad vitam usumque Canonicorum qui in fraternâ societate, Deo & Beato Petro ibidem deservire videntur, eorumque successorum qui sub Canonicali Regulâ inibi habitare voluerint*, une partie de l'étang de Maguelone, qui est à droite depuis l'embouchure de la riviere de Lamoussou, en droite ligne, jusqu'à la mer, avec tous les droits qui se levent dans cette étenduë. L'Acte est signé par Arnaud Évêque, Pons Prévôt, & Dalmas Archidiacre.

On peut inferer de cet Acte, que la vie Reguliere étoit déja commencée dès l'an 1055. & que les vingt-trois années d'Episcopat qui resterent encore à Arnaud, furent employées à perfectionner ce grand ouvrage, autant que ses autres occupations pouvoient le lui permettre.

1056. Nous trouvons qu'en l'année suivante 1056. Arnaud assista au Concile de Toulouse, assemblé par ordre du Pape Victor II. contre les Simoniaques. Son nom se trouve avec celui des dix-huit Evêques qui composoient ce Concile, *Arnaldus Magalonensis*.

Nos Auteurs, sur l'autorité des Archives de l'Hôtel de Ville, nous aprennent qu'il ne borna point sa magnificence aux seuls ouvrages qu'il entreprit à Maguelone, mais qu'il les étendit encore à Montpellier, où il bâtit les Eglises de St. Paul, de St. Mathieu, de St. Thomas, & de St. Nicolas, (dont nous parlerons en détail dans leur article particulier) & pour entretenir la devotion des habitans de cette Ville envers la Ste. Vierge, il embellit & augmenta beaucoup l'Eglise de N. Dame des Tables.

On trouve encore par des anciennes fondations, qu'il établit dans le Faubourg près la Chapelle de St. Cleophas un grand Cimetiére qui fut apellé depuis St. Barthelemy, dans le même lieu où sont aujourd'hui les Carmes Déchaussez. D'où l'on peut inferer que Montpellier étoit déja bien grand, puisque ses Fauxbourgs alloient de ce côté là, aussi loin qu'ils vont maintenant.

CHAPITRE QUATRIE´ME.

I. *Bertrand Evêque de Maguelone est déposé comme Simoniaque.* II. *Godefroy est mis à sa place.* III. *Il perfectionne la Regularité deja établie dans son Chapitre.* IV. *Pierre Comte de Melgüeil se rend Feudataire du Saint Siége.* V. *Le Seigneur de Montpellier rend hommage à Godefroy.* VI. *Qui assiste à plusieurs Conciles.*

LA même année qui finit la vie du saint homme Arnaud, fut le commencement de l'Épiscopat de *Bertrand*, qui donna dans son siécle une preuve convaincante que les successeurs des grands-Hommes ne leur sont pas toûjours semblables. Il trouva le moyen de se faire nommer à l'Évêché de Maguelone : mais le mauvais usage qu'il fit des biens que son Prédécesseur avoit acquis à son Église, fit rechercher plus attentivement son Ordination, qui s'étant trouvée simoniaque, le fit déposer selon les dispositions toutes récentes du dernier Concile de Toulouse dont nous avons parlé.

I.

Verdale a si fort marqué le peu d'estime que la Posterité conserva pour lui, que je crois devoir raporter les propres paroles qu'il nous en a laissées.

Bertrand (dit il) fut élû en 1078. mais il fut déposé de l'Épiscopat à cause " du crime de Simonie dont il fut convaincu. C'est pourquoi il ne merite pas " d'être nommé parmi les autres Evêques, ni d'être compris dans le present Ca- " talogue; & c'est la raison pour laquelle on ne dit pas ordinairement qu'il ait " été le successeur immédiat du Seigneur Arnaud : mais bien Godefroy. "

Son Episcopat, néanmoins, doit avoir duré plus de deux ans; car outre qu'il conste que Godefroy ne fut mis à sa place qu'en 1080. nous trouvons qu'il est reconnu pour Evêque dans une donation faite par le Comte Pierre de Melgüeil en 1079. où il est dit que l'Acte en fut passé en presence de l'Évêque Bertrand, *Coram Bertrando Magalonensi Episcopo, ipso præsulante.* Par cette donation il engage pour mille sols à la Communauté des Chanoines de Maguelone, les Navires qu'il avoit dans l'étang & dans la mer; & il veut que s'il vient à mourir sans enfans legitimes, ces Navires leur restent en propre. *Volens* (dit-il) *aliquid de honore meo ad altare Sancti Petri Magalonensis sedis & congregationem ejusdem loci dicare, &c.* Par où l'on peut se convaincre, que si la Communauté des Chanoines n'avoit pas encore toute la perfection qu'elle reçut sous Godefroy, elle étoit déja commencée, & qu'on regardoit dès-lors les Chanoines de Maguelone comme Reguliers.

A peine l'Evêque *Bertrand* eut été déposé, que le Comte de Melgüeil mit Godefroy à sa place, selon le Droit que ses Prédécesseurs avoient usurpé, comme on peut l'inferer de la renonciation que ce même Comte fit quelque tems après du droit prétendu de nommer à l'Evêché de Maguelone. Le choix qu'il fit pour cette fois fut très-heureux; car nous n'avons guéres d'Évêques qui ayent fait paroître plus d'aplication à leurs devoirs, plus de zéle pour le bien de leur Église, & plus de fermeté à en soûtenir les droits.

II.

Il monta sur le Siége de Maguelone l'an 1080. comme nous l'aprenons de Verdale; & dès la même année, il acheva le grand ouvrage de la Reformation de son Clergé, en affermissant pour toûjours dans son Chapitre la Profession de la Regle de St. Augustin.

1080.

Il faut sçavoir, (je raporte les propres paroles de Verdale) qu'environ l'an " 1080. l'Évêque Godefroy, de bonne mémoire, acheva avec le secours de " Dieu, ce qu'Arnaud son prédécesseur avoit commencé, pour l'établissement " des Chanoines Reguliers dans Maguelone. La mort l'avoit empêché de finir ce " grand ouvrage; mais Godefroy y établit derechef les Chanoines Reguliers : & " pour l'entretien de leur Communauté, il leur donna le revenu d'un grand " nombre d'Églises, dont voici les noms.

III.

Toutes celles de Montpellier & de Montpelieret; celle de *Villeneuve*, de Ste.

20 HISTOIRE ECCLESIASTIQUE DE MONTPELLIER,

Eulalie & *Leocadie du Val* ; de *Singrio*, de *Cocon*, de *Montelz*, de *Chaulet*, de *Prunet* de St. *Côme* & St. *Damien* ; de *Juvignac*, d'*Autignargues*, de *Pignan*, St. *Jean de Vedes*, St. *George de Dorcas*, St. *Jean de Murviel*, St. *Etienne de Ginestet*, *St. Denis*, St. *Brez*, St. *Felix de Substantion*, de *Castelnau*, de St. *Seriez*, de *Clapiers*, de St. *Jean de Bueges*, St. *Barthelemy de Baillargues*, St. *André de Bueges*, St. *Vincentien*, Ste. *Marie du Garnier*, & l'Eglise de *Calciat*.

Ce grand ouvrage fini, Godefroy se donna tout entier au bien général de son Eglise & de son Diocése. Nous allons parcourir selon l'ordre du tems, ce qu'il fit de plus utile pour l'un & pour l'autre. Car nous sommes assez heureux de trouver dans Verdale ou dans les Actes publics, le tems des principaux évenemens que nous allons raconter.

En 1082. le Comte Pierre de Melguëil touché de la bonne odeur que les Chanoines Reguliers de Maguelone répandoient dans tout le Pays, leur abandonna les Navires qu'ils avoient en engagement pour mille deux cens trente sols. Il leur fit un autre abandonnement de diverses terres & possessions qu'il détenoit auprès du Port des Navires. Et enfin, trois ans après, c'est à-dire, en

1085. 1085. il se rendit, pour toute la Comté de Melguëil & Substantion, Feudataire de St. Pierre, sous la redevance d'une once d'or, payable tous les ans au Saint Siége ; & il renonça en faveur du Pape Gregoire VII. qui vivoit alors, à la

IV. nomination de l'Évêché de Maguelone, afin (dit-il) que sous l'autorité du St. Pere, le Clergé de cette Eglise pût choisir à l'avenir une personne capable pour la gouverner, sans aucune contradiction de sa part ni de ses successeurs, *Per authoritatem summi Pontificis liceat Magalonensi Ecclesiæ idoneam personam in Episcopatu eligere, absque ullâ mei aut successorum meorum contradictione.*

* *Bosquet, Catel, Gariel, Cazeneuve.* Cet Acte très important pour l'Eglise de Maguelone, a été conservé soigneusement : on le voit tout au long dans presque tous nos Auteurs. * Et c'est par les signatures qui y sont, que nous aprenons qu'*Almodis* fut l'épouse du Comte Pierre, & que Pons de Montlaur étoit Prévôt de Maguelone, & Auger Archidiacre Sig. *Pontii de Montelauro Almodis Comitissa firmavit* Testis *Augerius Archidiaconus. Raymundus filius Petri firmavit.*

1085. Le Pape Gregoire VII. étant mort dans la même année que cette donation fut faite, & Victor III. qui lui succeda n'ayant rempli le St. Siége que fort peu de mois ; Urbain II. dès qu'il eut été élû à sa place, ne differa point de confirmer cette donation, & il écrivit du 19. des Kal. de Janvier à Godefroy de prendre un soin particulier de la Comté de Substantion (qui est la même chose que Melguëil) *Fraternitati tuæ, tuisque successoribus prædicti substantionensis Comitatûs curam injungimus.* Ce qui valut enfin aux Évêques de Maguelone cette même Comté, comme nous le verrons en parlant des Albigeois.

1090. Les affaires ainsi terminées à Maguelone & à Melguëil, Godefroy songea à regler celles qu'il avoit avec les Seigneurs de Montpellier. Nous avons vû dans la vie de Guillaume fils d'Ermengarde qu'en 1090 il rendit à Godefroy les Églises de N. Dame de Montpellier, & celle de Montpelieret, dont il s'étoit emparé. Peu après, il lui fit une reconnoissance publique du Fief de Montpellier, que lui & ses prédécesseurs (dit l'Acte) tenoient de l'Evêque de Maguelone. Mais le Cérémonial qui fut observé en cette occasion, a quelque chose de si particulier, que je crois devoir le marquer ici, tel qu'on le voit dans les Archives de l'Hôtel de Ville, & de l'Évêché.

Godefroy ayant cité Guillaume fils d'Ermengarde à une Assemblée où se trouverent Pierre Archevêque d'Aix, *Hugues* Évêque de Grenoble (si connu par l'Histoire des Chartreux) *Didier* Évêque de Cavaillon, *Pons* Prévôt de Maguelone, avec nombre de ses Chanoines, *Alquier* Archidiacre de Lodeve, & plusieurs Laïques ; il leur exposa le sujet de ses plaintes contre Guillaume son Vassal, qui bien loin de le deffendre, avoit usurpé les biens de son Eglise : à quoi Guillaume n'ayant rien à repliquer, il fut condamné à perdre le Fief qu'il tenoit de l'Evêque de Maguelone, *propter malefacta quæ Episcopo & Clericis fecerat.*

Guillaume voyant qu'il ne pouvoit se maintenir dans la Seigneurie de Montpellier, qu'en gagnant les bonnes graces de son Évêque, le pria avec instance

de

de lui rendre le Fief, *quod ipse & antecessores sui tenuerant*. Et Godefroy qui songeoit moins à le dépoüiller qu'à l'instruire, exigea de lui une reconnoissance que je ne puis mieux exprimer que par les propres paroles de l'Acte.

" Reconnoissez-vous (lui dit il) que le Fief que vous tenez de moi & de
" St. Pierre de Maguelone, est meilleur qu'aucun autre Fief que vous ayez ? Je
" le reconnois, dit Guillaume. "

Reconnoissez-vous qu'il vous est plus avantageux d'être notre Hommager " que d'aucun autre ? Je le reconnois. "

Rendez-vous à Dieu, à St. Pierre & à moi, l'Eglise de Ste. Marie de Montpellier avec tous ses Clercs ? Je les rends. "

Renoncez-vous au tiers des Dîmes que vous preniez sur tous les Clercs de " cette Ville, & aux deux tiers que *Pierre Ticas* tenoit de St. Pierre au-delà " des murailles & fossez de Montpellier ? *Quod est infra vallatos & foris muros de* " *Montpestier ?* J'y renonce. "

Alors l'Evêque lui donna en entier tout le Fief de ses Prédécesseurs, excepté l'Eglise de Ste. Marie de Montpellier, celle de Montpelieret, & toutes " les autres Eglises, sur lesquelles Guillaume ne pourroit plus exiger la Dîme, " ni exercer aucune Juridiction sur les Clercs. "

Mais pour adoucir en quelque maniere la soûmission que Guillaume venoit de faire, Godefroy lui donna tout ce que *Pierre Ticas* possedoit au-delà des fossez de la Ville, avec le tiers des maisons déja bâties & à bâtir à Montpelieret. *Tertiam partem novorum ædificiorum quæ facta sunt vel erunt in Montepesleireto*. Sauf toûjours les Eglises, les Cimetieres, & leur dépendances. Guillaume paya pour le tout trois cens sols Melgoriens, & fit entre les mains de Godefroy le serment de fidélité qui est écrit dans nos Archives, commençant par ces mots : *Audi tu Gothofrede Episcope*.

Enfin en 1093. & le 8. des Kal. de May, Guillaume lui rendit dans l'Eglise de St. Nicolas, toutes les Dîmes qu'il tenoit en son propre nom, ou sous le nom d'autrui : & cela, (dit l'Acte) *non coactus, sed spontaneâ & sinceâ voluntate, & pro remissione peccatorum*. D'où l'on peut inferer que Godefroy sçavoit mêler la persuasion & la douceur avec la fermeté.

Cependant il ne se refusoit point aux besoins généraux de l'Eglise. Car nous trouvons que dans l'espace de six années, il assista à quatre differens Conciles, soit dedans ou dehors du Royaume.

Le premier fut celui de Narbonne du 20. Avril 1090. où l'Archevêque d'Almace assembla les Evêques de sa Province, parmi lesquels on nomme Godefroy de Maguelone.

VI.

Le second fut celui d'Autun dans la Bourgogne, convoqué en 1094. par Hugues Archevêque de Lyon, & Legat du St. Siége, à l'occasion des grands démêlez qu'il y eut dans ce siécle, entre Henry IV. Empereur, & les Papes Gregoire VII. Urbain II. & Pascal II. au sujet des Investitures. L'Empereur, qui avoit fait élire Guibert de Ravenne pour l'oposer à ses adversaires, fut excommunié dans ce Concile avec son nouveau Pape, qui avoit pris le nom de Clement III. & l'on y proceda contre le Roy Philippe, qui, du vivant de Foulques Comte d'Anjou, avoit épousé Bertrade sa femme.

Le troisiéme encore plus célèbre, fut celui de Plaisance en Italie l'an 1095. où l'assemblée fut si nombreuse, que le Pape Urbain II. qui y présidoit en personne, fut obligé de le tenir en pleine campagne. On y renouvella ce qui avoit été fait à celui d'Autun, & l'on y fit le premier projet des Croisades. Godefroy à son retour aporta une Bulle du Pape Urbain II. où après avoir loüé les Chanoines de Maguelone de la vie Reguliere qu'ils avoient embrassée, il les exhorte à y perséverer, & confirme en leur faveur la donation de toutes les Eglises que Godefroy leur avoit faite.

F

CHAPITRE CINQUIE'ME.

I. *Regles principales des Chanoines Réguliers de Maguelone.* II. *Le Pape Urbain second à Maguelone, où il benit & consacra l'Eglise.* III. *Suite de la Vie de l'Evêque Godefroy.* IV. *Son voyage & sa mort dans la Palestine.*

I.

Bullaire du Chapitre.

NOUs aprenons de la Bulle que Godefroy aporta de Plaisance, les Regles Fondamentales des Chanoines Reguliers établis à Maguelone.

Nul d'entre vous (dit le Pape Urbain II.) après s'être engagé à la vie Reguliere, ne pourra la quitter, pas même sous prétexte d'embrasser une Religion plus austére, sans la permission du Prévôt & de toute la Communauté. *Sine Præpositi, totiusque Congregationis permissione.*

L'Evêque ne pourra rien donner de ce qui apartient à l'Eglise Cathédrale à aucun Moine, ni à aucun Chanoine, sans le Conseil de la Communauté, *absque vestro Consilio. Aliter verò, acceptum irritum habeatur.*

La mort de l'Evêque arrivant, les Chanoines se saisiront provisionnellement de tous les effets qu'il laissera. *Quæcumque ejus sunt, sub vestrâ provisione remaneant.*

Et dans ce cas, l'Élection de son Successeur apartiendra aux seuls Chanoines. *Quam subrogationem vestrâ potissimùm volumus electione constitui.*

1096.

Le quatrième Concile où Godefroy se trouva, fut celui de Clermont en Auvergne, où le Pape Urbain II. en 1096. forma la premiere Croisade, dans laquelle nous avons vû que Guillaume de Montpardier fils d'Ermengarde s'étoit engagé. Godefroy son Evêque ne put le suivre pour cette fois dans ce pieux voyage; mais dix ou douze ans après il le fit de son chef, & y finit glorieusement ses jours, comme nous le verrons dans la suite.

II.

Ce Concile de Clermont avoit été précédé de l'arrivée du Pape Urbain II. à Maguelone, où Guillaume fils d'Ermengarde vint lui rendre ses honneurs avec toute la Noblesse du Pays. Mais je ne dois pas oublier ce que Godefroy fit de son côté, ni les graces que l'Eglise de Maguelone obtint du Pape Urbain, qui dès le lendemain de son arrivée, prêcha la veille de St. Pierre & de St. Paul à cette grande foule de monde que sa venuë y avoit attiré.

Verdala in Godofredo.

Il le fit avec cette dignité que tous les Historiens lui reconnoissent; & ayant pour ses Assistans les Archevêques de *Pise* & de *Terragone*, les Evêques de *Segni*, *d'Albano*, de *Nîmes* & de *Maguelone*, il benit solemnellement l'Isle de Maguelone, & fit une Absoute pour tous ceux qui y étoient enterrez, en accordant des indulgences à ceux qui y choisiroient leur sepulture. Il augmenta si fort les privileges de l'Eglise, que Godefroy, pour en conserver la mémoire, ordonna qu'on fît tous les ans à pareil jour une Procession générale autour de l'Isle, & qu'on fournît largement la subsistance à douze pauvres passants.

III.

Il fut obligé durant la tenuë du Concile de Clermont de porter ses plaintes contre l'Abbé & les Religieux d'Aniane, qui au préjudice d'une Bulle d'Alexandre II. donnée du tems d'Arnaud son prédécesseur, prétendoient se soustraire à la Juridiction de l'Evêque de Maguelone, & recevoir ceux qu'il avoit excommuniez; de pouvoir aussi recourir à tout autre que lui pour les Ordinations, & pour la Consecration de leur Eglise: enfin de donner chez eux sepulture aux étrangers sans la participation de leur Evêque. Le Pape & les Peres du Concile reprouverent ces abus, & obligerent l'Abbé & les Religieux de rendre à l'Evêque de Maguelone l'obéïssance qu'ils lui devoient, sans préjudice des autres privileges qu'ils pouvoient avoir.

Peu de tems après, Godefroy se trouva engagé dans un autre different qui eut de plus longues suites. Pierre, Comte de Melgueil, étant venu à mourir, Raymond Bernard son fils & son héritier ne jugea point à propos de tenir tout ce que son pere avoit promis; & au lieu de laisser à l'Eglise de Maguelone la possession libre & entiere de son étang, il y établit un droit de Naufrage, & se faisoit payer des Albergues jusques dans Villeneuve. Godefroy lui objecta la donation que son pere avoit faite de tous ses droits sur l'étang de Maguelone, qu'il avoit confirmée lui-même ; mais toutes ces bonnes raisons furent inutiles contre un jeune homme rempli des préventions où étoient les Seigneurs de ce tems-là contre les gens d'Église. Raymond continua d'employer les voyes de fait : & Godefroy n'ayant que les armes de l'Église à lui oposer, il fut enfin contraint, après plusieurs monitions, de le déclarer excommunié, comme il s'y étoit soûmis lui-même dans l'Acte qu'il avoit signé. Alors le jeune Seigneur prit le parti d'en apeller à Rome ; mais Godefroy l'ayant prévenu, il se rendit dans cette grande Ville, où Raymond le suivit pour plaider sa cause. L'affaire y ayant été discutée en presence du Pape & des Cardinaux, Raymond reconnut son tort. Il renonça aux Albergues & aux nouveaux droits qu'il avoit établis dans les Terres de St. Pierre de Maguelone ; il fit hommage au Pape de sa Comté de Melguëil, qu'il reconnut tenir du St. Siége ; & étant de retour, il ratifia tout ce qu'il avoit promis à Rome, en presence d'*Augerius* Archidiacre, de Bernard *Gaucelin* & de Pons *Gaucelin* Chanoines, promettant dans ce même Acte, que bien loin de s'oposer à la Communauté des Chanoines de Maguelone, il la soutiendroit contre tous. *Insuper quod numquam communiam destrueret, sed defenderet & juvaret contra omnes homines.*

On peut observer par le nom des Chanoines que je viens de raporter, la bonne idée qu'on avoit dans le Pays de la Communauté établie à Maguelone, puisque la seule maison des Gaucelins Seigneurs de Lunel, lui avoit donné deux Sujets

Mais ce qui n'est peut-être pas moins digne de confideration, c'est la bonne foi du Comte Raymond, qui ayant reconnû le tort qu'il avoit, & cherchant à réparer le mauvais exemple qu'il avoit donné, entreprit le voyage de Saint Jacques, par penitence, ayant rendu auparavant tout ce qu'il retenoit du bien de l'Église, & ayant aussi terminé un autre different qui étoit entre les Moines d'Aniane & les Chanoines de Maguelone, au sujet de l'Eglise de St. Côme, qu'il rendit à ces derniers, après avoir jetté au feu les papiers sur lesquels les Moines d'Aniane fondoient leur procez. Il fit encore bien plus pour marquer sa parfaite reconciliation avec le Clergé de Maguelone ; car il se donna lui-même à leur Eglise après sa mort, selon l'expression de l'acte qu'il en passa. *Donavitque se ibi ad sepeliendum, sicut & Pater ejus fecerat.*

Godefroy, durant le voyage qu'il fit à Rome à l'ocasion de son different avec le Comte Raymond, assista au Concile que le Pape Urbin y tint la derniere année de sa vie 1099. composé de cent cinquante Évêques, parmi lesquels étoit St. Anselme Archevêque de Cantorbery. On y renouvella les Canons du Concile de Plaisance contre l'ordination des Simoniaques & des Schismatiques, & l'on en fit quelques autres pour la discipline Ecclesiastique.

Depuis son retour dans son Diocése, il s'attacha d'y entretenir un bon accord parmi les siens & parmi ses voisins. Chaque année du reste de sa vie est marquée par quelque œuvre remarquable de liberalité ou de charité chrêtienne.

En 1100. il donna au Monastere de *Gelon*, aujourd'huy St. Guillem du Desert, le Château de St. Martin de Londres, ne s'en reservant que quelques droits. La même année il fit donner par ses Chanoines cent soixante-dix sols Melgoriens à *Pons Jourdan*, qui voulant faire le voyage de Jerusalem, leur engagea selon l'usage ordinaire de ce siécle, les Vignes, Terres & Jardins qu'il possedoit, avec quelques Chenevieres,* le tout à la charge de rachapt pendant sa vie.   * *Canabostos*

En 1102. il unit à sa Communauté les Eglises de *Castelnau*, de St. Martin *du Crez*, de *Mireraux*, & celle de *la Verune*, dont il reçut l'hommage de Pierre Fils de Rostang Seigneur de ce lieu. Peu de tems après il confirma à l'Abbé & aux Moines *de Psalmodi*, les Eglises de *Celaigo*, de *Ste. Colombe*, & de *Mudaison*, dont il se reserva néanmoins le quart des fruits.

Toutes ces differentes donations de Godefroy, & celles que plusieurs Seigneurs du voisinage firent à l'Eglise de Maguelone, furent terminées par la dis-

14 HISTOIRE ECCLESIASTIQUE DE MONTPELLIER,

position de Raymond Comte de Melgueïl, qui se preparant au voyage de la Terre Sainte, qui faisoit la grande devotion de ce tems-là, fit son testament en 1110. par lequel il donna à la Communauté des Chanoines, au cas qu'il vint à mourir dans ce voyage lui & son fils, sans héritiers, *unam mejanam* dans les Salines, avec le Port des Navires ou *Grau*, par lequel les Navires avoient un passage libre. *Per quem naves intrant & exeunt*, & tous les droits & usages qu'il en percevoit, y compris la pêche de toute la partie de l'étang qui lui apartenoit. *Pulmentum piscium quod de toto stagno habeo ubicumque sit.* Il leur donne de plus tout ce qu'il avoit dans la Terre de *Lamousson*, auprès du Moulin apellé de *Tetramendic*, ce qui est designé le long du chemin qui conduit à *Vic* du côté gauche, tant dans l'eau que sur la terre, excepté ce que sa sœur *Adelle* avoit dans la Métairie de *Pierre du Puy*. Je marque cette circonstance, parce qu'elle sert à nous faire connoître une de ses sœurs. Et un autre article qui précéde, dans lequel il excepte ce que Pierre du Puy avoit eu de sa sœur, nous donneroit lieu de penser que ce Pierre *du Puy* étoit le mari de sa sœur *Adelle*. *Excepto eo quod habet idem petrus de podio de Adellâ sorore meâ.*

IV. Le Voyage de Raymond à la Terre Sainte excita le courage de Godefroy. Il se reprocha de ne pas faire ce qu'avoit fait Arnaud son prédécesseur, & ce que faisoient le commun des Fidéles en ce tems-là, pour voir les Lieux saints qui avoient été honorez de la présence de Jesus-Christ. Il entreprit ce voyage avec d'autant plus de facilité, qu'il n'avoit qu'à passer la mer, de Maguelone à la Terre Sainte, dont les Croisez s'étoient rendus les maîtres depuis peu d'années. Nous ne sçavons pas précisément le tems que Godefroy s'embarqua pour y aller ; mais nous sçavons qu'après avoir satisfait sa devotion, il y fut attaqué d'une grande maladie qui l'obligea de se retirer au Château Pelerin, près de *Tripoli de Syrie*, que le Comte Raymond de Toulouse, & Guillaume de Montpellier avoient fait bâtir durant la premiere Croisade. Ce fut de là que sentant affoiblir ses forces, il écrivit une Lettre pleine de tendresse à sa Communauté, comme pour lui dire le dernier adieu. ,, Je ne vous donne point (leur dit-il) ma derniere ,, benediction & à mon cher Troupeau de Maguelone, car je la reserve pour ,, le tems, où ayant achevé d'expier mes pechez par le secours de vos prieres, ,, je prierai Dieu moi-même qu'il répande les siennes plus abondamment sur ,, vous. La recompense que j'espere, est la même qui attend chacun de vous, ,, si vous soûtenez avec courage la Regularité que vous avez embrassée, & dont ,, le Sauveur vous adoucira les peines. Je vous embrasse tous dans les entrailles ,, de Jesus-Christ.

Cette Lettre qui fut conservée cherement à Maguelone, s'est trouvée parmi les vieux manuscrits qui nous en restent. Et si elle sert à nous faire connoître l'affection de ce saint Prélat pour son Église, nous pouvons aussi juger de l'estime & de la vénération qu'on eut pour lui, par l'éloge qu'en a laissé le Chanoine de Maguelone dont j'ai déja parlé. Il fait en Vers son caractére tel qu'il résulte de tout ce que nous avons déja raporté de sa vie, qui finit l'année onze cens huit, & la vingtiéme de son Episcopat.

* Arnaud.
† Bertrand.

Inde Deo fidus successit ei * *Gothofridus,*
Ante simoniaco præsule † *deposito.*
Hic penitùs munus virtutum contigit unus,
Doctor veridicus pontificumque decus.
Nos in Apostolicæ fundavit ordine vitæ,
Et libertatem reddidit Ecclesiæ.
Militibus tulit Ecclesias, comitesque coëgit
Se versis vicibus subdere præsulibus.
Post mare transivit, loca contemplatus obivit,
Conditus in gremio, Mons Peregrine, tuo.

CHAPITRE

CHAPITRE SIXIE'ME.

I. *Gautier succede à Godefroy.* II. *Il fait plusieurs presents à son Eglise Cathédrale, & aux autres de son Diocèse.* III. *Il y termine plusieurs differents.* IV. *Le Pape Gelase second à Maguelone, où l'Abbé Suger va le visiter de la part du Roy Loüis le Gros.* V. *Suite de la vie de l'Evêque Gautier.* VI. *Son voyage & sa mort dans la Palestine.*

I.

APRÈS qu'on eut rendu à Maguelone les derniers devoirs à Godefroy, les Chanoines s'assemblerent pour lui donner un Successeur, selon le droit qu'ils avoient d'en faire le choix. Ils élûrent tous unanimément GAUTIER, que l'on assûre avoir été Chanoine parmi eux, & natif du Pays, comme on peut l'inferer de ces deux Vers qui suivent ceux que j'ai raporté ci-devant de Godefroy.

> *Huic succedit Galterus filius ejus,*
> *Filius obsequio, filius officio.*

Il marcha constamment sur les traces de son Prédécesseur ; car toute sa vie fut pleine d'actions utiles pour sa Communauté, pour les Monasteres voisins, & pour le reste de son Diocèse. Voici comme Verdale s'explique au sujet de l'Eglise de Maguelone.

" Gautier travailla beaucoup pour le culte Divin, & à l'avantage des Cha- " noines de l'Ordre de St. Augustin établis à Maguelone. Il fit reparer la voûte " de l'Eglise qui menaçoit ruïne ; & pour la fortifier, il fit construire la Tour " du St. Sepulcre. Il bâtit jusqu'aux fondemens le Cellier, le Refectoire, & le " Dortoir, qu'il mit dans sa perfection. Il donna à son Eglise un Calice d'or pe- " sant quatre marcs, & une Croix d'or & d'argent, des Chapes, des Tuniques, " des Dalmatiques & des Chasubles d'or & de soye ; des Livres, & quantité " d'autres ornemens précieux. A tous ces presents, il ajoûta, en faveur de sa " Communauté, les Eglises de *St. Brez* & de *Lauret* qu'il leur donna. "

II.

Quant à ses liberalitez envers les Monasteres voisins, nous les aprenons des Archives même des Maisons à qui elles furent faites.

Par un Acte où il prend la qualité de *Magalonensis Ecclesiæ servus & Episcopus*, il donna à l'Abbé de *la Caze-Dieu* & à ses freres, l'Eglise de St. Vincent *de Jonquieres*, qu'ils assûroient tenir de l'Evêque Godefroy son Prédécesseur, à laquelle il ajoûta l'Eglise de St. Pierre de *Poussan* & celle de *Cocon*, qu'il leur donna à perpetuité, avec toutes leurs apartenances, Dîmes & Sepultures ; à la charge par eux de payer tous les ans à son Eglise deux muids de froment & un troisiéme d'orge, mesure de Montpellier, & d'aporter à la tenuë de chaque Sinode, dans son Palais Épiscopal, cent fours d'oignons & dix-huit sols Melgoriens ; ne se reservant autre chose de ces trois Églises que le respect qui lui étoit dû comme Evêque. Il déclare dans l'Acte de cette donation, qu'il l'a faite à la priere des Evêques de Viviers & d'Avignon, & qu'elle a été passée en presence de *Godefroy* son Archidiacre, de Guillaume *de Limoges*, Guill. *de Dia*, Arnaud *Aurad*, & Hugues *de Castelnau*, tous pris du corps de son Clergé. Fait à Nimes le 6. de Juin 1116.

1116.

Par autre Acte, qui est conservé dans les Archives de St. Guillem du Desert, il confirma à ce Monastere la donation faite par Godefroy, de l'Église de *St. Martin de Londres*, se reservant néanmoins le quart des Dîmes, des Offrandes, & le respect qui lui étoit dû : & les chargeant de payer tous les ans à ses Chanoines Reguliers de Maguelone douze sols Melgoriens, qui pourroient être compensez par une vache.

III.

Toutes ces actions de liberalité furent mêlées de plusieurs accommodemens qui ne furent pas moins utiles pour le repos public. Le premier, selon l'ordre du tems, fut le sien propre avec Guillaume fils d'Ermengarde, qui se pressant,

G

après son retour de la Terre Sainte, de se refaire des grandes dépenses où ce voyage l'avoit engagé, fit plusieurs entreprises sur ses voisins, & particulierement sur Montpelieret, qui apartenoit à l'Evêque. Nous avons une longue liste des griefs que Gautier avoit contre lui, sous ce titre : *Querimoniæ quæ fuerunt inter Guillelmum Montispessulani Dominum, & Gualterum Magalonensem Episcopum*. Où l'on voit, qu'outre le refus que Guillaume faisoit de lui prêter hommage pour la Ville de Montpellier, & pour ce qu'il tenoit de lui à Lates, il empêchoit ses Vassaux, qui tenoient du bien de St. Pierre, de faire leur reconnoissance à l'Evêque. Ces gens là abusant de la protection que Guillaume leur donnoit, entreprenoient sur les bois, & sur les maisons de St. Pierre, (car c'est ainsi qu'on apelloit l'Église de Maguelone) & comme ils ne pouvoient le faire sans trouver quelquefois de la resistance, ils en venoient à maltraiter les Clercs & leurs valets qui s'y oposoient ; ce qui donnoit lieu à la ruïne des Métairies, & à la profanation des Eglises & de leur Cimetiéres. Mais une chose qui peut servir à faire connoître l'ancien Montpellier, c'est que Gautier se plaint, que Guillaume avoit fait faire les Fossez de la Ville dans le fonds de l'Evêque, ce qui lui avoit fait perdre les censives qu'il en retiroit auparavant : & les Habitans de Montpellier, non contents de détourner les eaux de la Ville dans les maisons & les jardins de l'Evêque, faisoient couler les eaux & les immondices de leur toîts & de leur terrasses sur les maisons de Montpelieret : *pro fidelitate quam Guillelmus debet Episcopo, debet facere justitiam de hominibus Montispessulani, qui canales in muris & solariis suis noviter construxerunt, per quos aqua cum immunditiis super domos Episcopi defluit*. Cela nous donne lieu de penser que Montpellier & Montpelieret étoient déja contigus, puisqu'on ne peut entendre par ces mots, *domos Episcopi*, que celles de Montpelieret, qui de tout tems avoient apartenu à l'Evêque.

Tous ces griefs, & quelques autres que j'omets, furent apaisez par la patience de Gautier, qui avec le tems gagna si bien la confiance & l'amitié de Guillaume, que ce Seigneur, en partant pour son expedition de Maguelone, en 1104. lui laissa la disposition de plusieurs de ses Terres, au cas qu'il vînt à perir dans cette guerre.

Le second raccommodement que *Gautier* eut à faire, fut entre Bernard Comte de Melgueïl & Guillaume de Montpellier, au sujet d'une digue sur la riviere du Lez, dont j'ai déja parlé dans l'article de Guillaume fils d'Ermengarde. Le nommé Bernard Galdemar avoit si fort broüillé ces deux Seigneurs, qu'après plusieurs hostilitez de part & d'autre, il falut en venir au jugement des Experts qui auroient été nommez par l'Evêque, *judicio eorum quos Episcopus nominaverit*, qui les obligerent enfin d'en venir aux preuves nobles, & de s'en tenir, pour les griefs reciproques, au serment d'un nombre de Chevaliers choisis de part & d'autre.

La paix ainsi terminée, Gautier songea à la cimenter par le mariage de Bernard Comte de Melgueïl, & Guillelme fille du Seigneur de Montpellier. Le Contrat en fut passé le 11. Janvier 1120. Mais ce qu'il y eut de plus singulier, & qu'on regardoit sans doute en ce tems-là comme quelque chose de bien beau ; c'est que le commencement du Contrat est en prose rimée, & qu'en parlant du Sacrement de Mariage, on y remonte jusqu'à celui d'Adam & d'Eve.

Le troisiéme raccommodement où Gautier eut à travailler, fut entre son Chapitre & les Moines d'Aniane, qui en vertu de differentes Bulles, disputoient à l'Eglise de Maguelone plusieurs Benefices du Diocése, & à l'Evêque une partie de sa Juridiction. *Gautier* en écrivit au Pape Honoré II. qui par une Bulle que nous avons encore, nomme l'Archidiacre & le Précenteur d'Agde pour entendre les parties, avec pouvoir de les contraindre par censures, eux & leurs témoins, s'il en étoit besoin, & de prononcer définitivement sur cette matiere, sans apel.

L'affaire ayant été examinée, on reduisit le Jugement à divers articles, qui furent jurez par les parties devant l'Autel de St. Brez, en presence de *Guillaume de Montpellier*, de *Guillaume de Cornon*, de *Dalmas de Castriés*, & quantité d'au-

II. PARTIE. LIVRE SECOND.

tres Seigneurs de la meilleure Nobleſſe du Pays.

Dans les premiers Articles, l'Abbé promet obéiſſance à l'Évêque & à ſes Succeſſeurs, & lui remet les Bulles qu'il avoit obtenuës du St. Siége, pour les Benefices qu'il prétendoit lui avoir été accordez. Il convient enſuite,

"Que les Chapelains établis par lui ou par ſes Religieux, pour le ſervice des Ames dans les Egliſes de leur dépendance, ſeront tenus de ſe preſenter à l'Évêque; & que ſi les Religieux deſſervoient eux-mêmes ces Egliſes, ils ſeroient tenus de venir au Sinode, & de répondre à l'Évêque du ſoin des Ames." Voilà pour la Juridiction.

Quant aux Benefices en litige, on fit une eſpece d'échange. L'Abbé renonça à l'Egliſe de *la Verune*, & remit la Bulle de Paſcal II. qui la lui avoit accordée, & il reçut de Gautier celle de *Roüet* avec ſes droits & toute juſtice.

L'Abbé remit à l'Évêque les Egliſes de St. Sebaſtien de *Marolio*, de St. Felix de *Murles*, de St. Maur de *Subſtantion*, de St. Paul de *Frontignan*, de *St. Côme*, de *St. Eſtienne de Nuntio*, de St. Jean de *Felines*, & de Ste. Marie de *Fabregues*.

Et l'Évêque lui donna les Egliſes de St. Martin *d'Eſcophiac*, de *Balanicis*, de St. Clement *de Fons*, ſituée près du Château de Montferrand, de St. Sauveur *du Pin*, de St. Eſtienne *de Viols*, de St. Silveſtre *de Brouſſes*, de St. Martin *de Valleratenſi*, avec leurs Chapelles, Dîmes & Prémices, ſous la reſerve néanmoins du quart de la Dîme des grains pour l'Egliſe de Maguelone.

IV. J'ay raconté tout de ſuite ces differens raiſonemens, quoique dans les intervales il ſe fût paſſé bien des choſes remarquables, dont la plus conſiderable eſt l'arrivée à Maguelone en 1118. du Pape Gelaſe II. qui fuyant les perſecutions de l'Empereur Henry V. quitta l'Italie pour venir implorer en France la protection du Roy Loüis le Gros. L'Abbé Suger premier Miniſtre de ce Prince, en nous donnant dans la vie de ſon Maître une relation du voyage du Pape, nous décrit l'Iſle de Maguelone où il vint aborder. *Applicuit Magalonam*, dit-il, *arctam in pelago inſulam, cui ſupereſt ſolo Epiſcopo & Clericis rara familia, contempta, ſingularis & privata. Imò tamen, propter mare commeantium ſarracenorum impetus, munitiſſima civitas.*

Chap. 21. dans Ducheſne.

Gelaſe s'arrêta quelques jours à Maguelone, durant leſquels il ſigna une Bulle en faveur du Monaſtere de la Grace, qu'on y conſerve encore, donnée à Maguelone le 2. des calendes de Decembre 1118. & la première année de ſon Pontificat. De là il paſſa à Melgüeil & à St. Gilles, où *Pons* Abbé de Cluny, & Frere du Comte de Melgüeil, le vint recevoir avec une nombreuſe ſuite, & l'amena dans ſon Abbaye. Ce bon Pape accablé des grandes fatigues de ſon voyage y finit ſes jours; & auſſi-tôt les Cardinaux qui ſe trouverent auprès de lui, élûrent d'une commune voix le Cardinal Guy Archevêque de Vienne, proche parent du Roy de France & de l'Empereur, qui prit le nom de Calixte II. & fit confirmer ſon élection par les autres Cardinaux qui étoient reſtés à Rome.

Le nouveau Pape touché des peines que l'Empereur Henry avoit fait ſouffrir à Gelaſe ſon Predeceſſeur, l'excommunia dans un Concile qu'il tint à Cluny avec les Évêques qui s'étoient rendu auprès de lui, parmi leſquels on compte *Gautier* Évêque de Maguelone. Calixte en tint pluſieurs autres en France, dont celui de Paris eſt le plus conſiderable, par les beaux réglemens qu'on y fit ſur la diſcipline Eccleſiaſtique. Et étant retourné à Rome, il termina enfin, après divers événemens, la grande querelle des Inveſtitures.

V. Cependant Gautier rempliſſoit dans ſon Diocéſe les devoirs d'un Paſteur vigilant & actif. Ayant eu avis qu'un Prêtre nommé *Jean* avoit bâti comme par miracle l'Egliſe de Murles (Verdale n'en dit pas la maniere) l'Évêque de Maguelone ſe tranſporta ſur les lieux; & ayant reconnu qu'il y avoit quelque choſe de merveilleux, il aprouva tout ce qui avoit été fait, & ordonna qu'on fît tous les ans un Anniverſaire pour ce bon Prêtre.... L'année d'après il conſacra l'Egliſe des Templiers, comme nous l'avons vû dans la vie de Guillaume fils de Sibille; mais nous ne ſçavons pas préciſément l'année où il ſe trouva à la Conſecration de l'Égliſe de *Caſſan*, quoiqu'il conſte qu'il fut Aſſiſtant d'Antoine Archevêque d'Arles, avec les Evêques de Carcaſſonne & de Nîmes.

Toutes ces actions differentes de charité chrétienne & de pieté, furent en quelque façon recompenſées dès ce monde, par les reſtitutions & par les liberalitez que pluſieurs Seigneurs du Pays firent à ſon Egliſe. Les Archives de l'Hôtel de Ville & de l'Evêché nous fourniſſent pluſieurs Actes, que le Lecteur me diſpenſera bien de raporter, à cauſe de leur prolixité; mais peut-être ſera-t'il bien aiſe de ſçavoir le nom des Seigneurs de ce tems-là que ces Actes nous ont conſervé.

En 1111. Eleazar de Caſtriés laiſſa à St. Pierre de Maguelone & à Gautier ſon Évêque tous les biens de l'Egliſe de *St. Martin de Crez* avec ſes revenus, c'eſt-à-dire les Dîmes, le Cimetiere, les Offrandes, les Maiſons & toutes leurs apartenances. De plus la troiſiéme partie des Dîmes de St. Sebaſtien de *Meirargues*, & la quatriéme partie des Dîmes de St. Michel *de Guzargues*.

En 1112. Guillaume de Fabregues, Guimaude ſa mere, & Ermenſende ſa femme, avec leurs fils & leurs filles, d'un commun conſentement, donnerent à Gautier Évêque de Maguelone & à ſes Chanoines Reguliers, *omnibuſque ibidem ſæculo relicto ſervientibus*, le Puech où eſt ſituée l'Egliſe de St. *Bauzille*, à la charge de n'y bâtir jamais ni Foreſſe ni Ville. De plus ils donnerent tout ce qu'ils avoient dans la Vallée apellée *Carriere*, à la charge que ſi celui qui viendra pour y ſervir Dieu, vient à être fait Chanoine, Moine, ou Prêtre, il ne joüira point de cette donation. D'où l'on infere que c'étoit pour l'Hermitage que l'on découvre de Montpellier ſur la petite montagne, à main gauche de Fabregues, où l'on voit ſur le haut un logement tout propre pour un Hermite. C'eſt-là où le Préſident Nicolas *Boëri*, l'un des plus grands ornemens de notre Ville (& qui nous a laiſſé la poſition de cet Hermitage) regrettoit ſi fort de n'avoir pû ſe retirer. *Proh dolor! quia ſi contigiſſet mihi aliquando mei juris eſſe, deliberaveram intrare Erimitagium Sti. Bauſilii ſupra quemdam montem in Diœceſi Magalonenſi, prope villam novam & oppidum miræ vallis exiſtens, & a quolibet per leucam diſtans*, dans ſon Traité ſur l'autorité du grand Conſeill pag. 860.

Page 860.
In tractatu de auth. magni Conſilii.

En 1114. Guillaume de Cornon fils de Guillaume Raymond *Gaucelin* voulant aller viſiter le St. Sepulcre, engagea pour ſubvenir aux frais de ſon voyage, la quatriéme partie du Bois d'*Areſquiez* aux Chanoines de Maguelone; & s'étant établi avantageuſement dans la Paleſtine, il écrivit, de la Ville d'Acre, à Otton de Cornon ſon couſin, de laiſſer joüir l'Egliſe de Maguelone de tout ce qu'il lui avoit engagé, à laquelle il transporte tout le droit qu'il pourroit y avoir.

Mſſ. de d'Aubais.

Dans cette même Lettre que nous avons, où il exhorte ſon couſin à faire le voyage de la Terre Sainte, (en lui offrant, quand il y ſeroit, de lui faire part de ſa bonne fortune) il fait mention de Guillaume de Montpellier, qu'il apelle *ſon Seigneur*, & de Dalmas *de Caſtriés*.

Raymond Pons & *Geura* ſa femme, avec leurs fils & leurs filles, d'un commun conſentement, donnerent à Dieu, & aux Chanoines de Maguelone, tout ce qu'ils avoient de Dîmes dans le Prieuré & Cimetiere de *Pignan*; & ils en firent la délivrance à *Gautier*, qui fut confirmée par les freres, les neveus, & les parens de Raymond Pons.

Le grand abus où les Laïques étoient alors de s'apropriet les revenus Eccleſiaſtiques, (comme on le voit par les Canons ſi ſouvent réïterez dans les Conciles de ce tems-là) porterent *Gautier* à leur repreſenter l'injuſtice de l'uſurpation qu'eux ou leur peres avoient faite d'un bien qui n'avoit été donné que pour l'entretien des Pauvres & des Miniſtres de l'Egliſe. Pluſieurs, pour la décharge de leur conſcience, les remirent gratuitement, & quelques autres ne voulurent les rendre que moyenant une ſomme qu'il falut leur payer. L'Evêque de Maguelone ne refuſa pas ſouvent ce moyen; car nous trouvons, que pour cinquante ſols Melgoriens qu'il donna à *Elzear* fils de Bertrand de *Montredon*, il en retira toutes les Dîmes qu'Elzear tenoit ſous ſon nom, ou ſous le nom d'autrui, à *St. Giles du Feſc*. Il retira de même, pour quatre livres de deniers, un Fief tenu dans le terroir de Gigean par Pierre de *Salſas*, Ermengarde ſa femme, & Raymond leur fils.

Le

II. PARTIE. LIVRE SECOND.

Le Comte R. Bernard de Melguëil & Guillelme sa femme, lui rendirent un Cimetiere & un *Stare* attenant l'Eglise de St. Romain de Melguëil ; & Ademar de *Montarnaud* lui délaissa l'Eglise de *Murviel* & celle de *Centrairargues*.

Enfin ce St. Prélat qui avoit si bien marché sur les traces de Godefroy son prédécesseur, voulut l'imiter dans le voyage qu'il avoit fait à la Terre Sainte, où il finit ses jours comme lui dans la vingt-uniéme année de son Pontificat. Il fut inhumé au Mont-Pelerin auprès du Tombeau de Godefroy : ce que Bernard de Treviez Chanoine de Maguelone, & Auteur des Vers que nous avons déja raportez, a renfermé dans ceux-ci, où il fait l'éloge du zéle, de la douceur & de l'habileté de *Gautier*, à maintenir le bon ordre dans son Diocése, & dans sa Communauté de Maguelone.

VI.

Doctus & astutus, percomis, clarus, acutus.

Magnus consilio, magnus & eloquio.

Corpore sincerus, & Religione severus.

Impatiens sceleris, compatiens miseris.

Formæ cultores, & nostros auxit honores ;

Crevit thesaurus, Fabrica, fama, domus.

Inde sequens tristi vestigia sorte magistri,

Interiit, positus quo pater ante suus.

Feu Jean de Rignac, Conseiller en la Cour des Aydes, dans les Mémoires qu'il nous a laissé sur l'Histoire de Montpellier, raporte une Dissertation de Bruno Evêque de *Segni* adressée à *Gautier* Evêque de Maguelone sur les Habits Sacerdotaux de l'ancienne & de la nouvelle Loi. Par où l'on peut juger avantageusement de la science de ces deux Evêques, & aprendre en même-tems que Gautier fit un voyage à Rome, dont ses autres Historiens n'ont pas parlé.

Mss. de Daubais

Le P. Mabillon dans ses Analectes raporte une Lettre qui a pour titre : *Galteri Episcopi Magalonensis, ad Robertum Præpositum Insulanum, de Floribus Sanctorum à Lietberto collectis*. Et dans les Notes que ce sçavant Critique a fait sur cette Lettre ; il fait observer que Gautier Evêque de Maguelone avoit exercé les fonctions de Legat Apostolique ; ce qui n'avoit pas été marqué avant lui : il met sa mort en 1129. & son entrée dans l'Episcopat en 1103.

Vetera Analecta pag. 361.

CHAPITRE SEPTIÉME.

I. *Raymond premier fait plusieurs reparations à Maguelone*. II. *S'attire la confiance de Bernard Comte de Melguëil*. III. *Reçoit à Maguelone le Pape Innocent II. refugié en France.* IV. *Doutes que l'on a s'il sçut se conserver les bonnes graces de ce Pape.* V. *Ses démêlez avec les Seigneurs de Montpellier.* VI. *Et avec son Chapitre.* VII. *Il fait une donation à l'Hôpital St. Jean de Jerusalem.* VIII. *Reçoit des graces d'Anastase & d'Adrien quatriéme.* IX. *Et obtient du Roy Loüis le Jeune la confirmation des Privileges de son Eglise.* X. *Fin de la vie de cet Evêque.*

L'ÉLECTION de Raymond I. suivit de près la nouvelle qu'on reçut de la mort de Gautier ; mais elle ne laissa pas d'être traversée par le Comte Bernard de Melguëil, qui voulant faire revivre l'ancien usage où sa famille avoit été, de nommer à l'Evêché de Maguelone, envoya des gens de guerre pour faire du dégât dans les Terres de l'Eglise. Mais malgré ces voyes de fait, Ray-

I.

mond fut sacré par Arnaud Archevêque de Narbonne; & Bernard reconnut si bien le tort qu'il avoit eu dans cette occasion, qu'il en fit une reparation autentique, comme nous le verrons plus bas.

Garriel nous assûre qu'il étoit Chanoine de Maguelone, & Doyen de *Posquieres* (aujourd'hui Vauvert) quoique Verdale n'en parle pas. Mais on redresse Verdale pour l'année de son Élection, qu'il met en 1133. sur ce que Raymond se trouve signé, en qualité d'Evêque, dans le Contrat de Mariage de Guillaume de Montpellier avec Sibille, passé en 1129. d'où l'on conclut qu'il fut élû pour le moins cette même année, & que la faute qui se trouve dans Verdale vient de ses Copistes.

Il nous aprend plus exactement ce que Raymond fit pour la décoration de son Eglise, & pour la commodité du logement des Chanoines. Il leur fit bâtir,
,, (dit-il) un lieu destiné pour tenir le Chapitre. Il leur donna une grande
,, Cîterne, & il acheva tout ce qui restoit à faire à la Tour du St. Sepulcre
,, & à celle de St. Côme. Il construisit depuis les fondemens la Tour de la Cui-
,, sine, & fit élever dans l'Eglise l'Autel de St. Pierre, en plaçant derriere cet
,, Autel sa Chaire Pontificale. Il fit le Lavoir du Cloître superieur, le *Corticale*
,, & *Portalia*. Il fit clorre le Cimetiere des Laïques, & construire la maison du
,, Moulin, celle où l'on enfermoit les bois des lits, celle des Convers, & le bâ-
,, timent qui, à l'avenuë du Pont, servoit à enfermer les Chevaux de ceux qui
,, arrivoient de la terre ferme. Je raporte toutes ces particularitez que Verdale nous a marqué, parce qu'elles serviront à connoître l'état où l'Isle de Maguelone se trouvoit depuis la translation des Chanoines de Substantion.

,, De plus (c'est toûjours Verdale qui parle) Raymond donna à sa Commu-
,, nauté les Eglises de St. *Drezery* & de *Molines*, avec les Terres qu'il avoit ac-
,, quises de Guillaume *Helbrard* de *Coconet*; & il enrichit son Église de Livres, de
,, Calices, & de divers Ornemens précieux.

II. Ces liberalitez ne laisserent point de tourner à l'avantage temporel de celui qui les faisoit. Car le Comte Bernard, touché sans doute du bon usage que Raymond faisoit des revenus Ecclesiastiques, se reprocha d'avoir troublé son Election; & pour reparer le dommage qu'il avoit causé en cette occasion à l'Eglise de Maguelone, *pro amendatione damni* (dit-il dans l'Acte) *quod tempore Electionis Raymundi Episcopi, injustè eidem Ecclesiæ Magalonensi intuli*, il s'oblige & ses successeurs de donner à chaque Fête de Notre-Dame de la mi-Août un très bon repas à tous ceux qui demeurent à Maguelone. *Optimum apparatum omnibus Magalonæ Commorantibus*. Mais afin que ses presents eussent quelque chose de plus stable, il leur donna la pêche de l'Etang, depuis l'embouchure du vieux Lez, jusqu'à celle de Lamousson, & tout ce dont lui & Pons *Dobillon* s'étoient emparez, apartenant aux Chanoines de Maguelone, selon qu'il sera decidé par Pons de *Montlaur*, Rostang de *Arzas*, Berenger *Aymard*, Bertrand le *Moine*, & quelques autres personnes qui seront apellées pour cet effet. La Comtesse Guillelme son épouse signa cette Donation; & il est ajoûté par apostille, que les limites de l'Etang qu'il donne, sont depuis le vieux Lez jusqu'à *Folzerats*.

III. L'année 1130. fut heureuse à Raymond & aux Chanoines de Maguelone par l'arrivée du Pape Innocent II. qui vint y aborder, pour fuïr (comme nous l'aprenons de l'Abbé Suger) les persécutions qu'il souffroit à Rome. Pierre de Leon, fils d'un des plus riches Citoyens Romains, ayant eu le crédit de se faire élire par un petit nombre de Cardinaux, & de chasser enfin Innocent de Rome, ce Pape prit la France pour son refuge. Raymond eut le bonheur de l'accueillir à Maguelone avec Guillaume de Montpellier, qui dans cette occasion donna au Pape de si grandes marques de respect & d'attachement, qu'il en obtint les trois Brefs dont nous avons déja parlé, desquels Innocent le prend sous sa protection, lui & tous ses biens; sçavoir, Montpellier & le Château de Latès, *amorem & servitium quod B. Petro & nobis exhibere non cessas, frequenter recolimus, &c*. Il le suivit avec Raymond à St. Gilles, au Puy, à Clermont & à Étampes, qui fut la route que le Pape tint; & son Election ayant été confirmée dans l'Assemblée d'Étampes, où St. Bernard soûtint vivement sa cause, il fut reconnu

In vitâ Ludovicassi.

In Bullario Consulari.

II. PARTIE. LIVRE SECOND.

par la France, l'Angleterre & l'Allemagne, qui se rangerent sous sa Communion. Raymond eut l'avantage d'assister à toutes les Assemblées qui se tinrent sur cette grande affaire, & de se trouver au Concile de Reims, où le Roy de France fit sacrer le Roy Loüis le Jeune son second fils, après la perte qu'il venoit de faire de Philippe son aîné, qui malheureusement avoit peri dans les ruës de Paris d'une chûte de cheval.

IV.

Depuis cette époque remarquable jusqu'en 1139. nous ne trouvons aucune mention de Raymond dans les Actes publics, quoiqu'il se fût passé dans le Pays bien de choses remarquables. Par exemple, il n'est rien dit de lui ni devant ni après le voyage que Guillaume de Montpellier entreprit en 1134. pour aller secourir Alphonse Roy de Castille. On ne trouve non plus rien de lui dans le Mariage de Beatrix, fille du Comte Bernard de Melguëil, avec Berenger Raymond, frere du Comte de Barcelonne, qui se fit après la mort du Comte Bernard en 1140. On trouve au contraire une Bulle du Pape Innocent II. pour l'établissement des Moines de Cluny à Montpellier, adressée à Guillaume, dans le tems du soûlevement de ses Habitans contre lui, en 1141. Le Pape qui ne donna jamais aucune commission à Raymond sur cette affaire, ayant marqué à Guillaume qu'il avoit écrit aux Evêques de ses quartiers, d'ordonner sous peine d'excommunication à Alphonse Comte de Toulouse d'abandonner le parti des Séditieux, ajoûte ces paroles : Quant à votre Evêque de Maguelone, vous aprendrez par le retour de votre Envoyé ce qui en a été fait. *De Episcopo vestro Magalonensi quid actum sit, per nuntium agnoscere poteris.* D'où l'on peut inferer tout au moins que le Pape & le Seigneur de Montpellier vêcurent dans une assez grande indifference pour l'Evêque Raymond. À quoi l'on pourroit ajoûter, que Guillaume voulant trois années après faire bâtir la Chapelle du Château, il obtint du Pape Celestin II. une Commission pour l'Abbé de St. Gilles d'y mettre la premiere pierre, sans qu'il y soit fait aucune mention de l'Evêque Diocésain.

1144.

Mais ce qui prouve plus positivement que Raymond eut plusieurs démêlez, soit avec Guillaume fils d'Ermensende, soit avec son Chapitre, c'est que nous avons divers Concordats passez entre eux, & des Lettres des Papes écrites à ce sujet.

V.

En 1139. il fut convenu, que le Château de Lates auquel Guillaume faisoit faire de grandes reparations, lui apartiendroit en entier, mais qu'il en feroit reconnoissance à l'Eglise de Maguelone, *Ecclesia Magalonensi Beneficiario jure mancipetur* ; & que la Chapelle qu'il avoit construit au même lieu de Lates, seroit de la dépendance de l'Evêque Raymond pour tout ce qui concerne le service Divin. Que Guillaume payeroit la dîme de ses Moulins, & qu'il ne porteroit aucun trouble à la levée des droits que l'Eglise de Maguelone avoit sur le Port de Lates.

Ce peu d'intelligence qu'il y avoit eu entre Raymond & Guillaume fils d'Ermensende, fut peut-être cause des démêlez que le même Raymond eut peu de tems après avec son fils ; car nous trouvons que Guillaume de Sibille ayant succedé à son pere en 1147. il menagea si peu Raymond & l'Eglise de Maguelone, qu'il s'empara des Eglises de Ste. Croix, & de St. Nicolas ; & qu'il s'attribua l'institution & la destitution des Prêtres qui les desservoient, comme il resulte d'un Bref qu'écrivit le Pape Eugene III. en activité à Guillaume, & que nous avons dans le Bullaire de l'Hôtel de Ville. Le Pape lui marque de rendre non-seulement ce qu'il détient, mais encore de faire restituer par les habitans de Montpellier tout ce qu'ils avoient pris de force à l'Eglise de Maguelone.

La chose fut executée selon les ordres du Pape, par la renonciation que fit Guillaume à tous ses droits prétendus, & par l'échange qu'il fit avec le Prieur de St. Firmin, aux conditions que j'ai marquées dans la vie de Guillaume fils de Sibille.

Mais ce démêlé fut à peine terminé, qu'il en survint un autre à Raymond avec son Chapitre ; ce qu'on n'avoit pas encore vû. Car depuis près d'un siécle que la Regularité avoit été établie à Maguelone, l'union avoit été parfaite entre l'Evêque & ses Chanoines. Il n'apartient pas à un Particulier comme moi, qui écrit cinq ou six cens ans après, de décider sur le tort d'une des deux parties; mais s'il est permis de regler son jugement sur la Sentence des Arbitres qui furent nommez alors, il ne sera pas difficile de prononcer.

L'Evêque Raymond s'approprioit les Dîmes de N. Dame de Montpellier, de Montpelieret, des Moulins de Lates, & de la Paroisse de St. Estienne de Villeneuve. Pierre Archevêque de Narbonne, & Pierre Raymond Évêque de Lodeve, furent choisis pour juger leur different. Par leur Sentence, l'Eglise de N. Dame de Montpellier fut déclarée en faveur des Chanoines, libre de toutes charges *Statutum, est ut Ecclesiam sanctæ Mariæ de Montepessulano liberam per omnia, salvâ Reverentiâ Episcopali Magalonensi, Canonici habeant.* Les Dîmes de Montpelieret leur furent adjugées; mais à la charge de rendre à l'Evêque mille sols qu'il avoit donné pour retirer lesdites Dîmes de Bernard *Aranfredy*. Celles des Moulins de Lates, furent déclarées leur apartenir, selon l'article de la Transaction passée entre Guillaume d'Ermensende d'une part, & Raymond avec ses Chanoines de l'autre. Enfin il fut reglé que les Chanoines auroient la Dîme du pain & du vin, que l'Evêque prenoit dans la Paroisse de St. Estienne de Villeneuve. A quoi (dit l'Acte) Raymond aequiesça, *quæ omnia se observaturum promisit Raymundus anno* 1152.

Cette Sentence, après avoir été acceptée des parties, comme nous venons de le voir, paroît avoir remis entr'elles une parfaite intelligence. Car nous trouvons dans les Archives de St. Jean de Jerusalem de la Ville d'Arles, que l'Évêque Raymond, du consentement de ses freres les Chanoines, donna l'année suivante (c'est-à-dire 1153.) à l'Hôpital de la Maison de Jerusalem à Montpellier, son jardin, & une piece de terre située tout auprès, avec une rente de cinq sols, *& quinque solidos censuales*.

VII.

L'Exaltation d'Anastase IV. sur la Chaire de St. Pierre, parut à Raymond une occasion favorable de se mettre dans l'esprit du nouveau Pape, mieux qu'il n'avoit été sous Eugene III. Lucius II. & Celestin II. ses Predecesseurs. Il profita pour lui écrire, de la mort du Comte de Melgueïl, assassiné, comme nous l'avons dit ailleurs, par les ordres du Seigneur de Baux; au sujet de quoi il lui rapelle les droits que le St. Siége avoit sur la Comté de Melgueïl, & lui demande sur cela ses ordres dans le pays. Ce qui lui attira une réponse d'Anastase, qui le chargea, lui & ses Successeurs dans l'Eglise de Maguelone, de disposer de la Comté de Melgueïl au nom du St. Siége, au cas qu'elle vînt à vacquer sans successeurs legitimes, *Et si ipsius comitatûs hæredum successio deficit, nostrâ, nostrorumque successorum vice, comitatum ipsum regendo disponatis.* Mais la précaution fut inutile pour cette fois, parce que Beatrix veuve du Comte Raymond, épousa en secondes nôces Bernard Pelet Comte d'Anduze, de qui elle eut des enfans.

Dans cette même Lettre Anastase prit sous sa protection (à l'exemple d'Urbain II.) l'Eglise de Maguelone; confirmant à l'Evêque & à sa Communauté, tous les biens dont ils joüissoient, & particulierement l'Église de *Montesevo*, aujourd'hui *Gigean*.

In Registro Episcopali.

Cependant la division qui avoit été entre l'Evêque Raymond & son Chapitre, recommença de nouveau, au sujet d'un droit de Leude qu'on levoit à Villeneuve, & que l'Evêque avoit inféodé à quelques particuliers. Le Sindic du Chapitre reclama ses droits; & l'affaire auroit eu de plus longues suites, si quelques Chanoines n'avoient traité amiablement avec Raymond, qui composa avec eux.

Il fut plus heureux, comme les mêmes regîtres le marquent, avec Guillaume de Tortose, Frere du Seigneur de Montpellier, dans l'aquisition qu'il fit, pour le prix de cent sols melgoriens, de divers pâturages que Tortose avoit dans le terroir de St. Martin du Crez.

Dans ce même tems il eut de nouvelles occupations qui lui vinrent de l'exaltation d'Adrien IV. au souverain Pontificat. Ce Pape, Anglois de nation, & qui dans sa jeunesse avoit été obligé de passer en France pour y subsister, avoit été reçu parmi les Clercs de St. Jacques de Melgueïl; d'où étant entré dans une Abbaye de l'Ordre de St. Augustin, il fut élevé par son merite à la qualité d'Abbé.

Quelques

II. PARTIE. LIVRE SECOND.

Quelque démélez qu'il eut ensuite avec les Religieux de son Ordre, l'obligerent d'aller Rome, où il fut connu & goûté du Pape Eugene III. qui le retint auprès de lui, & le fit Cardinal Evêque d'Albano. La mort d'Anastase, qui ne tint le Siége pas plus de deux ans, l'éleva aussi-tôt à la premiere place de l'Eglise. Et comme dans les plus grandes élevations, on n'oublie pas toûjours les lieux où l'on a passé sa jeunesse, Adrien conserva de l'affection pour le Diocése de Magulone, & pour les personnes qu'il y avoit connu.

Guillaume de Montpellier fut des premiers qui lui ayant écrit une lettre de felicitation, s'attira un Bref adressé à l'Archevêque de Narbonne, à ses Suffragans, à Raymond Evêque de Maguelone, au Prieur, aux Archidiacres, & au Peuple de cette Eglise, par lequel Adrien prend sous sa protection Guillaume de Montpellier avec tous les siens, & nommément *Tortose* son frere, avec son Château de Castriés; voulant que si quelqu'un attentoit contr'eux, il fût procedé envers l'agresseur par excommunication, & par interdit du lieu de sa demeure, excepté néanmoins les Eglises de N. Dame & de St. Firmin, qui ne pourroient être soûmises à l'interdit, n'étant pas juste (ajoute le Pape) qu'un aussi grand Peuple que celui de Montpellier, fût privé du culte divin par la faute d'un particulier. *Indignum enim est ut tantus populus, ex culpâ & maleficiis cujuscumque persona, à divinis debeat officiis abstinere.*

Ce Bref en faveur de Guillaume, fit naître la pensée à Raymond d'en demander un semblable au Pape Adrien, pour la confirmation de toutes les possessions & droits acquis par lui ou par son Chapitre. Ce qu'il obtint par un Bref du mois d'Avril 1155. Mais pour lui donner plus de force par le secours de la Puissance Royale, Raymond demanda la même grace au Roy Loüis le Jeune, comme au Seigneur dominant de tout le Pays. Nous avons les Lettres de ce Prince, où il prend le titre d'Empereur des François, & d'Auguste. Et ce sont les premieres Lettres que nous ayons de nos Rois, depuis celles de Loüis le Débonnaire, dont j'ai parlé ci-devant dans la vie *d'Argemire* Evêque de Maguelone.

1155.

Le Roy, qui adressa sa Lettre à Raymond & à sa Communauté, *Raymundo Episcopo Magalonensi, & ejusdem Ecclesiæ sacro Conventui*, marque à Raymond : que sur la priere qu'il lui en a faite, il prend sous sa protection, à l'exemple du Roy Loüis son prédecesseur, tous les biens acquis & à acquerir par l'Eglise de Maguelone. Et entrant dans un plus grand détail, il specifie l'Isle de Maguelone, où l'Eglise est située, avec toutes ses apartenances, soit dans la mer, soit dans l'étang. C'est-à-dire, pour la mer (ajoute le Roy) *hoc est in mari. Piscationes suas, & ubicumque in Substantionensi comitatu, portus, portus, aperiatur.* Les droits de pêche, & le Port apellé *Grau*, quelque part qu'il vienne à s'ouvrir dans la Comté de Substantion. De toutes les rentes qui en proviendront, l'Eglise en aura la moitié, *de omnibus redditibus qui inde proveniunt, medietatem*. Et dans l'étang, elle aura la pêche & tout le poisson. *Et in stagno piscationes suas, & pulmentum.*

Outre cet article, le Roy accorde, *concedimus*, à l'Eglise de Maguelone & à Raymond, les Châteaux de *Villeneuve* & de *Gigean*, avec toutes leurs apartenances; les lieux de *Baillargues*, du *Terrail*, de Montpelieret, de *Guzargues*, de *Ganges* & de *Vic*; tout le Château de *la Verune*, avec ses apartenances; tout le Fief que tient Guillaume de Montpellier; sçavoir, Montpellier & le Château de Lates; avec deffense à tout Comte & à tout Prince d'établir ou exiger des Albergues ou des Quêtes dans tous ces lieux, & nommément dans ceux de *St. Denis*, de *St. Brez*, de *Pinet*, Diocése de Beziers, & dans la Terre de *Roüet*, située dans le terroir de *Substantion*, où il ne sera permis à autre qu'à l'Evêque Raymond d'exercer la Justice, & d'établir des impôts. *Et nulli unquam homini liceat in his locis, sive in alio Sti. Petri de Magalonâ, honores, justitias, vel alias exactiones exigere, nisi tibi & successoribus tuis.*

Enfin le Roy, sous titre de donation, comprend dans ses Lettres-Patentes les lieux de *Xindrio*, *Lamousson*, *Maurin* & *Cocon*. *Adhuc etiam donamus vobis villam de Xindrio, de Amansione, villam de Maurino, de Cocone, cum omnibus pertinentiis suis, sicut sunt de terminio Castri de Villanovâ.*

Depuis ce tems-là, chaque année est remarquable par quelque action où l'Evêque Raymond prit quelque part.

I

34 HISTOIRE ECCLESIASTIQUE DE MONTPELLIER,

Sur la fin de cette même année 1155. il fit la visite de son Diocése durant laquelle il publia ses Ordonnances Sinodales, & il separa les deux Eglise de *Ganges*, & de *la Roque-Ainier*, en établissant un Vicaire dans chacune de ces Eglises, & en leur donnant des Fonts-Baptismaux, & un Cimetiere particulier.

En 1157. il fut present avec Jean Prieur de St. Firmin au testament d'Ermensende, fille de Dalmas de Castriés, & femme de Guillaume de Tortose, qui se sentant en danger de mourir de ses couches (comme elle fit en effet) donna tous ses biens à son mari, pour en disposer à sa volonté.

Cette même année les Habitans de Montpellier voulant agrandir & orner l'Église de N. Dame des Tables, qui devenoit tous les jours plus célébre par les miracles que Dieu y operoit, obtinrent une Bulle d'Adrien IV. qui leur est adressée, & à Guillaume leur Seigneur, par laquelle il leur permet, du consentement du Prieur de N. Dame, d'employer pour l'ornement de cette Église, les Offrandes qui seroient faites durant cinq ans à l'Autel de St. Sauveur ; mais à la charge que le Prieur rentreroit dans la joüissance desd. Offrandes, après les cinq années revoluës.

L'année d'après 1158. le Pape donna avis à Raymond, de la grace qu'il venoit d'accorder à Guillaume de Montpellier & aux habitans ; & presqu'en même-tems, il fut obligé de lui écrire un peu fortement sur les plaintes que ses Chanoines portoient contre lui.

Par le Bref donné au Palais da Latran le 6. des Kal. de Novembre dans la quatriéme année d'Adrien, c'est-à-dire 1158. il paroît que Raymond n'avoit pas executé la Sentence de l'Archevêque de Narbonne & de l'Evêque de Lodeve, touchant les Dîmes de Montpelieret, dont il a été parlé ci-devant. On l'accusoit aussi de vouloir disposer à son gré du bien de son Église. C'est pourquoi le Pape lui enjoint de n'en faire aucune disposition, sans le consentement de ses Archidiacres & de la plus saine partie de son Chapitre. Il lui ordonne de rendre en entier ce qu'il a pris, & de laisser joüir les Chanoines de la Dîme de Montpelieret, suposé qu'il eût été déja payé de ce qu'il avoit avancé pour la retirer. Le surplus de la Lettre du Pape Adrien, est un avertissement qu'il fait à Raymond, de pas donner à ses Clercs des nouveaux sujets de murmure, pour ne pas le mettre dans la nécissité de lui écrire plus durement.

1158.

C'est la derniere Piece que nous ayons touchant la vie de cet Evêque, qui selon toutes les aparences, mourut cette même année : car nous trouvons que son Successeur remplissoit le Siége de Maguelone sur la fin de 1158.

Titre 8. De jut ramento Ecclesia.

Il ne me reste qu'à faire mention d'un article qui a échapé à Garriel. C'est que dans le second Livre des Decretales, il y a un rescript du Pape Eugene III. adressé à l'Évêque de Maguelone (qui étoit alors le même Raymond dont nous parlons) conjointement avec l'Evêque de Nîmes, ausquels le Pape mande, qu'il a déchargé un Abbé de l'Ordre de Clairvaux, avec ses Religieux, de prêter le *serment de Calomnie*, qui étoit alors en usage au commencement des procès ; à l'occasion de quoi le Pape ordonne, qu'on établira désormais un Économe, qui au nom de la Communauté, prêtera ce serment, qui est maintenant abrogé.

CHAPITRE HUITIE'ME.

I. *Election de Jean de Montlaur à l'Evêché de Maguelone.* II. *Il termine plusieurs grandes affaires dans son Diocése.* III. *Donne des marques de son zéle pour la discipline Ecclésiastique & pour son Chapitre.* IV. *Fait plusieurs reparations à son Eglise.* V. *Obtient diverses Graces du Roy Loüis le Jeune.* VI. *Assiste au Concile Général de Latran contre les Albigeois, dont il preserve son Diocése.* VII. *Actions particulieres de cet Evêque avant sa mort.*

I. RAYMOND I. eut pour Successeur immédiat *Jean de Montlaur*, l'un de nos Evêques qui ait soûtenu sa dignité avec plus d'éclat & de modération tout

II. PARTIE. LIVRE SECOND.

enfemble. Il fut l'Arbitre de plufieurs Particuliers, & des grands Seigneurs de la Province, qui de fon tems eurent de grands démêlez dans fon voifinage; & après avoir entretenu fon Diocéfe & fa Communauté dans une grande paix, il eut l'honneur d'affifter à un Concile général, & termina glorieufement fon Épifcopat, après vingt-neuf ans de Siége.

Tous nos Auteurs conviennent qu'il étoit fort fçavant dans les faintes Lettres: & l'éloquence naturelle qu'ils lui attribuent, jointe à fon ancienne Nobleffe, lui concilierent facilement la confiance de tous ceux qui eurent à traiter avec lui.

Son pere étoit Pons de Montlaur, & fon ayeul *Guillaume* frere de ce Bernard de Valhauquez, qui partit pour la premiere expedition de la Terre Sainte, avec Raymond Comte de Touloufe, & Guillaume de Montpellier, comme nous l'avons déja vû. Je crois pouvoir obferver, pour la fatisfaction du Lecteur, que cette Maifon eft celle qui vient de finir par la mort du dernier Seigneur de *Murles*.

Jean étoit Chanoine de Maguelone, lorfqu'il fut élû pour en remplir le Siége. Mais comme fi fon étoile eût été de trouver par tout des obftacles, pour avoir enfuite la gloire & le bonheur de les furmonter, fon élection fut fi fort traverfée, que *Verdale* n'a pû s'empêcher d'apeller *fils de Belial* ceux des Chanoines qui lui furent contraires. Il eft vrai que nulle opofition ne venoit d'aucun éloignement qu'ils euffent pour fa perfonne; mais feulement du prétexte qu'il falloit auparavant élire un Prévôt: foit que les deux places vacaffent à la fois, foit qu'ils vouluffent fuprimer celle de Prévôt, comme on pourroit l'inferer de ces paroles du même Verdale, *licet duæ partes & amplius nollent Præpofitum habere*. Cependant (ajoûte-t'il) le Chapitre delibera (pour éviter le fcandale) d'élire un nouveau Prévôt, qui fans préjudice de la dignité de l'Évêque, & de celle du grand Prieur, ne fe mêleroit en aucune maniere du fpirituel de la Maifon; mais feulement du temporel de la Communauté, & des procès qui pourroient lui furvenir. Par cet expedient tous concoururent à l'élection de Montlaur, & ils nommerent enfuite Bernard pour Prévôt.

Nous aprenons que ce Bernard étoit de la maifon des Gaucelins Seigñurs de Lunel, par une permutation paffée la veille du Dimanche des Rameaux, où il eft dit, que l'Evêque cede au Chapitre les Eglifes de *Lunel Viel*, de *St. Fructueux*, & de St. Paul de *Cabrieres*, & Bernard Gaucelin Prévôt, en fon nom, & celui du Chapitre, cede à l'Evêché de Maguelone l'Eglife de *Gigean*, avec toutes fes apartenances, & quelques vignes fituées dans le terroir de Montpellier.

Fulcran, qui fucceda cette même année à Bernard dans la Prévôté, remit à l'Evêque, par ordre du Chapitre, fix cens foixante fols Melgoriens, que Raymond fon Prédéceffeur leur devoit. Le Chapitre lui abandonna auffi plufieurs chofes, *pleraque alia Joanni Epifcopo dereliquit* (dit l'Acte.) Et pour lui donner de plus grandes marques d'attachement pour fa famille, il fut pris déliberation, que l'on feroit tous les ans dans l'Églife de Maguelone un Service folemnel, *honeftè & honorificè*, pour l'ame de tous les parens & proches de Jean de Montlaur.

L'année d'après 1161. il fut décidé en Chapitre, l'Évêque prefent, que ce feroit au Prévôt à établir le Celerier de Maguelone, pour prendre foin de la Table commune, comme auffi de nommer un Garde-Meuble de tous ceux qui viendroient à mourir; & de prendre foin des Églifes apartenantes à la Communauté, pendant la vacance des Titulaires, jufqu'à ce qu'il y fût pourvû en plein Chapitre, l'Évêque & le Prévôt préfents.

En 1163. il fut permis à l'Évêque de prendre des Livres des Armoires de la Communauté; & il fut convenu, qu'il auroit toute la juftice à Villeneuve; mais que le Prévôt pourroit, dans ce même lieu, exiger les cenfives qui lui feroient dûës, & terminer les procès civils de fes Vaffaux.

Ces manieres reciproques de confiance & de ménagement, formerent entre lui & fa Communauté, une liaifon qui dura toute fa vie, & qui lui laiffa plus de loifir pour vacquer aux grandes affaires de dehors, qui exercerent fes grands talens.

Les premieres, felon l'ordre du tems, furent, la pacification des troubles caufez

36 HISTOIRE ECCLESIASTIQUE DE MONTPELLIER,

par le demêlé qu'il y eut entre Bernard Pelet Comte de Melguëil, & Guillaume de Montpellier; l'Arbitrage du procès entre ce dernier & Guy son frere, pour la succession de leur autre frere Tortose; enfin l'arrivée & le retour du Pape Alexandre III. à Maguelone, qui font trois évenemens où Jean de Montlaur eut la principale part, & que je ne retouche point, parce que j'en ai parlé assez au long dans la vie de Guillaume fils de Sibille. J'ajoûterai seulement, que le pape Alexandre III. étant à Montpellier, y confirma la Regle des Religieux Hospitaliers *d'Aubrac* dans le Roüergue. Ce qui leur valut dans le xiv. siécle, la conservation de leur Ordre, qu'on vouloit supprimer, sous le prétexte qu'ils n'étoient point Religieux.

Ordres Religieux tome 3. page 172.

Deux ou trois autres affaires plus ou moins considerables, furent 1°. l'hommage qu'il se fit rendre par Guillaume de Montpellier, & que ce Seigneur, (comme dit l'Acte) rendit, non par contrainte, à l'exemple de ses prédécesseurs, mais par estime & par reconnoissance pour Jean de Montlaur. Il donna une grande marque de tous ces sentimens, lorsque faisant son testament en 1172. il fit l'Evêque de Maguelone Tuteur & Administrateur des biens de son fils, & voulut mourir entre ses mains. 2°. Une grande querelle entre deux Dames, l'une apellée Alexie *Rostang* & l'autre Beatrix *Jacou*; qui pour apuyer leurs differentes prétentions sur la Metairie de *Maureillan*, mirent en armes tous les parens que l'une & l'autre avoient dans le pays. Ils en étoient déja venus aux voyes de fait, lorsque l'Evêque de Maguelone pacifia tout, en reglant (comme nous le voyons dans les Regîtres du Chapitre) que ladite Rostang payeroit à Beatrix pendant sa vie, la quatriéme partie des revenus de *Maureillan*, avec une Albergue de deux Chevaliers, & neuf sols de censive. 3°. La protection qu'il donna aux Vassaux du Comte de Melguëil, que ce Seigneur accabloit de nouveaux impôts. Jean de Montlaur n'ayant pû rien gagner sur lui, en écrivit au Pape, comme Seigneur dominant de cette Comté. Sa Lettre en attira une d'Alexandre III. à Bernard Pelet, où il ne lui donne pas seulement le Salut, *Scripta nostra Bernardo Comiti, sine ullâ tamen salutatione direximus*; & une Commission qu'il adresse à l'Archevêque de *Narbonne*, & aux Evêques de *Nîmes*, d'*Usez*, & de *Maguelone*, pour interdire la Ville d'Alais apartenante à ce Comte, & faire cesser le Service Divin dans les lieux où il se trouveroit.

Il ne paroît pas que ces ordres menaçans eussent eu grand effet, peut-être, parce que le Comte Bernard Pelet mourut bien-tôt après. Mais sa mort causa de si grands troubles dans le pays, que l'Evêque de Maguelone eut une belle occasion d'exercer son habileté pour les accommodemens. Nous avons vû dans la vie de Guillaume fils de Sibille, les differens partis que prirent Bertrand & Ermensende, seuls enfans de Bernard Pelet, & de Beatrix son épouse. Ils se livrerent l'un à la Maison d'Arragon, & l'autre à celle de Toulouse. Ildefonce d'Arragon vint à Melguëil, & étoit prêt d'en venir aux mains avec Guillaume de Montpellier, lorsque Jean de Montlaur menagea leurs differens interêts, & pourvut (comme nous l'avons vû) à la sûreté des deux Pupilles. Quelques années après, la jeune Ermensende épousa Raymond Comte de Toulouse; & l'Evêque de Maguelone fut employé comme Père commun.

Il fut exercé dans ce même-tems par les ravages que les Genois firent sur nos Côtes, & aux environs de Montpellier (comme nous l'avons vû ci-dessus) ses representations au Peuple de Gennes ayant été inutiles, & les Lettres que le Pape écrivit à sa priere, ayant été sans effet, il employa, de concert avec Guillaume, le secours du Roy d'Arragon, qui donna de la crainte aux Genois, & les disposa mieux à goûter les bonnes raisons que Jean & Guillaume leur firent dire par Hildebrand Consul des Pisans à Montpellier.

Nous aprenons par une Lettre qu'André Duchesne a inseré dans ses preuves de l'Histoire de France, qu'environ ce tems, Jean de Montlaur s'interessa beaucoup pour Ermengarde Vicomtesse de Narbonne, contre les usurpations de plusieurs de ses voisins. Il écrivit au Roy Loüis le Jeune, que Berenger de *Puyserguier* ayant établi de nouveaux Péages sur les chemins de Narbonne à Beziers, dans les Terres de la Vicomtesse, Sa Majesté lui en avoit fait deffense; mais que

lorsqu'elle

II. PARTIE. LIVRE SECOND.

lorsqu'elle lui fut signifiée en presence de l'Evêque de Nîmes, de l'Abbé de St. Gilles & de la sienne, Berenger n'avoit pas daigné la regarder, & qu'il l'avoit jettée à terre, quoique le Sceau Royal (ajoûte-t-il) y fût attaché. Nous ne sçavons pas l'effet que produisit la Lettre de Montlaur; mais elle peut servir à nous faire connoître la noblesse de ses sentimens, son amour pour la justice, & son attachement au service du Roy.

III.
Toutes ces occupations au dehors, n'empêcherent point l'Evêque de Maguelone de veiller au bien spirituel de son Diocése. On verra des preuves de son zéle pour l'ancienne discipline de l'Eglise, dans la vie du B. *Bernard* surnommé *le Penitent*, que je donnerai sur la fin de cet Ouvrage. On trouve aussi une marque de son attention pour le bon ordre de sa Communauté, dans une déliberation qu'il fit prendre en plein Chapitre, lui present, où il est dit, que dans les dif- " ferentes Congregations qu'il y a de Chanoines Reguliers, les unes ont certains " usages que les autres n'ont pas. Ce qui pourroit faire craindre qu'une trop " grande frequentation avec toute sorte de Chanoines ne causât de la confu- " sion parmi ceux de Maguelone, surtout entre les plus jeunes; c'est pourquoi " les anciens Evêques *Godefroy*, *Gautier* & *Raymond*, auroient deffendu sous peine " d'excommunication, d'admettre aucun Chanoine étranger au secret du Cha- " pitre, à l'étude du Cloître, & au repos du Dortoir. "

IV.
Jean de Montlaur confirma ce Reglement, & déclara que les seuls Chanoines étrangers qui ne seroient pas compris dans la deffense, étoient ceux de St. *Ruf*, de *Cassan*, de *Mende* & d'*Usez*, qui seroient admis par tout avec ceux de Maguelone... Fait l'an 1169. du consentement de tout le Chapitre, le jour de St. Pierre & de St. Paul, Président Jean de Montlaur Evêque, *Fulcran* Prévôt, Guillaume *de Camps*, Prieur, & *Pierre Bertold*; Guillaume *de Roveret*, & Guillaume *de Sobeyran*, Archidiacres.

Peu de tems après l'Evêque de Maguelone fit plusieurs décorations à son Eglise. Il bâtit la grande Tribune qui est sur la principale entrée de son Eglise, où les Chanoines pouvoient venir du Cloître superieur, sans se mêler jamais avec les Laïques. En même-tems il fit construire la façade, telle que nous la voyons aujourd'hui, & la porte de marbre blanc, qui est ornée de diverses figures, dans le meilleur goût qu'on eût en ce tems-là. Tout l'Ouvrage fut achevé en 1178. 1178. comme il paroît par le millesime que Bernard de Treviez fit graver au bas des quatre Vers suivans, qui sont sur la Porte.

Ad fontem vita, sitientes quique venite;

Has intrando fores, vestros componite mores.

Huc intrans, ora, semper tua crimina plora,

Quidquid peccator, lacrymarum fonte lavatur.

B. DE III. VIIS. M. C. LXXVIII.

V.
Cette même année Jean de Montlaur fut obligé d'écrire à Loüis le Jeune une Lettre, qui est raportée dans les preuves d'André Duchesne sur son Histoire de France. Le Prélat en chargea l'Archidiacre de Maguelone, le Sacristain, & le Prieur de Lunel, qui avoient à demander de sa part quelque grace à ce Prince. Montlaur, en les recommandant au Roy, le remercie du bon accueïl qu'il avoit déja fait à ses autres Envoyez. Ce qui a augmenté (ajoûte-t'il) le dévoûment & la fidelité qu'il avoit pour son service.

1179.
Le Roy lui fit expedier des Lettres-Patentes données l'an 1179. à Neuville dans le Diocése de Beauvais, par lesquelles il permet à l'Evêque Jean de Montlaur & à ses Successeurs, de faire tenir des Foires & des Marchez publics dans les Lieux qu'ils tiennent du Roy, & d'établir sur lesd. Foires & Marchez les droits que les autres Seigneurs ont coûtume d'en rétirer. Or, (ajoûtent ces Lettres,) les Lieux que l'Evêque tient du Roy, sont, les Châteaux de *Villeneuve*, & de

K

38   HISTOIRE ECCLESIASTIQUE DE MONTPELLIER,

Gigean, où nous voulons qu'il exerce la Justice en entier : *Justitias cum integritate habeant & exerceant*. Et parce que tous ceux qui ont du bien à Villeneuve le tiennent aussi de Nous, Nous leur ordonnons d'obéïr à l'Évêque, & de lui être fidéles.

VI. Ces Lettres ne trouverent point Jean de Montlaur dans son Diocése, parce qu'il étoit déja parti pour se rendre au troisiéme Concile général de Latran, que le Pape Alexandre III. célébra cette même année 1179. Une des principales affaires qu'on y traita, fut la condamnation des Vaudois & des Albigeois, qui menaçoient déja le Languedoc. Montlaur connut si bien leur pernicieuse Doctrine, qu'il n'est pas de soin qu'il n'employât pour en preserver ses Diocésains, il en inspira de l'horreur dans tous ses Sermons ; & ses Successeurs, qui suivirent ses traces, soûtenus par les Seigneurs de Montpellier, preserverent heureusement la Ville & le Diocèse de la contagion de leurs voisins, malgré toutes les tentatives que ces Hérétiques firent pour s'y glisser.

A son retour de Rome, il termina avec Gaucelin Evêque de Lodeve, les démêlez qui étoient entre Guillaume fils de Mathilde & les Habitans de Montpellier.

1180. En 1180. il porta le même Guillaume à donner en faveur de l'École de Medecine, la Declaration dont nous parlerons dans l'article de cette faculté. Il reçut en même tems de lui un pareil hommage qu'il avoit reçû de Guillaume fils de Sibille son pere, pour la Ville de Montpellier, & pour la Seigneurie de Lates.

VII. Le reste de la vie de Jean de Montlaur, est marquée année par année dans nos Actes publics, qui prouvent évidemment qu'il vécut jusqu'en 1190. Ce qui redresse Verdale, ou l'erreur de ses Copistes, qui ont inseré entre lui & Guillaume Raymond son Successeur, un *Raymond Gaucelin*, qu'ils suposent avoir rempli le Siége de Maguelone durant neuf ans, quoiqu'ils avoûent n'avoir pû trouver aucune action de sa vie, *quamvis aliqua gesta sua non potuerimus reperire*.

En 1181. Amedée Abbé de Valmagne, lui paya, à la persuasion de Bertrand Evêque de Beziers, la Dîme des terres que son Abbaye possedoit dans le Diocése de Maguelone, & specialement auprès de Montpellier... Cette même année Pierre de la Verune fit cession (dit l'Acte) à Jean de Mantlaur Evêque de Maguelone, de quelques Salines qu'il avoit dans les confins de Villeneuve, & de Ste. Marie-Magdelaine de *Xindrio*.*... Raymond & Jean de Fleix lui firent reconnoissance d'autres Salines qu'ils tenoient à *Camponovo*... Cette même année il fit l'ouverture du testament d'Othon de Cornon, par lequel il cedoit une maison à l'Eglise de *Montbazen*, Et dans un vieux Manuscrit de Maguelone, il est dit, que Jean de Montlaur y fit faire un service solemnel & magnifique pour l'ame du Pape Alexandre III. decedé cette même année.

* Métairie, dite de la Magdelaine

1182. En 1182. il fit une permutation avec Bernard Abbé d'Aniane, de l'Eglise de St. Paul de *Merojol*, avec celle de St. Martin d'*Escosiat*.

Cette même année il y eut trois Fondations considerables dans l'Eglise de Maguelone, qui toutes furent reçûës & aprouvées par Jean de Montlaur.

La premiere, fut d'un Anniversaire pour le feu Evêque Raymond, fondé par son neveu *Bertrand* Sacristain de Maguelone ; & pour lequel il donna quatre setiers de froment, & autant de setiers de vin pur. Et pour rendre le Service plus solemnel, il ajoûta douze autres setiers de vin & de bled.

La seconde, fut de Pierre Ruffi, qui voulant être enterré dans le Cimetiere des Chanoines, leur donna par son testament cinq cens sols melgoriens, & chargea son Héritier de donner tous les ans à son Anniversaire quatre setiers de bled purgé, autant de vin, & une somme de vingt sols, payable tous les ans le jour de son décès. Et après la mort de sa femme, il donne à la Communauté des Chanoines, tout le bien qu'il avoit dans le terroir de *Ausanicis*.

La troisiéme, fut une donation de Guillaume *Bedoc*, qui venant à se faire Chanoine de Maguelone, donna à la Communauté tout le bien qu'il avoit dans la Paroisse de *Baillargues* & de *Prades*.

1184. Mais ce qui prouve plus autentiquement que Jean de Montlaur vécut durant toutes ces dernieres années que je viens de dire, c'est la Lettre que le Pape Lucius III. lui adreſſa nommément le ix. des Cal. de Fevrier 1184. par leſquelles il lui confirme les Egliſes de *St. Geniez*, de St. André de *Cuculles*, de St. Michel de *Mujolan*, avec celles de *Cazillac*, & de St. Pierre de *Ganges*.

La fin de ſa vie fut occupée à remedier aux deſordres qui ſuivirent le divorce de Guillaume de Montpellier avec Eudoxie. Il conſola de tout ſon pouvoir cette Princeſſe affligée ; & il écrivit pour elle à Rome, d'où il obtint des ordres qui lui furent adreſſez, conjointement avec l'Archevêque de Narbonne. Mais tous ſes ſoins ne pûrent jamais ſurmonter l'aſcendant qu'Agnés avoit pris ſur l'eſprit de Guillaume fils de Mathilde.

CHAPITRE NEUVIE'ME.

I. *Guillaume Raymond, Abbé d'Aniane, ſuccede à Jean de Montlaur.* II. *Il fait pluſieurs Traitez avec ſon Chapitre.* III. *Reçoit les reconnoiſſances de divers Seigneurs de ſon Diocéſe.* IV. *Preuves qui nous reſtent de la Science & de la Pieté de ce Prélat.*

LA mort de Jean de Montlaur fut bien-tôt ſuivie de l'élection de Guillaume Raymond Chanoine de Maguelone, & Abbé d'Aniane. Verdale nous marque qu'il étoit d'une maiſon illuſtre ; & Garriel ajoûte qu'il étoit oncle d'un de nos Guillaumes, dont il donne pour preuve les Armoiries qu'on voyoit dans la Sale de l'Evêque, & le Sceau qui reſte encore dans pluſieurs Actes de ſon tems, où l'on voit Guillaume Raymond aſſis en habits Pontificaux, la main levée comme pour donner la Benediction ; & à ſes pieds un Ecu chargé d'un Bezan ou Tourteau, qui de tout tems a fait les Armoiries des Guillaumes & de la Ville de Montpellier. Il eſt vrai qu'on y voit encore un Croiſſant & deux Étoiles, qui ſont priſes comme des Briſûres, que prennent ordinairement les Cadets des Maiſons illuſtres.

I.

Guillaume Raymond monta ſur le Siege de Maguelone en 1190. ſous le Pontificat de Clement III. & le Regne de Philippe-Auguſte. Il le tint (ſelon Verdale) ſix années quatre mois & douze jours, durant leſquelles il ne paroît pas qu'il ait eu grande part aux affaires publiques ; d'autant plus que la molleſſe où Guillaume fils de Mathilde paſſa les dernieres années de ſa vie, ne fit naître dans le Pays aucun évenement remarquable. Mais dans les Regîtres, tant de l'Evêché que du Chapitre, il eſt fait mention de lui par les differens Actes qu'il paſſa durant ſon Épiſcopat.

1190.

Le plus remarquable eſt une tranſaction, entre lui & le Prévôt de ſon Egliſe ; qui peut ſervir à l'Hiſtoire de Villeneuve lez-Maguelone : Voici les paroles de Verdale.

II.

Dans le mois de Novembre, Guillaume Raymond compromit pour diverſes " choſes avec Guy Prevôt de l'Egliſe de Maguelone. 1°. Sur la conſtruction des mu- " railles de deffenſe que l'on fit autour de la Châtelainie de Maguelone. 2°. " Sur la conduite du vieux *Gazillan* dudit lieu, apellé autrement Cloaque. 3°. " Sur l'eſpace qu'on devoit laiſſer entre les murailles de la Ville, & les maiſons " des Particuliers. "

Tout ce détail, qui marque un deſſein formé de rendre Villeneuve ſûre & habitable, me donneroit lieu de penſer, que l'enceinte de cette Place, telle que nous la voyons aujourd'hui, fût faite alors ; d'autant plus que les Chanoines de Maguelone, devenus plus riches & plus commodes, étoient bien-aiſes de pouvoir quitter quelque fois leur Iſle, & d'avoir une retraite ſûre dans le lieu qu'on apelle encore le *Capitoul*. 4°. (Ce ſont encore les paroles de Verdale) Il com- " promit avec le même Prévôt, ſur la dîme du bêtail, des jardins, des vignes, & " des métairies, qui apartenoient à l'Evêque dans la dîmerie de Villeneuve. Sur " la Juridiction dudit lieu. Sur la Pêche, les Salines, & autres droits de l'Evê- " que, qui furent tous reduits en Articles, ſur leſquels il y eut un juge- "

40 HISTOIRE ECCLESIASTIQUE DE MONTPELLIER,

1197.
„ ment d'Arbitres, qui fut confirmé par le Pape Celestin III. en 1197.
Quelques années auparavant, il avoit passé plusieurs autres Actes, qui servent à nous faire connoître divers Seigneurs de ce tems là.

III. En 1191. il donna à Pons Godefroy cinq pieces de vigne situées dans la Paroisse de St. Denis de Montpellier, sous l'Albergue de deux setiers d'orge. Il reçut de Raymond *de Cornom* la reconnoissance de tout ce qu'il possedoit dans le terroir de Latés. Et peu de tems après, le même Raymond de Cornom, & autre Raymond Berenger de Gigean, lui reconnurent tout ce qu'ils avoient audit lieu de *Gigean*. Mais l'Acte le plus memorable en ce genre, fut le serment de fidelité que Guillaume de Montpellier son neveu lui prêta dans la Chapelle de St. Nicolas, en presence du Cardinal George de St. Ange, de l'Archevêque de Narbonne, & de Gimond de Larida. Ce que Pierre de *la Verune* fit aussi-tôt après pour sa Seigneurie.

En 1193. il donna (comme Verdale le raporte) six pieces de vigne, & six autres de terre labourable à Bernard de *la Lauze*, sous la redevance de vingt-trois setiers d'orge. Et dans la même année, Raymond *de Cornom* lui fit hommage d'une partie de la Seigneurie de *Gigean*, qu'il avoit acquise depuis peu ; & Berenger *de Gigean* lui prêta serment pour l'autre partie, sous la redevance de trois Chevaliers par an.

Enfin l'an 1195. & au mois d'Août, Guillaume de Montferrier donna à l'Eglise de Maguelone généralement tout ce qu'il avoit dans la Paroisse de St. André de *Maurin*, consistant en terres, hommes, femmes, quarte part & usages ; n'en exceptant que deux pieces de terre, qu'il donna l'une à l'Evêque Guillaume, & l'autre à l'Aumônerie de Maguelone, où il fonda un Anniversaire, pour lequel il ceda tous les usages & autres droits qu'il avoit au terroir de Villeneuve.

IV. Guillaume Raymond mourut en 1196. vers le mois de Juillet, à en juger par les six ans quatre mois d'Episcopat que Verdale lui donne. On le loüe comme un Prélat pieux & sçavant ; pour preuve de quoi on cite quelques Homelies sur le tems du Carême, qu'on lui attribuë, aussi-bien que des Vers Leonins, sur la maniere de chanter l'Office, que nos Evêques ont fait mettre depuis à la tête du Directoire qu'ils font imprimer tous les ans, & qui commencent par ce Vers :

Clerice, pausando dic horas, & non properando. &c.

Mais la Prose suivante, dont Garriel assure que Guillaume Raymond fut Auteur, serviroit encore plus à nous faire connoître combien ce Prélat entroit dans l'esprit de l'Eglise, puisqu'il marque si bien les devoirs Ecclesiastiques, en rapellant les principaux motifs que l'Evangile leur propose. J'ai crû que cette Piece pouvoit trouver ici sa place, tant comme un monument de la pieté de nos Anciens, que comme une des meilleures Pieces en ce genre, par la simplicité, l'exactitude, & la cadence du stile.

V.

ANTIQUA ADMONITIO AD CLERUM.

I.

Venerabiles Sacerdotes Dei,
Præcones altissimi, lucerna dici,
Charitatis radio fulgentes & spei,
Auribus percipite verba oris mei.

I I.

Vos in Sanctuario Dei deservitis,
Vos vocavit palmites Christus vera vitis :
Cavete ne steriles aut inanes sitis,
Si cum vero stipite vivere velitis.

III.

Vos estis Catholicæ legis protectores,
Muri domús Israël, morum correctores,
Sal terræ, lux hominum, ovium Pastores,
Judices Ecclesiæ, gentium Doctores.

IV.

Si Cadit protectio legis, lex labetur ;
Si sal evanuerit, in quo salietur ?
Si lux non apparet, via nescietur ;
Si pastor non vigilat, ovile frangetur.

Vos

II. PARTIE. LIVRE SECOND.

V.

Vos cœpistis vineam Dei procurare,
Quam doctrinæ rivulis debetis rigare,
Spinas atque tribulos procul extirpare,
Ut radices fidei possint germinare.

VI.

Vos estis in areâ Boves triturantes,
Prudenter à paleâ grana separantes,
Vos habent pro speculo, legem ignorantes
Laici, qui fragiles sunt & inconstantes.

VII.

Quidquid vident Laici vobis displicere,
Dicunt, procul dubio, sibi non licere;
Quidquid vos in opere vident adimplere,
Credunt esse licitum & culpâ carere.

VIII.

Cùm Pastores ovium sitis constituti,
Non estote desides, sicut canes muti;
Vobis non deficiant latratus acuti,
Lupus rapax invidet ovium saluti.

IX.

Grex fidelis triplici cibo sustinetur:
Corpore Dominico, quo salus augetur;
Sermonis compendio, quod discretè detur;
Mundano cibario, ne periclitetur.

X.

Omnibus tenemini vestris prædicare;
Sed quid? quibus? qualiter? ubi? quando?
quare?
Debetis sollicitè præconsiderare,
Ne quis in officio dicat vos errare.

XI.

Spectat ad officium vestræ dignitatis,
Gratiæ, petentibus, dare dona gratis,
Sed, si unquam fidei munera vendatis,
Incursuros Giezi lepram vos sciatis.

XII.

Gratis Eucharistiam plebi ministrate,
Gratis confitemini, gratis baptizate,
Secundùm Apostolum cuncta gratis date,
Solum id quod fuerit vestrum, conservate.

XIII.

Vestra conversatio sit Religiosa,
Munda conscientia, vita virtuosa,
Regularis habitus, mensque gratiosa,
Nulla vos coinquinet labes criminosa.

XIV.

Nullus fastus deprimat signum vestræ
vestis,
Gravis in intuitu habitus sit testis,
Nihil vos illaqueet curis inhonestis,
Quibus claves traditæ regni sunt cælestis.

XV.

Estote breviloqui, ne vos ad reatum,
Protrahat loquacitas, nutrix vanitatum,
Verbum quod apponitis sit abbreviatum,
Nam in multiloquio non deest peccatum.

XVI.

Estote linguæ providi, sobrii, prudentes,
Justi, casti, simplices, pii, patientes,
Hospitales, humiles, subditos docentes,
Consolantes miseros, pravos corrigentes.

XVII.

Utinam sic gerere curam Pastoralem
Velitis, & gerere vitam spiritalem,
Ut cùm exueritis clamydem carnalem,
Induat vos Dominus stolam æternalem.
Amen.

CHAPITRE DIXIE'ME.

I. *L'Election de Guillaume de Fleix est confirmée par le Pape Celestin III.* II. *Un different arrivé dans son Chapitre donne lieu à la Decretale* Cùm olim. III. *Transactions entré le Prévôt de Maguelone & quelques Seigneurs de son voisinage.* IV. *Consecration de l'Eglise de Ste. Croix à Montpellier.* V. *Soins de l'Evêque pour garantir son Diocése de l'Heresie des Albigeois.* VI. *Et pour en entretenir les Hôpitaux.* VII. *Il est Dépositaire du Testament du dernier des Guillaumes Seigneurs de Montpellier.*

I. GUILLAUME *de Fleix* Chanoine de Maguelone fut élû par son Chapitre après la mort de Guillaume Raymond. Et son élection fut si agréable au Pape Celestin III. qu'il l'aprouva & la confirma avec éloge l'année suivante 1197.

Lib. 2. chap. 12. A peine fut-il en place, qu'il arriva dans son Chapitre une grande dispute, qui fait la matiere de la Décretale *Cùm olim. De sententiâ, & re judicatâ*, & qui nous donne lieu de connoître plusieurs Particuliers qui composoient alors le Chapitre. Voici le fait.

II. Un des Archidiaconez étant venu à vacquer, l'Evêque y nomma Pierre de Castelnau, du consentement de Pierre d'Aigrefeüille autre Archidiacre, *de Bernard* Prieur Claustral. Guy *de Ventadour*, alors Prévôt, prétendant avoir double voix en Chapitre, s'oposa à cette nomination, & en releva apel au St. Siége. L'Evêque lui niant toûjours cette double voix, & lui soûtenant que la collation de cet Archidiaconé & de la Sacristie lui apartenoit, investit Pierre de Castelnau par la tradition de son Anneau Pastoral. Ce qui ayant irrité davantage le Prévôt, il nomma un autre sujet à cet Archidiaconé. De sorte que lui & Pierre de Castelnau furent obligez d'aller se presenter au Pape Celestin, qui ayant cassé tout ce qui avoit été fait de part & d'autre, écrivit sur les lieux, d'avertir charitablement les Parties de s'accorder, & qu'à leur refus on pourvût à cet Archidiaconé. Après quoi, Celestin, surpris par les intrigues du Prévôt, conféra, à l'insçû de l'Evêque, ce même Benefice à *Gerald Joannin*, qui précisément étoit le même sujet que le Prévôt avoit nommé, quoiqu'il ne fût point encore promû à l'Ordre du Diaconat.

1198. Voilà ce qui fait le sujet de la Décretale que j'ai deja citée. Et ce procés n'ayant pû être terminé sous le Pontificat du Pape Celestin, parce qu'il mourut en 1198. il fut porté à Innocent III. son Successeur, qui décida qu'il y avoit dans cette affaire une subreption manifeste, & qu'il falloit reformer la Sentence de son Prédécesseur. En consequence de quoi il annulla le titre obtenu par *Gerald Joannin*, quoique, pour fortifier son droit, & pour éluder la grace du St. Siége, il eût eu recours à l'Evêque, & pris de lui un nouveau titre. Sur quoi, Innocent III. imposant sur le passé un perpetuel silence, ordonne que tous ceux qui se trouveront dans l'Eglise de Maguelone s'assembleront dans un mois, pour proceder à une nouvelle Nomination. Ce qui n'ayant pas été fait dans le terme, l'Archevêque d'Arles investit Pierre de Castelnau, comme nous l'aprenons de la Lettre que le Pape lui en écrivit.

III. Nous trouvons dans les Regîtres du Chapitre, que ce nouvel Archidiacre ne tarda point d'agir en cette nouvelle qualité. Car sur la fin de 1199. il fut arbitre d'un grand different qui survint entre divers Seigneurs qui étoient en pariage de la Seigneurie de Vic, d'une part, & le Prévôt de Maguelone de l'autre.

1199. Ces Seigneurs étoient *Guillaume de Cornon*, *Ricarde* veuve de Bertrand de Montlaur, & *Pierre Bernard de Montagnac*, qui ne pouvant s'accorder avec le Prévôt *Guy de Ventadour* sur leurs differentes prétentions au sujet de cette Terre, compromirent entre les mains de *Raymond de Castriés* Chevalier; de Pierre de Castelnau, & de Pierre d'Aigrefeüille Archidiacres, avec gages & serment qu'ils s'en tiendroient à leur décision.

II. PARTIE. LIVRE SECOND.

Par la Sentence des Arbitres, il fut arrêté que les Seigneurs de Vic auroient à perpetuité la moitié de la pêche. Que le Prévôt & l'Église de Maguelone auroient, pour toûjours, toute celle qui va de la mer à l'étang, avec les usages. Que la partie du marais qui est au nord de l'étang seroit aux Seigneurs de Vic, & que de tout le reste du marais on en feroit deux portions, dont l'une apartiendroit aux Conseigneurs de Vic, & l'autre au Prévôt & à son Eglise, à laquelle on adjugea encore le marais superieur, apellé *l'Étang de Maureillan*. Il fut aussi arrêté, que l'Eglise de Maguelone auroit en Alleu sept portions du bois *d'Aresquiez*; & les Conseigneurs de Vic, la huitiéme, qu'ils tiendroient à Fief de l'Eglise St. Pierre de Maguelone.

IV.

Dans le mois de Novembre 1200. pour profiter de la presence du Cardinal de St. Prisque, Legat du Pape, contre les Albigeois, le Seigneur de Montpellier voulant faire consacrer solemnellement l'Eglise de Ste. Croix fondée par ses Ancêtres, au lieu (apellé aujourd'hui *la Canourgue*) l'Archevêque d'Arles *Imbert de Aquaria* en fit la cérémonie, ayant pour Assistans les Evêques de Maguelone, d'Agde, de Beziers, & d'Usez. Le fait resulte d'une inscription en lettre gotique qu'on y fit mettre, & qui s'est conservée en son entier dans la Sacristie des Penitens, où on la voit encore. Je la raporterai dans l'article de l'Eglise Ste. Croix.

V.

Le reste de la vie de Guillaume de Fleix fut occupé du soin de seconder les Legats du Pape contre les Albigeois, & à entretenir les bonnes dispositions du Seigneur de Montpellier contre ces Heretiques. Ils travaillerent ensemble si heureusement, que tout le Diocése de Maguelone en fut garanti. Et notre Evêque eut encore le loisir d'entrer dans beaucoup de bonnes œuvres en faveur de trois differens Hôpitaux, dont nos Regîtres nous ont conservé la mémoire.

Au commencement de 1201. non seulement il confirma la donation d'un jardin, qui avoit été faite à l'Hôpital du St. Esprit par son Prédécesseur, mais encore il y en ajoûta un autre qui lui apartenoit en propre.

Il confirma de même un accord passé entre Guy de Ventadour, au nom du Chapitre de Maguelone, & l'Hôpital de St. Jean de Jerusalem, au sujet de l'étang *de Cuculles* & la métairie *de Grenoüilleres*, que les Templiers avoient acquis auparavant du Prévôt *Fulcrand*, comme il est porté dans une Lettre du Pape Innocent III. de la collection de Baluze.

Selon les mémoires qui m'ont été envoyez de la Ville d'Arles, cette acquisition *Epist. 506. liv. 4.* avoit été faite par les Templiers dans le mois de Fevrier 1175. où les Chevaliers du Temple, (qui n'épargnoient aucun travail pour bonifier leurs terres) firent faire les canaux soûterrains qu'on y voit encore, pour dessecher toutes les eaux qui étoient auprès du Château de Launac, lequel est passé depuis (sans que l'on sçache comment) aux Chevaliers de Malthe, qui l'ont attribué à la Commanderie de Montpellier.

Guillaume de Fleix termina aussi dans ce même-tems un procès commencé entre le Commandeur de St. Antoine de Cadoule & *Guy de Ventadour* Prévôt du Chapitre. Il fut convenu que l'Église de Maguelone cederoit au Commandeur tout le droit qu'elle avoit sur l'Hôpital St. Antoine, à la charge que le Commandeur & ses Religieux payeroient tous les ans un écu d'or.

La derniere chose que Verdale nous marque de cet Evêque, est la confirmation qu'il donna à l'acte de donation que son Prédécesseur avoit faite de la métairie de *la Lauze ad acapitum*. Mais nous aprenons par le Testament du dernier de nos Guillaumes, & par l'ouverture de ce même Acte, que Guillaume de Fleix fut non seulement un de ceux à qui il recommanda ses enfans, mais encore qu'il fut comme le dépositaire de son Testament; car il est marqué qu'il en fit la publication, & qu'il en donna sa déclaration signée de lui, & scellée de son sceau.

C'est là proprement la derniere action de sa vie. Car il est marqué qu'il mourut bien-tôt après; en sorte que les deux Puissances, sçavoir la Temporelle & la Spirituelle, manquerent presqu'en même-tems à Montpellier. La Seigneurie de cette Ville, avec toutes ses dépendances, passa dans la Maison d'Arragon, où elle resta jusqu'en 1349. que Philippe de Valois en fit l'acquisition. Nous allons voir dans le Livre suivant la Vie des Evêques de Maguelone qui occuperent ce Siège pendant le Regne des Princes de cette Maison. Mais auparavant, je crois ne

44 HISTOIRE ECCLESIASTIQUE DE MONTPELLIER,

devoir pas oublier l'Épitaphe que Garriel nous assûre avoir été mise sur le Tombeau de Guillaume de Fleix.

Hic requiescit Guillelmus de Flexio, Patriâ Monspeliensis, Episcopus Magalonensis, qui de Religione, & de Republicâ benè meritus, obiit idibus Decemb. 1203. vixit in Episcopatu annos VII. Sedentibus Romæ Cælestino III. & Innocentio III. Regnante in Galliâ Philippo à Deo-Dato...

HISTOIRE DE MONTPELLIER.

LIVRE SECOND.

Contenant la Vie des Evêques de Maguelone qui tinrent le Siége de cette Ville, sous la domination des Rois d'Arragon & de Mayorque.

CHAPITRE PREMIER.

I. *Guillaume d'Altiniac Evêque de Maguelone.* II. *Sauvegarde du Pape Innocent III. pour les Habitans de Montpellier, durant la Guerre des Albigeois.* III. *Canons du Concile de Montpellier en 1215.* IV. *Union de la Comté de Melguëil à l'Evêché de Maguelone.* V. *Vente des Bois.* VI. *Acquisitions faites par le Chapitre.* VII. *Erection de N. Dame des Tables en Paroisse.*

I.

NOUS avons remarqué, en finissant le dernier Livre, que les deux Puissances Temporelle & Spirituelle, manquerent presqu'en même-tems dans Montpellier, par la mort de Guillaume de Fleix Evêque de Maguelone, qui ne survécut que de quelques mois à Guillaume fils de Mathilde. Aussi-tôt après sa mort, les Chanoines de Maguelone élûrent (selon le droit qu'ils en avoient) un de leurs Confreres qui avoit passé par tous les degrez de la Clericature. Ce fut *Guillaume d'Altiniac*, d'une famille illustre, dans le Diocése de Lodeve, & proche parent de Bérenger Gaucelin Archevêque de Narbonne qui le sacra en 1203. assisté des Evêques Raymond d'Agde, Pierre de Lodeve, & Raymond d'Usez.

Son entrée dans l'Episcopat fut beaucoup exercée par les mouvements que l'artificieuse Agnez excita dans Montpellier, & par les troubles que les Albigeois causerent dans le Languedoc.

Il reçut, (comme nous l'avons déja dit dans le premier Tome de cette Histoire) l'hommage qu'Agnez se pressa de lui faire rendre par son Fils, qui vouloit se

M

46 HISTOIRE DE LA VILLE DE MONTPELLIER,

maintenir dans la Seigneurie de Montpellier, contre le bon droit de Marie fa Sœur; & après le mariage de cette Princeffe avec Pierre Roy d'Arragon, l'Evêque de Maguelone fut pris pour Médiateur dans la plû-part des affaires qui arriverent alors. La plus confiderable de toutes, eft l'accommodement important qui fut fait entre le Roy & les Habitans de Montpelier, par l'entremife de Pierre de Caftelnau & des autres Evêques dont j'ai parlé, parmi lefquels on ne doit pas omettre *Guillaume d'Altiniac*, puifque l'accommodement fut dreffé à fon nom.

Les affaires des Albigeois lui donnerent beaucoup plus d'exercice, parce que tous les évenemens qui arriverent jufqu'à la mort de Pierre Roy d'Arragon fe pafferent de fon tems. Il reçut à Montpellier en 1208. Diego de *Azebes* Evêque d'Ofma, qui s'arrêta en cette Ville avec St. Dominique, alors Chanoine Regulier de fa Cathedrale. En 1207. il eut le déplaifir d'aprendre le meurtre du B. Pierre *de Caftelnau*, arrivé à St. Gilles, prefqu'à fa fortie de Montpellier. Et en 1209. il affifta à la mort le Legat *Milon* qui mourut en cette Ville fur la fin de la même année.

II.

De Valene.

Environ ce tems, l'Armée des Croifez devant entrer dans le Languedoc, Guillaume d'Altiniac, qui vouloit garantir fon Diocéfe des défordres qui fuivent d'ordinaire la marche des Armées, demanda au Pape Innocent III. une fauvegarde pour les Habitans de Montpellier & pour leurs biens de la Campagne. Le Pape la donna en forme de Lettre adreffée à fes Legats, dans laquelle il dit, que les „ Habitans de Montpellier ayant toûjours rejetté les Albigeois, & donné des mar- „ ques de leur attachement au St. Siége, il leur mande de ne pas permettre „ qu'ils foient moleftez en aucune maniere par l'Armée des Croifez; mais qu'ils „ foient regardez comme bons Catholiques, & affectionez à l'Eglife Romaine; „ *tanquam viros Catholicos, & Ecclefiæ Romanæ devotos, in quibus expedit confovendo,* „ *non permittatis à fideli exercitu Signatorum, in aliquo moleftari.* "

En 1212. Guillaume d'Altiniac fut compris dans une affaire particuliere qui intereffe l'Hiftoire de notre Province. Car nous aprenons d'un Acte raporté par

Chronol. Præful. Lodov. pag. 114.

M. *Jean Plantavit de la Paufe* Evêque de Lodeve, que Simon Comte de Montfort, après avoir obtenu la Seigneurie des Terres conquifes par les Croifez, voulut contraindre Aimery Vicomte de Narbonne de lui faire l'hommage qu'il avoit rendu auparavant en préfence de l'Evêque de Maguelone, à Arnaud fon Archevêque, duquel on voit une Lettre remplie de plaintes contre Simon de Montfort

Ibid.

adreffée au College des Cardinaux. Nous aprenons de cette même Lettre, que ce fut par les inftances réïterées du Comte, que le Roy Loüis VIII. ordonna la démolition des murailles de Narbonne. Et les Infcriptions qu'on y voit encore de nos jours, nous aprenent qu'elles fûrent bien-tôt rétablies par les foins & aux fraix des Suffragans de cet Archevêché : *ab hinc ufque huc Epifcopus Biterrenfis ædificavit hanc civitatem* : & ainfi des autres.

III.

En 1214. & aux Fêtes de Noël on ouvrit le Concile de Montpellier, dont nous avons déja parlé. Durant lequel, le Comte Simon de Montfort qui n'ofoit entrer dans la Ville, fe tint au Château du *Terrail* apartenant à l'Evêque de Maguelone. J'ai dit à ce fujet tout ce qui fut arrêté dans ce Concile pour le Gouvernement politique, & j'ai remis à raporter les Canons qui y fûrent faits pour la Difcipline Ecclefiaftique & Monaftique, dont je crois que c'eft ici la place naturelle.. Ils ferviront à nous faire connoître les mœurs de ce tems-là, & à nous aprendre les précautions qui parurent alors les plus propres pour arrêter le progrès de l'héréfie.

Tom. xi. Conc. pag. 103.

„ Les Archevêques & Evêques porteront l'habit long & le rochet lorfqu'ils for- „ tiront à pied de chez eux, & même dans leur maifon lorfqu'ils donneront au- „ diance à des étrangers. Ils n'auront pas des oifeaux de chaffe dans leur maifon, „ & ne porteront pas fur le poing lorfqu'ils fortiront avec des Laïques pour „ aller chaffer : ce qui doit arriver rarement.

„ Ils donneront gratuitement les Benefices. Ils n'admettront point à leur table „ des Excommuniez. Ils auront auprès d'eux des Clercs fans reproche. Et s'ils ne „ vifitent pas leurs Eglifes, ils n'en prendront pas le droit de Vifite.

„ Ils ne donneront point des Cûres à des jeunes Garçons, ou à des Clercs qui n'ont „ que les Ordres Mineurs.

II. PARTIE. LIVRE SECOND.

Les Chanoines porteront toûjours le Surplis; & quand ils iront à cheval, ils " auront un manteau noir fermé, fans fourrure. Ils n'auront ni éperons dorez, " ni bride dorée, & ne frequenteront point les femmes, *quod domejare vulgò ap-* " *pellatur.* Leur chauſſure ne fera ni de rouge ni de verd; & leurs habits qui " doivent être de laine, ou de lin, feront fermez par devant & par derriere. " Ils porteront de grandes couronnes, & celles des Moines feront très-grandes, " enforte que le tour de cheveux qu'ils auront à la tête ne foit que de deux " ou trois doigts au plus. "

Nul Moine ou Chanoine Regulier n'aura rien en propre, le Superieur mê- " me ne pourra leur en donner la licence. Ils ne recevront point de l'argent pour " leur veſtiaire; mais dans chaque Monaſtere on mettra une ſomme entre les " mains d'un particulier d'entr'eux, qui fournira des habits à ſes autres freres, " afin qu'ils puiſſent y obſerver la Regularité. Les Superieurs, ſoit Evêque, Prieur, " ou Prévôt, ſelon qu'ils les concerne, uniront deux ou trois Egliſes à un Prieuré, " & le Prieur à qui ces Egliſes unies repondront, les fera ſervir par des Chapelains ſéculiers.

Voilà pour le bon ordre & pour la reformation du Clergé & des Moines. Après quoi le Concile s'attachant aux moyens de prévenir les troubles qui pouvoient favoriſer le progrès des Hérétiques, fit une confederation pour l'obſervation d'un ſerment qu'on avoit déja exigé depuis trois ans dans tous les lieux Catholiques de la Province.

Ce ſerment, que les Conſuls de Montpellier ſignerent en 1209. portoit en ſubſ-tance, qu'ils n'auroient aucune communication avec le Comte de Touloufe, " tant qu'il feroit rebelle à l'Egliſe. Qu'ils veilleroient à la ſûreté des chemins " dans tout le Dioceſe de Maguelone. Qu'ils n'y établiroient aucun nouveau Péa- " ge, ou autres droits. Qu'ils conferveroient aux Egliſes toutes leurs immunitez. " Qu'ils feroient obſerver la paix dans leur Dioceſe. Qu'ils pourſuivroient les " Hérétiques & leurs Croyans, qui feroient dénoncez par l'Evêque ou autres " perſonnes Eccléſiaſtiques. Qu'ils ne ſe ſerviroient des Juifs pour aucun uſage " prohibé par les Loix. Qu'ils feroient payer cent ſols melgoriens à tout Excom- " munié qui n'auroit pas ſatisfait dans le mois; & s'il n'étoit pas en état de pa- " yer, ils le mettroient au Ban. Qu'ils feront tous les ans prêter le même ſer- " ment aux Conſuls qui leur ſuccederont; & que ſur leur refus, ils les tiendront " pour Hérétiques. "

Ce même ſerment fut comme la baſe des Statuts que fit le Concile pour la " confédération de la paix. On établit des Commiſſaires qui furent nommez Pa- " ciaires, *Paciarii*, dont la fonction étoit d'exiger d'un chacun le ſerment ci- " deſſus, & de prononcer ſur tous les cas qui arrivoient au ſujet de la paix. Pour " quel effet, il leur étoit ordonné de s'aſſembler tous les ans pour en connoître, " & de ſe regler dans leurs Jugemens ſur les Décrets ſuivans. "

Tout homme qui mépriſera les *Paciaires*, ſera excommunié par l'Evêque, " & ſa Terre miſe à l'interdit. "

Celui qui aura violé la paix, ne ſera point admis à un nouveau ſerment, " qu'il n'ait donné des gages au gré des *Paciaires*. "

Ils admoneſteront les Vaſſaux revoltez contre leur Seigneur; & ſi leurs avis " ne ſont pas ſuivis, la confédération de la paix aſſiſtera le Seigneur contre ſes " Vaſſaux. Ceux qui recevront un Violateur de la Paix, ſeront tenus aux mêmes " peines que lui; & un pere dans ce cas, répondra pour ſon fils, s'il l'a en ſa " puiſſance. "

Lorſque l'Armée des Croiſez marchera contre les Violateurs de la Paix, on " leur fera payer le dommage que les Terres auront ſouffert à leur occaſion; & " tous les ſoirs le ſon des cloches avertira de l'excommunication qu'ils auront " encouruë. "

Sous peine d'Anathême, on n'établira point de nouveaux Péages, on n'aug- " mentera point les anciens, & on ne changera point le lieu où on a coûtume " de les payer. "

Les Barons & les Seigneurs qui ont des Péages établis, feront garder les che- "

48   HISTOIRE DE LA VILLE DE MONTPELLIER,

» mins publics ; & fi les Marchands ou les Voyageurs fouffrent quelque dommage
„ dans leurs diftricts, le Seigneur du Péage fera tenu de les indemnifer.
„   Le Sinode profcrit toute nouvelle confraternité, fans la permiffion des Seig-
„ neurs du lieu , & de l'Evêque Diocéfain. Mais quant à celles qui font déja
„ établies, il fe referve le jugement des plaintes qu'on en fera.
„   En renouvellant les Décrets du Concile d'Avignon , il eft ordonné que les
„ Evêques choifiront dans chaque Ville un Prêtre, ou trois Laïques de bonne re-
„ putation , pour veiller fur les Hérétiques , & pour les déferer aux Puiffances
„ Ecclefiaftiques & Séculieres, afin qu'ils foient punis fuivant les peines Canoniques.

IV.   La célébration de ce Concile fut bien-tôt fuivie d'un évenement fort remarquable dans le Pays , qui fut l'union de la Comté de Melguëil à l'Evêché de Maguelone. Mais avant que de raconter la maniere dont le Pape Innocent III. la
donna à *Guillaume d'Altiniac*, il eft bon de fe fouvenir que le Comte Pierre, en
1085. en avoit fait donation à l'Eglife Romaine , pour la tenir d'elle en Fief ; &
qu'en vertu de cette donation, les Papes exercerent les droits de Seigneurs fur
cette Comté. Ainfi nous avons vû qu'en 1190. Urbain II. obligea Raymond de
Melguëil fils du Comte Pierre, de lui en faire hommage. Que le Pape Anaftafe
IV. commit Raymond Evêque de Maguelone à la Regie de cette Comté , lors de
la viduité de Beatrix ; & qu'après que cette même Beatrix eut époufé en fecondes nôces Bernard Pelet, Alexandre III. écrivit à ce Seigneur comme à fon Vaf-
fal , de foulager fes Sujets d'une partie des impôts dont il les chargeoit. Leur
fille Ermenfende ayant depuis porté cette Comté à Raymond Comte de Touloufe , ce Seigneur en fit hommage au St. Siége , & confentit, lors de fon abfolution à
St. Gilles, que la Comté de Melgueil fût perduë pour lui fans retour, s'il manquoit jamais aux paroles folemnelles qu'il avoit données. La chofe n'étant que trop
fouvent arrivée , fes Terres furent données à Simon de Montfort , comme nous
l'avons vû ; & la Comté de Melguëil ayant été exceptée de cette donation, on la
referva au St. Siége , comme lui apartenant.

Alors les Peuples de Melguëil fe felicitant d'être revenus fous la puiffance du
Pape, écrivirent à Innocent III. pour le prier de ne pas les foûmettre à d'autre Juridiction que la fienne. Ce qui leur attira la Lettre que nous voyons dans la col-
Epift. 103. *l.* 10. lection de Baluze, où le Pape les exhorte de perfeverer dans la fidelité qu'ils lui
doivent , & il leur donne , fur le refte de leur demandes, de très-bonnes efperances.

Cependant l'Evêque de Maguelone connoiffant parfaitement tous les avantages
qui lui reviendroient de cette aquifition, fit repréfenter au Pape Inocent III. qu'il
en coûteroit beaucoup à la Cour Romaine pour le feul entretien des Officiers
qu'elle feroit obligée de tenir à Melguëil , & il offrit de prendre cette Comté
à Fief, pour la tenir de l'Eglife Romaine, fous une redevance dont on pourroit
convenir. La propofition en fut faite en 1213. par *Conftantin* frere convers de
Epift. 153. *l.* 3. Chartreux , comme nous l'aprenons de la lettre qui eft dans la collection de Bofquet. Et le Pape ayant commis *Pierre Marc* correcteur de fes lettres, pour trai-
ter de cette affaire avec l'Evêque de Maguelone , Guillaume d'Altiniac prit le
parti d'envoyer à Rome des Deputez pour en preffer la Conclufion.

Ses Deputez, après un féjour confiderable , obtinrent enfin une Bulle d'Inocent
III. du 13. Avril 1215. par laquelle il donne à l'Evêque de Maguelone & à fes
Succeffeurs, la Comté de Melguëil avec toutes fes appartenances , fous une redevance annuelle de vingt marcs d'argent , fans préjudice d'autre cenfive qui lui
étoit dûe par l'Eglife de Maguelone , à la charge de foy & hommage, de guerre
& de paix, & de n'aliener jamais les Châteaux de Melguëil & de Montferrand
qui étoient les Chefs-lieu de de la Comté. Et pour avoir égard aux priéres des
Habitans de Melguëil, il ajoûta, que l'Evêque ne pourroit infeoder aucune Terre
de la dependance de Melguëil, qu'aux feuls Habitans de Montpellier,

Cette union fut fouvent difputée aux Evêques de Maguelone , comme nous
le verrons dans la fuite : Enforte qu'Arnaud de Verdale, pour faire voir qu'elle
étoit à titre onereux pour fon Eglife , nous a tranfmis un compte de ce qu'il en
avoit coûté à fes Predeceffeurs. Je le raporte tel qu'il le donne , pour la fatif-
faction des Curieux.

Or,

Or, dit-il, afin que la Postérité sache tout ce qu'il en a coûté à l'Evêque Guillaume pour l'acquisition de Melguëil, on doit sçavoir que, selon nos archives qui sont très-dignes de foy, il fut donné au Pape Inocent, mille deux cens vingt marcs sterlings d'argent.

Aux Seigneurs Cardinaux, cinq cens livres de provisions. "

Au Camerier du Pape, trois cens vingt livres de provisions, valant cent marcs " sterling. "

Un Roussin & une Mulle qui coûterent trente cinq livres. "

Aux Chapelains, Notaires, Officiers & autres Domestiques du Pape, cinq " cens livres. "

Pour écrire & buller les Lettres, cinq livres. "

Pour la dépense des Procureurs, Negociateurs, à aller, séjourner & re- " venir, trois cens livres. "

Pour les échanges & remise des espéces, deux mille cinq cens sols. "

Revenant le tout, quant à la Cour Romaine, à six mille six cens livres melgo- " riennes, sans conter ce quil en coûta ensuite sur les lieux pour recouvrer les " biens alienez, & pour soûtenir les procez qui furent intentez à ce sujet. "

Garriel nous aprend qu'on trouva dans les archives du Domaine, à Nîmes, une obligation de trente quatre mille sols que fit Guillaume d'Altiniac, pour reste de ce traité, à *Jean Bocados* qu'il avoit envoyé à Rome pour négocier cette affaire.

De si grandes sommes pour ce tems-là, ne pouvoient être prises sur les seuls revenus de l'Evêque de Maguelone. Il fut obligé de chercher quelque expedient pour satisfaire aux emprunts qu'il avoit fait; & il n'en trouva point d'autre, que de vendre à la Communauté de Montpellier le Bois de Valene, pour servir au chaufage de Habitans de la Ville. L'Acte en fut passé peu de tems après l'expedition de la Bulle d'Inocent III. D'où nous pouvons inferer, que cétoit un dessein déja projetté, & d'autant plus avantageux pour la Ville de Montpellier, qu'ayant avec abondance dans son terroir tous les besoins de la vie, elle ne manquoit que de bois à brûler, qu'elle tire encore de nos jours de la Forêt de Valene. Par ce même acte que l'on conserve soigneusement dans nos archives, la Ville acquit de Guillaume d'Aliniac douze deniers, de douze que les Comtes avoient coûtume de prendre sur la monoye de Melguëil, & elle lui paya vingt-cinq mille sols. L'Evêque, dans ces aliénations, n'imposa à la Ville que dix Chevaliers d'Albergue, avec défense d'exiger rien au delà des anciens péages, conformément aux decrets du dernier Concile de Montpellier.

VI.

Le Chapitre de Maguelone suivant l'exemple de son Evêque, donna quinze cens sols, pour la Seigneurie de *Prades*, & de *Barbeirargues*, quil acquit en ce tems là de Marie Fille de feu Bertrand de *Montmirac*, par l'intervention d'*Ermengaud* Doyen du Monastere de St. Gilles, soit qu'il fût parent de la Demoiselle, ou que cette terre dependît de son Eglise.

Regiſtrum Epiſſ: copaie.

Nous trouvons aussi, que le même Chapitre acquit, pour cinq mille sols, de Pierre de *Tropaſſens*, les Moulins *des Chazaut* & de *Linfernet*, avec leurs dependances, sur la riviere de *Lamouſſon*; & qu'il fit juger en sa faveur les differens qu'il avoit avec les Habitans de Villeneuve, au sujet des bords de la Riviere de Lamouſſon, du côté de la garrigue du pont. De plus, que par un échange entre Pierre *de Cornon*, & Bernard de St. Gervais Chanoine de Maguelone, le Chapitre acquit tout ce que Pierre avoit au Bois *d'Areſquiez* & de *Salzeiret*, moyenant une censive de treize setiers & demi d'orge, & un denier que le Prévôt avoit à Cornon Terrail.

Guillaume d'Altiniac intervint dans toutes ces acquisitions, comme il étoit intervenu, à son entrée dans l'Episcopat, à une convention entre Guy de Ventadour alors Prévôt de son Eglise, & Bernard de la Treille Sacristain. Ce que je marque pour servir à la suite de nos Prévôts. Il ratifia dans ce même tems un autre accord entre ce même Guy de Ventadour, & le Maître de la Milice de la Maison de St. Gilles, au sujet des Eglises de leurs dépendances. Il obtint du Roy Philippe-Auguste la confirmation des Priviléges de Maguelone, avec une cession de quelques pieces de terre sur le chemin de Maurin, pour Guillaume du

Mas de Dieu, & pour sa femme. Il acheta de Pierre de *Monteleon* la moitié de la Viguierie de Montpellier pour cinq cens sols melgoriens. Et il accorda à l'Eglise de St. Martin de Londres, & à Fredol de la *Roquette* Moine & Prieur de cette Eglise, les dîmes que Raymond *Guerre* y possedoit, ne retenant pour soi que cinq setiers de bled, & autant d'avoine.

VII. La derniere action de sa vie est remarquable pour la Ville de Montpellier, par l'érection de l'Eglise de Notre-Dame des Tables en Paroisse. A quoi les Consuls avoient donné occasion, en representant au Pape Innocent III. que la seule Paroisse de St. Firmin ne pouvoit suffire à toute la Ville; à raison de quoi ils le prioient de vouloir bien marquer quatre ou cinq Eglises dans Montpellier, auxquelles on pût recourir pour les Sacremens. Le Pape, sur leur demande, écrivit à l'Evêque de Maguelone d'y pourvoir. Et en consequence, Guillaume d'Altiniac se rendit à N. Dame des Tables le 29. May 1216. où en presence des Prêtres de cette Eglise, sçavoir, P. *Garcin* Archidiacre de Maguelone & Prieur de cette Eglise, Guillaume de *Montaubcron* Chapelain, Raymond *Girard* Archiprêtre, & Geraud de *Fornoles* Sacristain, avec grand nombre d'autres personnes, dont le lieu étoit plein, il érigea en Paroisse l'Eglise de Ste. Marie auprès des Tables des Changeurs, *Juxta Tabulas Cambiatorum*, comme porte l'Acte que les Consuls firent inserer dans leurs Regîtres, où on le voit encore, avec la prestation du serment des nouveaux Prêtres qui y furent établis.

Tab. fol. 9. & 10.

Fort peu après, Guillaume d'Altiniac laissa son Siége vacant, après l'avoir tenu (selon Verdale) douze ans & quatre mois. Il fut enseveli à Maguelone, comme nous l'aprenons des Livres de cette Eglise, & de ceux de l'Hôtel de Ville de Montpellier.

CHAPITRE SECOND.

I. *Commencemens de Bernard de Mezoa Evêque de Maguelone.* II. *Protection du Pape Honoré III. pour la Ville de Montpellier.* III. *Fondations qui y furent faites de plusieurs Maisons Religieuses.* IV. *Reglemens pour l'Ecole de Medecine.* V. *Temporel de l'Evêché.*

I. BERNARD *de Mezoa* natif de Montpellier, succeda à Guillaume d'Altiniac, après avoir passé par les dégrez de Chanoine & de Prévôt de l'Eglise de Maguelone, où il avoit été élevé dès sa premiere jeunesse. Il fut sacré par Amalric Archevêque de Narbonne; & aussi-tôt après, il eut à regler les differens qui survinrent à l'occasion de la nouvelle Paroisse de N. Dame des Tables, & de l'acquisition de Melgueïl que son Prédécesseur avoit faite.

On pourra juger par les Reglemens qui furent faits en faveur du Prieur de St. Firmin, que celui de N. Dame lui donnoit de la jalousie; mais on verra aussi l'attention qu'on avoit en ce tems-là de ne pouvoir aucune atteinte aux anciens droits dont les Eglises étoient en possession. Voici un précis de la Sentence qui fut donnée à ce sujet, & que l'on fit autoriser du seing & du sceau du Cardinal Prenestin.

„ L'Eglise de Notre-Dame sera sujette à celle de St. Firmin.

„ Il n'y aura que deux Prêtres pour oüir les Confessions & pour administrer les „ Sacremens.

„ Le Prieur ne pourra rien demander des droits Funeraires; mais celui de St. „ Firmin en prendra tout le produit.

„ Il n'accordera à personne le droit de Sepulture dans son Eglise, sans la per„ mission de celui de St. Firmin, & par grace speciale de lui.

„ Le Prieur & les Chapelains seront tenus de venir à toutes les Processions de St. „ Firmin, & la Croix de St. Firmin passera toûjours & par tout la premiere.

„ Les Cloches de St. Firmin doivent sonner aux Festivitez avant celles de No-

II. PARTIE. LIVRE SECOND.

tre-Dame. S'il arrive qu'un Legat, ou autre personne de la premiere distinction " vienne à Montpellier, & qu'il veüille être reçû dans l'Eglise Notre-Dame des " Tables, ce sera au Prieur de St. Firmin de le recevoir. "

Le jour des Rameaux, la seule Eglise de St. Firmin a droit de faire la Be- " nediction, & ensuite la Procession solemnelle qui se fait après la Benediction des " Rameaux. Auquel jour l'Eglise de Notre-Dame (de même que toutes les autres " Eglises qui sont dans la Paroisse de St. Firmin) doivent faire cesser l'Office pour " se trouver à la Procession. "

Elle ne doit pas avoir de Sermon ce jour-là, puisque tous les Paroissiens de St. " Firmin sont tenus d'assister à la Benediction des Rameaux & à la Procession " générale, &c. "

L'affaire de Melgüeil, n'étoit pas moins importante que celle de la Paroisse N. Dame, puisqu'il s'agissoit de réünir les Habitans de cette Comté avec ceux de Montpellier qui avoient toûjours eu de grands differens, comme on a pû observer dans le cours de cette Histoire. Ceux de Montpellier aprehendoient que lorsque l'Evêque auroit fait cette acquisition, leurs anciennes dissentions ne continueroient pas moins.

Pour prevenir tous leurs sujets de crainte, *Bernard de Mezoa* passa un Acte à Montpellier en 1216. dans la Sale de l'Evêque, par lequel il promit aux Consuls, pour lui & pour ses Successeurs, de n'aliener jamais les Châteaux de Melgüeil & de Montferrand, & de n'en bâtir aucun nouveau dans toute la Comté de Melgüeil, à plus près que de deux lieües de Montpellier, sans la permission des Consuls. Et en même-tems, pour interesser dans sa cause la Cour de Montpellier, il lui attribua les apellations qu'on auroit portées devers lui de toute la Comté de Melgüeil.

Mais comme il lui étoit encore plus important de mettre dans ses interêts les Roys d'Arragon Seigneurs de Montpellier, il disposa avec les Officiers du jeune Roy Jacques I. un traité qui fut conclu deux ans après, c'est-à-dire, en 1218. par lequel l'Evêque de Maguelone ceda au Roy quatre deniers pour livre sur la monoye de Melgüeil, avec tous les droits qu'il avoit sur les Châteaux de *Pignan*, & de *Poussan*. Par ce même traité il remit au Roy l'hommage d'un marabutin d'or qu'il lui devoit pour les Châteaux de *Frontignan*, de *Castelnau*, & de *Centreirargues*, ne se reservant qu'une legere somme d'argent dont ils convinrent, avec le droit de retour au cas que ces Terres fussent demembrées du Domaine de Montpellier.

Dans ces entrefaites, Honoré III. de la Maison de *Savelli* ayant succedé au Pape Innocent III. mort en 1216. les Consuls de Montpellier eurent recours à sa protection, pour mettre leur Territoire à l'abri des domages que les Croisez pouvoient leur faire. Ils en obtinrent une Bulle qu'ils conservent dans leurs Archives, par laquelle nous aprenons qu'ils avoient offert au St. Siége une redevance annuelle de deux marcs d'or, évaluez chacun à cent Mazumetins : *duas Marchas auri, centum Mazumetinis computandis pro marcha, quas sedi Apostolicæ obtulistis, nobis & successoribus nostris, singulis annis in Festo Resurectionis Dominicæ persolvetis.*

Ils ne tarderent pas de ressentir les bons effets de cette protection. Car le jeune Amaury Comte de Monfort ayant sur le cœur ce que l'on avoit fait contre son Pere & contre lui durant la tenuë du Concile, vint sur la fin de 1218. faire du ravage aux environs de la Ville, où après avoir brûlé *Boisseron* & quelques autres lieux, il fut obligé de retirer ses Troupes, sur les ordres qu'il en reçut du Pape Honoré III., à qui il ne pouvoit rien refuser, après les obligations que son Pere & lui avoient au St. Siége.

L'Evêque de Maguelone eut recours à la même protection dans une affaire qui lui survint en ce même tems avec Guillaume *d'Altiniac* Abbé d'Aniane. Cet Abbé nouvellement élû vint demander à Bernard de Mezoa la confirmation de son élection, qu'il lui accorda. Mais l'Evêque ayant indit un Sinode, l'Abbé refusa d'y venir ; & sur les plaintes qui en furent portées à Rome, Honoré III. commit l'Archidiacre & le Precenteur d'Agde pour juger deffinitivement & sans apel de cette affaire, avec pouvoir de contraindre les parties par les censures de l'Eglise

1216.

II.

52   HISTOIRE ECCLESIASTIQUE DE MONTPELLIER,

à l'obfervation de ce qu'ils auroient décidé. Par leur fentence, l'Abbé d'Aniane & fes Succeffeurs furent tenus de fe rendre aux Sinodes que l'Evêque de Maguelone leur Diocéfain auroit convoqué.

III.   Sous ce même Pape, Bernard de Mezoa vit établir à Montpellier un grand nombre de Religieux, dont les ordres venoient d'être aprouvez ou confirmez par le Pape Honoré III. Quoiqu'on ne fache pas bien précifément l'année de la fondation d'un chacun en cette Ville, on peut juger par la confecration de leurs Eglifes, qui fut faite par Bernard de Mezoa, & par les Lettres que le Pape écrivit en leur faveur, qu'ils furent établis à Montpellier à peu de diftance les uns des autres.

1216.   Nous avons une Lettre du Pape Honoré III. adreffée aux Confuls & au Peuple de Montpellier du fix Avril 1216. par laquelle il les prie, les avertit, & les exhorte à proteger la maifon, & les biens des freres de la Ste. Trinité des Captifs de Montpellier. *Pro dilectis filiis Magistro & fratribus Sanctæ Trinitatis Captivorum Montifpeffulani, univerfitatem veftrum rogamus, monemus, & exhortamur, quatenus,* &c.

1220.   Les *Freres Prêcheurs* qui avoient pris origine dans le Pays par les travaux de St. Dominique leur Fondateur, furent reçûs à Montpellier avec l'aplaudiffement de toute la Ville en 1220. felon *Malvenda* leur Hiftorien. Et la chofe eft affez probable, puifque nous trouvons dans notre petit Talamus, que Bernard de Mezoa confacra leur Eglife en 1225. avec celle de Grandmont dont j'ai déja parlé dans la vie du dernier de nos Guillaumes.

Ad ann. 1225.

Les *Freres Mineurs* que St. François venoit d'établir, furent introduits à Montpellier quelques années après, par le Roy Jacques I. qui fit commencer en 1230. le grand & fpacieux Couvent qu'ils avoient en cette Ville, comme nous le dirons en parlant de chaque Couvent en particulier.

Le zéle des Habitans parut encore fous le même Evêque par la fondation de quelques Hôpitaux, & par le rétabliffement d'autres Maifons de charité.

L'Hôpital St. Jacques avoit été établi un peu auparavant les Freres Mineurs, par les liberalitez de *Guillaume Perefixe* Habitant de Montpellier, qui étant de retour de Saint Jacques de Compoftelle, donna tous fes biens en faveur des pauvres Pelerins, pour être reçûs dans cet Hôpital fains & malades. Le Roy Jacques I. voulant entrer dans cette bonne œuvre, céda toutes les redevances qu'il avoit fur les maifons qu'on avoit prifes pour cet établiffement, dont on voit encore les marques auprès du jardin du Roy.

Un nommé *Pierre Lauri* fuivit l'exemple de Guillaume de Perefixe, en leguant tous fes biens à l'Eglife de Notre-Dame. Mais l'execution de fon teftament donna bien de l'exercice à l'Evêque de Maguelone, qui en étant enfin venu à bout, fit faire avec les Confuls de Montpellier des reparations fi confiderables à cette Eglife, qu'on crut en devoir faire une nouvelle confecration. Pour la rendre plus folemnelle, ils s'adrefferent au Pape Gregoire IX. Succeffeur d'Honoré III. qui écrivit aux Archevêques de Narbonne, d'Arles, & d'Aix, de fe trouver à cette Fête avec leur Suffragants, & d'accorder au Peuple de Montpellier quelques relaxations des peines canoniques. On remarque à cette occafion, que les Evêques de Marfeille & de Riez n'ayant pû s'y rendre qu'après la folemnité, ils ne laifferent pas d'accorder au Peuple des Indulgences, dont ils donnerent leurs Lettres, que nos Confuls prirent foin de faire enregîtrer dans les Archives de la Ville, avec les autres piéces concernant cette cérémonie.

Nous trouvons dans les mêmes Archives, que l'Hôpital de Notre-Dame des Tables près la porte d'Obilion, (aujourd'hui la porte de Lates) s'enrichit par la donation que lui fit *Eleazare de Caftriés* & Roftang de *Pofquieres* fon Mary, de tous les biens qu'il avoit à *Meirargues* & à *Veirargues* ; & qu'en même tems Guy de *Beaulieu* & Petronille fa Femme s'étant obligez par vœu de garder la chafteté, & de fervir les Pauvres, donnerent tous leurs biens à cet Hôpital, ne fe refervant que trois cens fols melgoriens pour leur fepulture à Maguelone.

1227.   Les Mêmes Archives nous ont confervé la lettre que le Pape Honoré III. adreffa au Bailly, Confuls, & Peuple de Montpellier en faveur de l'Hôpital du

St.

St. Esprit de cette Ville. Elle est de la premiere année de son Pontificat, c'est-à-dire de 1227.

On trouve aussi que l'Evêque de Maguelone confirma Pierre de St. Gervais dans la charge de Precepteur ou Commandeur de l'Hôpital de *Salaison*, où il avoit été nommé par tous les Freres & Sœurs de cette maison.

Mais une chose des plus remarquables où Bernard de Mezoa eut beaucoup de part, est la nouvelle forme que reçut alors l'Ecole de Medecine de Montpellier, par les Réglemens que lui donna le Cardinal *Conrad Eginon d'Urach* Legat du St. Siége contre les Albigeois. Ce Seigneur qui étoit Fils du Comte de *Scinex* en Allemagne, & Neveu de Bertold Duc de Turinge, ayant tout quitté pour se faire Religieux de Cîteaux, fut fait Cardinal Evêque de Porto par Honoré III. qui l'envoya Legat dans le Languedoc, pour s'oposer aux entreprises du Comte de Toulouze ; & étant arrivé à Montpellier en 1220. il fut prié par les Evêques de Maguelone, de Lodeve, d'Agde, & d'Avignon, de donner des reglemens à l'Ecole de Medecine, pour soûtenir la grande reputation qu'elle avoit déja. Il le fit avec tant de sagesse, que le principal reglement qui fut fait alors a servi de baze aux érections des Universitez qui furent faites depuis. Il porte, qu'aucun ne sera reçû comme maître dans cette science, qu'il n'en aye donné des preuves par quelque exercice public, en presence de l'Evêque & des Professeurs en Medecine. Les lettres qu'il en fit expedier, (& que je raporte dans l'article de cette Faculté) sont dattées de Montpellier du premier Septembre 1227.

1227.

Les autres actions de Bernard de Mezoa regardent le temporel de son Eglise, dont Verdale nous donne un assez long détail.

V.

Il marque une cession que fit cet Evêque aux Habitans de Villeneuve, & à Bernard Ouvrier de Maguelone, des usages qu'il avoit sur une partie des vignobles de ce lieu, moyennant neuf cens sols Melgoriens. Deux autres cessions faites à Jean de *Montlaur* Prévôt de Maguelone, l'une de certaines possessions situées à *Maurin*, sous Albergue ; & l'autre de la maison du Château de Londres, sous foy & hommage.

Un partage des pâturages de Montauberon fait à égales parts entre lui & Rostang de Montauberon.

Un échange de quelques métairies qui lui restoient à *Pignan*. Autre échange des usages qu'il prenoit sur une metairie de Gontard de Montpellier dans la dîmerie de St. Denis, contre d'autres usages que le même *Gontard* avoit à Montauberon.

Les hommages qu'il reçut des Conseigneurs d'*Assas* pour leur Châtelenie & du Seigneur de *Ganges*, avec Raymond de *Roquefeüil*, chacun pour une moitié du Château de *Brissac*. La soûmission que lui fit *Lechas* Prieur de l'Eglise de *Cluzenet* située entre la Ville de Montpellier & la riviere de Lez, lequel reconnut à l'Evêque de Maguelone le droit qu'il avoit de visite & de nomination à son Eglise.

Enfin deux recouvremens qu'il fit, l'un de la Baillie de Melguëil, des mains de Raymond de St. Firmin, à qui son Predecesseur l'avoit engagée pour douze sols de rente. Et l'autre beaucoup plus considerable, fut celui du Château de *Balaruc*, qui lui fut adjugé par Sentence de l'Archevêque de Narbonne, commis par le Pape, pour juger entre lui & *Guy Cap de Porc* qui s'en étoit emparé de force.

En 1232. Bernard de Mezoa ayant voulu faire un voyage à Rome pour des affaires que nos Historiens ne nous marquent pas, mourut en chemin cette même année, après avoir tenu le Siége de Maguelone quatorze ans, cinq mois & quatorze jours.

1232.

CHAPITRE TROISIEME.

I. *Fondation des Religieuses de St. Leon, par Jean de Montlaur.* II. *Commencements de cet Evêque.* III. *Hugues de Miramar.* IV. *Abbaye de St. Geniez.* V. *Brefs du Pape Gregoire IX. pour Montpellier.* VI. *Broüillerie entre le Roy Jacques I. & l'Evêque de Maguelone.* VII. *Faculté des Arts.* VIII. *Premier Concile de Lyon.*

I.
1234.

LA mort de Bernard de Mezoa laissa un intervale de plus d'une année dans le Siége de Maguelone : car nous aprenons de Verdale, que Jean de Montlaur son Successeur ne fut sacré qu'en 1234. par Pierre Amalric son Métropolitain. Il étoit de la même Maison que cet autre Jean de Montlaur dont nous avons parlé ci-devant dans le II. Livre ; & soit qu'il eût été nommé Grand Vicaire par son Predecesseur lorsqu'il partit pour Rome, ou qu'il ne le fût qu'après la vacance du Siége, il est certain qu'étant Grand Vicaire il établit un Monastére sous le nom de *St. Leon*, sur une Colline près de Montlaur, pour dix-sept Filles ou Veuves, qui, sans distinction, pouvoient y être reçûës. Il lui unit étant Evêque l'Eglise de St. Germain de *Forneil*, avec l'Hôpital de *Selve Gautier*, sous diverses reserves pour l'Evêque de Maguelone, pour le Prévôt, & pour les Chanoines. Nous verrons que par succession de tems elles furent unies au Prieuré de St. Felix de *Monsau* près de *Gigean*.

II.

La premiere action que nous trouvions de Jean de Montlaur après son Sacre, est un Mandement raporté au long par Garriel, en faveur des pauvres Lepreux de Castelnau, qu'il recommande aux charitez de ses Diocésains, du 23. Mars 1234. dans laquelle année il eut l'honneur de recevoir dans l'Eglise de Notre-Dame des Tables, Marguerite de Provence Epouse du Roy St. Loüis, laquelle fut invitée par le Roy Jacques I. de passer à Montpellier, avant que de se rendre à *Sens*, où son mariage fut celebré vers la fin du mois de May par l'Evêque de cette Ville.

Ces deux actions furent bien-tôt suivies d'une grande broüillerie qui survint entre l'Evêque de Maguelone & son propre frere Rostang de Montlaur, lequel après lui avoir fait hommage de sa Terre, alla, sur quelque démêlé qu'ils eurent ensemble, la reconnoître du Roy Jacques I. qui refusa de son côté à l'Evêque de Maguelone l'hommage que les Seigneurs de Montpellier ses Predecesseurs avoient prêté pour ladite Ville & pour le Château de Lates. Les plaintes en ayant été portées à Rome, Gregoire IX. en écrivit à l'Archevêque de Narbonne, pour exhorter le Roy à rendre ce qui étoit dû à l'Evêque de Maguelone, & lui manda de le proteger lui & son Eglise contre tous ceux qui voudroient leur causer du troubleEn consequence le Roy Jacques prêta son serment, où l'on voit l'ancienne formule que suivoient nos Guillaumes, moitié Latin, moitié Patois. *Et si in illo honore quem tu possides, & Canonici Magalonenses habent, Ego tollerem : Ou rendray, ou emendaray.* L'Acte est du 26. Decembre 1235.

1235.

III.

Cette affaire qui paroissoit finie, eut des suites bien plus fâcheuses, comme nous le verrons bien-tôt. Mais, pour garder l'ordre du tems, je crois devoir faire ici mention d'un Archidiacre de Maguelone, à l'honneur duquel le Chapitre fit graver de beaux vers à la façon de ce tems-là. C'étoit Hugues de *Miramar*, homme pieux & sçavant, qui composa plusieurs traitez qu'il écrivit sur du beau velin, tels qu'on les voit encore dans la Chartreuse de Montrieu Diocése de Marseille, où il se retira sur la fin de ses jours. En quittant son Archidiaconé, il fit présent à l'Eglise de Maguelone de treize grands Livres de chant, dont le Chapitre voulant témoigner sa reconnoissance, fit graver les vers suivans, qu'on voyoit à Maguelone avant les troubles de la Religion, & qui nous aprenent que ce présent fut fait en 1236. & que le Chapitre prit toutes les précautions qu'il put pour conserver ces Livres, même en employant la voye d'excommunication.

II. PARTIE. LIVRE SECOND.

Anno milleno, ter deno cumque duceno
Sexto ; jucondâ septembris luce secundâ ;
Libros divinos denos dedit utique trinos
Illos, totales fuerint vel particulares.
Hæc à Pastore sententia fertur, ab ore
Papa firmata: tua sint Hugo dona beata.
Egregia vita, venerabilis Archilevita,
Perpetuò donis domus hæc lætetur Hugonis.

1236.

Environ ce tems, Jean de Montlaur, qui n'étant que Grand-Vicaire de Maguelone avoit fondé les Religieuses de St. Leon, voulut, pendant son Episcopat, faire reconnoître ses droits, en qualité de Comte de Melgueïl, sur l'Abbaye de St. Geniés, qui sans contredit étoit le plus ancien monastére des Filles de tout son Diocése. Nous avons la reconnoissance qui lui en fut faite par l'Abesse *Ermeniarde de Montdidier*, où elle dit, que suivant ses propres connoissances & celles de ses Anciennes ; suivant le témoignage des personnes les plus âgées, tant du Clergé que des Laïques ; & conformement à la voix publique, & aux titres qu'elle a trouvé dans ses Archives, leur monastére a été bâti dans un fonds qui leur avoit été cedé par les anciens Comtes de Melgueïl, avec toute jurisdiction mere & mixte. Et parce qu'elle reçut alors de l'Evêque de Maguelone le Terroir de *Messanergue* avec la Paroisse de Sainte Colombe, elle obligea son Monastére à payer cinquante sols Melgoriens à chaque mutation d'Abesse ou d'Evêque.

Le Pape Gregoire IX. fit expedier dans l'année suivante 1237. trois Brefs pour Montpellier, que nos Consuls prirent grand soin de faire inserer dans leurs Regîtres. Par le premier, du 17. Mars, adressé au Prieur de Notre-Dame des Tables, il accorde une Indulgence de vingt jours à ceux qui, dans un esprit de contrition & d'humilité, visiteront cette Eglise, dans laquelle (suivant l'exposé que les Consuls lui ont fait) Dieu opere plusieurs miracles. Par le second, adressé aux Consuls & au Chapitre, il blâme l'exaction que faisoient les Clercs pour la sonnerie, & pour le portement de la Croix aux enterremens, exhortant néanmoins les Fidéles de garder sur cela les loüables coûtumes. Par le troisiéme Bref, il mande à l'Evêque de voir ce qu'il conviendra faire sur la demande des Consuls, & du Peuple de Montpellier, pour obtenir la permission à l'Eglise de Notre-Dame, de faire la Procession des Rameaux & des Rogations. Mais nous ne trouvons pas qu'il fût rien ordonné pour lors sur cet article.

V.

1237.

Le Roy Jacques, dans ce même tems, voulant gratifier sa Cour de Justice de Montpellier, donna une Declaration du 4. Fevrier 1237. que nos Anciens ont pris grand soin de conserver, où il est dit, qu'à l'exclusion de toute Cour Civile & Ecclesiastique, le Roy veut que les procès de tous ses Sujets soient portez à la Cour de Montpellier : *Ut nullus audeat de cætero, coram aliquibus judicibus seu Curiâ Civili vel Ecclesiastica, alium convenire, aut aliquatenus de cætero litigare, præterquam in prædictâ nostrâ Montispessulani Curiâ, quæ inter alias* (ajoûte-t'il) *circa juris & causarum examinationem dici potest meritò præfulgere.* Et au cas que quelqu'un osât aller contre sa deffense, il le déclare déchû de toutes ses demandes en justice, sans aucun espoir.

Je ne sçai si cette Déclaration ne fut pas donnée en partie pour faire de la peine à l'Evêque de Maguelone, ou si ce Prélat ne se crut pas bien offensé de l'exclusion qui étoit portée contre sa Cour Ecclesiastique : Il est toûjours certain qu'il ne tarda pas de faire un coup des plus éclatans, qui fut de déclarer le Roy Jacques I. coupable de Félonie, & déchû de tous ses droits sur la Seigneurie de Montpellier. En consequence, Montlaur se rendit à Milhau dans le Roüergue, apartenant au Comte de Touloüse ; & là, dans le tems que le Roy Jacques arrivoit à Montpellier, il fit transport au Comte de Touloufe de tous les droits que le Roy Jacques avoit fur cette Ville, & le Comte de fon côté s'obligea envers lui & l'Eglife de Maguelone à diverfes chofes contenuës dans l'Acte, dont voici le précis.

„ Jean par la grace de Dieu, Evêque de Maguelone, fçachant que le Roy d'Ar-
„ ragon eft tombé dans le cas d'être privé de la Seigneurie de Montpellier, & de
„ celle de Lates, qu'il tient de Nous & de notre Eglife; & voulant la pourvoir, &
„ nous auffi d'un Feudataire utile, Nous donnons à Vous Raymond, par la grace de Dieu
„ Comte de Touloufe, cette partie de Montpellier, & le Château de Lates, qui
„ fut jadis à Guillaume Seigneur de Montpellier & de Lates, avec tous leurs
„ droits, pour en joüir vous & vos fucceffeurs, comme de votre chôfe propre : re-
„ nonçant à toute loi contraire, & vous permettant d'aliener le tout ou en partie.

„ Et Moi Raymond, par la grace de Dieu, Comte de Touloufe & Marquis de
„ Provence, en recevant le prefent que vous nous faites, Nous promettons de
„ vous conferver la partie que vous avez dans Montpellier exempte de toute
„ vexation & exaction; de ne rien exiger, tant pour le civil que pour le crimi-
„ nel, dans l'étenduë de votre Juridiction; au contraire, nous vous remettons &
„ à vos fucceffeurs les droits que Guillaume de Montpellier avoit dans Montpe-
„ lieret, dans le Bourg apellé *Villefranche*, & dans le Champt d'Atbrand.

„ Nous promettons de vous faire foi & hommage pour la Ville de Montpe-
„ lier, lorfque nous en aurons acquis la poffeffion; de conferver les libertez de
„ l'Eglife de Maguelone, avec les biens & perfonnes des Habitans de Montpel-
„ lier... De vous remettre les Châteaux de *Mireval*, *Frontignan*, & *Balaruc*.
„ Mais fi après votre mort nous voulons reprendre *Balaruc*, nous affignerons à ce-
„ lui qui vous fuccedera dans l'Evêché de Maguelone une rente de cent livres
„ melgoriennes, en tel lieu que l'Evêque d'Agde les reglera.

1238.

„ Nous vous accordons une porte & avant porte à Montpelieret, dont vous au-
„ rez les clefs, pour entrer & fortir, vous & les votres, quand vous voudrez; & vous
„ pourrez encore exercer la juftice fur les gens condamnez par votre Cour, &
„ paffer par le lieu apellé *la Pierre* jufqu'à la porte d'Obilion, & au-delà.

„ Nous vous accordons de plus les Alleux qui furent jadis de Bonet d'Avignon,
„ fur la Riviere du Lez au-deffous du Pont de Caftelnau. Fait à Milhau le 28.
„ Août 1238. en préfence de Berenger Arnaud Chanoine de Maguelone, de B.
„ Long de Montpellier, &c. L'Evêque jurant fur les Saints Evangiles, & pour
„ lui, Bernard de Fefc fon Notaire; Raymond Gaucelin Seigneur de Lunel, pour
„ les deux parties; & pour le Comte de Touloufe, R. de Beaux Prince d'Orange,
„ & Roftang de Montpezat.

Les fuites firent voir que Jean de Montlaur n'avoit fait que donner des marques de fa mauvaife volonté; car le Comte de Touloufe n'étoit pas alors en état de faire valoir la donation qui venoit de lui être faite; & il parut même y compter fi peu, qu'il ne tarda pas de venir trouver le Roy Jacques, qui arriva dans ce même tems à Montpellier, où il entra avec lui dans les traitez dont nous avons parlé dans le premier Tome de cette Hiftoire. Le Roy, de fon côté, qui fit durant ce voyage un long féjour à Montpellier, porta un coup à l'authorité des Evêques de Maguelone dont ils

1239.

ne font plus revenus; car par fes lettres du 17. Octobre 1239., il les exclut de l'affiftance qu'ils avoient par eux mêmes, ou par d'autres, à l'élection des Confuls; & il ordonna que ni les Confuls qui étoient actuellement en charge, ni leur Succeffeurs, ne prêteroient jamais ferment à raifon de leur office, entre les mains de l'Evêque ou de fon Deputé : *Nullo deinceps tempore, præfentes vel futuri Confules jurent in manu Epifcopi, vel alterius pro ipfo, nec juramentum præftent, quod ratione officii præftare tenentur.*

Cette deffenfe donna occafion au Reglement qui fut fait pour l'élection des Confuls, telle que je l'ai raportée dans mon premier Tome, fous le Regne de Philippe de Valois.

Nous ne voyons point que Jean de Montlaur eût rien fait directement contre l'exclufion que le Roy venoit de lui donner. Mais nous trouvons qu'il lâcha une Sentence d'excommunication contre les Seigneurs de Montpellier qui avoient compris quelques Clercs dans les impôts publics. Nos Archives conservent encore

l'abfolution

II. PARTIE. LIVRE SECOND.

l'abſolution que l'Evêque leur en donna, après avoir rendu à ſes Clercs ce qu'ils en avoient déja pris.

Tout ce que je viens de raporter de lui nous fait entendre, que bien-qu'il fût de la même famille & du même nom que cet autre Jean de Montlaur Evêque de Maguelone, qui fut de ſon tems l'arbitre des plus grandes affaires, il ne le prit pas néanmoins pour ſon modéle dans cet eſprit de ménagement & de douceur qui eſt ſi convenable dans les hautes places.

Dans le cours des broüilleries entre le Roy d'Arragon & Jean de Montlaur, le Roy ne laiſſa point de donner des marques de bienveillance au Corps Epiſcopal, en accordant à l'Evêque d'Agde un Fief dans la Ville de Montpellier, apellé de ſon nom le *Plan d'Agde*, & par corruption le *Plan d'Atte*.

Les Lettres qu'en donna ce Prince ſont des Ides d'Octobre 1239. portant amortiſſement des maiſons que l'Evêque voudroit acquerir dans Montpellier, ſans payer aucun droit de Lods ni conſeil, avec injonction & défenſe au Gouverneur de Montpellier préſent & avenir, de rien prendre ni exiger à cet effet dudit Seigneur Evêque.

Bernard I. en faveur de qui je crois que ces Lettres furent données, joüit toute ſa vie de la grace accordée : ſes Succeſſeurs en joüirent de même ; & ce ne fut qu'en 1476. que le Procureur du Roy ayant voulu diſputer ce droit à l'Evêque d'Agde, il y fût maintenu par Sentence du Gouverneur de la même année.

Mais une choſe qui a rendu Jean de Montlaur célebre dans notre Univerſité, c'eſt le bon ordre qu'il tâcha d'y établir par les Reglemens qu'il fit pour la Faculté des Arts, du conſentement des Maîtres & Ecoliers, comme il eſt marqué par exprès dans le Mandement qu'il leur adreſſe en ces termes : *Dilectis filiis Magiſtris & ſcholaribus in Grammatica, & Logica apud Montempeſſulanum, vel Montempeſſulanulum ſtudentibus*. Je raporterai au long ces Reglemens dans l'article de la Faculté des Arts, ſur la fin de ce dernier Tome, auquel je prie le Lecteur d'avoir recours.

Cependant les affaires ſe broüilloient plus que jamais entre l'Empereur Frederic & le Pape Innocent IV. qui étant obligé de quitter l'Italie, ſongea de ſe refugier en France, & de s'y établir pour un long-tems, comme il le fit propoſer à St. Loüis dans un Chapitre général de Cîteaux, où ce Prince s'étoit voulu trouver. Il chercha le même refuge dans les Etats des Rois d'Arragon & d'Angleterre ; mais leur Conſeil n'ayant pas jugé expedient de l'y recevoir, il ſe détermina de s'arrêter à Lyon, Ville neutre, apartenante alors à ſon Archevêque, d'où il écrivit des Lettres Circulaires pour la convocation d'un Concile général, qui ne put être tenu en cette Ville qu'en 1245. Jean de Montlaur reçut ſa Lettre comme les autres Evêques, & il ſe rendit au Concile qui fut ouvert le 28. *Juin*, & où dans les trois ſeſſions qu'on y tint, il fut reſolu de ſecourir la Terre Sainte & Baudoüin Empereur de Conſtantinople ; & enfin on y proceda à l'excommunication de Frederic.

1245.

Le Concile ayant été ainſi terminé, Innocent IV. qui n'avoit point d'autre réfuge, s'arrêta à Lyon, où il fut bien aiſe, pour groſſir ſa Cour, d'attirer tout autant d'Evêques qu'il pourroit. Celui de Maguelone fut du nombre de ceux qui ſe rendirent des plus aſſidus auprès de lui. Mais dans un voyage qu'il fit à Lyon au commencement de 1247. il y mourut, ayant tenu le Siége de ſon Egliſe quatorze ans & neuf mois.

1247.

On met ſous ſon Epiſcopat l'établiſſement des Religieux de la Mercy à Montpellier, que le Roy Jacques Seigneur de cette Ville avoit fondé en 1218. & qu'il fit confirmer enſuite par Gregoire IX. en 1230. Il ne tarda point de les établir à Montpellier, comme il avoit déja fait à Barcelone : car nous aprenons de l'Hiſtoire que *Vargas* a donné de ſon ordre, que leur Maiſon de Montpellier commença en 1239. qui eſt le tems où Jean de Montlaur occupoit le Siége de Maguelone.

IX.

Les autres actions de cet Evêque ne nous ſont connuës que par les Archives de l'Evêché, citées en partie par Verdale.

X.

En 1238. il reçut l'hommage pour la Terre de *Briſſac*, qui lui fut rendu par Hugues Comte de Rodez mari d'*Elizabeth de Roquefeüil*, fille & héritiere de Raymond.

58 HISTOIRE ECCLESIASTIQUE DE MONTPELLIER,

Le dixiéme du mois de May fuivant, Pierre & Pons de Figuieres enfans de Guillaume, reconnurent tenir de lui, fous l'Albergue de deux Chevaliers, le lieu *de Figuieres* dans la Paroiffe de Violz.

En 1239. Roftang d'Affas lui fit hommage pour fon Château.

En 1245. il donna à Pierre de Monteilz, en nouvel achapt, le lieu *de la Lauze*, & celui de Noalz; & il accorda aux Confeigneurs de Montferrier la permiffion de faire du bois à Valene, fous l'Albergue de deux Chevaliers.

En 1246. Guillaume *de Montarnaud* reconnut tenir en Fief de l'Eglife de Maguelone la Terre de St. Martin de Londres, faifant pour lui, fes Tuteurs, qui étoient *Bernard Ademar* & *Berenger Dalmas* fon frere, qui, les mains jointes, en firent hommage à Jean de Montlaur dans fon Château du Terrail.

Enfin en 1247. & au commencement de cette année, les Confuls de la Communauté de Lates, fçavoir Guiraud de Melguëil avec Dame Guillelme femme de Bertrand *Blandiac*, Confeigneurs par indevis de l'Eftang de Melguëil, reconnurent au Procureur de Jean de Montlaur, dans l'Eglife de St. Marcel, le droit qu'ils prenoient des Habitans de Lates fur la pêche du poiffon.

CHAPITRE QUATRIE'ME.

I. *Reinier Evêque de Maguelone.* II. *Defcription des anciens Bâtimens de cette Eglife.* III. *Maniere de vivre des anciens Chanoines.* IV. *Le Prévôt eft fubftitué au pouvoir du Prieur Majeur, pour le fpirituel.* V. *Differens entre le Prévôt & l'Evêque.* VI. *Collation des Benefices.* VII. *Prieurés de la Campagne.* VIII. *Dépendance de tous les Membres du Chapitre.* IX. *Dignitez & offices Clauftraux.* X. *Mort de l'Evêque Reinier.*

LA mort de Jean de Montlaur, arrivée à Lyon dans le tems que le Pape Innocent IV. s'y trouvoit actuellement, donna lieu à une innovation bien confiderable pour l'Eglife de Maguelone, dont le Siége avoit toûjours été rempli par quelqu'un de fes Chanoines. Le Pape voulut en difpofer dans cette occafion, comme d'un Benefice qui vaquoit *in curiâ*; & il nomma pour le remplir un Religieux de l'Ordre des Freres Prêcheurs nommé *Reynier*, qui avoit été Vice-Chancelier de Gregoire IX. & dont on voit un éloge dans Tritheme, qui nous apprend qu'il étoit de Pize, & qu'il avoit compofé une Somme de cas de confcience en deux grands volumes, difpofez par ordre Alphabetique.

Son entrée dans Maguelone ne fouffrit aucune difficulté de la part du Chapitre; mais il ne tarda point d'y faire une fin très-funefte (comme nous le dirons dans la fuite.) Nous trouvons que dans les dix-huit mois qu'il remplit ce Siége, il fit une acquifition fort convenable à fa nouvelle Seigneurie de Melguëil, en acquerant du Chapitre l'Eglife Paroiffiale dudit lieu, qu'il unit à fa manfe Epifcopale; & par ce moyen il devint Prieur & Seigneur du Chef-lieu de fa Comté. Mais en dédommagement il donna au Chapitre les Eglifes de *Cornon*, de *Cazevielle*, de *Caftriés* & de *Veirargues*.

L'Acte en fut paffé le 17. Mars 1247. & cette même année il fit dans le Chapitre l'augmentation d'une place Beneficiale, en érigeant l'Office du *Veftiaire* en Benefice, avec le confentement de Bernard de Murriel alors Prévôt, & de toute la Communauté. Dans le titre de cette érection, il affigne au nouveau Beneficier les Eglifes de *Grabelz* & de *Juvignac*, avec tous les droits que le Prieur de St. Firmin prenoit dans l'Archidiaconé de Maguelone; un Cellier dans Montpellier, qu'il défigne entre la Maifon Canonicale de St. Firmin & le Cellier du Prévôt; moyenant quoi le Veftiaire feroit tenu d'habiller tous les Chanoines & les Convers, excepté les Prieurs de la campagne, qui devoient eux-mêmes donner tous les ans au Veftiaire quarante fols melgoriens, payables moitié à la St. Luc, &

II. PARTIE. LIVRE SECOND.

moitié à Pâques. Il fut établi en même-tems que le Veſtiaire fourniroit des habits aux Chanoines étudians, lorſqu'ils ſeroient ſortis de Maguelone avec la permiſſion de l'Evêque & du Prévôt. Bien entendu que dans le lieu de leurs études, ils porteroient l'habit de leur Regle, & non autrement.

Ce petit détail de la vie Reguliere de nos Anciens Chanoines, m'engage d'en donner ici une connoiſſance plus étenduë : & pour rendre plus ſenſible tout ce que j'en aurai à dire, je prie le Lecteur de ſe rapeller tout ce que j'ai déja dit en divers endroits de cet Ouvrage du Local de Maguelone, & des bâtimens qui y furent faits par les premiers Evêques qui s'attacherent à y maintenir la Regularité.

Nous avons vû que dans le circuit d'environ deux mille pas qui enferment l'Iſle de Maguelone, l'Evêque Arnaud repara (dans le onziéme ſiécle) l'Egliſe qui avoit été abandonnée dans le huitiéme, ſous Charles Martel. Je dis qu'il repara, parce qu'au ſentiment des plus habiles Connoiſſeurs, le chevet de cette Egliſe eſt d'une ſtructure beaucoup plus ancienne que les autres bâtimens qui furent faits depuis. Je me contente de citer pour cela Mr. *de Vair* Sacriſtain de Cluny, connu par la Reformation du Breviaire de ſon Ordre, qui ayant viſité Maguelone, porta ce jugement ſur le chevet de l'Egliſe, & ſur une Tour dont on voit encore de grands reſtes au côté droit en entrant.

Verdale dit que *Gautier* repara la voûte de l'Egliſe : ce qui peut faire penſer que Arnaud & *Godefroy* ſes Prédéceſſeurs n'avoient pas eu besoin d'y toucher ; & que l'Egliſe reſta en l'état où *Gautier* la mit enſuite, juſqu'au tems de Jean de Montlaur I. qui fit bâtir la façade de l'entrée, & par-deſſus, dans l'interieur de l'Egliſe, le Chœur des Chanoines.

Les Evêques qui précéderent Jean de Montlaur, avoient fait les bâtimens du dehors de l'Egliſe, qui étoient fort conſiderables. *Gautier* commença une grande Tour, qu'on apelloit du Sepulcre ; ſoit qu'elle dût ſervir pour enfermer les titres & les meubles les plus précieux ; ſoit qu'elle fût regardée comme le donjon de toute l'iſle. Il fit depuis conſtruire le Dortoir, le Refectoire, & le Cellier. Son ſucceſſeur Raymond I. acheva la Tour du Sepulcre, bâtit une autre tour, apellée de Ste. Marie, & celle de la Cuiſine (car Verdale lui donne ce nom, *Turrim Culinæ* :) & il eſt vrai qu'à en juger par ce qui nous en reſte, elle pouvoit porter ce nom, puiſque le ſeul tuyau qui ſort d'une large & très-ſolide cheminée, qui ſubſiſte encore, alloit ſe perdre dans les nuës, en forme de tour ronde, dans laquelle deux ou trois hommes pouvoient paſſer.

Le même Evêque fit une grande & profonde Citerne au milieu du grand Cloître. Il fit un Lavoir dans cet autre petit Cloître, dont on voit encore un côté attenant à l'Egliſe, & qui eſt apellé par Verdale, *Cloître Superieur* ; ſans doute, à cauſe de ſon élevation ſur l'autre Cloître, qui étoit plus bas. Il bâtit un grand Logement pour les Convers ; un autre pour ceux qui avoient ſoin du Moulin. Il fit clorre le Cimetiere des Laïques ; bâtit un grand Garde-meuble, & fit conſtruire de grandes Ecuries au bout de la chauſſée qui traverſoit l'étang du côté de Villeneuve.

Tous ces bâtimens furent clos par l'Evêque Raymond de fortes murailles, garnies de bonnes portes de défenſe : *Cortinale & Portalitia fecit*. Mais ce qui relevoit le prix de tous ces ouvrages, eſt le bon choix qu'on faiſoit des materiaux, & l'adreſſe avec laquelle on les mit en œuvre. Car nous voyons encore les pierres de l'Egliſe ſi bien liées enſemble, que lorſque le vent du nord y pouſſe la pluye, on la voit couler ſur la muraille comme ſur une glace. Les pierres en ſont vives & luiſantes comme du caillou poli ; & tout l'ouvrage du dehors de l'Egliſe étoit de la même ſtructure, comme je l'ai vû, & mille autres perſonnes avec moi, dans les debris affreux qui reſterent long-tems ſur la place, après que le Roy Loüis XIII. eut fait miner & petarder ce grand édifice. On voyoit alors de grands quartiers de muraille d'une ou deux toiſes de longueur, & de cinq à ſix pieds d'épaiſſeur, qui avoient cédé à l'effort de la poudre, ſans que les pierres de ces gros quartiers fuſſent ébranlées. On les a depuis rompuës & emportées dans l'étang pour y former ce canal qui donne aujourd'hui paſſage aux Barques qui vont depuis le Port de

HISTOIRE ECCLESIASTIQUE DE MONTPELLIER,

Cete jufqu'à l'embouchure de notre Riviere. Ainfi nos Succeffeurs ne verront autour de l'Eglife de Maguelone qu'une place déferte, que nous avons vûë remplie de grandes ruïnes, & où nos dévanciers avoient vû de grands Bâtimens, qui portoient à jufte titre le nom de Forterefle, dont le Roy Loüis XIII. prit ombrage, & les fit démolir, crainte d'une defcente en tems de guerre.

Je ne dois pas oublier deux canaux foûterrains & bien mûrés, qui vont d'une pointe de l'Ifle à l'autre, du levant au couchant. Ils partent tous deux du lieu où étoient les logemens dont je viens de parler. L'un fervoit d'égout pour les immondices de la maifon, qu'il portoit dans les eaux de l'Eftang, du côté de l'occident; & l'autre fervoit (comme il fert encore) d'Acqueduc à une fontaine qui fort à la pointe de l'Ifle, du côté du levant, & que l'on croit fortir du milieu de l'Ifle, de cette profonde cîterne dont j'ai déja parlé, où les eaux de l'eftang filtrées dans le fable forment un refervoir d'eau douce qui s'écoule par la fontaine.

C'eft dans ce lieu (tel que je viens de le décrire,) que vecûrent les Succeffeurs des douze Chanoines qui étoient venus de Subftantion pour s'y établir avec l'Evêque Arnaud. Leur nombre augmenta fi fort, foit par l'union qu'on fit de plufieurs Eglifes à leur manfe, foit par les épargnes qu'ils firent eux-mêmes, en mettant tous leurs biens en commun; que je ne ferois pas difficulté de croire comme beaucoup de gens éclairez me l'ont dit, qu'ils étoient plus de cent au fervice de leur Eglife. La chofe me paroît d'autant plus croyable, que dans une tranfaction raportée dans une Bulle d'Alexandre III. trente-trois Chanoines s'y trouvent nommez & les autres compris dans ces termes généraux : *& multorum aliorum Canonicorum*: ce qui marque un plus grand nombre, & un nombre confiderable. Or en y ajoûtant les Etudians, & ceux qu'on envoyoit fervir les Eglifes de la campagne, il eft facile de comprendre, qu'avec les Convers, ils devoient aller tout au moins au nombre que j'ai dit.

Nous n'avons point de recuëil particulier des regles fous lefquelles ils vivoient, à moins qu'on ne veüille dire (ce qui eft fort croyable) que celles qui font encore entre les mains des autres Chanoines reguliers de St. Auguftin, leur étoient communes. Mais ce défaut eft avantageufement reparé par un Bullaire qu'ils avoient autrefois, & qui nous refte encore, écrit fur du velin en lettre gothique. Il contient quatre-vingt-dix Bulles pleines des Conceffions ou Reglemens faits par les Papes, fur differens points de leur Difcipline. On lui a donné le nom de *Privilegia Ecclefiæ Magalonenfis*, quoique ces Bulles contiennent beaucoup plus de Reglemens que de Privileges; car elles que des refcripts des Souverains Pontifes fur les cas qui leur étoient propofez, & des décifions fur les differens qui furvenoient entre les Particuliers du Corps, qui recouroient aux Papes dans les affaires même temporelles, comme nous recourons au Parlement: ces refcripts n'étant pas moins efficaces que les Arrêts d'aujourd'hui, à caufe des cenfures qui leur étoient attachées le plus fouvent.

Nous aprenons de la Bulle d'Urbain II. dont j'ai déja parlé, donnée en 1095. la regle fondamentale qui les attachoit à la Maifon de Maguelone pour toute la vie, après y avoir fait profeffion. Elle leur deffendoit de la quitter, même fous prétexte d'entrer dans un Ordre plus auftere, à moins que le Prévôt & la Communauté n'y donnât un confentement exprès.

Bulle 57.

Ils ne pouvoient avoir rien en propre. Que fi quelque Frere (ce que Dieu veüille détourner, dit Alexandre III.) fe trouve avoir quelque chofe, elle retournera au commun, ou bien à l'Evêque, fi elle lui apartenoit.

Outre la dépendance où ils vivoient de leur Evêque, ils avoient pour le fpirituel, dans l'interieur de la maifon, un Superieur particulier, qu'on appelloit *Prieur Majeur*, qui eut le foin des Ames dans la Communauté de Maguelone, jufques fur la fin du douziéme fiécle, où le Prévôt Fulcrand (qui fut depuis Evêque de Toulouse) obtint une conceffion de l'Evêque (confirmée depuis par le Pape) pour exercer dans la Communauté les pouvoirs qu'avoit eu le Prieur Majeur.

Nous aprenons toutes ces particularitez d'une Bulle de Celeftin III. en 1194. adreffée au Prévôt & au Chapitre : *Priorem majorem ex antiquâ inftitutione in Ecclefiâ*

II. PARTIE. LIVRE SECOND.

clesiâ Magalonensi fuisse, qui curam animarum, à prædecessoribus nostris & à vobis habens, excessus Capituli Regulariter corrigebat, & primum locum, post Episcopum, in Capitulo, circa spiritualium correctionem habeat.

Bulle 27.

Le Pape ajoûte ensuite, pour raporter les raisons du Prévôt moderne, à qui l'on objectoit cet usage : *Quod licet Prior major, quondam in Ecclesiâ Magalonensi, quæ prædicta sunt obtinuerit, tamen Præpositus, ex communi Episcopi & Fratrum assensu electus, omnia hæc debebat habere secundum Sancti Augustini Regulam, præsertim cum Fulcrandus prædecessor tuus (qui nunc Episcopus est Tolosanus) ex Episcopi concessione, ac Domini Papæ confirmatione, illa obtinuisset.*

En consequence, le Pape Celestin prononce dans cette même Bulle que l'Evêque de Maguelone doit avoir une autorité superieure sur tous les Membres du Corps. Qu'il peut lier & délier, corriger les fautes; & que tous, tant les Dignitez que les simples Chanoines lui doivent obéïssance dans le spirituel, comme à leur Pasteur, qui est chargé du soin de leurs ames. *Statuimus quòd Episcopo Magalonensi, ut Patri & Domino, tàm Prælati, quàm simplices ejusdem Ecclesiæ Canonici, absque rebellione subditi esse debent: super toto Capitulo Magalonensi spiritualem habeat authoritatem tàm solvendi atque ligandi, & corrigendi excessus atque errata; sibique omnes obediant sicut Pastori, qui superiorem super eos curam obtineat animarum.*

Mais parce qu'il n'étoit pas possible à l'Evêque d'être toûjours résident à Maguelone; le Pape ordonna, qu'en son absence, le Prévôt auroit l'authorité spirituelle sur ses freres, pour l'observation des régles & pour la correction des fautes. *Post Episcopum verò, Præpositus Magalonensis curam animarum ab Episcopo, & spiritualem inter fratres obtineat autoritatem circa observantiam ordinis & errorum correctionem.*

IV.

Le Prieur Majeur étant privé par cette derniere disposition de l'autorité qu'il avoit euë jusqu'alors; il fut ordonné par cette même Bulle, que sa place seroit suprimée. *Prior Major in Ecclesiâ Magalonensi non instituatur.* De peur que si le spirituel & le temporel étoit divisé entre lui & le Prévôt, il n'arrivât quelque sujet de scandale & de discorde. *Ne si fortè alter spiritualibus, alter temporalibus præesset, scandali & discordiæ occasionem & materiam præstaret.*

Par ce surcroit d'autorité, le Prévôt devint bien-tôt le maître des affaires: car l'Evêque de Maguelone n'y étant que fort rarement, le Prévôt avoit un champ libre pour faire prendre au Chapitre des Déliberations qu'il jugeoit à propos. Ce qui lui étoit d'autant plus facile, que les Particuliers avoient journellement besoin de lui dans tous les petits détails de la maison.

Il paroît que les Evêques prirent souvent jalousie de cette autorité du Prévôt; & qu'ils chercherent à le traverser, en procedant même par les voyes Canoniques. Mais le Prévôt, en mettant le Chapitre de son côté, trouvoit de la protection auprès du St. Siége, qui le mit enfin à couvert des poursuites de l'Evêque. Ainsi nous voyons que par les Bulles d'Alexandre IV., & de Clement IV., en conformité de celles de Celestin, & d'Alexandre III., il est défendu à l'Evêque, de Maguelone de donner aucune sentence d'interdit où d'excommunication contre le Prévôt, ni contre ceux dont il se serviroit pour les affaires de l'Eglise, sans le consentement de la plus saine partie du Chapitre. Par une autre Bulle d'Alexandre III., les causes civiles contre le Prévôt sont dévoluës à l'Evêque selon l'usage. Mais dans les criminelles, l'Evêque ne peut rien faire que conjointement avec le Chapitre.

V.

Bulle 65.

Et parceque les Evêques, sous prétexte qu'on prenoit des déliberations à leur insçû, crûrent devoir se rendre maîtres du sçeau du Chapitre, il fut ordonné par deux Bulles d'Alexandre III., que le sçeau resteroit entre les mains du Prieur Claustral, ou de telle autre personne qui resideroit toûjours à Maguelone, & non entre les mains de l'Evêque, qui n'étoit censé présent que lorsqu'il demeuroit dans le Cloître, dans l'Isle, ou dans Villeneuve, auxquels cas il devoit être toûjours apellé aux déliberations.

Toutes ces dispositions regloient assez ce qu'il y avoit à observer dans l'interieur du Cloître; mais il restoit pour le dehors un article fort important, qui étoit la Collation des Benefices, & la nomination des offices Claustraux. Il paroît que les

VI.

Q

62 HISTOIRE ECCLESIASTIQUE DE MONTPELLIER,

Evêques auroient voulu s'en rendre les maîtres ; car nous avons une Bulle de Calixte III. qui revoque un Indult déja obtenu par l'Evêque pour conferer les Archidiaconez & la Sacriftie, attendu (dit le Pape) que cet Indult étoit au préjudice
du Prévôt, & de la Communauté. Il dit dans une Bulle fuivante, que puifque les
biens & poffefions de la Sacriftie apartiennent au Prévôt & au Chapitre, ce
doit être à eux à difpofer de la place lorfqu'elle viendra à vaquer, avec le confeil
de l'Evêque, & à la pluralité des voix. Quant à la nomination des Archidiaconez, Clement III. avoit ordonné, avant Celeftin, que l'Evêque en difpoferoit, du
confentement du Prévôt, de l'Archidiacre vivant, des Prieurs Majeur & Mineur, & du Sacriftain ; & que s'ils ne pouvoient convenir, l'affaire feroit portée
en plein Chapitre, où l'on en décideroit à la pluralité des voix.

Par une Bulle d'Alexandre III. donnée à Sens, le Prévôt devoit être élû de
l'autorité du St. Siége, & toute opofition ceffant, par la partie la plus faine du
Chapitre, foit que fa place vaquât par mort, par entrée en Religion, ou autrement.

Il avoit le pouvoir d'inftituer le *Dépenfier* de Maguelone, *le Procureur de la
Table commune*, *le Gardien des Lits & Draps des morts* ; & il obtint du Pape Celeftin III. la permiffion d'établir un *Precenteur*, & de le placer après les Archidiacres & le Sacriftain, tant dans le Chœur que dans le Chapitre, pourvû qu'il pût
fe fuftenter honnêtement des biens à lui baillez par le Prévôt & Dépendans
de lui.

Dans la vacance des Benefices dépendans de la Communauté, c'étoit au Prévôt d'en prendre les clefs, & de les garder, jufqu'à ce qu'il y fût pourvû par le
Confeil de l'Evêque & par la plus faine partie du Chapitre, lui apellé.

En ce cas le Chapitre étoit obligé de préfenter à l'Evêque le Chanoine qui devoit fervir dans ces Benefices vacans, pour recevoir de l'Evêque l'inftitution, &
la cure des ames. Mais le Chapitre étoit toûjours le maître de deftituer ces Chanoines nommez pour les Eglifes de la campagne. C'eft un des articles des mieux
établis dans le Bullaire, d'où j'ai tiré tout ce que je viens de dire, & ce qui me
refte encore à y ajoûter.

VII. Pour mieux éclaircir ce point de difcipline domeftique. Il eft à obferver,
que de ce grand nombre de Chanoines qui étoient à Maguelone, on en prenoit tout autant qu'il en faloit pour le foin des ames, & pour adminiftrer les biens
temporels du Chapitre dans les Benefices de fa dépendance. Ils étoient apellez
Prieurs ; & ces Prieurs étoient fouvent négligens à rendre compte de leur adminiftration, & de porter à Maguelone leur quotité des fommes qu'ils devoient fournir
tous les mois pour l'entretien de la Maifon de Maguelone. Le Chapitre ne pouvant pas
toûjours s'en faire faire raifon, prit fouvent le parti de les deftituer felon le pouvoir
exprès que toutes les Bulles lui en donnoient. Mais les Prieurs de leur côté prétendirent qu'ils n'étoient pas obligez de deferer aux Actes qui les deftituoient ; &
ils firent fi fouvent revivre leurs prétentions fur cet article, qu'il fallut dans le
douziéme fiécle plus de vingt Bulles de Papes pour les y foûmettre. On en voit
de Pafcal II. d'Urbain, Clement, & Celeftin troifiémes, qui exhortent & mena-
cent les Chanoines commis à l'adminiftration des Eglifes du Chapitre, s'ils ne rendent leurs comptes. Alexandre III. en entrant dans les raifons qu'ils allegueoient
fouvent, veut que fi par fterilité ou guerre qui feroit dans le pays, ils ne pouvoient
payer les *Procurations* qu'ils doivent tous les mois, le Prévôt y fuplée. Enfin
leur negligence & leur mauvaife volonté n'ayant que trop paru, Clement, Urbain & Honoré III. Gregoire IX. & Alexandre IV. leur deffendirent de rien entreprendre au préjudice de leur deftitution, & voulurent que le Prévôt les con-
traignît par excommunication, tout apel ceffant.

VIII. Selon cette même regle, le Prévôt, qui par une Bulle d'Alexandre III. donnée
à Montpellier, avoit au dedans & au dehors de Maguelone l'adminiftration de
tous les effets de la Communauté, devoit en rendre compte au Chapitre une ou
deux fois l'année, & ne pouvoit de fon chef aliener aucun immeuble de la Communauté ; & au cas qu'il le fît, l'Evêque & le Chapitre avoient droit de revoquer ce
qu'il avoit fait. Le Chapitre, par une Bulle d'Alexandre III. devoit aider le Pré-

vôt dans son administration ; mais l'un & l'autre étoient dispensez par une autre Bulle de Celestin III. d'obéir à l'Evêque dans ce qui étoit contraire aux accords *Bulle 8.* passez entr'eux, & confirmez par des Lettres Apostoliques. L'Evêque avoit droit de prendre sa portion du *Vestiaire* commun ; mais il lui étoit deffendu d'augmenter ce droit au-delà de ce qui étoit déja établi. Car nous avons une Bulle qui lui deffend de prendre plus que ses Prédécesseurs avoient coûtume de faire, & de se servir de Chapelains séculiers dans son Eglise de Maguelone.

Tout ce que nous venons de dire fait voir, que pour entretenir une plus grande liaison entre le Chef & les Membres de la Communauté, on s'étoit attaché à les rendre dépendans les uns des autres, par les bornes que l'on donnoit aux pouvoirs d'un chacun. Ainsi Alexandre III. fait inhibitions de recevoir aucun Chanoine, que du consentement de tous les Freres, ou de la plus saine partie, quelque instance qui pût être faite de la part de qui que ce fût. Ainsi le Prévôt, avec toute cette grande autorité qu'il avoit, étoit obligé de consulter la Communauté dans le choix des Prieurs, des Dignitez, & des Personats de l'Eglise.

Les Dignitez & Personats consistoient, selon une transaction confirmée par une *Bulle 13.* Bulle d'Alexandre III. au *Prévôt*, aux deux *Archidiacres*, au *Sacristain*, & à l'*Archiprêtre*, qui est nommé avec le *Procureur de la Table commune* ; ausquels on peut ajoûter le *Precenteur*, le Prieur *Claustral*, qui prit ce nom après la supression du Prieur Majeur, & le *Vestiaire*, dont la charge fut érigée en Benefice par l'Evêque Reynier, comme nous l'avons vû.

Il est tems de raconter la fin malheureuse de cet Evêque, telle que Verdale nous l'aprend. Voici ses propres paroles, qui auront plus d'énergie que tout ce que j'en pourrois dire. " Nous avons oüi dire (dit cet Auteur) que plusieurs de " nos Anciens dignes de foi, & qui ont assûré avec serment l'avoir apris de " leurs Peres, que cet Evêque fut empoisonné avec une Hostie consacrée. Ce qui " donna occasion d'établir dans l'Eglise de Maguelone, que le Diacre & le Soû- " diacre qui assisteroient le Prêtre au grand-Autel de St. Pierre, communieroient " avec lui, de la même Hostie & du même Calice. "

Garriel ajoûte que le Chapitre, pour ensevelir, s'il étoit possible, le souvenir d'une action si horrible, delibera de n'en faire point de perquisition ; mais que si le tems ou quelque accident en faisoit découvrir les auteurs, on en feroit la poursuite aux fraix du Chapitre ; & qu'aucun de la famille des coupables, ne pourroit jusqu'à la quatriéme génération posseder aucun Benefice dans le Diocése.

Je finis ce Chapitre, où j'aurois pû ajoûter quelques autres remarques sur la Communauté de Magnelone. Mais pour éviter la longueur, je les reserve pour une autre place aussi convenable que celle-ci.

CHAPITRE CINQUIEME.

I. *Election de Pierre de Conchis.* II. *Religieuses du Vignogoul & du Paradis.* III. *Reglemens d'Alexandre quatriéme pour le Chapitre de Meguelone.* IV. *Affaires particulieres de l'Evêché & du Chapitre.* V. *Reconnoissance faite par l'Evêque au Roy St. Loüis.* VI. *Guillaume Cristophle succede à Pierre de Conchis.* VII. *Son accommodement avec le Roy d'Arragon.* VIII. *Il est protegé auprès du Roy St. Loüis par Clement IV.* IX. *Lettre du Pape sur la Monnoye de Melguëil.*

APRÈS la mort de l'Evêque Reynier, arrivée sur la fin de 1248. Pierre de Conchis, Chanoine de Maguelone, fut élû pour remplir sa place. Il étoit d'une famille de Montpellier connuë dans nos Archives par un grand nombre de Sujets qui en avoient été tirez pour remplir les premieres Charges Municipales. On remarque même qu'un Thomas de Conchis se trouva premier Consul lorsque cet Evêque mourut, sept ou huit ans après.

La premiere action que notre Histoire nous marque de lui, est un voyage qu'il fit à Lyon en 1248. auprès du Pape Innocent IV. pour se plaindre de l'Evêque d'Avignon son Vicelegat dans la Province de Narbonne, qui pour subvenir aux besoins de la Cour de Rome residente alors à Lyon, avoit recours à ces expedients odieux dont l'Histoire Ecclesiastique fait mention, & qu'il faisoit valoir par les excommunications & les interdits qu'il lâchoit contre les Pasteurs & contre leurs Eglises. Pierre de Conchis revint de son voyage avec un Indult d'Innocent IV. portant qu'aucun député du St. Siége ne pourroit porter contre sa personne aucune sentence d'excommunication, de suspense, & d'interdit, sans un Mandat special du St. Siége, où il seroit fait mention du présent Indult.

Fleury Histoire Eccl. Liv. 84. n. 28.
Seriés, pag. 161.

En 1249. on parla de terminer les differens qui étoient depuis long-tems entre le Roy Jacques I. & les Evêques de Maguelone. Le Roy accepta la médiation de Guillaume de Broa Archevêque de Narbonne, qu'il fit proposer à l'Evêque & au Chapitre par le Jurisconsulte *Guy Cap de Porc*, duquel nous avons la lettre de créance que le Roy lui donna, exprimée en ces termes : *Nous vous prions d'ajoûter foy à tout ce que vous dira de notre part, notre bien aimé Guy Cap de Porc*. Donné à Montpellier le 27. Fevrier 1249. Mais nous ne trouvons pas quel fut alors l'effet de cette négotiation, dont le succès ne parut que sous le Successeur de Pierre de Conchis, & par un autre Médiateur que Guillaume de Broa.

1249.

On commence à connoître dès ce tems-là l'Abbaye du Vignogoul, par une Transaction qui fut passée entre Pierre de Conchis & l'Abesse de ce Monastére, à l'occasion d'une portion du Terroir de *la Serre* sur les Confins de la Terre de *la Verune*, qui fut adjugée à l'Evêque.

Nous connoissons aussi par le même moyen l'Abbaye de Sainte Claire, que Pierre de *Conchis* déclara, par acte de 1254. exempte de tout droit Episcopal, tant dans le temporel que dans le spirituel, ne se reservant pour le temporel qu'une livre de cire tous les ans ; & pour le spirituel, la Benediction de l'Abesse, la Consecration des Religieuses, la Dedicace de l'Eglise & des Autels, avec l'administration des Sacremens lorsqu'il en sera requis par elles. Autrement il leur permet de s'adresser à tout autre Evêque Catholique ayant la Commnuion du St. Siége.

1254.

Le Pape Alexandre IV. confirma tous ces Privileges par une Bulle du 5. Mars 1254. dans laquelle il rapelle les exemptions accordées à ce Monastére par Pierre de *Conchis*.

Seriés, pag. 166.

255.

Le même Pape lui envoya l'année suivante 1255. une Bulle contre ceux de ses Chanoines qui vouloient se soustraire à sa jurisdiction correctionale, sous pretexte des Bulles de Celestin & d'Alexandre III. suivant lesquelles l'Evêque ne pouvoit employer contre eux les peines canoniques sans le consentement du Chapitre. Alexandre IV. pour remedier à cet abus sans donner atteinte aux Indults accordez par ses Predecesseurs, écrivit à l'Evêque de fixer un tems au Chapitre, durant lequel il eût à corriger les abus dont on se plaignoit : après quoi, si le Chapitre manquoit à y remedier, l'Evêque pourroit user selon Dieu des censures Ecclesiastiques contre les coupables, nonobstant tous induls & coûtumes contraires.

Par la même voye, Pierre de Conchis arrêta quelques Chanoines que l'amour du plaisir & de la liberté tenoit hors de leur Cloître, à la poursuite des affaires seculieres. Il fit renouveller par ce Pape les peines portées par ses Predecesseurs contre ceux *qui ad leges, ad nundina sordida, ad secularia negotia se presumptuosè transferunt, ut ibi libentius possint voluptatibus deservire.* Ce qui peut nous faire entendre, que le relâchement commençoit à s'introduire dans Maguelone, à la faveur des troubles que les Albigeois avoient causé dans la Province. Mais je ne sçay si on ne peut point tirer une conjecture plus certaine du derangement qui étoit alors dans les affaires temporelles du Chapitre. Car nous trouvons dans le Bullaire dont j'ay déja parlé, cinq Bulles du seul Pape Innocent IV. qui vont toutes à obliger les Chanoines à payer leurs dettes, ou à prendre des expediens pour y satisfaire, tantôt par la médiation de l'Archevêque de Narbonne, tantôt par celle du Prévôt de Nîmes, qui y est proposée. Clement IV. peu de tems après ayant sçû que les Chanoines qui s'étoient fait nommer aux Prieurez de la campagne, negligeoient non-seulement d'y resider, mais encore de prendre les Ordres sacrez que leur Benefice exigeoit, ordonna au Prévôt de Maguelone d'employer les censu-

Bulles 68. 71. 72. 7.

res,

II. PARTIE. LIVRE SECOND.

res, pour les y contraindre à la premiere admonition, tout Apel cessant.

IV. Nous aprenons quel étoit le droit de l'Evêque sur *le Vestiaire* de Maguelone, par une transaction passée en 1250. par Pierre de Conchis avec Guillaume Christophle & Jean le Blanc, chargez de la procuration de Raymond de la Roche Vestiaire, & étudiant alors à Paris; par laquelle ils cederent à l'Evêque les Albergues que le Vestiaire tiroit de Pons de Valhauquez, à condition que Pierre de Conchis renonceroit à vingt sols melgoriens qu'il prenoit annuellement *du Vestiaire* en qualité d'Evêque.

Nous avons plusieurs autres actes de cet Evêque sur des sujets particuliers qui ne sont pas indifferens à notre Histoire. Mais pour éviter la longueur, je me contente de les indiquer à ceux qui voudront les voir plus au long dans Gariel.

En 1251. il recouvra la Juridiction temporelle de *Murviel*, que le Prieur de ce lieu avoit auparavant. Il changea avec les Hospitaliers de St. Jean la redevance de deux livres de poivre, & d'une livre de cire, que leur maison faisoit à l'Evêque pour le jardin *de St. Jean*, & quelques pieces de terre situées dans les Fauxbourgs de Montpellier, contre quatre sétiers de grain, & deux deniers de monnoye, que Guillaume Precepteur de St. Jean assigna dans le tenement de *Laiguelongue*. *Series, page 181.*

En 1252. il reçut l'hommage des Proprietaires de Maureillan. Et le Prévôt de son Eglise acheta de Pierre de Soregue la *Garrigue del Romant* pour le prix de cent sols. *Series, page 163.*

Le même Prévôt, avec Berenger de Fabregues, déterminerent les confronts de la *Garrigue del Chazaut*; & peu après, on termina le procès entre le Prieur *d'Aires* & le Précepteur de St. Jean de Jerusalem *d'Alais*, au sujet de la dîme d'une metairie entre Aires & Lanvejols, qui fut adjugée au Prieur.

En 1253. le Sénéchal de Beaucaire confirma par Sentence à l'Evêque de Maguelone le droit de déport, *jus portorii*, qui lui avoit été établi par des Lettres du Roy Philippe; & il fixa les lieux de *Restinclieres* & de *Ste. Croix*, pour la perception de ce droit.

En 1254. Pierre de Conchis fit vente à *Geraud Gautier de Lyon* & à *Marquette* sa femme, d'un sol ou place dans Montpelieret, avec la faculté d'en donner une partie en emphiteose, afin (dit l'Acte) que Montpelieret se peuplât davantage, & que la Jurisdiction de l'Evêque augmentât en Habitans.

En 1255. Bernard de Murviel Prévôt de Maguelone, acheta pour le prix de dix livres cinq sols melgoriens, un usage de cent deniers sur les biens que *Gaucelin de Montpeiroux* avoit pour indevis avec Raymond Bernard son oncle dans la Paroisse de *Vic*.

Ensuite Bernard *de Bruguieres*, Prieur de St. Martin de Londres, fit renonciation à Pierre de Conchis de tous les biens qu'il avoit acquis de Bernard Guillaume Ecuyer, pour lequel il se soûmit à une Albergue de dix Chevaliers.

V. Mais de tous les Actes qui furent passez sous cet Evêque, nul n'est plus digne de remarque, que la reconnoissance qu'il fit au Roy St. Loüis du lieu & district de *Montpelieret* & de toutes ses dépendances: ce qu'on peut regarder comme la premiere démarche qui fut faite alors pour faciliter un jour à la Maison de France l'acquisition de Montpellier. Afin de mettre le Lecteur plus en état de juger de cette affaire, je le prie de se souvenir qu'en 1229. le Comte Raymond de Toulouse avoit fait une cession de ses Etats en faveur du mariage de sa fille Jeanne, qui fut accompli en 1241. avec Alphonse frere du Roy St. Loüis; & qu'après la mort du Comte Raymond arrivée en 1249. Alphonse fut maître de tous les Etats de son beau-pere: ensorte que dans cet étoit le tout Languedoc, dont il acquit la proprieté, la seule Ville de Montpellier se trouvoit sous une domination étrangere. Dans ces conjonctures, les bons serviteurs de la Reine Blanche firent leur possible pour procurer un jour à ses enfans l'acquisition de cette Ville. Un Particulier se chargea de cette négociation; & l'heureux succès qu'il eut, non-seulement dans cette affaire, mais encore dans plusieurs autres où il fut constamment employé, l'éleverent par degrez à la premiere dignité de l'Eglise. Ce Particulier est Guy (dit le Gros) fils de *Fulcodi*, natif de la Ville de St. Gilles, qui après avoir été homme de Guerre, s'apliqua à l'étude des Loix; & devint si habile, qu'il fut Conseiller

R

du Roy St. Loüis, enfuite Evêque du Puy, & fucceffivement Archevêque de Narbonne, Cardinal, & enfin Pape, fous le nom de Clement IV. Il difpofa fi bien l'efprit de l'Evêque de Maguelone, qu'il lui fit prêter ferment pour toute la Ville de Montpellier, entre les mains de la Reine Blanche, comme il paroît par l'Acte qui en fut dreffé le 14. d'Avril 1255. Trois ans après la mort de cette illuftre Reine, Guy *Fulcodi* fut chargé de la Procuration du Roy St. Loüis, & il reçut avec le Sénêchal de Beaucaire la reconnoiffance que leur fit *Pierre de Conchis*, dont voici le précis tiré des Originaux qui font dans la Chambre du Domaine.

1255.

Garriel Seriés page 169.

,, Sçachent tous, prefens & à venir, que Nous Pierre, par la Mifericorde de
,, Dieu, Evêque de Maguelone, comme certains du Droit & du Fait, *de Jure &*
,, *Facto certiorati*, Reconnoiffons à Vous Guillaume de *Anthomne*, Sénêchal de
,, Beaucaire & de Nîmes, & à Vous Guy *Fulcodi*, nommez à cet effet par le Séré-
,, niffime Roy de France, que toute la Ville de Montpelieret avec fes apartenan-
,, ces, eft, & a été depuis un tems dont on n'a point de fouvenance, un Fief de
,, la Couronne, que nous tenons, & que nos Prédéceffeurs ont tenu des Rois de
,, France ; & que l'autre partie de la Ville, avec le Château de Lates, que tient
,, de Nous en Fief l'illuftre Roy d'Arragon, non comme Roy, mais comme Seig-
,, neur de Montpellier, (dont il a fait hommage à Jean de Montlaur notre Pré-
,, deceffeur) eft du même Domaine.

,, Nous reconnoiffons donc au Roy de France, tant ce que nous tenons à Mont-
,, pellier, que ce que le Roy d'Arragon y tient de Nous, dont nous prétâmes ci-de-
,, vant ferment de fidelité à Madame Blanche Mere du Roy. Ce que nos Succef-
,, feurs feront tenus de faire comme Nous.

,, Nous vous reconnoiffons auffi toutes les Terres contenuës dans les Lettres
,, des Privileges accordez par le Roy Philippe, defquels nous vous remettons une
,, Copie autentique. Signez, l'Evêque, le Sénêchal, & Fulcodi. A Sommieres le
,, 14. Avril 1255. Temoins, *Michel de Moreze* Archidiacre, *Berenger Arnaud*, Fre-
,, dol de la Verune Prieur de *Caftriés*, & plufieurs autres Chanoines de Maguelone,
,, lone, qui fans préjudice des libertez, ufages & coûtumes de leur Eglife, ont
,, aprouvé le prefent Acte lû en plein Chapitre, le 28. Avril de la même année
,, 1255.

1256.

GUILLAUME CHRISTOPHLE

Cet Evêque ne furvécut guéres à la paffation de cet Acte, car il mourut au commencement de l'année fuivante 1256. après avoir tenu le Siége de Maguelone environ fept ans. Auffi-tôt on élut à fa place *Guillaume Chriftophle* Archidiacre de fon Eglife, avec lequel nous avons vû qu'il tranfigea au fujet du Veftiaire.

1258.

Les principaux évenemens arrivez fous Guillaume Chriftophle, font, 1°. la tenuë d'un Concile Provincial affemblé à Montpellier le 6. de Septembre 1258. par Jacques Archevêque de Narbonne, fucceffeur immédiat de Guillaume de la Broïe. Nulle affaire Politique ne donna lieu à ce Concile, comme il étoit arrivé dans les deux de 1114. & 1124. Mais on s'y borna à faire les Reglemens fuivans, pour les mœurs des Ecclefiaftiques, & pour la confervation des biens de l'Eglife.

1258.

,, Dans le premier Article, le Concile déclare excommuniez par le feul fait, ceux
,, qui ufurpent les biens de l'Eglife, entreprenent fur fes droits & fes libertez, ou
,, infultent aux perfonnes Ecclefiaftiques. Sur la requifition de l'Evêque lezé, l'ex-
,, commmunication fera dénoncée dans tous les Diocéfes de la Province. Et ce
,, ftatut fera publié tous les Dimanches dans toutes les Paroiffes.

,, Celui qui prononce quelque cenfure en qualité de Commiffaire du Pape, ou
,, de Subdelegué, doit montrer fa commiffion.

,, L'Evêque en donnant la Tonfure prendra garde principalement que celui
,, qui la demande foit âgé de vingt ans, & qu'il fe préfente par devotion &
,, non par fraude.

,, Les Clercs qui tiennent Boutique, qui trafiquent publiquement, qui exer-
,, cent les arts mécaniques, travaillent à la journée, ou ne portent point l'ha-
,, bit clerical, ne joüiront ni de l'exemption des tailles, ni des autres privileges
,, de la Clericature.

,, On n'adjugera point en juftice les ufures aux Juifs.

II. PARTIE. LIVRE SECOND.

On permet au Sénéchal de Beaucaire d'arrêter les Clercs pris en flagrant " délit pour rapt, homicide, incendie, & crimes semblables, à la charge de " les remettre à la Cour de l'Evêque. *En quoi* (dit M. Fleury) qui raporte tous " *ces décrets, je crois voir le commencement du cas privilegié.* "

Hist. Eccl. Liv. 84. n. 50.

Ce dernier Réglement sert à nous faire connoître l'état où les troubles des Albigeois avoient réduit le Clergé, si l'on veut en juger suivant la régle si souvent établie par l'Abbé Fleuri, que les Conciles en faisant des Loix pour la discipline, se régloient ordinairement par les abus qui regnoient de leur tems.

Le second événement arrivé sous *Guillaume Cristophle* est la peste violente qui ravagea le Languedoc en 1259. & qui donna beaucoup d'exercice au zéle de notre Prélat. Enfin on compte pour le troisième événement, la fin des broüilleries commencées sous Jean de Montlaur, entre le Roy Jacques d'Arragon Seigneur de Montpellier & les Evêques de Maguelone, qui furent terminées en 1260. par la médiation de Guy Fulcodi, alors Evêque du Puy.

1259.

1260.

Cet Homme illustre, qui fut promû cette même année à l'Archevêché de Narbonne, regla tous les points qui avoient divisé durant plus de vingt ans à Montpellier le Sacerdoce & l'Empire.

Par le premier article on reconoit que l'Evêque a pleine jurisdiction dans la " partie Episcopale pour le criminel; & qu'il peut y faire saisir les coupables, leur " faire le Procès, & les condamner. "

2°. Si toute fois (ajoûte l'Acte) le crime est d'une nature à mériter la mort " ou la mutilation des membres, le Bailly Royal sera apellé à l'instruction du " Procès, & au jugement, & envoyera pour la punition le criminel à la Cour du " Roy, qui pourra changer la Sentence de la Cour de l'Evêque. "

3°. Le crime d'hérésie regardant en seul la Cour de l'Evêque, elle ne renvoyera le criminel à la Cour du Roy, que lors qu'il devra être puni de mort; " mais s'il n'est condamné qu'à la prison ou autre moindre peine, la Cour de " l'Evêque en disposera. Que s'il est condamné à une confiscation de biens, qui " se trouveront dans la dépendance du Roy, les biens apartiendront au Roy; & ceux " qui seront dans les terres de l'Evêque apartiendront à l'Evêque "

4°. Le Roy & l'Evêque fourniront au *prorata* la nourriture des Hérétiques " emprisonnez. "

5°. Le Champ d'Atbrand, & l'Isle que l'Evêque a dans Montpelieret lui " sont adjugez, & à ses successeurs, de même que tout ce qui est dépuis la porte d'Obilion jusqu'à la Maison qui fut jadis à R. Lambert. "

6°. Convenu que les Habitans de la partie Episcopale presens & à venir, " seront tenus de jurer fidelité au Roy & à ses héritiers dans la Seigneurie de " Montpellier, sans leur faire service de guerre, comme les autres Habitans " de la partie Royale. "

7°. Il sera permis à l'Evêque d'ouvrir les murs de la Ville auprez de sa maison, & d'y faire une porte de ville pour sa commodité & pour celle des Habitans de sa partie Episcopale, dont les clefs seront gardées par ceux qui ont " coûtume de garder les clefs des autres portes de la Ville. "

8°. Il ne sera point permis à l'Evêque de faire dans sa partie une Poissonerie " ou une Teinturerie d'Ecarlate, sans le consentement du Roy, ou de ceux qui " lui succederont dans la Seigneurie de Montpellier. "

9°. Item, le Seigneur Roy donnant les mains à ce qui a été réglé par Guy " Fulcodi, a reconnu pour lui & pour ses Successeurs, qu'il tient de l'Evêque & " de l'Eglise de Maguelone, tout ce qu'il a, ou qu'il doit avoir dans Montpellier, " & dans le Château de Lates, pour lesquels il fit autrefois hommage les mains " jointes *& dato osculo* à l'Evêque. "

Fait à Montpellier dans le Palais du Roy l'an 1260. en présence de Hugues " Comte de Rodez, de Raymond Gaucelin Seigneur de Lunel, &c. "

1260.

Les affaires ayant été terminées de la sorte entre l'Evêque de Maguelone & le Roy d'Arragon, il en survint une nouvelle à ce Prélat avec le Roy de France, à qui l'on fit entendre que la Comté de Melguëil n'étoit pas possedée à juste titre par les Evêques de Maguelone. Le Roy St. Loüis qui gouvernoit alors son Royaume, & qui n'étoit pas moins jaloux de la justice qu'il devoit aux autres, que des droits de sa Couronne, ne voulut rien entreprendre sans avoir consulté *Guy Fulcodi*, à qui il avoit donné sa confiance depuis long-tems, & qui étant du païs, pouvoit sçavoir mieux qu'un autre la vérité des choses. Il venoit d'être élû Pape sous le nom de Clement IV. & sa nouvelle dignité ne pouvoit le rendre suspect au Roy, qui le connoissoit pour un homme d'un si grand désinteressement, qu'étant devenu Pape, il ne voulut jamais agrandir sa famille. Il répondit au Roy, qu'après avoir consulté les Archives de l'Eglise Romaine, il paroissoit constant par des titres fort anciens, que la Comté de Melgueil étoit un Fief censuel du St. Siege, possedé justement durant quelque tems par Bernard *Pelet*, un des Ancêtres de Pierre Pelet, maintenant Comte d'Alais, & Vassal du Roy. Mais qu'après Bernard, la Comté de Melgueil étoit tombée entre les mains du Comte de Toulouse, qui la tint justement ou injustement, selon differens avis; & qu'après que le pere du dernier Comte de Toulouse eut été, avec justice, privé de ses Terres par Innocent III., Pierre de Benevent, alors Legat du St. Siege dans le Languedoc, réünit à l'Eglise Romaine la Comté de Melgueil, que le même Pape Innocent III. donna en Fief à l'Evêque de Maguelone & à ses Successeurs, sous une redevance annuelle. C'est pourquoi, (ajoûte le Pape en s'adressant au Roy) vous „ ne devez pas, très-cher Fils, vous laisser persuader qu'on vous ait causé aucun „ préjudice dans toute cette affaire.

J'ai à faire observer ici, que cette réponse du Pape Clement IV. est une confirmation de tout ce que j'ai dit ci-devant au sujet de la Comté de Melgueil. Et je crois devoir ajoûter, pour éclaircissement à ce qui est dit de la Maison de Pelet, que ce Pierre Comte d'Alais, dont il est fait mention, étoit (selon la Genealogie qui m'a été remise de cette Maison) l'arriere petit-fils de ce *Bertrand Pelet*, dont j'ai parlé dans la vie de nos Guillaumes; qui ayant revendiqué inutilement sur le Comte de Toulouse son beau-frere la Comté de Melgueil, qu'il avoit eu en épousant sa sœur Ermensende, transmit ses droits à ses descendans, qui ne furent pas plus heureux que lui, contre une aussi forte partie que les Comtes de Toulouse. Mais la Seigneurie ayant été confisquée sur eux, & donnée aux Evêques de Maguelone, Pierre Pelet crut alors que l'occasion étoit devenuë favorable pour faire revivre ses droits, en implorant la justice & la protection du Roy St. Loüis.

Le Pape qui venoit d'écrire au Roy de la maniere que nous venons de dire, crut devoir en donner avis à l'Evêque, afin qu'il n'ignorât pas la mauvaise intention de ses ennemis: *Irritatus à susurronibus* (lui dit-il) *Carissimus in Christo filius noster Ludovicus Rex Francorum Illustris, super Melgorii Comitatu, quem in ejus præjudicium & injuriam à te possideri dicebat, prudenter nos consuluit*. Il ajoûte, qu'il a exposé au Roy toute la verité du fait, dont il croit qu'il sera content; & il exhorte l'Evêque de ne pas s'allarmer des menaces qu'on lui pourroit faire, parce que ceux qui vous toucheront (lui dit-il) toucheront à la prunelle de notre œil, puisqu'il s'agit de notre propre affaire.

Ensuite il touche un article qui me paroît très-remarquable pour la monnoye de Melgueil, dont nous aurons assez souvent à parler. Car il paroit par cette Lettre, qu'il est hors de doute que les Evêques de Maguelone faisoient battre la monnaye à Melgueil, puisque le Pape blâme beaucoup celui-ci de la faire battre au coin de Mahomet, c'est-à-dire, en faisant des marabolins qui portoient l'empreinte de Mahomet, & que les Maures d'Espagne avoient introduit en Europe. *Quis enim Catholicus* (lui dit-il) *monetam debet cudere cum titulo Mahometi?* Mais il paroît aussi que le Pape n'étoit pas convaincu du droit de l'Evêque de Maguelone; car il lui fait encore cette demande " A qui est-ce qu'il est permis de battre la monnoye d'un autre? „ Personne ne le pouvant même dans son propre pays sans la permission des Pa- „ pes ou des Rois. Si vous alleguez la coûtume, vous vous accusez vous & vos „ Prédécesseurs, puisque les mauvaises coûtumes sont toûjours des abus condam- „ nables; & si vous n'avez ni la coûtume ni le droit, c'est donc pour l'amour du „ gain que vous le faites: Ce qui est d'autant plus blâmable dans un Evêque, „ qu'il est condamné dans les simples Clercs. De là vient, très-cher Frere, que

nous

nous vous mandons d'obéïr eux défenses du Roy, si c'est dans ses Terres que " vous faites battre la monoye ; & si c'est hors de sa dépendance, gardez-vous " de continuer, puisque ce que vous faites est désagréable à Dieu, & mal séant " à votre état. Donné à Viterbe le 17. de Septembre, & la seconde année de " notre Pontificat, c'est-à-dire 1266.

1266.

Cette date d'une lettre du Pape Clement IV. adressée à Guillaume Evêque de Maguelone, me fait soupçonner quelque erreur dans les copistes de Verdale, qui mettent la mort de Guillaume Christophle tantôt en 1262. tantôt en 1263. Il faut nécessairement qu'il ait vécu jusqu'en 1266. qui est precisément la seconde année du Pontificat de Clement IV. puisque cette lettre qu'il adressa à un Guillaume Evêque de Maguelone, ne peut convenir à Berenger son Successeur.

CHAPITRE SIXIE'ME.

I. *Berenger de Fredol Evêque de Maguelone.* II. *Affaires temporelles qu'il eut dans son Diocése.* III. *Autres affaires avec les Reguliers.* IV. *Autres avec le Roy d'Arragon au sujet de l'Université.* V. *Bulle du Pape Nicolas IV.* VI. *Differens entre les Officiers du Roy & ceux de l'Evêque.* VII. *Qui finissent par un interdit géneral.*

LE Siége Episcopal, après la mort de Guillaume Christophle, fut rempli par Berenger *de Fredol*, Chanoine de Maguelone, d'une famille illustre dans le Pays, qui possedoit depuis long-tems la Terre de la Verune, & qui donna dans ce même siécle à l'Eglise de Beziers deux Evêques qui furent ensuite Cardinaux ; un second Evêque à l'Eglise de Maguelone, & un autre à celle *d'Huesca* en Arragon. Ils étoient tous proches parens des Comtes d'Alais Pelet ; & le frere de celui dont nous parlons, appellé Pierre, Seigneur de la Verune, prenoit le titre de Damoiseau & de Chevalier.

I. BERENGER DE FREDOL.

Le nouvel Evêque, pour rendre son élection plus authentique, voulut se faire reconnoître dans un Sinode. Car il est marqué qu'il assembla tous les Prêtres de son Diocése, pour donner leur aprobation aux suffrages qu'il avoit déja reçu des Chanoines.

Comme son Episcopat fut des plus longs, & qu'il se passa pendant ce tems beaucoup de choses plus ou moins remarquables, je crois, pour les rendre plus sensibles, devoir les ranger sous une même matiére. Ainsi après avoir parlé des affaires temporelles qu'il eut pour son Eglise, je parlerai de celles qu'il eut avec les Reguliers, avec les Consuls, avec les Roys d'Arragon, de Mayorque, & de France, qui font tous des événemens remarquables pour son Histoire.

Il paroît d'abord que la Lettre du Pape Clement IV. au sujet de la monoye de Melgueil dont nous avons parlé dans le Chapitre précédent, n'arrêta point les prétentions des Evêques de Maguelone sur le droit qu'ils croyoient avoir de faire battre la monoye. Car nous trouvons une commission que Berenger donna au commencement de son Pontificat aux nommez *Jean de Ripa*, *Giles Jean*, & *Giraud Gros*, Habitans de Montpellier, de fabriquer des *Millarez* qui étoient une autre sorte de monoye de ce tems-là. Je ne repete point ici tout ce que j'ai déja dit à cette occasion dans le premier Tome de cette Histoire à l'article de l'Hôtel des Monoyes de cette Ville.

II.

Page 578.

Berenger, dans le cours de son Episcopat, reçut l'hommage de plusieurs Seigneurs du Païs, pour les Terres qui relevoient de lui en qualité de Comte de Melgueil, & de Montferrand. Henry de *Roquefeüil*, fils de Raymond, le lui prêta en 1266. pour son Château de Brissac ; & vingt-cinq ans après, c'est-à-dire, en 1291. le même Henry, qui prend dans l'acte la qualité de Comte de Rodez, lui en renouvella le serment en présence de Pons de *Canillac* Abbé d'Aniane, & de Pierre *Pelet* Seigneur d'Alais. Je trouve que Berenger voulut dans ce même-tems lui acheter cette Terre ; car nous avons l'acte d'une vente qu'il fit à Ademar de *Ca-*

Mss. de Rignac.

S

HISTOIRE ECCLESIASTIQUE DE MONTPELLIER,

breroles, alors Prévôt de Maguelone de la Montagne, de St. Bauzile de *Montseau*, & *de la Garrigue de Noals*, pour faire les trois mille livres qu'il devoit donner pour l'achat du Château de Brissac.

1268.

Il avoit reçû en 1268. l'hommage des Conseigneurs de Vic, qui étoient alors *Raymond Vassadel*, *Raymond de Montlaur* Damoiseau, & Raymond de *Bociacis* Prévôt de Maguelone. Plusieurs années après il reçut celui que lui prêta à genoux, & les mains jointes Bernard *Gauldemar* Chevalier, pour tout ce qu'il avoit à *Assas*.

Les acquisitions particulieres que Berenger fit étant Evêque, nous font connoître divers Particuliers de son tems. Il acquit dans ses premieres années, toutes les censives & droits que Boniface *Guy Cap de Porc* avoit dans les Paroisses de *Juvignac*, *Grabels*, *Substantion*, *Murles*, & *Montarnaud*. Il acheta au nom de son Eglise, pour la somme de quinze cens livres Melgoriennes, tous les droits utiles & honorables que Michel de *Montpeiroux* avoit dans les Paroisses de Sainte *Eulalie*, & *Leocadie*, c'est-à-dire, Vic & Mirevaux. Il acquit en 1268. pour cent livres Melgoriennes, le Four de *Balaruc*, de Dieu donné *Dupuy*; & les Leudes de *Gigean*, de Bernard de *Grassilargues*, pour onze livres.

Nous aprenons que Bertrand *Durfort* étoit Vestiaire de Maguelone, par une transaction qu'il passa cette année avec Bertrand de *Valhauquez* Damoiseau, sur la basse jurisdiction de *Grabels*, qui fut confirmée par l'Evêque Berenger, qui ratifia de même un échange que Raymond de *Bociacis* fit avec Bernard de *St. Just* Damoiseau de Montferrier, au sujet de la Métairie de *Verreriis*, & qui acquit du même Prévôt le Moulin de *Rastagnal* & tout ce qu'il avoit sur les rives du Lez dans la Paroisse de St. *Jacques de Prades*.

Au commencement de son Episcopat, Berenger avoit voulu revenir sur la vente du Bois de Valene, qu'il prétendoit n'avoir pû être démembré de la Comté de Montferrand. Mais les Consuls lui ayant objecté l'acte qu'ils avoient passé avec son Predecesseur, & l'affaire ayant été remise à des Arbitres, la Ville fut maintenuë dans sa possession; & la haute Justice de Valence fut adjugée à l'Evêque.

1268.

Il ressentit en 1268. le bon effet qu'avoit eu la réponse du Pape Clement IV. au Roy St. Loüis sur le sujet de la Comté de Melgueil; car ce Prince écrivit par deux fois au Sénéchal de Beaucaire de défendre l'Evêque de Maguelone contre les violences qu'on pourroit lui faire dans les Fiefs qu'il tenoit de la Couronne, ou dans les biens qu'il tenoit en propre.

III.

Les Religieux mandians qui avoient été fondez au commencement de ce siécle, & qui avoient des Maisons à Montpellier, y furent traitez avec plus de douceur que dans d'autres Diocéses, où les Evêques vouloient exercer sur eux & sur leurs biens un pouvoir absolu. Il fut necessaire de faire limiter ce pouvoir des Evêques par diverses Bulles des Papes, & enfin par la disposition du Concile général de Vienne.

Nimis iniqua 15 de excess. Prælatorum.

L'Evêque de Maguelone y avoit déja pourvû, comme nous le voyons par une transaction passée en 1266. avec les FF. Prêcheurs, par laquelle on peut juger d'une partie des articles qui leur étoient disputez ailleurs. Cet acte qui les régle avec l'Evêque & le Chapitre, fut passé entre Berenger Evêque, *Jean Atbrand* alors Prévôt, *Pons Sorege* Sacristain, Raymond de *Bociacis* Chanoine & Prieur de St. Firmin, d'une part; & Frere Guiraud Prieur du Couvent des Freres Prêcheurs de Montpellier, d'autre, avec toute sa Communauté; qui conviennent que l'Evêque, du commun consentement du Chapitre de Maguelone, permet aux Freres Prêcheurs d'agrandir leur Cimetiere, d'augmenter le nombre des Autels de leur Eglise, & de prêcher avec toute permission, à moins (dit l'acte) que quelqu'un de Mrs. les Chanoines se trouvant prêt de prêcher ne voulût le faire.

Il leur remet la dîme des jardins, terres & vignes, renfermées dans le Clos de leur Couvent, de même que les droits de sepulture, lits funeraires, offrandes, legs pies, & donation en cas de mort.

Mais les Freres dudit Couvent, pour reconnoître l'Evêque & l'Eglise de Maguelone, seront tenus de donner tous les ans dans l'Octave de St. Pierre & de St. Paul, un marabolin à l'Evêque, un autre au Prévôt, & un autre au Sacristain: & deux Freres seront obligez le jour de la Fête de St. Firmin, de suivre la Procession de la Paroisse.

II. PARTIE. LIVRE SECOND.

Ces bons traitemens, & quantité d'autres marques de distinction accordées aux Religieux de St. Dominique & de St. François, causerent une si grande jalousie entre ces deux Ordres, qu'elle éclata sans ménagement en Allemagne, en Angleterre, & en France. On s'en ressentit à Montpellier, où le Pape Clement IV. n'étant encore qu'Archêvêque de Narbonne, avoit pû en être témoin lui-même. Comme il aimoit les Freres Mineurs de cette Ville, dont on marque qu'il avoit consacré l'Eglise en 1164. n'étant encore que Cardinal; il voulut, étant devenu Pape, arrêter le scandale que cette mesintelligence causoit dans nos Provinces; & pour cet effet il écrivit une Lettre que nous avons encore, adressée aux Prieur & Lecteur des Freres Prêcheurs, & aux Custode & Lecteur des Freres Mineurs de Montpellier.

Rading ad ann. 1237. Ray. old. h. 60.

Fleury. Hist. Eccl. Liv. 81. n. 3.

Après leur avoir marqué le déplaisir qu'il a eu d'aprendre l'aigreur avec " laquelle ils se traitent reciproquement dans les discours particuliers, & dans les " Sermons qu'ils font au Peuple, il leur ordonne, que si quelqu'un de leurs Freres, " dans toute l'étenduë des Sénêchaussées de Carcassonne & de Beaucaire; dans la " Provence, Comté de Forcalquier, & Province d'Arles, vient à offenser de pa- " role ou d'action quelqu'un des Freres de l'Ordre opposé, ils l'obligent à en " faire satisfaction de la maniere qui leur paroîtra la plus convenable; & que s'il " refuse d'obéïr, ils ayent à le contraindre par les censures Ecclesiastiques, nonobs- " tant tous privileges de leur Ordre. Donné à Viterbe le 23. Juin, & la seconde an- " née de son Pontificat, c'est-à-dire, 1266. "

L'année suivante il fut obligé de leur écrire sur les plaintes qu'on lui porta de la conduite qu'ils tenoient envers les jeunes personnes qu'ils engageoient dans leur Ordre. Et il leur ordonne d'observer à-peu-près les regles que l'Eglise a prescrites depuis. Sa Lettre est adressée aux Abbez, Abbesses, Prieurs & Gardiens des Freres Prêcheurs & Mineurs, & autres Religieux de Montpellier ou de ses Fauxbourgs, & à tous autres, de quelque Ordre qu'ils soient, Cîteaux ou Prémontré, dans le Diocêse de Maguelone.

Il leur dit, qu'ayant apris qu'ils attiroient à leur Religion des jeunes garçons " & de jeunes filles en consideration des biens qu'ils auroient eu en restant dans " le monde, il leur fait deffense de donner leur habit à aucun enfant de famille " avant l'âge de puberté, sans le consentement de leur Pere ou de leur Tuteur, " pour ne donner (ajoûte-t'il) aucun sujet de reprehension. Donné à Viterbe le " 26. Avril, & la troisième année de son Pontificat. "

Les filles dont il parle dans sa Lettre étoient les Religieuses de Ste. Claire, gouvernées par les Freres Mineurs; & celles de Proüille ou de St. Dominique, établies depuis peu à Montpellier par les Freres Prêcheurs, comme je le dirai plus amplement dans l'article de ces deux Communautez.

Une chose que je crois ne devoir pas omettre (parce qu'elle sert à justifier que les Trinitaires étoient déja établis à Montpellier) est un Acte que nous avons, passé en 1275. entre Berenger Evêque de Maguelone, & Frere Nicolas Ministre de la Ste. Trinité, *propè villam Montispessulani*, par lequel l'Evêque lui remet l'usage, le lods & le Domaine de cinq sols melgoriens, qu'il prenoit sur une piece de terre contiguë à la Maison de la Ste. Trinité; & le Ministre cede à l'Evêque pareille somme qu'il prenoit ailleurs.

Le dernier article concernant les Maisons Regulieres dont j'aye à faire mention, est la Transaction des Religieuses de St. Leon de Montlaur, à St. Felix *de Montefevo* près de Gigean, pour l'entretien desquelles Berenger de Fredol assigna les revenus de l'Eglise de St. Bauzile de Montmel; à la charge de pourvoir au Service de cette Eglise, & de conserver l'hospitalité qu'on y exerçoit auparavant. La chose fut aprouvée par deliberation du Chapitre le 28. Decembre 1291. signée parAdemar de Cabreroles alors Prévôt.

Nous trouvons aussi que le même Evêque fit une échange avec la Prieure de ces Religieuses, de l'Eglise de St. Michel *de Villâ Paternâ* près de Gigean, contre l'Eglise Paroissiale de Ste. Cristine de Melgueïl, que ces Religieuses lui cederent.

L'accord dont nous avons parlé dans le Chapitre précédent, entre l'Evêque de

IV.

Maguelone & le Roy Jacques d'Arragon, n'avoit pas si bien reglé tous les articles, qu'il ne survînt encore un nouveau sujet de dispute à l'occasion de l'Université, dont il n'avoit été fait aucune mention. Le Roy en 1268. crut pouvoir disposer des places de Professeur, & il en favorisa un nommé *Surgerius*, qui, sur les provisions du Roy, fit ses Leçons publiques de Droit Civil. L'Evêque de Maguelone qui ne pouvoit s'oposer à cette innovation, employa les armes de l'Eglise, & prononça une Sentence d'Excommunication contre le Professeur, & contre ceux qui assisteroient à ses Leçons. Les plaintes en furent aussi-tôt portées au Roy, qui s'en plaignit lui-même au Pape. C'étoit précisément le même qui avoit reglé l'accord fait en 1260. Clement IV. dans un ample réponse qu'il lui fit, cité le Canon d'un Concile du Pape Eugene, qui charge les Evêques du soin d'établir les Maîtres & les Docteurs qui devoient enseigner. Et quant à l'objection que faisoit le Roy Jacques, que si l'Evêque avoit donné la Licence dans les autres Facultez, il ne l'avoit pas donnée dans celle du Droit, le Pape lui répond, que cela pouvoit être arrivé parce qu'on ne l'avoit pas demandée à l'Evêque, ou que l'occasion ne s'en étoit pas presentée ; mais que le droit en lui en étoit pas moins acquis. Il ajoûte que lui-même, avant que d'être Pape, avoit donné la Licence dans la Salle de l'Evêque de Maguelone, par ordre exprès d'Urbain IV. son Prédecesseur immédiat. *Nos cum Minori Officio fungeremur, de Felicis memoriæ Urbani Papæ Predecessoris nostri speciali Mandato, in aulâ Episcopi Magalonensis, Doctorum & Scolarium multitudine convocatâ, dedimus Licentiam, & Librum tradidimus, solitâ solemnitate servatâ.*

V. Nous ne trouvons point que Berenger de Fredol ni ses Successeurs ayent été inquietez depuis sur cet article ; au contraire il fut encore mieux établi dans ses droits sur l'Université par une Bulle remarquable du Pape Nicolas IV. qui fut donnée deux ans après. Elle a été regardée comme le titre d'Erection de notre Université par ceux qui n'avoient point connoissance des Etudes déja établis à Montpellier. Je raporterai tout au long cette Bulle dans l'Article que je destine pour notre Université ; & je me borne pour le present à donner sur cette Question les paroles décisives du Pape Nicolas IV. *Statuentes ut quoties aliqui ad Magisterium fuerint promovendi, præsententur Episcopo Magalonensi, loci Diocesano ; vel ei quem ad hoc, idem Episcopus duxerit deputandum.*

VI. Il est tems que je revienne maintenant aux differens que les Officiers du Roy d'Arragon prirent soin de fomenter entre lui & l'Evêque, en pretendant que l'accord de 1260. ayant reglé tout ce qui concernoit les deux juridictions dans Montpellier, il n'avoit point parlé des Terres du dehors, où les deux Puissances avoient de differens droits. Le Roy Jacques qui étoit alors sur la fin de sa vie, & occupé en Espagne à de plus grandes affaires, jugea à propos de faire regler celle-ci sur les lieux par des Arbitres. Il nomma les deux Jurisconsultes, *Jean Brunenchi & Arnaud de Peirelade* pour prononcer sur la jurisdiction de *Cornon*, sur la Leude, dite *Stachas*, que le Bailly & les Commis au droits de Leude pretendoient à Lates, à raison du passage de la mer, de la plage, & des graux. Ils ajoûterent quelques articles sur les délits qui se commettoient dans les deux parties Royale & Episcopale, quoique l'affaire eût été suffisamment reglée par l'accord de 1260.

Tout cela me persuade que les Officiers du Roy profitant de son grand âge, & des troubles qu'ils sçavoient être dans la famille Royale, étoient bien aise de broüiller les affaires à Montpellier ; & ce qui me détermine le plus à le croire, c'est que peu d'années après, ils eurent besoin de Lettres de remission, que Berenger de Fredol leur obtint du nouveau Roy Jacques de Mayorque, données à Elne au commencement de son Regne.

Mais malgré tous ses bons offices, ils ne laisserent pas de susciter les Consuls contre lui & contre son Clergé : ce qui finit par un interdit géneral. Nous en aprenons le sujet d'une lettre que le Pape Clement IV. leur avoit écrit en 1267. dans laquelle il les blâme des entreprises qu'ils fasoient sur les biens de l'Eglise de Maguelone : *Quod Clericos Magalonensis Ecclesiæ Angariis, Perangariis, & aliis exactionibus indebitis aggravatis.* Et non contens d'exiger des Clercs qui desservoient cette Eglise,

II. PARTIE. LIVRE SECOND.

Eglife, ils avoient étendu leur Jurifdiction fur leurs perfonnes, jufqu'à les faire emprifonner, & les condamner à mort : *Interdùm quoque ipfos non fine facrilego aufu capere, & quandoque infuper (quod eft gravius) ad mortem non veremini condemnare.*

Cet avertiffement de la part d'un Pape très-confideré du Roy St. Loüis, & connu particulierement dans notre Province (dont il étoit natif) fit fufpendre pendant quelques années les exactions qu'avoient fait les Confuls de Montpellier. Mais ceux-cy ayant renouvellé depuis ces mêmes exactions malgré toutes les repréfentations qui leur avoient été faites, on en vint enfin à la fentence d'excommunication que le Vicaire Général fulmina contre eux dans la Sale de l'Evêque le 19. Juillet 1291.

Elle commence par cette priere redoutable : *Exurgat Deus & diffipentur inimici ejus.* Et après avoir expofé les attentats contre les libertez de l'Eglife, commis par les Confuls, & par les Officiers des Tribunaux Majeur & Mineur, qui s'étant efforcez (dit la fentence) „ de foûmettre les Eglifes & leurs Recteurs " à toutes les taxes des Laïques, les ont chaffez de leurs Maifons, qu'ils ont " enfuite fait fervir aux ufages les plus abjets; & qui malgré tous les aver- " tiffemens charitables, n'ont pas laiffé de proceder à une élection, nommement " à celle de *Guillaume de Verteil* Auteur de tout le mal, en la place de Bail- " ly; lequel nonobftant l'excommunication qu'il avoit encouruë, s'eft encore " choifi d'autres Officiers Curiaux fes complices; fçavoir Jean Barthelemi, pour " Vice-Bailly, & *Jean de Trontin* pour Vicaire. Ce qui ne pouvant être regardé " que comme un mépris formel des clefs de l'Eglife, il ne refte d'autre moyen " pour les faire rentrer en eux-mêmes que de proceder à l'interdit. "

Pour raifon de quoi, Nous *Bertrand Matthæi* Chanoine de Viviers & Offi- " cial de Maguelone, avec l'affiftance & confentement *d'Ademar de Cabreroles* " Prévôt, de *Jean de Montlaur* Archidiacre, *Bernard de Viffec* Archidiacre, *Ray- " mond Albert* auffi Archidiacre, *Berenger d'Omelas* Sacriftain, & autres, en " grand nombre, Prieurs & Chanoines de Maguelone, foûmettons par le pré- " fent acte, toute la Ville de Montpellier avec fes Fauxbourgs à l'interdit gé- " néral : faifant défenfe que dans le cours de cet interdit on y célebre l'office " divin, & qu'on y adminiftre les Sacremens que de la maniere qui eft mar- " quée dans les Saints Canons pour ces fortes de cas. Publié dans la Cour Epif- " copale, le 19. Juillet 1291. Regnant Philipe Roy des François. Berenger " étant Evêque de Maguelone. En préfence de difcretes perfonnes, Etienne *Or- " touls* Prieur de l'Eglife de Montferrier; Aymeric *Madalon* Prieur de St. Guil- " lem de Montpellier, & autres tant Laïques que Clercs, avec Bernard de *Fer- " rariis* Notaire du Seigneur Evêque. "

Ce coup excita un grand mouvement parmi ceux qui n'avoient eu aucune part au fujet du trouble. Ils coururent à Narbonne implorer la médiation de Gilles *Ancelin*, Archevêque de cette Ville, qui étant venu à Montpellier y radoucit beaucoup les efprits, & fit diminuer confiderablement le terme de fept mois que l'Official avoit marqué pour l'interdit.

Cependant l'Evêque de Maguelone fatigué de tous les mauvais cas qu'on n'avoit ceffé de lui faire durant près de trente ans d'Epifcopat, & voyant qu'on ufurpoit toûjours fur fon authorité, fe determina à une chofe qui eft devenuë une époque des plus remarquables de notre Hiftoire : ce fut de ceder au Roy de France tous les droits qu'il avoit fur Montpellier en qualité d'Evêque de Maguelone, afin de fe delivrer par ce moyen des perfecutions que lui & fes Prédeceffeurs y avoient foufferte; & en fatisfaifant fon inclination pour la Maifon de France, oppofer à fes ennemis une autorité incomparablement plus forte que la fienne.

Cette affaire, après avoir traîné quelque tems, fut enfin terminée en 1292. de la maniere que je l'ai raconté dans la premiere Partie de cette Hiftoire, où j'ai donné le précis de tous les Actes qui furent paffez à ce fujet, entre les Deleguez de Philippe le Bel, & les Députez de l'Eglife de Maguelone. Ces derniers, en vertu de leur procuration, cederent au Roy la partie Epifcopale de Montpellier, avec tous fes droits; & ils reçurent en dédommagement la *Baillie de Sauve*,

1291.

1292.

74 HISTOIRE DE LA VILLE DE MONTPELLIER.

les Terres de *Durfort*, de *Pontanés*, & la portion de *Pouſſan* qui apartenoit au Roy.

1296. On marque la mort de Berenger de Fredol quatre années après cet échange, c'eſt-à-dire, en 1296. Il fut enterré à Maguelone à côté du Grand-Autel, dans le Tombeau qu'il s'étoit preparé lui-même.

HISTOIRE
DE MONTPELLIER.

LIVRE TROISIEME.

Evêques de Maguelone depuis l'acquisition de Montpelieret par le Roy Philippe le Bel, jusqu'à l'acquisition de Montpellier par Philippe de Valois.

CHAPITRE PREMIER.

I. *Gaucelin de la Garde est transferé de Lodéve à Maguelone.* II. *Il travaille à pacifier son Chapitre.* III. *Il est protegé par Boniface VIII. au sujet de la Comté de Melgueil.* IV. *Il reçoit plusieurs reconnoissances des Seigneurs de son Diocése.* V. *Il prend part aux demêlez entre Boniface VIII. & Philippe le Bel.* VI. *Il meurt en 1303.*

GAUCELIN DE LA GARDE.

Voyez Tom. prem. page 100.

I.

DANS le tems de la mort de Berenger de Fredol, Jacques Second Roy de Mayorque & Seigneur de Montpellier étoit dans le fort de ses peines pour le recouvrement de son Royaume que les Arragonois lui detenoient. Tous les esprits nétoient occupés d'autre chose à Montpellier, où l'attente de l'évenement tenoit les Habitans dans une agitation qui parut s'être communiquée à Maguelone pour l'élection d'un Evêque. Tout y fut en division, parce qu'un parti ayant nommé *Bernard de Vissec* Chanoine de Maguelone & Prieur de St. Firmin; l'autre Parti s'y opposa fortement sous pretexte de l'incapacité du Sujet. Le nouvel élû fut obligé, avec ses Partisans, de se presenter au Pape Boniface VIII. pour faire confirmer son élection. Mais l'examen ne lui ayant pas été favorable, il fut renvoyé avec ses Partisans à Maguelone, pour y proceder à l'élection de quélqu'autre de leur Corps qui eût les qualitez requises. On s'y assembla de nouveau; mais aucun des deux Partis ne voulant relâcher de ses premieres vûës, il fallut avoir recours à quelqu'autre expedient extraordinaire. On n'en trouva point d'autre que de chercher hors de Maguelone ce qu'on ne vouloit pas

76   HISTOIRE ECCLESIASTIQUE DE MONTPELLIER,

1296.

trouver dans le Chapitre. Et chacun des Particuliers qui le compofoient, ayant mieux aimé un étranger, ils refolurent de faire au Pape Boniface VIII. la poftulation de *Gaucelin de la Garde* Evêque de Lodéve, pour être transferé de fon Siége à celui de Maguelone.

In Bullario Epifcopali.

Le Pape ayant aprouvé leur vûës, fit cette tranflation, par une Bulle donnée à Anagnie le 10. d'Août, dans laquelle il loüe la fcience, les mœurs, & l'experience du nouvel Evêque. Il étoit de la Maifon *de la Garde* dans le Diocéfe de Mende ; & fut (comme le remarque Verdale) le premier Evêque qui eût été pris du Corps Séculier, depuis que la Regularité avoit été introduite à Maguelone : *Erat Clericus Secularis, domús de Gardia, Mimatenfis Diæcefis*. Ainfi la divifion des Chanoines caufa cette premiere innovation, qui accoûtuma infenfiblement les Papes à leur donner des Evêques étrangers, qui n'ayant jamais profeffé la vie Reguliere, eurent moins de zéle pour maintenir à Maguelone les anciens ufages.

II.

Gaucelin de la Garde ne laiffa pas d'y donner fes premiers foins, en faifant confirmer dans un Chapitre général les Reglemens que Berenger fon Prédeceffeur avoit faits fur la dépoüille des Chanoines, lorfqu'ils venoient à mourir dans leurs Prieurez ou dans le Cloître de Maguelone. Ils font diftinguez par ces mots : *Canonici Priores, Canonici Clauftrales*. Et cette diftinction nous donne lieu d'aprendre la differente dénomination de Chanoines Prieurs, & de Chanoines Clauftraux. Le Reglement portoit que tous les effets que les uns & les autres auroient laiffé en mourant, ne pourroient tourner au profit d'aucun Particulier ; mais, qu'ils feroient remis entre les mains de celui qui en auroit charge du Chapitre, pour fervir à payer les dettes du défunt, ou être apliquez au bien de la Communauté. A ce Reglement on en ajoûta un autre, qui regloit ce que chaque Recteur, Prieur, ou Chanoine pouvoit emporter lorfqu'il étoit transferé d'une place en une autre, & en même-tems ce qu'il devoit y laiffer.

Series, pag. 300.

Mais ce qui prouve mieux la divifion qui regnoit alors dans le Chapitre, & la confiance qu'ils eurent en même-tems pour leur Evêque, c'eft que ne pouvant s'accorder fur la collation des Benefices, ils pafferent un Acte par lequel ils le firent Arbitre de tous leurs differents, & lui transporterent pour cinq ans tout le droit qu'ils avoient de pourvoir aux Dignitez, Perfonats, Eglifes, Prieurez & Benefices, tant de la collation du Prévôt que du Chapitre ; avec la précaution néanmoins, que l'Evêque feroit fa déclaration comme il n'agiffoit en cela qu'au nom & à la place du Chapitre. Cet Acte figné par Ademar de *Cabreroles* Prévôt, Jean de Montlaur, & Jean de *Chambron* Archidiacres, Berenger *d'Omelas* Sacriftain, & autres Prieurs & Chanoines de Maguelone, fut paffé au mois de Decembre 1296. qui étoit la même année que Gaucelin de la Garde fut transferé à Maguelone : d'où nous pouvons inferer qu'il ne tarda pas de travailler utilement pour l'union des efprits dans fon Chapitre.

Nous avons plufieurs reconnoiffances qui lui furent faites environ ce même tems, & qui fervent à nous faire connoître plufieurs Seigneurs de fon Diocéfe.

1297.

En 1297. Pons de *Petra* Seigneur de Gange lui fit hommage pour le Château de *Briffac*, dont il étoit Confeigneur.

Ordres Religieux. Tom. 3. pag. 171.

Environ ce tems Gaucelin de la Garde recut une marque finguliere de la confiance du Pape Boniface VIII. qui le fit Juge des plaintes reciproques des Chevaliers de Saint Jean de Jerufalem, & des Religieux Hofpitaliers *d'Aubrac* dans le Roüergue. Ceux-ci, pour faire revoquer une Bulle qui adjugeoit leurs biens à l'ordre de Rhodes, fur le prétexte qu'ils n'étoient point Religieux, juftifierent que leur Régle avoit été aprouvée par Alexandre III. à fon paffage par Montpellier. Sur quoi Boniface ayant commis fur les lieux l'Evêque de Maguelone, il revoqua en 1247. fur fon raport, la Bulle fubreptice qu'on avoit obtenuë de lui.

En 1299. Guillaume *de Fabregues* Seigneur Partiaire de ce lieu, reconnut à Gaucelin Evêque de Maguelone, en qualité de Comte de Melgueïl & de Montferrand, toute la Tour-Magne de Fabregues, par indivis. Pierre de *Cornon*, Seigneur de Cornon-Terrail, lui fit hommage pour la moitié de fon Château, avec toutes fes dépendances. Raymond Atbrand Seigneur de *Sauffan* & de *Pegueirolles*, lui reconnut

II. PARTIE. LIVRE TROISIÉME.

connut une Condamine fize dans le Terroir de *Sauſſan* ; & la reconnoiſſance que Guillaume de Fabregues lui avoit déja faite de la Tour-magne lui attira une autre reconnoiſſance des autres Conſeigneurs de cette Terre, ſçavoir *Pierre de Fredol*, pour une portion ; *Pierre le Moine* pour une autre ; & Guillaume de *Fabregues* pour le reſte.

 L'an 1300. fut une année des plus critiques pour Gaucelin de la Garde, parce que les Officiers de Philipe le Bel voulant renouveller les anciennes querelles qu'on avoit fait aux Evêques de Maguelone ſur la Comté de Melgueïl, firent entendre au Roy leur Maître, que Gaucelin poſſedoit cette Terre à ſon préjudice ; & en conſequence ils inquieterent beaucoup l'Evêque & ſes Vaſſaux de Melgueïl. Boniface VIII. qui n'étoit pas encore broüillié avec Philipe le Bel, lui écrivit une Lettre que nous avons, donnée à Anagnie le 18. Juillet 1300. dans laquelle il rapelle toute la conduite du Roy St. Loüis ſon ayeul ſur cette même affaire, & lui certifie (comme avoit fait le Pape Clement IV.) que cette Comté avoit été anciennement un Fief du St. Siége, & il prie le Roy d'ordonner à ſon Sénéchal & à ſon Bailly de ne pas troubler l'Evêque de Maguelone, ni le Chapitre, dans la poſſeſion où ils étoient.

III.

1300.

Series pag. 220.

 En 1301. Guy *de la Roche* fit reconnoiſſance à Gaucelin du Château de *Pouſſan* ; & la même année le Roy Philippe le Bel étant venu à Montpellier avec la Reine Jeanne de Navarre ſon épouſe, il fut reçu par les Conſuls ſous un riche Daix, & conduit à l'Egliſe N. Dame, où Gaucelin l'attendoit avec ſon Clergé, & d'où après le *Te Deum* chanté en Muſique, il ſuivit le Roy à la Sale de l'Evêque qui lui avoit été préparée pour ſon logement. Ce fut alors que Philippe le Bel, pour donner à Gaucelin une marque de ſa confiance, le nomma avec l'Evêque de Soiſſons pour terminer quelques differens qu'il eut avec Jacques Roy d'Arragon, comme nous l'aprenons d'une Charte du Tréſor Royal de Paris, citée par Mrs. de Ste. Marthe.

IV. 1302.

Petit Talem. ad an. 1301.

 L'année ſuivante 1303. Gaucelin & Raymond Evêque d'Agde reglerent les limites de leurs Dioceſes, en fixant des bornes dans l'Eſtang de *Tau* pour en faire la ſéparation de ce côté-là. Mais le déperiſſement de ces bornes, ou le changement du nom qu'on leur avoit donné, a cauſé depuis entre les Succeſſeurs de ces deux Evêques une diſpute qui n'a pû encore être terminée.

In Gallia Chriſtiana.

1303.

 Raymond Ademar Damoiſeau reconnut en ce même-tems la moitié par indivis du Fief de *Careſcauſes* dans la Dîmerie de Juviniac, ſous l'Albergue d'un Chevalier par an. Et Bernard *du Puy* Chanoine de Maguelone, & Prieur de *Grabels*, fit en public ſon hommage pour cette Terre, à genoux, & les mains jointes.

 Ce fut en cette année qu'éclata le fameux démêlé de Boniface VIII. & de Philippe le Bel, qui pour prévenir les menaces que le Pape lui faiſoit de l'excommunier, d'interdire ſon Royaume, & de diſpenſer ſes Sujets du ſerment de fidélité, fit aſſembler le 10. d'Avril 1303. dans l'Egliſe N. Dame de Paris les Seigneurs & Prélats de ſon Royaume, qui reſolurent que les Evêques de France n'iroient point à Rome où ils étoient citez par le Pape. Cette premiere Aſſemblée fut ſuivie d'une ſeconde, tenuë au Louvre le 13. Mars 1303. avant Paques, dans laquelle Guillaume de *Nogaret* accuſa Boniface de pluſieurs crimes qu'il offrit de prouver dans un Concile Général dont il requit la convocation. Ce qui ayant été approuvé de tous les Aſſiſtans, le Roy envoya dans toutes les Provinces pour engager les Corps & Communautez de ſon Royaume à adherer aux reſolutions priſes dans la derniere aſſemblée de Paris.

V.

 Les Agents qui furent envoyez dans le Languedoc étoient *Amalric* Vicomte de Narbonne, & *Denis de Sens* Clerc du Palais du Roy ; leſquels après avoir parcouru les Villes Bourgs & Communautez de la Sénéchauſſée de Carcaſſone, vinrent à Montpellier, où la Nobleſſe de la Sénéchauſſée de Beaucaire s'aſſembla dans le Couvent des FF. Mineurs de cette Ville. Les Seigneurs qui compoſoient cette Aſſemblée, après avoir proteſté de leur attachement & fidélité pour le ſervice du Roy ; adhererent aux réſolutions priſes à Paris.

 Dans l'acte de leur adheſion, qui eſt inſeré dans l'Hiſtoire de ce grand different raportée par Mrs. Dupuy, on voit le nom des Gentilshommes qui aſſiſ-

Page 142.

V

terent à cette Assemblée. Sçavoir Guillaume de *Randon*, pour lui & pour le Seigneur de *Braconet*. Marc de *Canillac*, pour lui & pour Raymond de *Roqueteüil* Chevalier. Raymond *Pelet* Seigneur d'Alais & de Chaumont. Guerin de *Tournel*. Decan de *Bellegarde*. Pons de *Gaudet* de *Anatico*. Guy de *Senaret* Fils de Guibert de *Senaret* Comte de Montferrand. Bernard de *Languissel* d'Aubais. Guillaume de *Brinhon*. Arnaud de *Becorton* de *Beauchâtel*. Arnaud Vicomte de *Polignac*. Guillaume de Château-neuf *St. Remezi*. Bernard de *Barre*, pour lui & pour autre Bernard son Fils, chargé aussi de la procuration de Pierre de Barre Chevalier. Astorg de *Peïre*. Guerin *d'Acher*, Raymond *d'Anduze* de Florac. Pons Bremond du *Chailar*. Guichard de *Pierre Serriete*. Bremond de *Pierre-Fort* Seigneur de *Ganges* & de *Sansuhac*. Gontrand Amic de *Rochefort*. Guïot de *Tournon*. Gibert de *Solempniac*. Gui Procureur de Brulhon de *Serriete*. Bremond de *Vignorio*, pour lui & pour Raymond de la *Voute*, Seigneur de Bidage. Pons de *Mirabel* Guillaume de *Montrodat*. Arnaud de *Monterenc*. Guillaume de *Baladun*. Pierre de *Montlaur Damoiseau*, pour lui & pour tous ses Vassaux de la Sénéchaussée de Beaucaire.

Acta sunt hæc in Montepessulano, in Domo Fratrum Minorum. Anno Dominicæ Incarnationis 1303. *VI. Kal. Augusti. En présence de Noble & Puissant Homme Jean de Varenes Sénéchal de Beaucaire, & autres témoins.*

Les Freres Prêcheurs de Montpellier firent beaucoup plus de difficultez que n'avoient fait les Gentilshommes de la Sénéchaussée. Car ayant été sommez par les Agents du Roy, d'adherer à ce qui avoit été fait contre le Pape Boniface, ils répondirent qu'ils ne le pouvoient sans un ordre exprès du Prieur Général qui étoit à Paris. Les Agents du Roy peu contens de cette réponse, dirent qu'ils vouloient sçavoir l'intention d'un chacun en particulier, & en secret. Et les Religieux ayant persisté dans leur refus, les Agents leur enjoignirent de sortir du Royaume dans trois mois, leur déclarant qu'ils n'étoient plus sous la protection du Roy. Dont ils dresserent leur Verbal, qui est raporté par Mrs. Dupuy dans l'Histoire de ce grand démêlé.

V. Pendant que toutes ces affaires se traitoient à Montpellier, l'Evêque de Maguelone étoit dans son ancien Diocèse de Lodéve, où il s'étoit fait porter pour rétablir sa santé. Les Agents du Roy ne laisserent pas de le faire solliciter à l'adhesion. Ce qu'il fit, en signant un acte raporté au même lieu, dans lequel il dit : qu'étant obligé de défendre le Roy, son Etat, ses droits & libertez contre qui que ce soit, même contre le Pape Boniface, il déclare qu'il adhere à tout ce que le Roy a résolu contre ledit Boniface, & qu'il ne se servira d'aucuns indults du Pape, ni d'aucune décharge du serment de fidélité; a la charge néanmoins que le Roy ne prétendra point, pour ce fait, acquerir aucuns droits sur son Eglise. *Actum & datum apud Ripam Lodovensis Diocezis ubi* (ajoûte-t'il) *sumus debiles existentes*. 13. Kal. Septembris anno Dñi. 1303.

Gaucelin ne survécut pas beaucoup à cette derniere action ; car on marque sa mort au onziéme du mois de Mars, qui finissoit l'année 1303. Il mourut dans son Château du Terrail où il s'étoit fait transporter, assisté des Evêques de Beziers, d'Agde, de Lodéve, & des Abbez d'Aniane, de Valmagne, & de St. Gilles. Son corps fut porté en grande cérémonie à Maguelone, où il fut inhumé devant le Grand-Autel, après avoir tenu le Siège de cette Eglise huit ans six mois & trois jours.

CHAPITRE SECOND.

I. *Troubles dans le Chapitre pour donner un Successeur à Gaucelin de la Garde.* II. *Le Pape nomme à sa place Pierre de Levis, qu'il transfere ensuite à Cambray.* III. *Jean de Cominges lui succede.* IV. *Grande sécheresse à Montpellier.* V. *Jean de Cominges est fait premier Archevêque de Toulouse.*

LA mort de Gaucelin fit éclater la division qui continuoit toûjours dans le Chapitre de Maguelone. Les factions y devinrent si animées, qu'on aima mieux laisser le Siege vacant plus d'une année, que de s'accorder. On en vint même à des scandales publics, que je n'oserois croire, si nos Archives ne les avoient très-bien circonstanciez ; & je ne me resous à les raporter, que dans la persuasion où je suis, qu'un abus excessif sert souvent à confirmer dans le bien, par l'horreur du mal qu'il inspire.

1304.

Voici donc les propres paroles de nos Memoires : " Gaucelin étant mort, Pons de Lunel Sacristain, & Jean Atbrand, avec quelques autres Chanoines de Ma- " guelone leurs Complices, s'eleverent contre le Chapitre & contre l'Eglise de " Maguelone leur Mere, en traduisant le Chapitre devant le Vicelegat d'Avignon, " qui assigna le Procureur du Chapitre en la Ville de *Salon* en Provence, où per- " sonne n'osoit aprocher sans danger de perdre la vie. Car il arriva que le Pro- " cureur du Chapitre ayant voulu se rendre au lieu assigné, quelques Soldats " vinrent en armes s'oposer à son passage, ensorte qu'il fut obligé, lui & ses Com- " pagnons, de se refugier dans une forteresse apellée *St. Martin.* Or un mardi " avant la Fête de St. Michel, dans le tems qu'on tenoit à Maguelone le Chapi- " tre général, où le plus grand nombre travailloit de toutes ses forces à la Refor- " mation de l'ordre & de la discipline Reguliere, les susdits Pons & Atbrand, avec " leurs Complices, ne voulant point se trouver au Chapitre, resterent à Montpel- " lier, où s'étant associez de certains Laïques excommuniez, ils s'empererent des plus " grandes & meilleures Eglises du Chapitre ; où étant les maîtres, ils se saisirent " des maisons, granges, & biens qui en dépendoient, qu'ils employerent à toute " sorte de mauvais usages ; & ayant donné la garde de ces Eglises, granges & " maisons aux Laïques excommuniez qu'ils avoient avec eux, il arriva que ces " hommes, ennemis capitaux du Chapitre, ne les quitterent point qu'ils n'eussent " consumé le bled, le vin, & autres provisions qu'il y avoit. Ils en emporterent " aussi les Livres : & ce qui est plus horrible à dire, il rompirent la Caisse où le " Corps de Jesus-Christ étoit gardé, ensorte qu'il tomba par terre. Après quoi, " courant en armes dans les ruës de Montpellier, suivis de plusieurs Soldats qui " marchoient à Enseigne déployée, ils prenoient les Prêtres, Diacres & Clercs de " Maguelone qu'ils rencontroient, blessoient les uns, & mettoient en prison les " autres. "

Miss de Rignac.

Tout ces desordres engagerent l'Archidiacre Jean de Montlaur Vicaire Géne- ral dans la vacance du Siège, de courir à Lyon auprès du Pape Clement V. qui avoit arrêté son sejour en cette Ville depuis le premier passage qu'il avoit fait à Montpellier. Il lui exposa la triste situation où étoit l'Eglise de Maguelone ; & le Pape ayant bien compris que les Chanoines ne recevroient jamais pour Evêque aucun de leur Corps, il leur envoya *Pierre de Levis* qui n'étoit point Chanoine parmi eux.

Il étoit petit fils de ce *Guy de Levis*, qui par ses grands services durant la guerre des Albigeois avoit acquis la Terre de *Mirepoix*, & le titre de *Maréchal de la Foy.* Sa mere étoit *Elizabeth de Marliac* alliée à la maison de Montmorency. Ce nouvel Evêque s'employa beaucoup à pacifier son Chapitre ; mais nous ne trouvons point quel en fut le succès. On s'est contenté de nous marquer qu'en 1307. il obligea *Jean Marc Jurisconsulte* de lui faire hommage pour la Seigneurie

PIERRE DE LEVIS.

1307.

de *Boutonnet*; & que dans la même année il reçut celui que *Pons de Petra* lui rendit pour la Terre de *Ganges*; & que pour remedier aux contestations que lui faisoient les Officiers dn Roy pour la terre de Melgueïl, il fit regler les limites qui devoient la separer des Terres de Lunel.

Dans le cours de cette année Pierre de Levis eut le plaisir de voir à Montpellier le Pape Clement V. son Bien-Facteur, qui vint en cette Ville pour la seconde fois, & logea dans la maison des Templiers, dans le tems qu'il se preparoit à suprimer entierement leur Ordre.

1309.

JEAN DE COMINGES.

En 1309. il fut transferé au Siége de Cambray par le Pape Clement V. qui nomma aussi-tôt *Jean de Cominges* depuis Cardinal pour remplir le Siége de Maguelone. Nous trouvons en effet, que Jean de Cominges occupoit cette place en 1309. puisque dans cette même année Clement V. lui adressa un Bref, conjointement avec l'Evêque de Mayorque, en faveur d'un Hermite appellé *Jacques de Rome*, qui s'étoit devoüé à l'éducation des pauvres enfans orphelins des Dioceses de Montpellier & de Mayorque. Cette lettre qui est du 23. Juin donnée à Avignon, la quatriéme année du Pontificat de Clement V. & dans l'année suivante, qui est expressément marquée en 1310. Jean de Cominges donna des lettres de recommandation, par lesquelles nous aprenons que *Jacques Rome* avoit déja commencé ses Ecoles ou Hôpital appellé *Della Misericordia*; & que ceux qui alloient recueillir pour lui les aumônes des Fidelles, avoient permission de porter les clefs de Saint Pierre, avec la figure des deux Orphelins, & une clochette, en signe d'hospitalité : *ut claves Sti. Petri, cum effigiebus duorum Orphanorum, cum campanellâ, in signum hospitalis prædictæ, authoritate nostra portare valeant, licentiam impertimur.*

Series pag. 321.

1310.

Datum apud Murum veterem 4. kal. Februarij. An. 1310.

Cette date me donne occasion de faire connoître Murviel, l'un des plus anciens lieux du Diocese. Il est à deux lieües de Montpellier, du côté du couchant. Les Evêques de Maguelone y avoient un ancien château, que l'on voit encore, avec des fenêtres à la Gothique. Les murailles se soûtiennent par la bonté de leur maçonnerie, malgré les crevasses qu'il y a en plusieurs endroits. On voit au bas de la colline où Murviel est situé, les vestiges du grand chemin que les Romains firent dans toute la longeur de la Gaule Narbonoise. Et tout auprès il y a une fontaine très-abondante, entourée d'un ancien bâtiment avec cette inscription latine. *Nebrus. Sump.* ce qui veut dire *Nebrusii sumptibus*. La bonne eau que ce riche Romain procura aux Habitans de Murviel seroit digne d'envie dans des Villes beaucoup plus considerables. On voyoit ailleurs dans ce même lieu un pied d'estail en forme d'Autel, qui depuis peu a été porté à Montpellier dans le jardin du President d'Aigrefeüille, où ces lettres sont gravées.

D. M.

* P. ANTHEMII LOG. F.

PATRIS SACRORUM.

CORNELIA LUCII FIL.

D. S. P.

Ce qu'on explique ainsi: *Diis manibus Publii Anthemii Logistæ filii, Patris sacrorum. Cornelia Lucii Filia de suo posuit.*

Dans le tems que Jean de Cominges aprouvoit à Murviel l'établissement de Charité qui a donné lieu à la petite digression que je viens de faire, un autre Hermite apellé Gautier, fonda dans les Fauxbourgs de Montpellier un Hôpital pour les

---

* *Logista*, dans le Calepin de la Cerda, est pris pour *Receveur*. pag. 983.

Et *Gravius*, sur le nom de *Curator*, ajoûte : qui Græco vocabulo *Logista* nuncupatur. tom. VIII. p. 163.

Pontifex Vestræ, idem, *Pater Sacrorum*, Achaïæ nominatur, *dit Gravius*. tom. V. pag. 15.

étrangers

II. PARTIE. LIVRE TROISIE'ME.

étrangers & pour les malades, dont nos Archives font mention. J'en parlerai dans l'aricle des Hôpitaux de cette Ville.

Cependant l'Evêque de Maguelone fut tiré de Murviel pour se rendre au Concile général de *Vienne en Dauphiné*, où il souscrivit à tous les Décrets qui y furent faits en 1311. Il y étoit encore lorsqu'il aprit la mort de Jacques II. Roy de Mayorque, & l'avenement du Roy Sanche à cette Couronne & à la Seigneurie de Montpellier. 1311.

Le retour de Jean de Cominges en cette Ville est marqué dans les Regîtres du Chapitre, par un accord très-important qu'il fit en 1312. entre Raymond de *Beaupuy* Prévôt de Maguelone, & la Communauté de Villeneuve, au sujet de l'Estang qui les separe. L'affaire ayant été remise à l'Evêque, il finit le Procès qui étoit entre eux, en reglant la maniere & le tems, que les Habitans de Villeneuve pouvoient pêcher & chasser dans l'Estang. 1312.

L'année 1313. lui donna une plus grande occasion d'exercer son zéle durant une secheresse de sept mois qui affligea le Païs. On eut recours aux prieres publiques, que l'on réitera jusqu'a faire quatre processions générales, où tous les Religieux assisterent en portant la Ste. Epine des Freres Mineurs, & toutes les Saintes Reliques qui étoient à Montpellier. Mais pour cela (dit notre petit Talamus) Dieu ne voulut pas nous entendre, parce qu'il ne sembloit pas qu'on y fût venu en devotion. Les paroles originales du Talamus s'en exprimeront mieux que moi, & je crois pouvoir ici les raporter, quand ce ne seroit que pour faire connoître aux curieux de notre langage, le changement qui y étoit deja arrivé. 1313.

Ad an. 1313.

L'an 1313. *fou tan moult grand secada, que ben estet sept mezes que non ploou, en tal maniera que fou tan grand sec, que lous blati comensavan à secar avant que fossen espigats. En guisa que an fach procession per quatre vegadas am tots los Religiosos, & portavan la Santa Espigna de los Frares Menors, & todas las Santas Reliquias que eron à Monpelier. Et per tout aco Nostre Signor no volguet auzir, car no semblava que hom y vengués am devotion.*

Dans cette affliction générale, on eut recours à une sorte de penitence que les " Flagellans venoient d'introduire en Italie dans ce même siécle. Plus de mille " personnes tant hommes que femmes s'assemblerent à Montpellier; & courant tou- " te la nuit, ils se flagelloient jusqu'au sang, & venoient à Nôtre-Dame des Ta- " bles là prier (dit notre petit Talamus) d'interceder auprès de son cher Fils " pour qu'il leur accordât de la pluye. Ils portoient des torches & des chan- " delles qui brûloient jour & nuit à Notre Dame ; & après avoir continué cet " exercice pendant quatre nuits, Notre Dame leur obtint une pluye qui restaurâ " tous les bleds qui étoient perdus. " *

L'année 1314. fut encore triste pour Jean de Cominges par la mort du Pape Clement V. son Bienfacteur qui mourut cette année à Roquemaure près d'Avignon, & laissa le St. Siége vacant durant deux ans, trois mois & dix-sept jours. Dans cet intervalle l'Evêque de Maguelone fut exercé à Montpellier par une calamité publique toute differente de celle que nous venons de raconter. Car en 1315. il tomba une si grande abondance de pluye, que les herbages & toutes les productions de la Terre en furent corompuës ; de sorte que les Bestiaux perirent, & que la peste fut à Montpellier durant six mois. Après quoi le ruisseau du Merdanson qui coule auprès des murs de la Ville venant à grossir par les Eaux de la Montagne, renversa tous les Ponts & toutes les Maisons qui se trouverent sur son passage, entra dans la Ville, & se repandant dans la campagne y fit des ravages qu'on auroit peine à croire , si l'experience que nous en avons fait 1314.

1314.

---

* *Una nioch que foron ben may de milló, que hommes que femnas, que anavon totà nuech, & batien se tang que sang venié. En grand lacrymas & en grands plours venien à nostra Dona de las Taulas, & aqui pregon Nostra Dona quelle preguesso son car Filh qu'el tramesessa pleya.*

Et portavan l'y torcas & candelas que cremeron nueich & jour devan Nostra Dona. En tal guisa que quand ou agueron tengut per quatre nueichs, Nostra Dona nous transmese la siena gratia de plueya. En tal guisa que tots los blads n'en foron restaurats. Liquels eron perduts.

X

de nos jours ne nous avoit apris que ses inondations sont très-violentes. Jean de Cominges fit paroître en cette occasion son désintéressement & sa charité envers les pauvres, car il est marqué qu'il vendit pour les secourir ses Chevaux & sa Vaisselle.

1316. Cependant le Comte de Poitiers connû depuis sous le nom de Philippe le Long Roy de France, trouva le moyen d'assembler à Lyon les Cardinaux divisez en deux puissantes Factions d'Italiens & de François. Car les ayant fait venir dans le Couvent des Freres Prêcheurs de cette Ville, il leur déclara qu'ils n'en sortiroient point qu'ils n'eussent élû un Pape : ce qu'ils firent le 7. Août 1316. en élisant le Cardinal Jacques d'Ossa, ou d'Euse, natif de Cahors, qui prit le nom de Jean XXII.

Ce nouveau Pape étant parti pour Avignon où il vouloit tenir sa Cour, y fit le 17. Decembre de cette même année 1316. une promotion de Cardinaux, dont le premier fut Bernard de *Castanet* natif de Montpellier, & le cinquiéme *Bertrand de Montfavet* grand Jurisconsule, qui avoit long-tems enseigné le droit en l'Université de cette Ville. Il établit au commencement de son Pontificat l'usage qui a continué depuis dans l'Eglise de faire sonner *l'Angelus*. Ce que nos Consuls (dit notre Chronique) ordonnerent d'observer soigneusement dans Montpellier ; & l'Evêque de Maguelone ayant confirmé leur ordonnance, attacha des Indulgences à cette pieuse pratique. Jean de Cominges se rendit en 1317. à Avignon où il assista à la Canonisation de St. Loüis Évêque de Toulouse que Jean XXII. fit le jeudy de la semaine de Pâques 7. Avril ; & dans ce voyage le Pape lui déclara les vûës qu'il avoit sur sa personne pour un grand changement qu'il projettoit de faire dans les Eglises du Languedoc.

Fleury Hist. Liv. 92. n. 23.

Pet. Tal ad an. 1316.

1317.

Ce changement étoit de démembrer les Diocéses de Narbonne & de Toulouse, pour y créer de nouveaux Evêchez. En effet cette même année il érigea *St. Pons* & *Aleth* en Evêchez, dont il prit les Diocéses de celui de Narbonne. Il exempta pour toûjours de la jurisdiction de cette ancienne Metropole l'Evêque de Toulouse, qui jusqu'alors avoit été de sa suffragance ; & il érigea son Siége en Archevêché. Mais comme il falloit lui donner des Suffragants, il retrancha de son Diocése tout ce qu'il falut pour former ceux de *Montauban*, de St. *Papoul*, de *Rieux*, & de *Lombez*, où il nomma des Evêques qu'il rendit Suffragants de Toulouse, avec *Pamiers* érigé déja en Evêché par le Pape Boniface VIII. Il divisa en même-tems le Diocése *d'Alby*, & en forma celui de Castres. Je ne raporte point les autres érections qu'il fit hors de notre Province, non plus que le nom des premiers Evêques qu'il créa dans la notre. Mais je ne puis omettre celui du premier Archevêque de Toulouse, puisque ce fut le même *Jean de Cominges* que nous avions pour Evêque à Maguelone. Il consentit sans peine à la destination que le Pape avoit fait de lui ; & il eut le plaisir d'avoir pour Suffragant à Lombez Arnaud *Roger de Cominges* son Frere, premier Evêque de cette Ville. A toutes ces graces, le Pape ajoûta celle de nommer pour son Successeur à Maguelone *Simon de Cominges* son autre frere. Mais sa mort arrivée avant qu'il fût sacré, a été cause qu'on ne l'a pas mis dans le Catalogue de nos Evêques.

1317.

Je ne doit pas oublier que *Jean de Cominges* avant que de nous quitter obtint du Roy Philippe le Long un ordre au Garde du petit Sçeau de Montpellier, en faveur des Ecclesiastiques, par lequel il lui étoit défendu de capturer les Prêtres, Clers, ou autres personnes constituées dans les Ordres Sacrez, quand même ils se seroient soûmis aux rigeurs du petit Sçeau. *Ne custos hujusmodi capiat Presbiteros, aut Clericos, aut alios in Sacris Ordinibus constitutos, etsi obligatos viribus parvi sigilli : quòd si ipsos ceperit, Episcopo Magalonensi, aut ejus Vicario, requisitus, restituat.*

CHAPITRE TROISIE'ME.

I. *Gaillard de Saumate Evêque de Maguelone transferé à Arles.* II. *André de Fredol lui succéde.* III. *Affaire qu'il eut avec son Chapitre & avec les Seigneurs de son Diocése.* IV. *Mort de Saint Roch. suivie de celle d'André de Fredol.* V. *Jean de Vissec Evêque de Maguelone.* VI. *Chapitre Général des Chevaliers de Rhodes tenu à Montpellier.* VII. *Grands reglemens fait par les Chanoines de Maguelone.*

LA mort prematurée de Simon de Cominges, procura le siége de Maguelone à Gaillard de *Saumate*, qui étoit particulierement connu du Pape Jean XXII. & estimé de lui par une réputation des mieux établies. Il étoit de Villeneuve, dans le Diocése de Riez, selon les regîtres du Vatican, citez par Mrs. de Sainte Marthe, & non du Diocése de Rodez, comme les Copistes de Verdale l'ont inseré dans son catalogue des Evêques de Maguelone.

I.
GAILLARD DE SAUMATE
Gallia Christiana.

Le Pape Jean XXII. le nomma dans le mois de Novembre 1317. mais il le retint en même-tems auprès de sa personne, & Gaillard fut obligé d'envoyer à Maguelone *Olderic Saumate* son Oncle, pour regir en son nom ce Diocése.

1317.

Tout ce que nous trouvons de la regie qu'il en fit durant neuf mois qu'elle dura, est un different qu'il eut avec Raymond de Conches qui ne vouloit point reconnoître tenir de lui la Metairie *de deux Cazes*, située dans la Paroisse de *Saint Vincent*. Ce refus obligea Olderic de prendre cette Metairie *in commissum.* Mais à la priere de *Pierre d'Ossa*, Frere du Pape Jean XXII. de qui (comme dit Verdale) Raymond de Conches se disoit parent, Olderic lui donna cette Metairie en nouvel accapt.

Sa regie finit au mois d'Août suivant 1318. où Gaillard son Neveu fut transferé à l'Archevêché d'Arles par Jean XXII. qui voulant pourvoir à la discipline reguliére qui s'étoit fort relâchée à Maguelone sous le Gouvernement des Evêques pris du Corps Seculier, voulut y envoyer un homme élevé dans l'esprit de la Régle qu'on y professoit. Pour cet effet, il choisit *André de Fredol* qui avoit été tiré du Chapitre de Maguelone pour être Evêque d'Usez, & il le transfera de cet Evêché à celui de Maguelone, comme étant plus propre à remettre le bon ordre dans la Communauté des Chanoines. Ils aprirent tous avec joye qu'ils avoient un Evêque de leur Corps & de leur pays; & pour lui en donner des marques, ils fûrent le recevoir à *Lunelviel*, où ils lui aprirent la grande dissipation qui avoient été faite des biens du Chapitre par la negligence ou la foiblesse de leur Prévôt. Il forma le dessein d'y remédier, & il le leur promit. Mais comme les plus grands abus ont toûjours leurs partisans, il trouva de si grandes opositions, qu'il fut obligé d'être lui-même sur la défensive, par les procès que Guillaume de la Tour Prévôt de Maguelone lui intenta.

II.
ANDRE' DE FREDOL.

Il disputoit à l'Evêque le droit & la jurisdiction de la *Peirade*; où jettée de " pierres qui alloit le long du Pont de Maguelone jusqu'a Villeneuve : *Suborta* " *contentio de jure & omnimodâ jurisdictione peiratæ Pontis Magalonæ versus Villa-* " *novam.* Par où nous voyons clairement qu'il y avoit un Pont & une chaussée " de Villeneuve à Maguelone, comme je l'ai déja dit, & comme on le verra " dans la suite d'une maniere plus convaincante. "

III.

Il prétendoit que le droit de péage ou de leude, pour le bois de charpente " qui entroit dans l'Estang de Maguelone par celui qu'il apelle d'Albian, n'a- " partenoit pas à l'Evêque. "

Que le Prévôt avoit en seul le droit de faire élever des fourches sur le Pont " de la Mousson "

Que l'Evêque n'avoit pas droit d'instituer des Vicaires dans les Benefices dépen- " dants de la Prévôté, & que le Prévôt n'étoit pas tenu de luy presenter ceux qu'il " avoit choisi "

84 HISTOIRE ECCLESIASTIQUE DE MONTPELLIER,

1319.   Toutes ces contestations qui commencerent en 1319. suspendirent l'effet des bonnes intentions du nouvel Evêque. Il fut reduit à attendre une disposition plus favorable dans les sujets sur qui il avoit à travailler; & cependant, pour terminer tous ces Procès qu'on lui intentoit, il s'en remit à la décision de *Jean de Mont-laur* Prieur de St. Firmin, & de Berenger de *Fabregues* Prieur de ce même lieu. Environ ce tems le Roy Sanche qui avoit la Seigneurie de Montpellier, y établit l'Hôpital Saint Antoine, & le Roy Philippe le Long qui étoit maître de Montpelieret, voulant faire cesser les tracasseries que ses Officiers suscitoient sans cesse à l'Evêque, leur ordonna d'ajoûter au serment qu'ils prêtoient en entrant dans leur charge, qu'ils conserveroient les droits de l'Evêque & ceux du Chapitre.

1320.   En consequence, Hugues *de Carsan* Recteur de la Partantique, prêta serment en ces termes : *Juro ego Hugo de Carsano miles, Rector regius Montispessulani, quod jura Dñi. Episcopi, & Capituli Magalona, pro posse meo, quamdiu ero Rector Regius Montispessulani, servabo illæsa. Sic me Deus adjuvet.*

L'esprit d'independance qui regnoit à Maguelone parut s'être répandu dans le reste du Diocése, où les Seigneurs particuliers qui devoient leur reconnoissance à l'Evêque, la lui refuserent. Le premier qu'André de Fredol eut à

1321.   reduire, fut Raymond de *la Roche*, Moine de St. Guillem du Desert, Prieur de St. Martin de Londres & Seigneur *d'Assas*. Bertrand de *Villeneuve*, comme vestiaire de Maguelone, se soûmit en 1321. pour *Grabels*; & Guillaume de Vallauquez, pour *Montredon*. Son propre Oncle Pierre de Fredol Abbé de Franquevaux luy fit hommage, & les Seigneurs de *Fabregues*, *d'Aisniers*, & *Roti-*

1322.   *lens*, se soûmirent à leur tour en 1322.

Sur la fin de cette année André de Fredol alla à Toulouse pour se trouver à l'arrivée du Roy Charles le Bel qui vint en cette Ville comme nous l'avons dit dans l'article du Roy Sanche. Peu de tems aprez son retour en France il fit expedier à l'Evêque de Maguelone des Lettres de protection &

1323.   de Sauvegarde données à St. Germain en Laye au mois de May 1323. dans lesquelles le Roy dit que ses predecesseurs sont les Fondateurs & Bienfacteurs de l'Eglise de Maguelone, *quæ à nostris prædecessoribus Fundata existit & dotata, ob sua devotionis exigentiam.* Et quoique l'Evêque & le Chapitre soient depuis long tems (ajoûte le Roy) sous notre garde Royale, *& licèt in eâdem gardiâ Regiâ fuerint ab antiquo*, il les y reçoit de nouveau, & il ordonne au Sénéchal de Beaucaire, & à ses autres Officiers de la Sénéchaussée de maintenir l'Evêque & le Chapitre de Maguelone dans tous leurs droits, usages, libertez, & Franchises.

Tom. pr. pag. III.   La secheresse qui étoit alors dans le Bas Languedoc & qui empêcha le Roy Charles le Bel (comme nous l'avons dit) de prendre sa route par Montpellier, donna bien de l'exercice à l'Evêque lorsqu'il y fut revenu. Il trouva que des Rhûmes violents, causez par des chaleurs excessives, y faisoient de grands ra-

Pet. Tal. ad an. 1323.   vages. *A cause de quoy* (dit notre Chronique) *fut faite Procession & Predication, & le même jour se mit à pleuvoir.*

1324.   En 1324. les Religieux Augustins tinrent à Montpellier un Chapitre Général de leur ordre, comme on le verra plus au long dans l'article qui les regarde. L'Evêque de Maguelone fit en même-tems ordonner par le Pape Jean XXII. qu'aucun Chanoine de son Eglise ne pourroit exercer la charge de Juge Apostolique, qu'il ne fût en dignité, ou dans les premieres places du Chapitre. C'étoit sans doute pour limiter ces emplois à un petit nombre, afin de retenir à Maguelone ceux que l'ambition ou l'amour de l'independance portoient à briguer ces sortes de commissions, comme il ne fut que trop ordinaire dans le tems que les Papes se tenoient à Avignon.

Le Roy Sanche étant vénu à mourir dans ce tems-là, André de Fredol luy fit faire de magnifiques obseques à Maguelone; & les Consuls de Montpellier lui en firent faire pareillement dans l'Eglise de nôtre Dame des Tables.

Nôtre petit Talamus a crû devoir marquer un present considerable qui fut fait à cette Eglise peu de tems aprez celui dont nous venons de parler. C'étoit une grande Statuë d'argent de la Ste. Vierge tenant son fils entre les bras,

qu'un

II. PARTIE. LIVRE TROISIÉME.

qu'un Orfevre de la Ville, nommé *Raymond Cogat*, avoit travaillé lui-même avec beaucoup de foin, & dont il fit préfent à l'Eglife de Nôtre-Dame des Tables, en reconnoiffance de la fanté qu'il avoit recouvré par l'interceffion de la Vierge. Nous verrons dans la fuite qu'on avoit coûtume de porter cette Statuë dans les Proceffions générales qui devinrent fort frequentes à Montpellier.

L'année 1326. eft marquée dans les Archives de l'Evêché par l'union que Fredol obtint du Pape Jean XXII. de l'Eglife de *Ganges* à la manfe Epifcopale. Mais un évenement infiniment plus intereffant pour notre Ville eft la mort de St. *Roch* qui y arriva l'année fuivante 1327. Ce Saint qui étoit de la famille de Roch trés confiderable dans Montpellier, comme on a pû l'obferver dans le cours de cette Hiftoire, fe voyant fans Pere ni Mere, quitta fon Pays, & paffa fa jeuneffe dans des pelerinages en Italie, qui étoit alors affligée de la pefte. Il y fervit les peftiferez, & fut attaqué lui-même de ce mal. Après en avoir été gueri comme par miracle, il voulut revenir à Montpellier. Mais ayant été arrêté aux approches de cette Ville par les Soldats qu'on fut obligé d'y entretenir dans le tems que les Aragonois commençoient à inquieter le Roy Jacques III. St. Roch fut pris comme efpion & conduit dans les prifons de Montpellier, où n'ayant jamais voulu fe faire connoître, il y mourût le feize du mois d'Août 1327. comme nous l'aprenons du Martirologe Romain. Un évenement fi intereffant pour notre Ville mérite fans doute un plus grand détail que celuy que je viens de donner : c'eft pourquoi je referve d'en parler plus au long dans un article feparé, lorfqu'à la fin de cet ouvrage je traiterai des perfonnes de Montpellier diftinguées par leur Sainteté.

1326.

IV.
1327.

La Mort du Grand Maître de Rhodes *Foulques de Villaret*, qui arriva cette même année, eut beaucoup plus d'éclat aux yeux des hommes. Il avoit été demis de fa charge par les Chevaliers mécontents de fon Gouvernement ; & étant venu à Avignon pour fe juftifier devant le Pape Jean XXII. il avoit été rétabli. Mais foit qu'il voulût fe procurer du repos, ou qu'il y eût une convention fecrete, il donna volontairement fa demiffion après avoir été rétabli, & vint paffer les quatre dernieres années de fa vie au Château de *Teyran*, qui n'eft qu'à une lieüe de Montpellier, & qui apartenoit alors à une de fes fœurs. Il mourut le premier du mois de Septembre 1327. comme nous l'aprenons de fon Epitaphe qui étoit au *grand St. Jean* où il fût inhumé, & que je raporterai en fon lieu.

Hift. de Malthe liv. 3. Chap. 1. & 3.

L'an 1328. donna un fujet particulier de joye à la Ville de Montpellier par la promotion au Cardinalat de Jean de Cominges ancien Evêque de Maguelone, & celle *d'Imbert Dupuy* natif de cette Ville & parent du Pape Jean XXII. Mais la mort d'André de Fredol qui arriva fur la fin de cette même année infpira des fentimens bien differens. Il mourut à Avignon après dix ans & vingt & trois jours d'Epifcopat, le dernier Fevrier 1328. qui finiffoit alors à Pâques. Son Corps porté d'Avignon à Maguelone y fut enfeveli auprez des autres Evêques fes Prédeceffeurs.

132

Jean de Viffec fut choifi pour remplir fa place par le Pape Jean XXII qui voulut continuer de donner aux Chanoines de Maguelone un Evêque qui eût profeffé la vie réguliere parmi eux. On marque en effet que Jean de Viffec de la noble famille de ce nom dans le Diocéfe de Lodeve avoit été élevé fort jeune à Maguelonne, où ayant fait fes études fous les Maîtres établis par le Chapitre, il paffa Docteur en Droit Canon & parvint à la Prevôté de cette Eglife, d'où ayant été attiré auprès du Pape Jean XXII pour être fon Auditeur de Rote, il fut enfin nommé à la place d'André de Fredol. Le féjour qu'il fut obligé de faire à Avignon durant quelques mois après fa nomination, retarda d'autant le ferment de fidélité qu'il devoit au Roy de France ; d'où le Sénêchal de Beaucaire prenant occafion de marquer fon zéle pour les interêts du Roy fon Maître, fit faifir les revenus du nouvel Evêque, qui en ayant écrit au Roy Philippe de Valois, & réprefenté les befoins que fes fujets avoient encore de lui à Avignon, obtint nonfeulement un furfis pour la preftation du ferment, mais encore la main-levée de la faifie.

1328.

JEAN DE VISSEC.

Durant fon abfence, Raymond de Canillac fon Vicaire Général & Prieur de St.

Firmin autorisa la fondation de l'Hôpital de la Magdeleine, avec une Chapelle qu'un citoyen de Montpellier nommé *Pierre Causiti* venoit d'y fonder dans le faux-bourg de la saunerie le long de la Dougue, ou contrescarpe, qui conduit à la porte de St. Guillem. Mais l'Action la plus éclatante que fit en ce même tems ce grand Vicaire, fut l'interdit des Peres Carmes, qui par pitié ou autrement, recevoient indifféremment tous ceux qui étoient poursuivis en Justice, & prétendirent dans les suites avoir un droit d'azile établi chez eux. La chose parut d'autant plus importante, que ces Réligieux ayant tout ce grand espace qu'occupe aujourd'hui l'Hôpital général, pouvoient aisément par les différentes portes qui étoient dans leur enclos, donner entrée à ceux qui venoient s'y réfugier, & faciliter ensuite leur évasion. Comme c'étoit un usage nouveau pour la France, où les aziles n'ont pas lieu, les Magistrats se plaignirent ; & le Grand-Vicaire n'ayant pas crû pouvoir réfuser son autorité, proceda par un interdit auquel les Peres défererent, & ainsi les choses furent remises en l'état qu'elles étoient auparavant.

Voyez l'art. des Hôpitaux.

1330. L'an 1330. fut rémarquable par l'arrivée de Jean de Vissec à Montpellier & par le Synode qu'il y tint. Mais ce qui causa le plus de mouvement en cette Ville fut le Chapitre Général que le grand Maître de Rhodes y vint tenir cette année. Ce fait est d'autant plus remarquable, que Montpellier est peut-être la seule Ville de France qui ait été honorée d'une assemblée si illustre, & que les réglemens qui y furent faits ont servi depuis comme de baze & de fondement au gouvernement de tout l'Ordre.

Pour mettre le Lecteur plus au fait de tout ce qui donna occasion à cette assemblée, je dirai, qu'après la démission de Foulques de Villaret, dont j'ai deja parlé, *Elion de Villeneuve* Grand-Prieur de St. Gilles fut élû à Avignon par les Chevaliers Provinciaux qui s'y trouverent ; & que le bruit ayant couru en même tems que les Turcs menaçoient l'Isle de Rhodes, il reçut ordre du Pape de partir incessamment. Mais avant que de se mettre en chemin il voulut prendre les mesures nécessaires pour le bon gouvernement de l'Ordre dont il étoit chargé. Dans cette vûë il convoqua un Chapitre général à Montpellier, comme nous l'apprenons de l'Histoire de Malthe.

On créa les Baillifs conventuels pour chefs de chaque langue, pour former le conseil du grand Maître, & porter les grandes Croix. Les Officiers créez alors furent Pierre *de Plancy* Prieur de l'Eglise ; Guillaume de *Relavie* grand Commandeur ; Giraud de *Montaigu* Hospitalier ; Federic de *Faugerolles* Maréchal ; Emmanuel de *Carrête* Amiral ; Jean de *Buiboux* Turcopolier ; Arnaud *d'Olives* Drapier ; & Atin *d'Aire* Trésorier. On fit en même tems d'autres Prieurs & Baillifs qu'on appelloit *de deça la mer*, & qui ne pouvoient être changez que par le Chapitre général.

On permit à chaque Grand Prieur de disposer des Commanderies vacantes dans son Prieuré, à la reserve de deux que le Grand-Maître se reserva dans chaque Prieuré, pour les conferer en dix ans à ceux qu'il lui plairoit des résidents au Convent. Il obtint qu'il pourvoiroit de grand-croix les Commandeurs d'Armenie, de Naples & d'Athenes ; les Prieurs de Hongrie, de Castille & de Catalogne ; la Châtellenie d'Emposte, & la Comté d'Alife. Enfin pour acquiter les dettes de l'Ordre, il imposa quatorze mille florins payables toutes les années en parcelles, afin d'achever en dix ans le payement de tous les Créanciers.

Ce bon Ordre établi dans un Corps Réligieux des plus considerables de la Chrêtienté, sous les yeux (pour ainsi dire) de Jean de Vissec Evêque de Maguelone, l'animerent, selon toutes les apparences, à travailler pour son Chapitre de la maniere que le grand-Maître de Rhodes venoit de faire pour son Ordre. Il n'ignoroit point les divisions qu'il y avoit depuis long tems à Maguelone, & les prétentions de chaque Particulier dans leur differens emplois, qui étoient capables d'y entretenir le trouble. Pour y remedier il prit des mesures avec Raymond de Canillac Prevôt de son Eglise, & l'un des plus dignes hommes de son temps, pour regler si bien le détail économique de cette maison, qu'il n'y eût plus à craindre les dissentions qu'il y avoit eu. Il écouta pour cet effet les plaintes d'un chacun ; il examina les differents droits des Officiers de cette grande com

II. PARTIE. LIVRE TROISIÉME

munauté; & après avoir pris les moyens les plus convenables pour concilier tous les esprits, il les fit consentir à la publication des Statuts qu'il avoit dressé avec les plus capables de leur Corps. Cette publication fut faite dans un Chapitre Général qu'il tint à Maguelone le quatre & le cinq de Novembre 1331. & dans lequel il entre dans un très grand detail des fonctions de tous les Officiers.

J'ai eu le bonheur de trouver ces Statuts dans les Archives de l'Evêché, sans lesquels nous ne connoîtrions gueres le gouvernement économique de cette ancienne Maison, non plus que la distribution de ses grands Bâtimens. J'ai devoré avec plaisir toute la peine que j'ai eu à déchifrer ce long & vieux acte qui contient cinquante deux pages in-folio; & quoiqu'il soit défectueux en quelques endroits, j'ai pû en tirer suffisamment dequoi nous donner une idée juste & certaine des observances sous lesquelles vecûrent plus de quatre cens ans tant des personnages distinguez qui sortirent de cette Maison.

Je dirai donc que Jean de Vissec qui prend à la tête de ces Statuts la qualité de Résident & de Président au Chapitre général, avoüe d'abord que le culte divin, le bon ordre dans les aumônes, & l'hospitalité qu'on avoit exercé de tout tems à Maguelone avec liberalité & profusion, avoit souffert du rélâchement par l'amour propre des Particuliers, qui s'étoient cherchez eux-mêmes, plûtôt que l'honneur & l'avantage de leur maison. Ce qui l'ayant porté à examiner avec tous les membres du Chapitre les justes devoirs des Officiers & de tous les Particuliers, il régle pour toûjours l'étenduë & les bornes des obligations d'un chacun, en présence de *Raymond de Canillac* Prévôt, de *Hugues d'Astinel* Prieur Claustral, *Guillaume de Laudun* Vestiaire, *Geoffroy de Villeneuve* Prieur de St. Firmin, & autres Prieurs ou Chanoines Claustraux, au nombre de plus de soixante. "

Il nous fait entendre d'abord que le Prévôt avoit l'administration générale du temporel de la Maison, quoiqu'il eût sous lui plusieurs Officiers pour le soulager dans ce grand détail, & suppléer pour lui dans son absence.

Mais ce qui le regardoit en propre, étoit la provision du pain & du vin, qu'il devoit fournir abondamment aux Chanoines & à leurs Valets *Canonicorum scutiferis & famulis*; aux Hôtes qui venoient par dévotion ou par curiosité à Maguelone; aux amis & parents des Chanoines, & à toute leur suite; aux étrangers qui y tomboient malades, & à toutes les bonnes gens (ce sont ses termes) qui vouloient y venir, lesquels devoient être pourvûs de pain, de vin, & de bons lits aux depens du Prévôt; selon la qualité & condition d'un chacun; sauf aux autres Officiers de les pourvoir du reste.

Le pain qu'il étoit obligé de donner devoit être de pur froment & sans aucun mélange d'orge. Son vin devoit ête pur, loyal, sain, & sans aigreur. *Merum, francum, purum, sanum & non acetosum*. Il pouvoit seulement à la table de la grand Sale apellée *la Sale des Hôtes* faire servir du vin honnêtement trempé. *De bono vino, sed sufficienter limphato*.

Cette distribution nous aprend qu'il y avoit à Maguelone des *Convers* qui portoient la suôtane, & des Donats qui ne la portoient pas. *Conversi qui appellantur de soquaniâ; alii Donati conventûs, sine soquaniâ*. Les uns & les autres devoient avoir du même pain & du même vin que les Chanoines. Et par un article separé, il est permis aux Donats de prendre la Soutane les jours de Fête, comme on voit chez les Chartreux, les Donats qui sont habillez de brun pendant la semaine, prendre l'habit blanc les jours de Dimanche.

Dans l'hospice du Couvent de Villeneuve, le Prévôt devoit faire ses honneurs comme dans Maguelone, & y défrayer les Chanoines qui y venoient, avec leur équipage & leur compagnie, sans recevoir d'eux ni argent ni quoique ce fût. On entre sur cela jusqu'au détail de l'avoine qu'il faudroit donner à leur chevaux.

Cet article me conduit insensiblement aux autres régles qui sont prescrites pour l'hospitalité qu'on devoit exercer à Maguelone & à Villeneuve. Je vais les raporter dans le Chapitre suivant.

CHAPITRE QUATRIE'ME.

I. *Hospitalité exercée à Maguelone.* II. *Mandat quotidien.* III. *Celerier, Refectorier, nourriture des Chanoines.* IV. *Vestiaire, Infirmier.* V. *Fonds pour l'entretien de tous les Officiers.*

I.

Il paroît que l'hospitalité étoit exercée à Maguelone à peu près sur le modelle de celle qu'on voit encore de nos jours dans les grandes Maisons des Chartreux, des Benedictins, & des Bernardins, dont les ordres avoient déja commencé lorsque la régularité fut introduite à Maguelone. Les riches y étoient reçûs sous le nom d'hospitalité, & les pauvres sous le nom d'aûmône. Les uns & les autres avoient des Officiers pour prendre soin d'eux, & le Prévôt qui avoit une intendance générale sur les Officiers, devoit entretenir les meubles & les gens necessaires à leur offices.

Page 36.

Ainsi dans la maison de *l'Aumônerie*, il devoit fournir trente lits de sangle, avec des matelats remplis de bonne laine, un drap & une couverture pour les pauvres Clercs qui venoient à Maguelone. A la cuisine il devoit entretenir & payer les Valets, leur fournir abondamment toute la batterie de cuisine qui est marquée dans un grand détail, jusqu'à une pierre à éguiser les couteaux. *Au four* il devoit tenir tous les ustenciles necessaires, qui par leur termes latinisés nous font connoître qu'on leur donnoit dès ce tems-là les mêmes noms que le vulgaire leur donne encore parmi nous : *cassas, pilas, peirols, semalas, scobas, palas, plumals pro scopandis tabulis, &c.*

La Paneterie qui étoit un office separé du four, où l'on conservoit le pain qui étoit déja fait, avec la farine qui servoit à le faire, le Prévôt devoit y entretenir des grands coffres pour y serrer l'un & l'autre, de même que le son qu'il appelle *furfur seu Bren*. Fournir des barutelles des *espals*, & pourvoir des bons *fourniers, barutelliers*, auxquels il devoit entretenir un logement qui étoit auprès du four, avec le puits qui y servoit.

Les provisions faisoient le premier fonds de la dépence qu'on devoit faire pour les pauvres venans, en quelque tems qu'ils se presentassent, & en quelque nombre qu'ils fussent. *Pauperibus quotidie & quotidie venientibus, quantumcumque sint.* Les pauvres Clercs étoient reçûs à souper & à coucher ; le lendemain on leur donnoit abondamment à manger ; mais les mêmes ne devoient pas revenir de huit jours, & cette même régle devoit être observée par les pauvres lépreux, qui dans ce siecle (comme tout le monde sçait) étoient en fort grand nombre, & qui pour dissiper leur ennuy passoient souvent leur vie à voyager d'une maison de charité à l'autre. Ils étoient reçûs au bout du pont dans un portique bâti exprès pour eux, où ils recevoient une grosse livre de pain & une mesure de vin qu'on appelloit *livrale*.

1331.

Le tems du séjour des pauvres Clercs étoit prolongé aux plus grandes Fêtes. Car il est dit, que soit qu'ils viennent pour chanter, ou seulement pour assister aux Fêtes de Noël, de Pâques, & de la Pentecôte, & à celle de St. Pierre & de St. Paul, ils doivent rester les deux jours suivans, & être traités comme la Communauté.

Mais ce qui marque encore mieux l'esprit d'hospitalité qui regnoit dans cette maison, c'est le soin qu'on exigeoit de celui qui étoit chargé de la table des Hôtes. On veut que s'il trouve quelque étranger dans la cour, il l'invite à entrer dans la sale ; qu'il lui tienne compagnie à table, & que par son entretien & par ses bonnes maniéres, il rende ses Hôtes persuadez de la joye qu'on a de les avoir. *Debet se exhibere verbo & opere bonæ affectionis & voluntatis, cum multâ hilaritate & affabilitate honestâ &c.* Les Juifs & les Sarazins ne devoient pas être exclus de cet hospice ; car il est dit, que par humanité, & par esperance de leur

II. PARTIE. LIVRE TROISIEME.

leur converſion, il faut les recevoir quand ils voudront venir dans l'Iſle, & manger dans la maiſon.

Tous les jours on lavoit les pieds à quelques pauvres : ce qu'ils appelloient *mandat quotidien*. La cérémonie s'en faiſoit dans le Cloître, où les pauvres étoient aſſis ſur des bancs de noyer qui regnoient tout à l'entour, avec leur doſſier de même. Chaque pauvre devoit avoir un tapis ſous ſes pieds, afin que les Chanoines puſſent s'y agenoüiller. On leur donnoit à manger ſur le lieu même, & l'Aumônier étoit chargé de tenir un parevent devant leur table, pour les garantir du vent & de la pluye. Cette même cérémonie ſe faiſoit avec plus de ſolemnité le ſamedi de Rameaux : car alors ils paſſoient du Cloître au Refectoire, où l'Evêque (& à ſa place le plus éminent du Chapitre) beniſſoit la table, baiſoit la main à châque pauvre, & lui donnoit un denier qui devoit être fourni par le Prévôt. Le nombre des pauvres étoit alors proportionné à celui des Chanoines preſents ; & ſi l'Evêque y aſſiſtoit en perſonne, il y avoit ſix pauvres pour lui, & quatre pour le Prévôt, s'il y étoit préſent. Cette ſorte de *mandat* ou lavement des pieds étoit ſi fort en uſage, que les Chanoines le pratiquoient entre eux, ſoit par propreté, ſoit par religion, ou par l'un & l'autre motif : *item quia Canonici faciunt ſibi ipſis mandatum, Præpoſitus tenetur habere garciferos qui Canonicorum abluant pedes.*

Je crois avoir trouvé dans les régles particulieres de l'Aumônier le nombre des pauvres qu'on employoit dans le mandat quotidien : car il eſt dit, que lui ou ſon Lieutenant pourvoiront de trois pauvres Clercs pour le mandat quotidien ; ou de trois pauvres Laïques, s'il ne ſe trouve point de Clercs. Lorſque l'Evêque ou quelques autres Prélats venoient pour faire le mandat, l'Aumônier devoit préparer un agenoüilloir avec ſon carreau, & du beau linge, ouvrage de France, *de opere Francia*. Mais au mandat des Chanoines, c'étoit au maître des armoires à fournir le linge, & à l'Aumônier à fournir l'eau chaude. Une autre ancienne coûtume étoit de donner à chaque pauvre du mandat une paire de chauſſons de laine, depuis la fête de tous les Saints juſqu'à Pâques. L'obſervation en eſt fort recommandée à l'Aumônier ; & afin qu'il ſçût où prendre leur nourriture, on marque que ſon Lieutenant ira prendre du *Celerier* le pain & le vin neceſſaire, & du *Cuiſinier* une portion de Chanoine, pour chaque Pauvre. Et pour nourrir les Pauvres qui n'étoient pas du mandat, il alloit partager avec le Celerier tout ce qui reſtoit du repas des Chanoines.

Le *Celerier*, qui neceſſairement devoit être du Corps des Chanoines de Maguelone, étoit proprement le Subſtitut du Prévôt dans l'intendance de la Maiſon. Il ſuppleoit pour lui dans tout le détail ; mais il étoit chargé en ſon propre de recevoir tous les venants à titre d'hôtes, comme l'Aumônier étoit chargé de ceux qui venoient à titre de pauvres. Il lui eſt fort recommandé de leur faire bon viſage, *debet Cellerarius hoſpites recipere cum lætâ facie*. Et pour l'aider à ſe mieux acquiter des devoirs de l'hoſpitalité, on luy laiſſoit le choix de telle perſonne de la maiſon qu'il voudroit, pour prendre ſoin de la ſale des hôtes. Ce ſecond Officier à qui l'on donne le nom de *Salarius*, avoit encore ſous luy un chambrier ou *Camerier* pour tenir toutes les chambres en état ; & le Prévôt devoit le pourvoir abondamment de tout ce qu'on peut entendre ſous le nom de *Rauba*, pour l'uſage de ceux qu'il recevoit, afin (dit l'acte) que les bonnes gens qui auront été reçûs s'en aillent contens.

Un autre des principaux ſoins du Celerier, étoit l'inſpection générale de tous les domeſtiques de la Maiſon, qui étoient en très-grand nombre. Il avoit ſur eux droit de correction, & il n'en devoit ſouffrir aucun qui eût offenſé quelque Chanoine, à moins qu'il ne lui eût fait une ſatisfaction convenable.

Après avoir parlé des Officiers deſtinez à l'hoſpitalité, je crois devoir dire quelque choſe des offices qui étoient communs aux Hôtes, & à la Communauté ; j'entends la Cuiſine & le Refectoire, d'où l'on tiroit la nourriture des uns & des autres. Nous trouvons d'abord un Intendant de Cuiſine apellé *Coquinarius*, que je ne puis mieux exprimer en langage du tems que par le titre *de Maître d'Hôtel*. Il avoit pluſieurs perſonnes ſous lui, auſquelles il ſe contentoit de donner ſes ordres pour les choses de son ressort. Le premier étoit le Cuisinier apellé *Coquus*, qui devoit prêter serment en Chapitre de ne recevoir ni préparer aucune viande gâtée, & de faire les portions comme de coûtume. Il avoit deux aides de cuisine, & deux marmitons, *quatuor famulos, quorum, alter sit subcoquus, alius centrellarius, & alii sint solhardi.*

1331. Le *Refectorier* étoit du corps des Chanoines, & choisi par le *Celerier*, qui le présentoit au Prieur Claustral, des mains duquel il recevoit les clefs de son office. Il avoit sous lui un Convers pour préparer les tables, & pour veiller à la netteté du Refectoire. Ce Convers assistoit en soutane à tous les repas; & dans les differentes saisons il pourvoyoit aux commoditez qu'on pouvoit procurer dans le Refectoire. Les deux qui m'ont paru les plus remarquables, sont une feüillée au-dessus des fenêtres, & un grand éventail fait avec des feüilles de palmier pour chasser les mouches durant l'été, *ad deffendendum muscas in aestate, qui debent esse de palmis.*

Le soin de pourvoir au dessert regardoit aussi le Refectorier, qui devoit aller lui-même dans le tems de Pâques à la Grange du Prévôt (désignée au-dessus du Pont de la Mousson) & y faire traire le lait des chevres du Prévôt, pour avoir suffisamment du caillé pour toute la Communauté. Et dans le tems des figues & des raisins, il passoit à Villeneuve pour en prendre dans les vignes du Prévôt, & dans les jardins de l'Intendant de la cuisine.

On aura peut-être la curiosité de sçavoir quelle chere on faisoit dans cette Maison: A quoi je puis répondre, que si je raportois tout le long détail qu'on en fait dans l'acte, dont je donne ici le précis, j'ennuyerois assûrement mon Lecteur. Je me contenterai donc de dire qu'on y faisoit un gros ordinaire, puisqu'il est dit, que tous devoient être servis abondamment, & que leur restes devoient être partagez entre le Celerier & l'Aumônier, pour servir aux Valets de la Table des Hôtes, & aux pauvres du dehors. Deux occasions particulieres nous feront connoître la grande consommation qui se faisoit dans cette Maison. La premiere est tirée des jours qu'ils appelloient de *misericorde*, c'est-à-dire, d'obit ou d'anniversaire; car alors l'officier qui faisoit faire la misericorde donnoit à la Cuisine six Moutons, six Chevreaux, & deux Jambons pesant au moins six livres chacun. La seconde est tirée des jours d'extraordinaire, qui étoient assez frequens, & où le Prévôt faisoit ce qu'ils apelloient *convivium generale*. Il étoit obligé de leur donner au dîné, outre le pain de touzelle, & le bon vin clairet (dont il est fait une expresse mention) une purée avec du petit salé, une bonne piece de Bœuf *cum piperato*, des lapins au civet, des baignets abondamment, du fromage & des crespets, avec

Page 15. de l'hypocras. Au soupé je trouve des coutellettes de porc salé, du fromage, des pommes, des dates, figues, noix, avelanes, nesles & hypocras, le tout abondamment, tant pour les Chanoines que pour les Hôtes.

Aux jours maigres le Prévôt donnoit pour la dépense de la Cuisine quarante sols, avec lesquels on achetoit de trois sortes de poisson pour chacun de ceux qui mangeoient à la table commune. Ceux qui ne vouloient pas de quelque plat, pouvoient l'échanger contre cinq œufs ; & ces sortes d'échanges devoient être fort ordinaires, puisqu'on entre sur cela dans un fort grand détail. J'ajoûte qu'il y est

1331. souvent parlé de langues de bœuf, de fouques ou macreuses, & des anguilles salées, & qu'on y ordonne pour tous les jours maigres, depuis la St. Michel jusqu'à Pâques, une sauce au poivre, *cum piperato*; & depuis Pâques jusqu'à la St. Michel, du *verjus*, apellé dans cet acte comme nous faisons en patois, *agrestum* ou *agras*. D'où l'on peut conlurre qu'à Maguelone on s'accommodoit fort du haut goût. On a regardé dans ces derniers tems comme un préjugé de la bonne chere qu'on faisoit autrefois à Maguelone, la découverte qui y fut faite (après la Translation du Chapitre à Montpellier) du traité d'Apicius *de re culinariâ*, comme on peut voir dans le Dictionaire de Bayle sur le mot *Apicius*, & dans la préface du traité de ce fameux gourmand, qui a été donné au public.

J'espere que le Lecteur voudra bien me souffrir ce petit détail, en faveur d'une Maison qui fut si respectable à nos Peres, & d'où la Compagnie dont j'ai l'honneur d'être, tire son origine. On ne peut juger plus sûrement de l'esprit qui y regnoit, que par les régles que tous avoient embrassées ; & un peu de détail sur cela nous mettra plus au fait de tout ce qu'on pourroit nous dire d'une manière vague & générale. Ainsi je ne ferai pas difficulté de raporter encore comment on pourvoyoit aux autres besoins des Chanoines, soit dans la santé ou dans la maladie.

IV.

Le *Vestiaire*, qui devoit être pris du Corps du Chapitre, pourvoyoit aux habits de tous ceux de ses confreres qui résidoient à Maguelone. Les deux termes qu'il avoit pour leur en donner de neufs étoit Pâques & la Toussains. Son Lieutenant devoit aller prendre tous les quinze jours dans le Dortoir ce que chacun avoit de sale & de décousu ; & le samedy suivant il alloit remettre le tout bien lavé & bien rétabli sur le lit de chaque Chanoine. Pour cet effet le Vestiaire devoit entretenir dans l'Isle un bon Tailleur & un bon Cordonnier avec son garçon chacun, qui ne devoient rien prendre des Chanoines. Pour la même raison il étoit chargé du soin de la *Lavanderie*, où nous aprenons qu'il y avoit un gros canal de plomb pour y conduire l'eau du puits dans la grande chaudiere.

Par succession de tems le Vestiaire fit abonner le prix de chaque habit ; d'où vient qu'il est marqué aux *Convers* pour toute l'année cinquante sols de monnoye courante ; & à chaque Chanoine, quarante sols au Chapitre de Pâques ; & des habits en espèce à celui de la St. Luc, pour le montant de pareille somme. Sur quoi je laisse faire les réflexions qui viennent naturellement sur la valeur de l'argent en ce tems-là.

L'*Infirmier* faisoit soigner les malades tant les Novices que les Chanoines claustraux. Il devoit leur fournir toute sorte de remedes, & les pourvoir d'un bon Medecin, qui de son côté prêtoit serment au Chapitre qu'il n'agiroit point par des affections particulieres dans la cure de ses malades. Il est fort recommandé à l'Infirmier de leur procurer toutes les commoditez qu'on pourra imaginer, d'être bien pourvû d'huile, de roses & de violettes, de sirop d'Alexandrie &c. Pour cette raison on lui affectoit toutes les roses, les mûres, & les amandes qui croissoient dans l'enceinte de l'Isle. Les Convers, les Religieux étrangers, ou Moines ayant confraternité avec Maguelone y devoient être soignez, de même que les Prieurs & leurs Vicaires qui tomboient malades dans l'Isle. Mais comme ceux-cy avoient de bons revenus ils devoient ensuite rembourser l'Infirmier.

1331.

On lui donnoit pour aide un homme appellé le Bayle de l'Infirmerie *Bajulus infirmaria*, qui devoit, sous ses ordres, prendre soin de toutes choses, tenir un inventaire des meubles de son office, manger avec les malades quand ils étoient seuls, & s'apliquer à bien faire les distillations de l'eau-rose & autres semblables. Il avoit de plus un cuisinier particulier & un valet sous lui pour faire les lits de l'Infirmerie ; & lorsqu'il en falloit davantage, le Prévôt étoit obligé d'en fournir à ses depens. Un autre de ses soins étoit de faire bonne provision de volaille ; car lorsque les malades étoient en état d'en manger, ils devoient avoir deux poules de trois en trois ; & cet usage s'observoit pendant trois jours pour les Chanoines qui venoient par précaution à l'Infirmerie, comme pour se faire seigner, ou pour autres petits remedes. Alors le Prévôt en devoit faire la dépense ; mais lorsqu'ils étoient effectivement malades, l'Infirmier payoit tout.

Page 2.

V.

On me demandera peut-être quels fonds avoient tous ces officiers pour fournir à la dépense qu'ils étoient obligez de faire ? Aquoi je repondrai qu'ils avoient chacun une ou plusieurs Eglises de la manse capitulaire, dont les revenus étoient affectez à leur Office. Ainsi le *Vestiaire* (comme on a pû l'observer cy-devant) retiroit tous les fruits des Prieurez de *Grabels* & de *Juviniac*, & il avoit à Montpellier une grande maison, dont le puits attenant portoit un revenu fort considerable pour ce tems-là. Le *Sacristain* avoit le Benefice de Montels. L'*Aumônier* faisoit cultiver à son profit de grandes pieces de terre à Villeneuve & à St. André de Maurin, dont (par exprès) il étoit exempt de payer la dîme au Prévôt.

Je ne parle point du *Celerier* qui étant le Vicaire & le substitut du Prévôt, avoit l'administration de ses grands revenus, & prenoit par ses mains ce qui étoit necessaire aux choses de son office, sauf à en rendre compte. Ce que je dis de ceux cy peut être appliqué aux autres Officiers ; & si l'on veut ajoûter que le Prévôt (comme je l'ai déja observé) leur fournissoit les meubles & les gens qui leur étoient necessaires, & qu'il donnoit tout le pain & tout le vin qui se consommoit dans l'Isle , on comprendra aisément qu'ils étoient fort soulagez; sans parler de plusieurs provisions qu'il donnoit en espece , par exemple deux mille anguilles à *l'Aumônier* pour les jours maigres, & quantité d'autres semblables choses que je ne raporte point, pour ne pas trop insister sur ce detail. Ce que je dois le moins oublier c'est, que si par sterilité, par cherté, ou contagion, l'Aumônier ne pouvoit pas fournir aux fonctions de son office, le Prévôt y devoit suppléer pour l'amour de Dieu , comme il y étoit obligé par acte public.

Mais ce qui augmentoit considerablement le revenu de tous ces Officiers , étoit une pension que les Prieurs de la manse du Chapitre leur devoient payer en argent ou en denrées à tous les Chapitres Généraux, ou à certains autres jours de l'année. Cette pension pouvoit bien être ce qui est appellé *procuration* dans les Bulles des Papes dont j'ai parlé cy-devant. Mais dans les Statuts dont je donne icy le précis, c'est une taxe où tous les Prieurs sont compris, les uns envers chaque officier de Maguelone , les autres envers quelque Officier seulement. On y entre dans un fort grand detail, qu'il ne convient pas que je rapporte icy au long; mais on en jugera suffisamment par la taxe établie pour l'intendant de la cuisine.

A CHAQUE SINODE.

Le Prieur de *Montauberon*,	XV. livres.
Le Prieur de *Frontignan* ,	X. livres.
Le Prieur de *Notre-Dame des Tables* ,	C. sols.
Celui de *Ozorio*,	C. sols.
Le Prieur *de St. Jean de Buëges* ,	L. sols.
Le Prieur de *la Verune* ,	L. sols.

Et ainsi des autres Prieurs de la manse Capitulaire.

JOURS PARTICULIERS.

Le Prévôt, à la *veille de tous les Saints*,	XVI. livres.
Le Prieur de Castelnau, *La veille de Noël*,	XX. livres.
Le Prieur de Lunel , *La veille de S. Jean l'Evang.*	XVI. livres.
Le Prieur de S. Denis de Montpellier, *Le jour des Rois.*	XVI. livres.
Le Prieur de Montauberon, le mardi gras,	XXX. livres.
Le Prieur de St. Denis de Ginestet, à la *veille de Pâques.*	XX. livres.

De cette maniére l'Intendant de la cuisine faisoit une grosse Collecte à tous les Chapitres Généraux. Et l'on peut observer l'attention particuliere que l'on avoit eu de luy menager ses payements aux jours où il étoit obligé de renforcer l'ordinaire de la Communauté. Par cette même regle, le *Vestiaire* , *l'Infirmier*, *l'Aumônier* , *l'Ouvrier* , *le Sacristain* , & le *Pontaudier* recevoient en differens tems dequoi fournir aux charges de leur Office; & ces mêmes officiers se devoient reciproquement l'un à l'autre une pension , selon le besoin qu'ils avoient les uns des autres. Par exemple , le Vestiaire & le Sacristain payoient une pension à l'Ouvrier, parce qu'il prenoit soin des bâtimens de leur office ; & l'Ouvrier avec les autres en payoient une au *Pontaudier*, parce qu'il entretenoit la Communication de Villeneuve à Maguelone , par le moyen du Pont dont il étoit chargé.

CHAPITRE

CHAPITRE CINQUIEME.

I. *Vie privée des Chanoines.* II. *Office de l'Eglise.* III. *Sacristain & ses fonctions.* IV. *Bâtimens de l'Isle.* V. *Pont de Maguelone.* VI. *Droit d'entrée des Chanoines.*

1331.

DE tout ce que j'ay déja dit, on peut inferer que l'esprit de ceux qui dresserent les Réglemens du Chapitre de Maguelone avoit été de tenir les Chanoines dans une espéce de dependance les uns des autres pour y entretenir l'union. Ainsi les Chanoines claustraux voyageans dans le Diocése devoient être reçûs chez les Prieurs comme dans leur propre maison. Les Prieurs de leur côté étoient servis à Maguelone sains & malades. S'ils mouroient oberez, sans pouvoir être secourus des biens de leur Pere ou de leur Mere, le Prevôt, en prenant d'ailleurs toutes les précautions possibles, devoit rendre les Créanciers taisans. Lors qu'étant à Montpellier avec permission des Superieurs, ils venoient à y tomber malades, l'Infirmier de Maguelone devoit fournir à leur besoins : mais il faloit être sorti de Maguelone avec permission, pour joüir de tous ces avantages; & il est dit expressément, que si l'Infirmier lui même étant hors de l'Isle, rencontroit le Prieur Claustral, il doit lui dire qu'il est sorti pour les affaires de son Office, & lui demander la permission de rester déhors; ce que l'autre ne refusera point.

I.

On donnoit d'ailleurs aux Chanoines Claustraux toutes les douceurs qu'ils pouvoient raisonnablement exiger. S'ils vouloient aller voir leur Amis ou Parens & se promener avec eux sur l'étang, ou se divertir au bord de la mer, on leur donnoit des bâteaux pour les y conduire, & à leur retour on devoit les regaler eux & leur compagnie. Si quelqu'un vouloit quitter Maguelone pour aller servir dans une Paroisse du Chapitre, il n'avoit qu'à se faire demander par le Prieur chez qui il vouloit aller : alors le Prevôt ne pouvoit refuser. Mais si deux Prieurs concouroient en même tems à demander le même sujet, c'étoit au Chanoine Claustral à dire chez lequel des deux Prieurs il vouloit aller. D'un autre côté, les Prieurs qui étoient tenus d'avoir un Compagnon ou Associé avec eux, devoient le demander au Prevôt dans l'espace de huit jours, ce qu'ils appelloient *presenter*; mais s'ils laissoient passer ce terme, le Prevôt de plein droit pouvoit y nommer.

Page 16.

Je ne sçay si j'ajoûteray encore, pour faire voir dans quel détail on descendoit en faveur des Chanoines, qu'afin de leur diversifier le poisson de mer qu'on leur servoit à table, on ordonnoit à l'Intendant de la cuisine d'acheter à certains jours des esturgeons lorsqu'il s'en trouveroit à Montpellier, & de leur en donner outre la portion ordinaire. *Tenetur coquinarius dare conventui, si possit reperiri in Montepessulano, de pisce dicto esturjon, simul cum alio generali piscium.* On veut que si le pain ordinaire n'est pas trouvé assez bon, on en achete d'autre ; & afin qu'ils eussent lieu d'être contens du vin qu'on devoit leur servir, on préscrit des formalitez remarquables pour proceder à l'ouverture d'un nouveau muid. *Statuimus quòd Cellarius, aut ejus locum tenens, non audeat vinum pro conventu dozillare, nisi vocato Priore Claustrali : qui Prior debet vocare secum tres vel quatuor claustrales Canonicos bonos viros, ut videant si vinum sufficiens fuerit pro conventu.*

Page 24.

Page 18.

Tout ce qu'on exigeoit des Chanoines Claustraux étoit l'étude & le service du chœur. Ils avoient un maître d'étude pour la jeunesse, & un quartier pour les Etudians. Tous pouvoient aller étudier à la bibliotéque, où les livres étoient attachez avec des petites chaines de fer sur des pupitres, selon l'usage de ce tems là. Les livres dont on faisoit le plus de cas étoient ceux de Theologie qui étoient gardez dans des grandes armoires par un Officier appellé Armoirier, *Armarius*. Il devoit pourvoir de livres la Sacristie & le Chœur; & si les moyens venoient à lui manquer, il lui est ordonné de vendre les livres que les Chanoines auroient laissé en mourant, excepté ceux de Theologie. *Exceptis Theologis, qui nequaquam vendantur*, pour en employer le prix à acheter ceux qui lui manqueroient.

1331.

94 HISTOIRE ECCLESIASTIQUE DE MONTPELLIER

II. Le service du Chœur obligeoit d'assister à Matines, à la grand'Messe, & à Vêpres. Cette obligation étoit si étroite, que l'Infirmier même avoit besoin de la permission du Prieur Claustral pour s'en exempter. Toute la grace qu'on lui faisoit étoit de l'assujettir à la grand'Messe les jours communs : mais aux jours de Dimanche, & à ceux qu'ils apelloient de deux, trois & quatre chapes, il étoit tenu d'assister à Matines & à Vêpres. Ce nombre de chapes qu'on portoit à l'Office en marquoit la solemnité. Le Forestol au milieu du Chœur étoit couvert d'un tapis, & les Chantres y portoient des bourdons dont on nous donne un inventaire, sçavoir, six avec des pommes de cristal, deux d'ivoire, & deux de bois peint pour les Morts. Les meubles de l'Autel étoient beaucoup plus riches ; car dans les regles particulieres du Sacristain, il est fait mention des croix, des encensoirs, des livres plaquez d'argent, des bassins, des burettes & des Missarabes d'argent : *Bassinos, Urceolos, & Missaraba argentea ad usum altaris Sti. Petri, &c.*

Ces dernieres paroles nous donneroient lieu de penser qu'on retenoit encore à Maguelone quelque chose du rit Mosarabe établi dans le III. Concile de Tolede, & ordonné pour tous les Diocèses de la domination des Rois Visigots. Il est vrai que les Villes du bas Languedoc reconnurent ces Princes jusqu'à la décadence de leur Empire, & que les Evêques de Maguelone étoient apellez aux Conciles de Tolede ; mais nous n'avons rien de certain pour le rit qu'on observoit dans leur Eglise : & il est probable que le changement des Chanoines de Maguelone à Substantion, causa quelque alteration aux cérémonies exterieures du service divin, & que ce petit nombre de Chanoines se conforma insensiblement à l'usage des autres Eglises de France. Il ne nous reste aucun vieux livre qui puisse nous donner des éclaircissemens sur cet article ; & nous n'avons conservé que l'Office de plusieurs Saints d'Espagne, comme *St. Hermenegilde, Ste. Eulalie, Ste. Leocadie, St. Just & Pasteur ; les Sts. Acisele & Victoire Martirs de Cordoüe, &c.*

Ce que j'ai pû tirer de l'acte dont je donne ici le precis, c'est que la suspense du St. Sacrement étoit en usage à Maguelone : *tenetur Sacrista facere funem ex quâ pendet Corpus Christi super altare, & caxulam in quâ moratur.* L'Autel devoit être garni *palliis, mappis & tapetis,* comme on fait encore dans plusieurs anciennes Eglises. On tenoit au bas de l'Autel deux grands chandeliers qui portoient deux cierges pesant vingt-cinq livres chacun, & qui n'étoient renouvellez qu'aux Fêtes de Noël, de Pâques, de St. Pierre, & de la Toussaints. Depuis ces chandeliers jusqu'à l'Autel, regnoient de grands rideaux courant sur des tringues de fer, pour couvrir le Celebrant. Trois grandes lampes qui devoient brûler nuit & jour, pendoient à une grosse poutre qui traversoit le Sanctuaire, avec cette difference, que la lampe du milieu étoit garnie d'un cierge, & les deux autres avec de l'huile. Le Sanctuaire étoit fermé par des grilles de fer qu'il apelle *cledas ferreas,* sûr lesquelles on mettoit un grand nombre de petits cierges à l'arrivée d'un Evêque, d'un Cardinal, ou d'un Archevêque. Du milieu de cette grille sortoit un grand bouquet de pointes de fer, qu'ils apelloient l'arbre, & qu'on remplissoit de petits cierges pour brûler, jusqu'à ce que la priere du Prélat fût finie, *ita ut tota arbor plena cereis ardentibus & munita existat.*

1331.

III. Le *Sacristain* qui devoit être constitué dans l'ordre de prêtrise, étoit chargé de tout ce soin. Il avoit en garde le Trésor de la Sacristie, & pour le soulager dans cet emploi, on lui laissoit le choix d'un sous-Sacristain, & à celui-ci d'un Lieutenant pris du corps du Chapitre. Ils travailloient tous ensemble aux devoirs de leur charge, & principalement à la fabrique des chandelles & des cierges dont on faisoit une grande consommation à Maguelone. Le tems d'y travailler étoit aux aproches des quatres grandes fêtes de l'année ; & alors ils se faisoient aider par les deux Clercs de la Sacristie, par les Quêteurs que le Sacristain avoit droit de tenir au-dedans & au-dehors de l'Eglise, & par les deux sonneurs des cloches apellez *Escaboliers,* qui étoient sous ses ordres. Les *Escaboliers* devoient porter la soutane, & il leur étoit defendu de paroître dans le Chœur, ou en présence de la Communauté assemblée, sans avoir leurs souliers aux pieds.

La façon & la distribution des chandelles étoit la charge la plus penible & la plus dispendieuse pour le Sacristain ; car il devoit généralement fournir tout

II. PARTIE. LIVRE TROISIÉME

le luminaire qui se brûloit dans l'Isle. On entre sur cela dans un fort grand détail, & l'on marque ce qu'il devoit donner pour la chambre de l'Evêque & pour celle du Prévôt ; aux officiers de la maison , pour eux & pour leurs offices ; aux Chanoines Claustraux, soit qu'ils dormissent dans le Dortoir, ou dans l'apartement bas ; à leur passage pour aller de nuit à Matines, & en hyver à Complies. Je passe tout le reste de ce détail qui pourroit être ennuyeux, pour dire les moyens qu'on lui donnoit de fournir à cette dépense. Nous trouvons pour cela une taxe considerable établie en sa faveur sur divers Prieurs du Diocése, qui la payoient en argent ou en denrées. Mais il y a cette difference pour les denrées , que le bled étoit portable à Montpellier dans la Maison qu'il y avoit , & le vin dans son cellier à *Montelz*. Quant à l'huile que le Prieur de Frontignan lui devoit pour le St. Crême, le Sacristain étoit obligé de l'envoyer querir le jour des Rameaux.

Une autre charge de son office étoit de pourvoir aux funerailles, selon le Cérémonial particulier qu'on observoit à Maguelone. La régle vouloit que si le Chanoine étoit mort dans quelque Benefice, le Prieur & ceux du passage devoient nourrir sept pauvres pour le salut de son ame, & fournir le luminaire & les voitures pour porter son corps à Villeneuve, où le Prévôt envoyoit le prendre. Si le Chanoine étoit mort à Montpellier, le Prévôt faisoit accompagner le corps avec six flambeaux de cire de cinq livres chacun, jusqu'à un certain arbre qui étoit sur le chemin de Maguelone , où le Sacristain devoit tenir toutes choses prêtes pour le recevoir, en jettant sur le corps un drap d'or, qui devoit être (comme dit l'acte) bon & suffisant. *Debet etiam Sacrista ponere super corpus hujusmodi defuncti Canonici unum pannum aureum bonum & sufficientem.* Je trouve que dans l'Eglise on mettoit quatre cierges autour du corps , deux à la tête , & deux aux pieds. On étaloit en même-tems sur la biere les marques distinctives des Chanoines, qui étoient l'*Aumusse* avec le *Surplis* ; & parce qu'ils vivoient sous la régle de St. Augustin, on y ajoûtoit le *Scapulaire* & le *Capuce* qu'ils portoient en hyver ; un couteau , du fil , & une aiguille , dont je ne trouve d'autre origine que l'usage des autres Religieux fondez avant eux.

1331.

Toutes les dépoüilles des morts étoient partagées entre l'Infirmier & le Vestiaire par le Prieur Claustral, qui prenoit aussi pour lui faire ce partage. Mais ce qui est réglé pour les étrangers est beaucoup plus remarquable. Si quelque Baron ou Chevalier (dit le Réglement) se fait porter à Maguelone " après sa mort avec sa banniere , son écû , sa lance , son cheval , & autres ar- " mes; son écû sera apendu dans le Cloître , sa banniere dans l'Eglise , les au- " tres armes données en garde au Celerier, & le cheval réservé pour le Prévôt. " Il est encore à observer que lorsqu'un étranger choisissoit sa sepulture à Maguelone (ce qui étoit fort ordinaire aux gens des environs) on portoit avec son corps tout ce que le défunt avoit legué à l'Eglise en argent ou en denrées ; & alors si la somme ne passoit pas dix sols, elle étoit toute pour le *Procureur des morts* qui étoit un officier de la maison commis à l'enterrement des étrangers. Si elle alloit jusqu'à cinquante, il tiroit d'abord ses dix sols, & le reste étoit partagé entre le Prévôt & lui ; que si la somme passoit cinquante , elle étoit toute pour le Prévôt. Sur cette même régle on évaluoit les denrées qui étoient portées en espéce; & ils se les partageoient entre eux dans la même proportion.

Page 17.

Les *Misericordes* ou *Anniversaires* dont j'ai déja parlé , qui étoient célébrez au Refectoire après l'avoir été à l'Eglise , nous font connoître plusieurs anciens bienfacteurs de Maguelone. Il est fait mention de *Bernard de Mezoa*, de *Guillaume Gaucelin*, de Jean de *Montlaur de Murles*. *Pro anima Joannis de Montelauro de Murlis*, tous Evêques de Maguelone. De Fredol de *St. Bonnet* Evêque du Puy, jadis Chanoine de Maguelone, d'Hugues de *Miremaix* dont j'ai parlé ci-devant , de Guillaume *Bessede*, Guiraud *Mercadier*. N. *Gaillard*, Pierre *d'Almeras*, Pierre *Albon*, & Dame *Ermensende*, qui avoit donné au Chapitre le maisonage de *Pechabon*, & quantité d'autres personnes moins connuës. Mais la plus remarquable de toutes ces Misericordes, est celle dont le Vestiaire étoit chargé pour le jour des Saints Gervais & Protais, où l'on devoit donner pour le Refectoire sept moutons, sept chevreaux, dix-huit livres de petit-salé, deux quintaux & demi de farine, quatre mesures de vin : &

Tom. 2. pag.

1331.

pour toute cette dépense, on affecte le revenu du puits qui est à Montpellier auprès de la maison du Vestiaire, *pro quâ misericordiâ faciendâ, sunt reditus putei positi juxta hospitium Vestiariæ obligati.* Je doute fort que ce ne soit le puits que nous apellons aujourd'hui *de las esquilles*, qui n'est separé que par la ruë, de la maison du Président Belleval, qui constamment étoit autrefois la maison du Vestiaire.

IV. Il est tems que je parle des bâtimens de Maguelone, dont j'ai déja touché quelque chose dans le cours de cette Histoire, & sur lesquels nous pouvons tirer de plus grands éclaircissemens de l'acte dont je continuë le précis. Il est dit dans les régles particulieres de l'*Ouvrier*, qu'il est obligé par les devoirs de son Office " d'entretenir le toît de l'Eglise St. Pierre, de St. Augustin, & de St. Pancrace, la " Tour de Ste. Marie & celle de St. Jacques, & généralement tous les ouvrages " en pierre du Chapitre, du Dortoir, du Cloître, du Fort, avec les autres édifices qui sont entre les portes de fer. D'où nous devons naturellement conclurre que toutes les pieces que nous venons de nommer étoient dans l'enceinte des portes de fer qu'on fermoit à certaine heure tous les soirs, & qu'on n'ouvroit plus de toute la nuit d'abord que les ponts étoient levez.

L'Eglise de St. Pierre étoit la même que nous voyons à présent, longue de 23. cannes 6. pieds dans œuvre, large de 13. dans la Nef, & de 16. dans la profondeur des deux Chapelles qui forment la Croix. La Chapelle du côté de l'Evangile où le Peuple dit qu'étoit le tombeau de la Belle-Maguelone & de Pierre de Provence, étoit appellée *du St. Sepulcre*; & on y dressa depuis un grand Mauzolée au Cardinal de Canillac, qui fit donner son nom à cette Chapelle. L'autre qui étoit du côté de l'Epître, portoit le nom de *Ste. Marie*, de même que la grande Tour qui étoit au-dessus.

L'entrée de l'Eglise étoit à niveau du dehors, sur lequel on marchoit sept ou huit pas, après lesquels on descendoit quatre marches pour trouver le plein pied de la Nef; & au-dessus de l'entrée en dedans l'Eglise, étoit en forme de Tribune le Chœur des Chanoines, que je ne puis mieux comparer qu'à celui de la *Daurade*, qu'on dit être la plus ancienne Eglise de Toulouse.

L'Eglise ou Chapelle de St. Augustin ne m'est pas connuë; mais celle de St. Pancrace subsiste encore dans son entier. Elle est au-dessus de la Chapelle de Canillac, & à niveau des apartemens hauts de la maison. Sa voûte est fort exhaucée, & l'on y voit de beaux bancs de pierre tout-au-tour. C'est une petite Eglise interieure, ou si l'on veut, une grande Chapelle domestique, à portée du logement des Chanoines; comme on voit à l'Archevêché de Paris, & au Palais des Vice-Legats d'Avignon, des Chapelles domestiques à niveau des apartemens hauts.

Les Tours de Ste. Marie &. de St. Jacques ne subsistent plus. Il ne reste aucun vestige du Chapitre ni du Dortoir apellé *Dormitorium*, où dans une longue Sale, coupée à droit & à gauche par plusieurs petites Cellules, ils dormoient tous ensemble, & étoient éclairez en cas de besoin par des lampes qui brûloient toute la nuit dans l'allée du milieu.

Le petit Cloître & la Cuisine se font connoître encore par les arceaux qui regnent le long de l'Eglise en dehors, & par la grande cheminée qui est terminée en forme de Tour ronde. Elle est apellée dans cet acte *Turris Culinæ*, comme dans Verdale.

1331.

Le Fort dont il est fait mention, se ressentit le premier de la démolition qui fut ordonnée en 1632. par le Roy Loüis XIII. de sorte qu'on n'en peut rien dire pour l'avoir vû. Mais nous aprenons de l'acte sur lequel j'écris, que le Prévôt de Maguelone étoit obligé d'entretenir dans ce Fort une Sentinelle pour faire la ronde, & pour sonner du cors aux heures de la nuit : *Debet Præpositus in Fortalitio tenere unum hominem qui vocatur Bada, bonum & sufficientem, qui debet buccinare horas noctis. Et ille homo debet habere unum Namphile ad buccinandum dictas horas, & dicta gacha tenetur facere falsas.* Il ajoûte que lorsqu'il sera nécessaire d'avoir un plus grand nombre de gens pour faire les veilles de la nuit, le Prévôt en fournira. Et comme la guerite où la Sentinelle se tenoit, étoit plus élevée que le reste du bâtiment, le Reglement veut que le Prévôt lui fasse donner une bonne échelle pour

y

II. PARTIE. LIVRE TROISIÉME. 97

y monter, avec des paniers ou corbeilles pour tirer à foi les vivres qu'on lui portera : *Item tenetur providere de scalâ ad ascendendum super dictam Turrim, & de bono paniero vel cophino quibus ascendant victualia necessaria eidem Badæ.*

Tous ces bâtimens, & plusieurs autres que nous ne sçavons pas, étoient entourez de hautes murailles qui formoient une enceinte, où l'on ne pouvoit entrer que par les portes de fer qui étoient fermées selon les saisons à differentes heures du jour. L'on haussoit le Pont-levis ; après quoi les Chanoines qui arrivoient dans l'Isle *post ascensionem arcubii*, ne pouvoient être reçûs dans l'enceinte dont nous venons de parler ; mais ils alloient se retirer dans *l'Aumônerie* où on leur donnoit à souper, & on les faisoit coucher dans la chambre des quatre lits. *L'Aumônerie*, *l'Infirmerie* & autres Offices étoient hors de cette enceinte ; & *l'Ouvrier* qui devoit en entretenir les bâtimens, jusqu'à faire arracher les herbes & les racines qui naîtroient aux murailles entre les portes de fer, n'étoit aucunement chargé des bâtimens du dehors. L'Aumônier, l'Infirmier, le Vestiaire & autres, pourvoyoient, chacun à leur dépens, aux reparations des lieux qui leur étoient propres, avec le droit seulement de prendre gratuitement du Celerier & du Cuisinier les alimens nécessaires aux ouvriers qu'ils employoient.

L'Eglise de St. Blaise, qui étoit hors de cette enceinte, servoit de Paroisse à toute la famille de Maguelone. L'Aumônier qui en étoit chargé tenoit un Prêtre pour y dire la Messe tous les jours, & pour chanter une Messe haute tous les Dimanches & Fêtes en faveur des pauvres Clercs qui s'y assembloient. Il leur annonçoit, & à toute la famille de Maguelone aux jours de Dimanche, les jeûnes & fêtes de la semaine ; & y entretenoit aux dépens de l'Aumônier une lampe bien garnie d'huile pour brûler toute la nuit, & fournissoit des torches à l'élevation du Corps de Jesus-Christ. Lorsqu'on aportoit de nuit quelque mort pour être enseveli dans St. Pierre, on le mettoit par entrepôt dans l'Eglise de St. Blaise ; & lorsqu'un Chanoine étant mort à l'Infirmerie ne pouvoit être porté à St. Pierre à heure convenable, on le mettoit en dépôt dans la même Eglise à la Chapelle de St. Jean.

Il ne me reste qu'à parler du Pont de Maguelone qui communiquoit à Villeneuve. Cette communication a paru surprenante surprenant à diverses personnes. Mais outre les vestiges qui nous en restent, on ne peut pas raisonablement s'opposer à l'autorité des actes publics. J'ai dit que l'on voit encore dans le trajet de Villeneuve à Maguelone des Piliers ronds de distance en distance, élevez considerablement sur l'eau, épais de cinq à six pieds de diametre, sur lesquels étoient de grosses pièces de bois en travers pour porter avec les arcboutans qui étoient par dessous, les poutres qui joignoient un pilier à l'autre. Ces poutres étoient couvertes de grosses planches qui formoient un Pont de bois fort long & étroit, pour les gens à pied, tandis que les grosses voitures passoient sur une jettée de pierres apellée *Peirade*, pour laquelle nous avons vû qu'il y avoit eu du different entre l'Évêque & le Prévôt.

La nouvelle *peirade* qu'on a fait de nos jours sur le même estang, pour passer au Port de Cette, peut servir à nous donner une idée de celle qu'il y avoit autrefois à Maguelone; les restes qu'on en voit encore, mettent la chose hors de doute. Mais ce qui est plus convainquant, est l'établissement d'un Officier particulier pour l'entretien de ce Pont, & la contribution imposée en sa faveur sur tous les Prieurs de la manse capitulaire. Il étoit apellé Pontaudier, *Pontauderius*, & il étoit chargé, suivant les termes de l'Acte que je transcris, de faire & de reparer à perpetuité le Pont de Maguelone, avec la Maison qui étoit au bout du Pont, & le portique tout joignant cette Maison, pour y mettre à couvert les pauvres. Dans le tems qu'il y faisoit travailler il tiroit du Celerier la nourriture de ses ouvriers, qu'ils payoit lui-même de son argent ; & pour cela on lui avoit établi un droit sur chaque Prieuré dépendant de l'Eglise de Maguelone, qui est aprochant de celui dont j'ai parlé en faveur de l'Intendant de la Cuisine.

Je crois, avant finir ce Chapitre, devoir raporter deux articles importans qui nous aprenent le droit d'entrée que chaque Chanoine devoit payer lorsqu'il étoit reçû à Maguelone. Le premier regardoit les meubles qu'il devoit porter pour son

B b

propre usage. Le second, les présens qu'il devoit faire à la Sacristie.

Dans le premier, il est dit, que chaque nouveau Chanoine portera en entrant, & à ses dépens, trois surplis, *superpellicia tres, camisias, tria femoralia*; trois paires de souliers, deux paires de ce qu'il entend sous le nom de *raubas*, une chape, *unum supertunicale cum pellibus*; un couteau, un peigne avec son étui, des aiguilles, & du fil.

Le second article porte qu'il donnera à son entrée une piéce de drap d'or, de la valeur de cent vingt tournois d'argent de bon aloy & de bon poids, pour faire des chapes & des ornemens à l'Eglise de Maguelone; & que le tout sera remis entre les mains de celui qui en est chargé. D'où l'on peut inferer qu'attendu le grand nombre de Chanoines qu'il y avoit, la Sacristie devoit être abondamment pourvûë de riches ornemens.

L'Acte d'où j'ai tiré tout ce que je viens de dire dans ces deux derniers Chapitres, est dans les Archives de l'Evêché sur la fin du Regître B. commencant par ce mot *salvator*, où l'on peut voir dans un grand détail tout ce que j'ai dit en abrégé. Mais il est tems de reprendre la vie de Jean de Vissec, qui fut le principal moteur de tous ces Réglemens.

1331.

CHAPITRE SIXIE'ME.

I. *Dernieres actions de Jean de Vissec.* II. *Pictavin de Montesquiou lui succède.* III. *Ses differends avec les Consuls & les Augustins.* IV. *Chapelle de l'Hôtel de Ville.* V. *Dernieres actions de Pictavin avant sa translation à Alby.*

I. LA premiere action de l'Evêque de Maguelone après le Chapitre général dont nous venons de parler, fut la reconciliation des Habitans & des Consuls de Montpellier, dont la division causa cette même année de grands troubles dans la Ville. Le Peuple s'y plaignoit de diverses impositions que les Consuls avoient faites sans en faire paroître l'emploi. Il publioit que ses Magistrats regardoient les deniers de la Ville dont ils avoient l'administration, comme une fontaine publique où chacun d'eux croyoit avoir droit de puiser selon ses besoins. Les Consuls d'autre côté regardant cette plainte comme une insulte, firent arrêter ceux qui leur parurent les plus mutins; en sorte que les plaintes du Peuple ayant causé une grande émotion, il falut recourir à l'Evêque, & au Sénéchal de Beaucaire qui gouvernoit alors à Montpelieret pour le Roy de France. l'Evêque employa les armes de l'Eglise pour arrêter les entreprises de part ou d'autre; & ayant conféré avec Roger de Roveirac qui remplissoit alors cette place de Sénéchal, ils apaiserent toute l'émeute.

Cet accord plût si fort à nos ancêtres, qu'ils crûrent devoir en conserver la memoire à la posterité; & pour marquer leur reconnoissance à Jean de Vissec qui en fut le principal Auteur, il le representerent dans le Talamus, où on le voit encore dans sa chaire Pontificale, levant la main pour benir ou pour absoudre deux Consuls qui sont à ses genoux, avec cette parole qu'ils font sortir de la bouche de l'Evêque : *Absolutio*. Veritablement les figures en sont mal dessignées selon le goût du tems, mais cela sert toûjours à nous faire connoître l'évenement dont nous parlons, & la reconnoissance de nos Peres pour leur Evêque.

On marque quune inondation extraordinaire du Lez, arrivée en ce même tems, servit beaucoup à faire revenir les Esprits. Car quoique le tems eût été fort serein depuis plusieurs jours, la Riviere enfla tout à coup si violemment, qu'elle abbatit le Pont de Castelnau, & le Pont Juvenal. Cette perte, avec les autres ravages qu'elle fit à la campagne, fut regardée comme une punition du Ciel pour tous les excès où l'on s'étoit porté dans la derniere émeute. Tant il est vrai qu'un mal subit & inopiné sert quelque fois à faire rentrer en soi-même.

1332. Les Regîtres de l'Evêché nous font connoître pour l'année 1332. quelques Sei-

II. PARTIE. LIVRE TROISIEME. 99

gneurs du Diocéſe qui firent hommage à Jean de Viſſec. De ce nombre eſt un Seigneur du *Caila* qui lui reconnut la Seigneurie de Montlaur; un autre de *Cornon* qui fit ſon hommage pour la Terre de Cornon-Terrail dont il étoit Conſeigneur. L'Evêque de Maguelone voulant prevenir les diſputes qui pouvoient naître entre ſes Officiers de Melgüeil & ceux du Roy de France maître de Montpelieret, fit regler les limites qui devoient ſeparer le Territoire de Melgüeil d'avec celui de la partie Royale de Montpelieret, échangé (dit l'Acte) avec le Seigneur Roy de France. Les mêmes Actes nous aprenent ce que valoit alors la pêche de l'eſtang de Villeneuve; car ils marquent que le Procureur de Raymond de Canillac Prévôt de Maguelone afferma cette pêche en 1333. pour le prix de cent ſoixante livres payables tous les ans. 1332.

L'année ſuivante 1334. termina les jours de Jean de Viſſec, à qui l'Hiſtoire donne une place parmi les plus ſaints Evêques qui ayent ſiegé à Maguelone. Ce bon Prélat ayant reçû au commencement de cette année une lettre du Pape Jean XXII. en faveur des Moines de la Chaize-Dieu, leur confirma la poſſeſſion où ils étoient du Prieuré de *Pouſſan*, dans ſon Dioceſe; & après cet acte de juſtice & de charité, il tomba malade au Château du Terrail, où il mourut le 28. du mois d'Août, après avoir recommandé à ſon Chapitre, qui accourut auprès de lui, la paix & l'union qu'il avoit tâché de leur inſpirer pendant ſa vie. Il occupa ſon Siége durant ſix ans ſix mois & douze jours; laiſſant après ſa mort une grande odeur de ſainteté.

Ses obſeques ayant été faites à Maguelone où il voulut être inhumé; les Chanoines, qui depuis le ſejour des Papes à Avignon, avoient reçû leur Evêque de la main du St. Siege, voulurent ſe faire un merite auprès du Pape Jean XXII. en lui demandant un ſucceſſeur au Prélat qu'ils venoient de perdre. Le Pape, qui mourut lui-même trois mois après, leur nomma Pictavin de Monteſquiou Docteur en Droit; de l'illuſtre maiſon de ce nom dans le Dioceſe d'Auch. Il étoit Evêque de *Bazas* lorſqu'il fut transferé à Maguelone. Et quoique Garriel, ni Mrs. de Ste. Marthe ne nous ayent pas marqué cette circonſtance, on n'en peut guéres douter, après les preuves que Baluze nous en donne dans ſes notes ſur la vie des Papes d'Avignon. II. PICTAVIN DE MONTESQUIOU. *Tom. 1. pag. 517.*

Les Officiers du nouvel Evêque, attentifs à ſes droits, lui attirerent au commencement de ſon Epiſcopat deux reconnoiſſances que nous ne trouvons pas avoir été faites auparavant; l'une d'un Hôpital apellé de St. Simon & de St. Martial, qu'un Prêtre nommé René lui fit pour la Maiſon, l'Egliſe, & le Verger des Pauvres qui y logeoient.; l'autre par les Peres Auguſtins, pour l'emplacement de leur Couvent ſur le chemin de Caſtelnau. Mais cette reconnoiſſance fut bien-tôt ſuivie d'une action d'éclat, qui donna occaſion à Pictavin de faire paroître ſa moderation & ſa bonté. Les actes portent que ſes Officiers ayant donné une Sentence contre quelques perſonnes qui avoient trouvé le moyen de ſe refugier chez les Auguſtins, ils furent maltraitez à la porte du Couvent lorſqu'ils allerent reclamer leurs criminels. Ce qui les ayant obligez de revenir avec main-forte; ils ſe ſaiſirent de quatre Religieux dont ils avoient le plus de ſujet de ſe plaindre, & ils les traduiſirent dans la priſon de l'Evêque. L'affaire étoit dans cet état, lorſque le Prieur ayant fait à Pictavin des ſatisfactions convenables, il lui relâcha ſes Religieux pour les juger lui-même; & les punir ſelon la diſcipline de leur maiſon. III. 1333.

On a mis ſous le Pontificat de cet Evêque une Lettre de Philippe de Valois au Sénéchal de Beaucaire; en faveur des Evêques de Maguelone, pour la conſervation de la Juſtice haute, moyenne & baſſe, dans les lieux où ils ſe trouveroient l'avoir deja. Mais je ſoupçonne fort qu'elle n'ait été expediée ſous Jean de Viſſec, quoiqu'elle n'eût été renduë qu'à *Pictavin*, qui parvint trois mois après au Siége de Maguelone. Ma raiſon eſt que cette lettre eſt dattée de Paris le 8. Mai 1334. où Jean de Viſſec vivoit encore. Et ce qui peut fortifier ma penſée, c'eſt qu'aucun des deux Prélats n'eſt nommé dans cette Lettre, où le Roy parle en general des Evêques de Maguelone. *Garriel pag. 342.* 1334. *Pet Talam. fol. 8?*

Pictavin eut l'honneur l'année ſuivante 1335. de recevoir dans ſa maiſon Epiſcopale à Montpellier le Roy Philippe, qui arriva en cette Ville au commence- 1335.

100 HISTOIRE ECCLÉSIASTIQUE DE MONTPELLIER,

ment du Carême, & y séjourna huit jours avec la Reine son épouse, le Duc Jean son fils aîné, & un grand nombre de Seigneurs qui étoient à sa suite. Le Roy confirma les Privileges de la Ville, comme il est marqué dans le Talamus. Et dans cette même année Piétavin transigea avec les habitans d'Aigue-morte, sur les droits qu'ils devoient payer au passage de Cornon, qui est entre la mer & l'étang. Je ne dis rien du détail de cette transaction, parce que je n'ai pû la trouver. Mais je puis parler plus au long de l'établissement que les Consuls de Montpellier firent cette même année de la Chapelle de l'Hôtel de Ville.

IV.

1336.

Les Actes en sont raportez fort au long dans le grand Talamus, où l'on voit par les procedures qui y sont marquées, que l'étude du Droit avoit déja aguerri nos Ancêtres; & qu'à force de précautions, on donnoit plus de matiére aux procès. Il y est dit, que le 28. Décembre 1336. vénérables & Religieux hommes Guillaume *Fulci* Prieur de *Montauberon*, & Bernard de *Texeri* Prieur de Frontignan, Chanoines de Maguelone & Vicaires Généraux dans le spirituel & temporel de Reverend Pere en Dieu *Piétavin Evêque de Maguelone* alors absent, *in remotis agente*, avoient remis aux Consuls une lettre qui leur étoit adressée de sa part, portant „ en substance, que sur les demandes qu'ils lui en avoient faites, il leur permet-„ toit de fonder dans l'enceinte de leur Maison consulaire (& non ailleurs) un „ Oratoire ou Chapelle à l'honneur de la Vierge, qu'ils seroient tenus de dotter „ des biens de la Ville. Que cette Chapelle ne pourroit avoir qu'un seul Autel, „ & n'auroit point de cloche pour apeller les gens du dehors. Qu'elle seroit des-„ servie par un Prêtre, pour y célébrer chaque jour la Messe à voix basse (tout „ juste empêchement cessant) qui seroit actuellement dans l'ordre de prêtrise „ lorsque les Consuls en feroient la présentation, qui ne pourroit entendre les „ confessions ni administrer les Sacremens, & qui seroit soûmis à toutes les „ loix du Diocése. " On fait ensuite de grandes reserves sur les droits de l'Evêque, & du Prieur de St. Firmin, dans la Paroisse duquel la Maison Consulaire étoit située. Donné à Avignon le 12. Décembre 1336. & la seconde année du Pontificat de Benoît XII.

1336.

Avec cette Lettre les Vicaires Généraux présenterent aussi celle qu'ils avoient reçû eux-mêmes, dans laquelle l'Evêque leur donnoit pouvoir de recevoir l'offre des Consuls, & d'établir le Prêtre qu'ils lui presenteroient, à la charge qu'ils s'obligeroient par serment, de ne recourir ni au Pape ni au Roy pour déroger aux conditions dont ils seroient convenus, & qu'ils donneroient au moins vingt livres tous les ans au Prêtre Chapelain.

Après la lecture de ces deux lettres, qui fut faite dans la Sale de l'Evêque, en présence de Bertrand de Villeneuve Prieur de St. Firmin : six des douze Consuls, d'une part, sçavoir, Durand de *Peirolis*, Guillaume *Peregrin*, Philippe de *Crozols*, Pierre *Teyseri*, Dieu-donné *Boüis*, & Jean *Claparede*, requirent les Grands-Vicaires tant pour eux que pour leur collegues absents, de proceder au contenu des lettres de l'Evêque de Maguelone. Les Consuls absents, étoient Pierre *Aycard*, Bernard *d'Aigrefeüille*, Guillaume *André*, Jean *Joannin*, Pierre *Salas*, & Raymond *Dieu-donné*, qui firent faire leur requisition par Bernard de *Peiroso* Sindic de la Ville.

Le Prieur de St. Firmin commença les difficultez en objectant les droits de son Eglise, & prétendant que l'institution du Chapelain devoit lui apartenir. Sur quoi il fit ses protestations, dont il demanda acte, & qu'il en fût fait mention dans tous les écrits qu'on passeroit à ce sujet; ensorte (disoit-il) que tout ce qu'il signeroit à l'avenir ne pût jamais déroger à sa protestation. Les Vicaires Généraux d'autre part, soûtenoient fortement les droits de l'Evêque, ce qui faillit à faire rompre l'affaire; lorsqu'on prit le parti de donner au Prieur de St. Firmin acte de sa protestation, & de lui passer toutes les conditions qu'il voudroit ajoûter à celles qui étoient portées dans les lettres de l'Evêque. Il exigea,

„ Que le Chapelain porteroit au Prieur toutes les offrandes qui seroient faites à „ la Chapelle du Consulat.

„ Qu'il seroit tenu d'assister en habit d'Eglise aux processions de St. Firmin, „ comme les autres Prêtres ou Recteurs des autres Chapelles de Montpellier, qui

étoient

II. PARTIE. LIVRE TROISIÈME

étoient soûmises à l'Eglise de St. Firmin. D'où nous pouvons inferer que St. Fir- " min avoit déja plusieurs Annexes : *Teneatur adesse indutus vestibus Sacerdotalibus,* " *in processionibus Sti. Firmini ut alii Sacerdotes seu Rectores aliarum Cḥpellarum* " *Montispessulani subjectarum Ecclesiæ Sti. Firmini.* "

Qu'il ne pourra faire supléer pour lui au service de sa Chapelle au-delà " d'un mois, sans l'agrément de l'Evêque, du Prieur, & des Consuls. "

Que s'il vient à acquerir des Terres dans la Dîmerie de St. Firmin, il sera " sujet à en payer la dîme. "

Qu'il payera à l'Evêque deux tournois d'argent en signe de soûmission, & " vingt le jour de St. Firmin au Prieur. "

Je ne raporte point plusieurs autres petites charges que l'on mit sur le nouveau Chapelain, & qui font voir l'attention infinie que chacun avoit alors pour ses interets. Mais ce qui le prouve encore mieux, c'est que les Consuls ayant présenté le nommé Berenger *Palissa* de Montarnaud, les Vicaires Généraux soupçonnerent auſſi-tôt quelque collusion, parce que le Présenté se trouvoit actuellement logé dans la Maison du Prieur de St. Firmin : ils en firent grand bruit, & protesterent contre l'Acte que le Prieur venoit de leur faire, comme pouvant nuire un jour aux droits de l'Evêque. Mais dans le fonds tous ayant envie de finir cette affaire, ils prirent le parti de s'en remettre au serment du Présenté, auquel ils firent mille questions, en le menaçant de la rigueur des prisons de l'Evêque, établies alors au Château de Montferrand ; *sub pœna carceris Montisferrandi dicti Dñi. Episcopi.*

Berenger Palissa satisfit à tous les articles sur lesquels ils exigerent son serment ; & ayant consenti à toutes les obligations qu'on voulut lui imposer, Bernard d'Aigrefeüille & Pierre *Teyseri*, au nom de tous leurs Collegues, requirent les deux Vicaires Généraux de l'instaler dans la nouvelle Chapelle, ce qui fut fait le même jour en présence des Parties.

Le Roy Philippe de Valois accorda cette même année des Lettres de Sauvegarde à *Pictavin* nommément, & à son Chapitre ; ce qui me fortifie dans la pensée de ce que j'ai déja dit au sujet des lettres qui fûrent expediées en 1334. & ce qui me fait croire que nos Evêques prenoient la précaution, d'en demander de semblables une fois en leur vie.

Pictavin ayant établi en ce même-tems une taxe sur les barques d'Aiguemortes, au passage de Carnon, ses Chanoines en prirent ombrage à cause de la pêche de l'estang qui leur apartenoit ; ils demanderent une portion de cette taxe, & l'affaire ayant été mise en arbitrage, on partagea le different, en adjugeant la moitié de ce droit à l'Evêque, & l'autre moitié au Chapitre.

L'Evêque de Maguelone obtint presqu'en même-tems des immunitez considerables pour les ouvriers employez à la monnoye de Montpellier ; car il est dit que le nommé Guillaume *Holans* son Agent auprès du Roy Philippe lui aporta des Lettres-Patentes qui exemptoient les ouvriers de la Monnoye des charges publiques, & d'être citez pour crimes, ailleurs que par-devant les Juges Royaux. Sauf les cas de rapt, d'homicide & de larcin.

Ses Chanoines ressentirent en 1338. les bons effets de sa protection auprès du Roy. Car le Prévôt ayant négligé de payer les droits Royaux pour la portion du Chapitre sur la terre de Vic, les Officiers du Roy la firent saisir ; & il fallut que *Pictavin* écrivit à Philipe de Valois pour obtenir (comme il fit) la main levée de la saisie.

Ce bon office n'empêcha pas que le Chapitre ne revendiquât sur lui les droits qu'ils avoient sur les Graux depuis Frontignan jusqu'à Melgueïl. Mais le même esprit qui avoit porté Pictavin à terminer toutes ses affaires à l'amiable, le porta à choisir des Arbitres pour finir celle-ci.

La plus considerable de toutes celles qu'il eut pendant son Episcopat, est un fameux different qu'il fut obligé d'avoir avec la Faculté du Droit de Montpellier, qui produisit enfin sous Arnaud de Verdale son Successeur immédiat, les Statuts sous lesquels elle a veçu depuis. Nous aprenons de la Bulle de Benoît XII. qu'on avoit obtenu au commencement de ces Statuts, que le Recteur d'alors ayant

1336.

V.

Series pag. 341.

Ibidem.

1337.

1338.

Livre du Recteur de l'Université.

102 HISTOIRE ECCLESIASTIQUE DE MONTPELLIER,

1338.

voulu faire de son chef quelques nouveaux reglemens, il y disposa non-seulement les Docteurs, les Bacheliers, & les Etudiants, mais encore l'Evêque de Maguelone, aux droits duquel il donnoit atteinte. Cette entreprise attira sur le Corps de la Faculté une Sentence d'excommunication que l'Evêque fit publier par ses grands-Vicaires ; & le Recteur en ayant relevé apel à la Metropole de Narbonne, l'Evêque fit autoriser sa Sentence par des Lettres Apostoliques. Toutes ces procedures, qui ne pûrent être faites sans causer du trouble & du scandale (comme dit le Pape Benoît XII.) porterent les Parties à recourir au Pape, qui commit le Cardinal Guillaume *Daura* Abbé de Montolieu Diocése de Carcassonne, pour prendre connoissance de cette affaire, & pour la terminer. Dans ces entrefaites Pictavin de Montesquiou fut transferé à Alby par le Pape Benoît XII. où ayant été fait Cardinal du titre des douze Apôtres en 1350. il mourut en 1356.

CHAPITRE SEPTIE'ME.

I. *Arnaud de Verdale Evêque de Maguelone, Auteur de l'Histoire des Evêques ses Predecesseurs.* II. *Commencement de son Episcopat.* III. *Sinode qu'il tient pour son Diocese.* IV. *Ses soins pour l'Université.* V. *Affaires particulieres qu'il eut.* VI. *Sa mort & son eloge.*

I.

1339.
Gall. Christiana
Epi. Magall.

LA translation de Pictavin de Montesquiou fut bien-tôt suivie de la nomination *d'Arnaud de Verdale* à l'Evêché de Maguelone, qui fut faite le 20. Avril 1339. comme nous l'aprenons des actes du Vatican, citez par Ste. Marthe. Il étoit natif de Carcassone, & (selon le même Auteur) de l'illustre maison de cette Ville qui donna dans le XVI. siecle un Grand-Maître à l'Ordre de Malte, *Hugues de Loubens de Verdale* depuis Cardinal du titre de St. Marie *in porticu.*

Baluse Pap.
Aven. Tom. 2.
pag. 740.

Nous trouvons à n'en pouvoir douter qu'Arnaud commença ses emplois dans l'Eglise par être Chanoine & Official de Mirepoix où son Evêque Raymond Athonis (qu'on croit avoir été de la même maison que lui) le fit Inquisiteur de la Foy, pour purger son Diocése de quelques restes qu'il y avoit encore d'Albigeois & de Beguins. Il y fut connu de Benoît XII. qui sous le nom de *Jacques Fournier* avoit été le successeur immédiat de Raymond Athonis, avant que d'être fait Cardinal, & depuis Pape. Aussi-tôt après son exaltation il apella auprès de sa personne arnaud de Verdale, qu'il employa dès le commencement de son Pontificat à visiter, (avec *Hedose* Prieur de St. Paul de Fenoüilledes) les Provinces de Narbonne & d'Arles, pour la reforme qu'il projetta dèslors des Eglises Cathédrales & des Monasteres. Arnaud de Verdale étant de retour à Avignon, obtint une Chaire de Professeur à Montpellier, & fut choisi ensuite pour remplir le Siége de Maguelone.

II.

Tom. premier.
pag. 60.

1339.

Sa promotion fait une époque pour notre Histoire, parce que c'est précisément à ce tems-là qu'il composa luy-même l'Histoire de ses prédecesseurs, sur les actes & la tradition de son Eglise. Cet ouvrage qui est cité par tous nos Auteurs, a resté en manuscrit durant plusieurs siécles, jusqu'à ce que le *Pere Labbe* en fit imprimer une partie dans le premier tome de sa Bibliotheque. Les alterations que les copistes y avoient faites, soit pour le nom particulier des lieux & des personnes du pays qui n'étoient point connües du Pere Labbe arrêterent ce sçavant homme, & il laissa (comme il le dit lui-même) à quelqu'un du pays le soin de rectifier les Copistes; pour moi qui dans tout ce que j'ai déja écrit ay été obligé d'avoir toûjours Verdale devant les yeux, & de le comparer souvent avec nos actes particuliers, ou avec l'histoire générale, j'ai eu occasion de corriger plusieurs fautes, & pour encourager ceux qui viendront après moi à faire encore mieux, j'ai projetté de la donner en entier à la fin de ce 2. tome, pour ne pas laisser perdre un si beau monument de notre histoire; qui est reçû dans nos Cours de Justice & dans le Parlement même pour la justification des faits dont

II. PARTIE. LIVRE TROISIE'ME.

les preuves peuvent être tirées de Verdale.

Il est tems de parler du gouvernement de son Eglise, où il paroît qu'il tarda quelques mois de se rendre. Car nous trouvons qu'avant son arrivée à Montpellier, les deux grands-Vicaires Jean de *Verniole*, & Paul des *deux Vierges*, se firent rendre hommage à Jacques *Marc* pour la Seigneurie de Boutonnet ; mais il faut que ce retardement ne fût pas bien considerable, puisqu'avant le 20. Octobre de cette même année 1339. il assembla son Sinode. Nous trouvons aussi qu'il finit alors l'ancien procès que les Consuls avoient eu avec ses prédécesseurs pour le bois de Valene, & pour la Seigneurie de Cararettes, ce qui fut suivi de la permission qu'il leur donna, d'avoir une cloche à leur Chapelle, pour sonner à l'élevation du St. Sacrement. Il fit convenir Guillaume de *Landorre* Abbé d'Aniane, que les Evêques de Maguelone avoient droit de faire élever des fourches à Piechagur, que l'on désigne entre le *Terrail*, *la Verune*, & *Fabregues*. Il reçut de Guillaume de *Laudun* Vestiaire de Maguelone son hommage pour *Grabels*, & la reconnoissance de Guillaume de *Montlaur* sous l'Albergue de cinq Chevaliers pour tout ce qu'il possedoit à Gigean.

Mais l'action la plus remarquable de toute cette année, est la tenuë de son Sinode Diocesain, dont les Statuts ne serviront pas peu à faire connoître les mœurs de ses Chanoines, & de ses autres Ecclesiastiques. Il en fit la cérémonie dans l'Eglise de St. Denis de Montpellier en presence des Prieurs, Recteurs, Vicaires, Chapelains & autres Clercs de son Diocése, où il fit publier les Statuts suivans, divisés par articles.

III.

1°. Que le nombre des Chanoines soit rempli, de peur que le culte divin, & que l'observance reguliere n'en souffrent ; surquoy rapellant un Statut déja fait par le Pape, qui ordonnoit d'y proceder dans un mois, il déclare qu'il le fera lui même s'ils y manquent.

2°. Que les Chanoines de quelque condition qu'ils soient, qui n'auront pas fait leur profession, ayent à la faire dans deux mois ; à laquelle il promet de les admettre sans difficulté, autant que la raison le voudra.

3°. Il leur ordonne en vertu de la sainte obeïssance de se rendre en personne aux Chapitres annuels, que s'ils sont legitimement empechez, qu'ils envoyent leur procuration à quelqu'un qui soit au fait des affaires du Chapitre pour rendre compte de leur administration.

4°. Il proteste qu'il est prêt (comme il est de son devoir) de leur choisir un maître qui leur enseigne les sciences à Maguelone, & parceque le retardement seroit nuisible, il les exhorte de concourir avec lui dans ce choix ; principalement ceux qui veulent s'addonner à la vertu ; c'est à dire aux sciences.

1339.

5°. Et parce que selon l'usage de cette Eglise, conformément aux mandats du Pape, il doit y avoir quarante Moines toûjours résidens à Maguelone, dont on en prendra un de chaque vingtaine pour aller étudier dans les Universitez. Il statuë qu'on y en envoyera deux tous les ans, dont il reglera la pension avec les anciens du Chapitre.

6°. Il ordonne la residence des Prieurs dans leur Benefice ; & parceque l'Evêque doit lui donner des Compagnons avec le Conseil du Chapitre, il requiert le Chapitre d'y concourir dans l'intervale d'un Chapitre Général à un autre, faute de quoi il proteste qu'il le fera lui-même.

7° Il exhorte & commande en vertu de la sainte obeïssance à l'infirmier de Maguelone de prendre soin des malades, comme les statuts de l'Eglise, les devoirs de sa charge, & la charité le demandent.

8°. Il avertit les Chanoines qui ont l'âge d'être promus aux Ordres de se faire ordonner avant le Chapitre Général.

9° Il veut que tous les Chanoines de quelque condition qu'ils soient, à l'avenir ne portent que des habits décents.

10°. Qu'ils ne prennent les interets que sur le pied qui aura été réglé dans le Chapitre Général. *Ne mutua accipiant, nisi secundum quantitatem quæ fuerit in Generali Capitulo ordinata.*

11°. Que les Procureurs de la Communauté n'arrentent point les Prieurez,

& autres revenus du Chapitre, sans observer les solemnités requises.

12°. Que tous observent les Constitutions Apostoliques, & particulierement ce qu'elles ordonnent pour les regîtres, les inventaires, les Privileges de la maison, & la célébration des Messes. Qu'ils évitent d'encourir les peines portées contre les chasseurs, contre le port des Armes, contre les délateurs, & ceux qui font des *conspirations*: ceux qui ont quelque chose en propre, ou qui se mêlent de negoce. A ce sujet il ordonne sous peine d'excommunication *ipso facto*, à tous ceux qui auront connoissance d'une conspiration de la reveler; & parce qu'il lui est revenu que quelques Chanoines de Maguelone s'adonnoient à des études contraires à leurs statuts & aux Saints Canons, il déclare qu'ils ont encouru l'excommunication.

Publié le 20. Octobre 1339. Indiction Septiéme.

De tous ces statuts, nous pouvons inferer que le nombre des Chanoines residens à Maguelone appellez ci-devant *Claustraux* étoit alors fixé au nombre de quarante, où l'on ne doit pas comprendre les Prieurs ni leurs Compagnons, à qui la résidence dans leur Benefice étoit ordonnée: & si l'on veut faire attention à ce grand nombre de Benefices qu'ils desservoient par eux mêmes, on jugera aisément que le nombre des Prieurs pris du Corps de la Communauté, égaloit bien tout au moins celui des résidents à Maguelone. Je ne sçai pourquoi Verdale les apelle moines *Monachi* (ce que je trouve pour la premiere fois dans les actes publics) à moins qu'on ne veüille dire, qu'on commença dans ce siecle de donner indistinctement ce nom à tous ceux qui professoient la vie Reguliere. Les loix qu'il fit pour les Ordres, pour la Profession, & pour les habits décents, regardoient sans doute la Jeunesse du Chapitre, plus que tout le corps de la Communauté: & celles qu'il fait pour les études, sont conformes au goût qu'on avoit déja pris pour les Universitez depuis leur établissement. Mais les défenses qu'il ajoûte contre les études particulieres & curieuses, nous donnent lieu de penser qu'on ne negligeoit point à Maguelone le secours des belles-Lettres. Je serois plus en peine de dire ce qu'il entend sous le nom de *conspiration*, à moins qu'il ne veüille marquer les partis & les cabales qui sont presque inévitables dans les Communautez.

Dans le même Sinode où Arnaud de Verdale publia ses statuts pour le Chapitre de Maguelone, il en fit d'autres pour le reste de son Clergé, & pour tout son Diocese. Nous y voyons entre divers Usages particuliers de ce tems-là, qu'on avoit grand goût pour les piéces de Théatre, sur des sujets de piété, & qu'elles étoient permises.

Dans le premier, second & troisiéme article, il revoque toutes les commissions déja accordées pour la cure des Ames: toutes les dispenses pour l'absolution des cas prohibez, *a jure vel ab homine*, toutes celles que les reguliers peuvent avoir obtenu de ne pas resider dans leur Cloître ou dans leur Benefice. Il veut sur cela que toutes ces dispenses lui soient presentées dans vingt jours pour en connoître lui même.

IV. Il ordonne à tous les reguliers & seculiers de resider personnellement dans leurs Benefices, à moins qu'ils n'ayent une dispense du Pape ou de luy même, pour juste cause.

V. Il valide & confirme les statuts faits par ses prédecesseurs, qui resteront en vigueur jusqu'à ce qu'il en ait été ordonné autrement par lui ou ses successeurs. Voulant que chaque Curé en tienne un exemplaire complet.

VI. Il deffend qu'on enterre aucun corps dans l'Eglise sans sa permission, ou celle de son grand-Vicaire.

VII. Il renouvelle l'usage des prieres pour la paix, établies par le Pape Jean XXII. qu'on devoit dire à la fin de la Messe; & il y attache des Indulgences.

VIII. Il donne aux détenteurs des titres de l'Eglise dix jours pour les rendre, & autant à ceux qui en ont connoissance, pour les reveler, faute dequoi il les menace d'excommunication.

IX. Il deffend sous les même peines à tous seculiers & reguliers, d'employer dans les festins, danses, ou jeux publics, ou particuliers, les habits d'Eglise, comme surplis, aumusses & autres ornemens, ni de les prêter, ou conseiller de les emprunter.

X.

II. PARTIE. LIVRE TROISIÉME.

X. A moins (ajoûte-t'il) que ces jeux ne fuffent faits avec le confentement des Superieurs pour l'honneur de Dieu & des Saints ; comme feroit la reprefentation de la Paffion de Jefus-Chrift, ou de quelqu'autre Saint, la joye de la Refurrection, & la Miffion du St. Efprit.

XI. Il deffend, que dans les Proceffions generales qu'on fera à Montpellier, on y porte le furplis & le capuce tout enfemble.

XII. Ordre à tout Prêtre Beneficier & Curé d'avoir dans un an le furplis, l'aumuffe & les habits Sacerdotaux, avec lefquels il doit être enterré.

Publié le même jour que les Statuts précédents.

1339.

IV.

Les affaires du Diocéfe ayant été reglées de la forte, Arnaud de Verdale étendit fes foins fur la Faculté du Droit, dont il ne pouvoit ignorer les troubles, ayant été lui-même membre de ce Corps. Et il eft croyable qu'il eut beaucoup de part aux fages loix qui lui furent données alors. Mais il eft tems de reprendre cette affaire en l'état où je l'ai laiffée fous Pictavin.

Je dirai donc, comme nous l'aprenons des lettres qui font à la tête des Statuts de cette Faculté, qu'après que le Cardinal Guillaume *d'Aura* du titre de *St. Etienne, in Cœlio monte,* eut pris la premiere connoiffance de cette affaire, le Pape Benoît XII. jugea à propos de la remettre entierement au Cardinal Bertrand *de Deuxio* (du titre de St. Marc) Archevêque d'Embrun. Ce Cardinal après avoir écouté (comme il le dit lui-même dans fes lettres) toutes les parties intereffées, & après avoir examiné avec foin les Statuts qui avoient été faits par les Recteurs précedens, il prit le parti de les fuprimer tous, & d'en faire de nouveaux, où en entrant dans un fort grand détail, il regle les droits & les obligations de chaque membre du Corps ; & il donne des loix pour la difcipline academique, & pour les mœurs des écoliers ; mais parce que les grandes affaires où il fut employé en Italie, en Arragon, & en France, ne lui permirent pas de venir en perfonne à Montpellier, il commit, felon le pouvoir fpecial qu'il en avoit du Pape, fon neveu *Paul de Deuxio*, Moine & Camerier de St. Guillem du Defert, pour venir notifier aux membres de la Faculté les nouveaux Statuts qu'il avoit dreffé pour eux, & qu'il avoit pris foin de faire aprouver au Pape.

Livre de Rectenr fol. 19. &c. feq.

La chofe fut executée au commencement de 1340. fans aucune contradiction des parties. On leva l'excommunication prononcée du tems de Pictavin contre le Recteur, les Confeillers, Docteurs, & Erudiants qui promirent tous d'obferver à perpetuité les nouveaux Statuts fous peine d'excommunication referveé à l'Evêque de Maguelone, & à fes fucceffeurs. Ces Statuts ont été regardez depuis ce tems-là comme les loix fondamentales de la Faculté ; & fi l'Evêque ou les Recteurs en ont fait quelqu'un de nouveau, ce n'a été qu'une explication de ceux du Cardinal *Bertrand*. Il femble que je devrois en donner ici un détail ; mais comme ce Chapitre eft déja affez chargé de loix particulieres, je crois que dans l'article de la Faculté du Droit, je leur trouverai une place auffi naturelle.

1340.

En confequence de ce qui venoit d'être réglé Etienne *Martinengue*, nouveau Recteur, fit confirmer fon élection par l'Evêque de Maguelone, & lui prêta ferment comme Chancelier de l'Univerfité. En cette qualité Arnaud de Verdale donna des Lettres de Docteur cette même année à *Guillaume Colombari* ; & ayant réglé fon Chapitre, fon Diocéfe & l'Ecole du Droit de la maniere que nous venons de le voir, il fe donna tout entier au détail du Gouvernement.

1340.

V.

On marque pour cette année l'accord qu'il fit entre le Prieur de *Montbazen* & fes Paroiffiens pour le payement de la dîme. La permiffion qu'il donna aux Habitans du *lieu des Matelles* qui relevoient de la Comté de Monferrand, de tenir marché une fois la femaine, & d'avoir une Foire deux fois l'année. L'hommage qu'il fe fit rendre par Berenger *de Laftour*, & par Guillaume *de Pignan* pour les cenfives qu'ils lui devoient à *Murviel*, à *St. Jean*, & à *Pignan*. La confecration qu'il fit de la Chapelle de St. Blaife dans le Château de *Combalioux* fondée par Jean *de Viffec*, avec la nomination du premier Prêtre qui la deffervoit. Tous ces actes qui font au long dans les Regiftres de l'Evêché n'ont befoin que d'être indiquez, & il n'eft pas befoin que je m'y arrête.

Mais deux autres affaires qu'on lui fit, l'une à la Cour de France, & l'autre à

D d

la Cour de Rome méritent plus d'attention. Les Officiers du Roy ignorant (sans doute) les précautions qu'Arnaud de Verdale avoit déja pris, voulûrent saisir son temporel, faute par lui d'avoir prêté son serment de fidélité. Mais les Lettres de surseance qu'il avoit déja obtenuës du Roy Philippe de Valois arrêterent toutes les poursuites de *Hugues de Carsan* qui geroit les affaires du Roy à Montpelieret. On voit ces lettres dans Gariel, données à Vincennes le 7. Novembre 1339. ce qui donneroit lieu de croire qu'Arnaud de Verdale se contenta de ne les montrer à Hugues de Carsan que lorsqu'il fut inquieté à ce sujet. Par la même protection il mit à couvert les biens de l'Eglise de Maguelone en oposant aux poursuites du Recteur de Montpelieret les Lettres de Sauvegarde qu'il avoit obtenuës du Roy pour son Chapitre. Ces mêmes Officiers ayant voulu disputer à l'Evêque le péage que ses predecesseurs avoient depuis long-tems à Ste. Croix, Verdale eût des Lettres-Patentes qui lui confirmerent ce droit, avec permission de faire dresser un poteau dans le Territoire de Ste. Croix.

Series pag. 353.

L'autre affaire qu'on lui suscita n'étoit pas moins interessante, puisqu'on lui demandoit quatre cens marcs d'argent pour les arrerages des censives que son Eglise devoit au St. Siège depuis vingt ans, pour les Comtez de Melgüeil & de Montferrand. Arnaud de Verdale s'en excusoit sur ce que André *de Fredol*, Jean *de Vissec*, & *Pictavin de Montesquiou* ses Predecesseurs dans l'Evêché de Maguelone, devoient en avoir payé les charges en leur tems, puisqu'ils en avoient perçu les fruits. Il representoit qu'il n'étoit pas juste qu'il souffrît de l'indulgence que le St. Siege avoit eu pour eux, & il offroit à découvert les vingt marcs qu'il devoit de son chef pour la premiere année de son Episcopat qui étoit déja échûë.

1340.

Nous ne sçavons pas s'il fut traité à la rigueur, & si la charge étant réelle on n'exigea pas le tout de lui, sauf son recours contre les heritiers de ses Predecesseurs. Mais à en juger par la lettre que Benoît XII. écrivit sur ce sujet à Pierre *de la Taillade* Chanoine de Chartres son Chapelain & son Député pour la levée de ses deniers dans les Dioceses de Maguelone, d'Avignon & de Marseille, il y a lieu de croire qu'il fut traité avec douceur; car Benoît XII. qui étoit d'ailleurs fort équitable & désinteressé; après avoir marqué à son Chapelain les raisons de l'Evêque de Maguelone, il lui mande de s'informer de toutes choses sans forme de Procés, & de rendre une entiere justice aux parties. *Quatenus vocatis vocandis hinc inde, plenius & de plano, sine strepitu studeas exhibere supra prædictis justitia complementum.*

Toutes ces tracasseries n'empêcherent pas l'Evêque de Maguelone de s'apliquer au bien spirituel de son Eglise, & particulierement de son Chapitre, auquel il fit recevoir (dans l'intervale des deux affaires dont je viens de parler) la Bulle de Benoît XII. pour la reformation des Eglises Cathédrales. Ce Pape qui en avoit déja donné plusieurs pour la Reforme des Ordres Religieux, n'oublia point les Chanoines Reguliers, pour qui il en fit publier une en 1339. Verdale en avoit touché les principaux articles dans les Statuts dont j'ai déja parlé; mais pour leur donner plus d'autorité, il voulut faire recevoir solemnellement par le Chapitre, cette même Bulle qui ordonnoit tout ce qu'il leur avoit déja prescrit. Je n'ai à ajoûter au contenu de cette Bulle que l'abstinence de la viande qui y est ordonnée pour le tems de l'Avent, sans préjudice de plus grandes, qui étoient visitées dans quelques maisons, & à ce sujet je crois devoir dire que par les Statuts de Maguelone faits sous Jean de Vissec; on y observoit non-seulement l'abstinence de l'Avent, mais encore des Mecredis, Vendredis, & Samedis de l'année.

1331.

Les divisions qui éclaterent en 1341. entre Pierre Roy d'Arragon & Jacques Roy de Mayorque, donnerent un exercice particulier à Arnaud de Verdale par la défiance qu'en prit le Roy de France. Il aprehenda qu'à l'occasion de leur démêlé, la guerre ne fût portée dans le Languedoc, où le Roy Jacques avoit la Seigneurie de Montpellier. Et pour mettre à couvert cette Province, il donna ordre à Guillaume *d'Esperiac* Sénéchal de Beaucaire de visiter toutes les Côtes. En execution de cet ordre, le Sénéchal partit pour visiter l'Isle de Maguelone, par où les Barques de Mayorque & de Catalogne pouvoient introduire des Troupes dans le Languedoc. L'Evêque & le Sénéchal ayant fait tous les deux ensemble leurs ob-

II. PARTIE. LIVRE TROISIEME.

fervations, revinrent à Montpellier, où ils reglerent dans la Sale de l'Evêque tout ce qu'il convenoit de faire pour mettre Maguelone en fûreté.

Les foins qu'Arnaud s'étoit donné dans cette occafion pour le fervice du Roy, furent recompenfez l'année fuivante 1342. d'un ordre que Philippe de Valois envoya à fon Sénéchal, d'obliger Jean de Sauffan de prêter l'hommage qu'il devoit à l'Evêque de Maguelone, pour Sauffan & pour *la Roque-Ainier*; ce qui fut executé par fa veuve au nom de Guillaume fon fils alors en tutelle. Guillaume *de Fredol* en fit autant pour Fabregues, & l'année d'après Raymond de *Mujolax* Confeigneur de Montarnaud, lui fit reconnoiffance pour tout ce qu'il tenoit de lui à Pouffan.

Le Roy voulant encore témoigner plus particulierement à Verdale la fatisfaction qu'il avoit de fes fervices, lui envoya des Lettres de Sauvegarde pour toutes fes Terres, & pour celles du Chapitre, avec un ordre qu'il avoit demandé pour le Sénéchal de Beaucaire, de maintenir les Habitans de Montpellier dans la liberté de faire dépaître leurs Troupeaux aux environs de la Ville, tant du côté de Montpellier que de Montpellieret.

Mais tandis qu'Arnaud recevoit des marques de protection de la Cour de France, il n'en étoit pas de même de celle d'Avignon, où Clement VI. * qui avoit été élû à la place de Benoît XII. le 7. May 1342. ouvrit la porte aux apellations qui attirerent à fa Cour tous les mécontans de la Jurifdiction des Ordinaires. La chofe ne tarda point de fe faire voir dans le Diocéfe de Maguelone, où plufieurs Habitans de Villeneuve ayant été excommuniez par Raymond Taixier Grand-Vicaire de l'Evêque, ils en apellerent au nouveau Pape, qui envoya auffi-tôt fur les lieux fon Chapelain *Amans Caffan* Chanoine de Châlons, pour connoître de la Sentence, & pour les en relever, comme il fit. L'année d'après deux Seigneurs de la Maifon de Levis (Philippe & Bertrand) ayant voulu contefter à Arnaud la Juftice haute & baffe du lieu de Pouffan, le Pape lie les mains à l'Evêque fous prétexte de faire terminer l'affaire par des arbitres.

* Pierre Ro-ger. Cal. de St.

13

Peût-être que l'efperance d'une femblable protection donna lieu à une entreprife que nos Regîtres marquent de *Raymond de Montlaur*, qui peu de tems après, non content de faire dire la Meffe dans fon Château de Murles contre la volonté du Prieur, voulut encore s'aproprier les offrandes qu'on faifoit au Prêtre durant le Service. Mais il faut que cette entreprife n'eut pas été foûtenuë à Avignon, parce que l'interdit que Arnaud de Verdale jetta fur fon Château de Murles, fubfifta toûjours; & que Raymond lui fit hommage pour *Murles* & pour *Valhauquex*.

Environ ce même-tems, Verdale fit à Maguelone un accord beaucoup plus remarquable par la qualité des perfonnes qui y entrerent, que par le fujet qui les mit en difpute. On s'y plaignoit de Guillaume *de Laudun*, neveu de l'Archevêque de Toulouse (de ce même nom) & Veftiaire de Maguelone, au fujet des vêtemens qu'il devoit fournir aux Chanoines, & à cette occafion on lui fit faifir les fruits du Prieuré de *Grabels* & de *Juvignac*, avec ceux de la Chapelle *de Aufanicis* affectez à fon office. L'affaire ayant traîné quelques tems elle fut enfin terminée en 1345. par la médiation de Jean *de Baux* Archevêque d'Arles, de Raymond de Canillac Prévôt de Maguelone, & du Cardinal Guillaume *d'Aura*, du titre de St. Etienne *Dumont Cœlius* parent du Veftiaire. Il fut convenu que fes Benefices lui feroient rendus à la charge de fournir les vêtemens aux Chanoines & de payer à l'Evêque ce qu'il avoit coûtume de recevoir.

1344.

1345.

Cette même année la guerre s'étant échauffée plus que jamais entre les Roys de Mayorque & d'Arragon, Arnaud de Verdale acquit en fon privé nom la Terre de *St. Jean de Vedas*, que le Roy de Mayorque lui vendit pour le prix de mille trois cens livres. Dès-lors ce Prince commença de dépoüiller fa Seigneurie de Montpellier de plufieurs de fes apartenances; & l'on remarque les plus anciens titres des Terres qui en furent démembrées font d'environ ce tems là.

1345.

1346.

Ce Prince infortuné perdit en 1346. la Reine *Conftance* d'Arragon fon Epoufe, qui fut enfevelie dans l'Eglife des Freres Mineurs; ce qui donna lieu à une Confultation de nos Profeffeurs en Droit, d'autant plus remarquable qu'elle eft

108 HISTOIRE ECCLESIASTIQUE DE MONTPELLIER,
signée par *Guillaume Grimoard*, depuis Pape, sous le nom d'Urbain V.

L'*Exposé* qui fut fait au nom des Consuls, portoit, que le jour des funerailles de la Reine de Mayorque, quelques Habitans de Montpellier, pour lui faire honneur, convinrent entr'eux d'accompagner le corps, qui devoit être enterré dans l'Eglise des Freres Mineurs, & de porter chacun un grand cierge, avec les armes de son Office ou Metier. Ils convinrent aussi avec les Consuls qu'ils raporteroient leur cierge à leur maison, & qu'il suffiroit au Prieur de St. Firmin de retirer ceux qui lui auroient été offerts par les Consuls; surquoi dispute ayant été émuë entre le Prieur & ces Particuliers, les Consuls qui prenoient leur fait & cause, demanderent aux Professeurs de l'Université leur avis sur le cas proposé : lesquels répondirent, que le Prieur n'avoit droit que sur ce qui lui étoit offert. Or ces cierges (disoient-ils) n'ont été portés que pour honorer la Famille Royale, d'où vient que l'on dit *Pompæ Exequiarum, magis sunt vivorum solatia quam subsidia mortuorum* : d'où ils conclurent, que le Prieur de St. Firmin n'avoit aucun droit sur les cierges de ces Particuliers.

Dico ego *Stephanus Martinenchas alias Trocha utriusque Juris Doctor.*

Dico ego *Guillelmus Grimoardi Doctor Decretorum, Decanus Cluniacensis.*

Dico ego *Guiraudus Pargez, Legum Doctor.*

Et ego *Guillelmus d'Espinassone, Doctor Decretorum.*

1347.
L'année 1347. fut remarquable à Montpellier par la mort du Cardinal Imbert *du Puy* natif de cette Ville, qui mourut entre les bras de l'Evêque de Maguelone, laissant à executer la fondation qu'il avoit faite de l'Eglise Collegiale de St. Sauveur, dont je parlerai plus au long dans un article separé. Arnaud de Verdale, après lui avoir rendu les derniers devoirs, se rendit à Avignon près du Pape Clement VI. qui l'avoit invité avec les Evêques voisins, de venir assister à la Canonisation de St. Yves qu'il fit le 16. Juin de cette même année ; mais la

1348.
peste générale qui commença de ravager toute l'Europe, l'obligea bien-tôt de revenir à Montpellier, où l'on marque qu'elle fut si violente, qu'elle emporta, tant les riches que les pauvres, & qu'elle rendit la ville presque toute deserte.

Ce triste évenement fut suivi en 1349. de la vente que fit le Roy Jaques de la Seigneurie de Montpellier, à laquelle Arnaud de Verdale survêçût encore plus

Series pag. 374. de deux ans. Pour finir son article, je diray, qu'il est encore fait mention dans Garriel d'un acte, où *Raymond* Damoiseau est vassal de l'Evêque pour l'estang de

1349.
Melgueil, est ajourné au mardi après la fête de Noël à lui payer une albergue de Chevaliers quil lui devoit; & faute par lui de l'avoir fait, il perdit son Fief

1350.
que l'Evêque de Maguelone reprit en 1350.

Cette même année les Peres Augustins firent une échange avec lui de quelques quarterées de terre qu'ils avoient loin de leur Monastére, contre huit autres que l'Evêque avoit tout joignant, qui étoient fort à leur bienseance pour l'agrandissement qu'ils vouloient faire à leur Cloître & à leur Dortoir ; l'Acte est du 25. Février, signé par Alphonse de Tolede, Docteur en Théologie, Sindic de leur Couvent, & par Pierre Guy leur Prieur.

1351.
La derniere action que nous trouvons d'Arnaud de Verdale, se passa au Concile Provincial que Pierre *de la Jugée* Achevêque de Narbonne tint à Beziers le 7. Novembre 1351. avec grand nombre de Suffragans, qui sont nommez à cet Ordre : Arnaud de Maguelone, Jean *de Blandiac* Evêque de Nîmes, & dépuis Cardinal, Guillaume Evêque d'Alet, Elie de *St. Yrier* Evêque d'Usez, & dépuis Cardinal, Pierre *Berrardi* de la maison *de Cessac* dans le Quercy, Evêque d'Agde,

VI.
Girbet *Dejan* Evêque de Carcassonne, Hugues *de la Jugée*, Frere de l'Archevêque de Narbonne Evêque de Beziers. Dans ce Concile l'Evêque de Carcassonne prétendit que le rang devoit être réglé entr'eux par l'ancienneté de leurs Eglises : surquoi y ayant eu quelque dispute, il fut prononcé par l'Archevêque Président, que l'Evêque de Carcassonne ne seroit assis qu'après celui de Maguelone qui étoit

son

II. PARTIE. LIVRE TROISIÉME.

étoit son ancien de promotion, sauf à lui à prouver dans l'année, la prérogative particuliere de son Eglise si elle en a : *Pro bono pacis duximus ordinandum quod dictus Carcassonensis Episcopus sedeat post venerabilem fratrem nostrum Magalonensem Episcopum qui antiquior est in promotione hoc salvo quod Episcopo Carcassonensi nullum præjudicium generetur si probare possit infra annum se habere debere prærogativam prædictam.*

Concil. Provinc. Narbon.

Baluze page 101.

Arnaud survècut encore plus d'une année à la tenuë de ce Concile; car sa mort est marquée dans notre petit Talamus au troisiéme Decembre de l'année suivante : *Ledit jour qui étoit Lundi troisiéme Decembre 1352. Arnaud de Verdale Evêque de Maguelone trépassa, & fut porté audit Maguelone le lendemain qui étoit Mardy.*

1352.

HISTOIRE DE MONTPELLIER.

LIVRE QUATRIEME.

Contenant la fuite des Evêques, depuis Philippe de Valois, juſ-qu'à la Sécularifation de Maguelone fous François Ier.

CHAPITRE PREMIER.

I. *Audoüin Cardinal, nommé à l'Evêché de Maguelone.* II. *Il fonda le College de ce nom dans la Ville de Toulouſe.* III. *Durand des Chapelles lui ſuccede.* IV. *Qui prête ſerment au Roy.* V. *Et tranſige avec ſes Chanoines.*

A mort d'Arnaud de Verdale arrivée le 3. du mois de Decembre 1353. fut bien-tôt suivie de celle du Pape Clement VI. qui mourut à Avignon le 6. de ce même mois. Il eut pour Succeſſeur le Cardinal Etienne Aubert du lieu de *Beiſſac* au Diocéſe de Limoges qui fut élû à Avignon le huitiéme du mois de Decembre, & prit le nom d'Innocent VI. Les Cérémonies qui suivirent son exaltation l'empêcherent de pourvoir à l'Egliſe de Maguelone avant le quinze de Fevrier, auquel jour ayant fait Cardinal *Audoüin Aubert* son neveu, il le transfera d'Auxerre à Maguelone, afin qu'il en pût prendre le titre.

I.

AUDOUIN AUBERT.

Fleury dans son Hiſtoire Eccleſiaſtique nous en explique la raiſon, en nous aprenant que l'uſage étoit alors de donner aux Cardinaux le nom d'une Egliſe qu'ils euſſent gouverné. Mais comme Audoüin avoit été précédé à Auxerre par deux Cardinaux qui vivoient encore, ſçavoir, *Talerand de Perigord* & *Pierre Ductos*, il ne pouvoit être apellé Cardinal d'Auxerre, & il falloit lui donner un autre titre. Le Pape son oncle lui donna celui de Maguelone qui vaquoit alors; & parce qu'il ne paroît pas qu'il y ſoit jamais venu, quelques-uns ont oublié de le comprendre dans le Catalogue des Evêques de cette Ville. Cependant il conſte qu'il en conſerva le titre après même qu'il eut été fait Evêque *d'Oſtie*, & qu'en cette qualité il fit la cérémonie du Sacre & du Couronnement du Pape Urbain V. *in palatio coronatus per Dominum Magalonenſem qui tunc fuit Oſtienſis Epiſcopus.* Mais la choſe paroît encore mieux par son Epitaphe, & par la Fondation remarquable qu'il fit à Toulouſe.

Liv. 96. n. 16.

Urbani V. quinti vita Baluzii.

L'Epitaphe, ou Eloge funebre tel que Garriel l'a tiré du Necrologue de la Chartreuse de Villeneuve lez-Avignon porte: *Audoinus Alberti Lemovicensis Fratris Innocentii VI. Filius ex Episcopo Magalonensi Presbiter Cardinalis Sanctorum Joannis & Pauli tit. Pammachii postea Episcopus Ostiensis consecravit Urbanum V. Romanum Pontificem. Vir doctrinâ & pietate insignis, animo nobili & sincero, moribus etiam honestissimis & gravibus, qui illum reddebant unicuique gratissimum, ab omnibus diligebatur. Conversatione se ostendit Urbanum & civilem. Maximam devotionem in Religionem Carthusianorum habuit, multa bona domui Carthusianorum vallis benedictionis donavit. Obiit sexto Idus Maij anno Christi 1363. Avenione in domo habitationis suæ, sepultus est in eodem cœnobis Carthusianorum in medio chori.*

Ste. Marthe Gall. Christiana.
1353.

II. Cet Eloge funebre nous aprend la douceur de ses mœurs, & son affection pour l'Ordre des Chartreux. Mais son Testament nous fait mieux connoître son esprit Episcopal qui le porta (selon le goût qui regna dans son siécle) à fonder un College pour des jeunes étudians. Il se détermina de l'établir dans la Ville de Toulouse, où son Oncle qui en avoit été Juge-mage avant que d'entrer dans les Ordres, avoit fondé le College de St. Martial. Celui du Cardinal Audoüin conserve encore le nom de College de Maguelone, que l'on voit à droite en allant de l'Eglise du Taur à celle de St. Sernin. La fondation qu'il en fit par son dernier Testament porte que ses Executeurs Testamentaires établiront une Bourse d'Ecoliers de Grammaire, de Logique, & autres Arts liberaux, en aussi grand nombre que ses biens pourront le suporter. Voulant que les prieres qu'ils feront, tournent au soulagement de l'ame du Roy de France, afin qu'il protege cette bonne œuvre, & qu'il la recommande aux Capitouls & à l'Archeveque de Toulouse. Il fait son College héritier universel de tous ses biens, meubles, immeubles, & autres droits quels qu'ils soient qui lui pourront apartenir.

Page 271.
Catel nous aprend dans ses Mémoires du Languedoc que *Jean, Cardinal de St. Marc*, & puis de *Ste. Sabine*, l'un de ses Executeurs Testamentaires, obtint du Roy Charles V. les lettres d'amortissement necessaires pour cette fondation, & qu'en 1370. Gregoire XI. Successeur d'Urbain V. lui donna pouvoir de faire des Statuts pour la direction de ce College. Il ajoûte que *Frere Dominique de Florence* Archeveque de Toulouse, commis à cet effet par Martin V. régla que d'orénavant, outre dix Ecoliers qu'il y avoit déja dans le College de Maguelone, il y en auroit un onziéme qui seroit Prêtre & pour toute sa vie, au lieu que les autres Boursiers ne pouvoient garder leur place que pendant sept ans. Par ces mêmes Statuts la collation des places est dévoluë aux Executeurs Testamentaires du Cardinal de Ste. Sabine; & à leur défaut, absence, ou négligence, au Chancelier, & Recteur de l'Université de Toulouse.

Le Cardinal Audoüin (comme le remarque M. Fleury) avoit commencé par un Canonicat de Ste. Radegonde de Poitiers, que le Pape Benoît XII. lui donna avec l'expectative d'une Prébende. Clement VI. le fit Evêque de Paris en 1349. après la mort de Foulques *de Chanac*, d'où il fut transferé en 1350. & enfin à Maguelone, comme nous l'avons vû. Il paroît par les Regîtres du Vatican, qu'il occupa cette derniere place jusqu'en 1354. où il est dit expressément que *Durand* lui fut subrogé dans l'Evêché de Maguelone. Ce qui fait dire à Mrs. de Ste. Marthe, que c'est avec grande raison que Garriel a compris le Cardinal Audoüin parmi nos Evêques; d'autant plus qu'il a de son sentiment Onufre, Ciaconius, Bosquet & Colombés.

1354.
III.

DURAND DES CHAPELLES.

Durand, qui lui succeda, a été surnommé *des Chapelles*, sans qu'on en sçache bien la raison. On ignore même le lieu de sa naissance; mais on a des preuves certaines qu'il occupa le Siége de Maguelone durant six ou sept années.

1354.
Garriel nous aprend qu'ayant été nommé par le Pape Innocent VI. sur la démission du Cardinal Audoüin, il fut sacré à Avignon, en presence du Pape & du Sacré College; & qu'étant venu à Maguelone pour s'y faire instaler, il trouva une si grande oposition de la part du plus grand nombre des Chanoines, qu'on lui refusa jusqu'aux provisions du pain & du vin, qui ne devoient pas, selon leur Statuts, être refusées au moindre étranger: *Negata provisio (dit l'Acte) panis & vini & victualium quæ secundum statuta & ordinationes Ecclesiæ nequeunt præstari etiam*

II. PARTIE. LIVRE QUATRIÉME.

etiam judais. Cette dureté ne venoit d'aucun éloignement qu'on eût contre sa personne ; mais par un de ces orages qui s'élevent quelquefois dans les compagnies, surtout dans la persuasion où ils étoient, qu'ils ne pouvoient que par un grand éclat faire revivre leurs anciens droits sur l'élection de l'Evêque.

Durand n'opposa rien à cette résistance ; car il prit le parti de se retirer au Château du Terrail, avec quelques Donats & quelques Convers qui voulurent le suivre. Il y attendit patiemment que l'orage fût passé, voyant bien que la conduite des Chanoines ne seroit approuvée, ni du Pape, ni du Roy. Cependant il se hâta de rendre son hommage pour les Terres de l'Evêché, qui relevoient de la Couronne. L'Acte que nous en avons est du 13. Février 1353., c'est-à-dire 1354.

„ Moy Durand, Evêque de Maguelone, dit-il, je reconnois à vous Sénéchal de
„ Beaucaire, Commissaire du Roy, & nommé par luy à cet effet, tout ce que je tiens
„ de lui en Fief, à raison de l'Eglise de Maguelone ; excepté tout ce que le Sei-
„ gneur Roy a acquis dans Montpellier, & au Château de Lates de l'Evêque de
„ Maguelone nôtre prédécesseur, pour cause de l'échange faite avec lui.
„ Je reconnois tenir de lui au nom de l'Eglise de Maguelone, tout ce que le
„ Seigneur Roy a donné à mes prédécesseurs, à raison de cet échange, dans la
„ Ville de Saure, & dans les Châteaux de *Durfort*, *Poussan* & autres lieux, pour
„ lesquels je dois & promets d'être fidéle au Roy. Et en mettant la main sur ma
„ poitrine j'en fais le serment, à vous Sénéchal, au nom du Roy : promettant de faire
„ tout ce que je suis tenu de faire à son égard, lorsque j'en aurai eu connoissance.''

IV.

L'orage qui avoit fait retirer l'Evêque de Maguelone au Château du Terrail, passa d'autant plus vîte qu'il avoit été plus violent. Les Chanoines ne furent pas long-tems à reconnoître l'inutilité de l'éclat qu'ils avoient fait, & *Durand* n'eut pas beaucoup de peine à ramener des esprits déja ébranlez. Il y réüssit si bien, qu'il tint avec eux un Chapitre général, digne de quelque remarque, par les Statuts suivans.

I. Un Chanoine ne pourra s'absenter par mois, au-delà de quatre jours, & sans avoir gagné auparavant dix jours de présence, dans lesquels les Fêtes Solemnelles ne seront point comprises.

II. Nul n'aura voix en Chapitre qu'il ne soit Prêtre, ou du moins Soûdiacre.

III. Défense à toute personne, sous peine d'anathême, d'engager ou détourner à son profit les biens de l'Eglise, ni de les aliener pour autre cause, que pour un besoin pressant de l'Eglise, ou pour le soulagement des pauvres.

Cette bonne intelligence entre l'Evêque & son Chapitre, fut suivie de l'hommage que tous les Vassaux de l'Evêché firent à *Durand*, pour les Terres qu'ils tenoient de lui. On trouve dans les Archives de l'Evêché le serment de fidélité qui lui fut prêté par les Seigneurs de *Ganges*, de *Poussan*, & de la *Valette*. Les Archives de l'Hôtel de Ville raportent au long la réconnoissance qui lui fut faite le premier Juillet 1354. par les Consuls de Montpellier, pour les bois de *Valene*, où en rapellant toutes les Transactions passées sous Guillaume Evêque de Maguelone en 1215. & sous Berenger de Fredol en 1261. les Consuls réconnoissent lui devoir une albergue annuelle de deux Chevaliers en étant requis. Plus trois Chevaliers pour le mas de *Caravetes*, & l'usage annuel de neuf sols pour le mas de la *Boissiere*. Sur toutes lesquelles choses l'Evêque a droit de Lods & de Conseil avec la Haute-Justice, & l'exécution de sang ; & les Consuls ont les autres Justices, jusques, & non inclus l'effusion du sang.

1354.

Durand après avoir établi de la sorte le temporel de son Eglise, s'appliqua entierement à profiter des occasions d'être utile à son Diocése. Il ne tarda point d'apprendre, que depuis 1349. il avoit été fait une Fondation avantageuse au public, en faveur des Religieuses de Saint Gilles, à qui nommé *Berenger Mairose* avoit legué trois mille cinq cens livres, & nommé pour ses exécuteurs les Ouvriers de la commune Clôture. Il arriva par la négligence inévitable dans les affaires qui dépendent de plusieurs differentes personnes, que ces Religieuses, long-tems après la Fondation, n'étoient pas mieux pour le temporel, ni pour le spirituel. *Durand* en ayant été informé, mit en mouvement les Ouvriers, & les ayant porté à mettre en état le logement de ces Religieuses, il leur dressa des Reglemens particuliers,

Ff

du confentement, dit-il, du Chapitre de Maguelone, & du Prieur de Saint Denis, dans la Paroiffe duquel leur nouveau Monaftere étoit bâti.

V. L'Acte le plus remarquable que nous ayons de fon Epifcopat, eft une Tranfaction paffée entre lui & fon Chapitre, par la médiation de deux Chanoines de Lodevë, *Pons de Lauziere* Docteur en Droit Canon, & *Berenger de Villeneuve* Commis de part & d'autre. Ils prononcerent article par article, fur tous les griefs réciproques ; ce qui peut fervir à nous faire connoître le rélâchement qui s'étoit introduit à Maguelone pendant la longue abfence de fes Evêques, puifqu'on eft obligé de defcendre dans un affez grand détail des procédures criminelles contre les Chanoines qui auroient donné lieu d'en faire. Les dix premiers articles régardent divers droits particuliers, difputez entre l'Evêque & le Chapitre : comme les droits de fon entrée, les obfervances Régulieres, la collation des Bénéfices, &c.

„ 1°. A la premiére entrée de l'Evêque de Maguelone, le Prevôt lui fournira
„ & à fes gens, le pain & le vin. Le Sacriftain, le luminaire. Et le chef des cuifi
„ nes, la viande ou le poiffon, felon le jour. Les autres officiers, felon leur char
„ ge, lui donneront ce qu'ils ont coûtume de donner à la Communauté, & aux
„ Chanoines réfidens. Le Prevôt dans ces occafions fournira aux gens de la fuite de
„ l'Evêque, le bois, verres, pots, & autres uftenciles, qu'il reprendra lorfqu'ils fe
„ rétireront.

„ 2°. La correction fera faite à Maguelone par le feul Evêque, s'il eft prefent ;
„ à fon abfence par le feul Prevôt : & au deffaut de tous les deux, par le Prieur
„ Clauftral, auquel l'Evêque & le Prevôt doivent leur protection.

1356.

„ 3°. Pour la collation des Bénéfices hors de l'Eglife de Maguelone, on impofe
„ filence à l'Evêque & à fes Succeffeurs.

„ 4°. Le Prevôt ne fera point nommé dans les affaires criminelles.

„ 5°. Au fujet de la Plage qui eft entre la Mer & l'Etang de Villeneuve, on
„ gardera de point en point la Tranfaction paffée entre *Guillaume de Laudun*, Vef
„ tiaire de Maguelone, & *Pictavin de Montefquiou*, dans le tems qu'il en étoit
„ Evêque.

„ 6°. On impofe filence à l'Evêque fur ce qu'on difoit lui être dû par le
„ Veftiaire.

„ 7°. Le Prevôt ne payera rien pour le droit du Sceau dans les Procès qu'il
„ aura ; les Parties des Chanoines le payeront en entier, fi elles viennent à fuc
„ comber, & les Chanoines ne payeront que les écritures.

„ 8°. Le Prieur Clauftral pourra donner permiffion aux Chanoines de fortir
„ pour un mois hors de l'Ifle, à moins que l'Evêque ne juge à propos de ré
„ voquer expreffément & nommément les lettres que le Prieur auroit données.

„ 9°. Si l'Evêque & le Prevôt font dans le même lieu, le Chanoine qui vou
„ dra fortir hors de la Province de Narbonne, doit s'adreffer à l'Evêque feul. Mais
„ s'ils font en des lieux feparez, le Chanoine eft maître de s'adreffer à celui des
„ deux qu'il voudra, & ayant obtenu la permiffion de l'un d'eux, elle ne pour
„ ra être révoquée par l'autre. Mais tous les Chanoines ne pourront fortir de la
„ Province, que pour les affaires de leur Prieurez, ou de leur Adminiftration.

„ 10°. L'Evêque ne prendra qu'une fois l'année, le droit de Vifite des Eglifes.

Voilà pour divers points des obfervances domeftiques : voici pour la Procedure qu'on devoit garder dans les affaires civiles des Chanoines ; & enfuite pour les criminelles ; ce que nous ne voyons pas avoir été reglé jufqu'alors.

„ 11°. Les caufes civiles des Chanoines, *Donais*, ou *Convers*, ne feront point
„ traitées dans l'Audiance publique ; mais dans la chambre de l'Official, ou du Vi
„ caire pour le fpirituel.

Si le Chanoine affigné réfufe de comparoître en perfonne ou par Procureur, il fera cité par trois fois, avec intervale de fix jours d'une citation à l'autre ; & s'il perfifte dans fa contumace, il lui fera fait commandement en vertu de fainte obéïffance, de fatisfaire à fon ajournement. Mais afin que fon obftination ne tourne pas à fon avantage, il eft ordonné, que fi le défaillant poffede cent florins ou cent livres de rente, felon l'ancienne taxe des décimes, il payera toutes les femaines, fans aucune rémiffion deux florins, ou deux livres aux Adminiftrateurs du Cloître,

II. PARTIE. LIVRE QUATRIÉME.

qui seront chargez de le nourrir. S'il a plus ou moins de revenu, il payera plus ou moins à proportion. Et si le Chanoine, le *Donat*, ou le *Convers* n'a aucun revenu, qu'il soit discipliné en Chapitre par ordre du Prieur Claustral chaque jour, ou bien deux ou trois fois par semaine, jusqu'à ce qu'il ait comparu en personne ou par Procureur, & qu'il ait obéï à son ajournement, ou satisfait à sa Partie.

Quant aux causes criminelles, elles seront jugées par l'Evêque & par le Chapitre. Le Chanoine, Donat, ou Convers, contre qui il faudra procéder sera saisi par les gens de l'Evêque, & traduit aussi-tôt à Maguelone, à moins qu'il n'y eût à craindre qu'il ne fût enlevé en chemin; mais le peril venant à cesser, on le traduira à Maguelone pour y être puni.

On declare excommuniez *ipso facto*, ceux qui tireront de prison le coupable, qui y aura été mis par Sentence de l'Official; & ils ne pourront être relevez de l'excommunication, que par le consentement exprès de l'Evêque & du Chapitre.

On donne pouvoir aux Officiers de l'Evêque de faire saisir & vendre les effets " des Chanoines, Donats, & Convers, jusqu'à la concurrence des sommes qu'ils " auront été condamnez de payer. "

Que si les Officiers de l'Evêque étoient troublez dans ces sortes d'exécutions, " il leur sera permis de recourir aux Officiers du Roy. A quoi les Chanoines, Do- " nats, & Convers, se soûmettent par exprès dans le present écrit, en se réservant " neanmoins la voye d'apel, & de n'être pas tenus, s'ils veulent, au présent Régle- " ment pour les affaires civiles, commencées depuis dix ans passez. "

Tout ce détail paroîtra peut-être à quelques-uns de mes Lecteurs moins gratieux, que ne le seroit le recit d'un Fait historique, qui réjoüit l'esprit sans l'appliquer; mais je les prie d'observer qu'outre la varieté que l'histoire demande pour donner du plaisir, elle nous est beaucoup plus utile par les réflexions qu'elle nous donne occasion de faire, que par le simple recit d'un évenement. Ainsi je ne crains point de continuer le précis que j'ay déja commencé, puisqu'il sert à connoître les abus qui se glissent insensiblement dans les Communautez les mieux reglées, & en même-tems le remede que les personnes bien intentionnées tâchent d'y aporter par de sages Loix.

12°. Afin que l'Evêque ne gréve point la Communauté de Maguelone par de " trop fréquentes visites, on regle que le Prevôt & les autres Officiers lui fourniront " les choses de leur office à certains jours marquez dans les anciennes coûtumes. Sça- " voir, le jour des Cendres, le Mercredi Saint, & les cinq jours suivans. La veille " de la Pentecôte, & les deux jours suivans. La veille de Noël, & les trois suivans. " Enfin toutes les fois que les devoirs de sa charge, ou le besoin & l'utilité de son " Eglise demanderont qu'il y vienne. Mais on remet le tout à sa conscience; & à " celle de ses successeurs. "

13°. On impose silence au Chapitre, qui prétendoit que l'Evêque ne pouvoit " point procéder criminellement contre les Clercs & Laïques de son Diocése, sans " le consentement du Prevôt & du Chapitre. "

14°. Dans la perception du droit de Visite l'Evêque s'en tiendra à ce qui est " prescrit par le Droit "

15°. Dans les permissions qu'on donnera aux Laïques de se marier hors de " leur Paroisse, & d'y recevoir les Sacremens de l'Eglise, l'Evêque & ses Officiers " sont exhortez de ne les accorder qu'avec modération, afin que les Paroisses ne " soient pas désertées. Surquoi on s'en remet aux Statuts déja publiez. "

16°. L'Evêque donnera les permissions d'aller aux Ecoles publiques, en ob- " servant la forme du Droit. "

17°. L'Evêque & le Chapitre se payeront reciproquement les censives & les " lods pour les Fiefs, & arriere-Fiefs qu'ils ont les uns des autres. "

18°. On impose silence aux Chanoines & Prieurs, qui disoient que l'Evêque " empêchoit les Curez d'obliger par censures leurs Paroissiens à payer la dîme.

19°. Et sur la plainte qu'ils faisoient, que l'Evêque ne s'en tenoit pas aux Réglemens déja faits pour le droit de Charnage, on dit, qu'il les observera inviolablement.

20°. Sur la contestation entre l'Evêque & le Vestiaire de Maguelone, pour une certaine piéce de terre, on renvoye l'affaire à celui qui a connoissance des affaires temporelles du Chapitre, ou à un accord amiable entre Parties.

21°. On ne permet qu'aux seuls Chanoines de Maguelone, qui ont des Bénéfices dans Montpellier, d'y passer les nuits.

22°. Les Arbitres remettent jusqu'à la Fête de tous les Saints, de décider sur le refus que faisoient certains Prieurs de l'Eglise de Maguelone, de payer le droit de Visite. Et pour prévenir les disputes, les frais, & les scandales arrivez à l'occasion des articles ci-dessus reglez, on dit, que les Evêques à l'avenir, dans le premier mois de leur entrée, jureront à la réquisition du Procureur du Chapitre sur les Saints Evangiles, & la main sur la poitrine, de faire observer le présent Réglement. Tous les Prevôts avenir feront le même serment en touchant de la main les mêmes Saints Evangiles, lorsqu'ils en seront requis par l'Evêque ou par le Chapitre. Les Officiers Claustraux de Maguelone, les Bénéficiers & Prieurs, ne seront pas tenus de rendre obéïssance à l'Evêque, ni de donner au Prevôt les choses de leur office, que l'un & l'autre n'ayent promis d'observer le présent Réglement, par le moyen duquel les Parties ont dit avoir la paix, & concorde. Signé par le Seigneur *Durand*, Evêque de Maguelone; *Pons d'Orlagues*, Prevôt, & plusieurs Chanoines pour le Chapitre, le 18. Novembre 1356.

ries pag. 336. Gariel nous apprend, que le même Evêque régla les limites de son Diocése, avec celui d'Agde; mais les changemens qui sont arrivez à ces limites, terminez d'un côté par la mer, & de l'autre par l'étang de Tau, laissent encore de nos jours la chose indécise. Elle est devenuë plus difficile à vuider depuis les travaux qui ont été faits au pied de la montagne de Sette, pour la jonction de la mer & de l'étang, parce que le Canal qu'on y a fait, n'a pas suivi les anciennes limites des deux Diocéses; mais ils ont pris de l'un & de l'autre, selon la facilité du creusage.

1359. On ne trouve autre chose, que ce que je viens de dire de cet Evêque, qui siégea jusqu'en 1359. & on n'a aucune connoissance certaine du tems de sa mort. On sçait seulement, que son siége vaquoit l'année suivante 1360. où les Archives de l'Hôtel de Ville marquent, que l'Evêché de Maguelone étant gouverné par un Vicaire général, Bernard Evêque de *Brixia* dans les Etats de Venise, & Suffragant de l'Archevêché de Milan, se trouvant malade à Montpellier, laissa par son Testament trois mille quatre cens florins, pour la Fondation d'un Collége

1360. pour dix pauvres Ecoliers, qui devoient étudier en Droit Civil & Canonique. Ce Collége par le malheur des tems ne subsiste plus, comme nous le dirons dans l'article qui le concerne, à la fin de l'article de l'Université de Montpellier.

CHAPITRE SECOND.

I. *La Chapelle de l'Hôtel de Ville consacrée sous Deodat Evêque de Maguelone.* II. *Création du Pape Urbain V.* III. *Qui fonde le Prieuré de St. Germain à Montpellier.* IV. *Son arrivée en cette Ville.* V. *Il y fait la Dédicace de l'Autel de St. Germain.* VI. *Il nomme à l'Evêché de Maguelone Gaucelin de Deux.*

1361. DEODAT fut subrogé à la place de Durand des Chapelles environ l'an 1361. car on marque sa mort en 1366. ensorte qu'il ne tint le Siége de Maguelone guéres plus de quatre ans. L'Acte le plus certain que nous ayons de lui est une lettre du Roy Jean, donnée près de Compiegne le 9. du mois de Juin 1362. par laquelle il ordonne au Sénéchal de Beaucaire de rendre à *Deodat, nunc Magalonensem Episcopum*, tout ce qui pourroit lui avoir été saisi à raison du serment de fidélité qu'il devoit au Roy pour le temporel de son Evêché. Et

DEODAT. par ces mêmes lettres il prolonge à l'Evêque le terme d'un an, afin (dit le Roy) de recevoir nous-même son serment, au cas que nous allions en personne vers ces quartiers : *Si contingat infra dictum terminum nos ad eas partes accedere*. Le Roy méditoit sans doute le voyage qu'il fit à Avignon, peu après la promotion d'Urbain

V.

II. PARTIE. LIVRE QUATRIÉME.

V. où durant un féjour de plufieurs mois, il fe croifa (comme nous l'avons vû) pour la Terre Sainte; mais fort à contre-tems pour les affaires de fon Royaume, qui étoient toûjours dans le trouble depuis fon retour d'Angleterre.

Deodat, quoique nommé à l'Evêché de Maguelone avoit féjourné à Avignon durant les dernieres années d'Innocent VI. fon protecteur, fuivant l'ufage affez ordinaire aux Evêques de fon tems. Il y a même lieu de croire qu'il s'y arrêta durant toute la premiere année du Pontificat d'Urbain V. car nos Archives marquent que nos Confuls voulant faire confacrer la Chapelle de leur nouvelle Maifon Confulaire, ils s'adrefferent à Pons de *la Garde* Chanoine de Maguelone, Prieur de St. Firmin, & Grand-Vicaire pour le fpirituel & pour le temporel de *Deodat* Evêque de Maguelone abfent. Ils prierent en même-tems *Theobald* (Evêque de Coron dans la Morée) qui fe trouvoit alors à Montpellier, d'en faire la cérémonie; & toutes les permiffions en ayant été accordées par le Vicaire général, l'Evêque de Coron fit la confecration de la Chapelle le 25. du mois d'Octobre 1363.

I.

1363.

Urbain V. avoit été élevé fur la Chaire de St. Pierre vers la fin de l'année précédente 1362. ce qui fait une époque des plus remarquables pour la Ville de Montpellier, où ce Pape avoit paffé une partie de fa jeuneffe, & à laquelle il ne ceffa de faire de très-grands biens durant fon Pontificat. Je crois que la reconnoiffance exige que je n'omette point ici ce que nous trouvons de plus digne de remarque, dans les Auteurs contemporains qui en ont écrit, & dans nos Archives, qui parlent fouvent de lui.

Guillaume Grimoard, du lieu de Grifac Diocéfe de Mende, étoit fils de Grimoard Chévalier, Seigneur de Grifac dans le Gevaudan, qui eut le bonheur de furvivre pendant quelques années à l'exaltation de fon fils. En fa premiere jeuneffe il embraffa la vie Monaftique, & fut reçû dans le Monaftere de *Chiriac* au même Diocéfe, dépendant de St. Victor de Marfeille; d'où, après s'être inftruit des fciences Regulieres, il vint étudier à Montpellier avec tant de fuccès, qu'il devint Docteur fameux en Droit Civil & en Droit Canon, qu'il enfeigna plufieurs années, tant à Montpellier qu'à Avignon: *Rexitque multis annis tàm in Montepeffulano quam in Avenione*, dit l'Auteur de fa vie. Sa reputation le fit nommer à l'Abbaye de St. Germain d'Auxerre, & enfuite à celle de St. Victor de Marfeille.

II.

1363.

Il occupoit cette derniere place, lorfqu'il fut choifi par le Pape Innocent VI. pour aller à Naples en qualité de Legat, auprès de la Reine Jeanne, qui venoit de perdre fon fecond mari *Loüis de Tarente*; mais il en fut rapellé après la mort d'Innocent VI. arrivée le 12. du mois de Septembre 1362. Car les Cardinaux étant affemblez au Conclave après la mort du Pape, ne pûrent jamais convenir du Succeffeur qu'ils devoient lui donner, quoiqu'il fe trouvât entr'eux plufieurs perfonnes de merite. Ils fe déterminerent enfin à l'Abbé de Marfeille, quoiqu'abfent, & quoiqu'il ne fût pas Cardinal. Mais parce qu'ils doutoient s'il voudroit confentir à fon élection, ils l'envoyerent querir, fous prétexte de le confulter fur une affaire preffante; & étant arrivé à Avignon le 30. d'Octobre, ils lui déclarerent l'Election qu'ils faifoient de lui: & l'ayant fait couronner dans le Palais même par le Cardinal de Maguelone, qui étoit Evêque d'Oftie, ils firent publier fon Election fous le nom d'Urbain V.

Petrarque qui vivoit de fon tems, releve le choix qu'on fit de lui, comme l'ouvrage de Dieu feul, quoique tous les Cardinaux lui euffent donné leurs voix. " *Deus te profecto*, (lui dit-il) *Deus inquam folus & nemo mortalium te elegit, linguis licet illorum ufus; quas ad aliud difpofitas ad fuum vertit obfequium quodque ipfe volebat per nolentes fecit.* Certainement vous avez été élû de Dieu " feul, & non pas d'aucun des mortels, quoique Dieu fe foit fervi de leur lan- " gue pour vous nommer; il les a faites fervir à fes deffeins, toutes difpofées " qu'elles paroiffoient à autre chofe; & il a fait ce qu'il vouloit par ceux-mê- " me qui lui étoient les plus contraires. " C'eft ainfi, (par une providence particuliere de Dieu) qu'après que les hommes ont exercé inutilement leurs paffions, pour parvenir à leurs vûës les plus humaines, ils fe trouvent comme forcez de

G g

revenir à la premiere vûë qu'ils auroient dû avoir.

La conduite qu'Urbain V. garda durant son Pontificat, justifia pleinement la pensée de Petrarque ; car il n'y a eu guéres de Pape qui ait joint à une grande capacité plus de vertus convenables au bon gouvernement & à l'édification des Fidéles. Il fut non-seulement irréprochable dans ses mœurs, mais d'une vie si exemplaire, qu'on travailla après sa mort à sa canonisation. Il eut une aplication continuelle à pourvoir l'Eglise de bons Sujets, & à connoître ceux qui se formoient dans les Universitez. Sa charité envers les pauvres, son désinteressement pour ses parens, & sa magnificence pour le service Divin, ont rendu sa mémoire pleines de benedictions, depuis près de quatre cens ans.

III. Parmi les fondations & les bâtimens somptueux qu'il fit en divers lieux, comme à St. Victor de Marseille, à Avignon, à Rome, & dans le Diocése de sa naissance, on marque le Monastere de St. Germain de Montpellier, comme un de ses plus beaux ouvrages. L'interêt particulier que nous devons y prendre, m'oblige d'en parler plus au long, & de raporter icy ce que nous trouvons dans nos Archives. Elles nous apprennent que ce Pape voulant faire un établissement utile

1363. à la Ville de Montpellier, & à l'Ordre de St. Benoît, résolut dès le commencement de son Pontificat de fonder une maison pour un grand nombre de Religieux dont une partie s'occuperoit pendant un certain tems à l'étude des sciences & l'autre seroit attachée pour toûjours au service Divin. Dans cette vûë (comme, il connoissoit parfaitement la Ville) il choisit un quartier retiré, regardant le Nord & appellé pour cette raison *Côte frege*, où il fit acheter les maisons qui lui étoient nécessaires, dont il demanda l'amortissement des tailles au Roy Charles le Sage, qui l'accorda par ses Lettres-Patentes, données dans le même tems qu'on se disposoit à mettre la premierre pierre à sa nouvelle Eglise.

La cérémonie en fut faite le premier du mois d'Octobre 1364. où nos Archi-
1364. ves marquent que les Consuls de la Ville, les Ouvriers, & les Consuls de Mer partirent de l'Hôtel de Ville en procession, & se rendirent à *Côte frege* avec des cierges allumez & faisant porter sous un riche Dais la tête de St. Blaise, qui étoit une ancienne Relique de la Ville. L'Office fut célébré par *Jean Gaze* Abbé d'Aniane, & le Sermon par Guy *Tinel* Gardien des Freres Mineurs ; après lequel le Célébrant mit une premiére pierre au milieu du chevet de l'Eglise, les Consuls une seconde au côté droit, sous laquelle on marque qu'ils jetterent une poignée d'argent monnoyé, & qu'ils donnerent pour étrenne six tasses d'argent marquées aux armes de la Ville & poinçon de la monnoye. Les Officiers Curiaux, Philippe de *Antilla* Recteur, & Jacques de la *Mahania* Bailly, mirent une troisiéme pierre du côté gauche ; & la ceremonie ayant fini par la publication des Indulgences accordées par le Pape, on travailla dès le lendemain à avancer ce grand édifice.

Nous ne trouvons pas qu'il soit fait aucune mention de *Deodat* Evêque de Maguelone durant toute cette ceremonie ; ce qui nous donne lieu de croire qu'il
1365. étoit alors hors de son Diocése. Mais nos Archives ne laissent aucun lieu de douter qu'il n'y fût revenu l'année suivante 1365. puisqu'elles marquent que le jour de la Nativité de la Vierge, il fut fait de son autorité, l'union des Religieuses de Nôtre-Dame de la Rive, avec celles du Faubourg St. Gilles (ensorte, dit nôtre Talamus) que les Religieuses blanches & noires habiterent ensemble. Nous dirons en son lieu quelles étoient ces deux maisons ; mais il nous suffira pour le present de remarquer pour l'Evêque *Deodat*, qu'il n'est plus parlé de lui dans nos Archi-
1366. yes, & que l'on croit qu'il mourut sur la fin de 1365. c'est-à-dire, comme nous comptons à present au commencement de 1366.

Le Siege resta vacant tout le reste de cette année, durant laquelle on fit à Montpellier deux reparations bien remarquables, sçavoir, celles des murailles du Peirou, & celle de la Palissade qui clôturoit les Fauxbourgs. Pour l'intelligence de ces deux Articles, il est à observer que selon nôtre petit Talamus, le mur & la tour du Palais étoient tombez le 12. Fevrier 1364. & selon le même témoignage, on les fit refaire au mois de May 1366. où l'on commença en même-tems un mur de pierre pour fermer les Fauxbourgs de la Ville. Le motif pressant de ces reparations étoient les courses des mauvaises compagnies qui faisoient mille désordres aux en-

II. PARTIE. LIVRE QUATRIE'ME.

virons de Montpellier. Ce fait n'eſt pas équivoque, comme nous l'avons aſſez dit dans le premier Tome de cette Hiſtoire. Mais la difficulté (s'il y en a) eſt de ſçavoir à qui nous avons obligation des murailles du Peirou ? au Pape Urbain ou au Cardinal Pierre de Lune, comme une tradition populaire le porte. Pour moi qui n'ai trouvé rien de déciſif ſur cela dans nos Archives, j'avoüe que je me déterminerois plus volontiers pour le Pape Urbain. 1°. Parce que Pierre de Lune n'étoit point encore Cardinal, puiſqu'il ne le fut que neuf années après, c'eſt-à-dire, à la promotion que Grégoire XI. ſucceſſeur d'Urbain V. fit à Avignon le 20. Decembre 1375. 2°. Parceque je trouve en termies exprès dans le Livre de Garriel qui a pour titre: *Origine & changement de l'Egliſe St. Pierre de Montpellier. Le Pape Urbain V. fit ceindre de murailles une partie de la Ville ; & pour rendre l'ouvrage plus digne de ſes ſoins & de ſes dépenſes il l'embellit de belles Tours:* ſurquoi je ne puis aſſez admirer l'affectation qu'on a eu à Montpellier depuis les deux derniers ſiécles, de faire honneur à cet Antipape de pluſieurs choſes qui ne lui apartenoient pas.

Mais pour donner quelque connoiſſance de ce mur de pierre, que nôtre petit Talamus marque avoir été fait autour des Fauxbourgs, je dirai que c'étoit une enceinte de murailles à hauteur d'homme, pour empêcher les coups de mains, dans un tems où l'uſage de l'artillerie n'étoit point connu. Cette enceinte laiſſoit une entrée à l'avenuë des grands chemins qui aboutiſſoient à la Ville, où l'on entroit par de grandes portes, telles qu'on voit encore ſur le chemin de la *Mouſſon*, au lieu dit, la *Portaliere*, & en un autre endroit plus bas vers le Nord, où l'on voit une grande porte iſolée qui paroît avoir été liée par les côtés à une muraille juſqu'à une certaine hauteur.

Cependant l'édifice de St. Germain s'avançoit à Montpellier avec une extrême diligence; enſorte que le Pape forma le deſſein de le venir voir lui-même : mais il voulut auparavant faire précéder les riches préſens qu'il lui deſtinoit. Nos Archives pour faire honneur aux liberalitez du Pape, nous marquent que l'Abbé de Mont-Majour qui en étoit chargé, arriva en cette Ville le vingt-neuviéme du mois de Juillet 1366. & qu'il y fut reçû par une proceſſion générale, après laquelle il remit les preſens, qui conſiſtoient en une precieuſe Relique de la tête de St. Germain, en une très-riche Chaſuble, & un Calice d'or.

La Chaſuble qui eſt encore fameuſe parmi nous, étoit d'une groſſe étoffe d'or ſemée de petites perles, & bordée de plus groſſes. On y avoit formé de gerbes de bled dont les tuyaux étoient d'argent fort relevé, & les épis de fil d'or chargez de perles ou de grains. La Croix du milieu étoit d'une groſſe broderie d'or & d'argent, mêlée de pierreries pour en rélever l'éclat ; & le tout étoit d'un ſi grand poids que la chaſuble étant dreſſée ſur une table, elle ne s'abatoit point, mais le Prêtre paſſoit deſſous pour la charger ; & lorſqu'il étoit obligé de faire quelque mouvement dans le cours des ceremonies il y avoit des gens pour la lui ſoûlever.

1366.

Le Calice qui étoit grand & large, ſelon la mode de ce tems-là, étoit émaillé d'azur Turquin par le dehors, & garni de pierreries tout autour de la poignée, & au pied du Calice, mêlées des petites fleurs en émail. Environ ce même-tems, Urbain envoya aux Freres Mineurs de Montpellier un bras de St. Loüis Evêque de Touloufe dans un Reliquaire d'argent, garni de pierreries, qui leur fut aporté par Pierre d'Arragon du même Ordre, neveu du Saint, & oncle du Roi d'Arragon.

Ces riches préſents animerent les Ouvriers de la bâtiſſe de St. Germain, qui ſçavoient que le Pape viendroit viſiter leur ouvrage : ils firent une ſi grande diligence, qu'après avoir commencé les fondemens de l'Egliſe dans le mois d'Octobre 1364. ils l'eurent mis en état de recevoir le Pape en 1366. Il vint en effet comme il avoit fait eſperer. Et c'eſt au commencement de Fevrier 1367. que nos Archives marquent ſon arrivée en cette Ville.

Tout le monde ſortit à ſa rencontre. L'Archevêque de Narbonne *Pierre de la Jugée*, qui s'étoit rendu à Montpellier, conduiſit le Clergé & les Réligieux bien avant au-delà de Caſtelnau. Les Curiaux du Roi de France pour la part Antique & ceux du Roi de Navarre pour Montpellier venoient enſuite, les Conſuls avec un

IV.

riche Dais à huit bâtons l'attendoient à Castelnau. On marque que ce Dais étoit garni de plusieurs écussons aux armoiries du Pape & à celles de la Ville, avec vingt-quatre clochettes d'argent doré.

Le Pape suivi des Cardinaux de *Boulogne*, de *Canillac*, de *Terragone*, & de *Sarragoce*, descendit au Monastere des Augustins qui étoit sur son chemin, pour y prendre les habits Pontificaux avec lesquels il vouloit faire son entrée. Après s'en être revêtu, il s'avança vers la Ville étant sous un Dais porté par les Consuls, & à la porte du Pile St. Gilles, il trouva le Duc d'Anjou qui l'y attendoit pour le recevoir. Ce Prince à son aproche descendit de cheval, & l'accompagna à pied jusqu'à l'Hôtel de Ville, où l'on avoit préparé le logement du Pape.

À peine y fut-il entré, qu'il alla du même pas à Notre-Dame des Tables, & après y avoir fait sa priere, il revint à l'Hôtel de Ville, où il reçut les respects & les soûmissions des Seigneurs de la Province, qui s'étoient rendus à Montpellier, & ensuite de tous les corps les plus considerables de la Ville.

Parmi ceux qu'il distingua davantage, on marque le Recteur de la part Antique qui étoit un venerable vieillard avec qui Urbain avoit conversé familierement tandis qu'il enseignoit le Droit Canon à Montpellier. Le Pape l'embrassa fort tendrement, & il écouta avec bonté, une longue harangue qu'il lui fit, où il tâcha de lui exprimer sa joïe particuliere, & celle de toute la Ville. Il ne manqua point de rapeller dans son discours, le voïage des Papes ses Prédecesseurs, qui avoient honoré Maguelone & Montpellier de leur presence, sçavoir, *Urbain II. Gelase II. Caliste II. Alexandre III. Nicolas IV. & Clement V.* d'où il conclut que si la Ville avoit été alors fort honorée, elle l'étoit incomparablement plus ayant l'honneur de recevoir un Pape qui avoit été un de ses habitans; & qui ayant illustré son Université, vouloit bien encore l'honorer de sa visite dans le changement le plus éclatant de sa fortune.

1366.

Toutes les harangues finies, le Pape après dîné voulut aller visiter l'Eglise de St. Germain. Il se fit revêtir de ses habits Pontificaux, & monta à cheval suivi des Consuls qui marchoient à pied après ses Gardes. Il trouva l'Eglise comme elle est encore, lorsque de vingt-huit toises dans œuvre depuis la porte jusqu'au chevet, & large de quatorze depuis le fonds d'une Chapelle à l'autre. La nef a neuf toises de largeur, qui avec les deux & demi que chaque Chapelle a de profondeur font les quatorze toises. Néanmoins le Pape n'en parut pas content & en s'adressant à l'Architecte, *j'avois mandé*, dit-il, *de bâtir une Eglise*, *& vous n'avez fait qu'une Chapelle*. Puis en examinant le dessein du Cloître, *vous faites*, ajoûta-t-il, *la maison des Serviteurs plus grande que celle du Maître*. Mais l'Eglise étant trop avancée pour pouvoir y retoucher, on se contenta de la perfectioner, & de la préparer pour la Dedicace que le Pape vouloit faire du grand Autel.

Tandis qu'on y travailloit avec une diligence incroyable, les Consuls emploioient les Orfevres à un Tabernacle d'argent, où ils firent enchasser une Image de la Vierge d'argent doré, dont le Pape leur avoit fait present avec beaucoup de pierreries pour orner tout l'ouvrage. Dès qu'il fut achevé, on le porta processionellement dans la nouvelle Eglise le 30. Janvier, où nos Annales marquent que l'Archevêque de Narbonne officia en presence de Sa Sainteté; par ordre duquel il donna des pardons fort amples à ceux qui étant contrits de leurs pechez, prendroient une bonne résolution de mieux vivre.

V. Enfin le jour de la Dedicace fut marqué au 14. de Fevrier, où le Pape s'étant rendu à la nouvelle Eglise, consacra le grand Autel à l'honneur de la Vierge Marie, de Dieu & de St. Benoît. Il marqua celui de la droite pour St. Blaise, & celui de la gauche pour St. Germain; après quoi il chanta la Messe pontificalement, & bénit le Peuple, en l'exhortant à la reconnoissance qu'ils devoient à Dieu pour les biens qu'ils en recevoient. Après midi on revint à l'Eglise pour y chanter Vêpres, après lesqu'elles l'Archevêque de Narbonne monta en chaire, & expliqua au Peuple la Ceremonie de la Dedicace, qui dans l'esprit de l'Eglise nous represente, dit-il, la joïe des Saints à loüer Dieu dans le Ciel. Il publia ensuite les Indulgences accordées par le Pape, par les Cardinaux, & par les Evêques qui se trouvoient à Montpellier; car il n'y en eut aucun qui ne voulût répandre en ce

jour

jour de fête, les graces spirituelles dont la disposition leur est commise.

Le lendemain 15. Fevrier le Pape donna des marques particulieres de son estime à la Faculté de Droit, en nommant un de ses Docteurs Regens à l'Evêché de Cahors, qui venoit de vacquer par la mort de Bertrand *de Cardaillac*. Le nouvel Evêque étoit apellé *Bec de Castelnau*, Docteur en Droit, & actuellement Lisant en l'Université de Montpellier, comme disent nos Annales. Il fut sacré le Dimanche suivant 21. du mois, avec quelques autres nouveaux Evêques, dans l'Eglise de St. Germain, par le Cardinal de Canillac.

1366.

Pendant le séjour que le Pape Urbain cinquième continua de faire à Montpellier, il accorda aux Consuls diverses Bulles qu'on a pris grand soin d'inserer dans nos Archives où on les voit encore ; l'une est la confirmation de celle de Gregoire VIII. qui défendoit aux Ecclesiastiques d'exiger de l'argent pour les mariages, & pour les sepultures ; l'autre d'Honoré III. contre les exactions que l'on faisoit pour le droit de sepulture avant que d'ouvrir la terre. Par un Bref particulier, le Pape Urbain commua la censive que la Ville de Montpellier faisoit au St. Siége depuis long-tems, en écus de monnoye courante ; & par une grace speciale pour les Marchands de la Ville, il leur permit d'équiper six Navires chargez de leur Marchandises pour commercer dans les Terres du Soudan de Babylone ; mais à la charge de ne pas lui aporter des Armes prohibées, & de ne faire avec lui aucun traité qui pût nuire au passage des Armées Chrêtiennes : Voulant de plus qu'ils ne pussent transmettre à aucun autre le présent Privilege.

On met en ce même-tems les travaux de la Palissade qu'il continua de faire construire autour des Fauxbourgs ; ce qui a donné lieu à nos modernes, de dire que le Pape Urbain V. avoit projetté d'agrandir la Ville de Montpellier depuis la Tour des Carmes jusqu'à celle de *la Babotte*, par un long circuit qui auroit pris les deux portalieres dont j'ai parlé ci-devant. Mais outre qu'on ne trouve rien de ce dessein dans nos Archives, il n'y a pas aparence que le Pape eût entrepris cet agrandissement dans le tems qu'il étoit le plus occupé du grand bâtiment de St. Germain, & que la seule palissade étoit suffisante pour garantir la Ville de l'insulte des Soldats qui couroient la campagne.

Je crois ne devoir pas oublier la cérémonie que le Pape fit le jour de la Chandeleur à l'Eglise des Jacobins de cette Ville, où la Benediction des Cierges ayant été faite pendant Matines dans le Chapitre du Couvent par le Cardinal *Anglic*, le Pape s'y rendit pendant l'Office de Prime, y chanta solemnellement la Messe, & distribua les Cierges benits à douze Cardinaux, & à quantité d'autres Prélats, qui s'étoient rendus à Montpellier depuis son séjour en cette Ville.

Avant que de la quitter, le Pape voulut pourvoir au Siège de Maguelone, qui vaquoit depuis près d'une année. Et par le choix qu'il fit de Gaucelin *de Deucio*, il nous donna une nouvelle marque de son affection ; car ce Prélat (comme nous le verrons) étoit bien avant dans ses bonnes graces : il occupoit actuellement le Siège de Nîmes, où il avoit eu trois prédécesseurs de son nom & de sa famille. Urbain V. déclara le choix qu'il avoit fait de lui pour Maguelone le 5. du mois de Mars 1367. & en même-tems il nomma pour son Successeur à Nîmes, le même *Jean Gase* Abbé d'Aniane, que nous avons vû avoir mis la premiere pierre à l'Eglise de St. Germain, dans laquelle il fut sacré deux jours après par le Cardinal de Canillac Evêque de Preneste.

VI.

1367.

1367.

Enfin, le Pape qui méditoit un plus grand voyage, partit de Montpellier le huitième de Mars pour se rendre à Avignon, jusques où nos Consuls & les personnes les plus qualifiées de la Ville, allerent l'accompagner. Nous verrons dans le Chapitre suivant les principaux évenemens de son Pontificat, & la continuation de ses bienfaits pour Montpellier.

CHAPITRE TROISIEME.

I. *Gaucelin dans les bonnes graces du Pape.* II. *Urbain part de Marseille pour Rome.* III. *Bulle de la Fondation du Prieuré St. Germain de Montpellier.* IV. *Naissance de Charles fils du Roy de France.* V. *Fondation du College des douze Medecins.* VI. *Retour du Pape Urbain à Avignon, & sa mort.* VII. *Arrivée de Gaucelin à Montpellier, où il meurt.*

I.

LE Pape Urbain V. étant parti de Montpellier le huitiéme de Mars 1367. Gaucelin de Deucio, ou *de Deux*, qu'il venoit de nommer à l'Evêque de Maguelone, fit son entrée à Montpellier le lendemain 9. de ce mois, comme nos Archives le marquent expressément. Je crois devoir dire à son sujet, que Bzovius l'apelle Gaucelin *de Pradelles*, qui est un Village dans le Diocèse d'Usez, apartenant à la famille de *Deucio* où Gaucelin pouvoit être né; mais tous nos Auteurs, comme Ste. *Marthe*, *Catel*, *Garriel*, & *Baluze*, lui conservent le nom de sa famille, en l'apellant Gaucelin de Deux; & ils reconnoissent qu'il avoit succedé dans l'Evêché de Nîmes à *Bertrand*, *Paul*, & *Jacques de Deux*, qui occuperent ce Siége l'un après l'autre; & que Gaucelin avec eux tous, étoient de la même maison que ce Cardinal *Bertrand* de Deucio Archevêque d'Embrun, qui donna à la Faculté de Droit de Montpellier les réglemens dont j'ai parlé dans la vie d'Arnaud de Verdale.

Le grand voyage que le Pape méditoit (comme nous l'avons dit) n'étoit autre que celui de Rome, d'où ses prédecesseurs s'étoient absentez depuis près de soixante ans. On donne pour constant qu'il s'y détermina par des motifs de conscience; mais comme tout est sujet à differentes interpretations, on ajoute aussi qu'il vouloit voir par lui-même les succès étonnans qu'avoit eu le Cardinal *Giles Alvares d'Albornos* dans son administration du Patrimoine de St. Pierre. Quoiqu'il en soit, Urbain partit d'Avignon le dernier d'Avril 1367. pour aller s'embarquer à Marseille, où il logea dans son ancienne Abaye de St. Victor, qu'il avoit fait reparer, & fortifier considerablement depuis son exaltation.

Durant le sejour qu'il y fit, il envoya differens Brefs, à Gaucelin Evêque de Maguelone, qui marquent l'estime & la confiance toute singuliere qu'il avoit pour lui. " Les vertus dont a plû à Dieu de vous orner (dit le Pape dans un de ces
" Brefs) & les services que vous avez rendu au St. Siége dans les charges de la
" Tréforerie, & autres commissions qui vous ont été données, *quibus te nobis &*
" *Apostolicâ sedi amabilem reddidisti*, *&c.* nous portent à vous relacher deux mille
" florins d'or qui nous sont dûs par vôtre Eglise, tant de votre chef que de la part
" de vos prédecesseurs. C'étoit pour les arrérages de la censive que les Evêques de Maguelone faisoient au St. Siége, depuis l'acquisition de la Comté de Melgueïl.

Par un autre du quinziéme du mois de May, il le charge de prendre soin pendant son absence, du Temporel de l'Eglise d'Avignon; & il lui permet de retenir tous les ans avec les autres Clercs de la Chambre Apostolique, mille florins pour être employez par lui aux besoins de cette Eglise.

1367.

Dans un autre de la même date, il lui dit que la bienveillance qu'il a pour lui, porte à lui donner les moyens de se faire aimer dans son Diocèse; c'est pourquoi (ajoûte le Pape) je vous accorde le pouvoir de conférer tous les Bénéfices du Diocèse de Maguelone, dont la Collation pourra apartenir au St. Siége, pourvû que leur revenu n'excede point vingt livres petit tournois. La grace n'étoit point petite, si l'on en juge par la valeur de l'argent en ce tems-là, comme nous le dirons plus bas.

Par divers autres Brefs qui sont dans les Archives de l'Evêché, & datez du Monastere de Saint Victor de Marseille, le Pape lui donne pouvoir de procéder contre les Détenteurs des lettres & deniers de la Chambre Apostolique; d'absoudre, & de faire quelque grace à ceux qui se mettront en état d'y satisfaire; de pro-

II. PARTIE. LIVRE QUATRIÉME.

ceder contre les abus qu'on aura fait des lettres Apostoliques ; de corriger & de punir les Religieux exempts, & d'empêcher que les Chanoines de Maguelone n'habitent à Montpellier, dans des maisons où il y aura des femmes.

Urbain (après avoir donné ordre aux affaires de France) partit de Marseille le 19. May 1367. sur une flote de vingt-trois Galéres, que la Reine Jeanne de Naples, les Venitiens, les Genois, & les Pisans lui avoient magnifiquement préparée. Il arriva le 23. de May à Gennes, où il séjourna cinq jours, durant lesquels il fut visité par les personnes les plus éminentes des environs, au nombre desquelles nos Annales marquent Izabelle Marquise de Montferrat, Fille de Jacques III. Roy de Mayorque, dont nous avons souvent parlé.

De Gennes, le Pape arriva le 28. de May à *Portovenere*, & le 3. de Juin à *Corneto*, qui est dans l'Etat Ecclesiastique. Nos Annales qui marquent exactement toute sa route, n'ont pas oublié les Tentes d'étoffes de soye, & les feüillées d'arbres que le Cardinal Albornos avoit fait dresser sur le rivage, pour le Pape, & pour toute sa suite. Il reçut à *Corneto* les Deputez des Romains, qui vinrent lui offrir la Seigneurie de leur Ville, & les clefs du Château St. Ange, qu'ils tenoient auparavant ; & étant parti de *Corneto*, il arriva le neuviéme de Juin à *Viterbe*, où il demeura quatre mois.

Pendant le tems qu'il y resta, on fit à Montpellier l'élevation de deux grandes Cloches, qu'il avoit ordonné pour sa nouvelle Eglise. Je raporte les propres paroles de nôtre Talamus : *Le 20. Août 1367. la grosse Cloche de Notre St. Pere le Pape fut montée sur la grosse Tour, proche le Portail de l'Eglise, du côté des murs de la Ville, laquelle Cloche a nom Urbain ; & le Lundi après fut montée la seconde Cloche en ladite Tour, qui fut appellée Germain*: d'où nous pouvons inférer, que l'Eglise & les Tours étoient déja finies. Et l'on peut observer, que l'usage étoit déja établi de donner aux Cloches, d'une grosseur considérable, le nom de ceux qui les avoient fait faire, comme *Cardaillac* à Toulouse, & *Amboise* à Roüen. J'ajoûte que par la désignation du Clocher où elles furent montées, ce devoit être le même Clocher où est aujourd'hui la Cloche de St. Pierre, puisqu'il est proche le Portail de l'Eglise, & du côté des murs de la Ville : mais il semble par cette désignation expresse, qu'il devoit y avoir un autre Clocher de l'autre côté du Portail (comme nôtre tradition le porte) parce qu'il auroit été inutile de le désigner de la sorte, s'il n'y en avoit eu qu'un seul.

Peu de jours après, le Pape reçut à Viterbe un grand sujet d'affliction, par la mort du Cardinal d'Albornos, arrivée le 24. Août, dans le tems qu'il comptoit le plus sur les instructions & les services de ce Cardinal, qui dans l'espace de quatorze ans qu'avoit duré sa Légation en Italie, ramena plusieurs Villes à l'obeïssance de l'Eglise, tant par la force des armes, que par des compositions amiables. Sa perte fut d'autant plus sensible, que le peuple de Viterbe ne tarda point de se soulever ; ensorte que les Cardinaux François demeurerent enfermez chez le Pape, jusqu'à ce qu'on eût fait aprocher des Troupes pour faire cesser le tumulte.

Ce désordre ne servit pas peu pour déterminer Urbain de se rendre incessamment à Rome, où il entra enfin le seizième du mois d'Octobre 1367. précisément soixante-trois ans après que Benoît XI. s'en étoit retiré : il y fut reçu des Romains avec grande joye; & après avoir fait sa priere dans l'Eglise de St. Pierre, où il fut installé, suivant la coûtume, dans sa Chaire Pontificale, il passa au Palais du Vatican, qui tomboit de vieillesse ; mais qu'il fit bien-tôt reparer.

Tandis qu'on y travailloit de son ordre, il pourvut aux affaires les plus pressantes d'Italie, en établissant son Vicaire général pour le gouvernement de l'Etat Ecclesiastique *Anglic Grimoard* son frere, qu'il avoit déja fait Cardinal & Evêque d'Albano : il envoya à Naples le Cardinal Guillaume *d'Aigrefeuille* l'ancien, à qui il donna le Titre de Ste. Sabine, vacant par la mort du Cardinal *d'Albornos.*

Toutes ces affaires si interessantes pour le repos de l'Italie, ne l'empêcherent point de suivre l'établissement qu'il avoit commencé à Montpellier ; il sçavoit que son Eglise de St. Germain étoit achevée, & que le Cloître pour les Religieux qu'il vouloit y mettre s'avançoit toûjours ; il crut qu'il étoit déja tems de publier la Bulle de sa Fondation : ce qu'il fit le premier de Février 1368.

On voit tout au long cette Bulle dans Garriel, qui la fit extraire de l'original conservé à Saint Victor de Marseille : Je me contente d'en donner ici le précis, où j'ay tâché de ne rien omettre d'essentiel.

„ Après avoir marqué la distinction où est l'Ordre de St. Benoît, dans l'Eglise,
„ il dit que pour la propagation de ce même Ordre, dont il avoit embrassé la Ré-
„ gle dès sa jeunesse, pour l'augmentation du culte Divin, & pour l'entretien des
„ belles-lettres, il veut que l'Eglise qu'il a déja bâti & doté en partie dans la cé-
„ lébre Ville de Montpellier, où les Etudes, sur-tout celles du Droit fleurissent
„ depuis long-tems, *in quâ generale studium, maxime in utriusque Juris facultate du-*
„ *dum floruit prout floret*, soit un Prieuré de St. Benoît soûmis immédiatement au
„ Monastére de Saint Victor de Marseille : Qu'il y ait à perpétuité vingt Moines
„ Conventuels, l'un desquels sera Prieur annuel pour gouverner ledit Prieuré, &
„ prendre soin du spirituel. Que pour l'augmentation du culte Divin qui doit être

1368.

„ abondant dans la Maison du Seigneur, il y ait douze Prêtres pour la célébration
„ des Messes, & pour assister aux Offices du jour & de la nuit. Que pour l'il-
„ lustration de l'Ordre de Saint Benoît, par les sciences divines & humaines, *sine*
„ *quibus*, ajoûte-t'il, *mortalium non bene vita geritur*, il y ait à perpétuité seize Moi-
„ nes Profez de l'Ordre, choisis par l'Abbé de Saint Victor dans son propre Mo-
„ nastére, ou dans les Prieurez & autres lieux de sa dépendance qui viendront étu-
„ dier en Droit Canon à Montpellier, & servir au culte Divin, selon les Réglemens
„ qui leur seront donnez. Nous voulons (ajoûte le Pape) qu'il y ait quatre places
„ parmi les Claustraux, & six parmi les Etudians, pour des Moines natifs de la
„ Ville ou Diocése de Mende, si l'on en peut trouver assez pour remplir ce
„ nombre. Ordonnons de plus, que les Personnes & Lieux dépendans du nou-
„ veau Prieuré joüiront de toutes les immunitez, libertez, exemptions, & privi-
„ leges dont joüit le Monastére de Saint Victor. Donné à Saint Pierre de Rome
„ le premier Février 1368. & la sixiéme année de nôtre Pontificat.

Le second jour de Mars le Pape Urbain alla coucher à Saint Jean de Latran, où il fit retirer de dessous l'Autel les Chefs de Saint Pierre & de Saint Paul, pour lesquels il fit faire deux riches Bustes estimez trente deux mille Florins d'or, sur la poitrine desquels on voit encore une Fleur de Lys en pierreries, données par le Roy de France Charles V. & au mois de May suivant, les chaleurs commençant à se faire sentir à Rome, le Pape partit pour *Montefiascone*, près de Viterbe, où il resta

1368.

jusqu'au mois d'Octobre. Pendant le séjour qu'il y fit, on rétablit à sa priere à Montpellier l'Eglise des Carmes, qui avoit été détruite en 1361. à l'occasion des courses des Anglois dans le Languedoc : nôtre Talamus en marque l'époque, & la

Ad ann. 1368. nouvelle disposition qu'on donna à cette Eglise. *L'an 1368. & le 25. Août l'Eglise neuve des Carmes de Montpellier fut commencée avec leur Jardin à la tête du Dortoir neuf : Le grand Autel est vers l'eau, & l'Eglise s'étend vers le grand chemin, qui conduit de la Porte du Legados à l'Eglise de St. Cosme.*

IV. Le même Talamus nous marque qu'on fit à Montpellier sur la fin de cette année, une grande Fête à l'occasion de la naissance de Charles, Fils aîné du Roy de France, né à Paris le troisiéme Decembre : il nous apprend que les lettres qui en donnoient la nouvelle à nos Consuls étoient écrites au nom de la Reine, & que les Consuls donnerent au Porteur vingt-cinq frans d'or ; mais le détail de la Procession qu'ils firent à ce sujet peut meriter de trouver ici sa place. *En icelle* (dit-il) *les Curiaux de la Ville, des Cours Spirituelle & Temporelle, & tous les Officiers du Consulat : Tous les Métiers de la Ville, chacun sa chandelle allumée ; les Banniéres alloient devant, sçavoir, celle de France, puis celle du Consulat, & après celle de Saint Firmin ; il y eut deux Sermons de deux Docteurs en Théologie ; le premier d'un Frere Prêcheur, & l'autre d'un Frere Mineur ; le premier fut dit à Notre-Dame des Tables, & le second devant l'Hôtel de Ville.* Nous verrons dans la suite de cette Histoire, que l'usage s'introduisit alors de prêcher, & de chanter la Messe dans les cérémonies publiques, sous les arceaux de la galerie qui est à côté de la porte de l'Hôtel de Ville.

Un Evêque de l'Ordre des Freres Prêcheurs (ajoûte nôtre Talamus) fit la Procession *à cause que l'Evêque de Maguelone étoit à Avignon.* Ce qui nous donne lieu de croire que les Commissions, dont le Pape avoit chargé *Gaucelin de Deux*, le

retenoient

II. PARTIE. LIVRE QUATRIÉME.

retenoient alors dans le Comté Venaiſſin, & qu'il y reſta encore plus long-tems, puiſque nous ne trouvons dans nos Archives aucun acte de lui, qu'après la mort d'Urbain V.

Cependant le Pape vaquoit à Rome aux affaires de l'Egliſe durant l'hyver, & à *Montefiaſcone* durant l'été. Il y fut viſité par l'Empereur Charles IV. & par l'Imperatrice ſon Epouſe, qu'il couronna dans l'Egliſe de St. Pierre. La Reine Jeanne de Naples, Pierre de Luſignan Roy de Chypre, & Jean Paleologue Empereur de Conſtantinople vinrent lui parler de differentes affaires qui regardoient leurs Etats; mais toutes ces grandes occupations avec le ſoin général de l'Egliſe ne l'empêcherent pas de penſer à la Ville de Montpellier, qu'il honora toûjours de ſa bienveillance. Il ſe propoſa d'y faire un établiſſement pour l'Ecole de Medecine, comme il avoit déja fait pour l'Ecole du Droit, & ayant fait acheter les maiſons qu'il lui falloit pour ce deſſein, il le rendit public par la Bulle de fondation qu'il donna le 26. Septembre 1359. On verra par le précis que j'en vais donner, qu'en favoriſant la Ville de Montpellier il n'oublia point le Diocéſe, où il avoit pris naiſſance.

1369.

Après avoir parlé de l'utilité des ſciences & fait un grand éloge de l'Ecole de Médecine de Montpellier, que je raporterai dans l'article de cette Faculté, il dit qu'il fonde à perpetuité un Collége de douze Etudians en Medecine dans la Ville de Montpellier & dans la maiſon qu'il a fait acheter dans la ruë de St. Mathieu, qu'il déſigne de la ſorte. Confronte d'une part la maiſon de *Jean Jacoli* Maître en Medecine, la ruë entre-deux qui deſcend à la Blanquerie. D'autre part confronte la maiſon de *Jean de Tournemire* Profeſſeur en Médecine, deux habitations entre-deux. Et du côté de l'entrée confronte la ruë des Medecins, autrement dite la ruë de Saint Mathieu. Il veut que le Collége ſoit appellé, le Collége des *douze Medecins*; qu'ils ſoient tous de la Ville ou du Diocéſe de Mende; qu'ils faſſent leur demeure dans ce Collége, en y étudiant & gardant les réglemens qui ſeront dreſſés par ſon ordre; mais, parce qu'un pareil établiſſement ne pourroit ſubſiſter ſans dotation, Nous nous propoſons (ajoûte le Pape) de lui en aſſigner une bien ſuffiſante dans peu de tems. Donné à Viterbe le 26. Septembre 1369.

Peu après l'expédition de cette Bulle, Urbain ſe rendit à Rome pour y paſſer tout l'hyver ſelon ſa coûtume; & en étant parti dans le mois d'Avril 1370. pour Viterbe & pour Montefiaſcone, il déclara le deſſein qu'il avoit de retourner à Avignon pour ménager la paix entre la France & l'Angleterre; & afin que toute ſa Cour pût ſe diſpoſer à ce voyage, il donna des vacations depuis le commencement de Juin juſqu'au commencement d'Octobre.

1370.

Dans cet eſpace de tems Sainte Brigitte de Suede, qui étoit pour lors à Rome demanda au Pape la confirmation de ſa Regle, pour un grand Monaſtére qu'elle avoit établi dans ſon païs, ce qu'elle obtint; mais elle ne put lui cacher qu'elle avoit eu revelation, que s'il retournoit à Avignon, il y mourroit auſſi-tôt. Tous les Auteurs de la vie de ce Pape conviennent du fait; mais il faut qu'Urbain n'y ajoûtât pas une grande foy, puiſqu'il partit le vingt-ſixieme jour pour *Corneto*, où il s'embarqua le cinquième Septembre, & arriva à Marſeille le 16. du même mois; & enfin le 24. à Avignon, où il fut reçû avec grande joye.

Il reſolut auſſi-tôt d'aller en perſonne négocier la Paix entre Charles V. Roy de France, & Edoüard III. Roy d'Angleterre: il fit quelques préparatifs pour ce voyage; mais il fut bien-tôt attaqué d'une maladie, qui lui faiſant connoître que ſa fin étoit proche, il ne ſongea qu'à ce qui regardoit ſon ſalut. Dans cette maladie il donna des grandes marques de la ſoûmiſſion qu'il devoit à l'Egliſe, & de cette éminente pieté que tous les Hiſtoriens lui reconnoiſſent; il mourut le Jeudi dix-neuvième de Decembre 1370. après avoir tenu le St. Siège huit ans, un mois & dix-neuf jours.

Parmi les grandes vertus qu'il fit paroître durant ſon Pontificat, on marque ſon déſintereſſement & ſa modeſtie: il ne voulut jamais permettre que ſon pere acceptat une penſion que le Roy de France lui faiſoit offrir; & quoi qu'il donnât à ſes parens de quoi s'entretenir ſelon leur état, il ne voulut jamais les élever. Le Cardinal Anglic son frere fut le seul de sa Famille à qui il donna cette dignité, encore ne fut-ce qu'après de grandes instances du sacré College, & à la fin de la quatriéme année de son Pontificat, *cum magnâ precum Dominorum Cardinalium instantiâ fratrem suum promovit ad summum Cardinalatûs apicem, licet probatissimus esset*. On marque encore *Bernard de Castelnau*, du Diocése d'Agde son parent, qu'il fit Evêque de St. Papoul ; mais ils furent les seuls : & je crois ne devoir pas oublier à ce sujet un article que je trouve dans sa vie, qui interesse particuliérement la Ville de Montpellier ; c'est qu'il ne voulut pas que le fils unique de son frere cherchât une alliance relevée, & il se contenta de lui faire épouser la fille d'un Marchand de Montpellier, dont il connoissoit la probité & la vertu, *Nepotem suum unicum ad quam paterna hæreditas pertinere debebat, non cum altiori, imò nec cum aquali in genere voluit copulari ; suscepit enim sibi in uxorem filiam cujusdam mercatoris Montispessulani satis simplicis sui generis respectu*. On ne nous a point conservé le nom du Marchand qui fut honoré de cette alliance ; mais je trouve que sa fille s'appelloit *Jaquette*, comme il resulte du Testament du Cardinal Anglic, qui raporte une clause du Testament de son neveu, mort avant lui, *exceptis legatis per me factis quæ tangunt Jacobam uxorem meam & hæredis institutionem*.

La nouvelle de la mort d'Urbain V. causa dans Montpellier des regrets proportionnez à la grande estime & à la réconnoissance qu'on lui devoit. Nos Consuls & les Ouvriers lui firent faire un Service Solemnel à Nôtre-Dame des Tables la veille de Noël, où ils jetterent, selon l'expression de nôtre Talamus *un drap d'or, fil de Luques*, bordé de vingt-quatre Flambeaux, & les Ouvriers y jetterent un autre drap d'or avec dix Flambeaux : la Messe fut chantée par *Berenger de Sauve*, Chanoine de Maguelone & Prieur de Nôtre-Dame, en l'absence de Gaucelin *de Deux*, qui resta à Avignon pour les Obséques de son bon Maître, qui furent faites à Nôtre-Dame de Dons, & ensuite à la Translation de son corps dans l'Abbaye de Saint Victor de Marseille, où il fut porté le dernier du mois de May de l'année suivante.

Durant ce tems, les Cardinaux assemblez à Avignon élûrent par acclamation le 29. Decembre le Cardinal Pierre Roger, Fils du Comte de Beaufort dans le Limousin, qui fut sacré le cinquiéme de Janvier 1371. & prit le nom de Gregoire XI. Nos Consuls (comme nous l'aprenons du Talamus) assistérent à son Sacre avec quelques autres Habitans des plus qualifiez de la Ville ; & à leur retour ils firent monter la grosse cloche de Nôtre-Dame des Tables, qui fut benite par le Prevôt de Maguelone, à l'absence de l'Evêque.

Ce Prélat revint enfin, après s'être acquitté de tout ce qu'il devoit à la mémoire d'Urbain V. mais à son arrivée il eut une grande discussion avec nos Consuls, qui avoient fait dresser un Pilory dans le Terroir de *Caravetes* : l'Evêque prétendit que ce droit n'apartenoit qu'à lui seul, en qualité de Comte de Melgueil & de Montferrand, d'où Caravetes relevoit ; & les Consuls soutenoient qu'ayant droit de peine afflictive contre les malfacteurs, ils pouvoient dresser ce poteau pour les intimider. Dans ce different on convint de s'en remettre à Jean de *Blandiac*, Cardinal de Nîmes, qui conservoit le nom de cette Ville, dont il avoit été Evêque ; mais dans le tems qu'il s'instruisoit de l'affaire, Gaucelin eut recours aux voyes de Fait, & fit enlever le Pilory ; d'où les Consuls ayant pris occasion de se plaindre au Roy Charles V. il ordonna au Sénéchal de Beaucaire de faire remettre ce poteau, sauf en toutes choses, les droits & l'autorité de l'Evêque.

Depuis ce tems, nous ne trouvons aucune mention de Gaucelin *de Deux*, & nos Archives ne marquent pour le reste de son Pontificat qu'un seul événement, qui y est raporté fort au long ; c'est une vision qu'eut le Ministre des Religieux de la Trinité, le onziéme May 1372. dans son Couvent de Saint Maur, sur le chemin de Castelnau, où il vit un Demon en figure humaine habillé de rouge, qui se présenta à lui, en faisant mille grimaces, & qu'il chassa avec de l'eau benite hors des fenêtres de sa chambre. A peine ce spectre fut-il dehors qu'il quitta la figure humaine, & il se forma aussi-tôt un orage qui déracina les arbres, & emporta jusques dans la Ville le linge qu'on avoit étendu sur les bords de la Riviere du Lez : on ajoute qu'il fut vû des feux sur le Puy de St. Loup, que le Se-

II. PARTIE. LIVRE QUATRIE'ME.

leil parut fanglant pendant deux heures, la terre trembla, & la foudre étant tombée fur l'Eglife de St. Firmin abatit l'aiguille du Clocher, qui en tombant enfonça les chambres des Prêtres, & endommagea les maifons voifines.

Ces malheurs furent fuivis de la mort de Gaucelin *de Deux*, que l'on marque au dernier de Mars 1373. comm'il refulte de nos Archives, & de l'infcription qu'on a mis fur fon tombeau à Maguelone. *Hic jacet R. in Chrifto Pater D.D. Gaucelinus, primo Venufini Comitatûs Rector. Demum Magalonenfis Epifcopus qui obiit anno M. III. LXXIII. die ultimâ menfis Martii. Cujus anima R. I. P. A.*

CHAPITRE QUATRIE'ME.

I. *Mort du Cardinal de Canillac*. II. *Fondation de fon College de la Trinité*. III. *Defcription de l'Eglife & Monaftere de St. Germain.*

L'Eglife de Maguelone qui venoit de perdre fon Evêque, ne tarda pas plus de trois mois à faire une autre grande perte en la perfonne du Cardinal *Raymond de Canillac*, qui avoit été durant plufieurs années Prévôt de Maguelone, où il travailla utilement pour fa Communauté, fous trois Evêques confecutifs ; fçavoir *Jean de Viffec, Pictavin de Montefquiou, & Arnaud de Verdale*, comme on a pû le voir dans tout ce que nous avons déja dit. Il fut tiré de Maguelone en 1345. précifement dans le même tems que Guillaume Comte de Beaufort frere du Pape Clement VI. époufa en fecondes nôces Garcine de Canillac niéce du Prévôt de Maguelone, & héritiere univerfelle de tous les biens de fa maifon. Le Pape Clement VI. ne voulut pas laiffer plus long-tems à Maguelone l'oncle de fa belle-fœur, & il profita de la démiffion de Guillaume de *Laudun* Archevêque de Touloufe, qui étoit devenu aveugle, pour nommer à fa place Raymond de Canillac, qui fut facré la même année, felon les preuves qu'en raporte Baluze, il le fit enfuite Cardinal en 1350. dans la même promotion où Pictavin de Montefquiou & Guillaume d'Aigrefeuille, Parent & Camerier du Pape, furent faits Cardinaux.

En 1361. Le Pape Innocent VI. fit Evêque de Prenefte le Cardinal de Canillac, qui eut onze voix pour la Papauté dans le Conclave d'Urbain V comme nous l'aprenons de Ste. Marthe. Mais fous le Pontificat de ce Pape, il parut s'être retiré des affaires pour s'occuper plus particulierement à l'étude & aux fonctions de fon état. Il ne fuivit point le Pape Urbain dans fon voyage de Rome ; mais il s'arrêta à Avignon, où il écrivit le traité que Ciaconius apelle, *Librum Recollectorum*, qu'il dit avoir été dédié à un Archevêque de Narbonne. Après la mort d'Urbain V. le Cardinal de Canillac fe propofa de faire à Maguelone une Fondation confiderable, pour laquelle il demanda les pouvoirs au Pape Gregoire XI. qui étoit fils du premier lit du Comte de Beaufort fon beau-frere. Nous ne pouvons mieux juger de fon deffein, que par la Bulle que le Pape lui fit expedier à Avignon le 19. de Mars 1371. où Gregoire lui dit :

,, Que fur l'expofé qu'il lui avoit fait, de vouloir fonder dans l'Ifle de Ma-
,, guelone, une Chapelle fous le nom de la Ste. Trinité avec clocher & cloches,
,, maifon, & autres pieces néceffaires à douze ou plus de Chapelains, fi Dieu
,, lui en donnoit les moyens, pour réfider dans l'Ifle, & y célébrer des Meffes
,, pour le repos de fon ame & celle de fes parens. Aufquels Chapelains le Car-
,, dinal Raymond offroit de donner des revenus fuffifans, & de prefcrire les
,, Reglemens qu'ils devroient fuivre. Sur quoi, ajoûte le Pape, vous demandez
,, les pouvoirs néceffaires. Et Nous, en aprouvant un deffein fi loüable, vous
,, donnons plein pouvoir de faire par vous-même ou par autrui cette Fondation
,, dans l'Ifle de Maguelone, de douze ou plus de Chapelains, dont l'un fera Doyen
,, & chef de tous les autres, *aliis præfit* ; & en leur affignant réellement & de
,, fait une dot fuffifante : Nous vous donnons pouvoir de leur dreffer des Sta-
,, tuts, felon lefquels ils feront tenus de vivre & de fe gouverner, fauf le droit
,, de l'Eglife de Maguelone & de tout autre. Donné à Avignon, &c.

Pap. Aven. Tom. 1. pag. 232.

Gallia Chriftianâ in Archiep. Tolofani.

1372.
I.

1373.

1373.

En conséquence de ces pouvoirs, le Cardinal de Canillac fit les amas nécessaires pour sa Fondation ; mais avant que de les avoir finis, il fut surpris de la mort à Avignon en 1373. le 19. de Juin, qui est le jour où l'on célèbre encore son Anniversaire Son corps fut mis en dépôt dans l'Eglise des Freres Mineurs d'Avignon pour le reste du mois, d'où il fut transferé à Maguelone le 4. de Juillet, en présence de Pierre *de la Jugée* Archevêque de Narbonne, de Jean Evêque de Nîmes, d'Hugues Evêque d'Agde neveu du Cardinal de *Montarice*, de l'Evêque d'*Hesca*, avec l'Abbé de St. Guillom. On le mit dans l'Eglise Cathédrale dont il avoit été Prévôt si long-tems, & on lui dressa un Tombeau magnifique pour le goût de son tems dans la Chapelle du côté de l'Évangile, & qu'on apella depuis la Chapelle de Canillac.

Ses executeurs testamentaires travaillerent aussi-tôt à finir son ouvrage. Ils firent bâtir du côté de la mer, hors l'enceinte du logement des Chanoines de Maguelone, une Chapelle de la Ste. Trinité avec les autres bâtimens nécessaires ; & ayant recouvré une partie des fonds assignez pour cette Fondation, ils s'adresserent au Pape pour lever un obstacle, qui ne peut être mieux expliqué que par la Bulle qui fut donnée à ce sujet, & qui rapelle toute l'affaire.

„ Nous ayant été exposé autrefois, (dit Gregoire XI.) par Raymond de bonne
„ mémoire, Evêque de Preneste, qu'il vouloit fonder dans l'Isle de Maguelone
„ une Chapelle, sous le nom de la Sainte Trinité, pour douze ou plus de Cha-
„ pelains, dont l'un seroit Doyen ou chef de tous les autres, *qui aliis praeesset*,
„ pour y célébrer des Messes, & l'Office Canonial, Nous en aurions donné
plein pouvoir au susd. Raymond Evêque, comme il est contenu dans les lettres
données à cet effet.

1373.

"Mais nous ayant été representé depuis par le Cardinal *Anglic* Evêque
„ d'*Albano*, par le Cardinal Pierre de *Montanet* Vice-Chancelier & Evêque de
„ Pampelone, du titre de St Anastase, & par maître Pons de la Garde Prieur
„ de St. Firmin de Montpellier de l'Ordre de St. Augustin, notre Notaire,
„ & autres Executeurs dudit Raymond Evêque de Preneste, que ledit Ray-
„ mond avoit affecté pour ladite fondation deux cens cinquante Florins d'or de
„ revenu annuel, pour en être faite la distribution par ses Executeurs testa-
„ mentaires ; & que pour certaines causes raisonnables, il auroit voulu que le Doyen,
„ qui doit avoir la préséance dans cette Chapelle, fût un Chanoine de l'Egli-
„ se de Maguelone ; en consequence dequoi lesdits executeurs auroient fait bâ-
„ tir depuis la mort de Raymond, la Chapelle avec cloches, clocher & autres édi-
„ fices ; & ayant acquis une grande partie des revenus assignez, ils nous au-
„ roient supplié humblement que pour prévenir les dissentions qui pourroient
„ naître entre le Prévôt & le Chapitre de Maguelone d'une part, & le Doyen
„ & les Chapelains de l'autre, il nous plût ordonner comme chose très expe-
„ diente, que le Doyen de ladite Chapelle fût un Chanoine de Maguelone, au-
„ quel les autres Chapelains seront, soûmis suivant la disposition desdits executeurs.
„ Nous, à ces causes, ayant en recommandation les vûës louïables de Ray-
„ mond, statüons & ordonnons d'autorité Apostolique, que celui qui présidera à
„ cette Chapelle, & qui sera apellé Doyen, doive à perpetuité être un des Cha-
„ noines de Maguelone, auquel les autres Chapelains seront soûmis, selon les
„ réglemens qui leur seront donnez par lesdits executeurs. Donné à Avignon
„ le 25. d'Octobre, & de nôtre Pontificat l'année quatriéme.

Les Statuts qui furent donnez aux nouveaux Chapelains, ne le furent qu'en 1376. par le Cardinal Anglic & par *Pons de la Garde* ancien Prieur de St. Firmin, devenu déja Evêque de Mende. Nous remettons à dire tout ce qui concerne cette fondation, dans l'article des Eglises Collegiales pour ne pas interrompre considérablement le cours de cette Histoire.

II. Cependant le Cardinal Anglic n'étoit pas si fort occupé de la fondation du Cardinal de Canillac, qu'il ne songeât à finir l'établissement que son frere avoit déja commencé à Montpellier. Il y donna plus particulierement ses soins lorsqu'il fut revenu d'Italie après la mort d'Urbain V. ensorte que tous les bâtimens étant finis en 1373. il choisit le onziéme de Septembre pour faire la consecration de

la

II. PARTIE. LIVRE QUATRIÉME.

la Nef de l'Eglise, dont le Pape Urbain n'avoit consacré que le grand Autel. Notre Talamus s'en exprime en ces termes.

Le onze de Septembre, le Cardinal d'Albe frere du Pape Urbain de sainte memoire, sacra l'Eglise St. Germain, & ordonna que la fête du Sacre fût célébrée le premier Dimanche après la Nativité de Nôtre-Dame. Nous nous en tenons presentement à la Dedicace du Grand Autel qui avoit été faite le 14. Février 1367. par le Pape Urbain V. & nous en faisons la fête ce jour-là. Mais il est tems de parler dans quelque détail de ce grand Bâtiment qui comprenoit l'Eglise, & le Monastere qui lui étoit contigû.

L'Eglise dans toute sa dimension de vingt-huit toises de longueur dans œuvre, a le Sanctuaire au fonds qui se presente en entrant avec les deux Chapelles qui sont à côté & qui font face à la grande porte d'entrée. Il y a cinq toises de profondeur, & avec les Chapelles, il occupe la largeur de la nef. Cette nef est élevée de quatorze toises, voûtée en croisée d'ogive, avec des pilastres, ornée de moulures gothiques qui portent les arcs doubleaux de la voûte ; elle a six Chapelles de chaque côté à droit & à gauche, dont l'élévation va aux deux tiers de la voûte.

1373.

Le Pape Urbain avoit consacré l'Autel du Sanctuaire & les deux autres qui sont à coté, en les dédiant (comme je l'ai déja dit) à St. Benoit, à St. Blaise, & à St. Germain ; mais les Chapelles des deux côtez de la nef n'étoient pas encore consacrées ni dédiées à aucun Saint en particulier ; le Cardinal Anglic en fit alors la cérémonie & les distribua en cet ordre. A droite en entrant *Ste. Marie*, *St. Victor*, *Ste. Cecile*, *Ste. Ursule*, *St. Martin*, *Ste. Catherine* ; & sur la gauche toûjours en entrant *Ste. Marguerite*, *St. Loüis*, *Ste. Croix*, *Ste. Marie Magdelaine*, *St. Lazare*, *St. Michel*.

La plus considerable de toutes ces Chapelles étoit celle de St. Loüis, qui est la seconde à main gauche en entrant, où l'on voit encore à la clef de la voûte les armoiries de France. Elle fut fondée par le Roi Charles V. dans le tems que le Pape Urbain prit la résolution de venir à Montpellier. Nous l'apprenons des lettres même du Roi, où il dit qu'ayant appris que le Pape avoit donné ordre de bâtir une magnifique Église a Montpellier, *ordinavit miro opere construi Ecclesiam in Villa Montispessulani*. Il s'est proposé d'y fonder une Chapelle à l'honneur de St. Loüis, pour laquelle il assigne aux Chapelains qui la desserviroient quarante livres sur la Communauté de *St. Pons de Mauchiens* Diocése de Beziers ; plus une maison que possedoit *Raymond Izalquier* Chevalier dans le lieu de *Magalas* ; cent soixante sestiers d'orge, une saumée de vin, trente-trois sestiers d'huile, trois sols tournois, & la tasque de trente sestiers d'orge dûë par divers particuliers de Magalas, & celle de vingt-cinq sestiers d'orge avec huit sols tournois sur le territoire de *Pechsalicon*. Voulant (ajoûte le Roi) que si les Chapelains viennent à aliener ou vendre quelqu'un de ces effets, ils ne soient pas tenus de nous en payer aucune finance. Donné à Vincennes le 18. du mois d'Octobre 1367.

Garriel Serist Page 443.

La grande porte de l'Eglise telle qu'elle étoit alors, nous donneroit lieu à une belle description, si les Huguenots ne se fussent pas attachez comme ils firent à la détruire entierement. Garriel nous aprend qu'elle étoit à deux battans separez par une colomne canelée, que l'huiserie étoit couverte de lames de fer, & tournoit sur des pivots de bronze, & qu'au dessus de la porte étoit une Statuë de la Vierge portant son fils entre ses bras au milieu des douze Apôtres, chacun dans sa niche.

Changemens de l'Eglise St. Pierre Page 78. & 78.

Mais une chose qui a échapé aux fureurs des guerres passées, est le portique de l'Eglise formé par deux tours rondes & massives de vingt-quatre pieds de diametre qui portent une voûte élevée jusqu'à la hauteur de l'Eglise, & vont ensuite se terminer en pointe comme l'aiguille d'un clocher. Ce morceau qui subsiste encore dans son entier, n'est pas un des moins considerables de tout ce grand édifice.

Toute la masse de l'Eglise étoit flanquée de quatre Tours carrées, placées aux quatre coins de l'Eglise; celles qui étoient à côté de la grande porte d'entrée avoient vingt-quatre toises de hauteur, & cinq de large sur chaque face : les deux autres qui portent sur les Chapelles du côté du Sanctuaire sont un peu moins larges

K k

& un peu moins hautes, mais elles fervoient également à marquer de loin un grand édifice ; & les deux premieres étoient bonnes en tems de Guerre pour placer de l'artillerie fur leur terraffe, comme on fit durant le Sége de Montpellier.

Le Monaftere dont le plan avoit parû au Pape Urbain V. plus grand & plus beau que celui de l'Eglife, devint en effet un des plus beaux Monafteres de France, à n'en juger que par les beaux reftes qui fubfiftent encore ; il étoit à l'occident de l'Eglife, & formoit avec elle un quarré parfait. Ses murs épais de plus de fix pieds s'élevoient jufqu'à la hauteur de l'Eglife ; ils étoient terminés du côté de l'entrée qui regarde le midy d'un entablement de pierre en forme de meurtrieres qui fubfiftent encore, & où les eaux du couvert venoient fe rendre dans un canal creufé tout au long, pour s'écouler par les tuyaux. J'obferverai en paffant, que le couvert porté fur une forte charpente avoit plus de pente que n'en ont ordinairement les couverts en ce païs-ci, où l'on n'eft pas fujet comme en France au féjour & à l'abondance des neiges. Celui du Monaftére de St. Germain aprochoit beaucoup des toits que nous apellons *à la Françoife*, comme on peut le remarquer à la Tour du grand clocher où le toit du corps de logis voifin venoit aboutir fous une chaîne de pierres taillées en pente pour le garantir des goutieres.

Ce grand quarré de Bâtiment formoit dans fon milieu un cloître voûté en Ogive dont il ne refte en fon entier que le feul côté qui apuye à l'Eglife. Il a huit arceaux larges dans œuvre de dix à treize pieds. Au-deffus de ce premier Cloître il y en avoit un autre de la même cimetrie, qui régnoit autour du fecond étage ; mais du côté de l'Eglife il ne communiquoit que par une terraffe ouverte pour ne pas boucher le jour des fenêtres de l'Eglife. Les voutes de ce fecond étage portoient une galerie ouverte qui régnoient autour du troifiéme étage ; & afin qu'on y pût marcher à l'abri de la pluye, on y avoit fait un toit de charpente, dont on voit encore les trous des folives tout le long de ce grand bâtiment. Ce toit venoit repofer fur des pilliers de pierre, qui fortoient d'une baluftrade à hauteur d'apuy au-deffus des voûtes.

On ne montoit au quatriéme étage que par divers petits degrez difperfez dans l'interieur des trois grands corps de logis dont j'ai parlé. Il feroit à fouhaiter de fçavoir la diftribution qu'on avoit fait des apartemens ; mais la chofe paroît impoffible fur-tout du côté du midy, où l'on a bâti depuis le Palais Epifcopal ; on peut dire feulement, à en juger par les fenêtres anciennes qui reftent au-deffus de la Bibliotéque de Mr. l'Evêque, qu'il y avoit-là des chambres de Religieux ou d'Etudians : car ces fenêtres ne peuvent convenir qu'à des celules.

On ne trouve rien d'affuré pour le côté qui regarde le couchant ; mais vers celui du Septentrion, on trouve des marques de la cuifine qui ne font pas équivoques : car il y refte encore une vafte cheminée, dont le tuyau de maçonnerie a trois pieds de diametre taillé en rond va fe perdre dans les airs ; la Dépenfe étoit derriere cette cheminée, comme le défigne une ancienne porte qui eft à côté. *Le Refectoire* fuivoit en-deça la Cuifine, & s'étendoit jufques vers l'Eglife dans le lieu où eft aujourd'hui la Chambre Capitulaire. Il eft défigné dans le Verbal de la Secularifation en ces termes : *in Clauftro baffo à parte feptentrionis*.

La Bibliotéque étoit immédiatement fur la Cuifine & fur le Refectoire ; elle étoit voûtée deffus & deffous, & prenoit jour par des fenêtres fort exaucées qu'il y avoit des deux côtez. On y ménagea pour étudier plus en repos, divers réduits dans l'épaiffeur de la muraille, où deux hommes pouvoient s'enfermer en prenant du jour d'une petite fenêtre qui paroît encore dans chaque réduit. J'en ai vû de femblables à Ste. Genevieve de Paris & aux petits Peres de la Place des Victoires ; mais les nôtres étoient plus folidement conftruits puifqu'ils durent eucore depuis plus de trois cens ans. Une chofe qui exerce fouvent les curieux en cet endroit-là, c'eft une traînée de trous quarrez d'un pouce & demi qui regnent tout le long des murailles de la Bibliotéque, à la diftance de deux pieds l'un de l'autre. Tous ces trous paroiffent avoir été remplis de bonnes chevilles de bois, fur quoi nos curieux font divers fiftêmes, dont le plus naturel & le plus fimple eft que toutes ces chevilles étoient pour recevoir les clous avec lefquels on attachoit des planches pour garantir les livres de l'humidité.

II. PARTIE. LIVRE QUATRIÉME.

Le reste du Bâtiment de ce côté-là, tirant vers l'Eglise, s'est mieux conservé; car on y voit encore des chambres du second, troisiéme & quatriéme étage. Il y en a une grande occupée aujourd'hui par nôtre Sacristain, qui est adossée à une Chapelle voûtée dessus & dessous, où l'on voit deux fenêtres longues à côté de l'Autel, & une autre en rond par-dessus. Je serois tenté de croire que l'*Infirmerie* étoit en cet endroit, tant par le bon aspect qu'on y avoit, que par la commodité d'une grande Tribune, ménagée dans la Chapelle de St. Michel, d'où les convalescens pouvoient entendre le service Divin.

Je trouve dans nos vieux actes qu'il y avoit trois Chapelles dans l'enclos du Monastére, deux de la Vierge, & une troisiéme dédiée à St. Sebastien, avec Confrérie, qui pour cette raison auroit dû être dans le Cloître-bas; mais il est bien difficile d'en marquer la position.

Je suis dans la même peine pour placer la porte d'entrée de ce grand Monastére, dont il ne reste aucun vestige dépuis qu'on en a pris une partie pour y bâtir la Maison Episcopale. Garriel nous aprend qu'on y voyoit autrefois cette inscription.

URBANUS V. PONT. MAX. MONASTERIUM ET COLLEGIUM HOC SCIENTIARUM SEMINARIUM, PRO SUA IN CHRISTIANAM RELIGIONEM ET ORDINEM S. BENEDICTI OBSERVANTIA EXTRUXIT ET DOTAVIT.

ANNO VIRGINEI PARTUS M. CCC. LXVI.

Il ne me reste que de parler de ce grand vacant qu'il y avoit autrefois dépuis le chevet de l'Eglise jusqu'à la ruë des Carmes, & qui est rempli maintenant par le maison Curiale, par celle de la Maîtrise, par un jardin infeodé à un Particulier, & par le Cimetiere de la Paroisse; sur quoy j'ay à faire observer, que par les fondemens qui restent autour de ce grand enclos, il paroit, que toute la clôture étoit de la même pierre & de la même maçonnerie que tout le Monastére, & qu'au bout de l'angle qui tourne vers les douze pans de la Ville, on avoit écorné la pointe du coin pour donner plus de tournant aux charrettes qui y entroient par la porte de la Menagerie, dont on y voit encore les marques.

Quant à la distribution de ce grand espace, je ne trouve rien de certain que pour l'emplacement de la maison Curiale, qui servoit de Cimetiere aux Religieux de la maison, comme on le découvrit au commencement de ce siécle en remüant la terre pour l'agrandissement qu'on a fait à la maison Curiale; on y trouva plusieurs bierres qui renfermoient des corps morts revêtus de Dalmatiques & de Chasubles de prix; car le fils de l'Architecte qui vit encore, m'a dit que ces habits d'Eglise étoient garnis de galons d'or & d'argent, dont la soye s'en alloit en poussiere à mesure qu'on les touchoit; ensorte qu'il ne restoit que l'or & l'argent des galons, que les ouvriers ramasserent avec soin, & dont le fils de l'Architecte me dit avoir fait pour sa part dix ou douze écus.

Si ceux qui ont fait bâtir la Maîtrise, où il y a un puits fort large & fort ancien, avoient eu quelque attention sur ce qu'ils trouvoient en foüillant la terre, nous aurions pû en tirer quelque éclaircissement. J'en dis de même du Jardin infeodé qui régne le long des douze pans, & qui est terminé vers le Monastere par une ancienne muraille épaisse de cinq à six pieds. On y voit une naissance d'arceau, qui répond à une autre naissance du côté du Monastere qui est vis-à-vis, d'où il semble que l'entre-deux devoit être rempli pour la commodité des Offices, de plusieurs bâtimens plus bas que le Monastére; comm'on peut l'inferer des marques qui restent au petit logement du Sonneur, & sur les hautes murailles de St. Germain qui répondent à cet endroit.

Je croirois volontiers qu'entre l'endroit dont je parle, & le Cimetiere des Religieux, occupé aujourd'hui par la Maison Curiale; étoit le Jardin du Monastére, apellé dans quelques actes, *Viridarium*, où l'on entroit de l'interieur de la maison par la seule porte qu'il y avoit de ce côté-là; elle étoit surmontée d'une meurtriere que l'on voit encore au-dessus de la Sacristie, qui est garnie aujourd'hui d'armoires à droit & à gauche; il est à croire que c'étoit un passage pour aller du Cloître au Jardin, comm'on peut l'inferer du grand arceau qui sepa1e le Cloître de cette Sacristie, où l'on a bâti depuis une legere muraille pour en faire la séparation.

Tout ce que je viens de dire, pourra paroître ennuyeux aux étrangers, qui ne sont pas obligez de prendre le même interêt que nous à tout ce détail. Mais comme j'écris pour mes Concitoyens, je prie les autres d'excuser dans cette partie de mon Ouvrage, les particularitez où je suis obligé de décendre, en faveur de ceux à qui le détail de leurs affaires domestiques fait toûjours plaisir. Mais avant que de finir ce Chapitre, j'observerai une chose également curieuse pour mes Compatriotes & pour les étrangers; c'est que tout ce grand édifice, qu'on ne feroit pas maintenant (au dire des Architectes) pour huit cens mille livres, ne coûta pas ce que nous employerions aujourd'hui à une simple maison bourgeoise. Car un des Ecrivains de la vie du Pape Urbain V. voulant faire valoir les grandes dépenses qu'il fit pour la construction de l'Eglise & & du Monastere de St. Germain, prend à témoin les Commissaires députez à ce bâtiment, pour nous assurer qu'il y employa jusqu'à sept mille livres & au-delà, *& audivi ab his qui dicti operis faciendi erant Commissarii deputati, quod in septem millia francorum & ultra in opere illo expensa fuerant, cum dependentibus subsecutis.* J'avoüe qu'en lisant cet endroit, j'ai soupçonné de quelque erreur les Copistes de l'Abbé de Moissac, qui a écrit cette vie: mais j'ai été détrompé en trouvant dans nos Archives une entiere conformité avec cet Auteur; car on voit dans notre grand Talamus, la décharge qui fût donnée à nos Consuls par *Pierre de Cros* Archevêque d'Arles & Camerier du Pape; contenant qu'ils ont payé aux ouvriers des bâtimens que le Pape Urbain V. avoit fait faire à Montpellier la somme de sept mille six cens quatre-vingt florins qui leur avoient été delivrez à cet effet.

1373. D'où l'on peut inferer que sur la fin du quatorziéme siécle, l'argent valoit cent fois plus qu'il ne vaut à present, puisqu'on fit avec sept mille livres ce qui en coûteroit maintenant sept cens mille.

CHAPITRE CINQUIEME.

I. *Nomination de Pierre de Vernobs à l'Evêché de Maguelone.* II. *Lettres qu'on reçoit de lui à Montpellier.* III. *Gregoire XI. transfere le St. Siége d'Avignon à Rome.* IV. *Il procure à l'Université de Montpellier une Relique de St. Thomas d'Acquin.* V. *Il meurt à Rome, & Urbain VI. est élû à sa place.* VI. *Robert de Geneve dispute la Papauté à Urbain VI.* VII. *Le Cardinal Anglic fonde à Montpellier le College de St. Ruf.*

I. UN mois avant la consecration de la Nef de St. Germain par le Cardinal Anglic, le Pape Gregoire XI. avoit nommé Pierre de Vernobs à l'Evêché de Maguelone, qui vaquoit depuis trois mois. Notre Talamus s'en explique en ces termes.

PIERRE DE VERNOBS. *Le 13. Août 1373. le Pape fit Evêque de Maguelone Pierre de Vernobs de Murat Abbé d'Aniane, lequel vaquoit depuis la mort de Gaucelin de Deucio.* Ce Prélat étoit actuellement Tresorier du Pape; ce qui fut cause qu'il séjourna long-tems à Avignon avant que de se rendre à son Evêché.

On marque dans la premiere année qu'il eut été nommé, les honneurs funebres qui furent faits à Montpellier à la Reine de Navarre, dont j'ai marqué le passage en cette Ville dans le premier Tome de cette Histoire. Nos Archives entrent dans un détail de cette cérémonie, qui ne sera peut être pas indifferent de rapporter pour connoître les usages particuliers de ce tems là.

„ Le six Décembre jour de St. Nicolas, le Gouverneur de Montpellier, & autres

tres Officiers de la Ville firent faire un service pour la Reine de Navarre dans « l'Eglise des Freres Mineurs, & firent dresser dans le Chœur un tombeau avec « chapiteaux. La Messe fut célébrée par l'Abbé de St. Iberi, & un Docteur en « Théologie prêcha. Il y eut quatre draps d'or & environ cent flambeaux par tout. «

Le lendemain la Ville fit faire les honneurs à ladite Reine aux Freres Prê- « cheurs. Il y eut un Tombeau avec chapiteau, & sur le chapiteau quatre cens « chandelles environ d'un quarteton chacune avec huit flambeaux, & autour du « chœur en haut quatre-vingt flambeaux avec armoiries, & sur le tombeau un « drap bordé de noir, avec les armoiries du Consulat. «

Les Ouvriers y jetterent un drap d'or avec armoiries & cent flambeaux. «

Les Consuls de mer un drap armorié, & douze flambeaux aussi armoriez. «

Quelques Particuliers de la Ville y jetterent cinq draps d'or avec soixante « flambeaux; & *Bernard Alemannes* natif de Mende, Docteur en Decret de Mont- « pellier & Évêque de Condom y chanta la Messe, & Frere *Jean Soquier* Prieur « y fit le Sermon. «

Le neuviéme Decembre l'Université fit faire un autre Service aux Freres « Prêcheurs, & y jetta vingt draps d'or avec vingt-quatre flambeaux, la Messe « ayant été chantée par ledit Évêque de Condom. «

L'année 1374. est mémorable par la Peste qui ravagea toute la France, & du- rant laquelle on fit à Montpellier cette bougie dont j'ai parlé dans le premier tome de cette Histoire; le mal dura encore bien avant dans l'année suivante, ce qui donna lieu à divers petits établissemens de piété; car les Consuls firent alors une Confrerie de Nôtre-Dame de Bethléem dans leur Chapelle de l'Hôtel de Ville pour tous les officiers de cette Maison. Ils en obtinrent la confirmation de l'Evêque de Maguelone, & l'on marque que cette Confrerie subsista jusqu'aux premiers troubles de la Religion en 1559. Les mêmes Consuls firent benir de nouveau leur Chapelle, après y avoir fait bâtir un clocher, dont la cloche leur devint si funeste lors de la grande sédition de Montpellier sous le Duc d'Anjou. Ils firent aussi monter la grosse cloche de Notre-Dame pesant 88. quintaux, & la moyenne dite *d'Esquille* pesant sept quintaux.

1374.

Au milieu de toutes ces actions de piété, on en marque une de Justice contre les Banqueroutiers, dont le nombre avoit augmenté par les malheurs des tems. Nos Archives raportent qu'un nommé *Brunenc* Facteur de Jean *Colombier*, voulant se dérober à la Justice, alla se réfugier aux Augustins, où il se croyoit en sûreté; mais le Bailly avec main-forte le tirer de ce Couvent, *en vertu*, disent nos Annales, *du privilege accordé à la Ville par Alexandre IV. qu'on avoit pris soin de faire confirmer par Urbain V. contre le droit d'Azile prétendu par les Réguliers.*

1376.

Grand Talami

Environ ce même-tems on reçut à Montpellier trois lettres de *Pierre de Vernobs* Evêque de Maguelone, dâttées d'Avignon, où il étoit arrêté par ses Fonctions de Trésorier du Pape: dans la première du onziéme de Janvier 1378. adressée au Clergé & au Peuple, il les exhorte à faire des prieres pour le bon succès des conférences commencées entre le Duc d'Anjou, le Duc de *Lancastre*, & les Non- ces du Pape, pour moyenner la Paix entre la France & l'Angleterre; il accorde pour cet effet aux véritables Pénitens qui feront les exercices de piété, qu'il leur marque des Indulgences qui devoient finir lorsque la Paix seroit faite: dans la se- conde du dix-sept Janvier adressée à tous les Fideles de son Diocése, il les exhorte à la dévotion de la Sainte Vierge, & leur récommande l'Eglise de Nôtre- Dame des Tables: Enfin la troisiéme du dix-neuf Septembre adressée aux Con- suls, est un réproche charitable de ce qu'on a reçû à Montpellier les Florentins excommuniez par le Pape.

II.

1378.

Pour l'intelligence de ce fait, il est à observer que les Florentins ayant formé une ligue, où ils engagerent presque toutes les Villes de l'Etat Ecclesiastique, tuèrent ou chasserent honteusement les Officiers du Pape, & que pour animer les peuples dans leur revolte, ils prirent pour signal un Etendart où étoit écrit ce mot Latin: *Libertas.* Le Pape proceda contr'eux par les censures de l'Eglise, & deffen- dit à tous les Fidéles de les recevoir, & de leur donner aucun secours sous peine d'excommunication pour les personnes, & d'interdit pour les Villes. Malgré cette défense ils furent reçûs à Montpellier, où ils avoient beaucoup de correspondans à cause de leur commerce de mer : c'est ce que nous aprenons de la lettre de *Pierre de Vernobs*, où il dit aux Consuls : *Nunc autem dolenter accepimus quod omnes Florentini illarum partium ad locum vestrum declinaverunt quod vix sufficimus admirari*. Il ajoûte, qu'il n'a obtenu qu'après de grandes instances l'absolution des peines qu'ils avoient encouruës, & il les exhorte à éviter la récidive, qui n'est pas (dit-il) un signe de pénitence, mais une marque de mépris.

1376.

Dans ces entrefaites mourut à Montpellier Bernard de Castelnau, que nous avons dit avoir été fait Evêque de St. Papoul par Urbain V. de qui il étoit parent. Nos Archives marquent qu'il fut enseveli le lendemain de sa mort, arrivée le 7. de Mars 1376. dans l'Eglise St. Benoît, devant le grand Autel, du côté de l'Evangile.

III. Cependant Gregoire XI. persuadé que le long séjour des Papes à Avignon autorisoit la non-résidence des Evêques & autres Bénéficiers, résolut de s'en retourner à Rome, & fit publier la Constitution du 29. de Mars 1374. qui ordonnoit à tous les Evêques de quelque dignité qu'ils fussent, aux Abbez Réguliers, & aux chefs d'Ordre de se rendre dans un mois à leurs Eglises.

La guerre qui étoit alors échaufée entre la France & l'Angleterre fit suspendre encore quelque-tems son départ ; mais ayant perdu l'esperance de procurer la paix de ces deux Couronnes, il écrivit au commencement de l'année suivante à tous les Princes Chrétiens pour leur faire part de son dessein. Le Roy Charles V. fit partir aussi-tôt son frere Loüis Duc d'Anjou qui étoit à Toulouse pour se rendre à Avignon, & tâcher de rompre le voyage du Pape. Ce Prince lui prédit tout ce qui arriveroit à Rome, s'il venoit à y mourir comme il en étoit menacé : mais le Pape plus touché des prédictions qu'il avoit oüi faire par Ste. Brigitte au Pape Urbain son Prédécesseur, & par tout ce que lui dit encore Ste. *Catherine de Sienne*, que les Florentins venoient de lui envoyer pour faire leur paix avec lui, il se rendit enfin aux sollicitations des Romains qui firent partir *Luc Savelli*, pour lui représenter que si le Pape qui est apellé par tous les Chrétiens le Pontife Romain, ne revenoit pas à Rome, ils étoient resolus de se pourvoir d'un Pape qui y résidât.

1376.

Tous ces motifs le déterminerent enfin de partir d'Avignon le 13. de Septembre 1376. y laissant seulement six Cardinaux, du nombre desquels étoit *Anglic Grimoard* Evêque d'Albano. Il séjourna douze jours à Marseille, où s'étant embarqué avec sa suite, il arriva à Genes le 18. Octobre, & le six de Novembre à Pise, où il séjourna plusieurs jours. Les capitulations qu'il fallut faire avec les Romains pour la sûreté de sa personne l'obligerent de s'arrêter cinq semaines à *Cornetto*, d'où s'étant rendu à Ostie, il entra dans Rome le 17. Janvier 1377. & y fut reçû avec toutes les démonstrations possibles de joye.

1377.

IV. Peu après son arrivée en cette grande Ville, il voulut bien s'interesser pour une grace que l'Université de Montpellier demandoit avec instance depuis long-tèms au Géneral des Jacobins, à qui le Pape Urbain avoit accordé depuis quelques années le Corps de Saint Thomas d'Aquin. On fit alors une distribution de quelques parties de ce St. Corps ; & comme la Ville de Montpellier eut le bonheur d'y participer, je crois devoir prendre ici la chose de plus haut, mais avec beaucoup de précision.

Ce Saint Docteur ayant été apellé en 1274. au second Concile de Lyon mourut en chemin dans l'Abbayie de *Fosseneuve*, Ordre de Citeaux, Diocése de Terracine. Les Moines de cette Abbayie conserverent soigneusement son corps jusqu'en 1349. qu'il leur fut enlevé par Honorat Comte de Fondi, suivant une prétenduë dévotion qui étoit fort ordinaire en ce tems-là ; il le garda dix ans, au bout desquels il le rendit aux Moines de *Fosseneuve*, par un scrupule qu'on lui fit naître. Mais les Jacobins qui souhaittoient beaucoup d'avoir le Corps de ce Saint, l'un des plus grands ornemens de leur Ordre firent leur possible pour porter le Comte de Fondi à tâcher de le ravoir. Ce Seigneur donc vint à l'Abbayie, sous-prétexte d'y chercher un réfuge contre des ennemis dont il disoit être poursuivi, & pour plus grande sûreté, il demanda à loger dans une Tour du Clocher, où il sçavoit que les Réliques du Saint étoient enfermées dans la muraille ; & afin que les Moines de

1377.

II. PARTIE. LIVRE QUATRIE'ME.

l'Abbayie n'entendissent point le bruit qu'il ne pourroit éviter de faire dans son opération, il supposa que pour éloigner ses ennemis il falloit sonner toutes les Cloches ; & pendant qu'elles faisoient le plus de bruit, il fit ouvrir la muraille, enleva le Corps, & traita avec les Jacobins.

Cette affaire fit grand bruit en Italie, & donna lieu à plusieurs Sentences d'excommunication, jusques-là, que Frere Helie Général des Jacobins, s'étant présenté en ce tems-là à Urbain V. dont il avoit été Pénitencier, le Pape ne put s'empêcher de lui dire *latro bene veneris, furatus es Sanctum Thomam.* Vous voilà donc arrivé voleur qui avez derobé le Corps de St. Thomas ? A quoi l'on marque que le Général répondit par ces paroles des freres de Joseph : *Caro & frater noster est*, pour faire entendre qu'il n'avoit pris que ce qui lui apartenoit.

Cependant les Moines de Fosseneuve poursuivirent avec chaleur la restitution de ce vol. Urbain pour se conformer à l'usage de la Cour Romaine, laissa traîner l'affaire pendant un tems considerable durant lequel les Jacobins firent dire dans tout leur ordre un très-grand nombre de Messes pour prier Dieu de leur rendre le Pape favorable. Il parla enfin en leur faveur & leur fit expedier une Bulle datée de *Montefiascone* le 18. Juin 1368. par laquelle il destine le corps de ce Saint pour leur Couvent de Toulouse, par la raison (dit-il) *quia ibi est universitas nova, quam volo fundare in doctrinâ solidâ atque firmâ, qualis est doctrina istius sancti.* Il régla en même-tems qu'on donneroit au Couvent de Paris où St. Thomas avoit enseigné, le bras droit de ce Saint, & le reste du précieux dépôt fut porté à petit bruit en passant par Montpellier jusqu'à Proulhe, d'où il fut conduit à Toulouse, & reçû avec grande solemnité par le Duc d'Anjou & grand nombre de Seigneurs de sa suite le 28. Janvier 1369.

Le Roy Charles V. (dit le sage) reçut cette même année le bras droit qui étoit destiné pour Paris ; & trois ans après on accorda au païs de la naissance du Saint un os entier de son autre bras, qui fut porté au Couvent des Freres Prêcheurs de la Ville de Naples.

Alors l'Université de Montpellier se confiant à la protection du Pape Urbain V. lui fit de grandes instances pour obtenir une pareille grace, qu'elle réitera sous Gregoire XI. mais soit que les préparatifs de ce Pape pour son voyage de Rome eussent arrêté l'effet des démandes de l'Université, soit qu'il y eût quelqu'autre raison qu'on ne marque point, ce ne fut qu'après l'arrivée de Gregoire à Rome que le Général des Jacobins vint lui-même à Montpellier pour y remettre la Rélique qui lui avoit été destinée. On en dressa un Acte autentique qui est dans nos Archives & raporté par Gariel, & par le P. Jacques Parein dans les monumens de son Couvent de Toulouse, où il a inseré l'Histoire de la Translation du Corps de St. Thomas, que j'ai suivi litteralement dans le narré que je viens de faire.

„ L'acte qui est dans nos Archives porte qu'en l'année 1377. & le troisiéme „ Decembre indiction XV. en la septiéme année du Pontificat de Gregoire XI. „ & sous le regne de Charles Roy de France, le Reverend Frere Helie Général des „ Freres Prêcheurs apporta lui-même à la Chapelle du Consulat de Montpellier *quod-* „ *dam os sive nodum costarum Beati Thomae in duobus frustis de juxta renes, videlicet* „ *de illâ parte corporis in quâ per Angelos Dei fuit cinctus cingulo castitatis,* en assu- „ rant foy de Prêtre, & avec serment qu'il avoit tiré lui-même cette Rélique de la „ Chasse où étoit le Corps de St. Thomas. Après quoi étant revêtu d'habits Sacer- „ dotaux, il en fit la délivrance aux Consuls & au Recteur de l'Université, pour „ être portée à la Chapelle de St. Thomas dans l'Eglise des Freres Prêcheurs de „ cette Ville. „

Les Consuls anciens & modernes qui étoient alors *Jacques Guigues*, *Bernard Sa-* „ *poris*, *Dominique Pascal*, *Hugues de Perduis*, *Pierre Teule*, *Mathieu Salas*, *Raymond* „ *Lauthier*, *Raymond Martin*, *Pons de Cabanes*, avec Noble-homme *Philippe de Beau-* „ *fort*, Bachelier ez Loix, Chanoine & Chantre de l'Eglise St. Pierre de Troyes & „ Recteur général de l'Université de Montpellier pour la Nation de Bourgogne, re- „ çûrent avec respect lesdites Réliques des mains du Pere Général, & les remirent „ aussi-tôt à Vénérable Réligieux homme *Hugues de Nolhac*, Chanoine de Mague- „

1377.

136 HISTOIRE ECCLESIASTIQUE DE MONTPELLIER,

„ lone, & Prieur de St. Firmin de Montpellier, pour être portée par lui procellio-
„ nellement en la Chapelle de St. Thomas.

„ Le Prieur de St. Firmin ayant pris ses habits d'Eglise reçut avec respect les
„ Reliques, & étant assisté des Consuls, du Recteur de l'Université, des Ordres
„ Mandians & du Clergé seculier, il marcha vers le Couvent des Freres Prê-
„ cheurs, où il déposa les Reliques dans la Chapelle du Saint (size dans le Cha-
„ pitre de ce Couvent) pour être à la garde & au pouvoir des Religieux de la
„ Maison; de quoi il fut donné acte public au Pere Général comme il l'avoit de-
„ mandé.

Toutes ces choses (continuë l'Acte) se passerent successivement dans les lieux sus-mentionnez en présence de Reverend Pere en Dieu Hugues de *Manhania* Evêque de Segovie, des Reverends Freres *Pierre Rives* de l'Ordre des Freres Prêcheurs, *Pierre Berton* Prieur du Couvent, vénérables & discretes personnes *Berenger de Rovere* Vicaire Général & Official de Maguelone, de *Jacques Maissende* Juge de la Cour du Palais de Montpellier, Lieutenant de Noble & Puissant Homme Berenger *de Pavo* Chevalier Gouverneur de ladite Ville, & des Docteurs ez Loix *Jacques Rebuffi*, *Laurens Paz*, Guillaume *Antoine* & autres.

Cette Sainte Rélique après avoir été obtenuë après tant d'instances, fut honorée à Montpellier j'usqu'en 1562. où les Prétendus-Réformez brûlerent tout ce qui servoit à nôtre culte, qu'ils traitoient d'idolâtrie. Le bruit courut qu'ils en avoient fait autant au reste du Corps de St. Thomas, lorsqu'ils se rendirent maîtres de Toulouse le onzième Mai de cette même année; mais en ayant été chassez six jours après, ils n'eurent pas le loisir d'executer la chose, comme il fut vérifié autentiquement le 13. Janvier 1587.

Tout ce que les Prétendus-Réformez continüerent de faire contre les Réliques des Saints, contribüa dans la suite à augmenter le culte de St. Thomas d'Aquin à Toulouse. Les Religieux de son Ordre firent élever à leur dépens en 1628. le magnifique Maufolée qu'on y voit dans leur grande Eglise, & par les liberalitez du Roy Loüis XIII. du Duc de Montmorenci, Gouverneur du Languedoc, de M. de Vervins Archevêque de Narbonne, du Clergé de France, de la Ville de Toulouse, de Mrs. le *Mazuyer* & *Caminade*, premier & second Présidens au Parlement : on fit faire la Chasse d'argent doré, qui renferme les ossémens de ce Saint, sur laquelle on peut remarquer l'écusson des armoiries du Pape Urbain V.

1377.

V.

1378.

Gregoire XI. ne survêcut pas de beaucoup à la grace qu'il avoit procuré à l'Université de Montpellier, car il mourut à Rome le 27. de Mars de l'année suivante 1378. dans la quarante-septième de son âge. Sa mort eut toutes les suites que le Duc d'Anjou lui avoit predit à Avignon, car les Romains persuadez qu'ils n'auroient jamais une plus belle occasion d'avoir un Pape Italien, firent pour cet effet de très-pressantes rémontrances au Sacré College, & cette voye ne leur paroissant pas assez forte ils en vinrent aux menaces du feu qu'ils croyoient les plus capables d'intimider les Cardinaux. Eux de leur côté divisez en trois factions de François, d'Italiens, & de Limousins, ne pûrent s'accorder qu'à choisir un Italien qui ne fût pas du College des Cardinaux, ils s'arrêterent à *Barthelemi de Prignano* Archevêque de Barri qu'ils envoyerent querir sous pretexte d'une autre affaire. On lui déclara son élection, on exigea son consentement, on l'intronisa, & ayant sçû de lui qu'il prenoit le nom d'Urbain VI. on le saluä sous ce nom comme Pape; & on publia son élection aux fenêtres du Conclave, selon la coûtume.

Le lendemain dixiéme jour d'Avril, il descendit avec les Cardinaux dans l'Eglise de St. Pierre, où on le fit asseoir dans la chaire Pontificale devant le Grand Autel; & après qu'il eut fait tout le service de la semaine Sainte, il fut couronné solemnellemenr le jour de Pâques en présence des seize Cardinaux qui étoient alors à Rome, & qui continüerent pendant trois mois à lui rendre les devoirs accoutumez, & à vivre avec lui comme un vrai Pape. Les six Cardinaux qui étoient demeurez à Avignon suivirent l'exemple de ceux de Rome, lorsqu'ils eurent apris par leur lettre, qu'ils avoient élû librement & unanimement le Seigneur Barthelemi Archevêque de Barri, & qu'ils avoient déclaré son élection, en présence d'une grande multitude de peuple. Ils y répondirent par une autre lettre dans laquel-

le

II. PARTIE. LIVRE QUATRIÉME.

le ils reconnoissoient Urbain pour Pape ; & le Cardinal *d'Amiens* qui seul étoit absent à cause de sa Legation de Toscane en étant revenu le 15. d'Avril, fut reçû en Consistoire comme Legat, & saliia Urbain comme Pape. Ainsi il fut reconnu expressément par tous les vingt-trois Cardinaux qui composoient alors le Sacré College.

" La nouvelle étant venüe à Montpellier, on y fit une publication solemnelle " (dit nôtre Talamus) de l'élection de l'Archevêque de Barri ; & ensuite une " grande fête le jour de St. Michel avec Procéssion générale & Sermon, qui fut dit " à la place de l'Hôtel de Ville par F. Pierre *Borron* maître en Théologie Prieur " des Freres Prêcheurs, présens, *Hugues de Manhania* Evêque de Segovie, Rai- " mond *de Sala*, Hostalier d'Orilhac Vicaire de l'Evêque de Maguelone, Raymond " de *Castellar* Recteur de l'Uuniversité, & outre grand nombre de Peuple. "

1378.

La surprise y fut bien grande quelques jours après lorsqu'on apprit qu'il y avoit un second Pape, & qu'il avoit été élû précisement lorsqu'on célébroit à Montpellier l'élection du premier. Tant il est vrai que les petits dépendent du mouvement qu'il plaît aux Grands de se donner ; car les Cardinaux qui étoient à Rome, sachez de plusieurs mauvaises maniéres que le nouveau Pape avoit eu avec eux, prirent le parti de se retirer à *Anagni*, & de là à *Fondi*, où en rapellant toutes les frayeurs que les Romains leur avoient donné avant l'élection d'Urbain VI. ils crurent pouvoir s'en servir pour la rompre ; & ils élûrent en effet le vingtiéme de Septembre Robert Cardinal de Geneve, qui prit le nom de Clement VII.

Urbain pour remplacer les Cardinaux qui l'avoient quitté fit une nouvelle promotion, & Clement pour grossir son parti en fit de même. Ils écrivirent l'un & l'autre aux Princes Chrêtiens & aux Universitez pour soûtenir chacun son élection ; & à force de multiplier leurs écrits, il rendirent l'affaire plus difficile à débroüiller. Clement qui n'avoit que trente-six ans, entreprit le voyage de Naples, pour mettre dans ses intérêts la Reine Jeanne dont il étoit parent ; mais les Napolitains qui vouloient Urbain leur compatriote, assiégerent Clement dans le Château de l'Oeuf, & le reduisirent à se jetter dans les premiers bâtimens qu'il trouva pour venir en France. Il arriva à Marseille le dixiéme de Juin 1379. & de là à Avignon, où il fut reçû avec grande joye particuliérement des Cardinaux qui y avoient resté depuis le départ de Gregoire XI. & qui avoient déja résolu de reconnoître Clement pour legitime Pape.

VI.

1379.

De ce nombre étoit le Cardinal *Anglic* qu'il envoya trois mois après à Montpellier, & qu'il est bien tems de faire connoître, après tous les services qu'il rendit à cette Ville.

Anglic Grimoard, à qui les Ecrivains de la vie d'Urbain V. donnent des grandes loüanges pour ses vertus Chrêtiennes & Ecclesiastiques, étoit entré dès sa jeunesse dans l'Ordre de St. Ruf, où il fut Prieur de St. Pierre de Die dans le Dauphiné. Urbain son frere l'en retira dès qu'il fut élevé sur la Chaire de St. Pierre, & le nomma à l'Archevêché d'Avignon, que ses prédecesseurs Clement VI. & Innocent VI. avoient laissé vacant. Il attendit néanmoins jusqu'à la quatriéme année de son Pontificat à le faire Cardinal ; ensorté que ce ne fut qu'au 18. Septembre 1366. c'est à dire peu de mois avant le voyage du Pape Urbain à Montpellier qu'il fit son frere Cardinal du titre de St. Pierre aux Liens.

VII.

Le nouveau Cardinal suivit son frere dans son voyage d'Italie, où après la mort du Cardinal d'Albornos, le Pape ayant besoin d'un homme de confiance, le nomma à l'Evêché d'Albano, & à la Legation de Boulogne pour y faire sa résidence. Pendant le séjour qu'il y fit, il executa le dessein qu'il avoit de faire à Montpellier une fondation pour l'Ordre de St. Ruf, pareille à celle que son frere y avoit déja fait pour celui de St Benoît ; & comme son frere y avoit établi un College ou Seminaire pour des jeunes étudiants de son Ordre, le Cardinal Anglic voulut en faire de même pour le sien. Il semble même qu'il ne voulut pas separer de lieu les deux fondations, puisqu'il choisit un grand emplacement à *Côte Frege* vis-à-vis le College de St. Germain.

1379.

Nous en parlerons plus amplement dans l'article des Colleges ; mais je dois di-

M m

re ici pour la suite de mon Histoire que le Cardinal Anglic ayant quitté Boulogne après la mort de son frere, il revint à Avignon, où il s'apliqua sans relâche à presser les Bâtimens de St. Germain & de St. Ruf. Le séjour qu'il fut obligé de faire à Montpellier, donna occasion aux habitans de cette Ville de connoître son heureux caractére, qu'il fit connoître parfaitement dans toute la conduite qu'il garda durant la sédition de Montpellier : aussi les habitans de leur côté firent bien paroître la confiance qu'ils avoient en lui, comme nous l'avons raconté dans le premier Tome de cette Histoire.

Tom. I. pag. 170. & suiv.

Je dirai à cette occasion que *Nostradamus* dans son Histoire de Provence, a jetté dans l'erreur tous les Historiens qui l'ont suivi, & qui sans examiner la Séntence du Duc d'Anjou (toute decisive qu'elle est) non plus que les Actes particuliers de ce tems-là, ont mis à Montpellier le Cardinal Pierre de Lune, dans le tems qu'il étoit en Espagne pour les interets de Clement VII. comme Baluze l'a fort bien remarqué dans ses notes sur la vie des Papes d'Avignon.

Tom. I. pag. 1192. in Notis.

CHAPITRE SIXIE'ME.

I. *Suite de l'Article de Pierre de Vernobs Evêque de Maguelone.* II. *Clement* VII. *nomme à sa place Antoine de Louier.* III. *Particularitez de la vie de cet Evêque.* IV. *Pierre Ademar lui est subrogé après sa mort.* V. *L'Empereur Sigismond à Montpellier.* VI. *Passage de St. Vincent Ferrier par cette Ville.*

I.
LOUVIER.
1380.

LES changemens que nous venons de voir, arrivez à la Cour du Pape, déterminerent *Pierre de Vernobs* à quitter Avignon pour venir dans son Evêché, où nous trouvons qu'il étoit déja en 1380. lors du passage par Montpellier, de Yoland Comtesse de Bar, qui alloit épouser à Perpignan Jean Comte de Gironne Fils de *Pierre le Cérémonieux*, Roy d'Arragon. L'Evêque de Maguelone eut l'honneur d'accompagner cette Princesse ; & l'on marque qu'à son retour il fit dans l'Eglise de Nôtre-Dame des Tables, l'Oraison Funebre du Roy Charles le Sage, mort au Château de *Beauté* le 16. Septembre de la même année.

On marque aussi qu'il donna dès-lors son consentement à la Transaction, qui fut faite quelques années après des Religieuses de St. Dominique dans le Faubourg *St. Guillem*, où elles sont encore à present. J'en raporterai le Procès-Verbal dans l'article qui les concerne, où l'on pourra observer qu'elles s'engagent expressément à faire des prieres pour *Pierre de Vernobs*, Evêque de Maguelone.

Peu de tems après, il tint à Maguelone un Chapitre général, remarquable par l'établissement qu'on y fit de cinq Commissaires pour la régie du temporel du Chapitre, deux desquels devoient être nommez par l'Evêque, un par le Prevôt, & les deux autres par toute la Communauté. Ce fut en cette même assemblée que le Chapitre, pour reconnoître les bons offices qu'ils avoient reçu de leur Evêque auprès des Papes d'Avignon, délibera de fonder à perpetuité dans l'Eglise de Maguelone trois Chapellenies, qui seroient desservies par trois Chanoines, pour dire tous les jours trois Messes, l'une en plein-chant, & les autres à la volonté du Célébrant, pour l'ame de tous les parens de *Pierre de Vernobs*, & particulierement pour Gregoire XI. son insigne Bienfaiteur : il fut encore déliberé qu'à chaque mois de l'année, & au jour qui seroit marqué par le Prieur Claustral, on feroit un obit pour lui, de la maniere qui se pratiquoit pour les autres Evêques ses Prédecesseurs ; ce qui fit tant de plaisir à *Pierre de Vernobs*, qu'il donna au Chapitre une Maniguiere avec tous ses revenus, droits, & dépendances, & deux mille florins, dont les cinq (comme dit l'Acte) faisoient quatre francs.

Series page 441.

Gallia Christiana Tom. 3. pag. 810.

Ste. Marthe dans l'article de cet Evêque nous aprend qu'il fut permis de son tems aux Juifs de Montpellier de bâtir une Sinagogue, & qu'ils furent condamnez à une amande de quatre cens tournois, toutes les fois qu'ils auroient manqué de se lever par respect au passage de leur Evêque.

II. PARTIE. LIVRE QUATRIÉME.

Il obtint cette même année de Clement VII. l'union du bénéfice de Lunel à la dignité de Prevôt de Maguelone; & il fit enfermer dans la maifon des filles Pénitentes de la Magdeleine quelques Réligieufes, qui étant forties de leur Couvent avoient mené une vie déreglée.

Enfin Pierre de Vernobs étant tombé malade à Montpellier fur la fin de Septembre 1389. mourut dans fon Palais Epifcopal (dit la Sale de l'Evêque) le 3. d'Octobre de la même année. Son Corps fut mis en dépôt dans l'Eglife des Freres Mineurs, où un Réligieux de l'Ordre fit fon Oraifon Funebre; & après les obfeques qui lui furent faites, il fut tranfporté à Maguelone, où il eft enfeveli. — 1389.

Clement VII. qui agiffoit à Avignon en véritable Pape, ne laiffa pas vaquer plus long-tems l'Evêché de Maguelone. Il y nomma dès le 18. Octobre de la même année, *Antoine de Lovier* fon Tréforier, natif de Revel, Diocéfe de Vienne en Dauphiné. Son habilité dans le Droit Canon l'ayant élevé à la dignité de Doyen de la Métropole de Vienne, il paffa à la Cour d'Avignon, où fon mérite le fit connoître du Pape Clement VII. qui le fit fon Tréforier. La chofe paroît par un Mandement, de la fomme de quarante mille francs d'or, que Clement lui ordonnoit de compter à Loüis Duc de Bourbon, envoyé par le Roy de France au fecours de Loüis Roy de Sicile. — II. ANTOINE DE LOUVIER

Pendant le féjour que fa charge de Tréforier l'obligea de faire à Avignon, il nomma pour fon Grand-Vicaire à Maguelone *Barthelemi Barriere*, du Diocéfe de Caftres, & Archiprêtre de *Montardier*. Cependant pour fermer la Regale, il fe hâta de rendre fon hommage pour les Châteaux de *Lates* de *Durfort*, & de *Pouffan*; ce qu'il fit en perfonne entre les mains du Sénéchal de Beaucaire, comme il paroît par les Regîtres du Domaine de Nîmes. Peu de tems après il fonda dans l'Eglife de Vienne une Chapelle dite de Maguelone, où l'on continüe encore de célébrer un obit pour lui tous les mois de l'année. — III. 1389.

Le voyage que le Roy Charles VI. fit en Languedoc en 1389. engagea l'Evêque de Maguelone de venir à Montpellier, où il eut l'honneur de recevoir le Roy à l'entrée de la porte de Nôtre-Dame des Tables. Il eut encore celui de le loger dans la Sale de l'Evêque, dont le Roy fe fouvint quelques années après en lui accordant fa protection contre quelques Seigneurs de fon Diocéfe, qui pour fe fouftraire à fa jurifdiction, avoient pris des Officiers du Roy des lettres de Sauvegarde, en vertu defquelles ils arboroient fur leurs Châteaux les Pennons du Roy exclufivement à ceux de l'Eglife de Maguelone. Surquoi Charles VI. fit expedier des lettres qui font raportées tout au long dans Ste. Marthe, où il mande au Sénéchal de Beaucaire, au Recteur de la part Antique, au Châtelain de Somiéres, & à fes autres Officiers, d'examiner les plaintes de l'Evêque, " & que s'il leur paroît que les lettres de Sauvegarde obtenües par des particuliers foient " au préjudice de l'Evêque, ils ayent à les révoquer, caffer, & annuller; leur re- " commandant expreffément d'empêcher que l'Evêque dorénavant foit troublé " pour le même fujet; mais qu'au contraire ils donnent tous leurs foins à re- " mettre les chofes en l'état qu'elles étoient avant cette querelle. Donné à Paris " le 5. Septembre 1396. " — IV. *Gallia Chriftiana*

Ces lettres produifirent un fi bon effet, qu'on compte depuis ce tems-là plufieurs hommages qui furent faits à *Antoine de Lovier*; dont les plus remarquables font 1°. Celui de Bertrand de *Pierre* pour la Seigneurie de Ganges & pour le Château de Briffac. 2°. Celui de Guillaume de Fredol pour le Château de la Verune, qu'il rendit felon les termes de l'Acte; *Clavium traditione*, *Vexilli erectione*, *Bucciatione præconis*. — 1396.

On met la mort de cet Evêque en 1405. & l'on ajoûte que fon Corps ayant refté pendant trois jours dans l'Eglife des Auguftins fur le chemin de Caftelnau fut tranfporté de là à Vienne en Dauphiné, où il avoit élû fa fepulture, dans la Chapelle de Maguelone. — 1405.

Le fameux Pierre de Lune qui avoit été élû à Avignon après la mort de Clement VII. fous le nom de Benoît XIII. nomma auffi-tôt à l'Evêché de Maguelone, *Pierre Ademar* Chanoine Infirmier de cette Eglife, & ancien Profeffeur en l'Univerfité de Montpellier, qu'il avoit connu autrefois en cette Ville dans — V. PIERRE ADEMAR.

le tems qu'il y enseignoit lui-même le droit Canon.

1408.   On trouve qu'en 1408. les habitans de Montpellier & de Villeneuve, lui jurerent foy & hommage pour les terres qu'ils avoient dans le Comté de Melgueil, & que ceux de Montferrand lui payerent les cinquante livres qu'ils devoient à leur Seigneur à sa prise de possession.

1408.   Environ ce tems on eut le bonheur à Montpellier d'entendre pendant huit jours St. Vincent Ferrier, le plus celebre Prédicateur de son siécle, dont les Sermons firent d'impression sur l'esprit de nos ancêtres, qu'ils jugerent à propos de transmettre à la posterité le texte & le sujet de ses Prédications. Voici comme on les voit encore dans le petit Talamus.

„ Le Jeudi 29. Novembre 1408. le Reverend Frere Vincent de l'Ordre des Prê-
„ cheurs entra dans la présente ville de Montpellier ; & le lendemain jour &
„ fête de St. André, il prêcha dans le Cloître du Couvent de son Ordre, où l'on
„ souloit prêcher avant la grande mortalité qui dépeupla Montpellier en 1348. il
„ fit son Sermon sur St. André, & prit pour texte : *Dives in omnes qui invocant eum.*
„ Le samedi suivant sur l'Avent : *Ecce dies Domini veniunt.* Le Dimanche sur la venüe
„ de J. C. au Jugement Universel : *Benedictus qui venit in nomine Domini.* Et le lun-
„ di d'après sur l'avenement de l'Antechrist, en expliquant comment il attireroit
„ à lui tant de monde, ce qui lui fit repeter souvent ces paroles qu'il avoit pris
„ pour texte : *Induimini arma lucis.* Dans la prédication suivante qu'il fit le mardi
„ d'après, * il dit que l'Antechrist étoit deja venu, & même deja né depuis cinq
„ ans, suivant quelques révalations : *Reminiscamini quia ego dixi vobis.* Le mecredi
„ d'après, qui étoit le jour de St. Nicolas, il prêcha sur ce Saint, prenant ces paro-
„ les pour texte : *Dilectus Deo & hominibus,* & le jour de la Conception de la Vier-
„ ge : *Ego jam concepta eram.* Après quoi il partit à pied l'après midi du même jour
„ accompagné de son maître en Théologie de son Ordre, & d'un frere qui lui ser-
„ voit de compagnon, & alla coucher à *Fabregues,* où le lendemain matin il prê-
„ cha sur l'aproche de la fin du monde, prenant pour texte : *Erunt signa in sole &
„ lunâ, &c.* „

„ Le grand nombre de personnes qui l'avoient suivi de Montpellier à *Fabre-*
„ *gues,* le suivit encore jusqu'à *Loupian,* où il prêcha sur l'état des Ames en
„ Paradis, dans le Purgatoire, & en Enfer ; ensorte que ses paroles (ajoûte le
„ Talamus) sembloient plus des paroles divines que des paroles humaines, *sembla-*
„ *van mais paraulas divinas que humanas.*

Il est observé (dans le même livre) que pendant son séjour à Montpellier il alla prêcher aux trois Monasteres de Filles qu'il y avoit alors ; c'est-à-dire aux Proüillanes, à celles de *St. Giles,* & aux *Minorettes ;* mais il ne voulut jamais permettre qu'aucun étranger assistât aux exhortations qu'il leur fit.

L'événement le plus remarquable de la vie de *Pierre Ademar* est l'arrivée de l'Empereur Sigismond à Montpellier, qu'il eut l'honneur de recevoir à la porte du Pila St. Gilles pour le conduire à l'Eglise de Nôtre-Dame des Tables, où il le harangua à la tête de son Clergé. Ste. Marthe raporte cette circonstance qui a été obliée dans le petit Talamus, où l'on trouve seulement

1415.   „ que le mardi 13. Août 1415. arriva à Montpellier l'Empereur Sigismond
„ Roy de Hongrie qui étoit parti de la Ville de Constance, où l'on tenoit actuel-
„ lement un Concile Général pour l'union de nôtre Mere Ste. Eglise ; & que l'Em-
„ pereur avoit déja tant fait que d'obtenir la rénonciation à la Papauté de Jean
„ XXIII. & Gregoire X. mais comme il manquoit encore celle de Benoît XIII.
„ autre concurrent, l'Empereur alloit à Perpignan pour conferer avec le Roy
„ d'Arragon & avec Benoît, afin de le porter à donner une cession de ses droits
„ pour procurer la paix de l'Eglise. Il y est marqué que ce Prince étoit accom-
„ pagné de l'Archevêque de Reims Ambassadeur de France au Concile de Cons-
„ tance, d'un grand Seigneur des plus considerables de son Royaume de Hon-
„ grie, d'un Bacha de Turquie son prisonnier qu'il menoit avec lui, & plus de

* Il expliqua pourquoi Dieu permettroit tous les maux que devoit faire l'Antechrist. *Scitote quia Dominus his ubut habet.*

cent Allemans ou Hongrois qui étoient suivis de plus de mille chevaux. " Pierre de Lune prit avantage de la renonciation de ses deux concurrens, pour " tacher de persuader à Sigismond qu'il étoit seul & veritable Pape. Alors " tous les Royaumes d'Espagne s'étant séparez de son obédience, par le conseil de St. Vincent Ferrier, l'Empereur ne douta point que Benoît ne se reduisît bien-tôt; d'où vient qu'étant revenu à Montpellier dans le mois de Decembre, il dit aux Consuls qu'on pouvoit tenir pour certaine la réünion de l'Eglise.

Et al 18. Decembre tornec à Montpeller lodig Segnor Emperador & certificet los Cossols de bocca que l'on avia la union tota entiera.

Le même Talamus a marqué sous *Pierre Ademar* le premier acte d'Inquisition que nous trouvions avoir été fait à Montpellier, depuis l'établissement des Inquisiteurs de la Foy; car il y est dit qu'en 1417. l'Evêque de Maguelone avec le Lieutenant du Gouverneur & le Recteur de l'Université, assisterent à l'execution de la Sentence prononcée par Raymond *Cabasse*, Vicaire de l'Inquisiteur de la Foy, contre *Catherine Sauve* Recluse de la porte de Lates, qui s'étant échauffée le cerveau dans sa retraite, debitoit à ceux qui venoient la voir plusieurs erreurs, dont voici les principales.   1417.

" Que les enfans qui mouroient après le Baptême avant l'usage de la raison, " ne pouvoient être sauvez, puisqu'ils ne croyoient pas. "

" Qu'il n'y avoit eu de vrai Pape, d'Evêque, ni de Prêtre, depuis que l'E- " lection des Papes se faisoit sans miracle. "

" Que l'Eglise Catholique consiste seulement dans les hommes & les femmes " qui menent la vie des Apôtres, & qui aiment mieux mourir qu'offenser Dieu ; " tous les autres étant hors de l'Eglise. "

" Que le Baptême reçû d'un mauvais Prêtre ne sert de rien pour le salut. "

" Que les mauvais Prêtres ne sçauroient consacrer le Corps de Jesus-Christ, " quoiqu'ils proferent les paroles Sacramentelles. "

" Qu'elle ne pouvoit adorer une Hostie consacrée, puisqu'elle ne voyoit pas " que le Corps de Jesus-Christ y fût. "

" Qu'il ne falloit pas se confesser à un Prêtre, mais seulement à Dieu ; & " qu'elle aimeroit mieux se confesser à un Prud'homme Laïque qu'à un Prêtre. "

" Qu'un mari & une femme ne peuvent sans peché se rendre le devoir conjugal. "

" Qu'après la mort il n'y aura point de Purgatoire, parce qu'il faut le faire " dès cette vie. "

Pour toutes ces erreurs, qui reviennent à celles des Anabaptistes & des Sacramentaires, elle fut condamnée au feu, qu'elle souffrit à la *Portaliere*, auprès du Couvent des Freres Prêcheurs ; & l'usage s'étant introduit de punir en ce même lieu les personnes accusées de sortilege, le peuple s'accoûtuma de l'apeller le Portail *de las Masques*, qui en langage du pays veut dire *Sorcieres*.

J'observerai à l'occasion de l'Inquisiteur de Montpellier, que sa charge n'étoit qu'une simple délégation de l'Inquisiteur général du Royaume, lequel donnoit des lettres de Vicariat à qui il jugeoit à propos dans certains Diocéses. Ainsi nous voyons encore dans les Registres de la Sénêchaussée de Carcassonne des lettres de Vicariat données en 1418. par Raymond *Dutil*, Inquisiteur de la Foi dans tout le Royaume de France, & d'autres en 1450. par *Jean Vinet*, procedant en la même qualité.

Nous ne trouvons plus aucune autre particularité de la vie de Pierre Ademar, qu'on croit être mort en 1421. puisqu'on assure que Loüis Aleman son successeur, fut nommé cette même année à l'Evêché de Maguelone.   1421.

CHAPITRE SEPTIEME.

I. *Aggrégation de l'Ecole de Théologie au Corps de l'Université par Loüis Aleman Evêque de Maguelone.* II. *Qui est transferé à l'Archevêché d'Arles.* III. *Guillaume le Roy lui succede à Maguelone.* IV. *Puis Leger Saporis.* V. *Bertrand.* VI. *Et Robert de Rouvres.*

LOUIS ALEMAN.
I.

LOUIS *Aleman*, de l'illustre maison de ce nom, dans le Pays du Bugey, étoit Chanoine & Comte de St. Jean de Lyon, lorsqu'il fut nommé à l'Evêché de Maguelone par le crédit de François de Conzié son oncle, qui étoit Legat à Avignon.

Le nouveau Prelat signala son entrée dans son Diocése par l'union des Ecoles de Théologie de Montpellier au Corps de l'Université de cette Ville. Il obtint pour cet effet une Bulle du Pape Martin V. (que je raporterai dans l'article de la Faculté de Théologie) dans laquelle ce Pape fait une mention expresse de Loüis Aleman : *Sicut exhibitum nobis est ex parte venerabilis fratris nostri Ludovici Episcopi Magalonensis.*

1422.

Peu de tems après le Roi Charles VII. lui fit expedier des Lettres à Toulouse pour être payé par ses emphitéotes de *Sauve*, *Durfort*, *Ste. Croix*, & *Fontanez*, des usages, censives, & autres droits qu'ils lui devoient, comme à leur Seigneur, le 22. Fevrier 1422.

1422.

Nous trouvons dans les Regîtres de la Sénêchaussée de Carcassone, que le Chapitre de Maguelone eut de son tems un procès criminel, dont on ne peut mieux juger que par les plaintes de ses Syndics *Jean de Gozon Prieur de Fabrègues*, & *Jean Dupuy*, Prieur de Notre-Dame des Tables, tous deux Chanoines & Sindics du Chapitre, lesquels exposent ,, que le nommé *Vitalis* & autres ses com- ,, plices du lieu de Villeneuve, s'étant saisis d'un batteau chargé de vivres pour ,, les Chanoines de Maguelone, avoient enlevé les provisions, percé le batteau, ,, & rempli de pierres pour le faire couler à fond ; afin (dit l'acte) que les Cha- ,, noines perissent tous de faim, *ut omnes fame perirent*. Après quoi ces mêmes ,, gens étant entrez dans le *Capitou* de Villeneuve, y auroient pris & brûlé tous ,, les harnois du labourage, & blessé grievement les valets du Chapitre. Mais afin ,, de couvrir leurs violences, ils avoient porté leurs plaintes au Juge du Sénêchal ,, de Nîmes, qui avoit ajourné les Sindics du Chapitre ; à raison de quoi ils en ,, apellerent au Parlement de Toulouse, qui par ses Lettres du 18. Decembre évo- ,, qua à soi cette affaire. ,,

1423.
II.

L'année d'après 1423. Loüis Aleman qui n'avoit pas encore rendu hommage pour les Terres de son Évêché, obtint du Roy Charles VII. un délai de deux ans ; mais avant que ce terme eût fini, il fut transferé à l'Archevêché d'Arles par le Pape Martin V. qui bien-tôt après le fit Cardinal du titre de Sainte Cecile.

Je n'entrerai point dans le détail de tout ce qu'il fit après sa translation ; il me suffira de dire qu'ayant été nommé par le même Pape Legat à Boulogne, & l'un des Présidens du Concile de Basle, il concourut à l'élection d'Eugene IV. après la mort de Martin V. decedé pendant la tenuë de ce Concile, que le nouveau Pape voulut changer en Italie, sous prétexte qu'on y seroit plus commodement pour traiter de l'union des Grecs avec l'Eglise Romaine. Ce dessein indisposa si fort contre lui les Peres de Basle, qu'ils le déposerent, & élûrent à sa place Amédée Duc de Savoye, qui prit le nom de Felix IV.

On marque que le grand attachement qu'avoit Loüis Aleman pour la discipline Ecclesiastique, lui fit souvent blâmer la facilité qu'avoit le Pape à en accorder des dispenses, & le porta enfin à se joindre à ses adversaires. Cette démarche lui attira l'indignation d'Eugene IV. qui le priva du nom & dignité de

II. PARTIE. LIVRE QUATRIEME.

Cardinal. Mais Nicolas IV. ne tarda point de le rétablir ; il le fit même son Legat en Allemagne, où il eut beaucoup à souffrir pour procurer la paix de l'Eglise.

Après son retour dans son Diocèse, il ne s'occupa que des devoirs de son état. Ses aumônes, son esprit de priere, & ses soins pour la décoration des Autels, le mirent en si grande vénération, qu'aussi-tôt après sa mort arrivée en 1450. il fut invoqué comme un Saint ; son corps fut porté de *Salon* en Provence (où il étoit mort) dans sa Metropole d'Arles, où les guerisons miraculeuses qui furent faites à son tombeau, porterent enfin le Pape Clement VII. (de la maison de Medicis) à permettre aux Chanoines de la Ville d'Arles d'en faire l'Office semidouble, comme d'un Confesseur Pontife.

Dans l'espace de vingt-six ou vingt-sept ans, qui s'écoulerent depuis la translation du Bienheureux Aleman, il y eut quatre Évêques qui remplirent son Siege de Maguelone, le premier desquels est ,

GUILLAUME LE ROY, Abbé de Compiegne, qui fit son entrée à Montpellier en 1424. Nos Regîtres marquent qu'il fut reçû à la porte de la Saunerie par le Clergé Seculier & Regulier, par toute la Noblesse de son Diocèse, & par les Magistrats Royaux qui le conduisirent à Notre Dame des Tables, & l'accompagnerent de là jusqu'à la Sale de l'Evêque.

Pour reconnoître en quelque maniere ce bon accueil, *Guillaume le Roy* entreprit le voyage de Paris, pour délivrer (s'il étoit possible) son Diocèse & la Ville de Montpellier des Soldats qui couroient la Province sous le Régne de Charles VII. Il en conféra avec le Duc de Foix, nouveau Gouverneur du Languedoc & de la Guienne, qui lui donna des lettres de Sauvegarde, avec lesquelles l'Evêque revint à Montpellier. Cette même année le Duc de Foix étant venu dans son Gouvernement, *Guillaume le Roy* obtint de lui une remise de la portion que la Ville devoit contribuer pour la somme de soixante-huit mille livres qui lui avoit été accordée par la Province.

On voit encore dans les Regîtres de l'Evêché une quittance des lods qu'il donna pour la vente de quelques vieilles Boutiques servant à la débite du sel dans le Faubourg de Lates. Et l'on met de son tems le célebre *Castiglione Brando* depuis Cardinal, qui étant alors Vestiaire & Vicaire Général de Maguelone fit titre du Prieuré de Beaulieu Diocèse de Maguelone à Antoine Audibert Prêtre.

Mais l'événement le plus remarquable qui soit arrivé sous *Guillaume le Roy* est la consommation de l'ordonnance qui avoit été faite pour l'union de la Faculté de Théologie avec celle du Droit. Cette affaire qui avoit souffert beaucoup de difficultez fut enfin terminée en 1427. après que l'Evêque eut chargé *Robert Pinchon* Recteur de l'Université de dresser des Réglemens pour cette union. Les Membres des deux Facultez s'y soûmirent de bonne grace, & *Guillaume le Roy* les confirma par des Lettres que je raporterai dans l'article de la Faculté de Theologie.

Depuis ce tems il n'est plus fait mention de lui dans nos Archives, ce qui donne lieu de croire qu'il ne passa point l'année 1429. où l'on trouve pour Evêque de Maguelone LEGER SAPORIS, natif de Montpellier ; & d'une ancienne famille de cette Ville ; puisque nous avons vû qu'un de ses Auteurs fut fait Chevalier par le Roy Jacques premier. Son habileté dans les matieres du Droit, le rendirent si utile à son prédécesseur, que quelques uns ont crû qu'il l'avoit demandé pour son Coadjuteur.

Nos Archives de la Ville marquent expressément de lui, qu'il fit la Benédiction de la Chapelle de *Nôtre-Dame de Bonnes Nouvelles*, fondée & bâtie par les habitans de Montpellier lorsqu'ils eurent apris la levée du Siége d'Orleans par les Anglois, & le sacre du Roy Charles VII. en la Ville de Reims.

On trouve dans les Regîtres de l'Evêché, qu'il reçut en 1429. le serment de fidelité de Guerin *Thauleri* Commandeur de l'Hôpital du St. Esprit, & l'hommage qu'*Antoine de Murviel* Chevalier du Diocèse de Beziers, lui prêta à genoux & les mains jointes pour la terre de Poussan.

Nous avons de lui une procuration qu'il donna à *Pierre Andrieu* Prieur de St. Mathieu de Montpellier, pour recevoir les reconnoissances qui lui étoient dûës par

144 HISTOIRE ECCLESIASTIQUE DE MONTPELLIER,

ses Emphitéotes de *Murviel* & de *Cazillac*, & le titre qu'il fit à un Prêtre nommé *Pierre Gausselin* d'une Chapelle fondée dans la principale Eglise de Ganges par Eleazar de *Palma*.

BERTRAND. Il faut qu'il n'ait tenu l'Evêché de Maguelone gueres plus de deux ans, puis-
1431. qu'on trouve encore dans les Regîtres du Domaine, le serment que BERTRAND
Memoires de son Successeur prêta au Sénéchal de Nîmes en 1431. Il étoit selon Catel, Président
Languedoc p. 993. en la Cour des Aydes de Paris, lorsqu'il fut nommé Evêque de Maguelone ; & l'on assure qu'il eut beaucoup de part à la confiance du Pape Eugene IV. qui l'employa avec l'Archevêque de Tarragone à la Translation du Concile de Basle, en la Ville de Ferrare ; ce qui l'empêcha de venir dans son Diocése, où l'on ne trou-
1433. ve aucun acte de lui, étant mort en 1433.

ROBERT DE ROUVRES son Successeur dans l'Evêché de Maguelone, fut employé comme lui, dans les affaires politiques, ayant toûjours resté auprès du Roy Charles VII. durant les troubles qui agiterent la France pendant son Régne. Nous
1433. n'avons de lui que le Mandement qu'il fit, pour nommer des Grands-Vicaires en son absence.

„ Robert par la grace de Dieu & du St. Siége Apostolique, Evêque de Maguelo-
Series pag. 476. „ ne, à tous ceux qui ces présentes Lettres verront, Salut & éternelle félicité. L'im-
„ possibilité où nous sommes, de nous rendre dans nôtre Diocése, tant à cause
„ des grandes affaires dont nous sommes chargez par le Roy de France nôtre Sei-
„ gneur, qu'à cause de la difficulté des chemins qui augmente tous les jours dans
„ ces tems fâcheux, nous font souhaiter de tout nôtre cœur de pourvoir aux
„ besoins spirituels & temporels du troupeau qui nous est commis, par les soins des
„ personnes habiles, & récommandables par leur bonnes vie, mœurs & capacité,
„ Auquel effet connoissant, comme nous faisons, les grands talens de Reverend
„ Pere en Dieu, *Guillaume Evêque de Laon*, & de Fabri de *Actiles*, Prévôt de
„ nôtre Eglise de Maguelone, des vénérables & discretes personnes, Me. Jean *Henri*,
„ Chanoine de l'Eglise de Turin, & de Guillaume *de Valois*, Bachelier en Droit
„ Canon & Chanoine de l'Eglise d'Orleans, dans l'esperance que leur présence su-
„ pléera à nôtre absence : Nous les nommons par ces présentes nos Vicaires Ge-
„ neraux, dans le spirituel & temporel, leur donnant plein pouvoir de régir, régler
„ & gouverner les Eglises de nôtre Diocése.

BERTRAND. En vertu de ces pouvoirs, ses Vicaires-Generaux firent hommage pour lui au Sénéchal de Beaucaire, des terres de l'Evêché de Maguelone ; & ils reçurent ce-
Archives de lui qui leur fut rendu par Guillaume *Pelet*, pour la Terre *de la Verune* ; & pour
Nîmes. celle de *Fabregues*, par Charles de *Frontignan*.

On trouve dans les Regîtres du Chapitre, qu'en l'année 1439. Guillaume de Valois, l'un de ses Grands-Vicaires, donna à nouvel achapt certaine piéce de terre dans la Dîmerie de *Montauberon*, qui avoit été réprise par *Pierre Lysippi*, Chanoine & Sacristain de Maguelone, à qui elle apartenoit ; & qu'en 1440. le même Grand-Vicaire donna en nouvel achapt à *Tristan de Montlaur*, Seigneur de Murles, une contenance de terre énoncée dans l'Acte.

On met la mort de cet Evêque en 1445. durant la maladie contagieuse qui courut toute la France, & qui enleva Robert de Rouvres le seiziéme Juin de cette même année ; il est compris parmi les Gardes des Sceaux de France, & il exerça
1445. quelques mois la Charge de Chancelier, selon ces paroles de *le Feron*, dans son „ Histoire des grands Officiers de la Couronne. *Robert de Rouvres, Evêque de Ma-*
„ *guelone, tint le Sceau, vacant par la mort de Renaud de Chartres, arrivée le 4 Avril*
„ *1445. & la Chancellerie fut pour lors exercée par ledit Evêque de Maguelone, jus-*
„ *qu'au 16. Juin dudit an, que fut pourvû Guillaume Juvenal des Ursins.*

MAUR. DE VALEVILLE, Chanoine de Maguelone, fut nommé pour Suc-
MAUR DE ceder à Robert de Rouvres ; mais on n'en sçait pas bien exactement le tems ;
VALEVILLE. car on ne trouve son Sacre qu'en l'année 1450. par Jean de Harcour, Archevêque de Narbonne, assisté de Guillaume de Montjoye, Evêque de Beziers, & Étienne de Cambray, Evêque d'Agde. Il commença son Episcopat par la célébration du Jubilé accordé à Rome cette même année, durant laquelle on marque
1450. qu'il donna le Baptême à plusieurs Maures, qui se trouvant à Montpellier, voulurent

II. PARTIE. LIVRE QUATRIÉME.

rent embrasser la Religion Chrétienne : il fit cependant visiter son Diocése par son Vicaire général *Jacques Vivens*, de qui l'on a le Procès-Verbal de la visite qu'il fit à Maguelone, où il est parlé des Chapelles de St. *Nicolas* & de St. *Augustin*, qu'il y avoit dans cette Eglise.

Le même grand-Vicaire fit la benediction d'une nouvelle cloche des Freres Mineurs, sur laquelle on fit graver les Vers suivans, que Garriel nous a conservez.

LAUDO DEUM VERUM, POPULUM VOCO, CONGREGO CLERUM.
DEFUNCTOS PLORO, PESTEM FUGO, FESTA DECORO,
HÆC VOX CUNCTORUM SIT TERROR DÆMONIORUM.

1456.

En 1456. Maur de Valeville acquit de l'Abbé d'Aniana le Terroir dit de *l'Emperi* qu'il joignit à son Château du Terrail, & en reconnoissance de la cession qui lui en fut faite, il relâcha à cet Abbé le Prieuré de *Valflaunez*.

1459.

En 1459. il obtint du Pape Pie II. l'union du Prieuré de St. Paul de Frontignan au Chapitre de Maguelone; & peu après il conferat par droit de Patronage, ceux de St. Saturnin *d'Agonez* & de Ste. Foy.

Je ne sçai à quelle occasion les Consuls de Montpellier lui demanderent la déclaration suivante sur le Bois de Valene, & sur le Mas de Caravettes.

A tous ceux qui ces présentes verront, Salut. Maur par la misericorde de " Dieu, Evêque de Maguelone, Comte de Melgueïl & de Montferrand, Seigneur " de Durfort de la Marquerose & de Brissac. Nous déclarons, qu'ayant fait faire à " la requisition des Consuls de Montpellier (dans nôtre Diocése) une exacte récher- " che dans nos Archives & dans celles de nôtre Eglise, nous y avons trouvé la " Bulle du Pape Innocent III. d'heureuse mémoire, du 18. des Kal. de Janvier " dans la 18. de son Pontificat, contenant l'inféodation des Comtez de Melgueïl, " & de Montferrand par lui faite à *Guillaume d'Altiniac* Evêque de Maguelone " l'un de nos Prédecesseurs, sous certaine censive, payable tous les ans à l'Eglise " Romaine, au jour de la Resurrection de Nôtre-Seigneur. Lesquelles Comtez " de Melgueïl & de Montferrand avoient été tenuës par Noble Raymond Com- " te de Toulouse, qui les perdit pour crime notoire d'héresie, à raison de la- " quelle lesdites Comtez furent reprises par l'Eglise Romaine. De plus nous avons " trouvé, dans les mêmes Archives l'inféodation du Bois de *Valene*, & du Mas de " *Caravettes*, faite par le susdit Evêque Guillaume aux Consuls de Montpellier " pour les tenir de Nous, sous l'albergue de dix Chevaliers & neuf sols melgoriens, " tous les ans, lorsque nous les demanderions. Ce qui fut reconnu dans le tems " de cette infeodation par les Consuls de Montpellier à Guillaume *d'Altiniac*, & " depuis renouvellé par eux à *Berenger de Fredol*, Gaucelin *de Deux*, & Antoine " *de Louvier* nos Prédecesseurs, à raison de quoi, ils nous ont fait la même récon- " noissance, comme leur Seigneur Suserain, & Nous de nôtre côté, conformément " à tous les titres que nous en avons, nous réconnoissons tenir ces Comtez de N. St. " Pere le Pape & de l'Eglise Romaine, de la maniere que nos Prédecesseurs l'ont " tenuë. Donné dans nôtre Château du Terrail le premier Decembre 1464.

1464.

Dans un Chapitre tenu à Maguelone en 1465. l'Evêque Président, il est dit, que le Chanoine, Ouvrier de cette Eglise, donna en Emphitéose à André de Miravaux cent quarterées de terre, dans la Paroisse de Ste. Magdeleine de *Zindrio*, dans le Lieu, dit *Larzac*, Jurisdiction de Villeneuve. Ce que je marque pour faire connoître cette ancienne Paroisse, qui ne subsiste plus, quoi qu'il en soit souvent parlé dans nos vieux actes; ce n'est maintenant qu'une grosse Metairie, dite, *la Magdeleine*, apartenante à Mrs. Duché.

1465.

On trouve que Maur de Valeville, en 1471. conferat les deux Chapelles de St. Jean-Baptiste & de St. Jean l'Evangeliste, fondées dans l'Eglise de St. Firmin par Jean Dumas.

1471.

L'année suivante fut la derniere de sa vie, étant mort selon un vieux Necrologue de Maguelone le 28. Février 1472. auquel jour le Chapitre étoit tenu de faire un Service pour lui, en reconnoissance du legs qu'il leur avoit fait de sa Bibliothe-

O o

que & de sa Chapelle, consistant en un Calice & un Ciboire d'argent, avec deux cens écus d'or, & vingt sols Melgoriens pour son Anniversaire.

Après le décès de Maur de Valeville, le Chapitre étant rentré en vertu de la pragmatique-sanction de Charles VII. dans son ancien droit d'élire son Evêque, choisit JEAN BONAIL, Chanoine Vestiaire de Maguelone, & Grand-Vicaire du Diocèse, qui s'étoit rendu récommandable dans sa Compagnie, par son esprit de paix, par son sçavoir, & par sa charité envers les pauvres. Il étoit natif de *Ganges*, Diocèse de Maguelone, & eut pour pere *Barthelemi Bonail*, Seigneur du Fesquet & de la Baume. On marque que le Siège de Narbonne se trouvant vaquer dans le tems de son élection, il eut recours à Bernard de *Rosegio*, Archevêque de Toulouse, pour être sacré Evêque; & qu'aussi-tôt après, il s'apliqua à pourvoir son Diocèse de bons sujets, & à réprimer les fréquentes absences des Chanoines de Maguelone.

En 1476. le Chapitre lui donna le droit de nomination d'un Canonicat de son Eglise; & l'on marque qu'en 1479. il fit la Consécration du grand Autel de Nôtre-Dame des Tables, & de celle de Nôtre-Dame du Charnier, dans le Cimetiere de St. Barthelemi.

En 1482. il autorisa la Fondation de trois Chapelles faite dans l'Eglise de St. Guillem, par un Bourgeois nommé Antoine *Châlon*, & il en consacra les Autels, dont l'un étoit dédié à la Vierge, l'autre à St. Antoine, & le troisiéme à St. Cleophas.

Enfin après seize ans d'Episcopat il mourut à Montpellier, dans la sale de l'Evêque le 15. d'Août 1487. ayant laissé sa Bibliotéque & sa Chapelle à son Chapitre ; il fut enseveli à Maguelone, dans le tombeau qu'il avoit fait dresser pendant sa vie auprès du grand Autel, où l'on voit encore ces paroles autour de sa répresentation : *Joannes Bonail Magalonensis Episcopus Comes Melgorii & Montisferrandi*.

Quelque-tems après, ses amis jugerent à propos de faire graver sur un marbre noir les Vers suivans, qui ne donnent pas une grande idée de l'habileté du Poëte.

Hic jacet Joannes præsul quondam Magalonensis,

Clarus honore simul, simul & ingenio.

Maxime devotus, civis bonus, urbis amator,

Principi amabilis, refugium que bonis.

Si quis in hoc saxo suum legis advena nomen,

Non dedigneris dicere bene vale.

IZARN DE BARRIERE d'une Famille de Montpellier qui avoit eu la Seigneurie de Poussan fut élû après la mort de *Bonail* par le crédit de François de Hallé Archevêque de Narbonne & de Jean *de Costa* Prévôt de Maguelone qui dissiperent un parti formé contre Barriere par un nommé *Loüis* son concurrent. On assure qu'il s'excusa sur son âge, & que pour éviter son élection, il s'enfuît secretement à Villeneuve ; mais qu'ayant été découvert par le bruit des cloches qui sonnerent d'elles-mêmes, il se laissa conduire à Beziers où il fut sacré par l'Archevêque de Narbonne, assisté des Evêques *d'Agde*, de *Beziers*, & de *Nîmes*.

Après avoir fermé la Régale en prêtant son serment de fidélité entre les mains du Sénéchal de Beaucaire qui en avoit une commission speciale du Roy Loüis XII. le nouvel Evêque donna tous ses soins à l'entretien de la Religion & de la paix dans son Diocèse.

On a des lettres de lui par lesquelles il accorde plusieurs Indulgences en faveur de Nôtre-Dame du Charnier dans le cimetière de St. Barthelemi, & de celle de Ste. Croix dans la Ville.

Il pacifia les dissentions qui étoient entre les Professeurs de l'Université & les Chanoines de Maguelone, en donnant aux Professeurs, les metairies de *Lescarrie*, & de *Mesclas* sous la redévance de six livres tournois pour l'Evêque de Ma-

II. PARTIE. LIVRE QUATRIÈME.

guelone, & de quatre autres pour le Chapitre.

L'année suivante 1488. il se régla lui-même avec ses Chanoines pour la Collation des Benefices de son Diocése, dont il fut dressé un Acte qui est digne de remarque.

Il y est dit qu'en 1488. le lendemain de la fête de tous les Saints après midi, " le Chapitre de Maguelone s'étant assemblé au son de la Cloche, Me. Jean de " *Costa* Docteur en decret & Prévôt du Chapitre, tant en son propre nom qu'en " celui du Sacristain, du Prieur Claustral, & autres Prieurs ou Chanoines Claustraux, " presenta Requête à Reverend Pere en Christ, Izarn Evêque de Maguelo- " ne, Président de l'assemblée ; disant qu'on ne pouvoit ignorer qu'il n'y eût dans " leur Eglise plusieurs Dignitez, Personats, & Prieurez, qui joüissoient par les " anciens réglemens & coûtumes, de plusieurs prérogatives & prééminences ; par- " ticuliérement de la collation de divers Benefices, dont le premier étoit la dig- " nité du Prévôt, l'Office du Sacristain, le Prieuré de St. Firmin, l'Office du " Vestiaire, & autres divers Prieurez ; mais que nonobstant leurs Privileges, feu " Jean Bonail dernier Evêque, avoit conferé la Vicairie de Perols (dont la colla- " tion appartenoit notoirement au Prévôt) sous prétexte que par le Droit Commun, " l'Evêque conferoit les Bénéfices de son Diocése ; ce qui est visiblement con- " traire aux anciens reglemens & priviléges. De plus, qu'arrivant la vacance du " Prieuré de *St. Maurice de Sauret*, dont la collation appartenoit au Prieur de St. " Firmin, le même Evêque y avoit nommé en l'absence des Cardinaux qui joüis- " soient du Prieuré de St. Firmin, & durant celle des autres Commandataires se- " culiers qui ont joüi de ce Prieuré pendant plus de cent ans, comme ils en joüis- " sent encore ; lesquels se contentent d'en retirer les fruits, sans s'interesser à la " conservation des droits de leur Eglise. "

Toutes lesquelles choses il a crû devoir representer à l'assemblée, tant afin que " les Prieurs de St. Firmin & autres du Diocése qui ont la collation de divers Be- " nefices ne soient pas privez de leur droits, qu'afin de prévenir les domages & " les scandales qui en arriveront si l'assemblée n'y apporte quelque remede ; c'est " pourquoi il les requiert de régler le droit de patronage des Benefices du Dio- " cése, pour terminer les procez déja mûs & à mouvoir, pour conserver à cha- " cun son droit, & donner la paix à leurs Eglises. "

Alors le Seigneur Evêque, oüie la représentation du Sieur Prévôt, & sçachant " qu'il ne faut jamais rejetter les demandes qui sont justes, prit les avis de l'assem- " blée ; & s'étant fait representer les titres & documens de l'Eglise de Ma- " guelone, donna la Déclaration suivante. "

Nous *Izarn*, par la misericorde de Dieu, Evêque de Maguelone. Ayant oüi " les plaintes qui nous ont été faites de vive voix, & par écrit, par honorables " & religieuses personnes, le Prévôt & Prieurs de nôtre Eglise de Maguelone, di- " sant qu'au préjudice de leur prédecesseurs qui avoient le Patronage de plusieurs " Benefices, il avoit été néanmoins disposé par les Evêques qui nous ont prece- " dé, de plusieurs Prieurez, Vicairies perpetuelles, & Chapellenies, en l'absence " des Patrons legitimes, ce qui auroit donné lieu à plusieurs procès qui subsistent " encore. Nous, à ces causes, ne voulant usurper le droit de personne, encore moins " donner atteinte aux libertez & privileges du Chapitre, par le conseil des per- " sonnes les plus éclairées sur cette matiere, tant dans nôtre Diocése que du Cha- " pitre de Maguelone ; reconnoissons & déclarons à perpetuité que la collation " des Benefices suivans, appartient aux Dignitez & Personats de nôtre Eglise de " de la maniere que nous allons énoncer. "

1°. Au Prévôt de nôtre Eglise, la provision & totale disposition de l'Office " d'*Aumônier* qui a coûtume d'être exercé par un Chanoine de nôtre Eglise. "

2°. Audit Prévôt conjointement avec le Chapitre, le Prieuré de notre-Da- " me d'*Adau* Diocése d'Arles, qui est aussi gouverné par les Chanoines de Mague- " lone, & dont la collation appartient au Chapitre. "

3°. Audit Prévôt, les Prieurez de *Baillarguet*, de *Jacou*, de *St. Brez*, de " *Lauret*, de St. Jacques de *Prades* ; la Vicairie de *Villeneuve*, de *Courbessac*, & " de *Perols* dont la présentation appartient au Prévôt, & à Nous l'institution. "

„ 4°. Au même Sr. Prévôt conjointement avec le Prieur Clauſtral, & le Prieur
„ de St. Firmin, le Doyenné du College de la Sté. Trinité de Maguelone qui en
„ ont la Collation & préſentation ; mais à nous appartient l'inſtitution, ſi nous
„ jugeons digne le ſujet qu'ils nous ont préſenté ; quant à l'inſtitution des colle-
„ giez dud. Chapitre, Nous reconnoiſſons qu'elle appartient au Prévôt & au Prieur
„ de St. Firmin de la maniere qu'il eſt marqué dans l'Acte de Fondation dud.
„ Chapitre.

„ 5°. Au même Prévôt, la collation de la Chapelle de St. Thomas de Montpellier
„ dans la Paroiſſe de St. Firmin ; & celle de St. Simeon dans la Paroiſſe de St. Denis.

„ 6°. Au Veſtiaire de Maguelone la collation & totale diſpoſition de la Chapel-
„ le de Ste. Marie d'Olivet près de Villeneuve, ſauf nôtre droit de Superiorité.

„ 7°. Au Sr. Veſtiaire de Maguelone la préſentation aux Vicariats de Juvignac &
„ de Grabels, ſauf toûjours nôtre droit de Superiorité, au cas qu'il préſentât un ſu-
„ jet indigne ou moins propre.

„ 8°. Au Prieur de St. Firmin de Montpellier l'office de Sacriſtain de ſon Egli-
„ ſe (qui a coûtume d'être exercé par un Chanoine de Maguelone), lequel Office
„ eſt conferé de plein droit par led. Prieur, de même que le Prieuré de St. Se-
„ baſtien de Caſſanhac, la Vicairie de St. Martin de Prunet, & de Ste. Cecile de
„ trois Loups, pour leſquelles il nous preſente un ſujet qui reçoit de nous, le ſoin
„ & l'adminiſtration des ames.

„ 9°. Nous déclarons auſſi que la collation des Chapellenies de St. Paul, de la
„ Magdeleine, de St. Acace de Boutonet & de St. Coſme appartient au Prieur de
„ St. Firmin, de même que la preſentation des Curez de St. Mathieu, de St.
„ Thomas, & de St. Guillem de Montpellier.

„ 10°. Au Prieur de la Verune la préſentation de la Vicairie de Sauſſan qui eſt
„ unie à ſa Paroiſſe, & eſt déſſervie par un Prêtre ſeculier, ſauf nôtre droit de
„ collation & d'inſtitution.

„ 11°. Au Prieur de nôtre-Dame des Tables, la collation & totale diſpoſition
„ de l'office de Sacriſtain de ſon Egliſe qui a coûtume d'être exercé par un Cha-
„ noine de Maguelone.

„ Item, la collation de la Chapelle de Ste. Foy de la Ville de Montpellier, deſ-
„ ſervie ordinairement par un Prêtre ſeculier : de même que la Chapelle de St.
„ Jean dans l'Egliſe de nôtre-Dame des Tables, qu'il a droit de conferer conjoin-
„ tement avec l'Official de Maguelone.

1488.
„ Tous leſquels uſages & privileges, nous ratifions par cette preſente conſtitu-
„ tion, pour obvier à tous les procès qui pourroient naître à ce ſujet ; & pour être
„ obſervée à l'avenir, tant par Nous que par nos Succeſſeurs, & par les Digni-
„ tez, Perſonats, & Prieurs de notre Egliſe, ſauf toûjours le droit de recours
„ & de ſuperiorité qui nous appartient, & tout autre qui pourroit nous appartenir.
„ Signé Izarn Evêque de Maguelone.

1496.
En 1496. Izarn de Barriere fit des Reglemens pour l'élection du Recteur de
l'Univerſité, que l'on voit dans le Livre apellé le Livre du Recteur. Et dans la
même année il confirma la Fondation du College de Ste. Anne, dont il fut dreſſé
un Procès-Verbal que je raporterai dans l'article de cette Egliſe Collegiale.

On marque que le Roy Charles VIII. ayant accordé environ ce tems-là cinq
ſols ſur chaque minot de Sel pour la reparation des Murailles & Egliſes de Montpellier, il commit ſpecialement Izarn de Barriere au bon emploi de l'argent qui
en proviendroit. Il procura à l'Ecole de Medecine de Montpellier la confirmation de tous ſes privileges, dans laquelle Charles VIII. ordonne 1°. Qu'aucune
perſonne n'entreprenne d'exercer dans la Ville qu'après avoir ſubi l'examen, ſous
peine de deux marcs d'argent, aplicables l'un au Fiſc, & l'autre à l'Univerſité.
2°. Que le Chancelier de Medecine faſſe tous les ans la viſite des drogues qui
ſeront employées par les Apoticaires. 3°. Que les Chirurgiens ne puiſſent exercer ſans l'aprobation des Docteurs en Medecine.

1498.
Enfin après onze ans d'Epiſcopat Izarn de Barriere mourut le 19. Avril 1498.
& fut enſeveli à Maguelone, où l'on voit ſur ſon Tombeau les Vers qu'un de
ſes Freres nommé Albert y fit graver.

II. PARTIE. LIVRE QUATRIEME.

Ille ego qui quondam Magalonæ Præsul Izarnus,
Quem Genuit miro Monspessulanus honore.
Cujus in hac tenerum corpus circumdedit urnâ,
Barriere Albertus, fratris non immemor hujus.
Suscipe sancte parens, precibus si flecteris ullis,
Hanc animam, æthereo sedeatque reposta cubili.

Obiit anno 1498. die verò 19. Aprilis.

GUILLAUME PELISSIER, Chanoine & Celerier de Maguelone fut élû par ses Confreres peu de jours après la mort d'Izarn de Barriere. Il étoit natif de Melgueil, & fort versé dans les matieres de Théologie.

GUILLAUME PELISSIER, Premier.

Dans la premiere année de son Episcopat, qui fut aussi la premiere du Régne de Loüis XII. il reçut des Lettres de ce Prince, pour l'établissement de quatre Professeurs Royaux de la maniere que j'expliquerai dans l'article de cette Faculté.

On raporte pour preuve de son bon cœur & de sa reconnoissance, la remise qu'il fit d'une grande partie des lods de la Seigneurie de Poussan acquise de *François de Crussol* par *Marguerite Bucelli* veuve de Jean de Narbonne, en reconnoissance des services que son frere Tannequin de *Bucelli* Chevalier de St. Jean de Jerusalem, & Commandeur de Montpellier, lui avoit rendu à Rome pour l'expedition de ses Bulles, & en consideration de son autre frere Jacques de *Bucelli* habitant de Montpellier, qui l'avoit prié de confirmer cette vente, & d'accorder une remise des lods.

La Peste qui fut portée à Montpellier par les Soldats de l'Armée de Catalogne, & qui donna lieu aux Processions qui furent faites en cette Ville en 1505. donna aussi beaucoup d'exercice à l'Evêque de Maguelone, qui remplit dans cette triste occasion tous les devoirs d'un Pasteur charitable.

1505.

Son zéle pour la discipline Reguliere, ne parut pas moins dans tout ce qu'il fit pour seconder le Général des Freres Prêcheurs, qui vint à Montpellier pour visiter le Couvent de son Ordre, & pour y mettre la Réforme.

Cependant les démêlez qui survinrent entre Jules II. & le Roy Loüis XII. donnerent lieu au Concile National tenu en la Ville de Tours, où Guillaume Pelissier fut appellé avec les autres Evêques de France, & y souscrivit à la convocation d'un Concile général à Pise, où l'on marque qu'il assista aux premieres sessions avec Guillaume Briçonet Evêque de Lodeve.

Pendant son absence, son Vicaire Général fit prendre au Conseil de Ville une déliberation remarquable pour les Ecoles de Grammaire. Elle portoit, qu'on en ôteroit la regie aux Etudians en Droit & en Medecine, pour la donner à des personnes mûres, & capables d'élever la jeunesse dans les bonnes mœurs, & dans la Religion Chrétienne.

1514.

Après son retour dans son Diocése, Guillaume Pelissier permit, à la priere de Bernard de Bosc Chanoine de Maguelone & Prieur de St. *Denis de Ginestet*, l'établissement dans le même lieu d'une Confrérie de St. Denis, qui subsista jusqu'aux premiers troubles des Huguenots. Il aprouva les Statuts qui furent dressez pour cette Confrérie. Et en 1518. il confirma une Fondation faite à St. *George de Dourgues* par le nommé *Jean Peruis*, Habitant de Montpellier.

1518.

Dans ce même tems, fut tenuë en cette Ville la célébre Conference entre Guillaume de Chievres, & Artus de Gouffier Boissy, pour concilier les interêts de leurs Maîtres l'Empereur Charlequint & le Roy François I. mais on perdit tout le fruit qu'on attendoit de la concertation de ces deux grands Ministres, par la mort prématurée d'Artus de Gouffier, qui fut assisté dans sa maladie par l'Evêque de Maguelone.

P p

On lui attribuë la Reformation qui fut faite alors des Livres d'Eglise à l'usage de son Diocése, consistant en Messel, Breviaire & Rituel. On voit deux de ces Messels, l'un dans la Bibliotéque de l'Evêché, & l'autre dans la Sacristie de l'Oeuvre de Frontignan, écrits à la main sur du velin en lettre gothique. Quant au Breviaire, je n'en ai pû voir aucun exemplaire, quoiqu'ils fussent assez communs du tems de Garriel; mais pour le Rituel, j'en ai vû un exemplaire qui est au pouvoir de Mr. Pouget Chanoine de la Cathédrale, imprimé à Lyon en lettres gothiques en l'année 1533.

Peu d'années auparavant ce Prélat, respectable par son sçavoir & son grand âge, se démit de son Evêché en faveur de Guillaume son neveu, qui donnoit déja de grandes esperances par son heureux génie pour les sciences.

GUILLAUME PELISSIER II. GUILLAUME PELISSIER second du nom, n'étoit pas encore dans les Ordres sacrez lorsqu'il fut nommé Coadjuteur de Maguelone. On marque pour la premiere fonction de son Episcepat, la translation qu'il fit conjointement avec le Vicelegat d'Avignon des Religieuses de Ste. Claire de Montpellier dans le Couvent de la Petite Observance.

Les grandes dispositions qu'on lui reconnut pour les Belles-Lettres, lui acquirent bien-tôt l'estime générale des Sçavans de l'Europe, & le firent connoître au Roy François I. qui lui trouvant encore plus de genie pour les affaires, le nomma parmi les Seigneurs qui accompagnérent la Duchesse d'Angoulême sa mere au traité de Cambray.

Ste. Marthe. Gal. Christiana.

En 1532. il eut l'honneur de recevoir & de haranguer le Prince à la Porte de Notre-Dame des Tables lors de son passage par Montpellier. Ce fut pendant son séjour en cette Ville, que le Roy ayant voulu visiter l'Isle de Maguelone, Pelissier prit occasion de lui representer les convenances qu'il y avoit, de transferer le Siége Episcopal en la Ville de Montpellier: ce qu'il fit apuyer par une Requête dressée au nom des Chanoines de Maguelone & des Habitans de Montpellier. Elle fut reçuë si favorablement, que le Roy promit dès-lors de donner ordre à l'Evêque de Châlon, son Ambassadeur à Rome, de solliciter auprès du Pape la translation du Siége à Montpellier. Mais pour lever toutes les difficultez qu'on prévoyoit dans cette affaire, on crut que personne ne seroit plus propre que l'Evêque de Maguelone lui-même. Ainsi, Guillaume Pelissier profitant du voyage que le Roy alloit faire à Marseille, il eut l'honneur de le suivre, & d'assister au Mariage du second fils du Roy avec Catherine de Medicis. Il partit de là pour Rome, où après trois années de séjour, il obtint enfin une Bulle pour la Secularisation de son Chapitre, & la Translation de son Siége à Montpellier.

Comme cet évenement est une époque des plus remarquables de nôtre Histoire, j'ai crû devoir donner un peu plus d'étenduë à la narration que j'en vais faire dans le Livre suivant.

HISTOIRE DE MONTPELLIER.

LIVRE CINQUIEME.

Depuis la Sécularisation du Chapitre de Maguelone, jusqu'au rétablissement de la Religion Catholique dans Montpellier sous le Roy Loüis XIII.

CHAPITRE PREMIER.

I. *Premier motif de la Translation de l'Evêché de Maguelone.* II. *Difficulté qu'on y trouve.* III. *Expediens qu'on prend pour les surmonter.* IV. *Bulle du Pape Paul troisième pour cet effet.* V. *Il suprime les deux Eglises de Maguelone & de St. Germain, pour en former celle de Montpellier.* VI. *Il décore cette Ville du titre de Cité.* VII. *Partage des Bénéfices entre l'Evêque, les Dignitez, Personats, & Chanoines du nouveau Chapitre.* VIII. *Noms de tous les Particuliers.* IX. *Leur rang & leur place dans le Chœur & ailleurs.*

BULLE DE SECULARI- SATION.

L'ANNÉE 1536. sera toûjours mémorable dans ce Diocése, par la translation qui fut faite du Siége de Maguelone à Montpellier. Elle avoit été résoluë auparavant entre le Pape Clement VII. & le Roy François I. à la sollicitation de Guillaume Pelissier (dernier de ce nom) Evêque de Maguelone, & du Chapitre de son Eglise.

I.

Les motifs qui les firent tous agir, & qui sont raportez dans la Bulle de cette translation, furent, qu'il ne restoit presque plus de marque de Cité dans l'Isle de Maguelone ; *& ibi fere nulla civitatis vestigia sint,* parce que l'air y étant devenu fort mauvais, il n'y avoit d'autres habitans que les seuls Ministres de l'Eglise Cathédrale, & ceux de l'Eglise Collégiale de la Trinité ; encore étoient-ils en si petit nombre, qu'ils avoient presque tous des maisons dans Montpellier, où ils faisoient la plûpart leur résidence ordinaire. *Ut in eâ nulli habitatores sint, paucis exceptis prædictæ Ecclesiæ ministris, & unius Collegiatæ ibi existentis, & Episc* *copus & fere omnes ipsius Ecclesiæ Magalonensis Officiales & Ministri domos & habitationes suas in oppido Montispessulani habeant.*

La difficulté qu'on avoit de trouver des sujets qui voulussent aller à Maguelone pour y professer la vie regulière, servit à faire mieux goûter au Pape & au Roy les avantages qui reviendroient de cette translation à tout le Clergé ; car les Etudes florissant beaucoup à Montpellier, les Ministres de l'Eglise auroient beaucoup plus de secours pour se rendre habiles, & les Peuples du Diocése qui venoient journellement à la Ville pour leurs affaires pourroient plus commodement communiquer avec leur Evêque.

II. Toutes ces raisons étoient de puissans motifs pour l'execution du projet ; mais il y avoit auparavant bien de dificultez à prévoir & à surmonter. Il falloit dans Montpellier une Eglise aux Chanoines de Maguelone qui quitteroient la leur, & il convenoit d'en augmenter le nombre, afin qu'ils fussent plus en état de faire le service avec décence dans la grande Ville où on vouloit les changer.

Pour cet effet on projetta de les unir avec les Religieux de St. Benoît du Prieuré de St. Germain, fondé dans Montpellier par le Pape Urbain V. environ cent soixante-dix ans auparavant. Par ce moyen on leur procuroit (dit le Pape) une Eglise plus convenable au Siége d'une Cathedrale qu'à l'habitation de simples Religieux. *Cujus Ecclesia cum illi adjacente claustro miris constat ædificiis, quæ magis speciem Cathedralis habent quam habitationi Monachorum congruat ;* & les places de ces Religieux étant unies à celles des Chanoines de Maguelone, on trouvoit le moyen d'augmenter considerablement leur nombre.

Mais pour en venir là, il y avoit mille differens interêts à ménager ; car le Prieuré de St. Germain étant de la dépendance de l'Abaye de St. Victor de Marseille il faloit dans l'union projettée, faire trouver quelque avantage, tant aux Religieux de cette Abbaye qu'à leur Abbé Commandataire. D'ailleurs les Religieux de St. Germain ayant pour la plûpart, des Bénéfices attachez à leurs Offices Claustraux, ou à leurs portions monachales, il ne paroissoit pas juste de les en dépoüiller en les incorporant à la manse commune.

III. L'expedient qu'on prit fût de donner à l'Abbé de St. Victor & à ses successeurs la nomination à un Canonicat de la nouvelle Eglise avec d'autres distinctions honorables, que l'on verra dans la Bulle ; & pour les Bénéfices possedez par les particuliers du Prieuré de St. Germain, on projetta de leur en laisser la joüissance leur vie durant ; à la charge qu'ils seroient reünis après leur mort à la manse Capitulaire.

Cet obstacle levé, on poursuivit à Rome l'execution du projet au nom du Roy de France, & du consentement de toutes les parties interessées. L'affaire fut discutée assés long-tems en présence du Pape Paul III. qui venoit de succeder à Clement VII. Il donna enfin sa Bulle du 6. des Calendes d'Août 1536. par laquelle il supprime d'abord, tant l'Eglise de Maguelone Ordre de S. Augustin, que le Prieuré de St. Germain de Montpellier Ordre de St. Benoît ; & cette supression faite, il érigea une Eglise Cathédrale de Chanoines seculiers dans le Prieuré de St. Germain, qui sera (dit-il) apellée, *St. Pierre*, pour être desservie par vingt-quatre Chanoines Majeurs, dont quatre auront le rang & le titre de Dignitez, quatre autres seront apellez *Personats*, & les seize restans seront simples Chanoines Majeurs.

Le Pape créa ensuite un grand nombre de Chanoines Mineurs pour contenter sans doute les particuliers qui étoient attachez aux deux maisons supprimées, ausquels il vouloit faire trouver quelque avantage dans cette nouvelle érection ; car dans la même Bulle, il marque qu'après leur mort, leurs places avec le nom de Chanoines mineurs seront supprimées, & que le Chapitre fera faire leur service par des Prêtres à gages.

Il fait un partage des Bénéfices de deux anciennes manses, tant à l'Evêque qu'aux Dignitez, Personats, & Chanoines. Il régle le Droit & la maniére de les conferer. La place que chacun doit tenir dans le Chœur, & la maniére du Service que le Chapitre sera tenu de faire continuer dans l'Eglise de Maguelone.

Comme toutes ces differentes dispositions sont contenuës bien au long dans la
Bulle

II. PARTIE. LIVRE CINQUIÉME.

Bulle qui fera toûjours un Titre des plus importans pour l'Eglife & pour la Ville de Montpellier, j'ai crû en devoir donner le texte au bas de cette page, & continuer cependant le précis que j'ai commencé, afin de foulager les perfonnes qui feroient obligées de la lire dans le texte. Car cette Bulle étant très-longue, & pleine de repetitions dans le ftile de ces fortes de piéces, il n'eft pas poffible qu'on ne fe laffe en la lifant, & pour faciliter à ceux qui chercheroient quelque article, & le moyen de le trouver, je les marquerai rélativement fous un même chifre, dans le texte, & dans le précis que je vais continuer.

Paul III. après avoir marqué au commencement de fa Bulle, le befoin & l'uti- **IV.**
lité de cette tranflation, avec les inftances réïterées que François I. lui en avoit fait par fon Ambaffadeur à Rome (Charles Hemard Evêque de Châlon, depuis transferé à Amiens, & enfin Cardinal fous le même Pape) (a) il expofe l'état de l'Eglife de Maguelone, & du Prieuré de St. Germain, tel qu'il nous l'avons raporté ci-devant. Et entrant dans un fort grand détail des Places & des Bénéfices attachez à chácune des deux Manfes, il nous aprend le nom de tous les fujets qui les rempliffoient & des Bénéfices dont ils joüiffoient.

Il veut que la jufte valeur des Bénéfices qu'on eft obligé d'exprimer dans les unions, foit cenfée avoir été faite en cette occafion. Il commence par exempter le Monaftére de St. Benoît de toute dépendance de St. Victor de Marfeille; & cela du confentement exprès du Cardinal Augufte Trivulce qui en étoit Abbé Commandataire.

Il fuprime à Maguelone le nom & titre d'Eglife Cathédrale avec toutes les dig- **VI.**
nitez & offices qui y étoient, de même dans le Prieuré de St. Benoît, le nom & titre de Monaftére avec tout ce qui en dépendoit. Et parce que felon la difpofition des Canons, on ne doit établir de fiége Epifcopal que dans une Cité, il en donne le nom & le titre à la Ville de Montpellier. *Nec non Oppidum Montipeffulani Civita-* **VII.**
tis titulo infignimus, cum juribus & pertinentiis quibus aliæ civitates gaudent. **V.**

PAULUS Epifcopus, Servus Servorum Dei, ad perpetuam rei memoriam. In eminenti Militantis Ecclefiæ fpecula, (licet immeriti) divinâ difpofitione confituti, & in cunctas orbis Ecclefias, terraque amplitudinem, præcipuum facultatis obtinentes principatum, ex incumbentis nobis Apoftolicâ folicitudinis Officio debito, circà Ecclefiarum præfertim Cathedralium & Monafteriorum quorumlibet, ac in eis altiffimo famulantium perfonarum potiffimè Religionis titulo infignitarum, ftatum profperè & falubriter dirigendum, ac concedente Domino in melius commutandum, circumfpectæ confiderationis intuitum libenter dirigimus, & illorum profectibus confultè fatagentes, ftatum ipfum & cum fpecialis honoris prærogantia interdum immutamus & alteramus, ac defuper difponimus, prò ut falus animarum exigit, piaque Catholicorum Regum vota expofcunt, & rationabiles cauſæ perfuadent, nec non locorum & temporum qualitatibus & conditionibus diligenter confideratis, pro Ecclefiarum & Monafteriorum ac perfonarum earumdem felici fucceffu ac decore & venuftate, diviniquè Cultus augmento confpicimus in Domino falubriter expedire, & ad illos dexteram noftræ liberalitatis extendimus, quos ad id propria virtutum

merita multipliciter recommendant.

Sanè cùm à tempore cujus initii hominum memoria non exiftit, in infula maris mediterranei, partimm Regni Franciæ & Provinciæ Narbonenfis (a) Magalonenfis nuncupata, ad litus ipfius maris, & certo loco paluftri, una civitas quæ Magalonenfis nuncupaetur, ac inibi una Cathedralis Ecclefia Ordinis Sancti Auguftini, fub invocatione Beati Petri Apoftoli, pro uno Epifcopo Magalonenfi nuncupando qui eidem Ecclefia præeffet, pro ut ex tunc præfuit, certo territorio feu diftrictu eidem civitati pro illius Diœcefi affignato, Apoftolicâ authoritate erectæ fuerint, ac fucceffu temporis, caufantibus orthodoxæ fidei hoftium infultibus, qui infulæ & civitatis prædictarum incolas infeftarunt, ac morbis quibus incolæ ipfi ob ejufdem paluftris loci corruptum aërem frequenter laborabant: Infula & Civitas prædictæ adeo defertæ & habitatoribus vacuæ effectæ extiterunt, ut inibi fere nulla Civitatis veftigia, imo nec ulli (paucis prædictæ & unius Collegiatæ inibi confiftentis Ecclefiarum Miniftris exceptis) habitatores exiftant, & venerabilis Frater nofter Gulielmus Modernus, ac pro tempore exiftens Epifcopus Magalonenfis, & ferè omnes ipfius Ecclefiæ Ma-

Q q

Cette supression & extinction des deux Manses une fois faite, le Pape érige une Eglise Cathédrale sous l'invocation de St. Pierre dans le Monastére jadis de St. Benoît, voulant que l'Evêque Guillaume ci-devant Evêque de Maguelone porte le nom d'Evêque de Montpellier, sans aucune nouvelle provision, qu'il ait généralement tous les droits dont il joüissoit comme Evêque de Maguelone, & qu'on lui rende dans l'Eglise nouvellement érigée les mêmes services qu'on lui rendoit à Maguelone.

La premiere dignité de cette nouvelle Eglise, après celle de l'Evêque, sera la grande Prévôté; *Præposituram Majorem post Pontificalem.*

La seconde, le Grand Archidiaconné apellé aussi, *Majorem*, comme la Prévôté. Mais les deux autres Archidiaconnez, l'un apellé de *Valence*, & l'autre de *Castries*, sont déclarées, *non Majores post Pontificalem dignitates.*

La Chantrerie, la Sacristie, l'Aumônerie, & l'Ouvrerie, ne sont que des *Personats. Personatus inibi.*

Quant à la distribution des Bénéfices, le Pape dit que pour aider l'Evêque à soûtenir ses nouvelles charges, & pour exercer l'Hospitalité, on lui donne outre le Canonicat & la Prébende, qui sera unie à sa place Episcopale, les Bénéfices suivans.

St. *Bauzile de Putois.*

St. *Jean de Cuculles.*

St. *Etienne de Cazevieille.*

St. *Saturnin d'Agonez.*

St. *Nazaire & Celse de Brissac.*

galonensis Officiales ac Ministri, domos & habitationes suas in oppido Montispessulanensi Magalonensis Diœcesis habeant: & Canonici ejusdem, insulam & Ecclesiam Magalonensem prædictas deserentes, (paucis in eadem Ecclesia Magalonensi ad divinum cultum peragendum remanentibus) in ipso oppido habitent : quo fit ut dictus Episcopus Ecclesiæ suæ, & populo sibi commisso simul adesse & populum ipsum docere nequeat, & iis potissimum temporibus quibus in insulis dura est Congregatio.

Et ne dum merita, sed etiam corporum mortalium vires adeo defecerunt ut admodum pauci regularis vitæ austeritatem & sacrorum Canonum rigorem perferre velint & possint, de facili non reperiantur viri litterarum scientiâ & nobilitate clari qui in ipsa Elclesia Magalonensi ordinem ipsum profiteri, ac inibi residere velint : ac oppidum prædictum insigne & unum ex principalibus dictæ Provinciæ Narbonensis oppidis & multa nobilium & plebeiorum generositate refertum sit, & ad illud (in quo etiam peculiari privilegio divinarum & humanarum legum, ac artium liberalium & Medicinæ generalia studia vigent) officiales prædicti, Canonici Præfati, ac totius prædictæ Diœcesis Magalonensis populus, pro iis quæ ad divinum cultum & fidei Catholicæ conservationem ac causarum decisionem attinent confluant.

Et in eodem oppido sit unum notabile Monasterium Ordinis Sancti Benedicti, sub invocatione ejusdem Sancti, per Priorem annalem Claustralem nuncupatum gubernari solitum à Monasterio Sancti Victoris Massiliensis dicti Ordinis (quod dilectus filius noster Augustinus, Sancti Adriani Diaconus Cardinalis de Trivultiis nuncupatus, ex concessione Apostolica in commendam obtinet) dependens & olim per felicis recordationis Urbanum Papam quintum prædecessorem nostrum fundatum, constructum & dotatum, in quo ex ipsius Urbani fundatoris decreto, viginti religiosi ad divinum cultum in illius Ecclesia peragendum, & duodecim ad studendum in Jure Canonico ad decennium, ac quatuor ad studendum in Grammaticalibus, ad quadriennium constituti fuerint. Et cujus Ecclesia cum illi adjacente claustro miris constet ædificiis, quæ magis speciem Ecclesiæ Cathedralis habent, quam habitationi Monachorum congruant, & charissimus in Christo filius noster Franciscus Francorum Rex Christianissimus qui nuper cum ejus Regnum prædictum & dictam Provinciam Narbonensem, personaliter visitasset, insulam & Ecclesiam Magalonensem & oppidum ha-

II. PARTIE, LIVRE CINQUIEME.

A la Prévôté nouvelle on unit les Bénéfices de *Lunel* & de *St. Drezeris*, comme ils l'étoient auparavant, & au lieu de celui de *St. Denis de Ginestet* qui lui étoit uni autrefois, on lui donne celui de *St. André de Molines.*

Au Grand Archidiaconné. *Ste. Sigalene de Grave* avec l'Eglise de *Cortade* qui lui étoit annexée dans le Diocèse d'Albi.

A l'Archidiaconné de Valence, *Ste. Marie* de Valence & *St. Amans de Cambous* dans le même Diocèse d'Alby, avec *St. Jean de Nods* Diocèse de Rhodez.

A celui de Castries. Le Bénéfice de *St. Etienne de Castries.*

A la Chantrerie. *St. Gilles du Fesc de Fisco.*

A la Sacristie. *St. André de Buèges de Bodia* Diocèse de Maguelone.

A *l'Aumônerie. St. Sauveur de Montils* près Lunel, & *St. André de Verargues, ad Collationem ipsius Episcopi spectantes.*

A *l'Ouvrerie. St. Pierre de Blagnaux*, Diocèse , & *St. Adrien Dadissan* Diocèse de Beziers.

Tous les Bénéfices qui ont apartenu ci-devant aux deux Manses de Maguelone & de St. Benoît, sont généralement unis au nouveau Chapitre avec tous leurs droits & dépendences, spécialement le Prieuré de St. Denis *de Ginestet*, ci-devant uni à la Prévôté de Maguelone; & toutes les Dignitez & Personats à qui des Bénéfices viennent d'être affectez, en joüiront paisiblement, à la charge d'y faire faire le service comme auparavant. Ils présenteront des sujets à l'Evêque pour les Bénéfices qui seront à charge d'ames. *Per eumdem Episcopum ad ipsorum præsentantium nutum, deputandos.*

Ceux qui joüissent actuellement des Bénéfices suprimez, continueront d'en joüir pendant leur vie. Mais en attendant que les Bénéfices soient unis à la Manse Capitulaire, les Titulaires payeront au Chapitre, pour l'aider à en suporter les charges une cotte-part exprimée dans la Bulle.

Qu'il soit permis (dit le Pape Paul III.) à ceux qui voudront se servir du Bre-

jusmodi adiit & visâ dictâ insula solitudine, considerans quantum illa esset orthodoxæ fidei hostium incursibus hujusmodi exposita, ac quod Episcopi non in Castellis aut Villis, sed in Civitatibus majoribus & frequentioribus populis constitui debent, & quod si dictum Monasterium Sancti Benedicti, in quo unus Prioratus Claustralis, pro uno Priore annali, & una præpositura quæ dignitas reputatur ac unus præcentoriatus pro uno præcentore ad nutum amovili, nec non una Celeraria, & una Sacristia, ac una Pitanciaria, & una Cameraria, cui Sancti Petri de Blannavis, & Sancti Adriani de Adissano, uticensis & bitterrensis Diocesis, ejusdem Ordinis sancti Benedicti prioratus, perpetuò annexi existunt, nec non una Infirmaria quæ inibi Officia Claustralia existunt: ac Sancti Martini de Areis & Beatæ Mariæ de Ambileto, ejusdem ordinis Nemausensis & Albiensis Diœcesis Prioratus, in quibus videlicet de Areis una Cameraria & una Sacristia, ac Beatæ Mariæ prioratibus hujusmodi una Sacristia, similiter Officia Claustralia fore noscuntur dependent.

Nec non in quo ac eisdem dependentibus prioratibus alia loca & monachales portiones, ad litterarum studia aut alias fundata & instituta fore noscuntur à dependentia Monasterii Sancti Victoris, hujusmodi perpetuò segregaretur & separaretur, ac in dicta Ecclesia Magalonensi in qua similiter una præpositura quæ dignitas post Pontificalem major existit; & cui Sancti Dionysii propè & extra muros dicti oppidi ac ejusdem Beatæ Mariæ Lunelli novi, ac sancti Desiderii Ordinis Sancti Augustini & Diœcesis Magalonensis prædictorum prioratus ab eadem Ecclesia Magalonensi dependentes perpetuò annexi existunt; & unus prioratus Claustralis pro uno priore annali. Ac una Sacristia quæ inibi dignitas non major post Pontificalem, seu officium reputatur; & una vestiaria, ac una Eleemosinaria; nec non infirmaria & una operaria; quæ ac forsan Prioratus & Sacristia prædicti, officia claustralia inibi existunt, ac certa loca & Canonicales portiones fore noscuntur. Et à quâ etiam Sanctarum Ecclesia de Miris vallibus & Leocadia de Vico, invicem unita, Sancti Firmini de Montepessulano, ac ejusdem Beatæ Mariæ de Tabulis, in quibus videlicet Sancti Firmini una, & Beatæ Mariæ, alia Sacristia Officia Claustralia existunt, & Sancti Georgii de

viaire Romain de le dire hors du Chœur, & en particulier. *Qui voluerit extra chorum Horas Canonicas diurnas, pariter & nocturnas, ac alia Divina officia secundum Usum Romanæ Ecclesiæ, etiam noviter editum, absque alia concessione dicere & recitare valeant.* Ce qui est regardé comme une preuve que l'Eglise de Maguelone avoit un Bréviaire particulier, qu'elle garda même après la sécularisation, puisque les particuliers n'auroient pas eu besoin de Dispense pour pouvoir dire le Romain.

Ensuite le Pape permet à l'Evêque & aux nouveaux Chanoines de tester, ce qu'ils ne pouvoient faire auparavant, étant Réguliers. Il interdit au Chapitre, & à tous autres le droit de dépoüille, voulant que les biens des Chanoines morts, *ab intestat*, aillent à leurs plus proches Parens, sauf les maisons & jardins qu'ils auroient possédé dans l'enceinte du Cloître de ladite Eglise, qui de plein droit doivent revenir au Chapitre après leur mort, & que le Chapitre pourra vendre, loüer & donner en emphiteose à celui des Chanoines ou autres Ministres de l'Eglise, qui en offriront davantage, pour en joüir durant leur vie, avec droit de retour pour le Chapitre qui en mettra le prix dans le trésor de l'Eglise.

Les Chanoines pourront posseder des Bénéfices en titre ou en commande, comme s'ils n'avoient jamais été Réguliers. Ils pourront les ceder, & établir des pensions annuelles, & être elevez à toutes dignitez Ecclesiastiques, même à la Chaire Episcopale.

Ils conserveront tous les Priviléges, libertez & immunitez qu'ils avoient étant réguliers comme s'ils l'étoient encore. Ils ne seront soûmis qu'à la seule Jurisdiction de l'Evêque de Montpellier, quand même ces privileges n'auroient été accordez que pour autant de tems qu'ils professeroient la vie réguliére. Ils joüiront tant conjointement que séparement de toutes les graces accordées à l'Eglise de Maguelone & au Monastere de S. Benoît ; & toutes les places, Bénéfices, Pensions qui avoient été supprimées, sont rétablies par cette nouvelle érection, comme si elles n'avoient pas été suprimées.

Quant à la distribution des Bénéfices de la nouvelle manse, le Pape laisse,

Dorgues, *Sancti Marcelli de Fraires sive de Frejorgues, Sancti Joannis de Bodia, Sancti Jacobi de Fabricis, Sancti Ægidii de Fisco, Sancti Andreæ de Bodia, ejusdem Sancti Dionysii de Ginesteto. Sanctorum Juliani & Basilissæ de Balhanicis, ac ejusd. Beatæ Mariæ de Aquis, de Claperiis, Sancti Theodoriti de Vendranicis, Sancti Stephani de Castriis, ac ejusdem Beatæ Mariæ de Latis, ac ipsius Beatæ Mariæ de Londris, Sancti Vincentii de Lunello veteri, Sancti Hilarii de Santeiranicis, ejusdem sancti Andreæ de Novis gentibus, sancti Stephani de Soregio, ejusdem Beatæ Mariæ de Gornerio, sancti Vincentiani, sancti Brissii, ejusdem sancti Andreæ de Mollinis, sancti Petri de Veruna, ejusdem Beatæ Mariæ de Casternovo, sanctæ Crucis de Cornone-Terralio, dictæ Magalonensis, ejusdem Beatæ Mariæ de Adano Arelatensis Diœcesis, sanctæ Catharinæ prope & extra muros Massiliæ, Prioratus, seu Ecclesiæ forsan Parrochiales dependentes, & per illius Regulares Canonicos, obtineri consueverunt : nomen & titulus Cathedralis Ecclesiæ, ac in Monasterio sancti Benedicti hujusmodi, nomen & titulus Monasterii, ac invocatio, & in eisdem Ecclesia & Monasterio noc non ab eisdem dependentibus prioratibus & membris, & per illorum Canonicos & Monachos respective obtineri solitis, Ecclesiis & Ecclesiasticis Beneficiis, ordines præditi, & dependentia omnes que status regulares, nec non omnia & singula utriusque ipsorum Ecclesiæ Magalonensis, & Monasterii sancti Benedicti præpositura, ac aliæ dignitates, Prioratus Claustrales, personatus, administrationes, officia, beneficia nec non loca & Canonicales ac Monachales portiones, nec non una sancti Stephani de Villanovæ, & alii sancti Xisti de Perolis, & alia beata Maria de Pignano, & alia sancti Michaelis de Montilis, & alia sancti Martini de Pruneto, & alia sancti Jacobi de Pradis, & alia de Grabellis, & alia de Juvigniaco dictæ Magalonensis Diœcesis, Parrochialium Ecclesiarum quæ inter alia de mensa Capitulari ipsius Ecclesiæ Magalonensis : aut ab eadem mediate vel immediate dependentes existunt perpetua Vicariæ, seu Prioratus, per Clericos saeculares teneri solitos, seu soliti penitus supprimerentur & extinguerentur, ac Magalonensis & Monasterii sancti Benedicti hujusmodi Ecclesia, ad statum sæcularem reducerentur*

A

II. PARTIE. LIVRE CINQUIEME.

A *Guillaume Peliffier Evêque*, tout ce qu'il a déja.
A *Jean de Sarrat* qui étoit Prévôt de Maguelone, *la nouvelle Prévôté*.
A *Pierre Nougarede*, ci-devant Celerier du Monaftére St. Benoît, *le Grand Archidiaconné*.
A *Jean de Lauzelergues*, auparavant Sacriftain, *l'Archidiaconné de Valence*.
A *Bernardin de Raneo*, auparavant Veftiaire de Maguelone, *l'Archidiaconné de Caftries*.
A *Guillaume Pelet*, Prieur de St. Vincent de Lunel-Viel, *la Chantrerie*.
A *Jean de Blandiac*, Prieur de St. Jacques de Fabregues, *la Sacriftie*.
A *Jean de Saurin*, auparavant Pitancier, *l'Amônerie*.
A *Antoine Albi* ou *le Blanc*, Camerier du Monaftére St. Benoît, *l'Ouvrerie*.

Quant aux Chanoines Majeurs formez refpectivement de l'Eglife de Maguelone, & du Monaftére de St. Benoît; il leur laiffe auffi les Bénéfices qu'ils pouvoient avoir, & il les nomme en cet ordre.

IX.

Guillaume de Peliffier, Evêque.
Guillaume Cambais l'ancien, apellé *Senior*.
Ange Compaigne.
Bernard de Solaiges.
Guillaume de Claret.
Jean Sarnelli.
Guillaume d'André.
Aimeric de Cofta.
Guillaume Inquinibert.
Bertrand Etienne.
Jean Pelegrin.
Secundin Bonal.
Gaillard Coftanni.
Pierre Manni.
Antoine de Montlaur.
Jacques de Manfo.

& oppidum Montifpeffulanenfe, in civitatem, nec non Ecclefia Monafterii Sancti Benedicti hujufmodi, in Cathedralem Ecclefiam erigerentur & inftituerentur; ac titulus, & Sedens Epifcopalis Magalonenfis, cum illius Juribus, ad Ecclefiam erigendam hujufmodi transferrentur, nec non omnes & finguli fructus, reditus & proventus, fupprimendorum dignitatum, & perfonatuum, Prioratuum Clauftralium, Officiorum & Beneficiorum ac locorum Canonicalium, ac Monachalium portionum, & Vicariarum, hujufmodi Capitulari menfæ ipfius erigendæ, Ecclefiæ perpetuò applicarentur, & appropriarentur. Et tam Canonici Ecclefiæ quam Monachi Monafterii prædictorum, cum non conveniat religiofa diverfæ profeffionis & diverfi habitus in eodem loco refidere, pofthac fæculares & ab obfervantia regularium conftitutionum dictorum ordinum liberi effent, ac unum Capitulum conftituerent; profectò Divini cultus augmento, & animarum faluti populi dictæ Diœcefis, ac ipfius orthodoxæ fidei confervationi, & ftabilimento, necnon pauperum Chrifti ad

idem oppidum confluentium alimoniæ, & aliorum piorum operum exercitio plurimum confuleretur: faciliufque viri moribus & fcientiâ præditi, qui dictæ Ecclefiæ defervire, & illius Dignitates, ac Canonicatus & Præbendas, ac Officia & Beneficia obtinere vellent, reperirentur. Habitâ fuper iis per ipfum Regem, cum Prælatis & proceribus dicti Regni fui, Maturâ deliberatione fummoperè defideret, ftatum ipfius Ecclefiæ Magalonenfis, pro feliciori illius & perfonarum ejufdem, nec non cleri ac univerforum incolarum & habitatorum oppidi & Diœcefis Magalonenfis hujufmodi fucceffu tuitione & tranquillitate, ut præfertur immutari.

Nos qui dudum inter alia voluimus, quod petentes Beneficia Ecclefiaftica, aliis uniri, tenerentur exprimere verum annuum valorem, fecundum communem æftimationem tam beneficii uniendi, quam illius cui uniri peterentur, alioquin unio non valeret, & femper in unionibus commiffio fieret ad partes, vocatis quorum intereffet, ac omnes Canonicatus & Præbendas ac Dignitates, Perſ

R r

Qui tous seize avec les huit Dignitez & Personats marquez ci-devant, faisoient le nombre de vingt-quatre. Il confirme à plusieurs autres Particuliers qu'il nomme, (& qui ne sont pas compris dans le nombre des Chanoines) la possession des Bénéfices qu'ils avoient déja, & au Corps du Chapitre, Prévôt, & Archidiacres, les Prééminences, Prérogatives & autorité qu'ils avoient par les Statuts de leur Eglise. Mais il leur ôte toute Jurisdiction contentieuse dans l'Eglise nouvellement érigée, de même qu'en aucune partie de la Cité ou Diocése de Montpellier.

X.   *Places & Rang des Chanoines dans le Chœur.*

Le Prévôt, au premier siége du Chœur du côté gauche en entrant. *In primâ Cathedrâ à partè sinistrâ.*

Le Grand Archidiacre, au premier siége du côté de l'Evêque. *In primâ Cathedrâ post Cathedram Episcopalem in parte dextrâ.*

L'Archidiacre de Valence, à côté du Prévôt. *In primâ Cathedrâ post Cathedram Præpositi.*

L'Archidiacre de Castries, à côté du grand Archidiacre. *Post Cathedram Majoris Archidiaconi à partè dextrâ.*

Le Chantre, aura son rang après l'Archidiacre de Castries, & sera placé dans le Chœur à sa premiere place à droite en y entrant. *In supremâ Cathedrâ juxta portam sive ingressum Chori à partè dextrâ.*

Le Sacristain, à la premiere place à gauche de l'entrée du Chœur. *In supremâ Cathedrâ juxta portam sive ingressum Chori à partè sinistrâ.*

L'Aumônier, à la premiere place à côté du Chantre du côté droit. *Post Cathedram Cantoris à partè dextrâ.*

L'Ouvrier, à la premiere place après celle du Sacristain au côté gauche. *In primâ Cathedrâ post Cathedram Sacristæ à partè sinistrâ.*

Le tems de la reception réglera les places des autres Chanoines dans le Chœur, dans les marches, & dans l'ordre d'opiner. Mais les Chanoines Majeurs precederont les Mineurs; & on n'aura pas égard aux Ordres sacrez dans le rang, dans la séance, ou dans la marche, ni à aucun grade ou dignité, sauf celles de l'Eglise; mais seulement à l'ordre de la reception.

sonatus, administrationes & officia, necnon Prioratus, cæteraque Beneficia Ecclesiastica cum Curâ, & sine Curâ, apud sedem Apostolicam tunc vacantia, & in antea vacatura, collationi & dispositioni nostræ reservamus: decernentes ex tunc irritum & inane, si secus super iis à quoquam quavis authoritate scienter vel ignoranter contigerit attentari: quique Ecclesiarum & Monasteriorum quorumlibet, ac personarum eorum decorem & venustatem, ac in melius directionem, nec non in illis divini cultus augmentum & animarum salutem, nostris potissimum temporibus, sinceris desideramus affectibus, cupientes quantum cum Deo possumus, præfatorum Ecclesiæ Magalonensis, Monasterii Sancti Benedicti, ac illarum personarum profectui, & directioni, in præmissis, salubriter consulere.

Ac præfatum Guillelmum Episcopum, nec non dilectos filios Capitulum Ecclesiæ Magalonensis, & modernum priorem, ac Conventum Monasterii Sancti Benedicti prædictorum & eorum ac illorum infra-

scriptorum singulis à quibusvis excommunicatione, suspensione, & interdicti, aliisque Ecclesiasticis sententiis, censuris & pœnis, à jure vel ab homine quavis occasione vel causâ latis, à quibus quomodolibet innodati existant, ad effectum præsentium duntaxat consequendum, harum serie absolventes, & absolutos fore censentes, nec non Episcopalis & Capitularis mensarum ac singulorum Canonicalium & Monachalium portionum nec non dignitatum, personatuum, administrationum, officiorum, prioratuum, Ecclesiarum, Vicariarum, membrorum, & omnium Beneficiorum Ecclesiasticorum prædictorum, ac hujusmodi & aliorum illis respectivè annexorum fructuum, reddituum, & proventuum, veros annuos valores præsentibus pro expressis habentes.

Habitâ desuper cum venerabilibus fratribus nostris, Sanctæ Romanæ Ecclesiæ Cardinalibus maturâ deliberatione, ac de illorum Consilio, & Apostolicâ potestatis plenitudine, Guillelmi Episcopi, & Capituli, ac Moderni Prioris & Conventûs,

CHAPITRE SECOND.

I. *Privileges accordez aux nouveaux Chanoines.* II. *Droits de l'Evêque.* III. *Droits du Prévôt.* IV. *Reduction de plusieurs Places après la mort des Titulaires.* V. *Collation des Dignitez & Canonicats du Chapitre.* VI. *Maniere de les conferer.* VII. *Droit d'Entrée de chacun du Chapitre.* VIII. *Etablissement d'un Théologal.* IX. *Service de l'ancienne Eglise de Maguelone.*

LEs Chanoines Majeurs constitueront le Chapitre séculier de ladite Eglise sans les Mineurs ou autres Ministres inferieurs. Ils auront toutes les prérogatives, prééminences & autorité des autres Chapitres Cathédraux des Eglises séculieres de la Province, avec pouvoir d'établir des Ministres à gages, & pour le tems qu'ils voudront, *conductitios & temporales.* Soit pour le gouvernement des biens de la Manse, soit pour le culte Divin. Ils pourront statuer sur la distribution des Prébendes, en les faisant égales ou inégales. Sur les cérémonies dans le Chœur & pour le culte Divin ; sur l'absence, ou la présence des Ministres, avec pouvoir de résoudre tous les doutes qui pourroient survenir à l'occasion des présentes. *ac declarandi quæcumque dubia circa contenta in præsentibus occurrentia* ; & de faire toutes autres choses qui sont de la compétence des Chapitres Cathédraux des Eglises séculieres.

I.

L'Evêque percevra les fruits de deux Prébendes, *quamdiu præsens fuerit in civitate Montispessulani.* Mais s'il en est absent, il ne les percevra que d'une seule. En quoi n'est pas compris le tems qu'il employe aux visites de son Diocése, & autres fonctions des devoirs de sa charge dans ladite enceinte. Car durant ce tems, il percevra les fruits de deux Prébendes.

II.

Il présidera dans les Chapitres toutes les fois qu'il y sera présent. Il opinera le premier, il recueïllera les voix ; & conclura à la pluralité. *Emittatque vocem, si-*

respectivè Majorum partium, ad hoc expresso accedente consensu, & ab eodem Francisco rege, nobis super hoc, tam per suas litteras, quam per venerabilem Fratrem nostrum Carolum, Episcopum Matisconensem ejus, apud nos & sedem prædictam oratorem humiliter supplicantem, authoritate Apostolicâ, tenore præsentium ad omnipotentis Dei laudem & gloriam, ac militantis Ecclesiæ exaltationem, nec non Ecclesiæ Magalonensis, & Monasterii Sancti Benedicti prædictorum, feliciorem & tranquilliorem statum, & successum, dictum Monasterium Sancti Benedicti, unà cum omnibus & singulis illius membris, dependentiis, Juribus, & pertinentiis, tam in dicta Diœcesi Magalonensi quam alibi consistentibus, ab omni præfati Monasterii Sancti Victoris dependentia ac ipsius Augustini Cardinalis & Commendatarii & pro tempore existentis illius Abbatis seu Commendatarii Jurisdictione, subjectione, & superioritate, (ejusdem Augustini Cardinalis & Commendatarii ad hoc expresso accedente consensu) perpetuò segrega-mus, & dismembramus, & eximimus.

Ac in Ecclesia Magalonensi, nomen & titulum Cathedralis Ecclesiæ, nec non in Monasterio Sancti Benedicti hujusmodi, similiter nomen & titulum Monasterii ac etiam invocationem Sancti Benedicti, nec non in ejusdem Ecclesiæ & Monasterio ac omnibus & singulis eorum Membris & illis annexis, necnon prædictis & aliis ab eis dependentibus prioratibus, ac supradictis cæterisque quibuscumque per illorum Canonicos & Monachos respectivè obtineri solitis Ecclesiis, & Ecclesiasticis Beneficiis. Ita ut de cætero prioratus Ecclesiæ & beneficia sæcularia existant. Ordines prædictos, & omnem dependentiam, ac statum regularem, ipsorumque Ecclesiæ Magalonensis, & Monasterii Sancti Benedicti, Prioratuumque prædictorum, præposituras Prioratus Claustrales, Sacristias, Infirmarias, Vestiariam, & Eleemosynariam, operariam, celerariam, Pittanciariam, Camerarias, & alia quæcumque si quæ sint dignitates, personatus, administrationes, officia, & alia Ecclesiastica be-

160 HISTOIRE ECCLESIASTIQUE DE MONTPELLIER,

ve votum primo loco. Mais lorsque le nombre des voix sera égal, la partie des Opinans qui aura l'Evêque avec soi, sera regardée comme la plus grande, & selon elle on devra conclure.

III. Le *Prévôt* aura les Fruits d'une Prébende entière, & la moitié d'une autre, qu'il gagnera en assistant tous les jours à une des heures principales, qui sont Matines, la Messe, & Vêpres.

Les autres Chanoines Majeurs gagneront leurs Prébendes en assistant tous les jours à une des heures principales, & à une des moindres.

IV. Le nombre des Chanoines Majeurs sera réduit à vingt-cinq, compris le Canonicat & la Prébende unie à la Manse Episcopale. Et pour cet effet, lorsque quelqu'un de ceux qui ont été pourvûs cette premiere fois, viendra à quitter son Canonicat par mort ou autrement, ou qu'il sera promû à une Dignité ou Personat, dès-lors la Prébende & le Canonicat dont il joüissoit sera suprimé, & nul ne pourra lui succèder en cette place jusqu'à ce que le nombre des Canonicats & Prébendes (y compris celles qui sont annexées à la Manse Episcopale, aux Dignitez, & aux Personats) soient réduites au nombre de vingt-cinq.

Selon la même régle, le nombre des Canonicats & Prébendes mineures, sera réduit à trente-deux. Ensorte que quelqu'un de ceux qui les occupent actuellement venant à les quitter par mort, ou par promotion à un Canonicat majeur, sa place sera éteinte, & nul ne pourra y être nommé, jusqu'à ce que le nombre soit réduit à trente-deux.

Et par une plus grande reduction, à mesure que ces trente-deux Canonicats viendront à vacquer par mort, ou par quelqu'autre maniere que ce soit, ces sortes de places seront dès-lors éteintes & suprimées, sans qu'elles puissent désormais être regardées ni apellées Canonicats ou Prébendes. Mais qu'à la place de ces trente-deux Chanoines Mineurs, le corps du Chapitre établisse six Hebdomadiers pour les grandes Messes, & pour Matines, avec vingt-six autres sujets, qui seront apellez Vicaires des Chanoines Majeurs.

Lorsque la place d'un des six Hebdomadiers vacquera, l'Evêque en aura la libre & pleine institution & destitution, de sorte que leur place soit amovible au choix de l'Evêque ; mais ils ne pourront être reçûs qu'ils ne soient dans l'Ordre de Pré-

neficia, nec non, omnia & singula loca, & Canonicales & Monachales portiones, nec non Vicarias perpetuas hujusmodi, ac omnium illorum qualitates. & denominationes, sic quod de cætero, præpositura, Prioratus, Sacristia, Infirmaria, Vestiaria, Eleemosynaria, Operaria, Celeraria, Pittanciaria, Cameraria, dignitates, personatus, administrationes, officia Ecclesiastica, beneficia, loca & Canonicales seu Monachales portiones & Vicariæ perpetuæ, dici, nommari, & censeri non possint: penitus & omninò, perpetuò supprimimus, & extinguimus: ac Magalonensem de cætero Ecclesiam Sancti Petri insulæ Magalonensis nuncupandam, & Monasterium Sancti Benedicti, Ecclesias hujusmodi ad statum secularem reducimus, nec non oppidum Montispessulanum prædictum civitatis titulo insignimus, illudque in civitatemque Montispessulanensis nuncupetur, cum juribus & præeminentiis, quibus aliæ civitates partium earundem utuntur, potiuntur & gaudent, ac potiri, uti, & gaudere poterunt quomodolibet in futurum.

Ac Ecclesiam Monasterii Sancti Benedicti hujusmodi in Cathedralem Ecclesiam sæcularem, sub invocatione ejusdem beati Petri Apostoli, cum insigniis & jurisdictionibus Episcopalibus, ad instar aliarum circumvicinarum sæcularium dictæ Provinciæ Cathedralium Ecclesiarum, ita ut idem Guillelmus Episcopus, pro ut hactenus dictæ Ecclesiæ Magalonensi præfuit, eidem erigendæ Ecclesiæ, vigore præsentium litterarum absque alia provisione de persona sua illi facienda, in omnibus & per omnia, præsit, & illius verus præsul existat, ipseque Guillelmus & pro tempore existens ejusdem Ecclesiæ præsul de Cætero Episcopus Montispessulanensis, & dicta Diœcesis Magalonensis nuncuparetur.

Ac idem Episcopus Montispessulanensis, eisdem privilegiis, facultatibus, juribus, præeminentiis, libertatibus, honoribus, indultis Apostolicis, regiis, & aliis, quibus tanquam Episcopus Magalonensis, hactenus Apostolicâ, Regiâ, delegatâ, vel ordinariâ authoritatibus, usus est, perinde ac si Episcopus Magalonensis adhuc nuncutrise,

II. PARTIE. LIVRE CINQUIEME.

trife, & trouvez capables par les Députez du Chapitre, qui les examineront fur le Chant, fur la Lecture, & fur les autres difpofitions & bienféances du Corps.

Lorfqu'un Hebdomadier aura fervi pendant cinq ans, il ne pourra être deftitué par l'Evêque dont il auroit reçu l'inftitution, ni par fes fucceffeurs, fans l'avis & le confentement du Chapitre.

De cette forte l'Evêque aura deux Vicaires pour lui, & chaque Dignité ou Chanoine aura le fien ; chacun d'eux pourra les inftituer & deftituer, ces places devant être toûjours amovibles. Ils ne pourront les faire recevoir fans être prefentez au Chapitre, qui les fera examiner fur le Chant, & Ordre de Prêtrife qu'ils doivent avoir, & autres capacitez.

Les deux Vicaires de l'Evêque feront exempts de l'examen du Chapitre ; mais aucun des Hebdomadiers ou Vicaires qui feront de la forte établis, ne pourront être apellez Chanoines, ni regardez comme Titulaires, encore moins faire Chapitre ou Communauté, *Univerfitatem*.

Les Chanoines Mineurs qui fe trouveront établis à la nouvelle érection de l'Eglife de Montpellier, auront durant leur vie les trois quarts d'une Prébende Canonicale ; & lorfque leur place aura été fuprimée, les Hebdomadiers n'auront d'autre portion que celle que le Chapitre voudra leur faire, laquelle il pourra augmenter ou diminuer felon l'occurrence du tems. Mais outre cette portion, ils auront chacun tous les ans vingt-cinq livres tournois.

V. La Collation *de la Prévôté*, apartiendra de plein droit au Chapitre, dans le cas de vacance ; enforte que celui que le plus grand nombre aura élû, fera cenfé en avoir les provifions. Et après avoir prêté le ferment accoûtumé entre les mains de l'Evêque, & à fon refus, entre les mains du plus ancien, ou de celui que le Chapitre aura nommé à cet effet, il fera inftalé, mis en poffeffion réelle, & regardé comme Prévôt.

La Collation *du grand Archidiaconné* & *de la Chantrerie*, apartiendra à l'Evêque, dans le cas de Vacance, de même que *l'Aumônerie*, avec les Canonicats & Prebendes qui leur font annexées. De plus, il aura le pouvoir de conferer à tel Clerc Séculier qu'il jugera à propos la Chapelle des onze mille Vierges, fituée dans le Cloître de Maguelone, qui auparavant n'étoit conferée par l'Evêque qu'aux feuls Chanoines de ladite Eglife.

paretur & effet, utatur, potiatur & gaudeat. Nec non Ecclefia & Diœcefis Montifpeffulanenfis, ac eorumdem civitatis & Diœcefis clerus, & populus, Curæ & Jurifdictioni dicti Epifcopi Montifpeffulanenfis pro tempore exiftentis, prout Epifcopo Magalonenfi, pro tempore exiftenti, refpectivè fuberant, fubfint & fubeffe cenfeantur, & dictæ erigenda Ecclefiæ, per perfonas & miniftros qui nunc in Magalonenfi & Monafterii Sancti Benedicti Ecclefiis, hujufmodi inftituti exiftunt ; juxta providam ordinationem dictorum Capituli defuper faciendam, in divinis laudabiliter deferviatur.

Nec non in ipfa Ecclefia erigenda unam præpofituram majorem, poft Pontificalem, pro uno præpofito. Ac unum majorem, pro uno majore. Et alium de Valentia pro alio de Valentia. Et alium Archidiaconatus de Caftriis, nuncupandos non majores poft Pontificalem, dignitates, pro alio de Caftriis nuncupandos Archidiaconatus.

Nec non unam cantoriam pro uno cantore. Et aliam Sacriftiam, pro uno Sacrifta. Ac unam Eleemofinariam, pro uno Eleemofinario. Ac unam operariam, perfonatus inibi, pro uno operario.

Ac triginta duos majores : & fexaginta quatuor alios minores nuncupandos canonicatus & præbendas erigimus & inftituimus : Necnon Ecclefiam Sti. Petri, infulæ Magalonæ, prædictam, cum omnibus juribus & pertinentiis, dictæ menfæ Capitulari, nec non menfæ Epifcopali, ac præpofituræ & fingulis Archidiaconatibus, ac fingulis ex Cantoria, Sacriftia, Eleemofinaria, & operaria, perfonatibus prædictis, unum & unam ex triginta duobus Canonicatibus, & totidem Præbendis erectio hujufmodi. Ita quod ille de qua Ecclefia Montifpeffulanenfi, & aliis perfonis, quibus de præpofitura, & Archidiaconatibus ac Cantoria, Sacriftia, Eleemofinaria & operaria prædictis : pro tempore providebitur, etiam de Canonicatu & de Præbenda ejufdem Ecclefiæ, tamquam menfa ac dignitatibus & perfonibus hujuf-

162   HISTOIRE ECCLESIASTIQUE DE MONTPELLIER,

L'Evêque aura aussi le pouvoir d'établir & députer un Docteur en Théologie, pour lire & pour prêcher (selon qu'il sera reglé par les Statuts que l'on dressera à cet effet) dans l'Eglise nouvellement érigée. Ledit Théologal percevra les fruits d'une Prébende Canonicale sans le titre ni le droit de Chanoine. Il sera Inquisiteur de la Foy dans le Diocése de Maguelone par exclusion à tout autre ; & il joüira de tous les droits que le St. Siége a accordé ausdits Inquisiteurs. Mais GUILLAUME Pelissier , (actuellement Evêque,) ni ses Successeurs, ne pourront établir ledit Théologal , qu'il n'ait été examiné, & admis par le Prévôt, & par les Archidiacres.

Le Prévôt aura la Collation de tous les Benefices ausquels il nommoit comme Prévôt de Maguelone, excepté l'Aumônerie , & les Prieurez Reguliers dépendans de ladite Eglise, avec les autres Paroisses dont l'union a été faite à la Manse du Chapitre, & qui seront desservies par des Prêtres gagez : *Per Presbiteros conductitios in Divinis deserviantur* ; & lorsque le Prieuré de St. Firmin aura été uni à la Manse Capitulaire , le nouveau Prévôt aura la Collation des Prieurez ou Eglises de *St. Paul*, de *St. Mathieu* , *St. Nicolas* , *Ste. Croix* & *St. Thomas* de Montpellier qui dépendent de St. Firmin.

Le Grand Archidiacre presentera aux Rectories & autres Benefices dépendans du Prieuré d'*Ambialet* dans le Diocése d'Alby , & il joüira des mêmes droits qu'avoit ci-devant le *Celerier* , à qui ce Benefice étoit venu, & auquel le Grand Archidiacre est subrogé.

Mais il ne nommera pas à la Vicairie perpetuelle de Nôtre-Dame de *Valence* , comme faisoit ci-devant *le Celerier* ; ce Benefice étant affecté à l'Archidiacre de Valence qui en aura la collation , avec celle de la Chapelle d'*Olivet* près de Villeneuve Diocése de Maguelone.

Le Canonicat & la Prebende qui ont été déja conferez à Sebastien , ci-devant mentionné , sera dorénavant à la collation du Cardinal Augustin Trivulce , Abbé Commandataire de St. Victor , qui y nommera durant sa vie , & après lui , ses Successeurs en ladite Abbaye.

Tous les autres Benefices de l'Eglise nouvellement érigée , tant Dignitez , Canonicats , Personats, que Prebendes & Paroisses, qui ne sont pas affectées à l'Evêque ou aux Dignitez & Personats, ni aux Abbez de St. Victor , seront à la collation du Chapitre.

modi annexis, provisum ; & quicumque, aliquam ex Pontificali , & aliis dignitatibus & personatibus Ecclesiæ Montispessulanensis Canonicus assequetur , ejusdem Ecclesiæ Montispessulanensis Canonicus actu & præbendatus, eo ipso sit & esse : ac dum provisio Ecclesiæ Montispessulanensis de persona jam Canonici aut dignitatibus vel personatibus hujusmodi jam Canonico fiet , Canonicatus & præbenda per eum prius obtenti vacare censeantur.

Et ultra Canonicatus & præbendas uniendos prædictos mensæ Episcopali, cum facta translatione Sedis Episcopalis ab insula ad civitatem Montispessulanensem , hujusmodi ipsius erectæ Ecclesiæ præsul , majora, onera, pro hospitalitate servanda , restaurandis domibus & prædiis , quorum maxima pars, causantibus bellis , & aliis sinistris eventibus , qui partes illas diutius afflixerunt & devastarunt , & quarum aliqua in eremum reducta , subiturus sit. Eidem mensæ Episcopali , ultra alia Beneficia, & redditus illi unita, & applicatos , Sancti

Baudilii de Peducio , Sancti Joannis de Cucullis , & Sancti Stephani de Casaveteri, & Sancti Saturnini de Agonesio , & Sancti Nazarii & Celsi de Brixiaco.

Nec non præpositura erectæ, Beatæ Mariæ Lunelli novi , & Sancti Desiderii, suppressæ præpositura, ante illius suppressionem hujusmodi ut præfertur, perpetuò unitos, illorum unione , per suppressionem eandem dissoluta , per dissolutionem hujusmodi, apud sedem prædictam vacantia , ac loco prædicti prioratûs Sancti Dionysii , similiter ante suppressionem hujusmodi suppressæ præpositura Ecclesiæ Magalonensis prædictæ, ut præfertur, perpetuò annexi , Sancti Andreæ de Molinis.

Ac Majori, Sanctæ Sigolenæ de Grava cum illis annexa Ecclesia , dictæ Albiensis Diœcesis.

Nec non de Valentia, Beatæ Mariæ de Valentia, Sancti Amantii de Cambous , ejusdem Albiensis Diœcesis, ac Sancti Joannis de Nodo , Ruthenensis Diœcesis.

Nec non de Castriis Archidiaconatibus,

II. PARTIE. LIVRE CINQUIÈME.

Quant à la maniere de les Conferer: la voici. Dès le jour de la publication VI.
de la préfente Bulle, on commencera un tour de Semaines, à compter d'un Samedi à l'autre au Soleil couchant. L'Evêque commencera le tour, & enfuite chaque Dignité, Perfonat ou Chanoine felon fon rang, entrera en Semaine, pour conferer les Bénéfices qui viendront à vacquer, & qui ne feront pas compris dans les refervations déja faites.

Il eft à obferver que l'Evêque aura deux femaines au commencement de chaque Tour; de forte que le Prévôt qui devoit entrer en femaine immédiatement après l'Evêque, n'entrera que dans la troifiéme femaine de chaque Tour: Après quoi tous & chacun des Dignitez, Perfonats, & Chanoines auront leur femaines, & lorfque tous auront paffé, le premier Tour aura fini.

Dans le nouveau Tour, qu'il faudra recommencer (ce qui eft apellé fecond Tour) on fait un Changement remarquable en faveur de l'Evêque & du Prévôt. Car il eft dit que l'Evêque qui commencera ce fecond Tour par une double femaine comme il avoit fait dans le premier, aura encore une femaine fimple au milieu de ce fecond Tour, & le Prévôt après lui en aura un autre. C'eft-à-dire (ajoûte la Bulle) que la quinziéme femaine de ce fecond Tour étant affectée à l'Evêque, & la feiziéme au Prévôt, le Tour des Chanoines fuivans eft fufpendu, & n'eft repris qu'à la dixfeptiéme femaine.

Mais il eft à remarquer que les Chanoines nouvellement reçûs n'entrent jamais en femaine dans le Tour déja commencé lors de leur reception, & il faut pour y entrer qu'ils attendent le Tour fuivant commencé par l'Evêque.

Tous & chacun des Dignitez, Perfonats, & Chanoines ne peuvent faire ces Collations que par eux-même, ou par leurs Procureurs pris du Corps du Chapitre.

Si le Collateur vient à mourir dans fa femaine, le Prévôt nomme à la place qu'il laiffe vacante par fa mort, & aux Bénéfices que le défunt avoit droit de conferer, fans que cela puiffe être compté fur fon tour.

Durant la vacance du Siége, le Chanoine qui eft en femaine nomme à tous les Bénéfices qui apartiennent à l'Evêque & au Chapitre, tant conjointement que féparément, la feule Prévôté exceptée.

dignitatibus, Sancti Stephani de Caftriis.

Ac Cantoria, Sancti Ægidii de Fifco.

Et Sacriftiæ Sancti Andreæ de Bodia Magalonenfis prædicta.

Nec non Eleemofynaria, Sancti Salvatoris de Montilis & Sancti Andreæ de Veranicis, Magalonenfis Diœcefis, ad collationem ipfius Epifcopi fpectantes.

Ac operariæ, perfonatibus, illorum unionibus, per fuppreffionem Cameraria, Monafterii Sancti Benedicti, cui ut præfertur, uniti erant, Sancti Petri de Blanavis, & Sancti Adriani de Adiffano.

Nec non menfæ capitulari præfatis fimiliter illius unione per fuppreffionem præpofituræ Ecclefiæ Magalonenfis, hujufmodi refpective diffolutos, per diffolutionem eandem, apud fedem prædictam vacantem, Sancti Dionyfii prioratus prædictos, eidem menfæ capitulari, ultra alia Beneficia & Reditus Ecclefiafticos, eidem jam pridem unita & applicatos omnes & fingulos fuprædictos & dependentes prioratus, & fuprædicta, & alia quacumque cum cura, vel fine cura, per Canonicos, vel Monachos præfatos, obtinere folita, Ecclefias &

beneficia cum omnibus Juribus & pertinentiis fuis, ac omnia, & fingula, fructus, reditus, & proventus, jura, & obventiones, & Emolumenta præpofiturarum, dignitatum, perfonatuum, prioratuum adminiftrationum, officiorum, beneficiorum Ecclefiafticorum, & locorum ac canonicatuum & monachalium portionum, ac vicariarum perpetuarum; fuppreffiorum prædictorum, perpetuò unimus, connectimus, & incorporamus.

Itaque liceat præpofito, Beatæ Mariæ Lunelli novi & Sancti Defiderii, ac operario Sancti Petri de Blanaris, & Sancti Adriani de Adiffano. Nec non capitulo, præfatis Sancti Dionyfii prioratuum prædictorum ex tunc. Nec non eifdem Epifcopo, præpofito, Archidiaconis, Cantori, Sacrifta, & Eleemofinario, refpective cedentibus, vel decedentibus, fimul vel fucceffivè, alios prioratus & Ecclefias & beneficia unita hujufmodi, nunc in titulum vel commendam aut alias obtinentibus, feu illa alias quomodolibet tam fimpliciter quam ex Caufa permutatione, etiam in manibus noftris, feu pro tempore exiftentia

Les Abbez de St. Victor lorsqu'ils viendront à Montpellier, & qu'ils voudront assister au Chœur, ou le suivre, auront la premiere place après l'Evêque ; mais ils ne joüiront de ce privilege, non plus que de la collation du Canonicat qui leur est affecté, qu'ils n'ayent donné leur consentement, eux & les Religieux de St. Victor par un acte capitulairement pris, aux exemptions, supressions & érections faites par cette Bulle, en tant qu'il les concerne.

Aucun ne pourra être promû à aucune Dignité ou Personat de l'Eglise nouvellement érigée, qu'il ne soit actuellement Chanoine Majeur, & du nombre desdits Chanoines : & lorsqu'un simple Canonicat Majeur viendra à vacquer, il sera conferé préferablement à tout autre à un des Chanoines Mineurs, tout le tems qu'il y en aura.

Les provisions obtenuës contre ces régles seront nulles, & dévoluës à l'Evêque, & de lui au Pape.

En cas de litige pour le petitoire ou pour le possessoire de quelque Bénéfice de ladite Eglise, soit des Majeurs ou des Mineurs, aucun des Colligitans ne percevra aucun fruit jusqu'à ce qu'il n'en ait eu la recréance.

Les fruits d'un Bénéfice en litige tourneront au profit du Chapitre, ou seront remis dans le trésor de l'Eglise. Mais aussi afin que le service divin n'en souffre point, le Chapitre fera faire le service par une personne idoine qu'il choisira pour cet effet, & à qui l'on donnera ce qu'il jugera raisonnable.

VII. Comme il est necessaire que l'Eglise soit pourvûë de livres & d'ornemens pour le service, chaque Recipiendaire fera une offrande à sa reception, L'Evêque donnera cinquante écus d'or du soleil & en or, les Dignitez & Personats quarante écus semblables, & les simples Chanoines trente. Aucun ne percevra les fruits de son Bénéfice qu'il n'ait payé cette somme, & jusqu'à ce qu'il ait fait les fruits tourneront au profit de l'Eglise. Mais l'Evêque n'y sera tenu qu'après un an & un jour de sa reception dans la prébende qui lui est attachée. Que s'il y avoit contestation entre deux Elûs à la Chaire Episcopale, les fruits que l'Eglise percevra durant le litige tiendront lieu de cette somme, lorsqu'ils seront parvenus à sa valeur.

L'Evêque sera tenu de choisir un sujet du corps du Chapitre actuellement Cha-

Romani Pontificis, dimittentibus, & illis quibusvis modis, simul vel successivè vacantibus. etiam apud sedem antedictam, per se vel alium seu alios, corporalem possessionem prioratuum, Ecclesiarum, ac beneficiorum unitorum, juriumque praeeminentiarum, praedictorum propriâ authoritate liberè apprehendere, & perpetuò retinere, illorumque fructus & reditus & proventus, in mensarum, & praepositurae, nec-non Archidiaconatuum, & personatuum unitorum ac prioratuum, Ecclesiarum, & beneficiorum, hujusmodi usus & utilitatem respectivè convertere.

Nec non praeposito, Archidiaconis, Cantori, Sacristae, Eleemosynario, operario, & Capitulo, prioratuum dignitatibus & personatibus, ac mensae Capitulari praedictis unitorum.

Nec non supradictis eidem mensae Capitulari unitis Ecclesiis & Beneficiis, per presbiteros, & alios Ministros idoneos, conductitios in numero consueto, in dignitatibus videlicet & personatibus, per dignitates & personatus ipsos pro tempore obtinentes in aliis vero mensae Capitulari

unitorum prioratuum, & aliis unitis Ecclesiis & Beneficiis hujusmodi, per eosdem Capitulum si curam habeant animarum dicto Capitulo praesentandos, & per eundem Episcopum ad ipsorum praesentantium nutum deputandis.

Si vero curati non fuerint, ad eorum dignitates & personatus obtinentium ac Capituli praedictorum nutum, respectivè ponendos & amovendos, in divinis deservire facere.

Ipsisque Capitulo, similiter cedentibus, vel decedentibus, dignitates, personatus, Officia, Beneficia, loca, & portiones, sic suppressa, hujusmodi nunc obtinentes, qui quo ad vixerint illorum fructus, reditus, & proventus (consuetis aut aliis eorum loco per eosdem Capitulum eis imponendis oneribus supportatis) percipiant & percipere possint seu illa alias simpliciter vel ex causa permutationis, etiam in eisdem manibus nostris, seu pro tempore existentis Romani Pontificis, dimittentes, & illis quibusvis modis vacantibus, & apud sedem Apostolicam, per se, vel alium seu alios corporalem possessionem illorum bonorum, ac ju-

noine

II. PARTIE. LIVRE CINQUIEME.

noine pour connoître des causes tant civiles que criminelles des Dignitez, Personats, Chanoines, Hebdomadiers, Vicaires des Chanoines, & autres Ministres de l'Eglise. Lequel sera tenu de les ouïr, & terminer leurs affaires dans un lieu séparé du Peuple, & non dans l'Officialité : il ne pourra donner contr'eux aucune sentence par autrui, ni mettre moins de six jours d'intervale, *nisi quatuor edictis per sex dierum, inter singula edicta intervalla præcedentibus.*

Si le Vicaire de l'Evêque a une Dignité, ou Personat, il gardera sa place dans le Chœur & son rang dans les Processions ; mais s'il n'est que simple Chanoine, il n'opinera qu'immédiatement après l'Ouvrier, marchera d'abord après lui, & sera assis dans le Chœur du côté gauche auprès de l'Archidiacre de Valence. Cette prérogative lui sera conservée tout le tems de son Vicariat.

Le Chapitre pour l'entretien du service dans l'Eglise de l'Isle de Maguelone, nommera un Chanoine Majeur avec son Vicaire, & six autres Prêtres à gages *conductitios*, pour y résider durant six mois à commencer le premier Lundy après la fête de St. Luc (auquel jour on tient un Chapitre général) jusqu'au Chapitre général du Lundi du Dimanche où l'on chante l'Evangile : *Ego sum Pastor Bonus*, auquel jour on nommera un autre Chanoine Majeur pour Recteur de l'Eglise St. Pierre de l'Isle de Maguelone, pour s'y rendre avec son Vicaire, & six autres Prêtres que le Chapitre lui aura donné pour y résider & faire le service, jusqu'à la Fête de St. Luc d'après. Bien entendu que durant le tems de leur service, ils seront censez présens dans l'Eglise de Montpellier, & les fruits de leur Prébende qu'ils gagneront en entier leur tiendront lieu de paye : *Stipendia*.

Que si le Chanoine Majeur qui a été nommé, ou quelqu'un de ceux qui doivent le suivre à Maguelone, refusent d'y aller, ils seront punis par le retranchement de tout ce qu'ils auroient gagné durant six mois ; & on nommera un autre Chanoine à la place du premier, auquel le Chapitre donnera vingt-cinq livres tournois pour la célébration des Messes & des Heures Canoniales, qui se fera de la manière que le Chapitre le réglera dans la suite.

Et pour la garde de l'Isle on députera un Capitaine avec deux Soldats, & trois hommes de service ; sçavoir un *Boulanger*, un *Cuisinier*, & un *Batelier*, qui seront tous nourris, & gagez par le Chapitre. Le Chanoine-Recteur de l'Isle pourra prendre avec lui un seul valet, qui sera nourri aux dépens du Chapitre ; mais

IX.

rium pertinentiarum omnium eorundem propriâ authoritate liberè apprehendere & perpetuò retinere, illorumque fructus, reditus, & proventus, jura & obventiones & emolumenta prædicta quæ ex tunc mensæ Capitulari prædictæ perpetuò applicata sunt & esse censeantur : percipere, & in suos & prædictæ mensæ usus & utilitatem convertere (Diœcesanorum locorum aut quorumvis aliorum licentiâ super iis minimè requisitâ) sic quod inter in quamdiù qui nunc dignitates, prioratus, officia, & beneficia, loca, & portiones suppressa prædicta obtinent, ea obtinebunt seu fructus illorum percipiant ; & donec fructus ipsi, eidem Capitulari mensæ realiter & cum effectu applicati fuerint : pro oneribus in dictâ Ecclesiâ Magalonensi supportari solitis.

De Valentia qui in locum Sacristæ Magalonensis, ducentas, & de Castriis Archidiaconi qui in locum vestiarii Ecclesiæ Magalonensis hujusmodi surrogantur, trecentas & triginta libras turonenses. Ac infirmarius qui ulterius ab eisdem capitalis alimenta suorum servitiorum percipi solita, & Archidiaconatûs de Valentia prædicti oblationes in dictis Magalonensis aut Sancti Benedicti in Cathedralem erectâ Ecclesiis, faciendas, non percipiant, triginta sex sextaria bladi Thosellæ, & duo modia vini puri.

Et Archidiaconatus major pro omnibus oneribus erectæ Ecclesiæ prædictæ, ratione mercedum Sindici, Medici Chirurgici, Fornerii, Capellani, capellæ Sancti Martini deservientis, ac pensiones annuæ eidem Ecclesiæ Sancti Petri Magalonensis pro prioratu Sancti Petri de Monte Albedone solvi solitæ, & aliorum, per celerarium ejusdem Monasterii pro tempore existentem in cujus celerarii locum, idem Archidiaconus major surrogatur, solvi consuetis ; debitè supportandis, ducentas libras similes, ac quadringentas & quinquaginta novem sextaria Bladi Thosellâ, & quinquaginta quatuor modia vini, cum dimidio alterius similis modii.

T t

s'il en amenoit davantage il pourvoira du sien à leur entretien.

Cette maniére prescrite pour le gouvernement de l'Isle, ne pourra être changée sans le consentement exprès de l'Eveque, quand même tout le Chapitre unanimement l'auroit resolu.

Et pour donner plus de force à la presente Bulle, le Pape veut qu'elle ait toute celle qu'auroit un Contrat, Transaction, ou Concordat, entre le Roy & le Siége Apostolique, en faveur de l'érection de cette Eglise ; ensorte que la Bulle soit mise au rang des *Priviléges du Royaume*, & que les unions qui y sont faites ne soient jamais comprises dans aucune revocations, suspensions, ou dérogations faites ou à faire à l'avenir par le Pape ou par le Saint Siége. En consequence de quoi Paul III. nomme les Eveques de Cazerte dans le Royaume de Naples, & de Vabres dans le Roüergue, avec l'Official de Nîmes, pour l'exécution des Presentes ; & donne pouvoir à eux tous, & à chacun d'eux, de la publier à la premiére requisition d'une des Parties ; de faire les supressions, erections, unions, &c. qui y sont portées, & de mettre en place chacun des particuliers deja nommés pour remplir les Canonicats ; dérogeant de nouveau dans un fort grand détail exprimé dans la Bulle à tous les Priviléges accordez à l'Ordre de Saint Benoît, aux clauses de fondation qui pouroient être contraires à la presente disposition, & géneralement à toutes autres clauses qui pouroient être alleguées contre. Voulant que dans & hors de jugement, entiere foi soit ajoûtée aux copies de cette Bulle, signée & scellée par un Notaire public. Donné à Rome *apud S. Petrum*, l'an de l'Incarnation de Notre Seigneur 1536. le second de son Pontificat, & le six des Kal. d'Avril.

Sacrista vero Monasterii ejusdem, quandiu fructus Sacristæ illius percipiet, quadraginta libras similes. Et infirmarius dicti Monasterii qui nunc sunt, quandiu fructus officii infirmariæ illius percipiet, triginta libras similes, nec ulterius aliquas oblationes in Ecclesia erecta hujusmodi, quoquomodo faciendas aut ipse vel infirmarius hujusmodi pro dictis officiis Sacristiæ & Infirmariæ, alimenta suorum servitiorum percipiant.

Modernus vero Pittanciarius dicti Monasterii quandiu fructus dictæ Pittanciariæ illius percipiet, quadringentas & decem libras : nec ulterius sal de mirsi, vallibus percipiet.

Camerarius vero ipsius Monasterii, quandiu, fructus camerariæ percipiet, centum & sexaginta tres libras similes capitulo dictæ Ecclesiæ erectæ hujusmodi respective solvere teneatur, jure Episcopi alias in omnibus semper salvo.

Et insuper sedem Episcopalem Magalonensem, nec non Episcopalem & Capitularem mensas, ipsius Ecclesiæ Magalonensis cum honoribus, præminentiis, prærogativis, fructibus, reditibus, proventibus, obventionibus, legatis, Juribus, & bonis universis ad easdem Ecclesiam & Mensas quomodo libet spectantibus ad dictam erectam Ecclesiam transferimus.

CHAPITRE TROISIEME.

I. *Formalités observées pour la publication de la Bulle.* II. *Signification qui en fut faite à Montpellier.* III. *Installation des nouveaux Chanoines.* IV. *Continuation de la vie de l'Evêque Pelissier* V. *Renversement de la Religion Catholique à Montpellier.*

I.

LE dix-huit du mois d'Avril suivant, *Pierre Lambert* l'un des dix Secretaires du Pape, Correcteur des Lettres Apostoliques *Evêque de Cazerte* & Referendaire du Pape, fit à Rome la promulgation de la Bulle & en dressa l'acte, où il dit, qu'à la requisition du Seigneur Guillaume Evêque de Montpellier, & du Chapitre, & des Chanoines nommez dans la Bulle, procedant à l'execution des pouvoirs qui lui sont donnez par le Saint Siége, il leur intime, à eux tous, & à chacun d'eux, tant conjointement que séparément les Lettres Apostoliques, & leur enjoint de s'y conformer dans tous les chefs qu'il rapelle dans un grand détail ; mais ne pouvant, (ajoûte-t'il) se rendre sur les lieux pour proceder par lui-même à l'execution de la Bulle, il en donne la commission à tous & chacun des Ecclesiastiques & Notaires publics qui en seront requis. Donné & fait à Rome le 18. du mois de Juin 1536. & la seconde année du Pontificat de N. S. Pere Paul III.

Præsentibus Domino Sebastiano Galtero Archidiacono, de numero participantium Acholito, &c. Signé Alfonse de Castellanes Archivi Romanæ Curiæ Scriptor.

II.

Guillaume Pelissier ayant reçu la Bulle de la part de l'Evêque de Cazerte, la fit signifier au Chapitre, qui s'étant assemblé dans le Réfectoire ou grande salle du Monastére de St. Benoît & St. Germain, *existentem in Claustris bassis Collegii à parte septentrionis*, comparurent à Montpellier pardevant vénérable & circonspecte personne *Pierre Trial*, Maître Bachelier en Droit Canon, Prieur de St. Jean de la *Roque-Ainier* Diocése de Maguelone, Collegier de l'Eglise Séculiere & Collegiale de Ste. Anne du même Diocése, les vénérables & scientifiques personnes *Jean Martin*, Doyen du Chapitre de Maguelone, avec *Claude Deveze*, Licentié en Droit & Sindic du College de St. Benoît & St. Germain, lesquels assistez de Jean de *Lausse-lergues* Sacristain, Licentié en Droit. *Bernardin Durane* Vestiaire. *Aimeri de Costa* Bachelier en Droit & Prieur de Baillargues. *Secondin Bonal* Prieur de Ste. Marie de Londres. *Antoine Durantin* Prieur de Vendargues. *Antoine de Montlaur* Prieur de Novigens. *Jean de Brignac* Bachelier en Droit Prieur de St. Brez. *Pierre Doumergue* Prieur de Gornier. *Girard Chamdori*. *Antoine Raymundi*, dit, de Brignon. *Olivier Perinel*. *Raymond Engaran*. *Pierre Trincaire*. *Jean de la Sale*. *Pierre Malipelli*. *Pierre Manni*. *Pierre Bastier*. *Marcellin Blanchon*. *François Cailar*. Tous Chanoines reguliers de l'Eglise Cathédrale de Maguelone.

Et Reverend Pons de Raneo, Chanoine régulier de l'Eglise Cathédrale de Nîmes Abbé de Franquevaux. François *Pelissier* Clerc de Melgüeil. *Jean Saurin* Pitancier. *Guillaume Inquinibert* Infirmier. *Galhard Costanni*. Jacques de *Manso* Bachelier en Droit. Pierre *Talaisac*. Vincent de *Rocheblanc* Vicaire de Lanuesols Diocése de Nîmes. *Etienne Bonet*. *Pierre de Ratte*. Guillaume *Caniboici* Professeur en Droit Canon. Barthelemi *Martin*. Jacques *Calvin*. Pierre de la *Sale*. Firmin *Blanchon*. Arnal *Arnaudi*. Pierre *Solier*. Hugues *Clauzel*. Jean *Ferrand*. Antoine *Barthelemi*. Jean *Pinel*. Tous moines du monastére St. Germain,

Lesquels dirent, que Notre St. Pere Paul III. pour la gloire de Dieu, pour la devotion du Peuple, pour l'augmentation du culte divin, & pour l'ornement de la Ville de Montpellier qui est fort peuplée, *quæ multum extitit populata*, & pour autre cause qui sont inferées dans les lettres qu'il en a données, a éteint & suprimé dans l'Eglise de Maguelone, le nom & titre d'Eglise Cathédrale : & dans le present Monastére de St. Benoît, il a éteint & suprimé le nom de

Monaſtére, qu'il a illuſtré du nom de Cité la ville de Montpellier, & érigé l'Eglife de St. Benoît en Egliſe Cathédrale ſéculiere, ſous l'invocation de St. Pierre, avec tous les honneurs & juriſdiction Epiſcopale, de la même maniére que les autres Egliſes Epiſcopales de la Province de Narbonne.

De toutes leſquelles choſes il a été expedié des lettres qui ont été fulminées par le Reverendiſſime Pere en Dieu Me. Pierre *Lambert* Legat du St. Siége en France, *per eandem ſanctam ſedem Apoſtolicam Legatum in Franciâ.*

Les Sindics & autres ſuſnommez remirent ces dernieres avec la Bulle du Pape au Sieur *Trial*, & le requirent de proceder à l'exécution deſdites lettres, en inſtallant les preſens, & en leur perſonne les abſens, tant de l'Egliſe de Maguelone, que du Monaſtére de St. Benoît, dans les places qui leur ſont aſſignées dans l'Egliſe nouvellement érigée ; la teneur de la lettre de l'Evêque de Cazerte étoit telle.

A l'Archevêque de Narbonne, ou à ſon Vicaire Général ; au vénerable Abbé & Religieux de St. Victor de Marſeille. A tous Abbés, Prieurs, Eccleſiaſtiques, Notaires, Tabellions, Citoyens & Habitans de la Cité & Diocéſe de Montpellier, ci-devant appellé de Maguelone. A tous ceux qui pourront y prendre interêt ſous quelque pretexte que ce ſoit, & au Clerc qui ſera ſur ce requis.

"Nous Pierre Lambert Evêque de Cazerte, Referandaire du Pape, &c.
,, Conjointement avec nos autres Collégues députés à cet effet avec la clauſe
,, *quatenus ipſe vel duo illorum*, vous certifions de la verité de la Bulle de N. St.
,, Pere le Pape Paul III. dont la teneur s'enſuit. Laquelle nous avons reçuë avec
,, le reſpect qui lui eſt dû, ſcellée d'un ſceau en plomb, pendant à un cordon
,, de ſoye rouge & jaune, ſelon l'uſage de la Cour de Rome.
,, Nous vous l'adreſſons en bon état & en ſon entier, ſaine, non vitiée & nul-
,, lement ſuſpecte d'erreur dans aucune de ſes parties, comme il vous paroîtra
,, du premier aſpect, afin qu'elle ſerve à Guillaume Evêque de Montpellier, jadis
,, Evêque de Maguelone, au Chapitre & Chanoines de Montpellier, ci-devant
,, Chanoines de l'Egliſe Cathédrale de Maguelone, Ordre de St. Auguſtin, &
,, aux Moines du Monaſtére de St. Benoît, gouverné par un Prieur, pour être
,, miſe par vous en execution, ſelon que vous en ſerez requis.

III.

,, Le Sieur *Pierre Trial*, à qui on s'étoit adreſſé, reçut avec honneur cette
,, commiſſion ; & commençant à faire ſes fonctions de Subdelegué, il ordonna
,, en vertu de ſainte obédiance à tous les Chanoines de Maguelone, & aux Moi-
,, nes de St. Benoît de ſe conformer pour l'habit & pour les autres marques
,, exterieurs, aux Chanoines Seculiers des Egliſes Cathédrales voiſines.
,, Leſquels ayant obeï à ſes ordres (continuë le procès-verbal) ſe dépouille-
,, rent des habits reguliers qu'ils avoient coûtume de porter ; & ayant pris des ſur
,, plis blancs à la façon des Prêtres Seculiers, ils marcherent deux à deux
,, juſqu'au Cimetiere, & de là ils vinrent à la principale porte de l'Egliſe, où
,, les Sindics renouvellerent leur requiſition au Sr. *Trial*, Commiſſaire Subdelegué ;
,, lequel s'avançant à la tête de tous, entra dans l'Egliſe, & leur donna de l'eau
,, benite ; puis les conduiſant au Grand-Autel, il le leur fit baiſer, &
,, leur donna le meſſel à ouvrir ; après quoi les faiſant marcher dans le
,, même ordre vers le Chapitre, il les fit aſſeoir dans le rang affecté aux Digni-
,, tez, Perſonats & Chanoines, d'où les ayant ramenez dans le Chœur de l'E-
,, gliſe : il les inſtalla chacun à ſa place, ce qui fut ſuivi du *Te Deum* chanté par
,, la muſique, & d'une Meſſe du St. Eſprit, & celebrée avec ſolemnité.

Après les avoir inſtalé de la ſorte, tant les preſens que les abſens, il les déclara tous ſeculariſez ſelon l'eſprit & la teneur de la Bulle, dont acte fut dreſſé par *Jorymar* cy-devant Notaire du Chapitre de Maguelone, & maintenant Secretaire de l'Egliſe Cathédrale de Montpellier, en préſence de Jacques *Calmez* Prieur de Villegly Diocéſe de Carcaſſone, Pierre *Anglade* Prêtre, & Jean *Ranchin* Licentié en Droit, avec un grand nombre d'autres perſonnes accouruës à cette ceremonie.

IV.

Tandis qu'on ſe donnoit tous ces ſoins à Montpellier pour l'execution de la Bulle, Guillaume Peliſſier qui avoit toûjours reſté à Rome pendant le cours

de

de cette affaire, reçut ordre du Roy François Premier, d'aller à Venise pour y acheter tout ce qu'il pourroit trouver des rares manuscrits que les Grecs fugitifs de Constantinople aportoient à Venise. La parfaite connoissance qu'il avoit des langues Grecque, Hébraïque, & Siriaque, lui en fit recouvrer un très-grand nombre qu'il corrigea en partie, ou qu'il rétablit sur les meilleurs exemplaires, comme il le marque lui-même dans sa lettre au Roi François I. du 29. Août 1540. qui est rapportée par Garriel. Ainsi cet Évêque a été un des premiers à former la Bibliotheque du Louvre qui a été augmentée depuis par les sçavans hommes à qui nos Rois ont commis la garde de ce précieux dépôt.

Serim page 381.

La mort de François I. arrivée en 1547. fit revenir l'Evêque de Montpellier dans son Diocése, où il eut deux occasions remarquables d'exercer le talent particulier qu'il avoit pour la reconciliation des esprits. La premiere lui vint des Chanoines de sa Cathédrale, distinguez suivant l'esprit de la Bulle en Chanoines majeurs & en Chanoines mineurs. Ces derniers se plaignirent hautement de cette distinction, & de l'inégalité de leurs revenus, dont ils porterent des plaintes au Parlement de Toulouse, au Conseil du Roi, & à la Cour de Rome, d'où ils furent renvoyez à leur Evêque. Alors Pelissier les ayant oüis, crut devoir céder au tems, pour conserver la disposition de la Bulle dont il étoit lui même le principal Auteur. Il les remit tous dans l'égalité pour le reste de leur vie ; à la charge toûjours que les mineurs venant à mourir, leur place seroit suprimée, & leurs bénéfices réünis au corps du Chapitre. La seconde occasion lui vint des Consuls de Montpellier qui demandoient dans l'Eglise de St. Pierre la place qu'ils y avoient, avant son érection en Cathédrale. L'Evêque jugea à propos de leur accorder leur demande, malgré les Sindics du Chapitre, qui s'y oposoient de toutes leurs forces.

1547.

Ibidem page 385.

V.

Le bonheur de ce Prélat auroit été digne d'envie s'il eût travaillé aussi heureusement à prévenir les nouveautez en matiere de religion qui se glisserent alors dans Montpellier, & qui y causerent le renversement que nous avons vû dans le premier Tome de cette Histoire. Il fut témoin des assemblées secretes qu'on y tint, & du mépris du Peuple pour les Puissances legitimes, qui produisit enfin la demolition de toutes les Eglises. Malheureusement pour la mémoire de cet Evêque il fut soupçonné violemment de favoriser le parti des Novateurs, & sa conduite (comme il resulte des Regîtres de la Cour des Aydes) ne prouva que trop la conformité de ses sentimens avec les leur, sur le Celibat des Prêtres. La chose éclata si fort, que le Comte de Villars légitimé de Savoye Lieutenant General de la Province, se crut obligé de le faire enlever & de l'enfermer dans le Château de Beaucaire ; d'où il ne sortit que par les fortes sollicitations du Chapitre de Narbonne, sans qu'il parût que le sien se fût donné aucun mouvement pour le sortir de prison. Il est à croire que les mauvaises dispositions de la plûpart de ses Chanoines furent cause de cette indifference pour lui ; car on ne peut pas présumer qu'ils eussent pour sa personne plus de zéle que pour leur Religion, qu'ils abandonnerent honteusement par libertinage ou par interêt, lorsqu'ils virent que les nouveaux Religionnaires s'étoient emparez de tous les biens Ecclesiastiques du Diocése. Nous aprenons des Regîtres du Consistoire, l'Histoire de leur Apostasie, où il est dit qu'au mois de May 1563. tels & tels exprimez par leur nom, surnom, & âge, tous Chanoines de St. Pierre au nombre de dix-sept, vinrent se presenter à l'Assemblée, & la requirent, qu'attendu qu'ils vouloient vivre & mourir dans la Religion Réformée, sans plus participer à la Romaine, il plût à l'Assemblée les pourvoir de pensions convenables sur les revenus de leur Benefices, qui étoient au pouvoir de la Religion Réformée. Leur mauvais exemple entraîna un Chanoine de la Trinité, deux de St. Sauveur, un de Ste. Anne, & six Collegiers de St. Ruf, qui tous vinrent faire la même demande, & ausquels on assigna une pension modique, payable par le Consistoire de trois en trois mois. J'ai crû que la verité de l'Histoire ne me permettoit pas de suprimer ce fait personnel, qui (tout déplorable qu'il est) ne peut réjaillir sur le reste de leurs Confreres, lesquels donnerent dans toutes les occasions des preuves autentiques de leur Religion, & de leur bonnes

1563.

V v

170 HISTOIRE ECCLESIASTIQUE DE MONTPELLIER,

mœurs. Ils le firent bien paroître à la défense de l'Eglise de St. Pierre, où l'un d'eux perdit la vie ; & lorsqu'ils eurent été contraints de ceder à la force, & de quitter la Ville, ils se retirerent à Frontignan, où ils continuerent le Service Divin, jusqu'à l'arrivée de Mr. d'Ampville Gouverneur de la Province, qui fit son entrée à Montpellier au mois de Novembre 1563. Ils vinrent de Frontignan pour se trouver à son entrée, & ils eurent le courage de se montrer en surplis, pour préceder sa marche, & de le conduire à Nôtre-Dame des Tables, où ils chanterent le *Te Deum*.

1563.

Cette action de la part du Chapitre, jointe à la consideration de Mr. le Gouverneur, firent revenir à Montpellier *Guillaume Pelissier*, qui s'en étoit absenté depuis le commencement des troubles. Il y resta pendant le séjour de Mr. d'Ampville ; mais ce Seigneur en étant parti pour aller visiter son Gouvernement, Pelissier se retira au Château de Montferrand, où il se tint à l'abri des troubles qui recommencerent de plus fort dans Montpellier. Ce fut là que cet infortuné Prélat fut atteint d'un ulcere qui lui rongea les entrailles, causé par l'ignorance ou la malice d'un Apoticaire qui lui donna des pillules de coloquinte mal broyée. Il y mourut le 25 Janvier 1568. laissant une reputation fort équivoque de sa catholicité, quoique les sçavans de son siécle eussent fait des grands éloges de son érudition, comme on le voit dans l'Histoire de Mr. de *Thou*, dans *Scevole* de *Ste. Marthe*, dans *Cujas*, *Turnebe*, *Sylvius*, & plusieurs autres grands genies de son tems. Il fut porté à Maguelone le lendemain de sa mort sans aucune pompe ; & par une suite du dérangement de ses affaires, sa riche Bibliotéque fut mise au pillage avec ses Commentaires sur Pline, & ses autres ouvrages sur plusieurs Auteurs anciens.

1568.

Aussi tôt après sa mort, Mr. Dampville fit nommer à sa place PIERRE DE LA ROÜILLE. Abbé de   qui en eut le Brévet du Roy ; mais il n'en reçut jamais les Bulles de Rome : ce qui a été cause que Garriel ne l'a pas compris dans la suite des Evêques de Montpellier. Il paroît à la vérité qu'il gera par Procureur durant trois ou quatre ans le temporel de son Evêché, puisque pendant cet espace de tems, la Seigneurie de *Beaulieu* fut inféodée à Mrs. de Rabin ; mais il est certain que personne n'administra à son nom le spirituel de son Diocése, qui fut gouverné comme dans une vacance par Leonard *d'Aiguillon* Prévôt du Chapitre, & après la mort de celui-ci, par Guillaume *Pelet* son Successeur dans la Prévôté.

Je ne sçai si la crainte des troubles qui regnoient alors dans Montpellier lui fit négliger de poursuivre l'expedition de ses Bulles ; mais quoiqu'il en soit, le Roy Charles IX. connoissant le besoin qu'avoit cette Ville d'un Evêque qui y résidât, nomma à sa place.

CHAPITRE QUATRIEME.

I. *Antoine Subjet est nommé par le Roy Charles IX. à l'Evêché de Montpellier.* II. *Il eut beaucoup à souffrir durant son Episcopat.* III. *Qu'il le soûtint avec beaucoup de courage, & par une vie fort exemplaire.* IV. *Guitard de Ratte est nommé à sa place par le Roy Henry IV.* V. *Il fait son entrée publique à Montpellier.* VI. *Prête serment au Chapitre.* VII. *Il rétablit le culte dû aux Saintes Reliques.* VIII. *Visite son Diocése.* IX. *Et meurt en allant à Toulouse.*

ANTOINE SUBJET.

ANTOINE SUBJET Doyen de Tarascon, qui composa avec Pierre *de la Roüille*. On marque son arrivée à Montpellier au commencement de 1572. précisément dans le tems que le Maréchal Dampville songeoit à s'unir avec les Huguenots ; & l'on ajoute que sa premiere fonction en cette Ville fut d'officier publiquement à une Procession, où le Maréchal voulut assister pour rassurer les Catholiques.

L'Evêque profita de cette occasion pour faire entrer dans Montpellier quelques

II. PARTIE. LIVRE CINQUIÈME.

Religieux qu'il nourrit à ses dépens dans des maisons particulieres, & dont il se servit utilement dans une maladie épidemique durant laquelle il s'exposa lui-même pour le service des pauvres. Mais le Maréchal s'étant broüillé de nouveau avec les Huguenots, l'Evêque fut chassé de la Ville, & contraint de se retirer à Frontignan avec ses Chanoines.

Le séjour que la Reine Catherine de Medicis fit *à la Verune*, à son passage par le Languedoc en 1579. ayant valu aux Catholiques la liberté de rentrer dans la Ville, Antoine Subjet y ramena son Chapitre, qu'il plaça dans la même maison du Vestiaire de Maguelone (dite *la Canourgue*.) Et ayant voulu en vertu des derniers Edits de Pacification, mettre en état l'Eglise de Nôtre-Dame pour y faire le service, il arriva la guerison miraculeuse d'un enfant muet qui travaillant à en ôter les ruines, découvrit sur les murailles une image de la Vierge qu'il se sentit fortement sollicité d'invoquer ; sa priere ayant été faite, il recouvra l'usage de la langue; ce qui remplit d'admiration tous les assistans. Ce fait qui est raporté par Ste. Marthe, & par Garriel, m'a paru ne devoir pas être oublié ici.

1579.

Page 809.

Les Huguenots rendirent inutils tous les travaux de l'Evêque, en faisant saper le clocher qui subsistoit encore dans cette Eglise du côté de l'Hôtel de Ville. Ainsi le Chapitre fut réduit à se contenter de faire l'Office à *la Canourgue*, jusqu'à ce que la peste qui survint en 1580. l'obligea de se refugier à Villeneuve lez-Maguelone.

1580.

En même-tems la disette de bons sujets porta l'Evêque de Montpellier à se servir des Religieux pour les Bénéfices de la campagne, d'où vient le Titre que Garriel nous a conservé du Prieuré de *St. Just* qu'il confera au Pere *Phiolon* Religieux Carme, homme sçavant & bon Prédicateur, qu'il fit aussi son Vicaire Forain dans ce quartier.

Series page 809.

On a de lui deux Ordonnances remarquables ; l'une concernant ses Chanoines, qu'il astraint sous diverses peines à prendre l'Ordre de Prêtrise; l'autre pour régler le service de son Eglise Cathédrale: voulant qu'aux jours solemnels l'Evêque étant empêché, une des Dignités ou Personats fasse l'Office, & que les Chanoines lui servent d'Assistant, de Diacre, & de Soûdiacre, ce qui s'observe encore depuis l'établissement qu'il en fit.

Page 812.

On trouve dans son testament une fondation qui n'est pas moins remarquable ; ce fut l'augmentation de deux Enfans de Chœur, outre les six que le Chapitre avoit déja ; voulant que ces nouveaux enfans fussent appellés *les petits sujets*, & que la Messe qu'on dit après Matines pour les Enfans de Chœur, ces deux petits sujets vinssent avec un grand flambeau allumé à l'élevation du St. Sacrement, & qu'au *Memento* pour les Morts ils se leveroient & approcheroient du Prêtre sacrifiant (ce sont ses propres paroles) & lui diroient en grande reverence & humilité à voix mediocre, & bonne prononciation, afin que le Peuple les pût oüir & entendre, *Sacerdos Dei memento etiam animæ Reverendi SUBJECTI Præsulis nostri defuncti.* Cette cérémonie que des personnes encore vivantes se souviennent d'avoir vû, n'a plus été continuée, & l'on se contente de faire dire après Matines une Messe basse, où les Enfans de Chœur assistent au nombre de six.

Ce digne Prelat après avoir travaillé sans relache pour son Diocèse durant vingt-quatre ans des plus difficiles, mourut accablé de fatigues en 1596. & l'on mit autour de son Tombeau à Maguelone : *Hic ossa Reverendi Antonii Subjecti primi post secularisationem Episcopi, qui in domino obdormivit anno Domini 1596. vj. Idus Novembris, & Sacramentis omnibus ut viator munitus, in Cœlum ut Pastor Christianissimus evolavit.*

1596.

Nous aprenons plusieurs particularitez de sa vie, d'un Eloge funébre que son Neveu le sieur Honoré *Hugues*, Docteur en Droit, Prieur de Grammont, Chanoine & Chantre de l'Eglise de Montpellier, fit graver à côté de son Tombeau, où il dit que son Oncle avoit commencé par être Enfant de Chœur à St. Simphorien d'Avignon, d'où étant parti pour le Pelerinage de la Terre Sainte & de St. Jacques, il revint en France, & fut choisi à cause de la beauté de sa voix pour la Chapelle des Roys François I. & Henry II. qui lui donnerent successivement l'Archidiaconné de Notre-Dame des Dons à Avignon, & ensuite l'Abbaye de *Tiron* dans le Diocése de Chartres. Le bon usage qu'il fit de ses revenus, & la pieté constante qu'il fit paroître dans toute sa conduite, lui attirerent la bienveillance du Roy Charles IX. qui voulant (après la mort de Pelissier) donner au Diocése de Montpellier un Prélat exemplaire, le nomma à cette place, avec l'aplaudissement de tous les bons Catholiques. Il travailla sans relâche à la conservation de son troupeau, & s'attira l'estime des ennemis même de la Religion, par la pureté de ses mœurs, par sa sobrieté, & par sa charité envers tous. Il finit ses jours en répetant ces paroles de St. Paul: *Je souhaite de mourir pour être plûtôt avec Jesus-Christ.*

IV.

1598.

GUITARD DE RATTE.

On voit dans les Lettres du Cardinal d'Ossat, chargé à Rome des affaires de France, qu'Antoine de Subjet sur la fin de ses jours, donna la démission de son Evêché en faveur de Guitard de Ratte Archidiacre de son Eglise, & son Grand-Vicaire. Mais sa mort étant arrivée avant que sa démission eût été admise, ce Cardinal écrivit au Roy de nommer à l'Evêché de Montpellier, comme vacant par mort: ce qui ayant été fait, il follicita les Bulles pour GUITARD DE RATTE, natif de Montpellier, & d'une famille de Robe, qui a donné des Officiers de merite à toutes les Cours de Justice de cette Ville. Comme il étoit lui-même Conseiller d'Eglise au Parlement de Toulouse, il y contracta une grande liaison avec Jean-Etienne *Duranti* Premier Président, & *Jacques Dafis* Avocat General. Ces trois Magistrats s'étant déclarez fortement pour les interets du Roy contre le Parti de la Ligue, Ratte fut envoyé à Paris pour informer Henry III. de l'état de ses affaires; ce qui heureusement lui sauva la vie: car à peine étoit-il en chemin, que le premier Président & l'Avocat Général furent arrêtez & mis à mort par les Ligueurs, qui ayant couru à la maison de Ratte; & voyant qu'il leur avoit échapé, pillerent ses meubles & livres, & lui firent faire son procès par le Parlement, qui le condamna par contumace à avoir la tête tranchée.

Dans ces conjonctures, le Roy Henry IV. étant parvenu à la Couronne, donna plusieurs marques de son affection à Guitard de Ratte, qu'il indemnisa des pertes qu'il avoit faites à Toulouse, par une pension de douze mille livres sa vie durant, & lui donna ensuite les Abbayes de St. Sauveur de Lodeve, & de St. Chinian Diocése de St. Pons. Mais pour lui marquer encore mieux sa confiance, il le chargea d'aller traiter en Normandie avec *Gaspard de Pelet* son parent qui étoit Lieutenant de Roi de cette Province, & Gouverneur du Château de Caën, afin qu'il lui conservât cette place, & qu'il entretînt la Noblesse du pays dans la fidelité à son service. Cette négociation ayant réüssi selon les desirs du Roy, Ratte eut le malheur en revenant de tomber entre les mains des Ligueurs, dont il fut retiré par Henry IV. qui le fit reclamer de sa part, & lui donna l'Abbaye de Valricher Diocése de Bayeux.

Environ ce tems, *Antoine de Subjet* lui ayant resigné l'Evêché de Montpellier, il en obtint les Bulles par les bons offices du Cardinal d'Ossat, de la maniere que j'ai dit ci-devant. J'observerai à cette occasion, que dans la lettre de ce Cardinal, Guitard de Ratte y est apellé Aumônier du Roy; ce qui nous donne lieu d'inferer que le Roy Henry IV. avoit voulu l'attacher plus particulierement auprès de sa personne.

1597.

V.

Dès qu'il eut reçû ses Bulles, il se fit sacrer par le Cardinal Pierre de Gondi Evêque de Paris, & partit pour Montpellier, où il fit son entrée le cinquiéme Novembre 1597.

La Relation que nous en avons porte, qu'étant parti du Château du Terrail, il s'arrêta dans une maison du Faubourg de la Saunerie pour y prendre ses habits Pontificaux, & qu'étant descendu dans la ruë, il s'y tint assis sur un banc couvert de tapis, où les Chanoines de son Eglise, le Juge-Mage, & les Officiers du Gouverneur, le Recteur de l'Université, avec les Professeurs & autres personnes de distinction lui vinrent baiser la main. Après quelques Prieres, le Chapitre précedé de ses Musiciens, commença la marche pour entrer dans la Ville. Il n'y avoit point de Religieux (dit la Relation) parce que les Huguenots maîtres de la Ville n'y en vouloient point souffrir ; mais immédiatement après le Chapitre, venoit un Dais, porté à vuide par quatre Gentilshommes, & ensuite le Porte-Crosse, & deux Ecclesiastiques tenant un espéce de devant d'Autel appellé *Pallium*, devant Mr. de Ratte, qui portoit une Mitre de drap d'or enrichie de pierreries, & une Chasuble de velours cramoisi, suivi de ses Officiers & d'une infinité de Peuple de tout âge & de tout sexe. En cet état, il fut conduit le long des ruës de la Saunerie, de l'Argenterie, de l'Hôtel de Ville, du Puits du Fer, & de St. Firmin jusqu'à la Canourgue, qui servoit de Cathédrale, parce que toutes les autres Eglises (ajoûte la Rélation) étoient démolies. Il fit quelques prieres à la porte de l'Eglise de la Canourgue, & au pied de l'Autel, où ayant donné la bénédiction à toute l'assemblée, il quitta ses habits Pontificaux, & se retira à la Sale de l'Evêque, où les Consuls qui n'avoient pas voulu se trouver à son entrée, parce qu'ils étoient Huguenots, ne laisserent pas de venir le jour même le saluer en chaperon, & sans robe.

On marque dans la même Rélation que le Recteur de l'Université avec les Professeurs ne l'accompagnerent pas dans sa marche, à cause des disputes qui survinrent pour la préséance, entr'eux, & le Juge-Mage, comme il n'est que trop ordinaire en ces sortes d'occasions.

Après la prise de possession du nouvel Evêque, il fit entre les mains du Chapitre le serment que Garriel raporte en ces termes. „ Moi, Guitard de Ratte, par " **VI.**
la grace de Dieu, & du St. Siége Apostolique Evêque de Montpellier. Je jure "
en présence de Dieu & de ses Anges, & promets à vous mes chers Freres les "
Chanoines & Chapitre de l'Eglise Cathédrale, que je garderai les Statuts de la- "
dite Eglise, que j'en conserverai les biens, & que dans tout ce qui regardera "
son gouvernement, je ne ferai rien sans votre conseil. J'aprouve de plus le Tour "
de Cheville, & tout ce qui a été fait jusqu'à ce jour par le Chapitre. Ainsi Dieu "
m'aide. G. Evêque de Montpellier. "

Guitard de Ratte voulant réveiller le zéle des Catholiques pour le culte des Saints, fit exposer à leur vénération plusieurs Reliques autrefois enlevées à son Eglise, qui furent récouvrées alors par l'occasion que je vais dire.

Dans le tems que l'Eglise de St. Pierre fut assiégée de la maniere qu'on a pû le voir dans le premier Tome de cette Histoire, un de ses Chanoines nommé *Mathe* natif de Martégue dans la Provence, cherchant à garantir les précieuses Reliques de son Eglise, prit soin d'en ramasser tout autant qu'il put, & de les aporter dans le lieu de sa naissance, où il les consigna en mourant entre les mains des Consuls de Martégue, qui les remirent dans leur Eglise Paroissialle. Or dans le tems de la nomination de *Guitard de Ratte*, un Chanoine de Montpellier ayant été prêcher à Marseille, passa par Martégue, où il aprit que dans l'Eglise du lieu, il y avoit une grande vénération pour certaines Reliques qui apartenoient originairement au Chapitre de Montpellier : il eut la curiosité de les aller voir, & de demander le Verbal qui en avoit été dressé. Le fait lui paroissant fort clair & bien circonstantié, il en donna avis au Chapitre de Montpellier qui de son côté lui envoya les mémoires qu'il avoit sur cette affaire, & le chargea de poursuivre en son nom la restitution de ces Reliques. Le Prieur & les Consuls de Martégue, qui sçavoient la vérité du fait, crûrent ne pouvoir pas lui refuser, & à son Chapitre ce qu'ils demandoient, & lui remirent quatre petits paquets envelopez dans du tafetas rouge, chacun avec son écriteau en parchemin : le tout enfermé dans une boëtte de plomb, dont il est dit qu'il donna sa décharge aux Prieurs & Consuls, qu'il fit ratifier ensuite par le Chapitre.

VII.

Cette Boëtte ayant été ouverte par l'Evêque & par le Chapitre, ils trouverent qu'elle contenoit des ossemens dans chaque paquet; l'un de St. Germain, l'autre de St. Maur, le troisiéme de St. Cristophle, & le quatriéme de St. Lazare, que l'Evêque de Ratte fit enfermer dans un Reliquaire, & exposer à la vénération des Catholiques qui leur rendirent le culte permis par l'Eglise, jusqu'aux nouveaux troubles survenus à Montpellier, pendant lesquels ces Reliques furent brûlées, & les cendres jettées au vent.

Les Annales de Toulouse nous aprennent qu'en ce même-tems le Parlement de

174 HISTOIRE ECCLESIASTIQUE DE MONTPELLIER,

1598.
Tome 2. page 519.

cette Ville par Arrêt du 20. Août 1598. donné à la Requête du Procureur Général, ordonna que l'Arrêt de prise de corps & celui de condamnation de mort contre M. de Ratte seroit tiré du Regître, & les procedures sur lesquelles ces Arrêts avoient été rendus, biffées & lacerées.

Dans ce même-tems cent cinquante Ministres du Languedoc s'étant assemblez à Montpellier, sous prétexte d'y tenir un Sinode, Guitard de Ratte leur fit proposer quelques points de controverse pour en conferer avec eux ; mais soit par un dédain affecté de leur part, ou par la crainte de se commettre avec lui, aucun d'eux ne voulut accepter le parti. Et les suites ayant fait voir clairement, qu'ils n'étoient assemblez que pour prendre des mesures entr'eux sur les affaires présentes du Royaume, l'Evêque de Montpellier en donna avis au Roy Henry IV. qui dissipa cette assemblée.

Leur mauvaise disposition parut aussi-tôt après l'Edit de Nantes, qui leur permettoit l'exercice libre de leur Religion, mais qui rétablissoit aussi les Catholiques dans leurs droits ; car alors les Religionnaires de Montpellier firent leur possible pour empêcher que le Chapitre ne trouvât des Fermiers. Et lorsqu'ils ne pouvoient les détourner par persuasion, ils les accabloient de tailles, & autres impositions qu'ils regloient eux-même à l'Hôtel de Ville.

VIII. Guitard de Ratte les mit à la raison par son crédit & par sa fermeté ; mais voulant tacher de les gagner par des voyes plus douces, il entreprit une visite générale de son Diocèse, où il se fit accompagner par des Prédicateurs capables de toucher & d'instruire. Ce fut dans le cours de cette visite, qu'en consequence des Edits, il ordonna le rétablissement des Eglises de *Mirevaux*, de *Pignan*, & de *Cornon-Terrail* ; mais l'obstination de ses adversaires fut si grande qu'ils détruisoient toutes les nuits, ce qu'il avoit bâti pendant le jour. Ensorte qu'il fut obligé de ceder au tems, & de se contenter de faire faire le service dans des maisons particulieres, où les Catholiques s'assembloient pour la célébration de la Messe, & pour les instructions chrétiennes qu'il prenoit soin qu'on leur fit.

IX. Mais lorsqu'il fallut executer les ordres qu'il obtint du Roy pour la restitution de l'Eglise de Nôtre-Dame, il fit voir (comme je l'ai raporté ailleurs) l'intrepidité dont est capable un esprit naturellement courageux, lorsqu'il est animé par un motif de Religion. Sa fermeté en cette occasion mérita l'éloge qu'on fit publiquement le Roy Henry IV. lequel voulant être obéi au sujet de cette Eglise, prit de nouvelles mesures pour la faire rendre aux Catholiques. Ce fut en ôtant les ruines dont elle étoit remplie, qu'on découvrit la Chapelle soûterraine de la Magdeleine, qui fut trouvée dans son entier, telle qu'on la voit encore aujourd'hui. Mr. de Ratte la fit nettoyer, & y célébra les Saints Mistéres, pendant lesquels il confera les ordres à quelques jeunes Ecclesiastiques, parmi lesquels Pierre Garriel dit avoir été du nombre.

1602.

Tandis qu'on esperoit le plus de zéle, du crédit, & de la fermeté de cet Evêque, on eut le malheur de le perdre dans un voyage qu'il fit à Toulouse pour les affaires de son Eglise : car on raporte qu'aux aproches de cette Ville, son Cheval épouvanté par trois Dogues qui le vinrent assaillir, lui firent faire une chûte si malheureuse, qu'il fallut le porter à Toulouse, où il mourut le 5. Juillet 1602. Son Corps raporté à Maguelone y fut mis dans un tombeau, où l'on voit autour cette inscription : *Guitardus de Ratte Monspeliensis Episcopus obiit Tolosæ VII. Julii Anno Dñi. M. DC. II. Ætatis quinquagesimo Episcopatûs VI. R. I. P. A.*

Son Neveu Pierre de Ratte Conseiller en la Cour des Aydes de Montpellier, fit ajoûter à cette inscription les Vers suivans, qui nous aprennent la famille de sa Mere d'une des plus illustres maisons du pays.

II. PARTIE. LIVRE CINQUIEME.

De Cambous materna dedit de Ratte Paterna,
Stemmata, sed virtûs nobiliora dedit.
Ob decus ingenii summo splendore Tolosa,
Inter sacratos vidit honore Patres.
Hic meritis majora dedit Rex signa favoris,
Cum Magalonenses pascere jussit oves.
Cum lupus arma parat, rapuit te Pastor olimpi,
Tutus ut in cœlo pascua tuta petas.

On peut juger de l'amour de cet Evêque pour les sciences, & pour les belles lettres par la dédicace que plusieurs Ecrivains de son tems lui firent de leurs ouvrages, comme *Theodore Marsille* de ses notes sur la Loy des douze Tables. *Clovius* sur *Sinodius Appollinaris.* Et le Pere *Sebastien Michaëlis* de l'Ordre des Freres Prêcheurs, de son Traité de Controverse sur l'Eucharistie, qui parlent tous de lui comme du plus grand ornement de sa Patrie, & du plus fort soûtient de la Religion.

CHAPITRE CINQUIEME.

I. *Jean Granier succede à Guitard de Ratte.* II. *Il travaille efficacement pour son Diocése.* III. *Rétablit l'Eglise N. Dame des Tables.* IV. *Reprime les Ministres P.* V. *Va à Toulouse, & en revient avec la maladie dont il mourut.* VI. *Mr. de Fenoüillet lui succede.* VII. *Naissance de cet Evêque & ses progrez.* VIII. *Il assiste au Concile de Narbonne.* IX. *Introduit les Capucins à Montpellier.* X. *Il fait l'Oraison Funèbre du Roy Henry IV.* XI. *Assiste aux Etats Généraux tenus à Paris.* XII. *Exhorte le Roy Loüis XIII. d'entreprendre le Siége de Montpellier.* XIII. *Aprés lequel il apelle dans la Ville tous les Religieux qui en avoient été chassez. Fait donner le Collége de la Ville aux Jésuites. Fonde le Monastére de la Visitation, & de Ste Ursule. Entreprend de bâtir une Cathédrale.*

JEAN GRANIER fut nommé par Henry IV. à l'Evêché de Montpellier, dans la même année qu'il eut assisté à la mort le Maréchal Duc de Biron ; c'est-à-dire, en 1602. Il étoit Docteur de Sorbonne, Religieux Benedictin, Curé de St. Albin de Châlons sur Marne, & Prédicateur renommé de son tems. On marque qu'aprés avoir été sacré à Paris, il se rendit à Avignon, jusques où les Députez de son Chapitre vinrent à sa rencontre ; & qu'à son entrée dans Montpellier il jura l'observation des Statuts du Chapitre, qui lui furent presentez par l'Archidiacre de Valence.

JEAN GRANIER.
1602.

Un de ses premiers soins fut de pourvoir au Service que le Chapitre étoit tenu de faire faire à Maguelone, & de rebâtir à Montpellier l'Eglise de Notre-Dame des Tables, pour laquelle il employa sept mille écus d'or ; qu'il tira de la vente de quelques biens de son Eglise, qu'il fit du consentement du Chapitre. En ce même tems les Ministres de la Religion Protestante, ayant fait mettre sur la porte de leur Temple cette Inscription : *Verâ Religioni sacrum.* Comme si leur Religion étoit la seule véritable. L'Evêque en porta ses plaintes à Henry IV. qui donna ordre de la faire ôter. Mais les Ministres substituerent à sa place ce mot Grec, *Trisagio*, pour signifier la Sainteté de Dieu, & la Trinité des Personnes.

HISTOIRE ECCLESIASTIQUE DE MONTPELLIER.

1607.

En 1607. Jean Granier étant en procès avec ses Chanoines pour les ornemens de l'Eglise de Notre-Dame des Tables, entreprit un voyage à Toulouse pour y faire juger cette affaire, il en revint avec une longue maladie, durant laquelle il lui arriva un accident extraordinaire qui fit grand bruit dans Montpellier, & que Garriel raporte en ces termes.

" Depuis son retour de Toulouse il fut retenu au lit d'une hidropisie, mais
" il n'étoit pas si bas encore, que son esprit ne fût assez fort, & son entretien agréa-
" ble. Or un soir qu'on aportoit de la lumière dans sa chambre, on le vit tout-
" à-coup se lever & s'asseoir sur son lit, en criant ; *sortés Mr. le Président Robin ,*
" *je ne puis plus avoir de commerce avec vous* : on le prie de se remettre, en lui
" protestant que le Président Robin n'étoit point là ; qu'il ne pouvoit même y
" être, étant actuellement malade dans sa maison aussi-bien que lui, non non re-
" plique l'Evêque, je ne rêve point, étant graces à Dieu dans mon bon sens, mes yeux
" ni ma mémoire ne me trompant point; je viens de voir le Président Robin qui
" a été de mes particuliers amis avec sa robe rouge, & qui me tendant la main,
" m'invitoit à faire le même voyage que lui. On envoye à la maison de ce Président, &
" l'on trouve qu'il avoit rendu l'ame en même-tems que ce Prélat avoit jetté
" ce grand cry ; surquoi il eut la force de faire quelques belles remarques sur
" l'immortalité de l'ame, & dit qu'il avoit autrefois composé un traité des esprits,
" où il disputoit de la nature de celui qui parut à Saül par le moyen de la Py-
" thonisse.

On marque sa mort au 15. de Septembre de la même année, & qu'il fut enseveli dans l'Eglise de Notre-Dame des Tables qu'il avoit fait reparer. On voyoit sur son Tombeau cette Epitaphe que Garriel nous à conservée.

Siste viator. Ossa quæ culcas rogant ,

Somnum supremum dormit hic GRANERIUS.

Negotiosus semper in vitâ fuit ,

Tandem quiescit mortuus. Primos deo ,

Dicavit annos , & juventutem abditam ,

Sacro in recessu , missa cælo oracula ,

Et sanctiorum disciplinarum chorum ,

Non indiscretâ miscuit facundiâ.

Illi Magistra texuit lauro piam ,

Sorbona frontem , differenti Regias ,

Henricus aures præbuit , Tandem insulis,

Quas non patebat auctus, hanc ædem sacram ,

Quam restituerat virgini tumulo occupat.

Ejusque Tabulis voluit inscribi cinis ,

Ut inseratur animus albo cælitum.

PIERRE DE FENOUILLET.
Oeuvres de S. François de Sal.à. Epis. VI.
1607.

PIERRE DE FENOUILLET natif d'Annecy dans la Savoye, étoit compatriote, & contemporain de St. François de Sales, qui écrivit en sa faveur au Pape Clement VIII. lorsque Henry IV. l'eut nommé à l'Evêché de Montpellier, après la mort de Jean Granier.

Le Saint Prélat parle de Mr. Fenoüillet, comme d'un homme fort exercé dans le Ministére de la Prédication, & qui avoit prêché avec succès dans son Diocése, & dans l'Eglise *de Gap*, où il fut fait Théologal. Ses talens pour la Chaire

II. PARTIE. LIVRE CINQUIÉME. 177

re l'ayant attiré à Paris pour y prêcher le Carême, il fut choisi par Henry IV. pour son Prédicateur ordinaire, & après l'Oraison Funébre du Chancellier Pompone de Belliévre qu'il fit en 1607. il fut nommé à l'Evêché de Montpellier ; ce qui donna tant de joye aux Catholiques de cette Ville, qu'ils firent (comme nous l'aprenons encore de St. François de Sales) une députation solemnelle à Henry IV. pour le remercier du digne Prélat qu'il leur avoit donné. Dans cet intervale il fut chargé de l'Oraison Funebre de François de Bourbon Duc de Montpensier, qui augmenta beaucoup sa réputation. Enfin après avoir reçû ses Bulles, il se fit sacrer à Paris. Il partit pour son Diocése, & fit son entrée à Montpellier au commencement de 1608. avec les cérémonies accoûtumées. On marque qu'il fut harangué en Latin par Loüis de Claret, Prévôt du Chapitre (dépuis Evêque de St. Papoul) & en François par Mr. Joly, Avocat Général en la Cour des Aydes. 1608.

En 1609. il assista au Concile Provincial de Narbonne, convoqué par Loüis de *Vervins* Archevêque de cette Ville, & signa tous les Décrets de ce Concile avec ses Comprovinciaux, qui y sont marqués en cet ordre. *Christophle de Lestang*, Evêque de Carcassonne. *Bernard Dupuy*, Evêque d'Agde. *Pierre de Fleires*, Evêque de St. Pons. *Pierre de Valernod*, Evêque de Nîmes. *Loüis de Vigne*, Evêque d'Usez. *Etienne Pulveret*, Evêque d'Aleth. *Pierre Fenoüillet*, Evêque de Montpellier. *Fulcrand Barrez*, Grand-Vicaire de Jean de *Bonzi* Evêque de Beziers. *François Federic de Charpenne*, Provincial des Augustins, & Grand-Vicaire de *Geraud de Robin* Evêque de Lodeve, chargé de sa procuration. 1609.

On marque que pendant le séjour de Mr. de Fenoüillet à Narbonne, il commit *Pierre d'Arles* son Vicaire Général à Montpellier, pour faire la Bénédiction d'une Chapelle que la Confrérie des Pénitens de cette Ville fit bâtir sur les ruïnes de l'ancienne Eglise de St. Croix à la Canourgue : ce qui fut fait dans la semaine Sainte 1609.

Dans cette même année, il obtint du Roy Henry IV. la permission d'établir à Montpellier les Peres Capucins, pour lesquels il acheta près la porte des Carmes un grand sol qu'on apelloit alors, *le Grand Jardin*, occupé maintenant par Mrs. *Défaut* & *Paquier*; mais lorsqu'il fallut les y établir, il trouva les mêmes oppositions qu'avoit eû Guitard de Ratte son Prédécesseur au sujet de l'Eglise de Nôtre-Dame des Tables, & il s'en fallut peu qu'il n'arrivât une pareille sédition ; car les Consuls de la Ville qui étoient tous de la Région, refuserent de consentir à cet établissement, tant à cause que les Capucins n'avoient jamais eu de domicile dans la Ville, que parceque le lieu où on vouloit les mettre, étoit trop proche des Murailles de la Ville. L'Evêque leur répondit que pour leur donner le tems de faire entendre leurs raisons au Roy, il se contenteroit d'élever une Croix dans le *Grand Jardin*, & qu'il attendroit que le Roy eût déclaré plus expressément sa volonté. 1610.

Après cette contestation, les Consuls, avec ceux de leur Parti, allerent s'assembler chez le Président *d'Airebaudouse*, & les Catholiques à l'Eglise de la Canourgue, où ils firent faire la Bénédiction de la Croix ; & après avoir oüi la Prédication du Pere *Archange* Provincial des Capucins, ils marcherent en Procession au nombre de quatre ou cinq mille Catholiques vers le lieu où la Croix devoit être plantée. Les Soldats Huguenots qui bordoient les ruës, les laisserent passer librement; mais lorsque la Procession fut arrivée au coin de la ruë du Grand Jardin, ils la trouverent barricadée avec des tonneaux, & les Soldats qui la gardoient menacerent de tirer sur eux s'ils ne se retiroient : mais l'Evêque accompagné du Marquis *d'Oraison*, du Comte de *Rieux* du Chevalier de *Montmorency*, de Mrs. de St. Auban, de *Pictor*, de *Murles*, de *Tressan*, du Chevalier de *Montpezat*, & autres Gentilshommes de distinction, avec quelques Magistrats, enfonça la barricade, & passa avec tout le Peuple. 1610.

Alors les Huguenots voyant la barricade forcée, crûrent leur faire peur, en déchargeant leurs mousquets qui n'étoient point chargez à bale ; mais l'Evêque élevant sa voix, en se tournant vers les Gentilshommes qui l'accompagnoient, *courage Messieurs on salue la Croix* : Vive Jesus. Ils parvinrent enfin au Grand Jardin

Y y

où ils arborerent la Croix à la vûë de la Tour des Carmes, d'où les Consuls firent rétirer leurs Troupes, & tournerent en plaisanterie tout ce que les Catholiques venoient de faire, en disant que la Croix étoit Espagnole, parce qu'elle étoit teinte en rouge, & qu'elle présageoit quelque grand malheur.

Cependant, malgré toutes les assemblées qu'ils tinrent encore à ce sujet, la Croix resta en place jusqu'en 1617. par les ordres exprès qu'en donna Henry IV.

1610. Malheureusement pour la France, ce grand Prince ne dura guéres plus longtems, puisqu'il perit (comme tout le monde sçait) au mois de May 1610. Alors l'Evêque de Montpellier prévoyant les funestes suites que cette grande perte devoit avoir pour la Réligion, ordonna des Priéres publiques à tous les bons Catholiques ; & pour marquer sa reconnoissance particuliére, il fit l'Oraison Funebre d'Henry IV. avec l'éloquence qui lui étoit ordinaire.

1611. Peu de tems après, le Connétable Henry de Montmorency étant venu à Montpellier chargé des ordres de la Reine-Mere, Mr. de Fenoüillet vint le saluer à la tête de son Clergé, & prêta entre ses mains le serment de fidelité qu'il devoit au Roy Loüis XIII.

Cependant la Reine craignant avec raison les troubles dont elle étoit menacée au commencement de sa Regence, convoqua les Etats Généraux du Royaume en la Ville de Paris, où les Députez de Montpellier se trouverent, ayant à *Procès Verbal des* leur tête Mr. de Fenoüillet, qui fut beaucoup employé dans cette Assemblée, *Etats Généraux.* pour conferer avec le Tiers-Etat sur les articles qui divisoient les Chambres. On prit soin d'entretenir cette division ; ensorte que les Députez s'étant séparez sans avoir eu aucune réponse à leur Cayer, l'Evêque de Montpellier revint dans son Diocése, où pour rétablir les exercices de la Faculté de Théologie, il admit aux Actes publics un Religieux Augustin du Couvent de Beziers, auquel il confera le degré de Docteur.

1612. Peu de tems après la Reine ayant assigné une Assemblée des Notables en la Ville de Roüen pour y répondre aux Cayers des Etats-Généraux, Mr. de Fenoüillet obtint un Arrêt du Conseil, confirmé par Lettres Patentes, qui enjoignoit au Gouverneur & Consuls de Montpellier de donner une entrée libre aux Prédicateurs qu'il envoyeroit pour l'instruction de ses Diocésains ; mais la sedition survenüe en cette Ville en 1617. empêcha l'effet de ces belles dispositions, & réduisit l'Evêque durant quelque tems de se tenir sur la deffensive.

1617.

1618. Néanmoins malgré toutes les traverses qu'il eut, il fit valoir hautement les droits de ses Prédécesseurs dans l'Université de Médecine : car deux Professeurs étant morts en 1618. il fit disputer leur Chaire selon l'usage, & les confera à deux Catholiques, qui furent maintenus par Arrêt du Parlement de Toulouse.

On marque pour ce même-tems une célebre dispute de Controverse, à laquelle il eut beaucoup de part : elle commença entre dix Habitans de la Ville de Gignac, dont cinq étoient Catholiques, & les cinq autres Calvinistes, qui convinrent par écrit d'embrasser celle des deux Religions qui se trouveroient la plus conforme aux quatre premiers siécles de l'Eglise. Les Calvinistes furent blâmez par leur Confreres d'avoir compromis leur cause avec précipitation ; & les Catholiques prierent un Pere Recollet de leur Ville, de ramasser toutes les autoritez des quatre premiers siécles, qui paroîtroient décisives pour leur different. Ce qui étant venu à la connoissance de Mr. de Fenoüillet, il offrit de se rendre sur les lieux, & de donner dans une Conference reglée, les éclaircissemens qu'on demandoit. On prit jour de part & d'autre ; mais Mr. de Fenoüillet s'étant rendu à l'assignation, se trouva tout seul ; & trois jours après, on vit venir de Montpellier le Ministre *Faucher*, qui intima à tous ses Collégues un ordre du Consistoire, de ne pas se commettre avec l'Evêque de Montpellier.

Cette conduite déplut si fort à Mr. de Ranchin, & aux cinq Calvinistes qui avoient occasionné la dispute, qu'ils se plaignirent hautement de la mauvaise foi de leurs Ministres ; & qu'ayant oüi les éclaircissemens que Mr. de Fenoüillet leur donna, ils le prierent de recevoir leur Abjuration, qu'ils firent entre ses mains, dans l'Eglise de Gignac.

II. PARTIE. LIVRE CINQUIÉME.

Cependant les Religionnaires de Montpellier se dédommagerent du mauvais succès de cette Conference, par les voyes de fait où ils se porterent depuis 1619. jusqu'au siége de leur Ville en 1622. Ce fut alors que Mr. de Fenoüillet quitta le Château de Montferrand, où il s'étoit retiré à cause des troubles, pour venir haranguer le Roy Loüis XIII. au Château de la Verune, où il fit un discours qui est raporté dans les Mémoires du tems, pour exhorter Sa Majesté de reduire ses Sujets rebelles, & délivrer la Religion oprimée. Le siége ayant été resolu, & la Ville reduite, Mr. de Fenoüillet se trouva à l'entrée du Roy dans Montpellier ; il prêcha devant Sa Majesté dans l'Eglise de la Loge, le jour de la Procession où Loüis XIII. suivit le Saint Sacrement qui fut porté par la Ville. *Mercure François.*

Alors la Religion Catholique commençant à prendre l'ascendant, l'Evêque de Montpellier publia un Mandement, pour exhorter tous les Religieux qui en avoient été chassés, de profiter de la protection du Roy pour y revenir. Les Capucins y rentrerent en 1623. & furent établis dans le même lieu où ils sont aujourd'hui. En même-tems il fit donner aux Trinitaires l'ancienne Eglise de Saint Paul ; & les Jacobins s'étant presentés en 1626. il les fit rentrer dans celle de Saint Mathieu qu'ils avoient occupé avant le siége. Les Augustins & les Carmes abandonnerent leur ancien emplacement hors la Ville, pour se loger dedans ; mais es Cordeliers plus attachés à leur ancienne demeure, y jetterent les fondemens du beau Couvent qu'ils ont aujourd'huy.

Après ces établissemens particuliers, il ne restoit à l'Evêque de Montpellier que de rétablir sa Cathédrale, que les troubles passés avoient mis hors d'état de pouvoir servir ; mais comme il n'avoit que des idées grandes, il se proposa de la bâtir dans un endroit plus élevé qu'elle n'étoit, & plus à portée de tout le monde. Pour cet effet, il obtint du Roy Loüis XIII. une augmentation sur chaque minot de sel, qui lui servit à jetter les beaux & magnifiques fondemens qu'on voit encore autour de la Canourgue, son bâtiment dont on conserve le modelle dans les Archives de Saint Pierre auroit renfermé les maisons qui sont à l'entrée de la Canourgue, & donnoient une Eglise basse au-dessous de la grande, qui étoit à niveau de la rue qui vient du Palais. Les ornemens dans le goût moderne n'y étoient point épargnés, & tout l'ouvrage devoit être terminé par un grand dôme qui auroit dominé sur toute la Ville, & sur la campagne.

Les ennemis secrets de l'Evêque, firent cesser ce travail, en insinuant au Cardinal de Richelieu, qu'il détournoit à d'autres bâtimens les fonds destinez à celui de la Canourgue. Ce Ministre voulant s'en instruire par lui-même vint à Montpellier après le Siége de Privas en 1629. & ayant été visiter les travaux de la Canourgue, d'où il découvrit les masures de Saint Pierre, il demanda si on ne pourroit pas les réparer, & ayant appris qu'il n'y avoit qu'à en tirer les décombres, & rebâtir un coin de l'Eglise qui devoit porter deux croisées de la voûte, il en donna le soin au President *Baudan*, chez qui son Eminence étoit logée.

Pour faire mieux goûter au public de nouveau projet, on répandit un écrit (dont j'ai une copie) où l'on agitoit la question, si le Chapitre seroit mieux à St. Pierre qu'à la Canourgue ; & parmi les raisons pour l'affirmative, on disoit que les Chanoines y seroient plus récüeillis pour le Service, & que le séjour qu'ils seroient obligés de faire dans ce quartier, le rendroit beaucoup plus fréquenté.

C'est ainsi que l'inquiétude de quelques particuliers priva la Ville de Montpellier d'une des plus belles Cathédrales qu'il y auroit eu dans le Royaume, si on avoit laissé continuer Mr. de Fenoüillet : mais ce Prélat cherchant à se rendre utile au Public par quelqu'autre endroit, fit donner par le Roy Loüis XIII. aux Peres Jesuites, le College que les Religionnaires avoient à Montpellier ; & pour les y mettre plus au large, il leur donna l'Isle voisine qui lui appartenoit (dite la Sale de l'Evêque) où nous avons vû ces Peres avant qu'ils fissent le nouveau bâtiment qu'ils ont aujourd'hui. 1629.

En ce même-tems la Ville de Montpellier ayant été affligée d'une grande & longue Peste, son Evêque prit soin des malades avec un zéle, une attention & une activité admirable ; & lorsqu'il vit la contagion céssée, il attira à Montpellier les Dames de la Visitation, que la mémoire de Saint François de Sales lui 1630.

rendoit très-cheres. Il acheta pour elles un grand nombre de maisons à la Blanquerie, & leur fit bâtir avec les materiaux qui lui restoient de la Canourgue, un grand & beau Monastere qu'on dit être sur le modelle de celui d'Annecy.

1632. Les troubles qui survinrent dans le Languedoc en 1632. & qui mirent à l'épreuve la fidélité de plusieurs Evêques de la Province, ne pûrent jamais ébranler celle de Mr. de Fenoüillet, qui fut toûjours inflexible pour ce qui regardoit le service du Roy; mais il ne put garantir Maguelone des démolitions qui furent ordon-

1633. nées dans le Languedoc en 1633. car il vint une Commission à *Jean Jacques de Plantade* Conseiller à la Cour des Comptes, Aydes & Finances, de faire pétarder tous les bâtimens de Maguelone qui pourroient servir de rétraite aux ennemis de l'Etat. En conséquence il fit abatre les Murailles, les Tours & les grands Bâtimens du Château de Maguelone; ensorte qu'il ne reste que l'Eglise, & une seule maison pour le Fermier, que le Chapitre tient dans cette Isle.

En cette même année il fut fait un changement remarquable dans la maniére de conferer les Dignitez, ou Personats vacans : j'explique le fait.

1633. Selon l'ancien usage de Maguelone, conservé à Montpellier depuis la translation du Chapitre, lorsqu'un Chanoine étoit nommé à une Dignité, il quittoit sa Prébende pour prendre celle qui étoit annexée à la Dignité vacante; mais il arrivoit quelquefois que la Dignité lui étant disputée par les Graduez, Expectans, ou autres, il se trouvoit dépoüillé de sa premiere Prébende sans avoir celle qui étoit annexée à la Dignité.

Pour obvier à cet inconvenient, Mr. de Fenoüillet fit prendre une Déliberation, où il assista lui-même le 12. Avril 1633. par laquelle il fut resolu que sous le bon plaisir du Pape, le Collateur en semaine, confereroit les Dignitez, ou Personats vacans à un Chanoine actuellement en place, lequel conserveroit son premier Canonicat avec sa nouvelle Dignité, ou Personat, & que le Collateur disposeroit de la Prébende annexée à la Dignité, en faveur de qui il voudroit.

En consequence on poursuivit à Rome une signature où l'on exposa simplement le fait, à laquelle il fut répondu, *fiat ut petitur*; & pour lui donner plus de force, le Chapitre poursuivit des Lettres-Patentes du Roy qui furent enregîtrées au Grand Conseil, & homologuées au Parlement de Touloufe.

Depuis ce tems, on désunit dans les Collations des Dignitez, ou Personats, les Prébendes qui leur étoient annexées; ensorte que le nouveau Pourvû possede la Dignité avec le Canonicat qu'il avoit déja, & le Collateur confere à qui il veut le Canonicat annexé à ladite Dignité.

Cette signature a conservé le nom de la clause, *perinde valere*, qui y est aposée, & on ne la nomme pas autrement, toutes les fois qu'on en parle.

1635. En 1635. Mr. de Fenoüillet fut apellé à l'Assemblée générale du Clergé de France, tenuë à Paris cette même année ; & on le trouve signé dans la Délibération qui y fut prise, au sujet du mariage de Monsieur Gaston de France. Le Cardinal de Richelieu voulut absolument que l'Evêque de Montpellier fût député à Rome pour y poursuivre la confirmation, de la délibération du Clergé ; mais la chose souffrit les difficultez qu'on peut voir dans les Mémoires de Mr. de Montchal Archevêque de Toulouse.

Page 36.

1636. A son retour de Rome Mr. de Fenoüillet arriva à Montpellier le 20. Septembre 1636. où il est marqué que le Chapitre alla le complimenter. Ce fut alors qu'il commença dans le Jardin de Mr. de St. Romans son neveu, ce grand & beau Bâtiment que nous avons vû sur pied jusqu'à la fin du dernier siécle, qu'il fut entiérement démoli, & les pierres employées à bâtir les maisons des Srs. Delfau & Senar.

1638. En 1638. le Roy Loüis XIII. ayant mis sa Personne & ses Etats sous la protection de la Ste. Vierge, ordonna par ses Lettres-Patentes du 10. de Février qu'il y auroit dans toutes les Eglises Cathédrales un Autel assigné pour le vœu de Sa Majesté ; en conséquence de quoi Mr. de Fenoüillet marqua la premiere Chapelle du côté de l'Epître dans l'Eglise St. Pierre, où l'on voit encore le Roy Loüis XIII.

1641. & la Reine Anne d'Autriche aux pieds de la Ste. Vierge qui lui présentent leur Sceptre & leur Couronne.

En

En 1641. ce même Prélat fit à Montpellier l'établissement des Religieuses de Ste. Ursule ; & le Roy Loüis XIII. étant mort environ deux ans après, Mr. de Fenoüillet, quoique fort âgé, eut le courage de faire son Oraison Funébre, comme il avoit fait celle du Roy Henry IV. trente-trois ans auparavant.

Sa vieillesse neanmoins fut violemment exercée par un grand nombre de Procès civils & criminels, à l'occasion de plusieurs voyes de fait où il s'étoit porté avec ses parties, selon le goût qui regnoit de son tems. Enfin après avoir terminé ceux qu'il avoit avec son Chapitre, il entreprit le voyage de Paris, où il mourut le 23. Novembre 1652. Son corps fut inhumé à St. Eustache, & son cœur porté à Montpellier dans l'Eglise des Dames de la Visitation, où l'on voit l'Inscription suivante que ses Neveux firent graver quelques années après.

Hic Petri Fenollieti Cor jacet

Tenues Magni Præsulis Monspeliensis Reliquiæ,

Qui pro meritis Laudando impar stilus omnis,

Quia parem Eloquentiâ vix habuit.

Ita disciplinis omnibus excelluit

Ut singularis videretur in singulis.

Pastoralium virtutum numeros implevit

Afflictis solatium

Pauperibus victum

Religiosis Familiis annonam largiter suppeditavit.

Omnibus divini verbi pabulum facundus dispensavit.

Oeconomus

Quin & præter opes profusè sparsas, semetipsum

Lue contactis, bonus Pastor impendit

Regibus nostris

Præsertim Henrico IV. unicè Carus,

Omnibus demùm amabilis

Unis exosus hæreticis

Quos verbi Doctrinaque gladio scitè perdomuit.

Qui Tantis in gregem suum

Cælestis amoris flammis exarsit

Nil mirum

Si Cor in cineres defluat, verè beatos

Cum divini quo semper flagravit

Incendii sint partus. R. I. P. A.

Mæsti posuere nepotes anno 1658.

HISTOIRE ECCLESIASTIQUE DE MONTPELLIER,

RENAUD CARDINAL D'ESTE, de l'illuſtre maiſon de Ferrare & de Modene, étoit Protecteur des Affaires de France à la Cour de Rome, lorſqu'il fut nommé par le Roy Loüis XIV. à l'Evêché de Montpellier après la mort de Mr. de Fenoüillet. On marque qu'il étoit fils d'Alfonce Duc de Ferrare & d'Eliſabeth de Savoye, qu'il fut fait Cardinal le 16. Septembre 1641. par le Pape Urbain VIII. & qu'après avoir aſſiſté à l'élection d'Innocent X. il reçut de ſes mains le Chapeau de Cardinal. Il étoit Evêque de *Regio* lorſqu'il fut nommé à Montpellier ; mais on n'eut jamais le bonheur de le voir dans cette Ville, pendant les deux années & demi qui s'écoulerent depuis ſa Nomination, juſqu'à la démiſſion qu'il donna de cet Evêché, en faveur de M. Boſquet Evêque de Lodeve.

CHAPITRE SIXIE'ME.

I. *François Boſquet ſuccede à Mr. de Fenoüillet.* II. *Il ſe rend recommandable par ſon grand ſçavoir, & par une vie Epiſcopale.* III. *Son Neveu Charles de Pradel eſt ſon Coadjuteur, dont la vie fut toute employée au ſoin de ſon Dioceſe.* IV. *Charles-Joachim Colbert gouverne après lui l'Egliſe de Montpellier, & tint le Siège durant 42. ans.* V. *Le Roy nomme à ſa place George-Lazare Berger de Charenci.*

FRANÇOIS BOSQUET.

FRANÇOIS BOSQUET, l'un des plus ſçavans hommes & des plus illuſtres Prélats de ſon ſiécle, nâquit à Narbonne en 1605. & fit ſes études à Toulouſe dans le College de Foix, en même-tems que Mr. *de Marca*, *Baluze*, & *Plantavit de la Pauze*, avec leſquels il conſerva depuis une étroite liaiſon. Les progrès qu'il fit dans la connoiſſance du Droit, & dans l'Hiſtoire Eccléſiaſtique, furent ſi grands, qu'il donna divers Ouvrages au Public, avant même qu'il eût atteint ſa vingtiéme année.

Le premier de tous, eſt un Abregé de Juriſprudence que *Pſellus* avoit compoſé en Vers Grecs, pour l'Empereur *Michel Ducas*, duquel il étoit Précepteur dans le onziéme ſiécle. Non-ſeulement Mr. Boſquet le traduiſit en-Latin, mais il y ajoûta des Notes, qui marquent les ſources où *Pſellus* avoit puiſé, & expliquant les paſſages les plus difficiles de cet Auteur.

Sa Famille l'ayant attiré alors à Narbonne, pour lui faire prendre la Charge de Juge-Royal, il donna ſous cette qualité au Public, la Vie des Papes François qui ſiégerent en France, & qu'il dédia au ſçavant Henry Sponde Evêque de Pamiers en 1632.

L'année ſuivante 1633. il fit imprimer à Paris chez Jean Camuzat l'Hiſtoire de l'Egliſe de France, depuis que la Religion Chrêtienne eut été reçuë dans les Gaules, juſqu'au Regne de Conſtantin.

Enfin en 1635. il fit imprimer à Toulouſe par la Société des Libraires un gros in-folio, des Epitres du Pape Innocent III. qu'il a éclairé de Notes fort recherchées.

Tous ces Ouvrages lui acquirent l'eſtime des plus ſçavans Hommes du Royaume : enſorte qu'ayant été obligé d'aller à Paris pour un procès contre le Viguier de Narbonne, Mr le Préſident *Henry de Même* ſe déclara ſon Protecteur, & le fit connoître à Mr. le Chancelier Seguier, qui étant envoyé dans la Normandie en 1639. pour y apaiſer la ſédition dite, *des Pieds-nuds*, prit avec ſoy François Boſquet, & le fit Procureur Général après l'interdiction du Parlement de Roüen : il le fit enſuite nommer à l'Intendance de Guienne, & enfin à celle du Languedoc, qu'il exerça dans le tems de la Sédition *des Partiſans*, dont j'ai parlé en l'année 1645.

On admira dans ces occaſions délicates le zéle de Mr. Boſquet pour les interêts du Roy, & ſon attention pour le ſoulagement du Peuple ; auquel on marque qu'il donnoit un accès très-facile, & qu'il avoit le ſecret de renvoyer toû-

II. PARTIE. LIVRE CINQUIE'ME. 283

jours content. Le Roy recompensa ses services d'une Charge de Conseiller d'Etat; & peu de tems après, Sa Majesté agréa la démission que Mre. Jean Plantavit de la Pause Evêque de Lodeve, donna de son Evêché, en faveur de Mr. Bosquet son ancien ami.

Il en prit possession dans le tems qu'on agitoit avec plus de chaleur les fameuses disputes sur les cinq Propositions de Jansenius ; & cette affaire ayant été portée à Rome, le Clergé de France y députa Mr. Bosquet, que le Roy chargea aussi des Affaires de France. Il reçut dans ce voyage des marques singulieres de l'estime & de la confiance du Pape Innocent X. & de tout le Sacré Collége : mais celui des Cardinaux qui lui en donna des marques plus essentielles, fut le Cardinal *d'Este*, qui voulant opter l'Evêché de *Regio*, préférablement à celui de Montpellier, auquel il avoit été nommé, en donna sa démission en faveur de Mr. Bosquet.

Il vint prendre possession de ce nouvel Evêché après son retour de Rome, c'est-à-dire en 1657. & on ne tarda point à Montpellier de reconnoître en lui les grandes vertus qu'on lui avoit vû pratiquer dans ses emplois précédens, surtout beaucoup d'humanité envers tous, & encore plus de charité pour les miserables. On se souvient encore de l'embarras où il jetta son Maître d'Hôtel, pour un flambeau d'argent qu'il avoit donné à son insçû à une personne qui lui vint representer sa misere. La frugalité de sa table fut toûjours exemplaire ; & l'on marque qu'il ne mangea jamais hors de chez lui. Il ne paroissoit dans les ruës qu'en Camail & Rochet, par où il s'attira une vénération extraordinaire du Peuple, & des Huguenots même, quoiqu'il eût obtenu contr'eux la démolition de plusieurs de leurs Temples, comme celui de Montpellier, apellé, *le petit Temple*, celui de *Melgueil*, & de ceux de *Poussan*, *Pignan*, & *Cornon-Terrail*. Son Domestique étoit reglé comme une maison Religieuse ; & il pratiquoit lui-même plusieurs austeritez des plus saints Pénitens. On parle encore d'un lit dérobé, fort dur & incommode, où il alloit coucher la veille des jours qu'il devoit officier. Il aimoit si fort ses fonctions, qu'il restoit souvent dans le cours de ses visites trois heures sur pied ; & une fois qu'on voulut lui dire qu'il en faisoit trop, il répondit que ce seroit peut-être la derniere action de sa vie.

Ce fut lui qui distribua la Ville en trois Paroisses, qui subsistent encore ; sçavoir celles de Notre-Dame, de St. Pierre, & de Ste. Anne, dans chacune desquelles il établit une Confrérie du St. Sacrement, pour accompagner le bon Dieu lorsqu'on le porte aux malades ; dans la Paroisse de St. Pierre, il établit la Confrérie de l'Ange Gardien, & dans celle de Notre-Dame celle de St. Roch.

Comme il ne trouva en arrivant à Montpellier aucune maison pour les Evêques ni à la Ville, ni à la Campagne, il demanda au Chapitre une partie des masures du Cloître de St. Pierre, où il fit bâtir un Palais Episcopal, qui a servi depuis à ses Successeurs ; & pour se loger à la campagne, il fit reparer le Château du Terrail, & celui de Gigean, que les troubles avoient renversé.

En 1670. ayant été apellé à l'Assemblée générale du Clergé de France, il y parut comme un des plus sçavans Evêques du Royaume. Mais rien ne fut plus glorieux pour lui, que la marque d'estime que le Roy lui donna, en lui accordant pour Coadjuteur l'Abbé de Pradel son neveu. Sa Majesté même eut la bonté de dire, qu'elle n'avoit pû resister à un Prélat si vertueux & si illustre ; & quand Mr. le Coadjuteur vint l'en remercier, Elle lui fit l'honneur de lui dire, qu'il n'avoit qu'à imiter son Oncle, & qu'Elle seroit toûjours contente de lui.

Mr. Bosquet n'eut pas la satisfaction de voir long-tems son neveu en place ; car il fut attaqué d'une appoplexie qui l'enleva le 24. Juillet 1676.

Après sa mort on trouva quelques écrits de sa main, sur des questions concernant les Libertez de l'Eglise de France, qui avoient été agitées de son tems ; ce qui donna lieu à l'Auteur de la République des Lettres, d'annoncer au Public un Traité sur cette matiere, que les Neveux de ce Prélat devoient bien-tôt faire paroître. Mais j'ai apris d'un homme très-digne de foi, qui étoit tout de sa maison, que Mr. de Pradel ayant remis les écrits de son Oncle entre les mains de Mr. de St. Michel son Grand-Vicaire, cet homme très-capable d'en juger, répondit

1657.

1670.

1676.

184 HISTOIRE ECCLESIASTIQUE DE MONTPELLIER,
qu'il n'étoit pas possible de faire de ces écrits un corps d'Ouvrage. Ainsi on ne peut mettre parmi les œuvres de Mr. Bosquet, ce Traité des Libertez de l'Eglise Gallicane.

Il fut enseveli dans sa Cathédrale, à la Chapelle de l'Ange Gardien, où dépuis quelques années on lui a dressé un Mausolée, avec cette Inscription :

D. O. M.

Franciscus Bosquet,

Vir summâ eruditione ac pietate inclytus.

Qui è Patriâ Narbonensi ad Aulam vocatus,

Comes Consistorianus ante annos XXXVI.

Aquitaniæ, dein Occitaniæ Præfectus.

ANNOS VI.

Singulari Religione ac diligentiâ,

Populorum pacem, Regis obsequium promovit.

Mox ad omnia factus, ut omnibus proficeret,

Ad Innocentium X. à Rege missus.

Regni, Religionis, Cleri Gallicani,

Solus Romæ Negotia sustinuit.

Tandem Episcopus Lodovensis, ac brevi post Monspeliensis,

Dispersas oves revocavit,

Profana Templa diruit,

Sacra restauravit,

Gregem verbo & exemplo sedulò pavit.

Largus erga Pauperes, sibi parcissimus,

Omnibus Benignus,

Plenus operibus, obiit Anno Repar. Salutis M. DC. LXXVI.

Ætatis suæ LXXI. Pont. XXI.

Avunculo suo posuit Joan. Franc. de Negre de Sacan. Archidia. Major.

CHARLES DE PRADEL.

CHARLES DE PRADEL, pour marcher sur les traces de son Oncle, profita de toutes les conjectures du tems pour exercer sa charité envers les Pauvres, & son zéle pour la Réligion.

1677.

Au commencement de son Episcopat le Roy Loüis XIV. lui ayant écrit pour l'établissement d'un Hôpital général à Montpellier, fit preparer le Logis du Cheval vert dans le Faubourg de la Saunerie, pour y recevoir les Orphelins, & les Invalides, en attendant qu'on pût les loger dans un lieu plus spacieux & plus commode.

La chose ne put être exécutée qu'en 1680. où l'Evêque de Montpellier ayant fait acheter l'ancien clos des Peres Carmes hors la porte de la Ville, il y jetta
la

II. PARTIE, LIVRE CINQUIEME.

la premiere pierre du grand Bâtiment qu'on y a élevé depuis.

Dans cet intervale, il fit l'établissement des Religieuses du Refuge, & donna son Mandement du 12. Fevrier 1677. que je raporterai dans l'article de cette Maison.

1677.

En 1682. les contraventions des Religionnaires aux Edits & Déclarations du Roy, ayant donné lieu de demander la démolition du seul Temple qui leur restoit à Montpellier, il fit un voyage à Toulouse, d'où il revint avec un Arrêt du Parlement, qui ordonnoit de le faire abatre; & la chose ayant été exécutée par Mr. le Duc de Noailles Commandant de la Province, Mr. Pradel fit la Benediction d'une grande Croix de pierre, qu'on éleva au milieu de la Place, où il eut la consolation de recevoir l'abjuration de trente-deux personnes de distinction : leur exemple fut suivi de six mille habitans de Montpellier, qui allerent faire enregistrer leur abjuration à l'Hôtel de Ville ; mais Mr. l'Evêque prévoyant bien que leur conversion ne seroit pas durable, si on ne prenoit soin de les instruire, établit des Conferences publiques, & des Instructions sur la Foy Catholique, qu'on faisoit tous les jours de la semaine dans l'Eglise de Notre-Dame des Tables, & le Dimanche dans celle des Jacobins.

Toutes ces conversions disposerent insensiblement les esprits au grand coup que le Roy frapa dans le mois d'Octobre, par la révocation de l'Edit de Nantes. Le Pere Bourdaloüe fut envoyé par le Roy, pour venir seconder le zéle de Mr. de Pradel ; il prêcha le Carême de 1686. avec une affluence extraordinaire, & fit tous les après-midi des conferences de controverse dans l'Eglise des Jesuites, où tous les nouveaux Convertis avoient la liberté de proposer leur difficultez.

Mais avec toutes ces voyes de douceur & de persuasion, on ne put jamais bien effacer en eux les préjugez de l'éducation & de l'enfance. Plusieurs chercherent à sortir du Royaume malgré la rigueur des Loix, ce qui fit juger à Mr. de Pradel qu'il travailleroit plus utilement sur les Enfans que sur les personnes âgées ; pour cet effet, il établit des Ecoles Royales, dont il commit le soin pour les Garçons, à des Maîtres éprouvés, & pour les Filles, à des Demoiselles venuës de Paris, qui sont devoüées à l'éducation des personnes de leur sexe : & pour affermir ces jeunes Plantes dans les bonnes impressions qu'on leur avoit donné, il leur conféra le Sacrement de la Confirmation, au nombre de cinq à six cens, & fit faire leur première Communion aux Fêtes de Pâques de 1687. avec la solemnité que j'ay racontée dans le premier tome de cette Histoire.

Page 2.

Son zéle ne se bornant point aux Nouveaux Convertis, il fit faire par le P. Honoré de Cannes une grande Mission, qui est devenuë célébre par les restitutions, & les reconciliations éclatantes qu'elle produisit. Mais pour entretenir ces bons sentimens, l'Evêque de Montpellier eut une attention particuliere de pourvoir sa Cathédrale d'excellens Prédicateurs pendant le Carême ; tels que furent le P. de la Ruë deux diverses fois, le P. Patoüillet, & le P. de la Ferté.

On marque pendant sa vie plusieurs reparations considerables faites aux Eglises de la Ville, dont il fit la Bénédiction par lui-même ou par ses Grands Vicaires. En 1684. il sacra l'Eglise de Notre-Dame, qui venoit d'être mise dans sa perfection ; en 1687. celle des Augustins qu'on avoit augmentée considerablement, & en 1689. celle des Recolets qui avoit été bâtie de fonds. Il changea son Seminaire pour le mettre dans le lieu où il est aujourd'hui, & en fit bénir la Chapelle en 1690. dans la même année qu'on bénit celle du Palais, que Mrs. de la Cour des Aydes avoient fait mettre en l'état qu'on la voit. Il favorisa la translation des Religieuses du *Vignogou* à Montpellier, & il attira en cette Ville les Ursulines de Lunel, qu'il plaça près de St. Pierre, sous le nom de St. Charles son Patron.

On convient que son Diocése fut un des mieux réglés du Royaume, soit à cause de l'attention qu'il eut d'y entretenir les Conferences Ecclesiastiques, que son Oncle avoit établies, & ausquelles il présidoit lui-même dans la Ville, soit par le choix qu'il fit des plus distinguez de son Clergé, pour l'aider dans le gou-

A a 2

vernement de son Diocése, ce qui lui procura avec le tems un bon nombre d'excellens Sujets; il aprouva une *Confraternité* de Curez & d'Ecclésiastiques, qui subsiste encore, pour s'entraider dans leurs maladies, & pour se secourir après la mort par un grand nombre de Messes; il les assembloit tous les ans dans son Seminaire, où il faisoit une retraite de huit jours avec eux, & s'informoit dans le plus grand détail du besoin des Paroisses, ausquels il rémédioit sur le champ, ou dans le cours de ses visites, quil faisoit dans toutes les saisons de l'année sans distinction de l'hyver ni de l'été; il établit un si bel ordre pour les Églises de la manse capitulaire, qu'avec une somme médiocre que le Chapitre donne tous les ans, elles sont toutes pourvûës de Vases Sacrés & d'Ornemens fort honêtes; il mit le Sanctuaire de sa Cathédrale dans l'état où on le voit aujourd'huy, & fit faire à ses dépens la Chaire Pontificale, qui marque comme tous les autres ouvrages, le bon goût qu'il avoit dans tous les desseins; le Palais Episcopal s'en ressent, par le jardin en terrasse qu'il fit faire le long des murailles de la Ville, & par le grand vaisseau qui renferme la Bibliotéque de son Oncle, augmentée de celle de Mr. Plantavit de la Pause Evêque de Lodeve.

Peu d'années avant sa mort, ayant obtenu permission d'aliener la Baronnie de *Saure* dans les Cevenes, il en employa le produit à acheter la terre de la Verune près de Montpellier, qui est devenüe la plus belle maison de campagne qui soit aux environs de cette Ville.

C'est là qu'on découvrit le mal qu'il avoit pris, dans la derniere visite de son Diocése, pendant les plus grandes chaleurs de l'été; l'épuisement qu'elle lui causa joint à la malignité de la fiévre qui le prit, l'obligerent de se faire porter à Montpellier, où il fit son testament en faveur des Pauvres de l'Hôpital Général, au milieu desquels il voulut être enseveli; on voit son tombeau au pied de l'Autel avec cette Inscription que les Directeurs de cette Maison y firent graver.

1696.

Æternæ Memoriæ

Caroli de Pradel Episcopi Montispessulani

Qui quas error distraxerat

In ovile reduxit oves.

Qui totum Gregem ingenti curâ pavit

Fovitque.

Nec annis confectus

Sed Ministerii Laboribus fractus

Occubuit.

Qui tot largitionibus

Substantiam Pauperibus profudit

Ut vix superfuerit quod moriens largiretur.

Quod tamen superfuit

Eorum juris fecit.

Nec quia facere satis Paternæ Caritati visum est

seipsum

Deum inter & Pauperes

Divisit.

II. PARTIE. LIVRE CINQUIÈME.

Corpus Pauperibus dedit

Animam Deo tradidit.

XVII. Septembris. Ætatis LII.

Æræ Christi M. DC. LXXXXVI.

Lugentes Pauperes posuerunt.

CHARLES-JOACHIM COLBERT, Fils de Messire Charles Colbert, Marquis de Croissy, & Secretaire d'Etat, & de Françoise *Beraud*, fille unique de *Joachim Beraud*, Grand Audiencier de France, étant actuellement Agent Général du Clergé, fut nommé à l'Evêché de Montpellier le premier Novembre 1696. peu de tems après la mort de Mr. Charles de Pradel son Prédecesseur immédiat. Il fut sacré à Paris le 10. Mars de l'année suivante dans l'Eglise des Fuëillans de la ruë St. Honoré, par Messire Jean-Baptiste Colbert Archevêque de Roüen, assisté de Mrs. Colbert Evêque d'Auxerre, & François Chevalier de Sault premier Evêque d'Alais. L'Assemblée fut une des plus illustres par le grand nombre de Cardinaux, d'Evêques, & de Cordons Bleus, qui s'y trouverent avec le Nonce du Pape, & tout ce qu'il y avoit de plus distingué, à la Cour & à la Ville. 1696.

Aussi-tôt après son Sacre, le nouvel Evêque partit pour son Diocése, où il arriva le 21. du mois de May 1697. & donna beaucoup de marques de ferveur & de zéle : il projetta dès-lors de faire dresser pour l'instruction des anciens & nouveaux Catholiques, un grand Catéchisme, pour expliquer par l'Ecriture Sainte, par la Tradition, & par l'Histoire de l'Eglise, les Dogmes de la Foy, la Morale Chrétienne, les Sacremens, les Prieres, les Cérémonies, & les Usages de l'Eglise. 1667.

Cet ouvrage commença de paroître en 1701. & personne n'ignore le bon accüeil qu'il reçut du Public. 1071.

En ce même-tems Mr. de Montpellier voulant pourvoir au service des Fauxbourgs de la Ville, résolut d'ériger dans celui de la Saunerie une nouvelle Paroisse sous le nom de *St. Denis*, pour servir à ce Faubourg & aux deux voisins, qui sont ceux de Lates & de St. Guillem. Il obtint du Chapitre & de la Ville les sommes necessaires pour la construction de cette Eglise Paroissiale, dont il chargea le célébre Architecte *Augustin d'Aviler*, qui s'en acquita si bien, que son ouvrage est regardé par tous les bons Connoisseurs, comme un des plus beaux, & de meilleur goût qui soit dans Montpellier. L'Inscription suivante qu'on voit gravée à un coin de l'Eglise, marque le tems où l'on commença de la bâtir.

Regnante Ludovico Magno Triumphatore

Semper Augusto.

Antistite Carolo-Joachimo Colbert

Hoc sacrum Curiale constructum est

Ad Majorem Dei Gloriam

Et ad utilitatem suburbanorum.

Consulibus & Tribunis Montispessulani. Stephano Saguin Copiarum pedestrium Præfecto primo Consule, Bernardo Delsau, Josepho Pavon, Joanne Guyot, Stephano Ferriere, Petro Chevalier, & Joanne Bonnier, scribâ.

ANNO REPARATÆ SALUTIS M. DCC. I.

1707.

Le tems qu'il fallut pour achever cet ouvrage, donna le loisir de disposer toutes choses pour l'union de cette Paroisse avec l'Oratoire; & les difficultez qui se présenterent ayant été levées, M. l'Evêque fit faire par son Grand-Vicaire la bénédiction de cette Eglise le trentiéme du mois d'Octobre 1707.

Peu de jours auparavant Mr. de Montpellier avoit sacré lui-même l'Eglise des Carmes Déchaussez, & mis dans le mois de Juin la premiére pierre à celle des Jésuites.

1738.

Il a fait au Château de la Verune une magnifique Chapelle, incrustée de marbre & ornée de bronze doré; mais sa magnificence paroît encore plus dans ses Ornemens d'Eglise, qui sont des plus riches & des plus recherchez. Sa Bibliotéque est estimée la plus nombreuse de toutes celles de la Province; car outre les Livres de Mr. Plantavit de la Pauze Evêque de Lodeve, qu'il acquit au commencement de son Episcopat, avec ceux de Mr. Bosquet l'un de ses Prédecesseurs à Montpellier, Mr. Colbert les a augmenté du double en y ajoûtant tout ce qui a paru dans l'Europe des meilleurs Auteurs, depuis quarante-deux années d'Episcopat. Il les finit aux Fêtes de Pâques mil sept cent trente-huit, d'une inflamation au bas ventre, qui l'enleva après sept à huit jours de maladie; il a voulu être enterré à l'Hôpital Général auprès de Mr. Charles de Pradel son Prédecesseur immédiat, & a laissé les Pauvres de l'Hôpital ses héritiers; défendant qu'on lui fit aucune Epitaphe, voulant seulement, qu'on mît sur son Tombeau, son nom, les années de son Episcopat, & le jour de sa mort.

HISTOIRE
DE L'EGLISE
DE MONTPELLIER.

LIVRE SIXIEME.

Contenant le Nom de plufieurs autres Evêques, pris du Clergé de ce Diocéfe.

CHAPITRE PREMIER.

I. *Evêques pris de la Maifon des Guillaumes, Seigneurs de Montpellier.* II. *Quelques autres des Maifons confidérables du Diocéfe.* III. *Ceux que la feule Maifon de Fredol a donné.*

'IL eft heureux pour une Eglife Particuliere d'avoir eu de Grands Evêques, il n'eft pas moins glorieux pour Elle d'en avoir donné aux autres Eglifes. Comme celle de Montpellier joüit de ce double avantage, j'ai crû que les Prélats qui ont été pris de fon Clergé, entroient naturellement dans fon Hiftoire ; & qu'après avoir parlé de ceux qui l'ont gouvernée, je ne devois pas oublier ceux qu'elle a donné aux autres Eglifes de la Chrétienté. Je m'y fuis porté d'autant plus volontiers, qu'on trouve dans nos Archives des particularitez remarquables, qui n'ont pas été connuës des Auteurs du *Gallia Chriftiana.* Ainfi j'efpere que cet Article fera également bien reçû des Etrangers, & de mes Concitoyens.

St. FULCRAN, Evêque de Lodeve, dans le neuviéme fiécle, eft le premier que nous trouvions avoir été pris du Clergé de Maguelone, où il étoit Archidiacre ; comme Verdale le dit expreffement. Il étoit auffi natif du Diocéfe, étant de la maifon des Comtes de Subftantion, alors maîtres du lieu où Montpellier eft bâti. Je donnerai à la fin de cet Ouvrage, un article particulier fur ce grand Saint, dans le Livre que je referve pour les perfonnes du Diocéfe, diftinguées par leur fainteté.

I.

HISTOIRE DE L'EGLISE DE MONTPELLIER,

RAYMOND GUILLAUME, Evêque de Nîmes, commença selon Ste. Marthe en 1098. & finit en 1112. Il étoit de la Branche des Vicaires de Montpellier, & cousin germain de Guillaume fils d'Ermengarde, Seigneur de cette Ville, auquel il ceda (comme nous l'avons vû dans le premier Tome de cette Histoire) tout ce qu'il avoit reçû de lui en engagement, lorsqu'il partit pour la premiere Croisade. L'Acte de cette cession a pour titre : *Resignatio quam fecit Domino Montispessulani Raymundus Guillelmi Episcopus Nemausensis & Bernardus Frater ejus, postquam Guillelmus de Montepessulano ivit in Jerusalem.*

RAYMOND GUILLAUME, dit, de *Posquieres*, Evêque de Maguelone en 1129. étoit de la maison des Seigneurs de Montpellier, comme Ste. Marthe le dit expressément, è *Nobili Guillelmorum Toparcharum sanguine natus*. Il retint le nom de Posquieres (aujourd'hui Vauvest) parce qu'il en étoit Doyen lorsqu'il fut fait Evêque de Maguelone. Ce fut de son tems que Bernard Comte de Melgüeil renonça au droit qu'il prétendoit avoir de nommer à l'Evêché de Maguelone.

GUILLAUME II. Evêque de Beziers en 1150. On marque de lui que les Juifs s'étant fort multipliez à Beziers, les Chrétiens de cette Ville s'accoûtumerent à les insulter dans la semaine Sainte; ce qu'ils regarderent dans la suite comme un droit acquis. Dequoi leur Evêque ayant été touché, il permit aux Juifs de se redimer de cette vexation, moyenant six cens sols melgoriens, qu'ils donnerent à l'Eglise de St. Nazaire, & autres quatre livres qu'ils s'obligerent de payer tous les jours de Rameaux pour les Ornemens de cette Eglise.

Il étoit Evêque dans le tems qu'Alexandre III. vint aborder à Maguelone ; car il est dit qu'il alla trouver le Pape à St. Gilles, & lui porta plainte de certains abus qui s'introduisoient dans son Diocése pour lesquels il demanda un Legat Apostolique.

RAYMOND GUILLAUME, Evêque de Lodeve, fut élevé à cette place en 1187. & mourut en 1207. il est apellé Guillaume de *Madieres* par M. Plantavit de la Pause, qui dit expressément qu'il étoit frere du Seigneur de Montpellier, auquel appartenoit la terre de *Madieres*, comme nous l'avons vû cy-devant. Le Seigneur de Montpellier dont il étoit frere, étoit Guillaume fils de Sibille ; ce qui est démontré par la remise que cet Evêque fit à Guillaume fils de Sibille son Neveu, du prix de certains fonds qu'il avoit acquis dans le Diocése de Lodeve, *libero & absolvo Guillelmum Dominum Montispessulani nepotem meum in perpetuum, absque ullâ retentione*. Il acquit toute la Comté de Montbrun, qui est encore la plus belle Seigneurie de son Evêché, pour laquelle, & pour quelques autres moins considérables, il paya soixante mille sols melgoriens, qui valoient vingtquatre mille livres tournois, suivant la suputation de Mr. Plantavit : car, ajoûteroit-il, un sol melgorien, valoit huit sols monnoye de France, *valebat enim asses octo Gallicos hodierni temporis, solidus unus Melgoriensis*.

GUILLAUME RAYMOND, Evêque de Maguelone, que Ste. Marthe apelle Guillaume de *Montpellier*, parvint à ce Siége après le mort de Jean de Montlaur en 1189. c'est de lui que nous avons la Prose rimée que j'ai raportée ci-devant, sur les devoirs des Ecclesiastiques. Il avoit été Chanoine de Maguelone, & Abbé d'Aniane, avant son Episcopat, durant lequel il reçut le serment de fidélité de Guillaume Seigneur de Montpellier son Neveu, comme Ste. Marthe le dit en propres termes : *Guillemus Montispessulani Dominus Episcopi nepos, fidei sacramentum Patruo juravit in aulâ Sti. Nicolai Magalonæ*.

RAYMOND GUILLAUME, Evêque d'Agde en 1170. étoit neveu de R. Guillaume, dit, de *Madieres* Evêque de Lodeve, & par consequent Frere de Guillaume fils de Malthide Seigneur de Montpellier ; ce qui conste par un article du Testament de ce Seigneur, où il dit qu'il laissa sa Seigneurie & ses Vassaux sous la garde, protection & défense de Raymond son Frere Evêque d'Agde : *Terram & Homines meos relinquo sub gardiâ & defensione Raymundi fratris mei Agathensis Episcopi*.

On marque qu'il reduisit ses Chanoines au nombre de douze ausquels il legua sa Bibliothéque, & qu'il fit présent à l'Abbaye de Valmagne d'un Psautier qu'il avoit fait lui même à l'honneur de la Vierge.

RENAUD DE MONPELLIER, Evêque de Beziers en 1209 étoit Neveu de Guillaume, dit, de *Madieres*, avec lequel il assista à la Translation des Réliques de St. Fulcran en 1197. On ajoûte qu'il n'étoit alors que simple Chanoine de Beziers, n'ayant été élû Evêque de cette Ville qu'en 1209. Il est célébre dans l'Histoire des Albigeois, par les soins & les peines qu'il prit pour ramener ceux de Beziers, & garantir leur Ville du pillage de l'Armée des Croizés. Pierre de Valsernay a fait un chapitre entier à l'honneur de cet Evêque ; mais il faut qu'il fût alors avancé en âge, puisque cet Auteur parle de lui comme d'un Prélat vénérable, par ses années, par son sçavoir, & par l'integrité de ses mœurs.

Ste. Marthe p. 405.

Cronol. Lodev.

Chap. 18. Hist. Albig.

Après que la maison des Guillaumes de Montpellier eut fini (comme nous l'avons vû au commencement du XIII. Siécle) on prit dans les familles considérables du Diocése quelques Evêques pour les Eglises voisines. Le premier que nous trouvons est :

RAYMOND DE VALIOUQUEZ, de la Maison des Seigneurs de *Murles*, qui fut fait Evêque de Beziers en 1242. On marque qu'il assista avec les Evêques d'Agde & de Maguelone, au sacre de Guillaume de *Cazouls* Evêque de Lodeve, & qu'il fut présent à la cession que Trincavel Vicomte de Beziers fit au Roy St. Loüis de tous les droits qu'il avoit sur les Villes de Carcassonne & de Beziers le 6. Avril 1249. devant la grande porte de l'Eglise de St. Felix de cette Ville. Il fut médiateur avec Guy *Fulcodi* (depuis Pape sous le nom de Clement IV.) des differens entre Guillaume de Broa Archevêque de Narbonne, & Amalric Vicomte de cette Ville. Il est fait mention de lui dans un Recüeil des Sinodes de Beziers conservé en Manuscrit dans les Archives de cet Evêché ; & l'on ajoûte, que dans un Concile Provincial tenu à Beziers en 1254. il prend la qualité de premier Suffragant de l'Archevêché de Narbonne. Il mourut le sixiéme Juin 1261.

II.

PONS DE ST. JUST, Fils de Bertrand Seigneur de St. Just près de Lunel, & d'Aigline de Castries, succeda dans le Siége de Beziers à Raymond de Valiouquez son proche parent, qui l'avoit fait Chanoine de sa Cathédrale, puis Camerier, & ensuite Grand-Archidiacre. Il eut au commencement de son Episcopat, de grands differens avec les Chanoines de St. Aphrodise pour l'éléction de leur Abbé, qui furent terminez à l'avantage de l'Evêque. On marque qu'il bâtit deux Hôpitaux à Beziers, l'un au bout du Pont au-delà de la Riviére, pour les Lepreux, & l'autre dans la Ville à la décente du Pont, où il établit trente Religieuses, & trois Chapellains ; ce qu'il fit confirmer par le Pape Boniface VIII. & par le Roy Philippe le Hardy. Il fit aussi plusieurs fondations avantageuses pour le service divin dans sa Cathédrale.

En 1276. il assista au Concile de Beziers tenu par le Cardinal de Ste. Cecile Legat du St. Siége.

En 1283. à l'éléction de Pierre de *Montbrun* Archevêque de Narbonne, où se trouverent avec lui Berenger de Fredol Evêque de Maguelone, & ses autres Comprovinciaux ; qui tous ensemble écrivirent au Roy Philippe, pour l'assûrer que l'Archevêque qu'ils venoient d'élire lui seroit fidéle, & pour le prier d'en agréer l'éléction.

Deux ans après, ce même Roy ayant porté ses armes dans la Catalogne, où il prit Gironne & Figeres, mourut à Perpignan le 6. d'Octobre 1285. & son corps ayant été porté à Narbonne, Pons de St. Just se trouva aux honneurs funébres qu'on lui rendit, & à l'inhumation de ses entrailles dans un tombeau relevé, qui est dans le Chœur de l'Eglise Métropolitaine.

Il mourut lui-même quelque tems après ; & l'on observe que peu avant son décès il fit faire cent Calices & cent Ciboires d'argent, qu'il distribua aux Paroisses de son Diocése qui en avoient le plus de besoin.

Tous ces Evêques, dont je viens de parler, eurent pour contemporains plusieurs Evêques de Maguelone qui furent pris du Corps du Chapitre, pendant le tems des Eléctions. On aura pû les remarquer dans la suite que j'ai déja donné des Evêques de cette Eglise ; mais pour représenter sous un même œil ceux qui étoient natifs du Diocése, j'en vais raporter les noms, avec l'action de leur vie qui peut les caractériser davantage.

GAUTIER, Evêque de Maguelone, au commencement du XII. siécle, se rendit recommandable par toute forte de vertus, & finit fa vie au Mont Pelerin dans la Terre Sainte en 1129.

JEAN DE MONTLAUR, premier du nom, acquit une confiance fi générale dans le Pays, qu'il fut l'arbitre de tous les Seigneurs de fon voifinage, & des Particuliers de fon Diocéfe. Il mourut en 1195.

GUILLAUME DE FLEIX, donna tous fes foins pour garantir fon Diocéfe de la Doctrine des Albigeois. Il affifta au Teftament du dernier de nos Guillaumes, & mourut lui-même peu de tems après en 1203.

BERNARD DE MESOA, natif de Montpellier, fut élevé dans fa jeuneffe à Maguelone, où il fut Chanoine, Prévôt du Chapitre, & parvint au Siége de cette Églife en 1215. On marque de fon tems l'établiffement des Religieux Mandians à Montpellier, & les premiers Réglemens qui furent faits pour l'ecole de Medecine de cette Ville, par le Cardinal Eginon.

JEAN DE MONTLAUR, fecond du nom, fe rendit célèbre par les démêlez qu'il eut avec Jacques I. Roy d'Arragon & de Mayorque, & par les Réglemens qu'il fit pour l'Ecole des Arts.

PIERRE DE CONCHES, d'une famille confiderable de Montpellier, qui donna plufieurs Officiers aux charges Municipales de cette Ville, fut pris du Chapitre de Maguelone pour remplir le Siége de cette Eglife. Une action des plus remarquables de fa vie, eft la reconnoiffance qu'il fit au Roy St. Loüis de Montpellier & de Montpellieret; ce qui facilita avec le tems aux Rois de France l'acquifition de cette Ville.

GUILLAUME CRISTOPHLE, Archidiacre de Maguelone, fous qui fut tenu le Concile Provincial de Montpellier en 1256. il termina heureufement par la médiation de Guy Fulcodi (depuis Pape fous le nom de Clement IV.) les differens que fes Prédéceffeurs avoient eu avec Jacques I. Roy d'Arragon; mais il en eut perfonnellement avec les Officiers de ce Prince, qui le porterent à mettre Montpellier en interdit.

III. BERENGER DE FREDOL, Evêque de Maguelone en 1267. fit échange de Montpellieret avec le Roy Philippe le Bel, qui lui donna la Baronie de Sauve avec quelques autres Terres. Il étoit de l'Illuftre Maifon de Fredol qui poffeda longtems la Seigneurie de la Verune, à une lieüe de Montpellier. Sa famille donna deux Cardinaux à l'Eglife Romaine, & plufieurs Evêques à diverfes Eglifes.

LE CARDINAL BERENGER DE FREDOL, dit, *l'Ancien*, l'un des Compilateurs du Sexte nâquit environ 1250. au Château de la Verune.

Sa vie eft marquée par tous les progrès qu'un particulier peut faire, & par les emplois les plus diftinguez où un homme de mérite peut être employé.

Dès fa premiere jeuneffe il fut Chanoine de Beziers, enfuite Succenteur, Abbé de St. Aphrodife, & enfin Evêque de cette Ville en 1298.

Il en étoit déja Evêque, lorfque Boniface VIII. le choifit avec Guillaume de Mandagot Archevêque d'Embrun, & Richard de Sienne, pour la compilation des Décrétales du Sexte. La Bulle qui eft à la tête de ce Livre le marque pofitivement en ces termes: *Nos pro utilitate publicâ, per venerabiles Fratres noftros Guillelmum Archiepifcopum Ebredunenfem, & Berengarium Epifcopum Bitterenfem, & dilectum filium Ricardum de Senis Decretales hujufmodi diligentiùs fecimus recenferi.*

Clement V. ayant été fait Pape en 1305. huit ou neuf mois après la mort de Boniface, fit auffi-tôt Cardinal, Berenger de Fredol, dans la premiere promotion qu'il fit à Lyon cette même année.

Dès-lors il l'employa conftamment dans toutes les grandes affaires qui l'occuperent durant fon Pontificat, telles que le procès contre les Templiers, le Concile de Vienne, les difputes des Freres Mineurs, & quantité d'autres que je vais rapporter dans l'ordre que Mr. Baluze nous a tracé dans la vie des Papes d'Avignon.

En 1306. il fut envoyé avec le Cardinal Etienne de *Sufiac* au Roy Phillippe le Bel, pour ménager une entrevûë de ce Prince avec le Pape. Sa Lettre de créance rapportée par Baluze, fait voir l'eftime générale qu'on avoit de lui.

L'entrevûë s'étant faite à Poitiers l'année fuivante 1307. il fut refolu entre Philippe & Clement; que l'on feroit des informations contre les Templiers. Auffi-tôt le

Roy

II. PARTIE. LIVRE SIXIÉME.

Roy ayant donné des ordres très-secrets, les fit arrêter par toute la France en un même jour ; & cent quarante de ces Chevaliers ayant subi l'interrogatoire dans la maison du Temple à Paris, & ayant confessé les crimes dont on les accusoit, ils furent gardez par ordre du Roy dans une étroite prison, de même que ceux qu'on amenoit journellement de toutes les Provinces de France.

Alors le Pape craignant qu'on fût allé trop vîte, & se plaignant que le Roy eût entrepris sur la Jurisdiction Ecclesiastique, lui envoya le Cardinal Berenger de *Fredol* avec le Cardinal de *Sufiac*, afin qu'il remît entre leurs mains les personnes & les biens des Templiers. Le Roy leur remit les personnes, & fit garder les biens; mais pour avancer cette affaire, il eut une nouvelle conference avec le Pape en 1308. à Poitiers, où ils firent conduire un grand nombre de Templiers pour leur faire entendre leurs volontez.

Le Grand-Maître de l'Ordre, le Commandeur de Chypre, le Visiteur de France, avec les Commandeurs d'Aquitaine & de Normandie, étant restez malades à Chinon en Touraine, le Pape y envoya pour les examiner, *Berenger de Fredol*, *Etienne de Sufiac*, & *Landolphe Brancacio*, tous Cardinaux ; qui après avoir reçu la confession des accusez, la redigerent en forme authentique, & l'envoyerent à Poitiers, où il fut resolu entre le Pape & le Roy, qu'on assembleroit un Concile géneral.

Le Pape y fit expedier la Bulle de Convocation, qui fut adressée à tous les Archevêques, pour envoyer chacun trois Députez de leur Province. Ceux de Narbonne, furent les Evêques de Toulouse, de Maguelone, & de Beziers; & dans les commissions qui furent envoyées en même-tems dans les Provinces pour informer contre les Templiers par des Commissaires differens, on compte parmi ceux de la Province de Sens, l'Archevêque de Narbonne, & Jean de Montlaur, Archidiacre de Maguelone.

Comme par la Bulle, le Concile ne devoit se tenir que deux années après sa convocation, le Pape quitta Poitiers & parcourut les Provinces de France; d'où il ne sortit jamais durant son Pontificat. Fredol le suivit à Bourdeaux, à Toulouse, & à St. Bertrand de Comenges, où il assista à la rélevation des Reliques de ce Saint, que le Pape y fit avec beaucoup de solemnité ; & quelques mois après, le Cardinal *Bucamat* ayant laissé vacante par sa mort l'Eglise de Tusculum, Clement la confera à Berenger Fredol, qui depuis fut apellé le Cardinal *Tusculan* ; & devint bien-tôt ensuite Grand Penitencier du Pape.

Cependant les grandes disputes qui durerent durant tout ce siécle, entre les Freres Mineurs, sur l'observation de leur Regle, s'étant échauffées de plus fort en 1310. Clement V. commit Berenger de Fredol Evêque de Tusculum, Guillaume Arrufat, & Thomas Jorzi, Cardinaux, pour entendre les deux Partis, dont l'un se nommoit des Spirituels, & l'autre des Freres de la Communauté. L'animosité qui étoit entr'eux, rendit inutiles tous les soins des Commissaires, & leurs démêlez ayant continué sous le Pontificat de plusieurs autres Papes, l'évenement en devint funeste à quatre Freres Mineurs, qui furent brûlés à Marseille, & à Frere Bernard de Montpellier, surnommé *Delicieux*, qui périt dans les prisons de Carcassonne.

En mêms-tems, le Roy Philippe le Bel ayant renouvellé ses instances auprès du Pape pour la condamnation de la mémoire de Boniface VIII. avec qui, de son vivant, il avoit eu de si grands démelez. Clement V. pour faire ouïr la foule de Témoins que le Roy produisoit, commit Berenger de Fredol Evêque de Tusculum, & Nicolas de Freauville du titre de St. Eusebe ; & les auditions ayant été faites & poursuivies durant quelques mois avec beaucoup de chaleur & de chicane, l'affaire finit par la révocation que fit le Pape de tout ce que Boniface avoit fait au préjudice du Roy de France, & par le désistement que Philippe donna de toutes ses poursuites.

Enfin vers la mi-Septembre de 1311. Clement fit l'ouverture du Concile Géneral de Vienne, qui finit dans le mois de May de l'année suivante. On y suprima l'ordre des Templiers : on y fit des Constitutions pour les FF. Mineurs & pour les Reguliers : on rétablit la mémoire de Boniface, en déchargeant le Roy de tout ce qu'il avoit fait contre lui ; ce qui nous donne lieu de croire que le Cardinal Tufculan qui affiftoit à ce Concile ; eut beaucoup de part aux Décrets qui y furent faits , puifqu'il en avoit tant eu aux affaires qui l'avoient fait affembler.

Avant que les Peres fe feparaffent, il obtint du Roy, qui étoit prefent au Concile , la permiffion de donner cent livres tournois de revenu au Monaftere des Chanoineffes qu'il avoit fondé à Beziers , & qu'on apelle aujourd'huy l'Abaye du St. Efprit. Peu de tems après ayant fuivi le Pape à Avignon , il y confacra Adulphe de la Mark Evêque de Liege, qui , le jour precedent , avoit été fait Prêtre par le Cardinal de *Mandagot*.

Clement V. étant mort en 1314. & les Cardinaux , partie Italiens, partie François , ayant été deux ans & trois mois fans pouvoir s'accorder pour l'élection d'un Pape , le Roy Philippe le Bel dans cet intervale écrivit à Fredol les lettres que nous avons encore ; & fon fils Philippe le Long ayant trouvé le moyen d'enfermer les Cardinaux à Lyon dans la maifon des Freres Prêcheurs , ils élûrent Jean XXII. durant l'abfence de Fredol, * qui au raport de Villani paffoit dans le public pour devoir être fait Pape.

Lib. 9 cap. 79. Jean André.

Clementine ac Romani.

L'année d'après , qui fut 1317. Jean XXII. ayant fait faire le procès à Hugues Geraud Evêque de Cahors , Fredol eut la trifte commiffion de le dégrader en public avec toutes les cérémonies ufitées en ce tems - là.

Il continua d'être employé par le même Pape dans des affaires particuliéres qui démandoient un homme des plus verfez dans le Droit Canon ; mais comme elles n'intereffent pas beaucoup l'Hiftoire , je les paffe fous filence , en ayant déja affez dit pour faire connoître l'eftime générale que le Cardinal Berenger de Fredol reçût de fon tems.

Il mourut en 1323. comme il paroît par le Necrologue de l'Eglife de Narbonne , qui nous aprend en même - tems , qu'il avoit été Archidiacre de *Corbiéres* & Chanoine de cette Eglife , avant que d'être fait Evêque de Beziers , *Anno M. CCC. XIII. Idus Junii , obiit Reverendiffimus in chrifto Pater Dñus Berengarius Fredoli , qui fuit Archidiaconus Corbarienfis , & Canonicus in Ecclefiâ Narbonenfi. Poftea verò fuit Epifcopus Biterrenfis , deinde Epifcopus Tufculanus & S. R. E. Cardinalis.*

Il compofa divers ouvrages que l'on voit encore dans la Bibliotéque de Colbert , & dont Mr. Baluze nous a laiffé le détail ; fçavoir, un Traité de *l'excommunication* ; qu'il compofa étant Evêque de Bezier : *Inventarium Juris Canonici, inventarium fpeculi judicialis* , & d'autres écrits fur la Somme du Cardinal d'Oftie.

CHAPITRE SECOND.

I. *Le Cardinal de Caftanet.* II. *Suite des Evêques de la Maifon de Fredol.*
III. *Le Cardinal Imbert du Puy.*

J'Interromps la fuite des Évêques de la Maifon de Fredol , pour placer felon l'ordre du tems le Cardinal *Caftanet* , leur Compatriote & leur Contemporain, qui fit honneur à fa Patrie par toutes les qualitez d'un pieux & fçavant Evêque.

Duchefne , Vie des Cardinaux François.

BERNARD DE CASTANET, natif de Montpellier, prit naiffance dans cette Ville environ l'année 1230. il y fit toutes fes études , & y prit le bonnet de Docteur en l'un & l'autre Droit. La grande habileté qu'il y acquit, le fit employer dans la Cour de Rome fous differens Papes

Clement IV. dont il étoit Chapelain en 1268. l'envoya Legat en Allemagne, & lui donna l'adminiftration de l'Eglife de Treves , après la dépofition d'Henry, qui s'en prétendoit Archevêque; la chofe paroît par une lettre du Pape au Roy St. Loüis rapportée par Baluze page 1418. *Et nunc maximè per dilectum filium Magiftrum Bernardum de Caftaneto Capellanum & Subdiaconum noftrum , per quem etiam noffe*

Pag. Avenion. t. m. 1.

II. PARTIE. LIVRE SIXIÈME.

potesquare Legatio in Teutoniam tantùm fuerit prorogata.

Il fut Auditeur du Sacré Palais fous Gregoire X. qu'il fuivit au fecond Concile de Lyon en 1271.

Inocent V. fous qui il exerça la même Charge, lui donna l'Evêché d'Alby en 1276. comme nous l'aprenons de Bernard Guido Evêque de Lodeve, qui dit dans fa Chronique d'Innocent V. *Hic præfecit Episcopum Ecclesiæ Albiensi venerabilem virum Dñum Bernardum de Castaneto, de Montepessulano, hunc Sacri Palatii Auditorem Pontificatûs sui anno primo.*

La charte de l'Eglife d'Alby raportée dans le *Gallia Christiana* des Peres Benedictins dit la même chofe. *Innocentius V. de ipso Dño. Bernardo, qui à Magalonensi Diœcési, & villâ Montipessulani traxit originem Ecclesiæ Albiensi in urbe Romanâ providit.* *Tom. 1. pag. 21.*

La mort d'Innocent V. & celle d'Adrien V. qui arriverent toutes deux dans la même année, retarderent la prife de poffeffion de Bernard Caftanet, qui ne vint dans fon Eglife que fous le Pontificat de Jean XXI. où à peine fut-il arrivé, qu'il travailla à réünir fon Chapitre entierement divifé, & à commencer la confruction de la belle Eglife de Ste. Cecile qu'on y voit encore.

Il donna pour cet effet la vingtiéme partie de fes revenus, & porta fes Chanoines à en faire de même durant vingt ans. Il deftina de leur confentement à cet ouvrage, les revenus des Eglifes vacantes, tant de fa collation que de celles du Chapitre.

Les fondemens en furent jettez dans un lieu plus éminent que ne l'étoit l'ancienne Eglife fituée fur les rives du Tarn ; fes Succeffeurs en continüerent le bâtiment durant plus de deux cens ans : & ce ne fut que fous Loüis d'Amboife Evêque d'Alby, qu'elle fut confacrée en 1480. après que ce digne Prélat frere du Cardinal George d'Amboife eut fait conftruire ce beau Chœur de pierre percée à jour qu'on y voit encore, & qui eft fans contredit un des plus beaux du Royaume.

Cependant Caftanet pour contenter fes Chanoines, & pour fe fervir d'un remede que l'Eglife a fouvent employé utilement, pourfuivit la fécularifation de fon Chapitre, qui vivoit fous la Regle de St. Auguftin ; & ayant obtenu en 1278. une Bulle du Pape Nicolas III. qui commettoit les Evêques de Rhodez & de Mende pour inftruire cette affaire, elle fut executée fous le Pontificat de Boniface VIII.

Caftanet paffa trente-deux ans dans cet Evêché, toûjours occupé de fes fonctions. On le trouve figné au Concile de la Province de Bourges, tenu à *Aurillat* cette même année 1278. à celui de 1286. tenu à Bourges, & aux autres Sinodes Provinciaux des années 1290. & 1291.

En 1293. il mit la premiére pierre au Couvent des Freres Prêcheurs de la ville d'Alby, où ce même B. Guido dépuis Evêque de Lodeve que j'ay déja cité, lui fervoit de Diacre durant cette céremonie, comme il le dit lui-même dans le Cathalogue des Prieurs de ce Couvent.

Peu de tems auparavant le Pape Nicolas IV. l'avoit commis pour informer dans le Diocéfe de Lodeve contre les ufurpateurs des biens Ecclefiaftiques ; & enfuite le Roy Philippe le Bel le chargea de folliciter avec Guillaume de *Flavacourt* Archevêque de Roüen la Canonifation du Roy Saint Loüis, dont le Pape Boniface VIII. publia lui-même la Bulle.

Sa vertu fut long-tems exercée à Alby, à l'occafion des fameufes difputes des *Fleury L. 92. p. 49.* Freres Mineurs. Frere Bernard de Montpellier, furnommé *Délicieux*, l'un des plus zelez & des plus ardens, fouleva les Habitans de cette Ville, & de celle de Carcaffonne, contre les Inquifiteurs qu'il en fit chaffer. Il fongea même à faire livrer ces deux Villes à Ferdinand fils du Roy de Mayorque, qu'il alla trouver lui-même au nom des Confuls de Carcaffonne. Cela caufa la mort de plufieurs perfonnes, qui perirent entre les mains de la Juftice. Mais comme l'Evêque d'Alby voulut interpofer fon autorité pour calmer ces troubles, F. Bernard fe déchaîna contre lui, & blâma hautement les Sentences qu'il avoit porté contre quelques Hérétiques. Il ne fut puni de tous ces excés qu'après la mort de Caftanet. Ce-

HISTOIRE DE L'EGLISE DE MONTPELLIER,

pendant ce bon Prélat, ami de la paix & de la tranquilié, fongea dès-lors à fe la procurer en changeant d'Evêché ; ce qu'il n'exécuta pourtant qu'en 1308.

Toutes ces traverfes ne l'empêcherent pas de donner des marques fignalées de fon zéle au Roy Philippe le Bel, durant les guerres qu'il eut en Flandres ; ce qui lui attira & à fon Eglife, les beaux Priviléges que ce Roy leur accorda en 1304. comme on peut les voir dans l'Acte raporté dans le Gallia Chriftiana des Bénédictins.

Tom. 1. pag. 21. aux preuves.

Enfin il fut transferé en 1308. à l'Evêché du Puy, beaucoup moins riche que celui d'Alby ; & il difoit à ce fujet, qu'il compenfoit les grands revenus qu'il avoit quitté par la protection de la Ste. Vierge, à qui fon Eglife du Puy étoit plus particuliérement dévoüée : *ficque videamur* (ajoûte-t'il) *in hoc portionem acquirere magis uberem quam derelictam.*

On marque qu'il fit recevoir en cette Ville la Régle de St. Auguftin aux Religieufes du Monaftere de Valz, qui auparavant étoient Pénitentes.

Il fut fait Cardinal à la première promotion que fit Jean XXII. aux ides de Décembre 1316. & en même-tems le Pape lui donna l'Evêché de Porto, avec la faculté de garder en commande celui du Puy : mais il ne joüit pas long tems de toutes ces graces, car il mourut huit mois après à Avignon en 1317. dans une grande vieilleffe, & il fut enterré dans la Cathédrale de la même Ville.

Amalric Auger Guido Ep. Lodov. Frizon Gallia pur par. Ciaconius Ughel.

Tous les Auteurs qui ont parlé de lui, & qui font en grand nombre, en font de grands éloges. Ughel dans fon Hiftoire des Evêques de *Porto* dit de luy : *Antiquæ probitatis ac dignitatis, deque Chrifti Ecclefiâ optimè meritus Prafful.*

Quelques-uns ont alteré fon nom, comme il arrive à tous les noms latinifez ; ils l'ont appellé, de *Caftineto*, de *Caftanieto*, que Morery à traduit *Chatanier*. Mais je m'arrête pour le Latin au nom que les Papes & les Auteurs contemporains lui donnent ; & pour le François à celui de *Caftanet*, comme a fait Mr. Fleury dans fon Hiftoire Eccléfiaftique.

Liv. 91. pag. 258.

II.

LE CARDINAL BERENGER DE FREDOL (dit le Jeune) Neveu de l'ancien, étoit Chanoine & Camerier de St. Nazaire, lorfqu'il fut élevé en 1309. fur la Chaire de Beziers. Le Pape Clement V. le fit Cardinal du titre de St. Nerée & Achilée à la feconde promotion qu'il fit à Avignon.

Les Statuts de fon Eglife lui donnent le titre de St. Nerée en parlant de la fondation qu'il fit de fix Chapelains, appelez du St. Efprit. *Anno* 1317. *D. Berengarius Cardinalis tituli Storum Nerei & Achillai inftituit fex Capellanos in honorem Dei Patris & Filii & Spiritûs Sancti, & præcipuè in honorem Sti. Spiritûs, in Capellâ Sti. Spiritûs, Ecclefiâ SS. Nazarii & Celfi, pro fuâ falute & profperitate perpetuâ & temporali. Nec non Clementis V. qui ipfum Cardinalem creaverat, & propinquorum, &c.*

Pap. Aven. tom. præm. pag. 668.

En 1318. Le Pape Jean XXII. lui donna l'Evêché de *Porto* après la mort du Cardinal Caftanet, ce qui le fit appeller le refte de fa vie *Berengarius Cardinalis Portuenfis*, pour le diftinguer du Cardinal fon Oncle, qu'on appelloit, *Berengarius Epifcopus Tufculanus*. Il faut felon les Notes de Mr. Baluze, qu'il ne foit mort qu'en 1323. comme il le démonftre en réfutant Mr. d'Efte, qui avoit mis la mort de ce Cardinal en 1316.

GUILLAUME DE FREDOL, Frere du dernier Cardinal de ce nom, lui fucceda dans l'Evêché de Beziers en 1318. lorfque fon Frere eut été nommé à l'Evêché de *Porto*. On marque qu'il fonda un Anniverfaire pour l'Ame de fon Pere Pierre de Fredol Seigneur de *la Verune* ; qu'il convoqua un Sinode le 17 Avril 1320. dans lequel il fit plufieurs Décrets contre les Juifs ; & qu'en 1342. il tint un Chapitre général, où furent dreffez les Statuts du Chapitre de St. Nazaire. Sa mort arriva le 23 Décembre 1349.

ANDRE' DE FREDOL, fon autre frere, qui avoit été tiré de Maguelone en 1308. pour être Evêque d'Ufez, fut transferé à Maguelone dix ans après par le Pape Jean XXII. qui le crut plus propre que tout autre, pour entretenir à Maguelone la Régle de St. Auguftin, qu'il avoit embraffé dès fa jeuneffe. On met fous fon Epifcopat la mort de St. Roch, & la fienne en 1388.

JEAN DE VISSEC, fon Succeffeur dans l'Evêché de Maguelone, fut pris comme

II. PARTIE. LIVRE SIXIE'ME.

me lui par le Pape Jean XXII. du Chapitre de Maguelone pour en remplir le Siége ; & ses deux Prédécesseurs immédiats PIERRE DE LEVIS & JEAN DE GOMINGES avoient été tirez du Siége de Maguelone. Le premier pour l'Archevêché de Cambray, & le second pour prémier Archevêque de Toulouse, lorsque cette Eglise eut été érigée en Archevêché, de la maniére qui a été dit dans l'Article de ces deux Prélats. Ils eurent pour contemporain,

LE CARDINAL IMBERT DUPUY, natif de Montpellier, fut élevé à cette dignité par le Pape Jean XXII. en 1327. Bernard Guido dans la vie de ce Pape fait mention de ce Cardinal en ces termes : *Imbertum de Puteo de Montepessulano.*

III.
B. Guido in vitâ Joan. XXII.

Il étoit de la maison des *Caturces* établie à Montpellier depuis plus d'un siécle ; ce qui a donné occasion à Villani de dire que le Cardinal Imbert étoit de Cahors, d'où le Pape Jean XXII. étoit lui-même : mais Mr. Baluze qui raporte une réconnoissance faite au Roy St. Loüis en 1261. par les enfans de Raymond Caturce Bourgeois de Montpellier (*Burgensis Montispessulani*) concilie les sentimens de Bernard Guido, & de Villani sur la naissance du Cardinal Imbert, & il établit sans en laisser aucun doute qu'il étoit de Montpellier.

Pap. Avenion. tom. 1. pag. 708.

Sa nouvelle dignité ne changea rien à la vie retirée qu'il avoit mené jusqu'alors : car on ne trouve ni avant ni après sa promotion, qu'il ait été employé dans la Cour Romaine aux Légations, & autres grandes affaires qui occupoient alors la plûpart des Cardinaux, quoiqu'il ait joüi de cette dignité durant plus de vingt ans.

La chose qui a rendu parmi nous sa mémoire plus recommandable, est la Fondation de l'Eglise Collegiale de St. Sauveur, dont je raporterai le détail dans un article particulier sur cette Eglise.

Il fit pour cela diverses acquisitions ; car outre l'emplacement qu'il acheta des Chevaliers Teutons établis déja à Montpellier, il profita du dérangement dés affaires du Roy de Mayorque Jacques III. pour acquerir de lui en 1343. la prairie de Lates avec deux Moulins qui ont fait long-tems le principal revenu de l'Eglise de St. Sauveur. On trouve dans Baluze la confirmation de cette vente par le Roy Philippe de Valois du 9. Juin de cette même année, & il raporte en même tems les lettres d'amortissement que ce Prince donna l'année suivante pour cent livres de terres acquises pour cette fondation par le Cardinal Imbert.

Ibid. pag. 789.

Nous aprenons des lettres de Clement VI. de l'an 1342. raportées par le même Auteur, que ce Cardinal, selon l'usage fort ordinaire de son tems, ne dédaigna point, tout Cardinal qu'il étoit, la Cure de Frontignan. *Quod dilectus filius noster Imbertus duodecim Apostolorum Presbiter Cardinalis Parrothialem Ecclesiam Sti. Pauli de Frontiniano Magalonensis Diœcesis, tunc vacantem, per nos in supportationem onerum & expensarum eidem incumbentium sibi collatam, est Canonicè assecutus, & ipsi pacificam possessionem adeptus.*

Il mourut à Montpellier le 26. May 1348. entre les mains d'Arnaud de Verdale Evêque de Maguelone, laissant imparfaite sa fondation de l'Eglise de St. Sauveur, qui ne fut achevée qu'après sa mort par ses executeurs testamentaires, comme nous le dirons dans l'article de cette Eglise.

LE CARDINAL PICTAVIN DE MONTESQUIOU, après avoir tenu le siège de Maguelone durant quatre ou cinq années, fut transferé à Alby par le Pape Benoît XII. qui le fit Cardinal du titre des douze Apôtres, après la mort du Cardinal Imbert, qui avoit eu ce même titre.

LE CARDINAL RAYMOND DE CANILLAC, ayant servi très-utilement l'Eglise de Maguelone dont il avoit été Prévôt durant plusieurs années, fut fait Archevêque de Toulouse par le Pape Clement VI. qui le fit aussi Cardinal du titre de Ste. Croix en Jerusalem ; il fut depuis Evêque de Preneste, & voulut être enseveli à Maguelone, où l'on voit encore son tombeau.

Il fonda dans cette Isle l'Eglise Collegiale de la Ste. Trinité, dont j'ai donné un article separé.

PONS DE GARDE, ou, DE LA GARDE, Chanoine de Maguelone, & Prieur de Saint Firmin de Montpellier, fut fait Evêque de Mende en 1375.

Il est beaucoup parlé de lui dans la fondation du College de la Ste. Trinité de

Ddd

HISTOIRE DE L'EGLISE DE MONTPELLIER,

Maguelone par le Cardinal Raymond de Canillac, qui le nomma pour adjoint aux Cardinaux Anglic Grimoard, & Pierre de Montarué, ses executeurs testamentaires. Il est à croire que Pons de la Garde étant sur les lieux, eut beaucoup de part à cet établissement, & qu'il fournit aux deux Cardinaux les mémoires sur lesquels ils agirent auprès du Pape, pour lever tous les obstacles qui survinrent à l'exécution de cette fondation. Voyez l'article de l'Eglise Collegiale de la Ste. Trinité.

Les Papes qui résidoient à Avignon, continuérent pendant le séjour qu'ils y firent, de donner des Evêques à plusieurs Villes de France, parmi lesquels on compte :

Gabriel Ste. Marthe.
PIERRE ADEMAR, pris du Chapitre de Maguelone, où il étoit Chanoine Infirmier, pour être Evêque de *Lescar* ; mais Benoît XIII. connu sous le nom de Pierre de Lune, qui l'avoit connu à Montpellier dans le tems qu'ils enseignoient ensemble dans l'Université de cette Ville, le tira de Lescar pour le rendre à Maguelone ; c'est ce qui paroît par la lettre qu'il écrivit au Roy Charles VI. sur cette translation, où il marque au Roy que l'Eglise de Lescar étant sous la Régle de St. Augustin, il a crû que Pierre Ademar seroit plus en état de travailler utilement pour celle de Maguelone, qui étoit sous la même régle. *Attendentes quòd idem Petrus qui Lascuriensis Ecclesiæ regimini præfuit, prædictam Ecclesiam Magalonensem sciet & poterit regere & feliciter gubernare.*

LE B. LOUIS ALEMAN, fut nommé en 1421. pour Successeur de Pierre Ademar dans l'Evêché de Maguelone ; mais le Pape Martin V. le tira de ce Siége peu d'années après, pour le faire Archevêque d'Arles, & ensuite Cardinal du titre de Ste. Cecile. Je ne reporterai point ici ce que j'ai déja dit de lui dans la suite des Evêques de Maguelone.

LEGER SAPORIS, occupoit la Chaire de Maguelone en 1429. c'est-à-dire, six ans après la translation de Louis Aleman. Il est célèbre dans les Archives de la Ville, par la Bénédiction qu'il fit de la Chapelle de *Notre-Dame de Bonnes Nouvelles*, bâtie par les Habitans de Montpellier, en action de graces de la levée du Siége d'Orléans, & du Couronnement du Roy Charles VII. en la Ville de Reims.

La Pragmatique-Sanction que ce Prince fit publier en 1438. ayant rendu aux Chapitres la liberté des élections, celui de Maguelone choisit en 1472.

JEAN BONAIL, natif du Diocése, & Chanoine-Vestiaire de leur Eglise. Son Gouvernement fut doux & paisible ; & après son décès arrivé en 1487. le Chapitre élut,

IZARN DE BARRIERE, d'une famille de Montpellier, qui avoit eu la Seigneurie de Poussan : il gouverna son Diocése durant douze ans, avec beaucoup de sagesse & de bonté ; & étant mort en 1498. le Chapitre nomma à sa place,

GUILLAUME PELISSIER (dit l'ancien) Chanoine & Celerier de Maguelone, natif de Melgueil, dans le même Diocése.

FRANÇOIS DE FAUCON, qui fut successivement Evêque de Tulles, d'Orleans, de Meaux, & de Carcassone, étoit né à Montpellier sur la fin du quinziéme siécle, d'une famille originaire de Toscane, qui ayant suivi en France le Roy Charles VIII. l'établit à Montpellier, où elle exerça differentes charges dans le seiziéme siécle, comme on a pû le voir dans le premier Tome de cette Histoire, où il est marqué qu'elle logeoit dans la Maison de St. Roch.

Cette famille ayant quitté Montpellier pour se changer à Paris dans le siécle suivant, donna deux Premiers Présidens au Parlement de Normandie, & un autre au Parlement de Brétagne, sous le nom de Faucon de Ris, qui y est devenu illustre.

L'Evêque qui donne lieu à cet article, mourut dans son Evêché à Carcassonne le 22. Septembre 1565. en réputation d'homme des plus sçavans de son tems.

GUILLAUME PELISSIER (second du nom) succeda à son oncle sur la démission qu'il donna de son Evêché en sa faveur ; il se rendit recommandable par son grand sçavoir, & par la translation du Siége de Maguelone à Montpellier, qu'il obtint du Pape Paul III. à la recommandation du Roy François I.

Depuis le *Concordat* que ce Prince fit avec le Pape Leon X. en 1515. la nomi-

II. PARTIE. LIVRE SIXIEME.

nation aux Evêchez de France fut dévoluë à nos Rois, qui prirent quelquefois des sujets du Diocése de Montpellier pour l'Evêché de cette Ville, & pour quelques autres du Royaume. Le premier de tous est :

GUITARD DE RATTE, nommé par le Roy Henry IV. à l'Evêché de Montpellier en 1596. J'ai donné un article sur ce digne Prélat, où je crois pouvoir renvoyer le Lecteur.

LOUIS DE CLARET, d'une ancienne maison, qui est fonduë dans celles de *Toiras* & de *Montpeirous*, étoit Prévôt de l'Eglise Cathédrale de Montpellier, Conseiller au Parlement de Toulouse, & Grand-Vicaire du Cardinal de la Valette Archevêque de cette Ville, lorsqu'il fut nommé en 1626. par le Roy Louis XIII. à l'Evêché de St. Papoul. Il fut sacré l'année suivante dans l'Eglise Métropolitaine de Toulouse par *Bernard Dufis* Evêque de Lombez, *Jean Louis de Bertier* Evêque de Rieux, & *Jean-Jacques de Fleyres* Coadjuteur de St. Pons. Il assista en 1627. à l'Assemblée générale du Clergé tenuë à Poitiers, & mourut durant celle des Etats du Languedoc en 1636.

ARMAND BAZIN DE BESONS, naquit à Montpellier en 1654. Mr. de Besons son Pere Conseiller d'Etat ordinaire, étant alors Intendant de la Province du Languedoc. Il fut tenu en cette Ville sur les fonts Baptismaux par son Altesse Monseigneur Armand de Bourbon Prince de Conty, Gouverneur de la Province, & Dame Elisabeth de Bonzi Marquise de Castries.

Après avoir fait ses études à Paris, il prit le bonnet de Docteur, & fut reçu de la Maison & Société de Sorbonne.

En 1680. il fut Agent Général du Clergé de France, par la nomination de la Province de Narbonne.

En 1685. le 13. du mois d'Aout, le Roy le nomma à l'Evêché *d'Aire*. Son Sacre fut différé, comme tous ceux qui furent nommez dans cet intervale à cause des différens survenus entre la Cour de Rome, à l'occasion de la Régale, & de ce qui s'étoit passé dans l'Assemblée de 1682. le Pape ayant refusé d'accorder des Bulles jusqu'en 1693. que l'accomodement fut fait. Alors Armand de Besons fut sacré le 11. d'Octobre par Mr l'Archevêque de Reims, assisté des Evêques de Tarbe, & de Bazas, dans l'Eglise des Religieuses de Ville-l'Evêque à Paris.

En 1695. il fut député par la Province d'Auch, à l'Assemblée générale qui se tint à St. Germain en Laye.

En 1698. il fut transferé de l'Evêché *d'Aire* à l'Archevêché de Bourdeaux. Etant Archevêque de Bordeaux il assista à l'Assemblée du Clergé de France en 1700. à l'Assemblée de 1705. à l'Assemblée extraordinaire de 1707. à celle de 1710. de 1711. à celle de 1713. & 1714. & à celle de 1715.

Après la mort de Louis XIV. Monseigneur le Duc d'Orleans Regent, ayant établi plusieurs Conseils pour le Gouvernement du Royaume, Monseigneur de Besons fut fait du Conseil de Conscience, dont il alloit raporter les affaires une fois la semaine au Conseil Suprême de Régence.

En 1616. il fut chargé de la Direction générale de l'Economat des Eglises de France.

En 1718. il fut fait du Conseil Suprême de Régence, & la même année, au mois d'Avril il fut transferé de l'Archevêché de Bordeaux à celui de Rouen, qu'il conserva jusqu'au 8. Octobre 1721. que ce Prélat mourut dans le Château de Gaillon, maison dépendante de l'Archevêché de Rouen. Son Corps fut porté à Paris & enterré dans l'Eglise de St. Côme, où est le tombeau de sa Famille.

Tout le monde sçait avec quel zéle, quelle capacité, & quelle sagesse, ce Prélat a gouverné les différentes Eglises auxquelles la Providence l'avoit apellé : les régrets que ces Eglises firent paroître quand elles l'eurent perdu, sont une preuve qui ne peut être équivoque.

La réputation qu'il s'étoit acquise dans les différens emplois dont il avoit été chargé, & principalement dans les assemblées du Clergé, où il étoit toûjours souhaité, n'est ignorée de personne.

LE CARDINAL ANDRÉ-HERCULE DE FLEURY, que l'Eglise de Montpellier a eu l'honneur de compter parmi ses Chanoines depuis 1668; qu'il fut inſtalé, juſqu'en 1694. qu'il réſigna ſon Canonicat en faveur de Jean-Loüis de Roſſet de Roquezel, ſon proche parent.

Dans cet intervale, il prit ſes dégrez de Sorbonne, fut Aumônier de la Reine Marie-Thereſe d'Autriche, & enſuite du Roy Loüis XIV.

Ce grand Prince l'ayant nommé à l'Evêché de *Frejus* en 1698. il fut ſacré le premier Novembre dans l'Egliſe des Fueillants par Mr. le Cardinal de Noailles, aſſiſté des Evêques d'*Amiens* & de *Langres*.

En 1715. le feu Roy lui fit l'honneur ſingulier de le nommer dans ſon Teſtament pour Précepteur du jeune Roy Loüis XV. ſon arriére Petit-Fils. Ainſi la France doit aux ſoins de ce grand Prélat l'éducation Chrêtienne du Prince Réligieux qui la gouverne.

En 1726. ſur la fin de Juillet, le Roy Loüis XV. le fit ſon Premier Miniſtre ; & peu de mois après, le Pape Benoît XIII. le fit Cardinal.

Toute la France connoît depuis long-tems la douceur de ſes mœurs, ſa modeſtie, & la bonté qui le fait deſcendre ſouvent juſqu'aux beſoins des ſimples particuliers. L'Hiſtoire du Royaume tranſmettra à la Poſtérité, quel fut ſon déſintereſſement dans la première place de l'Etat, ſon zéle pour la gloire du Roy ſon maître, ſa fermeté à ſoûtenir dans un âge avancé le poids de la derniére guerre & l'heureuſe paix dont le Ciel a béni ſes travaux, tandis que l'Hiſtoire de l'Egliſe publiéra la modération de ſon gouvernement, & les ſages ménagements qu'il prit pour calmer les troubles qui agitérent l'Egliſe de France.

Celle de Montpellier ne ceſſera de faire des vœux pour ſa conſervation, après avoir reſſenti ſouvent des marques eſſentielles de ſon illuſtre protection.

ARMAND PIERRE DE LA CLOIX DE CASTRIES, fils de Meſſire René Gaſpard de la Croix, Marquis de Caſtries, Baron de Gordiéges & de Caſtelnau, Lieutenant Général des Armées du Roy, l'un de ſes Lieutenant Généraux en Languedoc, Chevalier de ſes Ordres, Gouverneur de Sommieres & de Montpellier ; & de Dame Eliſabeth de Bonzi ſœur de ſon Eminence Monſeigneur le Cardinal Pierre de Bonzi, nâquit à Montpellier en 1664. & fut tenu ſur les Fonts de Bâptême par Mr. le Prince de Conty, de qui il reçut le nom d'Armand, auquel on ajoûta celui de *Pierre*, à l'honneur du Cardinal ſon Oncle.

Après avoir commencé ſes études à Montpellier, il alla les continuer à Paris, où il prit le Bonnet de Docteur en Sorbonne, & revint en Province pour être Vicaire Général de Monſeigneur le Cardinal de Bonzi Archevêque de Narbonne.

En 1596. Il fut fait Aumônier ordinaire de Madame la Dauphine Mere du Roy Loüis XV. & peu de tems après prémier Aumônier de Madame Fille de France, Ducheſſe de Berry.

Le 29. Janvier 1717 il fut nommé Archevêque de Tours, & honoré la même année d'une place au Conſeil de Conſcience.

Enfin, il a été transféré en 1719. à l'Archevêché d'Alby, & rendu à ſa Province, dont il ſoûtint les interêts dans l'Aſſemblée des Etats avec un zéle & une éloquence digne de lui & de ſes Ancêtres.

FRANÇOIS DE BOUCAUT, d'une noble & ancienne famille de Robe de Montpellier, étoit déja Docteur de Sorbonne, lorſqu'il fut nommé par le Chapitre de cette Ville, pour remplir un Canonicat Electif de ſa collation. Il fut durant pluſieurs années Grand-Vicaire de Meſſire *Jean-François Gabriel de Henin Lietard* Evêque d'Alais, & nommé le 16. *Octobre* 1723. à l'Evêché d'Aleth. Son Sacre fut fait le onze du mois de Juin 1724. dans la Chapelle interieure de St. Sulpice à Paris par Meſſire René-François de Beauveau Archevêque de Narbonne, aſſiſté de Meſſeigneurs les Evêques de Vabres & de Sarlat.

En 1728. il fut député pour porter au Roy le Cayer des Etats de la Province du Languedoc, & dans la préſente année 1735. il aſſiſte pour la Province de Narbonne, à l'Aſſemblée générale du Clergé.

CHAP.

CHAPITRE TROISIEME.

Suite des Prévôts du Chapitre de Montpellier.

LEs Auteurs du *Gallia Christiana*, s'étant fait une espece de loi de donner après les Evêques de chaque Diocése, une suite des chefs de leur Chapitre, tous les différens noms de Doyen, Prévôt ou grand Archidiacre, j'ai crû ne devoir pas omettre ici la suite de nos Prévôts, qui tiennent la premiere place dans l'Eglise Cathédrale de Montpellier. Je l'ai tirée en partie des vieux actes de l'Evêché, ou du Chapitre, du Catalogue d'Arnaud de Verdale ancien Evêque de Maguelone, des Mrs. de St. Marthe, & des Regîtres du Chapitre St. Pierre de Montpellier, où l'on trouve le jour de leur installation & titres, sur lesquels ils sont entrez dans cette place.

Il est à observer que le Chapitre de Maguelone, avant que d'être sécularisé, fut toûjours en droit d'élire ses Prévôts, sans que ceux-ci pussent transmettre ou résigner leur place. Mais par la Bulle de Sécularisation, les Prévôts peuvent résigner, comme on le verra dans les derniers tems de ceux que je vais nommer.

PONS DE MONTLAUR, selon Mrs. de Ste. Marthe, est le même qui se trouve signé dans la donation que Pierre Comte de Substantion fit à l'Eglise de Maguelone en 1079. & dans celle que l'Evêque Arnaud avoit fait à son Chapitre en 1055. d'une partie de l'étang.

Gallia Christiana.
Præpositi Magalonenses.

Il est aussi nommé Prévôt du Chapitre dans un acte original, qui est dans les Archives de l'Evêché, contenant l'hommage que Guillaume fils d'Ermengarde rendit à l'Evêque Godefroy.

BERNARD GAUCELIN, assista comme Prévôt en 1161. au serment que Guillaume fils de Sibille, Seigneur de Montpellier, prêta à Jean de Montlaur Evêque de Maguelone : *In præsentiâ Raymundi de Cassaniaco Prioris, & Bernardi Gaucelini Præpositi.*

On ne doute point que ce Prévôt ne fût de la maison des Gaucelins, Seigneurs de Lunel, suivant les preuves que j'en ai raporté dans l'article de Jean de Montlaur.

FULCRAND, est remarquable dans notre Histoire, par le recit que fait Verdale des troubles qu'il y eut à son élection pendant la vacance du siége de Maguelone ; car il dit que les Chanoines n'étant pas d'accord, sur l'étendue du pouvoir que devoit avoir le Prévôt, il fut deliberé qu'il seroit borné au temporel du Chapitre, sans préjudice de l'autorité de l'Evêque & du Prieur Claustral pour le spirituel.

Il est fait mention de lui dans plusieurs actes du douzième siècle. En 1169. il assista à la donation que l'Evêque Jean de Montlaur fit au Chapitre de Maguelone des Eglises de *Lunel-Viel* & de *Saussan*. Il signa cette même année un acte de confederation entre l'Eglise de *Mende* & celle de Maguelone.

Sur la fin de sa vie il eut quelque different avec son Evêque, sur la provision des Benefices desservis par le Chapitre de Maguelone, qu'il fit décider en sa faveur par le Pape Alexandre III. & confirmer depuis par le Pape Celestin en 1180.

Mrs. de Ste. Marthe remarquent que dans le Contrat de Mariage entre Bernard Comte de Cominges & Marie de Montpellier, R. Evêque d'Agde, est pris pour témoin avec un Helie frere de Fulcrand Prévôt de Maguelone : *Helias frater Fulcrandi Præpositi.* Il assista aussi à la cession qu'on fit faire à Marie de tous ses droits paternels.

GUY DE VENTADOUR, en 1199. transigea comme Prévôt du Chapitre avec le Commandeur de l'Hôpital St. Jean de Jerusalem de la Maison de Montpellier, au sujet de l'Estang de *Cuculles* & de la Metairie de *Grenoüilleres*. On trou-

E e e

HISTOIRE DE L'EGLISE DE MONTPELLIER,

ve aussi une concession qu'il fit à Guillaume de la *Treille* Sacristain de Maguelone, d'une portion de terre auprès des Fauxbourgs de Villeneuve, pour en joüir sa vie durant.

BERNARD DE MESOA étoit Prévôt de Maguelone, lorsqu'il fut élevé au Siége de cette Eglise en 1216. Voyez son article parmi les Evêques.

JEAN DE MONTLAUR. Il est fait mention de lui dans Verdale sous l'Article de Bernard de Mesoa, où il est dit qu'en 1225. cet Evêque ceda, *Joanni de Montelauro Præposito certas possessiones* apud *Coconum* & *Maurinum*, sous certaine censive, & qu'il lui donna le domaine du Château de Londres, sous foy & hommage.

Ce même Prévôt en 1228. obtint du Pape Gregoire X. la Confirmation des priviléges de Maguelone.

BERNARD DE MURVIEL, de l'ancienne Maison de ce nom, étoit Prévôt de Maguelone, lorsque l'Evêque *Reynier* acquit l'Eglise de Nôtre-Dame de Melgueil, pour laquelle il ceda au Chapitre de Maguelone les Eglises de *Cocon*, de *Cazevieille*, de *Castries*, & de *Veirargues*.

De son tems, l'Office de Vestiaire de Maguelone fut erigé en titre de Bénéfice aux charges que j'ai dires dans l'article de l'Evêque Reynier.

GAUDALRIC, selon Mrs. de Ste. Marthe, étoit Prévôt dans le tems de l'Episcopat de Guillaume IV. qui l'aida beaucoup à maintenir les immunités du Chapitre.

PONS II. Prévôt de Maguelone, est nommé en cette qualité comme témoin avec l'Archevêque de Narbonne, & les Evêques du Puy, de Barcelone, d'Elne, de Rhodez & de Maguelone, dans des Lettres-Patentes données par Jacques prémier, Roy d'Arragon le 4. des Ides de Décembre 1258.

JEAN ATBRAND, d'une ancienne Famille de Montpellier, est nommé comme Prévôt dans la transaction que Berenger de Fredol Evêque de Maguelone, Pons de Sorege Sacristain & Raymond de Bociacis Prieur de St. Firmin de Montpellier, passèrent avec les Fréres Prêcheurs de cette Ville en 1263.

RAYMOND DE BOSSAGE étoit, Prieur de St. Firmin lorsqu'il fut élû Prévôt de Maguelone après la mort d'*Atbrand* son Prédécesseur immediat. On a conservé dans les Archives du Chapitre une transaction qu'il passa avec Berenger de Frédol son Evêque, pour certains usages qu'il avoit à Villeneuve, & un échange qu'il fit avec Bernard de St. Just Damoiseau de Montferrier, de quelque redevance en pain & en vin, avec quelques sols melgoriens qu'il lui devoit contre les droits honorifiques que Bernard avoit sur la métairie de Verrieres. Il est fait mention de lui comme Prévôt dans les Lettres-Patentes du Roy Jacques le Conquerant, sur la monnoye de Montpellier & de Melgüeil. Voyez dans le prémier Tome *l'Article de l'Hôtel des Monnoyes*.

ADEMAR DE CABREROLES, acheta de Berenger de Fredol son Evêque la Montagne de St. Bauzile de *Montesero* & la Garrigue de Noals. Il fut présent à l'interdit prononcé contre la Ville de Montpellier en 1291. par Bertrand *Mathæi* Official de Maguelone. Il consentit à la donation qui fut faite aux Réligieuses de St. Leon de l'Eglise St. Bauzile de Montmel; & il intervint au nom de l'Evêque & du Chapitre à l'échange de Montpelieret, qui fut fait avec le Roy Philippe le Bel, contre la Baillie de Sauve & autres Terres.

RAYMOND DE BEAUPUY II compromit en son nom & à celui du Chapitre au sujet de la pêche de l'étang entre les mains de son Evêque, qui régla la manière dont les habitans de Villeneuve pourroient faire cette pêche.

GUILLAUME DE LA TOUR. J'ai raconté dans l'Article d'André de Fredol son Evêque, les differens qu'il eut avec lui au sujet de la Peirade de Maguelone, & pour la présentation aux Bénéfices dependans de la Prévôté. Ce different, & un autre qu'il eut pour les Fourches du Pont de Villeneuve, furent terminez par la médiation de Jean de Montlaur Prieur de St. Firmin, & de Berenger de Fabregues Prieur dudit lieu, tous Chanoines de Maguelone.

JEAN DE VISSEC, fut transferé de la Prévôté de Maguelone au Siége de cette Eglise en 1328. Voyez son article parmi les Evêques.

II. PARTIE. LIVRE SIXIÈME.

RAYMOND DE CANILLAC, dont il a été souvent parlé dans le cours de cette Histoire, transigea avec Pictavin de *Montefquiou* Evêque de Maguelone sur la propriété de l'étang depuis Frontignan jusqu'à Melgueil : il fut arbitre du different entre le Vestiaire & les Chanoines de Maguelone. Il obtint du Roy Philippe le Long la confirmation des priviléges du Chapitre ; il mourut Cardinal & Archevêque de Toulouse en 1373.

PONS D'OLARGUES, est signé comme Prévôt dans les réglemens qui furent faits pour terminer les differens du Chapitre avec Durand des *Chapelles* Evêque de Maguelone en 1356. J'ai raporté ces réglemens dans l'article de cet Evêque.

ASTORG DE GOZON. Ste. Marthe dit de lui qu'il termina conjointement avec l'Abbé de Psalmodi & autres Arbitres, quelques contestations entre le Chapitre de Maguelone & Antoine de Louvier leur Evêque.

FABER DACTILES, est nommé Prévôt de Maguelone dans les Lettres de grand Vicariat que Robert de *Rouvres* donna, dans le tems que cet Evêque étoit retenu auprès du Roy Charles VII. Voyez l'article de Robert de Rouvres.

SECUNDIN DE SARRAT, étoit prieur de St. Firmin en 1493. lorsqu'il transigea avec les Consuls de Montpellier sur la dîme des olives dans l'étenduë de sa Paroisse, (comme il a été dit dans le Chapitre 2. du Livre 12. de ce volume) il fut fait ensuite Prévôt de Maguelone, & l'on conjecture qu'il étoit d'une famille de Robe qui donna des Officiers à la Cour des Aydes en 1462. & 1467. On a pû voir dans l'article de *Jean Granier* Evêque de Maguelone, que ce même Prévôt ayant nommé au Prieuré vacant de St. Maurice de Sauret, il eut un grand démêlé avec *Jean Bonail* son Evêque ; qui ne put être terminé que sous la vie des Successeurs de l'un & de l'autre. On marque aussi qu'il obtint l'alternative avec Charles de Beaufort Marquis de Canillac, de la nomination aux Bénéfices de la Collégiale de la Ste. Trinité.

JEAN DE COSTA, étant Prévôt, contribua beaucoup avec François de Halé Archévêque de Narbonne à faire élire Izarn de Barriere Evêque de Maguelone. Il obtint de ce Prélat les Réglemens qui furent faits le 2. de Novembre 1496. pour la collation des Bénéfices du Diocése entre l'Evêque & le Chapitre. On le trouve aussi nommé comme Prévôt dans l'érection de l'Eglise de Ste. Anne en Collégiale ; mais l'on ne sçait s'il étoit de la même famille que quelques Officiers de la Cour des Aydes, qui portoient alors le même nom que lui.

MICHEL DE SARRAT est nommé dans la Bulle de Sécularisation du Chapitre de Maguelone, comme premier Prévôt Commandataire du Chapitre de Montpellier. On le croit de la même famille que *Secundin de Sarrat*, dont il a été parlé ci-devant.   1536.

LEONARD D'AIGUILLON, Prévôt de Montpellier, étoit en même-tems Officier de la Cour des Aydes ; ce qui le fit employer souvent dans les conseils politiques de la Ville pendant les troubles des Religionaires : comme on le voit dans les Mémoires de Philippy.

Le Chapitre l'élut Vicaire-Général après la mort de Guillaume Pelicier second de ce nom, & pendant l'absence de PIERRE DE LA ROÜILLE, qui fut nommé à l'Evêché de Montpellier par le crédit du Connétable Henry de Montmorency.   1568.

Il exerça jusqu'en 1572. le Grand Vicariat, qui fut donné après sa mort avec sa Prévôté, à :

GUILLAUME PELET, de l'ancienne Maison de ce nom. Il continua d'être Grand-Vicaire pendant la vie D'ANTOINE DE SUBJET, Successeur de Guillaume Pelicier ; & après la mort de cet Evêque, il le fut encore pendant la vacance du Siége.   1572.

LOUIS DE CLARET, proche parent de la Maison de Toiras fut reçû Prévôt de Montpellier le 15. Juillet 1600. sur la résignation en Cour de Rome de Guillaume Pelet : il fut ensuite Evêque de St. Papoul, & mourut en 1636.   1596. 1600.

CLAUDE DE ST. BONNET DE TOIRAS, ayant perdu son Evêché de Nîmes de la maniere que nous avons dit ci-devant, fut élû par le Chapitre de Montpellier en la dignité de Prévôt, après la mort de Louis de Claret.   1636.

1651.   CHARLES-RAYMOND DE BRIGNON, fut pourvû en la Cour de Rome le 4. Août 1651. par la résignation de Messire Claude de St. Bonnet de Toiras, ancien Evêque de Nîmes. Sa mémoire est encore en singuliere vénération, par la vie très-exemplaire qu'il mena toûjours, par sa charité envers les pauvres, & par son zéle pour la décoration des Autels.

1660.   FRANÇOIS DE BEAUXHOSTES Sr. DE ROANEL, d'une ancienne Maison de Montpellier, qui a donné des premiers Présidens à la Cour des Comptes,
1660.   Aydes & Finances, fut élû Prévôt de la Cathédrale le 12. Avril 1660.
JEAN ANTOINE DE BEAUXHOSTES Sr. DE STE. COLOMBE, Frere de François son Prédécesseur, fut reçu à la Prévôté le 23. Juin 1667. sur la résignation de son frere.

1667.   CLAUDE DE PRADEL, frere de Messire Charles de Pradel Evêque de Montpellier, fut élû à la Prévôté vacante par la mort de Mr. de Ste. Colombe le
1683.   27. Janvier 1683.
FRANÇOIS D'HAUDESSENS, sur la résignation en Cour de Rome de son
1688.   Prédécesseur, fut reçu Prévôt le 8. Janvier 1688.
PIERRE MAS, auparavant Archidiacre de Castries dans l'Eglise de Montpellier, obtint la Prévôté dans une élection qui fut faite le 21. Janvier 1724.
1724.   FRANÇOIS IGNACE DE BELLEVAL, d'une famille de Montpellier qui
1726.   a déja donné trois Présidens à la Cour des Comptes, Aydes & Finances, fut élû Prévôt par le Chapitre le 21. Septembre 1726.

CHAPITRE QUATRIEME.

Personnes distinguées par leur sainteté, de la Ville ou Diocése de Montpellier.

I. St. Benoit d'Aniane. II. St. Fulcran Evêque de Lodeve. III. Frere Guillaume de Montpellier Religieux de Citeaux. IV. Jean, dit, le Penitent. V. Le B. Pierre de Castelnau Martir. VI. Guy de Montpellier, Fondateur des Hospitaliers du St. Esprit. VII. F. Guillaume Arnaud, Inquisiteur de la Foy & Martir. VIII. Les deux Jumeaux de Montpellier. IX. Guillaume de Bas second Général de la Mercy. X. Saint Roch. XI. Dominique Serano onziéme Général de la Mercy Cardinal. XII. Marie de Montpellier Reine d'Arragon.

François Ranchin Traité de la Peste Ch. 23.

JE crois ne pouvoir mieux terminer cette Histoire, que par les personnes recommandables par leur pieté, natifs de la Ville ou du Diocése de Montpellier; persuadé (comme le dit un de nos célébres Auteurs) que *la plus grande gloire qu'une Ville puisse avoir*, c'est d'avoir *produit un grand Saint ou quelque grand Personnage*. Je vais donc commencer l'abregé de leur vie, tant pour leur honneur particulier, que pour l'édification publique.

HISTOIRE
DE MONTPELLIER.

LIVRE SEPTIEME.

Des Personnes distinguées par leur sainteté dans le Diocése de Montpellier.

SAINT BENOIT D'ANIANE
FONDATEUR DE L'ABAYE DE CE NOM.

AINT Benoît d'Aniane a été un des plus grands ornemens de nôtre Patrie, par sa naissance, par sa pieté, par son zéle pour la Réligion Chrêtienne, & pour la perfection de la vie Monastique, dont il fut le restaurateur en France & en Allemagne.

Il étoit fils d'Aigulfe Comte de Maguelone, dans le tems que Charles Martel ruïna cette Isle. Benoît son fils nâquit peu de tems après ; & soit nécessité ou politique, il fut envoyé fort jeune à la Cour du Roy Pepin fils de Charles Martel, où il fut élevé parmi les jeunes Seigneurs de la Cour. Charlemagne ayant succédé au Roy Pepin son pere, Benoît, qui étoit déja en âge de porter les armes, suivit ce grand Prince dans ses prémieres expeditions avec un de ses freres, qui lui donna occasion d'executer le projet qu'il méditoit depuis long-tems, de se retirer du monde ; car on raconte que son frere étant tombé dans le Tésin près de Pavie, & Benoît voulant lui donner du secours, il fut entraîné par les eaux, d'où s'étant heureusement échapé, il fit vœu d'accomplir son premier dessein, & retourna dans le Languedoc sans en rien dire à son pere. Après y avoir resté quelque-tems, & s'y être fortifié dans sa résolution, par les conseils d'un Solitaire du pays à qui il se con-

Fff

fioit, il quitta ses parens, comme pour aller à Aix-la-Chapelle où étoit la Cour: mais en chemin il s'arrêta au Monastére de St. Seine à cinq lieuës de Dijon, où il embrassa la vie Monastique, la même année que Charlemagne soûmit l'Italie, c'est-à-dire en 774.

Il passa cinq années à St. Seine dans la pratique la plus austére de la vie Religieuse; & au bout de ces cinq ans, en ayant été élû Abbé, il ne voulut point y rester, voyant trop de différence entre les mœurs de ces Moines & les siennes. Il retourna dans le Diocése de Maguelone, & se retira dans une Terre de son patrimoine, sur un ruisseau nommé Annian, aujourd'hui *Corbieres*. Là, près d'une Chapelle dédiée à St. Saturnin, il bâtit un petit Monastére, où il vécut durant deux ans, avec quelques autres Solitaires, dans une très-grande pauvreté. On compte ce premier Etablissement vers l'an 780. Mais le nombre de ses Disciples augmentant tous les jours, & le valon où il s'étoit d'abord établi étant fort étroit, il commença de bâtir au bout du même valon, & à l'entrée d'une belle & fertile plaine, qui est arrosée de la riviére de l'Eraut. On marque ce second Etablissement en 782. Il dédia son Eglise à St. Sauveur; & elle fut si fort enrichie par les liberalitez des Ducs & des Comtes, qu'il fut en état de l'orner magnifiquement, & d'établir dans son Monastére, des Chantres, des Lecteurs, des Grammairiens, & des Théologiens, dont quelques-uns furent depuis Evêques.

Sa réputation étant allée jusqu'à la Cour, il fut apellé auprès du Roy Charlemagne, qui lui donna de grandes immunitez pour son Monastére d'Aniane, & & lui fit present de quarante livres d'argent, qu'il distribua aux autres Monastéres du pays: car il étoit le Nourricier (disent les Auteurs de sa Vie) de tous ceux de Provence, de Gothie & de Novempopulanie, c'est-à-dire, du Languedoc & de la Gascogne. Il gagna entierement la confiance de ses Moines par sa charité, par son bon exemple, & par sa sage conduite. Leur nombre s'étant augmenté jusqu'à plus de trois cens, il fit un bâtiment long de trois cens coudées, & large de vingt; & il établit en plusieurs lieux des Cellules ou petits Monastéres, auxquels il donna des Superieurs particuliers: ce qu'on apella depuis des Prieurez.

Sa maison eut bien-tôt la reputation qu'il s'étoit acquise lui-même. On lui demanda de toutes parts des Religieux, pour établir ou pour reformer plusieurs Monastéres de France. Leidrade Archevêque de Lyon lui en demanda vingt pour rétablir le Monastére de l'Isle-Barbe. Alcüin Abbé de St. Martin de Tours, l'un des plus sçavans Hommes de ce siécle, en obtint autant pour l'Abbaye de Cormery, qu'il fonda. Theodulfe Evêque d'Orleans lui en prit quatre pour le Monastére de Micy, ou de St. Mesmin, que les guerres du Roy Pepin contre Gaïfier Duc d'Aquitaine avoient entierement ruïné.

Mais celui qui l'employa avec plus de succès fut Loüis Roy d'Aquitaine quatriéme fils de Charlemagne, à qui son Pere dès son vivant avoit donné ce Royaume, qui comprenoit toutes nos Provinces en deça la Loire. Comme ce Prince, qui étoit fort religieux, vouloit rétablir dans ses Etats la discipline Clericale & Monastique, il se servit de St. Benoît d'Aniane qu'il avoit pris en affection; il lui demanda pour Menat, ou Manlieu en Auvergne, douze Moines qui en attirerent bien-tôt soixante: vingt pour St. Savin en Poitou, & quarante pour Massiac ou Messay en Berry. Il l'établit sur tous les autres Monastéres qu'il fonda de nouveau ou qu'il repara dans son Royaume, dont les plus connus sont St. Filbert dans l'Isle d'Hero où Noirmoustier, *Charroux*, St. *Maixant*, *Noüaillé*, tous quatre dans le Diocése de Poitiers, & Ste. Radegonde ou plûtôt Ste. Croix dans la même Ville; Conques dans le Diocése de Rodez, *Menat* ou Manlieu en Auvergne, *Moissac* en Quercy, St. Chaffre dans le Diocése du Puy, Solognac près de Limoges, Ourbion ou la *Grace* dans le Diocése de Carcassonne. Le Roy Loüis donna tous ces Monastéres à Benoît pour soulager celui d'Aniane, qui se trouvoit surchargé d'un trop grand nombre de Religieux trop nombreux pour son étenduë, & Benoît mit en chacun d'eux un Abbé, en se reservant l'inspection sur tous.

Il est à observer que la plûpart de ces Monastéres reconnoissent l'Empereur Charlemagne pour leur Fondateur, peut-être parce qu'ils furent établis de son vivant, où que le Roy Loüis ne faisoit rien sans l'ordre ou le conseil de son Pere; mais

II. PARTIE. LIVRE SEPTIE'ME.

il eſt conſtant qu'ils ſont dans les Etats du Royaume d'Aquitaine tel que l'avoit le Roy Loüis, & qu'ils furent établis dans le tems qu'il en étoit en poſſeſſion.

Ces divers établiſſemens furent mêlez du ſoin d'une plus grande affaire qui intereſſoit toute l'Egliſe, & pour laquelle on employa l'Abbé d'Aniane. Felix Evêque d'Urgel dans le Rouſſillon qui étoit alors du Royaume de France, y renouvelloit les erreurs de Neſtorius, & ſoûtenoit que Jeſus-Chriſt en tant qu'Homme, n'étoit Fils de Dieu que par adoption, ou *nuncupatif* (comme il diſoit) c'eſt-à-dire, de nom ſeulement.

Elipand Archevêque de Tolede, uni d'amitié avec lui, répandoit en Eſpagne les mêmes erreurs que Felix dans le Languedoc. Pour remedier à ce mal, on cita Felix au Concile de Ratisbonne, où après avoir été oüi, il fut condamné & envoyé à Rome au Pape Adrien, devant qui il fit une ſeconde abjuration ; mais étant de retour à Urgel, il retomba dans ſes erreurs ; ce qui ayant engagé Alcüin à lui écrire, l'engagea lui-même à lui répondre par un long écrit où il ſoûtenoit ouvertement ſon héréſie. Alcüin & Paul Archevêque d'Aquilée lui répliquerent, & tous ces differens écrits avec ceux de Felix ayant été portez au Concile de Francfort, il y fut condamné de nouveau, & enſuite à Rome par le Pape Leon III.

Dans ces conjonctures le Roy Charlemagne, qui cherchoit à le ramener, fit partir pour Urgel, Leidrade Archevêque de Lyon, Nefridius Archevêque de Narbonne, & Benoît Abbé d'Aniane. Le ſuccès de leur voyage, fut, que Felix à leur perſuaſion vint à Aix-la-Chapelle, qu'il y reconnut ſincerement ſes erreurs, & donna ſon abjuration par écrit en forme de lettre adreſſée à ſon Clergé & au Peuple d'Urgel, où il donnoit des marques d'un véritable répentir. Néanmoins à cauſe de ſes fréquentes rechûtes, il fut dépoſé & relegué à Lyon ; & pour réparer les maux qu'il avoit fait dans ſon Dioceſe, les mêmes Archevêques avec l'Abbé d'Aniane y furent renvoyez en 800. pour achever d'y éteindre ſon héréſie.

Cette affaire ayant été heureuſement terminée, Benoît revenu à Aniane, s'apliqua à la conduite ſpirituelle d'un des plus grands Seigneurs du Royaume, qui s'étoit mis ſous ſa direction. Ce fut Guillaume neveu de Charlemagne, que cet Empereur avoit employé très-utilement contre les Sarrazins avec le titre de Duc d'Aquitaine. Il avoit toutes les belles qualitez du corps & de l'ame qui pouvoient faire un Seigneur accompli. Benoît en fit un parfait Chrétien. Guillaume commençant à ſe détacher du monde, choiſit à une lieüe d'Aniane la Valée de Gelone pour y bâtir un Monaſtére : c'eſt ce qu'on apelle aujourd'hui St. Guillem du Déſert dans le Dioceſe de Lodeve, & à mi-chemin de cette Ville à Montpellier. Il y mit la premiere pierre en 804. & les Bâtimens étant bien avancez, il obtint la permiſſion de l'Empereur ſon maître, de s'y retirer avec les Moines qu'il avoit attiré d'Aniane. Il y prit l'habit de Religieux en 806. & y mourut en odeur de ſainteté le 8. May 812.

Après ſa mort, & celle de Charlemagne, qui arriva vingt mois après, le Roy Loüis qui lui ſucceda à l'Empire, apella auprès de ſoi l'Abbé Benoît à Aix-la-Chapelle, où il faiſoit ſa réſidence ordinaire. Il lui donna en Alſace le Monaſtére de Maur ou Mormonſter près de Saverne, où il mit pluſieurs Moines de ſon Obſervance tirez d'Aniane. Mais l'Empereur le trouvant encore trop éloigné de lui, l'obligea de mettre un autre Abbé dans ce Monaſtére, & de ſe rendre auprès de ſa perſonne avec quelques-uns de ſes Moines. Il lui fit bâtir à deux lieües d'Aix un Monaſtére que l'on nomma *Inde*, d'un ruiſſeau qui y coule, & il voulut qu'il y eût trente Moines que Benoît choiſit en diverſes maiſons: " Il commença donc à frequenter le Palais & à recevoir les Requêtes qu'on préſentoit au Prince. De peur de les oublier, il les mettoit dans ſes manches, ou dans les manipules que les Prêtres portoient encore ordinairement à la main, & l'Empereur le foüilloit ſouvent pour prendre ces papiers & les lire. Il conſultoit Benoît non-ſeulement ſur les affaires particulieres, mais encore ſur le gouvernement de l'Etat. " Il lui donna l'inſpection de tous les Monaſtéres de ſon Royaume, comme il la lui avoit donnée autre fois ſur ceux d'Aquitaine ; & ce fut par ſon ordre qu'il travailla à la reforme qui en fut faite l'an 817.

Par cette réforme, qui a pour titre, Réglemens d'Aix-la-Chapelle, on réduiſit

En Janv. 814.

" Fleury Hiſt. Eccl. Liv. 46.

tous les Moines à une dicipline uniforme ; " car encore qu'en la plûpart des Mo-
" nasteres on fit profeffion de fuivre la Régle de Saint Benoît, il y avoit bien de
" la variété dans la pratique de ce qui n'eft pas écrit ; d'où il arrivoit que l'on
" faifoit paffer les relâchemens pour d'anciennes coûtumes autorifées par le tems,
" & que les Moines même voifins, étoient étrangers les uns aux autres.

Ce Réglement, divifé en près de quatre-vingt articles, marque les heures &
la manière de l'Office, du travail, du jeûne, des habits, de la nourriture, du
dormir, de l'épreuve des Novices, du foin des écoles & de la punition des fautes. L'Empereur qui confirma ce Réglement, le fit obferver par fon authorité.

Mais Bénoît pour aider davantage fes Réligieux fit un Récueil de toutes les
Régles Monaftiques, connu fous le nom de *Code des Régles*, & divifé en trois Tomes, dont le prémier contient les Régles des Moines d'Orient. Le fecond celles
des Moines d'Occident. Le troifiéme celles des Religieufes, à la fin duquel on
voit un Récueil des Homelies ou Traitez des SS. Peres les plus utiles pour
l'inftruction des Réligieux. Le Sçavant Mr. Holftenius Bibliotécaire du Vatican, les
a donné depuis au Public en 1663. par où l'on voit l'aplication infatigable de ce
St. Abbé pour la perfection de fon Ordre.

Dans ce même-tems de l'affemblée *d'Aix-la-Chapelle*, Benoît obtint de l'Empereur un foulagement confidérable pour les pauvres Communautez qui étoient
obligées à differentes charges envers le Roy. Les prémiers devoient des gens de
guerre, des préfens & des priéres au Roy. Les féconds ne devoient que des préfens & des priéres. Les derniers devoient feulement des priéres pour la perfonne du Roy. On en fit une lifte qui eft encore parmi les Capitulaires, & dans le
rang des dernieres qui ne devoient que des priéres, on trouve marqué nommement les Monafteres de *St. Gilles* de *Pfalmodi*, *d'Aniane*, *St. Tiberi*, *Villemagne*,
qui font tous dans nos Cantons, d'où l'on peut conclure de leur ancienneté.

Parmi les autres ouvrages qu'il fit pour l'inftruction de fes Religieux, on marque la *Concorde de la Régle*, que Don Hugues Menard de la Congrégation de St.
Maur, a donné depuis au public, où le St. Abbé montre le raport & les convenances de la Régle de St. Bénoît avec les autres Régles Monaftiques : il leur
laiffa auffi un *Penitentiel*, qui fe trouve imprimé dans l'addition des Capitulaires ;
& plufieurs lui attribuent l'Ordre de la *Converfation Monaftique*, qu'on croyoit auparavant être de St. Benoît du Mont-Caffin.

Tant de travaux de corps & d'efprit, joints à fes aufteritez, le rendirent infir-
me fur les derniéres années de fa vie, durant lefquelles il ne voulut jamais ufer
de la permiffion que la Régle donne aux malades, de manger de la viande. Enfin fes maux ayant augmenté dans le tems qu'il étoit au Palais, quatre jours avant
fa mort, l'Empereur le fit tranfporter dans fon Monaftére d'Inde, où il finit fes jours,
dans l'exercice continuel de la priére. Sa Mort arriva le onziéme de Fevrier 821.
& la 71. de fon âge.

Il fut cheri de l'Empereur fon Maître, eftimé de tous les grands Hommes de
fon tems, & régardé par tous les Moines de France & d'Allemagne, comme leur
Pere. Theodulfe, Evêque d'Orleans, dit qu'il fut en France & en Allemagne, ce
que le Patriarche St. Benoît avoit été en Italie ; & le fcavant Alcüin fe lia d'une
fi étroite union avec lui, & lui écrivit tant de lettres, qu'on en fit un récueil particulier.

Son Corps fut enterré dans le Monaftere d'Inde, apellé depuis St. Corneille Pape
& Martyr, fous le nom duquel il en avoit fait dédier l'Eglife. On y conferve encore
foigneufement fes Réliques, & l'on y fait fa Fête le 12. de Fevrier, qui fut le jour
de fes funerailles ; mais à Aniane on la célebre le onze, qui fut celui de fa mort.

Ardon Smaragde fon difciple, écrivit fa Vie, que Bollandus a inferée dans les
Actes de la Vie des Saints du mois de Fevrier pag. 610. Voyez l'Hiftoire Ecclefiaftique de Fleury, Livres 44. 45. & 46.

SAINT FULCRAND
EVEQUE DE LODEVE.

QUOIQUE le Diocéſe de Lodeve aye lieu de ſe glorifier de la naiſſance de ce Saint Prélat, Montpellier auſſi peut s'en faire honneur, tant parce qu'il tiroit ſon origine par ſa Mere des premiers Seigneurs de cette Ville auſquels il ſucecda lui-même, que parce qu'il occupoit une des premieres places dans le Chapitre de Maguelone, lorſqu'il fut promû à l'Epiſcopat.

Les Ecrivains de ſa vie nous aprennent que ſa Mere s'apelloit *Euſtrogie*, qu'elle étoit Fille des Comtes de Subſtantion, alors Seigneurs de Montpellier, & qu'ayant ſuccedé à tous les biens de ſon Pere, elle en tranſmit la poſſeſſion à ſon Fils & à ſes deux Filles, qui ſont celébres dans notre Ville par la donation qu'elles en firent à l'Egliſe de Maguelone.

Verdale, qui nous a conſervé l'hiſtoire de cette Donation, s'en explique en ces termes: *Beatus namque Fulcrandus à Subſtantionenſium Comitum ſtemmate maternum ſanguinem ducens. Magalonenſis Archidiaconus, glorioſiſſimus poſtmodum Lodovenſis Epiſcopus, iſtarum frater fuiſſe comprobatur.* Il renonça en faveur de ſes Sœurs à ſes droits ſur Montpellier, pour être plus libre de ſuivre l'heureux penchant qui le portoit à la vertu. Il paſſa toute ſa jeuneſſe dans l'application à l'étude, dans la fuite des occaſions qui peuvent corrompre les bonnes mœurs, dans la pratique de la mortification, qui eſt d'un ſi grand ſecours contre les attraits du plaiſir. Par de ſi ſaints moyens, il ſe diſpoſa à recevoir tous les Ordres qu'il prit ſucceſſivement ſous la conduite de Thierry Evêque de Lodeve, qui avoit pris dès ſon enfance un ſoin particulier de lui.

Ces heureuſes diſpoſitions, jointes à la conſideration de ſa naiſſance, le firent recevoir avec aplaudiſſement dans le Chapitre de Maguelone; & de la dignité d'Archidiacre qu'il y occupa. Il y auroit été vraiſemblablement élevé à une plus grande, ſi la mort de Thierry n'avoit donné occaſion au Clergé de Lodeve de choiſir Fulcrand pour remplir ſa place. Les regrets furent les mêmes, tant de la part du Chapitre de Maguelone que de la ſienne; il prit la fuite pour ſe cacher, & pour ſe dérober à la recherche du Peuple & du Clergé de Lodeve; mais ayant été découvert, il fut enlevé de force, comme on en voit bien des exemples dans l'hiſtoire de l'Egliſe, ſurtout dans le tems des élections; & ayant été conduit à Narbonne il y fut ſacré Evêque par *Aimeric* ſon Metropolitain l'an 949.

La grace de ſa vocation ſe fit ſentir toute entiere dès le commencement de ſon Pontificat, & Dieu lui donna des occaſions éclatantes d'exercer ſa charité envers les miſerables; ſa fermeté pour l'extirpation du vice, & ſon zéle pour la diſcipline & pour l'augmentation du ſervice divin.

La peſte & la famine ayant ſucceſſivement affligé ſon Dioceſe, il ſervit lui-même les Malades; & après avoir conſommé tous ſes révenus & vendu ſes meubles, il engagea ſon fonds & fit de grands emprunts, dont il acheta des troupeaux & du bled qu'il fit venir du Roüergue.

Les Grands du Pays menant une vie ſcandaleuſe & tirannifans le Peuple, il leur réſiſta de toutes ſes forces, & Dieu bénit ſi heureuſement ſes travaux, qu'il n'eut ſouvent beſoin que de la priere pour les reduire: car on raconte, que ces petits tirans s'étant rendus maîtres du Château de *Gibret*, & d'où ils mettoient tout le Pays à contribution, il fit faire une procession autour du Château, en invoquant le Nom de Dieu ; & au troisiéme tour qu'il eut fait, les murailles, comme autrefois celles de Jerico croulerent à terre : ce qui ayant réduit les Assiégez à la discrétion du St. Prélat, il se contenta de les obliger à restituer les voleries qu'ils avoient faites, & les exhorta à mieux vivre ; après quoi il se trouva fort peu de gens qui osassent lui resister ouvertement.

Cet heureux calme, lui donna le tems & le moyen de bâtir sa Cathédrale, qui depuis long-tems menaçoit ruïne ; il la recommença dépuis les fondemens, & la rendit beaucoup plus grande & plus belle qu'elle n'étoit auparavant. Le Vicomte de Lodeve ayant voulu s'opposer avec violence à l'élevation d'une grande tour qu'il voulut y ajoûter, le St. Evêque, qui par la concession de nos Roys, avoit toute jurisdiction dans la Ville, sçut le reprimer & l'obliger de reparer les maux qu'il avoit fait à cette occasion ; l'ouvrage étant heureusement achevé, il en fit la consecration l'an 975. en presence d'*Aymery* Archevêque de Narbonne, de *Ricuin* Evêque de Maguelone, & de *Dieu-donné* de Rodez, qu'il avoit invité à cette ceremonie.

Son zéle pour la discipline Ecclesiastique lui fit souhaiter d'avoir dans sa Ville un Monastére de Religieux, dont le bon exemple pût animer son Clergé : il y appella des Moines de St. Benoît, à qui il bâtit & dota le Monastére de St. Sauveur, qui est tout près de la Cathédrale ; & pour se les attacher plus particulierement, il se reserva à Lui & à ses Successeurs toute autorité sur eux & sur leur Abbé. Les Evêques de Lodeve ont conservé cette autorité durant plusieurs siécles ; mais les Religieux de St. Sauveur, en s'unissant à ceux de St. Victor de Marseille, ont prétendu en avoir toutes les immunités.

Le même zele lui fit entreprendre la reforme du Monastére de *Jaucelz*, dans le Diocése de Beziers à trois lieües de la Ville de Lodeve. L'ignorance & le relâchement qui regnerent dans ce siécle & dans le precedent, y avoient introduit le desordre, & causé la ruïne des bâtimens du Monastére : St. Fulcrand en chassa les Moines incorrigibles, y mit des nouveaux Sujets qui donnoient des bonnes esperances, & il leur donna pour les conduire l'Abbé Etienne, qui se trouva très-digne de son choix ; il se lia une si grande amitié entr'eux, qu'elle produisit à ce Monastére des dons considerables de la part du St. Evêque.

Comme la pauvreté est souvent aussi dangereuse que les richesses, il voulut assurer à son Chapitre un revenu honnête, afin que la crainte de manquer du necessaire ne détournât point les Ministres du service de l'Eglise. Dans ce dessein il ajoûta aux benefices qu'ils avoient déja un droit sur les autres benefices du Diocése qui dure encore, & qu'on appelle *Tierces* ; c'est une quantité de grain & de vin que le Chapitre leve tant sur les benefices de la manse Episcopale, que sur les Prieurs particuliers, même sur l'Ordre de Malthe. Des personnes chargées de la levée de ce droit m'en ont fait voir un état qui monte à sept cens cinquante-sept setier & demi de grain, & vingt-un muid de vin. Mr. Plantavit de la Pauze dans la vie qu'il a écrit de ses Predecesseurs Evêques de Lodeve, assure que St. Fulcrand établit ce droit, & qu'il a toûjours été payé, quoiqu'il aye été bien onereux à ses Successeurs.

Ces fonctions exterieures d'un fidelle Econome & d'un Prélat zelé, ne diminuerent rien de la régle austére qu'il s'étoit faite pour sa conduite particuliére : toutes les Fêtes de Notre-Seigneur, des Apôtres, & durant tout le Carême, il servoit douze pauvres à sa table, & leur lavoit les pieds : il eut une si grande attention à conserver le précieux don de la chasteté, qu'il ne se permit jamais la moindre licence, & qu'il la prévint par des mortifications secretes dont il avoit commencé l'usage dès sa premiere jeunesse.

Une marque célebre de sa délicatesse de conscience, & qui est attestée par tous les Auteurs de sa vie, c'est qu'ayant un jour oüi dire qu'un Evêque de sa connoissance avoit embrassé le judaïsme, il dit dans l'indignation que cette apostasie lui causa, qu'il meriteroit d'être brûlé, & ayant appris ensuite, que les Diocésains de cet Evêque l'avoient fait perir par le feu, il craignit que ce qu'il avoit dit sans dessein ne fût cause de sa mort : son regret en fut si grand qu'il alla à Rome pour en avoir l'absolution ; & lors qu'il fut aux portes de la Ville il se serra les côtez d'épine, & se fit fustiger le long des ruës jusqu'à l'Eglise de St. Pierre ; sa crainte lui faisant encore regarder sa penitence comme insuffisante, il fit par trois fois le même voyage, où il ne cessa de donner des nouvelles marques de penitence & de charité.

Dieu parut en être satisfait par le don de miracles qu'il lui accorda, dont on peut voir le détail dans les Ecrivains de sa vie ; un des plus sensibles est la conservation de son Corps que l'on trouva six vingts ans après sa mort, aussi entier que le jour où elle arriva ; il se conserva toûjours au même état jusqu'en 1571. où les Huguenots s'étant saisi de Lodeve le retirerent de sa chasse, & le jetterent au feu ; l'integrité de son Corps étoit si fort reconnuë, qu'elle passa en proverbe ; & dans ce pays, où les comparaisons sont fort ordinaires dans la bouche du Peuple, on disoit en parlant d'un homme vivant, *il est en chair & en os comme St. Fulcrand de Lodeve*. Il mourut le treiziéme de Fevrier l'an mille & six dans la cinquante-septiéme de son Pontificat.

L'Eglise de Montpellier, qui est la même que celle de Maguelone d'autrefois, en fait l'Office double , comme d'un Saint qui lui est propre , & celle de Lodeve chante des Hymnes particuliers pour lui, où j'ay remarqué deux mots qui font l'éloge d'une personne constituée en dignité, *& præfuit & profuit*. Il fut inhumé dans son Eglise Cathédrale, qu'il avoit fait bâtir & consacrée en l'honneur de St. Geniez d'Arles Martyr , & qui depuis a été apellée de son nom, St. Fulcrand.

F. GUILLAUME DE MONTPELLIER
RELIGIEUX DE CITEAUX.

DANS l'Abregé que j'ai donné, de la Vie de Guillaume fils d'Ermensende, je me suis reservé à parler sur la fin de cet Oavrage, des vertus qu'il pratiqua dans l'Ordre de Cîteaux, où il mourut en odeur de sainteté.

Je commencerai de dire en me servant des propres paroles de l'Auteur de la Vie de St. Bernard, que Frere Guillaume ne fut pas moins Illustre dans le Cloitre qu'il l'avoit été dans le monde : *Frater Guillemus de Montepessulano (cujus & supra fecimus mentionem) magnificus in sæculo fuit , sed Magnificentior in sæculi fugâ*.

A peine eut-il quitté sa famille pour se retirer comme il fit en 1147. dans l'Abaye de Granselve Ordre de Cîteaux Diocése de qu'il s'attacha plus particuliérement à la pratique de la pauvreté , & de l'humilité Chrétienne. Les personnes experimentées dans les voyes du salut sçavent, combien ces deux vertus servent à nous détacher du monde, & à nous raprocher de Dieu. Le Frere Guillaume y fit un si grand progrès, que l'Auteur que j'ai deja cité, & qui fut son contemporain fait son caractére par ces deux vertus Chrétiennes & Réligieuses. *Olim Montispessulani Dominus , nunc verus Christi pauper & humilis degit in cænobio quod Grandissilva vocatur*. Il s'y occupoit (comme avoit fait St. Guillaume Duc d'Aquitaine dans St. Guillem du Désert) aux Offices les plus bas de la Maison ; & se bornant à la seule pratique de la vertu sans vouloir acquerir de plus grandes connoissances, il se contenta (comme on le remarque) de sçavoir ces deux mots Latins : *Ave Maria*.

Sa candeur & sa simplicité Chrétienne lui attirerent l'estime & la confiance de tous les Gentilshommes de son voisinage ; & c'est de l'un d'eux qu'il apprit un Miracle fait en sa faveur par St. Bernard, de la maniere que l'Auteur de sa vie le raporte en ces termes.

" Je ne doute point , dit-il , qu'un grand nombre de personnes ne connoisse
" la réputation du vénérable Frere Guillaume qui après avoir été Seigneur de
" Montpellier, est maintenant un véritable pauvre de J. C. dans le Monastere de
" Granselve.

" Il nous a raconté lui-même ce qu'il a appris de la propre bouche de celui à
" qui la chose que nous allons raconter est arrivée.

" Dans la Ville d'Auch Metropole de la Gascogne , il y avoit un homme de
" Guerre qui étoit obligé de garder le lit à cause d'une si grande douleur qu'il
" sentoit de la ceinture en bas , qu'il étoit comme demi-mort de cette partie du
" corps , en cet état ayant pensé à ses pechez & prenant confiance en Dieu , il
" ordonna à ses gens de l'apporter à quelque prix que ce fût auprès de St. Ber-
" nard, dont la réputation étoit répanduë par tout aux environs ; il étoit déja en
" marche depuis quelques jours , & il n'avoit pas moins avancé dans la foi &
" dans la dévotion , lorsque le bon Dieu ayant pitié de lui voulut le guerir de
" son infirmité, & lui épargner une plus grande fatigue; car un inconnu s'étant
" présenté à lui dans son chemin , & lui ayant demandé, qui il étoit , où il alloit,
" & quel étoit le motif de son voyage ? Je vous ordonne lui , dit-il , de la part du
" St. que vous allez trouver de vous en retourner chez vous, sçachant certaine-
" ment que vous serez gueri dès que vous aurez mis le pied dans votre maison.
" Alors Dieu qui est le maître de toutes choses , & de nos cœurs, persuada au
" malade d'ajoûter foi aux paroles de cet homme. Il rebroussa chemin , & à mesu-
" re qu'il aprochoit de sa maison il se sentoit soulagé , de sorte qu'à peine il y
" fut arrivé, qu'il reçut une guerison parfaite.

On peut inferer d'un autre endroit du même Auteur, que Frere Guillaume
resta quelque tems avec St. Bernard, auprès duquel il se fortifia dans la pratique
de toutes les vertus dont ce Saint fut sans contredit un des plus grands modéles de
son tems.

Vita St. Ber-
nar. pag. 1039.
cap. 7.

" Le frere Guillaume de Montpellier s'étant fait Moine dans l'Abbaye de Gran-
" selve , alla visiter par un grand sentiment de dévotion le St. Pere Bernard ; mais
" lorsqu'il fallut le quiter, il ne put s'empêcher de verser des larmes, en se plaig-
" nant tendrement de ce qu'il ne le verroit jamais plus : à quoi l'homme de Dieu
" touché de sa plainte, lui répondit : ne craignez point , je vous assure que vous
" me verrez encore une fois. Consolé de cette promesse , il en attendoit les effets
" par tous les exercices d'une véritable dévotion, lorsque la même nuit que le
" Bienheureux Pere mourut à Clairvaux , il aparut à Frere Guillaume, & l'apel-
" lant par son nom, il lui commanda de le suivre. Ravi de joye à cette voix si
" respectable, il lui sembla qu'ils s'en alloient tous deux vers une haute Montagne,
" & que lorsqu'ils furent au pied, le Saint lui demanda s'il connoissoit le lieu où
" ils étoient arrivez ? Et comme il lui eut répondu qu'il n'en sçavoit rien ; le
" Saint reprit : nous sommes au pied du Mont-Liban, arrêtez-vous y tandis que je
" monterai au haut de la Montagne. Eh pourquoi (lui dit-il) mon Pere, voulez-
" vous y monter tout seul ? Et me laisser privé de votre compagnie ! C'est pour
" aprendre, lui fut-il répondu : Pour aprendre ! repartit-il tout étonné, & que
" voulez-vous aprendre, vous que tout le monde dit n'être second à personne dans
" les sçiences ? Frere Guillaume (interrompit le Saint) il n'y a point ici bas de
" sçience, il n'y a point de connoissance assûrée du vrai, mais la plenitude de la
" sçience, & la connoissance certaine de la vérité sont en haut. " En achevant
ces paroles il s'éloigna de lui, & le Frere Guillaume en le suivant des yeux le vit
élevé jusqu'au haut de la Montagne ; alors il disparut à ses yeux, & Frere Guillaume en fut si affligé , que la douleur qu'il en ressentit le fit éveiller. Et aussi-
tôt la premiere pensée qui lui vint fut cette parole que St. Jean oüit autrefois:
Bienheureux les morts qui meurent dans le Seigneur.

Aussi-tôt qu'il pût parler le matin à son Abbé & à ses Freres, il leur raconta sa
vision, & ne put s'empêcher de leur dire, qu'il falloit que leur St. Pere fut mort.
Ils attendirent des nouvelles plus certaines, & après les avoir reçûës, ils trouverent
que les choses étoient arrivées comme Frere Guillaume leur avoit dit.

Le Ménologe de l'Ordre de Cîteaux met sa mort au neuviéme d'Avril sans en
marquer

marquer l'année, & dit de lui, *ita vitam instituit ut vivens egregiis virtutibus, mortuus crebris miraculis clarus effulserit.*

Le Pere Dom Christophle Butkens Coadjuteur de St. Sauveur d'Anvers, a dressé une Carte Généalogique des descendans de ce St. Homme, où l'on voit tous les Roys d'Arragon venir de lui par la Reine Marie de Montpellier son arriere petite-fille, & les Roys de France, par Isabelle fille de Jacques le Conquerant, & épouse de Philippe le Hardy.

BERNARD LE PENITENT.

LA vie de ce Saint Homme, qui renouvella de son tems les plus grandes austeritez des Anachoretes, a été écrite par un Auteur contemporain, raportée au long dans Bollandus au second Tome du mois d'Avril. On en voit encore un abrégé dans le Ménologe de l'Ordre de St. Benoît, écrit par Gabriël Bucelin, & augmenté ensuite par Dom Hugues Menard.

Ils conviennent tous qu'il étoit né aux environs de Montpellier, *civis Magalonensis è confinio Montispessulani* ; & la chose paroît clairement par les lettres qu'il prit de son Evêque avant que de commencer les longs pelerinages qu'il entreprit par un esprit de pénitence.

Ces Letttes, qui nous rapellent l'ancienne discipline de l'Eglise, ont été conservées par l'Historien de sa Vie ; & j'ai crû devoir ici les raporter au long, tant comme un monument respectable, que comme un éclaircissement pour la vie de ce Saint.

Joannes Dei gratiâ Magalonensis Episcopus, omnibus Ecclesiæ Catholicæ Rectoribus, subjectis æternam in Domino salutem. Notum sit vobis omnibus, quod Bernardo præsentium litterarum latori talem pænitentiam pro peccatis suis horribilibus injunximus. Quod usque ad septem annos nudis pedibus incedat. Camisiam non ferat omnibus diebus vitæ suæ. Quadraginta dies ante Natale Domini in cibis quadragesimalibus jejunet. Quartâ feriâ à carne & sanguine abstineat. Sextâ feriâ præter panem & vinum nihil comedat. In omni sextâ feriâ quadragesimâ & quatuor temporum præter aquam nihil bibat. Omni Sabbato exceptis solemnibus diebus & nisi ægritudo intercesserit à carne & sagimine abstineat. Quapropter Clementiam vestram supliciter exoramus quatenus pro remedio animarum vestrarum præfatum Pænitentem quia pauperrimus est in vestibus & victualibus, misericorditer sustentetis. De pænitentiâ etiam sibi injunctâ, secundum quod ratio exigit benignè relaxetis. Anno ab Incarnatione Domini, millesimo centesimo septuagesimo. Usque ad septem annos tantùm valeat.

Il paroît par ces Lettres, qu'il fut obligé, par sa penitence, de marcher nuds-pieds durant sept ans ; de ne porter point du linge ; de faire un Carême particulier de quarante jours avant les Fêtes de Noël ; de s'abstenir tous les Mecredis de chair & de graisse ; de se contenter tous les Vendredis ordinaires du pain & du vin, mais de ne boire que de l'eau dans ceux du Carême & des Quatre-Tems. Quant aux Samedis, sauf le cas de maladie & les Fêtes solemnelles, on l'oblige, comme le Mecredi, à se priver de l'usage de la viande.

L'Histoire ne marque point quels furent les horribles pechez qui lui attirerent une si rude penitence : l'Auteur se contente de dire, qu'il avoit eu part au meurtre d'un Seigneur de son voisinage qui oprimoit son peuple, & que du reste il n'avoit commis aucun crime infamant. Cependant, comme tout véritable penitent augmente ses fautes plûtôt que de les diminuer, il voulut passer pour avoir commis des pechez horribles, & être traité comme tel. Il reçut donc de son Evêque les Lettres que j'ai raportées ; & étant parti de Maguelone l'an 1170. il commença de longs & grands Pelerinages, selon le goût que les Croisades avoient déja introduit parmi les Chrétiens de l'Europe. On marque qu'il fut trois fois à Jerusalem & qu'à la faveur des conquêtes que les Croisez avoient faites dans la Mesopotamie jusqu'à Edesse, il poussa plus avant pour visiter le Tombeau de St. Thomas Apôtre. Après avoir employé plusieurs années à ces longs & rudes voyages, il vint (comm'on croit) par Constantinople & par l'Allemagne jusques en Flandres, où il s'arrêta à St. Omer auprès de l'Abbaye de Saint Bertin, où un saint homme, nommé Guillaume, l'invita de passer le reste de ses jours.

Bernard y augmenta ses austeritez & son assiduité à la priere ; car son Historien rapporte que non content de jeûner trois fois la semaine au pain & à l'eau, & de faire quatre Carêmes chaque année de quarante jours chacun, il portoit sur sa chair nuë cinq petites chaînes de fer, & par-dessus un cilice couvert d'une cuirasse ou côte de maille, à l'exemple de plusieurs autres Saints Penitens, dont l'Histoire Ecclesiastique nous a conservé la mémoire. Tout son tems étoit employé à la priere dans les Eglises, où on ne le vit jamais s'asseoir, quoiqu'il s'y rendît le premier, & qu'il en sortît presque toûjours le dernier, encore s'arrêtoit-il à prier hors de la porte lorsqu'il étoit obligé d'en sortir : & pour son délassement, il nettoyoit les avenuës de l'Eglise, & ramassoit les cailloux qui s'y trouvoient, pour les aller porter ailleurs.

Cette grande dureté pour son corps lui fit rejetter les soulagemens qu'il auroit pû trouver dans le tems de la douleur ; car son Historien, qui fut témoin oculaire de la plûpart de ses actions, raporte que ses vieux haillons lui ayant causé de grandes pourritures, il n'en voulut jamais changer, & ses pieds s'étant fendus du froid pendant l'hyver, il y mit de la cire fonduë. Une autre fois étant tombé dans la neige en allant visiter le reclus de St. Michel hors la porte de St. Omer, il revint sans sécoüer la neige dont ses habits étoient remplis, & la laissa fondre sur son corps. C'est ainsi qu'on remarque encore qu'en été il demeuroit dans les lieux les plus chauds, & en hyver dans les plus froids ; & pour rendre sa couchette moins commode, il la semoit de petites pierres sur lesquelles il prenoit son sommeil.

La sobrieté où ses jeûnes l'engagerent, lui faisant trouver du superflû dans les aumônes qu'il recevoit, il alloit lui-même les distribuer aux pauvres ; & on marque qu'il ne s'en réserva que pour acheter un Psautier avec lequel il alloit aux écoles des Clercs où il aprenoit tous les jours à lire quelque chose, de sorte qu'il parvint bien-tôt à le lire tout entier.

Une vie si peu ordinaire, ne pouvoit durer long-tems. Il eut un préssentiment comme certain qu'elle devoit finir bien-tôt ; ce qui l'obligea d'aller dire adieu au réclus de St. Michel, avec qui il étoit uni d'une sainte amitié ; & étant venu au Monastére de St. Bertin, il demanda de mourir dans l'habit Réligieux, ce qu'on lui accorda ; en cet état il rendit son Ame à Dieu le 29. d'Avril 1182. & le douziéme de sa pénitence.

L'odeur de sa Sainteté se répandit si fort dans le Pays, qu'il accourut d'abord à son Tombeau une grande quantité de malades, & les guerisons miraculeuses qui s'y firent, furent en si grand nombre, que l'Abbé Simon quatre mois après la mort du Saint, fit rétirer son corps de la Chapelle de Ste. Catherine où il avoit été inhumé, pour le mettre dans un Mausolée qu'il lui fit dresser dans l'Eglise. Le concours du Peuple augmenta si fort, & les graces que Dieu accordoit par son intercession furent si connuës, que les Réligieux de l'Abbaye crûrent devoir conserver à la postérité la mémoire de ce saint Homme : ils chargerent un d'entr'eux d'écrire sa vie & de récueillir les Miracles qui s'étoient faits à son tombeau ; il en raporte plus d'une quarantaine dont quelques uns arriverent durant sa vie, & les Auteurs qui ont écrit après lui n'ont pas hesité de lui donner le nom de Saint & de Bienheureux, comme on peut voir dans Molanus, Lemire, Rosveide, Ferrarius, Saussay, & dans les Ménologes de l'Ordre de St. Benoît.

II. PARTIE. LIVRE SEPTIE°ME.

LE B. PIERRE
DE CASTELNAU LEGAT DU St. SIEGE
ET MARTIR A SAINT GILES.

L'Homme Apoſtolique dont j'ai à parler, perit au commencement des troubles que les Albigeois cauſerent dans le Languedoc, peu avant que les Croiſez entraſſent dans cette Province, & ſa mort fut comme le ſignal qui y attira leurs armes.

Nous apprenons de Bollandus, cité par Mr. Fleury, que Pierre de Caſtelnau avoit été cet Archidiacre de Maguelone, qui donna ſujet à cette Décretale dont j'ai parlé dans la vie de Guillaume de Fleix. Le voyage qu'il fit à Rome à cette occaſion le fit connoître au Cardinal Lothaire, qui fut depuis Innocent III. car ce Pape lui en rapelle le ſouvenir dans une lettre qu'il lui écrivit dès la première année de ſon Pontificat 1198. *Cujus facti nos in minori tunc Officio conſtitutos habuiſtis in veſtris quæſtionibus auditores.* Pierre de Caſtelnau fut quelque-tems après renvoyé à Rome pour les interêts de ſon Evêque, comme la même lettre nous l'aprend, *cum tunc apud ſedem Apoſtolicam pro Epiſcopo morareris*, & étant révenu à Maguelone, il s'y employa durant toute l'année 1199. aux affaires de ſon Egliſe, comme nous l'avons raporté dans le corps de cet Ouvrage.

Hiſt. Eccl. l. 76. n. 12.

Bolland. v. Mars tom. 6. pag. 411.

La grande odeur de Sainteté que répandoit alors la réforme nouvellement établie par St. Bernard, porta Pierre de Caſtelnau à l'embraſſer & à quitter Maguelone, pour ſe retirer dans l'Abbaye de Fontfroide Diocéſe de Narbonne. Il y reſta quelques peu d'années, après leſquelles le Pape Innocent III. qui avoit beſoin d'ouvriers Evangeliques, le tira de ſa ſolitude pour l'opoſer au progrès des Albigeois. Il lui donna en 1204. & à Raoul Moine de la même Abaye l'autorité de ſes Légats; & peu après il leur joignit Arnaud Abbé de Cîteaux. Ces nouveaux Legats firent à Toulouſe, à Narbonne, & à Beziers, ce dont nous avons raconté dans le livre de cette Hiſtoire, mais étant rébutez du peu de ſuccès de leur Miſſion, ils étoient prêts à la quitter, lorſque l'Evêque d'Oſma *Diego de Azebes* paſſant à Montpellier en 1206. les encouragea, en s'offrant pour travailler avec eux. Ils le mirent à leur tête, & partirent enſemble pour Carman; c'eſt à l'occaſion de ce départ que l'ancien Traducteur de Valſernay nous aprend le lieu de la naiſſence de Pierre de Caſtelnau. L'Evêque Oxonien, dit-il, *renvoya toute ſa famille ne ſe reſervant qu'un ſeul compagnon (c'eſt St. Dominique) avec les deux Moines ſouvent nommez Pierre de Caſtelnau & Raoül enfans de Montpellier.*

Arnaud Soibin Prieur de Montech. chap. 1.

Ils révinrent de Carman à Beziers; & Pierre de Caſtelnau en étant parti pour Carcaſſonne avec F. Raoül, ils s'attirerent la haine des Albigeois après une Conference publique qu'ils eurent à Montreal durant quinze jours, où ils confondirent ceux que ces Hérétiques apelloient leur *Croyans*; la honte que ceux-ci en eurent, jointe à la protection qu'ils ſe ſentoient de la part de Raymond Comte de Toulouſe & de Royer Comte de Foix, les porta à tout entreprendre contre les Miſſionnaires. On craignit beaucoup pour Pierre de Caſtelnau, à qui ils en vouloient le plus; ce qui fit qu'on lui conſeilla de ſe retirer en Provence, pour y réünir la Nobleſſe du pays, & avec le ſecours de ceux qui avoient juré la Ligue, purger d'Héretiques la Province de Narbonne.

Le Comte de Toulouſe s'y opoſa de toutes ſes forces juſqu'à ce qu'il fut obligé d'accepter la paix, tant par les guerres que lui firent les Nobles de Provence, que par la ſentence d'excommunication que Pierre de Caſtelnau porta contre lui. Alors il jura la paix, & la jura plusieurs fois, mais il ne l'observa pas ; de sorte que Pierre lui reprocha en face ses parjures avec un courage intrepide ; car au lieu de craindre la mort, il disoit : *L'affaire de Jesus-Christ ne réüssira jamais en ce Pays jusqu'à ce que quelqu'un de nous autres Prédicateurs meure pour la défense de la Foy ; & Dieu veüille que je sois la premiere victime du persecuteur.*

<small>*Hist. des Albigeois chap. 64.*</small>

Enfin le Comte usant de ses artifices ordinaires, apella les Legats à St. Gilles, promettant de les satisfaire sur tous les chefs dont il étoit accusé, il témoigna même vouloir bien recevoir leurs avis ; mais peu après il les rejetta absolument, & sachant qu'ils vouloient se retirer de la Ville, il les menaça publiquement de mort, disant que quelque chemin qu'ils prissent par eau ou par terre, ils les feroit épier soigneusement.

L'Abbé de St. Gilles, les Consuls & les Bourgeois, n'ayant pû adoucir la fureur du Comte, conduisirent malgré lui les Legats au bord du Rhône où ils coucherent à cause de la nuit, sans s'apercevoir qu'ils étoient suivis de deux hommes envoyez par le Comte. Le lendemain matin les Legats ayant dit la Messe à leur ordinaire se préparoient à passer la riviere, quand un de ces hommes donna un coup de lance à Pierre de Castelnau au bas des côtes. Pierre le regarda, & lui dit, *Dieu veüille vous le pardonner, comme je vous le pardonne.* Ce qu'il repeta plusieurs fois, & mourut peu après priant toûjours avec ferveur.

Sa mort eut des suites très-funestes pour le Comte de Toulouse, que je ne dois pas raporter ici : mais je ne puis suprimer l'éloge que fait le Pape Innocent III. de ce Bienheureux Martyr, comme il l'apelle lui-même dans une lettre circulaire qu'il écrivit aux Archevêques & Evêques des Provinces *d'Arles, d'Embrun, de Vienne, d'Aix,* & *de Narbonne.* Elle est datée de Rome du 9. Mars 1208. ce qui montre que le B. Pierre de Castelnau devoit avoir été tué au plûtard dans le mois de Fevrier, quoique l'Eglise honore sa mémoire le cinquiéme jour de Mars.

<small>*Epit. 16. liv. 11. Collection de Bal.*</small>

Sanè rem audivimus detestabilem, & in communem luctum generalis Ecclesiæ deducendam. Quod cum Sanctæ memoriæ Frater Petrus de Castronovo Monachus & Sacerdos vir inter viros utique virtuosos, vitâ, scientiâ & famâ præclarus, ad Evangelisandum pacem & astruendam fidem in eamdem Provinciam à nobis cum aliis destinatus, in commisso sibi ministerio laudabiliter profecisset & proficere non cessaret, quippe qui plenè in scolâ Christi didicerat quod doceret, & eum qui secundum Doctrinam & fidelem sermonem est, in sanâ poterat exhortari doctrinâ, & contradicentes revincere. Paratus semper omni poscenti reddere rationem, ut pote vir in fide Catholicus, in lege peritus, & in sermone facundus concitavit adversus eum diabolus Ministrum suum Comitem Tolosanum qui, &c. Le Pape raconte ensuite tout ce que nous avons déja dit de sa mort, & dans les mêmes circonstances.

<small>*Hist. des Albigeois chap. 11.*</small>

Valsernay ajoûte que le Corps de Pierre de Castelnau, qui avoit été mis dans l'Eglise basse de St. Gilles, en ayant été tiré long-tems après, pour être transferé dans la haute Eglise, il fut trouvé aussi sain & entier que s'il avoit été enterré le même jour ; & qu'il sortit une odeur admirable de son corps & de ses habits. *Miri etiam odoris fragrantia de corpore sancti & vestibus emanarit.*

II. PARTIE. LIVRE SEPTIÉME.

GUY DE MONTPELLIER,

FONDATEUR DES HOSPITALIERS DU S. ESPRIT.

JE commence cet Article par le témoignage de l'Auteur qui a le plus écrit contre l'Hôpital du St. Esprit de Montpellier en faveur de celui de Rome, à l'occasion de la qualité de Chef-d'Ordre, disputé dans le dernier siécle entre les deux Commandeurs de ces deux Maisons ; c'est F. Pierre Saulnier Profez de la Maison de Rome dans son Livre *de Capite ordinis Sancti-Spiritûs*, imprimé à Lyon en 1649. in-4°.

Il reconnoît dans tout son Ouvrage, que Guy de la Maison des Seigneurs de Montpellier a été le Fondateur de son Ordre ; & il nous le fait connoître par l'abregé de sa vie qu'il a mis à la tête des premiers Maîtres du St. Esprit, dont il nous donne la liste au Chapitre sixiéme. §. 2.

Le premier de tous (dit-il) *est Guy* : François de Nation & natif de Mont- " pellier, homme de noble extraction, & qui avoit le titre de Comte. Il étoit fort " riche des biens de la fortune ; mais il devint plus illustre par les dons de la sa- " gesse chrétienne. Rempli de foi & de charité, il cherit si fort les pauvres qu'il " les regarda comme ses Seigneurs, les cultiva comme ses protecteurs, les aima " comme ses freres, les soigna comme ses enfans, & les respecta comme les ima- " ges de Jesus-Christ. Il érigea dans Montpellier Ville célébre du Languedoc un " Hôpital pour les pauvres, & il institua pour les servir un Ordre Regulier sous " l'Invocation du St. Esprit. Il reçut tant de secours d'une si haute protection, que " plusieurs Villes s'empressérent de lui demander des enfans de son Ordre, qu'il en- " voya dans plusieurs endroits de la France, & jusques à Rome même, où Inno- " cent III. l'un des plus dignes Papes qui ayent porté ce nom, donna dès la pre- " miére année de son Pontificat deux Bulles en sa faveur.

Dans la premiere adressée à tous les Archevêques, Evêques & Prélats de l'Egli- se, il dit, qu'ayant appris par le témoignage certain de plusieurs personnes, que dans l'Hôpital fondé à Montpellier par les soins de Frere Guy *Hospitale Sancti-* " *Spiritûs quod apud Montepessulanum dilecti filii Fratris Guidonis sollicitudo funda-* " *vit.* On donne à manger à ceux qui ont faim, on vêtit les nuds, on soigne " les malades, & l'on pourvoit aux indigens ; desorte que le maître de l'Hôpital " avec ses freres ne sont pas tant les Intendans des pauvres que leur propres servi- " teurs. " Il prie les Evêques de leur laisser bâtir des Maisons, des Eglises, & des Cimetieres pour leur famille, & d'établir dans leurs Oratoires des Prêtres pour les servir.

Par la seconde Bulle du vingt-troisiéme Avril de la même année 1198. adressée à Guy & à ses freres ; *Guidoni Fundatori Hospitalis Sancti-Spiritûs ejusque fratribus tam præsentibus quam futuris Regularem vitam professis in perpetuum.* Il leur dit, " qu'il " prend sous la protection de St. Pierre & la sienne, l'Hôpital du St. Esprit de " Montpellier, où ils se sont dévoüez au service de Dieu, avec toutes ses dépen- " dances, maisons, terres, vignes, jardins, *& omnia quæ in territorio Montispessu-* " *lani & in locis circum adjacentibus possidetis.* " Sçavoir, la maison que vous avez à *Marseille*, à *Milhau*, au Cap de *Male-vieille*, au Bourg St. Julien *de Brioude*, à *Barjac*, à *Argentiere*, en la Cité de *Toyes*, & à *Rome* près Ste. Marie au-delà du Tybre, & à Ste. *Agathe* à l'entrée de la Ville de Rome, avec toutes les dépendan- ces de ces maisons.

"Voulant & statuant que toutes les maisons que vous avez maintenant, & que vous pourrez acquerir, soient soûmises pour toûjours à celle de Montpellier, & à vous, Frere Guy, & à vos Successeurs," *Prædicto Hospitali Sti. Spiritûs Montispessulani & Procuratores eorum tibi Fili Guio & Successoribus tuis perpetuò subjacere debeant & humiliter obedire, & correctionem tuam & successorum tuorum recipere humiliter & servare.*

"Il leur donne permission d'avoir un Cimetiere pour leur famille du consentement des Ordinaires.

"De bâtir des Oratoires qui seront desservis par des Prêtres instituables sur leur présentation, & destituables par les Evêques des lieux.

"De recevoir les personnes qui se retirant du siécle voudront entrer parmi eux, avec défense de les quitter à tout Frere qui aura fait profession, d'en sortir.

"Il veut que le Saint Crême & les Saintes Huiles leur soient fournies gratuitement par les Evêques. Donné à St. Pierre le ix. des Kal. de May l'an de l'Incarnation 1198. & le premier de son Pontificat.

Quatre ans après (je réprends les paroles de Saulnier) " le Pape Innocent III. apella Guy à Rome avec plusieurs de ses Freres pour prendre soin de l'Hôpital Ste. Marie, *in Saxia,* qu'il avoit destiné pour les enfans trouvez, & pour les malades. Il fut si satisfait du bon ordre qu'ils établirent dans cette maison, qu'il résolut de l'unir à celle de Montpellier; ce qu'il fit par une Bulle de l'an 1204. adressée à Frere Guy, à qui il donne le titre de Maître des Hôpitaux de Rome & de Montpellier: *Guidoni Magistro Hospitalium Stæ. Mariæ in Saxiâ & Sancti-Spiritûs in Montepessulano*: où il lui dit, que puisque par la grace de Dieu, l'hospitalité fleurit si fort dans l'Hôpital de Montpellier, il l'unit du Conseil des Cardinaux à celui de Rome, *illud isti, & istud illi de Consilio Fratrum nostrorum unimus,* afin que celui de Rome serve à celui de Montpellier, par la proximité qu'il aura du Pape, dont il pourra lui ménager la protection. *Quanto viciniùs nobis existens defensionem nostram illi faciliùs poterit implorare.* Et celui de Montpellier servira celui de Rome par les bons Ministres qu'il lui fournira, d'autant que les sujets qu'on y éleve sont beaucoup plus propres aux fonctions de l'hospitalité, *quanto personæ conversantes in illo, ad hospitalitatis sunt officium aptiores.*

Ces paroles d'un si grand Pape, font l'éloge de la maison du St. Esprit de Montpellier & de Guy son Fondateur, qui gouverna les deux maisons de Rome & de Montpellier jusqu'à sa mort arrivée à Rome l'an 1208. Nous aprenons cette circonstance de la lettre qu'Innocent III. adresse aux freres des Hôpitaux du St. Esprit de Rome & de Montpellier, & qui commence, *Defuncto Româ felicis memoriæ Guidone qui vestrorum Hospitalium primus extitit institutor & Rector.* "Il leur dit que des Freres de l'Hôpital de Montpellier & de Rome l'étant venus trouver " à Anagnie il a statué de leur consentement, comme chose très-convenable, que " le Chef-lieu de leur Ordre soit à perpetuité à Rome dans l'Hôpital du St. Esprit " *in Saxiâ*; de sorte que le Recteur de cette maison soit le Supérieur de tous les " Freres de l'Ordre tant présens qu'à venir, & que tous soient tenus de lui rendre " l'obéïssance & le respect porté par leur Régle. "

Et parce qu'il faudra procéder à l'élection d'un Recteur de l'Hôpital de Mont- " pellier, on le fera dorénavant de l'avis & consentement de celui de Rome; c'est " pourquoi (ajoûte-t-il) en consequence de la présente Constitution, nous avons " fait élire pour grand Recteur de l'Hôpital du St. Esprit *in Saxiâ*, nôtre bien aimé " fils Frere Pierre de *Granier*, par l'avis & consentement duquel on élira le Rec- " teur de l'Hôpital du St. Esprit de Montpellier,& nous vous avertissons par ces Lettres " Apostoliques de garder inviolablement vous & vos Successeurs, ce que nous ve- " nous d'établir pour l'utilité de vôtre Ordre : laissant en leur vigueur les privilé- " ges que nous avons avons déja accordez à chacune des deux Maisons. Donné " à Anagnie le 8. de Juin & l'an onziéme de nôtre Pontificat c'est-à dire 1208. "

Il faut que cette derniére Bulle n'ait pas été connuë de Frere Nicolas Gautier qui écrivit en 1655. *la défence du Chef de l'ancien Ordre des Hospitaliers du St. Esprit de Montpellier* contre Frere Pierre *Saulnier* qui avoit écrit en 1649. son Livre *de capite Ordinis Sancti-Spiritûs,* puisqu'ils ne font mention ni l'un ni l'au-

II. PARTIE. LIVRE SEPTIE'ME.

tre de cette Bulle de 1208. qui paroît décisive ; & que Frere *Saulnier* dans la liste des chefs de son Ordre, a oublié ce Pierre de *Granier* choisi par Innocent III. pour successeur immédiat de Frere Guy de Montpellier.

Je diray dans l'article de l'Hôpital du St. Esprit de Montpellier ce que nous avons de plus certain sur cette Maison, les disputes qui se sont élevées à ce sujet dans le dernier siécle. Mais il me reste pour l'article présent, à éclaircir les qualitez de Laïque, & de Comte, qu'on donne à Frere Guy son Fondateur.

Quant à l'état de Laïque qu'il voulut toûjours garder, la chose n'est pas extraordinaire dans l'Eglise, puisque nous lisons la même chose de St. Pacôme, de St. Benoît, de St. François, & de Gaston de Vienne, qui ne voulurent jamais être promûs à l'Ordre de Prêtrise, quoiqu'ils fussent Fondateur de differens Ordres Réligieux : & on n'ignore point que les sept premiers Généraux de l'Ordre de la Mercy furent pris d'entre les Chevaliers Laïques, qui, avec les Clers, formoient tout le Corps de cet Ordre.

La qualité de Comte que Mr. l'Abbé Fleury lui reconnoit, & que frere Saulnier a mis au bas de son Portrait en ces termes: *Guido ex Comitibus Montispessulani*, pourroit souffrir quelque difficulté, parceque les Seigneurs de Montpellier n'ont jamais pris la qualité de Comte ; & Garriel s'en fait une autre de ce qu'il ne trouve dans la famille des Seigneurs de Montpellier aucun Guy qui aye pû fonder cet Ordre en 1144. où le *Monasticon Sti. Augustini*, marque cette fondation ; mais sans vouloir décrediter le *Monasticon*, qui pourroit bien s'être fait honneur de quelques Ordres qui ne lui apartiendroient pas, je me contente de lui opposer la Bulle d'Innocent III. adressée à Guy en 1204. qui ne peut pas laisser croire qu'il eût fondé son Ordre soixante ans auparavant : mais nos Regîtres éclaircissent mieux la chose, en marquant, comme ils font, que Guillaume Evêque de Maguelone, & Guillaume Seigneur de Montpellier, concoururent tous les deux à la fondation de Frere Guy, en lui remettant tous les droits qu'ils avoient l'un & l'autre sur l'emplacement de son Hôpital : par où l'on voit qu'il ne peut avoir fondé son Ordre avant 1190. qui est l'année où Guillaume I. monta sur le Siége de Maguelone.

Cette époque de la fondation, sert à nous faire connoître la personne du Fondateur que l'Histoire des Ordres Monastiques, dit avoir été le quatriéme fils de Guillaume fils de Sibille Seigneur de Montpellier, & véritablement tout convient à ce sisteme ; car le quatriéme fils de ce Seigneur est nommé Guy dans le Testament de son Pere fait en 1172. & avec l'âge qu'il avoit alors, il pouvoit bien vingt ans après s'être dévoüé au service des pauvres. Garriel se fait une objection de ce qu'il avoit été destiné par le Testament de son Pere a être Chevalier du Temple ; mais on sçait bien que ces sortes de destinations n'avoient pas toûjours lieu, & particuliéremant dans la maison des Guillaumes, où nous voyons que de six enfans du dernier, aucun ne suivit la destination de son Pere.

Quant à la qualité de Comte, qu'il est certain que les Seigneurs de Montpellier ne prenoient point ; il est aussi certain que les étrangers la leur donnoient, & quelquefois même de plus grandes, comme celle de Prince qu'*Alanus* donne (à la tête de son Livre contre les Vaudois) à Guillaume fils de Mathilde : d'où il n'est pas surprenant, que les Italiens ayent donné à Guy, qui étoit son frere, le titre de Comte.

F. GUILLAUME ARNAULD,

INQUISITEUR DE LA FOY, ET MARTIR.

NOUS devons au Pere Percin Religieux Dominicain, l'Histoire la plus entiere que nous ayons du St. Homme dont j'ai à parler. Il raporte dans son Traité sur les Martirs d'Avignon, & inseré dans son Livre qui a pour titre : *Monumenta Conventûs Tolosani FF. Prædicatorum*, plusieurs actes concernans la vie & la mort de Guillaume Arnauld; nous y voyons qu'il étoit de Montpellier, qu'il fût Prieur du Grand Couvent de Toulouse, Docteur de Paris, & l'un des premiers Peres de son Ordre, puisqu'il fut Inquisiteur de la Foy immédiatement après St. Dominique, avec Pierre Cellani Toulousain : *Petrus Cellani qui erat de Toloza, cum Fratre Guillelmo Arnaldi qui erat de Montepessulano.*

Page 181.

Ils commencerent leurs fonctions dans la Ville de Cahors, où ils firent le procès à plusieurs personnes déja décedées, dont ils firent déterrer les Corps, les trainer par les ruës, & brûler dans la place publique selon l'usage de l'Inquisition. Je ne raporte point le nom de ces miserables, que l'Historien a jugé à propos de nous conserver, & je me contente de dire que les Inquisiteurs, après avoir exercé leur zéle à Cahors, furent le continuer à Moissac, où ils firent de pareilles exécutions.

Tom. II g. 180.

Le Pere Martene, dans ces Anecdotes, raporte une piéce, qui a pour titre, *Narratio Arnaldi Inquisitoris*, d'où nous aprenons qu'Arnaud ayant été envoyé à Alby par son Provincial en 1234. pour y proceder en qualité d'Inquisiteur, il ordonna qu'on déterrât le corps d'un nommé Besseire condamné comme Hérétique : mais il y eut une si grande sédition, qu'il fut très-mal traité en sa personne, & qu'on l'auroit jetté dans le Tarn, si des gens puissans n'eussent arrêté la fureur du peuple.

Ces rigueurs rendirent les Freres Prêcheurs si redoutables dans tout le pays, que les Légats du Pape crûrent devoir leur donner pour Collégue dans l'Inquisition un Frere Mineur, afin de temperer leur sévérité : *Quia Prædicatores ut magis rigidiores timebant* (dit Guill. de Puy-Laurens) *de Ordine FF. Minorum Collega additur qui videretur rigorem mansuetudine temperare.*

Chap. 43.

Pag. 201. Col. 2.

De là vient peut-être que dans la Sentence raportée par le P. Percin contre les Capitouls de Toulouse, le F. Etienne de l'Ordre des Freres Mineurs est nommé avant F. Guillaume Arnauld de l'Ordre des Freres Prêcheurs. Par cette Sentence ils excommunioient les Capitouls de Toulouse, nommez expressément avec quelques autres particuliers de la Ville, comme atteints & convaincus d'hérésie, & ils firent publier leur Sentence dans l'Eglise de St. Etienne.

Ce dernier coup irrita si fort les Toulousains, qu'ils chercherent mille moyens pour se défaire des Inquisiteurs : ils réüssirent si bien, que tous les Freres Prêcheurs furent contraints de sortir de Toulouse avec l'Evêque de cette Ville, parce qu'il étoit de leur Ordre : *Cœperunt* (dit le même Guill. de Puy-Laurens) *difficultates opponere quibus possent Inquisitionis officium impedire. Quod adeò profecit in pejus atque prævaluit, ut Inquisitores villam exire, idemque Episcopus cogeretur & etiam totus Conventus Fratrum Prædicatorum.*

Raymond avoit été leur Provincial.

Chap. 43.

Garriel prétend que Guillaume Arnauld vint alors se refugier à Montpellier, où il établit l'Inquisition qu'on y exerça depuis *à la Portaliere*, tout auprès de leur ancien Couvent. Sur quoi le P. Percin opose le silence des Auteurs; mais sans entrer

trer maintenant dans leur dispute, il suffira qu'il est certain par Guillaume de Puy-Laurens que l'Inquisition demeura suspenduë en vertu d'un rescript de Rome. *Donec per litteram de Curiâ mansit diù Inquisitio in suspenso.* On ne sçait pas précisement combien dura cette suspense ; mais il est certain que les Inquisiteurs étoient déja rétablis en 1242. où les Albigeois, qui cherchoient à les perdre, trouverent enfin le moyen de les assembler & de les prendre tous comme d'un seul couq de filet. La chose fut executée le 29. de May 1242. à Avignonet petite Ville du Diocése de St. Papoul : & alors de celui de Toulouse, où le Bailly du lieu Officier du Comte de Toulouse, les assembla dans le Château sans qu'on dise par qu'elle adresse ; & en ayant bien fait garder les avenues, il introduisit ceux que ces Hérétiques apelloient leurs Croyans, qui se mirent d'abord en état de faire main-basse sur les Inquisiteurs & sur toute leur suite. Ils étoient onze en tout, sçavoir trois freres Prêcheurs, *Guillaume Arnauld, Bernard de Rochefort, & Garcias Dauria*, deux freres Mineurs, *Etienne de Narbonne*, & *Raymond de Carbon*. Le Prieur d'Avignonet Moine de Cluze. *Raymond* Chanoine & Archidiacre de Toulouse, *Bernard* son Clerc, *Pierre Arnaud* Notaire, *Fortanier* & *Ademar* Clercs. Ces onze voyant les épées nuës entonnerent le *Te Deum* : & soit qu'on en voulût à Guillaume Arnauld plus qu'à tout autre (comme la Chronique le marque) ou qu'il chantât avec plus d'ardeur, un des Assassins tira son couteau, & lui coupa la langue avant qu'on l'égorgeât.

Il périt dans cette occasion avec tous les autres que je viens de nommer ; & les Catholiques des environs en ayant eu le bruit, vinrent en armes pour enlever leurs corps : ce qui donna lieu à un combat dans l'Eglise du lieu, qui resta interdite durant plusieurs années. Leur corps furent portez à Toulouse dans les Maisons de leur Ordre : les trois Freres Prêcheurs à leur Eglise, les deux Freres Mineurs à la grande Observance, & celui de l'Archidiacre à St. Etienne de Toulouse, où l'on voit encore dans le Cloître son Tombeau, que Mr. de Montchal fit relever en 1653. Les Jacobins ont travaillé à la Canonisation de Guillaume Arnauld avec ses Compagnons ; & l'on voit dans le Traité du P. Percin plusieurs miracles attribuez à ce St. Homme, pour être employez dans le procès de sa Canonisation.

Page 107.

Les Cardinaux qui étoient à Rome pendant la vacance du St. Siége, ayant apris le genre de mort dont avoit péri Guillaume & ses Compagnons, en écrivirent au Provincial de Provence au nom de tous leurs Confreres une Lettre où ils qualifient de Martirs ceux qui avoient perdu la vie en cette occasion, attendu la cause & les circonstances de leur mort : & le Pape Innocent IV. qu'ils élûrent peu de tems après, écrivit au Provincial & aux Inquisiteurs du Languedoc, qu'il ne doutoit pas qu'ils ne fussent déja dans le Ciel au nombre des Martirs, après avoir répandu leur sang pour le Nom de J. C. *Quos fuso pro Christi Nomine sanguine, firmiter credimus Martirum Collegio Sociatos.*

Page 108.

LES DEUX B. JUMEAUX DE MONTPELLIER.

NOus venons de voir dans l'Article précédent un grand exemple de zéle & de force dans ces Saints Missionnaires, qui s'étoient dévoüez au service du prochain. Nous allons en voir un autre aussi admirable de la simplicité Chrétienne & Religieuse.

Bzovius nous en a conservé l'Histoire dans la Vie d'Innocent III. où l'on peut

encore remarquer la simpathie que la nature met souvent entre les Freres Jumeaux. „ L'année 1250. dit cet Auteur, est remarquable par la mort de quel-
„ ques Hommes illustres de l'Ordre de St. Dominique, & sur-tout de *Pierre* &
„ *Arnaud, Freres Jumeaux de Montpellier*. Ils vinrent au monde le même jour,
„ ils furent ensemble à Paris pour y étudier, ils y prirent les Grades de Philoso-
„ phie le même jour, & se firent Religieux de St. Dominique en même-tems:
„ enfin ils moururent dans des sentimens tous semblables, presque à la même heu-
„ re, & dans la même maison.

„ Lorsque Pierre, arrivé à la fin de sa course, eut reçû le Viatique & l'Extrê-
„ me-Onction, il demanda tout ravi de consolation à son Superieur, qu'est-ce qu'il
„ lui plaisoit de lui ordonner, & où est-ce qu'il lui commandoit d'aller : A Je-
„ sus-Christ que vous venez de recevoir, lui répondit le Prieur; J'y irai certes
„ repliqua-t'il avec un air plein de joye, qui ne sentoit rien moins que les apro-
„ ches de la mort. Oüi j'irai à lui le plûtôt qu'il me sera possible, puisqu'il m'a
„ apellé; son Sang a lavé mes fautes, son précieux Corps elevera mon ame dans
„ le Ciel. Aussi-tôt il expira & le Prieur avec sa Communauté étant allés à *Ar-
„ naud* qui étoit malade, ils le trouverent rendant les derniers soûpirs. Un des
„ Freres nommé *Vincent*, plus saint & plus fervent que les autres, vit une troupe
„ d'Anges au milieu des rayons de lumiere, & St. Dominique au milieu, qui rece-
„ voit l'ame de ces deux Jumeaux, l'avertit lui-même de se tenir prêt pour les
„ suivre : ce que l'évenement confirma bien-tôt.

GUILLAUME DE BAS
II. GÉNÉRAL DE LA MERCY.

LEs Historiens de l'Ordre de la Mercy, nous font connoître ce Général comme natif de Montpellier, & ils nous servent en même-tems à éclaircir la succession du dernier de nos Guillaumes.

Tous conviennent que le Roy Jacques fils de Marie de Montpellier, ayant resolu par le Conseil de Raymond de Pennafort son Confesseur, de fonder un Ordre pour la Rédemption des Captifs, Pierre Nolasque Gentilhomme d'auprès de Castelnaudarry, qui n'avoit jamais quitté le Roy depuis sa Prison sous le Comte Simon de Montfort, fut le premier à concourir à l'exécution de ce dessein; il se fit revêtir du nouvel Habit de l'Ordre par Berenger Evêque de Barcelone, & il se donna ensuite lui-même à treize Gentishommes, dont le premier est nommé, Guillaume de Bas Seigneur de Montpellier.

Le Pere Colombis le fait fils de Guillaume de Montpellier, qui avoit épousé la fille de l'Empereur de Constantinople, dont il raconte le Mariage dans les mêmes circonstances que nous avons raporté. Il prétend même si positivement qu'il fût fils d'Agnez, qu'en plusieurs endroits de la vie de St. Pierre Nolasque, qu'il a composé en Espagnol, il apelle Guillaume de Bas frere de la Reine Marie mere du Roy Jacques; en d'autres endroits il l'appelle Oncle du Roy; & le Pere Alfonce Remond dans son Histoire générale de l'Ordre de la Mercy l'apelle parent du Roy par la Reine sa Mere.

De cette maniere nous aprenons le sort de l'aîné des enfans mâles de Guillaume fils de Mathilde & d'Agnez sa bien aimée. Il suivit le Roy Jacques son neveu dans ses Etats d'Espagne, comme firent ses autres freres, il donna dans la dévotion; & parceque l'Ordre de la Mercy fut fondé d'abord comme un Ordre Militaire, il fut le premier à s'y engager en 1218.

II. PARTIE. LIVRE SEPTIÉME.

Il ne resteroit qu'à sçavoir d'où lui vint le nom de *Bas* ; mais s'il est permis de juger des liberalitez que fit le Roy Jacques à Bernard Guillem & à Tortozet ses oncles, on pourra croire qu'il donna à celui-ci la Vicomté de *Bas* qui est sur les Frontiéres de Catalogne, & que nous avons vû avoir été si soigneusement gardée par Pierre le Cérémonieux lorsqu'il voulut empêcher Jacques III. Roy de Mayorque de le venir trouver.

Le nouveau Chevalier se livra entiérement à la conduite de son Général Pierre de Nolasque, qui le mena avec lui à plusieurs Rédemptions, & le fit son Compagnon & son Sécretaire : *Frater Guillelmus de Bas miles Ordinis Beatæ Mariæ de Mercede, Socius & Secretarius Magistri generalis*, dit un vieux original.

Enfin St. Pierre Nolasque s'étant démis du Généralat le 2. Mai 1249. Guillaume de Bas fut nommé à sa place, & confirmé par Innocent IV. Son Ordre s'étendit beaucoup de son tems, disent les Constitutions *Tempore illius ordo multum fuit dilatatus*. Le Roy son neveu (ajoûte Colombis) lui donna la Baronie d'Algar pour lui & pour les autres Généraux ses Successeurs, avec voix déliberative dans les Etats du Royaume ; & pour l'avoir plus près de sa personne, il voulut qu'il prît un apartement dans son Palais. Il l'envoya pour fixer les limites des Royaumes de Murcie & de Valence entre lui & le Roy de Castille. Il l'employa à la réconciliation de Dom Alfonce l'aîné de ses fils qui s'étoit éloigné de la Cour dans le tems des troubles que ses enfans de differens lits causerent en Espagne, comme nous l'avons raporté dans sa vie ; & pour distinguer en la personne du Général tout l'Ordre de la Mercy, il lui permit & à ses Réligieux par Lettres-Patentes de porter l'écu d'Arragon sur leur scapulaire, ce qu'il n'avoit accordé que de vive voix à St. Pierre Nolasque.

Toutes ses occupations auprès du Roi son neveu ne l'empêcherent point de vacquer au bon gouvernement de son Ordre. On marque qu'il commença son Généralat par visiter les maisons qu'il avoit en France, où l'on comptoit dès-lors *Perpignan*, *Montpellier*, *Toulouse*, & *St. Nicolas de Portel* ; & voyant à Montpellier que les bâtimens n'y étoient pas achevez, il donna liberalément tout l'argent qu'il avoit, afin (dit Colombis) que les Réligieux qu'il envoyeroit dans cette Université, alors très-célébre, fussent commodement logés.

Il fit faire plusieurs Rédemptions pendant son Généralat, & il alla lui-même à Grenade, où pour délivrer un Gentilhomme de la maison de *Lara* que les Maures vouloient pervertir, il se mit en ôtage pour lui jusqu'à ce qu'on eût payé une somme excessive qu'ils demandoient pour sa rançon, & que le Roy Alfonce de Castille paya pour tirer Guillaume de Bas de prison.

En 1268 il voulut suivre l'exemple de St. Pierre Nolasque qui avoit donné sa démission avant sa mort. Il offrit la sienne dans un Chapitre Général qui ne voulut pas l'accepter : mais il ne survêcut pas de beaucoup à cette derniere action ; car on marque sa mort sur la fin de l'année suivante 1269. laissant après lui une grande odeur de sainteté ; de sorte que Vargas, Historiographe de l'Ordre, dit que c'est avec raison qu'ils le mettent au rang des Bienheureux. *Meritò inter Beatos nostri Ordinis enumeratur*.

SAINT ROCH.

I. *Natif de Montpellier.* II. *Ses Pelerinages en Italie.* III. *Son retour & sa mort à Montpellier.* IV. *Réponse aux Objections.*

I. IL est constant par tout ce que nous avons raporté dans le cours de cet Ouvrage, qu'il y avoit à Montpellier une famille de Roch très-considerable dans le treize & quatorziéme siécle.

On trouve dans un Acte de Confederation entre les Habitans de Montpellier & Amalric Vicomte de Narbonne de l'an 1254. Etienne Roch signé pour la Ville avec Pierre de Murles.

Guillaume Roch sert de Secretaire au Roy Jacques le Conquerant dans l'Acte de prétation de serment fait à ce Prince par les Consuls de Montpellier en 1258.

Jacques Roch depuis Evêque d'Hüesca est appellé son Chancelier dans le Testament de ce Prince fait en 1272.

Raymond Roch fut envoyé en 1341. au Roy d'Arragon Pierre le Ceremonieux, pour soûtenir les interèts de son Maître Jacques III. Roy de Mayorque & Seigneur de Montpellier : ce qu'il fit de la maniere genereuse que nous avons raconté dans le prémier Livre de cette Histoire.

page 119.

Nos tables Consulaires marquent quatre ou cinq personnes de cette Famille qui remplirent la place de Consul dans le treize & quatorziéme siécle. Quelques autres ont rempli celle de Bailly ; & en 1371. Imbert Roch fut député de la Ville au Pape Grégoire XI. de qui il obtint des Lettres de récommandation auprès du Roy Charles V. pour être soulagez des impôts dont le Duc d'Anjou les chargeoit. Ce que je remarque (dit Mr Baluze) afin qu'on ajoûte

P. xp. Avenion. tom. 1. pag. 1319.

plus de foi à ceux qui disent que St. Roch est natif de Montpellier ; *quod hic annoto ut major fides eis adhibeatur qui aiunt Sanctum Rochum è Montepessulano ortum fuisse.*

C'est donc de cette famille, au sentiment de Mr. Baluze, que nâquit le Saint dont nous parlons; car sa naissance en 1295. & sa mort en 1327. n'ayant vêcu en tout que trente - deux ans. *Is patriam habuit Montempessulanum Narbonensis Provinciæ,* disent *François Diedo, & Loüis Maldura,* qui les premiers on écrit la vie de ce Saint. *Pierre Dupin , Claude de la Roüe , Pierre de Natalibus , Krantzius* dans sa *Metropole de Saxe , Vadingue,* Catel Mr. *Baillet ,* & Mr. *Fleury ,* disent positivement qu'il étoit de Montpellier, & il ne nous disputent point cet avantage.

Quant à sa mort, on ne peut raisonnablement douter qu'elle ne soit arrivée à Montpellier même, après l'autorité du Martyrologe Romain, qui marque pour le 16. jour d'Août la mort de St. Roch. *In gallia Narbonensi apud Montempessulanum depositio Sancti Rochi Confessoris qui multas Italiæ Urbes à morbo Epidimiæ signo crucis liberavit. Cujus corpus venetias postea translatum est.*

II. Les principales actions de sa vie sont, qu'il nâquit vers les commencemens du Regne de Philippe le Bel , sous lequel Jacques II. Roy de Mayorque étoit Seigneur de Montpellier. Il vint au monde marqué d'une Croix rouge sur l'estomac, ce que son pere & sa mere regarderent comme un heureux présage. L'éducation chrétienne qu'ils lui donnerent lui fit prendre dès sa jeunesse un attrait singulier pour l'abstinence & pour la mortification. Ayant perdu son pere & sa mere à l'âge de vingt ans, il voulut suivre les conseils de l'Evangile & embrasser la pauvreté de Jesus-Christ. Il distribua secretement aux pauvres tout ce qu'il put retirer de ses biens ; mais parce que les loix ne lui permettoient pas à son âge de disposer du fonds, il en laissa l'administration à son Oncle Paternel, & s'étant dérobé de son Pays, il prit le chemin de Rome en habit de Pelerin.

Etant

II. PARTIE. LIVRE SEPTIEME.

Etant arrivé à *Aquapendente* Ville de Toscane, apartenante à l'Etat Ecclesiastique, il aprit que la peste y étoit très-violente, & il alla aussi-tôt s'offrir à l'Administrateur de l'Hôpital pour servir les Pestiferez. La bénédiction que Dieu donna à sa charité augmenta son courage, & lui fit prendre la résolution de se consacrer à ce service si rebutant. La peste ayant cessé à *Aquapendente*, il s'en alla à *Cezene* Ville de la Romagne, où il aprit qu'elle faisoit de grands ravages. Il passa de là à *Rimini* dans la même Province, sur les côtes de la Mer Adriatique, & par tout où il alloit, il sembloit que le mal fuyoit devant lui.

Le désir qu'il avoit eu en partant de Montpellier d'aller à Rome, se reveilla à la nouvelle que cette grande Ville étoit affligée de la contagion ; il y alla donc & y passa trois années dans l'exercice des fonctions de charité qu'il avoit embrassée. Il revint ensuite dans cette partie de l'Italie qu'il avoit déja parcouruë, & après avoir passé quelques années dans diverses Villes de la Lombardie, il se rendit à *Plaisance*, où il aprit que regnoit l'épidemie, qui est une sorte de peste populaire : c'est-là où Dieu qui l'avoit si long-tems préservé du mal, voulut le lui faire éprouver pour recompense de sa charité ; il se sentit attaqué d'une fiévre très-ardente, & d'une douleur à la cuisse gauche dont la violence étoit presque insuportable. Les cris qu'elle l'obligeoit de pousser, lui firent craindre d'incommoder les autres malades de l'Hôpital ; il voulut en sortir ; & se retira dans un bois voisin de la Ville, où il trouva une petite hûte qui lui servit de couvert. Dieu qui vouloit seulement l'exercer pour le disposer à d'autres choses, le fit découvrir par un Chien d'un homme de qualité nommé *Gothard*, qui avoit une maison auprès de là. Ce Seigneur touché de pitié lui donna du secours, & Dieu bénit si heureusement ses soins, que le malade recouvra la santé, & que Gothard lui-même prit le parti de la retraite par les conseils & la direction du serviteur de Dieu.

St. Roch après avoir resté quelque tems avec son bienfacteur, reprit le chemin de France, & lorsqu'il fut dans le Languedoc il trouva les environs de Montpellier pleins d'hostilitez, de soupçons & de perils, à l'occasion des pretentions de Jacques II. Roy d'Arragon, sur la Seigneurie de Montpellier, contre Jacques III. Roy de Mayorque, apellé par le Roy Sanche à sa succession. La mine étrangere de Roch le fit arrêter comme un espion : on le conduisit au Juge de Montpellier qui étoit son propre oncle, & qui sans le reconnoître le fit renfermer dans une prison. Le Saint accoûtumé comme il étoit à la souffrance, & aux humiliations, ne voulut rien dire, & ne donna aucun éclaircissement qui pût le faire connoître : il resta deux ou trois ans dans sa prison, après lesquels il y termina sa vie l'an 1327. sans que personne eût jamais songé à s'interesser pour lui : mais Dieu ne tarda point à faire connoître sa sainteté ; & les marques en furent si promptes & si éclatantes, que Mr. Baillet l'un des plus habiles Critiques sur la vie des Saints, reconnoît *qu'on ne peut guéres douter que la dévotion du Peuple pour St. Roch, n'ait commencé dès le jour de sa sepulture, & qu'elle n'ait été toûjours en augmentant.*

III.

On en peut juger par ce qui arriva dans le pays sur la fin du même siécle, où ce Bienheureux étoit mort. L'Histoire de la Ville d'Arles citée par François Ranchin, nous aprend que Geoffroy de Boucicaut (dit le Maingre) Gouverneur du Dauphiné, ayant rendu de grands services au Languedoc durant les troubles qui l'avoient agité, ce Seigneur ne demanda d'autres marques de gratitude qu'une partie du Corps de St. Roch qu'il sçavoit être à Montpellier. La chose lui ayant été accordée, il en fit déposer les Reliques dans l'Eglise des Trinitaires de la Ville d'Arles, d'où on en a fait depuis de grandes distributions. Ce fait est certifié par Messire Gaspard du Laurens Archevêque d'Arles, qui dit dans une lettre autentique qu'il donna sur ce sujet au mois de Juillet 1617. *memoriæ siquidem traditum est quod Major pars corporis B. Rochi per illustrem comitem Walfridum Mingrium Delphinatûs gubernatorem sub Carolo sexto Francorum Rege deposita fuerit in Ecclesiâ conventûs Reformatæ Congregationis Sanctissimæ Trinitatis Redemptionis Captivorum hujus civitatis Arestensis.*

1399.
Hist. de la Peste pag. 142.

Mss. du Château de Castries n. 1. pag. 28.

Mais ce qui contribua le plus à étendre son culte dans toute la Chrétienté, c'est le recours que les Peres du Concile de Constance eurent à son intercession l'an 1414. car la peste s'étant communiquée à cette Ville, & les Prélats étant déja refolus de s'en retirer, ils ordonnerent auparavant un jour de jeûne, & une procession générale où l'on porta l'image de St. Roch, & où son nom fut invoqué dans les Litanies. Le Cardinal Baronius dans ses notes sur le Martirologe Romain, dit que la peste ceffa aussi-tôt. *Solemni pompâ ejus imaginem omni comitante populo per urbem detulerunt, quo facto pestis mox evanuit.*

Depuis ce tems-là, son culte s'étendit dans la Soüabe, les Suisses, la Lombardie, & dans les Provinces voisines. Les Villes d'Italie qui avoient été honorées de la visite du Saint durant son vivant, furent les plus zélées. François *Diedo* Senateur de Venise, étant Gouverneur de la Ville de Bresse, entreprit par devotion de composer la vie du Saint en 1477. Pierre *Loüis Maldura* la continua telle qu'on la trouve dans le recüeil de Surius, & elle ne contribua pas peu à faire encore plus connoître St. Roch; mais elle servit aussi à faire perdre à la Ville de Montpellier ce qui lui restoit de ses précieuses Reliques; car les Venitiens que leur commerce du Levant exposoit souvent à la peste, souhaitant d'avoir St. Roch pour protecteur, conspirerent par un de ces pieux larcins dont on voit plusieurs exemples dans l'Histoire Ecclesiastique, d'enlever à Montpellier ce qui y restoit des Reliques de St. Roch. Ils y envoyerent quelques Avanturiers en habit de Pelerins, qui ayant fait leur expedition, emporterent à Venise en 1485. le reste du Corps de ce Saint, qui y fut reçu du Senat & du Peuple avec une joye indicible. On y bâtit auffi-tôt une Eglise magnifique en son honneur, où l'on déposa solemnellement ses Reliques.

Venise les a conservées plus soigneusement que les Mathurins de la Ville d'Arles, qui en divers tems en ont fait des distributions considerables qu'on peut voir dans Baillet vie de St. Roch.

IV.

Ce que nous venons de dire suffit pour prouver qu'il étoit natif de Montpellier, qu'il y mourut, & que son culte commença dans le même siécle où il finit ses jours. Il reste à répondre à quelques objections que j'ai oüi faire à son sujet; car ce Saint éprouve encore après sa mort cette parole de Notre Seigneur: qu'un homme est rarement Prophête dans son Pays.

J'ai vû des gens vouloir laisser à douter si St. Roch a jamais existé, & s'il a été natif de Montpellier: non qu'ils disent rien de positif contre les autoritez que nous avons raportées; mais comme s'ils supposoient qu'on n'en a aucune preuve, ils demandent d'un grand air de confiance, s'il y a eu un St. Roch, & s'il a été de Montpellier: sur quoi j'ai eu quelque fois occasion d'alleguer le concours des Auteurs déja raportez, & l'autorité du Concile de Constance, qui ordonna des prieres publiques à l'honneur de ce Saint; mais je ne sçai si cette derniere raison étoit celle qu'ils attendoient, & si au contraire ils n'auroient pas voulu insinuer que ce Concile avoit erré dans une question de fait. Mais sans entrer dans la question (si l'Eglise est faillible ou non dans les questions de fait) je me contenterai d'observer que l'Evêque de Maguelone & les Députez de l'Université de Montpellier étoient actuellement au Concile lorsque les Peres de Constance décernerent à St. Roch le culte des Saints, & qu'il est plus que croyable qu'ils ne le firent pas sans avoir pris par tous les éclaircissemens & sûretez necessaires. Ainsi pour révoquer en doute l'existence de St. Roch, il faudroit supposer que les Peres du Concile negligerent les sûretez que l'on prendroit dans les moindres affaires, ou que l'Evêque de Maguelone avec les Députez de l'Université de Montpellier, s'accorderent ensemble pour tromper grossierement les Peres du Concile; ce qu'aucune personne raisonnable n'oseroit penser.

L'autre objection est de François Ranchin dans son Traité de la peste, où sans révoquer en doute le fait ci-dessus, il se plaint du silence de nos Régîtres & de nos Livres d'Eglise, sur St. Roch, d'où il prend occasion de blâmer Montpellier d'ingratitude, *puisque* (ajoûte-t-il) *il n'est rien de plus glorieux à une Cité que d'avoir produit un grand Saint.*

J'avoüe qu'en lisant cet endroit de son Ouvrage j'ai été touché du reproche qu'il nous fait, parce que je supposois qu'il avoit parcouru nos anciens Livres d'Eglise, & foüillé dans nos Archives; mais en examinant de plus près la chose, j'ai vû avec étonnement que Ranchin n'ait pas observé l'interruption qui est

II. PARTIE LIVRE SEPTIEME.   127

dans nôtre petit Talamus depuis 1428. jusqu'en 1502., & que le commencement de cet intervale étant précisément le tems où le culte de St. Roch fut établi, il n'est pas surprenant qu'on eût manqué de faire mention de ce Saint dans les années suivantes.

Cependant en cherchant dans les Regîtres dont François de Ranchin se plaint, j'y ai trouvé des preuves qui ont échapé à ses récherches, & que je vais raporter pour détromper le Lecteur de ce silence prétendu.

Dans un vieux Livre en parchemin de la Cour du Petit Sceau de cette Ville, qui contient les anciennes Ordonnances de nos Rois sur la Jurisdiction, on voit à la tête un ancien Calendrier des jours feriez, où on lit pour le seizième du mois d'Août en grosses Lettres Gothiques: *Sti. Roqui Confessoris*, & en plus petit caractere & fort ancien *Oriundi de Montepessulano*. Il est à observer que la derniere Ordonnance de nos Rois raportée dans ce Livre est du Roy Charles VI. de l'année 1412. & la 32. de son regne, d'où l'on peut inferer que le Calendrier qui est à la tête devoit avoir été mis auparavant, & par consequent être du quatorziéme siécle où St. Roch étoit mort.

Dans un Missel de Maguelone du quinziéme siécle écrit sur le velin en lettres Gothiques qui est dans la Bibliotheque de l'Evêché, on lit pour le même jour seizième d'Août. *Sti. Roqui*, & l'on y a ajoûté *Martyris*, ce qu'on fit sans doute parce qu'on le regardoit comme Martyr de la Charité.

Dans la description que fait nôtre Talamus d'une Procession pour la peste faite au mois de Mars 1505. il est dit que la Procession alla aux Freres Prêcheurs hors la Ville où étoit la Chapelle de St. Roch. Or si la Chapelle étoit dediée fort peu d'années auparavant, comme il est vraisemblable, elle étoit du quinziéme siécle. On trouve dans un vieux Manuscrit apellé Cérémonial de la Ville de Montpellier.

Archives du Château de Castries Mss. n. 1. pag. 19.

Le Seiziéme d'Août est la Fête de Monsieur St. Roch enfant de Montpellier, & est fondée sa Chapelle aux Jacobins, & les Sieurs Consuls vont ledit jour audit Couvent, & n'y a qu'un seul pavillon, & sonne la Cloche de Nôtre-Dame des Tables à l'honneur du Saint: Ce qui est une preuve que le culte de St. Roch est beaucoup plus ancien dans Montpellier, qu'on n'auroit voulu le faire entendre.

Dans un Rituel de Maguelone en lettres Gothiques, qui est au pouvoir de Mr. Douget Chanoine de nôtre Cathedrale, renouvellé en 1533. on y rapelle l'ancienne Oraison de St. Roch couchée en ces termes: *Deus qui Beato Rocho per Angelum tuum tabulas eidem afferentem permisisti, ut qui ipsum invocaverit à nullo pestis cruciatu lederetur; Præsta ut qui ejus memoriam agimus, meritis ipsius à mortiferâ peste corporis & animâ liberemur.*

Et Catel dans ses Memoires du Languedoc écrit que de son tems on montroit à Montpellier la maison de ce Saint, comme nous la montrons encore attenant le Bureau des Trezoriers de France: par où l'on voit l'ancienne croyance de nos Peres sur St. Roch, & qu'ils ne furent pas si nonchalans qu'on a prétendu l'insinuer sur le culte d'un Saint leur Concitoyen. Je ne desespere pas qu'on ne trouve après moi dans nos Archives quelque nouvelle preuve qui m'aura échapée.

Il ne reste qu'à répondre à l'étonnement que se fait Mr. Ranchin de ce que le Pape Urbain V. qui fit présent de plusiers Réliques à l'Eglise de St. Germain, n'y en eût pas mis de celles de St. Roch. pour y avoir qu'à concilier les tems; St. Roch mourut en 1327. & le Pape Urbain consacra l'Eglise de St. Germain en 1367. ce n'étoit qu'une distance de quarante années. Or il ne convenoit pas que le Pape le Canonisât si-tôt, comme il auroit fait en quelque sorte s'il l'avoit exposé de son autorité à la vénération publique.

Son culte fut interrompu dans Montpellier durant les soixante années que les Prétendus-Réformez en furent les maîtres; mais on ne tarda pas de le renouveller après la reduction de cette Ville sous les armes du Roy Loüis XIII.

En 1629. dans le tems de la grande peste dont nous avons donné l'Histoire, le Conseil de Ville fit vœu de faire bâtir une Chapelle à son honneur.

En 1661. on érigea une Confrérie de St. Roch dans l'Eglise de N. Dame des Tables, dont Mr. le Marquis de Castries fut le premier Prieur, & Mr. de Boirargues Soû-Prieur.

Enfin durant la peste qui de nos jours a affligé la Provence, la Ville a recouru à ce Saint comme à son Concitoyen, & a fait mettre au bas du Tableau des Consuls qui est dans l'Eglise Nôtre-Dame des Tables.

BEATO ROCHO
CONCIVI SANCTISSIMO
CIVIT. ET COSS. MONSPELL.
OPEM QUAM SÆPIUS EXPERTI SUNT
CONTRA IMPENDEMTEM LUEM IMPLORANT.

Les frequentes alliances qu'il y eut entre les maisons de la Croix & celle de Roch, toutes deux des plus considerables de Montpellier dans le XIII. & XIV. siécle, ont donné lieu à l'ancienne tradition qui assûre que la maison de la Croix est la même que celle de St. Roch. Je n'oserois confondre ces deux maisons, mais il est bien certain qu'il ne nous reste aucune maison alliée de plus près à celle de St. Roch que celle de la Croix.

DOMINIQUE SERANO,
XI. GENERAL DE L'ORDRE DE LA MERCY,
ET CARDINAL.

Page 180.

LE Livre qui a pour titre, *Histoire de l'Ordre Sacré, Royal & Militaire de Notre-Dame de la Mercy*, nous aprend que " Dominique Serano Onziéme " Général de l'Ordre nâquit à Montpellier Ville du Bas Languedoc, de pa-" rens originaires d'Avila en Espagne, qui n'excelloient pas moins en pieté qu'en " noblesse.

Il fut envoyé jeune à Paris pour y étudier la Jurisprudence, où il se rendit si habile, qu'il y enseigna le Droit à l'âge de vingt-quatre ans, & composa deux sçavans Livres, l'un *de Sententiâ maturâ deliberatione dandâ*, & l'autre fut un Commentaire *super legem Corneliam de Beneficiis*.

Page 181.

L'Historien de sa Vie raporte qu'étant chargé d'examiner les prétendans aux Grades, il refusa un jeune Gentilhomme de Mallemont ou Maumont en Limosin qu'il trouva fort foible, d'où il prit occasion de l'exhorter à mieux étudier, lui promettant de le recevoir lorsqu'il s'en seroit rendu capable. Le jeune homme entra dans l'Ordre de St. Benoît en suivant le conseil du Docteur Serano, & il étudia si bien, qu'il fut nommé avec le tems Evêque d'Arras, puis Archevêque de Roüen, créé Cardinal du titre des Sts. Achille & Nerée, & enfin Pape en 1342. sous le nom de Clement VI.

Dominique Serano, touché de Dieu, quitta Paris & vint à Montpellier, d'où il se rendit à Barcelone pour se faire Religieux de la Mercy. Il s'y distingua par son amour pour la retraite, & par toutes les vertus de son état. Il fut envoyé Redempteur en Afrique, où il racheta six vingt Captifs, & deux ans après, il alla dans le Royaume de Grenade, d'où il en ramena soixante.

Il fut envoyé à Naples, sur la demande qu'en fit le Roy Robert, & l'Auteur de cette Histoire raporte plusieurs sages conseils qu'il lui donna.

Revenu en Arragon, il eut occasion de découvrir au Roy une conspiration faite contre sa personne: & Alphonse, onziéme Roy de Castille, l'engagea d'écrire un Traité sur les levées d'argent que les Princes peuvent faire sur leurs Sujets.

Clement VI. devenu Pape, voulut avoir son sentiment par écrit sur des affaires d'Etat, & ayant été fort satisfait de ses réponses, il lui envoya un Bref plein de témoignages d'amitié & d'estime.

En 1345. il fut élû Général de son Ordre: cette charge étant déja sortie des mains des Chevaliers Laïques pour n'être conferée qu'aux Religieux Clercs, il eut le suffrage de tous les Vocaux, & il convoqua aussi-tôt un Chapitre général à Notre-Dame *del Puch* dans le Royaume de Valence, où il fit de beaux Reglemens pour la sûreté des aumônes destinées à la Redemption des Captifs.

Sur la fin de cette année il vint en France, pour y soûtenir les droits que les Papes & les Rois avoient donné à ceux de son Ordre, d'enseigner publiquement dans les Universitez.

L'an 1348. le Pape Clement VI. qui l'avoit confirmé avec joye dans son Généralat, le fit Cardinal-Prêtre du titre de St. Calixte dans une troisiéme promotion faite extraordinairement pour lui & pour un sien neveu nommé Pierre Roger fils du Comte de Beaufort, qu'il fit Cardinal-Diacre du titre de Sainte Marie la Neuve.

On compte parmi les Ecoliers qu'il avoit à Paris, les Ducs de Bourgogne, le Comte d'Armagnac & celui d'Alençon, qui tous lui témoignerent leur joye de sa promotion; & le Roy d'Arragon lui députa Dom Alfonse *de Cabrera*, pour le feliciter de sa part à Montpellier, où il reçut la nouvelle de sa promotion.

Tandis qu'il se disposoit à se rendre à Avignon auprès du Pape Clement VI. la Ville de Montpellier se ressentit de la peste générale, qui ayant commencé à Florence dans le mois d'Avril, se communiqua en France & en Espagne, & de là dans tout le reste de l'Europe. Le nouveau Cardinal, qui n'avoit pas encoré quitté le Généralat de son Ordre, ne voulut pas abandonner ses Religieux dans des conjonctures si interessantes; il fut attaqué lui-même du mal dont il mourut le 9. du mois de Juillet 1348. un mois & six jours après sa promotion. Il fut enseveli dans son Couvent de Montpellier, où l'on voyoit son tombeau avant les desordres de 1562. Vargas en parlant de son grand âge, & des maladies que son attachement à l'étude lui avoit causé, dit qu'il voulut venir mourir à Montpellier sa patrie: *Ob id citissimè in Galliam reversus est, ut in civitate Montispessulani patriâ suâ, animæ corporisque saluti consuleret; ne mors ut ipse dicebat imparatum eum reperiret, &c.* Liv. 2. Chap. 8.

MARIE DE MONTPELLIER,
REINE D'ARRAGON.

JE ne rapelle point tout ce que j'ai déja dit dans le premier Tome de cet Ouvrage, qui peut servir à nous confirmer dans l'idée que les Auteurs Espagnols ont eu de cette Reine, qu'ils apellent *la Reyna Sancta*. *Dona Maria que so molt Sancta & buena à Deus & al mond. Insignem pietate & probitate fœminam*, dit Zurita. Beuter. Montaner.

La haine de sa marâtre, & le mauvais traitement de ses differens maris, sont assez marquez, pour juger que Dieu voulut la sanctifier sur le Trône par des croix domestiques, qui sont ordinairement les plus sensibles. Dès l'âge de onze à douze ans, elle suivit aveuglement les volontez de son pere, qui la maria à Barral Vicomte de Marseille. Devenuë veuve à l'âge de quinze, elle fit pour un bien de paix, la renonciation que fa marâtre voulut ; & dépoüillée de tous fes droits, elle fut livrée au Comte de Cominges, qui étoit plongé dans la diffolution & dans l'héréfie.

La patience & la vertu qu'elle fit paroître dans toutes ces épreuves, intereffa davantage pour elle les Habitans de Montpellier après la mort de fon pere. Ils foûtinrent conftamment fes droits contre les Brigues de fa marâtre : & devenuë Reine d'Arragon, par fon mariage avec le Roy Pierre, elle paroiffoit être à l'abri de toutes les agitations paffées, lorfque les mépris du Roy fon époux la jetterent dans de nouveaux troubles. Il fallut une protection toute vifible du Ciel, pour la rendre mere du Roy Jacques, par ce pieux artifice que j'ai raconté dans le Livre. La naiffance de ce jeune Prince ne changea point les difpofitions du Roy fon pere, il mit la Reine dans l'obligation d'aller à Rome en perfonne pour s'oppofer à la rupture de fon mariage.

Ce fut alors que fa vertu parut comme fur un plus grand théatre. Le Pape Honoré III. fit fon éloge lorfqu'écrivant au Roy pour lui perfuader d'abandonner fon deffein, il le prie de confiderer la pieté de la Reine & la bonté de fes mœurs: *præcipuè cum fit mulier timens Deum, magnâ prædictâ honeftate, & ex eâ filium fufceperis* ; mais la paffion du Roy l'ayant emporté fur tous ces égards, il alla fe jetter dans le parti des Albigeois, où il perit malheureufement à la Bataille de Muret l'an 1213.

La Reine fon époufe étoit morte quelques mois avant lui, quoiqu'on n'en fçache pas précifement le tems. Son dernier Teftament qu'elle fit à Rome eft du 20. d'Avril de la même année c'eft-à dire qu'elle mourut entre ce jour & le treiziéme de Septembre, qui fut celui de la mort de fon mari.

*En aqueft an 1213. (*dit nôtre Talamus*) mori à Rome madona Maria Regina d'Arragon & pueis à 13. Settembre mori à muret Peyre Rei d'Arragon.*

Je ne rapelle point ici les obfervations que j'ai faites ailleurs fur la penfée de Zurita pour l'année de la mort de la Reine ; je me contente de dire que conformément à l'Article de fon Teftament, par lequel elle vouloit être enterrée dans l'Églife de St. Pierre de Rome on l'inhuma comme nous l'aprenons de *Reuter Rivarius* & *Zurita* auprès du Tombeau de Ste. Petronille ; & Garriel nous aprend qu'on mit au bas de celui de la Reine ces paroles, dont les prémieres font allufion à ces mots de Guillaume de Puy-Laurens qui parlant du Mariage que Pierre Roi d'Arragon contracta avec elle, dit : *quod autem fecit Rex ambitione dominandi per eam in Montepeffulano.* Les paroles dont je parle font,

Ambitio mihi Regem virum dedit,

Pia fraus filium Regem maximum,

Sancta mors cœlefte Regnum.

Un des articles de fon Teftament des plus intereffans pour notre Diocéfe, eft la donation quelle fit de fon Château de Mirevaux aux Filles de St. Felix de Montfeau, dites aujourd'hui de Gigean. Nous verrons dans l'article de ce Monaftére l'indemnité que donna le Roy Jacques fon fils pour rentrer dans cette Terre, où la Reine fa mere fe plaifoit beaucoup à caufe du voifinage de Maguelone, & des Religieufes de St. Felix.

HISTOIRE
DE MONTPELLIER

LIVRE HUITIEME.
DES EGLISES PARTICULIERES.

CHAPITRE PREMIER.
DE L'EGLISE CATHEDRALE St. PIERRE.

L'EGLISE Cathédrale a suivi tous les changemens qui sont arrivez au Siége de Maguelone ; c'est-à-dire, qu'ayant commencé dans cette Isle environ le cinquiéme siécle, elle fut changée à Substantion dans le huitiéme, d'où l'Evêque Arnaud la rétablit à Maguelone dans le onziéme, & fut enfin transferée à Montpellier, sous le Regne de François I.

On observe que dans tous ces differens lieux elle a porté toûjours le nom de St. Pierre, comme il paroît (quant à sa premiere fondation) par ces paroles de Verdale, au sujet de la donation que les Sœurs de St. Fulcrand firent à l'Eglise & à l'Evêque de Maguelone : *Hoc ergo votum persolventes , has Villas* (c'est-à-dire, Montpellier & Montpellieret) *Domino Deo, & Beatis Petro & Paulo Magalonensis sedis, & Ricuino, ejusdem sedis venerabili Episcopo, donatione in perpetuum valitura destinaverunt.*

Le fait n'est pas moins certain pour le tems que le Siége resta à *Substantion* ; car il n'est rien de plus ordinaire dans les actes de ce tems-là, que de voir nommer l'Eglise Cathédrale *Ecclesiam Sti. Petri Substantionensis.*

Il en fut de même, lorsque l'Evêque Arnaud eut ramené son Chapitre à Maguelone, où la Cathédrale fut toûjours apellée St. Pierre de Maguelone : ce qui conste plus particulierement par la Bulle de sa translation à Montpellier, dans laquelle Paul III. dit qu'il transfere l'Eglise Cathédrale St. Pierre de Maguelone dans celle de St. Benoît & de St. Germain de Montpellier ; voulant que le nom de

Monaftére & d'Eglife de St. Benoît refte fuprimé, & que la nouvelle Eglife conferve toûjours le nom de St. Pierre qu'elle avoit à Maguelone. *In Monafterio Sti. Benedicti nomen & titulum Monafterii, ac etiam invocationem Sti. Benedicti extinguimus, ita ut de catero Ecclefia Sti. Petri Magalonenfis nuncupetur fub invocatione ejufdem B. Petri Apoftoli.*

On ne fçait pas fi pofitivement dans quelle forme l'Eglife Cathédrale fut bâtie dans ces differens lieux, quoiqu'on affûre que dans le tems de fa premiere fondation à Maguelone, elle fut à-peu-près comme elle eft encore aujourd'hui, parce qu'au jugement des plus habiles Antiquaires, le chevet de l'Eglife d'aprésent, eft beaucoup plus ancien que le refte du Bâtiment; d'où l'on infere que l'Évêque Arnaud en la faifant rétablir, lui donna fon ancienne dimenfion, & qu'il fe contenta de lier les nouvelles murailles au chevet de cette Eglife, qui s'étoit mieux confervé que tout le refte du Bâtiment.

Quant à la maniére dont elle étoit bâtie à Subftantion, on n'en peut mieux juger que par fes vieilles mafures, qui nous préfentent encore un efpace de dix à douze toifes de long fur quatre ou cinq de large, enfermé entre quatre murailles, dont celle qui répond à la porte d'entrée, eft furmontée d'un fronton ouvert à jour, pour trois Cloches qu'on fonnoit en branle.

On raconte que ces vieux reftes fouffrirent beaucoup fur la fin du dernier fiécle, à l'occafion des réparations qu'on fut obligé de faire à l'Eglife de Caftelnau, qui eft tout auprès; car les Maçons qui en avoient le prix-fait, ayant obtenu du Chapitre de Montpellier la permiffion de prendre quelques pierres à Subftantion, ils en laifferent emporter un grand nombre à quelques Habitans de Caftelnau, qui les employerent dans leurs maifons de campagne. De cette forte, la curiofité des voyageurs n'eft pas fort fatisfaite, lorfqu'ils vont voir cette ancienne Eglife qu'on fçait d'ailleurs n'avoir jamais été remarquable, ni par le nombre de fes Miniftres, ni par la folemnité du Service : *Ubi pauci Clerici feu Presbiteri qui cantandi habebant officium in eadem Ecclefiâ, apud Sanctorum Reliquias, quæ multa atque pretiofiffima, ibidem ufque hodiè fervata funt, fua officiola celebrabant.*

<small>Verdala in Ar. Baldo.</small>

Je ne repeterai point ici tout ce que j'ai dit ailleurs des augmentations que les Succeffeurs de l'Évêque Arnaud firent à l'Eglife de St. Pierre de Maguelone, & je n'ajoûterai rien à la defcription que j'ai donnée des grands bâtimens de St. Pierre de Montpellier, lorfque le Chapitre y fut transferé en 1537.; il me fuffira de dire pour la fuite de l'Hiftoire, que le Service y ayant été aboli en 1567. les Chanoines fe réfugierent tantôt à Frontignan, tantôt à Villeneuve, où ils firent le Service jufqu'après le fiege de Montpellier en 1622.

Ce fut alors que le Roy Loüis XIII. voulant rétablir le culte Catholique à Montpellier, affigna fur les Gabelles des fonds fuffifans pour y bâtir une Cathédrale. Mr. de Fenoüillet qui en étoit Evêque, en fit jetter les fondemens à la Canourgue; mais fes envieux le rendirent fufpect au Cardinal de Richelieu, qui étant venu à Montpellier après le fiége de *Privas*, ordonna qu'on fufpendît les travaux de la Canourgue, & qu'on réparât l'Eglife de St. Pierre pour la mettre en état d'y faire le Service.

Le foin en fut donné au Préfident Baudan (chez qui fon Eminence logeoit) lequel fit rébâtir l'angle de cette Eglife qui répond à la ruë publique; & ayant rétabli deux arceaux de la voûte qui y manquoient, il fit remettre cette Eglife aux Chanoines pour y faire le Service.

<small>Reg. 4°</small>

Il falut alors que le Chapitre fit faire à fes dépens les réparations intérieures, comme il paroît par les Régîtres de fes déliberations, où l'on trouve un bail paffé avec le nommé *Maltois* Sculpteur pour les chaifes du Chœur, un autre pour les vitres, & pour le pavé de l'Eglife, dans toute fon étenduë, où l'on peut obferver qu'on mit ce pavé au même niveau que l'ancien; comme il paroît par le focle des piliers de l'Eglife, & par la hauteur des niches à la Gothique qui font à côté de l'Autel de chaque Chapelle pour y fervir de crédence.

Le Chapitre fit auffi réparer le clocher qui eft à côté de la grande porte de l'Eglife; & pour en augmenter la cloche il délibera le 2. May 1633. de bailler au Seigneur Evêque le Canon qu'on avoit trouvé à Maguelone lors de fa démolition en 1632. Je ne fçai pourquoi cette déliberation ne fut executée que vingt

ans

ans après, comme nous l'aprenons de l'inscription qui est autour de cette cloche, où il est marqué qu'elle avoit été donnée à l'Eglise de Maguelone en 1518. par Antoine du Cailar de Montferrier Chanoine & Sacristain de Maguelone, & qu'elle fut augmentée du double lorsque le Chapitre de Montpellier la fit refondre en 1653.

Cymbalum hoc à Domino Antonio du Cailar de Monteferrario Magalonensi Sacrista anno Dñi M. D. XVIII. dono datum, & injuriâ temporis effractum, Monspeliense Capitulum refecit, & in duplum auxit an. Dñi. M.DC.LIII. Ste. Petre ora pro nobis.

A côté il y a deux Médailles de St. Pierre & de St. Paul : & au bas on voit le nom du Fondeur en ces termes. *L. Bordes m'a faite.*

J'entre dans tout ce détail pour faire voir le dénüement où se trouvoit cette Eglise, & combien il falut du tems pour la mettre en état d'y pouvoir faire le Service avec quelque décence.

On trouve dans les délibérations du Chapitre qu'il fit faire en 1634. une tapisserie de haute lice, representant les principales actions de St. Pierre, pour parer le Sanctuaire de son Eglise, mais depuis que feu Mr. de Pradel Evêque y eut fait mettre les grands Tableaux qu'on y voit, cette tapisserie sert autour du Cœur par-dessus les chaises hautes des Chanoines.

Peu de tems après le Chapitre fit faire les grandes Orgues qui sont au fonds de l'Eglise au-dessus de la principale porte d'entrée ; & parceque dans ces premiers commencemens la Sacristie manquoit de tout, quelques Chanoines luy firent des présens qui n'ont pas été oubliez dans les Regîtres du Chapitre. Le Sr. *Mongranier* y est compris pour un Benitier d'argent, & Mr. *Rebusti* Grand-Vicaire pour un ornement complet de velours. Mrs. de *Brignon* Prévôt, *Bousquet* de *Montlaur* Abbé de Franquevaux, & *Ranchin* Grand-Vicaire, donnerent les Vases Sacrez & les Ornemens qu'ils avoient à eux, & par les augmentations que ce Chapitre y a fait, son argenterie aproche de vingt-mille écus.

C'est ainsi qu'après deux cens ans l'Eglise de St. Pierre s'est un peu relevée de ses anciennes pertes, par où l'on voit clairement qu'il faut souvent des siecles entiers pour réparer les désordres qu'une populace furieuse est capable de faire en un jour.

Avant de finir cet article, je ne dois pas oublier l'Horloge qu'on a mis depuis peu sur le Clocher de St. Pierre pour regler le Service Divin, & pour l'utilité du public, qui l'entend de la plus grande partie de la Ville & de toute la Campagne voisine de St. Pierre ; mais ce qui la rend infiniment plus estimable, c'est de la tenir des liberalitez d'un grand Cardinal,* premier Ministre, que le Chapitre ne peut assez se glorifier d'avoir eu l'honneur de posseder durant plusieurs années.

+ Msgr. le Cardinal de Fleury.

Nos successeurs verront avec plaisir les reparations qu'on va faire au Sanctuaire de cette Eglise, où il doit y avoir un Autel à la Romaine, du plus beau marbre d'Italie, orné de bronze doré, auquel le Chapitre a fait servir le droit d'entrée qui lui revenoit de Messire Charles Joachim Colbert son Evêque.

CHAPITRE SECOND.

DES EGLISES COLLEGIALES.

L'EGLISE COLLEGIALE DE NOTRE-DAME DU PALAIS, Dite du Château.

Durant la sédition arrivée à Montpellier en 1141. contre Guillaume fils *d'Ermensende*, ce Seigneur qui s'étoit retiré à *Lates* fit vœu de bâtir une Chapelle, à l'honneur de Nôtre-Dame, dans son Chateau de Montpellier, ce qui ne put être executé que par son Successeur *Guillaume fils de Sibille*, comme il le dit lui-même dans l'Acte de fondation de l'Eglise de *Ste. Croix*, où il fait certaines reserves pour servir un jour à la dotation de l'Eglise du Château, qu'il devoit faire bâtir. *Retentis aliis ad opus Capella, & Ecclesia quam Deo authore fundaturus sum in Castello meo.*

HISTOIRE DE MONTPELLIER,

Nous trouvons dans les Archives de l'Evêché, que Raymond I., Evêque de Maguelone fit la confecration de cette Eglife en 1156. & il faut qu'elle fût dans fa perfection en 1162. puifqu'Alexandre III. ayant été reçû à Montpellier cette même année, avec les honneurs que nous avons dit dans la vie de Guillaume fils de Sibille, ce Pape lui accorda un Bref par lequel il exempte de tout interdit fa Chapelle de Montpellier, *Capellam quoque tuam in Montepeffulano nullus audeat interdicere, quominùs tibi & familia tua exclufis excommunicatis & interdictis, Divina Officia celebrentur.*

Spicilegs de d'A-chery tom.3. p.561.

Guillaume fils *de Malthilde*, par fon teftament de l'an 1202. ordonna qu'outre le Chapelain majeur, le Sacriftain, & les autres Clercs qui y étoient du tems de fon Pere, on y ajoûtât un autre Chapelain, un Diacre, un Soû-Diacre, un Clerc, & un *Efcapolier* ou Sonneur de cloche, *qui omnes decantent Ecclefiam, & ferviant.*

Le Roy Jacques le *Conquerant*, Succeffeur des biens & de la pieté de fes ayeuls maternels, agrandit cette Eglife, en lui donnant cinq cannes-&-demi de largeur, fur quinze de longueur dans œuvre. *In latitudine quinque cannas & dimidiam & in longitudine quindecim cannas, non comprehenfis in his parietibus, ejufdem Ecclefia.*

Elle étoit à côté de l'entrée du Palais, comme il paroît par la naiffance de fon ancienne voûte, qu'on voit encore au-deffous de l'Horloge, précifément au même lieu où Mrs. de la Cour des Aydes ont fait bâtir la grande fale qui leur fert de Chapelle. Sa principale entrée étoit à côté de celle du Palais; enforte qu'il eft dit dans une Sentence criminelle que j'ai vû, qu'un homme condamné à faire amande honorable, la fit devant la porte de cette Eglife, & enfuite fans changer de lieu, devant celle du Palais.

Pour illuftrer cette Eglife, le Roy Jacques la fit ériger en Collégiale, & l'honora des mêmes exemptions que le Roy *St. Loüis* fon contemporain avoit accordé à la Ste. Chapelle de Paris. *Concedimus Domino Deo beata Genitrici & Capella noftra de Montepeffulano omnia laudimia, accapta, five confilia, fine omni retentione noftri vel noftrorum, mandantes, &c.* & pour la rendre plus vénérable, nos Confuls y ramafferent un grand nombre de Réliques, à l'exemple des Stes. Chapelles de *Paris*, de *Vincennes*, de *Dijon*, de *Bourges*, & de *Bourbon*, où les Princes qui les fonderent prirent foin d'y faire aporter plufieurs reliques des Saints.

Nous avons un Acte du 17. Janvier 1365. dans lequel Pierre *Garrigue* Prêtre & Prieur de l'Eglife Collégiale de Ste. Marie du Château, proche le Palais du Roy, avec les autres Prêtres fes Collegues, reconnoiffent aux Confuls de Montpellier, qu'il a été de nouveau érigé en ladite Eglife, une Confrérie en l'honneur de St. Onufre dont ils avoient reçû les Reliques, avec celles de St. *Sebaftien*, des Saints *Sixte* & *Hippolite Martyrs*, de St. *Martin* Confeffeur, de Ste. *Eulalie* Vierge & Martyre, du Mont du Calvaire, & du Sepulcre de Notre Seigneur. A raifon de quoi ils s'obligent tous les ans le 13. de Juin à un Anniverfaire pour l'ame des Confuls décedez, & à une Meffe le jour du décès des Confuls actuellement vivans, & à une Meffe du St. Efprit la veille de St. *Onufre*, pour la profperité des Confuls, leur accordant de faire graver leurs Armes fur la chaffe defdites Reliques.

Series page 313.

Le Roy Loüis XII. dans fes Lettres données au Pleffis lez-Tours, l'an 1510. fait mention d'une portion de la vraye Croix, & d'une épine de la Couronne du Sauveur, donnée à cette Eglife par *Philippe le Bel*; puis en rapellant les privileges accordez à cette Eglife par fes Prédéceffeurs, les Rois de *Mayorque*, de *Navarre*, & de *France*, il veut (comme on le pratiquoit de leur tems) qu'il foit pris du tréfor Royal, tout ce qui fera neceffaire pour le Service, & pour les réparations de cette Eglife.

Cet ufage eft confirmé par un article des ftatuts dreffez le 12. Novembre 1410. par le Gouverneur de Montpellier, où il eft dit. *Item eft de more & confuetudine quod omnes reparationes neceffaria in dicta Capella regia, ficut in parietibus, in operturâ in cloquerio, in cimbalis, in indumentis Sacerdotalibus, in calicibus, in libris, & aliis dicta Capella neceffariis, fiant & fieri confueverunt per thefaurarium, fine receptoremrecepta ordinaria regia Montifpeffulani, de pecunia dicta fua recepta juxta ordinationem Magiftri operum regiorum, five ejus locum tenentis de mandato dicti Domini Gubernatoris, Patroni dicti Collegii.*

II. PARTIE. LIVRE HUITIÉME.

Le titre de Patron de cette Eglise, que les Lieutenans du Roy prenent dans quelques Actes, vient sans doute à cause qu'elle étoit de la fondation de nos anciens Seigneurs de Montpellier, dont ils tenoient la place. C'est pour cette raison qu'ils y faisoient assembler tous les ans, les personnes qui devoient proceder à l'élection du Bailly (comme on a pû l'observer dans l'article de la *Baylie*) & que ces mêmes Lieutenans ou Gouverneurs mirent leur nom à la tête de divers Réglemens qui furent faits pour le Service de Notre-Dame du Palais.

Par ces mêmes Statuts, les Chapelains devoient dire six Messes tous les jours, & régler entr'eux le Samedy avant Vêpres, celle que chacun devoit dire dans la semaine : les deux premières étoient à voix basse, la troisiéme est apellée la Messe de Paroisse, avec chant ; la quatriéme se disoit à voix basse pendant la Messe de Paroisse, la cinquiéme après que la Messe Paroissiale étoit finie ; & enfin la derniere qui est apellée la Messe majeure. *Singulis diebus sabbati ante Vesperas eligi consueverunt sex prebisteri, qui in septimanâ sequenti habent celebrare Missas. Videlicet unus primam, alter secundam, alter Missam Parochialem cum notâ ; alter aliam Missam bassam dum Missa Parochialis dicitur, alter post Missam Parochialem, & alter Missam majorem.*

Il paroît par ces Statuts, & par les Lettres de nos Rois, qu'on y chantoit les Heures Canoniales, *nocturnum officium pariter & diurnum.*

Pour donner le moyen à tous ces Prêtres de vacquer plus librement au Service de cette Eglise, on leur donna quelques Bénéfices, & des droits considerables dans la Ville, & à la campagne ; mais les grands renversemens que les troubles de la Religion causerent dans cette Province, se firent sentir à l'Eglise Royale de Notre-Dame du Palais ; elle ne fut pas plus respectée que les autres de la Ville ; les Chapelains furent dispersez pendant soixante ans ; lesquels leur places furent données à de nouveaux Prêtres, qui ramasserent les débris de leur ancienne dotation, & rentrerent dans les Bénéfices de St. Martin de *Lairargues* Diocèse de *Montpellier*, & de Notre Dame de Rouviege Diocèse de Beziers. Ils ont recouvré par les notes des Notaires, quelqu'une des rédevances qu'ils avoient à *Montpellier*, à *Montel*, & à *Celleneuve* ; mais ils n'ont pû encore faire le Service en corps d'Eglise Collégiale, tant à cause de la modicité de leurs revenus, que par le défaut d'une Chapelle où ils pûssent s'assembler, celle que la Cour des Comptes Aydes & Finances a fait bâtir dans leur ancien fonds, est desservie par des Religieux, & les Prêtres de cette ancienne Eglise, réduits à six, disent les Messes ausquelles ils sont tenus dans la Chapelle de la Providence.

L'EGLISE COLLEGIALE DE St. SAUVEUR.

LE Cardinal *Imbert Dupuy*, d'une famille très-considerable à Montpellier, pendant le treize & le quatorziéme siécle, ayant dessein de fonder une Eglise Collégiale de Prêtres, pour vacquer aux fonctions de la Priere & de l'Hospitalité tout ensemble, acheta dans le Faubourg de la Saunerie l'Isle qu'on voit aujourd'hui vis-à-vis le logis du *Cheval-vert*, où il y avoit un Hôpital apellé *Ste. Marie des Teutons*. La maladie dont il mourut l'ayant empêché de finir son dessein, il en chargea ses executeurs testamentaires, qui étoient *Bertrand* Evêque d'Ostie, *Guillaume de Texeriis* Chanoine de Nîmes de l'Ordre de St. Augustin, *François Bedoc* Chanoine d'Aix, & *Guillaume Dupuy* Chevalier du Diocèse de Maguelone, lesquels demanderent au Pape Clement VI. les pouvoirs nécessaires pour executer cette Fondation : il les leur accorda par une Bulle donnée à Avignon le jour des Kal. d'Octobre 1349. Et en conséquence ils dresserent les Reglemens suivans, où l'on voit le nombre des Prêtres qui devoient remplir cette Fondation, le Service auquel ils étoient tenus, tant pour l'Eglise que pour l'Hôpital, les biens qu'on leur laissa pour leur entretien, & la distribution qui en devoit être faite entr'eux, enfin leur habit d'Eglise, & leur habitation.

" Il est dit d'abord, qu'il y aura douze Chapelains, dont l'un aura le titre de
" *Prieur*, deux autres feront Diacres, & un autre Sacristain.

Prieur & Chapelains.

" Le Prieur aura la premiere voix en Chapitre, & la premiere place dans le
" Chœur sur la main droite.

Nomination aux places.

" Le Sacristain aura la premiere place du côté gauche, & la seconde voix en
" Chapitre; mais les autres dix Chapelains, selon le rang de leur réception.
" Quant à la nomination des Places, les Rois de France à perpetuité auront la
" nomination d'une de ces Chapellenies, pour laquelle ils presenteront un Su-
" jet au Prieur & au College.
" Le Prieur sera pris du corps des Chapelains, qui auront droit de l'élire ; mais
" il sera tenu de demander la confirmation à l'Evêque de Maguelone. Quant à
" la provision & collation des autres places de Chapelains, du Sacristain & du
" Diacre (lorsqu'elles seront vacantes par mort ou par cession) elle apartiendra
" au Prieur conjointement avec la plus grande partie du College : ensorte
" néanmoins que si une Prébende Sacerdotale vient à vacquer, on la conferera
" à l'un des Diacres de cette Eglise, si d'ailleurs on l'en juge digne.
" L'élection du Prieur, les provisions & collations de la Sacristie, des Cha-
" pellenies, & des Diaconats, doivent être faites par le College dans un mois,
" autrement elle apartiendra pour cette fois à l'Evêque de Maguelone.
" Le Prieur, le Sacristain, & les Chapelains, seront tenus d'être Prêtres dans
" l'an, & les Diacres de même pour leur Ordre ; s'ils y manquent (sans em-
" pêchement legitime) ils seront censez privez de leur Benefice, & l'on en
" nommera d'autres à leur place.

Service de l'Eglise.

" Chaque jour on celebrera deux grandes Messes *cum Notâ* (c'est-à-dire en
" plein-chant) l'une après *Prime*, & l'autre après *Tierce* ; & les autres Chapelains
" qui n'auront pas été chargez de ces deux Messes, ne laisseront pas d'être te-
" nus de la dire tous les jours ; & s'ils y manquent sans cause legitime, le Prieur
" a droit de correction & de punition.
" Vêpres, Matines, Prime, Tierce, Sexte, None, & Complies, se diront en
" chantant, & les Diacres serviront de leur office aux grandes Messes, à l'ordre
" & volonté du Prieur, du Sacristain, & des Chapelains qui devront la chanter.
" Les Diacres seront tenus de sonner la cloche aux heures accoûtumées, de porter
" la Croix, & faire les autres services du culte Divin, qui leur seront marquez
" par le Prieur, Sacristain, & Administrateurs du College, autrement ils se-
" ront soûmis à la correction & punition du Prieur, ou du Sacristain, en son absence.
" Le Prieur, Sacristain, & Chapelains, qui resideront dans l'Eglise de St.
" Sauveur, feront par tour leur service des deux grandes Messes, & de l'Office
" de la nuit & du jour, à moins que le Prieur n'en voulût la préference.

Biens temporels du College.

" Nous incorporons, (disent les executeurs testamentaires) à l'Eglise de St.
" Sauveur, tous les fruits & rentes qui ont apartenu à l'Hôpital, Maison &
" Eglise, que le Cardinal Imbert acheta pendant sa vie des Freres de l'Ordre de
" Ste. Marie *des Teutons* de la Ville de Montpellier, soit que ces revenus soient
" en bled ou en argent, droit de lods, meubles ou immeubles, biens tempo-
" rels ou spirituels, quelque part qu'ils soient, & par quelques personnes qu'ils
" soient dûs, pour le present & pour l'avenir.
" Nous assignons & incorporons à ladite Eglise & audit College, comme au
" veritable héritier du Cardinal Imbert, toute la Prairie du tenement de La-
" tes, que ledit Seigneur Cardinal acheta de l'illustre Roy de Mayorque, avec
" le sol, les herbes, les pascages, les eaux, les arbres, & le droit de donner
" l'eau, avec tous les autres droits qu'il y a acquis.
" Nous leur assignons deux moulins avec leur quatre roües, maisons, isles, eaux
" pascages, possessions, avec le droit de percevoir une certaine somme d'argent pour
" l'arrosage des prés voisins, & généralement tous les droits, privileges & coûtu-
" mes dont joüissoit le Roy de Mayorque, lesquels moulins sont hors du Château
" de Lates, & sur la riviére du Lez
" Nous lui assignons en *franc-alleu* un Four sis hors des murs de la Ville de
" Montpellier, *au Corral*

Item

II. PARTIE, LIVRE HUITIEME.

Item, une moitié d'un autre Four situé à Montpellier dans la rüe de St. Guillem, qui est commun avec *Guillaume Caufit* Bourgeois de la Ville, ensemble les bûchers étables, couverts, & toutes ses autres apartenances. "

Et généralement tout ce qui a apartenu, & se trouvera apartenir à la succession du Cardinal Imbert, après avoir payé ses autres legs; constituant le Prieur & College des Chapelains susnommez, les Maîtres & Successeurs dudit Cardinal. "

Le Prieur, avec les Chapelains, pourra dresser des Réglemens & Statuts, auxquels tous ceux dudit College seront tenus d'obéïr. "

Nous ordonnons que le Prieur & College tiennent l'Hôpital bien pourvû des meubles pour y recevoir les pauvres durant la nuit (comme il est de coûtume) & qu'ils établissent un *Hospitalier* capable, qui des biens du Collège fournisse en tout tems, & d'une manière convenable les vivres & les autres choses necessaires aux pauvres; & si l'on fait quelques legs à l'Hôpital, que *l'Hospitalier* le reçoive; & qu'il en rende compte tous les ans au Prieur & au Collège. " *Service de l'Hôpital.*

Nous ordonnons que le Prieur avec le College tiendront tous les ans un Chapitre Général, dans l'Octave de Pâques, où ils établiront deux Procureurs, qui rendront un compte exact & loyal à la fin de l'année. "

Lorsque l'Hospitalier viendra à mourir, que le Prieur & le Collège reçoivent ce qu'il aura laissé, & qu'ils l'apliquent au profit & à l'amélioration de l'Hôpital. "

Les charges spirituelles & toutes dettes déduites, on payera le Prieur, le Sacristain, les Chapelains, les Diacres, & l'Hospitalier en cette sorte. Le Prieur aura vingt-six deniers de monnoye courante à *Montpellier*, le Sacristain vingt, les Chapelains seize, les Diacres dix, pour leur distribution quotidienne. Quant à l'Hospitalier on lui donnera tous les ans quinze livres de pension. " *Honoraire des Chapelains.*

Mais aux Fêtes solemnelles de *Noël*, de *Pâques*, de *l'Ascension*, & de la *Pentecôte*, de même qu'aux quatre *festivitez de la Vierge*, & aux jours de *tous les Saints*, de la Nativité de *St. Jean*, & de la *Dédicace* de l'Eglise de St. Sauveur (où l'on doit faire l'Office double) le Prieur, le Sacristain, les Chapelains, & les Diacres, recevront une double distribution, qui sera partagée en égales parts pour l'Office de Matines, pour celui de la grand Messe, & pour celui de Vêpres; mais pour y être censé présent, il faut être à Matines avant la fin de l'Invitatoire, à la grand Messe avant le *Kyrie eleison* commencé, & à Vêpres avant la fin du premier Pseaume, où il faudra rester jusqu'à la fin, à moins que pour quelque grave necessité, il ne fallût sortir pour un moment, & revenir aussi-tôt. "

Les absens pour maladie, ou pour les affaires de l'Eglise, seront censez présens; mais les distributions de ceux qui se seront absentez sans aucune de ces deux causes, seront partagées moitié aux présens, & moitié apliquée en livres, ornemens, ou autres necessitez de l'Eglise. "

Pour cet effet le Prieur & le Collège nommeront un Pointeur, qui marquera les absens, sans haine, affection, ni crainte. "

Nous ordonnons de plus, que le Prieur, le Sacristain, les Chapelains, & les Diacres, assisteront à Matines, à la grand Messe, à Vêpres, & autres heures de la nuit & du jour, avec des Surplis honnêtes & à longues manches tous uniformes, & qu'ils porteront des Aumusses de *brunet* ou autre étofe noire, doublée s'ils veulent de peaux; & s'ils manquent de paroître dans l'Eglise avec le Surplis & l'Aumusse, qu'ils soient regardez comme absens; & punis au jugement du Prieur. " *Habit d'Eglise.*

Les offrandes du pain & du vin, la cire, les étoffes, ou l'argent, & autres choses qui seront léguées sans une destination marquée, seront communes & partagées entr'eux. "

Nous ordonnons que le Prieur, Sacristain, Chapelains, & Diacres, demeurent ensemble dans le même lieu, qu'ils y mangent, & qu'ils y dorment en commun; les exhortant au bon exemple qu'ils se doivent les uns aux autres, & à gagner des ames à Dieu par leur sainte vie. " *Habitation commune.*

Donné à Avignon dans la Maison de Bertrand Evêque d'Ostie le 28. du mois de Janvier l'an de la Nativité de Notre-Seigneur 1349. indiction seconde, & la septième année du Pontificat de Clement VI. "

Cette Maison, avec son Hôpital, subsisterent jusqu'aux premiers troubles de la Réligion. On acheva de les raser lorsqu'on voulut se préparer aux differens siéges dont Montpellier fut ménacé dans le cours de cette guerre : alors on détruisit la palissade du Faubourg qui lui étoit contiguë, avec la portaliere dite de St. *Salvaire*, de St. *Sauvaire*, ou de St. *Sauveur*, par où l'on entroit dans le Faubourg de la *Saunerie*. On a pû remarquer ce que je dis dans la description que j'ai donné de l'entrée de l'Archiduc à Montpellier en 1503. & l'on en trouve de plus grandes preuves dans les Archives de l'Hôtel de Ville, & dans les Regîtres de la Bourse.

Etat present du Chap. de St. Sauveur.
Les Chapelains de cette Eglise ayant été dispersez pendant tout le tems des troubles, ils revinrent à Montpellier après le siége qu'en fit Loüis XIII. alors ils rentrerent dans les possessions qui leur avoient apartenu, & les places vacantes ayant été conferées à des nouveaux Prêtres, ils s'unirent avec ceux de *Ste. Anne*, & de la Trinité, pour rebâtir l'Eglise *Ste. Anne*, & y faire tous ensemble l'office divin.

Nous les y avons vû jusqu'en 1687. que Messire Charles *de Pradel* Evêque de cette Ville voulant augmenter le Service de sa Cathédrale, y attira les Collégiales qui étoient à *Ste. Anne*, comme nous l'avons dit dans l'article de cet Evêque : ils ont place aux chaises hautes, & portent le nom de Chanoine ; mais leur manse est entierement séparée, & ils n'ont rien de commun avec la Cathédrale, que leur assistance au Chœur.

La modicité des revenus de leur Eglise, fit prendre la résolution au commencement de ce dernier siécle, de réduire les douze places de leur fondation au nombre de six ; mais l'affaire ayant souffert plusieurs difficultez au Parlement où elle fut portée, le nombre des Prêtres fondez par le Cardinal Imbert à subsisté.

L'EGLISE COLLEGIALE DE SAINT RUF.

Cette Eglise fut fondée en 1368. par le Cardinal Anglic *Grimoard*, frere du Pape Urbain V. en faveur des Chanoines reguliers de *St. Ruf*, d'où il avoit été tiré par le Pape son frere, pour être Archevêque d'Avignon, & ensuite Cardinal du titre de St. Pierre aux Liens. Après avoir achevé les grands bâtimens que son Frere l'avoit chargé de faire pour le Monastere de St. Germain, ou de St. Benoît (aujourd'hui St. Pierre.) il voulut fonder lui-même une Maison de *St. Ruf*, dont il fait la description en ces termes : *Ædificium quod à fundamentis, propriis sumptibus, ædificari & construi fecimus, infra Villam Montispessulani, Magalonensis Diocesis, propè Ecclesiam Sti. Benedicti ejusdem Villæ, mediante plateâ & juxta vias publicas à duabus partibus.* La place dont il parle, est celle qui est entre St. Pierre & St. Ruf, & les deux rües sont celles de *Côte-Frege*, & celle qui descend du Palais à l'Evêché.

Dans l'Acte de fondation signé à Boulogne le 13. Avril 1368. le Cardinal Anglic dit qu'il fonde dix-huit places ; pour des jeunes Chanoines de *St. Ruf*, qui devoient faire le cours de leurs études à Montpellier, & aider en même-tems au Service de leur Eglise.

Art. 1.
Il veut qu'ils soient gouvernés par un Prieur annuel, dont il se reserve la nomination pendant sa vie ; voulant qu'après sa mort, l'Abbé de *St. Ruf* en ait le choix avec son conseil.

Art. 5.
Il ôte à l'Abbé de *St. Ruf* toute jurisdiction sur les 18. Chanoines qui seront à Montpellier ; donnant au Prieur de cette maison tout pouvoir sur eux, à moins qu'il ne s'agît d'un crime fort grave, dont la punition seroit dévoluë à l'Abbé.

Art. 8.

Art. 13.
Il ordonne pour le service de la Chapelle, qu'on y dise autant de Messes qu'il se pourra ; & s'il arrivoit qu'il n'y eût pas dans la maison trois Chanoines en état de la dire, il veut qu'on apelle un Prêtre Séculier, & qu'à toutes les Messes on fasse commemoraison du Fondateur, du Pape Urbain V. & des bienfacteurs de la maison.

II. PARTIE LIVRE HUITIEME.

Aux Fêtes solemnelles de Nôtre Seigneur & de la Vierge, à celles de *St. Jean-Baptiste*, de *St. Pierre* & de *St Paul*, de *St. Ruf*, & de *St. André* Apôtre (dont il y avoit un Autel dans leur Chapelle) il ordonne qu'on s'assemble au son de la cloche, pour dire toutes les heures de l'Office Divin à deux Chœurs ; mais aux jours ordinaires, il suffira qu'on dise le soir Matines & Laudes. Il y aura continuellement une lampe allumée devant le St. Sacrement, & tous ceux qui ne seront pas Prêtres, Communieront de quinze en quinze jours.   *Art.* 18.   *Art.* 20.

Les malades seront tenus de se confesser au deuxième jour de leur maladie, & le Prieur n'épargnera rien pour leur guerison ; il leur assignera un des valets de la maison pour les servir, & il les fera visiter par le Medecin, que la maison doit tenir à ses gages. Lorsqu'un malade sera décedé, la maison fera les fraix de sa sepulture, à moins que les parens du deffunt ne voulussent la faire.

Quant à l'administration du temporel, le Cardinal Anglic ordonne que tous les ans, après la Fête de Pâques, on choisisse deux Procureurs ou Sindics, pour aller visiter tous les mois, les Pricurés & Granges de la maison Collégiale, dans laquelle ils feront porter toutes les denrées, afin de les vendre après en avoir reservé leur provision : il veut que de l'argent qui en proviendra, on fournisse au Vestiaire des Chanoines & du Prieur, & qu'on enferme le reste de l'argent dans un cofre à deux serrûres, afin que si la somme devient considerable, on l'employe à augmenter le nombre des places de la fondation.

Après avoir reglé qu'on fera une lecture pendant les repas, & qu'on tiendra tous les Dimanches un Chapitre particulier pour la correction des mœurs, & pour le bon ordre de la maison, il ordonne qu'on fasse quatre exemplaires des presens Statuts sur du parchemin, & qu'on en fasse la lecture tous les mois.

Datum, & factum Bononiæ in domo habitationis nostra anno à Nativitate Domini 1368. mense Aprili. Die 13. Indictione sexta. Pontificatûs S. D. N. Papæ Urbani V. anno sexto. Præsentibus Stephano Abbate Sti. Victoris prope Massiliam, &c.

Le Pape Urbain V. confirma peu de tems après cette fondation, par ses lettres données à Rome *apud Sanctum Petrum* le 5. des Kal. de May, en la sixième année de son Pontificat, par lesquelles il donne pouvoir à son frere de fonder telle maison de pieté qu'il voudra, & particulierement le Collége de *St. Ruf : In quo ordine*, ajoûte-t'il, *per triginta annos educatus extitisti*; ce qui nous aprend le long séjour que le Cardinal Anglic avoit fait dans l'Ordre de St. Ruf.

Nous avons vû au sujet de la sédition arrivée à Montpellier en 1379. que ce Cardinal voulant fléchir la colere du Duc d'Anjou contre les Habitans de cette Ville, vint à Montpellier dans sa maison de St. Ruf, où il ménagea tous les esprits pour terminer cette importante affaire : depuis ce tems, il ne cessa de s'employer pour la Ville, & de faire du bien à sa maison de St. Ruf qu'il établit son héritier universel : *Hæredem meum universalem facio, ac ore meo proprio nomino, Collegium Sti. Ruffi Montispessulani.*

Dans ce testament, signé à Avignon le 16. Avril 1388. il fait un très-grand nombre de legs considerables à diverses personnes & à plusieurs Couvens ou Paroisses ; mais parmi ses legataires particuliers, il donne par préciput à sa maison de St. Ruf tout ce qui se trouveroit lui apartenir dans l'enceinte du College, soit en or, en argent ou en meubles ; tous les droits par lui acquis dans le Diocése de Maguelone, & dans le Château & Terroir d'*Armasan*, Diocése de Nîmes ; deux maisons considerables à Avignon, dont il marque les confronts, & tous les bestiaux qu'il avoit à St. Gilles de *Vauvert*, autrement de *Posqueriis*, à *Armazan* Diocése de Nîmes, & à *Melgueil* Diocése de Maguelone.   *Baluze Pap. Avenionensium tom. 1. pag. 1021.*

Les liberalitez qu'il fit à l'Eglise de St. Ruf sont remarquables : il lui donne une Croix d'argent du poids de douze marcs, à la charge qu'elle ne pourroit jamais être venduë ni alienée ; trois des meilleurs Tapis qu'il se trouveroit avoir, au choix du Prieur & du Sacristain ; trois pieces de Tapisserie de laine ouvrage d'Angleterre, où il y avoit des animaux & des arbres de differentes couleurs, pour parer, dit il, les murailles de l'Eglise ; une Chapelle noire d'étoffe de *Luques*, qu'il avoit dans sa maison d'Avignon, consistant en une Chasuble, deux Pluviaux, deux Dalmatiques, deux Tunicelles, & l'étoffe qu'on met autour de la Chaire du Prélat qui officie.

Un parément de drap d'or, où il y avoit les Images de la Vierge, & autres Saints, entourées, dit-il, de ses Armoiries, *In cujus circuitu sunt Arma mea.*

Un autre parément d'Autel de même étoffe.

Deux autres parémens blancs d'étoffe de *Luques*, qu'il avoit dans sa maison d'Avignon.

Deux autres parémens rouges de même ouvrage.

Un frontal d'étoffe rouge, où il y avoit des Images en broderie d'or pour mettre sur l'Autel.

Plus, cinq aubes avec leur amits, des plus belles qu'il se trouvera avoir, au choix du Prieur Claustral & du Sacristain du College; toutes les napes d'Autel qui lui apartiennent, & deux cens francs d'or pour achever les reparations qui restent à faire.

On attribuë à ses liberalitez, les Benefices & les fonds de terre dont l'Eglise Collégiale de St. Ruf joüit encore. Sçavoir, le Prieuré de St. Martin de *Caveirac*, près de Melguëil; le Prieuré de *Gadagne*, dans le Comtat d'Avignon; le Benefice de *Sarniac*, Diocése de Nîmes; celui de *Villeneuve-la-Cremade*, Diocése de Beziers; & St. Martin d'*Escofiac*, près de Cornontec. A tous ces Benefices, le Cardinal Anglic ajoûta des prairies à Lates, des champs près du grand St. Jean, au terroir de *Tournemire*; une vigne considérable à *Lantissargue*, dite la vigne *des Larmes*; la Seigneurie directe sur toutes les maisons de la Barlerie, à main-droite en venant de la place des Cevenols, & la Conseigneurie de Castelnau près de la riviere du Lez.

Avec tous ces secours, la Maison de St. Ruf se conserva jusqu'aux guerres de la Religion, pendant lesquelles elle subit le sort des Eglises de Montpellier: les Chanoines furent obligez de se retirer ailleurs; & ce ne fut qu'après la reduction de cette Ville, qu'ils y revinrent en 1627.

Alors le Sr. Pierre *Argoud* Sacristain, fit clorre de murailles leur ancienne enceinte, & bâtit le corps de logis qui fait face à leur jardin. Enfin en 1645. le Sr. Alexis *Rochon*, Cloîtrier de cette Maison, fit faire le second corps de logis qui regarde l'Église de St. Pierre; mais les remüemens de terre qu'on fit à cette occasion, acheverent d'effacer tous les vestiges de l'ancien bâtiment du Cardinal Anglic, dont il ne reste qu'une grosse muraille qui sert de soûtenement aux terres d'un jardin superieur.

Le Service de l'Eglise n'est fait à present que par un Prieur triennal, par un Sacristain à titre, & par trois autres Cloîtriers; le reste des Étudians étant retenus à Valence par leur Abbé général, aux dépens de la Maison de Montpellier, qui fournit aussi à leur entretien, dans les Seminaires où on les envoye pour se preparer aux Ordres.

Cet usage, qui s'est introduit depuis le commencement de ce siécle, a fait naître la pensée à Messire Loüis Pierre *Chomeil*, dernier Abbé de St. Ruf, de faire attribüer à sa Maison de Valence (qui est le chef-lieu de son Ordre) tous les revenus de la Maison de Montpellier, dont il a demandé la supression à la Cour. Sur cette demande, le Roy nomma Dom Joseph *d'Argenvilié*, Abbé de *Septfons* Ordre de Cîteaux, pour faire les informations préalables à un pareil changement. Son arrivée à Montpellier sur la fin de l'année 1727. donna lieu à des opositions de la part de la Ville, de l'Université, de Mr. le Procureur Général au Parlement de Toulouse, & de Mr. le Comte de Roure Lieutenant Général de la Province, en qualité de Chef de la Maison de Grimoard: ce qui a fait suspendre l'execution de ce projet jusqu'à present.

L'EGLISE COLLEGIALE DE LA Ste. TRINITE'

Cette Eglise a pour Fondateur le Cardinal Raymond de *Canillac*, qui avoit été auparavant Prevôt de l'Eglise de Maguelone. Nous aprenons par une Bulle du Pape *Gregoire XI.* donnée à Avignon le 19. de May 1372. que ce Cardinal lui ayant demandé les pouvoirs nécessaires pour faire cette fondation, il les lui accorda ; mais qu'ayant été prévenu par la mort, les exécuteurs testamentaires, sçavoir, Anglic *Grimoard* Cardinal Evêque d'Albano, Pierre de *Montaruc* Cardinal, Vice-Chancelier, Evêque de Pampelune, & Pons *de la Garde*, Prieur de Saint Firmin de Montpellier, depuis Evêque de Mende, s'adresserent au même Pape pour lever plusieurs difficultés qu'ils trouvoient aux dernieres volontés du Cardinal de Canillac. *Series præsulum de Gariel. pag.*

Gregoire XI. leur ayant donné plein pouvoir, ils firent bâtir dans l'Isle de Maguelone, à la distance d'environ cent pas de l'Eglise Cathédrale, du côté qu'elle regarde la mer, une Eglise Collégiale, avec cloche, clocher, cimetière, & autres édifices pour douze Chapelains.

Ils crûrent afin d'interesser le Chapitre de Maguelone dans cette fondation, devoir affecter à un de leur Corps la premiere place de cette nouvelle Eglise ; & en ayant obtenu du Pape Gregoire XI. un pouvoir spécial, ils firent les Réglemens suivans, pour le temporel & pour le spirituel.

Art. premier.

Nous érigeons (disent-ils) par l'autorité Apostolique qui nous a été accordée à cet effet, la Chapelle de la Ste. Trinité, en Collégiale & Séculiere, pour " joüir de tous les droits & privileges des Eglises Collégiales. "

Dignités & Offices de cette Eglise.

Le Chef de tous les Chapelains sera appellé *Doyen*, & pris du Corps des " Chanoines claustraux de l'Eglise de Maguelone, sans qu'on en puisse choisir " d'ailleurs, *quorum primus decanus, Canonicus claustralis Ecclesiæ Magalonensis esse debeat. Et ad quem decanatum nullus alius assumi debeat, nisi Canonicus Claustralis Ecclesiæ Magalonensis;* la seconde place sera pour le *Sacristain*, & la troi- " sième pour le *Précenteur*, & tous les autres Prêtres seculiers seront appellés sim- " plement Chapelains de la Chapelle de la Ste. Trinité de Maguelone. *Capellani* " *Capellæ Ste. Trinitatis Magalonæ nuncupentur*; ensorte que le seul Doyenné soit " une dignité, & la Sacristie avec la Précentorie soient des offices. *Decanatús dig- " nitas, Sacristia vero & præcentoria officia existant.*

Art. 2. Collation du Doyenné.

Nous reglons & statuons (continuent les exécuteurs testamentaires) que lors- " que le Doyenné viendra à vacquer, le Prevôt de Maguelone, le Prieur de St. " Firmin, & le Prieur claustral, choisiront dans tout le mois, un Chanoine qui soit " Prêtre & Profés de leur maison, ou qui puisse l'être dans un an, à compter du " jour de ses provisions : que s'ils concourent tous trois, ou deux pour le moins au " même choix, ils seront tenus dans les dix jours après l'élection, de presenter à " l'Evêque de Maguelone celui qu'ils auront choisi, pour en obtenir la confirma- " tion & l'institution.

Cette élection sera faite à Montpellier dans la maison du Prevôt de Maguelone, " & en son absence dans celle du Prieur de St. Firmin ; que si elle n'est pas " faite dans le premier mois de la vacance, elle sera dévoluë pour cette fois à l'E- " vêque de Maguelone. "

Nomination aux Chapellenies.

Le Prieur de St. Firmin, & le Baron de Canillac, présenteront alternative- " ment aux Chapelleines qui viendront à vacquer : & s'ils laissent passer le premier " mois, leur droit est dévolu au Prevôt de Maguelone, qui en donnera l'institution. " Quand aux Offices de *Sacristain* & de *Précenteur*, le Doyen avec le Chapitre " de la Trinité pourvoiront celui des Chapelains qu'ils en estimeront le plus digne. "

Art. 3.

Les Chapelains lorsqu'ils seront présentés, doivent être Prêtres, ou du moins " avoir atteint la vingt-cinquième année, pendant laquelle ils pourront obtenir " l'Ordre de Prêtrise ; & s'ils y manquent, leur place vacquera du seul fait. Aucun " d'entr'eux (pas même le Sacristain ni le Précenteur) ne pourront tenir aucun "

„ Benefice à charge d'ames, ni aucun autre qui oblige à réſidence.

Art. 6.
Places & rangs dans le Chœur & en Chapitre.

„ Il eſt réglé que le Doyen aura la premiere place dans l'Egliſe, & la premiere „ voix en Chapitre, enſorte que ſa voix vaille autant que deux autres. *Primam* „ *vocem quæ pro duabus valeat* : le Sacriſtain opinera après lui, enſuite le Précenteur, „ & puis les autres Chapelains ſelon l'ordre de leur reception. La place du Doyen „ dans le Chœur ſera à main droite en y entrant, celle du Sacriſtain à main „ gauche de la même entrée ; & le Précenteur ſera aſſi du côté du Doyen, deux „ places entr'eux. *Duabus tantùm ſedibus mediis.*

Art. 7.

Art. 8.

Le Doyen eſt declaré le Chef de tous ſes Collégues, *caput ſit & præſit omnibus, & ſingulis perſonis dictæ Capellæ, & Collegii*. On lui donne droit de correction & de punition pour tout ce qui regarde l'Office divin, & pour les crimes commis par ſes Collégues. *Corrigat & puniat tam circa divinum officium quam circa alia crimina per eoſdem commiſſa.* Cette punition eſt reduite dans un des derniers articles des Statuts à une penitence ſalutaire, en une amande envers ceux qu'ils auront offencé, ou à être deferé à l'Official de Maguelone.

Art. 17.

Art. 9.

C'eſt au Doyen à convoquer le Chapitre tant qu'il eſt preſent, & à ſon abſence au Sacriſtain, ou Précenteur, ſi la place de ces premiers ſe trouve vacante.

Art. 10.

Art. 11.

Le devoir du Sacriſtain eſt de garder les Livres, les Calices, les Croix, les Habits Sacerdotaux, & autres Ornemens de l'Egliſe. Celui du Précenteur & d'officier par lui-même, *officiare per ſe* ; & s'il ne le peut pour cauſe raiſonnable, de le faire faire par quelqu'un du Corps, & non autre. Il réglera le chant des grandes Meſſes, celui des Pſeaumes, & Antiennes qu'on chante alternativement des deux côtés du chœur : tous devront lui obéir dans les proceſſions, & dans ce qui regarde le ſervice de l'Egliſe & du chœur.

Art. 14.

La loi de réſidence perſonnelle oblige également le Doyen, le Sacriſtain, le Précenteur & les autres Chapelains, qui ne peuvent s'abſenter ſans cauſe legitime. Aucun d'eux ne pourra permuter ou réſigner ſon Benefice, ſans une expreſſe permiſſion de tous les membres du Chapitre ; ce qu'ils promettront avec ſerment lors de leur reception.

Art. 15.

Art. 17.

Service Divin.
Art. 18.

Quant au Service divin (ajoutent les executeurs teſtamentaires) Nous ordonnons par l'authorité Apoſtolique dont nous ſommes revêtus, que dans la Chapelle de la Ste. Trinité on chante diſtinctement & devotement les heures Canoniales, ſelon le rit & coûtume de l'Egliſe de Maguelone. *In quibus dicendis uſum & conſuetudinem Eccleſiæ Magalonæ volumus obſervari.* Et que tous les jours de Dimanche & de Fête, on y célébre ſur les * neuf heures une Meſſe Conventuelle, & qu'aux autres jours feriés on pourra la dire aux heures qu'ils voudront, *quando eis videbitur*, afin que chacun ait le tems de vacquer à ſes affaires ; mais en Carême, en Avent, & aux jours de jeûne qu'on diſe deux Meſſes Conventuelles, l'une après Prime, & l'autre aux heures qu'on a coûtume de la dire dans l'Egliſe de Maguelone. *Horis debitis ut in Eccleſiâ Magalonâ eſt fieri conſuetum.*

Aux fêtes ſolemnelles ou l'office eſt double-majeur, & qui ſont affectez à l'Evêque pour chanter la grande Meſſe à Maguelone, le Doyen de la Trinité dira dans ſa Chapelle une Meſſe Conventuelle, où il chantera lui-même l'Evangile, aſſiſté d'un jeune Prêtre du Chapitre de la Trinité qui lui ſervira de Diacre : le même Doyen fera ce jour-là l'Office à Vêpres, & à Matines ; mais s'il eſt legitimement empêché, le Sacriſtain ſupléera pour lui, & au défaut du Sacriſtain le Précenteur : dans les autres Meſſes conventuelles que le Doyen n'eſt pas tenu de chanter, le Sacriſtain & le Précenteur les diront par ſemaine tour à tour. Que s'il arrivoit que par maladie ou abſence legitime on ne pût célébrer avec décence ces Meſſes Conventuelles, on les dira à voix baſſe aux heures accoutumées ; & tous ſeront tenus d'y aſſiſter ſous peine de punition par le Doyen.

Art. 19.

Service pour le Cardinal de Canillac.
Art. 20.

L'Anniverſaire du Cardinal de Canillac ſera célébré le 19. de Juin, qui fut le jour de ſa mort ; ſon ſervice commencera la veille après Vêpres, où l'on dira tout l'Office des Morts ; que ſi ce jour tomboit au Dimanche, on remettra au Lundy la

---

† Que dans l'Original il y a *horâ tertiâ*, qui répond à neuf heures du matin, parce qu'on comptoit les heures à Maguelone comme on fait encore en Italie, où la premiere heure de la nuit commence à ſix heures du ſoir, & la premiere heure du jour à ſix heures du matin.

II. PARTIE. LIVRE HUITIÉME. 245

grande Meſſe qu'on doit chanter pour le répos de ſon ame; on dira une pareille Meſſe le quatriéme de Juillet, auquel jour il fut enterré à Maguelone dans la Chapelle du St. Sepulcre, & on y fera une abſoute ſur ſon Tombeau.

Tous les jours libres on dira deux Meſſes baſſes dans la Chapelle du St. Sepulcre, & dans celle de la Trinité; on chantera pour lui toutes les ſemaines une grande Meſſe des Morts, après laquelle on fera dans le Chœur une Abſoute pour lui, & pour ſes parens défunts. *Art. 21.*

Tous les Chapelains de la Ste. Trinité qui diront la Meſſe dans l'enceinte de l'Iſle de Maguelone aux jours non empechez, diront une Collecte pour lui, pour ſes parens ou bienfacteurs; & après Matines, le Doyen & les Chapelains de la Trinité diront tous les jours un *De profundis*, avec l'Oraiſon *Deus qui inter Apoſtolicos*; ce qui ſera obſervé à l'Action de Graces après le repas, & après Complies; mais après la Meſſe conventuelle qu'on diſe le répons *Libera me*, avec ſes verſets, & après Vêpres le répons *Qui Lazarum*, &c. *Art. 22. & 23.*

Lorſque les Chanoines de Maguelone viendront dans la Chapelle de la Ste. Trinité (ce qu'ils peuvent faire quand ils voudront) le Sacriſtain leur fournira tout ce qui leur ſera neceſſaire. *Art. 24.*

L'habit de Chœur pour le Doyen, & pour les Chapelains dépuis la veille de Pâques juſqu'à la veille de tous les Saints, conſiſte en un Surplis & une Aumuſſe, qui ſera pour le Doyen la même qu'on porte à Maguelone, & pour les autres une Aumuſſe ſimple, doublée s'ils veulent de peaux d'agneau; mais dépuis la veille de tous les Saints juſqu'à la veille de Pâques, ils porteront ſur le Surplis une Chape noire, ſelon l'uſage de l'Egliſe de Maguelone. *Art. 25. Habit de Chœur.*

Lorſqu'ils viendront à l'Egliſe pour y célébrer l'Office divin, ils y entreront la tête découverte, ils s'inclineront dévotement devant le grand Autel, & après que la cloche aura fini, ils attendront encore les abſens pendant l'eſpace d'un *De profundis*. *Art. 27.*

Il y aura au moins deux lampes dans l'Egliſe qui brûleront pendant la Meſſe, pendant Matines & à Vêpres, hors ce tems il ſuffira qu'il y en ait une qui brûle continuellement devant le St. Sacrement. *Art. 29.*

Tous les Mécredis après l'Octave de Pâques, le Doyen avec les autres Chapelains tiendront le Chapitre Général, qui pourra être continué pendant les deux jours ſuivans, & davantage s'il eſt neceſſaire; on en fera de même le Mecredy après la fête de tous les Saints; & dans ces deux Chapitres généraux il ſera fait lecture des préſens Statuts, afin que perſonne ne puiſſe s'excuſer ſous prétexte d'ignorance. *Art. 30. Chapitres généraux.*

Le Procureur ou Sindic ne pourra aliener quoique ce ſoit des biens apartenans à cette Egliſe Collégiale, ſans la participation du Chapitre, à qui il rendra un compte exact de toute ſon adminiſtration. *Art. 38. & 33.*

Le Sceau du Chapitre ſera dans une caſſette à trois clefs, dont l'une reſtera toûjours entre les mains du Doyen, la ſeconde ſera gardée pendant une année par le Sacriſtain, & l'autre année par le Précenteur, la troiſiéme Clef reſtera au pouvoir d'un Prêtre du Chapitre, qui ſera choiſi pour cet effet toutes les années. *Art. 42. Sceau du Chapitre.*

Le Doyen, le Sacriſtain, & le Précenteur, auront chacun une chambre affectée; mais lorſque les autres chambres des Chapelains, viendront à vacquer, elles ſeront à l'option du plus ancien.

Le pain, le vin, & la viande ſeront communs à tous; mais le Doyen aura double portion. Il recevra quinze livres tournois à chaque Chapitre général, & les autres n'en auront que le tiers; ils mangeront tous dans le même Refectoire, & pendant le repas on fera quelque lecture de piété. *Art. 39. Table communité.*

Tous les Chapelains pourront teſter en laiſſant un tiers de leur bien au Chapitre; mais s'ils meurent *ab inteſtat*, le Chapitre leur ſuccédera en entier. *Art. 45.*

Ils ſont exhortez, vû la proximité où ils ſeront des Chanoines de Maguelone, à leur marquer du reſpect dans toutes les converſations qu'ils auront avec eux. *Art. 56.*

Acta & promulgata fuerunt ſubſcripta omnia & ſingula Avenione, in domo habitationis & camerâ ſecretâ Domini Cardinalis Albanenſis prædicti: ſub anno à Nativitate Domini milleſimo trecenteſimo ſeptuageſimo ſexto, indictione decimâ quartâ, & die 2. menſis Octobris Pontificatûs S. D. N. Gregorii Papæ XI. anno ſexto.

Il paroît par cette derniére date, que l'établissement du Collége de la Trinité, ne commença qu'environ 1376. puisque le Cardinal *Anglic* qui dressa les Statuts de cette Maison, en parle toûjours au futur. Elle subsista à Maguelone après que le Chapitre de la Cathédrale eut été transferé à Montpellier en 1536. & lors des grandes démolitions qui furent faites en cette Ville en 1562. l'Eglise de la Trinité se conserva encore à Maguelone jusqu'à ce que les Huguenots se rendirent maîtres de cette Isle en 1568.

<small>*Etat présent du Chapitre de la Trinité.*</small> Depuis ce tems jusqu'après le Siége de *Montpellier* par le Roy Loüis XIII. leur service fut interrompu faute d'une Eglise à pouvoir s'assembler. Guillaume *Pellissier* second du nom, Evêque de Montpellier le fit nommer Doyen de la Trinité, pour conserver les biens de cette Eglise; mais les Chanoines de sa Cathédrale qui succederent dans cette place, firent des pertes considerables, tant à cause d'une aliénation de leur temporel qu'ils firent en 1590. que par la supression qui fut faite des Salines de *Mirevaux* & de *Villeneuve*, sur lesquelles le Collége de la Trinité avoit à prendre sa provision de sel. On trouve dans leurs anciens Régîtres, qu'ils avoient des fiefs à *Meze*, à *Loupian*, & à *Marsillan* dans le Diocése d'Agde, & un autre fief encore plus considerable dans la Paroisse de *Juvignac* qui comprenoit tout le *devis Comtal*. Mais il ne reste présentement à cette Eglise que les Prieurez *d'Auroux* & de *St. Nazaire* Diocése de Montpellier, avec celui de *Servian* Diocése de Beziers, & quelques usages à *Mirevaux* & à *Montpellier*: la diminution de leur rentes fit diminuer le nombre des Chapelains, qu'on réduisit à six, y compris le Doyen, qui est toûjours un Chanoine de la Cathédrale. Je trouve qu'ils firent le service dans l'Eglise de la Loge en 1643., & ensuite dans celle de *Ste. Anne* qu'ils contribuerent à rebâtir : enfin Mr. de Pradel Evêque de Montpellier les ayant attiré dans sa Cathédrale en 1687. ils y assistent à l'Office avec les Collégiaux de St. Sauveur & de Ste. Anne.

Leur reduction au nombre de six, leur avoit attiré en 1682. un grand procès au Parlement de Toulouse, qui fut jugé en leur faveur, contre les impetrans par Arrêt du 19. Juillet 1683. Depuis ce tems, il s'en est élevé un autre, au sujet de leur Doyenné, qui se trouve avoir été conferé diversement depuis la translation de l'Eglise Cathédrale de Maguelone à Montpellier. On vient de contransiger que Mr. l'Evêque en feroit titre sur la présentation du Prévôt de St. Pierre, & sur celle du Chanoine qui se trouveroit en tour de Semaine, comme représentant le Prieur de St. Firmin dont le Benefice est uni au Chapitre; quant au Prieur Claustral de Maguelone, qui est nommé pour l'un des Patrons dans la Bulle de fondation, il n'en est fait aucune mention, sa place ayant été supprimée.

L'EGLISE COLLEGIALE DE Ste. ANNE.

<small>*Page 505.*</small> ON trouve dans le *Series* de Garriel, le procès-verbal de l'érection de cette Eglise, avec le nom des personnes qui y concoururent, & les regles qu'on établit pour cette fondation.

<small>*Fondation de cette Eglise.*</small> Il y est dit, qu'en la quatriéme année du Pontificat du Pape Alexandre VI. Pierre *Aristeri* Prieur de St. Martin de *Sussargues*, & Titulaire de la Chapelle de *Ste. Anne* dans la Ville de Montpellier, se présenta à Maguelone le 2. de Novembre 1496. pardevant Reverend Pere en Dieu *Isarn de Barriere* Evêque, Jean de *Costa* Prévôt du Chapitre de Maguelone, assemblez capitulairement, & qu'il suplia l'Evêque d'ériger en Collégiale sa Chapellenie *de Ste. Anne*, où il vouloit fonder quatre places, dont la premiere seroit pour un Prieur, la seconde pour un Sacristain, & les deux autres pour deux Chapelains : il demanda pour eux la permission de s'assembler, & les autres privileges accordez de droit aux Eglises Collégiales, priant l'Evêque d'interposer son autorité pour cet établissement; d'autant plus (ajoûta-t'il) qu'il avoit deja le consentement du Prieur de St. Firmin, dans la Paroisse duquel sa Chapelle de Ste. Anne étoit située. Il offrit en même-tems de donner pour cette fondation, non-seulement son Prieuré de
Sussargues,

II. PARTIE. LIVRE HUITIÉME.

Suſſargues, pour être uni à la nouvelle Egliſe Collégiale, de l'autorité de l'Evêque & du Chapitre de Maguelone, mais encore certaines métairies, où il y avoit des champs & des prés; ſes livres de Grammaire, de Théologie, de Droit Canon & Civil, & generalement tous ſes biens, meubles & autres effets qu'il pouvoit avoir.

Il eſt marqué que ſa propoſition fut bien reçûë de toute l'Aſſemblée, & que l'Evêque ayant pris conſeil du Prévôt, du Sacriſtain, & autres Chanoines de Maguelone, il fit l'union propoſée, en ſe reſervant la collation, proviſion, & toute autre diſpoſition de la Vicairie perpetuelle qui ſeroit établie à St. Martin de *Suſſargues*; à condition que cette Paroiſſe ne ſouffriroit aucun préjudice de cette union, & que le Vicaire ſeroit tenu d'y réſider en perſonne, d'y célébrer l'Office Divin, & d'adminiſtrer les Sacremens aux Paroiſſiens, comme il avoit été fait auparavant.

Le Prieuré de Suſſargues lui eſt uni.

Pour cet effet il ordonne que le Vicaire auroit tous les émolumens de l'Egliſe de *Suſſargues*, c'eſt-à-dire les offrandes, les droits de ſepulture, une partie de la maiſon Clauſtrale & du verger: qu'il recevroit tous les ans des Prieurs, Sacriſtain & Collegiez de Ste. Anne, dix ſétiers de froment, deux muids de vin bon & pur, tel qu'il ſort de la cuve; moyennant quoi il ſuporteroit les charges ordinaires du Benefice, ſur tout de l'hoſpitalité. "

Art. 1. Droits du Vicaire qu'on établit dans ce Prieuré.
Art. 2.

Quant aux charges extraordinaires, comme droits de Sinode, Décimes, & tous autres, quels qu'ils puiſſent être, le Prieur & les Collegiez ſeront tenus de les payer; & lorſqu'à la célébration du Sinode, le Prieur & le Vicaire de *Suſſargues* ſeront appellez, le Prieur de Ste. Anne ſeroit tenu de répondre *adſum Domine*. "

Art. 3. Charge des Collégiez de Ste. Anne pour l'Egliſe de Suſſargues.

Si les Collegiez ſe trouvent à *Suſſargues* le jour de St. Martin, le Vicaire cedera la premiere place au Prieur & au Sacriſtain, & il fournira les vivres aux Collegiez pendant tout ce jour, & le lendemain à dîner. "

Art. 4.

Les autres émolumens du Benefice de *Suſſargues* tourneront au profit du Prieur, Sacriſtain & Collegiez de Ste. Anne, & ſeront partagés également entr'eux, après que le Prieur aura pris pour lui un dixiéme, outre ſa quatriéme portion de tous les revenus. "

Art. 5.

Les Collégiez ſeront tenus de réſider à *Ste. Anne*, d'y célébrer tous les jours la Meſſe, d'en dire deux tous les Dimanches & Fêtes, l'une en plein-chant, & l'autre à voix baſſe, & de chanter Vêpres le ſoir. "

Art. 6. Leur réſidence à Ste. Anne, & le Service qu'ils ſont tenus d'y faire.

Tous les Lundis ils diront deux Meſſes, l'une pour les défunts parens de Pierre *Ariſteri* leur Fondateur, & l'autre ſelon la dévotion de celui qui la dira. "

La collation du Prieuré de la Collégiale de Ste. Anne apartiendra au Prieur de St. Firmin & à ſes Succeſſeurs; celle du Sacriſtain & des autres Collegiez à l'Evêque de Maguelone, qui ſe reſerve ſur eux toute juriſdiction. "

Collation des places.
Art. 7.

Il leur permet de s'aſſembler au ſon de la cloche le jour & le lendemain de la Fête de *St. Luc*, pour élire le Sindic qui doit prendre ſoin de leurs affaires, & rendre compte à la fin de l'année de ſon adminiſtration; ſous leſquelles conditions (ajoûte le procès-verbal) l'Evêque, avec le conſentement du Chapitre de Maguelone, autoriſa l'union du Prieuré de St. Martin de *Suſſargues*, & donna ſon Décret, dont il fut expedié copie à Pierre *Ariſteri* qui l'avoit demandée; & en conſequence, les Collégiez de Ste. Anne furent mis en poſſeſſion du Benefice de *Suſſargues* le 16. de Novembre 1496. "

Art. 8. Chapitre General.
Art. 9.

Depuis ce tems, ils firent leur ſervice dans l'Egliſe de Ste. Anne, juſqu'à la ruine generale des Egliſes de Montpellier en 1562. Les troubles qui continuérent en cette Ville durant près de ſoixante ans, les empêcherent de s'y aſſembler, & ce ne fut qu'après la réduction de *Montpellier* en 1622. qu'ils reſolurent de rébâtir l'Egliſe Ste. Anne, où ils firent l'Office avec les Collégiaux de St. Sauveur & de la Trinité juſqu'en 1687. qu'ils furent attirez dans la Cathédrale, pour y aſſiſter aux Offices, comm'ils font encore.

Etat préſent du Chapitre Collégial de Ste. Anne.

L'EGLISE COLLEGIALE DE St. JEAN.

SElon les mémoires qui m'ont été envoyez du grand Prieuré de St. Gilles, les Chevaliers de St. Jean de Jeruſalem furent établis dans l'enceinte de Montpellier.

Par Mr. Raimbaud.

dans le même siécle que les Chevaliers du Temple le furent hors du Faubourg de la Saunerie. On donne pour preuve de ce fait deux actes du douziéme siécle, dans l'un desquels Raymond Evêque de Maguelone confirme en 1145. la donation faite par *Hugues Berenger* aux Chevaliers de St. Jean, d'une maison & jardin attenant leur habitation dans la Ville : ce qui fut accepté (dit l'acte) par *Aymé* Grand-Prieur de St. Gilles.

L'autre acte est de l'année 1153. par lequel le même Raymond Evêque de Maguelone confirme aux Chevaliers de St. Jean toutes les donations qui leur avoient été faites dans l'étenduë de son Diocése.

On raporte pour le siécle suivant, une transaction passée en 1203. entre le Chapitre de Maguelone & le Commandeur de Montpellier, au sujet des offrandes faites dans l'Eglise de St. Jean, du droit de sepulture, & autres articles qui furent terminez par la médiation de *Guillaume* Evêque de Nîmes, & de *Guillaume* Evêque d'Avignon.

Les Chevaliers ayant acquis en 1311. la grande Maison des Templiers hors la porte de la Saunerie, ils y firent leur principale demeure, comm'il paroît par la tenuë du Chapitre général de l'Ordre, qui y fut faite en 1330. & par la sepulture que *Foulques de Villaret* leur Grand-Maître choisit à Ste. Marie *de Lezes*, qui étoit l'ancienne Eglise du Temple. Celle de St. Jean commença dès-lors à décheoir; & ce fut pour y rétablir le Service, que *Merauld de Masses* Grand-Prieur de St.

Fondation des Chapelains de St. Jean. Gilles y fonda par son testament du 26. Décembre 1345. un Collége composé de quatre Prêtres & d'un Clerc, y compris le Sacristain du Temple, c'est-à-dire du grand St. Jean, qui seroit le chef de tous les autres. Il les oblige aux Heures Canoniales, sçavoir, *Matines*, *Tierce*, *Sexte* & *None*, à voix basse, après lesquelles ils devoient chanter la Grand'Messe, & le soir *Vêpres* & *Complies* à voix haute,

Charges qui leur furent imposées. suivant le chant qui est usité dans les Eglises de la Religion de Malthe. Il laisse à la volonté du Commandeur de St. Jean le choix & la destitution de tous ces Prêtres : voulant néanmoins que le Sacristain ait la liberté de se choisir le Clerc qui devoit les servir à l'Eglise.

Renversement de leur Eglise. Douze ou quinze années après cet établissement, arriverent à Montpellier les premiers troubles de la Religion, qui causerent en cette Ville la ruine de toutes les Eglises : celle de St. Jean y fut comprise comme les autres ; & ce ne fut qu'après la réduction de Montpellier sous les armes de Loüis XIII. que les Chevaliers de Malthe firent bâtir la petite Chapelle qu'on voit à un coin de leur ancien emplacement.

Leur rétablissement. Alors les quatre Prêtres fondez par le Grand-Prieur de *Masses* furent rétablis au petit St. Jean ; mais la diminution de leur revenus fit reduire le service à une Messe par jour, qu'ils disent tour à tour l'un après l'autre.

Fonds assigné pour leur entretien. Il paroît par le Testament de leur Fondateur, qu'il leur assigna six mille livres, sur les terres de la *Palúlongue* & de la *Marquise* dans l'Isle de la Camargue ; mais ces Terres ayant passé au Marquis de Calvisson, & de lui au Sieur *de Perrin* de la Ville d'Arles, les Chapelains furent quelque tems en souffrance jusqu'à ce qu'après avoir retiré le capital avec les rentes arréragées, ils en ont fait un fonds, qui doit être placé sur quelque Communauté.

Etat present de l'ancienne Eglise du petit St. Jean. L'ancien emplacement de la Commanderie de St. Jean, forme un triangle à la pointe de la seconde Isle, qu'on trouve à main droite en descendant de l'Eglise St. Paul vers la porte de la Saunerie : les ruines de l'Eglise & du reste du Bâtiment, ont comblé tout cet emplacement, qui forme de tous côtés une terrasse fort élevée sur la ruë ; de cette sorte il n'est pas possible de former aucun jugement assuré sur la distribution des bâtimens qu'il y avoit autrefois ; il reste seulement attenant la maison du Sr. *Gregoire*, une ancienne porte gothique, qui pouvoit être la porte de l'Eglise ; & du côté oposé tout joignant la Chapelle d'aujourd'hui, il y a un grand puits fort utile à tout le voisinage, qui servoit (selon toutes les aparences) aux logemens qui étoient de ce côté-là.

II. PARTIE. LIVRE HUITIÉME.

EGLISES PAROISSIALES.

L'EGLISE PAROISSIALE DE St. FIRMIN.

Montpellier & Montpelieret ayant toûjours été sous differens Seigneurs, jusqu'à la réünion qu'en fit le Roy Philippe de Valois, il paroiffoit neceffaire qu'il y eût deux differentes Paroiffes, pour adminiftrer les Sacremens aux Habitans de ces deux differentes Seigneuries. De là vient qu'en remontant jufqu'au commencement de nos Archives, on trouve qu'il y eft fait toûjours mention de l'Eglife de St. Firmin, comme de la feule Paroiffe de Montpellier ; & de celle de St. Denis, comme l'unique Paroiffe de *Montpelieret*. Tous les nouveaux établiffemens qui furent faits dans la fuite, ne le furent qu'avec le confentement des Prieurs de ces deux Eglifes, qui eurent une grande attention (comme nous le verrons) à charger de quelque redevance les nouvelles fondations qui fe faifoient en figne de leur fuperiorité.

Garriel met la fondation de St. Firmin fous *Argemire* Evêque de Maguelone dans le IX. fiécle ; mais la négligence qui regna dans ce fiécle & dans le fuivant, nous a privé des actes qui auroient pû nous donner des connoiffances plus claires.

Le Teftament de *Guillaume* fils d'*Ermengarde*, fait en 1114. nous aprend, à n'en pouvoir pas douter, que les deux Paroiffes de St. Firmin & de St. Denis exiftoient long-tems avant lui : *dono totum illud quod habeo in Parochiâ Sti. Firmini & Sti. Dionifii.*

Guillaume fils d'*Ermenfende*, fit tranfiger fon fils aîné, avec le Prieur de St. Firmin pour avoir un logement auprès de fon Eglife.

Guillaume fils de *Sibille*, fe maria dans St. Firmin avec *Mathilde* de Bourgogne ; & le fils aîné qui vint de leur mariage (dit Guillaume fils de Mathilde) donna par fon Teftament fait en 1202. un Calice d'argent à cette Eglife.

Le Prieur de St. Firmin étoit pris du Corps des Chanoines de Maguelone ; ce qui donna lieu au nom de *Chanoinie* que nos anciens titres donnent à fa Maifon Prieurale, *Canonicam domum Sti. Firmini*. Cette maifon étoit auprès de l'Eglife ; d'où vient qu'il eft raporté dans nôtre Talamus que l'aiguille du clocher ayant été abatuë par la foudre en 1   la maifon des Prêtres & quelques autres voifines furent fort endommagées. Cette Eglife eft encore apellée *Plebeïenne* dans plufieurs Actes, parce qu'elle étoit la feule Eglife Paroiffiale dans cette partie de Montpellier qui apartenoit aux Guillaumes.

Je ne fçai fi ce n'étoit point de ce côté-là qu'étoit le fameux Verroüil de St. Firmin, fi rédoutable aux *Banqueroutiers* ; car on donne encore pour conftant à Montpellier qu'ils y étoient attachez, *detractis braccis & fuper caput pofitis*, conformément à un ancien Statut fait par nos Confuls en 1213. où tous leurs Créanciers avoient droit de leur aller fraper fur le dos expofé à nud ; après quoi le Juge les leur livroit pour les détenir en prifon jufqu'à l'entier payement de leurs dettes. De cette forte le Verroüil de St. Firmin étoit fort femblable à cette pierre apellée *Lapis Vituperii*, furlaquelle on faifoit affeoir les Banqueroutiers à Padoüe, comme le raporte * Miffon dans fon voyage d'Italie.

L'étenduë de la Paroiffe de St. Firmin en dehors de la Ville comprenoit *Villefranche*, *Boutonet*, le Faubourg St. *Jacques*, celui de St. *Guillem* & celui de *Villeneuve*, dit maintenant la *Saunerie*, avec le Faubourg de Lates jufqu'à la ruë des Cordeliers, & dans la Ville : elle étoit divifée de la Paroiffe de St. Denis, par la ruë qui va droit de la porte de Lates jufqu'au bout de la fale de l'Evêque, en paffant devant Ste. *Foy*, fous l'arc *de Mandronet*, & *les Jéfuites*. Tout ce que je viens de marquer étoit de la Paroiffe de St. Firmin, & quand on étoit au bout de la fale de

---

*Dans la Maifon de Ville de Padoüe il y a une pierre fur laquelle font gravez ces mots, *Lapis Vituperii* ; parceque tout débiteur eft entierement délivré de la pourfuite de fes créanciers, lorfqu'ayant été affis trois fois fur les feffes nuës par les Sergens, la Hâle bien pleine de monde, il déclare avec ferment qu'il n'a pas la valeur de cinq fols. Il y a vingtquatre ans que cela ne s'eft pratiqué.
Supplemens du Voyage d'Italie de Miffon, par Adiffon page 48.

l'Evêque il falloit tourner à main gauche vers la *Capelle Nove*, & paſſant devant Ste. Urſule on ſortoit par la porte de la Blanquerie: alors tout ce qui étoit à main gauche étoit de St. Firmin, & la droite de St. Denis.

Ce grand eſpace demandoit ſans doute le ſecours de plus d'une Egliſe pour l'adminiſtration des Sacremens; c'eſt pourquoi on marque dans la Ville pour Annexes de St. Firmin, les Egliſes de St. *Paul*, & de St. *Mathieu*; & dans les Faubourgs celles de St. *Thomas*, & de St. *Guillem, Sunt quatuor Capellæ quæ habent Curam Miniſtrandi Sacramenta, ſunt autem iſtæ Capellæ Sanctorum Pauli, Mathæi, Thomæ, & Guillelmi.*

Les Prêtres qui avoient l'adminiſtration des Sacremens dans ces quatre Annexes, recevoient au Sinode l'inſtitution de l'Evêque de Maguelone, conjointement avec le Prieur de St. Firmin, & ils prétoient ſerment entre les mains du Grand-Vicaire de Maguelone, & entre les mains du Prieur.

Les autres Prêtres des Egliſes ou Chapelles qui étoient dans la Paroiſſe de St. Firmin, ne pouvoient adminiſtrer aucun Sacrement ſans la permiſſion du Prieur: ils lui devoient obéïſſance, & fidélité (comme dit le texte) & ils lui promettoient de garder exactement les droits, prééminences, & loüables coûtumes de ſon Egliſe.

Ces Egliſes ou Chapelles particulieres étoient en grand nombre comme on le verra dans la ſuite; mais pour le préſent, je me contente de marquer celles dont la proviſion, collation, & entiere diſpoſition, apartenoit au Prieur de St. Firmin. Ces Egliſes ſelon l'ordre qu'elles ſont marquées dans le Livre déja cité étoient, *St. Mathieu St. Coſme & Damien, St. Acace, St. Maurice, Ste. Croix, Ste. Anne, St. Paul, Ste. Marie-Magdeleine*, la Vicairie de *St. Martin de Prunet, Ste. Cecile des trois Loups*, avec l'Egliſe Paroiſſiale de St. Sebaſtien *du Triadou*, la Chapelle de St. Jacques, l'inſtitution du Commandeur dudit Hôpital; & la collation du Chapelain de celui de St. Eloy.

Tous leſdits Prêtres étoient tenus de venir aux Proceſſions de St. Firmin, d'aſſiſter en Surplis & Aumuſſe à la grande Meſſe, de n'en ſortir qu'après qu'elle ſeroit achevée, afin que le ſervice ſe fît honorablement; & ſi pour cauſe legitime ils ne pouvoient venir, ils devoient envoyer un autre Prêtre pour tenir leur place, excepté aux grandes Fêtes & celle de leur Egliſe particuliére.

„ On ne doit (continue le texte) faire proceſſion, ni dedans ni dehors leſdites
„ Chapelles particulieres, ſans la permiſſion du Prieur, & nonobſtant les privileges
„ dont joüit Notre-Dame des Tables. La proceſſion de cette Egliſe ne peut ſortir
„ dans la Paroiſſe de St. Firmin que le ſeul jour des Miracles de Notre-Dame des
„ Tables.

„ Les cloches ne doivent pas ſonner pour Matines, Vêpres, ou *l'Ave Maria*, avant
„ celle de St. Firmin, ſauf le jour de la Fête Titulaire deſdites Chapelles, ou pour
„ cauſe de neceſſité, comme pour le feu, ou autre accident funeſte.

„ Ils obéïront tous aux Lettres de la *Cour* de St. Firmin ſuivant l'ancienne coû-
„ tume: promettront avec ſerment d'obſerver leſdites choſes; ſe ſoûmettant, s'ils con-
„ treviennent, à la diſcretion du Prieur, ou de ſon *Vicaire*. Acte paſſé le 28. No-
„ vembre 1403. "

Le Vicaire (dont il eſt parlé dans cet Acte) avoit été inſtitué en 1304. au mois d'Août: il avoit les prémices de la Paroiſſe de St. *Martin de Prunet*, les oblations, vigiles, & autres émolumens de cette Egliſe, excepté les droits de funerailles, qui étoient en entier pour le Prieur de St. Firmin; la maiſon & verger attenant ladite Egliſe de St. *Martin* apartenoit audit Vicaire, qui d'ailleurs avoit ſa dépenſe canonique à la table de la Communauté des Prêtres & Clercs de St. Firmin. Sa place dans le Chœur & aux Aſſemblées eſt marquée après le Sacriſtain: ſi ce Sacriſtain ſe trouvoit être Chanoine de Maguelone, & pour marque de la ſoûmiſſion qu'il devoit à ſon Prieur, il eſt marqué que le Vicaire lui payera dix ſols le jour de la fête de St. Firmin.

Le *Sacriſtain* qui avoit la garde des meubles ſacrés de l'Egliſe, étoit tenu de réſider en perſonne & aſſiſter aux Heures Canoniales, à moins qu'il en fût diſpenſé par le Prieur à raiſon de ſes études. Il étoit obligé s'il étoit Prêtre de dire les Meſſes ſolemnelles auſquelles le Prieur étoit tenu; ſçavoir la *Noël*, St. *Etienne*, St. *Jean*; la *Circonciſion*, l'*Epiphanie*, la *Purification*, l'*Annonciation*,

II. PARTIE. LIVRE HUITIE'ME.

l'*Annonciation*, & la *Confecration* de l'Eglife *St. Firmin*, le jour de tous les *Saints* & de *St. André*, il devoit affifter aux proceffions, dire la Meffe dans l'Eglife, les jours de fête & de l'Avent; & pour fes émolumens le Prieur devoit lui payer au Sinode de *St. Luc* fix livres, & autant à celui de Pâques.

La Cour de St. Firmin, que j'ai déja mentionnée, étoit une Cour fpirituelle des caufes pies, dont le Prieur & fes Officiers prenoient connoiffance, pendant fix mois de l'année : la chofe confte par une Bulle du Pape Boniface VIII. citée dans le Livre des privileges, qui ajoûte, que cela avoit été obfervé de tout tems. Il raporte une tranfaction paffée entre l'Evêque de Maguelone & le Prieur de St. Firmin, par laquelle il eft convenu que dans les mois de *Fevrier*, *Avril*, *Juin*, *Août*, *Octobre*, & *Decembre*, le Prieur a la faculté de connoître des legats funebres, circonftances & dépendances, & des legs pies délaiffez par teftament, dont ledit Prieur a jurifdiction & cenfure Ecclefiaftique : & quant aux mois de *Janvier*, *Mars*, *May Juillet*, *Septembre*, & *Novembre*, l'Evêque de Maguelone en a la jurifdiction ; & pour fortifier cette convention il eft ajoûté expreffement.

„ Que fi un Paroiffien de St. Firmin pour les fufdites matiéres portoit fa cau- "
fe à la Cour du Prieur, dans le tems deftiné à celle de l'Evêque ; ou au contrai- "
re s'il la portoit à la Cour de l'Evêque dans le tems deftiné à celle du Prieur, "
la caufe fera renvoyée à la Cour de celui à qui elle apartiendra, & au cas que la "
Cour à qui le Paroiffien s'adrefferoit attentoit au-delà de fa competence (mê- "
me du confentement des parties) tout ce qu'elle ordonnera fera de nul effet & "
paffera pour non-avenu. "

Il y a plufieurs autres conventions particulieres avec les Confuls, avec les Religieux Mandians, & autres Maifons Ecclefiaftiques, fituées dans la Paroiffe de St. Firmin, que je renvoye à l'article d'un chacun, pour ne pas trop charger celui-ci ; mais je ne dois pas omettre ce que nous trouvons dans nos vieux Actes, du local & de la difpofition de cette ancienne Eglife, qui fut détruite en 1562. & il n'y refte préfentement que la moitié de la groffe tour du clocher vers la maifon de Mr. de *St. Felix* : les murs de l'Eglife de ce côté-là avançoient beaucoup dans la ruë, comme on l'a reconnu en pavant ladite ruë, où l'on a trouvé au-delà du ruiffeau les anciens fondemens de l'Eglife : elle avoit plufieurs Chapelles, dont la plus remarquable dans l'Hiftoire de la Faculté du Droit, eft celle de *la Trinité*. J'en trouve dix autres dans le Livre des Privileges de St. Firmin, dont la collation apartenoit au Prieur. Sçavoir :

La Chapellenie de *St. Antoine*, fondée par *Jean Trial* Marchand de Soye.

De *St. Etienne*, fondée par Demoifelle *Marie Bezaffe*.

De la *Charité*, fondée par *Guillaume Roftang* Docteur ès Loix.

De *St. Blaife*, fondée par *Pierre de Rodes* Marchand Pelletier.

De *St. Hilaire*, fondée par *Hugues Hilaire* Mercier.

De *St. Luc*, fondée par *Pierre de Almaric* Bourgeois.

De *N. Dame*, fondée par *Gaudiaufe* Fille de *Bernard de Florenfac*.

Autre *de Notre-Dame*, fondée par *Bernard Cabanier* Prieur de Teiran.

De *St. Gregoire*, fondée par *Pierre & Jean Lautier* Freres.

De *St. Michel*, ayant feulement deux carterées pré au Terroir de *Lates*, lieu apellé *Bojay*.

On voit chez *Mr. de St. Veran* un vieux Livre écrit en lettres gotiques fur du velin, contenant les Statuts d'une Confrerie de St. Firmin dans la même Eglife. Ils font de l'année 1499. aprouvez par tous les Confreres, & par Moffen de Villeneuve Prieur de St. Firmin.

Ces Statuts marquent les prieres que les Confreres de l'un & de l'autre fexe devoient dire tous les jours; l'affiftance où ils étoient tenus au convoi des Confreres & Confrereffes decedez, & à la Meffe qu'on faifoit chanter pour eux par les Prêtres de la Paroiffe.

St. PAUL ANNEXE DE St. FIRMIN, DANS LA VILLE.

Quoique nous n'ayons point l'Acte de fondation de cette Eglise, il est très croyable qu'elle fut bâtie à mésure que Montpellier s'étendit vers la *Valfere* à qui St. Paul servoit de Paroisse, & pour le plûtard dans le tems qu'on eut achevé de clorre Montpellier de murailles, c'est-à-dire dans le dix ou onziéme siécle. On aplique à ce sujet les paroles de *Verdale*, qui en parlant des Eglises que Godefroy Evêque de Maguelone unit à son Chapitre en 1080. dit qu'il donna à la Communauté des Chanoines de Maguelone, l'Eglise de Montpelieret, *communia dedit Ecclesiam de Montepessulaneto*, au singulier c'est-à-dire *St. Denis*, qui étoit la seule Paroisse qui fût alors dans Montpelieret; mais en parlant de Montpellier, il dit, *Ecclesias de Montepessulano* au pluriel, ce qu'on ne peut entendre que de St. Firmin & de ses Annexes *St. Paul* & *St. Mathieu*, qui sans contredit sont plus anciennes qu'aucune autre de celles qui furent bâties dans la Paroisse St. Firmin.

On ne sçait autre chose du onziéme & du douziéme siécle, où la négligence des écrivains fut très-grande; mais dans le *treiziéme* on trouve un Autel de *St. Jean l'Evangeliste* fondé dans l'Eglise de St. Paul; & nous avons un Acte du 14. Fevrier 1397. par lequel *Guillaume Cavalier* qui prend le titre de Prieur de St. Paul de Montpellier, donne à la Chapelle de *Ste. Catherine* dans l'Eglise N. Dame des Tables, trois maisons situées dans le Faubourg St. Jacques.

J'ai dit dans le corps de cet Ouvrage comment la plûpart des Vicaires amovibles, eurent le credit pendant le séjour que les Papes firent à Avignon, de se rendre titulaires de leur Eglise: *Guillaume Cavalier* l'étoit déja lorsqu'il fit sa donation, & tous ses Successeurs conserverent le titre de Prieur, quoiqu'ils fussent subordonnés au Prieur de St. Firmin, qui avoit la collation de leur Bénéfice.

De là vient qu'après les révolutions qui arriverent à Montpellier dans le seziéme siécle, lorsqu'on voulut y rétablir les Religieux qui en avoient été chassés, Mr. de Fenoüillet fit intervenir le *Prévôt* comme Patron, & le Sr. Poudéroux comme Prieur titulaire de St. Paul, pour pour y établir les Peres Trinitaires, qui y sont à présent depuis plus d'un siécle.

On verra dans l'Article de l'Observance de St. François, que l'Eglise de St. Paul fut assignée aux Réligieux de cet Ordre, pour s'y retirer, après les prémiers troubles de 1562. mais ils en furent chassés cinq années après. Cette Eglise n'a plus servi depuis qu'aux P P. Trinitaires.

St. MATHIEU ANNEXE DE St. FIRMIN, DANS LA VILLE.

Tout ce que je viens de dire de la Fondation de l'Eglise de *St. Paul*, peut servir à celle de *St. Mathieu*, qui est marquée dans tous nos titres comme la seconde Annexe de St. Firmin dans l'enceinte de la Ville. Je n'ai trouvé pourtant aucun Acte particulier, qui concerne cette Eglise avant le 14. siécle, où *Bernard Giniens* habitant de Montpellier, fonda dans l'Eglise de St. Mathieu une Chapelle dediée à *St. Suffre*, autrement St. Suffre de Evêque de Carpentras. Jeanne femme de *Raymond Blancher* & heritiére de *Pierre Fabre* dit Piquet, y fonda la Chapelle des onze-mille Vierges, & dans le siécle suivant *Michel Simeonis* Licentié ès Loix y fit une fondation remarquable, qui interesse plusieurs de nos Eglises particulieres.

Je rapporte les articles de son Testament qui en font mention, afin que cela serve de preuve à tout ce que j'aurai à dire de nos Hôpitaux. Il dit vouloir être enterré dans l'Eglise de *St. Mathieu*, & dans le même tombeau où sa Mere avoit été enterrée, *ubi Domina Mater ejus sepulta fuit*. Il donne une livre tournois à chacun des quatre Ordres Mandians, autant à chaque Hôpital de Montpellier, sçavoir, de *St. Guillem*, du *St. Esprit*, de *St. Jacques* & de *Ste. Marthe*, autant aux Sœurs Chanoinesses de *St. Gilles*, autrement dites de *Ste. Catherine*.

Il donne à l'œuvre de *St. Mathieu* les sept ducats d'or qu'il avoit prêté au premier ouvrier, pour faire dorer la Croix d'Argent de cette Eglise, & fait héritiére *Bellete* sa Femme, après la mort de laquelle il veut que des biens qu'il a à *Montpellier*, *Florensac*, *Agde* & *Bessan*, on en fonde une Chapellenie dans l'Eglise de *St. Mathieu*, pour être desservie par deux Prêtres qui y chanteront une Messe chaque jour de la semaine au grand Autel. Fait & passé à Montpellier le 6. du mois de Fevrier 1456. Régnant Charles Roy de France : & pour ses executeurs testamentaires il nomme *Albert Pomesii* Maître général de la Monnoye, & *Arnaud* de *Strella* Curé de l'Eglise Nôtre-Dame des Tables.

Cette fondation subsiste encore ; mais on n'y a attaché que les biens de *Florensac*, dont joüissent à présent Mrs. de la *Croix* & *Bonnafous* Titulaire de cette Chapelle.

L'Eglise de *St. Mathieu* eut le malheur d'être la premiere de celles dont les Réligionnaires s'emparerent à Montpellier. J'ai raconté sous le régne de François II. comme ils partirent de *l'Ecole-Mage* au nombre de douze cens pour aller se saisir de l'Eglise *St. Mathieu*, où ils firent prêcher publiquement leur nouvelle Doctrine : depuis cette entreprise, qui arriva en 1559. les Catholiques ne pûrent plus y rentrer, les Hugenots la démolirent quelques années après ; & l'on ne songea qu'en 1617. à y rétablir le Service Divin, en y logeant les P.P. Jacobins qui en furent encore chassés lorsqu'on voulut se preparer au siége. Enfin en 1626. ils y furent rétablis de la manière que nous le dirons dans l'article des Freres Prêcheurs.

St. THOMAS ANNEXE DE St. FIRMIN, DANS LES FAUXBOURGS.

Depuis qu'on a rétabli la Porte de la *Saunerie*, comme elle étoit avant les troubles de la Religion, on est plus en état de juger de l'ancien emplacement de *St. Thomas*.

Cette Eglise faisoit le premier bâtiment qu'on trouvoit à main gauche en sortant de la Ville ; & selon un Acte que je raporterai plus bas, on prit une partie de son bâtiment, lorsqu'on voulut en 1621. se préparer au siége de Montpellier. Le Boulevard que nous avons vû de nos jours devant la porte de la *Saunerie*, occupoit une partie de cette Eglise & de sa Maison Claustrale, comme on en peut juger par les puits domestiques qu'on y a trouvé en transportant les terres du Boulevard.

Le reste de l'Eglise avançoit dans le Faubourg le long de la grande ruë ; & dans la profondeur du bâtiment il y avoit un jardin ou cimetiere : la chose conste par l'inféodation qui fut faite de ce local en 1637. par Me. *Jean Boyer* Prêtre & Prieur du Prieuré St. *Thomas*, aux nommez *Nicolas Valenot* ; *Pierre Fourillet*, *Loüis Bedoc*, & *Antoine Bouisson*, Habitans de Montpellier, sous l'albergue de quatre livres de cire blanche, payables tous les ans le jour de St. Thomas.

On trouve dans l'expositif de cet Acte, tout ce que je viens de raporter ; & il est dit que dans le tems de cette inféodation faite de l'autorité de l'Official, il ne restoit qu'une partie du jardin fait en triangle, & contenant selon la vérification des experts vingt-six cannes ou environ. On voit au bas de l'Acte une note qui marque que lorsque *Valenot* & ses Consors creuserent dans la terre, ils y trouverent une grande quantité d'ossemens. Maintenant il n'y a aucun vestige d'Eglise dans tout ce local ; mais par nos anciens titres on a des preuves certaines de son ancienneté.

Dans un accord fait le 15. de Juin 1273. entre les Collecteurs du Pape, & les Consuls de Montpellier, au sujet de la *censive Papale* dont j'ai parlé dans le premier Tome de cette Histoire, il est dit, que les parties s'assemblerent dans l'Eglise de St. Thomas de Montpellier, & au Logis du Prévôt de Maguelone, où l'on régla le prix de chaque marumetin de censive, que la Ville devoit au Pape, à raison de cinq sols monnoye de Melgueil.

Dans le siécle suivant, on trouve la fondation d'une Chapelle de St. *Jean* l'Evangeliste, faite dans l'Eglise de St. Thomas par *Guillaume Caton.*

Jacques Barthelemy Prieur de St. Thomas est mentionné dans un Acte que j'ai vû du 15. Octobre 1427. & dans l'établissement des Peres de l'Observance fait à Montpellier en 1438. leur nouveau Couvent est désigné vis-à-vis la porte de l'Eglise de St. Thomas, dans le Faubourg de *Villeneuva*, ou de la *Saunerie*, *in loco qui dicitur Villanova ante foras Ecclesiæ Sti. Thomæ.*

St. Guillem, Annexe de St. Firmin, dans les Fauxbourgs.

Nous sçavons, à n'en pouvoir douter, que cette Eglise fut bâtie dans le douziéme siécle, par les Guillaumes Seigneurs de Montpellier, pour servir à un Hôpital qu'ils firent construire dans le Faubourg de ce nom : mais on ignore précisement le tems où elle fut érigée en Paroisse ; car on ne trouve pas qu'elle ait porté ce nom avant le XIII. siécle, où le Roy Jacques I. donna les biens de cet Hôpital aux Religieuses de St. *Felix* de *Monceau*, en échange de la Seigneurie de *Mirevaux*, que la Reine sa Mere leur avoit leguée ; il est à croire que l'hospitalité étant déchûë à St Guillem, le Prieur de St. Firmin, qui étoit Administrateur de cet Hôpital, demanda que la Chapelle lui servît d'Eglise Succursale pour tout le Faubourg.

Il est certain qu'elle continua de l'être dans le XIV. siécle, lors qu'on donna l'emplacement de cet Hôpital aux Filles de St. Dominique, autrement dite les *Provillanes*, comme on poura le voir dans l'article de ces Religieuses, à qui cette Eglise servoit conjointement avec le Curé.

On a encore des preuves à n'en pouvoir douter, qu'il y avoit un Curé à St. Guillem en 1446. puisqu'il est marqué pour témoin dans une transaction importante, qui fut passée cette même année, entre les Provillanes & les Religieuses du Vignogoul, *præsentibus Jacobo Maillaco prebistero Curato Sti. Guillelmi.*

Cette Paroisse fut abolie avec l'exercice de la Réligion Catholique dans Montpellier, c'est-à-dire, au commencement des troubles de la Religion; on n'a plus songé à rétablir la Paroisse ni l'Hôpital ; mais on a laissé le grand emplacement aux Religieuses de St. Dominique, qui y sont logées presentement.

St. DENIS, PAROISSE DE MONTPELLIER ET.

L'Ancienneté de cette Eglise paroît par la donation que *Godefroy* Evêque de Maguelone fit à son Chapitre en 1080. lors qu'il voulut y introduire la Reforme. *Communiæ dedit Ecclesiam de Montepessulaneto*, c'est-à-dire St. Denis, qui étoit l'unique Paroisse de Montpellier. Guillaume Fils *d'Ermengarde* en fait une mention plus expresse dans son testament de l'année 1114. où il dit, qu'il dispose de tous les biens qu'il avoit dans la Paroisse de St. Firmin, & dans celle de St. Denis, *totum illud quod habeo in Parochiâ Sti. Firmini & Sti, Dionisii.*

Elle étoit située dans le même lieu où est aujourd'huy, le Bastion de la Citadelle qui regarde le Faubourg du Pile St. Giles. La chose conste par l'Histoire du Siége de Montpellier, où l'on voit que les Religionnaires s'étant retranchez dans les masures de cette ancienne Eglise, donnerent lieu au combat de *St. Denis*, qui fut si funeste aux troupes du Roi Loüis XIII. On y découvrit il y a peu d'années les anciennes caves de l'Eglise, en foüillant dans la gorge du Bastion, pour en tirer de la terre qu'on vouloit employer à terrasser le Rempart. Je fus invité par
l'Entrepreneur

II. PARTIE LIVRE HUITIEME.

l'Entrepreneur à venir voir la découverte qu'il avoit faite, & j'y trouvai des caves d'une très-bonne maçonnerie, remplies d'ossemens qui tomboient en poussiere.

L'étenduë de cette Paroisse étoit très-considerable ; car outre le Faubourg du Pile St. Giles & celui de Montpellieret (aujourd'hui l'Esplanade) elle comprenoit dans la Ville tout ce qui y porte le nom de Montpellieret, c'est-à-dire depuis la porte de Lates jusqu'à la ruë du Pile St. Giles par le droit chemin ; à quoi il faut ajoûter tout ce qu'on trouve à main droite en passant à la *Capelle Nove*, & devant Ste. *Ursule*, jusqu'à la porte de la Blanquerie. La chose conste par la fondation des Religieuses de Ste. Catherine & *St. Giles* que je raporterai dans l'article de ce Monastere.

Le Prieur de St. Denis étoit pris du corps du Chapitre de Maguelone ; de là vient que dans les impositions faites sur les Beneficiers du Chapitre, il est dit que le Prieur de St. Denis de Montpellieret payera tous les jours des Roys à la manse capitulaire seize livres.

J'ai vû le Testament d'un Guillaume *Bon* Fils de Jean du 4. Juin 1348. qui dit vouloir être enterré dans l'Eglise St. Denis, à la Chapelle de St. Jean. Environ ce tems Jean *Caturce* d'une famille considerable à Montpellier dans le XIII. & XIV. siécle fonda dans l'Eglise St. Denis une Chapelle à l'honneur de St. *Fronton*. La nommée *Florence Raymond* y fonda celle de Notre-Dame, & dans l'Acte de fondation de la Chapelle *St. René* dans la même Eglise, il est dit qu'elle fut faite par Guillaume *Mounier* Prêtre de Montpellier en l'Eglise Paroissiale de St. Denis hors les murs.

Les biens considerables qui apartenoient à l'œuvre de cette Eglise, ont été unis à celle de N. Dame des Tables, où parmi les titres qui m'en ont été communiquez, j'ai trouvé plusieurs reconnoissances faites en 1506. & en 1524. avec celle de Mr. le Président *Bocaud* pour la Petite-Maison assujettie à ladite œuvre, par le Testament de Jacques *de Bocaud* en 1544.

L'action la plus remarquable qui se soit passée dans cette Eglise, est la tenuë du Sinode général qu'Arnaud de *Verdale* Evêque de Maguelone y fit dans le mois d'Octobre 1339. On a pû voir dans l'article de cet Evêque les beaux réglemens qu'il publia pour le Chapitre de Maguelone, & pour les autres Prêtres de son Diocése.

Ste. FOY ANNEXE DE St. DENIS, DANS LA VILLE.

Cette Eglise fut anciennement établie pour le service des Paroissiens de St. Denis qui logeoient dans l'enceinte de Montpellier, en cette partie de la Ville, qui est appellée *Montpellieret*. Le besoin qu'ils pouvoient avoir des Sacremens pendant la nuit, sembloit demander qu'ils eussent à leur portée une Eglise où ils pussent avoir recours. Ste. Foy servit à cet effet jusqu'après l'erection de N. Dame des Tables en Paroisse dans le XIII. siécle, où nous voyons, que *Gregoire* IX. unit à Notre-Dame quelques Chapelles avec leur dépendances, au nombres desquelles Ste. Foy se trouve comprise ; la chose conste par un ancien extrait d'une Bulle de ce Pape, qui est dans les Archives du Domaine, & que l'Auteur dont j'ay tiré ce fait doit avoir vû lui-même.

Quelque précise que fût cette disposition de Gregoire IX. elle ne put avoir lieu que dans le siécle suivant, où nous trouvons que *Guillaume Halene* Recteur de l'Eglise & Prieuré de Ste. Foy de Montpellier, résigna & unit son Prieuré à celui de Notre-Dame des Tables, de la même ville, entre les mains de *Hugues* de *Combret* Chanoine de Maguelone, & Prieur de Pignan, comme Procureur de *Berenger*, Chanoine de Maguelone, Prieur de Notre-Dame des Tables ; ce qui fut fait à genoux de la part de *Halene* entre les mains de *Combert*, avec tous & chacun les droits apartenans au Prieuré de Ste. Foy, dont le contract fut reçû par *Jean Holanic* Notaire de Montpellier, dans la maison de la *Canourgue* de Nôtre-Dame des Tables, le 30. Juin 1342.

HISTOIRE DE MONTPELLIER,

Depuis cette union, l'Eglise de Ste. Foy n'eut plus le titre de Prieuré, & elle resta comme une simple Chapelle qui n'avoit aucunes fonctions au dehors, ce qui donna lieu trente ou quarante ans après aux Consuls de Montpellier, de se servir de cette Eglise pour les quatre Chapelains, que le Duc d'Anjou les avoit obligez de doter & d'entretenir en mémoire de leur rebellion.

Ces quatre Chapelains y firent leur service jusqu'à la démolition des Eglises de Montpellier, au commencement des troubles de la Religion; & depuis que Ste. Foy a été donnée à la Confrérie des Penitens, ces mêmes Chapelains y continüent leur service.

Le frontispice de cette Eglise, qui est du X. ou XI. siécle nous en fait connoître l'ancienneté; nous en devons la conservation à Mrs. les Tréforiers de France, qui dans le tems de la démolition génerale de nos Eglises, obtinrent des Réligionnaires, qu'on épargneroit ce frontispice, parce qu'il sert de butte à l'arceau qui part du Bureau des Finances, & va s'appuyer sur la muraille de Ste. Foy.

NOTRE-DAME DES TABLES ERIGE'E EN PAROISSE dans le XIII. siécle.

LE plus ancien titre que nous ayons de cette Eglise est une transaction du onziéme siécle, entre *Godefroy* Evêque de Maguelone & *Guillaume* fils *d'Ermengarde* qui rendit en 1190. l'Eglise de Notre-Dame de Montpellier dont il s'étoit emparé, *Guerpivit Guillelmus ad Gotofredum, Ecclesiam Stæ. Mariæ de Montpeller*.

L'Acte de sa fondation n'est pas venu jusqu'à nous; mais notre tradition constante porte qu'elle commença par une petite Chapelle que nos premiers Habitans dressèrent à l'honneur de N. Dame, dans le tems qu'ils travailloient à l'agrandissement de *Montpellier*.

A mesure que la Ville se perfectionna la Chapelle s'agrandit, & il faut qu'elle fût déja ancienne en 1143. lorsque Guillaume Fils *d'Ermensende* voyant qu'elle menaçoit ruïne, resolut de la réparer, & acheta pour cet effet les maisons de quelques particuliers qui lui étoient contiguës, afin (dit l'Acte) que la procession pût faire le tour de l'Eglise.

Il est marqué qu'il travailla en même-tems aux Tables des Changeurs, qui sont vis-à-vis cette Eglise, d'où plusieurs ont crû que lui étoit venu le nom de *N. Dame des Tables. Stæ. Maria juxta Tabulas Cambiatorum*. Quelques autres ont attribué ce nom au grand nombre de Tableaux qu'on y voyoit en reconnoissances des guerisons qu'on y avoit reçuës.

Il est vrai que nous n'avons rien de plus constant que les guerisons surprenantes qui s'y faisoient; jusque-là que les Médecins en prirent une espece de jalousie, puisqu'au raport de *Cezaire* Moine *d'Heisterbac* qui écrivoit au commencement du 13. siécle, ils renvoyoient les malades désesperez, en leur disant, *allez à N. Dame de Montpellier*. Jacques I. Roy d'Arragon reconnut lui devoir la guerison de la grande maladie qu'il eut en 1272. en faisant mettre dans cette Eglise un grand Tableau pour en conserver la mémoire. Loüis de *Sancere* Maréchal de France y fit une fondation en reconnoissance des graces qu'il y avoit reçû : elles devinrent si journalieres que nos ancêtres crûrent en devoir tenir un Régître autentique : ce Régître est ainsi désigné dans un vieux inventaire des titres & documens de la Maison Consulaire, au Chapitre de la Claverie.

" Item, un Livre couvert de bois écrit sur parchemin, avec cinq clous de leton
" sur chaque couverture, contenant les miracles de N. Dame des Tables. "

Ce Livre fut enlevé dans le tems que les P. Réformez étoient maîtres de l'Hôtel de Ville; mais ils ne supprimerent point l'ancien cérémonial des Consuls où l'on voit encore dans le cinquantiéme article, tout ce qu'on observoit anciennement pour célébrer la fête des miracles de N. Dame des Tables. Il est dit que les Con-

II. PARTIE: LIVRE HUITIEME.

„ fuls Majeurs alloient faire vigile à N. Dame des Tables (ce qu'on apelloit *Vi-*
„ *geolar*) accompagnez des ouvriers de la commune clôture, des Confuls de Mer,
„ Sindics, & autres Officiers, avec leurs Meneftriers fonans & chantans ; & lorf-
„ qu'ils étoient arrivez à l'entrée de la porte qui eft du côté de la Loge, un des
„ Confuls diftribuoit des cierges pour la proceffion folemnelle, où les Ouvriers
„ portoient fous un Dais l'ancienne Image de la Ste. Vierge, qui y eft apellée, la
„ *Majefté antique de Notre-Dame des Tables.* "

Pour donner le tems à tous les Corps de la Ville d'affifter tour à tour à cette
fête, on la folemnifoit durant huit jours, pendant lefquels tous y venoient en l'ordre marqué dans une Ordonnance qui eft apellée des *Vejolades*.

Le 31. Août jour de la fête, les *Peletiers* feront leur *Vejolade* avec flambeaux "
allumez comme eft la coûtume. "

Le 1. Septembre fera la fête des Poivriers, ou Epiciers. "

Le 2. Des Marchands Canabaffiers. "

Le 3. Des Travailleurs en Soye apellez, *Sediés*. "

Le 4. Des Poiffonniers. "

Le 5. Des Mazeliers ou Bouchers de Mouton, Bœuf, & Cochon, comme dit "
l'Acte. "

Le 6. Les Mêtiers de l'Aiguillerie. "

Le 7. Qui eft la vigile de la joyeufe fête de la Nativité de Notre-Dame, vien- "
dront les Drapiers de la *Draperie-rouge* de St. Firmin. "

Et le 8. Jour de la fête, les *Cambiadours* ou Changeurs. "

La grande vénération qu'on avoit pour cette Eglife, la fit choifir pour diverfes
actions très-remarquables dans notre Hiftoire.

En 1204. Pierre Roy d'Arragon y jura l'obfervation des Statuts de Montpellier.

Les deux Conciles qui furent tenus en cette Ville au fujet des Albigeois, en
1214. & 1224. fe tinrent dans l'Eglife de Notre-Dame des Tables.

Pierre Infant d'Arragon, & fils aîné du Roy Jacques I. y célébra fon mariage
avec Conftance fille de Mainfroy Roy de Sicile en 1262. & l'on a pû obferver dans
le cours de cette Hiftoire, que nos Rois en faifant leur entrée dans Montpellier,
venoient defcendre à la porte de Notre-Dame des Tables, où après avoir fait leur
priere ils alloient au Logis qui leur étoit préparé.

Toutes ces confidérations porterent les Confuls de Montpellier à répréfenter au
Pape Innocent III. que le petit nombre de Prêtres que le Prieur de St. Firmin
tenoit à Nôtre-Dame, ne pouvoit fuffire au fervice de l'Eglife ; ce qui donna
lieu au refcript dont j'ai parlé dans la vie de Guillaume *d'Altiniac*, en confequence duquel cet Evêque étant venu le 29. May 1216. en l'Eglife Nôtre-Dame,
l'érigea en Paroiffe, & Bernard de *Mefoa* fon Succeffeur immédiat, ayant fait
tranfiger le nouveau Curé avec le Prieur de St. Firmin, fit travailler aux réparations de cette Eglife, qui étant enfin achevées en 1230. il en fit la confecration
dans la même année, étant Confuls *Pierre Bonifaci*, *Guillaume de Montlaur* & autres.

Le nouveau Curé de Nôtre-Dame fut pris du Corps des Chanoines de Maguelone ; ce qui continua jufqu'au tems de la fecularifation du Chapitre. Il prit la
qualité de Prieur de Nôtre-Dame, parceque chaque Chanoine prenoit fur les Benefices de la Manfe qui lui étoient conferez, les mêmes qualitez qu'avoit le Chapitre : ainfi nous voyons Prieur de *Montauberon*, Prieur de St. Jean de *Bueges* & autres,
dont j'ai affez parlé dans les Réglemens particuliers des Chanoines de Maguelone.

Quelque bonne intelligence qu'il dût y avoir entre les Chanoines d'un même
Corps, le Prieur de Nôtre-Dame ne laiffa pas de fe fouftraire tant qu'il pût à la
jurifdiction du Prieur de St. Firmin ; de là viennent tant de nouveaux accords
que nous trouvons pour modifier les premieres conventions paffées entr'eux, fous
Bernard de *Meffoa*.

La grande dévotion des Peuples pour Nôtre-Dame & la protection des Confuls qui regardoient cette Eglife comme l'Eglife du Confulat, faciliterent aux
Prieurs l'obtention de plufieurs Bulles, & Lettres-Patentes qui font dans les Archives de la Ville ; tantôt pour exciter la charité des fidelles par les Indulgences que les Papes y attachoient, tantôt par les immunitez & fecours d'Argent qu'on

obtenoit de nos Rois pour les réparations & embelissemens de cette Eglise.

De-là vint aussi cette grande quantité d'argenterie & autres ornemens prétieux, que l'on voit dans les inventaires qui en furent faits en 1475. & continués dans le reste de ce siécle. J'aurois été tenté d'en donner ici une copie, si je n'avois craint la longueur de ces vieux Actes qui sont écrits en Catalan ; je me contente de dire que j'y ai trouvé plus de 250. marcs d'argent en Croix, & Calices, Ciboires, Chandeliers, Encensoirs, ou Réliquaires, sans parler des Croix de Jaspe ; & de Cristal, des perles & des pierreries, dont il y est fait mention.

Les principaux Réliquaires étoient le Chef de St. *Marcel* avec son Diadême de Vermeil, pesant 23. marcs deux onces ; un bras de la *Magdeleine* d'argent pesant 4. marcs 21. onces ; une tête & un bras des *Innocens* en deux Réliquaires separés, pesant en tout 4. marcs 7. onces ; deux Anges d'Argent doré portant chacun un chandelier de même, pesant en tout 33. marcs sept onces 13. deniers, au bas desquels étoient les armes de *Pierre Brissonet* général des Finances en Languedoc, qui en fit don à cette Eglise le 22. Mars 1496. mais la plus riche de toutes les piéces étoit l'Image de la Ste. Vierge tenant son Fils entre ses bras, & posée sur le grand Autel ; elle ne pesoit en tout que vingt-deux marcs 3. onces, mais elle étoit chargée de quantité de Pierres précieuses, garnies en or, & d'une perle pesant 7. carrats.

Je ne parle point des Chapes avec des agrafes d'or, des Chasubles, Dais, Robe de Nôtre-Dame, & autres ornemens dont l'inventaire remplit cinq ou six pages, il me suffit de dire qu'ils étoient des plus riches étofes d'or, d'argent, & de soye, & quelques-uns même brodés de perles. Il y est fait mention d'un ornement pour les Processions que le Roy Charles VIII. donna le cinq Novembre 1488. avec plusieurs joyaux ; & j'observerai pour nôtre ancienne liturgie que les Aubes étoient alors garnies par en bas & aux manches, de ces tissus d'or & de soye dont on conserve encore l'usage dans l'Eglise de Narbonne.

Les P. Réformés profiterent de ces riches dépoüilles lorsqu'ils en chasserent les Catholiques en 1561. mais comme si les murailles de cette Eglise dûssent leur reprocher le vol immense qu'ils avoient fait, ils prirent la résolution de les abbatre, en conservant néanmoins la façade du côté de la Loge, à cause de la tour de l'Horloge, qui étoit au-dessus. Ils abbatirent donc l'Eglise depuis son chevet qui regarde l'Hôtel de Ville jusqu'aux arcboutans qui soûtiennent la tour de l'Horloge, & ils laisserent sur pied les deux portes qui sont au flanc de l'Eglise, de peur qu'en les abbatant on n'affoiblît les fondemens de l'Horloge.

C'est de ces vieux restes que nous pouvons conjecturer de l'ancienne construction de l'Eglise Nôtre-Dame. Garriel prétend qu'elle avoit un rang de pilliers qui laissoient la liberté d'en faire le tour en dedans ; mais en ce cas il faut que les Chapelles n'eussent pas alors la profondeur qu'elles ont aujourd'hui, parceque la nef auroit eu trop peu de largeur ; il est toûjours certain que la voûte étoit plus exaucée qu'elle n'est maintenant, puisqu'on voit encore la liaison qu'elle avoit anciennement avec la tour de l'Horloge, qui est marquée sept ou huit pieds au-dessus de la voûte d'aujourd'hui : les fenêtres en étoient petites & à plein cintre, comme il paroît par celles qui ont resté au bas de la tour de l'Horloge, les portes étoient de même à plein cintre avec des moûlures antiques, portées sur des colomnes de marbre qui subsistent encore, à la porte du côté de l'Hôtel de Ville, & à celle de la principale entrée. La façade s'en est conservée dans son entier ; on voit sur la porte une grande tribune dont la Balustrade de Pierre est percée à jour par des fleurs de lys ; à chaque côté il y a un grand Lyon de St. Marc qui donne de l'exercice à nos sçavans, & à l'extremité sur la gauche un écusson tout simple chargé de trois fleurs de lys, dont on ne sçait pas le tems ; au plus haut de cette façade, & à la naissance de la tour de l'Horloge, on découvre sous une corniche, des gros caracteres Gothiques, d'un grand pied de hauteur relevés en bosse, dont le tems en a mangé une partie, je n'ai pû en déchiffrer que ces lettres.

Ave Maria grat . . . . . . nos omni horâ.

Les ruïnes qui y furent causées par la démolition de 1561. y resterent jusqu'en 1602. où *Guitard de Ratte* Evêque de Montpellier, ayant obtenu du Roy Henry IV.

II. PARTIE. LIVRE HUITIÉME.

IV. qu'on détruiroit le Ravelin, ou Corps-de-Garde, que les Religionnaires y avoient fait, on commença d'en enlever les terres ; & ce fut alors qu'on découvrit la Chapelle soûterraine de la *Magdeleine*. Garriel qui étoit present lorsqu'on fit cette découverte, nous dit qu'elle fut trouvée dans son entier, & qu'il y reçut les quatre Mineurs de son Evêque, qui y dit la Messe le 27. de Mars 1602. Cette Chapelle est une preuve visible de l'ancienneté de l'Eglise, tant par la figure de ses pilastres & chapiteaux antiques, que par le dessein de sa construction, qui est incontestablement dans le goût des anciennes Basiliques.

On travailla à réparer l'Eglise, qui ne pût être prête pour le Service Divin qu'en 1608. Le Clergé s'y rendit en procession la veille de Notre-Dame d'Août de cette même année ; & il y continua le Service jusqu'à ce qu'elle fut démolie de nouveau par Ordonnance du Cercle en 1621. Je ne trouve point en quel état elle étoit lors de cette seconde démolition ; & il est à croire (vû les circonstances du tems) qu'on n'avoit pû la réparer aussi-bien qu'elle étoit auparavant, ni comme elle l'a été depuis.

XI. Ce ne fut qu'en 1650. qu'on y travailla sérieusement ; & la justice que l'Histoire doit aux bons Citoyens, ne me permet pas d'oublier ici ce que fit en cette occasion *Mr. de la Forest de Toiras* Senêchal de Montpellier. Il leva toutes les difficultez qu'avoient fait naître les differens Corps qui devoient y contribuer : il régla le prix-fait à quarante-neuf mille livres avec *Jean Casenove*, *Pierre Gendron*, *& Guillaume Roux*, qui en furent les Entrepreneurs.

Dans le tems qu'ils alloient finir ce grand édifice, Mr. de la Forest reçut une marque signalée de la protection de la Ste. Vierge, dont il voulut conserver la mémoire à la posterité, en faisant mettre dans sa Chapelle un Tableau, où il est representé enseveli dans un tas de bois & de pierres, d'où la Ste. Vierge le retire en lui tendant la main. On voit au bas de ce Tableau l'Inscription suivante, écrite en lettres d'or.

L'an M. DC. LIV. & le 10. de Septembre, *Messire Simon de St. Bonnet, Seigneur de la Forêt-Toiras, Baron de Castelnau & autres Places, Conseiller du Roy en ses Conseils d'Etat, Maréchal de Camp de ses Armées, Sénéchal, Gouverneur de Montpellier, âgé pour lors de LXXVI. ans, faisant rebâtir la presente Eglise de Notre-Dame des Tables, & regardant le travail des Ouvriers, chût d'un échafaut elevé au plus haut d'icelle, à la voûte de laquelle on mettoit la clef, qui fondit sous lui ; & quoiqu'enseveli parmi tant de ruines, il fut toutefois conservé sain & sauf sans blessure, par la providence de Dieu, & la protection speciale de la Sainte Vierge Mere, à laquelle, en reconnoissance de cette grace, il a dédié & orné cette Chapelle, dans laquelle il a élû sa Sepulture.*

Il est à observer que ce fait ne fut jamais contesté par les Religionnaires, qui faisoient alors le plus grand nombre des Habitans, & que nos Peres nous ont raconté la chose de la maniere que Mr. de la Forest l'expose lui-même. On voit au bas de cette Inscription les Vers suivans.

VIRGINI DEIPARÆ SERVATRICI.

Istas dum reparat Lapsas Forestius Ædes,

Lapsum servasti nempe Maria tibi.

Hæretico credas iterum jacuisse furore,

Ut sic nobilius surgeret & istud opus.

Ast semper tecum, & per te servetur olimpi,

Sedibus, has secum nunc tibi Virgo dicat.

POSUIT AN. Dñi. M. DC. LXIII.

Cette marque extraordinaire de la protection de la Ste. Vierge anima davantage Mr. de la Foreſt à achever ſon ouvrage, & à le mettre dans ſa perfection, pour pouvoir y faire le Service. Il entreprit l'enlevement des terres qui rempliſſoient l'Egliſe; & il ſçut inſpirer une ſi ſainte émulation aux Catholiques, que les pauvres gens, au retour de leur journée, venoient y donner quelques heures, & que les riches y mirent eux-même la main avec tant de zéle, qu'ils acheyerent en 36. jours un travail qu'on avoit crû devoir durer plus de trois mois.

Enfin les Maçons ayant fini en 1655. on prit jour au Dimanche des Rameaux pour la Benediction de la nouvelle Egliſe. La cérémonie en fut faite par Mr. de *Guilhermin* Archidiacre, qui y dit la premiere Meſſe, en preſence des Députez des Compagnies, de Mr. le Sénêchal, des Conſuls en robes rouges, & d'un concours incroyable de monde: à l'élevation du St. Sacrement: les Sizains firent leur décharge, à laquelle les Canons de la Citadelle répondirent; & le Lundi de Pâques ſuivant, la premiere Prédication y fut faite par un Aumônier de Mr. le Prince de Conty, qui voulut y être preſent.

XII. Trois ans après (c'eſt-à-dire en 1658.) Mr. de Fenoüillet, par une Ordonnance du 7. Avril déclara l'Egliſe de Notre-Dame des Tables être Paroiſſiale, au lieu & place de St. Firmin, & autres Succurſales qui étoient dans la Ville & dans les Fauxbourgs: en conſéquence, il unit à ſa Fabrique celles de *St. Firmin*, *St. Denis*, *St. Thomas*, *St. Mathieu*, *& St. Paul*. Le recouvrement des titres qu'en ont fait Mrs. les Marguilliers, m'a beaucoup ſervi à connoître ces anciennes Egliſes; mais ceux qui ſont particuliers à N. Dame m'ont apris pluſieurs Fondations & pluſieurs Chapelles qui y étoient avant la premiere démolition.

J'y trouve la Chapelle de St *Sauveur*, où Loüis de *Sancerre* Maréchal de France fit une fondation de deux Meſſes par ſemaine le 12. Septembre 1397.

XIII. J'y trouve une Chapelle de St. *Suffre*, fondée par acte du 4. Octobre 1343. par Meſſire Jacques *Suffredi* Chanoine Célérier de Beziers.

Celle des SS. *Innocens*, chargée d'une fondation faite le 5. Août 1344. par *Agnés de Broa* veuve de Rigaud de Broa Marchand, & fille du Sr. *Fubſiſart* Docteur en Droit Canon de Maguelone, *Doctoris Juris Canonici Magalonenſis*. D'une autre par André *Turculhas Piſtor* en 1405. Et d'une troiſiéme par *Gaudiauſe*, veuve de Pierre *l'Eſtang* en 1447. & où dépuis Noble Godefroy de la Croix Tréſorier des Guerres, en fonda une perpetuelle par ſon teſtament du 14. Mars 1514.

De Ste. *Catherine*, fondée par *Barthelemy Alemandi* le 29. Octobre 1374. & chargée depuis de deux autres fondations, l'une de *Raymond Terier* par acte du 21. Juin 1411. & l'autre de *Raymond Bedoc*.

De *Bethléem*, où les femmes qui ſortoient de couches alloient faire leur relevailles, ce qui la fit apeller par le Peuple Notre-Dame *qui Chay*, ou *qui Giſt*.

De St. *Blaiſe*, chargée des fondations faites par Pierre *Soquier*, Bourgeois en 1393. & depuis par *Pierre Canet* Marchand.

Celle de St. *Martin*, fondée par *Mathieu de Maſet* Prêtre, Prieur de *Suffargues*, dont la premiere collation eſt de 1406.

Celle de St. *Jean-Baptiſte*, fondée par *Etienne Roch* en 1441.

Celle de *l'Annonciade*, avec fondation de *Raymond Dupuy* Ecuyer: le plus ancien acte qu'on en aye, n'eſt que de 1458.

De St. *Pierre de la Tribune*, qui devoit être une Chapelle élevée au-deſſus de quelqu'une des portes, ſemblable à celle qui eſt à St. Pierre au-deſſus de la porte du Cloître.

Celle *de l'Aſſomption*, fondée par *Guillaume Dupuy* Chevalier, dont on n'a les reconnoiſſances que depuis 1505.

De toutes les anciennes fondations de cette Egliſe la plus remarquable eſt celle du luminaire qu'ils appelloient *Raiſen*, je ne ſçai pourquoi. *Martial de Broa* par ſon Teſtament de 1348. donne cinq francs pour une chandelle de cire de demi carteron, pour brûler toutes les nuits devant l'Autel de Nôtre Dame des Tables: *Guillaume Bon* dans la même année aſſigne pour l'entretien de cette chandelle, un champ ſitué ſur le chemin qui conduiſoit des *Minoretes* au portail St. *Sauveur*; & par acte du

II. PARTIE. LIVRE HUITIÉME.

25. Avril 1432. *Braidette Palmiere* Femme du *noble Izarn Teinturier*, prend la qualité de Gouvernante & Directrice du *Raifen* de Nôtre-Dame des Tables, & *Michel Teinturier* qui étoit peut-être le fils de cette *Braidette*, déclare dans son testament du 15. Janvier 1485. que depuis deux cens ans ses auteurs ont gouverné une Chandelle qui brûle nuit & jour dans l'Eglise de Nôtre-Dame des Tables, qu'on apelle *Raifen*; il donne pour son entretien quelques usages qu'il avoit acquis dans le terroir de *la Lauze*, il veut que sa femme, gouvernante de ladite Chandelle, & après elle, la femme du plus ancien de ses heritiers, fassent avertir pour le Lundi avant la fête de l'Annonciation toutes les femmes des plus notables maisons de Montpellier de se trouver à l'Église de Notre Dame des Tables, pour aller faire la Quête par toute la Ville pour la confection du *Raifen*, comme il est accoûrumé de tout tems.

Et parce que la somme qu'on y met tous les ans monte ordinairement à celle de trente livres, il veut que si la quête & les usages qu'il a donné nétoient pas suffisans, les Héritiers & Succeffeurs à perpétuité fourniffent le reste, afin, dit-il, que la glorieuse Vierge les illumine de sa grace, & les fasse vivre en paix & en prosperité. Tels étoient les sentimens de nos Ancêtres pour le culte de la Mére de Dieu.

Mr. Bosquet Evêque de Montpellier étant parvenu à cette place en 1651. voulut remplacer en quelque maniére les Reliques des Saints que les Huguenots avoient enlevé de l'Eglise de Notre-Dame des Tables, il lui destina une partie de celles qu'il venoit de recevoir de Notre Saint Pere le Pape, qu'il avoit fait enchaffer dans quatre bustes dorés : à cette occasion il renouvella dans Montpellier une cérémonie qu'on n'y avoit pas vû depuis près de cent ans ; ce fut de les porter à Notre-Dame en procession solemnelle : les ruës étoient tapiffées ; tous les Prêtres du Sinode qui se tenoit alors, marchoient deux à deux, Mr. l'Evêque & Mr. de *Brignon* Prevôt de la Cathédrale portoient sur leurs épaules un de ces bustes posé sur un brancart, & surmonté d'un pavillon, six Prieurs du Diocése portoient les trois autres, & la procession suivie des Tréforiers de France, du Présidial, & des Consuls, étant arrivés dans l'Eglise on y déposa les Saintes Reliques ; Mr. de Bosquet fit à ce sujet une de ces prédications instructives qu'il sçavoit si bien faire ; & ayant laiffé à Notre-Dame les Reliques de St. *Fauftinien* & de St. *Agnes*, il raporta dans le même ordre à St. Pierre celles de St. *Lucius* & de Ste. *Silvie* qu'il avoit destiné pour sa Cathédrale.

Les sommes que Mrs. les Marguilliers avoient retirés des fonds unis à leur Fabrique, les mirent en état d'entreprendre en 1670. la construction du Rétable de pierre de perne d'Avignon, qu'on y voit presentement. Toutes les années suivantes furent marquées de quelque nouvelle décoration : en 1671. ils firent faire le Chœur avec son baluftre. En 1672. le Banc & la Tribune del'œuvre; l'année suivante ils firent le Tabernacle, & en 1674. ils commencerent la Tribune des Orgues, qui ne furent achevés que deux années après ; & dans cet intervale on fit orner la Chaire du Prédicateur de la maniére qu'on la voit à present.

Enfin l'Eglise se trouvant dans sa perfection, elle fut facrée en 1684. comme on le voit par cette inscription gravée sur une ardoise en lettres d'or, qui est au milieu de l'Eglise sur la droite en entrant.

Monfeigneur Charles de Pradel Evêque de Montpellier a facré cette Église le Dimanche quatorziéme de May mille six cens huitante-quatre, à la requifition de Mrs. les Confuls, des Marguilliers & Ouvriers de l'Eglife.

XIV.

EGLISÉS PARTICULIERES.

St. COSME ET St. DAMIEN.

IL est fait mention de l'Eglise de Saint Cosme dans l'acte de fondation de l'Eglise de Sainte Croix faite en 1144. par *Guillaume* fils *d'Ermensende*, qui donne à la nouvelle Eglise, le jardin qu'il avoit auprès de Saint Cosme, *Totum meum hortum qui est in via, quâ itur ad Ecclesiam Sti. Cosmæ* : ce qui prouve que sa fondation est anterieure à celle de Sainte Croix, & qu'on pourroit bien lui donner la même ancienneté qu'à l'Ecole de Médecine de Montpellier.

Elle servoit en effet aux Mrs. Chirurgiens de cette Ville, qui sont apellés dans tous nos vieux titres, *Chirurgiens de St. Cosme* ; ils étoient tenus de s'y rendre la veille de St. Cosme & de St. Damien, pour assister aux vigiles, & le lendemain à la procession, après laquelle ils nommoient les Consuls, & les Prevôts de la Confrérie, comme il conste par leurs anciens Statuts, en datte du 5. Octobre 1418. qui m'ont été communiqués par Mr. *de Massillan* Juge-Mage.

Je trouve dans ces mêmes Statuts, que les Consuls & Prevôts de St. Cosme étoient chargés de faire faire le pain de *las caritats*, que la Ville avoit coûtume de distribuer le jour de l'Ascension, comme on le verra plus au long dans l'article des Hôpitaux.

Il est dit dans notre *petit Talamus* pour l'année 1361. qu'un parti des Anglois qui couroient le Royaume après la prise du Roy Jean, étant venus jusqu'aux murailles de Montpellier, prirent dans l'Eglise de St. Cosme quelques hommes & femmes de la Ville qui s'y étoient refugiés.

L'Article 58. du Cérémonial de l'Hôtel de Ville, marque pour l'année 1400. que le Cardinal de Venise fit à l'Eglise de St. Cosme de Montpellier un présent considérable, à la priere de son neveu qui étoit Prieur de cette Eglise ; c'étoit un os de la tête de St. Cosme que nos Consuls firent enchasser dans un beau Reliquaire d'argent : *Antoine de Louviers* Evêque de Maguelone le porta solemnellement en l'Eglise de St. Cosme, & de là sur quelque dispute qui s'émut entre les Consuls & le Prieur, il les raporta à l'Hôtel de Ville, où pour régler leurs contestations, il ordonna que ce Reliquaire, dont les Consuls avoient fourni l'argent, resteroit dans leur Chapelle, & que lorsque le Prieur de St. Cosme voudroit l'avoir aux jours de fête, il viendroit la leur demander, ce qu'on lui accorderoit gratieusement, sous l'assurance de le rendre le même jour. Le nom du Cardinal est exprimé de la sorte dans l'Acte. *Joannes miseratione divinâ tituli Sti. Ciriaci in termis, Sanctæ Romanæ Ecclesiæ Cardinalis, vulgariter Cardinalis venetiarum nuncupatus.* Et en parlant du Prieur de St. Cosme son neveu, il est dit : *Pium hoc pignus ad Ecclesiam Sanctorum Cosmæ & Damiani transferri jussit, rogatu helisæi nepotis sui.*

Cette Eglise étoit située vis-à-vis de *Lavanet*, sur une pointe de terre qui fait le partage du chemin qui conduit aux Moulins à vent, & de celui qui conduit au Pont de St. Cosme ; à qui cette Eglise a donné son nom. On y a vû de nos jours un grand nombre de pierres sepulcrales que le Titulaire de cette ancienne Eglise a fait enlever, pour faire cultiver ce fonds, où l'on a planté des Oliviers.

SAINT NICOLAS.

Tout ce que j'ai dit dans l'article de *Guillaume* fils *d'Ermengarde*, au sujet des Vicaires de Montpellier, nous prouve l'ancienneté de la Chapelle de St. Nicolas, qui traversoit la rüe de l'Aiguillerie, & laissoit un passage sous un arceau, qui partoit de la maison de *Planque*, & alloit aboutir à celle de *Veissiere*. Le fait est

II. PARTIE. LIVRE HUITIÉME.

est démontré par nos anciens confrons, & par la naissance du fondement de cet arceau, qui subsiste encore à la maison de *Planque*; il en est fait mention dans la description de l'entrée du Roy Charles IX. dans Montpellier en 1564.

Mais la preuve la plus ancienne que nous en ayons, vient des Actes que j'ai raporté pour les années 1103. 1118. 1139. & 1150. *Castellum quod est situm juxtà portam Sti. Nicolai. . . . Totum quantum habeo subtùs Ecclesiam Sti. Nicolai . . . . Castellum quod est situm juxtà portam Sti. Nicolai, sicut est clausum cùm turribus & muris . . . Totum quantùm habebat pater meus subtùs Ecclesiam Sti. Nicolai.*

Cette Eglise durant quelque tems donna son nom à la ruë de l'Aiguillerie, dont les Marchands sont apellez dans quelques vieux Actes les *Merciers de St. Nicolas*. Il y avoit un Prêtre qui portoit le nom de Prieur, & qui étoit subordonné à celui de St. Firmin; il avoit la directe sur quelques maisons voisines, & entr'autres sur celle de *Planque* qui lui fait encore une rédevance annuelle de dix écus. Les nouveaux Titulaires dépuis l'entiere démolition de St. Nicolas, ont coûtume d'aller prendre possession dans la Cour de la Maison de *Montferrier* qui y est attenante.

SAINTE CROIX.

CEtte ancienne Eglise qui ne subsiste plus, mais qui donne encore son nom à un de nos Sizains, fut bâtie dans le douziéme siécle par *Guillaume* fils *Dermensende*, à son retour de Jerusalem (comme il le dit lui-même dans son Testament fait en 1146.) *hanc Ecclesiam quam ego Hierosolimis rediens in honorem Stæ. Crucis juxta domum meam ædificavi.* Il y mit une portion de la vraïe Croix de Notre-Seigneur & plusieurs autres Reliques qu'il avoit aporté de la Terre Sainte, *& verè Dominicum lignum cum pluribus aliis Reliquiis ibi attuli.* Il nous aprend qu'il avoit un logement attenant cette Eglise, composé d'une chambre, d'une sale, & d'un avant-chambre qu'il apelle portique. *Cameram scilicet meam quæ est propè ipsam Ecclesiam, & porticum qui est ante ipsam cameram*, renfermez (dit-il) entre le pilier de l'Eglise, & les murailles de la sale & de la chambre. *Sicut determinatum est à pilari usque ad parietem salæ & usque ad parietem cameræ.* Il nous aprend encore que cette Eglise avoit un portique à son entrée, & un petit jardin à son chevet, *quamdam pessiam horti qui est ad caput Ecclesiæ, & totum illum porticum qui est ante Ecclesiam.*

Cette indication n'est faite dans son Testament que pour faire mieux entendre ce qu'il donne pour le logement du Chapelain qu'il y avoit établi, avec un Clerc; ausquels il assigne pour leur entretien un jardin entier, qu'il avoit sur le chemin de St. Cosme, confrontant d'un côté la rive du *Merdanson*, *Totum meum hortum qui est in viâ quâ itur ad Ecclesiam Sti. Cosmæ, qui hortus confrontatur ex una parte cum ripâ Merdansionis.* Il ajoûte à cette donation sept quarterées de vignes, au terroir de *Maranegues*, pour le luminaire de l'Eglise & pour le vestiaire du Chapelain & de son Clerc, *Septem carteiratas vineæ in vineto quod vocatur de Maranegues, pro luminaribus Ecclesiæ & pro vestitu Capellani & Clerici sui.* De plus il veut qu'ils ayent l'un & l'autre leur nourriture dans sa maison. *Insuper dono in perpetuum, victum in domo mea Capellano ipsius Ecclesiæ, cum Clerico suo.*

Cette donation eut le sort de la plûpart de celles qui sont à charge aux héritiers. Guillaume son fils aîné fit naître des obstacles à l'execution de cet article; il la differa même jusqu'en 1151. où son pere étant venu à Montpellier avec le Prieur de *Gransselve* son Superieur, ils finirent cette affaire, en convenant que le Prieur de St. Firmin dans la Paroisse duquel étoit l'Eglise de Ste. Croix, en auroit la possession; mais qu'il donneroit au Seigneur de Montpellier un logement auprès de son Eglise de St. Firmin, avec trois mille sols melgoriens, en dédommagement des fraix que *Guillaume*, dit, fils de *Sibille*, venoit de faire dans son expedition en Espagne contre les Maures.

Quoique par cette transaction les Seigneurs de Montpellier se fussent dépoüillez du droit qu'ils avoient fur cette Eglife, ils ne laifferent pas de s'en régarder comme les protecteurs ; ce qui porta *Guillaume* fils de *Mathilde* de demander au Pape Innocent III. qu'elle fût folemnellement confacrée, dans le tems que le Cardinal da *St. Prifque* vint en Languedoc comme Legat du Pape contre les Albigeois. La chofe fut executée le 5. de Novembre 1200. comme il paroît par un ancien marbre qui fut alors attaché aux murailles de l'Eglife de Ste. Croix & qui après fa démolition fut porté dans le jardin du Préfident de la *Roche*, qui en fit préfent à la Confrérie des Pénitens, où l'on le voit encore dans leur Sacriftie, avec cette infcription en lettres Gothiques.

Anno Dominicæ Incarnationis M. CC. non. *Novemb. Præfidente Romanæ Ecclefiæ Domino Papa Innocentio III. Pontificatûs fui anno 3. confecrata eft ifta Ecclefia, mandato & authoritate ejufdem Domini Papæ, præfente & mandante Domino Joanne de Sto. Paulo tituli Stæ. Prifcæ Presbitero Cardinali, Apoftolicæ fedis Legato, à Domino Imberto* [1] *Arelatis Epifcopo, in honorem Sanctæ & Gloriofæ Virginis Mariæ & vivificæ Crucis, & omnium Sanctorum aftantibus & cooperantibus præfato Cardinali & Domino G. Magalonenfi* [2] *R. Agathenfi* [3] *Domino G. Biterrenfi.* [4] *Domino Artaldo* [5] *Elnenfi, & Domino G. Uticenfi* [6] *Epifcopis, & conftitutum eft confenfu ejufdem Domini Cardinalis, & omnium prædictorum, ut quicumque in anniverfario ejufdem confecrationis devotè convenientes, de injunctâ fibi pœnitentiâ, duodecim dierum veniam confequantur.*

Cette Eglife refta depuis fous la dépendance du Prieur de St. Firmin, qui en eut toûjours la collation : le Chapelain lui devoit obéïffance (comme difent les anciens titres.) Il faifoit ferment de garder les droits, prééminences & loüables coûtumes de St. Firmin, & de ne point adminiftrer les Sacremens dans la Paroiffe de St. Firmin, fans la permiffion du Prieur.

On vêcut fous ces loix jufques bien avant dans le xvi. fiécle, où le renverfement général qu'on fit à Montpellier de toutes les Eglifes entraîna celle de Ste. Croix. Elle refta démolie jufqu'en 1607. que la Confrerie des Penitens entreprit de la rétablir, pendant un de ces bons intervales que les Catholiques avoient quelque fois. Ils en obtinrent la permiffion de *Mr. Granier* alors Evêque de Montpellier, & ils prefferent fi fort l'ouvrage qu'ils en firent faire la bénédiction dans la Semaine Ste. de 1609. par Mr. *d'Arles* Vicaire Général de *Mr. de Fenoüillet* qui venoit de fucceder à Mr. *Granier.*

Ils continüerent de faire leurs exercices dans cette nouvelle Eglife jufqu'en 1621. où les Révoltez fe préparant à foûtenir le fiége de Montpellier, firent *Harlan* (comme ils difoient eux-même) fur tout ce qui apartenoit aux Eglifes. Celle de *Ste. Croix* fut traitée comme les autres; mais on rémarque qu'après le pillage des ornemens, un nommé St. *Roman* le fils du Sergent *Roman* qui demeuroit près la porte du Peirou, s'étant apperçû qu'il reftoit une Croix au haut du clocher de cette Eglife, voulut y monter pour arracher cette Croix; mais une grande pierre du clocher fur laquelle il avoit le pied s'étant détachée, il fut entraîné à terre, où il s'écrafa en tombant. *Serre* dit que fon nom fut envoyé à Geneve où il fut mis au nombre de leurs Martyrs.

Depuis la réduction de Montpellier fous les armes du Roy Loüis XIII. on ne fongea point à rébâtir cette Eglife, comme quantité d'autres ; parce que fon emplacement fut compris dans le grand deffein qu'eut *Mr. de Fenoüillet* de bâtir fa Cathédrale à *la Canourgue.* Les grands fondemens qu'il y jetta, & qui fubfiftent encore, ont changé la difpofition de l'ancien terrain, & l'on ne peut en tirer aucune conjecture pour marquer l'ancienne fituation de l'Eglife de Ste. Croix : tout ce qu'on peut obferver, c'eft que dans ces derniéres années où l'on changea la Croix de la Canourgue, on trouva à l'endroit où elle eft à préfent vers Mr. de *Cambaceres*, de grandes pierres Sepulcrales qui nous font entendre que le Cimetiére de cette Eglife devoit être de ce côté-là.

1. Imbert de *Aquaria*. 2. Guillaume de *Floix*. 3. Raymond *Guillaume de Montpellier*. 4. Guillaume de *Roquefil*. 5. Artaud. 6. *Guillaume de Venejan*.

SAINT PIERRE DE LA SALE.

CEtte Eglife fervoit anciennement aux Officiers que l'Evêque de Maguelone tenoit à *Montpelieret* dans fon Palais apellé la *Sale de l'Evêque*, qui contenoit toute l'Ifle depuis les Jefuites jufpu'à la ruë qui monte à la maifon du Préfident Bocaud.

Garriel nous affure que Ricuin la fit bâtir lorfqu'il infeoda Montpellier au premier de nos Guillaumes, en fe refervant Montpelieret, où il voulut avoir un logement pour lui & pour fes Officiers. La chofe eft d'autant plus croyable, que l'Evêque de Maguelone ne pouvoit fe difpenfer de venir fouvent à Montpellier, encore moins d'avoir une Chapelle dans fon Palais. Il eft certain que fon Official tenoit la Juftice Ecclefiaftique dans la fale de l'Evêque, & que le Juge de la Temporalité y avoit fon Auditoire. On verra dans l'article de l'Univerfité qu'on fit fouvent à la fale de l'Evêque des Actes publics concernant les études: & l'on a pû obferver dans le cours de cette Hiftoire, qu'un grand nombre de Princes à leur paffage par Montpellier furent logez à la fale de l'Evêque.

Tous ces faits fervent à apuyer le fentiment de Garriel fur la fondation de cette Chapelle, qui, à l'exemple de l'Eglife Cathédrale de Maguelone portoit le nom de St. Pierre. Après avoir duré plus de quatre cens ans, elle fubit le fort des autres Eglifes qui furent démolies durant la fureur des troubles de la Religion. La fale de l'Evêque avec toutes fes apartenances refta inhabitée durant plus de foixante ans, pendant lefquels quelques particuliers s'emparerent d'une partie du Local; & ce ne fut qu'en 1629. que Mr. de Fenoüillet ayant fait donner aux Jefuites le Collége que les Réligionnaires avoient à Montpellier, il augmenta leur emplacement de tout celui qui reftoit de la fale de l'Evêque: ces Peres jetterent un Pont de bois fur la ruë qui fépare le Collége d'avec cette ancienne fale, où ils bâtirent un corps de logis que nous avons vû avec un grand jardin. Mais le Roy Loüis XIV. en 1680. ayant accordé le fiége du petit Sceau avec la ruë de Montpelieret, pour bâtir le grand & beau logement que les Jéfuites ont fur l'Efplanade, ces Peres abandonnerent l'ancienne fale de l'Evêque, & ils en vendirent le fol à Mr. de *Vignes* Procureur Général en la Cour des Comptes, Aydes & Finances, qui y fit bâtir la grande maifon qu'occupe aujourd'hui le Marquis de *Grave*.

On fe fouvient encore, qu'avant tous ces changemens, on voyoit plufieurs anciennes portes le long de la muraille du jardin de Mr. de *Grave*; ce qui fait croire qu'elles fervoient, l'une à la Chapelle, l'autre à l'Official de l'Evêque, & la troifiéme à l'Auditoire du Juge de Montpelieret. Il y a toûjours un Prêtre titulaire de St. Pierre de la Sale, qui eft à la nomination de l'Evêque.

SAINTE MARIE DE LEZES.

CEtte Eglife fervoit autrefois aux Templiers, dans le lieu que nous apellons aujourd'hui le grand St. Jean hors la porte de la Saunerie: la chofe confte par divers actes de l'Hôtel de Ville, par des tranfactions paffées avec le Chapitre de Maguelone, & particulierement par celle dont j'ai parlé dans le premier tome de cette Hiftoire en l'année 1162. où il eft dit: *Hæc compofitio facta eft in domo militiæ Templi, in horto juxta Ecclefiam Stæ. Mariæ de Lefis.* Je ne fçai d'où lui vint ce furnom de *Lefis*, mais nous trouvons que Gautier Evêque de Maguelone avoit confacré cette Eglife au commencement du douziéme fiécle.

Il eft à croire qu'elle répondoit à la beauté des autres bâtimens de la Maifon du Temple de Montpellier, qui fervit de retraite & de fûreté à Simon de

Montfort pendant que les Peres du Concile assemblez en 1214. dans l'Eglise de N. Dame des Tables, déliberoient sur le choix du Seigneur à qui ils devoient confier les Places conquises sur le Comte de Toulouse.

Nos Annales marquent que le Pape Clement V. dans le second voyage qu'il fit à Montpellier en 1307. prit son logement dans la maison des Templiers, peu avant qu'il fît travailler à leur procès, & à la supression de leur Ordre.

Cette supression, qui fut faite dans le Concile de Vienne en 1311. valut aux Chevaliers de St. Jean de Jerusalem de Montpellier, la Maison du Temple, & la Terre de *Launac*, que les Templiers avoient desseché avec beaucoup de soin, comm'il paroît par les Aqueducs soûterrains qui subsistent encore.

Les nouveaux Maîtres de cette grande Maison y prirent leur logement, & la firent nommer *le grand St. Jean*, pour la distinguer d'une autre maison qu'ils avoient déja dans la Ville, & qui porte encore le nom de *petit St. Jean*. Leur Grand-Maître *Foulques de Villaret* étant venu en France, pour les raisons que nous avons dit ci-devant, choisit sa sepulture dans l'Eglise de Ste. Marie de *Lezes*, comm'on le découvrit il y a quelques années, lorsqu'un Procureur de l'Ordre faisant foüiller dans les mazures de cette Eglise, il trouva un tombeau où il y avoit par-dessus la figure d'un homme armé, à qui l'on avoit coupé les bras & la tête : l'inscription qui n'étoit pas si maltraitée, portoit :

Anno Domini 1327. *die scilicet primâ Septembris obiit nobilissimus Dominus Frater Folquetus de Villareto, Magister magni Hospitalis sacræ domûs Sti. Joannis-Baptistæ Hierosolimitani, cujus anima requiescat in pace, Amen.*

On y trouva quantité d'autres monumens, qui avoient été tronquez dans le tems de la démolition des Eglises, & dont on ne put déchifrer en entier toutes les inscriptions.

Il y a grande aparence que parmi tous ces tombeaux, on trouva (sans le connoître) celui de *Raymond Gaucelin* Seigneur de Lunel, neveu de Guillaume fils de Malthide, & Connêtable du Comte de Toulouse, qui élut pour sa sepulture l'Eglise des Templiers, & lui legua par son testament fait en 1215. mille sols melgoriens avec ses Armes.

Peu de tems après la mort du Grand-Maître *de Villaret*, le plus grand nombre des Chevaliers qui étoient en France, tinrent au *grand St. Jean* & dans l'Eglise de Ste. Marie de *Lezes* le Chapitre général de l'Ordre dont j'ai parlé dans le second tome de cette Histoire en l'année 1330. On y fit plusieurs beaux Reglemens, qui servent encore de Loi fondamentale à tout l'Ordre.

Depuis ce tems jusqu'en 1562. les Chevaliers de St. Jean joüirent paisiblement des terres & de la grande maison qu'ils avoient acquis des Templiers ; mais dans les premiers troubles que le changement de Religion causa à Montpellier, les grands bâtimens qu'ils avoient à la porte de la Saunerie, furent renversez avec l'Eglise de Ste. *Marie de Lezes* : il ne reste qu'une partie de ses fondemens, bâtis de pierre vive, & d'un demi-pied en quarré, qu'on peut voir dans la maison du Fermier : le reste de ce grand emplacement après avoir été en friche pendant long-tems, est labouré maintenant, & l'on y passe la charruë.

St. MARTIN DE PRUNET.

LE plus ancien titre que nous ayons de cette Église, est le testament que Guillaume fils d'Ermensende fit en 1196. dans lequel il prie sa mere de faire rendre à l'Eglise de St. Martin de Prunet, & à quelques autres Eglises, le bois de charpente qu'il y avoit pris, pendant le siege qu'il avoit été obligé de mettre devant Montpellier : *Domina mater mea emendet illam fustam quam habui de Ecclesiis Sti. Martini de Pruneto, & aliis cum eram in obsidione Montispessulani.*

Elle étoit située au midi de Montpellier, sur l'élevation la plus avantageuse des environs, pour découvrir la Ville qui se presente en amphithéatre de ce côté-là :

tout

II. PARTIE LIVRE HUITIEME.

„ tout auprès (dit Philippy) étoit une Fontaine, dite communément, *la Font de* „ *las Donseilhas*, où il y avoit deux ou trois chambres voûtées, & bâties dans la „ terre, environnée de bancs & siéges de pierre, que le peuple croit fabuleuse-„ ment avoir été le domicile de quelque Fée, ce qui lui a attiré en langage du „ pays le nom de *Font de las Fades*: mais il est à présumer qu'elle servoit de La-„ voir public, aux *Donseilles* ou Demoiselles de la Ville pendant les chaleurs de l'Eté. Nous avons vû encore de nos jours les vestiges de cette Fontaine, qui a été depuis comblée de terre, & dont l'eau a été détournée pour l'usage d'un Jardin voisin, apellé le *Jardin Degrefeüille*.

Il est hors de doute que l'Eglise de St. Martin de *Prunet* fut bâtie pour la commodité des métairies voisines, quoiqu'elle n'eût point le titre de Paroisse; on voit seulement que le Prieur de St. Firmin ayant institué en 1304. un Vicaire pour son Eglise, il lui assigna les prémices, les oblations, & autres émolumens de l'Eglise de St. Martin de *Prunet*, excepté les droits de Funérailles: il est dit dans le même livre que la maison & le verger attenant l'Eglise de St. Martin apartenoit audit Vicaire, qui avoit d'ailleurs sa dépense Canonique, à la table de la communauté des Pretres & Clercs de St Firmin.

On vêcut sous cette loi jusqu'au commencement des troubles de la Réligion, où les seditieux de Montpellier se hâterent de démolir St. Martin de *Prunet*, à cause qu'il dominoit sur la Ville & sur la plaine voisine. L'Amiral de *Châtillon* dans cette longue marche qu'il fit en 1570. après la bataille de *Moncontour*, s'arrêta à St. Martin de Prunet pour se faire mieux voir aux Habitans de Montpellier; mais la bonne contenance des Catholiques, qui étoient alors maîtres de la Ville, l'obligea de se rétirer, & de prendre la route dont j'ai parlé dans le premier Tome de cette Histoire.

Il paroît par les anciens régîtres du Chapitre, que *St. Martin* servoit d'entrépôt aux Funerailles des Chanoines de Maguelone, lorsqu'ils étoient morts à Montpelier, & qu'on devoit les transporter à Maguelonne. L'Evêque *Gaucelin de la Garde* décédé au Château du Terrail en 1303. fut porté à Montpellier dans l'Eglise de *St. Firmin*, & de là conduit en grand convoy à St. Martin de Prunet, où il fut mis sur un Brancart jusqu'à Villeneuve & Maguelone.

Après la reduction de Montpellier en 1622. les vieilles mazures de St. Martin servirent à construire les bâtimens que le Chapitre de la Cathédrale y a fait pour l'usage de ses fermiers; ils y ont de grandes écuries, des gréniers, & un puits fort profond, pour les gens qu'ils employent à la levée du Benefice de la *Canourgue*: le reste du Terrain sert à dépiquer le bled, & c'est tout ce qui nous reste de l'annienne Eglise de St. Martin de *Prunet*.

St. ARNAUD AUJOURD'HUY Ste. ANNE.

Cette Eglise donnoit autrefois le nom au Sizain St. Arnaud, comme Ste. Anne le lui donne aujourd'hui. Elle étoit située devant une petite place apellée le *Plan de l'Huile*, où selon un mémoire que j'ai, il y avoit une fontaine qui passoit pour une rareté en cette partie de la Ville. *Mst. de Serres.*

Il est parlé dans un Acte du XIV. siécle d'un *Dominique de Sala*, comme insigne bienfacteur de cette Eglise avant qu'elle changeât de nom, c'est-à-dire avant 1496. où Pierre *Aristeri* Prieur de *Sussargues* & Chapelain de la Chapelle de Ste. Anne dans l'Eglise de St. Arnaud, obtint d'Izarn de *Barriere* Evêque de Maguelone, les pouvoirs necessaires pour fonder un Collége de quatre Prêtres dans sa Chapelle de Ste. Anne, qui devint plus considérable par cette fondation. On s'accoutûma insensiblement à donner la dénomination de *Ste. Anne.* à l'Eglise de *St. Arnaud*, ce qui dura jusqu'aux premiers troubles de la Réligion. Nous voyons par la délibération qui fut prise à Montpellier en 1596. pour subvenir aux besoins des pauvres Catholiques, que le Sizain St. Arnaud portoit déja le nom de Sizain Ste. *Garriel. Eglise de Montpellier, page 71.* *Voyez l'Article de l'Hôpital de la Chvrité.*

X x x

Anne; & cette Eglise ayant été rétablie après le siege de Montpellier, par les Collégiez de la *Trinité* conjointement avec ceux de *Ste. Sauveur* & de *St. Anne*, ils y firent leur service pendant plusieurs années. Enfin Mr. de Bosquet Evêque de Montpellier, érigea Ste. Anne en Eglise Paroissiale, par son Ordonnance du 3. de Novembre 1665. & l'on y établit un Curé avec deux Secondaires, pour administrer les Sacrémens à cette partie de la Ville, qui étoit autrefois de *St. Paul*, en qualité d'Annexe de St. Firmin.

LA CHAPELLE DU CONSULAT.

L'Acte de fondation de cette Chapelle nous aprend que les Consuls de Montpellier ayant acquis en 1358. la grande maison de *Pierre Bonami* pour servir d'Hôtel de Ville, au lieu de celui qu'ils avoient eu jusqu'alors dans la Place de l'Herberie, ils projetterent aussi-tôt d'y construire une Chapelle qu'ils firent consacrer le 5. Octobre 1363. par Frere *Thibaut* de l'Ordre des Freres Mineurs Evêque de *Coron* dans la Morée.

Cette Chapelle resta en son entier durant tout le tems que les Réligionnaires furent maîtres de la Ville, parcequ'ils n'auroient pû la démolir sans faire crouler les bâtimens de l'Hôtel de Ville qui sont au-dessus; ils se contenterent de la faire servir à d'autres usages qu'à la célébration de la Messe, qu'ils avoient supprimée: & ce ne fut qu'après le Siége de Montpellier que le Baron de Castries étant premier Consul en 1623. fit rétablir le Service dans cette Chapelle. On y voit encore son Portrait à genoux dans le tableau de l'Autel, avec celui des deux autres Consuls Catholiques, qui n'étoient alors qu'au nombre de trois, parceque le Consulat étoit mi-parti. *Gabriël de Grasset* Procureur Général en la Chambre des Comptes & premier Consul en 1624. fit mettre le sien avec celui de ses Collegues Catholiques sur les crédences de l'Autel, où on les voit encore; & *Pierre Degrefeüille* Trésorier de France premier Consul en 1628. se fit peindre à côté de l'Autel avec tous ses collegues, qui commencerent à être pris du corps des Catholiques.

L'Usage a cessé depuis, de peindre les Consuls dans cette Chapelle, on a placé leurs Tableaux dans les sales hautes de l'Hôtel de Ville, où ils sont plus en évidence que dans la Chapelle qui est obscure; elle étoit séparée de l'ancienne *Claverie* (aujourd'hui Corps-de-garde) par une grande cloison de menuiserie, où l'on voit encore ces deux Vers en lettres d'or, au bas d'un Crucifix qu'il y avoit.

Disce tui pretium, cum sis hoc are Redemptus

Quisquis ades, turpique cave vilescere culpâ.

Ce qui veut dire : *Connoissez ce que vous valés, parcequ'il en a coûté pour vôtre rachapt; & prenés garde de vous ravilir par quelque faute honteuse.*

Le Service de cette Chapelle est réduit aujourd'hui à une Messe tous les Dimanches & Fêtes, qui est dite par un Chapelain, aux gages & à la nomination des Consuls.

NOTRE-DAME DE BONNES NOUVELLES.

J'Ay raconté dans le premier tome de cette Histoire, ce qui donna lieu à la fondation de cette Eglise. Le Roy Charles VII. qui pendant son séjour en Languedoc, avoit donné beaucoup de marques de bonté à la Ville de Montpellier, fit l'honneur à nos Consuls de leur dépêcher un Courier avec une lettre du mois de Juillet 1429. qui est conservée prétieusement dans nos archives, par laquelle il leur fait sçavoir, " qu'avec la grace de Dieu, il avoit fait lever aux Anglois

II. PARTIE, LIVRE HUITIEME.

le siége d'Orléans, ruiné leurs fortifications, bastilles & forteresses, & emporté " sur eux une victoire où huit mille Anglois étoient demeurés sur la place, & plus " de deux cens faits prisonniers; de quoi il a voulu les avertir pour en faire ren- " dre publiquement des actions de graces à Dieu, & il leur demande en même- " tems un secours d'hommes & d'argent. "

Malheureusement le Courier qui étoit arrivé de nuit, ne put entrer dans la Ville, à cause des précautions qu'on y prenoit dans ce tems de trouble; il s'arrêta dans une maison du Faubourg de *Montpelieret* pour y attendre le jour, & le lendemain ayant remis la lettre du Roy aux Consuls, ils eurent tant de joye de cet heureux événement, qu'ils firent délibérer en Conseil de Ville qu'on bâtiroit une Chapelle dans le lieu où le Courier s'étoit arrêté, en mémoire de la bonne nouvelle qu'il avoit aporté. *Leger Saporis* Evêque de Maguelone, fit la consecration de cette petite Eglise, qui subsista jusqu'à la démolition de celle de *St. Denis*, dans la Paroisse duquel étoit Notre-Dame de Bonnes Nouvelles.

L'emplacement de cette Eglise est désigné dans la relation d'une Procession qui fut faite en 1446. où il est dit. " quelle passa à la dougue de la porte de Mont- " pelieret, vers la porte de l'Evêque, en cotoyant à droite la Chapelle de Notre- " Dame de Bonnes Nouvelles. "

La chose est moins douteuse depuis les derniers travaux qu'on a faits à l'Esplanade, où l'on découvrit près de la Croix qui y est plantée, les fondemens d'une vieille Chapelle, avec quelques fragmens de colomnes gothiques, & de vieux chapiteaux, qui resterent long-tems exposés à la vûë du public. Il est difficile après toutes ces désignations, de mettre ailleurs la Chapelle de Notre-Dame de Bonnes Nouvelles: ce que j'observe pour répondre à ceux qui ont voulu faire entendre qu'elle étoit dans le même lieu où est aujourd'huy Notre-Dame de Celleneuve.

Le P. Gontt. Garriel. Idée.

LA CHAPELLE NEUVE.

Tous nos Écrivains font mention de cette Chapelle. Le President *Philippy* la comprend nommément dans la liste des Eglises qui furent démolies à Montpellier pendant les troubles de la Religion; Mr. *Vignes* en parle dans le Manuscrit qu'il nous a laissé; & *Garriel* en fait l'article onzième dans son Traité sur les anciennes Eglises de Montpellier: mais aucun d'eux ne nous marque précisement le tems où la Chapelle Neuve fut bâtie.

Il est certain qu'elle étoit vis-à-vis le College *du Verger* apellé aujourd'hui le *Collége du Droit;* & l'on sçait à n'en pouvoir douter, qu'après que *Jean Brugerie* Médecin ordinaire du Roy Loüis XI. eut établi à Montpellier deux places pour deux écoliers en Médecine, *Jean du Verger* Président au Parlement de Toulouse, Baron *d'Alais*, & Seigneur *de Montlaur*, fonda presqu'en même-tems deux autres places, pour deux étudians en Droit, ausquels il donna sa maison, qui subsiste encore, pour servir au logement de ces quatre Boursiers.

On fit pour eux en 1468. des Statuts que je raporterai dans l'article de ce Collége, où l'on verra que les Commissaires nommez par le Roy Loüis XI. donnerent pouvoir à celui qui auroit la protection de ce Collége, de construire une Chapelle dans l'enclos, ou attenant ledit Collége; & que les Boursiers qui seroient Prêtres, seroient tenus d'y dire la Messe une fois la semaine.

Pour cet effet, *Jean du Verger* qui étoit l'un des Commissaires, unit à cette fondation la Chapelle dite de *Broca*, qu'il avoit déja fondée & dotée dans l'Eglise de Notre-Dame des Tables, à l'Autel de St. Jean. Les Chapelains y firent le service jusqu'à ce qu'on eût bâti la Chapelle Neuve, dans la place qui conserve encore son nom. Elle eut le sort des autres Eglises de Montpellier qui furent démolies en 1562. mais elle ne fut point rétablie comme bien d'autres; & le Chapelain qui porte aujourd'hui le nom de *Prieur*, fait le Service dans une chambre basse du Collége, qui sert de Chapelle depuis que le culte de la Religion Catholique a été remis en cette Ville.

L'EGLISE DU SEMINAIRE.

MR. *Bosquet* Evêque de Montpellier, ayant donné en 1665. son Seminaire aux Peres de l'Oratoire, ils se logerent dans une Maison occupée aujourd'hui par Mr. *Causse* Professeur en Droit, dans l'Isle apellée *la Sale de l'Evêque*. Après y avoir resté environ une quinzaine d'années, ils acheterent la Maison de Mr. *Planque de la Valette* Conseiller au Présidial, attenant l'ancienne Eglise de *Ste. Foy* (aujourd'hui la Chapelle des Penitens) où ils ont la vûë de l'Esplanade, de la Citadelle, & de la campagne jusqu'à la Mer.

Les difficultez qu'ils ont trouvé jusqu'à présent à pouvoir s'élargir d'un côté ou d'autre, les a réduits à faire une Eglise de deux sales-basses de leur maison, où ils eurent l'honneur de recevoir Mrs. les Princes à leur passage par Montpellier en 1700. Cette petite Eglise est fort frequentée, & la maniére édifiante avec laquelle on y fait le service, y attire dans les occasions, un grand nombre de personnes de tous les quartiers de la Ville.

ANCIENNES CONFRERIES DE PIETE'.

Quoique les Confréries de pieté interessent beaucoup l'Histoire Ecclesiastique, je n'ai pas crû devoir donner un article particulier de toutes celles qui ont été supprimée à Montpellier, ni de quelques autres qui lui sont communes avec la plûpart des Eglises du Royaume; telles que sont, la Confrérie du *St. Sacrement* pour accompagner le bon Dieu lorsqu'on le porte aux malades, celle des *Morts* pour faire prier Dieu pour les trépassez, & plusieurs autres qui sont affectées aux Ordres Réligieux, & aux corps des métiers qui s'assemblent tous les Dimanches pour assister à la Messe, & pour régler ensemble les devoirs de charité qu'ils pratiquent envers leurs confreres malades. J'indiquerai seulement comme particuliers à Montpellier l'Archiconfrérie de *St. Roch* érigée à l'honneur de ce Saint dans l'Eglise de Nôtre-Dame des Tables, qui a pour Prieur perpetuel Mr. le Marquis de Castries, comme issû de la famille de Saint Roch ; celle de *l'Ange-Gardien* établie dans la Cathédrale St. Pierre par feu Mr. de Bosquet Evêque de cette Ville ; mais je ne puis me dispenser de parler dans un plus grand détail des Confréries de la *vraye Croix*, de *St. Claude*, & des *Pénitens*, à cause que cette derniere est composée de presque toutes les familles de Montpellier, & que les deux prémieres sont fort anciennes, & qu'elles interessent le temporel de la Ville, par les redevances qu'elles ont sur plusieurs pieces de terre aux environs.

LA CONFRERIE DE LA VRAYE CROIX.

Cette Confrérie n'est composée que d'artisans & de travailleurs de terre, néantmoins elle est la plus ancienne de la Ville, & ses regîtres se sont conservés beaucoup mieux qu'aucun autre que j'aye vû.

Ils contiennent les Statuts que les Confréres & Confréresses doivent observer dans leurs pratiques de dévotion, au bas desquels on voit ces paroles ; *cette Confrérie a été faite à l'honneur de Dieu Nôtre-Seigneur, & de Nôtre-Dame Ste. Marie, & de la sainte-vraye Croix, & de toute la Cour Celestielle, en conservant & gardant les droits de nôtre Seigneur le Roy de Mayorque, & des Consuls de Montpellier*

II. PARTIE. LIVRE HUITIÉME.

& de Monseigneur l'Evêque de Maguelone. Cette mention expresse des Rois de Mayorque, prouve évidemment qu'elle subsistoit dans le treiziéme siécle ; je soupçonnerois même qu'elle fut établie dans le XII. siecle lorsque Guillaume fils d'*Ermensende* fonda l'Eglise de Ste. Croix, où il mit, comme il s'en explique lui-même, du bois de la vraye Croix, *& ibi verè Dominicum Lignum posui.* Cette expression *verè Domini cum Lignum*, avec la dénomination des Confréres de la vraye Croix, fortifie d'autant plus ma pensée, qu'il est constant par la réconnoissance que fit Jean de Galiac en 1398. que les Confréres faisoient leurs exercices dans l'Eglise de Ste. Croix.

Dans le même acte, on voit que la Confrérie de *St. Suffren* lui étoit unie, & dans une autre reconnoissance qui leur fut faite en 1472. par *Bertrand Roy*, il est fait mention des Confréries de *Ste. Marie de Bethléeom*, de *Ste. Catherine*, de *Ste. Croix*, & de *St. Suffren*, unies ensemble dans l'Eglise Ste. Croix de Montpellier.

Je ne sçay s'ils ne changerent point de place, à l'occasion d'une fondation qui fut faite en 1518. dans l'Eglise de *St. Germain* (aujourd'huy St. Pierre) par *Guigonne de Sernel* de noble extraction, qui du consentement de *Jean de Malrive* son Mary, donna une grande maison qu'elle avoit à *Aiguemortes*, avec dix carterées de terre, & une grande contenance de prés au lieu de St. Laurens de *Psalmodi*, pour faire chaque jour le service Divin dans la Chapelle de *Ste. Croix en l'Eglise de St. Germain*. Les Religieux de ce Prieuré en étoient chargez ; mais après leur sécularisation en 1536. je ne sçai que devint cette fondation : il est certain que tout exercice de Religion fut suprimé en 1562. lorsque les Huguenots s'emparerent de l'Eglise de St. Pierre; & ce ne fut qu'en 1661. que la Confrérie de la vraïe Croix y fut rétablie dans la premiere Chapelle qu'on trouve en entrant sur la main droite : on la changea quelque tems après dans la seconde Chapelle du côté gauche; mais depuis on l'a remise dans sa premiere place, près des Fonts-Baptismaux. C'est là-que tous les Confréres & Confrétesses assistent tous les Dimanches & Fêtes à la Messe qu'ils y font dire, & qu'ils partent de là pour les Processions qu'ils ont à faire, ou pour les Enterremens de leur Confréres, ausquels ils assistent avec un cierge à la main dans un grand ordre.

CONFRERIE DE St. CLAUDE.

IL paroît par tous les titres que nous avons de cette Confrérie, qu'elle a toûjours été apellée *St. Claude du Charnier*, à cause du Cimetiére St. Barthelemy, & que l'esprit de sa fondation étoit de faire prier Dieu pour l'ame de ceux qui y étoient inhumez. La chose paroît par les frequens articles de leurs Statuts qui sont de l'an 1483. où il est souvent parlé des Absoutes que leurs Chapelains devoient faire dans le Cimetieré St. Barthelemy, & du nombre des Messes des Morts qu'ils devoient chanter à Nôtre-Dame du Charnier ou à l'Autel St. Claude. Ils ne laissoient pas néanmoins de faire l'Office Canonial le jour de St. Claude, & à toutes les Fêtes de Notre-Seigneur & de Notre-Dame, ausquels jours les Confréres faisoient avec leurs Chapelains, les Processions dont il est parlé en divers articles de leurs Statuts.

Ils étoient gouvernez par quatre Prévôts qu'on élisoit tous les ans, & qui avoient beaucoup d'autorité sur les Confreres, sur les Chapelains, & sur le Bedeau, pour le service de l'Eglise. Ce fut à leur priere que *Jean de Bonail* Evêque de Maguelone fit au mois de May 1481. la Consecration de Nôtre-Dame du Charnier, & de l'Autel St. Claude, où les Confréres continüerent leurs exercices jusqu'au commencement des troubles du siécle suivant, qui causerent à Montpellier le renversement total du culte Catholique.

On voit dans leurs Archives que *Guitard de Ratté* Evêque de Montpellier, leur permit par une Ordonnance du 20. Septembre 1601. de s'assembler dans l'Eglise de la Canourgue, qui servoit alors de retraite à tous les Catholiques refugiez ; mais après que l'Eglise de St. Paul eut été donnée en 1611. aux Peres de la Trinité, les Confreres de St. *Claude* passerent avec eux un contract en daté du 24. May 1612. par lequel on leur accorda la premiere Chapelle de l'Eglise de St. Paul du côté de l'Evangile, ils en joüirent jusqu'au tems du siége qu'ils en furent chassez ; mais après la reduction de la Ville, les Peres Trinitaires étant rentrez dans la possession de leur Eglise, les Confréres de St. Claude rentrerent aussi dans la possession de leur Chapelle.

En 1663. les Carmes Déchaussez voulant s'établir dans le Cimetiere St. Barthelemy, on fit intervenir dans la donation qui leur en fut faite le Corps de Ville, le Chapitre de la Cathédrale, & les Confréres de St. Claude, pour le droit qu'ils avoient respectivement les uns & les autres sur ce fonds. Enfin les Carmes Déchaussez ayant achevé en 1704. la belle Eglise qu'ils ont à present, ils cederent aux Confréres de St. Claude à l'entrée de leur Cloître, la Sale voûtée qui leur avoit servi de Chapelle jusqu'alors : ainsi cette Confrérie est revenuë dans le lieu où elle étoit originairement depuis plus de deux cens cinquante ans : elle a des redevances à *Montarnaud* & dans le terroir de Montpellier, qui lui donnent le moyen de faire avec décence le Service de leur Chapelle.

CONFRERIE DES PENITENS BLANCS.

Le St. Serres.   L'Historien de cette Confrérie nous aprend qu'au commencement du Cérémonial qui est à la fin des Heures dont les Confréres se servent, il est dit que leur établissement fut fait du tems de *St. François* & de *St. Dominique*, mais il rejette ce sentiment comme entierement contraire à la verité de l'Histoire.

Il ajoûte qu'à la tête du premier Regître de cette Confrérie, on voit ces paroles : *Catalogue des Freres de la devote Compagnie des Penitens Blancs de la Ville de Montpellier, établie en* 1517. *& entretenuë sans Chapelle jusqu'en l'année* 1602.

Sur quoi il marque que, ni le *Talamus* de la Ville, ni les Regîtres de la Confrérie, ne disent rien de certain sur le tems de son établissement ; & il conclut (comme tout le monde sçait) que les Confréries de Penitens ne prirent commencement en France que sous le Roy Henry III.

Il est à croire néanmoins que celle de *Montpellier* est une des plus anciennes du Royaume, puisque le Président *Philippy* remarque pour l'année 1584. que les Religionnaires de Montpellier eurent le credit de faire interdire la Compagnie des Penitens Blancs & des Penitens Gris, sous prétexte que dans leurs assemblées, ils pourroient tramer quelque chose contre le bien public, & contre le Service du Roy.

Le calme que le Regne de Henry IV. procura à son Royaume au commencement du dernier siécle, porta *Guitard de Ratte* Evêque de Montpellier, d'assigner aux Penitens dans la maison du Vestiaire de Maguelone (aujourd'hui la maison de Belleval) une chambre voûtée, pour leur servir de Chapelle, qu'il benit lui-même, au mois de May 1602. & dans l'année suivante, les Penitens d'Aiguemortes ayant obtenu de la Cour la permission d'exercer publiquement leur Religion, ceux de Montpellier demanderent la même grace, qu'ils obtinrent à la recommandation de *Jean Garnier*, qui venoit de succeder à *Guitard de Ratte*.

Ils demanderent alors au nouveau Prélat l'Eglise ruinée de Ste. Croix, qui leur fut inféodée par *Loüis de Claret* Prévôt de la Cathédrale, sous le bon plaisir de l'Evêque ; ils entreprirent de la rebâtir ; & l'ouvrage étant fini en 1608. ils y tinrent leur première Assemblée le 18. Janvier de la même année, & firent bénir leur Chapelle dans la Semaine Sainte de 1609. par *Guillaumes d'Arles* Vicaire Général de Mr. de *Fenoüillet* nouvel Evêque.

Les troubles qui survinrent à la minorité du Roy Loüis XIII. leur attirerent de la part des Religionnaires de nouvelles tracasseries : on raconte qu'en 1612. la sécheresse étant si grande à Montpellier, qu'on avoit été neuf ou dix mois sans avoir de la pluye, les Pénitens résolurent de faire une Procession à Notre-Dame *du Grau* ;

II. PARTIE. LIVRE HUITIÉME.

mais n'ayant pas la liberté de paroître dans la Ville avec leurs facs de Penitent, ils s'assemblerent au Couvent de l'Observance hors la porte de Lates, d'où ils partirent pour la Procession : à leur retour les Huguenots leur firent fermer les portes & à tous ceux qui les avoient suivi: ensorte qu'après bien des allées & des venuës auprès des Consuls Huguenots, on ne leur permit d'entrer qu'après avoir quitté leur fac, & voilé le Crucifix.

Ces troubles augmenterent jusqu'en 1621. où les Eglises furent d'abord interdites, & ensuite renversées de l'autorité du cercle : alors les Penitens perdirent leur Eglise de Ste. Croix, & resterent sans aucun exercice jusqu'après le siége, où le Connêtable de *Lesdiguieres* ordonna que les Religieux dont on avoit démoli les Couvens, seroient logez dans des maisons particuliéres aux dépens de la Ville, jusqu'à ce que leurs Eglises fussent rétablies. Les Penitens en vertu de cette Ordonnance s'assemblerent chez le Général *de Grilhe* leur Prieur cette année-là, & suplierent Mrs. de la Cour des Aydes de leur permettre de faire l'Office dans la Salebasse du Palais, en attendant qu'ils eussent une Eglise.

La chose leur ayant été accordée, ils partirent en procession le 24. Fevrier 1623. de l'Hospice des Capucins qui étoit à la *Capelle Nove*, pour venir commencer leurs exercices dans la Chapelle du Palais; cette même année ils firent dans l'Octave de la Fête-Dieu, la Procession du St. Sacrement, dont le Dais fut porté par les trois Consuls Catholiques, & par le Juge de l'Ordinaire, au milieu des Régimens de *Picardie* & de *Normandie* qui bordoient les ruës.

Leur Regîtres marquent que Frere *Nicolas Rebuffi* ayant été assassiné près de Castelnau en allant à Baillargues (sans qu'on eût jamais sçû par qui) son corps fut porté à Montpelier & enterré dans son Tombeau en l'Eglise ruinée de Ste. Croix, & ce fut (ajoûtent leur Régîtres) le premier enterrement que les Penitens firent publiquement en cette Ville, dépuis la reduction de Montpellier.

Enfin Mr. de *Fenoüillet* leur assûra un lieu fixe, en leur permettant de rétablir l'Eglise ruinée de *Ste. Foy*, dont il leur fit donation pure & irrévocable. Ils en prirent possession en y faisant planter une grande Croix peinte en rouge qui subsiste encore; & l'on marque que Mr. de *Ventadour* Lieutenant Général dans cette Province, avec Mr. de *Valencé* Gouverneur de la Ville, voulurent honorer de leur présence cette cérémonie.

Les réparations de l'Eglise de *Ste. Foy* ayant été données à prix-fait, au commencement de 1624. l'ouvrage fut conduit avec tant de diligence, qu'avant la fin de cette même année *Pierre Rebuffi* Grand-Vicaire de Mr. *de Fenoüillet* en fit la bénédiction; ce qui donna lieu à la remarque de leur Historien, qui observe que l'Eglise Ste. Foy avoit été la premiére réparée de toutes celles que les Réligionnaires avoient démoli. Mr. de *Valancé* leur donna huit quintaux de métail pour ajoûter à la Cloche qu'ils firent réfondre; & par reconnoissance ils y mirent les armes de ce Seigneur, avec cette Inscription : *Caritate & liberalitate Magnificentissimi Comitis de Valancè.*

En 1632. ils acquirent ce que nous apellons les douze pans, tant au dedans qu'au déhors de la Ville, l'inféodation leur en ayant été faite par les Ouvriers de la Commune clôture, sous l'Albergue d'une paire de gans payables tous les ans.

Leur Régîtres n'ont point oublié l'honneur qu'ils eurent de recevoir cette même année le Roy Loüis XIII. & la Reine son Epouse, qui choisirent pendant le séjour que leur Majesté firent à Montpellier la Chapelle des Pénitens pour y entendre la Messe, & pour y faire leur Communion le prémier Dimanche de Septembre.

Dépuis ce tems-là ils ont fait à cette Chapelle tous les embellissement dont elle étoit susceptible; le lambris & les murailles sont toutes couvertes de Tableaux de la vie de Nôtre-Seigneur & de la Ste. Vierge, disposez avec beaucoup d'art & de simetrie, le Rétable, la Chaire du Prédicateur, & les jalousies des Tribunes sont dorées à plein, & depuis peu, ils ont fait leur Autel à Tombeau de marbre.

Les Etats de la Province en 1683 s'assemblerent dans cette Chapelle pour le Convoi funebre de Reine *Marie Therese d'Autriche*, & Mrs. de l'Academie Royale des Sciences l'ont choisie pour y célébrer tous les ans la Fête de *St. Loüis* : le concours y est extraordinaire pendant toute l'Octave de la Pentecôte, que l'on célébre avec beaucoup de splendeur. Tous les jours il y a Sermon ; & parmi les Prédicateurs les plus distinguez, leur Régîtres marquent en 1625. le Pere *Regourd* Jesuite qui prêcha avec tant de fruit, que le Sr. *Rudavel* & trois autres Ministres, avec bon nombre de Laïques abjurerent l'Heresie de Calvin. Mr. *Joly* depuis Evêque d'Agen y prêcha pendant le Carême de 1645. & le célébre Pere le Jeune Prêtre de l'Oratoire en 1652.

Tous les Dimanches & Fêtes de l'année, les Confréres s'assemblent le matin pour chanter le Petit Office de la Vierge, & pour assister à la Messe de Communauté. Ils chantent Vêpres l'après midi ; & selon l'occurence des affaires, il s'assemblent en Bureau pour assister les Confreres nécessiteux, ausquels ils assignent des pensions, afin qu'aucun d'eux ne soit reduit au pain de l'Hôpital.

Ils nomment des Députés pour visiter les Confreres malades, & pour ne les quitter ni jour ni nuit ; ce qui est pratiqué avec beaucoup d'édification pour le public, & souvent avec beaucoup de fruit pour les malades.

Comme cette Confrérie est très-nombreuse, & composée de tous les corps de la Ville, on choisit des gens habiles dans les affaires pour terminer les procès qui surviennent entre les Confréres : nos plus dignes Magistrats ne se refusent point à cette bonne œuvre ; & l'on trouve dans leur Régîtres qu'ils ont rayé souvent du Cataloque, ceux qui n'avoient pas voulu accepter cette voye de médiation.

Leur Compagnie s'est renduë récommandable par le bon ordre qu'elle observe dans les cérémonies publiques, & par le zéle qu'elle a toûjours fait paroître pour la prosperité de l'Etat, & de la Maison Royale : non seulement ils ont donné des marques signalées de joye à la naissance & au rétablissement de la santé de nos Princes, mais encore ils leur ont fait des Obseques magnifiques, lorsqu'il a plû à Dieu de nous les ravir ; comme ils firent en 1711. pour Monseigneur le Dauphin, & en 1716. pour le Roy son Pere.

HISTOIRE
DE MONTPELLIER.

LIVRE NEUVIEME.

Des Monaftéres anciens & modernes de la Ville de Montpellier.

CHAPITRE PREMIER.

LES RELIGIEUX DE CLUNY, PRE'S DE SAURET.

E plus ancien Monaftére de Religieux que nous trouvions avoir été fondé par les Seigneurs de Montpellier, eft le Monaftére de *Cluny près de Sauret*, à une portée de canon de la Ville. L'acte de cette fondation nous aprend à quelles conditions Guillaume fils *d'Ermenfende* donna aux Moines de Cluny vers le milieu du douziéme fiécle, l'emplacement qu'ils eurent près de *Sauret fur la riviere du Lez*. Il exige qu'ils ne feront bâtir aucune Forterefle dans le lieu qu'il " leur donne ; qu'ils n'y formeront aucun Village ; qu'ils n'y établiront aucune " Foire, & qu'on n'y fera d'autre habitation que celle des Moines & de leurs " domeftiques. "

Il leur défend de retirer dans leur Monaftére les marchandifes qui pour- " roient monter par la riviere du Lez, pour ne pas fruftrer le Seigneur de Mont- " pellier, & les Marchands de la Ville, des droits qui leur en revenoient. "

Il veut que leur maifon ne puifle fervir de réfuge aux valets ou fervantes " affranchis ou affranchies, qui voudroient fuïr la maifon de leur maître, non " plus qu'aux perfonnes qui chercheroient à fe fouftraire à la Juftice de la Cour, " ou à la Puiflance du Seigneur de Montpellier. "

Ils ne pourront faire aucune acquifition de terre qui relevât du Seigneur de " Montpellier, fans fon exprès confentement. "

Que fi l'Evêque de Maguelone (ajoûte-t'il) ou le Chapitre de cette Eglife " me caufoient de l'inquiétude au fujet de la prefente donation, vous Pierre, Abbé " de Cluny, me donnerez main-forte... Ainfi promis par l'Abbé de Cluny. "

Z z z

Le contenu de cet Acte mettra mieux au fait de toutes ces conventions.

In Nomine Domini Jesu-Christi. Ego Guillelmus Montispessulani Dominus, & ego Ermensendis mater ejus, & ego Sibilia prædicti Domini Guillelmi Uxor. Authoritate & præcepto Domini Papæ Innocentii donamus & cum hac præsenti Cartâ perpetuo jure, donamus, tradimus, Domino Deo, & Beatis Apostolis Petro & Paulo & Monasterio Cluniacensi, ac Monachis tam præsentibus quam futuris, in manu Domini Petri ejusdem Monasterii Religiosissimi Abbatis, pro redemptione animarum nostrarum, & parentum totius nostri generis, videlicet locum quemdam propè Salsetum supra ripam fluminis Lezis, ad struendum inibi Monasterium cum Cimæterio. Hanc tamen donationem (tali tenore & pacto facimus) ut nullæ fiant in prædicto loco, nec in omnibus ad prædictum locum pertinentibus, munitiones, seu forcia, nec villa, nec publicum mercatum, neque fiat ibi habitatio aliquorum hominum, nisi tantum Monachorum ibidem Deo famulantium: & propria ipsorum familiæ. Negotiatores verò, causâ negotii nec merces eorum ibi nullo modo recipiantur, nec fiat ibi aliquid quod Lesdæ Domini vel Dominæ Montispessulani, vel utilitas hominum Montispessulani in aliquo minuantur. Receptio quoque seu defensio vel refugium servorum, ancillarum, libertorum seu libertarum, Dominos seu patronos fugientium; vel alicujus seu aliquorum hominum vel fœminarum fugitivorum, captorum, condemnatorum, quolibet modo subtrahentium se à justitiâ, vel Curiâ seu potestate Domini, vel Dominæ Montispessulani, tam præsentium quam futurorum, in præsenti loco vel ejus appendiciis nullo modo fiat. Præterea, non liceat Monachis Cluniacensibus præsentibus nec futuris, honores vel possessiones ad Dominium vel jus Domini Montispessulani præsentium vel futurorum, vel ad Dominium suorum pertinentes, emere vel donare, vel permutare, vel ullo modo acquirere, vel retinere, nisi legitimo consensu, & voluntate mei ipsius Guillelmi prædicti, vel successorum meorum, qui fuerit Dominus vel Domina Montispessulani. Si verò occasione hujus donationis Episcopus Magalonensis vel ejusdem loci Canonici, vel aliqua aliâ persona, molestiam sive aliquam inquietudinem mihi prædicto Guillelmo vel successoribus meis, vel ex hominibus Montispessulani quolibet modo vel quacumque machinatione intulerint, tu Petre Abbas Cluniacensis & successores tui, & Cluniacense Capitulum eritis tam mihi quam successoribus meis fideles adjutores, & intercessores apud Sanctam Romanam Ecclesiam, donec prædicta molestia seu inquietudo penitùs conquiescat, & pax pristina nobis restituatur.. Et ego prædictus Petrus Dei gratiâ Cluniacensis Monasterii Abbas prædicti loci, donationem cum prædicto tenore de pactionibus ad honorem Dei omnipotentis, & beatorum Petri & Pauli & Monasterii Cluniacensis, & Monachorum tam præsentium quam futurorum suscipimus, & nos & Cluniacense Capitulum promittimus per stipulationem tibi Guillelmo Montispessulani Domino, Ermensendis filio, & successoribus tuis, & hominibus Montispessulani, quod in prædicto Monasterio vel ejus appendiciis non fiant munitiones, &c. En répetant mot à mot les conditions de la donation ci-dessus exprimées.

Il paroît que cette fondation ne tarda point d'être executée, puisqu'en 1163. il fallut que le Concile de Tours tenu sous le Pape Alexandre III. prononçat sur les differens qui survinrent entre les Moines de Cluny près de Sauret, & le Chapitre de Maguelone.

Balusii Miscellanea Tom. 7. Pag. 87.

La charte que nous en avons est adressée à *Jean* Evêque de Maguelone, & à son Chapitre, à Etienne Abbé de Cluny, & à tous ceux du Couvent près de Sauret. Elle porte:

„ Que sur les controverses agitées entr'eux, il est décidé que les Moines de
„ Cluny ne recevront pas les excommuniez du Diocése de Maguelone, ni ceux
„ qui auront été interdits.

„ Qu'ils ne donneront point la pénitence dans la Ville de Montpellier, ni autres lieux du Diocése de Maguelone.

„ Qu'ils n'iront point aux malades sans être apellez.

„ Que si les malades choisissent leur sepulture chez eux, ils auront la faculté
„ de la leur donner.

„ Que les Chanoines agiront humainement avec eux, lorsqu'ils iront accom-
„ pagner des corps à Maguelone ; mais qu'alors ils payeront aux Chanoines le
„ tiers de ce que les malades leur auront donné, à moins que le mort avant mou-

II. PARTIE. LIVRE NEUVIÉME.

rir n'eût pris chez eux l'habit de Convers, ou que l'Eglife de Maguelone n'eût " aucun droit fur eux. "

Si le mort legue une partie aux Moines, & l'autre partie aux Chanoines, " les Chanoines auront l'option. „

Les Moines ne chanteront point les Meffes des Époufailles, & ne recevront " point à la penitence les Paroiffiens de Maguelone, qui, dans les grandes fefti- " vitez, voudroient fe fouftraire à leur Eglife. "

Ils ne prendront point les dîmes apartenantes à l'Eglife de Maguelone ; mais " ils les lui payeront de toutes les terres qu'ils poffedent dans ce Diocéfe, & qu'ils " pourront acquerir à l'avenir, excepté de tout ce qu'ils ont actuellement autour " de leur Monaftére jufqu'à la riviere. *Sine interpofitione fluminis*. "

Que s'ils venoient à bâtir un Village *Villam* autour de leur Monaftére, l'E- " glife de Maguelone y auroit le droit de Paroiffe, & les Moines le droit de choi- " fir un Prêtre, & de le préfenter à l'Evêque. "

Ce Préfenté recevra des mains de l'Evêque la cure des ames, à moins qu'u- " ne caufe évidente & raifonnable ne s'y opofe. "

Il ne fera point permis aux Moines de Cluny d'être au-delà de deux Moines " dans ce Prieuré, ni d'y établir un Abbé, ou de bâtir une autre Eglife dans ce " Diocéfe, fans le confentement de l'Evêque & du Chapitre. "

Ils obtinrent peu de tems après la permiffion de bâtir à l'extrêmité de leur terrain, & tout joignant le chemin de Caftelnau, un Oratoire ou Chapelle à l'honneur de *St. Maur* qui fervit de rétraite aux Peres Trinitaires lorfqu'ils vinrent s'établir à Montpellier en 1218.

Nous aprenons cette circonftance des Annales de l'Ordre de la Ste. Trinité. *Ipfum autem facellum, five Oratorium Sti. Mauri (vulgò St. Mos) pertinebat ad Monachos Sti. Benedicti qui Patribus Trinitariis illud donaverunt.*

Ad annum 1218. §. 3.

On peut inferer auffi des mêmes annales, que le Monaftere de *Sauret* ceffa d'être habité par les Moines de Cluny ; vers l'an 1367. lorfque le Pape Urbain V. eut fait bâtir pour eux dans Montpellier le grand & beau Monaftere de St. Germain : il les engagea pour lors à céder aux Trinitaires leurs droits, & dépendances de cette Chapelle de St. Maur, dont ils joüiffent encore. *Donaverunt cum omnibus juribus & appendicibus hujus facelli ad inftantiam Urbani Papæ V. qui intuitu hujus donationis, eis ædificari fecit apud Montempeffulanum, Templum Sancti Germani cum ingenti Clauftro, quod hodie eft Cathedrale ejufdem Urbis fub titulo Sti. Petri.*

L'Auteur de ces annales nommé *Barthelemi Baro*, les fit imprimer à Rome l'an 1684. c'eft-à dire long-tems après l'érection de St. Germain en Eglife Cathédrale.

CHAPITRE SECOND.

LES RELIGIEUX DE GRAMMONT.

CEt Ordre qui avoit été fondé dans le onziéme fiécle par Etienne fils d'un autre Etienne Comte de *Thiers*, fut établi au voifinage de Montpellier dans le fiécle fuivant, comme il paroît évidemment par l'Acte de donation que Guillaume *fils de Mathilde* fit à ce Monaftére dans le mois de Juillet 1190. il y parle de ces Réligieux comme déja établis dans la Paroiffe de *Montauberon*, tout joignant Montpellier. *Videns (dit-il) & cognofcens expenfas plurimas, quas dicta domus Grandis-montis de monte Arbedone fecit, & quotidie facit, in ædificiis & variis modis, & quòd dicta domus non habeat proprias facultates undè fibi & fratribus providere valeat.* Il leur donne dans la Ville de Montpellier le four dit du *Peirou*, ou *del Coftel*, fur lequel il fe referve le droit de faire cuire tout le pain néceffaire à fon Château de Montpellier : *cocto tamen in ipfo furno toto pane Caftelli mei Montifpeffulani, & facto fervitio iftius Caftelli in ifto furno, de iis quæ ad convivium Caftelli pertinent.*

Pierre Roy d'Arragon, & Marie de Montpellier son épouse, confirmerent cette donation par Acte du mois de Janvier 1204., que nous comptons 1205. où il est à observer qu'ils font la même reserve, & dans les mêmes termes qu'avoit employé Guillaume *fils de Mathilde* pere de la Reine.

Ce four étoit alors où est aujourd'hui l'Eglise des Peres Carmes, dont l'Isle est encore apellée *l'Isle du four du Castel*. On a changé depuis ce four dans le voisinage, pour faire place à l'Eglise des Carmes, qui tient toute la longueur de cette Isle.

Par les deux Actes dont j'ai parlé, nous aprenons le nom de deux Réligieux de Grammont qui reçûrent au nom de leur maison, la donation qui leur fut faite : *hoc donum & laudationem* (est-il dit) dans la donation de Guillaume fils de Mathilde, *recepit Joannes de Charrot à Domino Guillelmo Montispessulani nomine domus Grandis-montis; in viridario quod est juxta Ecclesiam Castelli. VI. kal. Augusti in præsentiâ Petri de Conchis, Petri Trepassen & aliorum multorum*; & dans la confirmation du Roy Pierre d'Arragon, *Bertrand Barach* est nommé comme Procureur de la maison de Grammont.

Annales de l'Ordre par F. Malede.

Cette maison fut gouvernée jusqu'en 1317. par des Superieurs appellés *Correcteurs* ou *Curieux*, comme nous l'aprenons de la Bulle du Pape Jean XXII. donnée à Avignon le xv. des kal. de Decembre, dans la 2me. année de son Pontificat, par laquelle il érigea en Abbaye, le Monastére de Grammont en Limousin, qui étoit le chef-lieu de l'Ordre; il suprima les Superieurs appellés *Correctores seu Curiosos omnium domorum seu cellarum*, & reduisit tous les Prieurés de l'Ordre au nombre de trente-neuf, ausquels il unit plusieurs des autres Monastéres.

1 *Du Sauvage.*
2 *Du Polvou.*
3 *De Montezergue.*

Celui de *Montauberon* fut conservé par le Pape Jean XXII. avec union des trois autres, qui sont exprimés en ces termes. *Prioratui Demonteherbone Magalonensis Diœcesis, domos de salvatico*[1] *ruthenensis Diœcesis de pelvoso*[2] *caturcensis, de montibus*[3] *evanicis Avenionensis Diœcesis, in quo sunt septemdecim fratres.*

Cette augmentation de revenus rendit plus considerable le Monastére de Montauberon, qui se soûtint dans le xiv. siécle; mais dans le suivant, il commença de décheoir, comme il resulte de l'acte d'infeodation du moulin *del Roc*, que les Religieux firent le 22. Janvier 1518. *à Noble Pierre de Gaudette* ; où ils disent " que „ ce moulin qui étoit de leur ancien patrimoine avoit été ruiné depuis plus de cent , ans, & qu'ils avoient toûjours été, comme ils le sont encore, dans l'impossibilité „ de le rétablir : *præ nimiâ paupertate, quâ dictum Monasterium propter guerras & gentes, armorum tempestates, & raritatem fructuum, ac etiam persecutionem diversorum processuum in diversis curiis motorum, & solutionem diversarum decimarum Papalium, suit detentum & oppressum.*

Ce qui prouve encore la décadence de cette maison, & le petit nombre de Religieux qu'il y avoit en 1518. c'est que dans le dénombrement des Religieux capitulairement assemblés pour faire cette inféodation, il n'en est nommé que quatre, y compris le Prieur.

Parmi les raisons qu'ils aportent de la préference qu'avoit eu *noble Pierre de Gaudette*, ils disent qu'après plusieurs proclamations & perquisitions, il avoit fait la condition meilleure, à cause de la commodité quil auroit d'y veiller, ayant déja à lui le moulin voisin.

Depuis ce tems jusqu'aux premiers troubles de la Religion en 1562. je n'ay trouvé aucun mémoire sur cette maison, qui déperit entierement par le séjour des troupes que les Catholiques & les Huguenots y amenoient pendant les guerres de ce tems-là.

Messire *Antoine de Subjet* Evêque de Montpellier demanda ce Prieuré en commande en 1580. quelques autres lui succederent dans cette même qualité ; & l'on voit que Me. *Jean de Trinquere* en fut pourvû par brevet du 28. Juin 1657, le Sr. *Estival* en obtin un autre du 17. Août 1668. enfin le Roy Loüis XIV. unit & incorpora ce Prieuré au Seminaire de Montpellier, par un brevet du 8. Juillet 1701. sous la reserve, que Sa Majesté nommeroit à perpétuité un jeune homme capable pour être reçû & entretenu gratuitement dans le Seminaire.

Ce Prieuré, qui est situé sur un monticule au midi de Montpellier, se trouve

II. PARTIE. LIVRE NEUVIEME.

au milieu d'un bois de quatre cens féterées nobles ; son Eglise s'est conservée par la solidité de son bâtiment : mais l'ancien Cloître a été démoli, & il sert de demeure aux Metayers de ce Benefice.

CHAPITRE TROISIEME.

LES TRINITAIRES.

APrès les Religieux de Cluny & de Grammont fondés à Montpellier dans le tems de nos Guillaumes, je n'en trouve pas de plus anciens que les Trinitaires, à en juger par la Bulle d'*Honoré III.* que j'ay citée dans la vie de *Bernard de Mezoa* adressée aux Consuls & à la Communauté de Montpellier : *Pro dilectis filiis, Ministro & Fratribus Stæ. Trinitatis Captivorum Montispessulani, universitatem vestram rogamus, monemus, & exhortamur attentè, quatenùs ipsos & domum suam habentes propensiùs commendatos, jure eorum manutenere, ac defendere procuretis. Datum Laterani 8. id April. Pont. an. 1.*

Page 54.

On voit par cette Bulle, qu'ils avoient déja une maison à Montpellier, *domum suam*; ce qui est d'autant plus vraisemblable, que leur Ordre avoit déja été aprouvé par Innocent III. depuis le 2. Fevrier 1199.

Il paroît par tous nos vieux titres, que leur Couvent étoit hors la Ville dans le tenement de St. Maur, sur le grand chemin de Castelnau, hors la porte du Pile St. Gilles, comme disent les annales de leur Ordre : *Conventus PP. Trinitariorum Sti. Mauri cum suo etiam Cœmeterio extructus fuit, extra urbis mœnia, in suburbio portæ quæ ducit ad sanctum egidium viâ regiâ.*

Ad annum 1218. §. 3.

En 1225. ils transferent avec le Prieur de St. Denis, dans la Paroisse duquel ils étoient situés ; & il étoit dans l'acte, qu'ils ne pourront avoir qu'un Oratoire contigu à leur maison, & desservi par un Religieux du même Ordre : comme aussi qu'ils payeront à l'Eglise de Maguelone la dîme de tout les fruits des prairies, & vignes, que la maison de la Trinité avec *son Hôpital*, possédent & possedront à l'avenir dans la dîmerie de la Paroisse.

Annales Ordinis pag. 128. ad annum 1226.

Je m'arrête un moment à ces mots, *avec son Hôpital*, pour faire observer que selon le premier esprit de leur Régle, on faisoit trois portions des biens de leurs maisons, dont l'une étoit pour l'entretien de l'Hôpital, l'autre pour celui des Religieux, & l'autre pour le rachapt des Captifs : de là vient que leurs annales, en parlant de leur maison de Montpellier, font mention de l'Hôpital en ces termes : *Primus Conventus quem patres in illâ urbe habuerunt, cum annexo Zenodochio & Cœmeterio, sub titulo Sti. Mauri fuit extructus ad annum 1218.*

Leurs annales font encore mention d'un échange que fit *Nicolas leur Ministre* en 1279. avec Berenger *de Fredol* Evêque de Maguelone, de quelques piéces de terre qu'ils avoient loin de leur maison, contre quelques autres qui leur étoient contiguës, & qui apartenoient à l'Evêque. Leur maison y est désignée hors de la Ville, *cum Nicolao Ministro Sanctæ Trinitatis propè villam Montispessulani.*

Ibidem.

J'ay déja dit dans l'article des Moines de Cluny, que le Pape *Urbain V.* en apellant les Religieux de St. Benoît dans le Monastére de St. Germain de Montpellier, éxigea d'eux qu'ils cedassent aux Peres Trinitaires ce qu'ils avoient dans le reste du tenement de *St. Maur*; & véritablement ils y possedent encore un fond considerable, qui en conserve le nom, & qui est de l'autre côté de l'ancien clos des Augustins, le grand chemin entre deux.

Ces Religieux, après y avoir resté pendant près de 350. ans, en furent chassez en l'année 1562. qui fut si funeste à toutes les autres Maisons Religieuses de Montpellier : leurs annales marquent qu'ils perdirent vingt Religieux dans cette occasion, *denique viginti ipsorum ab hæreticis Hugonotis crudeliter occisi sunt.*

Enfin après le siége de Montpellier, Mr. *de Fenoüillet* qui en étoit Evêque, ayant invité à revenir dans cette Ville tous les Religieux qui y étoient établis avant les

Aaaa

troubles, les Peres Trinitaires furent les premiers à suivre la voix de leur Pasteur, qui leur fit donner l'emplacement de l'ancienne Eglise de *St. Paul* par *Mr. de Clavet*, à qui la collation en apartenoit comme Prévôt de St. Pierre, & par *Mr. Pouderoux* qui en étoit Prieur titulaire. Ils en prirent possession en 1623. sous le Consulat de Mr. le Baron de Castries, & ils ont déja près des trois quarts de leur Cloître achevez, un logement fort honête, & leur Eglise voûtée en ogive, avec ses Chapelles de même, sur les deux aîles.

CHAPITRE QUATRIÈME.

LES FRERES MINEURS CONVENTUELS.

LE Couvent des Freres Mineurs de Montpellier, est une des plus anciennes fondations de l'Ordre, puisqu'il fut commencé du vivant de St. François.

Vading. ad an. 1214.
On raporte même que ce Saint revenant du voyage qu'il fit en Espagne l'an 1213. en passant par Montpellier, où il logea dans un Hôpital bâti près la porte de Lates, dit par un esprit prophétique, que ses Freres seroient un jour établis tout joignant cet Hôpital où il avoit été reçû.

La chose arriva sept années après, lorsque *Jacques I.* Roy d'Arragon commença en l'année 1220. le magnifique Couvent que les Religieux de St. François eurent à la porte de Lates, & qui ne put être achevé qu'en 1230.

Idem. Eodem anno. n. 53.
Durant cet intervale St. *Antoine de Padoüe*, qui fut envoyé en France pour l'établissement des Maisons de son Ordre, vint à celle de Montpellier, où il expliqua quelque tems les saintes Lettres, ce qui ne contribua pas peu à donner une grande réputation à ce Couvent.

Le Roy *Jacques*, qui fut magnifique dans tous ses établissemens, fit de grandes dépenses pour celui-ci. L'Histoire de l'Ordre, écrite par *François Gonsagua*, marque *Idem. pag. 819.* que ce Couvent donna un nouveau lustre à la Ville de Montpellier, tant par l'étenduë, que par la beauté de son bâtiment: *Mirabilis structura Conventus urbem omnino celebrem reddebat, propter ingentem ejus molem atque venustatem.*

Ibidem.
Il fut assez grand pour contenir tous les Vocaux de l'Ordre, qui en 1287. y tinrent le Chapitre Général, dans lequel *Mathieu de Aquasparsa* fut élû Ministre Général de l'Ordre de St. François, & créé deux ans après Cardinal par Nicolas IV.

En 1296.
Neuf années ensuite les Religieux de ce Monastère eurent le bonheur d'y recevoir *St. Loüis* depuis Evêque de Toulouse, & petit neveu du Roy St. Loüis, qui étant sorti de sa Prison de Barcelonne (où le Roy d'Arragon l'avoit retenu en ôtage pour la liberté de son Pere) vint à Montpellier, où il voulut accomplir le vœu qu'il avoit fait de quitter le monde, & de prendre l'habit de St. François ; mais les Religieux de ce Couvent n'osant le lui donner, par la crainte de déplaire au ** Charles le Boiteux Roy de Naples.* Roy son Pere * qui étoit présent, le Saint se contenta de réiterer solemnellement son vœu, qu'il accomplit ensuite à Rome, sous le Pontificat de Boniface VIII. Il fut déclaré Evêque de Toulouse le jour même de sa profession ; & étant venu prendre possession de son Evêché, il donna de grandes marques de son affection au Couvent de Montpellier.

Les Religieux s'y rendirent célèbres par leur Doctrine, & par leur piété, de sorte qu'ils eurent bonne part dans le siécle suivant, aux faveurs que le Pape Urbain V. fit aux gens de Lettres dans la Ville de Montpellier. Ils donnerent au Diocése & à l'Université de bons Prédicateurs, & de sçavans Theologiens, comme nous le verrons dans l'article de l'Université de cette Ville ; mais le relâchement qui étoit devenu presque général dans le Royaume vers le regne de François I. obligea ce grand Prince de faire sortir du Couvent de Montpellier les Conventuels qui y avoient été jusqu'alors, & d'y mettre à leur place les Religieux de l'Observance, qui y sont depuis. La chose se fit de l'autorité du Roy, & du Pape Clement VII. *Page 193. Reg. Pontific.* dont *Vadingue* raporte la Bulle donnée pour cet effet l'an 1525. On y voit que les Peres *Jean Morlin* & *Alexandre Rosset* furent chargez de cette commission, &

II. PARTIE, LIVRE NEUVIEME.

que l'affaire avança beaucoup par les inſtances de la Ducheſſe *d'Angouleſme* Regente du Royaume, ſous François I. & de la Ducheſſe d'Alençon ſœur du Roy.

Avant ce changement, il ſe paſſa dans le Couvent des Freres Mineurs, pluſieurs faits remarquables pour notre Hiſtoire.

En 1292. l'Echange de Montpellieret entre le Roy Philippe le Bel & *Berenger de Fredol* Evêque de Maguelone, fut notifiée au Peuple de Montpellier aſſemblé dans le Couvent des Freres Mineurs.

Tom. 1. de cette Hiſtoire liv. 6. chap. 2.

En 1358. & le jour de St. Michel (comme porte nôtre Talamus) *Iſabelle* de Mayorque fille de Jacques III. allant épouſer le Marquis de Montferrat, paſſa à Montpellier, où elle s'arrêta trois jours, & fut aux Freres Mineurs faire chanter une grand Meſſe pour ſa mere qui y étoit enterrée, & enſuite elle alla aux Freres Prêcheurs en faire chanter un autre pour *Ferdinand* ſon frere qui y étoit enſeveli.

En 1346. Marie fille de Charles le Boiteux Roy de Naples & veuve de *Sanche* Roy de Mayorque, étant venuë à Montpellier y mourut cette même année, & ſon corps mis dans une bierre de plomb fut enſeveli au Couvent des Freres Mineurs, où on lui éleva un fort beau Mauſolée. Il eſt marqué *Jacques de Manhania* chargé comme Bailly de la Ville, & chargé de faire la levée des droits du Roy de Mayorque Seigneur de Montpellier, rendit ſon compte, & fit voir qu'il avoit employé juſqu'à ſoixante-quatre livres quatorze ſols pour tous les frais de l'enterrement de la Reine.

Petit Talamus ad an. 1346.

En 1366. Urbain V. fit préſent à l'Egliſe des Freres Mineurs du Bras droit de St. Loüis de Marſeille, dans une Chaſſe d'argent, qui y fut aportée par Pierre d'Arragon Frere Mineur, neveu de ce Saint, & oncle du Roy d'Arragon.

Nôtre Talamus marque qu'en 1372. la cloche des Freres Mineurs ayant été bénite & montée ſur le clocher, le Gouverneur de la Ville, *Legier Dorgier* qui en fut Parrain, lui donna le nom de *Claire.*

En 1379. La fameuſe Sentence du Duc d'Anjou contre les Habitans de Montpellier, fut expediée dans le Chapitre des Freres Mineurs : *In ſtatione Fratrum Minorum quæ vulgariter Capitulum nuncupatur.*

Le même Talamus marque que le Roy de Navarre dépoüillé de la Seigneurie de Montpellier paſſant par cette Ville en 1341. ne voulut point y entrer, mais qu'il prit ſon logement dans le Couvent des Freres Mineurs.

Enfin, en 1391. le Chapitre Général de l'Ordre fut tenu dans ce même Couvent. On peut regarder comme une continuation de l'Hiſtoire des Freres Conventuels ce que je dirai des Freres de l'Obſervance dans le Chapitre IX. ci-après.

CHAPITRE CINQUIEME.

LES FRERES PRECHEURS.

UN excellent manuſcrit que nous avons de 1625. écrit par feu Mr. *Vignes* grand pere du dernier Procureur General de ce nom, parle dans ces termes de l'ancien Couvent des Freres Prêcheurs.

„ Le Couvent des Freres Prêcheurs, apellez vulgairement *Preſicadous* au chemin de *Celleneuve*, étoit un édifice excellent & capable de loger un Roy, & „ l'Egliſe grande & très-bien bâtie, avec ſon clos de grande étenduë, & belle „ fontaine en forme de griffon dans les Cloîtres, qui traverſoit tous les offices „ dudit Couvent, où étoit cette fontaine, la même qui ſe voit à préſent au jardin de *Burgues*, qui par des grands aqueducs bien bâtis & voûtez (dont partie demeure encore) étoit conduit dans ledit Couvent, l'enceinte duquel, y „ compris le clos, étoit eſtimée auſſi grande que la vieille enceinte de Peſenas, „ & maintenant ſont tous champs labourables „

Celui qui parloit de la ſorte en 1625. & dans un âge fort avancé, pouvoit avoir vû lui même 63. ans auparavant le Couvent dont il nous donne la description.

Annales Ordinis Prædicatorum. par Thomas Malvenda pag. 322.
On ne sçait par aucun acte positif l'année de sa fondation, quoique les Auteurs de l'Ordre la comptent en 1220. c'est-à-dire du vivant de St. Dominique que leur Fondateur, & dans la quatrième année de la confirmation de son Ordre par Honoré III. La chose paroît très-probable, parce que notre Talamus marque positivement que *Bernard de Mesoa* Evêque de Maguelone fit la Consecration de leur Eglise en 1225.

J'ai ouï dire vaguement que ce Couvent étoit de fondation Royale ; mais on ne voit pas quel est le Roy qui peut en être le Fondateur ; car le jeune Roy d'Arragon Seigneur de Montpellier n'avoit alors que douze ans, & il étoit d'ailleurs bien traversé dans les Etats d'Espagne. Il est vrai que Charles VIII. Roy de France, donnant aux Freres Prêcheurs de Montpellier des Lettres d'amortissement de leur prairies de Lates en 1487. s'exprime en ces termes : *Considerant que icelle Eglise & Couvent est, comme l'on dit, la premiere fondée dudit Ordre par Monsieur Saint Dominique en notre Royaume, &c.* d'où l'on peut inferer que ceux qui lui exposerent que le Couvent de Montpellier étoit le premier de cet Ordre dans son Royaume, lui auroient bien représenté qu'il eut été fondé par les Rois ses prédecesseurs dans le Royaume de France, ou dans la Seigneurie de Montpellier, si on avoit crû la chose en ce tems-là. Mais ce doute est encore fortifié par ce que dit *Humbert* Historien de l'Ordre, d'un Bourgeois de Montpellier, qui étant à l'extrêmité de sa vie, vit dans son jardin situé hors des murailles de la Ville, une Procession de gens habillez de blanc, & dit hautement à ceux qui étoient présens, qu'ils se gardassent bien de les en chasser, après quoi, dit Humbert, les Freres Prêcheurs occuperent ce jardin : *Post mortem autem ejus, Fratres Prædicatores illum locum habitaverunt* ; ce qui peut marquer une donation faite par le malade ou reputée telle par ses heritiers.

Page 322. col. 2. apud Malvendam.

Quoiqu'il en soit, il est certain que ce Monastere fut en état de recevoir dans le treiziéme siécle tous les Vocaux de cinq Chapitres generaux, qui furent tenus, comme nous l'aprenons des Annales du *Pere Martena*.

Tome 4.
Page 1692. Celui de 1247. marque dans le troisiéme article la conduite que les Religieux doivent tenir après la déposition de l'Empereur Federic par le Pape.

page 1740. Dans celui de 1265. on défend par l'article huitiéme des Reglemens qui furent faits, de recevoir des Novices avant l'âge de quinze ans.

Page 1759. Le Chapitre Général tenu à Montpellier en 1271. ordonne dans le quatorziéme article des prieres pour l'élection du Pape, & pour l'ame du Roy St. Loüis, qui étoit mort le lendemain de la St. Barthelemy.

Page 1810. A la fin des Statuts qui furent faits dans le Chapitre Général tenu à Montpellier en 1283. il y a une note que dans l'année suivante 1284. il n'y eut point de Chapitre Général, parce que le Maître Général de l'Ordre *Jean de Verceil* étoit mort cette année à Montpellier, *in Conventu Montispessulani*, après avoir gouverné son Ordre dix-neuf ans & demy.

Un Chapitre Général tenu à Lisle en 1293. dit *sequens Capitulum assignamus apud Montempessulanum in Provincia*.

Page 1856. Par ce Chapitre Général tenu à Montpellier en 1294. on voit que les Freres Prêcheurs ne mangeoient point de viande, puisqu'il leur est défendu d'en manger chez les Princes & les Prélats qui les inviteroient à leur table. Dans le seiziéme article, on y ordonne des Prieres pour le Cardinal *Chaulet*, pour le Cardinal *Imbert* & pour le Cardinal *Jordan*. Dans le dix-sept on dépose leur Provincial d'Espagne, parce qu'il avoit permis à deux de ses Réligieux d'accepter les Evêchez de *Valence & d'Urgel*.

Page 1950. La disposition du Chapitre Général tenu à Besançon en 1303. est remarquable pour Montpellier. *Volumus* (est-t'il dit dans l'article vingt-sept) *& Ordinamus quod Studia generalia remaneant in Conventibus Bononiensi, Coloniensi, Barchinonensi & Montispessulani*.

Page 1960. Enfin dans le Chapitre Général tenu à Montpellier en 1316. on fit des Réglemens remarquables pour l'établissement des Etudes dans chaque Province.

On

II. PARTIE. LIVRE NEUVIÉME.

On compte pour le premier Prieur de Montpellier *Frere Raymond de Falgario*, compagnon de St. Dominique & puis Evêque de Touloufe, où il tira les Freres Prêcheurs de la petite Eglife de *St. Rome* pour les mettre dans le quartier où ils font aujourd'hui beaucoup plus au large qu'ils n'étoient auparavant. Son Tombeau qu'on y voit encore fait mention de fa charge de Prieur à Montpellier; *Monfpeffulanus ipfum de Fratre Priorat*.

Il donna une groffe fomme pour la conftruction de la nouvelle Eglife des Freres Prêcheurs de Touloufe, qui ne fut bâtie qu'après celle de Montpellier : ce qui a voir donné occafion à l'expofé qui fut fait à Charles VIII. quoique d'ailleurs il foit très-conftant que les Jacobins furent établis à Touloufe plûtôt qu'à Montpellier.

Le Couvent de Touloufe a été toûjours regardé comme le premier de fa Province, & celui de Montpellier a confervé ce rang dans la Province de Provence jufqu'à la derniére réforme qui y fut introduite dans le dernier fiécle.

Le nombre des Religieux de l'ancien Monaftére de Montpellier fut fi confiderable, qu'on voit dans les Actes d'un de leurs Chapitres généraux, confervez dans le Couvent de Carcaffonne, qu'on affigna au Couvent de Montpellier vingt-quatre Freres Convers de differentes Nations, comme *Allemans, Italiens, Efpagnols, Polonois, & François*, pour y aprendre la Pharmacie ; d'où l'on peut juger du nombre des autres Religieux.

Mff. du P. Gennes.

Cependant le crédit que l'Ordre s'étoit attiré par la protection des Papes, excita la jaloufie des Evêques, & donna lieu au Canon du Concile Général de Vienne : *nimis iniqua de exceffibus Prælatorum*. Mais à Montpellier ils n'eurent pas befoin de recourir aux difpofitions de ce Concile, parce que *Berenger de Fredol* Evêque de Maguelone y avoit déja pourvû dès l'année 1263. en tranfigeant avec Frere *Guiraud* leur Prieur, à qui il rélâcha tous les droits utiles, ne fe refervant qu'une rédevance de quelques *Marabotins*, & l'affiftance de deux de fes Religieux aux Proceffions de St. Firmin.

Il eft fait mention de ce Couvent dans les Lettres d'amniftie que le Roy Jacques I. donna en 1258. aux Habitans de Montpellier; car il eft dit qu'il affembla le Peuple au-devant de la Maifon des Freres Prêcheurs : *actum in plano quod eft juxta Domum Fratrum Prædicatorum de Montepeffulano, ubi populus ad mandatum Domini Regis ad publicum convenerat Parlamentum*.

Le Roy Jean en 1350. voulut y prendre fon logement lorfqu'il vint voir la nouvelle acquifition que le Roy Philippe de Valois fon pere avoit fait de toute la Ville de Montpellier. On dit à ce fujet, & la tradition en eft conftante, que le Roy avec fa Maifon fut logé dans ce Couvent, fans que les Religieux quittaffent leur Cellule.

Le Pape *Urbain V*. étant venu à Montpellier en 1367. tint Chapelle dans leur Eglife le jour de la Chandeleur, & dix ans après on y aporta la Relique de St. Thomas d'Acquin de la maniére que je l'ai décrit dans le corps de cette Hiftoire; ce qui donna occafion à l'établiffement d'un Sermon le jour de fa Fête, où l'Univerfité étoit tenüe de fe trouver : *In Fefto Sancti Thomæ de Aquino Sermo ad Prædicatores*, dit l'ancien Kalendrier.

En 1418. le Roy Charles de Navarre paffant par Montpellier, & ne voulant point entrer dans la Ville, logea aux Freres Prêcheurs, où il arriva le 3. Septembre & en partit le 5.

Nous trouvons dans le Livre du Recteur, que l'Univerfité y tenoit fouvent fes Affemblées avant la conftruction de la Tour *de Ste. Eulalie*. Un Statut fait en 1413. à l'occafion de la pefte qui ravagea toute l'Europe, établit une Proceffion folemnelle le jour de St. Sebaftien, où les Freres Prêcheurs, chez qui on s'étoit affemblé, s'obligerent à un Sermon *ad Clerum*, qui feroit fait par leur Prieur, ou par un de leurs Docteurs en Théologie.

Par un autre Statut on indique leur Couvent pour les Affemblées publiques, & leur Sacriftie pour y garder *la Capfe* de l'Univerfité, fi le Recteur le juge à propos. On veut encore que tous les Dimanches dépuis la St. Luc jufqu'à Pâques, les Membres de l'Univerfité s'y affemblent, pour affifter à la Meffe & au Sermon, fous peine pour le Recteur d'être pointé *cinq fols*, les Docteurs *deux fols*, & les Bacheliers *douze deniers*.

B b b b

Mais les Statuts pour deux autres Messes qui devoient être dites chez eux sont plus remarquables : l'une pour le lendemain de la St. Luc, où l'on disoit une grande Messe pour les morts de l'Université, *In quâ debent portare Domini Rector, Episcopi, nobiles, si sint Doctores, Licentiati intorstitia, in elevatione Corporis Christi, in eâdem Missâ, & eas tenere usque in finem communionis & similiter omnes studentes debent ire ad offertorium post Evangelium cum uno pane, &c.* ... L'autre est pour l'Octave de l'Epiphanie, où tous les Membres de l'Université se rendoient aux Freres Prêcheurs pour le même sujet. Il est marqué qu'il y aura dix torches pour servir à l'élevation, un drap d'or *unus pannus aureus*, & cinquante sols de monnoye courante, pour servir à la pitance des Frères Prêcheurs.

Ils nous donnerent souvent des Prédicateurs dans les occasions extraordinaires, comme on a pû le rémarquer dans le cours de cette Histoire ; mais celui dont la mémoire s'est mieux conservée parmi nous, est *St. Vincent Ferrier*, qui durant l'Avent de 1408. prêcha neuf Sermons dans le Cimétiere de leur Couvent. Je ne repete point ce que j'en ai déja dit, non plus que ce qui regarde le Pere Inquisiteur qu'ils eurent à Montpellier.

Tous ces avantages leur donnerent beaucoup de credit dans la Ville ; mais ils produisirent enfin un si grand rélâchement, qu'il fallut que leur Général *Maître Vincent de Châteauneuf*, vînt en personne à Montpellier pour y mettre ordre. Nos annales marquent qu'il y arriva l'an 1503. étant Consuls nobles & honorables hommes, Sires, Jacques *Buccelli*, Pierre de *Leuse*, Loüis *Pance*, Jean *Senilhac*, Antoine *Magat*, & Antoine *Blaquiere*, lesquels avec plusieurs Bourgeois & autres gens de bien de la Ville, firent au Maître Général grand honneur & reverance telle que lui apartenoit...Et icelui Révérend Maître Général bien & duëment informé de ce que dit est... réforma ledit Couvent des Freres Prêcheurs bien & honnêtement, selon la Régle de Mr. St. Dominique, & y mit des Freres Réformés en bonne quantité, tellement que là où il y avoit dix ou douze Freres qui avoient encore peine à vivre ... d'apresent il y en a bien cinquante qui vivent bien & opulement. Il paroît par le détail du reste de cet acte, que les Religieux régardoient leurs places comme des Prebendes, ayant chacun son apartement, & son jardin ; car il y est dit que, *ledit Pere Général en l'aide de la Ville, & autres Habitans d'icelle, fit faire & reparer les chambres du Dormitoire, & fit en façon que chacun dort seul en sa chambre, là où auparavant ils dormoient en belles chambres, ayant chacun son jardin ; & de cinq ou six jardins, ledit Pere Général, en l'aide & secours desdits Seigneurs Consuls, n'en fit faire qu'un jardin commun & général, pour tous lesdits Freres.*

Les autres chefs de réforme furent, d'ouvrir la grande & belle porte du Couvent qu'on tenoit fermée, & de fermer une petite porte qu'on avoit ouvert du côté de l'abreuvoir ; de mettre une cloche à la grande porte, afin que personne ne pût entrer ni sortir sans qu'on le sçût, de faire un chœur fermé dans l'Eglise afin que de la nef *nul ne pût voir lesdits Freres entrer, saillir, & chanter*.

Cette réforme subsista jusqu'en 1562. où ce magnifique Couvent fut entierement détruit. Les Réligieux ne pûrent jamais plus s'y rétablir ; mais étant venus à Montpellier dans les intervales paisibles que les Huguenots laissoient quelquefois aux Catholiques, ils se logerent dans la maison du *Vestiaire*, qui servit de refuge à plusieurs Communautés lorsqu'elles révinrent en cette Ville. Ils y resterent jusqu'en 1617. où Mr. *Loüis de Claret*. Conseiller-Clerc au Parlement, & Prévôt de l'Eglise Cathédrale de Montpellier, leur fit donation du sol de l'Eglise de St. Mathieu dont il étoit Prieur. Ils s'y logerent avec le secours des aumônes que les Catholiques leur firent : mais lorsqu'on commença à Montpellier de se préparer au siege, ils furent chassez une seconde fois ; & ce ne fut qu'en 1626. qu'ils y rentrerent, sur un ordre qu'en donna Mr. le Connétable de Lesdiguieres, en réconnoissance du service qu'ils avoient rendu à l'Armée du Roy durant le siege. Pour ce même motif ils obtinrent la confiscation des biens de quelques-uns des Rebelles, avec quoi ils bâtirent à St. Mathieu l'Eglise qu'ils y ont aujourd'hui, où le *Pere le Pul* qui fut Prieur de cette maison trois diferentes fois, fit faire le Dortoir que l'on voit sur le fronton des Chapelles.

II. PARTIE. LIVRE NEUVIÉME.

CHAPITRE SIXIE'ME.

LES RELIGIEUX DE LA MERCY.

ON fçait, à n'en pouvoir douter, que ces Réligieux furent établis à Montpellier fous le Regne de Jacques le Conquerant, qui étoit un des Fondateurs de leur Ordre, & en même-tems Seigneur de Montpellier ; mais on ne fçait fi leur maifon fut bâtie dans l'intervale de l'Inftitution de l'Ordre de la Mercy en 1218. & de fa confirmation en 1230. par Gregoire IX. Les Archives de cette maifon ne peuvent nous donner fur cela aucun éclairciffement, parceque tout y périt lorfque les Huguenots s'en rendirent les maîtres en 1562. ainfi nous fommes obligez d'avoir recours à l'Hiftoire Générale de l'Ordre, pour connoître le commencement & le progrès de leur maifon de Montpellier.

Elle marque que St. Pierre *Nolafque* fe rendit à Montpellier auprès du Roy Jacques en 1240., mais elle n'ajoûte rien fur l'établiffement de fes Réligieux en cette Ville.

Ce que l'on trouve dans la vie de *Guillaume de Bas* leur fecond Général eft plus pofitif ; puifqu'il eft marqué qu'il commença fon Généralat en 1249. par la vifite des maifons de fon Ordre dans le Royaume de France, & qu'ayant trouvé que les bâtimens de leur Couvent de Montpellier n'étoient que commencés, il donna tout l'argent qu'il avoit pour les achever.

Depuis ce tems-là, nous trouvons des preuves autentiques dans les Bulles de trois Papes, données dans ce même fiécle, en confirmation de l'Ordre, & de fes Maifons particulieres: *Ecclefiam Stæ. Eulaliæ*, dit Urbain IV. dans fa Bulle de 1261. *fitam in Montepeffulano in loco qui Purgariel vulgariter appellatur. Cum domibus, terris, vineis, poffeffionibus & pertinentiis fuis.* Clement IV. en 1267. & Nicolas IV. en 1291. fe fervent dans leur Bulles des mêmes paroles d'Urbain IV. pour défigner la Maifon de Montpellier.

Bullarium Ordinis. Pag. 14. 18. & 28.

Le Livre qui a pour titre, *Hiftoire de l'Ordre Sacré & Royal de la Mercy*, fait mention de la vifite que Frere Bernard de *St. Romain* troifiéme Général de l'Ordre, fit de fa maifon de Montpellier : mais ce qui eft marqué de fon Succeffeur immédiat *Frere Pierre Aymeri* eft plus remarquable ; car il y eft dit, que ce Général établit quatre études generales dans quatre Couvens des plus accommodés, qui furent, celui de Montpellier pour la France, de Barcelone pour la Catalogne, de *Huefca* & de *Valence* pour l'Arragon, aufquels il fit des belles Ordonnance pour regler les droits des Regens, l'obligation des Ecoliers, & le tems d'étude, ne voulant point (ajoûte-t-il) que les claffes fe fiffent dans les heures deftinées au culte divin.

Les études reüffirent fi bien dans le Couvent de Montpellier, qu'il donna de fçavans Docteurs à tout l'Ordre, & à l'Univerfité de Montpellier. Le plus ancien & le plus remarquable eft *Dominique Serano*, dont j'urai lieu de parler, & qu'un Hiftorien de fon Ordre appelle *infignis Accademiæ Parifienfis & Montifpeffulanæ Juris utriufque Doctor, & Cathedrarius*. Le Second eft *Jerôme Dumont*, qui fe rendit célèbre à Montpellier, où il étoit Docteur en Théologie & en Droit fous Jean XXII. Le troifiéme eft *Nicolas Perez* XIII. Général de l'Ordre, qui avoit été Profeffeur en Droit dans l'Uuniverfité de Montpellier, & ne ceffa depuis de rendre des fervices très confiderables à l'Eglife, durant le fchifme qui la divifa par l'ambition des Antipapes.

J. Lineat.

La Maifon de Montpellier fut toûjours appellée *de Ste. Eulalie*, comme celle de *Barcelone*, qui avoit pris fon nom de la Chapelle du Roy à Barcelone, dédiée à cette fainte Patrone de la Ville. La Faculté du Droit de Montpellier choifit cette Maifon pour y tenir fes Ecoles ; & il n'eft rien de plus ordinaire dans fes Livres que la mention qu'on y fait de la tour de Ste. Eulalie, où les Profeffeurs faifoient leurs Leçons. Le jour de St. Yves, le Recteur alloit avec toute fa fuite dans l'Eglise de Ste Eulalie, pour y assister à la Messe, & au Sermon *In Festo Sancti Yvonis sermo in Ecclesiâ Sanctæ Eulaliæ, & Missa cum eâdem*, dit l'ancien Kalendrier : & dans un Statut fait en 1433. on y trouve nommé parmi les Conseillers de la Faculté un *Martin Cerrarius* Commandeur de Ste. Eulalie de Montpellier, Bachelier *in sacrâ Paginâ*.

Les Etudes publiques y continuerent jusqu'au commencement des troubles des Huguenots, où la *Tour* & l'Ecole furent renversées, de la manière qu'on le voit dans la Préface *d'Etienne Ranchin*. Soixante-neuf Religieux qui composoient alors la Communauté perirent dans cette occasion, selon le raport d'un de leurs Auteurs.

Del Coral pag. 14. *Insuper Montempessulanum cænobium illustribus fabricâ, reditibus, possessionibus, celebre primum evertentes, sexaginta-novem fratres Conventuales processionaliter obviam procedentes, quibus Commendator venerabilis Frater Ludovicus Puell crucem in manu gestans, præibat fidem exaltans crudeliter occiderunt.* Nous ne trouvons néanmoins dans nos Archives, ni dans nos Mémoires particuliers, aucun vestige de ce grand carnage.

Ils resterent quatre-vingt dix ans hors de Montpellier, & ce ne fut qu'en 1651. que le *Pere Rigaudon* ayant été nommé dans un Chapitre Provincial tenu à Bourdeaux, Commandeur Titulaire de leur ancien Couvent de Montpellier, il vint en cette Ville avec le Pere *Nolasque Tillhol* son Provincial, où ils obtinrent des Chefs de toutes les Compagnies de la Ville, les pouvoirs nécessaires pour s'y rétablir. Mr. de *Fenoüillet* Evêque, Mr. d'*Aubijoux* Gouverneur de la Ville & de la Citadelle, Mr. de Thoiras Sénéchal, Crouset Juge-Mage, Sengla & Rouviere prémier & second Consuls, se trouvent nommés dans la permission qui leur en fut donnée.

La chose néanmoins ne fut executée que dans l'année suivante, où durant la vacance du siége par la mort de Mr. de Fenoüillet, Mrs. du Chapitre conduisirent les Peres de la Mercy dans une maison qu'ils avoient loüé de Madame de l'Épine, où ils resterent dix à onze ans, tandis qu'on bâtissoit sur les ruïnes de leur ancienne maison. Ils y entrerent enfin le 8. Decembre 1663. & ils ont fait depuis un second côté de Cloître très-solidement bâti, & dans le lieu de la Ville qui, sans contredit, a le meilleur air, & la plus belle vûë.

J'ai oüi revoquer en doute, s'ils ont aujourd'hui tout l'emplacement qu'ils avoient autrefois, auquel sujet je crois devoir dire que j'ai vû la Requête qu'ils présenterent à Mr. de Baville le 19. Avril 1690. lorsqu'on travailloit à la promenade du Peirou, dans laquelle ils exposoient qu'on leur avoit pris une partie du fonds où étoit jadis l'Eglise de Ste. *Eulalie* ; & sur la rélation des Experts qui trouverent les fondemens de cette Eglise, il fut ordonné qu'on leur donneroit une indemnité, que la Ville leur a payé depuis : d'où l'on peut inferer que leur ancien Couvent avançoit beaucoup plus dans la Place du Peirou, où l'on ne peut maintenant trouver aucun vestige, depuis que les chemins qui traversoient cette Place ont été aplanis.

CHAPITRE SEPTIEME.

LES RELIGIEUX CARMES.

DE tous les titres qu'avoient autrefois les Peres Carmes dans leur ancien Couvent de Montpellier, ils n'ont pû sauver du pillage qu'en firent les Huguenots en 1562. qu'un exemplaire de leurs Constitutions écrit sur le velin, depuis plus de trois cens ans, à la fin duquel on trouve le nom, le tems, & l'élection de tous les Généraux de leur Ordre jusqu'en 1412. que ce Livre fut écrit ; & ensuite on y voit une Histoire fort précise de tous les Chapitres géneraux qui avoient été tenus jusqu'à ce tems, où l'on trouve le lieu & l'année

de

II. PARTIE. LIVRE NEUVIÉME.

de leur tenuë, avec plusieurs évenemens qui interessent l'Ordre des Carmes.

J'ai tiré de ce Livre, & des Archives de notre Maison Consulaire, tout ce que j'ai à dire sur leur Couvent de Montpellier ; & quoiqu'on ne puisse pas marquer précisement l'année de leur établissement dans cette Ville, on ne peut douter que le Couvent qu'ils y avoient ne fût très-considerable dans le treziéme siécle, puisqu'on y tint deux Chapitres généraux de l'Ordre, l'un en 1277. & l'autre en 1287.

Le premier est prouvé par le Livre dont je viens de parler, qui marque qu'il fut tenu dans le Couvent de Montpellier par leur Général Frere *Pierre de Milhau*, *Anno Domini M. CC. LXXVII. in Festo Pentecostes in Conventu Montispessulani Provinciæ Narbonæ, frater Petrus de Amiliavo tenuit Capitulum generale.*

Le second est encore plus marqué par le changement qu'on y fit à l'habit des Carmes, qui portoient auparavant des chapes bigarrées de blanc & de brun.

Anno Domini. M. CC. LXXXVII. in Festo Beatæ Mariæ Magdalenæ in Montepessulano. Et in isto Capitulo assumpserunt capas albas dimissis barratis, ad procurationem dicti Fratris Petri de Amiliavo. Ce changement parut si remarquable à nos Anciens, qu'ils crûrent devoir le marquer dans l'Histoire de leur Ville, d'autant plus qu'il y avoit pris son commencement. *Aquest an* 1287. dit notre petit Talamus, *en Pentecosta Freres Menors, & à la Madelena Carmes farun Capitouls generales, & adonc los Carmes que portavan capas barratas de brun & de blanc, fagueron capas blancas.*

Garriel remarque qu'ils ne firent alors que reprendre les chapes blanches qu'ils portoient originairement dans la Palestine, où les Princes Sarrazins qui en étoient les maîtres, obligerent les Hermites du Montcarmel de quitter le blanc, parce que cette couleur étoit affectée aux Princes de leur maison, comme elle l'est encore parmi les Turcs à ceux qui se prétendent descendus de leur Prophête Mahomet.

Quoiqu'il en soit de son sentiment, nous n'avons rien de bien constant sur l'origine des Carmes avant les Croisades, durant lesquelles Albert Patriarche de Jerusalem, donna une Regle aux Hermites qui habitoirnt le Montcarmel, & dont St. Loüis amena quelques-uns en France à son retour de la Terre Sainte l'an 1238.

Ils bâtirent alors leur premier Couvent près de Marseille (comme dit notre Livre) dans un lieu apellé *les Aigalades*. *Primum Conventum dicti Fratres fecerunt juxta Marciliam in Aquilatis* ; & de-là ils se répandirent en plusieurs Villes de France, sous le Généralat du Bienheureux *Simon Stoc*, qui mourut dans leur Couvent de Bourdeaux en 1250.

Garriel croit que quelques Hermites de cet Ordre vinrent alors s'établir à Montpellier, & qu'ils firent leur premiere demeure à *Boutonet*, où ils bâtirent une Chapelle à l'honneur de la Ste. Vierge, qui conserva le nom de *vieux Carme*, après que ces Religieux se furent aprochez de la Ville. Il fonde sa conjecture sur une fondation dont il dit avoir l'extrait, & qui porte, *In Ecclesiâ Beatæ Mariæ de Botoneto quæ communiter appellatur vetus Carmen vulgariter.*

Idée. page 116.

Page 114.

La fondation dont il parle est de 1275. d'où l'on doit inferer que puisque leur premiere Eglise de Boutonet avoit alors le nom de *vieux Carme*, il falloit qu'ils l'eussent déja quittée, & par consequent que la construction de leur grand Couvent fût déja faite. Pour cette raison, & pour ce que j'ai déja dit du Chapitre général qui y fut tenu deux ans après, c'est-à-dire en 1277. je me déterminerois à la fondation de leur grand Couvent, plusieurs années avant 1275. quoique faute de titres on n'en puisse pas fixer le tems : mais ce sera toûjours entre 1238. qu'ils furent amenez en France par le Roy St. Loüis & 1260. car je mets au moins seize ou 17. ans pour mettre leur grand Couvent en état de recevoir un Chapitre général.

Selon cette conjecture, on peut assûrer que le grand Couvent des Carmes fut bâti sous Jacques I. Roy d'Arragon, alors Seigneur de Montpellier, puisqu'il ne mourut qu'en 1276. Peut-être même que ce Prince, qui bâtit en cette Ville les magnifiques Couvens des Freres Mineurs & de la Mercy, voulut aussi être le Fondateur des Carmes. Ma conjecture est assés probable, après tout ce que j'ai dit des Eglises que ce Prince avoit fait bâtir.

Cccc

Celle des Carmes de Montpellier étoit à la sortie de la porte de *l'Egassieu*, dite aujourd'hui la porte des Carmes. Sa muraille touchoit le grand chemin qui conduit à l'Eglise St. Cosme, & son grand-Autel étoit du côté de l'eau ; le Cloître & le Dortoir contingus à l'Eglise étoient plus avant, & l'on peut juger de leur grandeur & de l'étenduë de ses jardins par le grand espace qu'occupe aujourd'hui l'Hôpital Général, dont l'emplacement autrefois faisoit l'enceinte de l'ancien Couvent des Carmes.

En 1321. on y tint un Troisiéme Chapitre Général où l'on élut (quoiqu'absent) pour Général de l'Ordre, Frere *Jean de Alexio* qui se trouvoit actuellement à Paris ; ce fut pour succeder à frere *Guy de Perpignan* qui venoit d'être nommé à l'Eveché de Mayorque. *Anno Domini M. CCC. XXI. in Festo Pentecostæ in Montepessulano, frater Joannes de Alexio electus absens, existens Parisiis, Guido factus Episcopus majoricarum.*

Je trouve dans le même Livre par une note sur ce Chapitre Général de 1321. qu'on fit alors la division des Provinces de Narbonne & de Provence, *nota quod anno Domini M. CCC. XXI. fuit divisa tota Provincia Narbonæ à Provincia Provincia in Capitulo Generali celebrato in Conventu Montispessulani.*

Les Carmes resterent paisibles dans leur grande & belle habitation, jusqu'aux troubles qui arriverent en France après la prise du Roy Jean par les Anglois, qui étant maîtres de la Guienne, firent plusieurs irruptions dans le Languedoc, où ils brûlerent Narbonne, & vinrent se montrer aux environs de Montpellier : alors les Habitans de cette Ville voulant se mettre en état de défense, prirent la résolution d'abattre leurs Fauxbourgs ; & parceque l'Eglise des Carmes étoit plus haute que leurs murailles, qui n'en étoient séparées que par le grand Fossé de la Ville, ils prirent la résolution d'abatre cette Eglise avec son clocher, d'où on auroit pû tirer sur eux.

Fol. 103.

Notre petit Talamus met cet évenement en 1361. & ce ne fut que six ans après qu'on obtint la permission de la rétablir ; car la crainte des Anglois ayant cessé, & le Pape Urbain V. étant venu à Montpellier en 1367. pour y consacrer comme il fit l'Eglise de St. Germain, il s'interessa beaucoup pour les Peres Carmes, & demanda pour eux aux Habitans de Montpellier (qui n'avoient rien à lui réfuser) qu'ils pûssent rélever les anciens fondemens de leur Eglise, mais en la laissant moins élevée qu'elle n'étoit auparavant.

La chose fut exécutée par les liberalités de ce grand Pape avec tant de diligence, que les Carmes furent en état aux Fêtes de la Pentecôte 1369. de tenir chez eux un autre Chapitre Général qui est fort rémarquable, parcequ'on y publia un nouveau recueil de leurs Constitutions qui fut distribué à tous les Provinciaux qui composoient le Chapitre. *Anno Domini M. CCC. LXIX. in Festo Pentecostes, fuit celebratum Capitulum Generale in Conventu Montispessulani ; & ibidem fuerunt datæ Provincialibus Constitutiones correctæ, congregatæ & reductæ per Reverendum Magistrum Johannem Ballistarii Priorem Generalem Ordinis, ipso existente & præsidente in eodem Capitulo Generali.*

Gariel. Idée.

Sous l'Autorité du même Pape, ils furent unis à l'Université de Montpellier, où ils eurent jusqu'à six Regens, comme il conste par un Acte de 1428. On dit que leur Ecole étoit dans la grande Tour apellée des Carmes, où l'on voit encore au dessus de la fontaine, les débris d'une grande & magnifique Sale qui leur servoit à cet effet : leur maison est encore apellée dans les Regîtres de l'Hôtel

Mst. Delort.

de Ville *Collége des Carmes* ; & il y avoit un si grand nombre d'étudians, qu'on lui donnoit le nom du Couvent des cent Freres, *Conventum centum Fratrum.*

* *Par l'Enfant liv. 4 page 511.*

L'Histoire du Concile de Constance * fait mention d'un Carme Professeur en Theologie à Montpellier, nommé *Bertrand Vacher*, qui prononça devant tout le Concile le lendemain de la dix-huitiéme session, un discours fort véhément pour la réformation des gens d'Eglise, & finit par un grand éloge de l'Empereur Sigismond.

Un Réligieux du même Ordre avoit Prêché le Carême à Montpellier en 1410. avec tant de succès, que notre petit Talamus le compare à St. Vincent-Ferrier, qui avoit prêché auparavant en cette Ville.

II. PARTIE. LIVRE NEUVIE'ME.

En 1562. leur maison fut renversée avec leur Eglise, où parmi les Tombeaux remarquables qui y étoient, on voyoit ceux de deux Généraux de leur Ordre; l'un de Frere *Pierre de Milhau* mort en 1284. & l'autre de Frere Pierre *Raymond de Grasse* mort en 1357.

Après cette perte, les Carmes resterent 65. ans sans rentrer dans Montpellier, & ils n'y revinrent qu'en 1627. encore furent-ils obligez de loger dans des maisons d'emprunt jusqu'en 1639. C'est alors qu'ils acquirent dans une petite Isle proche du Peirou, apellée *l'Isle du Four du Castel* une maison qui apartenoit au Trésorier *Demanse*, où ils dresserent une Chapelle, dont Madame la Maréchale d'Alüin de Schomberg mit la premiére pierre, qui avoit été bénie par Mr. *Faucher* Chanoine & Vicaire-Général. La vente qu'ils firent dépuis de leur ancien clos, à l'Hôpital général, leur donna le moyen d'acheter toute la petite Isle du *Four du Castel*, où ils ont bâti une jolie Eglise, avec des Dortoirs fort commodes pour quinze ou vingt Religieux.

CHAPITRE HUITIEME.

LES RELIGIEUX AUGUSTINS.

Nous avons plusieurs preuves dans les Archives de l'Hôtel de Ville & de l'Evêché de Montpellier, que l'ancien Couvent des Augustins de cette Ville étoit fort considerable dans le quatorziéme siécle ; mais nous n'y trouvons pas qu'il en soit fait aucune mention avant ce tems-là.

Les Historiens de leur Ordre nous aprennent que quelques Florentins chassez de leur pays, vinrent se refugier à Montpellier, & qu'y étant devenus riches par le moyen du commerce, ils firent bâtir dans les Fauxbourgs de la Ville, & sur le chemin qui va à Nîmes, un grand & beau Couvent que ces Religieux occuperent jusques bien avant dans le seiziéme siécle.

Il seroit à souhaiter qu'on eût marqué le tems où vécurent ces Florentins, pour fixer l'époque de la fondation qu'ils firent à Montpellier. Le seul *Hierome Romain*, qui en 1572. fit imprimer à *Alcala* l'Histoire de son Ordre qu'il a écrite en Espagnol, nous dit positivement que leur Couvent de Montpellier fut bâti en 1120. & il en porte pour preuve une inscription qu'il dit avoir vû lui-même ; dans la Chapelle de Ste. Juliene qui étoit dans leur Eglise de Montpellier. *Una imagen de Santa Juliana, en a ultima Capilla del lado del Evangelio en la paret, de la qual dise que fac edificada en los annos mil ciento & viente.* Il s'attache ensuite à prouver que les Religieux de St. Dominique étoient moins anciens dans Montpellier que ceux de son Ordre : mais sans entrer dans cette dispute de préséance, je laisse au Lecteur à juger si cette seule inscription, de là manière qu'elle est raportée, suffit pour détruire la preuve négative que nous tirons du silence de nos Archives, où l'on ne trouve aucune mention de ce Couvent, ni pour le douziéme, ni pour le 13. siécle.

La grande raison de douter est, qu'il est certain par tous les Auteurs de l'Histoire Ecclésiastique, que le Pape Alexandre IV. voulant réünir un très-grand nombre d'Hermites qui étoient dispersez dans tous les Etats Chrétiens, sous différentes Regles, & sous differens habits, forma de tous ces Hermites, une Regle & un Habit uniforme en 1256. sous le nom d'Hermites de St. Augustin. Ce nouvel Ordre commença dès lors à joüir des Priviléges des Religieux Mandians ; & fut reçû à Paris trois années après, c'est-à-dire en 1259. sous *Lanfranc* leur Général. De cette maniere on peut voir le jugement qu'il faut porter sur l'Inscription citée par cet Auteur Espagnol, & encore plus sur ce qui est dit dans un Livre imprimé à Cologne en 1627. sous le titre de *Primas Augustinianæus*, où l'on met la fondation des Augustins de Montpellier en l'année 900. c'est-à-dire trois ou quatre siécles avant qu'on eût fondé la Congregation des Auguſtins, & dans un tems où Montpellier commençoit à ſe former.

Les autres particularitez que nous trouvons dans les Ecrivains de leur Ordre, ſont beaucoup plus croyables & poſitives : elles nous aprenent qu'en l'année 1324. il y fut tenu un Chapitre general, où on élut *Frere Alexandre de St. Elpide* pour cinquiéme Général de l'Ordre ; d'où l'on peut inferer que ce Couvent pouvoit bien avoir pris ſon commencement ſur la fin du treziéme ſiécle, puiſqu'il falloit bien une vingtaine d'années pour le mettre en état de recevoir un Chapitre général.

Ambroſ. Corio- lani Generalis Au- guſtinian. Reſpon- ſorium. fol. 105.

Les mêmes Ecrivains ajoûtent qu'en 1357. il y fut tenu un autre Chapitre général, où l'on élut *Frere Gregoire de Arimini*. *Gregorius de Arimino Doctor ſubtiliſſi- mus Provinciæ Romandiolæ, ſub quo in Montepeſſulano, generale Capitulum anno* 1357. *ubi Generalis creatus eſt, cum anteà Vicarius extitiſſet.*

Le Livre que j'ai déja cité, imprimé à Cologne en 1627, fait mention de ces deux Chapitres generaux, & d'un troiſiéme en 1430. qui fut tenu à Montpellier ſous *B. Auguſtin Romain* alors Général. *Anno* 1430. *Capitulum in Montepeſſulano, Generalis B. Auguſtinus Romanus.*

Primas Auguſ- tinianans. pag. 368. & ſeq.

Nous trouvons dans les Archives de l'Evêché qu'en 1350. Arnaud de Verdale, alors Evêque de Maguelone, fit un échange de huit carterées de terre qu'il avoit contiguës au clos des Auguſtins, contre ſeize autres carterées que ces Religieux avoient ailleurs, ſtipulant pour eux Frere *Alfonſe de Toledo*, Docteur en Théologie & Sindic du même Couvent, avec Frere *Pierre Guy*, qui en étoit Prieur.

Quinze ou ſeize années après, c'eſt-à-dire en 1366. le Pape Urbain V. voulant venir à Montpellier, choiſit le Couvent des Auguſtins pour s'y repoſer : avant que de faire ſon entrée dans la Ville, il s'y revêtit de ſes habits Pontificaux, & y fut reçû par les Conſuls, ſuivis de tous les Corps de la Ville, qui vinrent à ſa rencontre.

Petit Talamus. fol. 117.

Nous trouvons dans l'Hiſtoire de nos Evêques, qu'Antoine *de Lovier* Evêque de Maguelone, étant mort à Montpellier en 1405. fut mis en dépôt dans l'Egliſe des Auguſtins, & de là transferé à Vienne ſa patrie, où il devoit être inhumé.

Ces Religieux vécurent paiſiblement dans leur Monaſtere, juſques bien avant dans le ſeiziéme ſiécle, où les malheurs du tems ayant cauſé les troubles qui agiterent ſi long-tems la France, ils furent envelopez dans la démolition générale qu'on fit à Montpellier des Egliſes & des Maiſons Religieuſes. On peut même dire qu'ils furent des premiers à s'en reſſentir ; car il paroît par un Verbal que les Conſuls Huguenots firent dreſſer, que la nuit du 21. au 22. Octobre 1561. un grand nombre de gens armez entrerent dans leur Couvent, & y briſerent tous les coffres, armoires & images ; ce qui ayant obligé ces Religieux de ſe diſperſer, une partie gagna le chemin de Nîmes, avec ce qu'ils pûrent emporter de l'argenterie de leur Egliſe. Ils furent ſuivis le lendemain par des gens de condition de la Religion Proteſtante, dont je ſuprime les noms, qui les joignirent auprès du lieu de *Veſtric*, d'où ils les ramenerent pour les mettre dans les priſons de la Ville. Leur argenterie fut enfermée dans le Tréſor public, ſauf une Patene de Calice, qu'ils dirent avoir donnée au nommé *Planaſtel*, pour les avoir ſervis dans cette expedition.

Il paroît par ce verbal qu'il y avoit un grand nombre de Chapelles dans leur Egliſe ; car il y eſt fait mention de celle de Nôtre-Dame de *Grace*, de celle de *St. Jean* apartenant à Mr. de *Sarret* Sr. de St. Jean de Vedas, d'une autre ſous le nom de *St. Etienne* apartenant au Préſident *Ceſelly*, & de celle qui eſt appellée la Chapelle de *Griffy*. Les autres ſont de *St. Jacques*, de *Ste. Barbe*, de *St. Fiacre*, des *trois Rois*, des *cinq Playes*, de *Ste. Juliene*, une ſous les dégrez des Orgues ; & une autre entre la Sacriſtie & le grand Autel. Il y eſt auſſi fait mention de la Chapelle dite de *Boutonet*, qui étoit dans le Chapitre : d'un grand & d'un petit Refectoire, & d'une chambre appellée de la *Régence*, qui aparemment ſervoit d'école au Docteur Regent, qu'ils avoient dans leur maiſon, pour leur jeunes étudians.

Depuis ce tems-là leur Monaſtere reſta expoſé au pillage de ceux qui voulurent en enlever les pierres. Mr. de *Chatillon* acheva de le ruiner entierement, lorſqu'il voulut ſe préparer au ſiege ; car il en fit prendre tous les materiaux

pour

II. PARTIE. LIVRE NEUVIEME.

pour la construction de deux demi-lunes, qu'il fit faire à la porte de la Blanquerie, & à celle des Carmes.

Enfin après le siége & la réduction de Montpellier sous les Armes du Roy Loüis XIII. tous les Réligieux qui y avoient eu des maisons, ayant été invités d'y révenir, les Augustins furent des prémiers ; & ayant pris des Consuls Catholiques, un Certificat qu'ils ont encore de leur ancienne possession, ils furent reçûs dans la Ville en 1624. où ils se logerent dans la maison de *Sarre Mejean* joignant l'Autel de la Monnoye, en attendant qu'ils pûssent s'établir au même lieu où ils étoient auparavant, c'est-à-dire auprès du clos d'Aiguillon, sur le chemin allant à Nîmes : ils travaillerent en effet à y bâtir un Cloître dont on voit encore un côté d'achevé ; mais soit que le Gouverneur de la Citadelle s'y opposât (comme on la publié) soit que ces Réligieux se voyant des plus éloignés de la Ville, & sur un grand passage, craignissent d'y être moins en sûreté, ils acheterent dans la Ville au-devant de la place de la Monnoye, les maisons de *Rignac* & de *Clair* avec une autre, où ils ont bâti deux aîles de leur Couvent, & une Eglise qui fut poussée en 1680. sur les anciens fondemens des murailles de la Ville, par la permission que Mr. le Cardinal de Bonsi leur en obtint du Roy Loüis XIV.

CHAPITRE NEUVIEME.

LES RELIGIEUX DE L'OBSERVANCE.

LEs Peres de l'étroite Observance de St. François furent introduits à Montpellier du vivant de St. *Bernardin de Sienne*, qui est regardé comme l'Auteur de leur Réforme. L'Acte que je vais raporter marque si bien toutes les circonstances de leur établissement en cette Ville, que je crois devoir le donner au lecteur tel qu'il se trouve dans les Archives des Récolets, qui l'ont tiré de l'ancien Manuscrit qui a pour titre : *Privilegia Sancti Firmini* : où l'on trouve cet Acte couché en ces termes

Diebus nostris circa horam nonam, anno scilicet Incarnationis 1438. die decimâ mensis Januarii. Venerunt Fratres de Observantiâ Sancti Francisci, in Montepessulano, qui rogantes ad requestam Gubernatoris, Concilium fuit, eis dare domum extra muros in loco qui dicitur Villanova ante Sanctum Thomam, inter primam insulam carreriæ, ante fores Ecclesiæ Sancti Thomæ, & tertiam insulam subsequentem dictæ carreriæ Villanovæ ; in qua insulâ ut possint ædificare Capellam cùm uno altari, & cum unâ Campanâ autoritate Prioris Sancti Firmini fuit eis data licentia : in quâ etiam Capellâ potest esse domus pro ipsis & Cæmeterium tantum. Item de proventibus & oblationibus & obventionibus venientium in dictâ Capellâ sive Oratorio, debet dari quarta pars Sancto Firmino, & non totum pro se ipsis, seu ad usus suos totaliter retinere, seu appropriare, neque dictum Monasterium ampliare, nisi quantùm ipsa insula continet tantum.

On voit par cet Acte qu'ils furent reçûs à Montpellier à la priere du Gouverneur de cette Ville *Thierry le Comte Seigneur d'Arreblay*, & que le Conseil de Ville leur donna dans le Faubourg de Villeneuve, (c'est-à-dire *la Saunerie*) un emplacement qui est désigné entre la premiere & la seconde Isle de ce Faubourg, en sortant de la Ville, vis-à-vis l'Eglise de St. Thomas, la grande ruë de ce Faubourg entre-deux. On leur donna permission de l'Autorité du Prieur de St. Firmin, d'y dresser une Chapelle & un Autel, d'y avoir une Cloche, un Cimetiere pour eux, & de s'élargir dans toute l'étenduë de l'Isle & non au-delà.

Ils resterent dans ce Couvent jusqu'en 1525. ou 1526. qui fut le tems où le Pape Clement VII. à la priere d'*Aloïse* Duchesse d'Angoulême mere de François I. & de *Marguerite d'Alençon* sœur du même Roy, donna la Bulle qui est raportée dans Vadingue, par laquelle il attribua aux Réligieux de l'Observance les Couvens de Narbonne, de Beziers, de Montpellier, Limoux, Nîmes, & Lunel, qui avoient été occupez jusqu'alors par les Conventuels.

Dddd

Dans cette Bulle le Pape nomme pour ses Commissaires l'Archevêque de *Sens*, & les Evêques de *Leytoure*, de *Condom*, de *Perigueux*, & de *Maguelone*, avec pouvoir à chacun d'eux d'agir au défaut l'un de l'autre.

Il est à présumer que *Guillaume Pelissier* alors Evêque de Maguelone, ne trouva pas de grands obstacles de la part des Conventuels de Montpellier, puisqu'il n'en est fait aucune mention dans nos Archives, ni dans celles de leur Ordre ; & qu'au contraire il est certain que ce même Prélat fit peu de tems après, la translation des Filles de Ste. Claire dans le Couvent que les Religieux de l'Observance venoient de quitter dans le Faubourg de la Saunerie, comme on le verra dans l'article des Religieuses de Ste. Claire.

Page 817.

Je trouve dans Gonzaga que leur Province changea alors de nom ; car au lieu de celui *de Provence*, qu'elle avoit porté jusqu'au tems de Clement VII. & de François I. on la nomma pour lors *la Province de St. Loüis*, à l'honneur du St. Evêque de Touloufe. Elle s'étend depuis *Antibes* dans le fonds de la Provence, jusqu'aux extrêmitez du Roussillon, & elle comprend toutes les maisons que les Religieux de l'Observance ont au nombre de trente-six, dans la *Provence*, le Comtat *Venaissin*, & le *Languedoc*, jusqu'à Carcassone inclusivement.

Ces nouveaux Religieux vécurent paisiblement dans le Couvent de Montpellier, jusqu'aux commencemens des troubles que les Calvinistes causerent dans cette Province. Le Seigneur *Dacier* (frere du Comte de Crussol & d'Uzés) qui tenoit pour eux dans Montpellier, voulant se précautionner contre Mr. de Joyeufe qui s'étoit campé avec l'Armée du Roy dans le clos de Lates, résolut d'abatre tous les dehors de la Ville, & pour lors le Couvent des Peres de l'Observance eut le fort de tant d'autres qui furent démolis jusqu'aux fondemens l'an 1562.

page 821.

Je trouve dans *Gonzaga*, que plusieurs de ces Religieux se retirerent dans la Ville, & logerent dans l'Eglise de St. Paul jusqu'en 1567. où les troubles étant devenus plus forts dans Montpellier, tous les Religieux, & les Chanoines de St. Pierre en furent chassez. Le Pere *Nicolas Bermond*, alors Gardien, fut conduit en plein Consistoire, où ayant disputé contre les Ministres avec avantage, il eut beaucoup de peine à se sauver de leurs mains ; ce qu'il ne fit qu'après avoir vû tuer le Frere *André Robert* son compagnon, d'un coup de pistolet, que ce bon Frere reçut en disant *Jesus Maria*.

Livre 15, chap. I.

Nous avons vû dans le premier Tome de cette Histoire, que le Pere *François Berald* leur Gardien, fut du nombre de ceux qu'on mit à mort dans l'Eglise de St. Pierre en 1561. en haine de ce qu'il avoit prêché dans l'Eglise de St. Firmin contre les nouveaux Sectaires.

Mss. de Delort.

Depuis ce tems jusqu'à la réduction de Montpellier sous les armes du Roy Loüis le Juste, ces Religieux firent plusieurs tentatives pour rentrer dans leur ancienne habitation ; mais elles ne leur réüssirent bien qu'en 1631. que le Pere *Antoine Chrétien* fit poser la première pierre de leur nouveau Cloître, soixante-neuf ans après la démolition de l'ancien. On trouve que celui d'aujourd'hui est trop enfoncé, & que les bâtimens en sont fort bas ; ce qu'on dit avoir été fait, pour ne pas donner de l'ombrage à la Citadelle, qui n'en est pas loin : mais malgré ce défaut, ce Couvent passe pour le plus gratieux de leur Province, comme il en est le premier par l'ancienneté de sa fondation. Le Public a obligation du bon état où il est aujourd'hui, au feu Pere *Antoine Trinquaire de la Greffe*, d'une des plus anciennes & des plus distinguées maisons de la Ville, & dont la mémoire est encore très-chere à ceux qui l'ont connu. Les vûës qu'il a ménagées au Cloître d'en-haut, & les embelissemens qu'il y a ajoûtez, sont une preuve de son bon goût, & de l'affection qu'il avoit pour cette maison.

CHAPITRE DIXIEME.

LES PERES CAPUCINS.

Es Peres ont été introduits dans Montpellier à trois differentes fois : la premiére fut en 1609. où Mr. de Fenoüillet ayant acheté un enclos apellé le *Grand-Jardin* près la porte des Carmes dans la Ville, voulut y placer les RR. Peres Capucins; mais ce ne fut point sans de grandes contradictions : car les Consuls Huguenots y firent leur oposition, tant parce qu'il n'y avoit jamais eu (disoient-ils) à Montpellier des gens de cet Ordre, que parceque le lieu où on vouloit les placer étoit trop près des murailles de la Ville ; faisant entendre qu'ils ne répondoient point d'une sédition si l'on passoit outre, sans que le Roy *Henry IV.* qui regnoit alors, eut entendu leurs raisons.

Quelques années après la mort du Roy Henry IV. les Huguenots étant devenus plus absolus dans Montpellier, firent quitter aux Peres Capucins le lieu où la Croix étoit élevée, sous prétexte qu'ils étoient trop près des murailles de la Ville. Alors Mr. de Fenoüillet les plaça à la *Capelle Nove*; & leur ayant fait donner deux mille livres pour les dédommager des fraix qu'ils avoient déja faits, ils en acheterent une maison à l'endroit où ils sont présentement.

On chercha à leur donner mille inquiétudes ; & parce que leur petit logement étoit sur le derriére du Temple des Huguenots, on débita qu'ils avoient fait une mine pour faire sauter tous les Religionnaires lorsqu'ils y seroient assemblez : sur quoi vérification ayant été faite, & la chose s'étant trouvée sans fondement, on se contenta de leur mettre les enfans après, qui leur disoient mille injures, & leur tiroient des coups de fusil en l'air, pour les intimider, & les obliger de quitter la Ville.

Ils en sortirent enfin lorsque, les Révoltez de Montpellier se préparerent à soutenir un siége contre Loüis XIII. mais après la réduction de la Ville, les Capucins y revinrent des premiers, & ils se logerent au *Campnan* dans la derniere maison qu'ils avoient quitté. Ils en acheterent trois autres en 1624. sçavoir celle de Mr. le Baron *de Castries*, celle du *Président Bousquet*, & celle du *Trésorier Galieres*, là où ils firent bâtir une Eglise, & commencerent en 1624. à former leur Cloître. Leur Eglise étant achevée sur la fin de l'année suivante, Mr. de Fenoüillet la sacra le premier Dimanche de l'Avent qui tomboit au dernier de Novembre.

Quelques années après ils acquirent la maison du *Duché*, avec une ruë qui partoit de là, & alloit fondre à la maison de *Montlaur*. La Ville leur inféoda aussi une autre ruë dite de l'Orangerie, qui commençoit devant la maison de *Farlet* & alloit aboutir au jardin de l'Intendance d'aujourd'hui : enfin ils acquirent la maison de *Montfaucon* dite alors la maison du *Ministre*, parceque le Sr. du *Bourgdieu* y logeoit, dont ce Ministre fut si faché, qu'il en fit faire des reproches par le Consistoire au Sr. de *Faucard* & aux autres héritiers de Mr. de *Montfaucon*; à quoi ils répondirent qu'ils n'avoient jamais sçu que cette maison dût être pour les Capucins.

Ces Peres ont disposé si bien tout cet emplacement, qu'ils se sont ménagés un grand jardin d'autant plus estimable qu'il est au cœur de la Ville. Ils ont une Eglise très-commode pour le public & des mieux ornées suivant leur usage : leur bâtiment est très considerable, & on a lieu de penser en l'examinant que les Communautez Réligieuses peuvent tout esperer lorsqu'elles ont gagné l'estime & l'affection du public.

CHAPITRE ONZIÉME.

LES RECOLLETS.

CEs Réligieux qui commencerent à être connus en France en 1602. parurent pour la premiere fois à Montpellier, pendant le siege que le Roy *Loüis le Juste* mit devant cette Ville en 1622. Ils servirent d'Aumôniers à son armée, & ils suivirent Sa Majesté lorsqu'elle fit son entrée dans Montpellier, où il est marqué qu'ils assisterent à la Procession Générale dont nous avons parlé au XVIII. livre de cette Histoire. Il est dit dans leur Régitre que le Roy Loüis XIII. leur donna des Lettres pour s'établir à Montpellier ; mais la chose n'eut son effet que long-tems après.

En 1633. Ils furent reçûs à la Citadelle de cette Ville pour y servir d'Aumôniers : le Pere *Fulgence de la Barthe* qui en fut Superieur, prit grand soin d'orner la Chapelle, & la mit en grande réputation.

Voyez l'article de Sainte Claire. Dès-lors ils travaillerent à s'établir dans la Ville ; & parmi les moyens qu'ils employerent, ils se firent subroger à la place des Filles de St. Claire, qui logeoient avant les troubles de la Religion dans le Fauxbourg de la Saunerie au lieu dit la *petite Observance*. Mais ce moyen leur ayant manqué, Messire Jean de *Sartre* Conseiller en la Cour des Comptes, Aydes & Finances de Montpellier, leur offrit en 1663. un jardin d'environ dix-sept séterées au tenement dit Villefranche, hors de la porte de la Blanquerie ; & son offre ayant été acceptée, Mr. de Bosquet Evêque de Montpellier prit jour au 10. de Mars 1664. pour y élever une Croix en signe de prise de possession ; ce qui fut fait en présence de Madame la Marquise de *Castries*, de Mr. le *Sénêchal*, des Consuls en robes rouges, & d'une grande affluence de Catholiques.

Cependant les Réligieux qui devoient former la nouvelle Communauté, prirent leur logement dans la petite maison du Sr. *Fesquet* à la Blanquerie ; & avec les secours qu'ils reçûrent de toutes les compagnies de la Ville, & des Seigneurs des Etats assemblez à Beziers, ils firent bâtir un corps de logis le long du grand chemin qui conduisoit alors de la porte de la Blanquerie à Castelnau.

Tout étant prêt en 1666. pour les y recevoir, ils partirent processionnellement de la maison du Sr. *Fesquet* le 3. du mois d'Octobre, étant conduits par Mr. de *Besons* Intendant de la Province, par Mr. *Sartre* leur Fondateur, par Mr. le Sénêchal, & par les Consuls en robes rouges, qui y trouverent Mr. l'Evêque avec son Chapitre faire la Bénédiction de leur Chapelle, ils la placerent en attendant dans une grande sale-basse qui sert aujourd'hui de Refectoire.

La joye de leur établissement fut un peu troublée par une Déclaration de cette même année 1666. qui ordonnoit la supression des Communautez Réligieuses, qui se trouveroient établies sans Lettres-Patentes. Alors les Recollets de Montpellier firent une sommaire-prise des plus anciens Habitans de la Ville, qui les avoient vûs assister à la Procession du Roy Loüis XIII. en 1622. & sur les Certificats qu'en donna Mr. de *Bousquet* Evêque de Montpellier, & Mr. le Marquis *de Castries* Gouverneur de la Ville, ils obtinrent des Lettres-Patentes du mois de Fevrier 1669. par lesquelles le Roy déclare que leur établissement dans la Ville de Montpellier doit être compté dès l'année 1622. qu'ils y entrerent publiquement en Procession générale par ordre du Roy Loüis XIII. & à cette fin (dit le Roy Loüis XIV.) " Les avons confirmez &
„ confirmons dans l'établissement où ils sont à présent dans les Fauxbourgs de cette
„ Ville, comme s'il avoit été fait en 1622. & en outre les maintenons seuls Aumô-
„ niers de notre Citadelle de Montpellier, & amortissons la maison & l'enclos du-
„ dit Couvent, comme dédiez à Dieu & à son service.

Cette Déclaration leur donna le courage d'entreprendre le corps de logis de
leur

II. PARTIE LIVRE NEUVIEME.

leur Couvent qui fait face à la Ville, & le 5. Juin 1679. ils firent mettre la premiere pierre à la belle Eglise qu'ils ont maintenant le long du nouveau chemin de la Porte des Carmes à Castelnau.

Le Pere *Seraphin Ouzart* un de leur Provinciaux natif de Montpellier, a rendu ce Couvent le plus achevé de tous ceux de la Ville; il a fait bâtir le Chœur & le Clocher de l'Église, le corps de logis double qui regarde leur enclos, le grand escalier avec la Sacristie, il a fini le Cloître d'en-bas & le Dortoir d'en-haut, qui est terminé aux quatre coins par des vûës très-diversifiées. Cette maison peut loger un grand nombre de Religieux, & elle attire par sa situation avantageuse, & par la commodité de ses jardins, les personnes qui cherchent les promenades retirées, & en bon air.

CHAPITRE DOUZIEME.

LES CARMES DECHAUSSEZ.

ON voit dans les Registres de cette Maison que Mr. *de Bosquet* Evêque de Montpellier étant à Paris en 1662. y trouva le Pere *Dominique de la Très-Sainte Trinité* Général des Carmes Déchaussez, qu'il avoit connu particulierement à Rome, avec qui il fit le projet d'établir à Montpellier les Religieux de son Ordre; & pour les faire connoître dans cette Ville, il donna le Carême de sa Cathédrale au Pere *Paul du St. Sacrement*, l'un des meilleurs Prédicateurs qu'ils eussent.

Ce Pere ayant été fort goûté durant son Carême de l'année 1663. on prit une déliberation au Conseil de Ville, de recevoir les Carmes Déchaussez dans Montpellier; & en consequence on leur assigna un petit logement aux Etuves, derriere la maison *de Fourques*, où Mr. de Bosquet en presence du Marquis de Castries Gouverneur de la Ville, de Mr. de la Forêt Sénêchal, des Consuls & autres personnes distinguées, fit la benediction de leur petite Chapelle le 6. May de la même année, & fit un discours en chape & en mitre sur ces paroles de St. Paul: *Multa mihi fiducia apud vos, multa mihi gloriatio pro vobis.*

Peu de mois après on songea à leur donner un emplacement convenable à l'esprit de leur état, & l'on n'en trouva point de plus propre que l'ancien Cimetiere de St. Barthelemy, qui étoit éloigné du bruit de la Ville, & contenoit un grand espace de 75. cannes de long sur 61. de large. Mrs. les Consuls, Mrs. du Chapitre, & Mrs. de St. Claude, intervinrent dans cette donation selon leurs differens droits: & les Peres Carmes, comme pour en prendre possession y firent planter une grande Croix le 28. du mois de Septembre, en attendant qu'on pût commencer leur bâtiment. La premiere pierre en fut mise le 30. Novembre 1663. par Mr. le Marquis de Castries, revêtu du Collier de l'Ordre du St. Esprit. On marque, que cette premiere pierre avoit quatre pans & demi en quarré, qu'elle étoit toute azurée, & qu'on y grava en lettres d'or l'inscription suivante.

D. O. M.

Regn. Lud. XIV. in Gall. sedente illumo., & Revmo. D.D. Franc. de Bosquet in sede Episc. Monspel. Alt. & Pot. D. D. Ren. Gasp. de la Croix March. de Castries, Baro de Guard, &c. Cent. Cataphr. Milit. Trib. Regi à Cons. & exercitibus Utriusque Regii ordinis Eques Torq. Urb. & Arc. Monsp. Guber. Carm. Excalc. hunc primum Ecclesiæ S. Joseph & Covent. Lap. posuit.

Ann. Dñi M. DC. LXIII. Die xxx. Novemb.

294 HISTOIRE DE MONTPELLIER,

Le Pere *Paul du St. Sacrement* qui avoit prêché le Carême à la Cathédrale cette meme année, fit un difcours, où en parlant des changemens arrivés dans le lieu où il prêchoit, il dit avec efprit, que l'Héréfie pouvoit être comparée à un torrent qui ravage toutes les terres où il paffe, mais qu'il n'en ôte pas le fonds aux Propriétaires.

Le Grand-Vicaire accompagné du Chapitre, & de la Mufique, fit la Benediction, durant laquelle on fit une décharge génerale du canon de la Citadelle. Depuis ce tems, on y a bâti deux aîles du Cloître, & fait en-haut des Dortoirs qui font blanchis avec du blanc des Carmes. L'Eglife qui eft entierement achevée, & la plus belle, fans contredit, de toutes les maifons Religieufes de cette Ville, eft d'un ordre Corinthien dans tout le Pourtour, ayant un Portail d'ordre Dorique, qui en porte un fecond de l'ordre Jonique : elle fut facrée le 23. du mois d'Octobre 1707. par Meffire Charles-Joachim Colbert Evêque de Montpellier.

On marque parmi les Religieux les plus diftinguez qui font fortis de cette Maifon, le Pere *Martial* de *St. Paulin* premier Superieur de ce Couvent, qui fut enfuite Général de l'Ordre. Le Pere *Eugene*, Frere du Pere *Martial*, qui avoit été Conventuel à Montpellier, fut auffi Général. Enfin le Pere *Ambroife* qui avoit prêché l'Avent & le Carême à St. Pierre, leur fuccéda dans cette premiére place.

HISTOIRE
DE MONTPELLIER.

LIVRE DIXIEME.

Des Monastéres de Filles dans le Diocése de Montpellier.

CHAPITRE PREMIER.

ABBAYE DE SAINT GENIEZ.

'ACTE de fondation que je raporterai plus bas, nous aprend que cette Abbaye fut fondée dans le commencement de l'onziéme siécle, par *Godranou Gondran*, qui ne prend d'autre qualité que celle de Pere d'*Eleasar*, & de *Berenger* ses enfans. Il donne pour cette fondation une Eglise qui étoit déja bâtie en l'honneur de St. *Geniez* Martyr, & qu'il avoit auparavant donnée à sa fille *Judith* en la mariant ; ce qui étoit fort en usage dans le dixiéme siécle, où les Seigneurs temporels s'emparoient des Eglises, & les confondoient dans leur Patrimoine.

Sa fille *Judith* qu'il apelle dans l'acte de fondation *Deo devota*, est regardée par nos Ecrivains comme une jeune veuve qui voulut donner pour cet établissement les biens qu'elle avoit eu de son pere dans son Contrat de mariage, *per consentaneam ejus voluntatem*, & qui finit ensuite ses jours parmi les Religieuses qu'elle avoit aidé à s'établir.

Le lieu qu'elle leur donna dans le Comté de Substantion étoit apellé autrefois *de Marcianicis*, & depuis la fondation *Cherlieu*. Il y est dit qu'elles suivront la Régle de St. Benoît sous la direction de l'Abbé de *Psalmodi*, & qu'elles auront la liberté de choisir leur Supérieure.

L'Acte est du 8. Juillet 1019. indiction deuxiéme sous le régne du Roy Robert. Signé Pierre Evêque de Maguelone, Bernard Comte de Substantion, Geraud Evêque de Nîmes, Varnier Abbé de *Psalmodi* pour toute sa Congrégation, Bernard avec ses fils, Pierre avec ses fils, Odon avec ses fils, Bego avec ses freres, Elfred Moine Ecrivain. Voici la teneur de cet Acte.

Fundatio Monasterii Sti. Genesii Diœcesii Magalon. Per D. Godranum.

HISTOIRE DE MONTPELLIER,

Sacra aditio atque divina est institutio timoris, amorisque divini ut quisquis homo, dum possibilitas, spatium, oportunitasque conceditur ei vivendi, excogitare debeat, qualiter evadere supplicium gehennæ pœnasque averni, quæ ab antiquo prædone sunt impendenda, & ideo verbis Evangelicis Domini, cæterisque Patribus Sanctis, Sollicitè intentis auribus in aliquantulum præsto sunt, ut ipse Dominus dicit, date eleemosinam, & ecce omnia munda sunt vobis. Facite sacculos qui non veterascunt, & thesaurum non deficientem in cœlis, quò fur non appropiat, nec tinea corrumpit. Seminate minima ut metatis immensa, & iterum redemptio animæ viri, divitiæ suæ. His sermonibus iisdemque consolationibus mens mea consolidata. Propterea ego nomine Godranus filiusque mei nomine Elisarius, Berengariusque cupimus atque volumus fieri Monasterium ad laudes Domino proferendas, sanctisque omnibus memoriam faciendam, pro redimendo mea facinora, prolisque meæ tam virilis seminis quàm fœminei, omniumque Catholicorum vivorum defunctorumque, maximè filia meæ Deo devotæ nomine Judita in comitatu Substantionense, in locum qui vocatur Marcianicus, atque alio vocabulo imponitur ei nomen charus-locus, & est ibi Ecclesia quæ est constructa atque Domino dicata in honorem Sti. Genesii pretiosissimi Martyris. Illam Ecclesiam eamdemque villam quam Superius jam taxavimus, & dedi ad filiam meam jam nominatam, in die quâ tradita est conjunctio maritalis per consentaneam ejus voluntatem sic dono atque trado tam ego quam filii in Domino Deo meo Jesu-Christo, cum omnibus adjacentiis, terminationibusque suis cultis & incultis, arboribus pomiferis & impomiferis tam acquisitis quam acquirendis; in tali verò ratione atque stabilitate, ut cunctis diebus vitæ hujus sæculi habitatio sit Sanctimonialium atque Deo devotarum fœminarum sub regulari vita degentium, sine ulla blanditione atque admiratione habeant, teneant & possideant tam præsentes quàm adventuræ, & quamcumque illæ ipsæ inter se elegerint sive voluerint, in regendo præesse licentiam habeant secundùm præcepta Beati Patris nostri Benedicti, vel Providentia Abbatis cœnobii Sti. Petri Psalmodiensis Congregationis suæ tam præsentis quàm secuturæ, & si aliqua causa murmurationis orta fuerit inter illas, contumeliaque à perversis hominibus illata, consolationibus illorum consolentur & adjutorio adjuventur. Quod si quis in supradictam donationem atque scriptionem aut ego, aut aliquis ex hæredibus meis, nec non vivens homo sive aliqua persona fœminea insurgere vel inquietare atque ad aliquod munus inquirendum, ad irrumpendum dissipandumque venerit, in duplo restituat & insuper his maledictionibus atque confusionibus quibus Judas Iscariotes cæterique nequissimi operis, destructores fiant maledicti atque excommunicati, & à communione Sanctæ Dei Ecclesiæ vel consortio omnium Christianorum sequestrati, & in inferno inferiori cum Datan & Abiron sint submersi. Hæc actio atque scriptio exarata atque tradita est, anno Incarnationis Domini Jesu. M. XIX. indictione II. XV. Calend. August. disponente, largissimâ benegnitate Dei regnum sapiente à rege Roberto regente, & bene vivendo ad perpetua felicitatis gaudia merendo pervenire. Signavit Godranus, filiique sui Elisiaris, & Berengarius, qui hanc scriptionem atque donationem scribere postulaverunt, & manibus suis firmiter firmaverunt; in tali verò ratione atque convenientia ut si aliqua perversitas à perversis hominibus fuerit illata, filius meus Elisiaris anusque filius suus cui ille permiserit, vel cui Deus in hoc sæculo majorem prosperitatem dederit pro Dei amore defendendi tuendique potestatem habeat; signavit Petrus Episcopus Magalonensis, signavit Bernardus, Comes Substantionensis, signavit Giraldus, Episcopus Nemausensis, signavit Varnerius, Abbas cum cuncta Congregatione, signavit Bernardus cum filiis suis, signavit Gaucelinus cum filiis suis, signavit Petrus cum filio suo, signavit Vuillelmus sive alius Vuillelmus qui vocatur Bernardus, signavit Nicetius, signavit Dalmatius, signavit Bremundus cum filiis suis, signavit Petrus cum filiis suis, signavit Odo cum filiis suis, signavit Begone cum fratribus suis. Eldefredus & si indignus Monachus scripsit.

Il est à croire qu'après l'Acte de cette Fondation, il fallut quelque-tems pour achever la construction de ce nouveau Monastere; après quoi, comme nous le trouvons dans un vieux Livre de l'Abbaye, toutes les filles de noble extraction qui composoient la Communauté, élûrent d'un commun consentement pour leur Abbesse *Alimburge*, d'illustre famille, doüée de toutes sortes de vertus dans la même année que leur Monastere fut achevé d'être bâti; & elle reçut, comme porte le manuscrit, la Benediction du Pontife de Maguelone.

On conserve plusieurs Ordonnances que les Evêques ses Successeurs donnerent pour

II. PARTIE. LIVRE DIXIE'ME.

pour le bon ordre de cette maison ; mais la plus remarquable est celle du treize Avril 1308. donnée du consentement du Chapitre de Maguelone, & portant que le nombre des Religieuses de cette maison ne pourroit passer celui de cinquante, à moins que le revenu n'en fût augmenté : ce qui dépendra du jugement de l'Abbesse, après en avoir obtenu la permission de l'Evêque. Il leur est ordonné de manger en commun, de ne sortir point du Couvent, & de n'admettre dans leurs chambres, ni jeunes enfans, ni jeunes filles, &c.

On trouve qu'elles payoient deux marabotins de redevance à l'Eglise de Maguelone, dont elles ont encore les quittances : chaque Marabotin évalué à seize sols trois deniers.

Leur revenu ne consista d'abord que dans la Seigneurie des terres & carrieres de St. Geniez avec la justice haute, moyenne & basse ; mais elles acquirent en 1254. la Chapelle de Nôtre-Dame du Pont-Ambroix Diocése de Nîmes, qui fut unie à leur Monastére, du consentement de l'Evêque de Nîmes, à la charge que quatre Religieuses y feroient leur résidence. Elles ont eu depuis le Prieuré de Ste. Colombe, qui après une infinité d'incidens, ayant été conferé à feu Mr. le Cardinal de Bonsi, fut cedé par cette Eminence au Monastere de St. Geniez, & uni en 1674. par feu Mr. de Pradel Evêque de Montpellier.

Les actes de cette Maison nous font connoître le plus grand nombre des Abbesses qui y ont été : sçavoir.

Alimburge . . . . vers l'année 1020.
Etiennette . . sans datte du tems qu'elle gouverna.
Bonafuce . . item.
Galliciane . . . . en 1130.
Guillaumette de Pardelles, nommée dans des Contrats de vente de 1153. 1157. 1160. & 1168.
Ermengarde fille de *Rostang* . . . . en 1174.
Ermeniarde de St. *Didier* . . . . . en 1235.
Burgonde de St. Jean . . . . . en 1262.
Florence Arufat . . . . en 1288.
Adelaïs Coronate . . . . . en 1308. & 1321.
Ermensende de Loziere . . . . . en 1328.
Florence Arufate . . depuis 1353. jusqu'à 1389.
Jeanne de *Bias* . . . . en 1390.
Marguerite de *Gama* depuis 1455. jusqu'à 1480.
Catherine de *Molette* . . . . 1489.
Maragde de *Malbesc* . . . . 1530.
Anne de *Molette* 1555. par Bulle de Paul IV.
Anne de *Malbesc* . . . . 1582.
Anne de *Briges* . . . . . . meurt en 1596.
Antoinette de Bertrand nommée en 1600. par Henry IV.
Gabrielle de Bertrand de Fayet est aprouvée pour sa Coadjutrice, par Lettres du Roy Loüis XIII. en 1638. vivoit encore en 1667.
Loüise Therese de la Croix de Castries 1684.
Renée Angelique de la Croix de Castries 1723.

CHAPITRE SECOND.

ABBAYE DE St. FELIX DE MONTSEAU, DE MONTESEVO, OU, LES RELIGIEUSE DE GIGEAN.

Nous aprenons par une Bulle du Pape Alexandre III. que ce Monaſtere fut fondé dans le douziéme ſiecle par un Evêque de Beziers nommé Bermond de Leveſone, qui commença d'être Evêque en 1128. & mourut en 1150. La Bulle dont je parle eſt du 22. Juin 1162. dans laquelle Alexandre III. prend ſous ſa protection cette Maiſon déja fondée quelque tems auparavant: *Eccleſiam quam venerabilis frater noſter bonæ memoriæ Bermundus quondam Biterrenſis Epiſcopus ad perpetuam ivi Religionem obſervandam nobis piâ devotione noſcitur contuliſſet.* Il ordonna que les Sœurs Religieuſes de St. Felix, qui y ſont déja établies ſous la Régle de St. Benoît, continueront de la ſuivre: *Statuentes ut Ordo Monaſticus qui ſecundùm Deum, & Beati Benedicti Regulam & Inſtitutionem Sororum Sti. Felicis in eodem loco noſcitur inſtitutus, perpetuis ibidem temporibus inviolabiliter obſervetur.*

Cette maiſon, dès le tems de ſon établiſſement, reçut pluſieurs liberalitez des fidéles; car on trouve dans leurs Archives une donation faite en 1149. par *Flandrine*, du conſentement de Pons de Murs ſon mary, en faveur de *Riſcende* ſa mere, qui demeuroit au Monaſtére de St. Felix de Montſau. *Adelaïs* veuve de *Guillaume de Salaiſon*, ſe faiſant Religieuſe en 1178. dans le Monaſtére de Montſeau, lui donna cinq piéces de terre; & *Huguete* veuve *d'Othon de Cornon*, ſe faiſant Religieuſe comme elle en 1188. donna un bien conſidérable pour entretenir un Prêtre qui chanteroit tous les jours à perpétuité une Meſſe des Morts pour la Dame de *Cornon*, & pour ſon mari: à quoi il eſt dit, que la Superieure donna ſon conſentement.

Mais la plus belle des donations qui leur furent faites, eſt celle du Château de Mirevaux, que la Reine Marie de Montpellier leur legua par ſon Teſtament du mois d'Avril 1213. On voit l'Acte de cette donation dans les Archives du Monaſtére, avec une Lettre que Gregoire IX. écrivit en 1227. à l'Archevêque de Narbonne pour faire lever tous les obſtacles que les Officiers du jeune Roy Jacques I. firent naître pour l'exécution du Teſtament de la Reine. L'affaire traina pluſieurs années juſqu'à ce que le Roy leur donna en échange toutes les dépendances de l'Hôpital St. Guillem, & retint pour lui le Château de Mirevaux.

Elles reçûrent le ſerment des Freres & Sœurs de cet Hôpital, & de celui de l'Hôpital-*Robert* à la porte d'Obilion, qui étoit une dépendance de celui de St. Guillem; à l'occaſion de quoi il eſt marqué, que le Prieur de St. Firmin, qui avoit droit d'élire l'Adminiſtrateur de l'Hôpital-*Robert*, renonça à ſon droit en faveur de cette union, tant qu'elle ſubſiſteroit. Tous ces Actes ſont du mois d'Octobre 1238.

Cette acquiſition valut aux Religieuſes de St. Felix pluſieurs droits ſur diverſes maiſons de Montpellier, & un Moulin auprès du Pont Juvenal, apellé depuis le Moulin de *St. Felix de Montſeau*. De-là vient que le Pape Innocent IV. les prenant elles & leurs biens ſous ſa protection, fait mention dans ſa Bulle de l'an 1253. de la Paroiſſe de Ste. Chriſtine de Melguëil, qui leur apartenoit, de diverſes poſſeſſions, maiſons, & moulins qu'elles avoient aux environs de Montpellier; de la Métairie de *Farlet*, & autres biens à Melguëil. Mais cette même Bulle nous fait entendre qu'elles avoient quitté dès-lors la régle de St. Benoît pour prendre celle de St. Bernard; car le Pape dans cette Bulle défend aux Evêques d'empêcher l'élection de leur Abbeſſe, ou de celle qui ſera inſtituée ou deſtituée contre les Statuts de l'Ordre de Cîteaux. Il donne enſuite commiſſion à l'Abbé de Valmagne Ordre de Cîteaux, de viſiter & réformer le Monaſtére de St. Felix: & par une autre Bulle adreſſée à l'Abbé de Fontfroide du même Ordre, il le charge de faire

II. PARTIE. LIVRE DIXIÉME.

revoquer les aliénations déja faites des biens de ce Monaftére.

On peut inferer avec raifon, qu'elles fuivirent long-tems la Régle de St. Bernard, parce que dans le quinziéme fiécle les Religieux de Cîteaux reclamerent leurs droits fur ce Monaftére ; jufques-là, que le Vicaire de l'Abbé de Cîteaux fe préfenta pour les vifiter ; & fur le refus des Religieufes, il porta une Sentence d'excommunication dont elles interjetterent apel au St. Siége en 1496.

Dix ou douze ans après, c'eft-à-dire, en 1507. le Vicaire-Général de l'Abbé *d'Eunnes* du même Ordre, prétendant encore avoir droit de vifite, elles furent obligées de recourir au Parlement, qui décida en leur faveur, & les maintint fous la jurifdiction de l'Evêque de Maguelone. Les raifons qu'elles aportoient pour cela, étoient que par la Bulle d'Alexandre III. elles étoient foûmifes à la jurifdiction de l'Evêque, *Salvâ fedis Apoftolicæ authoritate, & Epifcopi Diœcefani Canonicâ juftitiâ* : & pour prouver la poffeffion où étoit l'Evêque de Maguelone, elles raportoient plufieurs de fes Ordonnances, & particuliérement une de 1332. portant, que les Religieufes n'iroient pas aux folemnités de noces, & ne refteroient point hors du Monaftére pour les affaires du Couvent au-delà d'un mois, fans caufe legitime, & fans le confentement de la Prieure.

Cette queftion fur la Jurifdiction fut agitée précifement dans le tems qu'on fit une union confidérable au Monaftére de St. Felix. C'étoit l'union d'un autre Monaftére dit de St. Leon, que nous avons vû établi en 1223. par Jean de Montlaur depuis Evêque de Maguelone. L'Abbé de St. Sauveur d'Aniane Commiffaire député par Martin V. fit cette union le 11. Juin 1429. en conféquence de la démiffion que Ricarde Raymonde Prieure de St. Felix avoit donné en faveur de Jeanne de Montlaur, qui par ce moyen réünit les deux Monaftéres & les deux Superiorirez en fa perfonne.

Il y a aparence que cette nouvelle Superieure ayant été à St. Leon fous la Jurifdiction de l'Évêque, elle ne fut pas fachée de s'y conferver à St. Felix, & qu'elle apuya les raifons qu'on fit valoir pour cela. On conferve l'Aprobation de *Leger* Evêque de Maguelone, datée du même jour que l'union fut faite : & parce que le Pontificat de Martin V. fouffrit les contraditions que nous avons vû dans le IV. Livre de cette Hiftoire, on prit foin fous fon Succeffeur Eugene IV. de renouveller tous les Actes déja faits fous Martin V. De là vient qu'on trouve dans les Archives de cette Maifon les mêmes procédures pour le même fujet fous ces deux Papes, avec cette feule différence, que les unes font de l'année 1429. fous Martin V. & les autres de 1432. fous Eugene. Il eft encore à obferver que dans tous les Actes concernant cette union, il eft toûjours fait mention des Prieurés de *St. Bauzile de Montmel* & de celui de *St. Germain de Fournez*, parce qu'ils étoient déja unis depuis long-tems à celui de St. Leon, & qu'on croyoit devoir les énoncer expreffement, afin de faire voir que le Monaftére de St. Leon étoit uni à celui de St. Felix avec toutes fes dépendances.

Les Religieufes de St. Felix avoient alors leur Monaftére fur la haute colline que l'on trouve à main gauche aux aproches de Gigean en venant de Montpellier. On y voit encore des reftes du grand Bâtiment qui faifoit leur ancienne demeure ; mais le goût ayant changé dans le feiziéme fiécle, on crut qu'elles feroient beaucoup mieux dans Gigean même, qu'au milieu de la Campagne, où elles avoient été jufqu'alors, & l'on obtint du Pape Leon X. une Bulle du 8. Decembre 1514. qui leur permit de fe transferer dans le nouveau Monaftére qu'on leur avoit bâti à Gigean, avec la confervation de tous les priviléges qu'elles avoient eu auparavant.

Elles y font encore, depuis plus de deux cens ans, fous la conduite d'une Superieure perpétuelle, que les anciens actes appellent Prieure, & qu'on nomme maintenant Abbeffe.

HISTOIRE DE MONTPELLIER.

Celles dont j'ay trouvé le nom dans leur vieux titres font.

Guillaumette *de Suriech* . en 1270.
Cecile *de Loziere* . . en 1339.
Ricarde *Raymonde* qui se démit en 1429
Jeanne *de Montlaur* qui lui succeda la même annnée.
Marie *Desports* en 1457. & l'étoit encore en 1472.
Jeanne *Garsabalde* l'étoit au commencement de 1500.
Anne *Garsabalde* confirmée par le G. Vicaire de Maguelone le 11 May 1517
Marie *Garsabalde* l'étoit encore en 1548.
Jeanne de Carcassonne *de Soubez* prêta serment au Pape Clement VII.
au commencement de 1600.
Marie Bournet *de Marignac* . . vers 1630.
Jeanne *de Fabre* . . . . en 1656.
Catherine *de Joly* . . . . en 1677.
Renée-Angelique de la Croix de Castries en 1693.
Anne *de la Farre* . . . . en 1723.

CHAPITRE TROISIEME.

L'ABBAYE DE BONLIEU, OU, DU VIGNOGOU.

JE n'ay trouvé dans les Archives du Vignogou qui m'ont été ouvertes, aucun titre qui pût fixer l'époque de la fondation de cette Abbaye ; mais il n'y a pas lieu de douter, qu'elle ne fût déja fondée dans le douziéme siécle, puisqu'on a encore les actes de plusieurs donations qui furent faites à ce Monastére, pour la dot des premieres Filles qui s'y firent Religieuses.

Telle est la donation de huit seterées de terre, que *Guillaume de Pignan* fit à l'Eglise de Bonlieu en 1150. celle de *Bernard Arnail* du mois d'Avril 1153. & quantité d'autres, des années suivantes 1162. 1163. 1172. 1173. &c. où il est à observer que les Abbesses prennent souvent la simple qualité de Prieure.

Le nombre des Religieuses se trouvant augmenté considerablement en 1178. le Pape Alexandre III. les prit sous sa protection ; & dans le Siécle suivant Jacques I. Roy d'Arragon & Seigneur de Montpellier, leur donna des Lettres. Patentes de l'année 1231. par lesquelles il les met sous sa Sauvegarde.

Peu d'années après on fut obligé de restraindre le nombre des Filles qui demandoient à entrer dans cette maison, comme il paroît clairement par les Lettres d'Innocent. IV. données à Lyon la seconde année de son Pontificat, c'est-à-dire en 1243. par lesquelles il ordonne qu'on ne reçoive dans le Monastére de *Bonlieu*, appellé communément le Vignogou au delà de quarante Réligieuses. En même tems il adressa un Mandat Apostolique à l'Abbé de *Valmagne* Ordre de Cîteaux, pour se transporter audit Monastére, & y instruire les Religieuses des Regles de leur Etat, avec ordre audit Abbé de leur administrer les Sacremens de l'Eglise.

Ce Pape donna des nouvelles marques de son affection pour ce Monastére dans une Bulle de l'an 1245. adressée aux Religieuses & à l'Abbesse du Vignogou, par laquelle il les prend sous sa protection, & confirme pour toûjours leur établissement : *Dilectis Filiabus & Abbatissæ Monasterii de Bono-loco seu de Vignovolo Magalonensis Diœcesis in quo estis Mancipatæ divino obsequio, sub nostra Protectione suscipimus. ... Statuentes ut ordo Monasticus qui secundùm Deum & Sti. Benedicti*

II. PARTIE. LIVRE DIXIÈME.

nedicti regulam atque institutionem Cisterciensium Fratrum à vobis ante Concilium generale susceptum in eodem Monasterio institutus esse dignoscitur perpetuis ibidem temporibus inviolabiliter observetur.

Dans cette même Bulle Innocent IV. leur confirme, selon l'usage de ce tems-là, les possessions qu'elles avoient déja, qui sont énoncées en ces termes: *Possessiones quas habetis in territorio de Malveiranegues, de Palus, de Cumbas, de Prosa, de Fenolleta, de Galsa, de Popiano, de Giniaco . . . . in territoriis Sti. Stephani de Piniano, Sti. Martini du Vignogou, Sti. Stephani Disensac, &c.*

Toutes ces possessions, avec la protection que ces Religieuses eurent de la part des Souverains Pontifes & des Seigneurs de Montpellier, les mirent en état de bonifier considerablement les environs de leur Monastere, en entreprenant des travaux qui subsistent encore sur la petite riviere de *Gadiran*, qui coule entre le lieu de St. George & le Château de St. Martin, dans une agreable plaine où l'Abbaye du Vignogou se trouve située. Elles entreprirent d'y faire des digues & des moulins dont elles demanderent la permission à Jacques II. Roy de Majorque & Seigneur de Montpellier, qui la leur accorda par ses Lettres-Patentes données à Perpignan le 10. d'Octobre 1299. qui sont exprimées en ces termes.

Noverint universi quod nos Jacobus Dei gratiâ, Rex Majoricarum, Comes Rossilionis & Ceritaniæ, ac Dominus Montispessulani per nos & nostros de gratiâ speciali concedimus & damus licentiam venerabili Abbatissæ Monasterii de Vignevolo, & eidem Monasterio & Conventui & Monialibus dicti Monasterii præsentibus & futuris in perpetuum quod possint & liceat authoritate nostrâ facere pixeriam sive verqueriam in rivo de gadirano qui discurrit & est inter castrum de sancto Georgio & dictum Monasterium. Et aquam dicti rivi accipere & derivare & conducere infra possessiones dicti Monasterii & ibi facere molendinum sive molendina in quibus possint molere seu moli facere blada sua & aliarum personarum pro ut eis visum fuerit expedire & aquis dicti rivi uti, & eum expletare pro ut utilitati & necessitati dicti Monasterii viderint expedire quam concessionem facimus & intendimus facere sine præjudicio eorum qui circa dictum rivum habent possessiones. Et salvo dare in omnibus, mandamus nostrum locum tenenti in Montepessulano & cæteris officialibus nostris præsentibus & futuris quod hanc præsentem concessionem nostram observent, & eam faciant inviolabiliter perpetuò observare in cujus rei testimonium & ad majorem firmitatem prædictæ concessionis nostræ, præsens instrumentum sigillo nostro pendenti jussimus communiri. Datum ad Perpinianum 11. Kal. Novembris anno Dñi. 1299.

L'exemption du payement des dîmes que le IV. Concile de Latran avoit accordé à tout l'Ordre de Cîteaux, attira dans ce même tems aux Réligieuses du Vignogou un grand Procès, qui leur fut intenté par les Prieurs de *Montarnaud* & de *Valhauquez*, qui prétendirent qu'elles leur devoient la dîme pour les metairies de *Fenoullette* & pour Puy-Maurin. L'affaire ayant été portée à *Gaucelin de la Garde* Evêque de Maguelone, il commit le Sacristain de son Eglise nommé *Berenger Domelas* pour en connoître; mais celui-ci ayant été prévenu par la mort, Gaucelin par des nouvelles Lettres données à *Murviel* le 12. Janvier 1300. nomma Jean de Montlaur Archidiacre de Maguelone, qui jugea en faveur des Réligieuses du Vignogou, & donna ses Lettres adressées aux Recteurs des Eglises Ste. Marie de *Montarnaud* & St. Saturnin de *Valhauquez*, portant, qu'attendu qu'elles avoient acquis ces Metairies long-tems avant le Concile Général tenu à Latran sous Innocent III. elles devoient être exemtes du payement des dîmes. *Acta fuerunt hæc in Montepessulano in Canonicâ Ecclesiæ Beati Firmini. Anno Dominicæ Incarnationis 1301. non. Junii.* Signifié ausdits Recteurs des Eglises de Montarnaud & de Valhauquez par *Pierre Cota Avocat de Montpellier & Sindic du Monastere du Vignogou : per exhibitionem litterarum etiam linguâ Laïcâ factam.*

Il paroît par la décision de Jean de Montlaur, que l'acquisition des Metairies de la *Fenoullette* & *Puy-Maurin* avoit été faite par les Réligieuses du Vignogou long-tems avant le quatrieme Concile de Latran, c'est-à-dire avant 1215. qui fut l'année de la tenuë de ce Concile, d'où l'on peut tirer une nouvelle preuve de l'établissement de cette maison dans le douzieme siecle, comme nous l'avons dit au commencement de cet Article : mais je ne sçai si le même Jean de Montlaur, n'avoit point alors une sœur ou une niéce dans ce Monastere ; car je trouve dans

Gggg

les Archives de l'Abbaye une *Marguerite de Montlaur* qui fut Abbeſſe en 1327.

Elle conduiſit ſa Communauté avec la prudence & l'habileté qui fut propre à ceux de ſa maiſon qui occuperent le ſiege de Maguelone, & les premieres dignitez de cette Egliſe : mais après ſon adminiſtration, les choſes changerent beaucoup dans le Gouvernement du Vignogou ; car une des Abbeſſes qui lui ſuccederent ayant voulu, par je ne ſçai quelle raiſon unir, ſa Communauté avec celle des Proüillanes de Montpellier, elle donna lieu à un grand procès qui traîna long-tems à la Cour du Gouverneur de Montpellier, puis au Conſeil du Roy à Paris, & enfin à la Cour du Pape à Avignon, où l'affaire étoit pendante lorſqu'il fut tranſigé entre les deux Communautez pour ſe régler enſemble.

Cette tranſaction que j'ai eu entre les mains, marque ſeulement les conventions paſſées entr'elles ; mais on en peut tirer quelque connoiſſance ſur le fonds de leur different. " Il y eſt dit d'abord que les Sœurs du Monaſtere de Proüillan, ſça-
,, voir, Catherine de *Clapiers* l'ancienne & Prieure du Couvent, les Sœurs *Gauſette*
,, *& Colombiere*, autre Catherine de *Clapiers* dite la jeune, *Sibille Guiramende*, *Gau-*
,, *dioſe Roquette*, *Ginette de Cadoule*, *Ermenſende Jacobe*, Senezone *Alemande*, Guil-
,, lelme de *St. Quentin*, Eleonor *Boſquete*, & Aſturge *de Boſc*, autoriſées par
,, maître Pierre-Ranchin Provincial des Freres Prêcheurs de Provence, & Frere
,, Guillaume *Finard* du même Ordre, Supérieur dudit Couvent, conviennent de
,, tranſiger avec Jean *Garnier* Prieur de *Cardonet* Diocèſe de Beziers, Procureur
,, fondé de la Dame Abbeſſe du Vignogou & des Sœurs dudit Monaſtere avec Jean
,, Abbé de Valmagne Viſiteur du Monaſtere du Vignogou, noble & Puiſſant-homme
,, Philippe de *Pannat* Seigneur d'Aleſt, tant pour lui que pour ſon frere Loüis de Pannat.

,, Leſquelles Parties convinrent toutes, que les Religieuſes de Proüillan renonce-
,, roient à l'union qui avoit donné lieu au procès, à condition qu'elles auroient tous
,, les biens immeubles qui avoient apartenu au Vignogou, en maiſons, jardins,
,, prez & champs en cenſives & uſages dans Montpellier: *Caſtelnau & Lates*, excepté la
,, maiſon à trois étages, qui eſt déſignée près de Saint Jean, & dans la ruë dite St. Jean
,, qui devoit reſter au Vignogou, que les dépens ſeroient compenſés entre les Parties,
,, que les fruits du paſſé reſteroient entre les mains de celles qui les auroient reçûs;
,, mais qu'à l'avenir, ceux qui ſeroient à recevoir apartiendroient au Vignogou.

,, Les Proüillanes rendront les biens meubles, comme ſont les Calices, le
,, Bras de Saint Martin, & autres ornemens d'Egliſe, avec les papiers qui ap-
,, partiennent au Vignogou ; elles garderont les papiers qui concernent les effets
,, qui leur ont été cedés, & celles du Vignogou leur remettront de bonne foy
,, ceux qu'elles pourront trouver.

,, Convenu qu'on feroit ratifier la preſente Tranſaction par l'Abbé de *Bonneval*
,, Superieur immédiat de l'Abbaye de Valmagne & du Monaſtére du Vignogou...
,, & d'autre part, que les Proüillanes la feroient ratifier par le Général de leur
,, Ordre. Fait & paſſé à Montpellier le 30. Septembre 1466. preſens *Jacques Mal-*
,, *hac* Prêtre-Curé de Saint Guilhem.

,, Et le même jour Marguerite *d'Aramont* Abbeſſe du Vignogou, & Margue-
,, rite de Rochefort, avec toutes les autres Religieuſes dudit Monaſtere, ratifié-
,, rent le tout en preſence de l'Abbé de Valmagne leur Protecteur & Viſiteur,
,, & noble Arnaud Dupuy Conſeigneur du lieu *de Puyvoiſin*: & le ſamedi ſuivant
,, le preſent Acte a été expedié par ordre d'Excellent Homme Jean *Angeli* Pro-
,, feſſeur ès Loix, & Juge de la Cour Royale du Bailly.

Ratifié & aprouvé le même jour à Montpellier, par Frere *Martial Auribel*
d'Avignon, Géneral de l'Ordre des Freres Prêcheurs.

Les conditions de ce Traité diminuérent conſiderablement les revenus de l'Abbaye du Vignogou : dès-lors le nombre des Religieuſes fut beaucoup moindre qu'il n'avoit été auparavant; & les troubles de la Réligion qui ſurvinrent dans le ſiécle ſuivant, acheveront de réduire cette Communauté à la ſeule Abbeſſe avec quatre ou cinq Religieuſes : elles paſſerent tout le reſte du ſeiziéme ſiécle, & le commencement du dix-ſept dans les craintes & les frayeurs où ſe trouvoient expoſées des Filles qui habitoient au milieu de la campagne. Ce ne fut qu'après le ſiége de Montpellier qu'elles joüirent de quelques repos : mais le ravage qui avoit été fait à leurs terres, & le peu de disposition qu'on trouva dans les Filles du pays pour venir se confiner à la campagne, fit naître la pensée d'attirer à Montpellier les Religieuses du Vignogou : l'affaire traîna durant quelques années, & les permissions necessaires ayant été obtenuës du Roy, du Géneral de leur Ordre, de la Ville, & de l'Evêque de Montpellier, elles acheterent la maison du Sieur de Rignac près des Augustins, où elles dresserent une Chapelle qui fut benite le 30. du mois de Juin 1683. par Messire Charles *de Pradel* Evêque de Montpellier.

Leur ancienne Eglise du Vignogou subsiste encore en son entier, au milieu des bâtimens qui formoient autrefois le Monastére des Religieuses : elles y envoyent tous les Dimanches & Fêtes un Prêtre de Montpellier pour y dire la Messe, depuis la démolition de l'Eglise Paroissiale de Saint Martin du Vignogou, dont on voit les ruines entre le Château de Saint Martin & l'Abbaye dudit Vignogou.

Voici le nom des Abesses que j'ay trouvé dans les tittes de cette maison.

Bernarde . . . . en 1174.
Ermengarde . . en 1181. & 1191.
Beatrix . . . . en 1239.
Gaudiose de Avena . . . en 1300.
Marguerite de Montlaur . en 1327.
Marguerite d'Aramont, signa en 1446. la transaction passée entre sa Communauté & celle des Prouillanes.
Marguerite de Pannat succeda immédiatement à Marguerite d'Aramont.
Marguerite Almande prit possession en 1504.
Jeanne Azemar se démit en 1585. en faveur de *Jeanne de Claret* de S. Felix.
Jeanne de Montenard reçuë Coadjutrice en 1610.
Claudine de St. Bonet de Toiras . . en 1622.
Tifene-Françoise de Nogaret de Calvisson en 1664.
Louïse-Angelique de Berard de Bernis en 1713.
Elizabeth-Gabrielle de Bernis, Sœur de Louïse en 1724.

CHAPITRE QUATRIEME.

L'ABBAYE DE Ste. CLAIRE, DITE DU PARADIS ET DE St. DAMIEN.

CE Monastére fut établi dans le XIII. siécle à l'extremité du Faubourg de la Saunerie dans un champ qui apartient aujourd'huy au Sieur *Julien*, entre les Carmes Déchaussés & le grand Saint Jean. Je ne trouve point d'où lui vint le surnom de *Paradis* ; mais on remarque qu'il prit celui de St. *Damien* de l'Eglise de St. Damien à Assise, où Ste. Claire avoit fondé la premiére maison de son Ordre : on ajoûte qu'après la Canonisation de cette Sainte, on donna son nom au Monastére de Montpellier, qui fut toûjours depuis apellé de Sainte Claire.

Les premieres Religieuses de son Ordre qui s'établirent en cette Ville, sont apellées *Moniales Beatæ Mariæ de Paradiso Ordinis Sti. Damiani apud Montempessulanum in suburbiis*, comme on le voit dans les lettres que Pierre de *Conchis* Evêque de Maguelone leur donna en 1254. par lesquelles il les déclare exemptes de tout droit Episcopal dans le temporel & dans le spirituel ; ne se reservant pour le temporel qu'une livre de cire tous les ans, & pour le spirituel la bénediction de l'Abbesse, la consecration des Réligieuses, la Dédicace de l'Eglise & des Autels, avec l'Administration des Sacremens lorsqu'il en seroit requis par elles.

Le Pape Alexandre IV. confirma ce privilege par une Bulle du 5. Mars 1255.

dans laquelle il rapelle tout au long les lettres que l'Evêque de Maguelone leur avoit déja donné : Il les nomme *Sœurs de Notre-Dame du Paradis*, *Recluses de St. Damien*, *sous la Régle de St. Benoît* ; & il nous aprend que Gregoire IX. avant que d'être Pape, leur avoit donné leur Régle. Alexandre IV. après avoir pris sous sa protection les Religieuses de ce Monastére avec tous leurs biens, leur donne pouvoir de recevoir les personnes libres qui voudront embrasser leur Régle, avec défense à celles qui auront fait profession de sortir jamais de leur Monastére. Il les exempte de rien donner pour les Saintes Huiles, & pour l'administration des Sacremens, que l'Evêque Diocésain leur donnera *gratis*, autrement il leur permet d'avoir recours à tout autre Evêque Catholique : & dans la vacance du siége de Maguelone, vous pourés (leur dit-il) " recevoir sans contradiction les „ Sacremens de tout Evêque Catholique, sans néanmoins que cela puisse tirer à au- „ cune consequence contre le nouvel Evêque qui sera élû.

Ensuite il leur permet qu'après la mort de leur Abbesse, toutes les Sœurs assemblées puissent en choisir une à la pluralité de voix, & qu'au tems d'un interdit général (auquel elles n'auroient pas donné lieu) elles puissent faire l'Office à huit clos, annullant toute Sentence d'interdit, ou de suspense, qui seroit portée contr'elles, par les Evêques ou Recteurs des lieux, au préjudice des Indults accordez par le St. Siege.

Le Pape Clement IV. natif du bas Languedoc, donna un Bref raporté dans les Analectes du P. Mabillon, par lequel il accorde quarante jours d'Indulgence à tous ceux qui étant contrits & confessés, visiteroient l'Eglise de St. Damien de Montpellier. Donné à Viterbe le 28. Avril. 1267. & adressé aux Réligieuses de ce Monastere en ces termes : *Dilectis in Christo filiabus Abbatissa & Conventui Monasterii Sti. Damiani de Montepessulano Ordinis Stæ. Claræ Magalonensis Diœcesis*.

Ces Réligieuses, à qui nos Archives de l'Hôtel de Ville donnent souvent le nom de *Minoretes*, après avoir demeuré envion deux cens soixante-six ans dans leur premier Monastére, resolurent de s'aprocher de la Ville, & de se changer dans le Faubourg de la Saunerie, au Couvent que les Réligieux de l'Observance venoient de quitter, pour prendre celui des Conventuels, où ils furent introduits par le credit de la Duchesse d'Angoulême Mére du Roy François I.

La translation des Minoretes fut faite en 1527. sur la fin de l'Episcopat de *Guillaume Pelissier*, qui avoit déja son neveu pour Coadjuteur dans le siege de Maguelone. Nous aprenons cette circonstance de Garriel dans la suite des Evêques de Maguelone. *Hic juniore nepote designato præsule sacris nondum initiato, cum Avenionensi Legato divæ claræ Moniales in Observantiæ Minoris, uti vocant cœnobium transtulit*.

Elles y resterent jusqu'en 1562. qui fut l'année des premiers troubles que les Calvinistes excitérent à Montpellier. La plûpart des Religieuses de Ste. Claire se retirerent au Monastere de leur Ordre, en la Ville de Beziers, comme il est dit dans un Acte que je raporterai plus bas ; & depuis ce tems-là elles ne pûrent plus revenir à Montpellier.

J'ai trouvé dans les archives des Peres Recollets de cette Ville, que les affaires étant devenuës plus tranquiles en 1592. les Peres Cordeliers de Montpellier eurent la liberté d'y revenir, & que le *Pere Simon Pibris* leur Gardien, fut chargé de la procuration de Dame Isabeau *de Pradines* Abbesse du Couvent de Ste. Claire de Montpellier, pour vendre & aliener le sol de son Monastere : en consequence ledit *Simon Pibris* fit vente au Sr. Pierre *Hermet* Apoticaire de Montpellier d'une partie de l'emplacement du Couvent de Ste. Claire qui est désigné de la sorte.

„ Etant ladite place située hors les murs de Montpellier, & près la porte de „ la Saunerie, qui confronte avec le tripot appellé de *Miron*, ruë au milieu : d'au- „ tre côté confronte avec la ruë par laquelle on va à la Dougue & au Portail „ du Peirou, & avec une Maison de feu *Guigon Bedos*, & ses confrontations plus „ vrayes si point en y a, dans laquelle on y a fait plusieurs creux remplis de „ fumier : tellement que icelle place ne sert plus d'aucune chose que de chemin „ ordinaire à un chacun, étant icelle de tout démolie, ayant été emporté, toute la „ pierre jusqu'aux fondemens, &c.

Et

Et par autre Acte du même jour le Pere *Simon Pibris* au même nom de Procureur de ladite Abbesse *Isabeau de Pradines*, fait vente à Pierre Boisson Maréchal de Montpellier, d'un petit casal avec un petit pâtus hors les murs de Montpel- "
lier, & au Faubourg de la Saunerie, joignant la place où autrefois a été le Cou- "
vent des Réligieuses de Ste. Claire, qui confronte avec autre maison de Pierre "
Boisson Maréchal, & avec une autre maison de Jean *Fourelhet* Rhodier ; ledit pâ- "
tus au milieu avec la rue qui est entre l'Eglise de St. Thomas & ledit Cou- "
vent, &c. "

Les troubles n'ayant cessé à Montpellier qu'après le siége de 1622. les Réligieuses de Ste. Claire furent invitées avec toutes les autres Communautés de revenir à Montpellier ; mais aucunes d'elles n'ayant paru, peut-être à cause de leur mort, les biens qui leur avoient apartenu furent apliquez à la dotation des filles de la Visitation, que Mr. de Fenoüillet établit en cette Ville en 1630. on leur attribua la Métairie dite de *las Mourgues*, au-delà de St. Martin de Prunet ; comme abandonnée par les Filles de Ste. Claire ; & dépuis ce tems-là je ne trouve d'autre mention de leur Monastére, que dans les Archives des Récollets de Montpellier, où l'on voit un Acte passé par-devant *Baissiere* Notaire de Beziers le 4. Janvier 1654. où les Réligieuses disent, que celles du Monastére de Ste. Claire de Mont- "
pellier ayant été contraintes pendant le trouble des guerres, de quitter leur Mo- "
nastére de Montpellier, & de s'unir à celui de Beziers, où elles ont fini leurs "
jours, il est notoire que le Couvent de Ste. Claire de Montpellier apartient aux "
Réligieuses de Ste. Claire de Beziers. A raison de quoi les délibérantes sçachant "
que le Pere *Isidore de l'Eute* Récollet de la Citadelle de Montpellier, travaille "
à établir ceux de son Ordre audit Montpellier, elles subrogent en leur lieu & "
place lesdits Récollets, pour retirer des mains des usurpateurs, le sol où étoit le "
Couvent des Réligieuses de Ste. Claire de Montpellier. "

La bonne volonté de ces Réligieuses pour les Récollets n'eut aucun effet, parceque les particuliers qui avoient acquis une partie de l'emplacement, produisirent leurs titres, en vertu desquels ils furent maintenus dans leur possession (& d'autres personnes charitables, dont il a été déja parlé dans l'article des Récollets) leur donnerent le moyen de s'établir ailleurs plus avantageusement. Ainsi les choses cedées resterent en l'état où elles étoient, les Acquereurs conserverent l'emplacement qu'ils avoient acquis, & qu'ils ont encore dans la grande rue du Faubourg de la Saunerie ; mais le derriere de leurs maisons qui consiste en un grand jardin potager, sous le nom de *la petite Observance*, retourna aux Cordeliers qui en joüissent présentement.

Je n'ai trouvé dans les titres de cette maison d'autre nom de leurs Abbesses que celui d'*Isabeau Pradines*, qui donna en 1592. sa procuration au Pere *Pibris* pour aliener les effets que ses Réligieuses avoient quitté.

CHAPITRE CINQUIEME.

LES RELIGIEUSES DE St. DOMINIQUE, DITES LES PROUILLANES.

L'Histoire de l'Ordre de St. Dominique nous aprend que le Chapitre Provincial tenu à Avignon en 1294. commit & députa le Pere Bernard *Grandis*, pour faire à Montpellier la fondation d'un Monastére de Filles de leur Ordre, auxquelles on donnoit alors le nom de Proüillanes, à cause du Monastére de Proüille dans le Diocése de *St. Papoul*, fondé du vivant de St. Dominique.

La même Histoire ajoûte, qu'on donna pour adjoints au Pere *Grandis*, deux autres Réligieux natifs de Montpellier, l'un apellé *Dieu-donné Fabri*, & l'autre *Gautier Aiguillon*, lesquels choisirent un emplacement sur le chemin de Celle-Neuve au-dessus du Couvent que les Réligieux de leur Ordre avoient déja à la Portaliere. On marque que c'est tout joignant le lieu dit aujourd'hui *la Métairie de Bargues*, dans une enceinte de murailles apellée le *Clos d'Arnail*, & que Berenger de Fredol Evêque de Maguelone y consacra leur Eglise. La premiere Religieuse qui y prit le voile est nommée la Vénérable Mere *Prestendine*, qui fut suivie de dix autres, & bien-tôt elles augmenterent jusqu'au nombre de trente-quatre.

Jacques II. Roy de Mayorque qui étoit alors Seigneur de Montpellier, voulant favoriser leur établissement, leur permit d'acquerir des terres jusqu'à la concurrence de deux cens cinquante livres melgoriennes de revenu, qui étoit une somme considerable pour ce tems-là, comme on a pû le voir dans cette Histoire, à l'occasion de l'échange de Montpelieret avec la Baronie de Sauve. Nous avons les Lettres que Jacques II. leur fit expedier à Perpignan le cinq de Janvier 1296. dont voici la teneur.

Noverint universi, quod nos Jacobus Dei gratiâ Rex Majoricarum, Comes Rossilionis & Ceritaniæ, & Dominus Montispessulani, cum hoc nostro instrumento, damus & concedimus licentiam & potestatem, Priorissæ & Conventui Sororum Monasterii Pruliani noviter constituti in Montepessulano, emendi seu alio titulo acquirendi in Montepessulano, & dominatione nostra, & Baronia ac districtu ejusdem, scilicet de allodiis & malodiis tantùm possessiones & reditus, sive jura allodialia quæ communi æstimatione ascendant seu valeant ducentas libras Melgorienses in reditibus. Et in hac concessione jurium & valoris dictarum ducentarum librarum intendimus, & volumus esse inclusa bona immobilia sive jura allodialia quæ jam seu acquisiverunt infra terram & jurisdictionem nostram Montispessulani, excepto loco in quo jam ædificaverunt vel ædificare intendunt Monasterium, & horto ejusdem, quem locum ultrà concessionem nostram prædictam dictæ Priorissæ ac Conventûs ejusdem esse volumus assignatum pro dicto Monasterio ibidem construendo, & horto ibidem necessario ad usus suos tantùm, ita quod dicta Priorissa & Conventus ejusdem possint emere & acquirere dicta jura & possessiones allodiales usque ad dictam quantitatem sine impedimento nostro & nostrorum, ut superiùs continetur. Mandantes tenenti locum nostrum & Procuratoriis nostris in Montepessulano & universis aliis officialibus nostris præsentibus & futuris, quod prædictorum concessionem nostram firmam habeant & observent & ne contrà veniant nec aliquem contra venire permittant aliquâ ratione, & ad majorem firmitatem omnium prædictorum præsens instrumentum sigillo nostro pendente jussimus communiri. Datum Perpiniani idibus Januarii anno Domini millesimo ducentesimo nonagesimo-sexto.

Dans le mois d'Août suivant, le Roy Philippe le Bel, qui depuis peu d'années avoit acquis Montpelieret, voulut suivre l'exemple du Roy de Mayorque en faveur de ces Religieuses, en leur permettant d'acquerir dans le district qui lui apartenoit, jusqu'à deux cens cinquante livres tournois de rente. Ses Lettres sont dattées de Paris du mois d'Août, l'an de l'Incarnation 1296.

Philippus Dei gratiâ Francorum Rex illustris, notum facimus universis, tam præsentibus quam futuris, quòd cum magnificus Princeps carissimus avunculus & fidelis noster Jacobus Dei gratiâ Majoricarum Rex illustris, religiosis mulieribus, sororibus Beati Dominici de Pruliano duxerit concedendum: quòd ipsæ apud Montempessulanum construere sibi possint Monasterium & possessiones seu allodia ad opus Monasterii suprâdicti. Nos cupientes cultum augeri divinum, consilium hujusmodi laudamus, approbamus, & tenore præsentium confirmamus, addentes & eisdem Sororibus divini amoris intuitu concedentes, quòd ipsa usque ad summam ducentarum librarum turonensium annui & perpetui reditûs, quæ sint tamen allodia ad ipsius opus Monasterii acquirere cum sibi viderint, expedire valeant, easque perpetuò possidere pacificè & quietè, absque coactione vendendi, vel extra manum suam ponendi, salvo in aliis jure nostro & quolibet alieno. Quod ut ratum & stabile permaneat in futurum, præsentibus litteris nostrum fecimus apponi sigillum. Actum Parisiis, anno Incarnationis Dominicæ millesimo ducentesimo nonagesimo-sexto, mense Augusti.

Nous avons dans les Archives de la Ville le *Visa* de ces deux Lettres-Patentes, expedié par *Deodat Ambrosi* Bailly Royal de Montpellier le 21. de Janvier 1406.

Cependant les Religieuses de St. Dominique se trouvant plus exposées qu'aucune autre Communauté, au ravage que les troupes congediées firent dans le pays, après la prise du Roy Jean, elles résolurent de changer de lieu ; & pour le faire

II. PARTIE LIVRE DIXIEME.

avec avantage, elles firent agir l'Abbesse de Prouille auprès du Cardinal *Anglic Grimoard* son proche parent, à qui les Consuls de Montpellier n'avoient rien à refuser, depuis les services essentiels qu'il avoit rendu à la Ville pendant la sédition arrivée tout récemment sous le Duc d'Anjou. Ce Cardinal employa si heureusement son credit, qu'il fit prendre une déliberation dans le Conseil de Ville, de donner aux Religieuses de Prouillan l'Hôpital de St. Guillem, dans le Faubourg du même nom, fondé autrefois par Guillaume fils d'*Ermensende*.

Le Verbal qui en fut dressé, contient plusieurs circonstances curieuses pour notre Histoire, que j'ai crû devoir raporter ici. Il y est dit que le 4. Decembre 1381. " les Consuls de Montpellier, sçavoir, Jacques de *Manhania*, Pons *Sabran*, Pierre " *Seguier*, &c. Patrons de l'Hôpital St. Guillaume, exposerent à Bernard *Texier* " Bailly Royal de Montpellier, que les Religieuses de N. Dame de Prouillan étant " exposées dans le lieu où elles sont, aux courses des voleurs qui ravagent actuel- " lement le Pays : *Præsentem patriam hostiliter deprædantium*. Le Cardinal Anglic " auroit induit les Consuls par ses instantes prieres, de leur donner l'Hôpital " St. Guillem, ce qu'ils auroient fait, après avoir assemblé un Conseil général " de deux cens vingt hommes de Montpellier, pris *de majoribus, de mediocribus*, " & *de minoribus Villæ*, qui y ont consenti : par quoi ils requierent le Bailly de " ratifier cette donation ; ce qu'il a fait (dit l'acte) comme chose raisonnable, par- " ce que la vie contemplative (ajoûtent-ils) vaut bien les fonctions laborieuses de Marthe. En consequence de quoi ils mettent en possession pour lesdites Religieuses, Frere *Pierre Montanier* leur Superieur, de tous les droits & apartenances dudit Hôpital, à la charge qu'elles feront chanter tous les ans une Messe solemnelle le jour de Ste. Catherine pour les Morts, & tous les jours de l'année de dire à la Messe une Oraison pour l'ame des Fondateurs, & de prier pour la prosperité de la Ville . . . . en soûmettant le tout aux rigueurs du petit Sceau Royal de Montpellier.

Le lendemain 5. Decembre leur Superieur Frere *Montagnier* & *Agnes de Auffac* Prieure, *Saure de Heusiere* Soû-Prieure, & 41. Religieuses assemblées en Chapitre au son de la cloche, accepterent le tout aux conditions portées, disant (que n'ayant (comme disoit St. Pierre, ni or, ni argent, pour leur rendre) elles offroient leurs prieres, qui étoient les seules choses qu'elles avoient à leur disposition, ce qu'elles promettent de faire pour la prosperité du St. Pere Clement VI. du Cardinal Anglic, de R. Pere en Christ Pierre de *Vernobs* Evêque de Maguelone, & de vénérable homme Me. Jean de *Tournemire* Médecin du Pape, qui s'étoit fort interessé pour elles, & pour toute la Communauté de Montpellier.

Parmi les quarante-une Religieuses signées dans cet Acte, comme faisant la plus saine & la plus grande partie de la Communauté, les noms les plus connus, outre *Saure d'Heusiere* Soû-Prieure, sont Martine *Portale*, Gaudiose de *Cazes*, Beatrix de *Quarante*, Raymonde *Bonami*, Françoise de *Vernet*, Ricarde *Trinquere*, Marguerite *Causide*, Florence *Ricarde*, Aigline *d'Aigrefeüille*, Sibille *Texier*, Rique *Vidal*, Marthe *Boissiere*, Causide de *Castanis*, Catherine de *Clapiers*.

„ Et incontinent les susdits Consuls, comme Patrons dudit Hôpital, y conduisi- " rent le Pere *Montanier*, qu'ils firent entrer par la principale porte, promener dans " la maison, fermer & ouvrir les portes, & faire (dit l'Acte) tout ce qui est ne- " cessaire pour une prise de possession. "

Tout ce que je viens de raporter, est écrit tout au long dans la Bulle de confirmation que le Pape Clement VI. donna à Avignon le 12. des Kal. de Juin l'an quatriéme de son Pontificat, c'est-à-dire, 1346. où il fait mention des insultes & des dangers ausquels ces Religieuses se trouvoient exposées dans leur premiere maison. Il leur ordonne qu'en abandonnant ce Monastére, elles ne le laissent point servir à des usages prophanes ; mais qu'un Prêtre capable y aille faire le Service : *quoddam Hospitale pauperum*, dit le Pape, *quod est situm juxta Ecclesiam Sti. Guillelmi*.

Il paroît par ces derniers mots de la Bulle de Clement VI. qu'elles joüirent de l'Hôpital & de l'Eglise de St. Guillem ; mais il faut qu'il leur manquât un Refectoire convenable, puisqu'on trouve dans leurs Archives, que Dominique *de Florence* Evêque de St. Pons, qui avoit été de leur Ordre, mit en 1382. la premiére pierre au Refectoire de leur nouveau Couvent.

Elles y étoient encore logées dans le tems du grand Procès qu'elles eurent en 1446. & qui leur valut l'acquifition des droits que les Réligieufes du Vignogou avoient dans Montpellier. J'en ai parlé fuffifamment dans l'article de cette Abbaïe; mais je ne puis omettre que dans le fiécle fuivant, elles furent chaffées de cette maifon par les Huguenots, & qu'elles ne purent y revenir, qu'après le fiége de Montpellier.

Ce fut en 1635. que Madame de *la Chaife* (tante du Pere de la Chaife Confeffeur du Roy Loüis XIV.) partit de la Ville du Puy avec quelques Réligieufes de fon Ordre, pour rétablir leur maifon de Montpellier. Elles fe logerent aux environs dans le Jardin de Mr. de Trinquere Juge-Mage ; mais fuivant le goût où étoient alors la plûpart des Communautés, de s'établir dans la Ville plûtôt que dans les Faubourgs, elles choifirent au milieu de la Ville la maifon de Mr. Duché, près des Capucins. Le voifinage de ces bons Peres leur faifant connoître que les deux maifons fe nuiroient l'une à l'autre, elles allerent à la Blanquerie dans une maifon de Mr. *du Robin* : enfin après avoir levé tous les obftacles qu'on leur faifoit pour rentrer dans leur ancien emplacement, elles s'y logerent avec le fecours que Mr. *Sartre* Confeiller en la Cour des Comptes, Aydes & Finances de Montpellier, & Madame d'Eftoubleau fa fille, donnerent à ces bonnes Réligieufes.

Leur maifon, qui eft la plus auftere de tous les Couvens des filles de Montpellier, a augmenté confiderablement par les agrandiffemens qu'elles y ont fait, & par le nombre des Religieufes qu'elles ont reçû.

CHAPITRE SIXIEME.

LES RELIGIEUSES DE Ste. CATHERINE ET DE St. GILLES.

CEs Réligieufes, qui avoient leur Monaftere dans le Faubourg du Pile St. Gilles, près des murailles de la Ville, ne nous font bien connües que par leur tranflation dans l'enceinte de Montpellier, qui fut faite en 1337. par *Durand des Chapelles* Evêque de Maguelone.

Nous aprenons des Réglemens que cet Evêque leur donna, qu'elles portoient autrefois le manteau blanc, & qu'après leur tranflation, il fut réglé qu'elles le porteroient noir. *Licet Dominæ Moniales & earum Prædeceffores ufæ fuiffent portare mantellum album, propter commutationem tamen & apparentiam majoris devotionis & religionis, ædem Dominæ Moniales & earum Succeffores, portare poterunt, & debebunt in antea mantellum nigrum ex Ordinatione & Statuto per dictum Dominum Epifcopum jam factis.* Les Ouvriers de la commune clôture intervinrent dans l'Acte de leur tranflation, avec le Chapitre de Maguelone & Guillaume de *Vefenobre*, Prieur de St. Denis, dans la Paroiffe duquel elles étoient établies.

Ce qui donna lieu à cette tranflation, fut le Teftament d'un nommé Berenger Meyrofe, riche bourgeois de cette Ville, qui legua par Acte du 23. Avril 1348. trois mille cinq cens livres, pour être employées en bonnes œuvres, & particulierement à l'établiffement d'un Couvent de Réligieux où de Réligieufes. Il fubrogeoit aux quatres executeurs qui font nommés dans fon Teftament, les Ouvriers de la commune clôture, lefquels voyant que depuis neuf ans les executeurs teftamentaires n'avoient rien fait, ils s'adrefferent à *Durand* Evêque de Maguelone, avec lequel ils projetterent de mettre dans la Ville les Filles de St. Gilles, dont le Monaftere fitué dans le Faubourg de ce nom, avoit été détruit. *Attendentes quod nuper quoddam Monafterium vocatum Religiofarum Dominarum Monialium Sancti Egidii juxta muros communis Claufuræ Montifpeffulani, & propè portale vocatum Sancti Egidii fituatum, propter præfentium guerrarum difcrimina, penitùs ac funditus fuerit dirutum, deftructum & inhabitabile.*

Pour cet effet, ils acheterent plufieurs maifons attenantes la Chapelle de Ste. Catherine, qui étoit fituée dans l'efpace qui fait aujourd'hui le jardin de **Ste. Urfule**.

Ils

II. PARTIE. LIVRE DIXIÉME.

ils y établirent les Réligieuses de St. Gilles, qui après la perte de leur Monastére, se trouvoient réduites à la derniére pauvreté. *Dominæ Moniales Virgines, quæ in dicto Monasterio existebant, totaliter erant miserabiles factæ.*

Leur nombre étoit réduit à six, qui sont ainsi nommées dans l'acte sur lequel j'écris. Raymonde *Gasque* Prieure, Jeanne *Possel*, Marthe *Domenge*, Marguerite *de Brissac*, Agnés *du Crez*, Jacquette *Bourges*. On leur bâtit un logement convenable auprès de Sainte Catherine, & l'Evêque ayant fait la Benediction de leur Autel, leur donna des réglemens, par lesquels, outre le changement de leur habit, que j'ay déja marqué, il régle qu'elles ne pourront passer le nombre de vingt Réligieuses de chœur, & de quatre Converses qu'il appelle *Donates*. Il veut qu'elles soient toutes de la Ville de Montpellier ou des Faubourgs, nées de légitime mariage, & vraisemblablement vierges. Il les soûmet à sa jurisdiction immédiate, & leur prescrit de garder la Régle de Saint Augustin, qu'on observoit à Maguelone, & qu'elles avoient professé auparavant. *Perpetuò servabunt Regulam Sancti Augustini, secundum usum Ecclesiæ Magalonæ, pro ut per ipsas promissum erat retroactis temporibus.* Il ordonne qu'elles seront appellées à l'avenir, les Rigieuses de N. Dame & de St. Gilles: qu'elles garderont une clôture perpétuelle, parce (ajoute-t'il) que le cloître est pour les personnes consacrées à Dieu, ce que l'eau est aux poissons. *Quia sicut piscis sine aquâ, sic nec Monachus seu Monaca sine Claustro vivere potest.*

Leur Prieure perpétuelle sera élûë par les Réligieuses, toutes les fois que le cas en écherra, & confirmée ensuite par l'Evêque, qui aura droit de la suspendre, & de la destituer.

Elle ne pourra donner l'habit à aucune Fille sans le consentement des Ouvriers de la commune clôture. Chaque Fille qui voudra être reçûë pour Réligieuse, portera dix marcs d'argent, bon & fin, pour survenir aux besoins du Monastére & ses Parens seront tenus de lui assurer une pension de dix livres tournois, payables tous les ans, pour lui fournir des voiles, des habits, des souliers, & autres necessités: elle portera à son entrée un coffre suffisamment garni de tout le linge qui devra servir à son usage.

L'argent que les Filles porteront à leur entrée, & les autres dons qui seront faits au Monastére, seront gardés dans un coffre à trois clefs, dont l'une restera entre les mains de la Prieure, l'autre entre les mains de l'Official de Maguelone, & la troisiéme sera remise aux Ouvriers de la commune Clôture qui auront aussi un inventaire de tous les biens de la Maison; mais si les dons qui seront faits au Monastére n'excédent pas la somme de vingt-cinq livres, la Prieure pourra s'en servir pour l'entretien de sa Communauté.

Par une autre disposition de ces réglemens, il paroit évidemment, que la Chapelle de Sainte Catherine étoit de la Paroisse de Montpellier; & comme nous l'avons observé dans l'article de l'Église de Saint Denis. *Quia verò*, (dit l'Evêque de Maguelone) *prædictum Monasterium, de novo infra dictam Parrochiam Sti. Dionisii fundatur & instituitur, pro-ut Superius est expressum, ut inde ipsa Parrochialis Ecclesia debitam honorificentiam consequatur.*

Il ordonne, que les Prieures du nouveau Monastére, payeront à l'avenir tous les ans au Prieur de Saint Denis, la somme de quatre livres tournois en monnoye courante, dans laquelle somme seront compris les cinquante sols tournois, qu'elles lui payoient auparavant pour leur ancien Monastére du Faubourg Saint Gilles.

Il finit ces réglemens, en leur permettant d'avoir un Cimetiére dans le Cloître ou dans le Chœur, pour les Réligieuses & pour les Converses. Il charge de leur sepulture, le Prêtre qui devoit leur administrer les Sacremens de la Penitence, de l'Eucharistie & de l'Extrême Onction, & qui devoit lui être presenté tous les ans, ou à son Grand-Vicaire, par les Ouvriers de la commune clôture, dans le tems du Sinode de la Saint Luc. Ce Prêtre étoit aussi tenu d'assister aux Processions de Saint Denis, comme il étoit d'usage, & de dire toutes les semaines une Messe de Mort pour l'ame de *Berenger de Meyrose*, Fondateur de la Maison, après que les Réligieuses auroient dit pour lui l'Office des Morts.

HISTOIRE DE MONTPELLIER,

Tout ce que je viens de dire, est tiré de l'acte de fondation, qui m'a été communiqué par les Dames de Sainte Ursule, comme propriétaires du fonds qui appartenoit autrefois aux Religieuses de Sainte Catherine.

Leur ancien emplacement est désigné de la sorte dans les reconnoissances faites en 1386. & 1467. La première au nom de *Jean de Codo* leur Prêtre fondé de procuration, donne pour confronts de ce Monastére, la rûë de la Blanquerie d'un côté, celle de Sainte Catherine de l'autre, par derriere les douze pans de la Ville, & du côté du levant une petite traverse, qui servoit à aller de la rûë de Sainte Catherine aux douze pans. La seconde reconnoissance faite le 2. Juin 1467. par *Jean Andrieu* leur Prêtre & leur Procureur, donne les mêmes confronts; & ce n'est que depuis les acquisitions faites par les Religieuses de Sainte Ursule, que cet emplacement va au delà de la traverse, qui est mentionée dans les deux reconoissances.

La Chapelle de Sainte Catherine, donna le nom aux Religieuses de cette Maison, quoiqu'il eût éte reglé par l'Evêque de Maguelone qu'elles seroient appellées de Notre Dame, & de Saint Gilles. Elles furent dispersées, comme les autres Communautés de la Ville, dans la premiere fureur des troubles de la Religion; & tous leurs biens ayant été unis après le siége de Montpellier aux Dames de la Visitation, les Religieuses de Sainte Ursule acheterent cet ancien emplacement qu'elles ont fort augmenté.

CHAPITRE SEPTIEME.

LES RELIGIEUSES DE LA VISITATION.

LA grande véneration que Mr. de Fenoüillet avoit conservé pour la mémoire de Saint François de Sales son ancien Evêque, le porta sept ou huit ans après la mort de ce Saint, & autant après le Siége de Montpellier, à attirer en cette Ville les Filles qu'il avoit établi sous le nom de la Visitation Ste. Marie. Il communiqua son dessein à *Jean-François de Sales*, Frere & Successeur du Saint Evêque de Geneve, qui fit partir au mois de May 1633. six Religieuses de la maison d'Annecy, première Maison de l'Ordre, pour venir fonder celle de Montpellier.

Le nom de ces premiéres Fondatrices, qu'on a conservé avec soin, à cause de leur éminente vertu, sont.

Loüise-Dorothée de Marigny, parente de Saint François de Sales, & qui avoit reçû le voile de ses mains, après six ans de Supériorité à Montpellier, elle en fut tirée pour être Superieure au *Puy* & à *Billom* en Auvergne.

Gasparde-Angelique Brunier de Moular en Savoye, avoit aussi reçû le voile des mains de leur Saint Fondateur; & après avoir été envoyée aux fondat ons du *Bellay* & de *Chambery*, elle vint à Montpellier où elle finit ses jours en 1660.

Marie-Renée Faber de la ville de Chambery fut reçûë par la Mere de Chantal Superieure Génerale de l'Ordre, & nommée par elle pour la fondation de Montpellier, d'où elle alla faire celle de *Toulouze*, & y fut Superieur durant six ans.

Marie-Jacqueline Grascy vêcut à Montpellier quatorze ans, & y mourut en 1645. agée de 36. ans.

Marie-Marguerite de Vallon, d'une noble & anciene famille du Chablais, mourut à Montpellier en 1688.

Marie-Eleonor des Nouvelles du Duché de Savoye, accompagna la mere de *Faber* à la fondation de *Touloufe*, où elle fut Assistante, & y mourut agée de 68. ans.

Toutes ces Dames étant parties d'Annecy, se rendirent à Avignon par le Rhône, pour venir à Aiguemortes, d'où elles passerent à Perols, où Mr. de Fenoüillet les envoya prendre, & les fit loger chés le Sr. *Bosanquet*, en attendant qu'on leur eût bâti un Monastére.

II. PARTIE. LIVRE DIXIÉME.

Pendant le séjour qu'elles firent durant cinq ans chés le Sr. *Bosanquet*, Mr. de Fenoüillet obtint pour elles du Roy, l'union de l'ancienne Abbaye de *Ste. Claire* & du Prieuré des Réligieuses dites de Ste. Catherine & de St. Gilles. On projetta dès-lors de prendre pour les loger l'emplacement de ce dernier Monastere ; mais Mr. de Fenoüillet ayant formé un plus grand dessein, il fit construire à ses dépens le beau bâtiment qu'elles ont à la rüe de la Blanquerie.

Dans cet intervale leur nombre augmenta considerablement, ensorte qu'elles se trouverent au nombre de plus de vingt Réligieuses lorsqu'il falut aller prendre possession de leur nouveau Monastere. On prit jour au 25. de Juin 1636. qu'elles partirent processionnellement de chés le Sr. *Bosanquet*, pour aller habiter dans leur nouvelle maison. Madame la Duchesse *d'Aluin* Gouvernante de la Province, voulut bien les y conduire, suivie des principales Dames de la Ville. Le Chapitre de la Cathedrale, en l'absence de son Evêque (qui étoit pour lors à Rome) assista à leur Procession avec la Musique de St. Pierre, & tous les Habitans pour solemniser la Fête, tapisserent les rües par où elles devoient passer.

En cette même année, elles eurent la consolation de recevoir la Mere de *Chantal* leur Superieure Générale, qui revenant de Paris, séjourna cinq jours avec elles à Montpellier. On marque qu'après avoir visité toute leur maison, elle leur dit qu'elle y trouvoit une entiere conformité avec leur premier Monastere d'Annecy.

L'Eglise dont elles manquoient ne put être commencée qu'environ dix ans après. Je trouve dans leurs memoires qu'on grava sur la premiere pierre cette inscription.

HIC LAPIS FUNDAMENTO ECCLESIÆ VISITATIONIS BEATÆ MARIÆ POSITUS EST. INNOC. X. S. PONT. LUD. XIV. GAL. ET NAV. REG. DIE XXII. FEB. M. DC. XLVI.

Cette même Eglise n'a pû être achevée qu'en 1655. elle fut sacrée le jour de St. Mathias 24. Fevrier par Mr. de Comenges frere de Mr. le Marèchal du Plessis-Pralin.

Cet édifice, qui dans son genre est un des plus beaux de la Ville, se trouva en état de récevoir la Reine *Anne d'Autriche*, qui vint y faire ses dévotions lors du passage du Roy Loüis XIV. son fils en 1660. On raporte que cette pieuse Reine voulut voir leur Monastere ; & que s'étant aperçûë que les Réligieuses, par modestie, ne la regardoient pas, elle le leur commanda.

Leur Communauté s'est rendüe considerable par le nombre & la qualité des sujets. Elle a fourni des Réligieuses pour les fondations de Toulouse & de Nîmes ; & l'interieur de leur maison, a reçu plusieurs embellissemens par les soins & le crédit de Madame *Henriete* de la *Croix* de *Castries*, qui en a été Superieure.

CHAPITRE HUITIEME.

LES RELIGIEUSES DE SAINTE URSULE.

L'Education des pauvres filles, dont les parens n'avoient pas le moyen d'y pourvoir, fit naître la pensée à Mr. de Fenoüillet d'attirer à Montpellier les Réligieuses de Ste. Ursule, qui par leur état sont consacrées à cette bonne œuvre. Il obtint de Messire *Fulcrand* de *Barrés* Evêque d'Agde six Réligieuses du Monastere de Pesenas, qui arriverent à Montpellier le 17. Avril 1641. pour y établir la prémiére maison de leur Ordre 1641.

Nous aprenons le nom de ces premieres Fondatrices, par les Lettres que leur donna l'Evêque d'Agde pour venir à Montpellier. *Marie de Martin*, y est nommée comme Superieure, & Françoise de *Treſſan* comme Aſſiſtante : les autres ſont *Anne de Bouſigues* ; *Marie de Fontés*, *Jeanne de Gardés*, & *Marie de Reilhac.*

Ces Dames par un eſpece de pronoſtic du lieu qu'elles devoient habiter un jour, vinrent ſe loger tout joignant la porte de la Blanquerie, dans quelques petites maiſons qui apartenoient autrefois au Monaſtére de Ste. Catherine & de St. Gilles. Le peu de commodité qu'elles y trouverent, les empêcha de pouvoir y ouvrir leurs écoles, d'où quelques perſonnes, qui leur étoient contraires, prirent occaſion de les décrier dans l'eſprit du Public, & dans celui de leur Evêque.

Les Chroniques de leur Ordre marquent, que le P. *Bourgoin* Général de l'Oratoire, étant venu à Montpellier dans ces conjonctures, il les anima beaucoup par ſes exhortations, & leur rendit de bons offices auprès de Mr. de Fenoüillet, qui voyant par lui-même, l'impoſſibilité qu'il y avoit d'aſſembler les filles de la Ville dans un lieu ſi étroit & ſi éloigné, prit le parti de loüer à ſes dépens la maiſon de *Manny* auprès de N. Dame des Tables, où il les logea.

La ſituation de cette maiſon, au milieu de la Ville, leur facilita le moyen d'avoir des Penſionnaires, & d'ouvrir leurs claſſes, où l'on accourut de tous les quartiers de la Ville. Après y avoir exercé leur zéle pendant quatre ans, elles ſe raprocherent de l'ancien Monaſtére des Filles de Ste. Catherine, en achetant au bout de la ruë de *Capelle Nove* la maiſon du Sr. *Barthelemy*. En même-tems elles traiterent avec les Dames de la Viſitation pour l'achapt de l'ancien emplacemet de Ste. Catherine ; & le Contrat leur en ayant été paſſé, Mr. de Fenoüillet, qui l'aprouva, fit commencer le grand & beau Cloître qu'elles ont aujourd'hui.

Malheureuſement pour elles, la mort de ce Prélat arrivée en 1652. arrêta tous les travaux commencés. Il fallut qu'elles cherchaſſent du fonds dans leurs épargnes pour continuer leur Bâtiment : & l'Hiſtoire de leur Ordre marque, que n'ayant ſouvent ni dequoi payer les Ouvriers, ni dequoi s'entretenir elles-mêmes, il leur vint des ſecours imprévûs, & que les Réligionnaires même, touchés de leur état, fournirent ſouvent à leur ſubſiſtance.

Leurs moyens ayant augmenté dans la ſuite, par le grand nombre de filles qu'elles reçûrent, l'emplacement de leur Monaſtere s'élargit beaucoup par l'inféodation des douze pans & de la petite ruëlle qui y conduiſoit, ce qui leur a donné avec le tems, preſque tout l'eſpace qui eſt entre la ruë de la *Blanquerie* & celle de la *Capelle Nove*.

Je crois ne devoir pas oublier l'éloge qu'on voit dans leurs Chroniques, de leurs premieres Fondatrices, qui ſe dinſtinguerent par leur amour pour la retraite, & par le grand éloignement du monde où elles vécurent.

CHAPITRE NEUVIEME.

SECOND MONASTERE DE Ste. URSULE, DIT St. CHARLES.

LE même motif qui avoit porté Mr. de Fenoüillet à attirer à Montpellier les Religieuſes de Ste. Urſule, porta Meſſire François de Boſquet ſon ſucceſſeur à faire un pareil établiſſement dans la Ville de Lunel, qui eſt la ſeconde de ſon Diocéſe, & où le grand nombre de nouveaux Catholiques qu'il y avoit, ſembloit demander une plus grande attention pour l'inſtruction des jeunes filles.

La propoſition en ayant été faite au Conſeil de Ville de Lunel, le Sr. *de Cunny* premier Conſul, vint à Montpellier pour en faire la demande à Mr. de Boſquet au nom de toute ſa Communauté. Ce Prélat, qui n'attendoit que leur derniere reſolution, jetta les yeux ſur les Urſulines de Lodève, pour faire l'établiſſement de Lunel : il en écrivit à Meſſire *Roger de Harlay* ſon ſucceſſeur en l'Evêché de Lodeve, pour lui demander quatre Religieuſes, qu'il lui envoya, ſçavoir, la Mere *de la Treille* pour Superieure, la Mere *de Pradel* pour Aſſiſtante : & pour compagnes,

pagnes, la Sœur *de la Treille*, sœur de la Superieure, avec la Sœur *de la Tude*, & la Demoiselle *de Vallier* native de Gignac, qui vouloit contribuer à cette Fondation par une somme assez considerable dont elle avoit à disposer.

Elles arriverent à Lunel le 5. Decembre 1664. où elles furent reçûës à la porte de la Ville par Mrs. les Consuls, qui les conduisirent à la grande Eglise, & de là dans la maison qui leur étoit preparée. La benediction que Dieu répandit sur leurs travaux leur attira plusieurs bons sujets, qui formerent bien-tôt une Communauté assez nombreuse; mais les maladies dont elles furent affligées, & le trouble que le passage des troupes leur causoit souvent à Lunel, toucha Mr. de Pradel neveu & successeur de Mr. de Bosquet, qui forma le dessein de les transferer à Montpellier, où elles pouvoient travailler plus utilement à l'instruction des nouvelles Catholiques.

Dans cette vûë, il leur destina une maison dite *la Providence*, que Mr. de Bosquêt son oncle avoit établi pour ce dessein, dans la rüe de la Blanquerie, vis-à-vis le Monastere de la Visitation. Après avoir obtenu le consentement de la Ville, il les fit venir dans le mois de Juin 1679. c'est-à-dire quinze ans après leur établissement à Lunel. Elles passerent une année entiere dans la maison de la Providence, en attendant qu'elles pûssent se loger auprès de St. Pierre, dans une grande maison qu'elles acheterent de Mr. *de Brissac*, à qui on donna le nom de St. Charles, pour les distinguer du premier Monastere de leur Ordre, qui étoit déja dans Montpellier. Tout y étant prêt pour les recevoir, elles en prirent possession le 28. Juin 1680. & commencerent dès le lendemain toutes les fonctions de leur Institut. Leurs Classes furent bien-tôt remplies, & le nombre des Pensionnaires augmenta si fort, que dès la premiere année il y en eut jusqu'à huit qui demanderent le voile. Le bon ordre & l'union qui regne dans cette Communauté, l'a augmentée considerablement. Elles vont tour à tour exercer leur zéle dans la maison de la Providence, où l'on envoye à chaque trienne de Superiorité, trois Religieuses de la maison de St. Charles.

La Maison de *la Providence*, qui est sous leur direction depuis leur établissement à Montpellier, est destinée à l'instruction des nouvelles Catholiques comme je l'ai déja dit. Elle a changé diverses fois pour la plus grande commodité du logement: car en la tirant de la rüe de la Blanquerie, où elle eut son premier établissement, on la mit près de St. Pierre vis-à-vis la porte de l'Eglise de St. Charles; mais depuis 1704. on l'a transferée dans la maison du feu Abbé de Franquevaux, où la bonté de l'air, l'étendüe du bâtiment, & l'agrément du jardin, contribuent à rendre le séjour plus sain & plus agréable.

CHAPITRE DIXIEME.

NOTRE-DAME DU REFUGE.

LEs Lettres de Messire Charles *de Pradel*, Evêque de Montpellier, du 12. Fevrier 1677. nous aprennent les circonstances de l'établissement du Refuge avec tant de netteté, que j'ai crû devoir les mettre à la tête de cet article.

" Charles de Pradel, par la grace de Dieu & du Saint Siége Apostolique Evêque de Montpellier, Comte de Melgueïl, & de Montferrant, Marquis de la Marquerose, Baron de Sauve, Conseiller du Roy en ses Conseils: Madame la Duchesse de Verneüil nous ayant fait connoître le désir qu'elle a d'établir dans la présente Ville, une Maison de Refuge sous la conduite des Dames Religieuses de Notre-Dame du Refuge, & sous notre jurisdiction; & qu'à ces fins il y a environ un an que par l'aprobation de feu notre très-honoré Oncle Messire François Bosquet Evêque de Montpellier, & du consentement de la Communauté de ladite Ville, en attendant qu'elle eût la permission du Roy, elle fit

„ venir des Réligieuses dudit Ordre pour commencer ledit établissement, lequel
„ auroit eu déja tant de bénédiction, que dans la maison où l'on a logé lesdites
„ Réligieuses, il y a une vingtaine de femmes, qui ayant quitté leur mauvaise vie,
„ donnent des marques d'une vraye pénitence. Nous, désirant contribuer à une œu-
„ vre si sainte & si necessaire, attendant qu'il ait plû au Roy d'accorder des Let-
„ tres-Patentes pour ladite fondation, permettons, sous le bon plaisir de Sa Majesté,
„ auxdites Réligieuses du Refuge, de rester dans ladite Maison, ou de se loger en
„ telle autre de ladite Ville, qu'elles jugeront commode, pour y vivre en Commu-
„ nauté, & en clôture, suivant leurs Régles & Constitutions, pour y recueillir &
„ gouverner tant les femmes qui s'étant rétirées de leur mauvaise vie, sont déja
„ enfermées dans ladite maison par notre permission, que celles qui étant de mê-
„ me condition y seront remises à l'avenir. " Fait à Montpellier dans notre Palais Episcopal, le douziéme de Fevrier mil six cens soixante dix-sept.

On voit dans ces Lettres que Madame la Duchesse de Verneüil Gouvernante
du Languedoc, forma le premier dessein de cet établissement, que la Ville y donna son consentement; & que l'ouvrage ayant commencé sous Messire François Bosquet, fut heureusement achevé sous Charles de Pradel son neveu, & son Successeur
dans cet Evêché.

Les mémoires particuliers de cette maison, nous aprennent que Madame la Duchesse de Verneüil s'étant adressée à Mr. d'Olivier Conseiller au Parlement, &
Fondateur de la maison du Refuge à Toulouse, ce Magistrat dévoüé à toutes les
bonnes œuvres qui se présentoient, lui destina pour Montpellier sa propre niéce
Angelique de Catalan, avec une ancienne & une Converse.

Elles arriverent à Montpellier le 13. Fevrier 1676. & furent reçûës au Couvent
de la Visitation, où elles demeurerent pendant trois mois, en attendant que leur
logement fut prêt à la maison qui sert aujourd'hui aux Demoiselles de Colomby,
dans la rüe de Mr. de Murles: alors la Ville leur établit une pension, & Mr. l'É-
vêque leur donna les Lettres que nous venons de voir ; enfin elles reçûrent en
1680. les Lettres-Patentes qui rendoient leur établissement stable, & pour lors les
Dames de la Misericorde qui avoient partagé le détail du soin de leur maison, s'en
déchargerent entierement sur elles.

L'attribution que les Lettres-Patentes du Roy faisoient à leur maison, de tout
ce qui avoit apartenu autrefois aux Repenties, leur donna lieu de demander la
Maison de la Providence dans la rüe de la Blanquerie, qui servoit alors à un autre
usage ; Mr. de Pradel finit toutes les discussions qu'il y eut à ce sujet, en obligeant
les Dames de St. Charles (à qui il avoit donné le soin de la Providence) de céder
cette maison aux Dames du Refuge, moyennant une indemnité pour les réparations qu'elles y avoient déja faites.

Tandis qu'elles travailloient à mettre en état cette nouvelle Maison, elles perdirent leur grande protectrice Madame la Conseillere du Bousquet, & la mere de
Catalan leur Superieure. Ces deux pertes furent suivies du départ de Madame la
Duchesse de Verneüil, qui les jetta dans des grandes inquiétudes ; mais le bon
Dieu leur suscita Madame la première Présidente Marie de Sartre, qui leur fournit plusieurs moyens pour entretenir leur maison, & pour l'agrandir par l'acquisition de quelques autres du voisinage.

Avec son secours, & celui de quelques personnes charitables, elles commencerent un bâtiment assez spacieux, qui contient le quartier des Dames Réligieuses,
& celui des filles penitentes, volontaires, où forcées. Ces penitentes sont sous la
conduite des Réligieuses, & des plus anciennes des penitentes, dont la conversion
& la capacité ont été éprouvées.

L'utilité que la Ville reçoit de cet établissement, a porté plusieurs Habitans à
fonder diverses places pour les filles qu'on y reçoit, parmi lesquels je crois ne devoir pas oublier Me. Charles Bravard, Prêtre Chanoine de la Cathédrale, qui
nomma la Maison du Refuge pour son héritier, à la charge d'y recevoir un certain nombre de penitentes, dont il laissa le choix à ses executeurs testamentaires.

CHAPITRE ONZIEME.

LE BON-PASTEUR.

LE même esprit qui fit faire à Montpellier l'établissement du Refuge, donna commencement à celui du Bon-Pasteur. On l'attribuë au zéle des Dames de la Misericorde, & particuliérement à celui de la *Présidente de Croujet*, qui fut fort zélée toute sa vie pour le salut des pauvres filles engagées dans le vice.

On les enferma d'abord dans un quartier de l'Hôpital Général, de même qu'elles le sont à Toulouse dans l'Hôpital de la *Grave* ; mais l'experience ayant fait connoître qu'il convenoit de les tenir plus resserées, on choisit dans la ruë de Mr. de *Murles* la maison du Sr. *Fontanon*, où il y avoit un grand espace qui servoit de manége. Le Conseil de Ville ayant résolu par déliberation de 1696. de faire cette acquisition, on jetta les yeux sur les Demoiselles de *Colomby* pour prendre soin de la conduite & du détail de ce nouvel établissement.

Ces Demoiselles qui depuis dix à douze ans avoient été assemblées dans le voisinage par Mademoiselle de *Colomby*, sœur & héritiére d'un Conseiller en la Cour des Aydes, n'étoient occupées que de l'instruction des jeunes filles, lorsqu'on jugea à propos de les charger de la maison du Bon-Pasteur : la proximité qu'il y a d'un lieu à l'autre les détermina à accepter cette charge ; elles n'ont en effet qu'à traverser la ruë pour être dans la maison du Bon-Pasteur, où quatre d'entre elles se devoüent au service des pauvres filles qui y sont renfermées. On y a bâti par leurs soins une fort belle Chapelle : on a mis le logement en très-bon état, & on y tient une quarantaine de filles qui sont occupées toute la journée à des exercices de Réligion & au travail des mains, d'où elles tirent de là une partie de leur nourriture ; la Ville fournissant au reste : ce qui donne droit à Mrs. les Consuls d'y envoyer les personnes qu'ils jugent à propos. Elles y restent jusqu'à ce qu'on aye des marques certaines de leur amandement ; & il arrive même que quelques unes préferent l'état de penitence où elles vivent, à la liberté qu'elles auroient d'en sortir.

HISTOIRE DE MONTPELLIER.

LIVRE ONZIEME.

HOPITAUX ANCIENS ET MODERNES de la Ville de Montpellier.

'Etablissement des Hôpitaux, n'interesse pas moins la Police que la Réligion ; puisque dans l'ordre naturel, toutes les parties d'un corps doivent s'entre-secourir. De-là vient que les deux Puissances, temporelles & spirituelles, ont toûjours concouru à l'entretien des Hôpitaux, & que les Communautez entiéres ont souvent adopté pour le bon ordre du Gouvernement, les fondations que les simples particuliers avoient entrepris par un motif de Réligion.

La chose paroît dans l'Histoire particuliére des établissemens de charité qui ont été faits à Montpellier, depuis le commencement de cette Ville, où l'on vit dans chaque siécle quelque nouvel Hôpital, qui enfin ont tous été réünis à celui de St. Eloy ou à l'Hôpital *Général*, pour être entretenus aux dépens de la Ville ; & par les libéralitez des particuliers, qui passent souvent les fonds de ces deux maisons.

A peine Montpellier commença de devenir considérable, qu'on fit près du Pont de *Castelnau* un établissement pour les *Lepreux*, qui étoient alors fort communs en France.

Nos *Guillaumes* fonderent en même-tems l'Hôpital St. *Guillem* pour les malades ; & dans le douziéme siécle on établit l'Hôpital du *St. Esprit*, pour les enfans trouvés & pour les Invalides.

Les Hôpitaux de *Notre-Dame à la porte de Latés*, de *St. Barthelemy*, & des *Teutons* (qui sont aussi anciens que celui du St. Esprit) étoient particuliérement pour les pauvres passans, qu'on y récevoit sains ou malades ; ce qui donna lieu dans le treiziéme siécle à un habitant de Montpellier qui revenoit de St. Jacques, de fonder l'Hôpital de ce nom, en faveur des Pelerins.

En 1310. un Hermite nommé frere *Gautier Compaigne*, fonda un Hôpital pour les Pauvres Passans Etrangers, malades ou blessés : *in suburbiis Montispessulani extra portale Prædicatorum, de eleemosinis hominum Montispessulani, & Consulatús ejusdem.*

La même année *Jacques Bona* en fonda un autre pour les pauvres Orphelins, & enfans exposez, comme il conste par un rescript du Pape Clement V. en faveur de ces deux derniéres fondations.

Le Roy Sanche, Seigneur de Montpellier, établit en 1320. l'Hôpital *St. Antoine*, & peu de tems après, un particulier de la Ville fonda celui de *Ste. Marthe* pour les pauvres femmes.

Llll

Environ ce tems, quelques Dames des plus charitables de Montpellier, formerent une Confrérie à peu près comme celle de la Misericorde d'aujourd'huy, pour aller visiter tous les *Mecredis* de la semaine les pauvres Malades, qui restoient dans leur maison sans se faire porter aux Hôpitaux. Ce jour qu'elles avoient choisi pour leurs principales fonctions, les fit apeller en langue vulgaire, *les Dames du Dimecre*, comme on le voit dans nos vieux titres. Elles continuerent leurs exercices de charité jusqu'aux premiers troubles de la Religion P. R. & dans cet intervale elles firent diverses acquisitions, dont il est parlé dans les Regîtres de l'Hôtel de Ville, & dans ceux de l'Eglise Notre-Dame des Tables.

Je crois pouvoir mettre au rang de ces sortes d'établissemens, un usage si ancien dans Montpellier, qu'il est dit dans l'acte sur lequel j'écris, qu'il n'y avoit point de mémoire de son commencement. Il consistoit en une aumône générale qu'on faisoit en pain le jour de *l'Ascension*; ce qui fit apeller ce jour, *le jour de las Caritats* (comme on l'apelle encore à Beziers) On y distribuoit aux étrangers & à ceux de la Ville une grande quantité de pain, *quandam generalem caritatem, seu eleemosinam panis caritativam*, où tout le monde y avoit part, excepté cinq à six mille personnes qui n'en prenoient point : *ultra quinque aut sex millia personarum*. La bénediction en étoit faite solemnellement dans l'Eglise de St. Firmin ; & après une grande procession, où ce pain étoit porté, on en faisoit la distribution.

Nous aprenons toutes ces circonstances d'une Requête présentée par nos Consuls en 1464. au Cardinal *Pierre de Foix*, Vicaire Général à Avignon pour le spirituel & temporel du Pape, & son Légat à *Latere*, dans les Provinces *d'Arles*, *d'Embrun*, *Vienne*, *Narbonne & Toulouse*. Nos Consuls lui exposent tout ce que je viens de marquer, & prient le Légat de commettre quelque personne pour faire la bénediction du pain de la Charité, que le Prieur de St. Firmin avoit refusé (pour certaines raisons) de faire comme il avoit accoûtumé : sur quoi le Cardinal commit, pour cette fois seulement, l'Abbé de *Valmagne* & le Prieur de l'Eglise Collégiale de St. Sauveur dans les Faubourgs de Montpellier, pour faire l'un pour l'autre au refus du Prieur de St. Firmin, la bénediction accoûtumée du pain de la Charité. Donné à Avignon le 8. du mois de May 1464. & le 2. du Pontificat de Pie II.

Cet usage finit à Montpellier avec l'exercice de la Religion Catholique. Le fonds destiné à cette aumône fut détourné ailleurs par les Religionnaires, qui se saisirent aussi de la plûpart des terres qui avoient apartenu aux Hôpitaux démolis dans les Fauxbourgs de la Ville : ils se contenterent alors de conserver pour les malades de Montpellier l'Hôpital *St. Eloy*, qu'ils transfererent de la porte de *Lates* où il étoit, à la ruë de *l'Aiguillerie*, & de là dans celle de la *Blanquerie*, où il est encore aujourd'hui.

Enfin après le siége de Montpellier, l'experience faisant voir que les Enfans, & les personnes décrepites ne pouvoient se passer d'une maison de retraite, on en établit une pour eux dans le Faubourg du pile St. Gille, sous le nom d'*Hôpital de la Charité*, qui a subsisté jusqu'à l'établissement de l'Hôpital Géneral en 1680.

Après cette idée generale des maisons de charité qu'on établit en differens siécles dans la Ville de Montpellier, je crois devoir les faires connoître plus en détail, pour conserver à la posterité ces anciens monumens de la piété de nos Peres.

CHAPITRE PREMIER.

LA MALADERIE DE CASTELNAU.

PLusieurs Particuliers, qui ont laissé des manuscrits sur nôtre Histoire, disent que la Maladerie de Castelnau est aussi ancienne que la Ville de Montpellier, & qu'elle commença sous les Comtes de *Substantion*, d'où vient (ajoûtent-ils) que les Comtes de Melgüeil se regarderent toûjours comme les Protecteurs de cet Hôpital, aussi bien que les Seigneurs de Montpellier.

Il est constant qu'il étoit déja établi dans le XII. siécle, & peut être même dans le onziéme, puisque nous avons des Réglemens faits pour la reformation de cette Maison en 1153. ce qui supose qu'elle existoit long-tems auparavant.

On trouve que les Comtes de Melgüeil, & les premiers Seigneurs de Montpellier, firent diverses aumônes à cette Maison, tantôt en pain, vin, ou viande, tantôt en linge, ou en habits : nous avons la donation, que *Guillaume Fils d'Ermesende* fit en 1143. à l'Hôpital de St. Lazare, proche le pont de Castelnau, d'un champ qui joignoit la métairie d'un nommé *Pierre Donat*.

Le même Seigneur par son testament du 2. Decembre 1146. donna aux Pauvres malades du pont de Castelnau le moulin qui est auprès de leur maison, avec sept carterées de vignes dans le terroir de *Sauset*, dont la Dame Ermensende sa Mere avoit la joüissance pendant sa vie. *Infirmis qui morantur propè pontem de Lezio, dono & concedo, ac de meo jure in eorum jus transfero in perpetuum illum molendinum qui est juxta domum ipsorum infirmorum, illum videlicet quem mater mea tenet ac possidet, & dono similiter septem carteiratas de vineis in terminio de Salseto, quas habet Domina mea mater, & possidet in vitâ suâ.*

Guillaume *Fils de Malthide* leur legua dans son Testament du 4. Novembre 1202. une somme d'argent, qui étoit considerable en ce tems-là; & la Reine Marie sa Fille ne les oublia pas non plus, dans le testament qu'elle fit à Montpellier, avant que de partir pour Rome.

On peut juger du premier esprit de cet établissement par les réglemens dont j'ay déja parlé, qui ont pour titre, *decret du venerable Raymond* Evêque de Maguelone, *de Jean Archiprêtre* de Saint Firmin, du Seigneur Guillaume de Montpellier, & de Dame Ermensende son ayeule, pour être observé à perpetuité dans la maison des pauvres infirmes du Pont de Castelnau; le voici mot à mot.

" Si quelque Lépreux se présente pour être reçû dans la maison, il doit promettre de se donner à Dieu, de le servir, & de rendre l'obéissance qu'il doit aux Administrateurs de l'Hôpital. "

" S'il refuse de le promettre, il ne doit pas être reçû ; mais s'il le promet, & qu'il aye remis aux Administrateurs l'argent qu'il portoit avec lui, on le gardera pendant neuf jours, & au dixiéme on le fera venir devant tous les Freres, en présence desquels on lui demandera si la régle de la maison lui convient : s'il répond qu'elle lui plaît, qu'il demeure dans la maison jusqu'à sa mort : mais s'il dit qu'elle ne lui convient pas, qu'on lui rende son argent & qu'il se retire. "

" Mes freres ne soyés point fornicateurs, ni quereleux, ni voleurs, ni médisans, ni flateurs, & n'ayez point de discorde entre vous : voici ce que vous devez observer pour le service de l'Eglise. "

" Lorsque les Freres ou les Sœurs entendront le son de la cloche, ils se leveront aussi-tôt, & se rendront à l'Eglise, en gardant toûjours le silence, soit en allant ou en revenant. Vous devez étant à l'Eglise, rendre graces à Dieu de tous ses bienfaits, & prier assidûment pour vos bienfacteurs, afin qu'ils obtiennent le pardon de leurs pechez. "

" La Messe étant finie, chacun doit se retirer en bon ordre dans sa cellule ; mais si la maladie empêche quelqu'un de venir à l'Eglise, qu'il s'acquitte de la peni-

„ tence que le Prêtre lui aura imposé : il dira à la mort de ceux qui lui auront
„ donné l'aumône treize fois le *Pater*, & les sept Pseaumes Penitentiaux ; mais à
„ la mort de quelqu'un des Freres de la maison, il lira le Pseautier.

„ Après la refection, tous doivent aller à l'Eglise pour y rendre graces à
„ Dieu, & ensuite (si c'est en été) ils iront faire la méridiane, après laquelle
„ ils demanderont à Dieu de passer le reste de la journée sans pécher.

„ Mes très-chers freres, si vous gardez de bonne foy tous ces Reglemens, vous
„ obtiendrez de Jesus-Christ la remission de vos pechez, & la vie éternelle, avec
„ une surabondance des biens de ce monde, & l'affection de toutes les personnes
„ qui sçauront votre bonne conduite.

Il est à croire que ce bon ordre subsista long-tems dans la Maladerie de Castelnau, puisqu'elle s'est conservée jusques vers la fin du dernier siécle, c'est-à-dire durant plus de quatre cens ans, depuis que ces Reglemens furent faits.

Des personnes vivantes se souviennent d'avoir vû cette maison en bon état: on y alloit par dévotion le cinquiéme Vendredy du Carême, où on lit l'Evangile de la Resurrection du Lazare ; & on y assistoit à Vêpres & à la Prédication. Nous avons vû pendant la semaine Sainte, les pauvres de cette maison se tenir dans les carrefours de Montpellier pour y amasser des aumônes ; mais ce qui les rendoit plus remarquables, étoit les *Cliquettes* qu'ils étoient obligez de porter, pour avertir le monde de ne pas les aprocher, de crainte de prendre du mauvais air.

L'union qui fut faite en 1672. des Maladeries du Royaume à l'Ordre Militaire de St. Lazare, fit tomber peu à peu la Maladerie de Montpellier ; dès-lors il n'y eut plus de pauvres, les bâtimens tomberent en ruine, la cloche fut emportée, les vignes & les terres voisines devinrent incultes, & l'on fut obligé de murer la porte de l'Eglise, afin qu'elle ne servît pas de rétraite aux vagabonds, qui passent continuellement sur le Pont de Castelnau, qui lui est voisin.

Enfin le Roy Loüis XIV. par Arrêt du Conseil d'Etat du 10. Juin 1695. confirmé par Lettres-Patentes du mois de Novembre 1696. unit à l'Hôpital Général de Montpellier tous les biens & revenus de l'Ordre de St. Lazare ; & parce que certains particuliers qui devoient des pensions annuelles à la Maladerie de Castelnau, refuserent de les payer, sous prétexte qu'elle n'étoit point énoncée dans l'Arrêt, ni dans les Lettres-Patentes, le Roy par nouvel Arrêt du 31. Juillet 1713. déclara qu'elle demeureroit comprise dans l'union, & ordonna que tous ceux qui devoient des pensions ou autres droits à la Maladerie de Castelnau, seroient contrains de les payer à l'Hôpital Général.

CHAPITRE SECOND.

HOPITAL DE St. GUILLEM.

IL est constant par nos vieux titres, que cet Hôpital étoit de la fondation des premiers Seigneurs de Montpellier. Guillaume fils *d'Ermensende* à son retour d'Espagne en 1136. le dota de cent sols de censives : il étoit construit dans le lieu qui est occupé aujourd'hui par les Religieuses de Ste. Catherine de Sienne ; & il donna son nom au Faubourg St. Guillem, & à la porte de la Ville qui lui est la plus voisine.

Voyez l'article de St. Felix de Montseaud.

L'hospitalité y fut exercée jusqu'au tems de Jacques I. Roy d'Arragon Seigneur de Montpellier, qui voulant retirer le Château de *Mirevaux* que la Reine sa mere avoit legué dans son Testament aux Religieuses *de Gigean*, leur donna en échange toutes les dépendances de l'Hôpital St. Guillem, tant dedans que dehors la Ville.

Il est à présumer que l'hospitalité étoit déja diminuée à St. Guillem, sur tout depuis que les Hôpitaux du St. Esprit & celui de St. Eloy près la porte de Lates, étoient devenus beaucoup plus considérables ; ce qui, peut-être, fit naître la pensée

au

II. PARTIE. LIVRE ONZIE'ME.

au Prieur de St. Firmin qui avoit l'administration des Hôpitaux de St. Guillem & de celui de Lates, de faire de l'Eglise de St. Guillem une Eglise Succursale pour sa Paroisse, comme on voit qu'elle le fut en ce tems-là.

Les choses changerent de face dans le 14. siécle, lorsque le Cardinal *Anglic* eût obtenu l'Hôpital St. Guillem pour les Réligieuses Proüillanes. *Hospitale quoddam pauperum, quod est situm juxta Ecclesiam Sti. Guillelmi*, dit le Pape Clement VII. dans la Bulle qu'il donna en confirmation de cette translation. Alors l'Eglise fut unie à leur Monastére, comme nous l'aprenons du Livre qui a pour titre : *Privilegia Sti. Firmini*, où il est dit en parlant de ces Réligieuses, *Monasterium habent satis amplum, & Capellam Sti. Guillelmi que unita fuit dicto Monasterio.*

Voyez l'article des Proüillanes.

Cette Eglise, à qui le Prieur de St. Firmin donne le nom de Chapelle, devint commune aux Réligieuses & au Curé, qui continua d'y faire ses fonctions, comme il est en usage dans plusieurs Villes d'Italie & de France, où les Eglises des Réligieuses servent quelquefois d'Eglise Paroissiale. Celle de St. Guillem avoit encore son Curé en 1466. c'est-à-dire, quatre-vingts ans après l'union qui en fut faite du Monastére des *Proüillanes* : ce fait conste par la transaction qu'elles passerent avec les Réligieuses du Vignogoul, où il est dit qu'elles transigerent en présence de Jacques *Malhiac* Prêtre Curé de St. Guillem, *præsentibus Jacobo Maillaco Presbistero Curato Sti. Guillelmi, &c.*

Voyez l'article du Vignogoul.

Les troubles arrivez à Montpellier en 1562. causerent le renversement entier de l'Hôpital St. Guillem, & de sa Paroisse, dont il n'est plus fait mention dans nos Archives.

CHAPITRE TROISIEME.

HOPITAL DU St. ESPRIT, CHEF-LIEU DE L'ORDRE.

CEt Hôpital qui depuis plus d'un siécle donne matiére à de grands Procès, étoit situé dans le Faubourg du Pile St. Gilles, près du Pont des Augustins. Il étoit borné au levant & au nord par le ruisseau du Merdanson, au midi, par le grand chemin qui traverse le Faubourg, & au couchant par la ruë qui va du grand chemin à la fontaine du Pile St. Gilles. Il fut fondé dans le XII. siécle par Frere *Guy*, quatriéme fils de Guillaume fils *de Sibille*, Seigneur de Montpellier, comme on a pû le voir plus amplement dans un article séparé, que j'ai donné en parlant des personnes de Montpellier distinguées par leur sainteté.

L'emplacement de cette maison fut donné à *Guy* son Fondateur, par Bertrand *de Montlaur* & Marie de Fabregues son épouse, qui font mention dans l'Acte de leur donation, d'un jardin & d'un logement qu'ils y avoient. *Guillaume de Ganges* lui donna plusieurs arbres pour la charpente de son bâtiment, & *Guillaume* Evêque de Maguelone Oncle de *Guy*, avec Guillaume *fils de Mathilde* son frere, cederent en faveur de sa fondation, tous les droits Seigneuriaux qu'ils avoient l'un & l'autre sur ce local.

Guy donna le nom du St. Esprit à son Hôpital, où il établit un si bon ordre, qu'il s'attira bien-tôt un grand nombre de Freres, qui se dévoüerent, comme luy, au service des pauvres, & qui allerent dans plusieurs Villes du Royaume faire des pareils établissemens : la chose conste par les Lettres d'Innocent III. de l'année 1198. où il est dit, qu'il y avoit déja à *Marseille* à *Milhau*, à *Brioude*, à *Barjac*, à *l'Argentiere*, & à *Troyes*, des Hôpitaux établis par les Freres de l'Hôpital de Montpellier. Innocent voulut en avoir à Rome pour les Hôpitaux de Ste. *Marie* au-delà du Tibre, & à Ste. *Agathe* à l'entrée de Rome : enfin ce même Pape ayant confirmé leur institut déclara la maison de Montpellier Chef-lieu de l'Ordre, & voulut que toutes les maisons déja établies, ou à établir reconnussent à perpetuité Frere *Guy* & ses Successeurs, pour Superieurs Généraux. *Prædicto Hospitali Sti. Spiritûs Montispessulani & procuratores eorum, tibi fili Guido & Successori-*

Mmmm

bus tuis perpetuò subjacere debeant & humiliter obedire, & correctionem tuam & Successorum tuorum recipere humiliter & servare.

En 1202. Frere *Guy* partit pour Rome, pour y prendre soin de l'Hôpital de Ste. Marie *in Saxia*, que le Pape unit à celui de Montpellier, par un Bref de l'année 1204. adressé à Frere *Guy* avec ce titre : *Guidoni Magistro Hospitalium S. Mariæ in Saxia, Sti. Spiritûs Montispessulani.*

Voilà les premiers titres sur lesquels on a établi la qualité de Chef-Lieu pour l'Hôpital de Montpellier, & celle de Grand-Maître de l'Ordre pour les Commandeurs de cette maison : il est vrai que frere *Guy* exerça la charge de Grand-Maître jusqu'à sa mort arrivée en 1208. mais alors Innocent III. lui fit nommer un Successeur dans la Commanderie de Rome, à qui il parut affecter la grande Maîtrise, en ordonnant que l'élection du Superieur de Montpellier, seroit faite du consentement de celui de Rome.

Les Papes ses Successeurs firent à ce sujet des dispositions differentes, d'où on a tiré des inductions toutes contraires : j'ai crû devoir les marquer en abregé, afin que le Lecteur soit mieux au fait des grands procès qui se sont émus à cette occasion.

Honoré *III.* Successeur immédiat d'*Innocent III.* désunit les deux Hôpitaux de Montpellier & de Rome, & en se servant des paroles de son Prédecesseur, il dit : *Statuentes, ut nec istud illi, nec illud isti, in aliquo teneatur, nec vobis & illis aliquid sit commune, nonobstante privilegio dicti Predecessoris nostri.* Par cette Bulle de l'année 1225. il soûmet à l'Hôpital de Montpellier tous les Hôpitaux de la Chrétienté, excepté ceux d'*Italie*, de *Sicile*, de *Hongrie*, & d'*Angleterre*, c'est-à-dire, qu'il réduisoit sa jurisdiction, aux Hôpitaux de *France*, d'*Espagne* & d'*Allemagne*.

Gregoire *X.* lui ôta cette jurisdiction, & voulut que l'Hôpital du St. Esprit de Montpellier obeït à celui de Rome.

Nicolas *IV.* dans une Bulle de l'an 1291. dit que le Maître de Montpellier s'étoit soûmis volontairement ; & il ordonne qu'il payera tous les ans à celui de Rome trois florins d'or.

Sixte *IV.* se plaint de ce qu'il y avoit en-deçà les Monts des personnes qui prenoient la qualité de Général, & il les soûmet au Maître de Rome, comme seul Général de l'Ordre.

Paul *V.* & Gregoire *XV.* rendirent le Généralat au Commandeur de Montpellier, à condition qu'il dépendroit de celui de Rome.

Enfin Urbain *VIII.* lui accorda cette dignité sans aucune dépendance.

Voilà les differens titres sur lesquels on a fondé les disputes qui s'éleverent au commencement du dernier siécle, sur la qualité de Chef-d'Ordre des Hospitaliers du St. Esprit.

Comme la plûpart des Contendans affecterent le titre de Commandeur de Montpellier, je crois devoir donner un peu plus d'étenduë au recit de cette affaire, qui nous interesse plus particulierement.

Le nommé *Antoine Pons*, qui prenoit la qualité de Procureur Général de l'Ordre du St. Esprit, obtint des Lettres du Roy Henry *IV.* en 1608. & de Loüis *XIII.* en 1610. pour rentrer dans les biens usurpez de son Ordre ; mais non content de ces pouvoirs, il s'avisa de falsifier les Bulles des Papes, & de suposer des Indulgences en faveur de ceux qui voudroient contribuer à son rétablissement. La chose devint si publique, qu'il fut décreté de prise de corps en 1612. par Sentence du Sénéchal de *Moissac*, confirmée au Parlement de Toulouse.

Olivier de la Trau Sr. *de la Terrade* parut quelque tems après lui. Il obtint en 1619. & 1621. des Papes Paul V. & Grégoire XV. la qualité de Général, aux conditions que j'ai déja dit ; & en cette qualité, regardant son Ordre comme un Ordre militaire, il créa des Chevaliers purement Laïques, & même engagez dans le mariage.

D'autre part, on vit un nouveau Prétendant à la Commanderie Générale de Montpellier, qui faisoit des Chevaliers pour lesquels tout le monde prit un merveilleux goût. Ce Prétendant étoit *Nicolas Gautier*, que *la Terrade* fit déclarer Apostat de l'Ordre des Capucins, & enfermer dans les prisons de l'Officialité, où il fut lui-même à son tour.

II. PARTIE. LIVRE ONZIÉME.

Après leur mort, Jean-Alexandre *des Escures* Comte de Lyon, prit la qualité de Vicaire-Général, & fit des Chevaliers, aussi bien que plusieurs autres qui se disoient Officiers de l'Ordre. Alors le Roy par Arrêt du Conseil 1655. commit l'Official de Paris avec quatre Docteurs, pour examiner les pouvoirs de ces prétendus Officiers; & par Sentence de l'année suivante, il fut fait défense à *des Escures* de prendre aucune qualité de l'Ordre du St. Esprit, d'en porter les marques, & d'en faire aucune fonction, à peine d'excommunication *ipso facto*.

Nonobstant cette Sentence, *des Escures* obtint deux ans après un Arrêt du Grand Conseil du 3. Septembre 1658. par lequel il lui fut permis de prendre possession de la Commanderie de Montpellier, à condition d'obtenir des Bulles dans six mois: il les obtint en effet du Pape *Alexandre VII*. & prit possession de cette Commanderie en 1659. avec la qualité de Grand-Maître de l'Ordre.

J'ai en original une commission signée de sa main & scellée du petit Sceau de son Office, où il prend ce titre: *Jean-Alexandre des Escures, par la grace de Dieu & du St. Siége, Commandeur du Sacré Apostolique Archi-Hôpital du St. Esprit de Montpellier, Chef Général, Grand-Maître de tout l'Ordre, & Milice des Hospitaliers du St. Esprit, Colloque sous la Régle & entre les Chanoines reguliers de St. Augustin, Archi-Hospitalier de toute la Chrêtienté, Protonotaire de l'Eglise Romaine, & du St. Siege, du nombre des Particicipans, Conseiller du Roy en ses Conseils, & comme tel le plus humble Serviteur des Pauvres de Dieu, nos perpetuels Seigneurs. A tous ceux qui ces presentes Lettres verront Salut, &c.*

Je ne sçay quel usage on fit de ces commissions, qui étoient données en blanc, à qui en vouloit, pour amasser des Aumônes sous ces magnifiques titres; mais je trouve que par Sentence du Châtelet de Paris du 29. Août 1667. ce grand Archi-Hospitalier fut mandé, blâmé, nuë tête, & à genoux, avec défenses de prendre la qualité de Général; & par Arrêt du Parlement du 29. May. 1668. il fut banni pour neuf ans.

En consequence, le Roy par son Brevet du 21. Septembre de la même année, donna la Commanderie de Montpellier à Mr. *Rousseau de Baroche* Evêque de Cezarée, Conseiller au Parlement de Paris; & sur les oppositions qu'y formerent le Sr. *Campan* qui se prétendoit pourvû de cette Commanderie, & Mr. *des Escures*, qui soûtenoit toûjours ses prétentions, il intervint un Arrêt du Conseil d'Etat du 9. Septembre 1669. par lequel l'Evêque de *Cezarée* fut maintenu dans cette Commanderie, contre *Campan* & *des Escures*.

Ce nouveau Commandeur ne put jamais obtenir des Bulles à Rome; & étant mort en 1671. Mr. *Morin du Colombier*, Aumônier du Roy, se fit pourvoir par un Bref du Pape Clement X. du mois de Fevrier 1672. de la Commanderie de Montpellier, vacante, (disoit-il) depuis quarante ans.

Son nouveau titre ne servit qu'à lui attirer des nouvelles contestations, de la part de plusieurs autres, qui se prétendoient Officiers ou Superieurs de l'Ordre; de sorte que le Roy fatigué de toutes ces divisions, & informé des abus qu'on faisoit, en recevant Chevaliers ceux qui donnoient le plus d'argent, donna son Edit du mois de Decembre 1672. par lequel il met l'Ordre du St. Esprit de Montpellier, au nombre de ceux qui étoient déclarez éteints de fait, & suprimez de droit, & il en réünit tous les biens à l'Ordre des Chevaliers de St Lazare, dont Mr. *de Louvois* fut fait Grand-Maître, sous le nom de Vicaire Général.

Cet Edit souffrit d'abord deux opositions, l'une de la part de Mr. *du Colombier*, qui eut recours à Rome, & obtint au mois de Janvier 1673. des Lettres de *François-Marie Phœbus* Archevêque de Tarse, Commandeur de l'Hôpital de Rome, & Général de l'Ordre du St. Esprit, par lesquelles il l'établissoit son Vicaire-Général, & Visiteur en France, & dans les Provinces Adjacentes; ce qui lui procura un séjour de huit années à la Bastille.

L'autre opposition vint de la part de ce grand nombre de Chevaliers, qui avoient été faits par les prétendus Officiers de l'Ordre: ils continuérent à s'assembler, & même à recevoir des Chevaliers. Le Sr. *de la Coste* se dit alors Grand-Maître, comme ayant été canoniquement élû par les Chevaliers: mais le Roy par deux Arrêts du Conseil d'Etat de 1689. & de 1690. fit deffense à ce Grand-Maître de prendre cette qualité à l'avenir, ni de porter la croix & l'épée lui & les siens, & déclara toutes les receptions & prétenduës Lettres de provision par eux expediées, nulles & de nul effet ; & sans avoir égard à leurs oppositions, ordonna que son Edit seroit executé.

L'affaire parut alors entierement finie ; mais la mort de Mr. *de Louvois* arrivée le 16. Juillet 1690. fit réünir les Religieux Profés, & les Chevaliers qui avoient été toûjours en division. Les Chevaliers offrirent au Roy, de lever & d'entretenir à leurs dépens, un Regiment pour agir contre les ennemis de l'Etat : & les Religieux Profés, pour éluder les motifs & l'execution de l'Edit, dirent qu'ils n'avoient point discontinué de recevoir les enfans exposez dans les maisons Conventuelles, dont ils restoient en possession, & qu'ils n'avoient jamais dépendu de l'Hôpital de Montpellier ; que par ainsi le Roy n'avoit pas eu dessein de donner atteinte à leurs droits, puisqu'il n'avoit prononcé que sur la supression d'un Ordre qu'il avoit crû éteint de fait, & qui étoit sous le titre de Montpellier.

Ils furent favorablement écoutez. Le Roy accepta en 1691. le Regiment offert par les Chevaliers ; & en 1693. il revoqua son Edit de 1672. rétablit l'Ordre, lui rendit tout ce qui avoit été uni à celui de St. Lazare, & nomma pour Grand-Maître Mr. l'Abbé de Luxembourg *Pierre-Henry Thibaut de Montmorency*.

On vit alors des Chevaliers de grace, des Chevaliers d'obédience, des Chevaliers servans, & de grands & petits Officiers, en si grand nombre, qu'ils réveillerent la jalousie des Religieux Profés ; ceux-ci crûrent n'avoir pas de meilleur parti à prendre, que de réclamer la maison de Montpellier, qu'ils avoient desavouée, & ils soûtinrent que l'Ordre du St. Esprit, étoit purement régulier, & que la Milice étoit une nouveauté du siécle, qui ne s'étoit ingerée que par usurpation dans l'administration des biens de l'Ordre.

Sur cette contestation, le Roy nomma des Commissaires. Les Chevaliers faisoient valoir leur antiquité prétenduë, qu'ils faisoient remonter jusqu'à Ste. Marthe ; & ils rapottoient un prétendu Chapitre general tenu à Montpellier en 1032. plus de cent cinquante ans avant que *Guy* leur Fondateur eût établi son Ordre.

Enfin le Roy décida le 10. May 1700. en faveur des Religieux. L'Ordre du
„ St. Esprit fut déclaré purement régulier & hospitalier par Arrêt du Conseil d'E-
„ tat ; & Sa Majesté fit défense à tous ceux qui avoient pris les qualitez de Su-
„ perieurs, Officiers & Chevaliers de l'Ordre Militaire du St. Esprit de Montpel-
„ lier, de prendre à l'avenir ces qualitez, ni de porter aucune marque de cette
„ prétenduë Chevalerie ; de plus, que le Brevet de Grand-Maître accordé à Mr.
„ l'Abbé de Luxembourg, seroit raporté comme nul & de nul effet, & qu'il se-
„ roit sursis à faire droit aux demandes des Religieux, pour être remis en
„ possession des maisons & biens de cet Ordre, qui avoient été unis à celui de
„ St. Lazare, jusqu'à ce que Sa Majesté eût pourvû au rétablissement de cet Or-
„ dre, & de la Grande-Maîtrise réguliere du St. Esprit de Montpellier.

En consequence de cet Arrêt, Mr. l'Abbé de Luxembourg remit entre les mains du Roy son Brevet de Grand-Maître ; & étant mort quelque-tems après, les Chevaliers ne se tinrent pas pour vaincus, car ils firent de nouvelles tentatives, qui porterent le Roy à nommer par Arrêt du Conseil d'Etat du 16. Janvier 1701. Mr. le Cardinal *de Noailles*, Mr. *Bossuet* Evêque de Meaux, le Pere *de la Chaise*, Mrs. l'Abbé *Bignon*, de *Pomereu*, de *la Reynie*, de *Maillac*, & *d'Agueßeau*, pour examiner tous les titres concernant cet Ordre, & voir s'il étoit possible de rétablir la Commanderie Générale du St. Esprit de Montpellier ; & par deux autres Arrêts consecutifs, le Roy nomma pour Raporteur Mr. *l'Augeois d'Imbercout* Maître des Requêtes.

L'affaire traîna jusqu'en 1707. où Mr. le Duc de Châtillon *Paul Sigismond de Montmorency*, demanda au Roy la Grande-Maîtrise de cet Ordre ; il lui fut permis d'en faire connoître le veritable caractère & la milice : sur quoi ayant assemblé plusieurs Docteurs de Sorbonne, & neuf célébres Avocats, il en eut une décision favorable à son dessein, & il obtint même le consentement des Religieux Profés. Tout paroissoit disposé à l'effet de sa demande, lorsque le Roy par Arrêts du Conseil d'Etat du 4. Janvier 1708. confirma celui de 1700. & ordonna

que

II. PARTIE. LIVRE ONZIEME.

que l'hospitalité seroit rétablie & observée dans la *Commanderie Générale*, *Grande-Maîtrise régulière de l'Ordre du St. Esprit de Montpellier*, par le Commandeur Général Grand-Maître régulier qui y seroit incessamment rétabli.

Je m'arrête à cette derniere époque, & je me borne pour le présent, à donner quelque idée de l'état de la maison de Montpellier, qui depuis sa démolition en 1562. ne commença d'être rébâtie qu'environ 1660. Mr. *Campan* en prit le soin, dans le tems qu'il joüit de sa Commanderie sous Mr. *des Escures*; il jetta les fondemens d'une grande Chapelle du côté du levant, le long de la grande ruë, qu'on voit encore sept ou huit pieds hors de terre; il bâtit un corps de logis isolé du côté du midi, du couchant & du nord, & qui tenoit du levant à la Chapelle par un grand escalier surmonté d'un pavillon quarré, que j'ai vû autrefois en fort bon état: mais tandis que Mr. *Campan* alloit finir son ouvrage, il perdit son Procès contre Mr. *Rousseau* de la *Basoche*, & tout resta imparfait. Depuis ce tems-là, les differens Arrêts qui sont intervenus sur l'Ordre du St. Esprit de Montpellier, ont arrêté le bâtiment, & tout exercice d'hospitalité en cette Ville. Les revenus en sont levez par un séquestre, & les biens déperissent tous les jours, de même que le bâtiment: je ne connois pour le présent de tous les grands biens qu'il y a eu autrefois, qu'un domaine à St. *Ones*, qu'une redevance de quarante écus sur le fief de Ferrieres, & quelques autres qu'on tire des maisons qui ont été bâties dans l'enclos de cet Hôpital.

Cet Ordre qui s'est conservé en Pologne, fleurit encore en Italie; & principalement à Rome dans le magnifique Hôpital du St. Esprit *in Saxia*, qui a plus de cinq cent mille livres de revenu, & qui dans son enceinte, forme une petite Ville, divisée en differens logemens, pour le spirituel & le temporel. Les malades y sont reçûs quelque maladie qu'ils ayent, enfans & filles, phrenetiques & infirmes, qui sont servis en vaisselle d'argent: un Cardinal est toûjours Commandeur de cette maison, où il a un Palais pour lui; les Réligieux qui y sont en grand nombre, & les Officiers de la maison, ont leur quartier séparé des malades: tous les Pelerins y sont reçûs de quelque Nation qu'ils soyent, & traitez magnifiquement durant cinq jours.

En France les principales Maisons de cet Ordre, sont à *Dijon*, *Besançon*, *Poligni*, *Bar-sur-Aube*, Sainte Phansel en Alsace. Les Réligieux sont habillez comme les Ecclesiastiques, & portent seulement une Croix de toile blanche à douze pointes sur le côté gauche de leur soutane & de leur manteau. Ils ont dans l'Eglise une aumusse de drap noir doublée & bordée d'une fourure noire.

L'Ordre du St. Esprit a pour armes de Sable, à une Croix d'argent, à douze pointes, & en chef un Saint Esprit d'argent en champ d'or dans une nuée d'azur.

CHAPITRE QUATRIEME.

HOPITAL DE LA PORTE D'OBILION, OU DE LATES: Dit aujourd'hui l'Hôpital St. Eloy.

CEt Hôpital, qui est aujourd'hui très-considerable dans la Ville, sous le nom de Saint Eloy, commença dans le Faubourg de *Lates* en 1183. il eut pour Fondateur Robert *Pellier* qui l'établit pour y recevoir les malades, & les pauvres passans. *Vadingue* raporte que St. François d'Assise revenant d'Espagne en 1213. y fut reçû, & qu'il dit par un esprit prophétique, que ses enfans habiteroient un jour tout joignant cet Hôpital. Il étoit en effet situé dans le jardin (dit aujourd'hui de *Perier*) qui n'est séparé du clos des Cordeliers, que par une ruë du Faubourg.

Il fut agrandi considerablement en 1228. par les libéralitez de *Rostaing Poscher*, & d'*Aigline* sa femme, qui lui donnerent toutes les terres qu'ils avoient à

HISTOIRE DE MONTPELLIER,

Meirargues & à *Veiras*. Peu de tems après, *Guy* de *Baulieu* & *Petronille* fa femme fuivirent leur exemple, en donnant tout leur bien à cette maifon, où ils fe confacrerent au fervice des Pauvres, entre les mains de *Guiraud* de *Benevent* qui eft nommé (dans l'Acte) Precepteur de cet Hôpital.

Il eft apellé dans quelques vieux titres, l'Hôpital *Robert*, du nom de fon Fondateur, & en d'autres l'Hôpital de *Notre-Dame des Tables*, à caufe de la Chapelle Nôtre-Dame qui étoit tout joignant, comme nous l'aprenons du Livre qui a pour titre *Privilegia Sti. Firmini. Item Procurator Hofpitalis Sti. Eligii folvet pro Capellâ Beatæ Mariæ juxta dictum Hofpitale XV. folidos.*

Le Prieur de St. Firmin étoit Adminiftrateur né de cet Hôpital, & on devoit lui en remettre les Clefs à la mort de chaque Directeur, qui étoit obligé avant que d'en prendre poffeffion, de jurer obéïffance entre les mains de l'Evêque de Maguelone, & du Prieur de St. Firmin.

Ce fut à leur follicitation que la Reine Jeanne de France époufe de Charles Roy de Navarre, alors Seigneur de Montpellier, écrivit une lettre, qui eft dans les Archives de l'Hôtel de Ville, donnée à Evreux le 14. Septembre 1373. par laquelle elle ordonne au Bailly de Montpellier & à fes autres Officiers, de faire payer tout ce qui fe trouveroit dû aux Pauvres de l'Hôpital Nôtre-Dame dans le Fauxbourg, & aux autres Hôpitaux de la Ville : *Ad fupplicationem pauperum Hofpitalis Beatæ Mariæ in fuburbiis Montifpeffulani, & aliorum Hofpitalium dictæ Villæ, &c.*

Ce nom d'Hôpital *Notre-Dame*, fut changé quelque tems après en celui de St. *Eloy*, dont la Chapelle étoit en grande vénération : il portoit déja ce nom dans le XV. fiécle, comme il paroît par ce que j'ai raporté du livre des privileges de Saint Firmin ; & il le conferva dans le fiécle fuivant, lorfqu'il fut transferé dans la rüe de l'Aiguillerie, à caufe des differens fiéges dont on fut alors menacé. On marque que ce fut dans la maifon de *Jean Chriftol* (maintenant de *Verchant*) mais l'incommodité que les voifins en recevoient, & les difficultés qu'on trouvoit à pouvoir s'y élargir, firent chercher un lieu plus fpacieux à quelque extremité de la Ville. On prit pour cet effet l'*Ecole-Mage* (qui fut transferée ailleurs) & l'on y commença les bâtimens qui ont été continués depuis pour le fervice des pauvres malades. La chofe confte par l'infcription de 1600. qui eft fur la porte de l'Hôpital Saint Eloy.

Tous ces changemens ayant été faits dans le grand effort des troubles de la Réligion, nos Confuls qui agiffoient au nom de la Ville, prirent pour l'entretien de Saint Eloy, le révenu des Hôpitaux particuliers qui avoient été démolis dans les Fauxbourgs ; de ce nombre furent l'Hôpital Saint *Jacques*, celui de *Tournefort*, & tout ce qui avoit apartenu à la Confrérie des Dames du *Dimecre*, dont l'Hôpital Saint Eloy jouït encore : nos Confuls en furent les feuls Adminiftrateurs jufqu'après le fiége de Montpellier, qu'on jugea à propos de leur donner pour adjoints quelques Habitans de la Ville ; mais on a donné depuis une nouvelle forme au Gouvernement de cette maifon, par la création qui fut faite en *Par Arrêt du mois d'Octobre 1694.* 1694. d'un Bureau de Direction, compofé de Mr. l'Evêque ou de fon Vicaire-Général, des Maire & Confuls de la Ville, n'ayant tous qu'une feule voix, de quatre Intendans pris indifferemment de tous les Corps de compagnies, & de quatre Sindics perpetuels, qui font pris auffi fans diftinction du Corps des Compagnies, des Marchands, Bourgeois, & Procureurs.

On n'y reçoit que les pauvres malades, à l'entretien defquels la Ville fupléé, lorfque les fonds de la maifon ne fe trouvent pas fuffifans.

CHAPITRE CINQUIEME.

HOPITAL ET CIMETIERE SAINT BARTHELEMY.

Cet ancien Hôpital, avec son Cimetiére, contenoit autrefois, tout l'espace qui est occupé aujourd'huy par les Peres Carmes Déchauffés ; il y avoit une Eglise dediée à Saint Barthelemy, où les Consuls & le Clergé de Saint Firmin ; portoient en procession le Corps de Saint Cleophas tous les jours de Pâques, & alloient le reprendre le lendemain en grande solemnité, pour le remettre à Saint Firmin.

Il paroît aussi qu'attenant cette Eglise, il y avoit un Hôpital, dont il est fait mention dans nos vieux actes ; & il est marqué dans le petit Talamus, que la Reine de Navarre venant à Montpellier en 1373. s'arrêta devant l'Hôpital de Saint Barthelemy, où elle entra pour accomoder ses habits, avant que de faire son entrée publique dans la Ville.

Il est constant, que ce Cimetiere servoit déja dans le douziéme siécle, puisque *Placentin* y fut enterré en 1192. & on y a trouvé dans ces derniers tems le tombeau d'un Pisan avec cette inscription. *Hic requiescit Raynerius Galdi Pisanus qui obiit in Domino anno Domini* 1167. Les Regîtres des Carmes Déchaussés parlent d'un tombeau qu'ils trouverent d'un Chanoine de Maguelone avec son habit de Saint Augustin, & d'un autre dont la couverture étoit d'une seule pierre semée de Fleurs de Lys ; mais l'inscription en étoit si effacée, qu'ils ne purent jamais la déchifrer, d'où l'on peut présumer, que ce Cimetiere servoit long-tems avant 1167.

Dans le xv. siécle on fit bâtir à l'extremité de ce grand Cimetiére, vers le Nord, une Chapelle de la Vierge, qui fut appellée *Notre-Dame du Charnier*. Jean *Bonal* Evêque de Maguelone en fit la consécration en 1481. où il est dit, que ce fut à la priére des Confréres de Saint Barthelemy & de Saint Claude : la premiere de ces deux Confréries ne subsiste plus, mais celle de Saint Claude continuë toûjours ; il paroît même par ses vieux titres, qu'elle étoit déja établie long-tems avant la consécration de *Notre-Dame du Charnier* : alors les Confréres avoient leur Chapelle séparée de l'Eglise de Saint Barthelemy, mais maintenant elle est dans le corps du bâtiment des Carmes Déchaussés, à l'entrée du Cloître. Ils ont des redevances sur plusieurs piéces de terre aux environs de Montpellier : & en qualité de propriétaires d'une partie du fonds de Saint Barthelemy, ils intervinrent en 1663. dans les concessions qui en furent faites aux Carmes Déchaussés ; par la Ville & par le Chapitre : il est dit dans la concession que firent les Confréres de Saint Claude, qu'ils permettent aux Carmes de bâtir leur Eglise & leur Couvent dans le fonds de l'Eglise de Saint Claude, & de prendre la pierre qui s'y trouvera des anciennes ruines, fondemens, & voûtes de leur Eglise.

Les Carmes remüérent si bien toutes ces terres, qu'ils y trouvérent (suivant leurs mémoires) cent cinquante toises de pierre de taille, où de moëlon, avec une mine abondante de sable, & un grand puits tout formé, rempli d'une eau excellente. Ils ont clos de murailles tout ce grand Cimetiére qui étoit coupé (lorsquils le prirent) par plusieurs chemins, que les voisins y avoient faits pour aller plus commodément à leurs terres ; il n'est rempli maintenant que des bâtimens du Monastére, & des arbres que les Religieux y ont planté.

CHAPITRE SIXIEME.

HOPITAL DES TEUTONS.

Nous ne connoiſſons cet ancien Hôpital, que par l'acquiſition qu'en fit le Cardinal *Imbert Dupuy*, lorſqu'il fonda l'Egliſe Collégiale de Saint Sauveur. *Hoſpitale quod Dominus quondam Imbertus Cardinalis emit tempore quo vivebat, à Fratribus Sanctæ Mariæ Teutonicorum dicti loci de Montepeſſulano*, dit la Bulle de fondation de Saint Sauveur.

Il étoit ſitué dans le Faubourg de la Saunerie, vis-à-vis du logis du Chevalvert, & occupoit toute l'Iſle qui eſt au-devant. Nous ne ſçavons pas préciſément le tems où cet Hôpital des Teutons fut fondé à Montpellier, mais il eſt à croire que ce fut dans le XIII. ſiécle, parce que l'Ordre des Chevaliers Teutoniques, qui avoit été confirmé eu 1193. par le Pape Celeſtin III. commença dans le XIII. ſiécle de ſe rendre ſi puiſſant en Allemagne, qu'il acquit en ſouveraineté la Pruſſe Royale & Ducale, la Livonie, les Duchés de Curlande & de Senigal, qui ſont des Provinces d'une vaſte étenduë.

Il eſt très-vraiſemblable que ces Chevaliers, voulant faciliter à ceux de leur nation, le Pelerinage de St. Jacques, pour lequel on a une grande dévotion en Allemagne, ils firent à Montpellier l'établiſſement d'un Hôpital, où les Pelerins Allemans ſeroient reçus & ſervis, s'ils venoient à y tomber malades.

La Bulle qui marque l'acquiſition qu'en fit le Cardinal Imbert, ne raporte aucune circonſtance d'où l'on puiſſe tirer quelque éclairciſſement pour l'Hôpital des Teutons; mais il paroît par cette même Bulle, que l'hoſpitalité ne ceſſa point dans cette maiſon, puiſque les executeurs teſtamentaires du Cardinal Imbert, chargerent le Prieur & le Chapelain de St. Sauveur d'entretenir cet Hôpital, pour lequel ils firent les Réglemens que nous avons vû dans l'article de St. Sauveur.

CHAPITRE SEPTIEME.

HOPITAL SAINT MAUR, ou DES TRINITAIRES.

Il paroît par la Tranſaction dont j'ai parlé dans l'article des Peres Trinitaires, qu'ils eurent à Montpellier, dans le tems de leur établiſſement en cette Ville, un Hôpital contigu à leur Maiſon, *cum Annexo Xenodochio & Cœmeterio*, conformément au premier eſprit de leur Ordre, qui vouloit qu'ils fiſſent trois portions de leurs biens, la premiere pour l'entretien de l'Hôpital, la ſeconde pour eux, & la troiſiéme pour la redemption des Captifs.

Les annales de leur Ordre font une mention expreſſe de cet Hôpital, comm'on a pû le voir dans ce même article: & il eſt conſtant par le Livre que j'ai ſouvent cité, des *Privileges* de St. Firmin, que cet Hôpital exiſtoit encore dans le quinziéme ſiécle, puiſqu'on y trouve un article des Hôpitaux du *St. Eſprit*, de *la Trinité*, & de *St. Antoine*, qui reſtraint l'uſage de leur Cimetiere, aux ſeuls Pauvres, & aux Religieux de la Maiſon.

CHAPITRE HUITIEME.

HOPITAL SAINT JACQUES.

UN Habitant de Montpellier, nommé *Guillaume de Pierrefixe*, étant de retour de St. Jacques de Compostelle, fonda cet Hôpital en 1220. en faveur des Pauvres qui entreprendroient ce Pelerinage. Il le fit bâtir hors des murailles de la Ville, entre les portes du Peirou & des Carmes, à-peu-près dans la Place où l'on voit encore les fondemens d'une Chapelle, que la Confrérie des Pelerins de St. Jacques fit élever en 1650.

Les liberalitez de Jacques I. Roy d'Arragon, rendirent cet Hôpital si considerable, qu'il donna son nom à tout le Faubourg, où il acquit beaucoup de censives, particulierement sur les maisons qui remplissoient le grand espace qu'occupe aujourd'huy le Jardin du Roy.

Pour aller plus commodément à cet Hôpital, on ouvrit les murailles de la Ville, pour y faire une porte, qui fut appellée de St. Jacques, dont on voit encore l'embrasure dans le petit jardin du premier Président. On y venoit de la Ville par une ruë droite qui commençoit devant la maison de *Sarret*, & traversoit à côté de celle de *Fermaud*, pour se joindre à la ruë qui passe devant le logis de *la Souche*.

Les anciens Regîtres de St. Firmin, marquent que le premier Directeur de cet Hôpital fût un nommé *Brugier*, à qui Guillaume *Cristophle* Prieur de St. Firmin, donna permission d'avoir deux cloches à sa Chapelle, & d'y tenir un Prêtre pour y dire la Messe, sous l'obligation d'assister aux Processions de St. Firmin, & de prêter le serment accoûtumé par les Chapelains des autres Eglises.

On donnoit alors le nom de Chapelle à toutes les Eglises particulieres, qui n'avoient aucune fonction au dehors; mais on ne laissoit pas d'y dresser plusieurs Autels qui étoient desservis par des Chapelains à titre. Ainsi l'on trouve une Chapelle de Notre-Dame de *Pegairolles* fondée en l'Eglise St. Jacques de Montpellier, qui avoit une directe à *Pignan* évaluée soixante livres, & diverses rédevances dont on a les reconnoissances.

Cet Hôpital eut le sort des autres bâtimens des Fauxbourgs, qui furent démolis pendant les troubles de Montpellier, depuis 1560 jusqu'en 1622. & ce ne fut qu'après le Siége de cette Ville, que l'éxercice de la Réligion Catholique ayant été rétabli: les Pelerins de St. Jacques formerent une Confrérie qui assistoit aux Processions générales; nous les y avons vû paroître avec le bourdon, le rochet & le chapeau garni de coquilles, faisant porter devant eux une Croix de cristal, d'où pendoit une écharpe rouge frangée d'or. Ils voulurent avoir une Chapelle qu'ils commencerent de faire bâtir environ l'an 1650. sur les anciennes ruines de l'Hôpital, St. Jacques; mais le nombre des Pelerins ayant diminué considerablement dans la suite, l'ouvrage a resté imparfait, & la Confrérie s'est entierement dissipée.

Les biens de cet Hôpital ont été unis à celui de St. Eloy; & il ne reste que quelques titulaires des Chapelles qui y étoient anciennement.

CHAPITRE NEUVIEME.

HOPITAL, OU COMMANDERIE DE St. ANTOINE.

J'Ai raporté dans le premier Tome de cette Histoire, l'Acte de fondation de cette maison, qui fut faite en 1320. par le Roy Sanche Seigneur de Montpellier ; il se priva du logement & des beaux jardins qu'il avoit au Faubourg de Villefranche, en faveur des pauvres malades du *feu sacré* qu'on apelloit alors le mal St. *Antoine*.

Dans cette fondation, le Roy exige que l'Abbé de St. Antoine y tienne à perpetuité un Prêtre, comme on l'y entretenoit auparavant ; & il se reserve la directe & quarante sols de censive à chaque mutation d'Abbé, sur la maison de Villefranche, qu'il dota de cent cinquante livres petits tournois.

J'ai marqué dans la vie de ce Roy la situation de cette Commanderie, qui étoit précisement dans le lieu dit aujourd'hui *l'Aire de Brun*, acquise depuis par Mr. *Jausseran* Conseiller au Présidial : les confrons qui sont marquez dans l'Acte de fondation, servent de preuve que le Faubourg de Villefranche avoit sa palissade, comme les autres Faubourgs de la Ville, & qu'il y avoit une portaliere, d'où on alloit par le grand chemin jusqu'à la porte du Pile St. Gilles.

Du levant (dit l'Acte) confronte avec un jardin de noble *Deodat de Boussargues* Seigneur de *Puy-Selicon*, muraille mitoyenne.

Du midi, où est la rive du *Ribanson* autrement Merdanson, avec le verger de *Pierre de Ferrieres*, & celui de *Jean Domenge*.

Du couchant, avec le jardin d'honorable homme de *Albia* Docteur en Droit, muraille mitoyenne.

Et du Nord vers *Castelnau*, confronte avec le chemin qui conduit à la portaliére de Villefranche, d'où l'on va vers la maison du St. Esprit.

Les Religieux de St. Antoine de Vienne, qui avoient la conduite de cette maison, en furent chassez dans les premiers troubles de Religion en 1560. Il ne paroît point qu'après le siege de Montpellier, ils fissent aucune démarche pour rentrer dans leur ancienne possession, comme firent alors tous les autres Religieux. Leurs titres resterent entre les mains de ceux qui s'en étoient emparez ; & il ne nous reste que le seul Acte de leur fondation, qui fut faite à Perpignan par le Roy Sanche. Il résulte d'une désignation qui est faite dans un Acte particulier, que le clocher de leur Eglise étoit en forme de piramide à quatre angles, & nous trouvons dans le Livre des Privileges de St. Firmin, que leur Cimetiére ne devoit servir que pour leurs malades, ou pour les Religieux de la maison ; & qu'ils ne pouvoient passer processionnellement dans la Paroisse de St. Firmin, sans la permission du Prieur.

Quoique leur ancien emplacement soit réduit maintenant à des terres labourables, on ne laisse point de connoître que ce fonds étoit autrefois un lieu habité, à cause des puits domestiques qu'on y voit en grand nombre; ce qui fait une espece de démonstration en ce genre.

CHAPITRE DIXIÉME.

HOPITAL DE LA MAGDELEINE.

UN particulier de Montpellier, nommé *Pierre Caufiti*, d'une famille qui fut confiderable en cette Ville durant le XIV. & XV. fiécle, fit cet établiffement en 1328. Nous avons un Acte dans lequel il expofe à Raymond de *Canillac* Prieur de Saint Firmin, qu'ayant déja établi un Hôpital à l'honneur de Sainte Marie-Magdeleine dans le Faubourg près de Saint Barthelemy, il auroit intention d'y fonder & bâtir un Oratoire ou Chapelle tout joignant, à laquelle il vouloit faire mettre deux Cloches, *significavit, quod propè Sanctum Bartholomæum extra muros communis clausuræ juxta Hospitale suum Beatæ Mariæ Magdalenæ in suburbiis, vult fundare, ædificare, & erigi facere, unum Oratorium sive Capellam cum duabus campanis.*

Surquoi le Prieur ordonne qu'il y aura deux cloches, & un Prêtre pour y célébrer les Divins Offices, lequel feroit préfenté audit Prieur pour y être inftitué, après avoir prêté entre fes mains le ferment accoûtumé par les autres Prêtres des Chapelles qui font fujettes à Saint *Firmin*. Il exige enfuite.

„ Qu'aucun Chapelain ne pourra impetrer aucun privilége au préjudice de fon " ferment, & des droits de l'Eglife Paroiffiale ; qu'il affiftera aux Proceffions, vêtu " comme les autres Chapelains ; qu'il obéira aux Lettres de la Cour de l'Evêque " de Maguelone, & de *Saint Firmin* ; qu'il promettra de n'aliéner jamais le bien " de ladite Chapelle ; qu'il payera la dîme & les premices des poffeffions en terres, " jardins, ou beftiaux, qui lui apartiendront, & qu'à perpetuité, il fera tenu " en figne de fubjection, de payer au Prieur de Saint Firmin, un florin d'or évalué vingt fols. "

En confequence, *Pierre Caufiti* ayant acquiefcé à toutes ces conditions, préfenta un Prêtre qui fut inftitué le 4. Novembre 1330. comme il apert de l'acte paffé chez Etienne *Clary* Notaire.

L'emplacement de cet Hôpital étoit dans la traverfe, qui va aujourd'hui de la *Dougue* entre Saint Guillem & la Saunerie vers le cours, tel qu'il eft défigné dans le plan que j'ai donné de la Ville de Montpellier avant les Guerres de la Réligion P. R.

Garriel nous aprend dans le Traité qu'il a mis à la fin de fon idée, de Montpellier des Eglifes, Couvens, & Hôpitaux de cette Ville, que l'Eglife & la maifon de Ste. Magdeleine, fut deftinée quelque tems après pour les filles pénitentes ou répenties qui vouloient fe retirer du vice.

CHAPITRE ONZIEME.

HOPITAL SAINTE MARTHE.

CEt Hôpital étoit dans le Faubourg de la Saunerie, vis-à-vis l'Eglife de St. Sauveur, à-peu-près où eft aujourd'hui le Logis du *Tapis-vert*. Il fut fondé dans le XIV. fiécle par un Habitant de Montpellier nommé *Pierre Gras*, dont nous avons le Teftament du 23. Juillet 1370. Il y ordonne qu'il fera fait un Hôpital dans fa maifon fituée en la ruë des vieilles Etuves ; & pour cet effet, il donne une autre maifon contiguë à celle-là, qu'il dit avoir été acquife par feu fon pere d'un Marchand de Montpellier nommé *Pierre Rhodes* : à ces deux donations il ajoûta quelques ufages énoncés dans fon Teftament, pour fervir à l'entretien d'un Chapelain, qui feroit tenu de dire à perpetuité une Meffe tous les jours, & qui devoit être nommé par fes executeurs Teftamentaires, & après eux par les Ouvriers & Directeurs dudit Hôpital.

Les Officiers du Roy Charles V. alors Seigneur de Montpellier, s'opoferent à cet établiffement dans la ruë des Etuves, par la régle qu'on avoit obfervé jufqu'alors, de ne laiffer établir dans l'enceinte de la Ville aucun Hôpital ni aucune Communauté Réligieufe. Cette oppofition obligea les executeurs teftamentaires de *Pierre Gras*, à chercher dans le Faubourg voifin, ce qu'ils ne pouvoient avoir dans la Ville. Ils choifirent pour cet effet, l'emplacement qui eft défigné de la forte: *Un tenement de maifon avec traverfe, & moitié d'un puits devant l'Eglife de St. Sauveur de Montpellier, au dedans de la paliffade, dans lequel tenement il y a deux maifons du côté de la ruë droite, & quatre du côté de la traverfe, & d'autre part la maifon de Guillaume Hôte dans la ruë publique*.

Le Sr. *Jean de Villaret*, qui ne prend d'autre qualité que celle de Prêtre de Montpellier, les aida beaucoup dans l'execution de leur projet: non feulement il prévit (comme dit l'Acte) que les Officiers du Seigneur de Montpellier, ne permettroient pas que l'Hôpital fût établi dans la maifon de *Pierre Gras*, mais il leur donna par Acte du 2. Octobre 1375. une maifon qu'il avoit près de l'Eglife de St. Paul, avec une autre dans la ruë des vieilles Etuves, pour fervir à la fondation de l'Hôpital Sainte Marthe.

Cet Hôpital eft apellé dans les Mémoires de *Philippy* & dans le Manufcrit de Mr. *Vignes*, Hôpital des Femmes, fans expliquer s'il étoit pour les femmes malades ou décrepites; mais Garriel, dans fon idée de Montpellier, nous fait entendre qu'il étoit deftiné à l'education & à la fûreté des filles, jufqu'à ce que l'on trouvât à les établir.

Les Calviniftes épargnerent cette Maifon, de même que les autres Hôpitaux de la Ville, lorfqu'ils firent à Montpellier les démolitions que nous avons vû en 1562. mais dans le refte de ce fiécle, ils l'abatirent entierement, lorfqu'ils voulurent fe prémunir contre les differens fiéges dont ils furent menacés.

Le titre du Chapelain de Sainte Marthe fubfiftoit encore en 1612. comme il paroît par diverfes reconnoiffances de cette même année, & particulièrement une du dernier Mars 1612. faite par *Daniel Bouques*, d'une maifon fife dans la ruë des Etuves, Sifain, Sainte Foy.

Il faut auffi que dans l'Eglife de St. Sauveur il y eût une Chapelle de Sainte Marthe, puifqu'il eft dit dans un Acte de 1547. retenu par Lambert Notaire, que le Chapelain de Sainte Marthe, en Saint Sauveur, doit payer une penfion annuelle de quatre livres à l'Hôpital Sainte Marthe.

CHAPITRE DOUZIEME.

SAINT JULIEN DE TOURNEFORT.

CEt Hôpital portoit le nom d'un Marchand de Montpellier, nommé *Guillaume Tournefort*, qui le fonda en 1360. comme il paroît par les lettres d'amortiffement du Roy Charles VI. du mois d'Avril 1434. Il étoit fitué à l'entrée du cours du côté de la Saunerie, & il donnoit fon nom à toute l'Ifle où il étoit bâti. Ce fait confte par un Acte de 1465. tiré des Regîtres de la Bourfe, où il eft dit, en parlant d'un grenier à foin qui donnoit matiere de conteftation, *unum paillarium fitum in puliffatis, in infula Hofpitalis Sancti Juliani de Tournefort*. On voit plus bas dans le même Acte, qu'il étoit entre la Portaliere de St. Sauveur & celle des Freres Prêcheurs, *inter Portale Sancti Salvatoris & Portale Prædicatorum*, ce qui fait précifément toute l'étenduë du cours: mais ce qui prouve qu'il étoit plus près de St. Sauveur que des Freres Prêcheurs, eft un Acte du même Regître fol. 283.

II. PARTIE. LIVRE ONZIEME.

où l'Ifle de l'Hôpital de *Tournefort* eft défignée vis-à-vis le Collége de Saint Sauveur, regardant par la façade du devant la muraille de la paliffade, & du derriére, l'Hôpital de Sainte Marthe. *Situm in infula exiftente ante Ecclefiam & Collegium Sancti Salvatoris vocatâ vulgariter, l'Ifla de l'Hefpital de Tournefort, confrontant, à parte ante, cum pariete paliffatarum præfentis villa, & à parte retro, cum Hofpitali Sanctæ Marthæ.*

Nous avons jufqu'en l'année 1556. des reconnoiffances féodales, confenties au profit des Hôpitaux de St. Jacques & de St. Julien; mais depuis ce tems-là, qui fut bien-tôt fuivi des troubles de la Religion à Montpellier, on ne trouve plus de reconnoiffance confentie à leur profit: elles font toutes au nom de l'Hôpital de St. Eloy, où il eft dit, que les Hôpitaux de St. Jacques & de Tournefort, lui avoient été unis.

CHAPITRE TREIZIEME.
L'HOPITAL DE LA CHARITE'.

Dans les premieres années de tranquilité, que le régne du Roy Henry IV. procura aux Villes de fon Royaume, les Catholiques de Montpellier voulant pourvoir aux befoins des pauvres de leur Religion, tinrent une Affemblée le 17. Avril 1596. où affifterent Antoine de *Subjet* Evêque de Montpellier, avec les Députez du Chapitre de l'Eglife Cathédrale St. Pierre, Pierre de *Rofel* Premier Préfident en la Cour des Aydes, avec plufieurs Généraux de ladite Cour, le Préfident *d'Aiguillon*, avec d'autres Officiers de la Chambre des Comptes, & bon nombre des principaux Catholiques de la Ville, qui délibererent tous de choifir chaque année fix bons Habitans, fous le nom de *Procureurs des Pauvres*, pour quêter dans la Ville & aux portes des Eglifes, en faveur des pauvres Catholiques.

Il fut réglé en même-tems qu'un des fix feroit Receveur de toutes les aumônes, qu'un autre en feroit le Controlleur, & qu'ils s'affembleroient tous fix deux fois la femaine, pour conferer enfemble fur les befoins des familles néceffiteufes : Voilà les premiers commencemens de l'Hôpital de la Charité.

Mais pour conferver le nom des Citoyens charitables, qui fe dévoüérent les premiers à cette bonne œuvre, je crois devoir les marquer ici, comme je les trouve dans les Regîtres qui m'ont été communiquez par Mrs. de l'Hôpital Général.

Pour le Sifain Ste Foy, Mr. *des Champs*.

Pour le Sifain Ste. Anne, Sr. Raymond *Trial*.

Pour le Sifain St. Firmin, Sire *Rafinefque*.

Pour le Sifain St. Paul, Sr. Hilaire *Gentil*.

Pour celui de Ste. Croix, Sr. Henry *Aulagné*.

Pour celui de St. Mathieu, Sr. Simon *Goufe*.

Mr. l'Evêque fe taxa tous les mois en faveur de cette bonne œuvre : le Chapitre de fa Cathédrale fuivit fon exemple; & enfuite les Eglifes Collégiales en cet ordre. St. *Ruf*, Notre-Dame *du Palais*, Ste. *Anne*, St. *Sauveur & la Trinité*, & plufieurs d'entre les Catholiques, augmenterent les fonds du Bureau de Charité, par les legs qu'ils lui firent. Les plus remarquables font, Mrs. *Remiffe*, *Valcourtois*, *Rochemore*, Lieutenant principal, le Préfident *d'Aiguillon*, Mr. *Fabre*, Chanoine de la Cathédrale, le Préfident de *Chef-de-Bien*, le Préfident de *Ratte*, les Sieurs *Verchant*, *Andrieu* Lieutenant ordinaire, & Madame *d'Aumelas*.

On garda cet ordre jusqu'au siége de *Montpellier* en 1622. où les quêtes furent interrompuës : mais après la reduction de la Ville, les Catholiques ayant pris l'ascendant, ils délibererent le 30. Avril 1627. d'augmenter le nombre des Procureurs des Pauvres, & d'en mettre deux dans chaque Sisain, au lieu d'un seul qu'il y avoit eu auparavant.

Dès-lors le produit de la Quête augmenta considerablement, & les Catholiques à l'envi, léguerent quelques sommes au Bureau de la Charité. On trouve dans les Regîtres de ce tems-là, parmi les bienfacteurs de cette Maison, Mr. *du Bousquet* Abbé de *Franquevaux*, quatre Chanoines de la Cathédrale ; sçavoir, Mrs. *Hugues Gramon*, *Enguerran*, & *Vidal*, David *Varanda* Professeur és Loix, Samüel *Trinquere* Juge-Mage, Mademoiselle de *Beauxhostes*, & Marguerite de *Tufani* veuve d'Antoine *de Grille* Général des Aydes. Mais l'aumône la plus considerable qui soit marquée dans leurs Regîtres, est celle du Duc *d'Ossone*, qui passant à Montpellier, donna au bassin des Pauvres, cent pistoles d'Espagne, évaluées dans le compté de la recette à quatorze cens soixante-dix livres.

Ces secours, qui devinrent assez ordinaires, mirent le Bureau en état d'entreprendre quelque chose de plus pour le soulagement des Pauvres. On crut qu'il ne suffisoit pas de secourir les familles nécessiteuses, mais qu'il falloit encore retirer les Orphelins, & les Invalides : pour cet effet, pendant le séjour que le Cardinal de Richelieu fit à Montpellier en 1629. on projetta d'acquérir à l'extrêmité du Faubourg du Pile St. Gilles, plusieurs maisons, qu'on apelloit dans le tems de la grande peste, *l'Hôpital des trois Couronnes* : (François *Ranchin* nous aprend cette circonstance dans son Histoire de la grande Peste de Montpellier) & tout ayant concouru pour faciliter cet établissement, on commença d'assembler les Orphelins & les Invalides dans *l'Hôpital des trois Couronnes*, qu'on apella depuis, *l'Hôpital de la Charité*. On se souvient encore d'y avoir vû les vieilles femmes occupées à filer, les enfans à faire des épingles, & les hommes à faire des futaines, ou s'employer aux travaux de la maison selon leurs forces.

Alors on déchargea les *Procureurs des Pauvres* du soin de la Quête, qu'ils avoient accoûtumé de faire aux portes des Eglises ; & l'on y envoya les enfans bleus de la Charité, avec des troncs portatifs, où les personnes charitables jettoient leurs aûmônes. On n'a pas oublié la formule dont ces enfans se servoient pour exciter la charité des fidéles ; ils la disoient en chantant, & ils la recommençoient tour à tour.

Leur nombre ayant augmenté considerablement par le surcroît des enfans trouvez, dont on chargea l'Hôpital de la Charité, on crut en 1652. devoir augmenter le nombre des Administrateurs de cette Maison, & pour interesser davantage toutes les Compagnies à la proteger, on forma un Bureau composé de quatre Intendans pris tous les ans des Officiers de Justice, & du Chapitre de la Cathédrale ; de douze Recteurs tirez d'entre les Bourgeois, dont la moitié ne devoit être changée que de deux en deux ans, & de quatre Sindics perpetuels.

Cet ordre parut si bon, que le Roy Loüis XIV. en établissant à Montpellier un Hôpital Général en 1678. ordonna que le même ordre qu'on gardoit à la Charité, seroit suivi à l'Hôpital Général, comme nous allons le voir dans l'article suivant.

CHAPITRE QUATORZIEME.

L'HOPITAL GÉNÉRAL.

LA Déclaration que le Roy *Loüis XIV*. avoit donnée en 1662. pour l'établissement d'un Hôpital Général dans les Villes & gros Bourgs de son Royaume, ne commença d'avoir lieu à Montpellier qu'en 1676. où Sa Majesté écrivit à Mr. *de Pradel* Evêque de cette Ville ; & à Mr. d'Aguesseau Intendant de la Province,

II. PARTIE. LIVRE ONZIE'ME.

pour leur faire fçavoir fes intentions, & pour leur dire de donner leur avis fur tous les obftacles qu'ils pourroient prévoir à l'établiffement d'un Hôpital Général à Montpellier, avec les mefures qu'ils croiroient pouvoir être prifes pour les faire ceffer.

Ces Meffieurs, pour obéïr aux Ordres du Roy, drefferent un mémoire, où après avoir expofé la maniére dont on pourvoyoit aux befoins des pauvres dans l'Hôpital de la Charité, ils marquerent au Roy les obftacles & les facilitez qu'ils prévoyoient à l'établiffement d'un Hôpital Général : fur quoi Loüis XIV. fit expedier des Lettres-Patentes, données au Camp de *Vetere*, au mois de May 1678. par lefquelles il ordonna qu'on établit à Montpellier un Hôpital Général, auquel il unit pour toûjours la Maifon de la Charité, avec les autres Hôpitaux du Diocéfe, excepté celui de St. Eloy, qui fervoit aux pauvres malades.

On mit auffi-tôt la main à l'œuvre, & parce qu'on n'avoit pas de maifon pour tous les Invalides qui fe préfenteroient, on prit l'Ifle du *Cheval-vert* dans le Fauxbourg de la Saunerie, où l'on dreffa une Chapelle, deux Refectoires, l'un pour les hommes, l'autre pour les femmes, de grandes Chambres à coucher, & d'autres Chambres de travail.

Cependant on jetta les yeux fur quelque grand emplacement, où l'on pût avec le tems, faire les bâtimens néceffaires au grand nombre de pauvres qu'on fe propofoit d'y recevoir. On ne trouva pas de lieu plus convenable que l'ancien clos des Peres Carmes, qui s'étoient logés dans la Ville, & qui ne fongeoient plus à bâtir fur les anciennes ruïnes de leur Monaftere hors la porte des Carmes. Le marché fait avec eux, Mr. de *Pradel* y mit en 1680. la prémiere pierre, & l'on creufa les fondemens de deux grands bâtimens quarrés, qui forment aujourd'hui l'Hôpital Général, & qui fervent l'un aux hommes, & l'autre aux femmes.

Tout le rez-de-chauffée eft occupé par l'Eglife, la Sale du Bureau, les Chambres du travail, l'Apoticairerie, les Réfectoires, les Cuifines, les Prifons, & le lieu où l'on diftribuë journellement du pain aux pauvres familles de la Ville. Le premier étage fert au logement des Prêtres, des Officiers de la maifon, des Sœurs qui prennent foin des jeunes garçons & des jeunes filles, à la draperie, à la lingerie, & aux fales à coucher pour les vieillards, & pour les vieilles femmes : au plus haut couchent les jeunes garçons dans de longues fales, & dans l'autre quarré les jeunes filles ; & les grands pavillons qui font aux quatre coins du Bâtiment fervent à faire fécher le linge dans les mauvais tems. On a ménagé à l'entrée de la maifon, une cour très-fpacieufe pour le divertiffement des enfans, & au-delà du Bâtiment, il y a des jardins potagers, d'une très-grande étenduë.

On reçoit dans cette maifon les pauvres vieillards, & les vieilles femmes, les enfans expofés & Orphelins, quelquefois des perfonnes de bonne famille, que le befoin réduit à l'Hôpital. On compte près de fix cens bouches dans cette maifon, fans parler d'un plus grand nombre de familles neceffiteufes de la Ville, à qui l'Hôpital donne tous les jours une certaine quantité de pain : il tient en nourrice les enfans trouvés ; il les entretient & les fait élever jufqu'à l'âge de feize ans, auquel tems, il donne un métier aux garçons, & un mariage aux filles.

Il feroit impoffible de foûtenir cette maifon, fans le bon ordre qui y regne. Le Roy *Loüis XIV.* fatisfait de celui qu'on gardoit à la Charité ; ordonna par le deuxiéme article des Réglemens qu'il fit en 1678. *que l'Hôpital Général feroit regi, ainfi que la maifon de la Charité l'avoit été cy-devant*, c'eft-à-dire, par l'Evêque de Montpellier ; par quatre Intendans qui feroient tirés de la Cour des Comptes, Aydes & Finances, du Bureau des Tréforiers de France, du Préfidial, & du Chapitre de l'Eglife Cathédrale, tour à tour, & fucceffivement.

En 1694. le nombre des Intendans & des Sindics fut augmenté par Arrêt du Confeil du 4. Octobre, qui fixe les uns & les autres au nombre de fix : de cette forte tout le Bureau eft compofé de ving fix perfonnes ; fçavoir, de l'Evêque, quand il peut s'y trouver, de fix Intendans qui changent tous les ans, de douze Recteurs pris du Corps des Bourgeois, pour ne changer que par moitié de deux en deux ans, de fix Sindics perpetuels, & d'un Tréforier annuel, qui par Arrêt du Confeil de 1711. eft qualifié d'Intendant-Tréforier, & que le Bureau peut choisir dans tous les Ordres de la Ville sans exception. Il reçoit tous les revenus de l'Hôpital, & fait toutes les avances nécessaires pour l'entretien de la maison, qu'il lui sont remboursées par son Successeur, à quelque somme qu'elles puissent exceder la recette.

Les privileges que le Roy accorda à l'Hôpital Général dans le tems de son établissement, font une partie de ses revenus, & diminuent considérablement ses charges. Telle est l'exemtion des subsides, impositions, charges ordinaires & extraordinaires, pour la clôture de l'Hôpital Général, jusqu'à la concurrence de trente céterées, la permission de prendre à perpétuité chaque jour, depuis le premier Octobre jusqu'au premier de Mars, deux charges de mule ou de mulet de bon bois, au Bois de *Valene*, apartenant aux Consuls & Habitans de *Montpellier*; & depuis le premier Avril jusqu'au dernier Septembre, une charge par jour, sans en payer aucun droit apartenant à la Ville. L'union à l'Hôpital Général de toutes les aumônes de fondation en grain ou en argent, dont se trouveront chargez les Abbez, Prieurs, Communautez séculiéres & régulieres, même les particuliers, Habitans de la Ville & du Diocése.

Obligation aux Notaires d'envoyer gratuitement des extraits des Testamens qu'ils auront reçû, & autres Actes faits au profit de l'Hôpital Général.

Pareille obligation aux Corps des Métiers, de donner un ou deux Compagnons, pour instruire les enfans de la maison, selon l'inclination qu'on pourra reconnoître en eux, avec faculté ausdits Compagnons, après avoir fidélement servi pendant six années, de pouvoir tenir boutique.

La même grace est accordée aux Compagnons Chirurgiens, ou Apoticaires, qui auront servi l'Hôpital le même espace de tems.

Permission aux Administrateurs d'y établir toutes les manufactures qu'ils jugeront utiles audit Hôpital, & de faire quêter privativement à tous autres, dans tous les lieux où l'on peut être excité à faire l'aumône.

Attribution audit Hôpital de toutes les aumônes ordonnées par la Cour des Comptes, Aydes & Finances, & par les Officiers du Présidial, en procédant à l'enterinement des Lettres de grace, rémission, & abolition; & en outre, sur toutes les Lettres de légitimation & naturalité, dons & autres graces adressées à la Cour des Comptes, Aydes & Finances, sur lesquelles il sera mis telle aumône, que les Officiers jugeront en faveur de l'Hôpital.

Mais pour assûrer à cette Maison quelque revenu plus fixe, le Roy permit au Diocése d'imposer annuellement & à perpétuité, quinze cens livres au profit des Pauvres, & à la Ville de Montpellier deux deniers sur chaque livre de viande, qui seroit venduë à Montpellier, *Boutonnet*, & *Castelnau*: ce qui produit une somme très-considérable.

Néanmoins, avec tous ces secours, & avec les constitutions de rente que l'Hôpital a acquis, ses revenus fixes seroient insuffisans de moitié, s'ils n'avoient les revenus fortuits qui lui viennent de la charité des Fidéles; l'usage s'est heureusement introduit, que toutes les personnes aisées léguent quelque somme à l'Hôpital; & il arrive souvent, que des Particuliers, sur-tout les Ecclesiastiques, font héritier l'Hôpital Général: cet avec ce secours qu'on a fait dépuis quinze ans un quartier pour les incurables, qu'on y reçoit en très-grand nombre.

Il y a tout lieu d'esperer du bon gouvernement qui s'observe dans cette Maison, que Dieu fera continuer les bonnes œuvres qu'on y exerce déja dépuis cinquante ans.

CHAPITRE

CHAPITRE QUINZIEME.

L'HOPITAL DES PETITES-MAISONS.

EN l'année 1716. le Conseil de Ville ayant jugé à propos d'enfermer, à l'exemple de Paris & autres Villes du Royaume, les insensez qui couroient la Ville, & qui y causoient souvent du désordre, fit proposer à Mrs. du Bureau de l'Hôpital St. Eloy, de vouloir se charger de ces pauvres insensez, moyennant deux cens livres que la Ville leur donneroit tous les ans, pour chacun de ceux qui leur seroient envoyez par Mrs. les Consuls, avec offre de la part de la Ville, de contribuer à la construction des loges qui seroient nécessaires pour les tenir enfermez.

La proposition ayant été acceptée par Mrs. du Bureau, ils destinerent à cet établissement le jardin qu'ils venoient d'acquerir de Mr. *de la Greffe* Doyen de la Cour des Comptes, Aydes & Finances, qui n'étant séparé de l'Hôpital St. Eloy que par une ruë sur laquelle on a jetté un arceau, semble être contigu à l'Hôpital St. Eloy.

En même-tems, le Diocése de Montpellier fit un pareil traité avec les Directeurs de l'Hôpital, en consequence duquel, ces Mrs. firent construire, moyennant les sommes dont la Ville convint, treize loges ou petites-maisons, pour y recevoir les insensez de la Ville & du Diocése. Quoique ces petites-maisons ne soient pas ordinairement toutes remplies, le public a la satisfaction de ne pas voir dans les ruës ces tristes objets, & d'être à l'abri des attaques de ces pauvres insensez, qui sont soignez dans leurs loges par des Sœurs de la Charité, avec la patience & l'exactitude qui est ordinaire à ces charitables filles.

HISTOIRE DE MONTPELLIER.

LIVRE DOUZIEME.

DES ANCIENNES ÉCOLES DE MONTPELLIER, & de son Université d'aujourd'huy.

QUOIQUE les Ecoles publiques n'ayent pris le nom d'Université, qu'au commencement du treizième siécle, comme l'a remarqué Mr. de Fleury dans son cinquième Discours sur l'Histoire Ecclesiastique, il n'est pas moins certain, selon ce même Auteur, que les études fleurissoient long-tems auparavant, dans plusieurs Villes de l'Europe, & de la France, parmi lesquelles Montpellier étoit célebre pour la science du Droit, que *Placentin* & *Azo* y enseignerent dans le douziéme siécle, & par les Ecoles de Medecine, que les Disciples d'*Averroës*, & d'*Avicenne* y avoient déja établi.

Les Réglemens faits en 1220. par le Cardinal *Conrad Eginon*, servent de témoignage public en faveur de l'Ecole de Medecine de Montpellier, qui, selon les paroles de ce même Cardinal, s'étoit rendüe illustre depuis long-tems, & avoit produit des fruits très-utiles dans plusieurs parties du monde ; *sanè cum dudum Medicinalis Professio sub gloriosis titulis in Montepessulano claruerit, floruerit, & fructum fecerit multipliciter, in diversis mundi partibus salubrem, &c.*

La reputation de *Placentin* & d'*Azo*, qui les premiers, enseignerent le Droit à Montpellier, rendit leur Ecole l'une des plus célebres de l'Europe, comme on pourra le voir plus au long dans l'article particulier que j'en donnerai.

Enfin les Réglemens que Jean *de Montlaur*, Evêque de Maguelone, fit en 1242. pour l'Ecole des Arts, prouve que cette science fleurissoit à Montpellier de son tems.

Toutes ces considerations porterent le Pape Nicolas IV. sur la fin du treiziéme siécle, à ériger les Ecoles de Montpellier en Etude générale, ou *Université*, dans laquelle les Maîtres pourroient enseigner, & les Ecoliers s'instruire dans toutes les sciences permises, afin (dit le Pape) qu'après avoir fait le cours de leurs études, ils puissent recevoir la licence ou permission d'enseigner les autres. *Authoritate præsentium indulgemus, ut in dicto loco sit deinceps studium generale in quo Magistri doceant, & scholares liberè audiant in quavis licita facultate, & si qui processu temporis in eodem studio fuerint, qui scientiæ bravio assequuto sibi docendi licentiam ut alios libentiùs erudire valeant, petierint impertiri.*

On pourra observer dans la Bulle du Pape Nicolas IV. que je raporte au bas de cette page, qu'il fait une mention expresse du Droit Canon & Civil, de la Médecine, & des Arts, sans y nommer la Théologie, qui ne commença d'être enseignée à Montpellier, que dans les Couvens des Religieux mandians nouvellement établis ; mais le Pape Martin V. en 1420. la comprit parmi les autres Facul-

Sévias Præf. Maj. Tab. pag. 294.

NICOLAUS, *Episcopus, Servus Servorum Dei, Filiis Doctoribus & Scholaribus Universitatis apud Montempessulanum commorantibus, Salutem & Apostolicam Benedictionem. Desiderabiliter affectamus quod litterarum studia in quibus pretiosa reperitur à sedulò quærentibus Margarita, multiplicentur ubique, maximè in illis locis quæ ad grana multiplicanda doctrinæ, ad producenda salutaria germina disciplinæ, idonea existere dignoscuntur. Cum autem* LOCUS MONTISPESSULANI, *celebris plurimùm & Famosus, aptus valdè pro studio consideratis diligenter ejus conditionibus dignoscatur. Nos utilitati publicæ expedire credentes ut, in loco ipso cultores sapientiæ inferantur, fructum desideratum largiente scientiarum Domino in tempore producturi, Authoritate præsentium indulgemus ut in dicto loco sic deinceps* STUDIUM GENERALE *in quo Magistri doceant, & scolares liberè studeant & audiant in quavis licita facultate. Et si processu temporis in eodem studio fuerint, qui scientiæ Bravio assecuto, sibi docendi licentiam, ut alios libentiùs erudire valeant petierint, impertiri. Præcipimus ut in* JURE CANONICO & CIVILI, *necnon & in* MEDICINA & ARTIBUS *examinari possint ibidem, & in eisdem facultatibus* DUMTAXAT *titulo Magisterii decorari.* STATUENTES *ut quoties aliqui ad Magisterium fuerint promovendi, præsentetur* EPISCOPO MAGALONENSI *loci Diœcesano, qui pro tempore fuerit, vel ei quem ad hoc idem Episcopus duxerit deputandum, qui Magistris Facultatis illius in quâ examinatio facienda fuerit, de Universitate vestrâ in eodem studio præsentibus convocatis, eos gratis & difficultate quâcumque sublatâ, de scientiæ facundia, de modo legendi, & de aliis quæ in promovendis ad Doctoratûs officium requiruntur, examinare studeant diligenter, & illos quos idoneos repererint, & petito secretò eorumdem Magistrorum Consilio (quod Consilium in ipsorum Consulentium dispendium vel jacturam revelari quomodolibet sub divinâ maledictionis interminatione districtissimè prohibemus) approbent & admittant, eisque licentiam largiantur ; alios minùs idoneos repellendo, postpositis omninò gratiis, odio vel favore. Cæterum ne vacante Ecclesiâ Magalonensi contingat Promoveri volentes ad Magisterium impediri, volumus ut cum ipsâ Ecclesiâ tres etiam Archidiaconi assumantur, Archidiacono majori præsente, vel eo in remotis agente, aut etiam impedito secundo ; vel illis præpeditis, tertio ; promovendi hujusmodi vacationis tempore præsententur, qui eos examinent, & examinatores approbent vel reprobent, secundùm modum in Episcopo prænotatum. Illi autem qui in loco præfato examinati & approbati fuerint, ac docendi licentiam obtinuerint, ut est dictum, tunc absque examinatione, vel approbatione aliâ, legendi ac docendi ubique plenam & liberam habeant facultatem, nec à quopiam valeant prohiberi. Sanè ut in præfatis examinationibus ritè procedatur, præcipimus ut Magistri legere in eodem studio cupientes, antequam incipiant, præstent publicè juramentum, quod ipsi vocati ad examinationes easdem venient, nisi fuerint legitimè impediti, ac gratis, sine difficultate, odio vel favore postpositis dabunt examinatori fidele consilium, qui de examinatis velut digni approbari debent, vel ut indigni meritò reprobari. Nulli ergò hominum liceat paginam hanc, &c. Datum apud Sanctam Mariam-Majorem vij. Kal. Novembris, Pontificatûs nostri anno secundo.* C'est-à-dire en 1289. ce Pape ayant été élû le 15. Fevrier 1288. **selon** Mr. Fleury liv. **88.**

II. PARTIE LIVRE DOUZIEME.

tés de l'Université de Montpellier, & il l'unit à celle du Droit Canon & Civil, pour ne faire qu'un même Corps avec elle, comme nous le dirons dans l'article de la Théologie.

Dans ces premiers commencemens, les Papes &, les Rois de France, accorderent à l'envi plusieurs beaux privileges à l'Université de Montpellier. Martin V. par une Bulle expresse, lui donne pour Conservateurs, l'Archevêque de Narbonne, l'Abbé d'Aniane, & le Prévôt de Maguelone. Par un autre Bulle il exemta les Professeurs & les Etudians d'être cités hors la Ville pour quelque affaire que ce fût. Nos Rois leur accorderent l'immunité & l'exemtion des tailles qui a été depuis convertie en une indemnité en argent; ils furent aussi exemtés de toutes les charges municipales; mais ce dernier privilége commença de recevoir quelque atteinte en 1355. lorsque les Consuls de Montpellier ayant nommé les Officiers de la Monnoye, & les Supôts de l'Université pour monter la garde dans la Ville, pendant la guerre des Anglois contre le Roy Jean, le Comte d'Armagnac Gouverneur de la Province y contraignit les uns & les autres par provision. Alors les Professeurs suspendirent pour quelque-tems leurs Leçons; ce qui est marqué dans l'Histoire de ce tems, comme la premiere interruption arrivée aux Etudes de l'Université de *Montpellier*: *Anno* 1355. *Rex Angliæ graviter impugnare capit Regnum Franciæ, ita quod Studium in Montepessulano suspensum fuerit ad tempus*: dit l'Auteur de la vie d'Innocent VI. raportée dans Baluze.

Livre du Recteur p.g. 194. ibidem. pag. 197.

Voyez le premier Tom. de cette Histoire pour l'année 1355.

Vita Pap. Avenion.tom.1.p.34

La seconde interruption arriva lors de la fameuse sédition de Montpellier sous le Duc d'Anjou en 1379. durant laquelle les Ecoliers abandonnerent Montpellier, & donnerent lieu à l'établissement de l'Université d'Orange, comme il est raporté dans l'Histoire de cette Principauté.

Page 36.

Mais à cette occasion, on peut remarquer l'estime que le Duc d'Anjou conservoit toûjours pour l'Université de Montpellier, puisque dans la mitigation de sa Sentence, il fait une expresse mention des Etudes de Montpellier, en faveur desquelles il dit avoir adouci les peines portées contre la Ville.

La troisiéme interruption fut au commencement des troubles de la Réligion, qui causerent en 1562. la ruine de plusieurs édifices publics, & particuliérement celle de la Tour de Sainte *Eulalie*, qui servoit aux exercices de la Faculté du Droit. *Etienne Ranchin* dans la préface de ses *décisions*, dit en déplorant ces troubles. *Domi latitabamus, à negotiis publicis & forensibus, & à nostris publicis lectionibus prohibiti.*

Voyez le premier Tome de cette Histoire pour l'année 1562. & les suiv.

Cette interruption continua par intervales, durant les troubles de la Réligion, où l'on quittoit le soin des études, à mesure qu'on reprenoit les armes. De cette sorte les exercices publics ne devinrent bien stables à Montpellier qu'après la reduction de la Ville, sous les armes du Roy Loüis XIII. car alors chaque Faculté réprit ses Leçons ordinaires; mais celle de Droit, autrefois si célèbre, se ressentit beaucoup des interruptions précedentes, & celles de Théologie & des Arts, souffrirent les changemens que nous dirons dans l'article de chaque Faculté. Celle de Médecine se soûtint mieux que les autres, parce que dans ce tems de mouvement & de guerre, on ne pouvoit se passer de Médecins.

Toutes ces quatre Facultez reconnoissent l'Evêque de Montpellier pour leur Chancelier, c'est-à-dire, que les Lettres de tous les Gradués sont expédiées à son nom, après avoir été examinez devant lui, ou par son Délegué. Ce droit étoit acquis aux Evêques de Maguelone avant l'érection des Universités, comme il paroît par le démêlé qu'il y eut à ce sujet, entre Jacques le Conquerant & *Berenger de Fredol* Evêque de Maguelone. Toutes les Bulles qui ont été données depuis, confirment ce droit à l'Evêque. *Qui promovendi fuerint præsententur Episcopo Magalonensi*, dit Nicolas IV. dans la Bulle d'érection de cette Université: & Martin V. en lui donnant des conservateurs, donne le nom de *Chancelier* à l'Evêque de Maguelone; *pro parte venerabilis fratris nostri Ludovici Episcopi Magalonensis, Cancellarii*. Ce qui a été suivi sans interruption dans les autres Bulles des Papes, dans les Lettres-Patentes de nos Rois, dans les Réglemens faits pour l'Université, & dans l'expedition des Lettres des Graduez. On verra une confirmation de tout ce que je viens de dire, dans le détail de chaque Faculté.

Mém. du Clergé Tom. 2. part.1.pag. 165. & suivantes

Rrrr

CHAPITRE PREMIER.

DE LA FACULTÉ DE MÉDECINE.

L'Ecole de Médecine de Montpellier peut être mise au rang de ces anciens établissemens qui n'ont point d'époque certaine, & dont l'origine se perd dans les siécles passez : ceux qui l'ont fondée n'ont laissé aucun mémoire qui puisse nous éclaircir sur le tems qu'elle commença ; mais à leur défaut, nous tirons des Livres publics, des preuves certaines que l'Ecole de Médecine étoit déja célèbre à Montpellier dans le douziéme siécle.

Lettre 307. La première preuve est tirée d'une Lettre de St. Bernard, qui dit en parlant d'un Archevêque de Lyon, que ce Prélat étant tombé malade en allant à Rome, se détourna de son chemin pour venir à Montpellier, où durant son séjour, il dépensa auprès des Médecins, tout ce qu'il avoit, & ce qu'il n'avoit pas. *Cumque infirmaretur, pertransiit usque ad Montempessulanum, ubi aliquamdiù commoratus, cum medicis expendit & quod habebat, & quod non habebat* : cette Lettre est pour le plus tard de l'année 1153. qui fut celle de la mort de St. Bernard, d'où l'on infere qu'il avoit fallu un tems considérable aux Médecins de Montpellier pour se mettre en réputation, & que nos Marchands, qui frequenterent beaucoup l'Egypte & la Palestine depuis la première Croisade, avoient amené d'Alexandrie quelques Disciples d'Avicenne qui fleurissoit dans le onziéme siécle.

Apollinare Sacrorum de F. Ranchin.

Quoiqu'il en soit de ce sentiment, il est certain que les Disciples d'*Averroës*, qui vécut à Cordoüe dans le siécle suivant, vinrent à Montpellier pour y exercer la Médecine; & que les Médecins qui y étoient déja établis, s'oposerent de toute leur force à leur établissement; ce qui donna lieu à *Guillaume fils de Mathilde* Seigneur de *Montpellier*, de donner une Déclaration de l'année 1180. par laquelle il défend à qui que ce soit, de s'arroger en seul le droit d'enseigner la Médecine à Montpellier, voulant & ordonnant qu'à perpetuité, tout homme quel qu'il fût, & de quelque Pays qu'il vînt, pût tenir Ecole de Médecine à Montpellier. *Mando, volo, laudo atque concedo in perpetuum, quod omnes homines quicumque sint, vel undecumque sint, sine aliqua contradictione regant Scolas de Phisicâ in Montepessulano.*

En vertu de cette déclaration, les Disciples d'*Averroës* furent reçûs à Montpellier, où ils travaillerent avec ceux d'*Avicenne* à se faire des Ecoliers, sans être liez par aucun Statut ou Réglement particulier, qui soit venu jusqu'à nous.

Fleury Histoire Eccl. liv. 78. Les plus anciens Réglemens que nous ayons furent faits par le Cardinal *Conrad*, que le Pape Honoré III. envoya Legat en France contre les Albigeois en 1220. Ce Prélat qui étoit fils d'*Epignon d'Urach*, Comte de *Seinen*, & neveu de Bertold Duc de Turinge, fut à peine arrivé à Montpellier, que tous les Evêques des environs

Series præf. Magal. pag. 155. IN Nomine Domini Nostri Jesu Christi, anno ab Incarnatione 1180. mense Januario. Ego Guillelmus Dei gratiâ Montispessulani Dominus, Filius Mathildis Ducissa, ad communem utilitatem Montispess. & universæ terræ meæ, dono & firmitate perpetuâ concedo Domino Deo, & probis viris Montispessulani præsentibus & futuris, & universo populo, quòd ego de cætero, prece aliquâ vel pretio, vel sollicitatione alicujus personæ, non dabo concessionem seu prærogativam aliquam alicui personæ, quod unus solus tantummodo legat seu regat in Montepessulano Scholas in Facultate Phisicæ Disciplinæ; quia acerbum est nimium, & contra fas, uni soli dare monopolium in tam excellenti scientia, & quia hoc fieri æquitas prohibet & justitia, uni soli in posterum nullatenus dabo, & ideo mando & volo, laudo atque concedo in perpetuum, quod omnes homines quicumque sint, vel undecumque sint, sine aliqua interpellatione regant Scholas de Phisica in Montepessulano. Et injungo omni Successori meo quod contra hoc non audeas venire.

II. PARTIE. LIVRE DOUZIÉME.

le prierent de régler la difcipline qu'on devoit obferver dans les Ecoles de Médecine : il le fit après avoir pris leur avis (comme il le dit lui-même) & il nous aprend l'origine du nom de *Chancelier* de Médecine, & les Loix que les Etudians, les Docteurs, & les Profeffeurs devoient fuivre.

Nul (dit-il) ne pourra enfeigner à Montpellier qu'il ne foit aprouvé par l'E- " vêque de Maguelone, & par les Régens que ce Prélat voudra s'affocier. "

Chaque Etudiant s'attachera à un Profeffeur déterminé. "

L'Evêque de Maguelone avec le plus ancien Profeffeur, & deux autres des " plus capables, choifira un d'entr'eux trois, ou des autres du Corps, pour ren- " dre juftice à ceux qui porteront des plaintes contre quelqu'un des Membres de " l'Univerfité.

Ce qui eft entendu (ajoûte-t'il) feulement des caufes civiles ; parce que " dans les criminelles on doit recourir à l'Evêque de Maguelone. "

Celui qui aura été choifi pour connoître de ces caufes civiles, pourra être ap- " pellé *Chancelier* de l'Univerfité. "

Mais l'Evêque de Maguelone doit aider, s'il eft neceffaire, par cenfures Eccle- " fiaftiques, l'exécution des Sentences dudit Chancelier. "

Que fi le Siége de Maguelone vient à vacquer, le Prieur de St. *Firmin* fera " ce qu'auroit dû faire l'Evêque. "

Aucun Maître ou Ecolier ne fera reçû dans aucune Affemblée publique, qu'il " ne porte la Tonfure Clericale, fupofé qu'il joüiffe de quelque Bénéfice, ou qu'il " foit dans les Ordres Sacrés ; par la même régle aucun regulier ne pourra paroî- " tre fans l'habit de fon Ordre. "

Il réfulte de cet article, que dans le treiziéme fiécle les Ecclefiaftiques étudioient & pratiquoient la Medecine. Nous en avons une autre preuve pour le fiécle fuivant, tirée de la Bulle que le Pape Clement V. donna à Avignon le 6. des ides de Septembre 1308. où ce Pape dit, qu'il a deliberé fur les Réglemens qu'il ordonna dans cette Bulle avec *Jean de Alefto* fon Chapelain, qui avoit long-tems regi l'école de Medecine de Montpellier ; *Cum dilecto filio Joanne de Alefto Capellano noftro, qui diù rexit in prælibato ftudio* : à quoi l'on pourra ajoûter pour les Religieux, la difpofition du Chapitre Général des Freres Prêcheurs (d'ont j'ai parlé cy-devant) qui ordonne que l'Ordre tiendra dans le Couvent de Montpellier, vingt-quarre Freres Convers de differentes nations, comme Allemans, Italiens, Efpagnols, Polonois, & François, pour aprendre la Pharmacie.

Avant que d'entrer plus avant dans les Réglemens du Cardinal Conrad, je crois devoir faire deux obfervations fur ces paroles : *celui qui aura été choifi pour connoître des caufes civiles, pourra être apellé Chancelier de l'Univerfité* : par où il ne faut pas entendre que ce Cardinal voulût donner quelque atteinte à l'Autorité de l'Evêque de Maguelone fur toutes les Facultez qui compofoient *l'Univerfité* ; mais

CONRADUS *Miferatione Divinâ, Portuenfis & Sanctæ Rufinæ Epifcopus, Apoftolicæ Sedis Legatus, Univerfis Sanctæ Matris Ecclefiæ Filiis, Salutem in Chrifto-Jefu.*

Ideò legum & conftitutionum vigor in medium à fanctis Patribus Ecclefiæ moderatoribus productus eft, ut humana exerceatur temeritas ; tutaque fit inter improbos innocentia, & in ipfis improbis formidato fupplicio refrenetur nocendi facultas, cum tefte Apoftolo ; Lex data fit propter tranfgreffores.

Sanè, cum dudùm MEDICINALIS *fcientiæ profeffio fub gloriofis titulis in* MONTEPESSULANO *claruerit, floruerit, & fructum fecerit multipliciter in di-*

verfis mundi partibus falubrem. Tantò ad confervationem Medicinalis ftudii duximus ftudendum, & ejus occurrendum difpendiis (communi utilitate & fingulorum in hac Facultate ftudentium penfatâ) quantò ipfius exercitium rerum familiare naturis, difcretiores fuos reddit opifices & humanæ infirmitatis inftaurationi gratius adminiculatur. Nimirum hanc fcientiam fapientis fententia fuadet venerari, teftans quia Altiffimus creavit de terrâ Medicinam, & homo prudens non abhorrebit eam.

Ut igitur impedimentis hujus ftudii prudenter occurramus, ne recidiva (quod abfit) inania prævaleant, fed potius valida validentur confervatione, & liberiore mul-

seulement dire, que celui qui feroit choifi pour connoître des caufes civiles, pourroit être apellé Chancelier, c'eſt-à-dire Juge, felon Mr. du Cange, ſur le mot de Chancelier.

Au reſte, ce mot d'*Univerſité*, qui y eſt ajoûté, ne peut défigner que la Faculté de Médecine avec ſes Supôts, de même qu'il eſt pris en ce ſens dans les Status de la Faculté du Droit, qui y eſt ſouvent apellée *Univerſité*.

„ Lorſqu'un Profeſſeur (continuë le Cardinal Conrad) fera obligé d'intenter pro-
„ cès pour quelque injure reçûë par lui ou par les ſiens, tous les Maîtres & Eco-
„ liers (en étant avertis) doivent l'aider de leurs conſeils & de leur ſecours, avec
„ modération néanmoins, pour ne pas ſe deshonorer ou ſe porter préjudice.

„ Si un Profeſſeur a diſpute avec quelqu'un de ſes diſciples à raiſon de ſon ſa-
„ laire, ou de quelque autre choſe, nul autre Profeſſeur, en étant averti, ne doit
„ recevoir ce diſciple avant qu'il n'aye ſatisfait à ſon premier Maître.

„ Qu'aucun d'eux n'attire ſçiemment le diſciple d'un autre, ſoit par priere, par
„ préſent, ou d'autre manière, par ſoi ou par autrui.

„ Tous reſpecteront leurs anciens, & leur cederont le pas & la préſſéance, en
„ ſorte qu'on défère les honneurs à ceux qui auront travaillé depuis plus long-tems.
„ Pour cette raiſon, le plus ancien ſera ſçavoir aux autres les jours feriés, tant
„ pour lui que pour eux.

„ Tous, tant les Maîtres que les Ecoliers, aſſiſteront exactement, & avec mo-
„ deſtie, à l'enterrement de leurs confrères.

„ Lorſqu'un Etudiant reviendra des lieux où il aura pratiqué, il pourra choiſir
„ le Régent qu'il voudra, pourvû qu'il ne doive rien au premier qu'il avoit, ſoit
„ pour ſon ſalaire ou pour autre choſe.

„ Généralement parlant, tout Ecolier doit ouïr le Même maître ſous lequel il
„ aura commencé d'étudier pendant un mois.

tiplicentur incremento: de communi conſenſu & conſilio venerabilium Fratrum noſtrorum Magalonenſis, , Agatenſis [2], Lodovenſis [3], & Avenionenſis [4], *Epiſcoporum & aliorum Prælatorum, necnon Univerſitatis Medicorum, tam Doctorum quam Diſcipulorum Montiſpeſſulani, perpetuâ conſtitutione ordinamus, promulgamus & ſtatuimus, ſubſequentia irrefragabiliter obſervanda, authoritate Legationis quâ fungimur.*

Nullus qui anteà non rexit in Montepeſſulano de cœtero publicè regat, niſi priùs examinatus fuerit & approbatus ab Epiſcopo Magalonenſi, & quibuſdam Regentibus bonâ fide ſibi adjunctis, juxta ſuæ arbitrium diſcretionis.

Nullus ſit in Montepeſſulano nomine Scholaris, niſi certi Magiſtri ſit addictus Regimini.

Epiſcopus Magalonenſis adjuncto antiquiori Magiſtro, & poſt eum aliis duobus eis adjunctis Magiſtris diſcretioribus & laudabilioribus, juxta teſtimonium extrinſecus, & ſecundum conſcientiam propriam eliget cum prædictis ſibi adjunctis, unum de Magiſtris ſuis ſive de illis tribus, ſive

de aliis, qui juſtitiam exhibeat Magiſtris, Scholaribus, vel aliis contra Magiſtros vel Scholares agentibus, querimoniâ apud eum depoſitâ.

Quod ſi fuerit appellandum, ad Epiſcopum Magalonenſem appelletur, ſalvâ ſedis Apoſtolica in omnibus authoritate.

Hæc autem dicimus in cauſâ civili tantùm, nam cauſa criminalis ad prædictum Magalonenſem deferatur tractanda, cujus erit de eâ cognoſcere.

Ille autem Magiſter electus ad cognoſcendum de cauſis civilibus (ut prædictum eſt) Appellari poteſt Cancellarius Univerſitatis.

Epiſcopus verò Magalonenſis juvet & promoveat ſententiam dicti Cancellarii ad exequendum per Eccleſiam diſtrictionem.

Quòd ſi pro tempore ſedes Magalonenſis vacaverit, interim Præpoſitus Sti. Firmini ad Epiſcopum pertinentia exequatur, ut ſuperius eſt ordinatum.

Nullus Magiſter vel Scholaris, inter Magiſtros, vel inter Scholares alicubi in conventibus, inceptionibus, vel in Scholis recipiatur niſi deferat Tonſuram Clericalem

1. Bernard de Mezoa, Evêque de Maguelone.
2. Tedivius, Evêque d'Agde.
3. Pierre IV. du nom, dit de Lodeve, dont il étoit Evêque.
4. Pierre de Corbaria, Evêque d'Avignon.

Nous

II. PARTIE. LIVRE DOUZIÉME.

Nous ordonnons (continuë le Cardinal Conrad) qu'on fasse lecture des pre- " sens Réglemens à toutes les premieres ouvertures des Classes, & qu'on ne " reçoive aucun Docteur sans faire une pareille lecture, en presence des Mai- " tres & des Ecoliers assemblés : on en fera aussi jurer l'observation sur les Saints " Evangiles à tout nouveau Professeur qui voudra commencer ses Leçons. Il sera " fait trois exemplaires de ces Reglemens, dont l'un sera gardé par l'Evêque de " Maguelone, l'autre par le Prieur de St. Firmin, & le troisiéme par le Chan- " celier de l'Université, afin que chacun d'eux qui en seroit requis, puisse exhi- " ber son exemplaire, bien entendu qu'on le leur rendra fort exactement. "

Donné à Montpellier l'an de Notre Seigneur, mil deux cens-vingt, & le XVI. des Kalendes de Fevrier. "

Le bon ordre que ces Reglemens produisirent dans l'Ecole de Medecine de Montpellier, la rendirent bien-tôt célebre dans toute l'Europe, selon divers témoignages que nous en avons de ce même siecle.

Le premier est de *Cesaire*, Prieur d'*Heisterbach* Ordre de Cîteaux en Allemagne, qui parle de Montpellier, comme de la source de Medecine, *In Montepessulano ubi fons est artis Phisicæ*. On sçait que le mot de *Phisique* & de Medecine a été pris souvent pour la même chose.

La seconde est de *Mathieu Paris*, qui prend occasion de l'arrivée du Roy St. Loüis à Marseille en 1254. à son retour de la Terre Sainte, pour parler de l'Ecole de Medecine de Montpellier : *In partibus Marsilliæ quæ non multum distat à Montepessulano ubi floret Phisica*.

La troisiéme est du même Auteur, sur l'année 1267. où il dit, en parlant de l'Evêque d'*Erfort*, que le bruit couroit en Angleterre, que ce Prélat étoit allé à Montpellier pour guérir de sa maladie : *Dicebatur tamen ab aliquibus quod ad Montempessulanum curreret, ab infirmitate quâ laborabat sanandus*.

Le quatriéme témoignage est tiré des Lettres-Patentes de Jacques II. Roy de Majorque, qui après avoir fait mention des priviléges accordez à l'Ecole de Me-

si Ecclesiasticum Beneficium fuerit assecutus, vel in Sacris Ordinibus Constitutus, similiter vel aliquis Regularis nisi habitum deferat Regularem, juxtà ritum suæ professionis.

Si Magister prosequatur suam vel suorum injuriam contra aliquem qui non fuerit Scholaris, omnes Magistri vel Scholares ad hoc commoniti juvent illum consilio vel auxilio, ratione tamen prævia, ne per hoc inhonorentur, vel damnificentur.

Si Magister habeat causam adversus Discipulum super salario, vel super aliâ re, nullus alius Magistrorum illum recipiat (postquam commonitus fuerit) in Scholis suis, donec Discipulus ille certâ cautione Magistro conquerenti, qui satisfaciet ei, vel qui juri parebit.

Nullus Magistrorum Scholarem alterius scienter alliciat, vel sollicitet precibus, pretio, aut quocumque modo, ad hoc ut eum subtrahat Magistro suo, per se vel per alium.

Debitus honor exhibeatur antiquioribus Magistris in sedibus & in incessu, ut is alios antecedat reverentia Scholastica exhibitione, quem labor prolixior docendi fecerit anteire.

Ideo is qui plus & priùs Magistraverit

denuntiari faciat aliis, quibus diebus & quantum fuerit à lectionibus & disputationibus cessandum, & quantum & quando ipse cessaverit, & alii cesserint, nisi familiaris necessitas, ut puta infirmitas eum compulerit ad cessandum.

Omnes tam Magistri quam Scholares diligenter & devotè prosequantur exequia mortuorum.

Quandò Scholaris redit de locis in quibus practicaverit, liberè sibi abdicat quemcumque Magistrum, dum tamen priori Magistro suo non teneatur ratione salarii vel alterius alicujus rei.

Scholaris sub eo incipiat Magistro, cujus continuò ante inceptionem suam fuerit Scholaris ad minus per unum mensem.

Præcipimus quod tota præsens pagina in singulorum Magistrorum inceptionibus publicè recitetur. Nec celebretur inceptio alicujus Magistri, nisi præsens pagina tota Magistrorum & Scholarium conventu, attendenter & audienter in audientia priùs recitetur communi.

Nec etiam pro Magistro habeatur incæpturus, nisi priùs in medio juret supra Sancta Dei Evangelia, se observaturum ea omnia quæ in præsenti carta continentur.

decine de Montpellier par le Roy son Pere, ajoûte ces paroles dignes de remarque : *Nos volentes dicti Domini Patris nostri vestigiis inhærere, & considerantes quod Medicinale studium nunc longè latèque per vastam mundi solitudinem, extensis fructuosis propaginibus dilatatum fuerit, &c.*

Ces lettres qui sont de l'année 1281. furent bien-tôt suivies de l'érection des Ecoles de Montpellier en Université, faite par le Pape Nicolas IV. en 1289. ce qui donna un nouvel éclat à la Faculté de Médecine.

Sa réputation attira à Montpellier dans le XIV. siécle, *Jean* Roy de Bohême Pere de l'Empereur Charles IV. qui dit dans l'Histoire de sa vie, que le Roy son pere ayant déja perdu un œil, & craignant pour l'autre, il alla *incognito* trouver les Médecins de Montpellier, pour tacher de guerir de son infirmité. *Illis diebus cum pater meus unum oculum perdidisset, in altero incipiens infirmari, transivit in Montempessulanum secretò, ad medicos si posset curari.*

Baluze. Pap. Avenion. tom.I. pag. 1053.

Je me contente de ces témoignages, pour le treiziéme & quatorziéme siécle ; parce qu'on trouvera suffisamment des preuves pour les siécles suivans, dans les divers traités que les Medecins de Montpellier donnérent dès ce tems-là ; leurs écrits furent conservés avec soin dans les Bibliothéques, jusqu'à ce que l'Imprimerie ayant été trouvée dans le quinziéme siécle, on commença de les donner au Public.

De ce nombre étoient les Commentaires de *Jean de Tornamire*, Doyen de cette Faculté, sur *Galien*, sur *Rases*, & sur *Almansor*, dont il est dit, que le Pape Urbain V. fit présent à son College des douze Médecins ; les Commentaires d'*Armengaud Blasius de Montepessulano* sur Avicenne & Averroës, avec un traité de la Theriaque, qu'il avoit traduit de l'Arabe en Latin : ce célébre Médecin vivoit en 1300.

V ander pag. 55.

Le gros volume intitulé *Lilium Medicinæ* de *Jean Gordon* Medecin de le Faculté de Montpellier, qui vivoit en 1305.

Le Traité d'Anatomie de *Guy de Chauliac*, qui est gardé dans la Bibliothéque de Colbert sous ce titre : *Incipit inventorium seu Collectorium in parte Chirurgicali seu Medicinæ, compilatum & completum anno Domini 1367. per Guidonem de Cauliaco Chirurgum & Magistrum in Medicinâ in Præclaro studio Montispessulani.*

In Codice 3088.

Un autre volume sous le nom de *Philon*, composé par *Valescus de Taranta*, qui exerçoit la Medecine à Montpellier en l'année 1381.

Ces livres & quantité d'autres, donnerent entrée aux Medecins de Montpellier dans la Cour des Papes & des Rois, qui en rétinrent plusieurs auprès de leur personne. Clement V. (comme nous l'avons déja vû) prit pour son Medecin *Jean de Alesto*, qui avoit été Chancelier de cette Faculté : il apella ensuite *Arnaud de Villeneuve*, & il se servit beaucoup des Conseils de *Guillaume de Mazeres*, qui avoit long-tems regi les Ecoles de Montpellier. Urbain V. prit pour son Médecin *Guy de Chauliac*, & le Roy Charles VI. *Valescus de Taranta*, Auteur du livre intitulé *Philon*. *Adam Fumée* Docteur de Montpellier, fut premier Medecin du Roy Charles VII. & *Dieu-Donné Bassole* son Medecin ordinaire : ils continue-

Tria autem instrumenta eundem tenorem continentia, ad cautelam fieri præcipimus : quorum unum præcipimus custodiri ab Epō. Magalonensi, reliquum à Priore Sti. Firmini, & tertium à Cancellario Universitatis, ita ut, à quocumque requisitus fuerit aliquis eorum à Cancellario, vel à Magistro antiquiori sive ab Universitate Scholarium, sive ab Universitate Magistrorum, sive à duobus Magistris faciat instrumenti penes se existentis copiam.

Debitum erit sine difficultate illud restituere, nec differat is cui facta fuerit ejus copia.

Si quis autem huic nostræ Constitutioni vel his nostris constitutionibus ausu temerario contra ierit, vel obviare præsumpserit authoritate Dei Omnipotentis & nostra noverit se Anathematis mucrone percelli & à Sanctæ Matris Ecclesiæ gremio sequestratum.

Observatores autem præsentium Benedictione æternâ, & nostrâ gratulari mereantur.

Ut autem perpetuo robore prædicta firmentur, sigillum nostrum præsentibus fecimus appendi. Datum apud Montempessulanum anno Domini millesimo ducentesimo vigesimo XVI. Kalendas Februarii.

II. PARTIE. LIVRE DOUZIÉME.

rent l'un & l'autre à servir en cette qualité sous Loüis XI. qui commit *Adam Fumée* à la garde des Sceaux de France en 1479. Charles VIII. prit dans la Faculté de Montpellier *Jean Martini* & *Jacques Ponceau* pour ses premiers Medecins : il eut encore *Jean Graffin* pour son Medecin ordinaire, avec *Jean Troffellery* qui eut l'honneur d'acompagner le Roy dans son voyage d'Italie.

Honoré Piquet servit auprès de Loüis XII. en qualité de premier Medecin. *Antoine Tremolet* sous François I. qui lui donna des Lettres de noblesse en 1525. *Honoré Castellan* sous les Rois Henry II. François II. & Charles IX. Le Roy Henri IV. fit expedier au Camp de Saint Clou des Lettres de premier Medecin à *Nicolas d'Orthoman* Conseiller Professeur stipendié en l'Université de Montpellier, datées du 3. Août 1589. Ces Lettres (que j'ai vû) marquent qu'il étoit auparavant Medecin ordinaire de Sa Majesté, & après sa mort, qui arriva en 1603. le Roy Henry IV. donna sa place au celebre *André du Laurens* Chancelier en la même Faculté.

L'affection de nos Princes pour les Medecins de Montpellier, parut avoir diminué sous le Regne de Loüis XIII. durant lequel les Medecins de Paris obtinrent l'exclusion de tous les Medecins étrangers, pour pouvoir pratiquer à Paris. Cette défense ne put être faite sans causer beaucoup d'animosité entre les Facultés de Paris & de Montpellier. *Michel de la Vigne* de *Vernon* en Normandie, & Medecin de Paris, fit imprimer en 1644. deux Discours contre *Theofraste Renaudot* Medecin de Montpellier, & contre tous les Medecins étrangers. La dispute s'échauffa davantage en 1650. entre *Charles Guillemeau* Medecin de Paris, & *Jean Cortaud* Medecin de Montpellier, sur la préexcellence de leurs Ecoles. Ils soûtinrent leur querelle par des écrits très-violens (comme on en peut juger par le seul titre des livres de *Guillemeau*) qui sont raportez dans *Vander-Lindem*. Malgré tous les efforts des Medecins de Montpellier l'exclusion subsista toûjours, & pour si habile que fût un Medecin étranger, il falut qu'il récommençât à Paris le cours de ses études, avant que de pouvoir y exercer la Medecine. Cette défense néantmoins n'a pas regardé les Medecins étrangers qui sont auprès de nos Princes & des grands Seigneurs de la Cour. De ce nombre a été Pierre *Chirac* Professeur de Montpellier, qui après avoir été Medecin de feu M. le Regent, est mort premier Medecin du Roy Loüis XV. heureusement régnant, qui vient de donner cette place à *François Chicoyneau* Chancelier de l'Université de Montpellier, où il étoit depuis long-tems récommandable par sa chàrité envers les pauvres, par sa politesse, & par sa longue experience.

Après tout ce que nous venons de dire, il n'est pas surprenant que les Papes & les Rois qui se servirent des Medecins de Montpellier, ayent accordé à leur priere plusieurs graces à cette Faculté. *Gregoire IX. Alexandre IV. Jean XXII.* & *Clement VI.* donnerent diverses Bulles pour autoriser le bon ordre de leurs Ecoles, & l'élection de leur Chancelier. *Urbain V.* fit bâtir dans le *XIV.* siecle le Collége apellé des douze Medecins. Le Roy Charles VIII. en 1490. fonda deux nouvelles Chaires de Professeurs, qui avec le Chancelier, & le Doyen, furent apellés tous quatre, Professeurs stipendiez du Roy : il leur permit de porter la robe rouge, & de se faire précéder par un Bedeau portant une masse d'argent, & parcequ'ils n'avoient eu jusqu'alors d'autres émolumens que ceux qu'ils tiroient des écoliers, ce même Roy leur assigna cinq cens francs de gages, à se partager entre eux ; ce qui étoit pour ce tems-là une somme considerable.

Charles IX. en 1564. augmenta leur gages de 300. liv. chacun, & le Roy Henry IV. créa deux nouvelles Chaires de Professeurs, qui furent données l'une de *Botanique* & d'*Anatomie* à *André du Laurens*, & l'autre de *Chyrurgie* & de *Pharmacie*, à *François Ranchin*.

Par cette augmentation, il y eut six Chaires de Professeur, ausquelles il en fut ajoûté deux autres, sous le Roy Loüis *XIV.* avec confirmation de leur francsalé, & autres priviléges.

Ces huits Professeurs avec deux Agregez, les Docteurs, & les Etudians, forment une Université particuliere, & distincte pour le Gouvernement, des autres Facultez de Theologie, du Droit, & des Arts.

Le Faroù Hist. des Chanceliers de France, page 30.

Guy Patin, Lettre 84.

Page 107.

Le Chancelier est Juge & Recteur distinct de celui que les autres Facultés reconnoissent.

Le Doyen est le Maître des Ecoles.

Les Agregés doivent supléer pour les Professeurs, en qualité de Conseillers, Procureurs de l'Université : ils ont voix déliberative dans les assemblées ordinaires.

Les simples Docteurs ne sont apellés que dans les assemblées extraordinaires.

Les Etudians ont leur Conseillers particuliers, pris tous les ans du Corps des Bacheliers, au nombre de quatre. Leur charge est de procurer à ceux-ci tout ce qui peut leur être utile pour les études, comme de les conduire au Jardin des Plantes, & au Théatre d'Anatomie, de proposer aux Professeurs les traitez les plus convenables pour leur preleçons, & d'attester ensuite par serment devant le Présidial, qu'ils se sont acquittez de leur charge, comme il est réglé par Arrêt du Parlement de Toulouse.

L'Evêque & le Gouverneur de Montpellier, ont le titre de Conservateurs de la Faculté de Médecine; mais l'autorité de l'Evêque est plus considérable, tant à cause qu'il confere la licence sur le témoignage du Chancelier, que parce qu'il préside à l'élection des Professeurs, & qu'il peut même faire de nouveaux Statuts.

Je crois qu'après tout ce que nous venons de dire, le Lecteur verra avec quelque plaisir, la suite des Chanceliers de Médecine, dont j'ai tiré la plus grande partie de l'*Appollinare Sacrum* de François Ranchin, & rectifié le reste pour la Cronologie, sur les titres & mémoires qui m'ont été communiquez par les familles de ceux qui subsistent encore à Montpellier.

En 1239. Henry de Guintonia.

En 1260. Pierre Guazanhaire.

En 1303. Jean de Alesto, qui fut dépuis Médecin du Pape Clement V.

En 1319. Guillaume de Beziers.

En 1321. Guillaume Galberti.

En 1328. Jacques Ægidii, ou Gilles.

En 1334. Jacques de Marcillia.

En 1338. Raymond de Moteriis.

En 1360. Bernard de Colonis.

En 1364. Jean Jacobus, son élection ayant été contestée par apellation au St. Siège, comme faite contre les régles par le Vicaire de Maguelone, le Pape Urbain V. nomma pour son Commissaire le Cardinal de St. Marc qui déclara cette élection nulle & invalide. Mais touché ensuite par la soûmission & les priéres de *Jacobus*, il lui confera d'autorité Apostolique la dignité de Chancelier, *per annuli traditionem*, comme portent les Lettres qu'il en fit expedier à Avignon le 17. Octobre 1364, sans prétendre (ajoûte-t'il) augmenter par là, l'autorité du St. Siège, *neque intendere per hoc, potestatem sanctæ sedis ampliare*.

En 1380. Jean de Pisis.

En 1400. *Jean de Tournemire*, qui laissa des Manuscrits sur *Almanzor*, & sur le texte de *Razes* avec un traité des fiévres, qu'on imprima dépuis à Lyon *in-folio*, en 1501. & à Venise en 1507.

En 1439. Jean *Angelis*.

En 1450. *Gerald de Solo* (dit *l'Expositeur*) dont les Ouvrages furent imprimez à Venise en 1505. & 1520.

En

II. PARTIE LIVRE DOUZIEME.

En 1455. *Guillaume Merven.* Il laissa posterité à Montpellier, qui donna des Officiers à la Cour des Aydes, & un premier Consul à la Ville en 1500.

En 1470. Martial *de Genoüillac*, ne tint cette place que peu d'années.

En 1475. *Dieu-Donné Bassole*, n'étant plus au service du Roy Loüis XI. il revint à Montpellier, où il fut fait Chancelier de Médecine en 1475. & mourut à Beziers en 1484.

En 1484. Jean *Trossellery*, natif du Gevaudan, étoit Chancelier lorsqu'il fut tiré de cette place, pour être Médecin du Roy Charles VIII. qu'il eut l'honneur de suivre dans son expedition de Naples.

En 1496. *Jean Corandius*, & en François Cabride.

En 1504. *Honoré Piquet*, fut tiré de cette place pour être premier Médecin du Roy Loüis XII.

En 1505. *Jean Grassin*, après avoir été Médecin ordinaire du Roy Charles VIII. succeda à Honoré Piquet dans la charge de Chancelier.

En 1524. *Gilbert Gryphius*, ou *Griffy*, a laissé une posterité qui subsiste encore à Montpellier, & qui donna en 1617. un Président à la Cour des Aydes, dit, le Président St. George.

En 1536. *Jean Schyron*, dont les Ouvrages furent imprimez après sa mort à Geneve chez François *Choüet* en 1608. & puis à Montpellier en 1609.   Page 404.

En 1555. *Guillaume Rondelet*, natif de Montpellier, duquel je donnerai un article separé.

En 1566. *Antoine Saporta*, fils de Loüis Saporta Professeur en Medecine. Nous avons de lui un Traité de *Tumoribus præter naturam*, avec un autre Traité de *Lue venereâ* de Jean Saporta son fils, qui furent imprimez dans un même tome à Lyon chez *Jean Ravaud* en 1624. par les soins de Henry Gras Medecin de Montpellier. La famille de Saporta, après avoir donné des Officiers au Présidial, au Bureau des Finances & à la Chambre des Comptes, est tombée maintenant dans celle de *Veissiere*.

En 1573. *Laurent Joubert*, de Valence en Dauphiné. Il a laissé à Montpellier une posterité qui a donné des Officiers de merite au Présidial de cette Ville,   Page 52. & trois Sindics Généraux à la Province de pere en fils. Nous aprenons de l'éloge des Hommes Sçavans, tiré de l'Histoire de Mr. de Thou, que Laurent Joubert ayant été mandé par Marguerite femme du Roy de Navarre, vint à Paris, où il fit imprimer son Livre *des Erreurs Populaires*, qui lui acquit une grande reputation. Ses autres Ouvrages sont en si grand nombre, que leur catalogue tient deux pages entieres dans le Livre de *Vander-Linden*, *De Scriptis Medicorum*.   Page 434.

En 1582. *Jean Hucher*, de Beauvais en Picardie, après avoir fait ses études à Montpellier, fut Professeur en 1570. Chancelier en 1582. & Medecin ordinaire   Page 370. du Roy Henry IV. en 1598. Nous avons de lui un gros *in-douze*, de Sterilitate utriusque Sexús, imprimé à Lyon chez Jean *de Harsy* en 1601. & à Geneve en 1609. mais celui de tous ses écrits qui interesse le plus l'Ecole de Montpellier, est un discours qu'il fit en 1567. imprimé depuis dans le premier tome des Oeuvres de Laurent Joubert, qui a pour titre : *Oratio pro Philosophicâ Monspeliensis Academiæ libertate*, *ad ejusdem Principes, Doctores, & Medicos, habita x. kal. Martii an.* 1567. Il laissa une posterité à Montpellier qui a donné des Officiers à la Cour des Comptes, Aydes & Finances.

En 1603. *André du Laurens*, de la Ville d'Arles, succeda à Jean Hucher. Son Histoire de l'Anatomie du corps-humain, servit beaucoup à l'élever à cette dig-

Tttt

nité ; mais il ne l'exerça pas long-tems à Montpellier, parce qu'il fut bien-tôt apellé par la Reine Marie de Medicis. Le Roy Henry IV. le fit ensuite son premier Medecin, après la mort de Nicolas d'Ortoman.

En 1609. *François Ranchin*, natif de Montpellier, duquel je donnerai un article séparé.

En 1640. *Martin Richer*, de Belleval dans le Blaisois. Il acquit en 1652. un Office de Conseiller en la Cour des Comptes, Aydes & Finances de Montpellier. Ses descendans de pere en fils, ont donné trois Présidens à la même Cour.

En 1665. *Michel Chicoyneau* fut pourvû par un Brevet du Roy de la charge de Chancelier de Medecine, que Martin Richer de Belleval son oncle avoit laissé vacante dès l'année précedente. Il exerça cette charge avec beaucoup de distinction, & il eut le bonheur avant sa mort, de pouvoir transmettre sa place à trois de ses enfans qui suivent.

En 1689. *Michel-Amé Chicoyneau*, succeda à son pere en la charge de Chancelier, dont il ne joüit pas long-tems ; car il eut le malheur de se noyer en herborisant dans notre riviere.

Gaspard Chicoyneau, succeda à son frere en 1691. & celui-ci venant encore à mourir, il laissa sa place à

François Chicoyneau son autre frere, en 1693. il fut nommé Medecin de Nosseigneurs les Enfans de France : & enfin en 1732. le Roy Loüis XV. le prit pour son premier Medecin.

En 1723. *François Chicoyneau*, fils du premier Medecin du Roy, avoit été reçû en survivance de son pere en la Charge de Chancelier, & lui a succedé en celle de Conseiller en la Cour des Comptes, Aydes & Finances.

La plûpart de tous ces Chanceliers, ont donné au public plusieurs Traitez de Medecine, que je ne raporte point en détail, pour ne pas grossir cet article; mais le lecteur curieux pourra les voir plus au long dans l'Histoire des Medecins, qui nous a été donnée par *Volfgang Justus in Chronologia Medicorum*, dans les vies des illustres Medecins de *Pierre Castellan* Professeur de Louvain, dans *Jean-Antonide Vander-Linden, de Scriptis Medicorum*, & dans le Livre de *Jean Sambuc*, qui a pour titre : *Icones seu imagines Medicorum veterum & recentiorum.*

Vander-Linden. page 407.

Jean-Etienne Strobelberger Medecin Allemand, qui avoit pris le bonnet de Docteur à Montpellier, fit imprimer en 1630. à Nuremberg un *in-douze* avec ce titre : *Prælectiones Monspelienses*, où il parle de l'établissement de l'Ecole de Montpellier, des Loix & des Usages qui lui sont propres, des sçavans Hommes qu'elle a produit, non-seulement pour la France, mais encore pour les Royaumes du Nord, dont il nous donne le catalogue. J'ai crû devoir me borner ici aux seuls Auteurs natifs de cette Ville, en exceptant de cette regle le seul *Rabelais*, qui est encore aussi célebre à Montpellier que s'il y avoit pris naissance.

Tout le monde sçait que *François Rabelais* étoit natif de Chinon dans la Touraine, & qu'après tous les changemens qui sont marquez dans sa vie, il vint étudier la Medecine à Montpellier, où il prit les degrez de Docteur, & où il fit imprimer les Aphorismes d'Hipocrate en Latin. On dit que le Chancelier Duprat ayant donné atteinte aux privileges de la Faculté de Medecine de Montpellier, Rabelais eut l'adresse de les faire rétablir : mais l'expedient qu'il prit pour avoir audience est plus digne de remarque; car on ajoute que s'étant adressé au Suisse de ce Chancelier, il lui parla Latin, & celui-ci ayant fait venir un homme qui sçavoit cette langue, Rabelais lui parla Grec; un autre qui entendoit le Grec, ayant paru, il lui parla Hebreu : par hazard un Professeur en langue Hébraïque s'étant trouvé là, Rabelais lui parla en Arabe, & à un autre encore en Syriaque : de sorte qu'un tel homme ayant quelque chose de prodigieux, on courut en avertir le Chancelier, qui charmé de la harangue qu'il lui fit, & de la science qu'il fit paroître, rétablit à sa consideration, les privileges de l'Université de Montpellier. En réconnoissance de ce service, on mit son Portrait dans la grande Sale des Ecoles, où on le voit encore, avec ceux des plus illustres Medecins de cette Faculté ; & l'on fait porter à tous ceux qui sont reçûs Docteurs en Medecine, une vieille robe, qu'on dit être celle de Rabelais.

II. PARTIE. LIVRE DOUZIE'ME.

Les autres Docteurs natifs de cette Ville qui ont composé des Livres de Médecine, font:

Denis Fontanon, qui vivoit suivant la Chronologie de *Justus* en 1532. il laissa plusieurs ouvrages qui furent imprimez diverses fois à Lyon, & ensuite à Francfort. Sa posterité a donné des Officiers à la Chambre des Comptes en 1582. & 1608. & un premier Consul à la Ville en 1686.

Vander-Linden. page 152.

Honoré Castelan, Professeur à Montpellier, fut pris par la Reine Catherine de Medicis pour son Médecin. On a de lui un Discours imprimé chez Vascosan, en 1555. avec ce titre: *Oratio quâ futuro medico necessaria explicantur*. Ce Discours fut réimprimé à Strasbourg en 1607. avec des notes d'un Médecin de cette Ville.

Idem. page 283.

Jean Bocaldus ou *Bocaudius*. On a de lui un *in-folio*, avec ce titre: *Tabulæ curationum & indicationum ex prolixâ Galeni methodo in summa rerum capita contracta*. à Lyon chez Frelloni en 1554.

Idem. page 335.

Guillaume Rondelet, nâquit à Montpellier en 1506. son pere qui étoit un riche Marchand Epicier de cette Ville, l'apliqua dès sa jeunesse aux Belles-Lettres & pour l'y perfectionner davantage, il l'envoya à Paris à l'âge de dix-neuf ans, d'où il revint pour étudier la Médecine à Montpellier. Les grands progrès qu'il y fit en peu de tems, le mirent en état d'aller exercer ses talens dans la Provence, & en Auvergne, où il acquit de la reputation.

A son retour il passa Docteur à Montpellier en 1537. & pour donner de l'exercice à son esprit vif & penetrant, il alla à Anvers, à Bourdeaux, & à Bayonne, pour y faire des observations sur les Poissons, & principalement sur les Balcines. Son habileté & sa conversation pleine de gayeté & de politesse, lui gagnerent les bonnes graces du Cardinal de Tournon, qui le prit avec lui dans les voyages qu'il fit en Allemagne, en Italie, & dans la haute Allemagne pour le service de nos Rois.

Rondelet dans tous ces voyages, se perfectionna dans la connoissance des Poissons qu'il avoit à cœur. Il profita beaucoup auprès des curieux de Rome, & de Venise, & avec les Professeurs des Universitez de Pise, de Boulogne, de Ferrare, & de Pavie qu'il visita. Son ouvrage sur les Poissons étant déja prêt, il vint à Montpellier en 1550. pour le retoucher à loisir. Il y employa quelques années avec beaucoup de soins & de fraix, pour en faire graver les planches, & pour en revoir l'impression qui ne commença de paroître qu'en 1554. c'est un gros *in-folio*, où il traite de la nature & des proprietez des Poissons, dont il donne les figures. Il le dédia à son protecteur le Cardinal de Tournon; & c'est dans l'Epître Dédicatoire qu'il reconnoît avoir acquis la plûpart de ses connoissances sur cette matiére, dans les voyages qu'il eut l'honneur de faire à sa suite.

Cet ouvrage lui acquit beaucoup de réputation chez les étrangers, & parmi ses concitoyens: enforte que la charge de Chancelier étant venuë à vacquer en 1555. par la mort de *Jean Schyron*, il y fut nommé cette même année; & Rondelet pour faire honneur au choix qu'on avoit fait de sa personne, n'épargna dépuis ni ses travaux, ni sa plume, ni son crédit pour la gloire de l'Université.

Il obtint du Roy les sommes necessaires pour bâtir à Montpellier un Théatre d'Anatomie, & il fut si laborieux (quoiqu'avec une santé assez foible) qu'il faisoit trois ou quatre préleçons par jour; il n'intetrompit même les jours feriez. Il fit un amas de la plûpart des Poissons dont il avoit parlé dans son Livre; & pour en laisser à la posterité une image plus vive, il les desscha avec tant d'adresse, qu'on les voyoit encore soixante ans après dans le Jardin Royal de Médecine, au raport de *Strobelberger* qui passa Docteur en 1615.

Strobelberger, In ejus eloquio.

Une des choses qui doit rendre plus précieuse au Public la mémoire de *Rondelet*, c'est la découverte qu'il fit des eaux Minerales de Balaruc, si peu connuës avant lui, que le Chapitre de Maguelone (à qui elles apartenoient) en fit vente à des particuliers pour une somme très-modique. Les Habitans de Montpellier qui dans leurs maladies avoient recours aux étuves publiques qui étoient anciennement dans leur Ville, commencerent à les abandonner, dépuis que Rondelet eut mis en réputation les eaux de Balaruc. Nous aprenons cette circonstance de *François* Ranchin dans son traité de la peste.

En 1561. Rondelet fit imprimer à Lyon un traité des *poids & des mesures*, &

cinq ans après il finit ses jours à Realmont en Albigeois, d'une dissenterie qu'il prit pour avoir mangé des figues avec excez. On raconte de lui, qu'étant dans sa jeunesse à la Métairie, dite de Rondelet, apartenante à sa famille, il y prit cette forte inclination qu'il eut toute sa vie, pour connoître la nature & la proprieté des Poissons, en voyant les Chasse-marées s'arrêter souvent dans cette Métairie; où ils étoient obligez de faire alte en portant leur Poisson à Montpellier.

Strobellerger. Ibidem.

Isaac Joubert, fils de Laurent. On a de lui un *in-8°.* sur la Chirurgie de *Guy de Chauliac*, où il donne la figure des instrumens dont on se servoit de son tems pour les differentes operations qu'il traite. Ce livre fut imprimé à Lyon en 1585.

Vander-Linden. page 414.

Jean Varanda, fut un des Medecins de Montpellier que *Guy Patin* estimoit le plus: *In primis colo* (dit-il dans sa dixiéme Lettre à Mr. *Falconet*) *Joubertum Varandæum*, & *Ranchinum*. Il donna au Public divers ouvrages dont on voit le Catalogue dans *Vander-Linden*. La famille de Varanda maintenant éteinte, a donné des Professeurs à l'Ecole du Droit, des Officiers au Présidial

Page 412.

Nicolas d'Ortoman, Professeur en Medecine à Montpellier, & depuis premier Medecin du Roy Henry IV. fit Imprimer à Lyon chez Charles Pesnot en 1579. un Traité *de causis & effectibus Thermarum Bellilucanarum*, c'est-à-dire des Bains de Balaruc, où il marque le bon & le mauvais usage qu'on peut faire de ces Bains. Il confirme ce que nous avons dit ailleurs, que *Rondelet* mit ces eaux en réputation après avoir vû les bons effets qu'elles avoient produit sur son bon ami Guillaume de Chaume Seigneur de Foussan.

Il eut pour Successeur dans sa Chaire de Professeur Pierre d'Ortoman son fils dont la famille subsiste encore à Montpellier.

François Ranchin, náquit à Montpellier vers l'année 1560. & prit dans sa jeunesse le parti de l'Eglise, comme il paroît par les Lettres de Doctorat qu'il donna en 1615. à Jean Etienne *Strobelberger*, ou il prend le titre de Prieur de Saint Martin de *Florac*, de Saint Etienne de *Montaut*, & de Saint Pierre de *Vebron*. Il conserva ces trois Bénéfices pendant qu'il fit ses études de Medecine, & même après le Mariage qu'il contracta avec Marguerite de *Carlencas*, comm'il étoit assez ordinaire en ce tems de trouble.

Il fut fait Chancelier après la mort d'André du Laurens arrivée en 1609. & durant plus de trente ans qu'il posseda cette charge, il travailla sans relache pour l'honneur de sa Faculté, tant par les réparations qu'il fit faire aux Colléges de Medecine, que par les sçavans Traitez qu'il donna au public: en l'année 1920. il fit rétablir à ses dépens le Théatre d'Anatomie, comme on voit par l'inscription qui y reste encore.

Q. F. F. S.

Theatrum Hocce Anatomicum olim à majoribus constructum, injuriâ temporum Collapsum. F. RANCHINUS Cancellarius & Judex Universitatis, in gratiam Patriæ, & posteritatis gloriam, ornamentumque Academiæ, perpetuamque memoriam, propriis sumptibus restauravit & magnificè exornavit. Anno M. DC. XX.

La même année il repara le Collége des douze Medecins, autrement apellé le Collége de Mende, où il fit sa demeure. On y voit encore son Buste du côté du Jardin, avec les Armoiries des Ranchins au bas; & sur la porte de l'entrée de ce Collége, on lit cette inscription gravée sur une pierre de Marbre. *Collegium Hocce duodecim Medicorum ab Urbano V. Pont. Max. fundatum, vestutate corruptum, & ruinam minitans, reparavit, & ad meliorem faciem, formamque reduxit F. Ranchinus Canc. Universitatis Medicinæ Monspeliensis Anno M. DC. XX.*

En 1627. il fit imprimer à Lyon chez *Pierre Ravaud* un *in-quarto* en Latin, intitulé *Opuscula Medica*, qui comprend un traité général sur toutes les maladies, & plusieurs autres sur certaines maladies en particulier. C'est au commencement de ce Livre que l'on trouve une Histoire abrégée de la Faculté de Médecine de Montpellier, dans un discours qu'il avoit fait autrefois à l'ouverture du Collége qui a pour titre *Sacrum Appollinare*. On voit dans cet ouvrage comme dans tous les autres de *François Ranchin*, beaucoup d'esprit & de vivacité, sur tout dans sa Préface sur le serment d'Hypocrate.

II. PARTIE LIVRE DOUZIEME.

Le bonheur de la Ville voulut qu'il se trouvât premier Consul en 1629. lorsque la peste s'y fit sentir; car il travailla sans relâche à la conservation de ses Compatriotes; & comme s'il n'avoit pas voulu borner ses services aux personnes de son tems, il écrivit pour la posterité un traité de la peste, où il donne une Histoire détaillée de celle qui venoit d'affliger Montpellier : il y marque les précautions qui sont à prendre pour preserver les Villes de la contagion, la maniére de se conduire quand le mal y est entré, & comment il faut les désinfecter après que la peste a cessé. Cet ouvrage est compris dans le Livre qui a pour titre, *Opuscules, ou Traitez curieux en Médecine de François Ranchin Chancelier de l'Université de Montpellier*, à Lyon chez *Pierre Ravaud* en 1640. Il mourut cette même année, & laissa un fils qui succeda à tous ses Bénéfices, avec une fille qui épousa Mr. de la Baume Lieutenant de Roy de la Ville : il legua sa Bibliothéque aux Capucins, où l'on en voit encore les débris, avec son portrait en grand.

Lazare Riviere, fils & petit-fils d'Alexandre & Martin Riviere, Auditeurs en la Chambre des Comptes, nâquit à Montpellier en 1590. Son penchant pour la Médecine le porta dès sa jeunesse à l'étude de cette science, dans laquelle il se rendit si célébre, que ses écrits ont été traduits en plusieurs langues étrangeres.

Son premier Livre est un *in-*4°. qui a pour titre, *Institutiones Medicæ*, où il met toutes les questions en forme de Thése, dont il donne les preuves avec la réponse aux objections qu'on pouvoit y faire. Cette maniére parut si commode pour la dispute des Ecoles, qu'on fut obligé d'en faire plusieurs éditions. On l'estima beaucoup en Angleterre, où le célébre *Willis* donnoit à l'Auteur, le nom d'homme divin, *Divus Riverius*.

Son second ouvrage est un autre *in-*4°. sous le titre d'*Observationes Medicæ*, où il raporte l'épreuve que lui & plusieurs autres Médecins de son tems avoient fait de certains remédes sur divers malades qu'il nomme, avec le lieu, le tems, & les symptomes de leurs maladies : ce qui fut d'autant mieux reçû du public, que cette maniére d'écrire en forme d'Histoire interessoit plus particuliérement le Lecteur.

Son troisiéme Ouvrage est *la pratique de la Médecine jointe à la Théorie* en deux gros *in-douze*; qui fut imprimé diverses fois à *Paris*, à *Lyon*, à *Lipsic*, à *la Haye*, à *Londres*, & à *Goude* dans la Hollande.

Lazare Riviere est regardé comme un des plus grands Praticiens qu'il y ait eu. Il mourut Doyen des Professeurs de Montpellier, & laissa un fils Tréforier de France, de qui la posterité subsiste encore.

A tous ces Auteurs natifs de Montpellier, on peut ajoûter selon l'ordre du tems, *Samuël Formi*, & *Denis Pomaret*, célébres Chirurgiens, dont les Observations de Médecine sont imprimées avec celles de Lazare Riviere.

Pierre Magnol s'est rendu (dès nos jours) recommandable, par divers traitez de Botanique qu'il a donné au Public : il nâquit à Montpellier en 1638. & prit le Bonnet de Docteur en 1659.

Le Roy l'honora en 1663. de la charge d'un de ses Médecins ordinaires; & il auroit reçû de plus grandes graces, si la Réligion Protestante qu'il professoit n'y eût mis obstacle; mais après la révocation de l'Edit de Nantes, qui entraîna sa conversion, il fut pourvû d'une charge de Professeur, & en mêmetems de Directeur pour trois années, du Jardin Royal des plantes de Montpellier.

Ce terme étant expiré, il obtint un Brevet à vie, & fut nommé en 1690. Académicien pour la Botanique de la Société Royale des Sciences de Montpellier. La mort de Monsieur Tournefort Academicien pensionnaire de celle de Paris, le fit choisir pour remplir sa place, ensorte, que *Magnol* succeda à Paris à celui qui avoit été son éleve à Montpellier.

Ses differens emplois le mirent en grand commerce avec les Sçavans de l'Europe pour la Botanique, sur laquelle il écrivit plusieurs livres.

Le premier est, *Botanicum Monspeliense*, où il explique la nature & la propriété des Plantes qui naissent aux environs de cette Ville, imprimé à Montpellier en 1686. & ensuite à L'yon.

Le second *Prodromus Historiæ generalis Plantarum, in quo familiæ plantarum per tabulas disponuntur*, à Montpellier en 1689.

V v v

Le troisième, *Hortus Regius Monspeliensis*, où il donne le catalogue des Plantes dont on fait la démonstration dans ce Jardin, imprimé à Montpellier en 1697.

Le quatriéme est, *Novus Caracter Plantarum, &c.* imprimé à Montpellier en 1720. par les soins de son Fils, qui est Professeur comme lui dans l'Université de Montpellier.

Il mourut le 21. May 1715. quelque mois avant la mort de Loüis-le-Grand son Bienfaicteur.

Antoine Deidier, natif de Montpellier, & Professeur en cette Ville, a donné au Public plusieurs traités de Médecine.

En 1715. il fit imprimer à Lyon *la Chimie raisonnée*.

En 1716. *Institutiones Medicinæ Theoricæ, Phisiologiara & Patologiara complectentes*, imprimé à Montpellier.

En 1722. *Deux Dissertations Medicinales & Chirurgicales*, l'une en latin sur les maladies veneriennes, imprimé à Londres en 1722. & l'autre sur les Tumeurs, traduite en François par un Chirurgien de Paris, qui l'a faite imprimer à Paris en 1725.

En 1732. On a imprimé de lui à Paris un nouveau traité des Tumeurs avec une dissertation préliminaire sur la Chirurgie-pratique, & des Observations Chirurgicales.

J'ay raconté dans le cours de cette Histoire, comment il fut honoré de la Croix de l'Ordre de Saint Michel, en recompense des services qu'il rendit à la Provence durant la peste de 1722. Sa Majesté l'a depuis apellé à Marseille pour y être Medecin des Galeres de France.

CHAPITRE SECOND.

DE LA FACULTE' DU DROIT.

§. xix.

NOus aprenons l'origine des Ecoles du Droit, & particuliérement de celle de Montpellier, de l'Histoire du Droit François, composée par Monsieur l'Abbé Fleury. Il dit que les Loix Romaines ayant été redigées vers le milieu du sixiéme siécle, par ordre de l'Empereur Justinien, elles ne pûrent être observées en Italie, à cause de l'irruption des Gots & des Lombards, qui se suivirent de près ; ce qui fit perdre la plûpart des exemplaires qu'on en avoit : ensorte que l'Empereur Charlemagne après avoir chassé les Lombards de l'Italie ne put y rétablir le Droit Romain (comme il en avoit le dessein) parce que ses Jurisconsultes ne pûrent recouvrer les livres de Justinien.

Ce ne fut qu'en 1137. que l'Empereur Lothaire, & le Pape Innocent II. faisant la guerre à Roger Roy de Sicile & de Naples, trouverent à *Amalphi* dans la Poüille un exemplaire du Digeste, que les Grecs anciens habitans de cette Province y avoient conservé.

Après cette découverte, l'Empereur ordonna qu'on enseignât le Droit Romain dans les Ecoles publiques, & qu'on jugeât les procès selon ces mêmes Loix. En consequence de cet ordre, *Irnerius* commença à *Bologne* en 1150. de faire des leçons publiques sur les livres de Justinien ; ce qui lui attira de toute l'Europe un grand nombre d'Auditeurs.

Pancirole, Fleury, Fichet, Paquier.
page 293.

Placentin qui vivoit à Montpellier dans ce même-tems, alla étudier sous *Irnerius* à Boulogne. où après s'être perfectionné dans la connoissance du Droit, il vint l'enseigner publiquement à Montpellier ; comme tous les Ecrivains sur cette matiére le réconnoissent, & particuliérement Mr. Catel dans ses Mémoires du Languedoc.

Etienne Ranchin dans la Préface de ses décisions, fixe l'époque de cet établissement en 1160. *anno millesimo, centesimo circa sexagesimum, Schola illa erecta fuere* ; & le Président Philipi ne s'écarte pas beaucoup de son sentiment en les faisant com-

II. PARTIE. LIVRE DOUZIÉME.

mencer en 1162. mais quoiqu'il en soit de cette petite diference, il est certain que cette Ecole devint bien-tôt célebre, puisque Azo, surnommé *le maitre du Droit, & la source des Loix*, quitta Boulogne sur la fin de ce même siécle pour venir enseigner à Montpellier, où il fut si bien accüeilli par les Seigneurs de cette Ville, qu'il y continua ses leçons durant dix années.

Catel. Ibidem.

La reputation que lui & *Placentin* avoient attiré à cette Ecole, porta le Roy St. Loüis à faire le premier Réglement que nous ayons pour l'Ecole du Droit. Il ordonna par ses Lettres du mois de Juin 1230. que l'Evêque de Maguelone & ses successeurs, recevroient le serment de tous ceux qui voudroient enseigner à Montpellier: *Recipiendi juramentum à Licentiandis seu Doctorandis in Facultate Canonica seu Civili, in studio villæ Montispessulani*. Ces dernieres paroles du Roy St. Loüis, prouvent que le Droit Canon étoit déja enseigné à Montpellier; & le Pape Nicolas IV. n'en laisse aucun doute dans la Bulle qu'il donna sur la fin de ce même siécle, pour l'érection des Ecoles de Montpellier en Université.

Baluze. Papa rum Avenion. tom. 1. page 978.

Dans le tems de cette érection, le fameux *Guillaume de Nogaret*, si connu par les differens du Roy Philippe le Bel & de Boniface VIII. étoit Professeur ès Loix, comme dit Mr. Fleury dans son Histoire Ecclesiastique. Nos actes l'appellent simplement Docteur ès Loix, selon le stile de ce tems là; mais ils ne laissent aucun doute, qu'il ne fût alors résident à Montpellier avec toute sa famille.

La premiere preuve est tirée d'un acte d'achat fait au mois de Juin 1291. par Guillaume de Nogaret Docteur ès Loix, d'une maison située à Montpellier proche l'Eglise de St. Firmin, & à lui venduë par Bernard & Bertrand *Catalan*.

La seconde preuve vient d'un acte passé en 1293. entre Gaucelin Seigneur de Lunel, & Guillaume de Nogaret, qui prend la qualité de tuteur des enfans de *Mon-gros* le vieux habitant de Montpellier: ce qui prouve qu'il y habitoit lui-même.

La troisiéme preuve vient d'un acte de 1302. dans lequel le Notaire du Roy de Mayorque qui le dressa, dit qu'il l'a fait à la requisition du susdit Guillaume de Nogaret, maintenant (ajoûte-t'il) Chevalier du Roy de France. *Per prædictum Dominum Guillelmum de Nogareto, nunc militem Regis Francorum*.

Il est vrai que *Guillaume de Nogaret* étoit alors dans les bonnes graces du Roy Philippe le Bel, qui lui donna la garde de son Sceau en 1303. & le fit Chancelier de France en 1308. Cette grande élevation lui facilita l'échange qu'il fit en 1310. de sa Maison de Montpellier près de St. Firmin, avec la terre de *Liviere*, qui apartenoit aux Chevaliers de Rôdes, & qui convenoit parfaitement à celle de *Massillargues*, qu'il tenoit des liberalitez du Roy Philippe le Bel.

Il est à observer que dans l'acte de 1302. il est fait mention d'un *Mathieu de Nogaret*, comme témoin de cet acte; ce qui prouveroit que Guillaume n'étoit pas le seul de sa famille qui résidât à Montpellier. Il y est aussi parlé trois ou quatre fois d'un *Pierre Roch*, comme locataire d'une partie de la maison que Guillaume de Nogaret avoit acheté près de St. Firmin.

Tous ces actes m'ont été communiquez par M. le Marquis de Calvisson, & certifiez de sa propre main.

Après cette petite digression, qui m'a paru nécessaire pour revendiquer à Montpellier un Citoyen illustre, que les Villes de Nîmes & de Toulouse ont voulu lui disputer, je reprends l'histoire de la Faculté du Droit.

L'érection que le Pape Nicolas IV. avoit fait de nos Ecoles en Université, fit établir un Cérémonial tout nouveau pour la reception des Docteurs, qu'on commença d'exercer en 1293. en faveur de *Guy de St. Amans*; auquel on donna publiquement le bonnet de Docteur.

Petit Talmut. ad ann. 1293.

Depuis ce tems, l'Ecole du Droit alla toûjours en augmentant, soit par le merite des Professeurs, soit par la qualité des Etudians. Le célebre *Pierre Bertrand* depuis Cardinal *d'Autun*, y professa l'un & l'autre Droit; comme il le dit lui-même dans la Préface de son Livre *Scrinium Juris*, qui est raporté dans les preuves de l'Histoire des Cardinaux François. *Berenger de Fredol*, l'un des Compilateurs du *Sexte*, & depuis Cardinal, y faisoit alors ses études. Pierre *Dejean* & Barthelemy *Clusel* Docteurs ès Loix à Montpellier, sont mentionnez dans l'Histoire des

Page 316.

differens entre Boniface VIII. & Philippe le Bel pour l'année 1303. Pierre de Lestang est connu pour l'année 1308. par une Harangue qu'il fit à Montpellier, lorsque Berenger de *Landorre* depuis Général des Jacobins, & Archevêque de Compostelle, y prit la Licence. Cette Harangue est parmi les manuscrits de la Bibliothéque de Colbert avec ce titre, *Arenga quam fecit & dixit dominus Petrus de Stagno, quando Berengarius de Landorra fuit Licentiatus in Montepessulano.* Dominique *Serano*, depuis Général de l'Ordre de la Mercy, & Cardinal du titre de St. Calixte, professoit environ ce tems-là à Montpellier ; un Historien de son Ordre l'apelle *Insignis Academiæ Parisiensis & Montispessulanæ, Juris utriusque Doctor & Cathedrarius.*

Baluze. tom. 1. Pap. Avenion. pag. 694.

J. Linas.

En 1311. Pierre *Jacobi* natif d'Orleans, enseignoit aussi à Montpellier, où il dictoit à ses écoliers son Livre intitulé : *Aurea Practica Libellorum*, qui fut imprimé depuis à Cologne en 1575. in-4°. On lit dans le frontispice de ce Livre, qu'au jugement des plus grands Jurisconsultes, cet Ouvrage est autant necessaire à ceux qui professent les Loix, que le Bréviaire l'est aux Prêtres. *Opus tam utile ac necessarium, ut magni nominis Juris-Consulti censuerint, non minus Juris-Consultum hoc volumine, quam Sacerdotem Breviario, instructum esse oportere.*

Peu de tems après, c'est-à-dire en 1317. le fameux *Petrarque* vint étudier le Droit Civil à Montpellier, comme il le dit lui-même dans ses Epitres familiéres. *Ego quidem puer destinatus à patre, vix duodecimum ætatis annum supergressus, ad Montempessulanum primò, inde Bononiam transmissus, Septennium integrum in studio legum assumpsi.* Il étoit né le 13. Août 1304. & par consequent il avoit passé sa douziéme année en 1317.

Lettre 4. liv. 20.

Son séjour à Montpellier fut de quatre ans, comme il le dit dans l'Histoire de sa vie ; & nous aprenons de Philippe *Thomassin* dans son éloge des hommes sçavans, que Petrarque eut pour Professeurs à Montpellier, Jean *André*, & *Cinus Sigisbuld de Pistoye*. *In Montepessulano audivit Joannem Andream, & Cinum Sigisbuldum Pistoriensem.*

On compte parmi les Professeurs illustres de ce tems-là, Jean *Faber* qui dictoit à Montpellier ses Commentaires sur les Institutes, qu'on vit imprimer depuis ; & l'on ajoûte que ce grand Jurisconsulte fut élevé en 1323. à la charge de Chancelier de France ; comme on le peut voir dans le *Feron.*

page 12. & 163.

En ce même-tems, *Arnaud de Verdale* (qui fut depuis Evêque de Maguelone) professoit le Droit Canon à Montpellier, où il fut témoin des grands differens qui s'éleverent entre le Recteur de la Faculté du Droit & *Pictavin de Montesquiou*, alors Evêque de Maguelone. Nous aprenons de la Bulle du Pape Benoît XII. donnée à ce sujet, le commencement & le progrès de cette grande affaire. Elle porte que le Recteur de la faculté ayant fait de son chef certains Statuts, pour obliger les Docteurs, les Bacheliers, & les Etudians, à lui prêter serment au préjudice de l'Evêque de Maguelone, ce Prélat fit publier une Sentence d'excommunication contre le Recteur, qui en reléva appel à la Metropole de Narbonne ; mais l'Evêque ayant fait autoriser sa Sentence par des Lettres Apostoliques, le Recteur eut recours au Pape, qui nomma sur les lieux, le Cardinal Guillaume *d'Aura* du titre de Saint Etienne *in cælio monte*, Abbé Commandataire de *Montolieu* Diocése de Carcassonne, pour terminer cette grande affaire ; & ce Cardinal en ayant pris la premiere connoissance, pria Benoît XII. de la remettre au Cardinal Bertrand de *Deucio* du titre de Saint *Marc* Archevêque d'Embrun, lequel après avoir écouté toutes les parties interessées, & examiné les Statuts faits par le Recteur, prit le parti de les casser, & d'en dresser des nouveaux ; où en entrant dans un fort grand détail, il régle les droits & les obligations de chaque membre du Corps, & donne des loix pour la discipline Academique.

Livre du Recteur. fol. 26.

Ibidem. fol. 29 & seq.

Ces Statuts ont été regardez depuis comme les Loix fondamentales de la Faculté du Droit ; & si l'Evêque & le Recteur firent dans la suite quelques Réglemens particuliers, ce ne fut qu'en explication des Statuts du Cardinal Bertrand, dont voici les articles les plus considérables que j'ai tiré du Livre du Recteur.

„ La Faculté du Droit sera composée du Recteur, de douze Conseillers, & des
„ Etudians, divisez en trois Nations differentes ; sçavoir des *Provinciaux*, des *Bourguignons*

Page 31.

II. PARTIE, LIVRE DOUZIÉME.

guignons, & des *Catalans* : le Recteur sera pris tour à tour de ces trois Nations; " il entrera en charge le jour de la Purification, & l'exercera pendant un an : " lui & ses Conseillers doivent être Clercs, nés de légitime mariage, & gens pré- " voyans, pacifiques, & mûrs, qui se fassent distinguer plus par leur probité, que " par leur naissance : le premier des douze Conseillers sera un Chanoine de Ma- " guelone, le second de la Ville de Montpellier, & les autres du Corps des trois " Nations dont il a été parlé. Leur pouvoir commencera & finira comme celui du " Recteur, c'est-à-dire, du jour de la Purification en un an. Ils doivent tous avoir " passé l'âge de vingt-cinq ans lorsqu'ils seront élûs; & quand on voudra faire leur " élection, le Recteur en charge convoquera sur la mi-Janvier les Conseillers " dans la maison des Freres Prêcheurs, ou tel autre lieu convenable qu'il voudra ; " & après la proposition faite, il recueillira les voix, & vuidera le partage s'il y " échoit, ou bien il remettra l'élection à un autre jour. "

L'élection convenuë, on la publiera au son de la cloche de l'Université la veil- " le de la Purification ; & le nouveau Recteur & Conseillers l'ayant acceptée, les " anciens en poursuivront la confirmation auprès de l'Evêque de Maguelone, qui " sera tenu de la donner *gratis* : mais jusqu'à ce qu'ils l'ayent reçuë, les anciens " Recteur & Conseillers resteront en exercice. "

Celui qui ayant été élû pour Recteur ou Conseiller, refusera d'accepter son élection, sera privé pour toûjours des honneurs, privileges, & utilitez de l'Etu- " de, à moins que l'Evêque, du Conseil de la plus grande partie des Conseillers, " ne voulût l'en dispenser pour cette année; cependant l'ancien Recteur & Con- " seillers procederont à une nouvelle élection. "

Et si le Recteur en place, vient à mourir dans le cours de son année avant la " St. Jean, on choisira un autre Recteur de la même Nation que lui ; mais s'il " meurt après la St. Jean, on se contentera de nommer un Vice-Gerent de la mê- " me Nation, qui sera confirmé par l'Evêque. Le même s'observera si le Recteur " venoit à quitter l'étude dans l'année de son Rectorat ; & ce que l'on dit du " Recteur s'observera pour les Conseillers. "

Les nouveaux Recteur & Conseillers prêteront serment entre les mains de l'E- " vêque, selon la forme ordinaire ; mais s'ils étoient Chanoines de Maguelone, ils " le prêteront suivant l'usage particulier de leur Eglise. "

Dans toutes les Assemblées & Actes publics, le Recteur doit précéder tous " Docteurs, Bacheliers & Ecoliers, de quelque grande condition & état qu'ils " soient, & après être sorti de place, les Ecoliers doivent toûjours lui déferer dans " les Ecoles. "

Les Docteurs précederont les Bacheliers dans tous les Actes : Les Docteurs *in utroque*, précederont ceux qui ne le sont que dans un seul des deux Droits, Civil " ou Canonique. Les plus anciens auront le pas sur les plus jeunes ; & celui qui " est *actu legens decretum*, sur ceux qui ne sont pas en exercice, quoique Docteurs " *in utroque*. "

Après ces premiers Réglemens qui regardent les principaux Membres de la Faculté, le Cardinal Bertrand descend dans un plus grand détail, pour le culte Divin, & pour la décence des habits : ce qui peut servir à connoître les mœurs, & la maniere de son siécle.

Les Recteur, Docteurs & Bacheliers (dit-il) & tous autres du Corps, assisteront " tous les Dimanches à la Messe, qui sera célébrée solemnellement dans l'Eglise " des Freres Prêcheurs, après le Sermon qui sera fait *ad Clerum*, & ceux qui y " manqueront seront pointez; sçavoir, le Recteur à cinq sols, les Docteurs & les " Conseillers à deux sols, & les Bacheliers à douze deniers. "

Tous les ans on dira une Messe solemnelle dans la susdite Eglise pour les morts " de l'Université pendant l'Octave de l'Epiphanie. Il y aura dix torches à l'éleva- " tion, & un drap d'or sur la représentation. *Et unus pannus aureus*. On donnera " aux Freres Prêcheurs pour la pitance, cinquante sols de monnoye courante. "

Les Ecoles vacqueront tout le tems qu'on fera les funerailles de quelqu'un " du Corps de la Faculté : ceux qui manqueront de s'y trouver seront pointez ; sça- " voir, le Recteur à dix sols, les Docteurs *actu legentes* à cinq, les Bacheliers à "

X x x x

„ deux, & les Ecoliers à six deniers : que si le défunt est pauvre, les frais des funé-
„ railles seront faits aux dépens de l'Université.
„ Quant à la décence des habits, il ordonne que les Ecoliers hors de leur mai-
„ son ne porteront que des habits honnêtes, sur-tout ceux que l'on porte par-dessus
„ *Vestes honestas præsertim Superiores*. Ils ne seront ni trop étroits, ni trop courts,
„ ni trop longs. *Non autem Strictas, nec nimiâ brevitate, nec longitudine notandas.*
„ Leurs couvre chefs & caleçons, ou haut-de-chausses, ne doivent être ni trop ou-
„ verts, ni trop serrez : *neque capitias, neque caneſonas nimis apertas vel ligatas :*
„ mais que leur habits superieurs soient conformes à l'ancien usage. *Sed juxta mo-*
„ *rem antiquum vestes superiores deferant ordinatas.*

On peut connoître ces anciennes manières de s'habiller, par les vieilles gravû-
res que nous avons de ce tems-là.

„ De plus (ajoûte le Cardinal Bertrand) qu'aucun n'ose porter des habits dont
„ la canne coûte plus de vingt-cinq sols de monnoye courante, & qu'aucun, pas
„ même le Recteur, ou les Docteurs, fussent-ils de Maison Royale, ou de celle
„ de Duc, Prince, & Comte, n'osent porter dans les Ecoles des fourrures de vair,
„ à la reserve seulement, que les Nobles, & les Dignités des Eglises Cathédrales ou
„ Collégiales, pourront porter à leur capuces, une fourrure de vair, mais non pas
„ dans le reste de leurs habits.
„ Les Docteurs ou Licentiés *Legentes*, s'ils sont Religieux, auront toûjours la
„ chape fermée, & les seculiers la chape ronde, lorsqu'ils feront leurs leçons,
„ lorsqu'ils paroîtront dans l'Eglise, ou qu'ils marcheront par la Ville.
„ Les Docteurs séculiers qui enseignent le Droit Canon, seront tenus de lire
„ avec la chape rouge.
„ Il est défendu sous peine d'excommunication, qu'aucun Ecolier fasse carillon
„ dans la Ville, ou qu'il aille par les ruës en dansant : *neque trepudiet*, *neque corizet*.
„ Les jeux des dez, & de hazard leur sont défendus ; & si pour se désennuyer
„ dans leur maison ils joüent entr'eux, que ce ne soit pas jusqu'à perdre au-delà
„ de deux sols de monnoye courante.
„ Les Docteurs, Bacheliers ou Ecoliers, ne pourront sous peine d'excommunica-
„ tion *ipso facto*, se faire un compere ou une commere, & les Ecoliers évite-
„ ront avec soin les folies du carnaval, où l'on a coûtume de se jetter des pailles,
„ des pierres, ou autres choses, & de se voler réciproquement les viandes aprê-
„ tées.
„ Aucun ne portera des armes offensives, à moins qu'il n'en eût la permission
„ de l'Evêque pour se défendre en cas d'insulte ; ce qui néanmoins doit être ac-
„ cordé rarement.
„ Il est défendu aussi à toute personne de Montpellier, de loüer ou prêter des
„ armes aux Ecoliers, lorsqu'elle sçaura qu'ils ont quelque démêlé entr'eux.

On attribuë ces deux derniers articles à un évenement célèbre, qu'on raconte
encore à Montpellier comme une chose très-certaine. On dit que les Etudians
ayant fait du désordre dans les Fauxbourgs du Peirou & de St. Guillem, où ils
avoient blessé quelques habitans du quartier, ceux-ci vinrent les attendre lorfqu'ils revenoient sur le tard de Ste. Eulalie ; & pour distinguer les étrangers, à
qui ils en vouloient plus qu'à ceux du pays, ils obligeoient tous les passans de leur
dire en patois, *Dieu vous don bonne nioch* ; ce que les étrangers avoient beaucoup
de peine à prononcer. Sur cette marque ils en tuerent grand nombre, & jetterent leurs corps dans les puits du voisinage.

Cet évenement, quelque bizarre & funeste qu'il fût, m'a paru digne d'être
marqué dans cette Histoire, depuis que j'ai vû dans l'Ancien Testament, que les
Troupes de Jephté se servirent d'un pareil stratagême, pour reconnoître au
passage du Jourdain les *Ephraimites*, en les obligeant de dire le mot de *Schibboleth*,
qu'ils ne sçavoient pas prononcer, sur quoi ils furent poignardez, & jettez dans
la riviere.

Livre des juges.
chap. 12.

Le nom de *Dieu vous don bonne nioch*, resta à la ruë où l'action s'étoit passée,
qui va du Peirou à St. Guillem, en passant au Jardin de *Trincaire*. J'ai verifié
la chose dans les Archives de la Ville ; & mieux encore dans celles du Bureau des

II. PARTIE. LIVRE DOUZIÉME.

Tréforiers de France, où l'on voit l'inféodation qui fut faite de cette ruë à André de Trincaire Juge-Mage le 13. Fevrier 1620. Il eſt marqué dans l'acte que cette ruë avoit 123. cannes-&-demi de longueur & 12. pans de largeur ; ce qui donne lieu de croire qu'elle eſt enclavée dans toute la longueur du Jardin de *Trincaire.*

Les articles fuivans, regardent l'heure des Etudes publiques, & les Traitez qui devoient être enſeignez dans le cours de chaque année. Le Cardinal *Bertrand* entre ſur cela dans un fort long détail, où il fait entrer tous les Livres du Droit Civil & du Droit Canon. Je crois qu'il me ſuffira de dire ici, qu'on faiſoit quatre leçons par jour : les deux premieres à ſept & dix heures du matin, & les deux autres, à trois & cinq heures du ſoir. Il eſt ſouvent fait mention de ceux qu'on apelloit *Legentes ordinariè*, & de ceux qu'on nommoit *Extraordinariè Legentes* ; ce qui donne lieu de penſer qu'il y avoit pour le Droit Civil & pour le Droit Canon, des Docteurs fixes pour enſeigner l'*Ordinaire* : & lorſqu'un Docteur étranger, & même un ſimple Bachelier, demandoit à faire des Leçons publiques, on le lui permettoit à certaines conditions, dont l'une étoit, qu'il ne concourroit jamais pour l'heure avec les Docteurs qui enſeignoient l'Ordinaire. Pour cet effet on aſſigne à ces Docteurs de l'*Extraordinaire* les heures du ſoir, laiſſant aux autres celles du matin. Ils devoient commencer les uns & les autres le ſecond jour après la St. Luc, & finir leurs leçons la veille de la Nativité de la Vierge.

Tout Ecolier (continuë le Cardinal Bertrand) qui veut devenir Bachelier, " doit avoir étudié ſix ans avant que de commencer à lire. "

Le Bachelier qui veut devenir Docteur, doit avoir lû cinq ans dans l'Etude " de Montpellier ou dans quelque autre Etude générale, à moins que l'Evêque " avec le conſeil des Docteurs, ne le diſpenſe d'une partie de ce tems. "

Les lectures finies, il ſera préſenté au Prieur des Docteurs, qui fera une in- " formation ſommaire de ſes vie mœurs & naiſſance, & étant jugé capable, il " ſera préſenté à l'Evêque de Maguelone ou à ſon député ; & au cas que le ſiége " fût vacquant, on le préſentera à quelqu'un des trois Archidiacres ſelon leur rang, " & à leur défaut à l'Official de l'Evêché, qui ſur le raport du Prieur, des Doc- " teurs, ou de ſon Subſtitut, donnera jour au Bachelier pour l'examen, dont il " donnera les points dans l'Egliſe de St. Firmin. Le Bachelier ſe rendra ſur le " ſoir du jour qui lui aura été aſſigné, à la maiſon de l'Evêque où il ſubira l'exa- " men, & ſur le ſuffrage des Examinateurs il ſera admis ou réfuſé. "

Une fois qu'il ſera admis, il pourra prendre le bonnet quand il voudra, ſoit " dans l'Univerſité de Montpellier, ou dans toute autre ; mais ſelon la Conſtitution " du Pape Clement V. on déclare que les fraix du Doctorat ne peuvent paſſer " la ſomme de trois cens tournois d'argent, ſous quelque prétexte que ce ſoit. "

Le jour pris pour le Doctorat, on ſonnera la cloche de l'Univerſité vers les " dix heures, & celui qui doit prendre le bonnet ſe rendra à l'Egliſe de N. Da- " me des Tables, accompagné de toutes les perſonnes qui voudront lui faire hon- " neur, & des Ecoliers, qui dans cette occaſion doivent ſe montrer diligens ; il y " ſera fait lecture d'une Loy, ou d'un Décret, qu'il expliquera briévement : & " après quelques argumens qui dureront autant qu'il plaira à l'Evêque ou au Pré- " ſident, il ſera conduit à l'Autel, où le Préſident ayant interrogé de nouveau " les Docteurs ſur la capacité du préſenté, il lui fera prêter ſerment, & il lui " donnera pouvoir d'enſeigner par tout ; après quoi le Docteur qu'il a choiſi pour " Parrain lui donnera les marques du Doctorat ; ſçavoir, la chaire, le livre, le " bonnet, le baiſer, & la bénédiction. "

Pour fournir aux fraix communs de l'Univerſité, & particulierement pour les Meſſes, & pour les funérailles, le *Cardinal Bertrand* ordonne que tous les Bacheliers qui commenceront à lire, payeront quatre ſols de monnoye courante ; les Ecoliers qui ont des Bénéfices deux ſols, & les autres douze deniers, qui devoient être levés & gardés par des Ecoliers choiſis par le Recteur pour en rendre compte.

La Capſe où l'on enfermoit cet argent devoit être tenuë dans la Sacriſtie des Freres Prêcheurs ou ailleurs, ſi le Recteur le jugeoit à propos. Elle devoit être séparée en deux parties, dans l'une desquelles on devoit tenir le sceau de l'Université, avec l'original des présens Statuts, dans l'autre l'argent de la Capse qui devoit être fermée à trois clefs, dont le Recteur en avoit une, & les deux autres devoient être gardées par deux Conseillers de deux nations, autres que celle du Recteur.

La Collecte qu'on faisoit pour les Docteurs qui lisoient l'Ordinaire, devoit être faite entre la Saint André & Noël : celle qu'on faisoit pour les bancs, depuis Noël jusqu'à la fin du Carnaval. La taxe de chaque Ecolier pour la *taille* de son Docteur, étoit de dix sols monnoye de cours, & pour les bancs cinq sols.

Il est déclaré que les Ecoliers ne payeroient rien aux Docteurs qui lisent le *Digeste vieux*, *l'Infortiat* ; les trois livres du Code ; les Authentiques, l'usage des Fiefs ou le livre des Institutes, à moins qu'ils n'eussent fait une convention particulière du salaire qu'ils devoient donner à leur Docteur ; & pour lors ce salaire ne devoit pas excéder la somme de huit sols monnoye courante.

„ Ceux qui liront le soir pour l'extraordinaire du Decret, n'exigeront rien de
„ leurs Ecoliers, à moins que les Ecoliers, à cause de la science éminente de leurs
„ Docteurs, ne se fussent obligés à un certain salaire.

„ Il y aura (continuë toûjours le Cardinal Bertrand) un Bedeau général de l'U-
„ niversité qui sera perpétuel, à moins que pour cause raisonnable il ne fût dépo-
„ sé par le Recteur & par ses Conseillers, ausquels il appartient de le choisir. Il ne
„ pourra point exercer qu'il n'ait prêté serment, & qu'il n'ait été confirmé par
„ l'Evêque de Maguelone ; ce qui sera fait simplement sans autre cérémonie.

„ Son Office est de faire sonner la Cloche aux heures accoûtumées, & de gar-
„ der la clef du Clocher : il sera en personne dans les Ecoles, les dénonciations
„ nécessaires, comme celles des jours de Fêtes, & des Actes qui devront être
„ faits : il portera les ordres du Recteur, & donnera caution que dans trois ans, du
„ jour de sa réception, il aura tous les livres qui doivent être lûs dans les Ecoles ;
„ sçavoir, pour les deux premières années, le Texte du Droit Civil & Canon,
„ avec leurs Gloses, & pour la troisième année, la Somme d'*Hostiensis*, l'Apparat
„ d'*Innocent* & de *Jean-André*, *in sexto Libro Decretalium*, & *Clementinis* ; pour
„ chacun desquels livres, on lui payera une taxe, *pecias taxatas*.

Il est à observer pour l'intelligence de cet article, que l'Imprimerie n'étant pas encore en usage, on se servoit de manuscrits, dont le Bedeau faisoit provision, pour les loüer ensuite aux Ecoliers ; de là vient, qu'on lui faisoit promettre d'en ramasser une certaine quantité, & de donner caution qu'il les auroit dans un certain tems : pour cette raison, on taxoit en sa faveur chaque exemplaire qui devoit être revû auparavant par le Recteur.

Ce Bedeau étoit tenu de dénoncer les Leçons qui devoient être faites par des Docteurs étrangers, d'avoir un Calendrier des jours feriés, & une copie des présens Statuts ; on l'obligeoit pour être mieux connu des Ecoliers, à ne sortir jamais de sa maison sans porter sa baguette verte, *virgam viridis coloris*, & on lui permettoit d'exiger pour son salaire deux sols de chaque Bachelier, & douze deniers tout au moins de chaque Ecolier.

Un autre sorte d'office dans les écoles du Droit, étoit celui des Banquiers, apellés *Bancarii*, à cause du soin qu'ils avoient des bancs de l'Ecole : ils servoient les Docteurs qui lisoient actuellement ; en sorte que chaque Docteur avoit un Banquier pour l'accompagner à l'Ecole, pour garder ses livres, & ceux de ses Ecoliers. Il étoit permis à ces Banquiers d'avoir des livres à eux pour les loüer ou les vendre aux Ecoliers, après avoir été revûs par le Recteur, qui avoit droit de les confisquer, ou de les faire brûler, s'ils n'étoient pas conditionnés. On leur permettoit de porter des baguettes sans couleur, *sine aliquâ picturâ*, & d'exiger douze deniers de chaque Ecolier du Docteur qu'ils servoient, payables dans le tems qu'on feroit la collecte de leur Docteur ; mais ce Docteur venant à finir, l'office du Banquier venoit à cesser, à moins qu'un autre Docteur ne voulût le reprendre.

„ Il est défendu à tous les Membres de l'Université, sous peine d'excommu-
„ nication, de se débaucher les Ecoliers ; autre défense sous peine d'excommuni-
„ cation *ipso facto*, de se supplanter, directement ni indirectement, dans le loyer des
maisons,

II. PARTIE LIVRE DOUZIEME.

maifons, & d'abufer du privilége qu'ils avoient de faire entrer du vin dans « Montpellier. "

Il eſt à obſerver que pour procurer aux membres de l'Univerſité la facilité de ſe loger dans la Ville, on établit trois Taxateurs, dont l'un étoit nommé par le Recteur, & par ſes Conſeillers, l'autre qui ne pouvoit être ni du Corps de l'Univerſité, ni de la Ville de Montpellier, étoit nommé par l'Evêque de Maguelone, & le troiſiéme choiſi par les Conſuls, pour régler entr'eux le prix du loyer. Après toutes ces difpofitions particuliéres, les Statuts finifſent par la forme du ſerment que chacun des membres devoit prêter.

Le Recteur, en demandant ſa confirmation à l'Evêque, devoit jurer ſur les « Saints Evangiles, qu'il procureroit de tout ſon pouvoir le progrès de l'Etude de « Montpellier ; qu'il ſeroit fidelle à l'Evêque, & à l'Egliſe de Maguelone ;qu'il ne « feroit aucun Statut qui pût préjudicier à l'un ni à l'autre ; qu'il ne feroit point « vacquer les Ecoles au-delà de huit jours, ſans le conſentement de l'Evêque, « ou de ſon Vicaire ; & qu'il ne prêteroit ſerment à qui que ce fût au préjudi- « ce de la ſupériorité de l'Evêque ſur les Ecoles, &c. "

Les Conſeillers nouvellement élûs, juroient entre les mains du Recteur, de l'aider de leurs Conſeils, auſſi-tôt qu'ils ſeroient apellés, & de procurer l'obſervation des Statuts.

Les Docteurs & Bacheliers, avant que de commencer à lire l'Ordinaire, ou l'Extraordinaire, promettoient entre les mais du Recteur de lire aux heures preſcrites par les Statuts, les livres qui leur étoient marqués.

Celui qui devoit récevoir le bonnet de Docteur, juroit fidelité à l'Evêque, & à l'Egliſe de Maguelone, & promettoit de leur donner fidel conſeil, toutes les fois qu'il en feroit réquis, de ne rien faire ſçiemment contre leurs interêts, & de garder les Statuts particuliers qui regardent les Docteurs.

Le Serment des Ecoliers entre les mains du Recteur, portoit en particulier que bien loin de fomenter les rixes qui s'éléveroient entre les membres du Corps, ils feroient leur poſſible pour entretenir la paix.

Le Bedeau promettoit obéïſſance au Recteur & aux Conſeillers, de garder le ſecret dans les affaires qui lui ſeroient commiſes, & de n'ôter directement ni indirectement les Ecoliers aux Docteurs ; quant aux Banquiers, on leur faiſoit promettre en général, de ſe bien acquiter de leur devoir, tant qu'on les laiſſeroit en place.

Fait & publié à Avignon dans la maiſon du Cardinal Bertrand, du titre de St. « Marc, en ſa preſence, & de ſon ordre : témoins, *Hugues de Mandagot*, Pré- « vôt d'Embrun, Pierre *Gaſſon* Chanoine d'Alby Docteur ès Loix, *Raynaud* Cha- « noine de Cavaillon, & Jean *de Montfleur* Bachelier, & Sindic de l'Univerſité « de Droit de Montpellier, le 20. Juillet 1339. Signé & ſcellé du ſceau du « Cardinal.

Ces Statuts ayant été dreſſez de la ſorte, on les fit aprouver par le Pape, après quoi le Cardinal Bertrand commit ſon neveu *Paul de Deuxio*, Moine & Camerier de St. Guillem du Déſert, pour les notifier à tous les Membres de la Faculté. La choſe fut exécutée au commencement de 1340. ſans aucune contradiction des parties. On leva l'excommunication prononcée jadis par l'Evêque *Picſavin* contre le Recteur & ſes adherans, qui promirent tous d'obſerver ces Statuts ſous peine d'excommunication, réſervée à l'Evêque de Maguelone & à ſes Succeſſeurs.

En conſéquence, *Eſtienne Martinēngue* nouveau Recteur, fit confirmer ſon élection par *Arnaud de Verdale*, qui rempliſſoit alors le ſiége de Maguelone. Il lui prêta ſerment comme Chancelier de l'Univerſité ; & en cette qualité, *Verdale* donna cette même année des Lettres de Docteur à *Guillaume Colombani*.

Le bon ordre que ces Statuts établirent dans la Faculté du Droit, la rendirent plus floriſſante qu'elle n'avoit encore été. Le célèbre *Jacques Rebuffi* commença peu d'années après d'enſeigner le Droit Civil à Montpellier, où il dicta ſes Commentaires ſur les trois Livres du Code, qui ont été imprimés depuis. Guillaume *Grimoard*, connu ſous le nom du Pape *Urbain V.* enſeignoit alors le Droit Canon,

Yyyy

HISTOIRE DE MONTPELLIER,

comm'on a pû l'obferver dans les Confultations que j'ai raportées de lui, pour les Confuls de Montpellier. Ce Pape étant venu à Montpellier en 1367. tira de la charge de Profeffeur Bernard *de Caftelnau* pour le faire Evêque de Cahors, & le fit facrer à Montpellier par le Cardinal *de Canillac*. En ce même-tems le Cardinal Pierre *de la Vergne* paffa Docteur en Decret en cette Ville ; & le Pape Gregoire, fucceffeur immédiat d'*Urbain V.* fit Cardinal le fameux *Pierre de Lune*, connu fous le nom de Benoît XIII. lorfqu'il enfeignoit actuellement le Droit Canon à Montpellier, *in Gimnafio Monfpelienfi*, où il eut pour Auditeur le célèbre Pierre *de Nieme*, qui le témoigne lui-même dans fon Livre du Schifme.

On compte dans le cours de ce fiécle parmi les illuftres Ecoliers de cette Faculté, trois jeunes Seigneurs de la maifon de la Mark, qui pafferent à Liége en 1350. pour venir à Avignon vifiter la Cour Romaine, & de là fe rendre à Montpellier pour y étudier en Droit, *tres Domicelli de Marca, fratres Comitis Engelberti, videlicet Adolphus, Theodoricus, & Everardus, in die SS. Marci & Marcelliani, venerunt Leodium & Mecum manferunt ibidem, donec ipfos ad Curiam Romanam, & ad Montempeffulanum procuravi tranfmitti*. De ces trois freres, *Thierry* fut celui qui fe rendit le plus recommandable par fes études, comme nous l'aprenons de la Chronique des Evêques d'Ofnabruc.

Le nombre & la diftinction des Etudians fe foûtint jufqu'à la fameufe fédition arrivée fous le Duc d'Anjou en 1379. Elle les difperfa tous, & les obligea de fe retirer pour la plûpart à Orange, où (felon l'Hiftoire de cette Ville) ils donnerent lieu à l'établiffement d'une Univerfité. Mais le calme ayant été rendu à Montpellier ; ils y revinrent bien-tôt, & le nombre y fut auffi grand qu'auparavant.

La chofe confte par un Statut du 25. Février 1399. dans lequel Antoine *de Louviers* Evêque de Maguelone régle le pas & la féance entre les Membres de la Faculté. Il y ordonne qu'on fe rangera dans les Ecoles à méfure qu'on y entrera. Qu'il n'y aura de la diftinction que pour les Dignitez Pontificales, pour les fils des Empereurs, Ducs & Comtes ; pour les Abbés qui ont reçu la Benediction, & pour les Docteurs, qui a caufe de leur Grade, doivent précéder les Etudians. Et parce (ajoûte-t'il) que les Chanoines de Maguelone ont les prérogatives d'honneur dans cette École, on décerne au Prévôt de cette Eglife (s'il eft Etudiant) le pas fur les autres Nobles. Fait à Montpellier, dans la Chapelle de la Maifon Épifcopale, où s'étoient rendus les membres de la Faculté, en fi grand nombre (dit l'acte) qu'ils ne pouvoient pas s'y contenir.

Le grand Schifme qui furvint dans l'Eglife à l'occafion des divers Concurrens à la Papauté, fit partir l'Evêque de Maguelone avec plufieurs Docteurs de l'Univerfité de Montpellier, pour affifter aux Affemblées de l'Eglife de France, qui furent tenuës à Paris, par ordre du Roy Charles VI. Il eft fait mention de ces députez dans les Actes de ces Affemblées, & dans ceux du Concile de Conftance, qui fut ouvert le 16. Novembre 1414. Martin *V.* qui fut élû Pape dans ce Concile, conferva tant de bienveillance pour l'Univerfité de Montpellier, qu'il la combla, pour ainfi dire, de fes graces.

On a dix ou douze Bulles de lui, tant pour la confervation, que pour l'extenfion des privileges de l'Univerfité ; dans l'une il la exemte d'être citez à Rome, tandis que Loüis *l'Allemant* Evêque de Maguelone, & François de *Soconeio* Archevêque de Narbonne feront fur les lieux, pour leur rendre juftice ; dans l'autre il les exemte des Tailles, Gabelles, & autres fubventions des Villes, conformement aux Lettres du Roy Jean du mois de May 1351. *nullatenùs in futurum compellantur ad contribuendum exactionibus, talliis, vel fubfidiis, pro quâcumque ratione, five causâ faciendis in dictâ villâ Montifpeffulani*. Le Pape leur accorde toutes les graces & privileges dont joüiffent les Etudes d'Orleans & de Touloufe, quels qu'ils puiffent être, *quæ habentur pro expreffis*. Puis defcendant dans un plus Grand détail, en faveur des Etudians, il leur permet (quelques bénéfices ou dignitez qu'ils ayent) d'étudier durant dix ans dans l'Univerfité, & d'y prendre des grades, nonobftant les Conftitutions *d'Honoré III.* & les coûtumes de leur Eglife.

II. PARTIE. LIVRE DOUZIEME.

Par une autre Bulle, il veut que tous les Etudians, Docteurs, & autres Membres de l'Université, perçoivent tous les fruits de leurs Bénéfices, excepté les distributions quotidiennes, soit que lesdits Bénéfices soient à charge d'ame, ou non; voulant seulement que le service des Paroisses n'en souffre point, & qu'on y fasse pourvoir par d'autres Ministres.

Il dispense ceux qui sont déja Soûdiacres de se faire promouvoir durant le *Septennium* au Diaconat, ou à la Prêtrise, quelque obligation qu'ils en eussent, par la nature de leurs Bénéfices, & nonobstant les dispositions des Conciles de Latran, & de Lyon, à quoi le Pape déroge; voulant seulement qu'il soit pourvû de bons Vicaires, aux Bénéfices à charge d'ame.

Et pour l'execution de toutes ces Bulles, il nomme l'Abbé de St. Sauveur d'Aniane, & le Prévôt de Maguelone. Donné le 17. des Kal. de Janvier, dans la cinquième année de son Pontificat, c'est-à-dire, 1420.

Je ne sçai si ces nouveaux privilèges ne donnerent pas lieu au grand Procès qu'il y eut peu de tems après entre le Bailly de la Ville, & le Recteur de l'Université, à l'occasion du désordre que les Ecoliers firent dans la maison d'une veuve qui demeuroit près de l'Eglise de St. Jean. Le Bailly en ayant fait arrêter deux des plus coupables, les autres Ecoliers furent l'insulter dans l'Eglise de St. Firmin, où il entendoit la Messe; & le Recteur non content de réclamer ses prisonniers, pour être traduits dans les prisons de l'Evêque, priva l'Assesseur du Bailly de tous les droits de l'Université, dont il étoit membre, & fit publier l'Acte de dégradation par le Prieur de St. Mathieu. Cette affaire ayant traîné long-tems & causé beaucoup de trouble à Montpellier, fut portée à Poitiers, où la plus grande partie du Parlement de Paris avoit suivi le Roy Charles *VII*. & par la médiation de très-redoutable Seigneur *Metuendissimo Domino* Jean de *Bailly* Conseiller du Roy, & Président de la vénérable Cour du Parlement de Poitiers; il fut réglé.

Que les privilèges de l'Université resteroient dans leur entier, & que le cas arrivé seroit regardé comme non avenu, sans qu'on en pût tirer aucun préjugé contre lesdits privilèges, ni établir aucun nouveau droit au Bailly de la Ville.

Que les injures dites ou faites, de part & d'autre, seroient oubliées.

Que l'Assesseur du Bailly seroit rétabli dans ses droits de l'Université, & qu'il désisteroit de l'apel qu'il avoit relevé par devant l'Evêque de Maguelone.

Fait & transigé à Montpellier, le 23. Janvier 1428. entre Robert *Pinchon* Prieur " de *Burjet* Recteur de l'Université, Jean *Rebuffi* Licentié, Jean *Villaris* Moine, " Aimar *Sengla* Bachelier, Conseillers du Recteur, d'une part. "

Et Jean *Auriol* Bailly de Montpellier, Philibert de *Neves* soû-Bailly, Firmin " *Capvillers* Vicaire, & autres Officiers Royaux, de la Cour ordinaire de la Vil- " le de Montpellier, d'autre. "

L'arrivée du Roy Charles VII. à Montpellier en 1437. parut au Recteur & aux Conseillers de l'Université une occasion favorable pour obtenir la confirmation de tous leurs privilèges, & particulièrement de l'immunité des Tailles: ils travaillerent si heureusement pendant le séjour du Roy, qu'ils obtinrent enfin des Lettres-Patentes, dans lesquelles le Roy Charles VII. fait un grand éloge de leur Faculté, & leur accorde plusieurs graces: *attendentes* (dit-il) *quod ab ipso famoso studio tanta manaverint salutiferæ fluenta doctrina*; il leur confirme les libertez, prérogatives, immunités, exemptions, franchises, & privilèges accordez par ses prédécesseurs Charles le Bel en 1326. & le Roy Jean en 1350. il exempte tous les membres de cette Université, *ab omnibus impositionibus, Gabellis, quartâ aut octavâ parte vini & aliorum fructuum excretorum tam in suis prædiis patrimonialibus quam aliis, ratione Beneficiorum Ecclesiasticorum sibi competentibus & pertinentibus, etiam & à talliis personalibus, vectigalibus, pedagiis, angariis, & perangariis: sint & remaneant in perpetuum quieti, liberi, franchi, immunes, pariter, & exempti.*

Il leur permet d'apeler à Montpellier par devant les Conservateurs de l'Etude, toutes leurs parties qui n'en seront pas éloignées plus de cinq journées de chemin, même dans les Diocéses de Rhodés & de Vabres.

Item, que les Officiers de la Cour du Roy dans Montpellier, ne puissent entrer ou visiter leurs maisons sous quelque prétexte que ce soit, mais seulement de la maniere qui a été reglée par les transactions passées.

Item, qu'ils ne pourront être cités ou ajournés hors la Ville, par quelque Juge que ce soit en matiere civile ou criminelle. Donné à Pésenas au mois de May 1437.

Quelques Députez de l'Université de Montpellier étoient alors au Concile de Basle, où Eugene IV. fut donné pour successeur à Martin V. qui étoit mort au commencement de ce Concile. Eugene le continua jusqu'en 1443. & Nicolas V. lui ayant succedé trois années après, le Recteur & Conseillers de la Faculté du Droit, furent obligez de lui porter plainte contre les Conservateurs Apostoliques : ils exposerent au Pape que l'Archevêque de Narbonne, l'Abbé d'Aniane, & le Prevôt de Maguelone, nommez dans les Bulles de ses prédecesseurs pour Conservateurs de leurs Statuts & Priviléges, se contentoient de subdéleguer une ou plusieurs personnes, qui par leur négligence ou leur incapacité, portoient plus de préjudice que d'avantage à la Faculté : sur quoi Nicolas V. ordonna que les Conservateurs ne pourroient subdéleguer qu'une seule personne, au gré du Recteur & de ses Conseillers, qui seroit presentée par eux aux Conservateurs : il voulut encore que les Conservateurs eux-même ou leur Subdélegué, fussent tenus de faire tous actes judiciaires de leur charge dans l'Eglise du Prieuré de St. Firmin Ordre de St. Augustin, ou tel autre lieu convenable, que le Recteur & Conseillers jugeroient à propos, *nonobstantibus*, &c. Donné le 13. des Kal. de Fevrier dans la troisiéme année de son Pontificat.

Cette décision, selon toutes les aparences, ne satisfit pas long-tems le Corps de la Faculté, puisque nous trouvons qu'ils renouvellerent leurs plaintes au Pape Alexandre VI. environ cinquante ans après, sur le prétexte (puisqu'il faut le dire) qu'il étoit rare de trouver dans le Clergé de Montpellier des Sujets capables de cette fonction, *cum in dicta villa, paucæ personæ in dignitate Ecclesiæ constitutæ, jurisdictionis capaces reperiantur*. Sur cette raison, le Pape leur permit de choisir pour Subdélegué un Docteur d'entr'eux ou Licentié, *in utroque*, un Chanoine de Maguelone ou d'une autre Cathédrale, quand même il n'auroit pas d'autre dignité, pourvû d'ailleurs qu'il fût idoine, & d'une litterature suffisante ; auquel cas le Pape veut qu'ils puissent le présenter aux Conservateurs, pour recevoir d'eux la subdélégation, qu'il exercera (dit-il, avec les mêmes pouvoirs que les Conservateurs eux-mêmes, *nonobstantibus*, &c. Donné la veille des Ides de Juin en la 6. année de son Pontificat, c'est-à-dire, 1498.

La connexité de ces deux faits, que j'ai crû ne devoir pas séparer, m'a empêché de marquer suivant l'ordre des tems l'assemblée d'Orleans, convoquée en 1478. par le Roy Loüis XI. durant les differens qu'il eut avec Sixte IV. La Chronique scandaleuse de son Régne, parle si avantageusement des Docteurs de Montpellier qui furent apellés à cette assemblée, qu'il m'a paru ne pouvoir mieux faire que d'en raporter ici les propes termes.

" En 1478. le Roy fit faire grande assemblée de Prélats, gens d'Eglise, de
" grands Clercs, tant des Universités de Paris, Montpellier, que d'autres lieux,
" pour eux s'assembler en la Ville d'Orleans, pour trouver moyen de r'avoir la
" Pragmatique, & que l'argent des vacans Bénéfices ne fût plus porté à Rome,
" ni tiré hors de ce Royaume : & pour cette cause, se tint ladite assemblée à
" Orleans, où présidoit pour le Roy, Monseigneur de Beaujeu, Monseigneur le
" Chancelier, & autres du Conseil du Roy, lequel Monseigneur le Chancelier,
" dit & déclara les causes pourquoi ladite assemblée étoit ainsi faite audit
" Orleans; à laquelle proposition fut répondu par Me. Jean *Huë* Doyen de
" la Faculté de Théologie en l'Université de Paris, & aussi y parla pour l'U-
" niversité de Montpellier, un autre grand Clerc qui aussi parla moult bien.

Nous ne sçavons pas le nom de cet habile Docteur, encore moins s'il étoit de la Faculté de Théologie ou de celle du Droit Canon. Quoiqu'il en soit la vérité de l'Histoire ne me permet pas de dissimuler que depuis ce tems-là, le rélachement parut s'être introduit dans nos écoles, & qu'on s'y prépara insensiblement aux erreurs & aux désordres du XVI. Siécle.

Les preuves que j'en ai, sont tirées des Statuts faits en ce même-tems par le Recteur de l'Université. Le premier est de 1472. où Mathieu *Gravero* de la Ville

II. PARTIE LIVRE DOUZIEME.

le de Montpellier, & Recteur pour la nation des Provinciaux, dit, en déplorant le passé, *In memoriam repetentes Rectores olim nostræ almæ Universitatis, summis præmiis summoque honore ornatos fuisse, nunc verò perpaucis uti commodis*, &c.

Le second est de *Vital Gachon*, Recteur pour la nation de Bourgogne, qui dit dans un réglement fait en 1485. *Attendentes quod nonnulli Scolares jurati, & suppositi nostræ Universitatis, tam Religiosi Ecclesiæ Magalonæ Collegiorum Sanctorum Benedicti, Germani, & Rufi, quam etiam sæculares ætate ac scientia juvenes, nescientes in semitis rationis dirigere gressus suos, &c.*

Le troisième est de *Jean Griffi*, Prieur de l'Eglise Collégiale de Ste. Anne, Recteur pour la nation des Provinciaux en 1502. qui déclare privez de leur fonctions, les Officiers de l'Université qui s'absenteroient au-delà d'un mois.

Enfin les choses vinrent en un état, qu'il falut que les Consuls de Montpellier passassent une transaction avec le Corps de l'Université, pour le tems & la forme de leurs leçons, moyennant deux cens livres tournois que la Ville leur donneroit tous les ans. Cette transaction porte que le Recteur & ses Conseillers, nommeront chaque année dans l'Eglise des Saints Benoît & Germain, quatre Docteurs des deux Facultés, c'est-à-dire, deux du Droit Civil, & deux du Droit Canon, pour enseigner personnellement, depuis la Saint Luc, jusqu'à la Saint Jean, avec permission à eux de faire supléer par quelqu'autre depuis la Saint Jean jusqu'à la mi-Septembre.

Fait & aprouvé par Bernardin de *Ranco*, Recteur pour la nation des Catalans. Pierre *Lumbard* Sacristain de Saint Germain. *Borrut* Chanoine de Maguelone. *Ademard Ysard* Sacristain de Saint Ruf, Jean *Textoris* jeune, Conseillers du Recteur & autres.

Quoique tous ces témoignages servent de preuve du rélachement qui s'étoit glissé dans les exercices scolastiques, il faut néanmoins avoüer que la Faculté de Droit n'eut gueres jamais de plus illustres Ecrivains. De ce nombre est Nicolas *Boeri*, connu par le Livre qui a pour titre, *Decisiones Burdegalenses*, Pierre *Rebuffi* qui est au rang des plus grands Canonistes. *Jean Philippy* également récommandable par ses charges, par ses écrits, & par ses emplois. *Etienne Ranchin* Professeur en Droit, & son Historien en quelque manière, par la vive peinture qu'il nous a laissé des troubles qui affligerent Montpellier en 1562. & qui désolerent l'Université de cette Ville.

" Tout y étoit dans le trouble & dans le désordre pour les disputes sûr la Ré-
" ligion, & plût-à-Dieu (ajoûte-t'il) qu'on se fût arrêté aux seules controverses ;
" mais les ennemis de la paix prenant occasion de ces disputes pour tout oser & pour
" tout entreprendre, suscitèrent le Peuple, qui devint son le maître des Loix. Les
" Magistrats étoient obligés de lui obéir, & de recevoir chés eux les gens de
" guerre que le Peuple leur envoyoit en garnison. Ils voyoient sans oser se plain-
" dre, ruiner les Maisons, les Temples, les Monasteres, & les Edifices publics :
" parmi lesquels nos Ecoles qui étoient hors la Ville furent entièrement détruites,
" & en même tems la Tour de l'Université, l'un des plus beaux ouvrages qu'il
" y eût pour la grandeur & la solidité du bâtiment, la cloche & le clocher
" furent renversés, en sorte qu'il n'y rèste plus que des masures. "

Ces dernieres paroles d'Etienne *Ranchin*, nous font voir clairement que les Ecoles du Droit furent jusqu'à ce tems-là hors la porte du Peirou, dans le lieu apellé la Tour de l'Université ou de Ste. Eulalie, à cause du voisinage de l'Eglise des Réligieux de la Mercy, apellés communément, les Réligieux de Ste. Eulalie, pour les raisons que nous en avons dit ci-devant.

Il paroît par les suites de la Préface de Ranchin, qui n'imprima son Livre qu'en 1580. que les choses resterent par raport aux Ecoles, dans le même état qu'il les avoit décrites pour l'année 1562. puisqu'il finit par des vœux & des priéres pour le rétablissement des Ecoles de Droit, qui ne furent rétablies enfin que sous le regne de Henry IV. Les Professeurs allerent pour lors faire leurs Leçons près de l'Eglise de Ste. Anne, où le concours des Etudians ne fut pas à la vérité si grand qu'autrefois ; mais on ne laissa point d'y remarquer dessujets qui se rendirent très-illustres. De ce nombre fut le célèbre Nicolas-*Claude Peiresc*, l'un des plus beaux

HISTOIRE DE MONTPELLIER,

Gassendi, Vita Claudii Peiresc. génies de son tems, qui vint étudier à Montpellier en 1602. & prendre ses grades sous *Julius Pacius.*

Ce célébre Jurisconsulte avoit été attiré d'Italie par le Roy Henry IV. comme il le dit lui-même dans son Epître Dédicatoire au Cardinal Barberin : *Beneficio Christianorum principum illectus, ab Italia domicilium transtuli.* Il étoit Professeur à Montpellier au commencement du dernier siécle, & fit imprimer en 1606. un *in-folio* sur les *Constitutions Imperiales,* sur les *Pandectes,* sur le *Code,* & sur les *Décretales,* qu'il dédia à Pierre de Bocaud premier Président en la Cour des Aydes. En 1631. il donna au Public un gros *in-12.* sous le titre, *Legum Conciliatarum Centuria decem,* qu'il dédia au Cardinal Barberin Legat en France. Il laissa une Bibliothéque choisie, qui fut augmentée par son fils Laurens *Pacius* héritier de ses biens & de son sçavoir. Ils ont laissé à Montpellier une posterité qui subsiste encore.

Nous aprenons des Préfaces qui sont à la tête des Ouvrages de *Pacius*, que le Siége de *Montpellier* en 1622. interrompit l'exercice des Ecoles, & que la peste de 1629. durant laquelle les Professeurs étoient obligez de veiller aux portes de la Ville, l'empêcha de travailler à l'impression de son dernier Livre. On compte parmi ses Collegues dans la Chaire de Professeurs, Jean *de Solas* Conseiller au Présidial, Guillaume *Ranchin* Avocat Général en la Cour des Aydes, Gaspard *Perdrix*, & Jean André *de la Croix* Officiers du Présidial. La Cour des Comptes Aydes & Finances, a vû depuis parmi ses Officiers trois Professeurs en Droit ; sçavoir, Pierre *de Solas* dans le tems de l'union de ces deux compagnies, Loüis *Vignes* Conseiller en cette Cour, & puis Procureur Général, enfin Philippe de Perdrix mort en 1709.

Parmi les Professeurs de mérite, qu'il y a toûjours eu dans cette Faculté, le Public conserve avec plus de vénération la mémoire d'Antoine *Causse*, autant estimable par son sçavoir & son élégance, que par sa modestie & par sa pieté. On disoit de lui, que si les Livres des Loix venoient à se perdre, il auroit été capable de les dicter par cœur, tant il les possedoit exactement. Sa belle latinité lui attiroit dans les Actes publics grand nombre d'auditeurs, qui n'admiroient pas moins la justesse de ses expressions, que la politesse & la modestie qui accompagnoient tous ses discours. Ceux qui ont pris des Grades sous lui dans l'espace de trente ans qu'il a professé, s'aplaudissent encore d'avoir étudié sous un si grand maître ; & ils n'ont pas oublié tout ce qu'il leur dit d'obligeant à leur reception, tant il avoit l'art de dire des choses propres à un chacun, sans aucun mêlange de flaterie. L'exacte pieté dans laquelle il vécut toute sa vie, ne lui fit connoître d'autre plaisir que celui de l'étude, du culte de sa Réligion, & du soin de sa famille. L'aîné de ses enfans est Professeur comme lui dans l'Ecole du Droit, & le second (qui a pris l'état Ecclesiastique) est agrégé de la même Faculté. Il étoit né à Meirargues à deux lieües de Montpellier le 28. May 1651. & mourut, regreté de tous les honnêtes gens le 20. May 1717.

Je crois ne pouvoir mieux finir l'article de cette Faculté, que par un abregé de la vie des grands Jurisconsultes qu'elle a produit, & qui après avoir pris naissance à Montpellier ont illustré leur Patrie par leurs sçavans écrits. Le premier est : Pierre *Placentin*, qui est reconnu par divers Auteurs pour être né à Montpellier, *in Montepessulano ubi docuit & originem traxit* (dit *Pancirole*) *defunctus est.* Denis Simon, dans sa Bibliothéque des Auteurs du Droit, dit de lui en propres termes, *qu'il est le premier qui vint enseigner en France à Montpellier, d'où il étoit.* Son penchant pour l'étude des Loix Romaines, lui fit quitter sa patrie pour aller étudier à Bologne sous *Irnerius*, comme nous l'aprenons de Mrs. *Dupuy* dans leur Catalogue de la Bibliothéque de Thou. Le séjour considerable qu'il fit en Italie, donna lieu à *Etienne Pacquier* de le confondre avec les autres Docteurs qui enseignerent à Bologne. *Placentin* (dit-il dans ses recherches) *est le premier Docteur Italien qui vint enseigner en France ;* par où il ne faut pas entendre que l'Italie lui eût donné naissance, mais seulement qu'il en étoit Docteur, comme nous appellons *Docteurs de Paris*, mille étrangers qui en reviennent après y avoir pris leurs Grades.

Les Seigneurs de Montpellier, qui profitoient de tout ce qui pouvoit contribuer à l'illustration de leur Ville, revirent Placentin avec joye, & le protegerent dans tout ce qui pouvoit aider l'établissement de son Ecole : ils l'employerent utilement dans leur Conseil ; & leur estime pour lui fut si constante, que *Guillaume fils de Mathilde* voulut honorer de sa presence ses funerailles. Il fut enterré dans le grand Cimetiere de St. Barthelemy, qui étoit hors la Ville, où nos annales marquent qu'il n'y avoit aucun Docteur ou Écolier étranger, qui en passant à Montpellier n'allât visiter son Tombeau.

Cette marque de vénération continua jusqu'en 1562. où les troubles de la Religion Protestante, faillirent à causer la ruine entiere de Montpellier. Le Tombeau de Placentin fut renversé & enseveli sous les ruines de l'Eglise de St. Barthelemy, où il resta caché jusqu'en 1663. qu'il fut découvert par les Peres Carmes Déchaussez, qui travailloient à bâtir leur Couvent dans le Cimetiere de St. Barthelemy qu'on leur avoit donné : ils trouverent sur une table de marbre l'inscription suivante, telle que Catel l'a raportée dans les Mémoires du Languedoc.

PETRA PLACENTINI CORPUS TENET HIC TUMULATUM,
SED PETRA QUÆ CHRISTUS EST ANIMAM TENET IN PARADISO.
IN FESTO EULALIÆ VIR NOBIS TOLLITUR ISTE.
ANNO MILLENO DUCENTENO MINUS OCTO.

Jacques Rebuffi, fils d'Audemar, nâquit à Montpellier vers le milieu du xiv. siécle ; il y enseigna les loix durant plus de trente ans, avec tant d'aplaudissement, que l'Ecole de Droit de cette Ville, l'a mis en quelque maniere au rang de ses Fondateurs, en faisant porter sur les masses d'argent de ses Bedeaux, l'éfigie dorée de Jacques *Rebuffi*, avec celles de *Placentin* & d'*Azo*, qui deux cens ans auparavant avoient donné commencement à leur Ecole.

En 1395 le Roy Charles VI. lui donna des Lettres de Noblesse, dans lesquelles il est dit, qu'il avoit déja professé le Droit à Montpellier depuis plus de vingt ans, qu'il avoit exercé la charge d'Avocat du Roy dans la Sénechaussée de Beaucaire, & celle de Juge du Palais à Montpellier. Ce fut en cette qualité, qu'il mit à l'absence du Gouverneur une des premieres pierres au Monastere des Religieuses de St. Gilles & de Ste. Catherine, comm'il est raporté dans notre Talamus pour l'année 1388.

Il est fait mention de lui dans la plûpart des actes importans que la Ville passa de son tems ; & on lui attribuë le bon ordre qui est dans nos Regîtres publics, depuis les Rois d'Arragon jusqu'à lui. J'ai remarqué ailleurs, que sa mort causa l'interruption qui se trouve dans le petit Talamus, depuis 1428. qu'elle arriva, jusqu'en 1502.

Il fut enterré dans l'Eglise de Maguelone, derriere la grande porte à main gauche en entrant. On y voyoit encore son tombeau avant la derniere révolution de cette Isle. Il y étoit representé à genoux, devant une Image de la Ste. Vierge, avec cette inscription latine.

Orate pro Domino Jacobo Rebuffi, Legum Comite, cujus anima in Domino requiescat, qui obiit anno ab Incarnatione Domini 1428. & die 21. Martii.

Ses ouvrages sont, les Commentaires sur les trois Livres du Code.

Nicolas Boeri, que quelques récens ont apellé *Boyer*, est un de ceux qui ont fait le plus d'honneur à la Faculté de Droit de Montpellier, & à cette Ville, dont il étoit natif.

Sa profonde érudition, & sa probité, l'éleverent de la Chaire du Droit à la charge de Conseiller d'Etat, & à celle de Président au Parlement de Bourdeaux, où il acquit la reputation d'un parfait Magistrat.

Mr. Dalesme, Conseiller en ce Parlement, a écrit sa vie, que l'on peut voir au commencement des œuvres de *Boërius*.

Il nous aprend qu'il nâquit à Montpellier environ l'an 1468. de Vincent *Boëri* du pays d'Auvergne, qui étant venu à Montpellier, s'y établit, & épousa *Jeanne Fournier* fille de la Ville, dont il eut un grand nombre d'enfans. *Nicolas* fut celui qui se distingua le plus, quoiqu'il eut eu le malheur de perdre son pere à l'âge de quatre ans. Son heureux naturel lui servit de guide : il dévora les premiers élemens des Belles-Lettres; & s'étant adonné à l'étude du Droit, il y fit de si grands progrès, qu'il fut en état environ l'âge de trente ans, de remplir à Bourges une Chaire de Professeur, qu'on lui défera d'une commune voix.

A ses Leçons publiques, il ajoûta divers traitez particuliers, qui sont, *De Ordine Graduum utriusque fori, de custodia Civitatum, de Seditiosis*, & des Additions au Traité de *Dynus, de regulis Juris*, que Mr. Dalesme estime encore plus que le Traité même.

Tous ces ouvrages lui acquirent une estime si generale, que l'Archevêque de Bourges *Guillaume de Cambray*, lui donna sa petite Niéce, nommée *Marie Boursier*, qu'il épousa en 1499.

Cette alliance l'attacha encore plus particuliérement au Berry; & pour se rendre plus utile à ce pays, il en redigea toutes les Coûtumes, & les éclaircit de si belles notes, que plusieurs autres pays de Coutume, firent travailler à de semblables ouvrages, pour l'éclaircissement de leurs Loix.

Sa réputation étant allée jusqu'à la Cour, le Roy Loüis XII. l'y attira par une charge de Conseiller d'Etat qu'il lui donna : Boeri quitta Bourges sept ans après son mariage, & il vêcut à la Cour dans la même application qu'il avoit toûjours fait paroître pour l'étude, & pour ses devoirs.

Environ douze ans après, le Roy François premier ayant apris, qu'une charge de President au Parlement de Bourdeaux venoit de vacquer, il en gratifia Boeri, qui veçut encore plus de vingt ans dans cette place, où il se distingua par toutes les vertus d'un digne Magistrat, & d'un parfait Chrêtien.

L'Auteur de sa vie loüe beaucoup son integrité, sa modération, & sa charité envers les Pauvres, il fit bâtir durant sa vie à Bourdeaux l'Hôpital des malades ; & après sa mort, il fit les Pauvres ses héritiers, & voulut être enterré parmi eux dans le Cimetiére public.

Outre les legs considerables qu'il fit aux Filles de *l'Annonciation*, & aux Filles Penitentes de Bourdeaux, il donna ses livres & ses écrits au Parlement de cette Ville, qui fit ranger ses livres dans une Bibliothéque qu'il augmenta depuis considerablement ; il envoya les écrits de Boëri à Lyon pour y être imprimés, dont le principal est sous le titre de *Decisiones Burdegalenses*, où dans trois cens soixante-six Décisions, il traite avec beaucoup d'érudition & de méthode les points du Droit qui sont en usage. L'impression la plus ancienne que j'ay vûë, fut faite à Francfort en 1574. & depuis on les a réimprimées à Cologne en 1614. avec plusieurs autres traités particuliers ; comme *de Statu & vita heremitica, de sediriosis, de Custodia clavium portarum civitatis, & additionibus in tractatum Joannis Montani de authoritate magni Consilii.*

Il mourut en 1539. après avoir nommé pour exécuteur de son testament Mr. d'Aigremont Archevêque de Bourdeaux, avec plusieurs Officiers de ce Parlement.

L'Auteur de sa vie, qui est écrite en latin, finit par ces mots, *Gratulemur Boërium Montipessulano dulcissimæ patriæ, gratulemur Biturigibus, gratulemur Aulicis, gratulemur Senatui Burdigalensi, gratulemur Universa Gallorum Reipublicæ, hominem Doctum pium & ut tandem finiam, virum omnibus numeris absolutissimum.*

Pierre Rebuffi, arriére-petit neveu de Jacques, ne se rendit pas moins recommandable que son grand-oncle, dans toutes les fonctions de Jurisconsulte, qu'il exerça, & par les sçavans traitez qu'il nous a laissez.

Il nâquit en 1500. à Baillargues à deux lieuës de Montpellier, dans une maison qui étoit depuis long tems à sa famille, & qu'elle conserve encore de nos jours. Son pere étoit Jean Rebuffi & sa mere Magdeleine Declary. Après avoir fait à Montpellier ses premiéres études & donné de lui de grandes esperances, il fut recherché par les Universitez du Royaume les plus célébres pour le Droit. De Toulouse où il fut apellé, il alla à Cahors, où il enseigna durant cinq ans ; de

Cahors à Bourges, où il eut pour Collegue le fameux *André Alciat*, que les liberalitez du Roy François I. avoient attiré d'Italie; de Bourges, il fut apellé à Paris, par ce même Prince pour y enseigner le Droit Canon; c'est-là qu'il acheva son *Praxis Beneficiorum*, qui est entre les mains de tout le monde, & où il explique avec beaucoup de méthode, les dispositions qu'il faut avoir pour parvenir aux Bénéfices, ce qu'il faut faire pour les conserver, & la manière dont on peut les perdre.

En 1537. il fit son Traité sur la fameuse Bulle *in Cænâ Domini* de Paul III. qu'il dédia au même Pape.

En 1539. il présenta au Roy François I. son travail sur le Concordat entre Leon X. & ce Prince.

En 1540. il publia ses Annotations sur les régles de la Chancellerie.

Par tous ces differens traitez, auxquels les Canonistes ont encore recours dans les questions les plus difficiles, on peut aisément juger qu'il mérita beaucoup, du Pape, du Roy, & du Clergé : aussi en reçut-il souvent des offres très-avantageuses; mais content du plaisir que les Sçavans trouvent dans l'étude, & dans la satisfaction d'être utiles au Public, il se borna aux fonctions de Professeur & d'Avocat, qu'il exerça à Paris, où il plaida, & consulta jusqu'à sa mort.

On peut voir une partie des circonstances que je viens de raporter, dans une Epître de *François Floret*, qui est au commencement du traité de Rebuffi sur le Concordat, & qui font voir l'estime générale où il étoit.

Je sçai, que dans les Dialogues des Avocats, que l'on trouve dans les Opuscules de *Loysel*, il n'est pas parlé de Pierre Rebuffi comme d'un homme fort employé pour la Plaidoirie; mais dans cette même piéce (qui est une espéce de satyre) l'Auteur ne peut s'empêcher de lui donner des loüanges pour son travail sur le Droit Canon; voici ses propres paroles.

Maintenant la science du Droit Canon est quasi éteinte au Palais, & n'y a gueres qu'au grand Conseil qu'on s'y étudie, & n'eût été que Maître Pierre Rebuffe en a écrit plusieurs traitez, qui sont encore plus estimez en Italie qu'en France, la science en seroit quasi perdüe, qui est cause qu'il ne doit être oublié entre nos Avocats.

Il mourut à Paris d'une fièvre quarte en 1557. & laissa héritier de tous ses biens *Audemar Rebuffi* son neveu, qui prit soin de la révision des ouvrages de son Oncle, & à qui nous devons de plus les collections des Edits & Ordonnances de nos Rois, dépuis St. Loüis & 1226. jusqu'en 1559. qu'elle fut imprimée à Lyon.

Il fit ensuite imprimer des Commentaires, que son Oncle avoit écrit en latin, sur ces mêmes Ordonnances, qui ont pour titre; *Commentaria in Constitutiones seu Ordinationes Regias auth. D. Petro Rebuffo Montispessulano Jurium Doct. ac Comite Juris Pontificii Ord. Prof. Parif. & ibidem in Supremo Senatû causarum Patrono: curâ & diligentiâ D. Audomari Rebuffi Jurium Doct. ejus nepotis. Lugd. sub scuto veneto 1599. in-folio.*

Etienne Ranchin, originaire *d'Uzés*, nâquit au commencement du XVI. siécle. Son mérite lui ayant fait obtenir une Charge de Professeur en Droit, il attira à Montpellier Jean de *Ranchin* son frere, Grand-Vicaire, & Official d'Uzés, qui fut Conseiller en la Cour des Aydes en 1558. Etienne lui succeda dans cette charge en 1561. & il établit en cette Ville une famille nombreuse, qui a produit quantité de sujets distinguez, dans la Robe, dans l'Eglise, dans la Médecine, & dans les Belles-Lettres.

Il fit des notes sur les décisions de *Guy-Pape*, qui se trouvent imprimées dans l'édition de Lyon en 1577. mais son principal ouvrage est celui qui a pour titre, *Miscellanea Decisionum Juris tam Civilis quam Canonici ex Magis approbatis & receptis authoribus.*

C'est un sommaire des Régles les plus certaines & les plus usitées du Droit, où, sans proposer des espéces, comme plusieurs avoient fait avant lui, il se contente pour rendre son ouvrage plus court, d'indiquer les Auteurs qui apuyent ses décisions.

Cet ouvrage *in-folio*, fut imprimé à Lyon en 1580. & dédié à Pierre de *Panissa* son bon ami, premier Président en la Souveraine Cour des Généraux; c'est le nom qu'on donnoit alors à la Cour des Aydes.

Il le composa, comme il le marque lui-même dans la Préface de ce Livre, durant les premiers troubles de Réligion en 1562. L'interruption des Ecoles publiques lui en donna le loisir ; & la résolution qu'il prit de ne pas quitter la Ville dans ce tems orageux, le rendit témoin oculaire des désordres qui se passerent à Montpellier, dont il nous a laissé un portrait racourci.

Il y déplore le prétexte de Réligion dont plusieurs se servoient pour renverser tout. La necessité où les mal-intentionnez se trouvoient d'émouvoir le Peuple pour en être soûtenus ; l'abus que le Peuple faisoit du pouvoir qu'on lui avoit laissé prendre : & il finit par cette belle réflexion. " Que si le Peuple dans son état ordinai-
" re sert patiemment, il commande avec un empire insuportable lorsqu'il est le
" maître. "

Nous aprenons dans la Préface de ce même Livre, l'obligation que le Peuple imposoit à toutes les maisons considérables, de loger & de nourrir une troupe de Soldats ; le renversement que l'on fit de tous les édifices publics, qui étoient hors la Ville, & particuliérement des Ecoles du Droit, & de la Tour de l'Université, qu'il apelle, *Opus certè magni laboris & artificii, affabrè ædificatum.*

Ce Livre a été traduit en françois, & imprimé à Geneve en 1709. avec ce titre : *Les Décisions d'Etienne Ranchin, rangées par ordre alphabetique, avec des annotations, par raport aux Constitutions de Louis le Grand, par Philippe Bornier natif de Montpellier refugié en Brandebourg.* Mais il est à observer que la Préface d'Etienne Ranchin dont j'ai parlé ci-dessus, a été suprimée dans cette nouvelle édition.

Il eut un frere nommé *Jean Ranchin*, Seigneur de Savillac, dont il fait mention dans son Epître Dédicatoire à Robert de *Girard* Evêque d'Uzés, qui est à la tête d'un autre de ses Livres, sur le Chapitre *Rainetius extra de testamentis.*

C'est une continuation du traité que *Benedicti* ou *Benoit*, Jurisconsulte & Conseiller au Parlement de Toulouse, avoit commencé sur le Chapitre du Sexte, mais qu'il avoit laissé imparfait. Etienne Ranchin en a fait la troisième partie, que Mr. Benoît n'avoit pû achever, & le tout fut imprimé à Lyon en 1582.

Il laissa un autre frere nommé Guillaume, dont nous parlerons plus bas.

Jean Philippy, Président en la Cour des Aydes de Montpellier, & Intendant de Languedoc, sous le Connêtable Henry de Montmorency, nâquit à Montpellier en 1518. & eut pour Pere Eustache *Philippy* Conseiller en la même Cour.

Il s'est rendu recommandable par deux livres également utiles aux Jurisconsultes, & aux Officiers des Cours des Aydes, qui furent imprimez pour la premiere fois, sous le regne de François II.

Le premier a pour titre, *Joannis Philippy responsa Juris*, qui contient les décisions qu'il avoit données sur presque toutes les matieres du Droit dans les differentes charges qu'il eut à exercer. Ce Livre qui est un *in-folio* de trois cens pages en deux colomnes, fut imprimé pour la seconde fois à Montpellier en 1603. son Auteur étant âgé de quatre-vingt-cinq ans.

Le second, qui est de la même grandeur a pour titre : *Edits & Ordonnances de nos Rois, concernant l'autorité & jurisdiction des Cours des Aydes de France, sous le nom de celle de Montpellier,* où l'on peut voir l'Histoire des Cours des Aydes du Royaume, par les Edits & les Ordonnances que Philippy raporte selon l'ordre des tems, & qu'il a éclairci par des sçavantes notes : mais ce qui réleve le prix de son Livre, est une Préface latine, qui a pour titre, *Priscorum, nostrorumque Munerum summa,* où il parle de toutes les impositions établies autrefois par les anciens, d'où les nôtres ont pû prendre leur origine. Cette Préface, qui n'a gueres plus qu'une quarantaine de pages *in-folio*, vaut un livre entier par l'érudition exacte qui y est employée, par le discernement & la clarté qui y regne par tout.

La premiere édition, en fut faite par privilege du Roy François II. qui mourut en 1560. & elle fut si recherchée, qu'il ne s'en trouvoit plus d'exemplaires en 1596. comme porte le Privilege du Roy Henry IV. L'Auteur le fit imprimer à Montpellier l'année suivante, & y ajoûta un Traité qui a pour titre, *Arrêts de consequence de la Cour des Aydes de Montpellier,* où l'on voit la Jurisprudence de cette Cour sur le fait des tailles, des gabeles, de l'équivalent des décimes, & autres impositions, dont le jugement est attribué à cette Cour.

II. PARTIE. LIVRE DOUZIÉME.

Il dédia ses *Responsa Juris* à la Cour des Aydes, & à la Ville de Montpellier; ses Edits à Guillaume *Pelissier* second du nom, Evêque de cette Ville, grand Homme de lettres, & son bon ami; ses Arrêts au Connêtable Henry de Montmorency, auprès duquel il avoit exercé la Charge d'Intendant de Justice dans tout le Languedoc en 1577. par ordre du Roy Henry III. & continué quelques autres années.

Je fais mention de ses Epitres Dédicatoires, parceque j'y ai trouvé les particularitez que je marque sur sa personne, & sur ses ouvrages: je crois même pouvoir inferer dans cét article, l'épitaphe du Connêtable Anne de Montmorency, qu'il raporte dans son Epitre au Connêtable Henry, où en peu de mots l'on voit l'âge, les combats, & les blessures d'Anne de Montmorency son Pere, tué à la bataille de Saint Denis.

Octo qui decies annos peregit,

Octo qui prælia & cruen a gessit,

Octo vulneribus jacet peremptus.

Je n'ai pû découvrir l'année où mourut Jean Philippy; mais par la conclusion qu'il met lui-même à la seconde édition de ses réponses sur le Droit, on aprend qu'il a vécu au moins jusqu'à quatre-vingt-cinq ans; qu'il a servi cinq de nos Rois durant cinquante-quatre, & vécu avec sa femme, dont il ne marque point le nom, durant cinquante-trois ans.

Opusculum hoc responsorum, dit-il, lui-même, *absolvi mihi dedit Deus Opt. Max. anno salutis 1602. ætatis meæ ejusdem Dei beneficio anno 85. & obsequii quinque nostrorum regum Christianiss. anno 54.*

Les cinq Rois dont il parle, sont *Henry II. François II. Charles IX. Henry III. & Henry IV.* le tems qu'il a vécu avec sa femme est marqué autour de son Portrait, qui est au commencement du même Livre: *Connubii conjugalis anno 53.* & dans l'endroit de la Préface, où il nous aprend le nom de son pere, il marque aussi celui de son frere Guillaume Philippy, qui fut Procureur Général de la Cour des Aydes.

Il ne laissa qu'un fils apellé Loüis *Philippy de Bucelli*, qui lui succeda en la charge de Président, & qui ayant toûjours vécu dans le célibat, parvint à une grande vieillesse, & avec lui finit en 1635. la famille des Philippy, qui avoit donné quatre Officiers à la Cour des Aydes de Montpellier. Leur mérite fit dire à un Poëte de ce tems-là:

Desine Roma tuos deinceps jactare Philippos,

Urbs mage Clarentes Monspeliensis habet.

Antoine Uzillis, étant Professeur ès Loix à Montpellier, fut nommé par le Roy Henry II. pour remplir une des charges de Conseiller au Présidial, qu'il venoit de créer en cette Ville par son Edit de 1552. Uzillis pour faire mieux connoître l'esprit de cette création, fit imprimer à Lyon en 1566. un petit Livre qui a pour titre, *Constitutionis ad Curiarum Præsidialium authoritatem pertinentis brevis & lucida expositio.*

Peu de tems après, il publia des **Commentaires** sur le livre *de actionibus.* 4. *lib. Institut.*

Son mérite distingué, lui attira l'estime & l'amitié de Guitard de Ratte Evêque de Montpellier, qui lui donna sa sœur Antoinette de Ratte, de laquelle il eut Etienne Uzillis, qui fut son successeur en la charge de Conseiller au Présidial, & mourut Conseiller en la Chambre de l'Edit à Castres.

Jean, son cadet, lui succeda en celle de Professeur, & laissa un fils nommé aussi Jean, qui mourut Doyen des Avocats de Montpellier en 1679.

Guillaume Ranchin, Professeur en Droit de l'Université de Montpellier, fit imprimer en 1594. un Traité sur les Successions *ab intestat*, qui a pour titre

Guillelmi Ranchini in Monspeliensi scholâ antecessoris tractatus de Successionibus ab intestato, où il concilie sur cette matiere le Droit François avec le Droit Romain. L'exemplaire que j'en ai vû, est un *in-12.* de l'Imprimerie de Hugues la Porte à Lyon : il est dédié à Pierre de Rosel, ancien Juge-Mage de Nîmes, & premier Président en la Cour des Aydes de Languedoc dans le tems de cette édition, c'est-à-dire en 1594.

Antoine Despeisses, que plusieurs personnes de Montpellier se souviennent d'avoir vû, s'est rendu récommandable dans le XVII. siécle, par un grand Ouvrage *in-folio*, où toutes les plus importantes matieres du Droit Romain, sont méthodiquement expliquées & accommodées au Droit François.

Il y raporte les Arrêts des Cours Souveraines, avec les sentimens des Auteurs anciens & modernes, qui autorisent ses décisions ; & pour le rendre plus à portée de tout le monde, il l'a écrit en François : ce qui n'a pas peu contribué à rendre son Livre d'un très-grand usage dans tout le Royaume.

Il traite d'abord de toute sorte de contrats, comme *achat, loüage, société, mandemens, prêts, dépôt, commodat, précaire, gages, échange, donation, dot, mariage, tuteurs & curateurs.*

Ensuite de ce qu'il apelle *accidens des contrats*, sçavoir des *servitudes, cautions, hypoteques*, & de la *conjonction des contractans*.

La maniere d'executer ceux qui refusent de satisfaire à leur contrat, fait le sujet du second tome, avec les moyens par lesquels les obligations des contractans prennent fin.

Le troisiéme tome, comprend la Pratique civile & criminelle, avec un traité des droits Seigneuriaux, dans un fort grand détail.

Enfin, on voit dans le quattriéme, la matiere des tailles, & de toute sorte d'impositions, traitée à fonds, & ensuite les matiéres Bénéficiales.

Il est facile à comprendre, que dans cette distribution de son ouvrage, il a renfermé toutes les matiéres du Droit, dans un ordre très-méthodique : & ce qui en fait un éloge, qui certainement n'est pas équivoque, c'est le grand usage qu'on fait de ses écrits, non-seulement dans le Royaume, mais encore dans les pays étrangers, depuis qu'après sa mort, ils ont été traduits en latin.

J'ai tiré les principales circonstances, que j'ai à raporter de sa vie, de l'Epître Dédicatoire à feu Mr. de Fieubet, premier Président au Parlement de Toulouse, que les Haguetans de Lyon ont mis à la tête de son Ouvrage, qu'ils ont imprimé diverses fois. Ils nous aprennent, que feu noble Antoine Despeisses,

„ ancien & fameux Avocat de Montpellier, avoit passé les premieres années de
„ sa profession au Parlement de Paris, où il forma une si étroite liaison d'étude
„ avec noble *Jean de Bouques* son compatriote, qu'ils prirent la resolution d'é-
„ crire conjointement & à communes veilles, sur toutes les matieres du Droit
„ Civil.

„ Leur coup d'essai, fut le Traité des Successions, imprimé à Paris en 1623.
„ & dédié au fils de Mr. le Chancelier *de Sillery*, qui les honora depuis de sa
„ protection & de ses bons avis, pour la continuation de leur travail.

„ Despeisses ayant perdu son ami & son cher compagnon d'étude, se trouva
„ chargé lui seul de tout le poids de l'Ouvrage, auquel il travailla constamment
„ durant quarante ans, après avoir pris la resolution de quitter le Barreau, par
„ une occasion assez divertissante.

Je la tiens d'un homme de grande probité, & qui avoit la confiance de toute sa famille. On raconte que Mr. Despeisses plaidant un jour, & faisant de grandes digressions, selon l'usage de son tems, vint à parler de l'Ethiopie, & en parla long-tems. Le Procureur qui l'écoutoit derriere lui, & qui s'ennuyoit sans doute, dit à ses voisins, sans croire être entendu de l'Avocat : ah, *le voilà dans l'Ethiopie, il n'en sortira jamais.* Ces paroles entenduës de Despeisses le troublerent si fort, qu'il ne put plus se remettre, de sorte que pliant sa robe, & prenant son Procès sous le bras (car il étoit fort vif) il sortit à la hâte du Barreau, où il ne voulut plus monter depuis, & il se borna à donner chez lui conseil aux parties & à travailler à perfectionner son grand Ouvrage.

II. PARTIE LIVRE DOUZIEME.

Il donne dans son avertissement au Lecteur, les raisons qui le déterminérent à le composer en françois, quoiqu'il y promette de le traduire un jour en latin en faveur des étrangers; mais il en fut empêché par la mort, qui l'enleva d'une maniére assez rémarquable; " car à la même heure que son Imprimeur Haguetan " étoit en traité avec lui pour mettre ses Manuscrits sous la presse, comme il pas- " soit de son étude en sa chambre, avec une gayeté extraordinaire, il tomba " inopinément en une foiblesse agonisante; de sorte que dans peu d'heures, après " avoir recommandé son ame à Dieu, & son Livre à ses amis, il expira aussi tran- " quile & content (ajoûte Haguetan) que feroit une bonne mere, qui après une " penible grossesse, & un douteux accouchement, mourroit toute consolée, quand " on lui diroit, votre fils vivra. "

Il mourut âgé de 64. ans dans sa maison de l'Aiguillerie, qui fait coin avec celle de Mr. de Guilleminet. Denis Simon dans sa Bibliothéque des Auteurs du Droit, dit que ce fut en 1658. d'où l'on peut déterminer sa naissance en 1594. Il étoit de la Réligion Protestante, & il ne laissa de son épouse *Susanne de Plantavit*, qu'une seule fille, qui fut mariée à Mr. de Massanes Conseiller en la Cour des Aydes, Pere de celui d'aujourd'hui; mais étant morte sans enfans, son bien retourna à sa mere, qui eut pour héritiers Mademoiselle de St. André, & Madame de Cadoüanne Mere de Mrs. de Juges Conseillers au Parlement.

Boniface, Jurisconsulte Provençal, parle peu avantageusement des écrits de Despeisses, prétendant qu'il n'a fait qu'un foible recuëil de ce qu'il a trouvé dans les autres, & qu'il ne touche les matiéres que fort legerement: cependant le même Boniface cite souvent Despeisses, & son propre Ouvrage, au jugement des Connoisseurs, ne vaut pas de beaucoup celui qu'il voudroit déprecier: on voit assez que l'envie, quelquefois trop ordinaire entre les Auteurs, pourroit bien l'avoir fait parler de la sorte; mais le public n'est pas obligé de l'en croire sur sa simple parole.

Philippe Bornier, Auteur du Livre qui a pour titre, *Conférences des Nouvelles Ordonnances du Roy Loüis XIV.* étoit petit-neveu de Philippe de Bornier Conseiller en la Chambre des Comptes en 1600. & Président en 1617. Son pere se portoit aussi le nom de Philippe, fut Lieutenant particulier en la Sénêchaussée, Gouvernement & Siége Présidial de Montpellier. Il lui succeda dans cette charge qu'il transmit à Jacob son fils, aujourd'hui Juge-Mage.

La science des Loix, qui étoit comme héréditaire dans leur famille, porta l'Auteur des Conférences à faire voir la conformité qu'il y avoit entre les Ordonnances de Loüis XIV. & celles des Rois ses Prédécesseurs, & avec le Droit Romain. Le grand nombre d'éditions qu'on a fait de son Ouvrage, en fait un éloge qui ne peut être douteux; puisqu'il n'est guéres d'Avocats qui puissent s'en passer, pour résoudre les difficultez qui se présentent pour l'execution des Ordonnances.

Son Ouvrage est en deux Tomes *in-4°*. Le premier qui contient les Matiéres Civiles, est dédié à M. de Châteauneuf, Sécretaire d'Etat pour la Province du Languedoc. Le second sur les Matiéres Criminelles, est dédié au fameux M. Pussort, qui avoit dressé les Ordonnances de Loüis XIV. Bornier lui dit avec autant d'esprit, que de modestie, *que si les Observations qu'il lui présente, ne marquent pas la moindre partie des beautez qu'on pourroit découvrir dans l'Ordonnance, elles ont quelque chose de semblable au sablon doré, qui n'ayant que la couleur de l'or, ne laisse pas de marquer la richesse des mines où il prend sa teinture.*

La connoissance qu'on avoit à la Cour de sa grande capacité pour les affaires, le fit choisir pour Commissaire du Roy dans les Sinodes, que ceux de la Réligion eurent permission de tenir jusqu'à la révocation de l'Edit de Nantes. Il le fut aussi dans la recherche des Nobles, faite en 1668. & deux ans après, à l'occasion des troubles du Vivarez. Enfin le Roy pour reconnoître ses services, lui fit expedier un Brevet de Conseiller d'Etat.

Raymond Martin, jeune Avocat de Montpellier, laissa en mourant à la fleur de son âge un *Traité du Domicile, par raport au Privilege d'Arrêt, accordé aux Habitans de Montpellier*, dans lequel il établit avec beaucoup d'ordre & de clarté, les principes sur ce qui doit véritablement constituer le Domicile, & il explique l'étenduë & les restrictions que doit avoir le Privilege d'Arrêt: imprimé chez Jean Martel en 1728.

CHAPITRE TROISIEME.

DE LA FACULTE' DES ARTS.

L'Histoire des Poëtes Provençaux, écrite par le Moine de l'Isle d'Hieres, & par celui de St. Cesaire d'Arles, fait mention de quelques Poëtes de Montpellier, qui cultivoient les Belles-Lettres dans le 12. siécle.

Jean Nostradamus, qui a continué leur Histoire, parle de quelques autres Poëtes de la même Ville : ainsi il n'est point douteux, que tandis que la Médecine, & la science du Droit fleurissoient à Montpellier, les beaux Arts y fleurissoient aussi, puisqu'ils doivent servir d'entrée à toutes les autres sciences. Nous en avons une preuve encore plus positive tirée des Réglemens faits en 1242. par Jean de Montlaur Evêque de Maguelone, qui suposent qu'il y avoit à Montpellier long-tems avant lui une Ecole toute formée de Regens & d'Ecoliers : l'adresse de son Mandement en est une espéce de démonstration. *Dilectis filiis Magistris & Scolaribus in Grammatica & Logica apud Montempessulanum & Montempessulanulum studentibus.* Garriel raporte ce Mandement tout au long; mais je me contenterai d'en donner ici le précis.

Il régle d'abord que sa présente Constitution servira pour lui & pour ses Successeurs à perpetuité. *Per nos & per Successores nostros Constitutione perpetuâ ordinamus.*

„ 1°. Que personne n'enseignera sans avoir été examiné par l'Evêque, ou par
„ ses Députez. Les seuls Maîtres de Paris étant exemts de cet examen; mais non
„ pas de l'aprobation.

„ 2°. Après avoir subi l'examen, on jurera foy & obéïssance à l'Evêque, & à la
„ Cour de Montpelieret.

„ 3°. Chaque nouveau Maître commencera ses Leçons dans l'Eglise de Ste. Foy
„ à Montpelieret, ou bien dans quelqu'autre des lieux où l'Ecole est générale.

„ 4°. Les anciens Maîtres qui seront invitez aux premiéres Leçons des Com-
„ mençans, seront tenus de s'y trouver.

„ 5°. Aucun ne recevra les Ecoliers d'un autre sur aucun prétexte.

„ 6°. Les Ecoles seront fermées les jours de fête.

„ 7°. Les Maîtres & les Ecoliers assisteront à l'enterrement de ceux de leur
„ Corps.

„ 8°. Ils seront tenus de se rendre à Maguelone lorsque l'Evêque, ou son Offi-
„ cial les y apelleront pour prendre leur conseil.

„ 9°. Par quelque motif que ce soit, nul ne suplantera son confrere dans le
„ loyer de la maison qu'il aura pris ou qu'il voudra prendre.

„ 10°. Les Maîtres ou Ecoliers qui auront des Bénéfices, ou qui seront dans les
„ Ordres Sacrez, porteront l'habit Clerical, & les réguliers celui de leur profession.

„ 11°. Ils doivent tous aider de leur conseil leurs Confréres, lorsqu'ils auront à
„ plaider contre quelqu'un qui ne sera pas de leur Corps.

„ 12°. Les rangs & les honneurs seront réglez par l'ancienneté.

„ 13°. Le Doyen fera avertir des jours feriez.

„ 14°. On lira le présent Réglement à l'ouverture des Ecoles, & on en jurera
„ l'observation : il ajoûte, *ad Cautelam*, que le Bailly de Montpelieret, l'Official de
„ l'Evêque, & le Recteur de l'Université, en auront chacun une copie, qu'ils prê-
„ teront sans difficulté à qui les demandera, & qui leur seront renduës sans retar-
„ dement.

„ Il attache la peine d'excommunication aux Infracteurs de ce Réglement, &
„ il donne sa bénédiction à ceux qui les observeront.

„ Signé en plomb à Montpellier dans la Sale de l'Evêque, sous la Chapelle,
„ l'an 1242. & le 27. de Mars, en présence de Maître Vincent *Villas* Doyen,

II. PARTIE LIVRE DOUZIEME.

Maître *Germain* Recteur de l'Université, & Maître Dieu-Donné *de Pratis*, Berenger *Arnaudi*, & Maître Bernard *du Fefe* Notaire qui a écrit le préfent Acte.

On peut apercevoir dans ces Réglemens beaucoup de conformité avec ceux que le Cardinal Conrad fit 50. ans après pour l'Ecole de Médecine ; & il est à croire que le Cardinal voulut faire ufage pour la Médecine, du bon ordre qu'il trouvoit déja établi pour l'Ecole des Arts ; mais il eſt à obſerver que l'Evêque fait mention de Montpelieret, qui lui apartenoit alors, & que ce ne fut pas fans deffein, qu'il affigna pour les premières leçons, l'Eglife de Ste. Foy, qui étoit fituée dans la partie Epifcopale.

Les Arts furent compris dans l'érection que le Pape Nicolas IV. fit fur la fin de ce même fiécle des Ecoles de Montpellier en Univerfité. Alors les Rois de Mayorque voulant attirer cette Etude dans la partie de Montpellier qui leur apartenoit, firent bâtir dans la rüe de la Blanquerie *l'Ecole-Mage*, qui conferva ce nom jufqu'aux commencemens des troubles de la Religion. Elle étoit fituée dans le même lieu où eſt aujourd'hui l'Hôpital St. Eloy ; & les grandes fenêtres à la gothique qui reſtent encore fur la façade, ne laiffent aucun doute de l'ancienneté de fon bâtiment.

C'eſt-là que des Maîtres gagez par la Ville enfeignerent à la Jeuneffe les premiers élemens des Sciences, juſqu'en 1562. qui fut le tems où les Novateurs commencerent de paroître à Montpellier. Ils fe faifirent de *l'Ecole-Mage*, d'où ils partirent, comme nous l'avons vû, pour s'emparer de l'Eglife de *St. Mathieu*, qui n'en eſt pas fort éloignée.

Les troubles, qui commencerent dès lors à Montpellier, firent ceffer l'étude des Belles-Lettres ; enforte que *l'Ecole-Mage* étant devenuë inutile, nos Confuls y transfererent l'Hôpital St. Éloy, qui étoit originairement dans le Fauxbourg de Lates.

Ce ne fut qu'en 1596. qu'ils refolurent de rétablir le Collége des Arts. Ils s'adrefferent pour cet effet au Roy Henry IV. qui leur permit par fes Lettres-Patentes du 9. Juillet, de rétablir *le Collége qui jadis fouloit être dans cette Ville pour l'inſtruction de la Jeuneffe*.

Alors ils acheterent les maifons que nous avons vû autrefois dans le lieu où eſt à prefent la nouvelle Eglife des Jefuites, où ils établirent un Principal, un Profeffeur de Rhétorique, & des Regens Subalternes, tous choifis de la Religion Proteſtante, qui refterent en poffeffion de ce Collége, jufqu'après le Siége de Montpellier par Loüis XIII.

Dans cet intervale, ils recoururent au Roy Henry IV. pour éviter de s'adreffer à l'Evêque de Maguelone, dans la collation du Grade de Maître-ès-Arts : ils lui repreſenterent que les Regens, & ceux de ce Collége, aufquels (difoient-ils) il apartient de conferer le degré de Maître-ès-Arts, n'avoient ofé l'entreprendre, parce qu'on avoit oublié par inadvertance, d'en faire mention dans les Lettres-Patentes de 1595. Sur quoi Henry IV. pour ménager les conjonctures délicates où étoient alors les affaires, donna de nouvelles Lettres en 1607. par lefquelles il permit au Principal, & autres ayant charge audit Collége, de conferer la Maîtriſe-ès-Arts, fans aller recourir ailleurs. *Et fur ce* (ajoûte le Roy) *impoſons filence à nôtre Procureur Général, & interdifons à nôtre Cour de Parlement de Touloufe d'en prendre connoiffance, laquelle nous refervons à nôtre Confeil Privé*.

On vécut fous cette derniere Loy jufqu'en 1629. qui fut l'année où l'on ôta aux Proteſtans la direction de ce Collége, qui fut donnée aux R. P. Jefuites. Dès-lors les Evêques de Montpellier rentrerent dans leur ancien droit de conferer le Grade de Maître-ès-Arts, qu'ils donnent fur le témoignage des deux Profeffeurs de Philofophie, & après un acte public.

Il eſt tems que je faffe connoître les Auteurs anciens & modernes qui fe font diſtinguez à Montpellier par leurs écrits fur les Belles-Lettres : le plus ancien eſt, *Bernard de Treviez*, qui dit en latin, *Bernardus de Tribufviis*, qui vivoit dans le XII. fiécle. Il eſt l'Auteur des Vers Leonins, qui font raportés dans Verdale, fur les anciens Evêques de Maguelone. Il fit auffi les quatre Vers qui reſtent encore fur la porte de cette Eglife, au bas defquels on voit le nom de *Bernard de*

Treviez marqué de la forte : *B. de III. Viis*; d'où en ôtant les ponctuations, & en changeant quelques lettres, ceux qui ont fourni des Mémoires à Felibien sur la vie des plus célébres Architectes, ont formé le nom de *Boiiliviis*, qu'ils ont donné à un prétendu Architecte.

Ce même Poëte, pour célébrer les grandes largesses, que Pierre Comte de Melgueil avoit faites à l'Eglise de Maguelone, fit un Poëme à son honneur, dont le fameux *Rabelais* prit occasion dans le tems qu'il résidoit à Montpellier, de forger pour l'amusement du peuple, le Roman de Pierre de Provence & de la Belle Maguelone, où il semble avoir affecté des anacronismes continuels, qui ont été relevez par Catel dans son Histoire fabuleuse du Languedoc.

David Daniel, selon Nostradamus, dans la vie des Poëtes Provençaux, étoit natif de Montpellier, quoique les Habitans de Beaucaire & de Tarascon veüillent s'en faire honneur. Il écrivit plusieurs Comedies & Tragedies dans le goût de son tems, & il dédia en 1189. au Roy Philippe-Auguste, un grand Poëme sur des sujets de Morale.

On ne trouve point (ajoûte Nostradamus) aucun Poëte Provençal qui ait écrit plus doctement que lui : Petrarque même l'a imité en plusieurs endroits, & s'est servi avantageusement de ses inventions poëtiques.

Ursines des Urcieres, de la Ville de Montpellier, est nommée par Nostradamus, entre les Dames, qui tenoient suivant le goût de son tems, la Souveraine Cour qui décidoit des points de galanterie proposés par les Poëtes : il parle aussi d'une autre Dame de Montpellier, nommée *Rixinde* ou *Richilde* de la maison de Montauban, pour laquelle *Roolet de Grassin*, célébre Poëte prit une si grande passion, que n'ayant pû rien obtenir d'elle, il abandonna le monde, & se retira par désespoir dans un Monastere d'Avignon le plus austere qu'il put trouver. Il vivoit en 1229.

Guillaume Durand dans le XIII. siécle, étoit natif de Montpellier, selon le Moine des Isles d'Hieres, & celui de St. Cesaire d'Arles. Ils parlent de lui comme d'un grand Jurisconsulte, & d'un habile Poëte.

Il vécut, disent-ils, *en continuelle sobrieté, qu'étoit un singulier moyen pour la confirmation de sa mémoire que chacun admiroit : Car quand il lisoit quelque beau livre en Roman, fût-il en prose, ou en rime, il le récitoit incontinent mot à mot.*

La fin de ce Poëte a quelque chose d'aprochant de celle d'Abailar & d'Eloïse ; car on raconte qu'ayant résolu, suivant la mode des Poëtes de son tems, de servir une Dame de la maison de *Balbe* en Provence, il prit une passion si forte, que sa Dame étant tombée malade, & le bruit s'étant répandu qu'elle étoit morte, *Durand* en mourut lui-même de douleur ; cependant la malade ayant récouvré sa santé, & apris qu'elle étoit cause de la mort de son amant, elle en fut si touchée qu'elle se retira dans un Couvent, où elle mourut Réligieuse à l'âge de soixante ans. On marque la mort de Guillaume Durand en 1207.

Nostradamus fait mention pour le XIV. siécle, d'une Dame de Montpellier de la maison *d'Andréa*, pour laquelle Pierre *Bonifaciis* Gentilhomme de Provence fit plusieurs Poësies qu'il raporte, mêlées de langage du Païs & de Catalan.

Jacques de Montagne, Président en la Cour des Aydes de Montpellier, composa la vie de *Marie Stuart* Reine d'Ecosse, ensemble l'*Histoire des choses mémorables, & rémarquables en l'Europe* depuis 1557. jusqu'en 1598.

Il est fait mention de ce dernier Ouvrage dans les provisions des differens Offices qu'il obtint pendant sa vie.

En 1555. il quitta la charge de Procureur du Roy en la Ville du Puy & Baillage du Velay, pour être Avocat Général en la Cour des Aydes de Montpellier.

En 1570. il permuta ce dernier Office contre celui de Juge Criminel qu'avoit Alexandre Barenton.

En 1576. il fit enregistrer en la Chambres des Comptes, les Lettres d'anoblissement qu'il avoit obtenu du Roy Henry III. où il est qualifié Président, Gar-de-Sçeau à la Cour des Aydes, Maître des Requêtes Ordinaire de la Reine-Mere, & du Duc d'Alençon frere du Roy.

Il résigna son Office de Président à son fils Henry qui ne put y être reçû. Son second fils Jacques de Montagne a laissé une posterité, qui exerce de pere en fils depuis plus de soixante ans, la charge de Lieutenant Principal.

Jacques de Rochemore, dont la famille a donné plusieurs Officiers à la Cour des Aydes, fit imprimer en 1557. une traduction de *Guevarra*.

Pierre d'Ampmartin, Conseiller du Roy & Gouverneur de Montpellier, fit imprimer en 1599. un in-4°. qui a pour titre: *La vie de cinquante Personnes Illustres, avec l'entre-deux des Tems*.

Son premier tome, qui est divisé en cinq Livres, contient la vie des Empereurs, *Auguste, Tibere, Vespasien, Nerva*, & *des Antonins*, qu'il a écrit dans le goût de Plutarque, en entrant comme lui dans la vie privée de ces Princes ; & pour lier leur Histoire, il marque les grands événemens arrivés dans l'intervale d'un regne à l'autre, ce qu'il apelle *l'entre-deux des Tems*.

Il préparoit au Public, neuf autres tomes qui auroient contenu chacun la vie de cinq Hommes Illustres, choisis dans tous les Etats de l'Europe, pour servir d'exemple au Prince, à qui il cherchoit d'être utile ; mais la mort qui le prévint arrêta l'impression du reste de son Ouvrage.

Il dédia son prémier Livre au Roy Henry IV. à qui il dit, *Je ferai voir un jour, Dieu aidant, les merveilleuses particularitez de vôtre Regne, par le recit des choses où j'ai eu quelque part : ayant commencé il y a trente ans, par le voyage que je fis en Angleterre, sous le commandement de la Reine votre mere*, & *depuis sous vos yeux, ayant eu l'honneur d'être employé à la négociation de plusieurs grandes affaires, tant dedans que dehors le Royaume*.

Dans un autre Epitre à Mrs. des Etats du Languedoc, il dit : *l'obligation que j'ai à cette Province où je suis né, & où mon pere, mon ayeul, & mon bisayeul ont exercé des charges honorables, m'a fait rechercher tous les moyens que j'ai pû, de lui être utile : mais les occupations que j'ai eu dès ma jeunesse, tant dedans que dehors le Royaume, & les calamitez publiques que nous avons vûes & senties avec douleur, m'ont presque rendu étranger dans ma Patrie, jusqu'à ce que j'ai regagné le doux abri du Languedoc, pour rendre, Dieu aidant, les derniers soupirs dans le même air que j'ai premièrement respiré*.

Il promet sur la fin de cette Epitre, de parler des anciennes familles de cette Province, en traitant de ses Confins, des Villes, Places, Forteresses qui y sont, *ce qui se verra* (dit-il) *plus naivement en la tissure du VI. Cinquain*.

François de Rousset, originaire de Grenoble, & dont la famille transferée à Montpellier a donné des Officiers au Présidial & à la Cour des Aydes de cette Ville, fit imprimer au commencement du dernier siécle l'*Histoire Tragique de son tems*, qui a été augmentée depuis de plusieurs évenemens funestes, arrivez dans le reste de ce même siécle.

Son langage est déja fort vieux, mais il regne dans tout l'Ouvrage beaucoup de jugement & de précision : je ne sçai même, s'il ne seroit pas encore du goût de notre siécle, s'il étoit traduit en meilleur langage.

Pierre d'Ampmartin, fut pourvû en 1585. *de l'office de Gouverneur de Montpellier, que souloit tenir Me. Simon Fises*, ainsi raporté dans les Régitres du Palais, où il est qualifié de Procureur Général du feu Duc d'Anjou, c'est-à-dire Henry. III. Sa famille a donné divers Officiers à la Cour des Aydes.

Guillaume Ranchin, Avocat Général en la Cour des Aydes de Montpellier, fit dans l'exercice de cette charge, plusieurs discours qui furent imprimés en 1604. dans un livre qui a pour titre, *Prémier Recüeil des publiques Actions d'Eloquence Françoise*. On y voit des discours prononcés par *Guy du Faur* Seigneur de Pibrac, par Antoine *Loiser*, Guillaume *du Vair* & plusieurs autres : parmi lesquels il y a quatre discours de Guillaume *Ranchin*, dont le plus remarquable est celui qu'il fit en 1598. sur l'enrégitrement des Lettres de Survivance au Gouvernement du Languedoc, de Henry de Montmorency fils du dernier Connétable de ce nom.

Le même Ranchin, Professeur ès Loix, fit en cette qualité, le Traité des Successions *ab intestat*, dont j'ai parlé dans l'article de la Faculté de Droit.

David le Sage, Bourgeois de Montpellier, a fait en Vers patois un Livre de Poësies intitulé les *Folies du Sage* : il est rempli de plusieurs Sonnets, Elegies, Satires & Epigrammes, dont voici quelques fragmens.

HISTOIRE DE MONTPELLIER,

Lou temps certos lou temps nous tombo,

De jour en jour, dedins la toumbo,

Et la mort à que penfan pas,

Nous talonno de pas en pas,

Aqueſt ſiecle es tant varariable,

Que noun s'y trove res de ſtable,

De ferme, ni d'aſſegurat.

Una febre per tant pau ſié forto,

Dins un tornoman nous emporto;

Et cependant toutes crezen ,

Vivre may que Mathieu Salem.

Meſſieurs que degus non s'offence,

Aquel qu'a may de ſen qu'y penſé.

Il étoit né Huguenot, comme il paroît dans un Sonnet qu'il adreſſe au Baron de Peraut; mais il mourut Catholique, comme on doit l'inferer de ſon Teſtament en vers, où il dit qu'il veut être enterré à St. Pierre ſans bruit, & avec la Croix du Curé.

Sa Catholicité néanmoins paroît fort ſuſpecte pour les mœurs, par l'aveu qu'il fait ſouvent de ſa mauvaiſe conduite, & par le dérangement de ſes affaires, qui l'obligeoient de recourir ſouvent à la bourſe de ceux qui vouloient lui faire plaiſir.

Il paroît auſſi par ſes Ouvrages, avoir vecû en aſſez mauvais ménage avec ſa femme, ſoit par le mauvais exemple qu'il lui donnoit, ſoit par le dérangement de ſes affaires: il s'en explique de la ſorte à un de ſes amis.

Moun grand diable damic , que faren toutes dous ,

Tu ſies mau maridat, & yeu encaro pire ,

De que tu , ni may yeu, noun aven pas à rire,

Car ſe l'un es negat , l'autre es dedin un pous.

Les Vers qu'il fit ſur l'entrée à Montpellier de la Ducheſſe de Montmorency Felice-Marie des Urſins en 1617. & ceux qu'il compoſa ſur la peſte de 1640. donnent lieu de croire qu'il étoit né ſur la fin du XVI. ſiécle. On ſçait d'ailleurs qu'il mourut vers 1650.

Il avoit de l'imagination & de la facilité à parler ſa langue naturelle ; mais les obſcenitez qu'il a mêlé dans la plûpart de ſes Ouvrages, ont fait dire de lui ce que Deſpreaux a dit du Poëte Renier.

Heureux ſi ſes diſcours craints du chaſte Lecteur,

Ne ſe ſentoient des lieux que frequentoit l'Auteur,

Et ſi du ſon badin de ſes rimes lyriques ,

Il n'allarmoit ſouvent les oreilles pudiques.

Apres l'Art de la Sage.

II. PARTIE LIVRE DOUZIÈME.

N. Roudil, Avocat de Montpellier, qui fit imprimer les *Folies du Sage*, fit lui-même en langage vulgaire, diverses piéces de Poësies fort estimées de son tems. De ce nombre est un Sonnet sur la Belle Matineuse.

Ioi sur lou grand mati ieu soui sourtit de foro,
Per refresca moun cor que brullo commo un Four,
Quand ai vis pauc à pauc appareisse l'Auroro,
Que lasso de dourmi reveillavo lou jour.

Roussindo en memo-temps doun l'amour me devorò,
Pareis en tant d'atrez qu'ello porto toùjour,
Que cadun que la vei tout esbaït demoro,
Et crey qu'acos aqui la maire de l'amour.

Cependant lou Sourel sortis lou cap, mourreges,
E vezen que per tout la terro, é lair flammeges,
Et qu'aquello beutat trelusissié may quel.

Depou davé laffroun prez d'aquello Poulido,
Sans liou dire dous corps, s'en es fugit d'ausido,
Et Roussindo despioy nous servis de Sourel.

On assûre que Mr. Roudil laissa en Manuscrit un Dictionnaire patois du langage de Montpellier, que ses héritiers ont négligé de faire imprimer.

Pierre Garriel, natif de Montpellier, & Chanoine de la Cathédrale de cette Ville, à composé divers Traitez pour éclaircir l'Histoire de son Pays.

Il fit imprimer en 1631. un *in-12*. qui a pour titre, *l'Origine*, *les changemens*, *& l'état présent de l'Eglise Cathedrale St. Pierre de Montpellier*.

En 1645. il fit paroître la suite des Gouverneurs de la Province du Languedoc, depuis les Romains jusqu'à nous, qu'il dédia dans la seconde édition à Mr. du Verneüil, Gouverneur de cette Province.

En 1652. on vit sous son nom, un *in-folio*, qui a pour titre, *Series Præsulum Magalonensium*, écrit avec plus d'ordre & plus de goût que ses autres Ouvrages. On lui réprocha pendant sa vie qu'il s'étoit servi de la plume du Pere Bonnefoy Jesuite; & véritablement on trouve dans le Catalogue des écrivains de la Société, que le Pere Bonnefoy avoit composé ce Livre sous le nom d'autrui. *Benedictus Bonnefoy natione Gallus, scripsit alieno nomine Seriem seu Historiam Episcoporum Magalonensium*: Ce Livre fut réimprimé à Toulouse en 1665. & il a été d'un grand usage jusqu'à présent.

En cette même année, Garriel donna au Public un petit *in-folio* sous ce nom, *Idée de la Ville de Montpellier*, où il donne quelques parcelles de l'Histoire de cette Ville qu'il a laissées fort imparfaites. Son stile ampoulé, joint à ses digressions trop fréquentes rendent, sa lecture fort ennuyante.

Charles de Figon, Conseiller en la Chambre des Comptes de Montpellier sous le regne de Charles IX. fit imprimer à Paris en 1580. chez Guillaume Raurey ruë St. Jean de Beauvais, un Etat de la France *in-12*. qui a pour titre: *Discours des Etats & Offices*, *tant du Gouvernement*, *que de la Justice & des Finances de France*, contenant une briéve description de l'autorité, jurisdiction, connoissance, & de la Charge *particuliere d'un chacun d'iceux , par Charles de Figon , Conseiller du Roy , & Maître Ordinaire en la Chambre des Comptes séant à Montpellier.*

C'est un Abregé fort succint de l'État de la France, qui a été augmenté depuis, jusques au point où nous le voyons aujourd'huy.

La famille de l'Auteur ne subsiste plus à Montpellier ; & il pourroit bien être du nombre de plusieurs autres qui vinrent de Paris & autres Villes du Royaume, prendre à Montpellier des Charges, qu'ils ne transmirent pas à leur posterité.

Claude Vanel, Conseiller en la Cour des Comptes, Aydes & Finances de Montpellier, fit imprimer en 1689. chez Charles *Osmont* à Paris, un Abrégé de l'Histoire Générale des Turcs. Il vendit son Office cette même année pour se retirer en Hollande, où il composa une Histoire des Maîtresses des Rois de France, & ensuite l'Histoire d'Angleterre.

David Brueys, de la Ville de Montpellier, a composé plusieurs Ouvrages sur differentes Matiéres : je me contente de marquer ici ceux qui regardent les beaux Arts.

En 1684. il fit imprimer à Paris, chez la *Veuve Mauger*, une Paraphrase de l'Art Poëtique d'Horace, qu'il dédia à Monseigneur le Duc du Maine.

En 1695. il donna au Public les Comédies du *Grondeur* & du *Muet*, qui sont imprimées avec les Oeuvres de *Palaprat*.

Peu de tems après il fit paroître la Tragédie de *Gabinie*, qui fut reçûë avec aplaudissement.

En 1709. il composa sur les Procès Verbaux, que Mr. de Bâville lui fit remettre, l'Histoire *des Fanatiques*, qui affligerent le Languedoc au commencement de ce dernier siécle. Cette Histoire est imprimée en deux Tomes *in-12.* chez Jean Martel à Montpellier.

Nous verrons plus bas les autres Ouvrages du Sr. Brueys.

Henry de Ranchin, Conseiller en la Cour des Comptes, Aydes & Finances de Montpellier, fit imprimer en 1697. à Paris, chez *Delaune* les *Pseaumes de David* en vers françois, qu'il dédia au Roy Loüis XIV. On se souvient encore (pour la singularité de la pensée) des vers suivans qu'il fit sur une Dame de mérite, soupçonnée de Jansenisme.

Au tems qu'à vos apas tout cœur rendoit les armes ,

Que tout cœur cedoit à vos charmes ,

Par vous le mot de tous n'étoit pas rebuté.

D'où vient donc qu'au tems où nous sommes ,

Aux seuls Elûs vous l'avez reservé ?

Quoi ! Dieu ne peut-il pas faire pour tous les hommes

Ce qu'à l'égard des cœurs a fait votre beauté !

A tous les Ecrivains de la famille de Ranchin dont j'ai déja parlé, je pourrois ajoûter *Jacques de Ranchin*, Conseiller en la Chambre de l'Edit, & originaire de Montpellier par son pere & par sa mere, qui fit le fameux Triolet :

Le premier jour du mois de May

Fut le plus beau jour de ma vie., &c.

Ménage le trouva si beau, qu'il l'apelle le Roy des Triolets. Ce même Auteur fit les Stances du *Pere Rivalde son fils*, qui ont été traduites dans presque toutes les langues de l'Europe.

Jacques de Griffi, Seigneur de St. George & de Juvignac, Conseiller en la Cour des Comptes, Aydes & Finances en 1664. nous a laissé une Paraphrase en

Vers

II. PARTIE. LIVRE DOUZIÉME.

Vers sur le *Dies iræ, dies illa*, dans le goût du fameux Sonnet de Débarraux, qui commence, *Grand Dieu tes Jugemens sont remplis d'équité, &c.*
Je me contente de donner la premiere Stance de cette Paraphrase, qui a beaucoup de sentimens & d'élevation. Mais on reproche à l'Auteur de retomber souvent dans la même pensée.

    Que ce jour sera triste, affreux & lamentable,
    Où par ordre Divin, de mille endroits divers,
    Le feu venant du Ciel pour brûler l'Univers,
    Fera de tout le Monde un bucher effroyable.
    La fameuse Sibille & le Prophête Roy,
    Ces fidelles témoins, & si dignes de foy,
    Nous l'annoncent tous deux d'une voix assurée;
    Et chantent dans leurs Vers, qu'un jour cet Element
    Descendant du plus haut de la voûte azurée,
    Ne produira par tout qu'un triste embrasement.

Je pourrois citer plusieurs autres Ouvrages de nos Poëtes, qui sont faits dans ce goût naturel & gay, que le climat de Montpellier leur inspire; mais je me borne aux Vers suivans sur un point de notre Histoire, qu'une Dame de la Ville (d'un esprit fort cultivé) fit sur la Prairie de *Maurin*, apartenante au Chapitre; & qu'elle supose lui avoir été donnée par les deux Demoiselles qui donnérent à Montpellier le nom de *Mons Puellarum*.

    C'est une agréable Prairie,
    Toûjours verte toûjours fleurie,
    Dans un endroit nommé *Maurin*,
    Qui passoit pour être mal sain.
    Mais c'étoit une médisance,
    Que l'on avoit pris la licence,
    De débiter mal à propos.
    Il faut bien vous dire deux mots,
    De sa prétenduë origine;
    On prétend que Dame *Maurine*,
    Personne de distinction,
    Et sa sœur dont on tait le nom,
    Joüissoit de cet héritage.
    Elle fut riche belle & sage,

Et vécut dans le célibat,
Si ce fut sans aucun combat,
Cela n'est pas de mon Histoire,
Il vous sera permis de croire,
Tout ce que bon vous semblera;
Mais on dit qu'elle eut pour Papa,
Le Roy de l'Isle de Minorque,
Proche de celle de Mayorque,
Peut-être étoit-il Roy des deux,
D'abord il se crut malheureux,
De n'avoir produit que deux filles,
Mais quand il les vit si gentilles,
Il se consola, ce dit-on,
De n'avoir pas eu de garçon.
Après sa mort nos Demoiselles,
Que l'on apelloit les pucelles,
Se mirent en possession
De sa riche succession.
Pour le siége de leur empire,
On raconte qu'elles choisirent,
Cette Ville de grand renom,
Qu'elle nommerent de leur nom.
Je ne sçai pas si la cadette,
Fut en son tems, bien ou mal-faite;
La Chronique n'en a dit rien,
Ainsi je n'en dis mal ni bien.
On croit qu'elle fut peu de chose,
A cet article chacun glose.
C'est de quoi j'ai peu de souci;
Et vous pouvez gloser aussi.
Revenons à sa sœur aînée,

II. PARTIE. LIVRE DOUZIÉME.

Qui fut jadis ſi renommée,
Que ſa mémoire en durera,
In ſæculorum ſæcula.
On conte que cette Princeſſe,
Fut d'une ſi grande richeſſe,
Qu'elle avoit des ſabots d'argent,
Elle alloit donc clopin, clopant :
Cela vous paroît incommode,
Dans ce tems-là c'étoit la mode.
Elle s'ennuya dans la Cour,
Et lui préféra le ſéjour,
De cette campagne charmante,
Que dans ces Vers-ci je vous vante,
Mais il falut finalement,
Proceder à ſon Teſtament;
On dit qu'elle fut fort en peine,
Et même qu'elle eut la migraine,
Pour le choix de ſon héritier,
Qui fut enfin un grand Guerrier,
Qui par ſes ſoins & ſa prudence,
Maintint la paix & l'abondance;
Mais pour revenir à Maurin.
Un Moine de St. Auguſtin,
Qui dirigeoit ſa conſcience,
Le recherchoit avec inſtance,
Et fit ſi bien par ſon crédit,
Qu'à la fin il y réüſſit,
Je ne ſçai s'il étoit habile,
Ou la bonne fille imbécile,
Mais je ſçai bien qu'à ſon Couvent,
Elle en fit un riche préſent.

Que j'aurois lieu d'être contente ;

Si quelque charitable Infante,

Vouloit bien m'en donner autant ;

Ce n'eſt pas que j'aime l'argent ;

J'en fais peu de cas, je vous jure;

Mais j'aimerois ce qu'il procure,

Et mal-employé je le tiens,

Entre les mains de ces faquins,

J'entends de ces faquins de Moines,

Car à préſent qu'ils ſont Chanoines,

Ils ſont de fort honnêtes gens, &c.

CHAPITRE QUATRIEME.

DE LA FACULTE' DE THEOLOGIE.

Quoique l'Ecole de Théologie n'ait été unie à l'Univerſité de Montpellier qu'en 1452. il eſt neanmoins certain, qu'on l'enſeignoit en cette Ville long-tems avant ſon union : la choſe conſte, par l'expoſé que le Recteur & le Corps de l'Univerſité firent au Pape Martin V. qui dit dans ſa Bulle, *Eorum petitio continebat, quòd in dicta Villa Montiſpeſſulani ; ſtudium Theologiæ non exiſtit authoritate Apoſtolicâ Ordinatum, quamvis in locis aliquibus, Theologia ipſa legatur.*

Ces differens endroits où il eſt dit qu'on enſeignoit la Théologie, étoient les Couvens des quatre Réligieux Mandians, avec celui de la Mercy & des Bernardins, qui furent établis à Montpellier dans le XIII. ſiécle ; & les Monaſteres de Saint Germain & de Saint Ruf fondés dans le XIV.

La preuve pour Saint Germain & pour Saint Ruf, eſt tirée des Actes de leur fondation, dans l'un deſquels le Pape Urbain V. dit, qu'il veut qu'on étudie dans ce Monaſtere de Saint Germain, aux ſciences Divines & Humaines, afin (dit-il) que l'Ordre de Saint Benoît en reçoive plus de luſtre : *& Ordo iſte ſcientia Divinæ pariter & Humanæ fulgoribus rutilet.*

Le Cardinal Anglic frere d'Urbain V. en fondant le Collége de Saint Ruf, ordonne qu'il y ait quatre Collégiés en Théologie, *quatuor in ſacra Pagina.*

Quant aux Réligieux Mandians, rien n'eſt plus ordinaire dans le petit Talamus, que d'y voir faire mention des Lecteurs en Théologie de ces quatre Couvens, qui faiſoient tour à tour dans la place de l'Hôtel de Ville, les Sermons uſités en ce tems-là pour les Proceſſions générales, & autres cauſes extraordinaires.

Ces lecteurs avoient coûtume, lorſqu'un Docteur inſigne paſſoit par Montpellier, de le prier de faire quelques leçons dans leur Ecole ; ainſi nous voyons dans *Wadingue*, que Saint Antoine de Padoüe étant venu dans cette Ville en 12 il expliqua les Saintes Lettres dans l'Ecole des Freres Mineurs ; ainſi le fameux Raymond *Lulle*, au raport de Monſieur Fleury, expliqua à Montpellier ſon Art démonſtratif, autrement dit, *l'Art de trouver la verité*, avec lequel il eſperoit pouvoir prouver

aux

II. PARTIE. LIVRE DOUZIE'ME.

aux Infidelles, les Misteres de l'Incarnation & de la Trinité.

Mais la preuve la plus authentique que nous ayons pour l'Ecole de Théologie, vient des Lettres-Patentes du Roy Jean, que je raporte au bas de cette page, dans lesquelles le Roy lui donne le nom de Faculté, quoiqu'elle ne fût pas encore unie au Corps de l'Université; & après avoir relevé le travail & l'aplication des Docteurs en Théologie, il leur permet de se faire précéder par des Bedeaux, portant des masses d'argent, ou telles autres qu'ils voudroient.

Enfin, le Pape Martin V. à la sollicitation de l'Evêque de Maguelone, & des autres Facultés, les agrégea au Corps de l'Université de Montpellier, à la charge, que les Facultés de Théologie & de Droit, ne feroient dorénavant qu'un même Corps, & que les Réligieux Mandians ne pourroient exercer la charge de Recteur, auquel tous les Membres des deux Facultez devoient être soûmis. Donné à Rome le xvi. des Kalendes de Janvier dans la cinquiéme année de son Pontificat, c'est à-dire, 1422.

Il faut qu'on ait trouvé dans la suite bien des difficultez à l'execution de cette Bulle, puisque ce ne fut qu'en 1471. que les deux Facultez convinrent des articles qui devoient être observez de part & d'autre: nous trouvons ces articles dans le Livre du Recteur, où l'on voit les noms de tous ceux qui intervinrent dans cet Acte, & les Loix particuliéres qui furent dressées au nom de *Robert Pinchon* Recteur de l'Université. Il est dit dans le préambule, que pour faire finir les differens, qui étoient entre les Professeurs en Droit, & les Maîtres en Ste. Théologie, il fait les Statuts suivans, du Conseil des Docteurs, & Maîtres des deux Facultez. Sçavoir, pour celle du Droit, *Jean Pontier*, Prieur des Docteurs de cette Faculté, *Pierre Pataran*, *Leonard Violette*, *Jacques Arquier*, *Nicolas Crofet*, *Raymond Robert*, Dieu-donné *Vernhes*, Charles de *Frontignan*, Antoine *Tronchin*, tous Docteurs ès Loix, & du consentement des Conseillers de l'Université, & de quantité d'Hommes nobles Licentiés & Bacheliers. " Sçavoir, Gerard *Cornavin* Collecteur " du Pape. Hugues, *Geraud* Archidiacre de l'Eglise Cathédrale de Rhodés, Raymond " *Buxie*, Jean *Rebuffy*, Jean *Urbicen*, Guillaume *Bolet*, Michel *Simon*, Jean *Barrerie*, Jacques *Prunet*, Pierre *Ferdinand*, ci-devant Recteur, Pierre *Durand* Prieur " de Lunel, Bernard *de Conelles*, Michel *Pierre*, Aimery *Senglar*, du Diocése de " Viviers, Jean *Masot*, Antoine *Rolais*, & plusieurs autres Bacheliers *in utroque*. " Et pour la Faculté de Théologie, du consentement & expresse volonté des " Révérends-Maîtres Jean *Artauld*, Doyen de ladite Faculté du Diocése de Viviers, *Robin* Provincial des Augustins, *Privat* Chapelain, Jean de *Rivo*, Ray- "

JOANNES Dei gratiâ, Francorum Rex notum facimus Universis; quòd ad supplicationem dilectorum nostrorum Magistrorum, Baccalariorum, & Scolarium Facultatis Theologiæ Universitatis Montispessulani, & in favorem dictæ scientiæ, ac dictorum Magistrorum Baccalariorum,& scolarium qui pro dictâ scientiâ acquirendâ & ad erudiendum & fovendum populum in sanctâ fide Catholicâ, ad salutem animarum fidelium & ad laudem & gloriam Beatissimæ Trinitati, plures dies, noctesque sustinuerunt & sustinent vigilias, abstinentias & labores. Magistris, Baccalariis, & scolaribus prædictis ac Bedellis suis modernis & futuris concedimus, ut dicti Bedelli de cætero tam in societate dictorum magistrorum quam alibi, suum officium exercendo virgas argenteas vel alias quales voluerint, tenere & portare valeant, tenore præsentium concedimus authoritate Regiâ & de gratiâ speciali. Mandantes senescallo Bellicadrii, cæterisque justiciariis nostris, ut dictos Bedellos nostrâ præsenti gratiâ pacificè gaudere faciant, nec ipsos in contrarium impediat seu impediri permittant à quibuscumque quomodolibet. Et sic volumus in posterum observari, & ut præmissa perpetua stabilitatis robur obtineant, & vigorem nostrum quò ante regni nostri susceptum Regimen utebamur sigillum duximus præsentibus apponendum. Datum apud Montempessulanum xv. die Januarii anno Domini M. CCC. L.

MARTINUS Episcopus, Servus Servorum Dei, ad perpetuam rei memoriam. Dum attentæ considerationis intuitu, in mente nostrâ revolvimus quod thesaurus cujuscumque scientiæ,quo magis in alios studiosè diffunditur, eò studii diligen-

„ mond *Julien*, Mandon *Balaret*, Guillaume *Burgorel*, Arnaud *Ruffi*, Sauveur de
„ *Rive-Male*, Jean-Pierre *Balaigue*, & Jacques de *Cabanes*, au nom & pour tou-
„ te l'Université.

„ Il est établi, qu'il y aura un *Decan* ou Doyen de la Faculté de Théologie,
„ pris d'entre les Maîtres de ladite Faculté : *qui scilicet sit anterior incorporatione*
„ *præsens & residens*. Son office sera de veiller à la conservation des priviléges, li-
„ bertés & honneurs de la Faculté, de même qu'à l'observation de ses Réglemens.

„ *Habeat semper proponere, & apponere in primo loco tam in Vesperiis, quàm in au-*
„ *lâ, & invigilare circa fienda principia quæ fiant tempore debito & etiam in incep-*
„ *tione lecturæ dictæ Facultatis Theologiæ*.

„ Il sera tenu de veiller aux propositions herétiques, erronées ou mal-sonan-
„ tes, qui pourroient échaper dans le cours desdits Actes de Théologie, & avec
„ le Conseil des Maîtres de la Faculté, il tachera par ses avertissemens charita-
„ bles, de les faire révoquer à ceux qui les auroient avancées.

„ Il aura soin de faire distribuer les bonets & les gands qu'on doit donner, se-
„ lon la coûtume, au Chancelier, au Recteur, & à leurs Lieutenans & autres
„ de l'Université.

„ Lorsque sa place viendra à vacquer, son Successeur sera confirmé par le Chan-
„ celier & par le Recteur, comme Chefs immédiats de l'Université.

Il jurera tous les ans entre les mains du Recteur ou de son Lieutenant, de
garder les Statuts de l'Université faits ou à faire, & d'observer de point en
point ce qui regarde son office de Doyen.

„ Dès qu'un nouveau Recteur de l'Université aura été confirmé par le Chan-
„ celier ou par son Vicaire, & qu'il aura pris possession de sa nouvelle charge
„ dans l'Eglise de Sainte Eulalie, (comme c'est la coûtume) le Doyen de Théo-
„ logie lui prêtera serment, ou en un autre tems sous le bon plaisir du Recteur.

„ Le Doyen pourra commettre pour ses fonctions, le plus ancien des Maîtres de
„ Théologie ; mais s'il s'absente au-delà d'un mois, celui qu'il aura commis sera
„ tenu de prêter serment au Recteur, pour tous les Chefs sur lesquels le Doyen
„ est tenu de jurer.

„ Les Bedeaux de l'Université doivent obéïr au Doyen de Théologie, dans
„ dans tout ce qui regarde l'Office de Doyen ; la permission en ayant été préa-
„ lablement demandée à Mr. le Recteur, & obtenuë de lui.

„ Le Prieur des Docteurs en Droit, précedera le Doyen de Théologie dans tous
„ les Actes de Droit Canon ou Civil, & le Doyen, précedera le Prieur dans

tia in docente copiosiùs augmentatur, quod-
que quasi lucerna ardens in monte, scili-
cet in Villa Montispessulani Diœcesis Ma-
galonensis studii disciplina, ut illic ad vi-
tæ fructum rationalis creaturæ, præsertim
doctrinæ Theologiæ Facultatis ducat effec-
tum, ne in gustu terrenorum desideriorum
vetitâ veteris prævaricationis illecebrâ edu-
catur. Cum itaque, sicut exhibita pro parte
venerabilis Fratris nostri Ludovici Epis-
copi Magalonensis, venerabilis Fratris
Francisci Archiepiscopi Narbonensis Came-
rarii nostri Locum-tenentis, necnon dilec-
torum filiorum Rectoris & Universitatis stu-
dii dictæ villæ petitio continebat quod in
ipsâ villâ Studium Theologiæ Facultatis non existit, Authoritate Apostolicâ ordinatum, *quamvis* in locis aliquibus Theologia ipsa legatur ; *quodque cum inibi*
Artium, Medicinæ, *ac utriusque juris*
facultates juxta præfati studii fundationem

primævam dumtaxat legantur & audian-
tur, desiderant quòd etiam Theologiæ fa-
cultatis prædictæ, studium inibi existat au-
thoritate Apostolicâ institutum. Quare cùm
Episcopus Magalonæ pro tempore existens
Cancellarius dicti studii existat. Pro parte
dictorum Episcopi, Rectoris & Universita-
tis fuit nobis humiliter supplicatum ut su-
per hoc eis & eidem studio providere de au-
thoritate Apostolicâ dignaremur.

Nos igitur Cupientes dictæ Theologiæ
studium ampliare, *hujusmodi supplicatio-*
nibus inclinati, *ex nostrâ certâ scientiâ,*
authoritate Apostolicâ præsentium tenore
statuimus, ac etiam ordinamus : quòd
in ipsâ Montispessulani villâ deinceps, fu-
turis perpetuis temporibus studium generale Theologiæ Facultatis existat *ibique*
dicta Theologiæ Facultas, sicut una aliarum
Facultatum hujusmodi, inibi & aliis ge-
neralibus studiis legi, doceri, & audiri con-

II. PARTIE LIVRE DOUZIEME.

tous les Actes de Théologie ; mais dans les autres Actes & autres lieux, ils se "
précederont alternativement l'un l'autre, d'année en année. "

Les Provinciaux des quatre Ordres Mandians, ne pourront préceder dans "
l'Université le Prieur des Docteurs en Droit, ni le Doyen de Théologie, pas "
même ceux de leur Ordre ; mais si leur Général, ou autre notable personnage "
y venoit, on laisse au jugement de Mrs. le Chancelier & Recteur de régler "
leur place. "

Les Réligieux Mandians qui étudieront en Medecine, ne seront pas tenus "
aux Statuts de l'Université, qui sont incompatibles avec leur état, comme de "
payer la collecte des Docteurs, ni d'être examinez sur leurs mœurs & sur leur "
naissance, comme aussi de n'être pas tenus d'avoir lû un certain nombre d'an- "
nées pour obtenir la Licence : quant aux autres Statuts, déja faits ou à faire, ils "
seront tenus de les observer. "

Tout Théologien (soit-il des quatre Ordres des Mandians, ou autre qui sera "
admis à lire le livre des Sentences) jurera entre les mains du Chancelier & du "
Recteur, qu'il ne prendra point de Grade dans une autre Université, ni sous "
aucun autre Maître que celui qui l'aura présenté à la lecture ; mais dans le cas d'u- "
ne longue absence ou d'infirmité notable de son Maître, il aura recours au "
Chancelier & au Recteur, qui du Conseil de tous les Maîtres & Regens, "
lui permettront de prendre le bonnet, après en avoir donné connoissance à son "
premier Maître. "

Tout Maître de Théologie, qui voudra se faire incorporer dans celle de "
Montpellier, sera tenu de donner *birrum & chirotecas*, au Chancelier, au Rec- "
teur, & aux Maîtres en Théologie seulement, de même que les nouveaux "
Docteurs en Droit n'en doivent pas donner aux Maîtres en Théologie. "

Le nouvel incorporé en Théologie, sera tenu de venir dans la maison du Recteur, prêter entre ses mains le serment accoûtumé, & payera pour les droits de
l'Université, un demi franc d'or.

Ceux qui seront admis au Grade de Bachelier en Théologie, payeront pour
les droits de l'Université, deux moutons d'or, & lorsqu'ils commenceront à lire les quatre livres des Sentences, ils payeront un mouton d'or.

Ils donneront au Bedeau général, & au Bedeau du Recteur, & à celui des Docteurs,
& aux Banquiers, ce qu'ont coûtume de donner les Bacheliers des autres Facultés.

suevit, legatur, doceatur, & audiatur; ac in câ quicumque gradus Scolastici exerceri, necnon Baccalariatûs, Licentiati, Magisteriatûs insignia, ad instar aliorum studiorum generalium tradi, & concedi ac accipi valeant. Quòdque Magistri, Doctores Licentiati, Baccalarii, & studentes in eâdem Theologiæ Facultate, in præfato Montispessulani studio legentes pro tempore omnibus & singulis privilegiis, libertatibus, concessionibus, immunitatibus & gratiis quibus Magistri, Doctores, Licentiati, Baccalarii, ac studentes in eisdem Facultatibus ac studiis generalibus gaudent uti ac gaudere poterunt in futurum. Similiter uti & gaudere possint, debeant, & valeant liberè & licitè.

Ac nihilominus quòd hujusmodi Sacrorum Canonum & legum Facultates in studio prædicto, de cæteris unicam Universitatem faciant, & unum corpus constituant, cujus caput Rector secundum antiqua statuta ipsius studii eligendus existat, ac præfati Magistri, Doctores, Licentiati, Baccalarii, & studentes in Theologiâ statutis, ac consuetudinibus laudabilibus & approbatis studii prædicti factis, & Canonicè faciendis dicto Rectori subsint, ejusque monitionibus & mandatis obediant, quemadmodum præfati Canonum & Legum Doctores, Licentiati, Baccalarii & studentes subsunt & obediunt. Ac in his quæ tangerent Theologiæ facultatem unà cum præfatis Doctoribus, Licentiatis, Baccalariis, ac studentibus, possint ac debeant interesse. Salvo, quòd sicut Doctores legum & Canonum, Rectores esse non possunt sic etiam Magistri in Theologia, nullatenus esse possunt. Ac etiam Religiosi de Ordine Mendicantium, in quocumque Gradu vel statu constituti. Nonobstantibus quibuscumque, &c.

Nulli ergo hominum liceat, &c.

Datum Romæ apud S. Petrum. XVI. Kal. Januarii. Pont. nostri anno V. de Mandato Domini nostri Papæ. Ja. De Arminio. A. de Luschis.

Tout Théologien qui prendra le bonnet, payera aux trois Bedeaux huit écus d'or partagés entr'eux à égales parts.

S'ils sont plusieurs qui prennent le bonnet en un même jour, chacun payera un mouton d'or au Prieur des Docteurs.

Chaque prétendant à la Licence de Théologie, donnera quatre écus d'or à Mr. le Chancelier, pour l'Examen & pour la Licence.

A Chaque Docteur-Regent, *pro responsione quæstionis*, un demi franc.

A chaque Examinateur, un écu d'or.

Aux deux Maîtres qui assisteront à la Vesperie, un écu d'or chacun.

Aux quatre Maîtres qui assisteront à son Aulique un écu d'or chacun.

Tout Bachelier ayant subi l'examen, & étant aprouvé par le plus grand nombre, sera apellé par le Bedeau de la part du Seigneur Chancelier ou de son Vicaire, qui lui donneront la Licence le jour qu'ils jugeront à propos, pourvû que ce ne soit pas le jour-même de l'examen.

Aucun Religieux des quatre Ordres Mandians, *cujuscumque sit status*, ne pourra être choisi pour être du nombre des douze Conseillers.

Celui qui voudra lire en Théologie, sera presenté par le Maître qu'il aura choisi à Mr. le Chancelier, ou à son Vicaire, au Recteur ou à son Lieutenant.

Nul ne sera admis, s'il se trouve né d'un mariage illégitime, s'il est noté d'infamie, ou si étant Religieux, il a apostasié de son Ordre.

Aucun Religieux Mandiant ne sera admis, s'il a été incarceré dedans ou dehors de son Cloître pour ses démerites, de quoi il sera interrogé de bonne foi par Mrs. le Chancelier & Recteur.

Plus, aucun d'eux ne sera admis à lire, qu'il n'ait une permission par écrit, signée de son Superieur, qu'il representera à Mrs. le Chancelier & Recteur.

Les Maîtres, Licentiez ou Bacheliers, qui auront été incorporez, prêteront serment entre les mains de Mr. le Recteur, comme on a accoûtumé de faire dans la Faculté du Droit; & pour ce serment, ils payeront au Tresorier de l'Université, un demi-franc d'or.

Nul ne sera admis à la Licence ou au Doctorat en Théologie, qu'il n'ait expliqué les quatre Livres des Sentences, sous le Docteur Regent, à moins qu'il n'en eût sur cela une dispense speciale du Pape.

Les Bacheliers liront entierement les quatre Livres des Sentences, qu'ils tacheront d'expliquer, pour l'utilité de leurs auditeurs, en raportant l'interpretation des Auteurs les plus récens, & ils ne traiteront point des matieres qui ne puissent convenir à la Faculté.

Ils pourront dicter de mémoire, ou tenir leur cayer devant eux, selon qu'il leur conviendra le mieux.

Les Bacheliers feront quatre Actes publics, selon la coûtume.

Le premier, à la fête de la St. Luc.

Le second, après la fête de la Nativité.

Le troisiéme, dans le Carême.

Et le quatriéme, après l'octave de Pâques.

Les jours en seront assignez par le Recteur; & dans tous ces Actes, les Bacheliers disputeront sur des matieres convenables.

Qu'ils disputent entr'eux, & qu'ils s'impugnent mutuellement, sans aucune parole offençante, mais avec modération, & qu'ils se communiquent de bonne foi leurs conclusions, leurs corollaires, & les repliques qu'ils auront à faire.

Aucun Bachelier ne pourra s'absenter, sans necessité pressante, dans le cours de ses Lectures, de quoi il donnera connoissance au Chancelier & au Recteur, ou à leurs Subdelegués; autrement il ne pourra être promû à un Grade superieur, à moins qu'il n'ait rempli le nombre de ses Leçons.

Après les trois premiers Actes faits par le Bachelier, son Docteur-Regent le conduira, aussi-tôt qu'il le pourra, à Mr. le Chancelier ou à son Vicaire, & le leur presentera pour le Grade formé de Bachelier, & pour subir l'examen privé : & sur la suplique & témoignage du Docteur-Regent, Mr. le Chancelier ou son Vicaire, lui assigneront un tems convenable pour l'Examen; & dès-lors il sera apellé, Bachelier presenté.

II. PARTIE LIVRE DOUZIEME.

Le Chancelier ou son Vicaire, lui donneront dans la Chapelle Episcopale, les points tirez du premier & du troisiéme Livre du Maître des Sentences ; & ainsi tour à tour à tous les Bacheliers qui se presenteront.

Les points seront donnés le matin, Soleil levant, pour être répondus le lendemain, dans la Chapelle Episcopale, sur l'heure des Vêpres.

Le Bachelier communiquera ses positions sur les deux points qui lui ont été donnez, à Mr. le Chancelier, ou à son Vicaire, s'ils jugent à propos, & à chacun des Maîtres qui doivent l'examiner.

Que si Mr. le Chancelier ne veut pas présider en personne à l'examen, il sera suplié par les Maîtres, de nommer pour cet Acte quelqu'un du Corps de l'Université ; parceque cet examen devant être fait, non-seulement sur la science & la litterature, mais encore sur les mœurs, conversation, & vie, il arrive qu'on dit alors bien des choses qui ne doivent pas être connuës hors de la Faculté.

Nul Maître, Licentié ou Bachelier, ne fera aucun Acte Scolastique dans cette Université, qu'il n'y soit incorporé, avec permission du Recteur & le Doyen apellé.

Fait & réglé dans la Chapelle Episcopale le 12. Mars 1471. en présence de Réverendissime Pere-en-Dieu Guillaume, par la grace de Dieu Evêque de Maguelone, Chancelier de cette Université, & de témoins & Notaire ; sçavoir, Robert *Pinchon* Bachelier, *in utroque*, Prieur du Prieuré St. André de Beorset Diocése de Viviers, Recteur de l'Université de l'Etude générale de la Ville de Montpellier pour la Nation de Bourgogne, Jean Artaud, *in sacrâ paginâ Professor Egregius, & Sacra Facultatis Theologiæ decanus.*

Dans le reste de la signature, les Maîtres & les Docteurs sont mêlez conformément aux Statuts précédens.

Signé noble-homme Hugues *Ferrucii* Licentié ès Loix, & Bachelier en Décret, Vicaire & Official du Seigneur Evêque.

Arnaud de *Chalet*, Moine de *Psalmodii* Licentié en Décret, Jacques *Pruneti*, Michel *Gaychii*, qui tous, avec les susnommez au commencement de cet Acte, ont eu recours à l'Evêque de Maguelone, *ad quem spectat*.

On vêcut sous ces Loix jusqu'en 1562. qui est la fatale époque du renversement de tous les Monastéres de Montpellier. Les Etudes y cesserent dès-lors, & l'on ne songea plus à s'assembler à Ste. Eulalie, qui servoit aux Actes de Théologie, de même qu'à ceux du Droit. Les choses resterent en cet état durant tout le reste du xvi. siécle, & ce ne fut qu'en 16   que Mr. de Fenoüillet voulant rétablir en cette Ville les exercices de Théologie, fit faire un Acte public à un Réligieux Augustin, qui demandoit à recevoir les Grades. Il les lui conféra solemnellement, après quoi, pour commencer à remettre cette Etude dans Montpellier, il permit aux PP. Jacobins d'enseigner la Théologie dans leur Couvent de St. Mathieu, ce qu'ils continuerent de faire jusqu'en 1682. auquel tems le Roy Loüis XIV. ayant créé deux charges de Professeur en Théologie à Montpellier, il les unit au Collége des Jésuites de cette Ville, où les Etudians vont maintenant prendre leurs Leçons ; & après y avoir fait dans le cours de leurs Etudes les Actes publics, ils vont, sur les Certificats des Professeurs, subir le dernier examen à l'Evêché, où le Vice-Chancelier de l'Evêque leur confere les Grades.

Quoique cette Faculté soit la moins ancienne de toutes celles de l'Université de Montpellier, soit par le tems où elle commença, soit par raport à celui où elle fut rétablie, elle n'a pas laissé de donner à Montpellier divers Théologiens distinguez par leurs écrits, tels que sont :

François-Amé Pouget, natif de cette Ville, Auteur du Catéchisme de Montpellier, qui renferme un cours de Théologie entier & complet. Il commença de le faire imprimer en 4. Tomes *in-*12. en 1701. puis en un *in-*4°. en 1703. & enfin en deux *in-folio* en latin, avec les autoritez sur lesquelles il fonde ses décisions. L'accueïl que tous les Diocéses du Royaume ont fait à ce Catéchisme, & les traductions qu'on en a fait en Italien, en Espagnol, en Flamand, en Anglois, & même en Chinois, serviront à ce Livre d'un plus grand éloge que tout ce que j'en pourrois dire.

Jacques-Hercule de Crosset, Prieur de *Camarignan*, & Docteur de Sorbonne, donna au Public en 1698. les réponses qu'il fut chargé de faire par Mr. l'Evêque, aux demandes proposées dans les Conferences Ecclesiastiques de son Diocése, sur le Sacrement de Penitence, & sur la Simonie.

Jean Courdurier, Avocat Général en la Cour des Comptes, Aydes & Finances de Montpellier, avoit fait imprimer en 1667. un petit Livre sous ce titre : *Harmonie du Droit Divin, avec le Droit Humain, touchant l'Usure, les Interêts, & la Constitution de rente*, qu'il augmenta depuis en 1687. & fit un gros in-12. sur l'Usure, où il fait voir son injustice, & parcourt les differens prêts qui sont permis ou illicites ; il finit par un Traité particulier des *Monts de Piété*, qu'il établit à Montpellier pour le soulagement des necessiteux. Il ne donne dans son Livre aucune Régle qu'il n'eût pratiqué lui-même ; car la mémoire de ce digne Magistrat est encore en très-grande vénération par les aumônes qu'il fit pendant sa vie, & par ses liberalitez pour la décoration des Autels.

David Brueis, né à Montpellier dans la Réligion Protestante, se fit Catholique en 1683. & pour faire connoître au Public les motifs de sa conversion, il composa un Livre intitulé, *Examen des Raisons qui ont donné lieu à la séparation des Protestans*, fait sans prévention sur le Concile de Trente, sur la Confession de Foy des Eglises Protestantes, & sur l'Ecriture Sainte. A Paris chez Couterot.

En 1685. il fit imprimer la *Défense du Culte exterieur de l'Eglise Catholique*, où il montre aussi les défauts qui se trouvent dans le service public de la R. P. R. à Paris chez Sebastien-Mabre Cramoisy.

En 1686. il donna au Public sa réponse aux *plaintes des Protestans*, contre les moyens qu'on employe en France pour les réunir à l'Eglise Catholique, où il refute les calomnies qui sont contenuës dans le Livre intitulé : *La Politique du Clergé de France*, & autres Libelles de cette nature : à Paris chez Mabre Cramoisy.

En cette même année il publia un Traité *de l'Eucharistie* en forme d'Entretien, dans le goût de *Minutius Felix* dans son *Octavius*, où sans entrer dans la controverse il prouve la réalité sur des veritez avoüées de part & d'autre : à Paris chez le même.

En 1687. il fit un *Traité de l'Eglise*, où sans entrer dans les questions qui ont été agitées, il montre que les principes des Calvinistes se contredisent : pour servir, de réponse aux derniers Livres de Mrs. *Claude* & *Jurieu*: à Paris chez Sebastien-Mabre Cramoisy.

En 1700. il fit imprimer à Paris chez Barthelemy Girin un *Traité de la Ste. Messe*, où sans entrer dans la controverse, il montre qu'elle est fondée sur un Dogme de foi, & sur des faits avoüés de tous les Chrêtiens.

Enfin en 1709. il publia à Montpellier de l'Imprimerie de Jean Martel, un Traité de *l'Obéissance des Chrêtiens aux Puissances Temporelles*, où il montre par l'Ecriture Sainte, & par l'Histoire de l'Eglise, en quoi les Chrêtiens doivent obéir à leurs Souverains, quoique de differentes Réligions, en quoi ils doivent refuser de leur obéir, & quelle conduite ils doivent garder dans leur refus.

Il laissa en mourant un Ouvrage posthume du *Legitime Usage de la Raison*, principalement *sur les Objets de la Foy*, qui a été imprimé après sa mort chez Coignard fils, en 1717.

L'Abbé de Pezenes, de la famille de Mrs. de Beaulac, qui a donné plusieurs Officiers à la Cour des Aydes, & au Bureau des Finances de cette Ville, fit paroître sur la fin du dernier siécle, beaucoup de talent pour la Chaire.

En 1690. il prononça le Panégirique de St. Loüis dans la Chapelle du Louvre devant Mrs. de l'Academie des Sciences ; & après sa mort, qui arriva peu d'années après, on fit imprimer à Paris, un Tome de ses Sermons, qui contient les Panégiriques de St. Charles, de St. Loüis, de St. Joseph, de St. Jean-Baptiste, & de St. Benoît, avec des Sermons de Morale sur la Foy, les Tentations, la profession Réligieuse, & sur les Mistéres de l'Annonciation, de la Pentecôte, & la Fête de tous les Saints. Sa mort prématurée priva l'Eglise d'un excellent Prédicateur, & fit perdre à la Ville de Montpellier sa Patrie, un grand Sujet, qui lui auroit fait beaucoup d'honneur.

CHAPITRE CINQUIEME.

DE LA CHAIRE DES MATHEMATIQUES.

LE Roy Loüis XIV. voulant donner moyen aux gens de Mer, d'aprendre le Pilotage & l'Hydrographie, ordonna par une Déclaration du mois d'Août 1682. qu'il seroit établi des Professeurs d'Hydrographie dans les Villes maritimes de son Royaume, pour enseigner la navigation. " Et d'autant (ajoûte le Roy) que la Ville de Montpellier, est la plus commode, & la plus proche du Port de " Sette, qui est le principal de la Province du Languedoc, Sa Majesté crée, " érige, & établit en cette Ville, un Professeur Royal de Mathématiques & d'Hy- " drographie dans l'Université de Montpellier, pour y être enseigné publiquement" par celui qui en seroit pourvû, les Mathématiques & l'Hydrographie. "

Mais afin de connoître mieux les Ecoliers, qui se seront rendus les plus assidus, Sa Majesté ,, veut qu'ils soient tenus de s'inscrire une fois tous les mois, dans " le Régitre gardé par le Professeur, dont il envoyera un extrait au Sécrétaire " d'Etat, ayant le Département de la Marine. "

Veut Sa Majesté, que les Capitaines, Maîtres, ou Patrons de Navires, soient " examinez par ledit Professeur, & tenus de prendre ses Lettres d'attestation, com- " me ils ont été trouvés suffisans, & capables de faire les fonctions desdites Charges. "

Que le Professeur qui sera établi, fasse ses leçons publiques quatre jours de " la semaine, dans les Ecoles de la Faculté du Droit, & qu'il aye rang & séan- " ce, immédiatement après les Professeurs de ladite Faculté ; sans pourtant qu'il " puisse participer à leurs émolumens, & qu'il joüira des mêmes honneurs, préro- " gatives, prééminences, habillemens, & autres avantages, tant desdits Professeurs " en Droit, que des Professeurs en Mathématiques, & d'Hydrographie, des au- " tres Villes de son Royaume. "

Elle accorde audit Professeur, pour lui tenir lieu d'émolument, la somme de " trois livres, payables pour chaque Ecolier ; toutes les fois quil s'inscrira dans son " Régitre, & celle de douze Livres pour les attestations d'Etude [qu'il leur déli- " vrera après deux années, & autant pour les Lettres d'attestation que les Capitai- " nes, Maîtres, & Patrons de Navires seront tenus de prendre ; se reservant Sa " Majesté de pourvoir dans la suite aux gages de cette charge. "

,, Et parce que la Ville de *Frontignan*, fait le principal commerce maritime de " la Province du Languedoc, veut Sa Majesté, que ledit Professeur y aille passer " le mois d'Août, Septembre, & Octobre, pour y enseigner publiquement, tout " ce qui sera nécessaire pour la navigation ordinaire de cette Ville ; ordonnant " aux Consuls de Frontignan, de lui fournir un lieu propre & commode dans " l'Hôtel commun de cette Ville, pour y faire ses leçons publiques, avec défenses " aux Patrons de ladite Ville, d'admettre dorénavant les jeunes Matelots à gag- " ner *l'entiére part* (selon le stile maritime dudit lieu) qu'ils n'ayent été examinez " par ledit Professeur, & trouvez capables de conduire les bâtimens par tout où " lesdits Patrons ont accoûtumé d'aller négocier. Si mandons, &c. "

Peu de mois après cette Déclaration, le Roy nomma à la charge de Professeur de Mathématiques qu'il venoit de créer, & en donna des Provisions au Sr. *Nicolas Fises* Docteur & Avocat, qui avoit déja enseigné les Mathématiques, & rendu plusieurs personnes capable d'être Ingenieurs dans les Armées du Roy, (comme ses Provisions le portent expressément.) Dès-lors les Ecoles de Mathematiques, furent publiquement ouvertes à Montpellier, & ont été continuées jusqu'à présent par le Sr. de Clapiers, & par Antoine *Fises*, fils & Successeur de *Nicolas*.

Nous avons de ce dernier, un Traité d'*Arithmetique* imprimé à Montpellier chez J. R. Gontier en 1688. & dans l'année suivante, il donna au public, les

HISTOIRE DE MONTPELLIER,

Elemens d'Astronomie, où sont expliquez les Cercles de la Sphére, les noms & les mouvemens des Astres, avec les principes de la Geographie, de la Navigation, du Calendrier, & des Cadrans.

Le Sieur de *Clapiers* son Successeut dans la Chaire de Mathématiques, donne au Public depuis plusieurs années, *les Ephemerides*, ou Journal des mouvemens des Astres, au méridien de Montpellier.

On a de lui un cours entier de Mathématiques, qui roule en manuscrit entre les mains des Etudians en Mathématique.

Parmi les autres bons Mathématiciens, que la Ville de Montpellier à produit, on compte les Peres *Jean Durranc* & *P. Castel* Jésuites, tous deux natifs de cette Ville, qui sont récommandables par leur science & par leurs écrits. Le premier est Professeurrs de Mathématiques à Toulouse depuis plusieurs années, & a composé divers Traités, qui sont prêts d'être mis au jour. Le second fut apellé à Paris en 1720. pour travailler aux Mémoires de *Trevoux*, sur les ouvrages de Mathématique & de Philosophie, dont il y a plus de cent extraits de lui.

En 1724. il donna deux gros volumes *in-12*. sur *la Pesanteur*. C'est un sistéme complet de Phisique, qui donne beaucoup plus que le titre ne promet. Cet Ouvrage, sans donner dans l'hipothése, & en suivant pas à pas l'Histoire simple de la Nature, est, peut être, aussi nouveau, par raport à *Newton* & à *Descartes*, que ceux-ci l'ont été par raport aux anciens.

Ses deux grands Sistémes des *Causes libres*, & de *l'organisation de la Terre*, ont été adoptés par des Auteurs célébres, & ses sentimens ont déja roulé dans les Ecoles.

En 1729. parut sa *Mathématique universelle*, en un grand *in-4º*. qui a été si fort goûté des Anglois, qu'ils ont donné à l'Auteur, une place dans leur Societé Royale des Sciences; ce qu'ils n'avoient jamais fait à l'égard d'aucun Jésuite, ni Réligieux.

A ces illustres Mathématiciens, je crois pouvoir joindre les Peintres célébres que Montpellier a produit, puisque l'Optique fait une partie des Mathématiques: le premier de tous est,

Sebastien Bourdon, né en cette Ville au commencement du dernier siécle, & mort à Paris en 1669.

Nous aprenons de Felibien, dans sa vie des Peintres, que Bourdon ayant passé une partie de sa jeunesse en Italie, vint à Paris, où le Tableau du May qu'il fit pour Notre-Dame (représentant le Crucifiement de St. Pierre) lui attira l'estime des Conncisseurs, qui conçurent dès lors des grandes espérances de lui, parce qu'il étoit jeune, & il avoit beaucoup de facilité, & une grande liberté de pinceau dans tout ce qu'il faisoit.

Le plus agréable de tous les Tableaux qu'il fit dans ses premiers commencemens, étoit chez Mr. de *Lizieux*, où il avoit représenté *Alvanius*, qui sortant de Rome avec sa femme & ses enfans, après que les Gaulois eurent pris la Ville, & rencontrant sur son chemin le Grand-Prêtre & les Vestales, qui alloient à pied, en portant les Vases Sacrés, il fit descendre toute sa famille de son char, pour y faire monter les Vestales, qu'il conduisit où elles vouloient aller.

On voit encore à Chartres deux Tableaux de lui, l'un au Grand-Autel de l'Eglise de St. André, représentant le Martyre du Saint, & l'autre dans les Chapelles-basses, où la Vierge tient l'Enfant-Jesus; mais le plus grand de tous ses Ouvrages, est la Galerie de Mr. *de Breton-Villers*, dans l'isle Notre-Dame, qu'il a peint avec une fraîcheur & vivacité de couleur qui surprend d'abord.

Les troubles de Paris qui survinrent en 1648. obligerent Bourdon de quitter la France, pour aller en Suede auprès de la Reine Christine, à laquelle il donna ce grand goût pour la peinture, qui lui fit ramasser les Tableaux des plus célébres Peintres, qui parent aujourd'hui les apartemens du Palais Royal.

A son retour de Suede, Bourdon vint revoir sa patrie en 1657. & fit à Montpellier les Portraits de plusieurs particuliers, qu'on y conserve avec beaucoup de soin.

Les Consuls de cette Ville le prierent de faire leur Tableau, qu'il fit placer sur la porte de la Sale de l'Hôtel de Ville, d'où il n'a jamais été ôté, contre le

sort

II. PARTIE LIVRE DOUZIEME.

fort ordinaire de ces fortes de Tableaux, qui changent de place felon qu'il plaît aux nouveaux Confuls.

En ce même-tems, les Chanoines de St. Pierre lui ayant demandé un Tableau pour leur Maître-Autel, Bourdon prit pour fujet, la Chûte de Simon le Magicien, attribuée aux prieres de St. Pierre, qui eft repréfenté au milieu d'une grande foule de peuple, & au bas du Trône de l'Empereur Neron. Les Spectateurs ont les yeux fixés fur le Magicien élevé en l'air, dans le moment qu'il va être renverfé pour fe précipiter en bas. On découvre fur leur vifage divers fentimens de curiofité, de furprife & de frayeur ; & fur celui de St. Pierre, beaucoup de ferveur & de confiance dans fa priere. Le Peintre s'y eft peint lui-même parmi les Spectateurs, & l'on voit fa tête qui fort au bas du côté droit du Tableau.

Quelque eftimable que fût cet Ouvrage, un autre Peintre de la Ville ofa bien en faire une fanglante critique, qu'il donna imprimée au Public. Bourdon s'en vengea par les voyes de fait, qui étoient affés ordinaires en ce tems-là. Mais pour tourner en ridicule fon adverfaire, il le peignit fous la figure de l'Envie, dans les Peintures qu'il fit dans la Chambre que le Sr. de Robin preparoit pour le Roy Loüis XIV. qu'il eut l'honneur de recevoir chez lui en 1660.

Bourdon étant retourné à Paris, fut employé pour le Roy au Château des Tuilleries ; mais à peine eut-il achevé le plafond d'une chambre de l'apartement bas, qu'il mourut affés fubitement, étant actuellement Recteur de l'Académie de Peinture.

Depuis ce Peintre célébre, Montpellier a eu *Jean Troy*, frere de François de Troy, de l'Académie Royale. Il devint comme naturalifé de Montpellier, par le long féjour qu'il y fit durant vingt ou trente années, pendant lefquelles il fit en cette Ville plufieurs Portraits très-eftimez. Mr. le Cardinal de Bonzi le fit nommer Directeur d'une Académie de Peinture, que la Province établit à Montpellier fur la fin du dernier fiécle, & qui a produit des Peintres renommez, parmi lefquels eft le Sr. *Raoux*, qui eft revenu dans ces derniers tems à Montpellier, pour faire les Peintures du Château de la Mouffon.

L'Ouvrage le plus confiderable que *Jean de Troy* aye fait en cette Ville, eft le Tableau du Paralitique, gueri par St. Pierre à la grande porte du Temple de Jerufalem, qu'on a placé fur la même ligne que celui de Bourdon, dans le Sanctuaire de l'Eglife Cathédrale, au côté de l'Epitre.

Hyacinte Rigaud, connu dans toute l'Europe par fes beaux Portraits, prit fes premiéres leçons de peinture à Montpellier, où il furpaffa bien-tôt fes Maîtres ; & fe fit un chemin aux emplois les plus honorables de fa profeffion. Après avoir été Profeffeur & Recteur de l'Academie Royale, il fut choifi pour faire les Portraits en grand, des Rois Loüis XIV. & Loüis XV.

Henry Verdier, Peintre de l'Hôtel de Ville de Lyon, nâquit à Montpellier en 1655. Il prit dans cette Ville fes premieres leçons de Peinture, fous *Ranc* le pere, avec le célébre Hyacinte Rigaud, qui y étudioit en même-tems. Ils en partirent enfemble, pour aller fe perfectionner à Paris ; mais étant arrivez à Lyon, Verdier y fut arrêté pour divers Ouvrages qu'on lui donna, & enfin pour remplir la place de *Thomas Blanchet*, Peintre de l'Hôtel de Ville, & Directeur des Ouvrages qu'on fait en tout genre de Peinture dans cette grande Ville. Verdier s'y arrêta pour le refte de fes jours, & pendant ce tems, il y fit grand nombre de Portraits de perfonnes très-diftinguées, tels que ceux du Prince de Danemarc à fon paffage par Lyon, du Prince d'Harcourt, du Cardinal de Boüillon, du Maréchal de Villeroy, & de l'Abbeffe de St. Pierre.

On voit de lui, dans la Chambre Criminelle du Palais de Juftice, deux grands Tableaux, où il a reprefenté deux Jugemens mémorables, tirez de l'Hiftoire Grecque & Romaine. Le premier eft de Seleucus Legiflateur des *Locriens*, qui par une de fes Loix avoit condamné les Adulteres à perdre la vûe, & qui fe trouvant obligé de prononcer contre fon propre fils, furpris dans ce crime, voulut, pour montrer tout à la fois la tendreffe de pere, & l'incorruptible exactitude des Juges, qu'on commençât par lui crever un œil à lui-même, & enfuite un

Ggggg

autre à son fils. Ainsi la Loi fut observée dans toute son étenduë, & son fils ne fut point privé entiérement de la vûë.

Le second Jugement, est d'un Préteur Romain, au sujet d'une mere, & de sa fille mariée qui avoit des enfans. L'histoire porte, que la mere irritée contre sa fille, entra chez elle & assomma tous ses enfans, sur quoi la fille étant survenuë prit des mains de sa mere le gros bâton dont elle s'étoit servie, & l'en assomma elle-même. Le Préteur ayant pesé toutes les circonstances de ce parricide, renvoya les parties à comparoître dans cent & un an.

Nous avons à Montpellier, dans la Chapelle des Penitens, la prise du Sauveur dans le Jardin des Oliviers, de la main de Henry Verdier : & l'on garde chez les Carmes Déchaussez de Lyon, une copie qu'il a fait du Tableau de *Garcin*, repre-sentant l'Aparition du Sauveur à Ste. Therese. On dit que lorsque le tems aura donné un caractére d'ancienneté à ce Tableau, les Connoisseurs pourront douter si ce n'est point l'original même.

Cet habile Peintre mourut à Lyon en 1721. âgé de 66. ans.

Jean Ranc, natif de Montpellier, fut reçû Academicien en 1703. il a travaillé à Lisbonne pour le Roy de Portugal, & il est actuellement en Espagne au ser-vice de leurs Majestés Catholiques.

Pierre Granier, de l'Academie Royale de Sculpture, né aux Mateles à deux lieuës de Montpellier, fut envoyé à Rome par Mr. de Louvois ; & après son re-tour, on l'employa pour diverses Statuës, qui sont dans le Parc de Versailles, & dans les Sales de l'Académie des Arts de Peinture, & Sculpture.

CHAPITRE SEPTIEME.

DE LA SOCIETÉ ROYALE DES SCIENCES.

L'Etablissement de l'Academie Royale des Sciences, que le Roy Loüis XIV. fit à Paris en 1699. donna lieu en 1706. à celui de la Société Royale de Montpellier, qui selon les termes de ses Lettres-Patentes, est *comme une extension & une partie de celle de Paris*. Elle est composée de trois sortes d'Académiciens ; six Honoraires, quinze Associez, & quinze Elevés, ausquels il est permis de s'assem-bler, pour faire les observations & les recherches *que la temperature & la sérénité de l'air, les met en état de faire plus facilement qu'en aucun autre endroit.*

Il est vrai qu'ils en ont déja fait de très-singuliéres, comme celles qu'ils donne-rent au Public sur l'Eclipse de l'année 1706. sur les Colomnes de lumiére qui pa-rurent de nuit sur les Montagnes des Cevenes en 1713. sur les propriétez de l'A-ragnée, d'où l'on tire de la soye, avec laquelle on fait des ouvrages plus fins que ceux des Vers à Soye ordinaires ; sur la calcination de divers metaux dont ils ont extrait des sels & des huiles d'une propriété singuliére : enfin la Carte générale de la Province, où les plus petits lieux de chaque Diocése, sont marquez dans leur juste proportion de l'un à l'autre.

Mais pour ne pas prévenir le Recüeil qu'ils donneront un jour de toutes leurs découvertes, je me contente de dire, qu'ils se sont partagez toutes les sciences sur lesquelles chacun est engagé de travailler : on en voit la distribution dans les Let-tres-Patentes de leur établissement ; & le choix qu'il a plû au Roy de faire de quel-ques-uns d'entr'eux, pour servir auprès de sa personne, n'est pas un petit éloge de cette illustre Société.

Pour les MATHEMATIQUES, soit à la Geometrie, à l'Astronomie, ou aux Méca-niques, les Srs. de *Clapiez* & de *Plantade*, Auteurs de la Carte générale du Lan-guedoc.

Pour l'ANATOMIE, les Srs. *Astruc*, *Gondange*, & *la Peronée*, depuis premier Chirurgien du Roy.

II. PARTIE. LIVRE DOUZIÉME.

Pour la CHIMIE, les Srs. *Riviere*, *Matte*, & *Gauteron*, qui eſt d'ailleurs Secretaire perpetuel de la Société.

Pour la BOTANIQUE, les Srs. de *Chicoyneau*, dépuis premier Médecin du Roy, *Magnol* & *Niſſole*.

Pour la SCIENCE NATURELLE, les Srs. *Chirac*, jadis premier Médecin du Roy, *Rideux* & *Icher*.

Tous ces Mrs. s'aſſemblent chaque Jeudy de la ſemaine pour les exercices de la Société, & plus particuliérement le jour de St. Loüis, pour aſſiſter au Panégirique du St. & à la Meſſe qu'ils font chanter pour la conſervation, & la proſperité du Roy.

Mais la plus remarquable de toutes leurs Aſſemblées, ſe fait pendant la tenuë des Etats de la Province, lorſqu'ils ſe tiennent à Montpellier : le lieu de l'Aſſemblée eſt dans la grand-Sale des Etats, où chaque Académicien lit ſes Obſervations en préſence du Préſident de la Société ; Monſeigneur l'Archevêque de Narbonne, & des autres Academiciens honoraires, Mr. l'Evêque de Montpellier, Mr. le Marquis de Caſtries Gouverneur de la Ville & Citadelle de Montpellier; Mr. l'Intendant de la Province, & Mr. Bon premier Préſident en la Cour des Comptes, Aydes & Finances.

Mr. l'Abbé Bignon Conſeiller d'Etat, eſt auſſi nommé pour Académicien honoraire de cette Société; mais ſi elle n'a été jamais honorée de ſa préſence, elle a le ſolide avantage de joüir de ſa protection, & du ſecours de la ſuperiorité de ſes lumiéres ſur toutes les Sciences.

Conformément au   article de leurs Statuts, les places qui ſont venuës à vacquer dépuis leur établiſſement, ont été remplacées à la pluralité des ſuffrages de tous les Academiciens honoraires & aſſociez : ainſi Meſſire René-François de Beauveau Archevêque de Narbonne, a pris la place de feu Meſſire Charles le Goux de la Berchere ſon Prédeceſſeur dans cet Archevêché; Monſeigneur l'Archevêque d'Alby a pris la place de Mr. le Marquis de Caſtries ſon frere, Gouverneur de Montpellier; Mr. de Bernage St. Maurice, celle de Mr. de Bernage ſon pere Intendant de la Province, qui avoit ſuccédé à Mr. de Bâville, nommé dans les Lettres-Patentes de la Société.

HISTOIRE
DE MONTPELLIER.

LIVRE TREIZIEME.
DES COLLEGES DE L'UNIVERSITÉ.

COLLEGE DE MEDECINE.

RANÇOIS Ranchin, dans son *Appollinare Sacrum*, dit positivement, que les Guillaumes Seigneurs de Montpellier, firent bâtir ce College dans le douziéme siécle, environ le tems qu'ils donnerent en faveur de l'Ecole de Medecine, la Déclaration que j'ai raportée dans l'article de cette Faculté.

 L'état où est aujourd'huy son bâtiment, est une preuve sensible de son ancienneté, puisque les fenêtres à la Gothique, dont les marques restent encore sur les murailles, ne peuvent être que de ce tems-là.

 Ceux qui le firent bâtir, prirent soin d'y ménager tout ce qui pouvoit être commode & nécessaire aux exercices de cette Ecole. Un jardin pour les Arbustes, & les Plantes les plus curieuses ; un Théatre d'Anatomie, *olim à majoribus constructum* (dit celui qui le fit réparer en 1620.) une chambre de Conseil, avec une grande salle pour les exercices publics, que François Ranchin fit entourer d'un double rang de Portraits, des plus célébres Medecins de la Faculté. *Franç. Ranchin.*

 Dans ces derniers tems, Pierre *Chirac* Premier Medecin du Roy, leur a procuré les moyens de faire bâtir un autre Théatre pour les démonstrations de Chimie, où les Etudians assis en amphithéatre comme dans celui d'Anatomie ; peuvent aisément, sans s'incommoder les uns les autres, voir & entendre leur Démonstrateur.

 La principale façade de ce Collége, est incrustée de plusieurs Bulles des Papes, & Déclarations de nos Rois en faveur de l'Ecole de Medecine, qui sont gravées sur la pierre, la plûpart en lettres Gothiques, avec l'éloge de quelques Chanceliers & Professeurs célébres, qui a été transcrit dans l'*Apollinare Sacrum* de François Ranchin.

Hhhhh

L'ANCIEN COLLEGE DU DROIT,
DIT, LA TOUR DE Ste. EULALIE.

Nous ne connoissons ce Collége que par les écrits de nos anciens, & par les débris qui en restoient encore sur la fin du dernier siécle. Etienne Ranchin, qui vivoit dans le tems qu'on le détruisit, l'apelle, *opus certè magni laboris, & ædificii, affabrè ædificatum*. La chose paroissoit encore en 1680. lorsque le Sr. Lefevre, voulant bâtir son jardin à la descente du Couvent de la Mercy, il tira des démolitions & des fondemens de la Tour de Ste. Eulalie, toute la pierre qu'il lui falut pour son logement, pour la clôture de son jardin, & pour un grand puits très-profond qu'il y fit creuser.

On a pû voir dans l'article du Droit Civil & Canonique, que les Actes de cette Faculté, se faisoient à la Tour de Sainte Eulalie ; & qu'après que la Théologie lui eut été unie, il resta encore assez de bâtiment pour servir aux exercices de ces deux Facultez, qui après leur rétablissement, changerent de lieu, comme nous l'avons dit dans leur article.

COLLEGE DE S. GERMAIN.

Le Pape Urbain V. en fondant à Montpellier le Prieuré de Saint Germain, ne se proposa pas seulement de bâtir une maison de l'Ordre de Saint Benoît, mais il voulut encore, qu'elle servît de Collége pour seize Réligieux, qui y seroient envoyez par l'Abbé de St. Victor de Marseille. *Statuimus quòd in dicto Prioratu, debeant esse sexdecim Monachi, qui per Abbatem Sti. Victoris, tam de ipso suâ quam de aliis Prioratibus, & locis à dicto Monasterio dependentibus ad studendum in Jure Canonico & Civili mittantur.* Ils avoient un Docteur-Régent de leur Ordre, dont il est souvent fait mention dans les Régitres de l'Université, laquelle se rendoit en corps, certains jours de l'année dans leur maison, apellée quelquefois *Collége de Saint Germain*, & quelqu'autre fois, Collége de Saint Benoît. Les sciences y fleurirent jusqu'aux premiers troubles de Réligion, où le Monastere ayant été détruit, les exercices de Collége y cesserent entiérement.

On dit que leurs Ecoles, étoient dans le lieu où sont aujourd'hui les écuries de l'Evêché, où plusieurs personnes vivantes, se souviennent d'avoir vû une Chaire de pierre qui servoit à leur Docteur-Régent.

J'ay parlé ailleurs, de la grande Bibliothéque que le Pape Urbain V. leur avoit donné dans cette maison.

LE COLLEGE DE S. RUF.

Cette maison avoit le titre d'Eglise Collégiale, à cause des personnes qui la composoient, lesquelles étoient tenuës de faire le service Divin dans leur Chapelle. On lui donnoit aussi le nom de Collége, à cause des Etudians qu'il y avoit, & de leur Docteur-Regent, qui étoit agregé à l'Université. J'ai raporté dans l'article de l'Eglise Collégiale de Saint Ruf, les Loix particuliéres qu'on leur prescrivit pour la vie Ecclesiastique & Réguliere ; mais dans cet article, je crois devoir faire mention des Statuts que le Cardinal Anglic fit pour eux, comme Etudians.

Il dit dans le IX. Article, qu'il fonde dix-huit places d'Etudians ; Sçavoir, six pour les Arts, huit pour le Droit Canon, & quatre pour la Théologie, *quorum sex in Scientiis primitivis, octo in Jure Canonico & Civili, & quatuor in sacrâ Paginâ.*

Il veut qu'ils soient tous de l'Ordre de Saint Ruf, & qu'ils ne puissent étudier dans ce Collége au-delà de sept ans ; *qui non debent remanere in Collegio studendi, causâ, nisi per septennium.* Que si au-delà de ce nombre, d'autres Réligieux du même Ordre demandoient à y être reçû, ils ne le pourront qu'en payant leur pension, *Sic admissi debent in expensis providere.*

Tous doivent parler latin dans leur conversation ordinaire, parceque (ajoûte-t-il) le fer s'aiguise avec le fer, & que la conversation, vaut plus que la simple lecture : *quia ferrum ferro acuitur, & plus valet collatio quam lectio.*

Il leur prescrit des Loix très-severes, pour la conservation de la Bibliothéque ; voulant que dans la chambre la plus commode de la maison, on tienne les Livres attachez par une chaîne de fer, sur des pupitres où chacun pourra venir étudier : & pour cette raison, chacun aura une clef de la Bibliothéque, mais personne n'en pourra tirer aucun Livre ; au contraire, le Prieur sera tenu d'en faire souvent la visite, & de faire enchaîner les Livres, qui par l'usage se seroient détachez : il veut que tous ceux qui auroient enlevé quelque Livre, soient exclus *ipso facto* du Collége : que tout Prieur entrant en charge, jure expressément l'observation de ce Statut, & que tous les Etudians à leur réception, fassent le même serment.

Pour prévenir leur inadvertence, par rapport au feu, il ordonne „ que dans " son Collége, il y ait un Officier apellé *Garde-feu*, nommé chaque Samedy de " la semaine, pour faire tous les soirs la visite des chambres, & voir si quelqu'un " tient sa chandelle trop proche du lit, ou s'il y a de la paille dans les chambres " inhabitées, qui pût donner lieu à quelque incendie : & pour plus grande pré- " caution, il veut que dans le jardin, il y aye toûjours une grande pile remplie " d'eau à laquelle on puisse recourir en cas de besoin. "

Il ordonne pour exercer les Etudians, qu'un d'entr'eux au choix du Prieur, fasse tous les jours de solemnité une conférence, *litterali Sermone ad arbitrium Prioris.*

Pour les tenir plus en crainte, il veut que le Prieur avec le conseil du plus grand nombre des Chanoines de la maison, aye droit de mettre dehors les sujets vicieux ou scandaleux. Qu'aucun Etudiant ne sorte sans sa permission, & que s'il revenoit après les portes fermées, il soit pour toûjours exclus du Collége. Dans cette vûë, il ordonne qu'on ferme la grande porte, lorsqu'on commence le soir à ne pas reconnoître les gens par la Ville, & qu'on ne l'ouvre le matin, que lorsque les ruës commencent d'être frequentées.

Par un article de son Testament, il leur donne, pour augmenter leur Bibliothéque, tous les Livres qu'il avoit à Avignon, sauf quelques-uns dont il avoit déja disposé.

Les sciences fleurirent dans cette maison jusqu'aux premiers troubles des Protestans, qui y firent cesser tous les exercices d'étude, de même que dans les autres Colleges de la Ville. Les places des Etudians resterent vacantes, & ce ne fut que soixante ans après, que leur maison ayant été rétablie de la manière que nous l'avons dit, l'Abbé Général de l'Ordre y envoya des jeunes Etudians, que nous avons vû jusqu'au commencement de ce siécle faire, leurs études de Grammaire, de Philosophie, & de Théologie, au College des Jésuites ; mais cet usage a changé, de la maniére que je l'ai dit dans l'article de l'Eglise Collégiale de St. Ruf.

COLLEGE DE VALMAGNE.

LEs Lettres de Jacques I. Roy d'Arragon & de Mayorque, que je raporterai au bas de cet article, nous aprennent que le College de Valmagne fut établi en 1263. & qu'il étoit situé dans le Faubourg de St. Guillem, tout auprès d'un Four Bannal des Seigneurs de Montpellier, & dans un fonds qui avoit servi de Cimetiére aux Juifs de cette Ville. Il paroît par ces mêmes Lettres que les Moines de Valmagne avec les Forains, étoient admis à cette étude. *Ad opus vestri ordinis, & aliorum qui in dicto studio scientiam sacrarum volent addiscere scripturarum.* Il conste aussi par les titres de l'Abbaye de Valmagne, qu'il y avoit un Proviseur de l'Ordre pour le Gouvernement de ce College, & que ses droits augmentérent si considérablement, qu'il acquit avec le tems, la directe de toutes les maisons du Faubourg, qui sont sur la droite en sortant de la Ville. Mais la guerre ouverte que les Réligionnaires firent aux anciennes fondations, & particuliérement à leurs titres, fit perdre aux Religieux de Valmagne, la plûpart des reconnoissances qu'ils avoient depuis leur College jusqu'aux fossez de la Ville.

Il est fait mention de ce College dans un vieux Manuscrit de la Cathédrale, qui a pour titre, *Privilegia Ecclesiæ Magalonensis*, où l'on indique un accord fait le 8. & le 9. des Kalendes de Janvier 1263. entre le Chapitre de Maguelone & Bertrand d'Auriac Abbé de Valmagne, au sujet de la fondation de ce College. J'en ai recouvré l'original qui m'a été communiqué par Mrs. de l'Abbaye, dans lequel il est dit au sujet des offrandes, dons & droits Curiaux de sepulture, qui se feroit des Etudians dans la Chapelle dudit College; que de quatre portions les trois seroient attribuées au Sr. Abbé de Valmagne, & la quatriéme au Chapitre de Maguelone, & au Curé de St. Firmin. Voici les Lettres-Patentes du Roy Jacques I. dont j'ai parlé ci-devant.

Noverint universi, quòd cum nos Jacobus, Dei gratiâ Rex Aragonum, Majoricarum & Valentiæ, Comes Barcinonæ & Urgelli, & Dominus Montispessulani. Inter alios Ordines, Ordinem Cisterciensem puro corde diligamus, & dilectionem prædictam non verbo tantùm, sed verbo & opere eidem Ordini ostendere debeamus. Idcircò ad honorem Dei, & gloriosæ Virginis Matris ejus Mariæ, ob remedium animæ nostræ & nostrorum Parentum. Damus & concedimus per nos & Successores nostros Monasterio Vallis-magnæ & vobis Fratri Bertrando Abbati, & Conventui Monachorum ejusdem, & successoribus vestris in perpetuum, totum illum locum ab integro quem habemus in Montepessulano propè illum Furnum nostrum, & juxtà hortum & domos vallis-magnæ antiquas, in quo Judæi Montispessulani sepeliri solebant. Ad faciendum & construendum ibidem studium Theologiæ, ad usum vestri Ordinis Monachorum & aliorum qui in dicto studio scientiam addiscere sacrarum volent scripturarum. Volentes & concedentes vobis & successoribus vestris Abbatibus & Monachis, Monasterii ante dicti, quòd dictum locum cum omnibus melioramentis quæ ibi feceritis, teneatis, & possideatis, cum introitibus, exitibus, confrontationibus suis & pertinentiis universis, à cælo in abissum. Ad faciendum indè vestras proprias voluntates, prout melius dici vel intelligi potest, ad vestrum & vestrorum successorum, bonum, & sincerum proficuum & salvamentum. Vobis tamen facientibus in dicto loco studium suprà nominatum, concedimus istud de donatione istâ quòd dictum locum vendere alicui non possitis, nec aliter alienare; sed quòd semper sit ad dictum studium deputatus. Et quia in isto studio, authorem fundatorem esse volumus & Patronum, recipimus sub nostrâ protectione, defensione, & guidatico speciali; dictum locum & Monachos, ac etiam omnes alios ibidem habitantes sive habitaturos. Vel bona eorum in aliquo loco dominationis nostræ, invadere; offendere, gravare, aut etiam pignorare, culpâ, crimine, vel debito alieno, nisi ipsi fuerint principales debitores, aut pro aliis fidejussores constituti. Nec etiam in his casibus nisi priùs in ipsis fraus inventa fuerit de directo. Mandantes tenentibus locum nostrum, Bajuliis, Curialibus, Consulibus,

II. PARTIE. LIVRE TREZIÉME.

ac aliis Officialibus Montispessulani, & universis aliis Officialibus & subditis nostris præsentibus & futuris, quod hoc quidaticum nostrum firmum habeant & observent, & contrà ipsum non veniant, nec aliquem venire permittant aliquo modo vel aliquâ ratione. Imò dictum locum & alios supra nominatos, & Bona eorum manuteneant, ubique protegant, & defendant. Ipsis autem querelantibus præbeant justitiæ complementum. Quicumque verò contra hoc quidaticum nostrum venire attentaverit iram & indignationem nostram, & pœnam mille marabutinorum sine aliquo remedio se noverit incursurum. Damnis & injuriâ dicto loco, Monachis ac aliis supradictis latis, primitùs & integrè restitutis. Datum Iserdæ septimo Idus Junii. Anno Domini 1263. Testes sunt D. Guillelmus de Entença. Guillelmus de Cardona. Gairaudus de Pinos. Atho de Fabriciis. R. de Guardia. Per manum Raymundi de Rhutenis Notarii.

En consequence de ces Lettres, il fut passé un compromis entre l'Abbé de Valmagne, & la Communauté des Juifs de Montpellier, dans lequel il est dit, que les Juifs aprouvent le don de leur Cimetiére, fait par le Roy au College de Valmagne, & que l'Abbé leur donnera dix livres pour en faire retirer les ossemens de leurs morts.

Cet Acte est dans les Archives de l'Abbaye, d'où j'ai tiré tout ce que je viens de raporter du College de Valmagne.

On y voit aussi un Privilege accordé en 1265. par le Pape Clement IV. aux Réligieux, de se servir de la Maison & College de Montpellier pour leurs études, avec les mêmes libertez, immunitez, & pivileges qui sont accordez aux Freres de leur Ordre étudians à Paris.

LE COLLEGE DE BRESSE.

IL paroît par des Actes qui m'ont été envoyez de Pezenas, que ce College fut fondé en 1358. par *Bernard Trigardy* Evêque de Bresse dans la Lombardie, qui avoit été auparavant Réligieux de l'Abbaye de Valmagne dans le Diocése d'Agde. Son Testament reçû à Bresse par *Conrad-André* Notaire, porte qu'il don-

INNOCENTIUS Episcopus servus servorum Dei, venerabili Fratri Bernardo Episcopo Brixensi, salutem & Apostolicam Benedictionem. Pia fidelium vota ex quibus fructus scientiæ litterarum valeant provenire, Apostolico libenter favore prosequimur, illisque assensum benevolum impertimur. Sanè petitio pro parte tuâ nobis exhibita continebat quod tu de salute propriâ cogitans, & terrena in cælestia, ac transitoria in æterna cupiens felici commercio commutare, proposuisti & intendis de bonis tibi à Deo collatis, & per te licitè acquisitis, in auxilium & juvamen pauperum Clericorum studiis litterarum insudare volentium, quamdem in loco Montispessulani Magalonensis Diœcesis ubi generale studium viget domum fundare, in quâ decem Pauperes Scholares hujusmodi litterarum vacantes studio & nihilominùs in locis ad hoc aptis & congruis perpetuos annuos reditus ex quibus ipsi decem Scholares in ipso studio possint perpetuis successivè temporibus sustentari, ita quòd eorum singulis quinque solidi monetæ Regalis quæ in Regno Franciæ curret pro tempore singulis septimanis, ex ipsis reditibus Ministrentur. Et quòd tu jam motu proprio in ejusmodi tui propositi executione procedens nonnulla, Hospitia & annuos reditus ad effectum dicti operis procedendi, & ordinationes præmissas & alia quæ ad hoc necessaria fuerint faciendi licentiam concedere, necnon tibi quoad vixeris, & post obitum tuum Abbati qui est pro tempore Monasterii Vallis-magnæ Cisterciensis Ordinis, Agatensis Diœcesis, (in quo olim Monachus Professus extitisti) instituendi seu ponendi, & deputandi ejusmodi pauperes Scholares, usquè ad præfatum numerum, eosque exindè pro tuo & post obitum Abbatis prædicti arbitrio liberè, amovendi, tollendi, & revocandi, & alios ibidem collocandi potestatem concedere de Benignitate Apostolicâ dignaremur. Nos itaque hujusmodi pium propositum commendantes, quæcumque per te in præmissis acta sunt, rata & grata habentes, illaque authoritate Apostolicâ approbantes

Iiiii

ne une maison qu'il avoit dans le *Courrau* & Faubourg de Montpellier, pour l'habitation de dix pauvres Clercs de la Ville de Pezenas, dont il étoit natif lui-même; voulant qu'ils fussent pris de sa famille ou de sa parenté, s'ils s'en trouvoit, *in gradu & lineâ præfati Testatoris & de genere suâ stirpis si in eâ extabunt*; & à leur défaut qu'on les prenne indifféremment de la Ville de Pezenas, donnant pour cet effet trois mille quatre cens florins d'or, avec tous ses livres & ses meubles.

Il prit la précaution (comme il avoit été Réligieux) de demander au Pape Innocent VI. la permission de tester, & de faire cette fondation; ce qui lui fut accordé par une Bulle qui est inserée dans son Testament.

On ajoûte que s'étant fait porter à Montpellier, il y mourut en 1360. ayant nommé pour son Executeur Testamentaire le Cardinal d'Albane, qui ne crut ne pouvoir mieux placer son argent, que sur les Consuls de Montpellier, qui empruntoient alors pour des besoins pressans de la Ville. Ils fournirent assez long-tems à l'entretien de ces Etudians, mais peut-être avec trop de profusion; car environ quarante ans après, ils prétendirent y avoir employé au-delà des capitaux qu'ils avoient reçû; ce qui donna lieu aux Abbez de Valmagne, Protecteurs de ce College après la mort du Cardinal d'Albane, de faire assigner en Cour de Rome les Consuls de Montpellier, qui se plaignirent au Roy Charles VI. de ce qu'on les apelloit hors du Royaume. Sur quoi le Roy donna ses Lettres du 12. Août 1405. par lesquelles il commet le Gouverneur de Montpellier, pour oüir les parties sur les lieux, & terminer leur different sans forme de procès, *absque strepitu & figurâ judicii.*

Nous ne sçavons pas bien quelle fut la Sentence du Gouverneur, mais nous ne trouvons plus des vestiges de ce College; & s'il en resta encore après le tems dont nous parlons, il est certain qu'il finit entiérement durant les troubles de la Réligion.

Fraternitati tuæ hujusmodi licentiam, per te super his ut præmittitur postulatam authoritate Apostolicâ largimur. Ac tibi quoad vixeris, & post obitum tuum ejusdem Abbati Vallis-magnæ jus & potestatem prædictam in perpetuum concedimus. Jure quolibet alieno in prædictis semper salvo. Non-obstantibus dicti Cisterciensis Ordinis Professoribus existentibus, necnon constitutionibus & Privilegiis Apostolicis vel aliis statutis & consuetudinibus Ordinis, Monasterii & studii prædictorum contrariis.

Nulli ergo omnino, &c... Datum Avenione septimo Idus Februarii. Pontificatûs nostri anno primo. C'est-à-dire, en 1352.

LE COLLEGE DE GIRONE.

LE procez qu'il y a eu de nos jours au sujet du Collége de Girone, donna lieu à une transaction, d'où l'on peut tirer plusieurs éclaircissemens, pour la connoissance de ce Collége.

Elle porte, que Jean Brugerie de la Ville de Girone, voulant fonder à Montpellier deux places d'Etudians en Medecine, natifs de la même Ville, légua par son Testament, la somme de huit cens écus d'or, pour être employez à l'achat de quelque bien-fonds, qui pût servir à l'entretien desdits Etudians, & nomma pour son executeur testamentaire, & pour Patron, Messire Jean du Verger Président au Parlement de Languedoc, séant alors à Montpellier, lequel ayant requis *Catherine Boubal* heritiére de Jean Brugerie, de payer ladite somme de huit cens écus d'or, pour être employez conformément à la volonté du Testateur, elle ceda par Acte du onze Décembre 1468. une maison, dont ledit Collége joüit actuellement vis-à-vis celui de Mende, & quelques biens-fonds consistans en métairies, Cazal, Devois, & terres situées dans les Paroisses de Londres, Roüet, & Saint Martin de Londres, avec leurs appartenances & dépendances.

Il paroît par un Acte du 21. Juillet 1553. raporté dans la transaction que les Collégiez avoient joüi de l'effet de cette cession jusqu'aux troubles des Calvinistes, durant lesquels, la Ville de Girone ayant discontinué d'envoyer des Ecoliers à Montpellier, noble Simon de Gauzon, Seigneur de Boutonet, & Patron du Collége de Girone, en qualité d'héritier de Jean de Verger, vendit en l'absence des Collégiez (pour le prix de sept cens cinquante écus-sol) toutes les terres apartenantes à leur Collége, à noble François de Roquefeüil Seigneur de Londres.

Les Seigneurs de Londres en joüirent, jusqu'au rétablissement de la Réligion Catholique à Montpellier, où les Freres Prêcheur de cette Ville, prétendant que le Collége de Girone étoit abandonné, obtinrent du Roy Loüis XIII. un don de tous les biens qui lui avoient apartenu ; mais lorsqu'ils voulurent en prendre possession, les Consuls & Jurats de la Ville de Girone, s'y oposerent comme n'ayant été oüis ni apellez ; & ayant mis en instance le Seigneur de Londres avec les Freres Prêcheurs, ceux-ci furent déboutez de leurs prétentions par Arrêt du Parlement de Touloufe du 21. Mars 1642. & les Sindics de la Ville de Girone maintenus dans la possession des biens dépendans de ladite fondation, pour les fruits d'iceux être employez à l'instruction de deux Ecoliers de la Ville de Girone.

Par ce même Arrêt, le Sr. de Roquefeüil fut condamné à désister des biens du Collége, ce qui donna lieu à plusieurs vérifications sur la consistance des biens, qui se trouvant confondus avec ceux du Seigneur de Londres, rendirent la conclusion du procez plus difficile.

Enfin les parties ayant pris le parti d'en venir à une transaction, il fut convenu que les terres en litige, resteroient en propre au Seigneur de Londres, moyennant une rente annuelle de deux cens cinquante livres qu'il payeroit au Sindic du Collége de Girone, & pour la restitution des fruits qu'il avoit perçu depuis plus d'un siécle, il payeroit une seule fois neuf mille livres, pour être employées à la réparation du Collége.

L'execution de ce dernier article a été diferée jusqu'à présent ; car le local du Collége est encore vacant, comme il l'étoit au tems des troubles de la Réligion : son emplacement est toûjours vis-à-vis du Collége de Mende (comme il a été dit) & son entrée attenant la maison de *Patrij*, où l'on voit encore une porte de pierre de taille dans le goût du quatorziéme siécle.

Il est apellé dans quelques Actes, le *College de Boutonet*, peut être parceque Simon de Gozon Seigneur de Boutonet étoit succedé au droit de patronage de ce Collége, au Président du Verger dont il étoit héritier ; mais il ne paroît pas que ce droit fut attaché à sa Seigneurie, quoiqu'il le fût à sa personne.

LE COLLEGE DE MENDE.

DIT, DES DOUZE MEDECINS.

J'Ai raporté dans le cours de cette Histoire, la Bulle de fondation de ce Collége, faite par le Pape Urbain V. en 1369. où l'on voit les motifs qu'il eut dans cet établissement, & les confronts de la maison qu'il fit bâtir pour douze étudians du Diocése de Mende, dont il étoit originaire lui-même.

J'ajoûterai seulement, que nous ne trouvons point les réglemens qu'il promet dans sa Bulle de leur donner un jour, non plus que la dotation qu'il leur fait esperer. Il y a lieu de croire qu'il chargea de leur pension, les Moines de St. Germain, à qui les Chanoines de Saint Pierre ont succedé, & qui payent tous les ans une certaine somme aux Etudians de ce Collége, qui sont présentez au Chapitre par l'Evêque de Mende.

Il y avoit une riche Bibliothéque de Manuscrits, que le Pape Urbain V. avoit pris soin d'y ramasser. Les places en étoient si bonnes qu'on les regardoit comme les meilleures de toutes les fondations qu'il y avoit à Montpellier : ce qui donna lieu sans doute à l'Inscription qu'on mit alors sur la porte du College, & qui y subsiste encore.

FELICES VIGEANT MEDICI, QUOS PAPA CREAVIT

URBANUS QUINTUS, QUI MIMATENSIS ERAT.

LE COLLEGE DU VERGIER.

AUTREMENT, DE LA CHAPELLE NEUVE.

L'Acte le plus positif que nous ayons sur la fondation de ce College, est un Procès-Verbal fait par Guillaume Panisse Juge du Gouvernement de Montpellier, adressé au Prieur & Supôts des deux Facultez de Droit, & de Médecine, où il est dit.

Que ce College fut fondé, & doté, premiérement par Me. *Jean Brugerie*) Médecin du Roy, pour deux Etudians en Médecine ; & ensuite par Noble & Puissant Seigneur Jean du Vergier, Président au Parlement de Toulouse, pour deux autres Etudians en Droit, dans une maison située à la ruë de la *Coyraterie*.

Il raporte la teneur des Lettres du Roy Loüis XI. adressées à Jean du Vergier Président au Parlement, & à Hubert Malenfant ses Conseillers au Parlement de Languedoc, portant, que Pierre Matte Trésorier du Roy en la Ville & Baronnies de Montpellier & Omelas, lui a exposé que feu Jean Brugerie Maître-ès-Arts & Docteur en Médecine, auroit légué par son Testament huit cens écus d'or, avec plusieurs Livres de Médecine, pour l'établissement d'un College où deux Ecoliers en Médecine acheveroient le cours de leurs études : & qu'après la mort dudit Brugerie, ses executeurs testamentaires auroient donné une maison située en la ruë de la Coyraterie, avec des meubles & immeubles pour la valeur de sept cens écus d'or ; ce qui néanmoins auroit souffert difficulté par le peu de soin de certains Arragonois ennemis du Roy qui laissoient dissiper les Livres leguez par ledit Brugerie jadis notre Médecin (dit Loüis XI.) *qui cum in humanis ageret noster Medicus & Physicus fuit, & plurima grata nobis impendit officia.* C'est pourquoi le Roy mande *à du Vergier*, & à Malenfant, qu'ils ayent à prendre soin de ce College, lequel Sa Majesté confirme & aprouve, donnant pouvoir à chacun d'eux, l'un pour l'autre, de faire des Statuts & Réglemens pour cette maison, & d'augmenter le nombre des Ecoliers, si les revenus en devenoient suffisans. Donné à Peronne le 30. Août 1468. & de son regne le huitiéme.

En consequence, les Srs. du Vergier & Malenfant, en qualité de Commissaires du Roy, dresserent les Statuts suivans, où d'abord ils marquent les confronts de ce College, dont le logement avoit jadis apartenu à Jean Raymond *Coyratier* habitant de Montpellier ; laquelle maison (disent-ils) donne d'un côté sur la ruë qui porte son nom, & de l'autre sur la ruë qui va de la Coyraterie au Pile St. Gilles.

Ils déclarent qu'à la priere expresse de *Pierre Matte* Patron de ce College, il sera apellé *College du Vergier*, en reconnoissance des bienfaits que ce Seigneur a fait, & veut faire pour cet établissement, en fondant la Chapelle dite *de Brocamin* dans l'Eglise de Notre-Dame des Tables à l'Autel de St. Jean : laquelle Chapelle (dont ledit Seigneur du Vergier a le patronage) il donne pour la fondation de ce College, avec quantité d'autres effets pour son érection & dotation : ce qui oblige ledit *Pierre Matte*, de reconnoître que ledit Seigneur du Vergier en est le Fondateur, & que sans ses soins, ce College n'auroit jamais été rétabli.

» On régle donc qu'à l'avenir il y aura dans ce College quatre Collegiez, dont les

deux pourront étudier en Médecine, si le Patron le juge à propos, & les "
deux autres à la Jurisprudence, si on les y trouve propres, auxquels on donne- "
ra un serviteur pour les servir dans les choses necessaires: que si on ne trouve "
pas des sujets propres pour l'étude de la Médecine, on laisse à la volonté du "
Patron *Pierre Matte*, & de ses Successeurs, de les faire étudier tous quatre à la "
Jurisprudence, & ils vivront tous, tant des biens donnez par *Brugerie*, que par "
du Vergier. "

Les Collegiez ne pourront être reçûs qu'ils n'ayent donné des répondans de "
leur sage conduite, lesquels s'obligeront de réparer les dommages que les Collegiez "
auroient causé à la maison, même par faute legere. "

Tous les ans à la fête de St. Jean, le Patron nommera un Prieur d'entre les "
Collegiez, qui aura la préference sur les autres. Il prêtera serment entre les "
mains du Patron ou de son Procureur, auxquels tous les mois il rendra compte "
de l'administration des biens du College, & il sera libre au Patron de le desti- "
tuer, ou de le continuer plusieurs autres années, en lui faisant renouveller son "
serment, & l'obligation de rendre compte. "

Les clefs de la maison seront toûjours entre les mains du Prieur, qui prendra "
soin de la faire ouvrir, & fermer, aux heures convenables. "

Il prendra soin de faire enchaîner sur des Pupitres, les Livres délaissez par "
Jean Brugerie, de la maniere qu'on fait dans les autres Bibliothéques, dont on "
fera autant de clefs qu'il y aura de Collegiez : & à la fin de chaque année le "
Prieur vérifiera les Livres, & en remettra un Inventaire au Patron, ou à son "
Procureur. "

Le Patron, à toute heure du jour & de la nuit, pourra visiter les Chambres "
des Collegiez, & les punir selon leurs fautes. "

S'il arrive qu'on établisse des Ecoles dans ce College, le Prieur (s'il en est ca- "
pable) pourra y enseigner. "

La pleine & entiere disposition pour le choix des Collegiez, qui seront pris "
de quelque païs que ce soit, *undecumque assumendorum*, apartiendra au Patron "
Pierre Matte, & à ses Successeurs, ou ayant cause; & ils établiront les Collegiez "
en leur place, sans être tenus d'en donner aucune participation au Prieur, aux "
autres Collegiez, ni à aucun Préteur ou Juge. "

Les Collegiez vivront ensemble dans la même maison, & mangeront à la "
même table, à laquelle ils ne pourront admettre aucun étranger. Ils ne pour- "
ront aussi lui donner entrée dans la Bibliothéque, sans qu'aucun d'eux ne soit "
présent, durant tout le tems que l'étranger y étudiera. Ce qui (ajoûtent ils) est "
si important, que plusieurs autres Bibliothéques se sont perduës, faute de cette "
précaution, & que les Livres ont été mutilez ou emportez. "

Le Patron, ou son Procureur, pourra faire changer de chambre tant le Prieur "
que les Collegiez, qui seront tenus de lui obéïr en cela, afin qu'il n'arrive point "
de contestation, ni de procès sur cet article, comme il en est arrivé en plusieurs "
autres Colleges. "

Ils ne pourront s'absenter de la maison sans la permission du Patron, qui sans "
autre forme de procès, pourra dans ce cas donner leur place à un autre. "

Ceux qui étudient en Médecine, pourront demeurer six ans dans le College, "
y compris le tems qu'ils auront employé (avec la permission du Patron) à pra- "
tiquer ailleurs : & ceux qui étudient en Droit, pourront y demeurer cinq ans. "
Que si après avoir employé tout ce tems à l'étude du Droit Civil ou Canoni- "
que, ils veulent étudier à l'autre, le Patron pourra leur accorder un second "
quinquennium, & renvoyer même à la Grammaire, ceux qu'il verroit n'être pas "
assez forts pour la Médecine ou pour le Droit, sans toutefois qu'ils perdent "
leur place. "

Tous les Etudians du College seront tenus d'assister aux leçons de leur Doc- "
teur, à celles des Licentiez ou Bacheliers, & à tous les Actes publics de l'Uni- "
versité. Et lorsqu'ils auront rempli leur tems d'étude, ils feront leurs leçons pour "
al Licence & pour le Doctorat, faute de quoi ils pourront être chassez par le "
Patron. "

„ Le Prieur & les Collegiez diront tous les jours l'Office de la Vierge, & celui
„ des Morts, avec l'Oraison pour *Jean Brugerie*, Fondateur de deux places dans
„ leur College, & pour la prosperité du Seigneur Jean du *Vergier*, qui en a fon-
„ dé deux autres. Ils recevront le Sacrement de l'Eucharistie du moins deux fois
„ l'année, à moins que leur Confesseur ne le juge autrement.

„ Outre les prières ordinaires à la fin & au commencement du répas, ils diront
„ un *De profundis*, avec deux Oraisons.

„ Le Jeu leur est défendu, tant au-dédans qu'au-dehors de la maison : ils n'y
„ auront aucun chien; & il suffira qu'il y en aye un pour la garde commune ; ils
„ ne pourront porter d'epée, *ultra mensuram unius palmi* ; ils n'iront de jour ni
„ de nuit par la Ville avec des armes, & n'introduiront point dans le College des
„ femmes suspectes, sous peine de privation de leur place. "

„ Les absens ne joüiront point des fruits de la maison, & les présens se con-
„ tenteront d'une nourriture frugale, afin que le surplus des revenus de la maison
„ puisse être employé aux reparations. Sur quoi on cite cet axiome, *pro præsen-*
„ *tibus modicum pro absentibus nihil*.

„ Ils se rendront au son de la cloche à tous les exercices du College, comme
„ au dîner & souper. Ceux qui y manqueront seront privez du pain, du vin, &
„ de la pitance.

„ Nul ne prendra les Grades de Bachelier, Licentié, ou Docteur, aux dépens
„ du College.

„ S'il tombe malade, on ne lui donnera des biens du College, que la seule por-
„ tion qu'il auroit en santé ; mais s'il vient à mourir sans laisser de quoi payer sa
„ sepulture, le College en fera les fraix du consentement du Patron.

„ Nul marié ne peut être reçû dans la maison ; mais à l'égard d'un homme veuf
„ le Patron pourra user de dispense.

„ Et parce que la peste qui a affligé le Languedoc dans les années précédentes, a
„ ruiné plusieurs Colleges, en causant la désertion des Ecoliers, & la ruine des bâ-
„ timens : Nous, Juge & Commissaire du Roy, Ordonnons que tous les Actes quels
„ qu'ils soient, seront passez au nom du Patron du College, qui doit en être regar-
„ dé comme le fondement solide, & auquel apartient l'entiere disposition des
„ biens de la maison. Que si le Prieur ou les Collegiez vouloient aller contre ce
„ Réglement, nous déclarons en vertu de l'autorité Royale qui nous est confiée,
„ nulles de plein droit, toutes les opositions qu'ils pourroient y faire.

„ Que si par Guerre, Peste, ou autres fleaux de Dieu, les révenus du Collége
„ venoient à périr, le Patron pourra diminüer le nombre des Ecoliers, & suprimer
„ le Serviteur qui y sert à present ; comme aussi il pourra les augmenter, si les re-
„ venus devenoient plus grands, par l'union de quelque benefice, donation, ou
„ autres moyens.

„ Le Prieur ni les Collégiez, ne pourront se soustraire à l'autorité de leur Patron
„ sous quelque prétexte que ce soit, même sous celui d'excommunication ou d'in-
„ terdit, qu'il auroit encouru.

„ Ledit Patron pourra loger dans le Collége avec ses serviteurs, & il en adiminis-
„ trera tous les biens, avec un plein & entier pouvoir.

„ Les quereleurs & les mal-vivans, seront chassez de la maison, sans esperance
„ d'y rentrer jamais.

„ Le Patron aura le pouvoir de construire une Chapelle, dans l'enclos du Col-
„ lége ou attenant. Les Collégiez qui seront Prêtres, seront tenus d'y dire la Messe
„ deux fois la semaine, aux jours que le Patron leur marquera ; & en attendant
„ qu'elle soit construite, ils diront la Messe à Nôtre-Dame des Tables.

„ Tous les Collégiez, de quelque condition & qualité qu'ils soient, jureront entre
„ les mains du Patron, de lui être obéïssans, de garder les présens Statuts, & de
„ procurer de tout leur pouvoir le bien & l'utilité du Collége.

„ Fait & publié dans le Collége du Vergier le 19. Novembre 1468. en présen-
„ ce de temoins, &c.

Quelque tems après, Jean du Vergier qui étoit Conseiller-Clerc, unit à son
College le Prieuré de St. Cristol Diocése de Nîmes dont il joüissoit. Ce Bénéfi-

ce fait maintenant le principal revenu du College, qui entretient quatre Collegiez, "
dont le premier eſt Eccleſiaſtique, & a le titre de Prieur : ſa place eſt à vie, "
& celle de trois autres, n'eſt que pour cinq ans. Ils ſont nommez par les Profeſ- "
ſeurs & Agregez de la Faculté du Droit, comme il a été réglé par divers Ar- "
rêts de Parlement. "

COLLEGE DES JESUITES.

LE Roy Loüis XIII. étant venu dans le Languedoc en 1629. pour les raiſons que nous avons dit dans le cours de cette Hiſtoire, fit expedier à Nîmes le 15. Juillet de la même année, un Brévet où il eſt dit, ,, que Sa Majeſté vou- " lant donner moyen à ſes Sujets de Languedoc, d'être mieux inſtruits que par " le paſſé, tant en la Doctrine Chrétienne qu'ès Sciences humaines & Philoſo- " phie, a ordonné, que dans la Ville de Montpellier (une des principales dudit " Pays) il ſera établi un College de la Compagnie de Jeſus, au lieu où eſt à " preſent le College des Humanitez. La dotation duquel, avec les apartenances, " dépendances, privileges, droits, & exemptions, Sa Majeſté donne & octroye " aux Peres de la Compagnie de Jeſus. "

En conſequence de cet Ordre, les Conſuls de Montpellier mirent ces Peres en poſſeſſion de l'ancien College ; & Mr. de Fenoüillet pour agrandir leur logement, donna la Sale (dite) de l'Evêque, qui n'en étoit ſeparée que par une ruë, ſur laquelle on jetta un Pont de bois pour communiquer de l'un à l'autre.

Ces Peres reſterent dans ce logement, compoſé de differentes maiſons, juſqu'en 1680. où la Ville voulant leur donner le moyen de ſe loger plus commodément, leur donna trente mille livres, & le Roy leur accorda l'emplacement du petit Sceau, & la ruë, dite, de Montpelieret, pour pouvoir porter leur nouveau Bâtiment ſur les fondemens des anciennes murailles de la Ville.

Cet édifice ayant été mis en l'état où on le voit aujourd'hui, la Ville fit commencer, à ſes dépens, la Cour des Claſſes, qui étant achevée, fera de cette maiſon, un des plus beaux Colleges qu'ils ayent dans le Royaume.

Les agrémens qu'on y trouve, la font rechercher avec empreſſement par ceux qui ſont les plus avancez en âge ; ce qui fit dire à un de leurs Généraux, *quid eſt illud Monſpelium ad quod omnes ſenes accurrunt tanquam ad arborem vita?* Leurs Superieurs l'ont toûjours pourvûë des meilleurs ſujets de leur Province, parmi leſquels celui dont la mémoire eſt en plus grande vénération, eſt ſans contredit Saint Jean-François *Regis*, qui fit ſa profeſſion dans cette Maiſon, le 6. Novembre 1633. comme on le voit écrit de ſa main dans leurs Régîtres.

COLLEGE DE STE. ANNE.

LOrs du rétabliſſement des Etudes, après le Siége de Montpellier, on commença de donner le nom de Collége Sainte Anne, à la maiſon qui ſert aujourd'hui de ſiége à la Juriſdiction du petit Sceau Royal de Montpellier, parcequ'on y établit alors ſous le regne de Henry IV. les Ecoles du Droit, qui avoient été auparavant à la Tour de Sainte Eulalie. On ne doute point qu'*Etienne* Ranchin, Profeſſeur en cette Faculté, ne contribuât beaucoup à cet établiſſement ; tant à cauſe du grand déſir qu'il en avoit, & qu'il témoigne dans pluſieurs endroits de

Dans la Préface de ses Déci-sions. ses ouvrages, que par l'inscription que son fils François Ranchin, Chancelier en Medecine, fit graver sur la façade du Collége Sainte Anne, où on lit.

D. M.

Stephani Ranchini Ucceticensis in supremâ subsidiorum Curiâ Senatoris, & in Placentineâ Accademiâ Professoris primarii : Florentissimæ familiæ parentis. Qui anno Dñi. M. D. LXXXIII. ÆTATIS LXXIII. Professionis XL. in hoc Montepelio diem obiens novissimum, ut posteris suum erga hanc Scolam testaretur amorem, in proximâ D. Annæ Æde corpus condiri testamento jussit.

D. quoque M.

Guillelmi Ranchini Monspeliensis, Stephani filii, & ejusdem in Placentineâ professione Successoris. Viri Consularis, & in Tribunali Tolosano Senatoris, defuncti & sepulti in Montepelio. Anno M. DC. V. ÆTAT. XLV. FRANCISCUS RANCHINUS CANCELLARIUS UNIVERSITATIS MEDICINÆ, *illius post quinque alios filius, licet uterque in scriptis perennet, memor tamen Paternæ Benedictionis in quâ defecit, & Fraternæ pietatis. Posuit anno Domini. M. DC. XVI.*

Ce College servit aux Ecoles du Droit jusqu'en 1682. qu'elles furent transferées au College du Vergier, ou de la Chapelle Neuve, pour les raisons que j'ai dit ailleurs ; & l'on mit alors au College Ste. Anne, la Cour Royale du petit Sceau, qui y subsiste encore.

RECUEIL
D'ARNAUD DE VERDALE
EVEQUE DE MAGUELONE,
Sur les anciens Evêques ses Prédécesseurs.

IN Nomine Sanctæ & individuæ Trinitatis, Patris, & Filii, & Spiritûs Sancti. Amen.

Incipit Catalogus Episcoporum Magalonensium, per Reverendum in Christo Patrem D. Arnaldum de Verdala, Dei providentiâ Magalonensem Episcopum editus & etiam publicatus. Et primò incipit Prologus sic.

Sanctorum Machabæorum gesta referunt, & describunt, quòd Matathias appropinquans morti suæ, dixit filiis suis : mementote operum patrum quæ fecerunt in generationibus suis, & accipietis gloriam magnam & nomen æternum. Et quoniam omne datum optimum, & omne donum perfectum desursum est, descendens à patre luminum. Sicut legitur Jacobi cap. 1°. Quià etiam cujus donum, vel munus frequentèr aspicitur, hujus memoria districtiùs retinetur, prout in Concilio Viennensi tit. de Reliquiis n°. 2. Circà medium continetur, idcircò donum istud, nobis in verbis præassumptis divinitùs inspiratum, debemus æternâ memoriâ commendare. *

Machab. cap. 2.

Igitur nos Arnaldus de Verdala, Juris utriusque Professor Minimus, Magalonensium Episcopus licèt indignus, opera, gesta seu facta Episcoporum prædecessorum nostrorum Magalonensium volentes colligere, ut indè nomen æternum & gloriam accipere mereamur, ipsa ad æternam rei memoriam, authoritate nostrâ ordina-

---

* Le Pere l'Abbé dans cet endroit, a supprimé le reste de la Préface, qui ne fait rien à l'Histoire de Maguelone, j'en use de même pour cette raison.

riâ duxi**...**
fis Ecc..._{us} publicanda, & in Archivis publicis noſtræ Magalonen-
fufc... ...leſiæ conſervanda, ne traditiones quas antiquitùs à patribus
o... ...pimus, violentur. Quarè, rogati à devotis noſtræ Eccleſiæ, ut
...ium devitemus, divino auxilio invocato, catalogum hujuſmodi
duximus ordinandum.

Sanè poſt primum annum Caroli Imperatoris, qui circà annum
Domini 727. vel circà imperavit, Sarraceni per mare diſcurrentes
intrabant inſulam Magalonæ, *per Gradus* * & indè caſtra circùmja-
centia vaſtabant, ideò à dictâ inſulâ per dictum Carolum Sarrace-
nis exactis, ædificiis & Eccleſiâ funditùs dirutis, ne ibi Sarraceni
poſſent recipi, & Canonicis tunc ſæcularibus exiſtentibus ad montem *de Subſtantione* mutatis, privilegia, regiſtra, & monumenta
ipſius Eccleſiæ Magalonenſis perdita & deſtructa fuerunt. Quapropter paucas ſcripturas antiquas præteritorum temporum, potuimus reperire, quibus de ſtatu dictæ Eccleſiæ ſeu Epiſcoporum
mortuorum daretur nobis cognitio. Illos autem quos reperire potuimus in præſenti catalogo duximus regiſtrandos. Quocircà non
miretur diſcretio legentium, quòd primum principem ſeu fundatorem hujus Eccleſiæ minimè recenſeamus, cum nihil de illo potuerimus invenire.

BOËTIUS.

BOËTIUS Epiſcopus Magalonenſis, qui anteà Carpentora-
cenſis Epiſcopus fuerat, & tali nomine anno 588. Matiſco-
nenſi Concilio interfuerat, hoc anno 589. tertio Concilio Toletano per Geneſium Eccleſiæ Magalonenſis Archidiaconum, & Boëtii Vicem-Gerentem interfuit, ut ex actis hujus Concilii comper-
tum eſt.

Quod Concilium anno quarto piiſſimi, ac Deo fideliſſimi *Re-
caredi* Regis Hiſpaniarum, ſub Pelagio Papa ſecundo Congregatum fuiſſe tradunt omnes Hiſtorici.

Cum autem *Leo-Vigildus* decimus-quartus Gothorum Rex, *Gois-
Vintham* Athanagildi Regis filiam ſibi matrimonio conjunxiſſet,
& anteà eidem Regi à *Theodoſiâ* aliâ ſibi uxore filii duo fuiſſent,
quorum ſenior *Hermenegildus*, junior *Recaredus* nominabatur, *Leo-vigildus*
maximo odio proſecutus eſt filium ſuum *Hermenegildum*, eo quod à
Sectâ parentum abhorreret, & edoctus Chriſtianam Religionem
per filiam *Childeberti* Regis Francorum, quam ſibi in matrimonium
conjunxerat, palam ſe Chriſtianum profeſſus eſſet, eum tandem
extremo capitis ſupplicio adfecit. Quâ de re Paulò poſt pœnitens,

---
* *Gradus Grau*, ou paſſage des eaux de la Mer dans l'Etang.

ac septem dies in fletu perdurans, pro iis quæ contrà Deum *& Hermenegildum* filium iniquè, & crudeliter molitus erat, spiritum exhalavit *Leo-vigildus*.

Ei *Recaredus* alter filius successit. Sed patri multò dissimilis fuit, & ab ineunte ætate Christianissimus, eò quòd à *Leandro* Hispalitano Episcopo, & à *Fulgentio* præsule in fide Christianâ institutus, primo sui Regni anno tam blandis verbis quam firmis rationibus, multis Episcopis, & pluribus proceribus Arianis, hanc hæresim abjurare persuasit, ac sanctissimo Decreto statuit, ut bona Ecclesiæ quæ à predecessoribus suis ablata, & in publicum addicta fuerant Ecclesiasticis restituerentur.

Præterea, quarto regni sui anno ob extirpandam Arianam hæresim, & reparandum sanctæ Ecclesiæ statum, hoc Concilium Toleti celebravit, cui sexaginta duo, vel septuaginta Episcopi, tam Ultramontani, quam Citramontani, præter sex Metropolitanos interfuere. Quorum authoritate & decreto Ariana hæresis condemnata est, & in hac sanctâ Synodo, Rex ipse Recaredus miseratione Divinâ compunctus, cum *Baddâ* uxore suâ & omnibus Gothorum proceribus, multis præsulibus, qui hanc hæresim diù professi erant, se Catholicæ legi subdiderunt, & accepto sanctæ Crucis signaculo, cum chrismatis unctione, crediderunt Jesum-Christum Filium Dei æqualem cum Spiritu sancto, regnantes in sæcula sæculorum.

Et quoniam in quartâ hujus Concilii sessione Ordinatum fuerat, quòd Judæis non liceret Christianas habere uxores, nec in usus proprios mancipia comparare Christiana, nec alia officia publica agere posse, unde eis occasio tribueretur pœnam Christianis inferre, ideò Judæi omnem moverunt lapidem, & totis viribus has constitutiones infestas facere nisi sunt. Imò ingentem pecuniam Recaredo promiserunt, si eas rescindere vellet, sed piissimus Rex ad id consentire noluit, & accuratam hac de re Gregorio, qui in Pontificatu Pelagio successerat, Epistolam scripsit. Et interim ipse Rex Recaredus, ut notatur in compendio Historiali Roderici Toletani, Gironam appulit, & ibi ad sepulchrum Sti. Felicis coronam Regiam Deo dicavit, & accepto responso non solùm hujus Concilii constitutionibus subscripsit, sed & suâ authoritate Regiâ sigillo regni confirmavit; quin imò, ut & ipsa *Bedda* Regina uxor sua, & quotquot Pontifices, & proceres qui Concilio ad fuerant, ei subscriberent. Eodem anno 589. ipsemet Boëtius secundo Narbonensi adfuit, cujus præfatio fuit sic : In Nomine Domini nostri Jesu-Christi, anno feliciter quarto Regni Domini nostri Gloriosissimi Recaredis Regis Narbonæ *Migetius*, *Sedatius*, "

" *Benenatus*, *Boëtius*, *Pelagius*, *Nigridius*, *Agrippinus* & *Sergius*, Episcopi
" Galliæ Provinciæ, Concilia antiqua patrum, vel decreta, cum
" Dei timore observare cupientes. Nos in urbe Narbonæ, se-
" cundùm hoc quod sancta Synodus per ordinationem glorio-
" sissimi Domini nostri Regis in urbe Toletanâ definivit, die
" Kalendarum Novembris, Deo auspice, in unum convenimus,
" & aliquanta quæ piè & justè sunt edita, recapitulare fecimus,
" quæ in ipsâ Synodo tenore Capitulorum evidenti jure decla-
" rantur. In quorum Capitulorum subscriptiones sunt.

" *Migetius* in Christi nomine, Ecclesiæ Catholicæ Narbonensis
" Episcopus, has constitutiones, secundùm quod nobis, & fratribus
" nostris Deo inspirare placuit, relegi & subscripsi.

" *Boëtius* in Christi nomine Ecclesiæ Magalonensis Episcopus
" in hac constitutione interfui, & subscripsi.

Vixit ipse Boëtius, ut probabile est, in Episcopatu, viginti-no-
vem, vel triginta annis.

GENESIUS.

GENESIUS Episcopus Magalonensis, eum esse puto, qui
ut Archidiaconus, & Boëtii Procurator, tertio Concilio Toletano interfuit. Ipsi Boëtio in Episcopatu successit, anno 628.
vel 629. interfuit quarto Concilio Toletano, per Stephanum
Archidiaconum Magalonensem, & Vicarium suum, ut patet
inscriptionibus ejusdem Concilii, quod quidem Concilium Congregatum fuit à *Sisemundo* Gothorum Rege, qui ope Francorum
Hispaniæ Regnum adeptus, plurimas urbes subjecit, & Judæos
sub pœnâ mortis baptisari præcepit: cui mandato multi metu
mortis steterunt, multi tamen corpore tantùm, non corde abluti,
ad ipsam quam priùs habuerant perfidiam regressi sunt. Plerique
ex eis blasphemantes in Christum, non solùm Judaïcos ritus sequi,
sed etiam abominandas Circumcisiones exercere presumpserunt.
De quibus consulti piissimi, ac Religiosissimi patres decreverunt,
quòd deinceps nulla vis inferretur Judæis ad credendum, *cui*
" *enim vult Deus miseretur & quem vult indurat*. Non ergò vi, sed liberâ
" voluntate ut convertantur suadendi sunt, nec penitus impel-
" lendi. Qui verò jampridem ad christianitatem coacti fuerunt,
" si Sacramentis divinis Sociati, & baptismi gratiam susceperunt,
" & Corporis, ac Sanguinis Domini facti sunt participes, opor-
" tet, ut fidem, quam vi, vel necessitate amplexi sunt, tenere
" cogantur.

Vixit idem Genesius in Episcopatu annis triginta-quinque, vel
circiter.

EUMERIUS.

*EUMERIUS in Episcopatu Magalonensi, anno Domini 660. successit Genesio, & anno quinto *Recesvindi* Gothorum Regis interfuit Concilio Toletano, ubi authoritate quinquaginta-duorum Episcoporum, & plurium Abbatum, & Procuratorum, sanctissimè ordinatum est præter alia.

"Ne quis pretextu incommodæ ægritudinis quadragesimæ je-
"junium solvat. Quod si quis esum carnium hoc tempore præ-
"sumpserit attentare, non solum reus erit Dominicæ resurrectio-
"nis, verùm etiàm alienus ab ejusdem sanctâ communione, &
"hoc illi cumulabitur ad pœnam, ità ut toto illius anni curri-
"culo, ab omni esu carnium abstineat gulam, quia sacrorum
"dierum oblitus est disciplinam. Ille autem, quem morbus incur-
"vat, aut langor extenuat vel necessitas arctat, nihil à se præ-
"sumat accipere, nisi à sacerdote permissum ei fuerit."

Per hæc ipsa tempora Eumerius, cum esset vir eloquentiâ insignis, & in disputando vehementissimus, adversus quemdam *Pelagium* & *Thudinum* Hæreticos, qui in hac Galliâ Gothicâ juxta *Helvedii* hæresim affirmabant Mariam Beatissimam Virginem, post Christum, alios de viro suo Joseph suscepisse filios, impugnare non destitit. Vixit in Episcopatu annis 12. vel ut probatum est, decem, & septem.

GUIMILDUS.

GUIMILDUS Eumerio successit anno à Nativitate Christi 672. & si *Beutharum* audimus anno 677. sub Rege *Vamba* 24. Hispaniarum Rege.

Tradunt autem Historici quòd postquam Vamba Toleti summo cum apparatu Rex proclamatus fuit, & in templo Divæ Mariæ Regiis insignibus decoratus, quidam *Authildericus* Comes Nemausensis, à Superiorum Regum Decretis deficiens, Judæos in Provinciam suam denuò invexit, & faces rebellionis in eam injecit, atque ad defectionem, universam Gothiam Gallicam impulisse retulerunt certissimi nuntii. Cui adhærentes Guimildus Magalonensis Episcopus, & Ramirus Abbas, *Aregium* Nemausensem de suâ sede

---

* Ste. Marthe, dans le *Gallia Christiana*, & Garriel dans le *Series Præsulum Magalonensium*, n'ont pas compris *Eumerius* parmi les Evêques de Maguelone, parce qu'ils l'ont regardé comme un simple Abbé, qui assista au Concile de Tolede, dont il est ici parlé. J'ai suivi leur sentiment au commencement de ce volume, en donnant la suite de nos Evêques; mais en raportant les écrits de Verdale, je n'ai pas crû pouvoir suprimer ce qu'il a dit d'*Eumerius*.

expellunt, & cum Rebellibus circumjecta nemausi loca invadunt & occupant.

Rex igitur Vamba justum conflans exercitum, duce Paulo de mortui Regis Cognato, jubet illicò in hanc Provinciam transportari, ut illa conjurationis bella retunderet. At ille perfidus arma regia in ipsum Regem convertit, & Narbonâ captâ, nomen, & insignia Regis sibi vindicavit, quodque ut faciliùs exequatur, jubet asportari Diadema quod in fano Sti. Felicis Gerundensis Rex *Recaredus* in perpetuum anathema appenderat. Quo facto omnia sacra, & profana depopulatur, sed brevi Dei uindicem manum sensit. Nam de his omnibus Rex Vamba quam diligentissimè ab *Argebaro* Narbonensi Episcopo certior factus, fortissimum in rebelles sine morâ duxit exercitum, & primo impetu rem absolvit. Bitteras quippè, Agatham, Magalonam, Barcinonem, & Narbonam in potestatem suam redegit. & rebellem Paulum cum Guimildo, & suis consociatis intra Nemausi munimenta compellit, obsidet, capit, & unà cum nobilioribus ejusdem facinoris sociis, Toletum jubet asportari, ubi in perpetuam custodiam quæ perfidorum est pœna, latâ sententiâ reconduntur.

Ut autem depopulationes, Vastationes Nemauso antiquæ Gothicæ Galliæ illatas resarcirent eos compelli jussit, Guimildum ab Episcopatu deponi fecit, & ipse Paulus ut omnibus spectaculo & ludibrio foret, barbâ, capilloque abrasi, pedibus ut plurimùm & capite nudis in publicum exponitur, tùm demùm in cœcum Ergastulum, ac prohindè in mortem acerbissimam mittitur.

Vixit autem Guimildus in Episcopatu annis decem & septem, vel secundùm alios sexdecim tantùm.

VINCENTIUS.

VINCENTIUS qui & anteà Archidiaconus Magalonensis fuerat, Guimildo successit, & anno 683. interfuit XIII. Concilio Toletano, quod anno 4°. Ervigii Hispaniarum Regis authoritate congregatum est, & sub Leone Papa celebratum, ubi per 48. Episcopos & tres Metropolitanos sanctissimè constitutum fuit, ne quis Rex, aut alia persona, viduam defuncti Regis uxorem ducere posset, aut per adulterium sub pœnâ excommunicationis cum illa mœchari,

Item Vincentius subscripsit actis sexti Concilii Constantinopolitani, sub Constantino quarto recepti. Et Paulo post contra Appollinaris hæresim renovatam; qui duas naturas divinam scilicet, & humanam in Christo-Jesu negabat. Quæ quidem acta sanctissimus Papa Sergius in Hispaniam misit, ut congregatis Pontificibus & eorum authoritate confirmata, in toto Gothiæ regno publicarentur.

Vixit autem Vincentius in Episcopatu viginti-duobus annis vel circitèr ut probabile est.

SEDES VACAT QUASI PER SÆCULUM.

Undè autem hoc ? causæ deducendæ sunt, tàm rationibus, quàm authoritatibus summorum virorum qui hac de re & eodem tempore scripserunt.

AMICUS EPISCOPUS.

Sainte Marthe aprouve dans son *Gallià Christianà*, les *conjectures de Garriel*, qui dit que cet *Amicus* frere de *St. Benoît d'Aniane*, étoit *Comte de Maguelone*, & nullement Evêque, comme *Verdale* paroît l'avoir crû. Il met à sa place un *Jean I.* qui est connu par sa Souscription au Concile de Narbonne, tenu en 788. contre Felix d'Urgel.

Après la mort de *Jean I. St. Benoît d'Aniane*, qui avoit beaucoup de credit auprès de *l'Empereur Loüis le Débonnaire*, procura à *l'Eglise de Maguelone* Stabellus qui suit, & que *Verdale* a compris dans son *Catalogue* en ces termes.

STABELLUS.

Stabellus fuit Episcopus Magalonensis anno 804. de illo nihil adhuc reperi, nisi quod interfuit memorabili bello quod eodem tempore apud Roncemvallem factum est.

Idem Stabellus interfuit consecrationi Ecclesiæ Anianensis, ut constat ex fundatione ejusdem Ecclesiæ.

En cet endroit, les *Manuscrits* que nous avons de *Verdale*, commencent à varier; car les uns confondent *Ricuin I.* avec *Ricuin II.* en attribuant à l'un les actions de l'autre, & ils ne font aucune mention des Evêques *Abbo, Gontier* & *Wibald*, qui avoient précédé *Ricuin II.*

Quelques autres parlent *d'Abbo* & *de Gontier*; mais il est visible que les *Copistes* de *Verdale* ont inseré dans son Livre les Remarques que quelques Sçavans avoient écrit à la marge, puisqu'on trouve citez dans le corps de *l'Ouvrage*, divers Auteurs, qui n'ont écrit que long-tems après *Verdale*: entr'autres le Pere Sirmond dans ses *Conciles*, qui fit sa Compilation plusieurs siécles après lui;

Je me borne à continuer de suivre l'Exemplaire de feu Mr. Plantavit Evêque de Lodeve, lequel me paroît beaucoup moins défectueux que les autres que j'ai pû voir.

RICUINUS.

DE isto non reperi aliam certitudinem, nisi quòd Ludovicus de quo infrà fit mentio, imperabat circà annum Domini 820. & quòd in tabulario antiquo Magalonensis Ecclesiæ, talis antiqua scriptura reperta est.

„ Cùm rerum gestarum recordatio, admodum sit necessaria, &
„ humanæ naturæ vis, ad ea quæ gesta sunt seriosiùs recolenda
„ nequaquam sufficiat; utile plurimùm mortalibus fuit, ut actuum
„ qualitates, & modus, scripturâ promulgante, memoriæ mandarentur. Menti ideò nobis extitit, litteris explicare quanta fuerit
„ diligentia, quanta devotio in viris præclarissimis, qui universæ
„ carnis viam in Domino abierunt, circà allodia sua pro æternæ
„ remunerationis fructu Magalonensis Ecclesiæ juri mancipanda.

Placuit itaque retexere primordio quonam modo Montispessuli, & Montispessulani villæ cum adjacentiis suis Magalonensi Ecclesiæ sint acquisitæ.

Duæ quondam (ut in scriptis & fama pertinace comperimus) fuerunt sorores quarum altera Montempessulanum, altera Montempessulanulum possidebant. Beatus namque *Fulcranus* à Substantionensium Comitum Stemmate, maternum sanguinem ducens, Magalonensis Archidiaconus, gloriosissimus post modum Lutovensium Episcopus istarum frater fuisse comprobatur. Verùm istæ cùm meliori consilio revolvissent quod inordinato & præcipiti cursu transeat mundus, & concupiscentia ejus, de terrenâ ac transitoriâ possessione statuerunt efficere, quo possent cœlestia in perpetuum possidere. Earùm igitur fuit deliberationis consilium, ut possessionem, & possessionis jus quod in iis villis, & in pertinentiis ad eas videbantur habere, ad Magalonensem Ecclesiam jure perpetuo possidendam transferrent.

Hoc ergo votum Domino persolventes, has villas cum adjacentiis suis, Domino Deo & Beatis Apostolis Petro & Paulo Magalonensis sedis, & Ricuino ejusdem sedis venerabili Episcopo donatione in perpetuum valiturâ destinaverunt.

Erat autem in his partibus tunc temporis vir nobilis quidam *Guido* nomine, qui (ut nobis traditum est) ex terris sive prædiis cum Melgoriensi Comite militabat. Hic quadam die venerabilem adiit Ricuinum Magalonensem Episcopum, & ut ei Montempessulum ag feudum donaret, multis precibus impetravit. Accepit ergo *Guido* à Ricuino Montempessulum ad feudum, & præstitit ei fidelitatem,

litatem, & homagium, expositâ ei securitate, ut ei & Magalonensis sedis Canonicis deinceps fidelis esset in omnibus.

Ludovicus etiàm Divinâ miserante gratiâ Imperator Augustus, inter suæ largitatis donaria Magalonensem Ecclesiam non reliquit immunem.

Inter cœtera ergò beneficia quæ eidem Ecclesiæ plurima contulit sanctissimo *Argimiro* Ecclesiæ presulante, pro æternæ vitæ præmia Capessendo *Villam-novam* (a) pleno Dominio in perpetuum possidendam Magalonensi Ecclesiæ restituit. Præterea villam de *Terraliis* (b) & villam de *Bajanicis* (c) villam de *Vedatio* (d) & villam de *Montelio* (e) villam de *Chaulet* (f) & villam de *Cocone* (g) cum omnibus pertinentiis suis eidem Magalonensi Ecclesiæ delegavit.

(a) Villeneuve-lez-Maguelone.
(b) Le Château du Terrail.
(c) Baillargues.
(d) St. Jean de Vedas.
(e) Montels.
(f) Chaulet.
(g) Cocon.
* De Gigean.

Berengarius autem illustrissimus Comes Melgoriensis, pro animabus Gislæ Comitissæ & Bernardi filii sui, castrum de *Gigeano* * quod à Ricuino Magalonensi Episcopo per donationem acceperat, eidem Magalonensi Ecclesiæ reddere congruum duxit.

Castrum verò de *Verunâ*, cum omnibus quæ in ejus terminis *Fredolus* de jure possidebat, Ricuino Episcopo Magalonensi in integrum recognovit; & tùnc usque in hodiernum diem qui post eum loco ejus hæreditario jure successerunt, à Magalonensi Episcopo in beneficium habuerunt.

La Verune.

Giroardus quidem nobilis quidam vir, villam de *Vico*, cum omnibus adjacentiis suis Magalonensi Ecclesiæ donavit.

Vic.

Bernardus igitur Melgoriensis nobilissimus Comes, villam de *Prunesto* quæ est in territorio Bitterensi villam *Exindrio* & villam de *Arboratis* & *Murmuranegues*, & in Vicariâ *Agonensi* Ecclesiam Sti. *Bausilii* cum omnibus ad ipsam pertinentibus, & villam de *Agusanicis* & villam de *Novigens* Magalonensis Ecclesiæ, Dominio subjugavit.

Agonaz.
Guzargues.

Australdus autem præclarissimus quidam vir, villam quæ *Virag* appellatur Magalonensi Ecclesiæ & Ricuino ejusdem sedis Episcopo pleno jure tradidit possidendam. Ipse etiam *Australdus* villam de *Mastalgo* Magalonensis sedis prædiis adscripsit.

Ecclesia autem de *Roüet*, & villa de *Perolz*, villa Sti. Dyonisii de *Ginestet* cum omnibus adjacentiis suis Magalonensis sedis ab antiquo Allodia nuncupantur.

Roüet. Perolz. St. Denis de Ginestet.

Villam autem de *Lunello* veteri, & villam Sti. *Bricii*, villam de *Pratis*, & villam de *Jacone* cum pertinentiis suis Ecclesia Magalonensis per tempora multa in Allodium possedit.

St. Brez. Prades. Jacou.

Hæc autem ob hoc litteris commendamus; ut legentes noveritis, quòd hæc procul-dubio sint Ecclesiæ Magalonensis Allodia, de quibus & à quibus eidem Ecclesiæ tradita sunt recolentes.

ARGEMIRUS.

DE isto non reperi certam mentionem, nisi quòd in libris antiquis legitur, & specialiter in Lunario antiquo, quod Ludovicus divinâ gratiâ Imperator Augustus, inter alia suæ largitatis donaria, Magalonensem Ecclesiam non reliquit immunem.

Intèr cætera ergo beneficia, quæ eidem Ecclesiæ contulit sanctissimo *Argemiro* Magalonensi Ecclesiæ præsulante, pro æternæ vitæ præmio Capessendo, *Villam-novam* propè Magalonam quam *Carolus ejus proavus in odium Sarracenorum Ecclesiæ abstulerat*, prout in privilegiis suis continetur, *Pleno Dominio in perpetuum possidendam restituit*: prætereà villam de *Terraliis*, villam de *Bajanicis*, villam de *Vedatio*, villam de *Montelio*, villam de *Chauleto* & villam de *Cocone* cum omnibus pertinentiis suis eidem Episcopo donavit.

<small>Le Terrail. Baillargues. St. Jean de Vedas. Montels. Chaulet. Cocon.</small>

Et reperi in chronico, quòd Ludovicus iste imperabat anno ab Incarnatione Domini 830.

Sciendum etiàm, quòd in legendâ Beati Antonini Martyris Appamiensis, inter alia continetur, quòd cum Theodoricus Appamiarum Rex paganus, Beatissimum Antoninum fratrem suum in duro carcere intrusisset, & catenâ ferri maximi ponderis ejus collum alligasset, contigit quòd quidam puer nomine Almachius cujusdam viri clarissimi & Patricii Filius, Spiritûs sancti gratiâ roboratus, intravit ad Antonium in carcere, & catenam in ejus collo pendentem sustentabat suis brachiis & ministrabat eidem. Sed Rex paganus existimans servum Dei ferri pondere & fame defecisse, venit ad vestibulum carceris, & videns Almachium puerum catenarum pondera sustentantem, iratus fecit eum ex alto præcipitari. Sed Angelus Dei illum servavit illæsum. Tunc Theodoricus inueniens *Almachium* puerum illæsum, interrogavit eum quomodò de tanto præcipitio evasisset illæsus, puer verò referebat, quòd per orationes magistri sui Antonini, Angelus Domini in ejus præcipitio adfuerat, & eum incolumem servaverat, Regi quoque indicans. Propè est ut Dominus Jesus-Christus injurias servi sui Antonini vindicet, & cruciatus ejus in te retorqueat, ad prælium enim quod imminet in * Pentoniam civitatem accedes, in quo cum universo exercitu tuo interibis. Post paucos autem dies secundùm Prophetiam Almachii pueri, Theodoricus Rex perrexit ad bellum Magalonensis insulæ, adversùs Pipinum Impe-

---

* *Pentoniam civitatem*. Cette Ville nous est inconnuë, mais la suite de la narration de Verdale nous donneroit lieu de croire qu'elle étoit dans le Diocése de Maguelone, puisqu'il ajoûte les paroles suivantes : *Theodoricus perrexit ad bellum Magalonensis insulæ, ubi victus extitit & interfectus*.

ratorem patrem magni Caroli Christianissimi ubi victus in fugam conversus, cum universo suo exercitu extitit interfectus.

PETRUS PRIMUS,
Hujus Nominis.

DE isto Petro non invenimus aliquam certam narrationem, nisi quòd vidimus instrumentum in quo continetur, quòd Bernardus Comes Substantionensis, sedente isto Petro in Episcopatu Magalonensi, donavit Monasterio sancti Michaëlis de *Clusa* Ecclesiam sanctæ Crucis quæ est propè Melgorium. Quæ donatio fuit facta anno Domini 1003. regnante Roberto Rege.

Anno 1003.

ARNALDUS.

ARNALDUS hujus nominis primus, fuit electus anno Domini 1048. vixit in Episcopatu annis 30. obiit anno Domini 1078. videlicèt quarto Kal. Julii & in ejus Sepulchro scripti sunt Versus sequentes.

1048.

Hic jacet Arnaldus sedis pater hujus, & author,
    Annis triginta præditus officio.
Qui postquam Jerosolimam devotus adivit,
    Ut redit, in villâ fertur obisse novâ.
Protinus hic Julias translatus quarto Kalendas,
    In foribus Claustri sub gradibus situs est.
Nocte verò hinc monitus præsul per eum Gothofredus,
    Istuc condigno transtulit obsequio.

Præterea in Archivo tales versus sunt reperti de ejus vita.

His locus insignis fuit Urbs habitata malignis,
    Gentibus, unde ruit quod scelerata fuit.
Carolus hanc fregit, postquam sibi marte subegit,
    Ob Sarracenos, quod tueretur eos.
Tunc Nemausenas comburi jussit Arenas,
    Aptas præsidio perfidiæ populi.
Inde manens annis urbs hæc deserta trecentis,
    Tandem Pontificem reperit artificem.

Magalona.

Arenæ Nemausenses.

Præsulis Arnaldi, sit semper subdita laudi,
   Cujus pacta vicem, crevit in hunc apicem.
Hic muros jecit, hic Turres undique fecit,
   Clerum divinis contulit officiis.
Inde gradum clausit, quo prædo Piraticus hausit,
   Sæpe Latrociniis littora nostra suis.
Navibus introitus per eum, gradus alter apertus,
   Non procul à terris, est Magalona tuis.
Illicitumque thorum dissolvit Presbyterorum,
   Pontem constituit, post mare transabiit.
Ut rediit moritur, in sua sede sepelitur,
   A se compositum servet ut ipse locum.

Ad majorem tamen evidentiam dicendorum, sciendum est quòd civitas Magalonensis anteà famosa & opibus ditissima apud veteres floruerat. Erat enim ibi portus maris vocatus *Portus Sarracenus* usque ad hodiernum diem, per quem gradum, Galeæ Sarracenorum liberum habebant ingressum, & indè frequentèr adsportabant quæcumque inveniebant. Sed temporibus magni Imperatoris Caroli eo jubente, destructa fuit, non in odium Ecclesiæ, sed quia Sarraceni ad ipsam per gradus habebant refugium, & castra seù oppida circumvicinia quæ tùnc erant modica, pro eo quòd nondum Monspessulanus constructus fuerat, devastabant. Quæ civitas Magalonensis per Carolum funditùs destructa, nec christianis habitaculum, nec paganis refugium exhibebat, sed quamvis pristini decoris honorem perdiderit, nomen tamen retinuit, & caput esse Episcopii non reliquit.

Destructio igitur hujus civitatis causa fuit, quare libri, Regestra, instrumenta, privilegia, & antiqua alia monumenta fuerunt pro majori parte perdita, & etiàm dissipata. Propter quod fundamenta hujus sacræ Ecclesiæ seù gesta patrum præcedentium minimè potuimus reperire. Tunc namque Canonici sæculares numero XII. in eadem Ecclesiâ existentes, ad civitatem *Substantionem* quæ tunc juxtà Castrum-novum, satis fortis existebat, confugerunt, & ibidem trecentis annis permanserunt. Pauci clerici seù Presbyteri, qui cantandi habebant officium in eadem Ecclesiâ, apud sanctorum reliquias, quæ multæ atque prætiosissimæ ibidem usquè hodiè servatæ sunt, sua officiola celebrabant: & ibidem Magalonensis Pontifex rarissimè accedebat.

Quæ

Quæ quidem desolatio per multa succedentium temporum & Episcoporum Curricula perduravit, nec aliquis qui injuriam impediret extitit, sed omnes sicut Levita & Sacerdos, qui hominem qui in latrones inciderat, & semivivus remanserat (sicut in Evangelio legitur) pertransibant; & huic moestæ & desolatæ suæ Matri Ecclesiæ, misericordiam impendere negligebant.

Et quia Clausis oculis pertransibant, demùm Deus de cœlo hanc miserabilem ruinam dictæ Ecclesiæ prospiciens, & *Compeditorum gemitus audiens, & solvens filios interremptorum, ut annunciarent in Silo nomen Domini, & laudem ejus in Jerusalem, quia placuerunt illi lapides ejus.* Dixit illud Pf. 101. v. 20. verbum quod legitur. 1°. Regum 2. Cap. *Suscitabo mihi Sacerdotem fidelem, qui juxtà cor meum & animam faciat, & ædificabo ei domum fidelem*, &c.

Sacerdos iste fuit dictus Arnaldus bonæ memoriæ primus hujus nominis, de quo nunc agitur Magalonensis Episcopus, qui miserabiles ruinas hujusmodi, quasi in desertum positas respiciens, & se ad sublevandas necessitates ipsas impotentem attendens, cùm sibi opes ad sumptus tanti operis non adessent, præsertim quia possessiones & jura Episcopalia erant per nobiles & alios occupata, ad reparationem hujusmodi, manus suas apponere sub tò non est ausus, sed suum cogitatum Jactans in Domino non absque anxietate & paupertate nimiâ, ad Dominum Joannem Papam XX. direxit ociùs pro consilio, & auxilio, gressus suos, & ei miserabilem statum suæ Ecclesiæ explicavit.

Dictus autem summus Pontifex, necessitatem illam sedulâ mente considerans, consilium quod potuit negotio huic exhibuit, & omnibus populis Magalonensis Diœcesis, ac aliis audituris & intelligentibus tam propinquis quàm longè positis, misit Epistolam, quam per omnes Episcopos confirmari, & subscribi voluit in hunc modum.

" Joannes Episcopus, Servus Servorum Dei, omnibus bona facientibus Ecclesiæ Magalonensi ad honorem Apostolorum Principis Petri & Doctoris Gentium Pauli dedicata, & dedicanda. Salutem cùm benedictione Apostolicâ & absolutione.

" Suprâdictam Magalonensem Ecclesiam peccatis exigentibus ad nihilum redactam audivimus. Unde, valdè dolemus. Quia Ecclesiarum desolatio, Christianorum detrimentum esse dignoscitur, ob hoc quidem tàm Ecclesiæ supradictæ quam & omnibus circum-circà degentibus suggerere voluimus Christianis, ut in restauratione hujus Ecclesiæ laborent. Peccatorum namque suorum veniam, & indulgentiam promereri, à justo judice Apostolicâ authoritate spondemus, quicumque de propriâ hæreditate vel de propriis bonis offerendo, aut de beneficiis ip-

,, sius reddendo, Ecclesiam supradictam reservare nisus fuerit,
,, nam unam & similem mercedem accipiet, qui propria offeret,
,, & qui beneficia reddet in commune, & benedictione pa-
,, riter & absolutione Apostolicâ fruetur. Quod si aliquis Epis-
,, copus, vel cujuscumque dignitatis homo, quod ibidem obla-
,, tum fuerit pravo ingenio alienare, usurpare, vel vendere
,, voluerit, maledictione anathematum percellatur, habeatur-
,, que extraneus à Christianorum consortio, & Regno Dei.
,, Hoc verò decretum firmari volumus, ab omnibus Episcopis
,, quos Arnaldus invitaverit sicut nos fecisse inferiùs cognoscent
,, †† bene valete.

Aldericus Dei gratiâ Vercellensis Episcopus.
Raynaldus Dei gratiâ Papiensis Episcopus.
Petrus quem dicunt Episcopus Stæ. Rufinæ subscribens firmavit.
Ismundus Archiepiscopus Ebredunensis firmavit.
Aldericus Episcopus Aurelianensis Ecclesiæ. †
Raymundus Episcopus de Mende.
Deodatus Episcopus Cadorcensis.
Stephanus Anconensis Episcopus firmavit.
Aribertus Episcopus Lunensis firmavit.
Alvicus Episcopus Astensis firmavit.
Bernardus Agennensis firmavit.
Vaudinus Taurinensis firmavit.
Deodatus Episcopus Tolonensis firmavit.
Petrus Episcopus Massiliensis firmavit.

Hanc igitur Epistolam manu habens Arnaldus prædictus Episcopus, ab urbe Româ redit, & deindè juxtà dictum Apostoli,
Dum tempus habemus operemur bonum, in cuncto labore non defecit, sed
sumptibus innumeris præparatis, diem dedicandi Ecclesiam constituit, & profectus circumquosque Archiepiscopos & Episcopos
tam ex vicinis quam longinquis partibus convocavit.

Quod ut melius Enucleemus, singulorum nomina urbes, & Provincias præsentialiter inseramus, ut evidentiùs cognitâ eorum authoritate & dignitate, fidelis quisque, & humilis, dicta eorum cùm
gaudio legat, vel audiat, infidelis verò vel superbus si quis (quòd
absit) fuerit, timore percussus Domini & si non sponte, saltem in-
vitus suscipiat, alioquin tamquam miserrimus, quicumque sit, juxtà
vocem Domini remaneat judicatus.

Hæc sunt igitur nomina per sedes & Provincias declarata *Gi-
fredus* Archiepiscopus Narbonensis. *Leodegarius* Archiepiscopus Vien-

nensis * Guineminarius Archiepiscopus Ebredunensis (*a*) *Austencus* *Episcopus Aniciensis*. *Frontinus* Episcopus Nemausensis. *Bernardus* Episcopus Bitterensis. *Gonterius* Episcopus Agathensis. *Rostagnus* Episcopus Lodovensis. *Hugo* Episcopus Entiensis. *Alfonsus* (*b*) *Episcopus Astensis*. *Gilbertus* Episcopus Barcinonensis. *Arnaldus* Episcopus Elnensis. *Petrus* (*c*) *Episcopus Carcassonensis* & dictus *Arnaldus* Magalonensis Episcopus, quibus in unum congregatis, præfatus Pontifex *Arnaldus* Epistolam præparatam Joannis Papæ protulit , & cujus rei gratiâ convocasset, seriosiùs intimavit. Tùnc omnibus in commune placuit , ut & ipsa decreta Apostolica confirmarent , & ampliùs absolutionem , & benedictionem populi & ad honorem sanctæ Ecclesiæ augmentarent.

* Raymbaldus Archiepiscopus Arelatensis.

Decreverunt ergò , ut si quis homo in vitâ suâ hæreditatem " suam ad Ecclesiam supradictam post mortem suam concesserit , " & de peccatis suis confessus fuerit, & in Cimeterio Ecclesiæ " memoratæ sepultus fuerit, ab omnibus peccatis, & de quibus " pœnam suscepit, absolutus sit, & particeps fiat vitæ æternæ " & Regni Dei. "

Addiderunt quoque, ut quicumque homo cujuscumque Provinciæ ad solemnitatem dedicationis hujus Ecclesiæ quæ per singulos , annos celebrabitur advenerit, & de justo labore suo aut hæreditate oblationem Deo fecerit , & peccata sua eo die , vel infrà octo dies confessus fuerit , si infrà terminum illius anni mortuus fuerit, Apostolicam absolutionem, & Episcopalem habeat, & remissionem peccatorum , & vitam æternam accipiat. Super hoc firmaverunt hæc quæ ipsa Ecclesia habeat legitimè , ut si quis pœnitens ad ipsam Ecclesiam venerit, & abstinendi ab Ecclesiæ introitu in primum præceptum habuerit, ipsam Ecclesiam licentèr introeat pacis osculum liberè accipiat, & si qua sunt similia , præterquam sanctam Eucharistiam quam minimè accipiat.

Quibus peractis idem beatæ memoriæ Arnaldus Episcopus, ponens manum ad fortia gradum præfatum lapidibus & lignis antè omnia claudere, & obstruere festinavit. Deindè anxietate nimiâ pressus, ut tam egredientibus , quàm ingredientibus insulam , (ad quam nullum nisi navale iter esse poterat) liber pateret accessus,

Les PP. Benedictins dans leur Histoire du Languedoc Tom. 2. pag. 607. dans les Notes, mettent la Dédicace de la nouvelle Eglise de Maguelone , sous l'Evêque Arnaud en 1054. parce que c'est précisément l'année où les Evêques qui assisterent à cette cérémonie, vivoient tous alors.

Ils font quelques changemens aux noms de ces Evêques , qui peuvent servir à corriger les Copistes de Verdale, par exemple (*a*) au lieu d'*Austencus* Episcopus Aniciensis , ils font lire *Austindus Archiepiscopus Auxciensis* Archevêque d'Auch.

(*b*) Au lieu d'*Alfonsus Astensis* , ils font lire *Elephantus Aptensis*, la Ville d'Apt en Provence étant beaucoup plus près de Maguelone que la Ville d'Asti en Italie.

(*c*) Et au lieu de *Pierre de Carcassonne*, ils mettent *Wifred*, qui étoit alors Evêque de cette Ville.

juxtà verbum propheticum ſuum, jactans in Domino cogitatum, tàm prece quàm pretio rates conduxit, & artifices collocavit, ac per ſtagni latitudinem, pontis ſtravit longitudinem, ad utilitatem hominum perpetuò duraturam permanſuram, & ſui nominis memoriam perpetuò.

Subſequentèr Parrochianos ſuos convocavit, eoſdemque ad Eleemoſynas largiendas, pro reædificatione dictæ Eccleſiæ faciendâ, piis monitis inducere non omiſit, adeòque multi, ejus admonitionibus, Terras, Prata, Vineas, Cenſus, Allodia, Pecunias, & alia bona ſua, pro redemptione ſuorum peccaminum eidem Eccleſiæ contulerunt, ex quibus Eleemoſynis, & aliis bonis ſuis, Eccleſiæ Magalonenſi, Turres, muros, & omnes officinas neceſſarias, & fortalitia omnia, quæ uſque nunc patent omni intuenti, ædificari ſolemnitèr fecit. Demùm attendens, quòd duodecim Canonici ſæculares, cum duodecim præbendatis, tunc in dictâ Eccleſiâ exiſtentes, in dictâ inſulâ reſidere nolebant, ſe relegatos quodammodo reputantes, cogitavit quòd regulares Canonici (ut potè magis vitæ ſolitariæ & contemplationi dediti) ibidem meliùs reſiderent, & Deo, ac Beato Petro in divinis meliùs deſervirent, induxit ejus ſalutaribus monitis Canonicos ipſos ſæculares ut Religionis Beati Auguſtini habitum vellent aſſumere. Qui ſibi reſpondebant quòd puſillum eorum patrimonium minimè ſufficeret ad omnes expenſas regularium Canonicorum hujuſmodi ſupportandas, quibus vir Dei reſpondit, Deus & ego tantum communiæ veſtræ de proprio largiemur, quantùm vobis, & ſucceſſoribus veſtris ſufficiet abundantèr.

Et tunc idem Pontifex emit *Stagnum Magalonenſe*, à quâdam Comitiſſâ Melgorii, & ipſius pulmentum, retentis ſibi decimis & dominio, ac pratum de *Villanovâ*, *Condaminam* & *Hortum ei* contiguum, nec non *Molendina* de *Telragamendico* ſua propria, planterium de Cocone, dedit liberalitèr communiæ canonicorum prædictorum.

Et dùm communiam ipſam conſtitueret ad ipſos regulares Canonicos ſuſtinendos, fuit ultrà mare, ad Sepulchrum Domini, & indè rediens apud Villam novam, viam fuit univerſæ carnis ingreſſus, & indè portatus Magalonam.

BERTRANDUS.

BERTRANDUS electus fuit Epiſcopus anno 1078. proptèr crimen Simoniæ fuit ab Epiſcopatu amotus. Quarè non meretur inter alios Epiſcopos nominari, nec ut Epiſcopus hujus Eccleſiæ in Catalogo iſto ſcribi. Undè iſte non dicitur dicto Arnaldo ſucceſſiſſe, ſed potiùs Gothofredus.

GOTHO-

GOTHOFREDUS.

GOTHOFREDUS succesfit in Episcopatu, Arnaldo primò circà annum Domini 1080. undè Versus.

Indè Deo fidus, successit ei Gothofredus,
    Antè Simoniaco, præsule deposito.
Hic penitùs munus virtutum contigit unus,
    Doctor veridicus, Pontificumque decus.
Nos hic Apostolica fundavit in ordine vita,
    Et libertatem reddidit Ecclesia.
Militibus tulit Ecclesias, Comitesque coëgit,
    Se versis vicibus subdere præsulibus.
Post mare transivit, loca contemplatus, obivit,
    Conditus in gremio, Mons Peregrine tuo.

Vixit in Episcopatu annis 28. obiit anno 1108. & est sciendum, quòd anno Domini circà 1080. idem bonæ memoriæ Gothofredus Episcopus, quòd ejus prædecessor Arnaldus, de Canonicis regularibus instituendis in Magalonensi Ecclesiâ, morte præventus, efficere non potuit, ipse Gothofredus Deo annuente complevit. Et ibidem Canonicos regulares de novo instituit, & ad eorum sustentationem communiæ, omnes Ecclesias *Villæ-novæ*, Ecclesias sanctarum Virginum Eulaliæ & Leocadiæ de *Valle*. Ecclesiam *d'Exindrio*. Ecclesiam de Maurino. Ecclesiam de *Cocone*. Ecclesiam de *Montelio* & de *Chauleto*. Ecclesiam de *Pruneto*. Ecclesiam sanctorum *Cosmi* & *Damiani*. Ecclesias de *Juviniaco* & de *Alteyranicis*, de *Pigniano*, Sti. *Joannis de Vedacio*, Sti. *Georgii de Dorcas*, Sti. Joannis de *Muro veteri*. Ecclesias omnes *Montispessulani*, de *Centrayranicis*, de *Salzeto*, de *Novigeus*. Sti. Petri, & Sancti Joannis de *Monte Arbedone*. Sti. Michaëlis, & Sti. Vincentii de *Salviniaco*, & Sti. Salvatoris de *Peyrols*. Ecclesias Sti. Joannis de *Freganicis*, Sti. Marcelli de *Frayres*, Stæ. Mariæ de *Ozorio*, Stæ. Agnetis de *Menojol*, Sti. Sepulchri de *Salazone*, Sti. Romani de *Melgorio*, Sti. Stephani de *Ginesteto*, & Sti. *Dyonisii*. Ecclesiam Sti. *Bricii*. Ecclesiam Sti. Felicis de *Substantione*. Ecclesias de *Castellonovo* & Sti. *Ciricii*. Ecclesiam de *Claperiis*. Ecclesiam de *Cocone*. Sti. Joannis de *Pratis*. Sti. Bartholomæi de *Albanhanitis*. Sti. Joannis de *Bodià*. Sti. *Vincentiani*. Stæ. Mariæ de *Gornerio*, & Ecclesiam de *Exalchiato*.

Anno 1085. Kal. Maii. Petrus Comes Melgorii Domino Gregorio Papæ & Romanæ Ecclesiæ donavit in personis Petri Albanensis Episcopi, Apostolicæ sedis Legati, & dicti Gothofredi Magalonensis Episcopi *Comitatum Substantionensem*, & jus quod habebat in Episcopatu Magalonensi, & pro dicto Comitatu promisit Ecclesiæ pro censu annuo dare unam unciam auri.

SEQUITUR INSTRUMENTUM.

„ IN Nomine Sanctæ, & individuæ Trinitatis, Patris & Filii
„ & Spiritûs Sancti. Ego Petrus Comes Melgoriensis pro Re-
„ demptione animæ meæ, nec non, & parentum meorum, uxo-
„ risque & filii. Dono Domino Deo, & Beatis Apostolis ejus
„ Petro & Paulo, meipsum, & totum honorem meum, tam Comi-
„ tatum Substantionensem, quam *Episcopatum Magalonensem*, omnem-
„ que honorem eidem Episcopatui appendentem, sicut ego, &
„ antecessores mei Comites hactenus habuimus, & tenuimus in
„ allodium. Ità utrumque (quantùm juris mei est) dono & trado
„ ego per allodium Sanctæ Ecclesiæ Romanæ, & Sanctis Apos-
„ tolis Petro & Paulo, nec non & Papæ Gregorio septimo, & om-
„ nibus successoribus ejus, qui in sede Apostolicâ per meliorem par-
„ tem Cardinalium, & reliqui cleri, & populi fuerint Canonicè
„ & Catholicè electi, & consecrati, ut prædictus Comitatus Subs-
„ tantionensis, & Episcopatus Magalonensis, jure proprio sit Bea-
„ torum Apostolorum Petri & Pauli. Ego autem prædictum Co-
„ mitatum habeam per manus Romani Pontificis sub illius fide-
„ litate, & singulis annis pro censu persolvam unciam auri opti-
„ mi. Similiter quoque & filius meus, vel quilibet alius omnis qui
„ ex hæreditario jure mihi successerit, prædictum Comitatum per
„ manum Romani Pontificis ad fidelitatem illius teneat, & præ-
„ dictum censum (id est) unciam auri optimi, singulis annis per-
„ solvat. Sit verò in potestate Romani Pontificis in Episcopatu Ma-
„ galonæ quem placuerit Episcopum justè & canonicè ordinare,
„ & per eum authoritate ejus liceat Magalonensi Ecclesiæ, juxtà
„ constitutiones & decreta sanctorum Patrum, personam probabi-
„ lem & idoneam, ad Regendum populum & res Ecclesiasticas.
„ Liceat inquam, & ex hoc & deinceps qualem decrevimus per-
„ sonam scilicèt probabilem & idoneam in Episcopum eligere, abs-
„ que ullâ mei, vel alicujus hæredum, aut successorum meorum
„ contradictione. Si quis autem (quod absit) hæredum aut suc-
„ cessorum meorum contrà hanc donationis & confirmationis nos-
„ træ authoritatem, & privilegium insurgere præsumptuosè, &
„ obviare attentaverit, & de prædicto Comitatu Dominum suum

Romanum Pontificem esse debere, recognoscere noluerit, & "
prænominatum censum de Comitatu; item unciam auri singu- "
lis annis persolvere recusaverit, aut in libertate Ecclesiasticâ, de "
substituendo Episcopo in Episcopatu Magalonensi ei contradic- "
tor extiterit, non valeat vendicare quod injustè repetit, & per- "
solvat mulctam, quam lex Romana per Theodosium, Arcadium, "
& Honorium promulgata, decrevit & insuper Ecclesiasticæ subja- "
ceat disciplinæ quam velut sacrilegus & sanctæ Ecclesiæ destruc- "
tor incurrit. Feci autem prædictam donationem de Comitatu "
& Episcopatu, ego Petrus Comes Beato Petro & Romano Pon- "
tifici, in manu Petri Albanensis Episcopi, Romani Legati, & Go- "
thofredi Magalonensis Episcopi per investituram annuli mei, & "
Flotardi Abbatis Thomeriarum. Anno Incarnationis 1085. indic- "
tione v: 11. quinto Kal. Maii. Actum per manum Stephani "
signum Dalmacii † Raymundus † Signum Pontii de Mont- "
laur † Petrus signavit. Adelmodis Comitissa confirmavit, signum "
Archidiaconi † Raymundus Comes filius ejus firmavit. "

Isti omnes ex præcepto Comitis firmaverunt antè Altare Sti. Petri. Testes Orgerius Archidiaconus, & Deodatus Canonicus. Testis Gothofredus Episcopus in cujus manu factum est.

Anno 1087. Urbanus Papa confirmavit dicto Episcopo Gothofredo donationem de Episcopatu, & successionem dicti Comitatûs Substantionensis sibi factam.

Anno 1090. Guillelmus de Montepessulano, Guerpivit Gothofredo Episcopo, Ecclesias Beatæ Mariæ de Montepessulano & de Montepessulaneto, & juravit eidem Episcopo fidelitatem.

Anno 1095. Urbanus Papa secundus, confirmavit dictis Canonicis Magalonensibus, multas Ecclesias sibi, ut suprà per Episcopum Gothofredum donatas.

Anno 1096. in vigiliâ Apostolorum Petri & Pauli, Urbanus Papa secundus, qui ad visitandas, & confirmandas Galliæ Ecclesias transiverat, ad preces dicti Gothofredi Episcopi intravit Magalonam, ibique stetit per quinque dies; & tunc secundâ die Adventûs sui, scilicet Dominicâ, congregato totius pene Magalonensis Episcopatûs clero, & populo, sermone facto assistentibus Archiepiscopis Pisano & Tarraconensi, ac Episcopis Albanensi signiensi, Nemausensi, & Magalonensi, præsentibus Comite Substantionensi, Guillelmo Montispessulani Domino, & aliis terræ nobilibus; totam insulam Magalonensem solemniter consecravit, & omnibus in eâ sepultis, & sepeliendis absolutionem omnium delictorum concessit, & multa alia privilegia eidem Ecclesiæ donavit, & secundo loco post Romanam Ecclesiam honorificandam decrevit, & ut se fideles de quibuscumque locis ibidem sepeliri facerent, diligenter monuit.

Et tùnc constitutum est ab ipso Gothofredo Episcopo, ut in commemoratione, ac veneratione processionis hujusmodi, singulis annis, à clero & populo hac die in circuitu dictæ insulæ processio solemnis fiat, & duodecim pauperes reficiantur.

Eodem anno 1096. idem Papa Urbanus apud clarum-montem in Arverniâ, generale Concilium tenens, auditâ querelâ dicti Episcopi Gothofredi, quòd Monachi Anianenses nolebant sibi tanquam suo ordinario obedire; eosdem Monachos fortitèr arguit, & dictas querelas pro parte dicti Episcopi declaravit.

Anno 1099. Raymundus Comes Melgorii, propter naufragium, & Albergas quas per vim in Villâ novâ, & alibi in allodiis Sti. Petri, contrà testamentum patris sui, accipiebat à Gothofredo Episcopo excommunicatus est, & etiam Episcopus ivit Romam, quem Paulòpost Comes fuit secutus. Et Ambobus existentibus coràm Domino Papa Urbano secundo, Episcopus de Comite est conquestus, videlicet de violatione testamenti sui patris Petri, qui honorem, quem dederat Ecclesiæ Sti. Petri in Alodem perpetuum auferebat. Et tùnc in præsentiâ Cardinalium & multorum nobilium, & Canonicorum Magalonensium, dictus Comes guerpivit dicto Episcopo Gothofredo, in manu Domini Papæ, juxtà testamentum patris sui, omnes res Ecclesiasticas & Albergas, quas in honore Sti. Petri exigebat, & facto homagio Domino Papæ, recepit Comitatum ab eo, sub censu annuo unius unciæ auri.

Die verò Nativitatis Stæ. Mariæ, reversus de Româ habuit placitum cùm dicto Episcopo in præsentiâ multorum nobilium, & Canonicorum, & Guerpivit omnes Ecclesiasticas possessiones, omnesque malos Usaticos, & Albergas quas injustè accipiebat, & Episcopo promisit auxilium & defensionem per fidem plenariam contrà omnes homines.

Et eodem anno, ivit idem Comes ad Sanctum Jacobum, & dimisit Ecclesiam Sti. Cosmi, de quâ erat quæstio, intèr Canonicos Magalonenses, & Monachos Anianenses, de quâ fuerat compromissum, & definitum per Bertrandum Narbonensem Archiepiscopum Reverendissimum, Nemausensem Episcopum, & Abbatem Sti. Theofredi. Et cartam quam dicti Monachi de dictâ Ecclesiâ habebant combari fecit. Et elegit sepulturam suam in Ecclesiâ Magalonensi juxtà patrem suum.

Anno 1085. Kal. Maii. Petrus bonæ memoriæ Comes Melgorii, dedit Romanæ Ecclesiæ, & Beato Gregorio Papæ septimo, Comitatum Substantionensem.

Et

D'ARNAUD DE VERDALE.

Et totum jus quod habebat in Episcopatu Magalonensi, *quem anteà cùm vacabat* pleno jure conferebat. Posteà recepit ipsum Comitatum Substantionensem pro se & hæredibus suis, in feudum ab eodem Romano Pontifice, sub sacramento fidelitatis & censu annuo unius unciæ auri optimi. Quæ donatio fuit facta in manibus Domini Petri Albanensis Episcopi, Apostolicæ sedis delegati, & Gothofredi Magalonensis Episcopi.

Anno 1087. Urbanus Papa secundus, Pontificatûs sui anno decimo, concessit dicto Gothofredo & ejus successoribus, totum jus quod dictus Comes Substantionensis sibi resignaverat, in Episcopatu Magalonensi. Concessit etiàm eidem Episcopo, & ejus successoribus insistere, ut clerici ad Canonicam & Religiosam vitam convertantur, arguendo, obsecrando, increpando.

Anno 1090. dictus Gothofredus Episcopus, dedit in feudum Monasterio Gellonensi, alias vocatum Sti. *Guillelmi de Desertis*, Castrum Sti. Martini de Londris. Retentis quibusdam juribus. Item confirmavit Abbati & Monachis de Psalmodio, Ecclesias de *Celesto*, de *Sanctâ Columba*, de *Sulfinis* & de *Mutationibus*, retentâ sibi quartâ parte.

St. Martin de Londres.

Item anno 1101. Pontius Jordani, dedit bona sua sibi & Sancto Petro. Et dedit Canoniæ, Ecclesias de Castro-novo, Sti. Martini de Crecio, Stæ. Eulaliæ de Veyrunâ.

Castelnau le Crez.

GALTHERIUS.

GALTHERIUS successit Gothofredo anno 1110. indè Versus.

Illi Galtherius succedit filius ejus,
 Filius obsequio, filius officio.
Doctus, & astutus, percomis, clarus, acutus,
 Magnus Consilio, magnus & eloquio.
Corpore procerus, & Religione severus,
 Impatiens sceleris, compatiens miseris.
Norma cultores, & nostros auxit honores,
 Crevit thesaurus, fabrica, fama, domus.
Indè sequens tristi vestigia sorte magistri,
 Interiit positus, quo pater ante suus.

Vixit in Episcopatu annis 23. mensibus 8. diebus 22. obiit anno 1133. octavo. Idus. Decemb.

Hic Religioni, & Ordini magnam operam dedit. Caput Ecclesiæ Magalonensis ruinosum Fulcivit. Turrim sancti Sepulchri, Cellarium, Refectorium, & Dormitorium à fundamentis fecit, Calicem aureum ponderis quatuor marcharum, Crucem auream, & argenteam, Cappas, Planetas, Tunicas, Dalmaticas, pallia serica, & aurea, Libros, & alia ornamenta pretiosa eidem Ecclesiæ con-

St. Brez. Lauret.

tulit, Ecclesias de sancto *Britio* & de *Laureto* communiæ donavit.

Anno 1118. Ademarus de Monte-Arnaldo, guerpivit eidem Episcopo Ecclesiam de Sesteiranicis.

Cazevieille.

Anno 1122. recepit Guerpitionem Ecclesiæ de Caza veteri.

Gigean.

Anno 1123. recepit recognitionem Castri de Gigeano.

Anno 1128. Kal. Maii, confirmavit ædificationem Ecclesiæ de *Murelis*, constructam miraculosè per quemdam presbyterum ignotum, & anniversarium pro ipso presbytero instituit annis singulis, in dictâ Ecclesiâ celebrari, prout in quâdam scripturâ antiquâ dictæ Ecclesiæ continetur.

RAYMUNDUS.

RAYMUNDUS primus successit Galtherio anno 1129. Vixit in Episcopatu annis 16. mensibus 3. diebus 10. obiit anno 1148. secundo Kal. Januarii.

Hic dum vixit, Religioni, & ordini navavit magnam operam, & Ecclesiam Magalonensem à fundamentis construxit, cisternam, etiam fieri, & turrim sancti Sepulchri à muris superiùs consummavit, & turrim sanctæ Mariæ similiter à muris superexaltavit, & turrim coquinæ à fundamentis ædificavit, altare sancti Petri & cathedram Episcopalem retrò ipsum, ac lavacrum claustri superioris similiter fecit, & cortinale, ac portalitia, & murum, quo clauditur cimeterium Laïcorum, domum molendini, & in quâ reconduntur lecti lignei, domum conversorum, domum in quâ reci-

St. Brezeri & Molines.

piuntur equi juxtà pontem, Ecclesias sancti *Desiderii* & de *Molinis*, ac Honorem Raymundi Hebrardi de Coconeto, communiæ dedit.

Libris, Calicibus, & diversis pretiosis Ornamentis Ecclesiam Magalonensem ditavit.

Anno 1137. fecit compositionem cùm militibus de Gigeano.

Château de Lates.

Anno 1140. fecit quandam compositionem cùm Guillelmo de Montepessulano, super castro de Palude.

Anno 1144. fecit unam longam compositionem, cùm Canonicis Magalonæ quæ est scripta in legendario Parrochiali Ecclesiæ Villæ-novæ, quæ incipit in proverbiis Salomonis, & finit in Epistolis Pauli ad Romanos, in septimo folio, ultimi quaterni dicti legendarii.

Anno 1149. emit feudum quod tenebat ab eo, B. *Aranfredi* in Parrochiâ Sti. Dyonisii de Montepessulanello.

Anno 1155. & mense Aprili, Adrianus Papa tertius, confirmavit eidem Episcopo nominatìm, omnes possessiones, castra, loca, & jura tùnc eidem Ecclesiæ & Episcopatui acquisita.

Anno 1156. Ludovicus Rex Franciæ ac Imperator, confirmavit eidem nominatìm castra, loca, & jura quæ tenebat.

Anno 1157. acquisivit multas possessiones, in Parrochiâ Sti. Dyonisii de Montepessulanello.

Anno 1146. certi nobiles Sti. Salvatoris de Montilis, guerpiverunt dicto Domino Raymundo Magalonensi Episcopo, medietatem decimarum, primitiarum, & oblationum, quas habebant in dictâ Parrochiâ & Ecclesiâ de Montilis.

Montels.

JOANNES DE MONTELAURO.

JOANNES de Montelauro, Canonicus Magalonensis, castri de Montelauro, Magalonensis Diœcesis, primus hujus nominis, successit Raymundo primo circà annum 1158. & tempore electionis suæ (prout reperitur in quâdam chronicâ antiquâ, quæ est in Archivio Episcopali) fuit magna dissentio in capitulo, super novâ creatione præpositi. Et cùm magna pars capituli Canonicorum filii Belial, ut refert chronica, nolentes esse sub jugo & disciplinâ sui Episcopi vociferando clamaverunt, quòd nullo modo fieret electio Episcopi, nisi fieret electio præpositi, licèt duæ partes & amplius nollent præpositum habere, tamen ad vitandum scandalum, fuit per totum capitulum definitum, quòd crearetur novus præpositus, salvis, in omnibus dignitate Episcopali, & dignitate Prioris majoris, & quòd nullo modo se de spiritualibus intrometteret, & quòd haberet, & gubernaret domum vocatam communiæ, & ageret, ac defenderet causas communiæ, & intrometteret se de temporalibus ad domum communiæ pertinentibus. Et tùnc fuit electus in Episcopum hic *Joannes Primus* & in præpositum fuit electus Bernardus.

Hujus Joannis tempore, Alexander Papa III. declaravit quæstionem subortam inter ipsum Joannem Episcopum, & Fulcrandum præpositum, super provisione Beneficiorum, per Canonicos Magalonenses gubernari solitorum, quam declarationem, Celestinus Papa III. posteà circà annum 1180. confirmavit.

Idem dictus Alexander Papa, declaravit quæstionem subortam intèr dictos Episcopum & præpositum, super custodiâ munitionis Magalonensis, quam etiàm Honorius Papa tertius posteà confirmavit.

Idem etiàm alexander Papa, declaravit potestatem & jurisdictionem civilem, regularem, & criminalem, quam habet Episcopus super dictos canonicos.

Anno 1159. dictus Alexander, confirmavit nominatìm Ecclesias per Episcopum donatas canonicis, & multa alia bona ad canonicos pertinentia.

Anno 1162. decimo mensis Julii, fuit concorditèr intèr dictos Joannem & Fulcrandum præpositum concordatum, & per Papam Alexandrum tertium confirmatum, quòd præpositus possit ordinare cellarium Magalonæ, procuratorem communis mensæ, & constituere custodem in pannis, & lecti tæniis mortuorum, cùm consilio tamen Episcopi, & sanioris partis Capituli.

Item quòd vacantibus Ecclesiis ad communitatem pertinentibus, præpositus habeat custodiam earum, donec consilio Episcopi, Præpositi, & sanioris partis Capituli, persona idonea fuerit instituta & quædam alia.

Anno 1163. fuit facta compositio inter ipsos Episcopum, & præpositum, quòd omnis justitia de Villâ novâ, pertineat ad Episcopum, sed liceat præposito debita & usaticâ sua ab omnibus suis exigere, & controversias civiles suorum hominum terminare, & quædam alia.

Anno 1163. tertio Idus Aprilis, quæ tùnc fuit quarta feria post Pascha. Alexander Papa tertius Pontificatûs sui anno quarto, cùm certis Cardinalibus & Prælatis appulit Magalonam, & stetit ibi tribus diebus, & sextâ feriâ dedicavit majus altare in Ecclesiâ Magalonæ in honorem Apostolorum Petri & Pauli, & exindè ivit versus Franciam ad reformandam pacem, inter Reges Franciæ & Angliæ, & ad animandum eos contrà octavianum schismaticum qui temerè sedem Romanam usurpaverat.

Hic vixit in Episcopatu annis 28. mensibus 8. diebus 12.

Anno 1163. fuit facta alia compositio, inter dictos Episcopum & præpositum, de quâ habetur in archivis, sive in archivo Episcopali publicum instrumentum.

Anno 1165. & mense Julii, Pontius Narbonensis Archiepiscopus. Aldebertus Nemausensis Episcopus, & Gaucelinus Lodovensis Episcopus Arbitri, per dictos Joannem Episcopum, & Bernardum Gaucelinum præpositum electi declaraverunt, quòd oblationes quæ ad manum Episcopi apud Magalonam offeruntur, usque ad sex denarios, sint Sacristæ & ultrà sint Episcopi.

Item quòd Episcopus habeat Bannum in toto castro de Villânovâ, & toto ejus termino nunc & in futurum in Domino facientes excoli, Episcopus habeat tantùm proclamationem & coercitionem.

Anno

Anno 1168. Bernardus præpositus, obligavit Capitulum ad faciendum anniversarium pro animâ dicti Joannis Episcopi, prout in instrumento continetur, quod est in dicto archivo.

Anno 1168. idem fecit compositionem cùm Domino Aganthico, super clavem & custodiam cloquerii Ecclesiæ dicti loci, & quibusdam aliis, de quâ Prior dicti loci habet publicum instrumentum.

De Ganges,

Anno 1168. fuit facta inter eosdem compositio, quòd Episcopus possit recipere de libris armarii sub certâ formâ, & quædam alia.

Anno 1169. idem Joannes Episcopus donavit dicto Bernardo, & Capitulo, Ecclesias de Lunello-veteri, & de Salzano, retentis Synodis & Episcopalibus juribus, & pro cartone in Ecclesiâ de Lunello 16. sextarios frumenti, & 24. sextarios hordei, & in Ecclesiâ de Salsano 10. sextarios.

Lunel-Viel, Saussan.

Anno 1180. fecit compositionem cùm Abbate Vallis-magnæ Cisterciensis Ordinis, super decimis possessionum quas habet in Diœcesi Magalonensi.

Anno 1181. recepit recognitionem Salinarum de Campo-novo à Raymundo & Joanne de Flexis.

GUILLELMUS GAUCELINI.

GUILLELMUS Gaucelini, reperitur quòd sedebat anno Domini 1181. sed aliqua gesta sua non potuimus reperire; videtur tamen tenuisse Episcopatum novem annis, cùm Guillelmus Raymundi fuerit electus anno 1190.

GUILLELMUS RAYMUNDI.

GUILLELMUS Raymundi, primus hujus nominis Canonicus Magalonæ, successit Domino Joanni de Montelauro. Electus anno 1190. vixit in Episcopatu annis sex, mensibus quatuor, diebus 17. obiit sexto Kalendas Februarii.

Anno 1190. secundo mensis Novembris, compromisit cùm Guidone Præposito Magalonensi, suprà multis quæstionibus super construtionem munitionis castri Villæ-novæ, & decursu veteris Gazilliani, seù cloacæ dicti loci, & spatio inter muros & domos villæ prædictæ, super decimis animalium, hortorum, vinearum, & prædiorum Episcopi, quæ habet in decimariâ Villæ-novæ, super jurisdictione hominum dicti loci, piscationibus, salinis, indumentis Episcopi, & quibusdam aliis articulis. Qui articuli fuerunt per arbitros declarati, & per Celestinum Papam tertium, ipsa fuit declaratio confirmata.

Anno 1197. decimo Kalendas Maii, Innocentius Papa tertius,

dedit Domno dicto Episcopo in feudum, Comitatum Melgoriensem, cum Bullâ plumbeâ sub his verbis.

„ Innocentius Episcopus, Servus Servorum Dei, venerabili
„ Fratri Guillelmo Episcopo Magalonensi, salutem & Apostoli-
„ cam Benedictionem. Apostolicæ sedis benignitas proindè pen-
„ sans merita singulorum, his quos sibi fideles specialitèr invenit
„ & devotos, specialem consuevit gratiam exhibere, ut ipsi grata
„ suæ devotionis præmia se gaudeant excepisse, & alii ad ejus
„ obsequia, eorum exemplo meritò provocentur. Hinc est quod
„ devotioni quam tu & Magalonensis Ecclesia retroactis tempori-
„ bus, ad Apostolicam sedem noscimini habuisse, ac habere in fu-
„ turum speramini attendentes, Comitatum Melgorii sivè Montis-
„ ferrandi, qui ad jus, & proprietatem Ecclesiæ Romanæ nosci-
„ tur pertinere, cum omnibus pertinentiis ejus, in feudum conce-
„ dimus tibi, ac successoribus tuis, sub annuo censu viginti mar-
„ charum argenti, nobis, & successoribus nostris in festo Resur-
„ rectionis Dominicæ persolvendo, salvo nihilominus alio censu
„ quem pro aliâ causâ Ecclesiæ Romanæ debetis. Itaque tu & suc-
„ cessores tui, nobis & successoribus nostris fidelitatem propter hoc
„ specialitèr facietis, & per Romanam dumtaxet Ecclesiam, ip-
„ sum recognoscetis & tenebitis Comitatum, & de ipso facietis
„ guerram & pacem ad mandatum ipsius. Nec castrum Melgo-
„ rii seù castrum Montis-ferrandi cum sint Comitatûs caput, cui-
„ quam infeudare, seù quomodolibet alienare, ullatenùs præsu-
„ metis absque Apostolicæ sedis licentiâ speciali. Minora etiam
„ feuda quæ ad ipsum pertinent Comitatum, nulli concedetis om-
„ ninò extrà Magalonensem diœcesim commoranti. Nulli ergò
„ homini liceat hanc paginam nostræ concessionis infringere, vel
„ ausu temerario contraire. Si quis autem hoc attentare præ-
„ sumpserit, indignationem omnipotentis Dei, & Beatorum Apos-
„ tolorum ejus Petri & Pauli noverit se incursurum. Datum La-
„ terani 8. Kalend. Maii Pontificatûs nostri anno 18.

Quam infeodationem subsequentèr ferè Honorius III. Gregorius IX. Alexander IV. Clemens III. Greg. X. confirmarunt, prout specialitèr in confirmatione Gregorii decimi continetur.

Sanè, quià posset in posterum ab aliquibus induratis Ecclesiæ, revocari in dubium, qualitèr dictus Comitatus ad Romanam pervenit Ecclesiam; sciendum est quòd Comes Melgorii, dudum ipsum Comitatum in puram eleemosynam Romanæ Ecclesiæ contulit, prout instrumento publico in nostro Archivo publico reperto seriosius continetur. Cujus tenor noscitur esse talis.

In Nomine sanctæ & individuæ Trinitatis Patris, &c. Retrò

quare inter gesta Gothofredi quod ibidem scriptum est.

Qualitèr autem dictus Comitatus, priùs ad Romanam deindè ad Magalonensem Ecclesiam pervenerit, in quadam Epistolâ Domini Clementis Papæ IV. Serenissimo Domino Ludovico Francorum Regi, transmissa, in dicto præcedenti Archivo registrata pleniùs explicatur. Ideò ipsam ad æternæ rei memoriam de verbo ad verbum nihil remoto vel addito duximus inserendam.

"Clemens Episcopus, Servus Servorum Dei, carissimo in Christo filio Ludovico Regi Francorum illustri. Salutem & Apostolicam Benedictionem. Quia quidam ex ignorantiâ, quidam ex malitiâ veritatem interdùm sepeliunt, interdum quibusdam coloribus adulterinis obducunt. Ideò, fili carissime, rectè agis si quoties tibi aliqua referuntur, quorum tibi expediat plenam habere notitiam, causam quam nescis diligentiùs investigas, quia judicio cognita constant, sic incognita casu sanè, quia nuper à nobis tua serenitas requisivit, quid de Comitatu Melgoriensi quem venerabilis Frater noster Magalonensis Episcopus possidet, sentiremus cum tuæ celsitudini sit suggestum quod vel tibi vel dilecto filio *Petro Peleti* Domino Alesti Vassallo tuo fiat injuria, ad quam tibi brevitèr respondemus prout constat ex vetustissimis Apostolicæ sedis documentis. Comitatus prædictus feudum est Romanæ Ecclesiæ censuale quod justè tenuit (ut communitèr dicitur) aliquo tempore bonæ memoriæ Bertrandus Comes Abavus dicti Petri, sed & Comes Tolosanus justè ut ipse dicebat, injustè, ut plurimi sentiebant, illud diversis temporibus tenuerunt. Verum cum Comes Tolosanus pater quondam Comtis Tolosani proxime jam defuncti, ex causis ad judicium Apostolicæ sedis pertinentibus per se & Innocentium Papam prædecessorem nostrum terris suis & honoribus priuatus, suis meritis congruentem sententiam excepisset, bonæ memoriæ Petrus de Benevento Subdiaconus, in illis partibus Apostolicæ sedis legatus Comitatum prædictum quem idem *Comes eodem tempore* possidebat, ad jus Romanæ Ecclesiæ (sicut debuit) revocavit, quòd tempore præcedente *Raymundus Peleti proavus* dicti Petri restitui sibi petiit à legato prædicto, cui nolens sicut ipse debuit eidem negare justitiam, auditorio sibi concesso, Guillelmum Magalonensem Episcopum constituit ad jus Romanæ Ecclesiæ defendendum, fuitque in eodem negotio eòusque processum, quod lite contestatâ fuit ex parte Procuratoris exceptum quod idem Comitatus unam libram auri debebat annuam Romanæ Ecclesiæ censualem, & erat de ipsius Dominio, quam non solverat multo tempore retrò acto."

,, Quòd idem actor fuit de plano confeſſus, & nihilominùs ad
,, probandum jus ſuum, quod fuerat à Procuratore negatum, teſtes
,, produxit plurimos, & quidquid in causâ fuerat, remanſit indeci-
,, ſum, ſed tempore ſequenti, cùm videret Romana Eccleſia dic-
,, tum Raymundum, intentionem ſuam in judicio non fundaſſe,
,, quòd etiàm ſi feciſſet ſibi prodeſſe non poterat, propter ceſſatio-
,, nem canonis annui non ſoluti; remque litigioſam non eſſe per-
,, pendens, quoniam ſine ſpeciali mandato, legatus memoratus non
,, potuit deducere in judicio. Dicto prædeceſſori placuit ſupra-
,, dictum comitatum, Magalonenſi Epiſcopo & ſuis ſucceſſori-
,, bus, ſub cenſu annuo in feudum concedere, ſicque ipſe, & om-
,, nes ejus ſucceſſores exindè pacificè poſſederunt. Hoc ſalvo, quòd
,, defunctus ultimò Comes Toloſanus Melgorium, & quædam caſ-
,, tra alia Epiſcopo abſtulit ſuprádicto, ſed poſtmodùm ad ſe re-
,, diens, reddidit liberalitèr & libentèr. Et hæc quæ de dicto legato
,, præmiſimus facta, noveris antequàm recordationis inclytæ pater
,, tuus Franciæ Rex effectus negotium aſſumeret Albigenſium, imò
,, & antequàm pater, vivo crucis ſacræ ſuſcepto caractere, civi-
,, tatem Adiens Toloſam, potentèr, & virilitèr eam obſidione val-
,, laſſet. Nos autem qui dictum Petrum, & prædeceſſores ſuos per-
,, ſincerè dileximus ab antiquo; hæc omnia ſæpè revolvimus & fi-
,, delitèr laboravimus in ſtatu alio conſtituti, ut Magalonenſis Ec-
,, cleſia aliquid ei daret, nec potuimus obtinere. Nupèr verò ex
,, quo licèt immeriti ſedem conſcendimus altiorem, ad ejus Petri
,, devotam inſtantiam venerabili fratri noſtro Magalonenſi Epiſ-
,, copo dedimus poteſtatem, ei aliquos redditus aſſignandi. Ad quos
,, nos induxit ejuſdem Petri, & ejus domûs dilectio jàm præſcrip-
,, ta, & honor ejuſdem Epiſcopi & utilitas cui credebamus expe-
,, diens, ut poſſemus ſcrupulum conſcientiæ, ſi quis erat, redimere
,, vulgi clamoribus ſatisfacere, cùm juris neceſſitate ceſſante, &
,, dictam domum ſatis ſibi vicinam in ſuâ gratiâ retinere. Quo-
,, circà, fili cariſſime: nemo tibi ſuadeat præjudicium in his omni-
,, bus, vel eorum aliquo tibi factum niſi forſan ad id ſe velint
,, convertere qui de ſede Apoſtolicâ malè ſibi ſentiunt, ut in-
,, quirant quomodò Romana Eccleſia in Regno Franciæ feudum
,, habere potuerit, cùm nec Regnum cum Regibus natum fue-
,, rit nec à ſolis Regibus acquiſitum. Si enim veteres legant hiſ-
,, torias de Narbonenſi acquiſitione Provinciæ, perſonales labores,
,, invenies Romanorum Pontificum & ſudores qui, *Non tàm Regum*
,, *fuerunt ſocii in Victoriis*, *quàm Regum nunc ſequaces*, *nunc ſocios habuerunt*, tan-
,, quàm Narbonenſis negotii Domini Principales.
,, Tu ergò contentus Regni tui finibus, & latitudine quàm

virtute

virtute mirificâ noſtris temporibus Dominus ampliavit, dictum "
Epiſcopum, & in ipſo Romanam Eccleſiam non perturbes, nec "
Suſurronum ſomniis irriteris, qui quanquam loquentes Placen- "
tia, Suſurronum ipſorum ſtimulis credulis auribus, fel mellitum "
inſtillant. Quòd in te, fili, poſſe non credimus, tuæ dudùm cir- "
cumſpectionis conſtantiam experti. "

Cœterùm de monetâ Melgorienſi quam idem Epiſcopus "
feudi facit, ut dicitur in feudo Eccleſiæ, ei ſcribimus quòd juri "
conſonum arbitramur, & chriſtianæ convenieus honeſtati. "

Clemens Epiſcopus, Servus Servorum Dei, venerabili Fratri "
Guillelmo Magalonenſi Ep.ſ.o; o. S. & Apoſtolicam Benedictio- "
nem. Irritatus à Suſurronibus, cariſſimus in Chriſto Filius noſter "
Ludovicus Rex Francorum illuſtris, ſuper Melgorienſi Comitatu "
quem in ſui præjudicium & injuriam à te poſſideri dicebant, "
prudenter nos conſuluit, cui plenam ſcripſimus veritatem, quâ "
& ipſum credimus fore contentum. Idcircò nullius minas timeas, "
nam qui te tanget pupillam oculi, noſtri tanget. Noſtrum enim "
in hac parte negotium agitur, & non tuum. Sanè de mone- "
tâ milliarenſi quam in tuâ Diœceſi cudi facis, miramur pluri- "
mùm cujus hoc agas conſilio? Non quòd injuriam facias dicto "
Regi, ſi in fundis non ſuis fabrices, ſed Regi gloriæ extrà cujus "
Dominium, nec hoc potes, nec aliud operari. Quis enim Ca- "
tholicus monetam debet cudere cum titulo Mahometi? quis etiàm "
licitè poteſt eſſe alienæ monetæ percuſſor? Cum nulli eam liceat "
cudere, niſi cui, vel ſummi Pontificis, vel principis authoritate "
conceditur. Quòd nullus unquàm ſic effuſè conceſſit, ut omnis "
generis monetæ faceret, datâ authoritate ad rem certam, quo- "
nam pacto extendetur? Si conſuetudinem forſàn allegas, prædec- "
ceſſores tuos accuſas potius quam excuſas, cum perverſæ con- "
ſuetudines dici debeant corruptelæ. Quod ſi conſuetudine & "
jure ceſſantibus, lucro inhias, vide quantùm dedeceat Excel- "
lentiæ Pontificalis, honores, negotiationem ejuſmodi exercere, "
quam in inferiori gradu clericis reprobamus. Cœterùm ſi ve- "
nerabilem fratrem noſtrum Agathenſem Epiſcopum requireres, "
audires utique ab eodem, quantùm ei diſſuaſimus ad opus ſi- "
mile provocatum, cùm eſſemus in ſtatu alio conſtituti. Hinc eſt "
quòd fraternitati tuæ, per Apoſtolica ſcripta mandamus, qua- "
tenus ſi in Regiis feudis hoc facis pareas prohibenti, ſi alibi ni- "
hilominùs omninò deſiſtas. Cùm & Deo, & nobis diſpliceat, & "
non ſit tuæ congruum honeſtati. Datum Viterbii XVI. Kal. Octob. "
Pontificatûs noſtri an. 2°. "

Porrò ut laborum, & expenſarum onera quæ præfatus, venerabilis prædeceſſor noſter Guillelmus, occaſione acquiſitionis Comitatûs hujus ſuſtinuit, poſteris memoriæ miniſtrentur, ſciendum eſt nos in Archivis noſtris, & in monimentis fide dignis legiſſe, quòd dictus Dominus Papa Innocentius III. qui dictum feudum conceſſit, à dicto prædeceſſore habuit 1220. marchas Sterlingiorum argenti, & Domini Cardinales 500. libras proviſionum. Item Camerarius Domini Papæ habuit pro ſe 320. libras proviſionum, valentes centum marchas Sterlingiorum Prædictorum. Item habuit unum rocinum & unum mulum qui conſtiterant 35. libras. Item Capellanis, Clericis, Notariis, Hoſtiariis, Trocarciis, Scriptoribus, & aliis familiaribus Domini Papæ 500. libras. Item pro Litteris Scribendis, & Bullandis, quinque libras. Item expenderunt Procuratores hujus negotii eundo Romam, ſtando, & redeundo pro Equitaturis Raubis, & aliis expenſis 300. libras. Item conſtiterunt uſuræ dictæ monetæ mutuæ 25000. libras. Et ſic conſtitit dictum negotium quantùm ad Curiam Romanam ultrà expenſas alias factas in partibus iſtis, in adipiſcendis poſſeſſionibus, vendicationibus, litigiis, & recuperationibus caſtrorum & jurium dicti Comitatûs 6600. libr. Melgorienſes anno Domini 1190. 13. Kal. Julii præſente ipſo Domino Guillelmo, & multis aliis Archiepiſcopis & Epiſcopis apud Sanctum Egidium, ad mandatum Domini millonis Domini Papæ Innocentii III. legati, ad partes iſtas. Dominus Raymundus quondam dux Narbonæ, & Comes Toloſæ, & marchio Provinciæ, pro animæ ſuæ remedio conceſſit omnibus Eccleſiis & domibus Religioſis Provinciarum, *Viennenſium*, *Arelatenſium*, *Auxitanentium*, *Burdegalenſium*, & *Bituricenſium*, ſecundùm ſtatuta canonum immunitatem, & pleniſſimam libertatem. Videlicèt in hæc verba.

„ Quòd Albergarias, procurationes, ſeu exactiones quaſcumque,
„ ſeu Tallias, nullo unquam tempore per me, vel per alios re-
„ quiram, & requirentes pro poſſe meo fidelitèr coërcebo. De-
„ functis Eccleſiarum Epiſcopis, vel rectoribus aliis ipſas, vel
„ domos earum, nec per me, nec per alios nullomodo ſpoliabo,
„ nec adminiſtrationi, earum ſeu cuſtodiæ, ocaſione alicujus
„ conſuetudinis, vel aliquâ, aliâ re, me ullatenùs immiſcebo, ſed
„ omnia ſine diminutione aliquâ, defuncti ſucceſſoribus reſerventur.
„ Electioni etiàm Epiſcopi, vel Rectoris Eccleſiæ faciendæ per
„ me, vel quamcumque perſonam me nullatenùs immiſcebo; nec
„ aliquam malitiam faciam, nec impedimentum præſtabo, quo-
„ minùs electio liberè celebretur. Præterea poſſeſſiones omnes, &
„ jura Eccleſiarum, (ſi qua injuſtè detineo) iis reſtituere plenó
„ jure promitto. Inſuper omnia jura Eccleſiarum & domorum Re-
„ ligioſarum, ſicut decet Catholicum Principem in Præfatis Provinciis

totis visceribus protegam. Si quis autem contrà præfatam im- "
munitatem, & libertatem à me indultam Ecclesiis, & aliis domi- "
bus Religiosorum venire præsumpserit, ipsum pro posse meo vi- "
riliter coërcebo. "

Anno 1193. Raymundus Episcopus, recepit recognitionem à Raymundo de *Cornone* Domino in parte Castellaniæ capitis-castri de Gigeano.

Anno etiam 1193. dedit in Acapitum B. de Lausa, sex pecias terræ, & sex pecias vineæ ad usaticum. 13. sestardiorum hordei & 13. denar. Melgoriensium.

GUILLELMUS DE FLEXIO.

GUILLELMUS de Flexio secundus hujus nominis Canonicus Magalonensis, successit Guillelmo Raymundi, circà annum 1197. vixit in Episcopatu annis 7. mensibus 9. diebus 6. obiit Idibus Decembris anno 1203. confirmavit Acapitum mansi de *Lausa*, datum per Dominum Guillelmum Raymundi ejus prædecessorem.

Eodem anno, fecit cudi apud Melgorium maximas quantitates Melgoriensium solidorum.

Fecit etiam excambium cùm Præposito Magalonensi, anno 1220. de quibusdam allodiis quæ percipere consueverat, de tribus possessionibus, ut latiùs continetur in libro nigro fol. 101.

GUILLELMUS DE ALTINIACO.

GUILLELMUS de Altiniaco tertius hujus nominis Canonicus Magalonensis, oriundus de Diœcesi Lodovensi. Fuit factus Episcopus anno Domini 1203. Emit medietatem Vicariæ-Curiæ Montispessulani, quingentos solidos Melgorienses.

Anno 1208. obtinuit confirmationem civitatis Magalonæ, & aliorum locorum temporalium in ipsâ confirmatione expressatorum, ab inclitæ recordationis Domino Ludovico Francorum Rege.

Anno 1213. fundavit Hospitale Sti. Stephani de Briancis.

Anno 1214. permutavit cùm Priore Sti. Firmini tunc gubernante vestiariam Magalonensem, Ecclesiam Parrochialem de *Grabellis*, pro Ecclesiâ Parrochiali de *Muro veteri*.

Grabels.
Murviel.

Anno 1215. concessit consulibus Montispessulani, duos denarios de illis duodecim, quos Episcopus Magalonæ in monetâ Melgoriensi percipere consuevit.

Eodem anno dedit ad acapitum, dictis consulibus Montispessulani, totum nemus de *Valena*, retentis decem Albergiis militum annuis, jurifdictione, & quibufdam aliis, & habuit indè ab ipfis 25. folidos Melgorienfes, prout in inftrumentis indè receptis continetur.

Anno 1217. impignoravit Bajuliam caftri de *Melgorio*, Raymundo de Sancto Firmino pro duodecim folidis Melgorienfibus.

BERNARDUS DE MESUA.

BERNARDUS de Mefua, primus hujus nominis Canonicus Magalonenfis, fucceffit Domino Guillelmo de Altiniaco & fuit electus anno 1217. vixit in Epifcopatu annis 14. menfibus 5. diebus 14. obiit 8°. Kal. Januarii anno 1233.

Anno 1218. recuperavit à Raymundo de Sancto Firmino, Bajuliam de *Melgorio* impignoratam pro duodecim folidis Melgorienfibus, per Dominum Guillelmum de *Altiniaco* ejus proximum prædeceſſorem.

Anno 1224. videlicèt 12. Kal. Aprilis, obtinuit definitivam fententiam quæ habetur in Archivo noftro, quod *Abbas Anianenfis tenetur venire* ad Sinodum Magalonenfem.

Montauberon.   Anno 1225. fecit compofitionem quæ habetur in Archivo, cum Roftagno de *Monte Arbedone*, & confortibus fuis, quòd medietas patuorum de Monte arbedone effet Epifcopi, & alia medietas remaneret dictis confortibus, quam tenent in feudum ab Epifcopo.

Anno 1226. recuperavit caftrum de Balafuco, quod tenebat violentèr *Guido Capitis Porci*, & licet diù pro dicto caftro litigaverit, finalitèr obtinuit fententiam coràm Archiepifcopo Narbonenfi à fede Apoftolicâ fuper hoc delegato.

De Ganges. Briffac.   Anno 1221. videlicet 12. Kal. Septembris, recepit à Domino *Agantici* recognitionem medietatis caftri de Brixiaco.

Anno 1227. Dominus de Roquafolio, reddidit fibi medietatem caftri de Brixiaco, quam ab eodem Epifcopo tenebat in feudum.

Affas.   Anno 1230. videlicèt quarto Kal. Aprilis, fecit recognitionem cum Dominis caftri de *Arfatio*, fuper modo recognofcendi fibi dictum feudum quæ habetur in Archivo.

Anno 1233. obiit 8°. Kal. Januarii, & eodem anno fede vacante, Vicarii fundaverunt generale Monafterium Sti. Leonis, propè

St. Leon de Montlaur.   *Montem-laurum*, de qua fundatione habetur inftrumentum in Archivo.

Cocon. Maurin.   Anno 1225. circà finem Augufti, idem Bernardus conceffit certas poffeffiones apud *Coconum* & *Maurinum*, Præpofito Magalonenfi,

cenfum

censum annuum duarum albergarum, & de hoc est instrumentum in Archivo.

Eodem anno 5°. Kal. Septembris, concessit Domino Joanni de *Montelauro Præposito*, in feudum, Dominium castri de Londris, & de hoc habetur instrumentum in archivo.   De Londres.

Anno 1218. 10. kalendas Julii, concessit ad feudum honoratum, Domino Jacobo Regi Aragonum Domino Montispessulani, quatuor denarios super monetâ Melgoriensi, in qualibet librâ dictæ monetæ, dedit etiam eidem, totum jus quod habebat in castro de *Piniano* & *Salzano*, & domum, ac hominium, & alia quæ Dominus Montispessulani, Episcopo facere tenebatur pro castris de Frontiniano, de Castris, de *Castro-novo*, de *Senteiranicis*, seu prostratis publicis & Ripariis, & patuis, pro quibus omnibus dictus Dominus Montispessulani, debet dare Domino Episcopo, & ejus successoribus, annis singulis, si ab eis requiratur pro servitio unum marabotinum auri & valentiam de hominibus dictorum castrorum, pacto quòd si dicta castra separentur à dominatione dictæ villæ Montispessulani, Episcopus possit omnia prædicta feuda recipere pro commisso. Pro quâ infeudatione habuit Episcopus viginti solidos Melgorienses. Instrumentum est in archivo, inter instrumenta monetæ Melgorii.

Pignau.
Saussan.
Castries.
Castelnau.
Centrairargues.

JOANNES DE MONTELAURO.

JOANNES de Montelauro dictæ domûs de Montelauro secundus hujus nominis, canonicus Magalonensis, successit Domino Bernardo de Mesua. Anno 1234. fuit electus, vixit in Episcopatu annis 14. mensibus 9. diebus 5. obiit anno 1248. nonis Maii.

Anno 1235. videlicèt 5°. kal. Octobris, recepit recognitionem à matre Rostagni de Montelauro, pro dicto castro de *Montelauro*, & de hoc habetur instrumentum in archivo, sed postmodùm, frater suus in ejus odium, recognovit dictum castrum se tenere à Rege, & extunc recuperari non potuit.   Montlaur.

Anno 1234. dedit in emphiteosim mansum de *Cassis-malis*.

Anno 1236. recognitionem accepit, ab Abbatissâ de Sancto Genesio pro dicto Monasterio, ut habetur instrumentum in archivo.   St. Geniez, Abbaye.

Anno 1240. videlicet 8°. kal. Augusti, reduxit quatuor albergas, quas faciebat Raymundus Guillelmi de Monte ferrario. Pro manso de *Restinclericis*, sito in Parrochiâ Sti. Salvatoris de Pinu ad 4. capones censuales. Et de hoc habetur instrumentum in archivo.   Montferrier. Restinclieres St. Sauveur du Pin.

Tttttt

Anno 1241. dedit utrum vini, quod Episcopus habebat in caftro de Gigeano, & multas alias libertates hominibus, & univerfitati de Gigeano.

Gramont. Montauberon.

Anno 1242. fecit compofitionem Ecclefiæ Magalonenfi fatis inutilem, cum præceptore Grandis-montis propè *Montem Arbedonem* quæ habetur in archivo.

Sommiere.

Anno 1243. videlicet 8°. Idus Junii, recepit recognitionem caftri de Montelauro, quod tunc ab Epifcopo Magalonenfi tenebatur, & *Baneria Epifcopalis, fuper Turrim dicti caftri Ponebatur* à Bermundo de *Sumidrio* filio Bertrandi. Quæ recognitio & alia de quâ suprà facta est mentio, habetur in archivo Epifcopali.

Château de Lates.

Anno 1246. recepit recognitionem folemnem, & juramentum fidelitatis super Corpore Chrifti, posito super altare Sti. Firmini de Montepeffulano à Domino Jacobo Rege Aragonum, & Majoricarum, Domino Villæ Montifpeffulani, & caftro de Palude, vulgaritèr dicto de Latis.

Anno 1233. exiftentes Præpofitus Magalonenfis & Vicarius generalis, fede vacante, fundavit Monafterium Sti. Germani, tunc exiftens in monte Sti. Leonis, & habetur de hoc inftrumentum in archivo. Et fuper eo, retinuit Epifcopus canonem, unum obolum aureum, in Synodo Sti. Lucæ annis fingulis perfolvendum.

Silve Gautier.

Anno Domini 1230. 1°. kal. Martii, dictus Dominus Joannes dedit, & univit cùm Confilio Domini Petri Archiepifcopi Narbonæ, & Capituli Magalonenfis Hofpitale de Silvâ Gauterii, Diœcefis Magalonenfis, Monialibus Sti. Leonis, cum Ecclefiâ in eodem Hofpitali Sitâ, cum omnibus juribus, & pertinentiis, nemoribus, pafcuis, filvis, venationibus, faltibus, devefiis, & omnibus rebus mobilibus, & immobilibus, corporalibus, & incorporalibus, ad ipfum hofpitale pertinentibus quoquomodò, retentis tamen sibi, & fucceffioribus fuis Epifcopis Magalonenfibus, duobus teftariis olei boni, & pulchri, in fefto Sti. Vincentii, apud Montempeffulanum, in aulâ Epifcopali afportandis, pro cenfu annuo perfolvendis. Prout conftat per inftrumentum publicum, manu magiftri Bernardi de Cofta Montifpeffulani, & Curiæ dicti Domini Epifcopi confectum.

RAYNERIUS.

FRATER Raynerius, de Ordine FF. Prædicatorum Lombardus, fucceffit Domino Joanni de Montelauro fecundo, vixit in Epifcopatu annum & dimidium, obiit, anno 1248. Idibus Januarii.

Anno 1248. & mense Decembri, creavit Officium Vestiarii, cum anteà solveretur Vestiaria Canonicorum per Priorem Sti. Firmini, qui tenebat Ecclesias de *Grabelis* & de Juviniaco, de quibus est instrumentum in archivo.

Eodem anno 3°. Idus Decembris, fecit compositionem cùm Abbate *Francarum vallium*, Ordinis Cistercienfis, super juribus Garrigiæ de *Pinù*, quæ in archivo Episcopali habetur. Franquevaux.

Anno 1248. videlicet 12. Kal. Septembris, vendidit emolumenta temporalia, quæ habebat Episcopus in castro de *Agufanicis*, Priori Guzargues. dicti loci. Retento usatico 40. solidorum Melgoriensium, & hoc pretio centum librarum, prout in instrumento quod habetur in archivo continerur.

Audivimus etiam dici ab antiquis pluribus fide dignis, qui ut dicebant jurati in casibus nostris, à majoribus suis audierant, quòd dictus Episcopus, fuit cùm Hostia consecrata veneno interfectus, & tunc fuit in Ecclesia Magalonensi ordinatum, ut Diaconus, & Subdiaconus in Altari majori Beati Petri cum presbytero assistentes, de manu sacerdotis ibidem celebrantis, & de eâdem Hostiâ consecratâ, & de eodem sanguine communicarent.

Anno 1247. Kal. Aprilis, acquisivit Ecclesiam Parrochialem Beatæ Mariæ de Melgorio, Episcopali mensæ, Præposito, & Capitulo. Et dedit eis pro excambio Ecclesias Sti Petri de Cornone, Cornom, Comballiaux, Sti. Juliani de Cafaligniis, Sti. Stephani de Castriis, & Sti. Theo- Verargues. doriti de *Veranicis*, cùm earum Capellis, retentis tamèn in eisdem sibi, & successoribus suis Reverentiæ Episcopali debitas procurationes, & antiquas Sinodos & Paradas.

PETRUS DE CONCHIS.

PETRUS de Conchis, oriundus de Montepessulano, Canonicus Magalonensis, primus hujus nominis, successit Domino Raynerio, anno 1248. Vixit in Episcopatu, annis sex, mensibus 10.

Anno 1249. fecit quamdam compositionem, cùm Rege Aragonum, tunc Dominum Montispessulani, quæ habetur in archivo.

Anno 1250. de mense Januarii, fecit quamdam compositionem cum Vestiario Magalonensi, seù ejus Procuratore, quòd pro viginti solidis Vestiarii, sibi debiti per ipsum Vestiarium, haberet decem albergas annuas, quas faciebat dicto Vestiario Guillelmo de *Valloquesio*, pro feudo Bassæ jurisdictionis de *Grabellis*, quæ compositio habetur in archivo.

Anno 1251. obtinuit à Priore de *Muro-veteri*, qui tunc erat, Murviel.

jurifdictionem temporalem, quam dictus Prior habebat in dicto castro de *Muro-veteri*, & quam ab Episcopo tenebat. Et pro recompensatione, dedit sibi unum modium frumenti, & unum modium vini quem percipiebat pro cartone, in ipsâ Ecclesiâ, & unum modium mixturæ quem habebat pro usatico, prout cavetur in instrumento quod est in archivo.

Anno 1252. dedit consulibus maris Montispessulani, potestatem faciendi gradum & turrim in plagiâ nostrâ de Melgorio, sub censu annuo quatuor librarum piperis valdè boni, & perieriis nostris de Cornone præjudiciabilem, sed tamen eis usi non fuerunt.

GUILLELMUS CHRISTOPHORI.

GUILLELMUS Christophori oriundus de Montepessulano, hujus nominis tertius, Canonicus Magalonensis, successit Domino Petro de Conchis, anno 1256. vixit in Episcopatu annis sex, mensibus 8. minus uno die. Obiit anno 1263. 19. Kal. Februarii.

Bains de Balaruc.
Puy-Mejan.

Anno 1257. dedit ad acapitum, hominibus de *Balasuco*, certas possessiones *Debrausi*, de Molenâ, de Aquis, de Moleriâ, de *Malras* de *Podio-mejano*, ad usatica quatuor sextariorum hordei, & habuit pro intratâ, decem libras Melgorienses.

Anno 1260. compromisit cum Domino Jacobo Rege Aragonum, tunc Domino Montispessulani, in Dominum Guidonem Fulcodi Narbonensem electum, super jurisdictione partis Episcopalis Montispessulanuli, cognitione, & punitione criminis hæresis, & bonis hæreticorum confiscatis, limitatione jurisdictionis temporalis in Montepessulano, Judæis in parte Episcopali commorantibus, juramento fidelitatis per homines Montispessulani præstando;

Ecailate.

furnis in parte Episcopali faciendis, peissonariâ, & *Tincto rubro* recognitio facienda Episcopo per ipsum Regem, de Montepessulano, & castro de Latis, & etiam de appellationibus à Curiâ dicti Regis emittendis. Et hæc compositio habetur in quaterno.

Anno 1261. ordinavit fieri monetam Melgoriensem usque ad centum millia librarum.

Candillargues.

Anno 1262. Kal. Julii, recepit recognitionem mansi de Ravat, quod est propè sanctam Crucem de Quintillianicis.

BERENGA-

BERENGARIUS FREDOLI.

BERENGARIUS Fredoli, domûs de Veyruna, Canonicus Magalonensis, succeffit Domino Guillelmo Chriftophori, anno Domini 1262. vixit in Epifcopatu annis 34. menfibus 8. diebus 3. obiit anno 1295. Nonis Januarii.

Anno 1262. fecit compofitionem cum Veftiario Magalonenfi, fuper jurifdictione de *Grabellis*.   Grabels.

Eodem anno acquifivit à Procuratore Fratrum Minorum Montifpeffulani, novem feftaria & tres cartonés bladi cenfualia.

Anno 1263. fecit compofitionem cum Fratribus Prædicatoribus Montifpeffulani, quæ habetur in archivo.

Eodem anno emit à Bonifacio Guidonis-Capitis-Porci 158. feftaria hordei, & undecim libras 14. folidos Melgorienfes cenfualia, quæ habebat in Parrochiis de *Juviniaco*, de *Gràbellis*, de *Subftantione*, de *Caunellis*, de *Valleredonefio*, de *Monte-Arnaldo*, & quidquid juris in eis habebat pretio viginti folidorum Melgorienfium, inftrumentum eft in archivo.   Juviniac. Grabels. Subftantion. Caunelles. Valredonez. Montarnaud.

Anno 1265. recepit recognitionem caftri de Montelauro, à Bermundo de Sindrio, inftrumentum eft in archivo.

Anno 1268. 13. Kal. Julii, emit à Guillelmo Deodato de Podio, firmam de Balafuco, pretio centum librarum Magalonenfium, & leudas de Gigeano à B. de Grafilhanicis, pretio undecim librarum.   Mérairie dite de la Magdelaine, appartenâte aujurd'hui à Mrs. Duché. Grazillargues.

Anno 1271. limitavit territoria caftrorum de Gigeano & de Bafaluco.

Anno 1277. fecit aliam limitationem caftrorum, cum Domino Jacobo Rege Aragonum.

Anno 1278. 2. Kal. Julii, fecit compofitionem cum Rege Majoricarum Jacobo, cum compromiffo in Dominum Petrum de *Monteebruno*, Narbonenfem Epifcopum, in quâ fuit declaratum, quod Bajulus Curiæ Epifcopalis, ad denuntiationem vel requifitionem Bajuli, Curiæ dicti Regis, in capiendis reis in parte fuâ, eo dumtaxàt neceffitatis debito teneatur, quò bonus & juftus judex ad denunciationem privati cujuflibet, ex feipfo, vel fui officii debito teneretur. Item fuit definitum, quòd vocato procuratore Regis, & non antè, liceat Curiæ Epifcopali ex causâ pœnam corporalem mitigare, & in pœnam pecuniariam convertere, de quâ debet dare tertiam partem dicto Procuratori Regis, & quod Bajulus Epifcopi juret, in fui electione in prædictis benè, & fidelitèr fe habere, & nullam fraudem committere.

Item, quòd tenentes in parte Episcopali, falsas mensuras, & pondera, & ibi delinquentes in eis, in Curiâ Episcopali stent juri, & prædicta ibi definiantur, & puniantur, salvo quòd si mors, vel membri mutilatio pro prædictis imponenda, fiat ut suprà est declaratum.

Item, quòd jurisdictio stagni gradûs de *Carnone*, & de Magalonâ pertineat ad Episcopum. Salvo quòd delinquentes, vel contrahentes in castro de *Latis*, si fugiant, gentes Regis possint eos ibi capere & retinere.

Debent tamen gentes Episcopi si ibi sint, hoc significare, quòd ipsum reum volunt indè extrahere, ubi reus ipse faceret larem, in parte Episcopali Montispessulanelli, nàm tunc debet servari antiqua compositio.

Item, quòd Curiales Regis non intrent cum armis in partem Episcopalem, ad capiendum reos, nisi flagrante crimine ibi confugientes. Sed & tùnc sine licentiâ Curialium Episcopi, indè non extrahantur.

Item, quòd Rex in septem tabulis recipiat lumbos porcorum, & media pectora vaccarum.

Item, quòd homines partis Episcopalis recipiantur per Curiam Regis in Corretarios*, & Proxenetas*, esto tamen quòd non mutent se in parte Regiâ.

Item, quòd Rex seù gentes ejus non impediant directè, vel indirectè Episcopum, seù ejus officiales, quominùs possint liberè uti jurisdictione Ecclesiasticâ, & Clericos, seù personas Ecclesiasticas capere, seù capi facere, cum armis, vel sine armis prout res exiget, commorantes seù inventos delinquentes in parte Regiâ, & indè extrahere, si per hoc temporali jurisdictioni Regis, præjudicium minimè generetur.

Et quòd nuntii Curiæ Episcopalis, & Regis, possint portare liberè Baculos, in parte utraque, ut sic cujus Curiæ sint nuntii cognoscantur, nec per hoc alicui jus accrescat.

Item, quod super cursum monetarum Melgoriensium servetur compositio facta, cum Domino Jacobo Rege Aragonum.

Anno 1280. die 22. Octobris, fuit fundatum studium Montispessuli, per Dominum Nicolaüm Papam III.

Anno eodem Kal. Decembris fundavit, & dotavit Capellam Sti. Blasii, quæ est inter aulam & cameram Episcopales Melgorii, in quâ ordinavit institui Capellanum perpetuum qui tenetur

---

* * Termes Synonimes.

quotidiè Miſſam in eâ celebrare, & in horis canonicis in Parrochiali Eccleſiâ Beatæ Mariæ, ibi contiguâ intereſſe.

Cui Capellano pro victu aſſignavit de bonis menſæ Epiſcopalis, in Eccleſiâ de Aleyranicis octo ſeſtarios frumenti, & octo hordei, in Eccleſiâ Sti. Nazarii de Medullo, duodecim ſeſtarios, & unum modium vini puri in Eccleſiâ de Balhanicis, 8. ſeſtarios frumenti, & duo hordei apud Montempeſſulanum, vel Melgorium portandos, & oblationes denariorum ad manus ipſius Capellani venientes. Et quod Capellanus poſſit comedere in domo, cum aliis Capellanis, quandò Epiſcopus erit ibi. Et quod Epiſcopus habeat ſibi Clericum qui juvet in Officio, & portet alia onera Capellæ. Poſteà fuit dictæ Capellaniæ bona vineâ collata. Lairargues. Mezouls. Baillargues.

Eodem anno videlicèt 5. Kal. Februarii, quia Comes Ruthenenſis & Dominus de Roquafolio, tenebat ab eo in feudo medietatem caſtri de Brixiaco, nolebat ſibi facere recognitionem, expugnavit caſtrum ipſum, & vi armorum cœpit ipſum, & gentes ipſius Comitis quæ intùs erant. Château de Briſſac.

Anno 1280. dedit in emphiteoſim univerſitati de Balaſuco, ſub certis conditionibus, patua dicti loci pro quibus habuit quinquaginta libras Melgorienſes.

Anno 1282. dotavit Eccleſiam ruralem Sti. Michaëlis de Villâ-Paternâ, propè Gigeanum de uno modio frumenti, & alio hordei, quos Prior de Montebaſeno faciebat pro cartone, retentis pullis, caponibus, viſitatione, procuratione. Poſteà permutavit dictam Eccleſiam, cum Eccleſiâ Parrochiali Sanctæ Perpetuæ prope Melgorium, cum Prioriſſâ, & Monialibus Sti. Felicis de Monte-ſevo. Montbazen. De Gigean.

Anno 1282. fecit tertiam compoſitionem cùm Rege Aragonum, & Conſulibus Montiſpeſſulani, ſuper monetâ Melgorienſi.

Eodem anno 2. Nonas Januarii, limitavit cùm Domino Jacobo Rege Aragonum omnia caſtra, aquas, terras inter ſe contiguas.

Anno 1285. menſe Octobri, confirmavit compoſitionem factam, inter Bertrandum de Duroforti Veſtiarium, & Bertrandum de Vallauqueſio, domicellum ſuper baſſâ juriſdictione loci de Grabellis.

Anno 1286. Univit menſæ Epiſcopali Eccleſias de Muro-veteri, & de Tribus-viis, & diviſit Eccleſiam de Agantico, & quartonem de columbiis. Murviel. Trevieze. Ganges.

Anno eodem, videlicet 12. Kal. Septembris conceſſit multa præjudiciales libertates hominibus, & univerſitati caſtri Epiſcopalis de Villâ-novâ.

Anno 1288. emit furnum de Muro-veteri, pretio ſexdecim librarum Melgorienſium.

Anno 1292. attendens, quòd Rex Majoricarum nimis opprimebat juriſdictionem temporalem in Montepeſſulano ; ideò juriſdictionem ipſam permutavit cùm Domino Philippo Francorum Rege, pro cujus recompenſatione habuit *Bajuliam, Salvetii,* & *Duroforti*, & caſtrum de *Poſſano*. Fuit exterminator, & aſſignator ad hoc deputatus, Dominus Petrus de Capellà tùnc Carcaſſonæ Epiſcopus.

<small>Sauve. Durfort. Pouſſan.</small>

Anno 1295. emit à Domino de Veyrunâ, medietatem molendini de Balaſuco, quartam partem ſtagni de Aygues, & medietatem uſaticorum certarum terrarum de Balaſuco, pretio 150. librarum Melgorienſium.

<small>Balaruc. Les Bains de Balaruc.</small>

Anno eodem emit apud Melgorium, Condaminam de ſanctâ Cruce, & illam quæ eſt in exitu portalis ſanctæ Crucis, pretio 20. ſolidorum Melgorienſium, & fecit aulam, & Cameram Epiſcopalem dicti loci.

GAUCELINUS DE GARDA.

SCIENDUM eſt quòd mortuo Domino Berengario Fredoli, Canonici Magalonenſes in diſcordiâ, elegerunt Dominum Bernardum de Viridiſco Canonicum Magalonenſem, & Priorem ſancti Firmini, illitteratum & indignum. Et accedens ad Papam Bonifacium apud Anagniam, cùm inſtructoribus ſuis, propter inſufficientiam non fuit admiſſus, & data poteſtas inſtructoribus ut alium idoneum de ſe nominarent. Et quià non potuerunt concordare petierunt dictum Dominum Gaucelinum, qui tunc erat Epiſcopus Lodovenſis. Et tunc dictus Dominus Bonifacius, ipſum tranſtulit ad Epiſcopatum Magalonenſem, & erat Clericus ſæcularis domûs de Gardâ, Mimatenſis Diœceſis. Anno 1296. de menſe Auguſti. Vixit in Epiſcopatu annis octo, menſibus ſex, diebus tribus. Obiit anno 1305. videlicèt 5. Idus Martii.

Anno 1296. de menſe Decembri, fuit ſibi data poteſtas, per Capitulum generale Magalonæ (quia erat diſcors ſuper collatione beneficiorum Canonicorum) quòd poſſet conferre omnia Beneficia Canonicorum uſque ad quinque annos tunc proximè futuros, & ità fecit.

Anno

Anno 1297. 7. Idus Junii, recensuit statuta facta per Dominum Berengarium Fredoli, ejus prædecessorem, super bonis Canonicorum mortuorum, & translatorum.

Eodem anno, fecit compositionem cùm Consulibus Montispessulani super furtis nemoris de Valenâ.

Eodem anno, fecit aliam compositionem cùm Consulibus de Frontiniano super stagno vocato *Aigues*, sito in territorio de Balaruco. Quâ compositione, consules ipsi debent dare singulis annis pro usatico dicti stagni, Episcopo Magalonensi, in carnis privio quindecim libras.

Anno 1303. limitavit stagnum de Tauro, & quantùm in eo Diœcesis Magalonensis, & Agathensis se extendunt, cùm Episcopo Agathensi, de quo habetur instrumentum in Archivo. *Estang de Tau.*

Eodem anno 1303. Nonis Martii, fecit testamentum suum.

PETRUS DE LEVIS.

PETRUS *de Levis* secundus hujus nominis, Clericus Secularis, domûs Marescalli Mirapiscensis, provisus per Dominum Clementem Papam quintum, successit Domino Gaucelino de Garda, anno Domini 1304. stetit Epiícopus Magalonensis, fermè quinque annis.

Deindè fuit translatus ad Episcopatum *Cameracensem*. Anno 1308. permutavit certa usatica quæ faciebat dominus Præceptor Sancti Salvatoris domûs *Theutonicorum* Montispessulani, cùm quibusdam aliis Usaticis, per eundem præceptorem sibi datis.

JOANNES DE CONVENIS.

JOANNES *de Convenis*, hujus nominis tertius, filius Comitis Convenarum, Clericus sæcularis: provisus per Dominum Papam Joannem XXII. successit Domino Petro de Levis anno 1309. stetit Episcopus Magalonensis annis octo. Deindè fuit 7. de mense Novembris translatus per eumdem Dominum Papam ad novum *Archiepiscopatum Tolosanum.*

Anno 1313. limitavit castrum Melgorii, cum castro de Castriis.

Anno 1316. die 3. Junii, propter defectum *Confefarii* Magalonenfis, in capitulo generali fecit Gubernatorem *Confefariæ*, de quo habetur inftrumentum in Archivo.

GAILHARDUS SAUMATE.

GAILHARDUS Saumate, oriundus de Villâ-novâ * Ruthenfis Diœcefis, Clericus Secularis, provifus per dictum Dominum Joannem Papam XXII. cujus erat familiaris. Succeffit Domino Joanni de Convenis anno Domini 1317. de menfe Novembris. Stetit Epifcopus 9. menfibus. Deindè fuit tranflatus, per eundem Dominum Papam ad Archiepifcopatum *Arelatenfem* anno 1318. de menfe Augufti.

Anno à Nativitate Domini 1317. 14. Kalendas Decembris fecit Vicarium generalem Dominum Oldericum Avunculum fuum.

Anno ab Incarnatione Domini 1317. videlicèt 22. die menfis Februarii dictus Dominus Oldericus Vicarius generalis, cepit manfum de duabus cazis, Parrochiæ Sti. Vincentii in commiffum, pro eo quòd Raymundus de Conchis, negaverat fe tenere dictum manfum ab eo. Sed pofteà ad preces Domini Petri de Offa, fratris dicti Domini Papæ Joannis XXII. Cujus dictus Dominus Raymundus, fe dicebat confanguineum, dictus Dominus Oldericus, dedit eidem Raymundo de Conchis, dictum manfum ad novum Acapitum. Et de hoc habetur inftrumentum in Archivo.

ANDREAS FREDOLI.

ANDREAS Fredoli, domûs de Veyrunâ, qui anteà exiftens Canonicus Magalonenfis, fuerat factus Epifcopus Ucetienfis, tranflatus indè fuit per Dominum Joannem Papam XXII. ad Epifcopatum Magalonenfem, anno à Nativitate Domini 1318. die octavâ Februarii. Vixit in Epifcopatu annis X. diebus 23. obiit die ultimâ Februarii.

Gallia Chriftiana. * Il faut lire *Rienfis Diœcefis*, au lieu de *Rhutenenfis*, felon la remarque de Mr. de Sainte Marthe, qui dit l'avoir ainfi verifié dans les Actes du Vatican.

Anno 1324. 8. Kal. Februarii. Idem Dominus Papa ordinavit, quòd nullus Canonicus Magalonæ, possit esse judex authoritate Domini Papæ, nisi sit in dignitate, vel Beneficio constitutus, &c.

JOANNES DE VIRIDISCO.

JOANNES de Viridisco, hujus nominis quartus, dicti loci de Viridisco Lodovensis Diœcesis Oriundus. Anteà Præpositus, & Canonicus Magalonensis decretorum Doctor, fuit provisus per Dominum Joannem Papam XXII.

Anno à Nativitate Domini 1328. die 8. Aprilis, successit Domino Andreæ Fredoli. Vixit in Episcopatu annis sex, diebus 11. obiit anno 1334. die octavâ Augusti.

Anno 1330. die 24. Aprilis, publicavit statuta facta super divisione *Carnaligiorum*, totius Diœcesis in Synodo Paschali.

Anno 1331. in Capitulo generali omnium Sanctorum presidens, publicavit magna Statuta, quæ incipiunt *Salvator*, &c. Cum instrumento recepto per Magistrum Guillelmum Clari.

Eodem anno, & in eodem generali Capitulo divisit, seù separavit Ecclesias Parrochiales de Matellis, & de Caza-veteri, ab Ecclesiâ Parrochiali Sti. Joannis de *Cucullis*. <small>Les Matelles & Cazevieille. St. Jean de Cuculles.</small>

Eodem anno, fecit compositionem cùm Domino *Agantici*, super custodiâ Campanili Agantici, & multis aliis articulis, de quibus recepit instrumentum Magister Guillelmus de Clari. <small>Ganges.</small>

Anno 1332. limitavit Territorium de Melgorio, cùm Territorio partis Regiæ Montispessulani, excambiatæ cùm Domino Rege Franciæ. De quâ limitatione habetur instrumentum in Archivo.

PICTAVINUS DE MONTESQUINO.

PICTAVINUS de Montesquino, nobilis domûs de Montesquino, *Auxitanæ Diœcesis* Oriundus, Clericus Secularis, *Legum Doctor*, fuit provisus per Dominum Papam XXII. anno

1334. de mense Octobris, successit Domino Joanni de Viridisco. Stetit ibi Episcopus 4. annis, mensibus 3. diebus 17, & fuit translatus per Dominum Benedictum, ad Episcopatum *Albiensem*, anno à Nativitate Domini 1339.

Eodem anno fecit compositionem hominibus Aquarum-mortuarum, super leudas, & statuta per eos solvenda in passu stagni de Cornon.

DEO GRATIAS.

EXPLICIT LIBER CATALOGI.

TABLE DES MATIERES
CONTENUES EN CETTE SECONDE PARTIE.

A

ABBAYE de St. Geniez, *Page* 295.
Abbaye de Gigean, p. 298.
Abbaye du Vignogou, p. 300.
Abbaye de Ste. Claire dite du Paradis, & de St. Damien, p. 305.
Abbé (l) *Suger*, visite à Maguelone le Pape Gelase II. de la part du Roy Loüis le Gros. p. 25.
Abbo, Evêque de Maguelone, p. 10.
Æterius, Evêque de Maguelone, p. 3.
André-Hercule de Fleury Cardinal, p. 199.
André de Fredol, pris du Chapitre de Maguelone pour être Evêque d'Usés, fut transferé de cette Eglise par le Pape Jean XXII. pour retourner à Maguelone ; il y travaille pour pacifier son Chapitre & son Diocése, p. 83.
Antoine Subjet, est nommé à l'Evêché de Montpellier, par le Roy Charles IX. Il soûtient tout ce qu'il a à souffrir dans son Diocése, par un grand courage, & par une vie fort exemplaire, p. 170.
Antoine de Louvier, est nommé à l'Evêché de Maguelone, par Clement VII. dont il étoit Tréforier. Il gouverna son Diocése par son Vicaire ; & le voyage de Charles VI. en Languedoc ayant attiré à Montpellier l'Evêque de Maguelone, il en reçut plusieurs marques de protection. Après sa mort il fut porté à Vienne en Dauphiné d'où il étoit, p. 139.
Argemirus, Evêque de Maguelone, p. 10.
Armand Basin de Bezons Archevêque de Roüen, p. 199.
Arnaud I. fait la Dédicace de Maguelone, introduit la vie Réguliére dans son Chapitre, assiste à divers Conciles, fait le voyage de la Terre Sainte, & meurt à son retour, p. 18.

Arnaud de Verdale, Auteur de l'Histoire des Evêques de Maguelone ses Prédecesseurs. Il tient un Synode pour son Diocése, & s'employe beaucoup pour l'Université. Il a des affaires à la Cour de France, & à la Cour de Rome qu'il termine heureusement. Fait recevoir à son Chapitre les Bulles de Benoît XII. pour les Eglises Cathédrales ; il acquiert la Terre de St. Jean de Vedas du Roy de Mayorque, qui commence à démembrer la Seigneurie de Montpellier, p. 107.
Verdale assiste au Concile de Beziers tenu par Pierre de la p. 108.
Arnaud (St.) Eglise dans la Ville aujourd'hui Ste. Anne, p. 266.
Assemblée de toute la Noblesse du Languedoc dans le Couvent des Freres Mineurs à Montpellier, au sujet des differens de Boniface VIII. & le Roy Loüis le Jeune, p. 78.
Audoüin Albert, Neveu du Pape Innocent VI. qui le fit Cardinal. Il fonda à Touloufe le Collège de Maguelone, fut Cardinal d'Ostie, & comme tel il sacra le Pape Urbain V. p. 112.
Azile (*Droit d'*) prétendu par plusieurs Religieux, p. 86. Par les Augustins, p. 101. Par les Carmes, p.

B.

Bâtimens de l'Isle de Maguelone, p. 96.
Benoît (*St.*) d'Aniane, p. 205.
Berenger de Fredol, reçoit l'hommage de plusieurs Seigneurs de son Diocése, & continuë de faire battre la Monnoye de Melgueïl. Il se sert de l'autorité du Pape pour arrêter plusieurs abus qui s'étoient glissés parmi les Religieux nouvellement établis. Il conserve ses Droits sur l'Université, qui furent

X xxxx

réglés par la Bulle de Nicolas IV. & échange avec le Roy Philippe le Bel la Seigneurie de Montpelieret, p. 69.

Bernard le Penitent, p. 213.

Bernard de Meson Evêque, transige avec les Consuls de Montpellier, après l'acquisition du Comté de Melguëil, voit fonder plusieurs Maisons Religieuses à Montpellier. Il fit donner par le Cardinal *Eginon* des Réglemens à l'École de Medecine, p. 50.

Bertrand I. est déposé comme Symoniaque, p. 19.

Bertrand II. étoit Président à la Cour des Aydes de Paris, lorsqu'il fut fait Evêque de Maguelone, p. 144.

Boëtius, Evêque de Maguelone assiste au Concile III. de Tolede, & à celui de Narbonne en 589, p. 4.

C.

Capucins (les) p. 291.
Cardinal (le) de *Canillac*, p. 129.
Cardinal (le) de *Castagnet*, p. 194.
Carmes (les) Déchaussés, p. 293.
Castiglioné-Brando, depuis Cardinal, avoit été Vestiaire de Maguelone, & Grand-Vicaire de l'Evêque Guillaulme le Roy, p. 143.

Causes Civiles, & Causes Criminelles des Chanoines de Maguelone, p. 114.

Celerier de Maguelone, p. 89.
Chaire de Mathématiques, p. 391.
Chanoines Prieurs, p. 76.
Chanoines Claustraux, ibidem.
Chapelle de l'Hôtel de Ville, p. 100.

Est bénite par l'Evêque de Coren dans la Morée, p. 127.

Chapelle du Consulat, p. 266.
Chapelle Neuve, p. 267.

Charles de Pradel, fut donné pour Coadjuteur à son Oncle François de Bousquet Evêque de Montpellier. Il employa tout le tems de son Episcopat en œuvres de charité, ou de zéle pour la conversion des Réligionnaires, & pour la perfection de son Diocése. Il mourut des fatigues qu'il avoit pris dans ses visites.

Charles-Joachin Colbert, nommé à l'Evêché de Montpellier en 1696.

Est Sacré à Paris l'année suivante.

Arrive à Montpellier où il donne des grandes marques de zéle, & fait composer le Cathéchisme dit de Montpellier.

Il érige la Paroisse St. Denis pour les Fauxbourgs de la Ville.

Il fait bâtir la Chapelle de la Verune.

Forme une Bibliothéque des plus belles de la Province.

Est magnifique dans ses ornemens d'Eglise.

Tombe malade à la quarante-deuxiéme année de son Episcopat, de la maladie dont il mourut en 1738.

Est enterré à l'Hôpital Général de cette Ville dont, il fit les Pauvres ses héritiers Universels, p. 187.

Collége de St. Ruf, fondé à Montpellier par le Cardinal Anglic Grimoard, p. 137.

Collége de Médecine, p. 397.
Collége du Droit, dit la Tour de Sainte Eulalie, p. 398.
Collége de St. Ruf, ibidem.
Collége de Valmagne, p. 400.
Collége de Bresse, p. 403.
Collége de Gironne, p. 404.
Collége de Mende, dit des douze Médecins, p. 403.
Collége du Vergier, autrement dit, la Chapelle neuve, p. 404.
Collége des Jésuites, p. 407.
Collége de Ste. Anne, ibidem.

Comté de Melguëil, rendu feudataire au St. Siége par le Comte Pierre, p. 20.

Principales Régles des Chanoines Réguliers de Maguelone, p. 22.

Concile de *Villa-Portus*, p. 10. & 11.

Concile de St. Vincent de Jonquiéres, p. 11.

Confrérie de N. Dame de Bethléem à la Chapelle de l'Hôtel de Ville, fondée en 1374. détruite en 1662.

Confréries de piété, p. 268.
Confrérie de Pénitens Blancs, p. 270.
Confrérie de la vraye Croix, p. 268.
Confrérie de St. Claude, p. 269.

Consécration de l'Eglise de Ste. Croix, par le Cardinal de St. Prisque, p. 43.

Cosme (St.) St. Damien, Eglise particuliére de Montpellier, p. 260.

Croix (Ste.) Eglise particuliére de Montpellier, p. 261.

D.

Dédicace de l'Eglise de Maguelone, par l'Evêque Arnaud, p. 16.

Dénis (St.) Paroisse de Montpellieret, p. 252.

DES MATIÉRES

Déodat Evêque de Maguelone, fous qui fut faite la Bénédiction de la Chapelle de l'Hôtel de Ville, p. 118.

Description de l'Eglife & Monaftére de St. Germain, p. 129.

Dominique Serano, onziéme Général de l'Ordre de la Mercy & Cardinal, p. 228.

Droit d'entrée, des Chanoines de Maguelone. p. 98.

Durand des Chapelles, prête hommage au Roy, des terres de fon Evêché relévant de la Couronne. Il ramene par fa patience la plûpart de fon Chapitre, qui l'avoit fort mal reçû lorfqu'il fe préfenta à Maguelone, p. 115.

E.

Ecoles anciennes de Montpellier, p. 339.
Eglife Cathédrale de St. Pierre. p. 231.
Eglife Collégiale de Nôtre-Dame du Palais, p. 233.
Eglife Collégiale de St. Sauveur, p. 235.
Eglife Collégiale de la Ste. Trinité, p. 241.
Eglife Collégiale de Ste. Anne, p. 244.
Eglife Collégiale de St. Jean, p. 245.
Eglife Collégiale de St. Ruf, p. 238.
Eglife du Seminaire, p. 168.
Epitre de St. Ruftique Archevêque de Narbonne, & des Evêques de fa fuffraganfe au Pape St. Leon, p. 3.
Evêques pris de la maifon de Guillaume Seigneur de Montpellier, p. 189.
Autres Evêques pris des maifons confidérables du Diocéfe, p. 191.
Ceux que la feule maifon de Fredol a donné, p. 192. & 196.

F.

Faculté de Medécine, p. 342.
Faculté du Droit, p. 354.
Faculté des Arts, p. 374.
Faculté de Théologie, p. 384.
Flagellants à Montpellier, p. 81.
Fonds pour l'entretien des Offices de Maguelone, p. 91.
Foy (Ste.) Annexe de St. Denis dans la Ville, p. 253.
François Bofquet Evêque de Montpellier, récommandable par fon fçavoir, & par fa vie Epifcopale, p. 182.
Fulcrand (St.) Evêque de Lodeve, p. 209.

G.

Gaillard de Saumate, eft nommé par le Pape Jean XXII. à l'Evêché de Maguelone qui le retient auprès de lui à Avignon, neuf mois après, il le transfere à l'Archevêché d'Arles, p. 83.

Gaucelin de Lagade, le Chapitre lui tranfere pour cinq ans le pouvoir de nommer à tous les Bénéfices. Il eft protégé par le Pape Boniface VIII. pour la poffeffion du Comté de Melgueil. Il prend part aux démêlez de Loüis le Jeune & de Boniface VIII. p. 75.

Gaucelin de Deucio, eft nommé à l'Evêché de Maguelone par Urbain V. dans le tems que ce Pape étoit à Montpellier, il fut long-tems dans fes bonnes graces, fut fait Tréforier du Comtat Venaiffin, & après la mort d'Urbain, étant revenu à Montpellier, il eût des grands démêlez avec les confuls, pour la juftice du bois de Valene, p. 124.

Gaucelin la Garde I. du nom.
Gaucelin de Pradeles II. du nom.
Gautier Evêque de Maguelone, fait beaucop de préfens à fon Eglife Cathédrale & aux autres de fon Diocéfe. Il y termine plufieurs differends, & part pour la Paleftine, où il meurt, p. 28.

Genefius Evêque de Maguelone affifta par Procureur au Concile de Tolede, p. 4.

Germain (St.) Prieuré à Montpellier. Bulle de fa fondation par Urbain V. p. 126.

Godefroy Evêque de Maguelone, reçoit l'hommage du Seigneur de Montpellier p. 21. Perfectionne la Régularité dans fon Chapitre p. 20. Affifte à plufieurs Conciles, part pour la Terre Sainte & y meurt. p. 24.

Gontier Evêque de Maguelone, p. 21.

Guillaume Raymond Evêque de Maguelone, fait plufieurs Traités avec fon Chapitre, & reçoit plufieurs reconnoiffances de divers Seigneurs de fon Diocéfe. Il laiffa plufieurs preuves de fon fçavoir & de fa piété, p. 39.

Guillaume de Fleix donne lieu à la Décretale *Cum olim de Sententiâ & re Judicatâ*. Il fait confacrer l'Eglife Ste. Croix. Il garantit fon Diocéfe des erreurs des Albigeois. Il eft dépofitaire du Teftament du dernier de nos Guillaumes. p. 42.

Guillaume D'Altiniac obtient une Sauve-Garde du Pape Innocent III. pour les Habitans de Montpellier durant la guerre des Albigeois. Assiste au Concile de Montpellier en 1214. Canons de ce Concile. Union du Comté de Melgueïl à l'Evêché de Maguelone, *p.* 45.

Guillaume Christophle fait tenir dans son Diocése un Concile Provincial par Jacques Archevêque de Narbonne en 1224. Il termine par la médiation de Clement IV. les démêlez des Evêques ses prédecesseurs avec le Roy d'Arragon *p.* 66. Il finit par le même moyen, les demandes du Comte Pelet de la Comté de Melgueïl. *p.* 68.

Guillaume le Roy Successeur immédiat de Loüis Alleman acheva l'union de la Théologie à l'Université commencée sous son Prédecesseur, *p.* 143.

Guillaume Pelissier I. du nom, Evêque de Maguelone. De son tems se tint à Montpellier, la fameuse conférence entre Guillaume de Chievres & Artus de Gouffier-Boissi, pour les interêts de Charles-Quint & François I. Pelissier assista Gouffier dans sa derniere maladie. Il fit une réformation de tous les livres à l'usage de son Eglise, & résigna son Evêché en faveur de son Neveu, *p.* 150.

Guillaume Pellissier II. du nom, fut en réputation d'Homme de Lettres & très-propre pour les affaires. Le Roy François I. l'employa au Traité de Cambray, & l'envoya à Rome pour la Sécularisation du Chapitre de Maguelone, & pour lui récouvrer de grace plusieurs Manuscrits. Il fit à Montpellier la translation des Réligieuses de Ste. Claire dans la maison, dite la petite Observance ; mais il eut le malheur de voir cette Ville livrée à l'Hérésie de Calvin ; non sans soupçon de l'avoir protegée, *p.* 170.

Guilaume (F.) de Montpellier Réligieux de Cîteaux, *p.* 221.

Guillaume Arnaud Inquisiteur de la Foy & Martir, *p.* 220.

Gillaume le Roy V.

Guillem (St.) Annexe de St. Firmin dans les Fauxbourgs, *p.* 252.

Guimilde Evêque, *p.* 8.

Guitard de Rate est nommé à l'Evêché de Montpellier, par le Roy Henry IV. qui avoit éprouvé sa fidelité en plusieurs occasions : il soûtint le tems orageux de son Episcopat avec beaucoup de fermeté, & mourut trop-tôt pour son Diocése en allant à Toulouse, *p.* 173.

Guy de Vantadour Prévôt de Maguelone, *p.* 201.

Guy de Montpellier Fondateur des Hospitaliers du St. Esprit, *p.* 217.

H

Hospitalité exercée à Maguelone, *p.* 88.

Hôpitaux anciens & modernes de la Ville de Montpellier, *p.* 317.

Hôpital St. Guillem, *p.* 320.

Hôpital du St. Esprit, *p.* 322.

Hôpital St. Eloy, *p.* 325.

Hôpital & Cimétiére, Saint Barthélemy, *p.* 327.

Hôpital des Teutons, *p.* 328.

Hôpital St. Maur, ou des Trinitaires, ibidem.

Hôpital St. Jacques, *p.* 329.

Hôpital St. Antoine, *p.* 330.

Hôpital de la Magdelaine, *p.* 331.

Hôpital de Tournefort, *p.* 332.

Hôpital de la Charité, *p.* 333.

Hôpital Général, *p.* 334.

Hôpital des Petites Maisons, *p.* 337.

I.

Jean de Montlaur I. du nom, termine plusieurs differents dans son Diocése ; donne des marques de son zéle pour la Discipline Ecclesiastique, & pour son Chapitre, fait plusieurs réparations à son Eglise, assiste au Concile Général de Latran contre les Albigeois, *p.* 39. *& suivantes.*

Jean de Montlaur II. du nom, a des grandes broüilleries avec le Roy Jacques d'Arragon, *p.* 55. qui à l'exclusion de la Justice Ecclesiastique, attribuë tout à la Justice Royale, *p.* 33.

Jean de Cominges, termine à Villeneuve un grand different. Fait sa demeure ordinaire à Murviel. Il se coure extraordinairement son Diocése dans une Contagion, est nommé par Jean XXII. I. Archevêque de Toulouse, *p.*

Jean Gase, Abbé d'Aniane met la première Pierre à l'Eglise de St. Germain, *p.* 118.

Jean Bonail, étoit Vestiaire de Maguelone, quand il en fut fait Evêque,

il

il fut sacré par l'Archevêque de Touloufe, le Siége de Narbonne étant vacant. Il se rendit recommandable par son esprit de paix, par son sçavoir, & par sa charité envers les pauvres, *p.* 146.

Jean de Barriere, fut fait Evêque de Maguelone par le crédit de François de Halé Archevêque de Narbonne, & de Jean de Costa Prévôt de Maguelone. A son entrée il prêta son serment de fidélité au Roy, il pacifia les diffensions entre les Professeurs de l'Université, & les Chanoines de Maguelone, il se régla avec eux sur la collation des Bénéfices de son Diocése, il fit des Réglemens pour l'Election des Professeurs, & confirme la fondation de la Collégiale de Sainte Anne, *p.* 148.

Jean de Viffec, vit à Montpellier tenir un Chapitre Général de l'Ordre des Chevaliers de St. Jean de Jerufalem ; à leur exemple il en tint un à Maguelone, où l'on fit les Réglemens les plus amples que nous ayons pour le Chapitre de Maguelone, *p.* 86.

Apaise une émotion entre le Peuple, & les Consuls de Montpellier, *p.* 98.

Jean Garnier, est nommé à l'Evêché de Montpellier par le Roy Henry IV. rétablit N. Dame des Tables, part pour Touloufe, & en revient avec la maladie dont il mourut, *p.* 175.

Imbert du Puy, Cardinal, *p.* 197.
Infirmier de Maguelone, *p.* 91.
Inondation extraordinaire à Montpellier, *p.* 81.
Inquifition, premier Acte d'Inquifition, fait à Montpellier, *p.* 141.
Jumeaux [les deux B. B.]de Montpellier, *p.* 221.

L.

Leger Saporis, fit la Bénédiction de la Chapelle de N. Dame des Bonnes Nouvelles, il reçut plusieurs hommages dans son Diocése, il ne vêcut pas plus de deux ans dans son Evêché, *p.* 143.

Limites Anciennes de la Province Ecclefiaftique de Narbonne, *p.* 6.

Louïs Alleman, est fait Evêque de Maguelone par le crédit de François de Conzié son Oncle Archevêque de Narbonne, Légat à Avignon. Loüis entra à la Faculté de Théologie à l'Université, il reçut plusieurs graces du Roy Charles VII., & peu de tems après il fut trans-

feré à Arles par Martin V. & fait Cardinal, *p.* 142.

M.

Maladrerie de Castelnau, *p.* 319.
Mandat quotidien à Maguelone, *p.* 89.
Marie de Montpellier Reine d'Arragon, *p.* 229.
Marie (St.)de Lezes Eglise des Templiers, *p.* 263.
Martin, (St.) de Prunet Eglise particuliére hors la Ville, *p.* 264.
Mathieu (St.) Annéxe de St. Firmin dans la Ville, *p.* 250.
Maur de Valleville étoit Chanoine de Maguelone, lorsqu'il en fut sacré Evêque par Jean de Harcourt Archevêque de Narbonne. Il Baptisa à Montpellier plusieurs Maures qui demandérent à embraffer la Réligion Chrêtienne. Il donna un exemple de déclaration à nos Confuls fur le bois de Valene & le Mas de Caravetes, *p.* 145.

Monafteres anciens & modernes de la Ville de Montpellier, *p.* 273.
Murviel. Son ancienneté, *p.* 80.

N.

Nicolas [St.]. Eglise particuliére de Montpellier, *p.* 260.
Nôtre-Dame des Tables érigée en Paroiffe, *p.* 50.
Nôtre - Dame des Bonnes Nouvelles, *p.* 266.
Nourriture des Chanoines de Maguelone, *p.* 89.

O.

Office de l'Eglise de Maguelone *p.* 93

P.

Paroiffe de St. Firmin, *p.* 247.
Paradis, Abbaye exemptée de la jurifdiction Epifcopale, par l'Evêque Pierre de Conchis, *p.* 64.
Pafteur [le Bon] *p.* 315.
Paul [St.] Annéxe de Saint Firmin dans la Ville, *p.* 250.
Pierre [St.] de la Sale, Eglise particuliére de Montpellier, *p.* 263.
Pierre de Castelnau Légat du St. Siége, & Martir à St. Giles, *p.* 215.
Pierre de Conchis Evêque de Maguelone

lonne, reconnoît au Roy St. Loüis la Seigneurie de Montpellier p. 66.

Pierre de Levis est nommé par Clement V. au Siége de Maguelone pour pacifier le Chapitre, il a le bonheur de voir à Montpellier le Pape son bienfaicteur, qui le transfére à l'Archevêché de Cambray, p. 60.

Pierre de Vernobs Abbé d'Aniane, est nommé à l'Evêché de Maguelone par le Pape Grégoire XI. Il resta longtems à Avignon où il étoit Tréforier du Pape. Durant son féjour, on fit à Montpellier les honneurs funébres de la Reine de Navarre. Il écrivit aux Habitans de Montpellier au sujet des Florentins excommuniez du Pape. Revient à Maguelone, & y tient un Chapitre général. Il eut l'honneur de recevoir à Montpellier dans l'Eglise de Nôtre-Dame des Tables le Roy Charles VI. p. 132.

Pierre Ademar est nommé à l'Evêché de Maguelone, par le fameux Pierre de la Lune, qui l'avoit connu à Montpellier, lorsqu'ils y enseignoient ensemble dans l'Université de cette Ville, p. 140.

Pierre de Fenoüillet est nommé à l'Evêché de Montpellier, par le Roy Henry IV. Il assiste au Concile de Narbonne, introduit les Capucins à Montpellier, fait l'Oraison funebre du Roy Henry IV. Assiste aux Etats Généraux tenus à Paris, exhorte le Roy Loüis XIII. à entreprendre le Siége de Montpellier, après lequel il apelle dans la Ville tous les Religieux qui en avoient été chassez, fait donner le Collége de la Ville aux Jesuites, fonde la Visitation, & entreprend de bâtir une Cathédrale, p. 178.

Pictavin de Montesquiou transige avec les Habitans d'Aigue-Morte pour le passage de Cornom, il permet aux Consuls de fonder la Chapelle de l'Hôtel de Ville, p. 102. Est transferé à Alby par Benoît XII. p. 102.

Pont de Maguelone, p. 97.

Prévôt de Maguelone, ses principaux devoirs envers la Communauté de Maguelone, p. 87.

Prieuré de Poussan, confirmé aux Moines de la Chaise-Dieu par Jean de Vissec, p. 99.

R.

Raymond Evêque de Maguelone, fait plusieurs réparations à sa Communauté, s'attire la confiance de Bernard Comte de Melgueil, réçoit le Pape Innocent II. refugié en France, ses démêlez avec le Seigneur de Montpellier & avec son Chapitre, fait une donation à l'Hôpital St. Jean de Jerusalem. Il obtient du Roy Loüis le Jeune, la confirmation des Priviléges de son Eglise, p. 29.

Raymond de Canillac, Prévôt de Maguelone, p. 203.

Récollets, p. 292.

Récueil d'Arnaud de Verdale Evêque de Maguelone, sur les anciens Evêques ses Prédecesseurs, p.

Réfectorier de Maguelone, p. 90.

Reinier Evêque de Maguelone, étoit Réligieux de St. Dominique quand il fut nommé à ce Siége, il fit plusieurs dispositions en faveur du Vestiaire de son Eglise, & mourut d'une mort funeste, p. 58.

Religieuses de St. Leon, fondées par Jean de Montlaur, p. 55.

Religieuses de St. Dominique dites les Proüillanes, p. 305.

Religieuses de Ste. Cathérine, & de St. Giles, p. 308.

Religieuses de la Visitation, p. 310.

Religieuses de Ste. Ursule, p. 311.

Religieuses de St. Charles, p. 312.

Religieuses du Refuge, p. 313.

Religieux de Cluny près de Sauret, p. 273.

Religieux de Gramont, p. 275.

Religieux Trinitaires, p. 277.

Religieux Conventuels de Saint François, p. 278.

Religieux de St. Dominique, dit les Freres Prêcheurs, p. 279.

Religieux de la Mercy, p. 283.

Religieux Carmes, p. 285.

Religieux Augustins, p. 287.

Religieux de l'Observance, p. 289.

Reliques de St. Thomas d'Aquin, procurées à l'Université de Montpellier par le Pape Grégoire XI. p. 134.

Robert de Prouves, fut Garde du Sceau, & exerça la Chancellerie sous le

DES MATIÉRES. 455

Roy Charles VII. auprès de qui il passa tout son Episcopat. Nous n'avons de lui que la nomination de ses grands Vicaires, & l'hommage qu'ils prêterent pour lui au Sénéchal de Beaucaire, *p.* 145.

Roch. (St.) *p.* 224.

Ricuin I. du nom Evêque de Maguelone, *p.* 9.

Ricuin II.

S.

Sacristain de Maguelone, *p.* 94.
Secheresse extrême à Montpellier en 1313. *p.* 81.
Secularisation du Chapitre de Maguelone, *p.* 151.
La Bulle est publiée à Montpellier, *p.* 167.
Sigismond Empereur, passe à Montpellier pour aller en Espagne, *p.* 140.
Simon.
Sinagogue des Juifs établie à Montpellier sous Pierre de Vernobs, *p.* 138.
Société Royale des Sciences, *p.* 394.
Stabellus, Evêque de Maguelone, *p.* 9.

T.

Tables [*Notre-Dame des*] érigée en Paroisse dans le XIII. siécle, *p.* 254.

Thomas [*St.*] Annexe de St. Firmin dans les Fauxbourgs, *p.* 251.
Trinité [*fondation du Collége de la*] par le Cardinal de Canillac, *p.* 128.

V.

Vestiaire, Office de la Communauté de Maguelone, *p.* 91.
Viator, Evêque de Maguelone, *p.* 4.
Vie privée des Chanoines de Maguelone, *p.* 93.
Vignogoul Abbaye, transige avec l'Evêque de Maguelone Pierre de Conchis, *p.* 64.
Urbain II. Pape vient à Maguelone, où il benit & consacre l'Eglise, *p.* 22.
Vincent Ferrier (*St.*) séjourna à Montpellier, *p.* 140.
Vincent I. Evêque de Maguelone est regardé comme le Successeur immédiat d'Æterius, *p.* 4.
Vincent II. Evêque de Maguelone succeda immédiatement à l'Evêque Guimilus, *p.* 6.
Union du Comté de Melgueil à l'Evêché de Maguelone, *p.* 48.
Urbain V. Guillaume Grimoard est élû Pape, il vient à Montpellier, y fait la Dédicace de l'Eglise de St. Germain, nomme à l'Evêché de Maguelone Gaucelin de Deucio, *p.* 121.
Wibal Evêque à Substantion, *p.* 12.

Fin de la Table des Matiéres.